Schwerpunktbereich von Arnauld · Völkerrecht

W0463096

Schwerpunkte

Eine systematische Darstellung der wichtigsten Rechtsgebiete anhand von Fällen
Begründet von Professor Dr. Harry Westermann †

Völkerrecht

von

Dr. Andreas von Arnauld

o. Professor an der Christian-Albrechts-Universität zu Kiel
Direktor des Walther-Schücking-Instituts für Internationales Recht

4., neu bearbeitete Auflage

CFM C.F. Müller

Bibliografische Information der Deutschen Nationalbibliothek
Die Deutsche Nationalbibliothek verzeichnet diese Publikation in der Deutschen Nationalbibliografie; detaillierte bibliografische Daten sind im Internet über http://dnb.d-nb.de abrufbar.

ISBN 978-3-8114-4961-9

E-Mail: kundenservice@cfmueller.de
Telefon: +49 89 2183 7923
Telefax: +49 89 2183 7620

www.cfmueller.de
www.cfmueller-campus.de

© 2019 C.F. Müller GmbH, Waldhofer Straße 100, 69123 Heidelberg

Dieses Werk, einschließlich aller seiner Teile, ist urheberrechtlich geschützt. Jede Verwertung außerhalb der engen Grenzen des Urheberrechtsgesetzes ist ohne Zustimmung des Verlages unzulässig und strafbar. Dies gilt insbesondere für Vervielfältigungen, Übersetzungen, Mikroverfilmungen und die Einspeicherung und Verarbeitung in elektronischen Systemen.

Satz: preXtension, Grafrath
Druck: CPI books, Leck

Vorwort

Drei Jahre sind seit der letzten Auflage dieses Lehrbuchs vergangen. Drei ereignisreiche Jahre. Die neue US-Regierung unter *Donald Trump* hat das Pariser Klimaabkommen und den INF-Vertrag gekündigt, Annexionen völkerrechtswidrig anerkannt. Sie bedroht das Leitungspersonal des Internationalen Strafgerichtshofs mit Sanktionen und treibt die WTO-Streitbeilegung durch Blockade von Nachbesetzungen in die Funktionsunfähigkeit. Sie hat den mühsam verhandelten *Joint Comprehensive Plan of Action* (im *Trump*-Jargon: den „Iran-Deal") einseitig rechtswidrig aufgekündigt und nutzt die Quasi-Monopolstellung der US-Finanzmärkte dazu, Unternehmen davon abzubringen, auch nur indirekt mit dem Iran Handel zu treiben. Und während *Trump* einen Staat, der noch keine Atomwaffen besitzt, förmlich dahin zu treiben scheint, sich diese zuzulegen, schließt er Männerfreundschaft mit einem Diktator, der sie schon besitzt und mit ihrem Einsatz droht.

Es sind natürlich nicht bloß die USA. Ein anderes ständiges Mitglied des UN-Sicherheitsrates setzt darauf, Nachbarstaaten systematisch zu destabilisieren und mit gezielten Interventionen demokratische Strukturen in anderen Ländern ins Wanken zu bringen. Es war dann aber natürlich nie der Kreml, der solcherlei in Auftrag gegeben hat, sondern es waren „grüne Männer", Soldaten im Urlaub oder freischaffende „Künstler", die gehandelt haben. Schauen wir uns weiter in der Welt um, sind die grausamen Bürgerkriege in Syrien und im Jemen schon längst zum internationalen Schlachtfeld geworden und haben Millionen Menschen auf die Flucht geschickt; der Kronprinz von und Hoffnungsträger in Saudi-Arabien soll hinter der bestialischen Ermordung eines kritischen Journalisten stecken. Doch auch mitten in der Europäischen Union werden heute Journalisten ermordet, während demokratisch gewählte autoritäre Regierungen am Umbau von Demokratien in illiberale Autokratien arbeiten.

Wer bis hierhin gelesen hat, mag sich fragen, ob dies wirklich das Vorwort zu einem Völkerrechtslehrbuch ist. Wenn gravierende Rechtsverstöße so offen und gezielt begangen werden, was ist dann der Wert des Völkerrechts? Und in der Tat, auch als völkerrechtlicher *aficionado* muss man sich bisweilen am Riemen reißen, um nicht in den Chor jener einzustimmen, die die „Krise des Völkerrechts" beschwören. Aber was heißt eigentlich „Krise"? Dem griechischen Ursprung des Wortes nach geht es um entscheidende Wendungen. Und solche hat das Völkerrecht in seiner Geschichte vielfach erfahren: durch die Glaubenskonflikte der europäischen Nachreformationszeit (als Voraussetzung für den Westfälischen Frieden), die Massenkriege des 19. Jahrhunderts (die uns über zivilgesellschaftliches Engagement die erste Genfer Rotkreuz-Konvention und die Haager Abkommen beschert haben), die Schrecken der beiden Weltkriege und des organisierten Massenmordes an den europäischen Juden (als Geburtsstunde des internationalen Menschenrechtsschutzes). Dazu tritt das koloniale Unrecht, das bis heute nur unvollkommen überwunden wurde. Doch immerhin: die Dekolonisierung hat den ehemaligen Kolonien eine strukturelle Mehrheit in der UN-Generalversammlung gesichert, Standards wie die „gemeinsame, aber differenzierte Verantwortung“ sind inzwischen feste Module völkerrechtlicher Abkommen z. B. im Umweltrecht. Vielfach geht das Völkerrecht aus Krisen also gestärkt hervor. Das sollte bei allen Frustrationen des Nachrichtenalltags Hoffnung geben. Nicht zuletzt ist es auch ein Zeichen der Widerstandsfähigkeit des Völkerrechts, wenn Internationale Organisationen, zivilgesellschaftliche Akteure und Medien weltweit Verstöße gegen Menschenrechte anprangern oder die Einhaltung von Standards des Umwelt- oder Klimaschutzes einfordern: Das Völkerrecht ist nämlich auch überall dort lebendig, wo es als Maßstab der Kritik an staatlichem und zwischenstaatlichem Handeln dient.

Es gibt also exzellente Gründe, sich auch in diesen Tagen mit dem Völkerrecht zu beschäftigen. Und es gab gute Gründe, dieses Lehrbuch zu aktualisieren. Schließlich war das Bestreben, nicht nur einen vertieften und zu weiterer Vertiefung anregenden Einblick in das Völkerrecht zu vermitteln, sondern zugleich aktuelle Entwicklungen einzufangen, seit der ersten Auflage ein Markenkern dieses Buches. Um trotz der zahlreichen Hinweise auf aktuelle und aktuellste Ereignisse dessen Umfang nicht unangemessen zu steigern, habe ich Literaturfundstellen aus den Fußnoten in die allgemeinen Literaturnachweise ausgelagert. Das in früheren Auflagen verfolgte Prinzip „spezielle Themen in den Fußnoten, allgemeine im Literaturverzeichnis“ gilt also nicht länger. Wer an Vertiefung interessiert ist, sei nachdrücklich aufgefordert, einen Blick in die weiterführenden Literaturhinweise zu werfen. Sie finden sich am Ende jedes größeren Abschnitts in der E-Book-Ausgabe oder (nach Kapiteln und Abschnitten geordnet) im Internet (auf der Website des Verlags C.F. Müller www.cfmueller.de/voelkerrecht oder unter www.wsi.uni-kiel.de).

Für den Autor gilt ohnehin, dass die jeweils neueste Auflage die jeweils beste ist. Aber natürlich ist zu hoffen, dass auch jene diese Einschätzung teilen, für die dieses Buch gedacht ist. Bei früheren Leserinnen und Lesern darf ich mich an dieser Stelle für E-Mails bedanken, in denen ich auf Fehler oder Unklarheiten in den vorigen Auflagen aufmerksam gemacht wurde. Sie alle haben mir dabei geholfen, das Buch besser zu machen. Das gilt auch (und in besonderem Maße) für *Henning Büttner*, *Sonja Dietz*, *Arne Reißmann* und *Philipp Stöckle*. Ohne ihre Unterstützung wäre es mir kaum möglich gewesen, mit den Entwicklungen in den verschiedensten Bereichen des Völkerrechts Schritt zu halten. Ob mir dies tatsächlich gelungen ist, steht auf einem anderen Blatt. Insofern bin ich wie immer dankbar für E-Mails mit Hinweisen auf Fehler oder mit Anregungen an die folgende Adresse: lehrbuch.voelkerrecht@wsi.uni-kiel.de).

In diesem Sinne – make international law great again!

Kiel, im August 2019 *Andreas von Arnauld*

Vorwort zur 1. Auflage

Ob der Sicherheitsrat der Vereinten Nationen wirtschaftliche oder militärische Sanktionen gegen ein Regime verhängt, das gewaltsam gegen die eigene Bevölkerung vorgeht; ob weltweit um ein Abkommen zum Klimaschutz gerungen wird; ob eine Staatenkoalition vor der Küste Somalias Piratenschiffe aufbringt; ob eine neue internationale Finanzarchitektur gefordert wird; ob die Abschiebung von Menschen in einen Staat, in dem ihnen eine unmenschliche Behandlung droht, von einem internationalen Gericht untersagt wird; ob, ob, ob: völkerrechtliche Fragen begegnen einem, sobald man die Zeitung aufschlägt (oder die Nachrichten in Fernsehen, Rundfunk oder Internet verfolgt). Seinen festen Platz in der universitären Schwerpunktausbildung, zunehmend ebenso im Grundstudium, wird das Völkerrecht auch in Zukunft behaupten.

Dieses Buch soll allen, die sich mit dem Völkerrecht befassen wollen, ein verlässlicher Begleiter durch ihr Studium sein. In erster Linie richtet es sich an Studierende im universitären Schwerpunktstudium. Abgesehen von den allgemeinen Fragen, die hier im ersten Teil („Allgemeines Völkerrecht", im Vorlesungsplan meist die Vorlesung „Völkerrecht I") behandelt sind, unterscheiden sich die Studieninhalte im Schwerpunktbereich heute nicht unerheblich zwischen den Universitäten. Die Themenauswahl in den beiden folgenden Teilen („Friedensvölkerrecht", „Friedenssicherungs- und Konfliktrecht") soll diese Vielfalt abbilden und dabei zugleich die Grundlagen dieser Rechtsgebiete vermitteln.

Der Veranschaulichung dienen die zahlreich eingestreuten *Beispielsfälle* (reale wie fiktive), darunter „Klassiker", die man als Völkerrechtlerin oder Völkerrechtler kennen sollte. Als Hilfestellung zu Wiederholung und Vertiefung sind jedem Kapitel zu Beginn bzw. am Ende Hinweise auf *einführende Literatur* und *Falllösungen* in juristischen Zeitschriften beigegeben (weitere Fälle und Lösungen finden sich in den einschlägigen Ausbildungsbüchern, nicht zuletzt im Klausurenkurs zum Völkerrecht, der begleitend zu diesem Lehrbuch erscheint). Jedes Kapitel schließt außerdem mit einer Reihe von *Kontrollfragen*, die teils auf Basiswissen, teils auf Verständnis von Zusammenhängen zielen. Zudem findet sich im Anhang eine *Auswahl wichtiger gerichtlicher und schiedsgerichtlicher Entscheidungen*, die im Buch verschiedentlich behandelt sind und hier noch einmal im Zusammenhang präsentiert werden – zur Wiederholung z. B. vor einer Klausur oder einer mündlichen Prüfung.

Auf dieses Lehrbuch abgestimmte umfangreiche *Literaturhinweise* finden sich (neben allgemeinen Literatur- und Recherchetipps) als Angebot für vertiefende Lektüre, wie sie v.a. im Rahmen der Erstellung von Seminar- oder Hausarbeiten notwendig wird, auf der folgenden Website zum Download: **www.hjr-verlag.de/voelkerrecht**.

Natürlich hoffe ich, dass dieses Buch für seine Leserinnen und Leser noch mehr leisten kann, als auf Studium und Prüfungen vorzubereiten: Gerade wer Interesse an politischen Fragen hat und gern über den redensartlichen nationalen Tellerrand blickt, wird im Völkerrecht eine spannende und faszinierende Rechtsordnung finden, die in manchem anders ist als das nationale Recht. Wenn es gelänge, dem einen oder der anderen mit diesem Buch die Tür zu dieser Welt zu öffnen und Anreiz für eine tiefere Befassung mit dem Völkerrecht zu geben, wäre das ein großer und schöner Erfolg!

Dieses Lehrbuch ist in weiten Teilen die Frucht von Lehrveranstaltungen, die ich an der Freien Universität Berlin und, vor allem, der Helmut-Schmidt-Universität, der Universität der Bundeswehr in Hamburg, gehalten habe. Daran, dass es entstanden ist, haben viele Menschen Anteil, denen ich an dieser Stelle danken möchte.

Für Unterstützung bei Recherche und redaktionellen Arbeiten danke ich *Martin Albrecht*, *Lisa Böhmer*, *Laura Eckhardt*, *Klaus Guillemot*, *Relja Richert*, *Sarah Schadendorf* und *Markus Spörer*. Als Testleserinnen und Testleser haben mir *Lisa Böhmer*, *Sigrid Boysen*, *Sinthiou Buszewski* und *Christian Crohn* wertvolle Anregungen gegeben, die zweifellos zu einer Verbesserung des Manuskripts beigetragen haben. Ganz besonderer Dank gebührt *Simon Neumann*. Er hat dieses Buchprojekt von Anfang an wie kein Zweiter begleitet und mit seinem großen Engagement zum Gelingen beigetragen. Schließlich gilt mein Dank dem Verlag C.F. Müller und hier vor allem *Alexandra Burrer* und *Michael Schmidt* für ihre Geduld und eine verständnisvolle verlegerische Begleitung. Dass das vorliegende Buch noch immer verbesserungsfähig ist, ist allein mir anzulasten. Anregungen und Kritik oder einfach auch nur Feedback nehme ich gern unter lehrbuch.voelkerrecht@uni-muenster.de entgegen.

Als Dozent ist man auf kritische Nachfragen aus dem Kreis der Studierenden angewiesen. Nur so wird man dazu gedrängt, vermeintliche Gewissheiten zu hinterfragen und Zusammenhänge besser zu erklären. Dieses Buch erscheint nun gerade in dem Moment, in dem ich von meiner bisherigen Wirkungsstätte an die Westfälische Wilhelms-Universität Münster wechsle. Widmen möchte ich es daher meinen Studierenden an der Helmut-Schmidt-Universität als einen Abschiedsgruß nach sechs auch für mich lehrreichen Jahren.

Münster, im April 2012 *Andreas von Arnauld*

Inhaltsverzeichnis

	Rn	Seite
Vorwort		V
Vorwort zur 1. Auflage		VII
Abkürzungsverzeichnis		XXV
Hinweise zu Literatur und Recherche		XXXV

Teil I
Allgemeines Völkerrecht

	Rn	Seite
§ 1 Einführung in das Völkerrecht	1	1
A. Über das Völkerrecht	1	1
I. Begriff und Funktionen des Völkerrechts	1	1
II. Der Geltungsgrund des Völkerrechts	5	2
1. Naturrechtliche Begründungen	6	3
2. Normativistische Begründungen	7	3
3. Konsenstheorien	9	4
4. Zwangstheorie	11	4
5. „Realistische" Schulen	13	5
6. Begründungen vom Menschen her	15	6
7. Letztbegründungen und soziale Praktiken	16	6
III. Besonderheiten im Umgang mit dem Völkerrecht	17	7
B. Entwicklungsstufen des Völkerrechts	20	8
I. Geschichtlichkeit: Das Völkerrecht als Spiegel der Zeit	20	8
II. Von der Frühzeit bis 1945	21	8
III. Konstitutionalisierungsprozesse im modernen Völkerrecht	29	11
C. Charakteristika des Völkerrechts	35	13
I. Völkerrecht zwischen öffentlichem Recht und Privatrecht	35	13
II. Charakteristika im Wandel	38	14
1. Genossenschaftlicher Charakter	39	14
2. Schwach organisierter Charakter	43	16
3. Politischer Charakter	46	17
4. Indirekter Charakter	49	17
D. Entwicklungsperspektiven	53	18
§ 2 Völkerrechtssubjekte	58	22
A. Überblick	59	22
I. Der Staat als das „klassische" Völkerrechtssubjekt	59	22
II. Traditionelle Völkerrechtssubjekte	60	23
III. Internationale Organisationen	64	24
IV. Einzelmenschen	66	24

V. Sonstige Völkerrechtssubjekte	69	25
1. De-facto-Regime	69	25
2. Völker als Subjekte des Völkerrechts?	70	26
B. Der Staat	73	28
I. Staatsbegriff	73	28
II. Staatsgebiet	74	29
1. Umfang und Grenzen des Staatsgebiets	74	29
2. Erwerb von Staatsgebiet	78	30
III. Staatsvolk	83	33
IV. Staatsgewalt	88	35
1. Innere Dimension	88	35
2. Äußere Dimension	90	37
a) Fehlende Rechtsfähigkeit	91	38
b) Eingeschränkte Handlungsfähigkeit	93	38
c) Sonderfälle	96	40
V. Anerkennung von Staaten und Regierungen	97	41
1. Anerkennung von Staaten	97	41
2. Anerkennung von Regierungen	100	43
VI. Staatennachfolge	104	46
1. Begriff und Fallgruppen	104	46
2. Rechtsprobleme der Staatennachfolge	106	47
C. Internationale Organisationen	114	49
I. Allgemeines	116	50
1. Begrenzte Völkerrechtspersönlichkeit	116	50
2. Gründung und Mitgliedschaft	119	51
3. Organisationsstrukturen	122	52
4. Aufgaben und Befugnisse	124	53
a) Dynamische Aufgaben- und Befugnisstruktur	124	53
b) Arten von Befugnissen	126	55
5. Rechtsbindungen und Haftung Internationaler Organisationen	129	56
II. Die Vereinten Nationen	132	57
1. Entstehung und Entwicklung	132	57
2. Rechtspersönlichkeit und Sitz	137	59
3. Ziele und Grundsätze	138	59
4. Mitgliedschaft in den Vereinten Nationen	140	59
5. Organisationsstruktur der UNO	143	61
a) Überblick	143	61
b) Generalversammlung	144	61
c) Sicherheitsrat	151	64
d) Die übrigen Hauptorgane	159	68
6. Reform der Vereinten Nationen	163	69
III. Regionale Organisationen	166	71
1. Allgemeines	166	71
2. Europarat	171	72
3. Organisation für Sicherheit und Zusammenarbeit in Europa (OSZE)	175	74
4. Organisation Amerikanischer Staaten (OAS)	178	75
5. Afrikanische Union (AU)	181	76

§ 3 Quellen des Völkerrechts	184	79
A. Überblick	184	79
B. Völkerrechtliche Verträge	189	80
I. Grundsätzliches	189	80
1. Begriff des völkerrechtlichen Vertrags	189	80
2. Arten völkerrechtlicher Verträge	194	82
3. Rechtsquellen des Völkervertragsrechts	196	83
II. Abschluss und Wirkung völkerrechtlicher Verträge	200	85
1. Verfahren beim Abschluss völkerrechtlicher Verträge	200	85
2. Wirksamwerden von Verträgen	205	87
3. Wirkung völkerrechtlicher Verträge	208	88
III. Vorbehalte zu multilateralen Verträgen	214	91
1. Grundsätzliches	214	91
2. Erklärung und Annahme	217	92
3. Unzulässige Vorbehalte	222	94
IV. Auslegung völkerrechtlicher Verträge	228	97
V. Änderung und Modifikation von Verträgen	234	99
VI. Ungültigkeit, Beendigung und Suspendierung von Verträgen	238	100
1. Allgemeines	238	100
2. Ungültigkeit von Verträgen	239	100
3. Beendigung und Suspendierung von Verträgen	242	101
C. Das Völkergewohnheitsrecht	250	107
I. Elemente	251	107
1. Übung (consuetudo)	252	107
2. Rechtsüberzeugung (opinio juris)	255	109
3. Persistent objector	257	109
II. Feststellung von Gewohnheitsrecht	259	110
III. „Ex iniuria ius oritur?“ („Geht aus Unrecht Recht hervor?“)	261	112
D. Allgemeine Rechtsgrundsätze	264	114
E. Sonstige Rechtsquellen und Rechtserkenntnisquellen	269	116
I. Einseitige Akte	269	116
1. Einseitige rechtsgeschäftliche Handlungen	270	116
2. Protest	272	117
3. Anerkennung	274	119
II. Beschlüsse Internationaler Organisationen	277	119
III. Soft law	278	120
IV. Rechtserkenntnisquellen	280	120
F. Verhältnis zwischen den Rechtsquellen	283	121
I. Normenkollisionen und Normenhierarchien im Völkerrecht	283	121
II. Insbesondere: Zwingendes Völkerrecht	288	124
III. Lücken im Völkerrecht	295	127
1. Analogie	295	127
2. Billigkeit	296	128
3. Non liquet	297	128
IV. Zwischen Induktion und Deduktion	298	129

§ 4 Grundprinzipien der Völkerrechtsordnung	302	131
A. Einführung	302	132
I. Grundrechte und -pflichten der Staaten zwischen Naturrecht und positivem Recht	302	132
II. UN-Prinzipienerklärung (Friendly Relations Declaration)	304	133
III. Paradigmenwechsel durch Menschenrechte	308	134
1. Menschenrechte als dritte Säule des Völkerrechts	308	134
2. Einwirkungen der Menschenrechte auf das Völkerrechtssystem	309	134
3. Menschenrechte und Souveränitätsverständnis	313	136
B. Souveräne Gleichheit der Staaten	316	138
I. Überblick	316	138
II. Insbesondere: Immunität von Staaten und Staatsorganen	323	140
1. Sinn und Zweck der Staatenimmunität	323	140
2. Immunität des Staates	325	140
3. Immunität von Staatsorganen	328	142
4. Durchbrechungen der Immunität	330	144
a) Immunität von Staatsorganen	330	144
b) Staatenimmunität	333	146
C. Gebietshoheit und Personalhoheit	337	149
I. Gebietshoheit	337	149
1. Grundsatz der Gebietsausschließlichkeit	337	149
2. Einschränkungen der Gebietshoheit	342	150
II. Personalhoheit	343	151
III. Erlass von Hoheitsakten mit Auslandsbezug	345	151
D. Das Interventionsverbot	351	155
I. Grundlagen	351	155
II. Der domaine réservé	355	156
III. Verstöße gegen das Interventionsverbot	358	157
1. Zwischen Gewaltverbot und zulässiger politischer Kritik	358	157
2. Fallgruppen	361	157
a) Destabilisierung im Innern	362	158
b) Verletzungen der Gebietshoheit	367	159
c) Militärischer und physischer Zwang	372	161
d) Ökonomischer Zwang	374	162
§ 5 Die völkerrechtliche Verantwortlichkeit	376	163
A. Grundlagen der völkerrechtlichen Verantwortlichkeit	376	164
I. Prinzipien der Staatenverantwortlichkeit	376	164
II. Verantwortlichkeit Internationaler Organisationen	381	166
B. Das völkerrechtliche Delikt: Überblick	384	167
I. Deliktsfähigkeit	385	167
II. Zurechenbarer Normverstoß	388	168
1. Zurechenbares Verhalten	389	168
2. Normverstoß	390	169
III. Ausschluss der Rechtswidrigkeit	394	170

IV. Sonstige Voraussetzungen? 395 171
V. Rechtsfolge: Wiedergutmachung 397 171

C. Das völkerrechtliche Delikt: Einzelfragen 398 172

I. Zurechnung 398 172
1. Verantwortlichkeit für Organhandeln 399 172
a) Organe und De-facto-Organe 399 172
b) Organleihe 404 174
c) Handeln ultra vires 408 178
2. Verantwortlichkeit im Zusammenhang mit dem Handeln Privater 409 179
3. Zurechnung von Privathandeln bei „Sonderverbindung“ 410 179
a) Steuerung oder Kontrolle 411 180
b) Handeln im Interesse des Staates 415 181
c) Handeln Aufständischer 416 181
d) Adoption oder Anerkennung 417 182

II. Ausschluss der Rechtswidrigkeit 418 183
1. Einwilligung 419 184
2. Selbstverteidigung 420 184
3. Gegenmaßnahme 421 184
4. Höhere Gewalt, Notlage 425 186
5. Notstand 428 187
6. Einhaltung zwingenden Völkerrechts 431 189

III. Rechtsfolgen 432 189

§ 6 Durchsetzung des Völkerrechts 439 193

A. Wege zur Durchsetzung des Völkerrechts 439 193

I. Fehlen einer obligatorischen Gerichtsbarkeit 439 193

II. Mittel der friedlichen Streitbeilegung 441 194
1. Diplomatische Verfahren 442 195
2. Gerichtliche und schiedsgerichtliche Verfahren 444 196
a) Schiedsgerichte 446 196
b) Internationale Gerichte 451 198
c) Gerichtsähnliche Streitbeilegung 456 200
3. Compliance-Mechanismen 457 201

III. Durchsetzung im Rahmen Internationaler Organisationen 458 201

IV. „Selbsthilfe“ 459 201

V. Durchsetzung durch staatliche Institutionen 461 202

VI. Rolle der Zivilgesellschaft 462 202

B. Der Internationale Gerichtshof 463 203

I. Aufgaben, Rechtsstellung und Organisation 463 203

II. Allgemeines zum Verfahren vor dem IGH 466 204

III. Das streitige Verfahren 469 205
1. Klageberechtigung (Parteifähigkeit, capacity) 470 205
2. Zuständigkeit des Gerichts (jurisdiction) 472 206
a) Begründung der Zuständigkeit 472 206
b) Unterwerfung nach Art. 36 Abs. 2 IGH-Statut 473 206
c) Notwendige Beteiligung anderer Staaten? 477 208

3. Zulässigkeit i. e. S. (admissibility) 478 208
a) Klagegegenstand 478 208
b) Voraussetzungen diplomatischen Schutzes 479 208
c) Klagebedürfnis 480 209
d) Form, Frist 481 210
4. Durchführung des Verfahrens 483 211
5. Das Urteil 485 212
IV. Das Gutachtenverfahren 487 213
1. Antragsberechtigung 489 214
2. Antragsgegenstand 490 214
3. Antragsbedürfnis 491 214
4. Form 493 215
5. Ermessen des Gerichtshofs 494 215

§ 7 Völkerrecht in der innerstaatlichen Rechtsordnung 498 217

A. Verhältnisbestimmung als Aufgabe des staatlichen Rechts 498 218
I. Völkerrechtskonformität als Ergebnisverpflichtung 498 218
II. Monismus und Dualismus 501 218
III. Verwischung der Unterschiede 506 220

B. Das Völkerrecht in der deutschen Rechtsordnung 510 222
I. Der Rang von Völkerrecht in der deutschen Rechtsordnung .. 510 222
1. Völkerrechtliche Verträge 510 222
2. Sekundärrecht Internationaler Organisationen 514 225
3. „Allgemeine Regeln des Völkerrechts“ 516 225
II. Der „gemäßigte Dualismus“ 520 227
1. Allgemeine Grundsätze 520 227
2. Besonderheiten bei Menschenrechtsabkommen 525 230
III. Die Durchsetzung des Völkerrechts vor deutschen Gerichten 529 232
1. Bindung an das Völkerrecht als Teil der Gesetzesbindung 529 232
2. Überprüfung völkerrechtlicher Abkommen durch das BVerfG 531 233
3. Normverifikationsverfahren nach Art. 100 Abs. 2 GG 533 234

C. Die Sonderrolle des Rechts der EU 536 235
I. Supranationalität des Unionsrechts 536 235
II. Unmittelbare Geltung des Unionsrechts 539 236
III. Vorrang des Unionsrechts 542 237
IV. Monismus auf dualistischer Grundlage 543 237

Teil II
Friedensvölkerrecht

§ 8 Diplomatische Beziehungen 549 242

A. Einführung 549 242
I. Entwicklung und Bedeutung der Diplomatie 549 242
II. Diplomatische und konsularische Beziehungen 554 244

1. Abgrenzung der Aufgaben	554	244
2. Aufnahme und Abbruch der Beziehungen	558	246
B. Missionspersonal	560	246
I. Zusammensetzung des Missionspersonals	560	246
II. Ernennung des Missionspersonals	562	247
III. Unerwünschte Personen (personae non gratae)	565	248
C. Diplomatische Vorrechte und Immunitäten	567	249
I. Vorrechte und Pflicht zur Legalität	567	249
II. Vorrechte, Immunitäten und Befreiungen der Diplomaten	571	251
1. Vorrechte	571	251
2. Immunitäten	575	253
3. Befreiungen	578	255
4. Transitrechte in Drittstaaten	579	255
5. Besondere Statusverhältnisse	580	255
III. Unverletzlichkeit des Missionsgebäudes	582	256
IV. Verkehrsfreiheiten der Mission	589	259
§ 9 Der Mensch im Völkerrecht	593	262
A. Das völkerrechtliche Fremdenrecht	593	263
I. Die Mediatisierung des Individuums	593	263
II. Der fremdenrechtliche Mindeststandard	594	264
III. Diplomatischer Schutz	596	264
1. Grundsätze	596	264
2. Berechtigung zur Schutzgewährung	598	266
3. Erschöpfung des innerstaatlichen Rechtswegs	606	269
B. Internationaler Menschenrechtsschutz	607	270
I. Vom Fremdenrecht zum Menschenrechtsschutz	607	270
II. Entwicklung der Menschenrechtsidee	608	270
III. Menschenrechtsgarantien im Völkerrecht	611	271
IV. Einheit und Unteilbarkeit der Menschenrechte	613	273
1. Dimensionen und Verpflichtungstypen	613	273
2. Universalismus versus Kulturrelativismus	617	274
V. Institutioneller Menschenrechtsschutz	620	276
1. Menschenrechtsschutzsysteme im Überblick	620	276
2. Institutioneller Menschenrechtsschutz auf Ebene der UNO	623	277
3. Institutioneller Menschenrechtsschutz und Regimekollisionen	626	279
VI. Verpflichtete	631	284
C. Die Europäische Menschenrechtskonvention	634	286
I. Der Europäische Gerichtshof für Menschenrechte	635	286
1. Organisation und Statistik	635	286
2. Bedeutung der Urteile	638	287
II. Reichweite der Garantien	641	289
1. Örtlicher Geltungsbereich	641	289
2. Persönlicher Geltungsbereich	646	294

a) Verpflichtete	646	294
b) Berechtigte	649	294
3. Zeitlicher Geltungsbereich	650	295
4. Abweichungen im Notstandsfall	651	296
III. Dogmatik der EMRK-Rechte	652	297
1. Eingriff in den Schutzbereich	653	297
a) Schutzbereich	653	297
b) Eingriff	654	297
2. Rechtfertigung des Eingriffs	655	298
a) Gesetzliche Grundlage	656	298
b) Legitimes Ziel	657	298
c) Verhältnismäßigkeit	659	299
3. Justiz- und Verfahrensgarantien	663	300
4. Positive Verpflichtungen	664	301
5. Beschränkungen für Ausländer und Verbot des Rechtsmissbrauchs (Art. 16, 17 EMRK)	666	302
IV. Die materiellen Garantien	667	302
1. Schutz der persönlichen Integrität	668	302
a) Recht auf Leben (Art. 2 EMRK)	668	302
b) Verbot von Folter, unmenschlicher und erniedrigender Behandlung (Art. 3 EMRK)	671	305
c) Verbot von Sklaverei und Zwangsarbeit (Art. 4 EMRK)	677	307
2. Justiz- und Verfahrensgrundrechte	678	307
a) Freiheit der Person (Art. 5 EMRK)	678	307
b) Recht auf ein faires Verfahren (Art. 6 EMRK)	681	310
c) Recht auf wirksame Beschwerde (Art. 13 EMRK)	688	313
d) Recht auf Individualbeschwerde zum EGMR (Art. 34 EMRK)	691	315
e) Besondere strafrechtliche Garantien	692	315
3. Persönlichkeitsbezogene Rechte	693	316
a) Recht auf Achtung des Privat- und Familienlebens (Art. 8 EMRK)	693	316
b) Gedanken-, Gewissens- und Religionsfreiheit (Art. 9 EMRK)	703	320
c) Weitere Rechte	710	323
4. Kommunikationsfreiheiten und politische Grundrechte	712	323
a) Freiheit der Meinungsäußerung (Art. 10 EMRK)	712	323
b) Versammlungs- und Vereinigungsfreiheit (Art. 11 EMRK)	718	326
c) Recht auf freie Wahlen (Art. 3 ZP 1)	726	328
5. Eigentumsgarantie (Art. 1 ZP 1)	727	329
6. Freizügigkeit und Aufenthalt	733	331
7. Gleichheitsrechte	734	332
V. Die Individualbeschwerde	740	333
1. Zuständigkeit des EGMR	741	334
2. Beschwerdefähigkeit	742	334
3. Beschwerdegegenstand	744	335
4. Beschwerdebefugnis	745	335
5. Rechtswegerschöpfung	746	336

6. Frist, Form 749 336
7. Rechtsschutzbedürfnis 750 337

D. Die „International Bill of Human Rights“ 751 337

I. Der Internationale Pakt über bürgerliche und politische Rechte 752 338
1. Materielle Garantien 752 338
2. Allgemeine Bemerkungen (General Comments) 756 339
3. Durchsetzungsmechanismen 757 340

II. Der Internationale Pakt über wirtschaftliche soziale und kulturelle Rechte 758 341

E. Außereuropäischer regionaler Menschenrechtsschutz 762 343

I. Amerikanische Menschenrechtskonvention 763 343

II. Afrikanische Charta der Rechte der Menschen und Völker 768 345

III. Arabische Charta der Menschenrechte 772 347

F. Minderheitenschutz 776 349

I. Völkerrechtliche Abkommen zum Minderheitenschutz 776 349

II. Begriff der Minderheit 779 350

III. Grundansätze des Minderheitenschutzes 781 351

G. Flüchtlingsrecht 785 353

§ 10 Der Raum im Völkerrecht 798 360

A. Überblick 798 360

B. Internationales öffentliches Seerecht 804 363

I. Begriff und Geschichte des Seevölkerrechts 804 363
1. Begriff des Seevölkerrechts 804 363
2. Historischer Abriss des Seevölkerrechts 805 363

II. Rechtsregime der Meereszonen und der inneren Gewässer 807 364
1. Eigengewässer 807 364
2. Küstenmeer und Anschlusszone (Art. 2-33 SRÜ) 809 366
a) Abmessungen 809 366
b) Rechtsstatus des Küstenmeers 810 366
c) Anschlusszone 812 367
3. Zonen mit küstenstaatlichen Nutzungsvorrechten 814 368
a) Ausschließliche Wirtschaftszone (AWZ) 814 368
b) Festlandsockel 817 369
4. Hohe See 821 372
a) Die Freiheit der Hohen See 821 372
b) Hoheitsrechte auf Hoher See 824 373

III. Rechtsstellung von Schiffen und Anlagen 836 379
1. Die Flaggenhoheit 836 379
2. Kriegsschiffe 840 380
3. Künstliche Inseln, Anlagen und Bauwerke 841 381

IV. Internationale Streitbeilegung im Seerecht 843 383
1. Institutionen der Streitbeilegung im Seevölkerrecht 843 383
2. Der Internationale Seegerichtshof (ISGH) 844 384

	C. Staatengemeinschaftsräume	846	385
	I. Überblick	846	385
	II. Der Tiefseeboden	848	385
	III. Weltraum	851	386
	IV. Antarktis	854	387
	V. Zusammenschau	858	388
	D. Cyberspace und Völkerrecht	859	389
	I. Cyberspace und Raum	859	389
	II. Regelungsansätze	861	390
	1. Internetanarchie und Selbstorganisation	861	390
	2. Zugangssperren und Filter	862	391
	3. Internationale Harmonisierung	863	392
	4. Kollisionsrechtliche Ansätze	864	392
	III. Aktuelle Felder des „Internet-Völkerrechts“	868	394
§ 11	**Umwelt, Entwicklung, Kultur**	871	397
	A. Das Verhältnis von Umwelt- und Entwicklungsvölkerrecht	871	398
	B. Umweltvölkerrecht	875	400
	I. Überblick	875	400
	1. Umwelt und Raum	875	400
	2. Entwicklung des Umweltvölkerrechts	878	401
	3. Quellen des Umweltvölkerrechts	879	402
	II. Völkerrechtliches Nachbarrecht als Ausgangspunkt	882	403
	1. Verbot erheblicher grenzüberschreitender Umweltbeeinträchtigungen	882	403
	2. Angemessene und vernünftige Nutzung geteilter natürlicher Ressourcen	885	404
	III. Grundprinzipien des Umweltvölkerrechts	889	406
	1. Nachhaltigkeit	890	406
	2. Informations- und Konsultationspflichten	891	407
	3. Vorsorgeprinzip	894	408
	4. Verursacherprinzip	897	410
	5. Transparenzprinzip	898	410
	IV. Hochgefährliche Aktivitäten	899	412
	V. Bereichsspezifische Regelungen	903	413
	1. Überblick	903	413
	2. Insbesondere: Klimaschutz	904	414
	3. Umweltschutz als Querschnittsaufgabe	909	417
	C. Entwicklungsvölkerrecht	911	418
	I. Überblick	911	418
	II. Recht auf Entwicklung	913	419
	III. Materielles Entwicklungsvölkerrecht	918	420
	1. Allgemeine Grundsätze	918	420
	2. Vertragliche Entwicklungszusammenarbeit	920	422
	3. Entwicklung als Querschnittsaufgabe	922	422
	IV. Akteure und Institutionen	923	423
	D. Kulturvölkerrecht	924	424

§ 12 Wirtschaftsvölkerrecht	931	427
A. Wirtschaftliche Kooperation und Völkerrecht	931	428
I. Das internationale Wirtschaftsrecht	931	428
II. Zwischen Souveränität und ökonomischer Verflechtung	935	430
III. Prinzipien und Standards im Wirtschaftsvölkerrecht	940	431
1. Nichtdiskriminierung	941	432
2. Abbau von Beschränkungen	944	432
3. Reziprozität und Fairness	946	433
B. Welthandelsrecht	948	434
I. Entwicklung des Welthandelssystems	948	434
II. Struktur des WTO-Übereinkommens	952	436
III. Institutionelles WTO-Recht	954	437
IV. Streitbeilegung	957	438
V. Der Warenhandel (GATT)	961	440
1. Grundprinzipien	961	440
a) Nichtdiskriminierung	961	440
b) Abbau von Handelsschranken	964	442
2. Allgemeine Ausnahmen	969	444
a) Art. XX GATT	970	444
b) Handelspolitische Schutzmaßnahmen	975	446
c) Aussetzung von Zugeständnissen	976	446
3. Waiver	977	446
4. Insbesondere: Handel und Umwelt	978	446
5. Insbesondere: Handel und Menschenrechte	981	448
VI. Dienstleistungshandel (GATS)	983	449
VII. Handelsbezogene Aspekte geistigen Eigentums (TRIPS)	986	450
C. Internationales Investitionsrecht	988	451
I. Grundkonstellationen bei Auslandsinvestitionen	988	451
II. Rechtsquellen des Investitionsrechts	991	451
1. Gewohnheitsrecht	991	451
2. Verträge	993	453
a) Investor-Staat-Verträge	993	453
b) Multilaterale Abkommen	994	453
c) Bilaterale Investitionsabkommen	995	454
3. Bindungen des Investors	998	455
III. Materielle Regelungen in Investitionsabkommen	999	456
1. Investition/Investor	999	456
2. Enteignungen	1002	456
3. Nichtdiskriminierung	1005	458
4. Marktzugang	1007	459
5. Weitere Prinzipien	1008	459
IV. Durchsetzung von Investitionsrecht	1011	460
D. Internationales Währungs- und Finanzrecht	1014	462
I. Entwicklung des internationalen Währungsrechts	1014	462
II. Der Internationale Währungsfonds (IWF)	1015	463
1. Institutionelle Fragen	1015	463

2. Aufgaben des IWF	1019	465
a) Kreditvergabe	1019	465
b) Politiküberwachung	1021	465
3. Pflichten der Mitgliedstaaten	1022	466
III. Weltbank	1024	467
IV. Die Bank für Internationalen Zahlungsausgleich	1025	467
1. Die Bank für Internationalen Zahlungsausgleich (BIZ)	1025	467
2. Basler Ausschuss für Bankenaufsicht	1028	468

Teil III

Friedenssicherungs- und Konfliktrecht

§ 13 Recht der Friedenssicherung	1030	471
A. Das Gewaltverbot im Völkerrecht	1030	472
I. Historische Entwicklung	1030	472
II. Das Gewaltverbot des Art. 2 Nr. 4 UNCh	1038	475
1. Verpflichtete: „Alle Mitglieder"	1038	475
2. Der Begriff der „Gewalt"	1039	476
a) Gewalt und physischer Zwang	1039	476
b) Indirekte Gewalt	1042	477
c) Konkretisierende Dokumente	1044	478
3. Ziel der Gewaltanwendung	1045	479
4. Anwendungsbereich: „in ihren internationalen Beziehungen"	1046	479
5. Androhung von Gewalt	1048	481
III. Ausnahmen vom Gewaltverbot: Überblick	1049	481
B. Friedenssicherung im System der Vereinten Nationen	1053	484
I. Maßnahmen nach Kapitel VII	1054	484
1. Feststellung nach Art. 39 UNCh	1054	484
2. Nichtmilitärische Zwangsmaßnahmen	1057	486
3. Militärische Zwangsmaßnahmen	1059	487
4. Weitere Maßnahmen zur Wiederherstellung des Friedens	1064	489
a) Beobachtermissionen	1065	490
b) Friedenserhaltende Maßnahmen (peacekeeping)	1066	490
c) Übernahme von Regierungsfunktionen	1069	491
d) Errichtung internationaler Strafgerichte	1070	492
5. Pflichten der Mitgliedstaaten	1071	492
6. Verhältnis zu Nichtmitgliedern	1073	493
II. Verhältnis zu Regionalorganisationen (Kapitel VIII)	1075	494
1. Die Rolle der Regionalorganisationen nach der UN-Charta	1075	494
2. Insbesondere: Das Verhältnis von UNO und NATO	1079	496
C. Individuelle und kollektive Selbstverteidigung	1082	497
I. Das Selbstverteidigungsrecht im System der UN-Charta	1082	497
II. Selbstverteidigungslage	1084	498
1. Bewaffneter Angriff	1085	498

2. Rechtswidrigkeit	1090	500
3. Gegenwärtigkeit des Angriffs	1091	500
III. Selbstverteidigungshandlung	1095	503
D. Herausforderungen für das UN-Friedenssicherungssystem	1100	504
I. Anpassungen des Systems: Anforderungen und Widerstände	1100	504
1. Institutionelle Schwächen	1100	504
2. UN-System und sich wandelnde Konfliktarten	1103	506
II. Internationaler Terrorismus	1108	508
1. Terrorismus und Völkerrecht	1108	508
a) Terrorismus und der „Krieg gegen den Terror"	1108	508
b) Völkerrechtliche Verträge gegen internationalen Terrorismus	1111	509
2. Vereinte Nationen und internationaler Terrorismus	1112	510
3. Terrorismus und Selbstverteidigung	1117	511
a) Vorliegen eines gegenwärtigen bewaffneten Angriffs	1117	511
b) Adressat der Selbstverteidigungshandlung	1120	513
c) Grenzen des Selbstverteidigungsrechts	1129	518
III. Umstrittene Interventionstitel	1132	520
1. Evakuierung und Befreiung von Ausländern	1132	520
2. Humanitäre Intervention	1136	522
a) Das Dilemma humanitärer Interventionen	1136	522
b) Völkerrechtliche Rechtfertigungsansätze de lege lata	1141	523
c) Vorschläge de lege ferenda	1148	525
E. Abrüstung und Rüstungskontrolle	1151	527
I. Abrüstung und Rüstungskontrolle seit 1945	1151	527
II. Insbesondere: Kernwaffen	1154	529
§ 14 Recht des bewaffneten Konflikts	1160	534
A. Einführung	1160	534
I. Begriff und Zweck des Rechts des bewaffneten Konflikts	1160	534
II. Rechtsquellen des Humanitären Völkerrechts	1166	538
1. Völkerrechtliche Verträge	1166	538
2. Gewohnheitsrecht	1167	539
III. Verhältnis zu anderen Völkerrechtsmaterien	1168	539
1. Allgemeines Völkerrecht	1168	539
2. Friedenssicherungsrecht	1169	540
3. Menschenrechte	1172	541
a) Parallele Geltung	1172	541
b) HVR als speziellere Regelung	1173	541
4. Völkerstrafrecht	1175	542
IV. Durchsetzung des Humanitären Völkerrechts	1176	542
V. Historischer Abriss	1182	544
1. Ideengeschichtliche Grundlagen	1182	544
2. Neuzeitliche Entwicklungen im Recht des bewaffneten Konflikts	1186	546
3. Aktuelle Herausforderungen	1190	547

B. Der bewaffnete Konflikt	1194	549
I. Der internationale bewaffnete Konflikt	1197	550
1. Sachlicher Anwendungsbereich	1197	550
2. Zeitlicher Anwendungsbereich	1200	551
3. Örtlicher Anwendungsbereich	1202	551
II. Der nicht-internationale bewaffnete Konflikt	1203	552
1. Abgrenzung zum internationalen bewaffneten Konflikt	1203	552
a) Bewaffnete Befreiungskriege	1204	552
b) Fälle mit ausländischer Beteiligung	1205	552
c) Einsätze internationaler Organisationen	1207	553
2. Anwendungsbereich	1208	554
C. Kombattanten und Nichtkombattanten	1211	555
I. Primärstatus und Sekundärstatus	1211	555
II. Kombattanten	1215	556
1. Allgemeines	1215	556
2. Angehörige der Streitkräfte	1217	557
3. Weitere Kombattantengruppen	1219	557
III. Nichtkombattanten	1223	559
1. Nichtkombattanten	1223	559
2. Unmittelbar an Feindseligkeiten beteiligte Zivilpersonen	1224	559
IV. Private Militärunternehmen	1229	562
D. Beschränkung der Kampfhandlungen: Methoden, Mittel und Objekte	1233	565
I. Generelle Beschränkungen	1234	565
II. Verbotene Methoden von Schädigungshandlungen	1236	566
III. Verbotene Mittel	1240	567
IV. Verbotene Ziele und Objekte	1245	568
1. Schutz von Zivilpersonen und zivilen Objekten	1246	569
2. Schutz von Kombattanten außer Gefecht und Sanitätspersonal	1255	573
3. Schutz von Kulturgütern	1256	574
4. Schutz der natürlichen Umwelt	1259	575
V. Besonderheiten im See- und Luftkrieg	1262	576
1. Prisenrecht	1263	576
2. Angriffe auf Schiffe und Luftfahrzeuge	1266	577
3. Seeblockade	1269	578
4. Kriegslisten	1272	578
E. Schutz von Kombattanten außer Gefecht	1273	579
I. Verwundete und Schiffbrüchige	1274	579
II. Kriegsgefangene	1279	580
1. Historische Entwicklung	1279	580
2. Geschützter Personenkreis	1280	581
3. Beginn und Ende der Kriegsgefangenschaft	1282	581
4. Behandlung und Rechte der Kriegsgefangenen	1283	582
5. „Bürgerkriegsgefangene“	1287	584

F. Schutz von Zivilpersonen im gegnerischen Machtbereich 1289 584
I. Zivilpersonen im gegnerischen Machtbereich: allgemeine Regeln 1290 585
II. Besatzungsrecht 1294 586
1. Anwendungsbereich 1294 586
2. Status der Besatzungsmacht 1295 587
3. Rechte und Pflichten der Besatzungsmacht 1298 589
a) Gewährleistung der öffentlichen Sicherheit und Ordnung 1298 589
b) Achtung der Landesgesetze 1301 590
4. Rechtsstellung der Zivilpersonen 1303 590
G. Neutralitätsrecht 1305 591
I. Neutralität des Hoheitsgebietes 1306 592
II. Verbot militärischer Unterstützung 1308 592
§ 15 Völkerstrafrecht und internationale Strafgerichtsbarkeit .. 1309 594
A. Begriff und Idee des Völkerstrafrechts 1309 595
I. Internationales Strafrecht 1309 595
II. Völkerstrafrecht 1316 597
B. Historischer Abriss 1320 598
C. Grundzüge des materiellen Völkerstrafrechts 1325 601
I. Rechtsgrundlagen 1325 601
II. Materielles Völkerstrafrecht 1328 602
1. Allgemeine Grundsätze der Strafbarkeit 1328 602
a) Drei Prüfungsstufen 1328 602
b) Täterschaft und Teilnahme 1329 603
c) Subjektiver Tatbestand (mens rea) 1333 605
d) Gründe für den Ausschluss der Verantwortlichkeit ... 1334 605
e) Sonstige allgemeine Grundsätze der Strafbarkeit 1340 608
2. Die völkerrechtlichen Kernverbrechen 1342 608
a) Überblick 1342 608
b) Völkermord (Genozid) 1343 609
c) Verbrechen gegen die Menschlichkeit 1346 609
d) Kriegsverbrechen 1348 610
e) Aggression 1351 611
3. Gewohnheitsrechtliche Geltung der Kernverbrechen 1353 612
D. Gerichtliche Durchsetzung des Völkerstrafrechts 1355 613
I. Internationale Strafgerichtsbarkeit 1355 613
II. Der Internationale Strafgerichtshof (IStGH) 1357 614
1. Rechtsstellung und Organisation 1357 614
2. Voraussetzungen der Strafverfolgung durch den IStGH .. 1361 615
a) Zuständigkeit des IStGH 1361 615
b) Begründung der Strafhoheit 1362 615
c) Komplementarität 1364 617
3. Das Verfahren vor dem IStGH 1366 617
a) Verfahrensinitiative (trigger mechanisms) 1366 617
b) Der Verfahrensgang: Überblick 1369 618
4. Die strafrechtliche Zusammenarbeit 1370 620

III. Die Rolle staatlicher Gerichte	1372	621
IV. Strafverfolgungshindernisse	1373	621
1. Ne bis in idem	1373	621
a) Transnationales Verbot der Doppelbestrafung	1373	621
b) Strafverbrauch durch Amnestien oder außergerichtliche Konfliktlösung	1374	622
2. Immunitäten	1377	623
E. Völkerstrafrecht, Spezialisierung und Konstitutionalisierung	1379	624
Anhang		627
Stichwortverzeichnis		665

Abkürzungsverzeichnis

ABl.	Amtsblatt
abw.	abweichend
AdG	Archiv der Gegenwart
ADMO	Annuaire de Droit Maritime et Océanique
AEMR	Allgemeine Erklärung der Menschenrechte
AEUV	Vertrag über die Arbeitsweise der Europäischen Union
AFDI	Annuaire Français de Droit International
AfricanHRLJ	African Human Rights Law Journal
AfricanJICL	African Journal of International and Comparative Law
AfricanJIL	African Journal of International Law
AfricanYIL	African Yearbook of International Law
AG	Amtsgericht
AIDH	Annuaire International des droits de l'homme
AirSpL	Air & Space Law
AJIL	American Journal of International Law
AJP	Aktuelle Juristische Praxis
AL	Ad Legendum
AMRK	Amerikanische Menschenrechtskonvention
AmUnivLR	American University Law Review
AnnDM	Annuaire du Droit de la Mer
AöR	Archiv des öffentlichen Rechts
APEC	Asia-Pacific Economic Cooperation
APuZ	Aus Politik und Zeitgeschehen
ARIEL	Austrian Review of International and European Law
ARIO	Articles on the Responsibility of International Organisations
ASEAN	Association of Southeast Asian Nations
AsianJIL	Asian Journal of International Law
ASR	Articles on State Responsibility
AU	Afrikanische Union
AufenthG	Aufenthaltsgesetz
AuR	Arbeit und Recht
AV	Antarktisvertrag
AVR	Archiv des Völkerrechts
AWZ	Ausschließliche Wirtschaftszone
AYIHL	African Yearbook on International Humanitarian Law
AYIL	Australian Yearbook of International Law
BalticYIL	Baltic Yearbook of International Law
BCICLR	Boston College International and Comparative Law Review
BDGVR	Berichte der Deutschen Gesellschaft für Völkerrecht
BeckRS	Beck-Rechtsprechung
BerkJIL	Berkeley Journal of International Law
Bf.	Beschwerdeführer
BGBl.	Bundesgesetzblatt
BGHSt	Entscheidungen des Bundesgerichtshof in Strafsachen, amtliche Sammlung

BGHZ	Entscheidungen des Bundesgerichtshof in Zivilsachen, amtliche Sammlung
BIT	Bilateral Investment Treaty
BIZ	Bank für Internationalen Zahlungsausgleich
BRJ	Bonner Rechtsjournal
BrooklynJIL	Brooklyn Journal of International Law
BSHG	Bundessozialhilfegesetz
BUILJ	Boston University International Law Journal
BullDH	Bulletin des droits de l'homme
BVerfGE	Entscheidungen des Bundesverfassungsgerichts, amtliche Sammlung
BVerwG	Bundesverwaltungsgericht
BYIL	British Yearbook of International Law
CalWILJ	California Western International Law Journal
CardozoJICL	Cardozo Journal of International and Comparative Law
CardozoLR	Cardozo Law Review
CAT	Convention against Torture and Other Cruel, Inhuman or Degrading Treatment or Punishment
CCWC	Convention on Certain Conventional Weapons
CEDAW	Convention on the Elimination of All Forms of Discrimination against Women
CERD	Convention on the Elimination of All Forms of Racial Discrimination
ChiJIL	Chicago Journal of International Law
ChinJIL	Chinese Journal of International Law
CILJ	Cambridge International Law Journal
CJICL	Cambridge Journal of International and Comparative Law
CLF	Criminal Law Forum
CLJ	Cambridge Law Journal
CLP	Current Legal Problems
CMLR	Common Market Law Review
ColHRLR	Columbia Human Rights Law Review
ColJEL	Columbia Journal of European Law
ColJTL	Columbia Journal of Transnational Law
ColumLR	Columbia Law Review
CornILJ	Cornell International Law Journal
CPT	Committee for the Prevention of Torture
CRC	Convention on the Rights of the Child
CYIL	Canadian Yearbook of International Law
CzYIL	Czech Yearbook of International Law
CzYPPIL	Czech Yearbook of Public & Private International Law
DenverJILP	Denver Journal of International Law and Policy
DFÜ	Durchführungsübereinkommen
DickinsonJIL	Dickinson Journal of International Law (jetzt: Penn State Journal of International Law)
DÖV	Die öffentliche Verwaltung
DSB	Dispute Settlement Body (WTO)
DStR	Deutsches Steuerrecht
DSU	Dispute Settlement Understanding (WTO)
DukeJCIL	Duke Journal of Comparative & International Law
DurhamLR	Durham Law Review
DVBl.	Deutsches Verwaltungsblatt

EA	Europa-Archiv
ebd.	ebenda
ECLR	European Constitutional Law Review
ECOSOC	Economic and Social Council (UNO)
ECOWAS	Economic Community of West African States
EEELR	European Energy and Environmental Law Review
EELR	European Environmental Law Review
EEZ	Exclusive Economic Zone *(siehe: AWZ)*
EFAR	European Foreign Affairs Review
EG	Europäische Gemeinschaft(en)
EGMR	Europäischer Gerichtshof für Menschenrechte
EGMR-E	Europäischer Gerichtshof für Menschenrechte, deutschsprachige Sammlung
EHRLR	European Human Rights Law Review
EJIL	European Journal of International Law
ELJ	European Law Journal
EmoryILR	Emory International Law Review
EMRK	Europäische Menschenrechtskonvention
EnvPL	Environmental Policy and Law
ERPL	European Review of Public Law
ETS	European Treaty Series
EU	Europäische Union
EuG	Gericht der Europäischen Union (früher: Europäisches Gericht erster Instanz)
EuGH	Gerichtshof der Europäischen Union
EU-GRCh	Europäische Grundrechte-Charta
EuGRZ	Europäische Grundrechte-Zeitschrift
EuR	Europarecht (Zeitschrift)
EurEth	Europa Ethnica
EurUP	Europäische Zeitschrift für Umwelt- und Planungsrecht
EUV	Vertrag über die Europäische Union
EuZA	Europäische Zeitschrift für Arbeitsrecht
EuZW	Europäische Zeitschrift für Wirtschaftsrecht
EWS	Europäisches Wirtschafts- und Steuerrecht
EYHR	European Yearbook on Human Rights
FloridaJIL	Florida Journal of International Law
FordhamILJ	Fordham International Law Journal
FP	Fakultativprotokoll
FreiLaw	Freiburg Law Students Journal
frz.	französisch
FS	Festschrift
FW	Die Friedens-Warte
FYBIL	The Finnish Yearbook of International Law
GA	General Assembly (UNO), Generalanwalt (EuGH)
GATS	General Agreement on Trade in Services
GATT	General Agreement on Tariffs and Trade
GeorgeJIL	Georgetown Journal of International Law
GeorgeJLPP	Georgetown Journal of Law & Public Policy
GeorgiaJICL	Georgia Journal of International and Comparative Law

GFK	Genfer Flüchtlingskonvention
GICR	Global International Courts Review
GJICL	Georgia Journal of International and Comparative Law
GK	Genfer (Rotkreuz-)Konvention
GLJ	German Law Journal
GoJIL	Goettingen Journal of International Law
GPIL	German Practice in International Law
GR2P	Global Responsibility to Protect
GreifRecht	Greifswalder Halbjahresschrift für Rechtswissenschaft
GRUR	Gewerblicher Rechtsschutz und Urheberrecht (Zeitschrift)
GRUR Int	GRUR, Internationaler Teil
GS	Gedächtnisschrift
GVG	Gerichtsverfassungsgesetz
GYIL	German Yearbook of International Law
HarvILJ	Harvard International Law Journal
HarvNSJ	Harvard National Security Journal
Hg.	Herausgeber
HICLR	Hastings International and Comparative Law Review
HRLJ	Human Rights Law Journal
HRLR	Human Rights Law Review
HRQ	Human Rights Quarterly
HRRS	Höchstrichterliche Rechtsprechung zum Strafrecht (Onlinezeitschrift)
HuV-I	Humanitäres Völkerrecht – Informationsschriften
HYIL	Hague Yearbook of International Law
IAEA	International Atomic Energy Agency
IAGMR	Interamerikanischer Gerichtshof für Menschenrechte
IAMRK	Interamerikanische Menschenrechtskommission
ICESC	International Covenant on Economic, Social and Cultural Rights
ICJ Rep.	International Court of Justice, Reports of Judgments, Advisory Opinions and Orders
ICLQ	International and Comparative Law Quarterly
ICLR	International Criminal Law Review
ICompLR	International and Comparative Law Review
ICSID	International Centre for the Settlement of Investment Disputes
ICSID Rev	ICSID Review
ICTR	International Criminal Tribunal for Rwanda
ICTY	International Criminal Tribunal for the Former Yugoslawia
IDA	International Development Association
IDI	Institut de Droit International
i.e.	id est *(das ist)*
i.E.	im Einzelnen/im Ergebnis/im Erscheinen
IGH	Internationaler Gerichtshof
IJCL	International Journal of Constitutional Law (I·CON)
IJIL	Indian Journal of International Law
IJGLS	Indiana Journal of Global Legal Studies
IJGR	International Journal on Minority Rights and Group Rights
IJHR	International Journal of Human Rights
IJMCL	International Journal of Marine and Coastal Law
IJRL	International Journal of Refugee Law

IJTJ	International Journal of Transnational Justice
IKRK	Internationales Komitee vom Roten Kreuz
ILA	International Law Association
ILC	International Law Commission
ILM	International Legal Materials
ILO	International Labour Organization
ILR	International Law Reports
IndoJICL	Indonesian Journal of International and Comparative Law
InfAuslR	Informationsbrief Ausländerrecht
IntAff	International Affairs
IntCommLR	International Community Law Review
IntLawyer	International Lawyer
IntOrg	International Organization (Zeitschrift)
IO	Internationale Organisation
IOLR	International Organizations Law Review
IPBPR	Internationaler Pakt über bürgerliche und politische Rechte
IPRax	Praxis des Internationalen Privat- und Verfahrensrechts
IPWSKR	Internationaler Pakt über wirtschaftliche, soziale und kulturelle Rechte
IrishYIL	Irish Yearbook of International Law
IRRC	International Review of the Red Cross
ISGH	Internationaler Seegerichtshof
IsrLR	Israel Law Review
IsrYBHR	Israel Yearbook on Human Rights
IStGH	Internationaler Strafgerichtshof
IStR	Internationales Steuerrecht (Zeitschrift)
ItalYIL	Italian Yearbook of International Law
IWF	Internationaler Währungsfonds
IWFÜ	Übereinkommen über den Internationale Währungsfonds
JA	Juristische Arbeitsblätter
JAIL	Japanese Annual of International Law
JapYIL	Japanese Yearbook of International Law
JBÖS	Jahrbuch Öffentliche Sicherheit
JCL	The Journal of Criminal Law
JCSL	Journal of Conflict and Security Law
JDI	Journal du Droit International
JE&D	Journal of Environment & Development
JENRL	Journal of Energy & Natural Resources Law
JEnvL	Journal of Environmental Law
JHIL	Journal of the History of International Law
JICJ	Journal of International Criminal Justice
JIDS	Journal of International Dispute Settlement
JIEL	Journal of International Economic Law
JIHLS	Journal of International Humanitarian Legal Studies
JIML	Journal for International Maritime Law
JIR	Jahrbuch für internationales Recht
JISB	Journal of Intervention and Statebuilding.
JÖR	Jahrbuch des öffentlichen Rechts der Gegenwart
JPR	Journal of Peace Research
JR	Juristische Rundschau
JTLP	Journal of Transnational Law & Policy

JUFIL	Journal on the Use of Force and International Law
Jura	Juristische Ausbildung (Zeitschrift)
JuS	Juristische Schulung
JWI	Journal of World Investment
JWT	Journal of World Trade
JZ	Juristenzeitung
KJ	Kritische Justiz
KSZE	Konferenz für Sicherheit und Zusammenarbeit in Europa
LDD	Law, Democracy and Development
LG	Landgericht
lit.	litera (Buchstabe)
LJIL	Leiden Journal of International Law
LKV	Landes- und Kommunalverwaltung (Zeitschrift)
LNTS	League of Nations Treaty Series
LPICT	Law & Practice of International Courts and Tribunals
Ltd.	Limited
MaineLR	Maine Law Review
MelbJIL	Melbourne Journal of International Law
MichJIL	Michigan Journal of International Law
MinnJIL	Minnesota Journal of International Law
MMR	Multimedia und Recht
MPEPIL	*R. Wolfrum* (Hrsg.), Max Planck Encyclopedia of Public International Law, Online-Ressource
MPUNYB	Max Planck United Nations Yearbook
MPYUNL	Max Planck Yearbook of United Nations Law
MRA	Menschenrechtsausschuss (zum IPBPR)
MRM	MenschenRechtsMagazin
m. w. N.	mit weiteren Nachweisen
NGO	Nongovernmental Organization
NILR	Netherlands International Law Review
NJOZ	Neue Juristische Online-Zeitschrift
NJW	Neue Juristische Wochenschrift
NorJIL	Nordic Journal of International Law
NQHR	Netherlands Quarterly of Human Rights
NRG	Nouveau Recueil général de traités
NStZ	Neue Zeitschrift für Strafrecht
NuR	Natur und Recht (Zeitschrift)
NVwZ	Neue Zeitschrift für Verwaltungsrecht
NWULR	Northwestern University Law Review
NYIL	Netherlands Yearbook of International Law
NYUJILP	New York University Journal of International Law and Politics
NYULR	New York University Law Review
NZA	Neue Zeitschrift für Arbeitsrecht
NZJPIL	New Zealand Journal of Public and International Law
NZS	Neue Zeitschrift für Sozialrecht
NZWehrR	Neue Zeitschrift für Wehrrecht

OAS	Organization of American States
OAU	Organization of African Unity
ODIL	Ocean Development & International Law
OECD	Organization for European Economic Cooperation and Development
ÖJZ	Österreichische Juristenzeitung
ÖZöRV	Österreichische Zeitschrift für öffentliches Recht und Völkerrecht
OHCHR	Office of the [United Nations] High Commissioner for Human Rights
OLG	Oberlandesgericht
OSPAR	Übereinkommen zum Schutz der Meeresumwelt des Nordost-Atlantiks (Oslo Paris)
OSZE	Organisation für Sicherheit und Zusammenarbeit in Europa
OVG	Oberverwaltungsgericht
p.	page
PalestineYIL	Palestine Yearbook of International Law
para.	Paragraf
PASIL	Proceedings of the American Society of International Law
PCIJ	Permanent Court of International Justice *(siehe: StIGH)*
PolYIL	The Polish Yearbook of International Law
QIL	Questions of International Law (Online-Zeitschrift)
RabelsZ	Rabels Zeitschrift für ausländisches und internationales Privatrecht
RBDI	Revue Belge de Droit International
RdC	Recueil des Cours de l'Académie de droit international de la Haye/ Collected Courses of the Hague Academy of International Law
RDI	Révue de Droit International, de Sciences Diplomatiques et Politiques
RdJB	Recht der Jugend und des Bildungswesens
RDMDG	Revue de droit militaire et de droit de la guerre
RDP	Revue de droit public et de la science politique en France et à l'étranger
RECIEL	Review of European Comparative & International Environmental Law
Rep.	Report
Res.	Resolution
RFDA	Revue française de droit administratif
RG	Reichsgericht
RGDIP	Révue Générale de Droit International Public
RGSt	Entscheidungssammlung des Reichsgerichts in Strafsachen
RGZ	Entscheidungssammlung des Reichsgerichts in Zivilsachen
RIAA	Reports of International Arbitral Awards
RIS	Review of International Studies
RivDI	Rivista di diritto internazionale
RIW	Recht der Internationalen Wirtschaft
RTDH	Revue trimestrielle des droits de l'homme
RUDH	Revue Universelle des Droits de l'Homme
RWiss	Rechtswissenschaft (Zeitschrift)
SAYIL	South African Yearbook of International Law
SchweizJIR	Schweizerisches Jahrbuch für Internationales Recht
Sect.	Section
S+F	Sicherheit und Frieden
SGB	Sozialgesetzbuch

SingYIL	Singapore Yearbook of International Law
Slg.	Sammlung
sm	Seemeilen
SRÜ	Seerechtsübereinkommen
StAG	Staatsangehörigkeitsgesetz
StanfordJIL	Stanford Journal of International Law
StanfordLR	Stanford Law Review
StIGH	Ständiger Internationaler Gerichtshof
StudZR	Studentische Zeitschrift für Rechtswissenschaft Heidelberg
StV	Der Strafverteidiger
Suppl.	Supplement
SyracuseJILC	Syacuse Journal of International Law & Commerce
SZIER	Schweizerische Zeitschrift für Internationales und Europäisches Recht
Teilbd.	Teilband
TexasILJ	Texas International Law Journal
TexasLR	Texas Law Review
TGI	Tribunal de Grande Instance
TIL	Theoretical Inquiries in Law
TLT	Transnational Legal Theory
TRIPS	Agreement on Trade-Related Aspects of Intellectual Property Rights
TulaneJICL	Tulane Journal of International and Comparative Law
UAbs.	Unterabsatz
UN	United Nations
UN-AVL	United Nations Audiovisual Library
UNCh	United Nations Charter/UN-Charta
UNCITRAL	United States Commission on International Trade Law
UNCTAD	United Nations Conference on Trade and Development
UNDP	United Nations Development Programme
UNECE	United Nations Economic Commission for Europe
UNEP	United Nations Environmental Programme
UNESCO	United Nations Educational, Scientific and Cultural Organization
UNHCHR	United Nations High Commissioner for Human Rights
UNHCR	United Nations High Commissioner for Refugees
UNICEF	United Nations International Children's Emergency Fund
UNO	United Nations Organization
UNTS	United Nations Treaty Series
UNYB	United Nations Yearbook
UPennJIL	University of Pennsylvania Journal of International Law
UtrechtLR	Utrecht Law Review
VandLR	Vanderbilt Law Review
verb.	verbunden
VerfO	Verfahrensordnung
VerwArch	Verwaltungsarchiv
VG	Verwaltungsgericht
VirginiaJIL	Virginia Journal of International Law
VJTL	Vanderbilt Journal of Transnational Law
VN	Vereinte Nationen
VO	Verordnung

Vol.	Volume
VR	Verwaltungsrundschau
VRÜ	Verfassung und Recht in Übersee
VUWLR	Victoria University Wellington Law Review
VVDStRL	Veröffentlichungen der Vereinigung der deutschen Staatsrechtslehrer
WashLR	Washington Law Review
WashUGSLR	Washington University Global Studies Law Review
WHO	World Health Organization
WIPO	World Intellectual Property Organization
WisILJ	Wisconsin International Law Journal
WM	Wertpapiermitteilungen – Zeitschrift für Wirtschafts- und Bankrecht
WRV	Weltraumvertrag
WTO	World Trade Organization
WTO-Übk.	WTO-Übereinkommen
WTR	World Trade Review
WÜD	Wiener Übereinkommen über diplomatische Beziehungen
WÜK	Wiener Übereinkommen über konsularische Beziehungen
WVK	Wiener Übereinkommen (Konvention) über das Recht der Verträge
WVKIO	Wiener Übereinkommen (Konvention) über das Recht der Verträge zwischen Staaten und Internationalen Organisationen oder zwischen Internationalen Organisationen
YBILC	Yearbook of the International Law Commission
YIEL	Yearbook of International Environmental Law
YIHL	Yearbook of International Humanitarian Law
YJIL	Yale Journal of International Law
YLJ	Yale Law Journal
YPL	Yearbook of Polar Law
ZaöRV	Zeitschrift für ausländisches öffentliches Recht und Völkerrecht
ZAR	Zeitschrift für Ausländerrecht und Ausländerpolitik
ZBR	Zeitschrift für Beamtenrecht
ZeFKo	Zeitschrift für Friedens- und Konfliktforschung
ZEuP	Zeitschrift für Europäisches Privatrecht
ZEuS	Zeitschrift für Europarechtliche Studien
ZevKr	Zeitschrift für evangelisches Kirchenrecht
ZFAS	Zeitschrift für Außen- und Sicherheitspolitik
ZfgK	Zeitschrift für das gesamte Kreditwesen
ZfP	Zeitschrift für Politik
ZfRSoz	Zeitschrift für Rechtssoziologie
ZG	Zeitschrift für Gesetzgebung
ZGR	Zeitschrift für Unternehmens- und Gesellschaftsrecht
ZHR	Zeitschrift für das gesamte Handelsrecht und Wirtschaftsrecht
ZIB	Zeitschrift für Internationale Beziehungen
ZIS	Zeitschrift für Internationale Strafrechtsdogmatik
ZLW	Zeitschrift für Luft- und Weltraumrecht
ZÖR	Zeitschrift für Öffentliches Recht
ZP	Zusatzprotokoll
ZRP	Zeitschrift für Rechtspolitik
ZRph	Zeitschrift für Rechtsphilosophie

ZSchwR	Zeitschrift für schweizerisches Recht
ZStW	Zeitschrift für die gesamte Strafrechtswissenschaft
ZUR	Zeitschrift für Umweltrecht
ZVglRWiss	Zeitschrift für Vergleichende Rechtswissenschaft

Hinweise zu Literatur und Recherche

I. Lehrbücher zum Völkerrecht

1. In deutscher Sprache

M. Beham/M. Fink/R. Janik, Völkerrecht verstehen, 2. Aufl. 2019
F. Berber, Lehrbuch des Völkerrechts, 3 Bände: Band 1: Allgemeines Friedensrecht, 2. Aufl. 1975; Band 2: Kriegsrecht, 2. Aufl. 1969; Band 3: Streiterledigung, Kriegsverhütung, Integration, 2. Aufl. 1977
G. Dahm, Völkerrecht, 3 Bände: Band 1, 1958; Bände 2 und 3, 1961
G. Dahm/J. Delbrück/R. Wolfrum, Völkerrecht: Band I/1: Die Grundlagen; Die Völkerrechtssubjekte, 2. Aufl. 1989; Band I/2: Der Staat und andere Völkerrechtssubjekte; Räume unter internationaler Verwaltung, 2. Aufl. 2002; Band I/3: Die Formen des völkerrechtlichen Handelns; Die inhaltliche Ordnung der internationalen Gemeinschaft, 2. Aufl. 2002
K. Doehring, Völkerrecht: Ein Lehrbuch, 2. Aufl. 2004
M. Herdegen, Völkerrecht, 17. Aufl. 2018
S. Hobe, Einführung in das Völkerrecht, 10. Aufl. 2014
K. Ipsen (Hg.), Völkerrecht, 7. Aufl. 2018
W. Kälin/A. Epiney/M. Caroni/J. Künzli, Völkerrecht: Eine Einführung, 4. Aufl. 2016
B. Kempen/C. Hillgruber, Völkerrecht, 2. Aufl. 2012
J. Kokott/K. Doehring/T. Buergenthal, Grundzüge des Völkerrechts, 3. Aufl. 2003
M. Krajewski, Völkerrecht, 2017
K. Odendahl, Völkerrecht *in a nutshell*, 2012
A. Peters, Völkerrecht: Allgemeiner Teil, 4. Aufl. 2016
T. Schweisfurth, Völkerrecht, Tübingen 2006
T. Stein/C. v. Buttlar/M. Kotzur, Völkerrecht, 14. Aufl. 2017
A. Verdross/B. Simma, Universelles Völkerrecht. Theorie und Praxis, 3. Aufl. 1984
W. Graf Vitzthum/A. Proelß (Hg.), Völkerrecht, 7. Aufl. 2016
W. Wengler, Völkerrecht, 2 Bände, 1964: Band 1: 1. und 2. Teil; Band 2: 3. Teil
A. Ziegler, Einführung in das Völkerrecht, 3. Aufl. 2015

2. In englischer Sprache

B. E. Carter/A. S. Weiner/D. B. Hollis, International Law, 7. Aufl. 2018
A. Cassese, International Law, 2. Aufl. 2004
A. Clapham, Brierly's Law of Nations: An Introduction to the International Law of Peace, 7. Aufl. 2012
J. Crawford, Brownlie's Principles of Public International Law, 9. Aufl. 2019
M. Dixon, Textbook on International Law, 7. Aufl. 2013
M. Evans (Hg.), International Law, 5. Aufl. 2018
C. Focarelli, International Law, 2019
A. Henriksen, International Law, 2. Aufl. 2019
G. Hernández, International Law, 2019
R. Jennings/A. Watts, Oppenheim's International Law. Vol. 1: Peace, 9. Aufl. 2008
A. Kaczorowska-Ireland, Public International Law, 5. Aufl. 2015

J. Klabbers, International Law, 2. Aufl. 2017
C. Lung-chu, An Introduction to Contemporary International Law: A Policy-oriented Perspective, 3. Aufl. 2015
W. Mansell/K. Openshaw, International Law: A Critical Introduction, 2. Aufl. 2019
A. Orakhelashvili, Akehurst's Modern Introduction to International Law, 8. Aufl. 2018
M. Shaw, International Law, 8. Aufl. 2017

3. In französischer Sprache

D. Carreau/F. Marella, Droit International, 12. Aufl. 2018
P. Daillier/A. Pellet/M. Forteau, Droit International Public, 8. Aufl. 2009
P.-M. Dupuy/Y. Kerbrat, Droit International Public, 14. Aufl. 2018
M. Kamto, Gouvernance mondiale et droit international, 2015
C. Rousseau, Droit International Public, 11. Aufl. 1987
D. Ruzié/G. Teboul, Droit International Public, 24. Aufl. 2017

II. Nachschlagewerke, Handbücher

A. Aust, Handbook of International Law, 2. Aufl. 2010
R. Bernhardt (Hg.), Encyclopedia of Public international Law: Band I: A-D, 1992; Band II: E-I, 1995; Band III: J-P, 1997; Band IV: Q-Z, 2000; Band V: List-Indices, 2003
A. Reinisch (Hg.), Österreichisches Handbuch des Völkerrechts, 2 Bände, 5. Aufl. 2013
B. Schöbener (Hg.), Völkerrecht: Lexikon zentraler Begriffe und Themen, 2014
I. Seidl-Hohenveldern (Hg.), Völkerrecht: Lexikon des Rechts, 3. Aufl. 2001
R. Wolfrum (Hg.), Max Planck Encyclopedia of Public International Law, Online-Ressource, ab 2008 (www.mpepil.com); Druckausgabe 2013

III. Fallsammlungen, Entscheidungssammlungen

1. Fallsammlungen

A. v. Arnauld, Klausurenkurs im Völkerrecht, 3. Aufl. 2018
D. Blumenwitz/M. Breuer, Fälle und Lösungen zum Völkerrecht, 2. Aufl. 2005
R. Czarnecki/E. Lenski, Fallrepetitorium Völkerrecht, 2. Aufl. 2007
B. Kempen/C. Hillgruber, Fälle zum Völkerrecht, 2. Aufl. 2012
P. Kunig/R. Uerpmann-Wittzack, Übungen im Völkerrecht, 2. Aufl. 2006
W. Weiß, Fälle mit Lösungen aus dem Europa- und Völkerrecht, 2. Aufl. 2005

2. Entscheidungssammlungen

E. Bjorge/C. Miles (Hg.), Landmark Cases in Public International Law, 2017
M. Dixon/R. McCorquodale/S. Williams (Hg.), Cases and Materials on International Law, 5. Aufl. 2011
O. Dörr, Kompendium völkerrechtlicher Rechtsprechung, 2. Aufl. 2014
D. Harris/S. Sivakumaran (Hg.), Cases and Materials on International Law, 8. Aufl. 2015
J. Menzel/T. Pierlings/J. Hoffmann (Hg.), Völkerrechtsprechung, 2005

IV. Völkerrechtliche Zeitschriften (Auswahl)

*Mit * gekennzeichnete Zeitschriften sind im Internet frei verfügbar, mit (*) gekennzeichnete sind teilweise frei verfügbar.*

American Journal of International Law (AJIL)
Annuaire Français de Droit International (AFDI)
Archiv des Völkerrechts (AVR)
Austrian Review of International and European Law (ARIEL)
Berichte der Deutschen Gesellschaft für Völkerrecht/Internationales Recht (BDGVR)
British Yearbook of International Law (BYIL)
Europäische Grundrechte-Zeitschrift (EuGRZ)
European Journal of International Law (EJIL) *
Die Friedens-Warte (FW)
German Yearbook of International Law (GYIL)
Goettingen Journal of International Law (GoJIL) *
Harvard International Law Journal (HarvILJ) *
Humanitäres Völkerrecht (HuV)
Human Rights Quarterly (HRQ)
The International and Comparative Law Quarterly (ICLQ)
International Review of the Red Cross (IRRC) *
Leiden Journal of International Law (LJIL)
Michigan Journal of International Law (MichJIL) *
Netherlands International Law Review (NILR)
Netherlands Yearbook of International Law (NYIL)
Nordic Journal of International Law (NordJIL)
Recueil des Cours de l'Académie de droit international de la Haye/Collected Courses of the Hague Academy of International Law (RdC)
Revue Générale de Droit International Public (RGDIP)
Stanford Journal of International Law (StanfordJIL)
Schweizerische Zeitschrift für internationales und europäisches Recht (SZIER); ab 2016: Swiss Review for International and European Law (SRIEL)
Vanderbilt Journal of Transnational Law (VJTL) (*)
Vereinte Nationen (VN) (*)
Virginia Journal of International Law (VJIL) (*)
Yale Journal of International Law (YJIL) (*)
Zeitschrift für ausländisches öffentliches Recht und Völkerrecht (ZaöRV) *

V. Internetressourcen

1. Portale und Research Guides

ASIL Electronic Research Guide: http://www.asil.org/resources/electronic-resource-guide-erg

Umfassende Nachweise von Links und Datenbanken zum Völkerrecht mit Erläuterungen und Recherchetipps

Electronic Information System for International Law (EISIL): http://eisil.org/

Portal der American Society of International Law (ASIL) mit übersichtlichem Zugang zu völkerrechtlichen Verträgen und Primärquellen

International Crimes Database: http://www.internationalcrimesdatabase.org/

Umfangreiche Datenbank zum Völkerstrafrecht

NYU Guide to Foreign and International Legal Databases: http://nyulaw.libguides.com/international-law

Umfassende kommentierte Linksammlung zum Völkerrecht

Oxford Reports on International Law: http://opil.ouplaw.com/home/oril

Aktuelle Dokumentation internationaler und nationaler Gerichtsentscheidungen zum Völkerrecht [kostenpflichtiges Angebot]

Oxford Reports on International Law in Domestic Courts (ILDC): http://opil.ouplaw.com/page/ILDC/oxford-reports-on-international-law-in-domestic-courts

Stetig wachsende Sammlung von Entscheidungen nationaler Gerichte zu völkerrechtlichen Fragen [kostenpflichtiges Angebot]

Research Guides der Peace Palace Library: http://www.peacepalacelibrary.nl/research-guides/

Thematisch gegliederte Recherchehilfe zum Völkerrecht mit Lektüreempfehlungen der IGH-Bibliothekar_innen und Hinweisen auf Neuerscheinungen

UN Audiovisual Library of International Law: http://www.un.org/law/avl/

Umfangreiche Sammlung audiovisueller Dateien zum Völkerrecht. Die *Historic Archives* enthalten Hintergrundinformationen zu den wichtigsten völkerrechtlichen Verträgen und Dokumenten mit einer Einführung. Die *Lecture Series* bietet Online-Vorlesungen zu zahlreichen völkerrechtlichen Themen, gehalten von ausgewiesenen Expert_innen aus der ganzen Welt. Die *Research Library* bietet den Online-Zugriff auf zahlreiche Dokumente und Materialien und fungiert als Portal zu anderen Recherchehilfen

UN Documentation: International Law: http://research.un.org/en/docs/law

Übersichtliches Portal zum Auffinden relevanter UN-Dokumente zum Völkerrecht

2. Vertragssammlungen und -datenbanken (Auswahl)

United Nations Treaty Collection: treaties.un.org

Beim Sekretariat der Vereinten Nationenen hinterlegte und registrierte internationale Übereinkünfte einschließlich deren Status; Dokumente des Völkerbunds (1920-1944), zumindest in englischer und französischer Sprache

ICRC Databases: http://www.icrc.org/eng/resources/ihl-databases/index.jsp

Sämtliche Verträge zum humanitären Völkerrecht seit 1856; Kommentierungen der Genfer Konventionen sowie der Zusatzprotokolle; Datenbank zum Gewohnheitsrecht im HVR

Vertragsbüro des Europarats: conventions.coe.int

Sämtliche Vertragswerke unter der Ägide des Europarats, auch in deutscher Sprache mit Stand der Unterzeichnung, Ratifikation einschließlich Vorbehalte und Erklärungen der Vertragsstaaten

Systematische Sammlung des Schweizerischen Bundesrechts: https://www.admin.ch/opc/de/classified-compilation/international.html

Internationale Übereinkünfte der Schweiz in deutscher Sprache; systematisch geordnet

3. Internationale Gerichte und Institutionen (Auswahl)

Internationaler Gerichtshof: www.icj-cij.org

Sämtliche Entscheidungen des IGH im Umdruck der amtlichen Sammlung einschließlich vorbereitender Schriftsätze in englischer und französischer Sprache; umfassende Dokumentation aller Verfahren vor dem IGH

Ständiger Internationaler Gerichtshof: www.icj-cij.org/pcij

Sämtliche Entscheidungen des Ständigen Internationalen Gerichtshofs von 1922 bis 1946, in englischer und französischer Sprache; einschließlich vorbereitender Schriftsätze und der Verhandlungsdokumentation

Ständiger Schiedsgerichtshof: pca-cpa.org

Entscheidungen und Materialien des ständigen Schiedshofes.

Europäischer Gerichtshof für Menschenrechte www.echr.coe.int

Sämtliche Entscheidungen des EGMR in englischer und französischer Sprache finden sich in der Datenbank *HUDOC*, auf die über die Webseite des EGMR zugegriffen werden kann Unter www.egmr.org finden sich Links zu ausgewählten Entscheidungen des EGMR in deutscher Übersetzung sowie Fundstellenverzeichnis deutscher Übersetzungen in Fachzeitschriften

UN-Hochkommissar für Menschenrechte www.ohchr.org

Portal zu den Institutionen des UN-Menschenrechtsschutzes: Menschenrechtsrat, Menschenrechtsausschuss (HRC), Ausschuss für wirtschaftliche, soziale und kulturelle Rechte (CESCR), Ausschuss für die Beseitigung der Rassendiskriminierung (CERD), Ausschuss für die Beseitigung der Diskriminierung von Frauen (CEDAW), Anti-Folterausschuss (CAT), Kinderrechtsausschuss (CRC), Ausschuss für Wanderarbeiter (CMW), Ausschuss für die Rechte behinderter Personen (CRPD), Ausschuss zum Verschwindenlassen (CED), Unterausschuss zur Folterprävention (SPT). Sämtliche Entscheidungen und Dokumente zur Tätigkeit dieser Institutionen und den entsprechenden Vertragswerken in englischer, französischer und spanischer Sprache

Internationaler Seegerichtshof: www.itlos.org

Umfassende Dokumentation sämtlicher Verfahren vor dem ISGH einschließlich der ergangenen Entscheidungen, in englischer und französischer Sprache

Welthandelsorganisation (WTO): www.wto.org

WTO-Recht in englischer Sprache einschließlich Kommentierungen und relevanten Auszügen aus der Spruchpraxis des Appellate Body seit Gründung der WTO 1995

Internationaler Strafgerichtshof: www.icc-cpi.int

Umfassende Dokumentation sämtlicher Verfahren des IStGH in englischer und französischer Sprache

4. Literaturrecherche

OPAC Peace Palace Library, Haager Völkerrechtsakademie: www.ppl.nl

Verzeichnet auch Beiträge in Zeitschriften und Sammelbänden

OPAC des MPI Heidelberg: zu finden über www.mpil.de → Bibliothek

OPAC des Max-Planck-Instituts für ausländisches öffentliches Recht und Völkerrecht Heidelberg, verzeichnet auch Beiträge in Zeitschriften und Sammelbänden

5. Blogs und aktuelle Analysen

EJIL: Talk! www.ejiltalk.org

Blog des European Journal of International Law. Das wohl beste Völkerrechtsforum im Internet: aktuell, fundiert, Beiträge von ausgewiesenen Expertinnen und Experten. Wer EJIL: Talk! folgt, verpasst (fast) keine Entwicklung im Völkerrecht

Publikationen der American Society of International Law, zu finden über www.asil.org

- ASIL Insights: http://www.asil.org/insights
  Kurze Beiträge zu aktuellen Fragen des Völkerrechts in englischer Sprache
- International Law in Brief: http://www.asil.org/blogs/ilib
  Zusammenfassungen von aktuellen (inter-)nationalen Gerichtsverfahren sowie sonstigen Beschlüssen, in englischer Sprache, einschließlich Links zu den Originaldokumenten
- AJIL Unbound: http://www.asil.org/blogs/ajil-unbound
  Rechtswissenschaftliche Kurzbeiträge zu aktuellen Themen

ICRC Blog: https://blogs.icrc.org

Blog des IKRK zum humanitären Völkerrecht

International Law Observer: www.internationallawobserver.eu

Blog mit Berichten, Kommentaren, Diskussionen zum Völkerrecht

IntLawGrrls: www.ilg2.org

Blog zum Völkerrecht aus feministischer Perspektive

Junge Wissenschaft im Öffentlichen Recht www.juwiss.de

Deutschsprachiger Blog von jungen Wissenschaftlerinnen und Wissenschaftlern im Öffentlichen Recht (einschließlich Völker- und Europarecht)

Just Security: www.justsecurity.org

Kritisch-pragmatische Perspektiven auf die US-Außenpolitik und das Völkerrecht

Opinio Juris: www.opiniojuris.org

Blog zum Völkerrecht in Zusammenarbeit mit der International Commission of Jurists

Strasbourg Observers: https://strasbourgobservers.com

Kurzbesprechungen aktueller Rechtsprechung des EGMR

Verfassungsblog: www.verfassungsblog.de

Blog über Aktuelles und Entwicklungen im deutschen Verfassungsrecht. Thematische Schwerpunkte aber auch im Europa- und Völkerrecht

Völkerrechtsblog: http://voelkerrechtsblog.com/

Blog des Arbeitskreises junger Völkerrechtswissenschaftler*innen in deutscher und englischer Sprache. Publiziert auch Kurzanalysen aus dem Institut für Friedenssicherung und Humanitäres Völkerrecht, Ruhr-Universität Bochum (Bofaxe)

Teil I

Allgemeines Völkerrecht

§ 1 Einführung in das Völkerrecht

Einführende Literatur: *M. Koskenniemi*, International Legal Theory and Doctrine, MPEPIL (11/2007); *A. Peters*, There is Nothing More Practical than a Good Theory: An Overview of Contemporary Approaches to International Law, GYIL 44 (2001), 25; *A. Scheidler*, Einführung in das Völkerrecht, JuS 2004, 9; *R. Wolfrum*, International Law, MPEPIL (11/2006); *K.-H. Ziegler*, Zur Einführung – Völkerrechtsgeschichte, JuS 1987, 350.

Lehr- und Handbücher: *P. Allott* u. a., Theory and International Law: An Introduction, 1991; *A. Bianchi*, International Law Theories, 2016; *J. Crawford/M. Koskenniemi* (Hg.), The Cambridge Companion to International Law, 2012; *B. Fassbender/H. P. Aust*, Basistexte: Völkerrechtsdenken, 2012; *B. Fassbender/A. Peters* (Hg.), Oxford Handbook on the History of International Law, 2012; *R. Kolb*, Theory of International Law, 2016; *A. Orakhelashvili* (Hg.), Research Handbook On The Theory And History Of International Law, 2011; *A. Orford/F. Hoffmann* (Hg.), The Oxford Handbook of the Theory of International Law, 2016; *K.-H. Ziegler*, Völkerrechtsgeschichte, 2. Aufl. 2007.

A. Über das Völkerrecht

I. Begriff und Funktionen des Völkerrechts

Zu Beginn gleich eine Irritation: Der deutsche **Begriff „Völkerrecht"** ist irreführend, 1
denn um Völker geht es im Völkerrecht allenfalls am Rande. Der Begriff ist abgeleitet aus dem lateinischen *ius gentium*. Dieses umfasste diejenigen Regeln des römischen Rechts, von denen die Römer annahmen, dass sie allen Völkern gemeinsam waren und die daher im Rechtsverkehr mit Nichtbürgern Anwendung fanden. Demgegenüber geht es im Völkerrecht um Rechte und Pflichten der Staaten (und anderer Völkerrechtssubjekte, d. h. Träger völkerrechtlicher Rechte und Pflichten[1]) Diese Orientierung auf die **zwischenstaatliche Dimension der Hoheitsgewalt** kommt in anderen Sprachen deutlicher zum Ausdruck, etwa im Englischen *(public international law)* oder im Französischen *(droit international public).* Auch wenn neben die Staaten im Lauf v. a. des 20. Jahrhunderts weitere Völkerrechtssubjekte getreten sind, bleiben die Staaten doch die „Normalpersonen"[2] des Völkerrechts.

Das Völkerrecht spiegelt das Bedürfnis der Staaten, ihre internationalen Beziehungen 2
in verbindlicher Weise zu regeln. Es bietet sowohl die rechtliche Grundlage und den Rahmen für diese Beziehungen als auch die notwendigen Handlungsinstrumente. Es

---

1 Ausführlich § 2.
2 Plastisch *V. Epping*, in: Ipsen (Hg.), Völkerrecht, 7. Aufl. 2018, § 7.

dient dazu, Bindungen zu intensivieren und **Rechtssicherheit** im Sinne von Verlässlichkeit in den internationalen Beziehungen zu etablieren. Das Völkerrecht ist seit Jahrhunderten als ein universeller Code etabliert, mit dem sich diese besondere Verbindlichkeit von Versprechen ausdrücken lässt. Das Recht ist auch für die Verfestigung **institutioneller Strukturen** unerlässlich, um z. B. ein lose verbundenes Forum in eine Internationale Organisation zu verwandeln. Daneben vermag das Völkerrecht als kritischer Maßstab das Verhalten von Akteuren zu **legitimieren** oder zu delegitimieren.

3 Diente das Völkerrecht seit Ende des Dreißigjährigen Krieges vornehmlich der **Machtkoordination**, sind seit dem 20. Jahrhundert verstärkt **kooperative Elemente** hinzugetreten[3]. Zunehmend wirkt das Völkerrecht sogar in den **staatlichen Binnenbereich** hinein, v. a. bei Maßnahmen Internationaler Organisationen gegenüber ihren Mitgliedern.[4] Ein flankierender Trend ist der Übergang von eher **partikulärem** (v. a. bilateralem) Völkerrecht zu völkerrechtlichen Regeln mit **universellem** Regelungsanspruch. Das Völkerrecht vollzieht so die Ausweitung der politischen Aktions- und Wirkungsräume in Zeiten der Globalisierung nach. Diese Entwicklung löst ihrerseits Abwehrreflexe aus, die sich in jüngerer Zeit in der verstärkten Suche nach regionalen (**Regionalisierung**) und nationalen Lösungen („my country first") niederschlagen.[5]

4 Mit dem Übergang von koordinierenden zu auch kooperativen Funktionen geht eine Ausweitung der Regelungsgegenstände des Völkerrechts einher. Dies hat Folgen für die **inhaltlichen Funktionen** des Völkerrechts. Zu diesen zählen heute vornehmlich Friedenssicherung und Konfliktregulierung, Ordnung der Weltwirtschaft einschließlich des Ausgleichs zwischen entwickelten und in der Entwicklung befindlichen Ländern, Individualschutz, Umwelt- und Klimaschutz.

II. Der Geltungsgrund des Völkerrechts

5 Im staatlichen Recht wird die Frage nach dem **Geltungsgrund des Rechts** weitgehend an die Rechts- und Staatstheorie überwiesen. Im demokratischen System des Grundgesetzes findet die staatliche Rechtsordnung ihre Geltungsgrundlage – und zugleich ihre Legitimation – in der Volkssouveränität (vgl. Art. 20 Abs. 2 S. 1 GG: „Alle Staatsgewalt geht vom Volke aus."). Wer aber ist der „Souverän", der die Völkerrechtsordnung legitimiert? Woraus ergibt sich, dass eine Norm des Völkerrechts „gilt", d. h. befolgt werden muss? Weil das Völkerrecht in vielem informelles Recht ist, stellen sich diese Fragen mit anderem Nachdruck und führen dazu, dass manche die Geltung des Völkerrechts als Recht überhaupt bestreiten oder aber relativieren wollen.[6]

3 Begriffsprägend *W. Friedmann*, The Changing Structure of International Law, 1964, 60 ff.
4 Vertiefend *G. Shaffer* (Hg.), Transnational Legal Ordering and State Change, 2013.
5 Zu den Zusammenhängen *S. Tierney* (Hg.), Nationalism and Globalisation, 2015.
6 Guter Einstieg in aktuelle Diskussionen bei *B. Çalı*, The Disciplinary Account of the Authority of International Law: Does It Stand Firm against Its External Critics?, EJIL Reflection 5 (2016), 5.

1. Naturrechtliche Begründungen

Die Suche nach dem Geltungsgrund des Völkerrechts führt in jahrhundertealte Diskussionen. Die **Naturrechtslehren** der Scholastik und der frühen Neuzeit suchten die Begründung des Völkerrechts in einer göttlich bzw. durch die Vernunft vorgeprägten Ordnung, die der Souveränität des Monarchen bzw. des Staates unübersteigbare Grenzen setzt. Ein solcher stark von christlich-abendländischem Denken geprägter Ansatz taugt nur bedingt als Grundlage für das Völkerrecht einer pluralistischen Welt. Rein naturrechtliche Begründungen finden sich daher im modernen Völkerrechtsdiskurs nicht mehr. Wohl aber erleben naturrechtliche Gehalte in der Diskussion über **universelle Werte** seit der 2. Hälfte des 20. Jahrhunderts eine Renaissance. 6

2. Normativistische Begründungen

Das klassische Gegenstück zur Naturrechtslehre verkörpert der Positivismus, der in der Rechtswissenschaft – nicht nur im Völkerrecht – im 19. Jahrhundert seinen Siegeszug antrat. Der **Rechtspositivismus** führt die Geltung von Recht allein auf einen Akt der Rechtsetzung zurück. Die Frage nach dem Geltungsgrund kann hiervon ausgehend unterschiedlich beantwortet werden: So sah der staatsrechtliche Positivismus des 19. und frühen 20. Jahrhunderts den Willen der Staaten, sich zu binden, als das entscheidende Kriterium (sog. **Staatswillentheorie**, vertreten u. a. von *Georg Jellinek* [1851-1911][7]). Dem Problem, dass der Staat sich auf dieser Grundlage einseitig seinen Bindungen zu entziehen vermag, begegnete *Heinrich Triepel* (1868-1946) dadurch, dass er vom Einzelwillen einen „Gemeinwillen" unterschied, der die Regeln der Verpflichtung und Entpflichtung trug und nicht einseitig veränderbar sein sollte.[8] 7

Ein vom Rechtssystem (und nicht vom einzelnen Staat) her entfalteter Positivismus findet sich in der **Wiener Schule** (v. a. *Hans Kelsen* [1881-1973]). Nach deren Lehren muss jede Norm von einer übergeordneten Norm abgeleitet werden, um selbst gültig, d. h. Bestandteil der Rechtsordnung zu sein. An der Spitze des Stufenbaus der Rechtsordnung steht die **Grundnorm**, die *Kelsen* in der Idee der Verbindlichkeit des Rechts erblickt (zentral ist der Grundsatz *pacta sunt servanda* = „Verträge sind einzuhalten").[9] Diese Grundnorm ist ihrerseits keine Rechtsnorm, sondern soziologische Tatsache; der (Neo-)Positivismus Kelsens begründet die Geltung völkerrechtlicher Normen also nur innerhalb eines bereits existierenden völkerrechtlichen Systems. 8

---

7 V.a. in *G. Jellinek*, Die rechtliche Natur der Staatenverträge, 1880. Näher *J. Kersten*, Georg Jellinek und die klassische Staatslehre, 2000, 230 ff; *C. Danwerth*, Die prägenden Thesen und Ideen des Georg Jellinek (1851-1911), JuS 2011, 406.

8 *H. Triepel*, Völkerrecht und Landesrecht, 1899, 88 f. Näher *U. Gassner*, Heinrich Triepel: Leben und Werk, 1999, 446 ff.

9 *H. Kelsen*, Reine Rechtslehre, 1. Aufl. 1934, 129 f. Zum (Völker-)Rechtsdenken *Kelsens* Beiträge in EJIL 9 (1998), 287 ff (Symposium: The European Tradition in International Law: Hans Kelsen); *J. Kammerhofer*, Kelsen – Which Kelsen? A Reapplication of the Pure Theory to International Law, LJIL 22 (2009), 225.

3. Konsenstheorien

9 Durchgesetzt hat sich in der Völkerrechtswissenschaft weitgehend ein konsensuales Modell der Rechtsgeltung (**Konsenstheorie**).[10] Dieser Konsens ist – wie *Kelsens* Grundnorm – ein **das Rechtssystem begründender Konsens**; er bezieht sich nicht allein auf die einzelnen Völkerrechtsnormen, sondern auch auf ihre Rechtserzeugungsverfahren, die Idee der Geltung und der universellen Bindungskraft. Damit lässt sich weit besser erklären, warum das Völkerrecht auch gegenüber einem wandelbaren „Willen" der Staaten eine struktur- und systembildende Beharrungskraft ausprägen kann. Auch kann hierdurch erklärt werden, warum das Völkerrecht Fälle kennt, in denen Staaten auch ohne oder sogar gegen ihren Willen völkerrechtlich gebunden werden können (Rn. 263).

10 Dieses Modell beruht auf anspruchsvollen **Voraussetzungen und Unterstellungen**. Wie weit der zu Grunde liegende Konsens reicht, ist schwer zu belegen oder zu widerlegen. Zudem tritt das Konsensmodell mit dem Anspruch auf, eine soziale Realität zu erfassen. Die Idee souveräner und gleicher Staaten, die seine Basis bildet, richtet sich aber ihrerseits am Sollen aus, nicht am Sein: Faktisch (nicht rechtlich) betrachtet sind einige Staaten „gleicher" als andere (ökonomisch, militärisch, mit Blick auf *soft power* usw.), d. h. sie verfügen über größeres politisches Durchsetzungsvermögen. Solche blinden Flecken der vorherrschenden Lehren aufzudecken (das traditionelle Völkerrechtsverständnis zu „dekonstruieren"), ist ein Verdienst v. a. der **Critical Legal Studies** (*David Kennedy*, *Martti Koskenniemi* u. a.) und verschiedener Ansätze innerhalb der **New Approaches to International Law (NAIL)**. Sie geben zu einer kritischen Relativierung der Theorie Anlass, sollten aber nicht zu einer Aufgabe des Konsenses als Prinzip führen.[11] Die in manchen Lagern der „Crits" vorgenommene Reduktion des Völkerrechts auf einen Mechanismus zur Erhaltung realer Machtstrukturen verfehlt den Charakter des Völkerrechts als „gentle civilizer of nations"[12].

4. Zwangstheorie

11 **Überwunden** ist heute die sog. **Zwangstheorie** des Rechts, welche die Geltung von Recht an die Existenz von Zwang gekoppelt sah und daher dem Völkerrecht mit seinen traditionell schwach ausgeprägten Durchsetzungsmechanismen den Rechtscharakter bestritt (so v. a. *John Austin* [1791-1859] und *Max Weber* [1864-1920]). Diese Zwangstheorie ist schon im nationalen Kontext wenig überzeugend: Auch Vorschriften, die keine Rechtsfolge bzw. Sanktion an die Erfüllung des Tatbestands knüpfen und damit nicht zwangsweise durchsetzbar sind *(leges imperfectae)*, werden als verbindliche Rechtsnormen angesehen (vgl. z. B. §§ 656, 762 BGB).[13] Es besteht also kein Rechtsgrundsatz, der die Rechtsverbindlichkeit einer Norm an ihre Durchsetzbarkeit koppelt – beide sind voneinander unabhängig zu beurteilen.

---

10 *K. Ipsen*, in: ders. (Hg.), Völkerrecht, 7. Aufl. 2018, § 1 Rn. 42 ff; *J. Brunnée*, Consent, MPEPIL (10/2010).

11 Differenziert *T. Altwicker/O. Diggelmann*, What Should Remain of the Critical Approaches to International Law? International Legal Theory as Critique, SZIER 24 (2014), 69.

12 Vgl. *M. Koskenniemi*, The Gentle Civilizer of Nations, 5. Aufl. 2008.

13 Weber deutet diese als „Formen der Rechts*sprache*, in welchen *indirekt* Schranken oder Bedingungen der Zwangsanwendung ausgedrückt werden": *M. Weber*, Wirtschaft und Gesellschaft, 1922, 18.

Ebenso wenig können **Völkerrechtsbrüche** als Beleg für die angeblich mangelnde Verbindlichkeit des Völkerrechts herangezogen werden. Zu Rechtsbrüchen kommt es auch innerhalb staatlicher Rechtsordnungen. Auch das staatliche Recht kennt für solche Fälle Formen rechtlicher Sanktionen jenseits der Erzwingung von Recht, etwa die Nichtigkeit oder Anfechtbarkeit des rechtswidrigen Akts, Sekundäransprüche auf Wiedergutmachung oder die Gewährung von Selbsthilferechten. Diese Folgen ziehen Rechtsbrüche im Völkerrecht ebenfalls nach sich. Bereits durch die Erklärung, der Akt eines anderen Staates sei ein Rechtsbruch, stellt der protestierende Staat eine Rechtsbehauptung auf. Zudem ist es heute um die **Durchsetzung des Völkerrechts** nicht so schlecht bestellt (§ 6). Zu nennen sind hier insbesondere die Rolle internationaler wie nationaler Gerichte oder Sanktionen gegen Rechtsbrecher, die namentlich im Rahmen Internationaler Organisationen verhängt werden. 12

5. „Realistische“ Schulen

Die Zwangstheorie wirkt bis heute in der **„realistischen“ Schule der Internationalen Beziehungen** *(International Relations)* nach. Die Begründer dieser politikwissenschaftlichen Theorierichtung (v. a. *Hans Morgenthau* [1904-1980][14]) kamen nicht zuletzt unter dem Eindruck wiederholter schwerer Völkerrechtsbrüche während der NS-Zeit zu der Ansicht, dass Völkerrecht eine Form internationaler Moral ohne rechtliche Bindungskraft sei. Nicht im Recht, sondern allein in der Macht und im Streben nach ihr soll danach das bestimmende Moment der internationalen Beziehungen liegen.[15] Ein solcher theoretischer Ansatz ist für die Völkerrechtswissenschaft nicht anschlussfähig, da für sie Begründung, Interpretation und Durchsetzung völkerrechtlicher Normen im Mittelpunkt stehen. Anders steht es mit solchen Theorien, die im Recht eine zumindest mitbestimmende Größe in den internationalen Beziehungen erblicken. 13

Die in „realistischer“ Tradition stehende **New Haven School** (*Myres McDougal, Harold Lasswell* u. a.) leugnet zwar nicht die Relevanz des Völkerrechts überhaupt, relativiert aber seine Bedeutung.[16] Aus Sicht ihres *policy-oriented approach* gibt es kein Primat des Völkerrechts vor der Politik; das Völkerrecht ist vielmehr ein Abwägungsgesichtspunkt im außenpolitischen Entscheidungsprozess. Eine solche Sicht mag die US-Außenpolitik in vielem treffend analysieren, eignet sich aber nicht als normatives Grundmodell der internationalen Beziehungen. Seiner Idee nach muss das Völkerrecht als Recht auf Einhaltung bestehen. Ein Verstoß gegen das Völkerrecht mag von einem Staat gelegentlich um anderer Interessen wegen in Kauf genommen werden, wenn er meint, sich dies erlauben zu können; er bleibt aber ein Völkerrechtsbruch. 14

14 *H. Morgenthau*, Politics Among Nations: The Struggle for Power and Peace, 7. Aufl. 2006. Zu ihm Beiträge in ZfP 60 (2013), Heft 4 („Re-reading Morgenthau“).

15 Diesem Ansatz verpflichtet, aber allzu undifferenziert, ist das viel diskutierte Buch von *J. Goldsmith/ E. Posner*, The Limits of International Law, 2005. Überzeugende Kritik bei *A. van Aaken*, EJIL17 (2006), 289.

16 Siehe v. a. *M. McDougal u. a.* (Hg.), Studies in World Public Order, 1960. Ferner *L. Chen*, An Introduction to Contemporary International Law, 3. Aufl. 2016. Dazu *S. Wiessner/A. Wilard*, Policy-Oriented Jurisprudence, GYIL 44 (2001), 96; *M. Reisman*, The New Haven School: A Brief Introduction, YaleJIL 32 (2007), 575. Vertiefend *S. Voos*, Die Schule von New Haven, 2000.

6. Begründungen vom Menschen her

15 Allen hier vorgestellten Ansätzen (mit Ausnahme naturrechtlicher Theorien) ist gemeinsam, dass sie zur Begründung des Völkerrechts auf den Willen bzw. das Verhalten von Staaten abstellen, die Geltung des Völkerrechts also zwischenstaatlich begründen. Abweichend hiervon hat *Georges Scelle* (1878-1961) das Völkerrecht aus der zwischenmenschlichen Solidarität heraus entwickelt.[17] Weil er ein Modell entwirft, in dem die Geltung des Völkerrechts auf einen natürlichen Hang des Menschen zur Assoziierung und damit auf die Bildung von Gesellschaften zurückgeführt wird, gilt er als Begründer der soziologischen Schule. Aus einer solchen anthropozentrischen Perspektive sind **Staaten nur instrumentelle Institutionen**, die an ihrer Fähigkeit gemessen werden können, für den Schutz der Menschen zu sorgen. Diese Sicht hat in jüngerer Zeit verstärkt Anhänger gefunden, nicht zuletzt um ein Recht auf humanitäre Interventionen zu begründen, wenn ein Staat seiner Schutzverantwortung gegenüber der eigenen Bevölkerung nicht nachkommt (so z. B. *Fernando Tesón*, *Francis Deng*, siehe Rn. 314–315).

7. Letztbegründungen und soziale Praktiken

16 Die Frage nach dem letzten Geltungsgrund des Völkerrechts wird sich wohl niemals für alle befriedigend beantworten lassen. Hier gilt, wie für alle Versuche einer Letztbegründung, das **Münchhausen-Trilemma**:[18] Man zieht sich am eigenen Schopf aus dem Begründungssumpf – durch Behauptung, Zirkelschluss oder den unendlichen Regress auf immer grundlegendere Gründe. Dies ändert nichts an der Existenz des Völkerrechts als **sozialer Praxis** in den internationalen Beziehungen. Auch die Kelsen'sche Grundnorm und der systembegründende Konsens der Konsenstheorien gehen von diesem sozialen Faktum aus: Es gibt das Völkerrecht, und Staaten messen ihm Bedeutung zu, indem sie teilweise erheblichen Aufwand und Ressourcen investieren, um völkerrechtliche Verträge auszuhandeln (oder um eine verbindliche Rechtsform bewusst zu verhindern). Auch ohne lückenloses Zwangssystem findet das Völkerrecht generell Beachtung im internationalen Verkehr. Der US-amerikanische Völkerrechtler *Louis Henkin* hat dies auf pointierte Weise gefasst: „It is probably the case that almost all nations observe almost all principles of international law and almost all of their obligations almost all of the time."[19] Ein Staat, der sich als unzuverlässig bei der Einhaltung seiner Rechtspflichten erweist, wird Schwierigkeiten haben, von anderen Staaten verbindliche Zusagen zu erhalten. Dies verdeutlicht zugleich, dass **Reziprozität** wenn auch kein Rechtsprinzip, so doch eine wichtige Triebfeder bei der Entstehung und Entwicklung des Völkerrechts ist.[20]

Gegenseitigkeit, Wechselseitigkeit, Grundprinzip im menschlichen Handeln

17 *G. Scelle*, Droit international public, 1944; *ders.*, Manuel de droit international public, 1948. Im Ansatz verwandt der Ansatz des großen britischen Völkerrechtlers *James Leslie Brierly* (1881-1955).

18 Grundlegend *H. Albert*, Traktat über kritische Vernunft, 1968, 13.

19 *L. Henkin*, How Nations Behave, 1968, 42.

20 *B. Simma*, Reciprocity, MPEPIL (4/2008). Ausführlich *ders.*, Das Reziprozitätselement in der Entstehung des Völkergewohnheitsrechts, 1970; *ders.*, Das Reziprozitätselement im Zustandekommen völkerrechtlicher Verträge, 1972.

III. Besonderheiten im Umgang mit dem Völkerrecht

Der Umgang mit dem Völkerrecht stellt den am deutschen Recht geschulten Juristen vor Herausforderungen. Dies liegt vor allem an den **Rechtsquellen**: Weit mehr als im innerstaatlichen Recht spielen ungeschriebene Rechtsgrundsätze eine Rolle. Hier besteht die erste Aufgabe darin, die Existenz einer Rechtsnorm zu begründen und ihren Inhalt zu ermitteln. Da das Gewohnheitsrecht u. a. auf einer internationalen Praxis beruht, sollte man zu seiner Begründung über **politische und (zeit-)geschichtliche Kenntnisse** verfügen. Als Hilfsmittel zur Ermittlung ungeschriebener Völkerrechtsnormen (oder auch zur Auslegung völkerrechtlicher Verträge) dienen u. a. Entscheidungen internationaler oder nationaler Gerichte oder Schiedsgerichte. Auch ohne eine Präjudizienbindung wie im angelsächsischen Recht ist die Kenntnis **wichtiger Gerichtsentscheidungen** für die Beantwortung völkerrechtlicher Fragen unerlässlich. Aus diesem Grunde wird in diesem Buch immer wieder auf einschlägige Judikate verwiesen, die sich im Anhang in einer Auswahl zusammengestellt finden. 17

Bei der Konkretisierung allgemein gehaltener Normen (z. B. des Rechtsgrundsatzes von Treu und Glauben, des gewohnheitsrechtlichen Instituts der billigen und fairen Aufteilung geteilter Wasserressourcen oder des Grundsatzes der souveränen Gleichheit in Art. 2 Nr. 1 UNCh) müssen mit Hilfe solcher Kenntnisse Antworten in einer behutsamen **Mischung aus Induktion** (= Argumentieren von Einzelfällen zu einer gemeinsamen Regel hin) **und Deduktion** (= Argumentieren von einer abstrakten Regel zum Einzelfall hin) gefunden werden (Rn. 298–301).

Dass das Studium des Völkerrechts **Fremdsprachenkenntnisse** voraussetzt, dürfte kaum überraschen: Im (Studien-)Alltag wird man zwar mit deutschsprachigen Textausgaben arbeiten; bei multilateralen Vertragswerken ist das Deutsche aber nur selten eine der authentischen Sprachfassungen. Für Feinheiten der Auslegung muss man auf die authentischen Fassungen zurückgreifen (können). Gute Kenntnisse der englischen Sprache sind heute unerlässlich – schon weil die einschlägige Literatur überwiegend auf Englisch abgefasst ist. Hilfreich sind auch weitere Sprachkenntnisse, vor allem des Französischen. 18

Viele **Begrifflichkeiten und Wendungen** im Völkerrecht entstammen der lateinischen, der französischen und der englischen Sprache. Hieran kann man Epochen der Völkerrechtsentwicklung ablesen: Bis in die Zeit der Aufklärung hinein war das Lateinische die universelle Sprache von Wissenschaft und Recht. Hierauf verweisen noch heute z. B. der Begriff der *consuetudo* (= Gewohnheit, Übung, Praxis) oder der Grundsatz *par in parem non habet imperium* („ein Gleicher hat über einen Gleichen keine Herrschaftsgewalt"). Etwa vom 18. Jahrhundert an wurde das Französische die Sprache der Diplomatie und des internationalen Rechtsverkehrs. An Begriffen wie dem des *domaine réservé* (d.i. der den Staaten vorbehaltene Bereich innerer Angelegenheiten, in den sich kein anderer Staat einmischen darf) lässt sich dies noch heute ablesen. Seit dem Ende des Ersten Weltkriegs schließlich sorgt die Dominanz der englischen Sprache auf internationaler Ebene zu einem Anwachsen der englischen Fachterminologie.

In der Begegnung mit fremden Sprachen liegt oft auch eine Begegnung mit **fremden Rechtskulturen und fremdem Rechtsdenken**. Hierin liegt eine der faszinierenden 19

Perspektiven, die eine Befassung mit dem Völkerrecht eröffnet: Es geht um ein Recht mit potentiell universellem Anspruch. Am Diskurs über das Völkerrecht nehmen Wissenschaftler und Praktiker aus der gesamten Welt teil. Das Objekt des Diskurses ist dasselbe, der jeweilige Hintergrund aber kann z. T. sehr verschieden sein, wie insbesondere die Diskussion über die Universalität der Menschenrechte zeigt (Rn. 617–619). Diese Einsicht hat die pointierte Frage provoziert, ob das internationale Recht überhaupt international ist.[21] Das Völkerrecht zwingt dazu, die Perspektive zu erweitern und lehrt, auch das eigene Recht und Rechtsverständnis von außen zu betrachten.

B. Entwicklungsstufen des Völkerrechts

I. Geschichtlichkeit: Das Völkerrecht als Spiegel der Zeit

20 Das Völkerrecht ist in erheblichem Maße abhängig von politischen und technischen Entwicklungen und spiegelt Anschauungen seiner Zeit. Der **Wandel der Anschauungen** lässt sich z. B. an der Überwindung des Kolonialvölkerrechts ablesen: Die Vorstellung von „unzivilisierten" Völkern ohne Recht auf Selbstbestimmung, die von „zivilisierten" Nationen unterworfen werden dürfen, hat im heutigen Völkerrecht zum Glück keinen Platz mehr. Folgen der Kolonialzeit freilich beschäftigen das Völkerrecht auch heute noch.[22] Die Abhängigkeit von **technischen Entwicklungen** wiederum lässt sich plastisch am Seevölkerrecht ablesen: So wurde die Breite des Küstenmeeres lange Zeit nach der Reichweite der Kanonen bestimmt, mit denen die Küste verteidigt wurde; die souveränen Rechte des Küstenstaates an der Erforschung und Ausbeutung des Festlandsockels fanden Eingang in das Völkerrecht, als die Erschließung von Bodenschätzen dort erstmals technisch möglich schien. Ähnliches gilt für das durch das SRÜ von 1982 eingeführte Sonderregime des Tiefseebergbaus.

II. Von der Frühzeit bis 1945

21 Die Geschichte des Völkerrechts reicht weit zurück. Mit Sesshaftwerdung der Menschen und der Gründung **früher Siedlungen** wurden Regeln notwendig, das Zusammenleben innerhalb der Gemeinschaften zu ordnen. Als diese zu größeren Herrschaftsverbänden heranwuchsen und miteinander Beziehungen aufnahmen, wurden entsprechend den internen Regeln auch Normen für den „internationalen" Bereich entwickelt. Als ältester bekannter Vertrag gilt das Abkommen zwischen den Stadtstaaten Lagasch und Umma in Mesopotamien aus dem Jahr 3100 v. Chr. In dieser Frühzeit ging es insbesondere darum, Herrschaftsbereiche abzugrenzen (Grenzverträ-

21 *A. Roberts*, Is International Law International?, 2017 (auch als Vorlesung in der UN-AVL). Vgl. auch *dies.* u. a. (Hg.), Comparative International Law, 2018; *A. v. Arnauld* (Hg.), Völkerrechtskulturen, 2020 (i.V.).

22 Dazu *J. A. Kämmerer*, Das Völkerrecht des Kolonialismus, VRÜ 39 (2006), 397; *ders.*, Colonialism, MPEPIL (3/2008). Stellvertretend für die postkoloniale Kritik *A. Anghie*, Towards a Postcolonial International Law, in: Singh/Mayer (Hg.), Critical International Law, 2014, 123.

ge) oder zu sichern (Bündnisverträge, Friedensverträge), aber auch darum, Wirtschaftsbeziehungen zu regeln (Handelsabkommen).

Auch im **hellenischen Kulturkreis** bildeten sich durch Verträge und Gewohnheit in diesen Bereichen Normen zwischen den einzelnen Stadtstaaten heraus. Jedoch bestand trotz der vereinzelt geschaffenen Rechtsverhältnisse das Völkerrecht noch nicht als allgemein anerkannte übergeordnete Rechtsordnung. Das **Römische Reich** lehnte es sogar explizit ab, nichtrömische Völker als gleichberechtigte Vertragspartner anzusehen. Das *ius civile* galt nur im Verhältnis zu römischen Bürgern; der Verkehr mit Nichtrömern bestimmte sich nach den Regeln des *ius gentium* (Rn. 1). **22**

Auch nach dem Untergang des *Imperium Romanum* war die weitere Entwicklung des Völkerrechts für lange Zeit gehemmt. Dies lag u. a. daran, dass in den auf Rom folgenden germanischen Kulturen die **persönlichen Rechtsbeziehungen** zwischen den Fürsten maßgeblich waren. Dies hinderte die Bildung eines allgemein zwischen den Herrschaftsverbänden gültigen Rechtssystems ebenso wie der mit der **Reichsidee** verbundene Universalitätsanspruch im Heiligen Römischen Reich Deutscher Nation. Dennoch wurden im (ausgehenden) Mittelalter von der theologischen **Scholastik** wichtige Grundlagen des Völkerrechts gelegt. So hat *Thomas von Aquin* (ca. 1225-1274) die Lehre vom gerechten Krieg weiterentwickelt und in naturrechtliche Vorstellungen einer für alle Herrschaftsverbände geltenden Rechtsordnung eingefügt. **23**

Mit dem Beginn der Neuzeit[23] wurde die theoretische Fundierung des Völkerrechts weiter vertieft. Die Spätscholastiker des **„Spanischen Zeitalters“** (Autoren wie *Francisco de Vitoria* [ca. 1483-1546], *Domingo Soto* [1494-1560] und *Francisco Suárez* [1548-1617]) orientierten sich am Naturrecht und relativierten so den universellen Herrschaftsanspruch von Kaiser und Papst. Ebenso führten sie das Erfordernis der Verhältnismäßigkeit von Zweck und Mitteln in das Kriegsrecht ein. Hierauf aufbauend führte der Niederländer **Hugo Grotius** (1583-1645) die bereits von *Alberico Gentili* (1552-1608) begonnene „Enttheologisierung“[24] des Völkerrechts fort, indem er dieses auf eine doppelte Grundlage stellte: das *ius gentium naturalis*, das er aus der menschlichen Vernunft herleitete, und das *ius gentium voluntarium*, das aus der Staatenpraxis entsteht. In seinem Hauptwerk „De jure belli ac pacis“ („Vom Recht des Krieges und des Friedens“) entwarf er ein völkerrechtliches Gesamtsystem, welches in seinen Grundgedanken bis heute gültig ist. Aus diesem Grunde wird Grotius bisweilen als der „Vater des Völkerrechts“ bezeichnet.[25] **24**

Prägend für das moderne Völkerrecht wurde dann v. a. der **Westfälische Friede** von 1648, der eine Neuordnung Europas auf der Basis souveräner Territorialstaaten brachte, die einander gleichberechtigt gegenüberstehen. Er leitete die Epoche des **25**

---

23 Anschaulich zu völkerrechtsgeschichtlichen Ereignissen ab 1494 (Vertrag von Tordesillas) die *Oxford Visiual Timeline of the History of International Law*: http://www.tiki-toki.com/timeline/entry/459289/The-History-of-International-Law/.

24 *M. Herdegen*, Völkerrecht, 17. Aufl. 2018, § 2 Rn. 4. Deutlich in *H. Grotius*, De jure belli ac pacis, 1625, Prolegomena § 11.

25 Zu *Grotius* näher *R. Zimmermann/D.L. Carey-Miller*, Generis humani iuris consultus – Hugo Grotius (1583-1645), Jura 1984, 1; *K.-H. Ziegler*, Hugo Grotius als Vater des Völkerrechts, GS W. Martens, 1987, 851; *C. A. Stumpf*, Hugo Grotius: Just War Thinking between Theology and International Law, 2012; *J. Bung*, Naturrecht – Völkerrecht – Weltrecht. Der Code des Hugo Grotius, AVR 55 (2017), 125.

durch seine Wertneutralität gekennzeichneten „klassischen Völkerrechts" ein, die erst mit dem Ersten Weltkrieg zu Ende ging. Souveränität (im Sinne von unabgeleiteter Hoheitsgewalt) und rechtliche Gleichheit der Staaten sind Grundideen dieses **„Westfälischen Systems"**. Sie verbinden sich im Grundsatz der souveränen Gleichheit der Staaten[26], der bis heute eine tragende Säule des Völkerrechtssystems ist (vgl. Art. 2 Nr. 1 UNCh).

26 War das Völkerrecht in der Anfangszeit noch stark vom europäischen Konzert der Mächte dominiert, traten mit Beginn des 19. Jahrhunderts zunehmend außereuropäische Staaten auf die politische Weltbühne, die sich allerdings kulturell dem **ius publicum europaeum** verpflichtet sahen: die USA ebenso wie die im 19. Jahrhundert in die Unabhängigkeit entlassenen Kolonien in Südamerika; auch die Öffnung Japans in der Meiji-Ära orientierte sich an europäischen Vorbildern. Erst das 20. Jahrhundert hat hier, v. a. durch die Dekolonisierungen nach 1945, einen Öffnungsprozess eingeleitet.[27] Auch die Fixierung der Völkerrechtsgeschichtsschreibung auf das *ius publicum europaeum* wird zunehmend kritisch hinterfragt *(global history approach)*.[28]

27 Mit dem 19. Jahrhundert begann eine sprunghafte **Zunahme völkerrechtlicher Vertragsschlüsse**, zunächst v. a. bilateraler Art. Erste multilaterale Verträge entstanden im Bereich des humanitären Völkerrechts (Genfer Rotkreuz-Konvention 1864). Internationale Konferenzen, wie v. a. die auf Betreiben des russischen Diplomaten *Friedrich von Martens* initiierten Haager Friedenskonferenzen von 1899 und 1907 zeugen vom zunehmenden Bestreben, die Beziehungen zwischen den modernen Nationalstaaten auf feste völkerrechtliche Füße zu stellen.[29] In der Gründung früher internationaler Organisationen (z. B. Internationaler Telegraphenverein 1865, Weltpostverein 1874) kommt ein erstes Bemühen um **internationale Kooperation** zum Ausdruck.

28 Der Zusammenbruch der alten Ordnung im Ersten Weltkrieg verhieß eine neue Phase in den internationalen Beziehungen: Die **Völkerbund-Zeit** war geprägt von den – letztlich auf tragische Weise erfolglosen – Versuchen, den Weltfrieden zu sichern (u. a. Errichtung des StIGH, Ächtung des Angriffskrieges im Briand-Kellogg-Pakt) und die zwischenstaatliche Kooperation zu vertiefen. Erst die Erschütterungen durch den Holocaust und einen weiteren Weltkrieg vermochten der Völkerrechtsentwicklung nachhaltig neue Impulse zu geben.

---

26 Zur Etablierung von Staatlichkeit als Referenzgröße im modernen Völkerrecht *H. Spruyt*, The Sovereign State and its Competitors, 2. Aufl. 1996.

27 Dass mit der formalen Einbindung des globalen Südens längst keine Gleichstellung erreicht ist, ist Kern postkolonialer Kritik. Vgl. dazu *J. v. Bernstorff*, Die deutsche Völkerrechtswissenschaft und der „postcolonial turn", 2 Teile, www.voelkerrechtsblog.de (9./11.9.2014). Als prominenter Vertreter der Third World Approaches to International Law (TWAIL) erblickt *A. Anghie*, Imperialism, Sovereignty and the Making of International Law, 2005, im universalen Anspruch des Völkerrechts bis heute imperiales Denken. Die transformativen Möglichkeiten einer Öffnung für Differenz betont hingegen *S. Pahuja*, Decolonising International Law, 2013.

28 Dazu m. w. N. *H. Steiger*, Das Ius Publicum Europaeum und das Andere: a global history approach, in: v. Arnauld, Völkerrechtsgeschichte(n), 2017, 53.

29 In historischer Perspektive *M. Schulz*, Vom Direktorialsystem zum Multilateralismus? Die Haager Friedenskonferenz von 1907 in der Entwicklung des internationalen Staatensystems bis zum Ersten Weltkrieg, FW 82/4 (2007), 31.

III. Konstitutionalisierungsprozesse im modernen Völkerrecht

29 Durch den Prozess der **Globalisierung** hat das lange Zeit primär auf Koordination angelegte Völkerrecht in den Jahrzehnten nach 1945 einen **stärker kooperativen Zug** erhalten: Es geht um die Vereinbarung gemeinsamer Maßnahmen gegen gemeinsame Probleme. Je mehr Probleme die staatlichen Grenzen überschreiten, desto mehr werden Lösungen auf internationaler Ebene gesucht. Die Politikwissenschaft widmet sich diesen Phänomenen im Rahmen des Diskurses über **„Global Governance“** (oder auch „Weltordnungspolitik“), in dem es unter anderem auch, aber nicht allein, um die Rolle des Völkerrechts geht.[30] Aus rechtswissenschaftlicher Perspektive hingegen steht die Fortentwicklung des Völkerrechts im Mittelpunkt des Interesses: Zu beobachten ist eine zunehmende **„Vervölkerrechtlichung“** vieler Politikbereiche, d. h. eine steigende Regelungsdichte auf völkerrechtlicher Ebene.[31] Hand in Hand mit dieser Entwicklung geht der Aufstieg der Internationalen Organisationen ab der zweiten Hälfte des 20. Jahrhunderts.

30 Dabei bleibt es nicht aus, dass das Völkerrecht sowohl in inhaltlicher als auch in institutioneller Hinsicht Strukturen ausprägt, die an das innerstaatliche Recht erinnern. Hier setzt der sog. *public law approach* im Völkerrecht an. Ihm verwandt ist die **Konstitutionalisierungsschule**, die v. a. in der deutschen Völkerrechtswissenschaft einflussreich ist (u. a. *Hermann Mosler*, *Jost Delbrück*, *Bruno Simma* und *Christian Tomuschat* als Wegbereiter der Diskussion).[32] Die Spielarten von „Konstitutionalismus“ und „Konstitutionalisierung“ sind dabei vielfältig: Teils wird die Idee einer internationalen Gemeinschaft in den Mittelpunkt gerückt,[33] die gemeinsame Werte teilt (v. a. Menschenrechte, aber auch das Gewaltverbot), teils eher institutionell auf die Bedeutung starker Internationaler Organisationen abgestellt, namentlich auf die Vereinten Nationen als Organisation von quasi-universeller Bedeutung, deren Satzung (Charta) der Charakter eines Verfassungsdokuments attestiert wird.[34] Während einige Autoren das Ergänzungsverhältnis von staatlichen Verfassungen (die im Prozess der „Vervölkerrechtlichung“ ihre Vollständigkeit einbüßen) und internationalem Recht in der Gesamtperspektive betrachten,[35] fokussieren andere allein auf veränderte rechtliche Strukturen der internationalen Beziehungen. Schließlich lässt sich der Konstitutionalismus als eher analytisch-empirisches Projekt betreiben (dann gibt es bereits Verfassungsstrukturen, die es zu beobachten gilt) oder als ein normatives Projekt (dann gilt es, die Konstitutionalisierung des internationalen Rechts im Dienste universeller Werte und von Gemeinschaftsinteressen zu fördern).

---

30 Siehe insbesondere *M. Zürn*, Regieren jenseits des Nationalstaates, 2. Aufl. 2005. Zur Einordnung dieses Diskurses in verwandte Strömungen (Konstitutionalismus, Weltgesellschaft) *A. Wiener*, Zur normativen Wende in den IB: Triangulation of a Different Kind, ZIB 2010, 335.

31 *T. Aalberts/T. Gammeltoft-Hansen* (Hg.), The Changing Practices of International Law, 2018.

32 Als früher Vorläufer ist noch der große österreichische Völkerrechtsgelehrte *Alfred Verdross* zu nennen (Die Verfassung der Völkerrechtsgemeinschaft, 1926).

33 Dazu *H. Mosler*, The International Society as a Legal Community, 1980; *A. Paulus*, Die internationale Gemeinschaft im Völkerrecht, 2001; *M. Payandeh*, Internationales Gemeinschaftsrecht, 2010.

34 *B. Fassbender*, The United Nations Charter as the Constitution of the International Community, 2009.

35 *A. Peters*, Compensatory Constitutionalism: The Function and Potential of Fundamental International Norms and Structures, LJIL 19 (2006), 579.

31 Tatsächlich weist das moderne Völkerrecht eine Reihe von Elementen auf, die sich nur bedingt in das „Westfälische" Modell einordnen lassen – sowohl in inhaltlicher als auch in institutioneller Hinsicht. Diese Wandlungen hat vor allem das universelle **Bekenntnis zu Menschenrechten** ausgelöst (vgl. Allgemeine Erklärung der Menschenrechte 1948[36]). Das vormals in erster Linie der Machtkoordination dienende Völkerrecht ist verstärkt in den Dienst der Menschen gestellt worden. Als universelle Standards ermöglichen die Menschenrechte Kritik auch an Zuständen im Inneren von Staaten und relativieren das Souveränitätsargument (Rn. 309, 313–315). Die souveräne Staatlichkeit ist aber auch durch die **zunehmende Institutionalisierung** unter Druck geraten: Die Einordnung in Internationale Organisationen führt zu einem Verzicht auf die Ausübung souveräner Rechte, am weitesten für die Mitgliedstaaten der EU. Auch die UNO dringt vermehrt in Bereiche staatlicher Politik vor, die vormals durch den Souveränitätsgrundsatz vor Einmischungen geschützt waren. So hat die weite Auslegung des Begriffs des Friedens durch den UN-Sicherheitsrat (Rn. 1055) Konsequenzen für die Ausgestaltung der innerstaatlichen Verhältnisse. Insoweit **Friedensvoraussetzungen**, d. h. die Bedingungen, unter denen Frieden bestehen kann, zu einem **Staatengemeinschaftsinteresse** geworden sind, können die Staaten sich nicht mehr darauf zurückziehen, dass es um interne Angelegenheiten gehe – ihr Inneres ist keine von der Außenwelt abgeschlossene *black box* mehr.

32 Es gibt demnach durchaus Tendenzen im Völkerrecht, welche die Konstitutionalisierungsthese stützen. Es handelt sich jedoch um **allmähliche Prozesse**, und die Strukturen, die sich bisher herausgebildet haben, bleiben hinter denen staatlicher Verfassungen weit zurück.[37] Zudem hat der Aufstieg neuer Regionalmächte (v. a. der sog. BRICS-Staaten: Brasilien, Russland, Indien, China, Südafrika), die z. T. ein traditionelleres Souveränitätsverständnis vertreten, den konstitutionalistischen Optimismus nach dem Ende des Ost-West-Konflikts 1990 etwas gedämpft. Die Rede vom „postwestfälischen" Zeitalter geht daher – zumindest völkerrechtlich betrachtet – zu weit. Umgekehrt ist das heutige Völkerrecht aber auch kein reines Koordinationsrecht mehr, sondern besitzt eine, wenn auch noch schwach ausgeprägte, „Verfassungsschicht". Als eine **„Denkhaltung"**[38] kann die konstitutionelle Perspektive diese Wandlungen im modernen Völkerrecht erklären und begleiten helfen. Normativ geht es darum, internationale Institutionen zu stärken und universelle Werte behutsam im Dialog zu entfalten.[39] Zentrale Bedeutung für eine weitere „Konstitutionalisierung" der internationalen Ordnung dürfte dabei haben, ob und wie einer möglichst breiten und repräsentativen Vielzahl von Akteuren Zugang zur wirkungsvollen Kritik der Normen und Verfahren internationaler Politik („Kontestation") am Maßstab der Grundwerte der internationalen Gemeinschaft gegeben werden kann.[40]

---

36 Hilfreich und lehrreich zur AEMR *B. Fassbender* (Hg.), Menschenrechteerklärung, 2009 (Neuübersetzung mit Synopse, Erläuterungen und Materialien).

37 Generell kritisch gegenüber jeder Übertragung des Verfassungsbegriffs auf Rechtsbeziehungen jenseits des Staates *D. Grimm*, The Achievement of Constitutionalism and its Prospects in a Changed World, in: Dobner/Loughlin (Hg.), The Twilight of Constitutionalism?, 2010, 3.

38 *M. Koskenniemi*, Constitutionalism as Mindset, TIL 8 (2007), 9.

39 Vgl. zu Letzterem *Y. Onuma*, International Law in a Transcivilizational World, 2017.

40 Vgl. *A. Wiener*, The Invisible Constitution of Politics, 2008, 197 ff.; *dies.*, A Theory of Contestation, 2014. Zur Rolle grundlegender Prinzipien für die Fortentwicklung des Völkerrechts *J. Rauber*, Strukturwandel als Prinzipienwandel, 2018.

Die konstitutionalistische Perspektive hilft dabei, Zusammenhänge zwischen den völkerrechtlichen Teilgebieten zu erkennen und einer von manchen diagnostizierten **Fragmentierung des Völkerrechts** entgegenzutreten.[41] Dabei geht es um die Beobachtung, dass durch eine zunehmende Ausdifferenzierung des Völkerrechtsstoffs völkerrechtliche Teilordnungen entstehen, die mehr und mehr ihren eigenen Regeln folgen. Hierdurch droht die Einheit des Völkerrechts in Gefahr zu geraten. So stellt sich z. B. die Frage, wie Belange des Menschenrechts- oder Umweltschutzes gegenüber der Eigenlogik einer Weltwirtschaftsordnung zur Geltung gebracht werden können (Rn. 230, 978–982). **33**

Dass dieses Lehrbuch mit einem Allgemeinen Teil eröffnet wird, ist schon Ausdruck der Überzeugung, dass trotz solcher Eigenlogiken die Einheit des Völkerrechts nach wie vor existiert. Hinter der Vielfalt der Teilrechtsgebiete stecken letztlich dieselben Fragen nach Legitimation und Geltung, nach Rechtsgrundlagen und Verfahren. Gemeinsame Grundwerte, allen voran universelle Menschenrechtsstandards und das Streben nach Frieden, verlangen in allen Gebieten des Völkerrechts nach Beachtung. Eine wichtige Rolle spielt dabei die in Art. 31 Abs. 3 lit. c WVK niedergelegte Regel, wonach bei der Interpretation völkerrechtlicher Verträge alle zwischen den Parteien geltenden einschlägigen Völkerrechtssätze zu beachten sind. Dies bürgt für eine Integration auch konkurrierender völkerrechtlicher Pflichten in die Vertragspraxis.[42] **34**

C. Charakteristika des Völkerrechts

I. Völkerrecht zwischen öffentlichem Recht und Privatrecht

Die Eigenarten des Völkerrechts erschließen sich am besten, wenn man es mit dem öffentlichen Recht einerseits und dem Privatrecht andererseits vergleicht:[43] Grob vereinfacht, schafft der Staat Recht vornehmlich durch **Gesetze**; Privaten wird hierneben das Recht eingeräumt, untereinander selbst Recht zu schaffen. Diese **Privatautonomie** kommt in erster Linie im Abschluss von Verträgen zum Ausdruck. Während das öffentliche Recht im Wesentlichen von einer Über-unter-Ordnung (**Subordination**) **35**

41 Zu dieser intensiv geführten Debatte *J. Pauwelyn*, Fragmentation of International Law, MPEPIL (9/2006); *U. Sieber*, Legal Order in a Global World: The Development of a Fragmented System of National, International, and Private Norms, MPUNYB 14 (2010), 1; *K Blome* u. a. (Hg.), Contested Regime Collisions: Norm Fragmentation in World Society, 2018. Kritische Analyse der Diskussion bei *A.-C. Martineau*, The Rhetoric of Fragmentation: Fear and Faith in International Law, LJIL 22 (2009), 1; *K. Bautze*, Die Fragmentierungsdebatte: Zwischen Einheit, Diversifikation und *self-fulfilling prophecy*, AVR 54 (2016), 91.

42 Vgl. Studiengruppe der UN-Völkerrechtskommission (ILC), Difficulties arising from the Diversification and Expansion of International Law, Schlussbericht v. 18.7.2006, A/CN.4/L.702 und Analytical Study v. 13.4.2006, A/CN.4/L.682 (Berichterstatter: *M. Koskenniemi*). Zu diesem Bericht kritisch u. a. *J. Kammerhofer*, Systemic Integration, Legal Theory and the International Law Commission, FYIL 19 (2008), 157; *E. Vranes*, Völkerrechtsdogmatik als „self-contained discipline"? Eine kritische Analyse des ILC Report on Fragmentation of International Law, ZÖR 65 (2010), 87; *S. Singh*, The Potential of International Law: Fragmentation and Ethics, LJIL 24 (2011), 23. Dazu dass die Praxis eher von Konvergenz als Fragmentierung geprägt ist, siehe *M. Andenas/E. Bjorge* (Hg.), A Farewell to Fragmentation, 2015.

43 Vertiefend *P. Kunig*, Völkerrecht als öffentliches Recht – Ein Glasperlenspiel, GS Grabitz, 1995, 325.

im Verhältnis Staat-Bürger geprägt ist (in einer Demokratie durch die Teilhabe der Regierten an der Regierung modifiziert), ist das Privatrecht durch eine **Gleichordnung der Partner** gekennzeichnet.

36 Diese Gleichordnung im Privatrecht ist nur eine rechtliche und beseitigt die **faktischen Ungleichheiten** (z. B. zwischen Arbeitgeber und Arbeitnehmer) nicht. Damit zwischen den Beteiligten eines Vertrages die faktischen Ungleichheiten sich nicht zum Nachteil des schwächeren Vertragspartners auswirken, schafft der Staat durch Gesetze einen Rahmen für die Verwirklichung der Privatautonomie (z. B. durch das BGB, aber auch durch Strafgesetze usw.). Die Gleichordnung im Privatrecht ist also eine in einen staatlichen Rahmen eingefügte, **abgesicherte Gleichheit**. Der gesetzliche Rahmen sorgt zudem dafür, dass keine Rechte anderer verletzt werden und dass Verträge sich im Rahmen der Werteordnung der Verfassung halten.

37 Das Völkerrecht baut auf der **souveränen (Rechts-)Gleichheit** aller Staaten auf (Rn. 39–40 und § 4 B). In seiner Grundstruktur erinnert es damit an das Privatrecht, bei dem die Partner ebenfalls rechtlich gleichgestellt sind und sich konsensual wechselseitig berechtigen und verpflichten. Die Souveränität der Staaten entspricht in diesem Strukturvergleich in etwa der Privatautonomie der Privatrechtssubjekte. Anders als im Privatrecht findet der völkerrechtliche Rechtsverkehr allerdings **nicht in einem übergeordneten Rahmen** statt; die Staaten haben – zumindest im Ausgangspunkt – niemanden über sich, der ihre Handlungsfreiheit durch Gesetz beschneidet.

II. Charakteristika im Wandel

38 Das klassische Völkerrecht in dem soeben beschriebenen Sinn weist eine Reihe von Charakteristika auf, die es vom innerstaatlichen Recht unterscheiden. Es ist genossenschaftlich, schwach organisiert, politisch und indirekt.[44] Die beschriebenen Wandlungsprozesse haben diese Charakteristika nicht beseitigt, wohl aber in manchem modifiziert. Die nachfolgende Gegenüberstellung des „klassischen" und des modernen Völkerrechts blendet bewusst aus, dass die Rede vom „Westfälischen System" ahistorisch ist – die genannten Charakteristika sind eher typisch für die Völkerrechtsordnung, die sich im Laufe des 19. Jahrhunderts etabliert hat; ebenfalls blendet sie aus, dass das Völkerrecht seit Jahrhunderten in steter Entwicklung ist und Veränderungen meist schrittweise über einen längeren Zeitraum eingetreten sind.[45] Die schablonenhafte Gegenüberstellung hilft aber, konzeptionelle Wandlungen deutlicher hervortreten zu lassen und ihre Auswirkungen auf die rechtliche Ordnung der internationalen Beziehungen zu verstehen.

1. Genossenschaftlicher Charakter

39 Das „Westfälische System" des Völkerrechts fußt auf der **souveränen Gleichheit aller Staaten**. Faktische Machtverhältnisse zwischen den Staaten bildet das Völkerrecht in seiner Grundstruktur nicht ab, es gibt also **kein „Recht des Stärkeren"**. Al-

44 *F. Berber*, Lehrbuch des Völkerrechts I, 2. Aufl. 1975, § 3.
45 Dazu *R. Grote*, Westphalian System, MPEPIL (6/2006).

lerdings kann z. B. im Rahmen Internationaler Organisationen bestimmten Staaten eine Vorzugsstellung eingeräumt sein, vgl. das Vetorecht im UN-Sicherheitsrat: Voraussetzung ist der Konsens aller Beteiligten hierüber. Dass alle gleich sind und niemanden über sich haben, ist kennzeichnend für den genossenschaftlichen (und damit privatrechtsähnlichen) Charakter des Völkerrechts.

Dementsprechend können auch völkerrechtliche Bindungen als Beschränkungen der souveränen Handlungsfreiheit eines Staates nur durch einen **souveränen Akt der Selbstbindung** – durch Vertrag oder durch Gewohnheitsrecht – begründet werden. Daher gilt im klassischen Völkerrecht die Regel, wonach von der Handlungsfreiheit der Staaten auszugehen ist, solange sich nicht eine völkerrechtliche Norm nachweisen lässt, welche die Handlungsfreiheit beschränkt und der sich der handelnde Staat selbst unterworfen hat (so der StIGH im Lotus-Fall, sog. **Lotus-Regel**). **40**

Lotus-Fall (StIGH 1927)[46] Bei einer Kollision des französischen Postschiffs „Lotus" mit der türkischen „Boz-Kurt" auf hoher See im Mittelmeer kamen im August 1926 acht türkische Seeleute ums Leben. Als der Kapitän der „Lotus" kurz darauf in Konstantinopel an Land ging, wurde er verhaftet und von einem türkischen Gericht verurteilt. Frankreich klagte hiergegen vor dem StIGH und trug vor, dass nur der Flaggenstaat Strafhoheit für einen Unfall auf hoher See besitze.

Der StIGH wies die Klage ab. Im Völkerrecht bedürfe ein Staat zur Ausübung souveräner Hoheitsrechte keiner besonderen Ermächtigung; da das Völkerrecht vom freien übereinstimmenden Willen souveräner Staaten getragen sei, müsse umgekehrt von umfassender staatlicher Souveränität ausgegangen werden, solange sich dem Völkerrecht kein Rechtssatz entnehmen lasse, der die staatlichen Souveränitätsrechte beschränke: „International law governs relations between independent States. The rules of law binding upon States therefore emanate from their own free will as expressed in conventions or by usages generally accepted as expressing principles of law and established in order to regulate the relations between these co-existing independent communities or with a view to the achievement of common aims. Restrictions upon the independence of States cannot therefore be presumed."

Hierdurch erscheint das Völkerrecht vielfach **fragmentarisch**, weil am Ende u. U. der Rückzug auf die insoweit (noch) nicht beschränkte Souveränität der Staaten steht, die *de lege lata* (= nach derzeit geltendem Recht) ein Verhalten gestattet, das man „eigentlich" für missbilligenswert hält. In seinem traditionellen Verständnis bildet das Völkerrecht **keine Werteordnung**, in der moralische Kategorien in gewissem Grade verrechtlicht wären. Das Völkerrecht in seinem klassischen Verständnis war ein Mittel, **konkrete Interessen** der Staaten international zu **koordinieren**, nicht eine in sich geschlossene „Völkerrechtsordnung" für eine „Völkerrechtsgemeinschaft" zu schaffen. **41**

46 StIGH, Urt. v. 7.9.1927, Series A No. 10, Lotus, siehe Anhang, Nr. 3. „Ehrenrettung" des Urteils bei *A. Hertogen*, Letting *Lotus* Bloom, EJIL 26 (2015), 901. Zur geringen Bedeutung der Lotus-Regel in der Rechtsprechung des IGH allerdings *H. Handeyside*, The Lotus Principle in ICJ Jurisprudence: Was the Ship Ever Afloat?, MichJIL 29 (2007), 71. – Heute wäre der Fall anders zu entscheiden: Art. 92 Abs. 1 SRÜ sieht vor, dass Schiffe auf Hoher See der alleinigen Hoheitsgewalt des Flaggenstaates unterstehen. Bei einem Unfall ist dieser allerdings nach Art. 94 Abs. 7 zur Untersuchung in Kooperation mit anderen betroffenen Staaten verpflichtet.

42 Insbesondere durch das Bekenntnis zu universellen **Menschenrechten** hat das Völkerrecht allerdings in den Jahrzehnten nach 1945 verstärkt eine **Wertorientierung** erhalten. Die Allgemeine Erklärung der Menschenrechte von 1948 stellt eine Art globales „Glaubensbekenntnis" zu gemeinsamen Werten der Völkerrechtsgemeinschaft dar. Kennzeichnend für dieses neue Gemeinschaftsdenken ist namentlich die Figur des **ius cogens**, des **zwingenden Völkerrechts**, das den Staaten absolute Handlungsverbote auferlegt (z. B. Verbot von Völkermord und Sklaverei, Verbot des Angriffskrieges sowie Kerngewährleistungen der Menschenrechte, vertiefend Rn. 288–294). Dieses ist nach der Definition in Art. 53 WVK

eine Norm, die von der internationalen Staatengemeinschaft in ihrer Gesamtheit angenommen und anerkannt wird als eine Norm, von der nicht abgewichen werden darf und die nur durch eine spätere Norm des allgemeinen Völkerrechts derselben Rechtsnatur geändert werden kann.

Formal wird das *ius cogens* mit dieser Definition zwar in das genossenschaftliche Modell eingegliedert (theoretisch könnte eine zwingende Norm ja von der internationalen Staatengemeinschaft als ganzer durch eine andere zwingende Norm abgelöst werden – praktisch ist dies kaum vorstellbar); dennoch stellt es einen Paradigmenwechsel dar, weil es der staatlichen Handlungsfreiheit Grenzen errichtet, über die nur alle Staaten gemeinsam verfügen können.

2. Schwach organisierter Charakter

43 Das Völkerrecht verfügt über **keine zentrale Rechtsetzungsinstanz**, die bei Bedarf neues Recht schaffen könnte. Als ein Recht, das von freiwilliger Unterwerfung der Staaten getragen ist, erlaubt das Völkerrecht nicht, dass rechtswirksam über den Kopf eines Staates hinweg entschieden werden kann. Dies zwingt zu **konsensualem** Vorgehen und – im Prinzip – zu **Einstimmigkeit**. Auch bleiben Rechtsverstöße oft ungeahndet, da **keine obligatorische Gerichtsbarkeit** existiert und auch **keine Weltexekutive**, die Rechtsbrüche sanktionieren könnten.

44 Auch an diesem Ausgangsbefund hat sich in den vergangenen Jahrzehnten einiges geändert. Eine Schlüsselrolle in diesem Prozess der **formellen (institutionellen) Konstitutionalisierung des Völkerrechts** (Rn. 29–34) kommt dabei den **Internationalen Organisationen** zu, die vermehrt zur überstaatlichen Erfüllung überstaatlicher Aufgaben gegründet werden. Als Mitglieder Internationaler Organisationen verpflichten sich Staaten vielfach, **Mehrheitsentscheidungen** gegen sich gelten zu lassen. Als Treuhänder eines über den einzelstaatlichen Interessen stehenden **Gemeinschaftsinteresses** tragen die Organe Internationaler Organisationen zu einer organisatorischen wie inhaltlichen Fortentwicklung des Völkerrechts bei.

45 Durch **Übertragung von Hoheitsrechten** auf Internationale Organisationen können diese die Befugnis erhalten, den Mitgliedstaaten gegenüber verbindliche Rechtsakte (sog. **Sekundärrecht**; als „Primärrecht" werden die Verträge bezeichnet, welche die Internationale Organisation erst gründen und ihr Befugnisse übertragen) zu erlassen. Je nach Ausgestaltung kann dieses Sekundärrecht sogar unmittelbare Geltung in den Mitgliedstaaten haben (z. B. EU-Recht), können **Sanktionen** (z. B. nach Kapitel VII UNCh) oder **obligatorische Gerichtsbarkeit** vorgesehen sein. Regional und sektoral

finden sich im Völkerrecht teilweise weit entwickelte Organisationsstrukturen, auch wenn die Hoffnung, dass die Vereinten Nationen sich als eine Art Weltregierung würden etablieren können, bis heute nicht aufgegangen ist.

3. Politischer Charakter

Völkerrecht ist in besonderem Maße „politisches" Recht. Dies betrifft zunächst **fließende Übergänge** zwischen Völkerrecht und internationaler Politik. Wo Staaten explizit rechtsförmlich handeln, insbesondere durch Vertrag, ist die Grenzziehung problemlos möglich. Problematischer wird es bei einseitigen Erklärungen oder beim Gewohnheitsrecht, das aus einer gefestigten Praxis von einiger Dauer und einer begleitenden Rechtsüberzeugung der Staaten besteht: Ob eine bestimmte Staatenpraxis von einer Rechtsüberzeugung getragen ist, ist selten eindeutig zu beantworten. Hinzu kommen Schwierigkeiten bei der rechtlichen Erfassung von *soft law* (Entschließungen, Erklärungen auf Konferenzen u.v.m.): Es handelt sich nicht um Recht, bewegt sich aber im „Dunstkreis" des Rechts und kann unter Umständen bei der Ermittlung von Gewohnheitsrecht als Rechtserkenntnisquelle hilfreich sein. 46

Zusätzlich erschwert wird die Grenzziehung dadurch, dass Staaten wiederholt gegen eine Regel verstoßen können, ohne dadurch die Geltung dieser Norm in Frage zu stellen.[47] Politisch motiviert und nicht zuletzt durch das faktische Kräfteverhältnis bestimmt sind auch die **Reaktionen auf Rechtsbrüche**. Diese sind in das politische Ermessen der betroffenen Staaten bzw. der Völkerrechtsgemeinschaft gestellt und erschweren ebenfalls, politisches und rechtliches System voneinander zu trennen. 47

Mit seiner Tendenz, Effektivität vor Legitimität zu stellen (z. B. bei der Entstehung von Staaten und bei der Begründung von Staatsgewalt), begegnet man im Völkerrecht immer wieder einer **normativen Kraft des Faktischen.**[48] Obgleich das Völkerrecht demnach in vielem durch Flexibilität und Realitätsnähe gekennzeichnet ist, bleibt es normativer Maßstab der Wirklichkeit und zeigt der Politik Grenzen des rechtlich Zulässigen auf. Gerade bei Verstößen gegen Grundprinzipien der internationalen Ordnung ist das stärker wertorientierte Völkerrecht der Gegenwart nicht bereit, vollendete Tatsachen als Recht zu nehmen. Gewaltsam erobertes Territorium mag vom Eroberer u. U. jahrzehntelang effektiv beherrscht werden – einen Rechtstitel erwirbt er dadurch nicht. 48

4. Indirekter Charakter

Auch wenn Völkerrecht durch Menschen und letztlich auch für Menschen geschaffen wird, ist die Rolle des Individuums im „westfälischen" Völkerrecht eine untergeordnete. Das Völkerrecht betrifft den Einzelnen danach nur indirekt durch Vermittlung 49

47 Für *Luhmann* offenbart sich hierin sogar der „Witz" der Norm: Sie widersteht ihrer Verletzung und erweist sich in dieser „kontrafaktischen" Stabilisierung als Satz über das Sollen (präskriptiv), nicht über das Sein (deskriptiv), vgl. *N. Luhmann*, Das Recht der Gesellschaft, 1995, 13.

48 Die berühmte Wendung hat *Georg Jellinek* geprägt: Allgemeine Staatslehre, 3. Aufl. 1914, 337 ff. Siehe dazu auch *H. Taki*, Effectiveness, MPEPIL (2/2013). Eingehend *C. de Visscher*, Les effectivités du droit international public, 1967; *H. Krieger*, Das Effektivitätsprinzip im Völkerrecht, 2000; *M. Breuer*, Effektivitätsprinzip, in: Schöbener (Hg.), Völkerrecht, 2014, 69.

des Staates (**Mediatisierung des Individuums**).[49] Es betrachtet den Staat als einheitliches Rechtssubjekt und ist blind für Vorgänge in dessen Innern. Der Staat ist ihm eine *black box*.

50 Dass aus dieser Perspektive der Mensch nur als Glied eines Staates in Erscheinung tritt, hat Folgen: Wird der Einzelne **Opfer** der rechtswidrigen Handlung eines anderen Staates, muss im Westfälischen Modell sein Heimatstaat das Anliegen im Wege **diplomatischen Schutzes** aufgreifen, um die Rechtsverletzung gegenüber dem „mediatisierten" Individuum auf völkerrechtliche Ebene zu bringen (Rn. 596–606).

51 Diese Mediatisierung greift auch dort, wo ein Mensch (als **„Täter"**) völkerrechtlich geschützte Güter eines fremden Staates verletzt. Sofern er als **Staatsorgan** tätig ist, wird die Verletzungshandlung seinem Staat zugerechnet. Bei **Privaten** indes tauchen Zurechnungsprobleme auf; hier verlagert sich die Verantwortung des Staates primär auf die Ebene von **„Überwachen und Strafen"**, d. h. er muss durch innerstaatlich wirksame Maßnahmen dafür sorgen, dass völkerrechtlich geschützte Güter und Interessen nicht durch privates Verhalten verletzt werden (Rn. 409). In dieser Staatenfixierung des klassischen Völkerrechts liegt z. B. auch eine der Schwierigkeiten, eine völkerrechtliche Antwort auf die Aktionen privater Terrorakteure zu finden.

52 Auch hier zeichnet sich in Teilbereichen ein Wandel ab; dort nämlich, wo **Menschenrechtsverträge** den Einzelnen als unmittelbaren Träger der vertraglich niedergelegten Rechte betrachten und ihn mit eigenen Durchsetzungsrechten ausstatten oder wo der Einzelne wegen eines Verstoßes gegen völkerrechtliche Normen (das sog. **Völkerstrafrecht**) vor ein internationales Gericht gestellt wird. Insgesamt lässt sich in den letzten Jahrzehnten ein **Aufweichen der souveränitätsbewehrten Hülle des Staates** beobachten: Menschenrechtsverträge schützen nicht allein die Fremden (so noch das klassische Fremdenrecht), sondern auch die eigenen Staatsangehörigen (dieses Verhältnis im Innern des Staates war für das klassische Völkerrecht noch „unsichtbar"); das humanitäre Völkerrecht (früher: Kriegsvölkerrecht) erfasst auch nicht-internationale bewaffnete Konflikte; die Vereinten Nationen widmen sich verstärkt Krisen und Unruhen innerhalb von Staaten. Dies ist teils Folge der bereits beschriebenen Entwicklung hin zu einer Wertegemeinschaft, die in einen Selbstwiderspruch geriete, wenn sie Verstöße gegen ihre Werte im innerstaatlichen Bereich zuließe; zum Teil geht es auch um Prävention, d. h. um die Verhinderung von Friedensgefährdungen im Vorfeld. Da internationale Krisen ihren Ausgang vielfach in innerstaatlichen Konflikten nehmen, z. B. durch sich auflösende Staatsgewalt (sog. *failed/failing states*), nimmt das moderne Völkerrecht auch innerstaatliche Vorgänge in den Blick.

D. Entwicklungsperspektiven

53 Die soeben aufgezeigten Entwicklungen hin zu verstärkter internationaler Kooperation und sogar Integration scheinen gegenwärtig überoptimistisch. Wir erleben zurzeit eine **Krise des Multilateralismus** und eine **Rückkehr selbstbewusster Staatlich-**

49 Kritisch gegenüber dem im 19. Jahrhundert wurzelnden Mediatisierungsnarrativ *A. Kjeldgaard-Pedersen*, The International Legal Personality of the Individual, 2018.

keit. Die WTO scheint den großen Wirtschaftsmächten unbequem geworden zu sein und wird zunehmend durch bilaterale Handels- und Investitionsabkommen verdrängt oder durch „Handelskriege" unterminiert. Nicht nur China[50] und Russland[51] treten mit souveränem staatlichem Machtanspruch auf; nationalistische Tendenzen gewinnen auch andernorts an Boden. Die USA werden gegenwärtig von einem Präsidenten geführt, der mit aggressivem Nationalismus auftritt und internationalen Verträgen und Institutionen den Rücken kehrt.[52] Auch die EU scheint zerstritten und steht vor dem Austritt des Vereinigten Königreichs. Ebensowenig scheint die Rückkehr der Grenzen im EU-Binnenraum in das harmonische Bild zu passen. Steckt das Völkerrecht in einer Krise?[53] Schwingt das Pendel der Geschichte zurück?

Dass dies nicht geschehen möge, ist hoffentlich mehr als nur frommer Wunsch. Infol- **54**
ge der **Globalisierung** sind alle Staaten heute in einem Maße von anderen Staaten und externen Akteuren abhängig, dass sich langfristig nur Kooperationsstrategien auszahlen werden. *Donald Trumps* Alleingänge und seine Vorliebe für bilaterale „Deals" sind für die meisten Staaten kein brauchbares Modell und auch für die USA kurzsichtig. Auf Ebene globaler Kooperation mag im Augenblick in vielen Feldern eher eine Phase der Stagnation eingetreten sein; allerdings ist das Völkerrecht schon seit längerem geprägt von einem Spannungsverhältnis zwischen **universellen Ansprüchen** und **regionalen Differenzen**. Zwar wirken an der Entwicklung des Völkerrechts seit dem Ende der unrühmlichen Epoche des Kolonialvölkerrechts alle Staaten mit; die stärkere Einbeziehung nicht-westlicher Kulturkreise hat aber nicht nur neue Regeln hervorgebracht (z. B. im Bereich der Umwelt- und Entwicklungspolitik) sondern auch dazu geführt, dass universelle Regeln teilweise unterschiedlich interpretiert werden.[54] Der Übergang von einer bipolaren zu einer multipolaren Weltordnung hat den Trend zu stärkerer Zusammenarbeit in **kulturell-geographischen Blöcken** verstärkt. Eine Weltrepublik ist nicht in Sicht. Dieser neue Regionalismus führt zu **Ungleichzeitigkeiten** in der Entwicklung des Völkerrechts. Dies zeigt das Beispiel der EU, die im Vergleich zu anderen internationalen Kooperationen eine einzigartige Integrationsdichte aufweist, damit aber zugleich noch immer als Vorbild für andere regionale Zusammenschlüsse dient. Die Regionalisierung bietet **Chancen** für eine intensivere Kooperation und effektivere Problemlösung auf regionaler Ebene; eine verstärkte Einbeziehung von **Regionalorganisationen** wie der AU verspricht Fortschritte bei der regionalen Friedenssicherung. Regionalisierungsprozesse sollten allerdings

50 *A. Coleman/J. N. Maogoto*, "Westphalian" Meets "Eastphalian" Sovereignty: China in a Globalized World, Asian JIL 3 (2013), 237; *P.C.W. Chan*, China, State Sovereignty and International Legal Order, 2015; *S. Chesterman*, Asia's Ambivalence about International Law and Institutions, EJIL 27 (2016), 945.

51 *L. Mälksoo*, Russian Approaches to International Law, 2015; *ders.*, Russia and China Challenge the Western Hegemony in the Interpretation of International Law, EJIL: Talk! (15.7.2016); *W. Graf Vitzthum*, Russland und das Völkerrecht, AVR 54 (2016), 239; *C. Schaller*, Völkerrechtliche Argumentationslinien in der russischen Außen- und Sicherheitspolitik, SWP-Studie 2018/S 10 (10.6.2018).

52 Dazu *H. Koh*, The Trump Administration and International Law, 2018; *J. Goldsmith/S. Togawa Mercer*, International Law and Institutions in the Trump Era, GYIL 61 (2018), 11.

53 *M. Bulterman/W. van Genugten* (Hg.), Crisis and International Law: Decoy or Catalyst?, 2014 (= NYIL 2013); *H. Krieger/G. Nolte/A. Zimmermann* (Hg.), The International Rule of Law: Rise or Decline?, 2019; *D. Guilfoyle*, The Future of International Law in an Authoritarian World, EJIL Talk! (3.6.2019).

54 Zur Universalismusdebatte bei den Menschenrechten Rn. 617–619.

nicht dazu führen, dass der Konsens über eine alle Staaten umfassende Grundordnung in Frage gestellt wird. Die Sicherung des Friedens und (damit einhergehend) der Schutz der Menschenrechte bilden Leitprinzipien eines **internationalen ordre public** und damit das Fundament einer allgemeinen Völkerrechtsordnung, innerhalb derer sich regionale Kooperationen fruchtbringend entfalten können.

55 Solche Kooperationen haben weitergehende Wirkungen. Trotz der vielerorts wieder lauter beschworenen staatlichen Unabhängigkeit wird sich die **Bedeutung von Souveränität** weiter wandeln. Je mehr Staaten Hoheitsrechte auf Internationale Organisationen übertragen, desto mehr wird es zumindest für diese Staaten nötig, Souveränität nicht im Sinne *Carl Schmitts* auf den einen archimedischen Punkt zu beziehen,[55] sondern mit realitätsgerechteren Konzepten geteilter Souveränität zu operieren. Zudem gilt es, die Auflösung der strikten Trennung von Innen und Außen konzeptionell zu verarbeiten:[56] Souveränitätsbewehrte Abschottung gegen äußere Einmischungen ist schon heute nur noch eingeschränkt möglich; insbesondere die Menschenrechte besitzen hier – zumindest in ihren Kerngarantien – eine zentrale Türöffnerfunktion mit weiterem Entfaltungspotenzial. Zunehmend finden sich Stimmen, die fordern, das Völkerrecht ganz vom Menschen her zu denken und staatliche Souveränität *a priori* an die Bedingung zu knüpfen, dass der Staat seiner primären Verantwortung zum Schutz seiner Bürger nachkommt. Diese Idee einer Schutzverantwortung *(responsibility to protect)* des Staates, dessen Versagen eine Auffangverantwortung der internationalen Gemeinschaft auslösen soll, ist nach wie vor nur ein rechtspolitisches Konzept und kein Bestandteil des geltenden Völkerrechts (Rn. 314). Dennoch weist sie im Ansatz auf Prozesse hin, die das Völkerrecht in seiner weiteren Entwicklung prägen könnten. Eine Ablösung des Konzepts souveräner Staatlichkeit steht zwar nicht zu erwarten, wohl aber seine weitere **Modifikation und Relativierung**.[57]

56 An der **zentralen Stellung der Staaten** im Völkerrecht dürfte sich nichts ändern. Staaten bleiben Hauptakteure und Garanten für relative Stabilität in den internationalen Beziehungen; ihnen wird auch weiter der Schutz privater Rechte und Interessen auf internationaler Ebene obliegen. Wohl aber lässt sich eine weitere Lockerung der Staatenzentrierung denken. Gerade beim Kreis der Völkerrechtssubjekte entspricht es der Natur des Völkerrechts, faktische Entwicklungen nicht langfristig auszublenden (Rn. 59). Neben Transnationalen Wirtschaftsunternehmen, über deren Status im Völkerrecht schon länger diskutiert wird (Rn. 632), spielen **Nichtregierungsorganisationen** (NGO) eine wichtige Rolle auf der internationalen Bühne. Schon heute finden sich Ansätze einer Institutionalisierung der Beziehungen zwischen NGO und Internationalen Organisationen, z. B. im Menschenrechts-Monitoring der UNO.[58] Es er-

---

55 Klassisch, aber auch verführerisch in seiner (vermeintlichen) Einfachheit *C. Schmitt*, Politische Theologie, 2. Aufl. 1934, 11: „Souverän ist, wer über den Ausnahmezustand entscheidet."

56 Zur Außendimension staatlicher Verfassungen z. B. *E. Benvenisti/M. Versteeg*, The External Dimensions of Constitutions, VJIL 57 (2018), 515; *N. Walker*, Sovereignty and Beyond: The Double Edge of External Constitutionalism, ebd., 799.

57 *A. v. Arnauld*, Staatliche Souveränität im Wandel: Neujustierungen der staatlichen „Firewall", in: Globale Trends 2013, 2012, 69.

58 Näher *R. Müller-Terpitz*, Beteiligungs- und Handlungsmöglichkeiten nichtstaatlicher Organisationen im aktuellen Völker- und Gemeinschaftsrecht, AVR 43 (2005), 466; *S. Charnovitz*, Nongovernmental Organizations and International Law, AJIL 100 (2006), 348. Siehe auch *J. Paust*, Nonstate Actor Participation in International Law and the Pretense of Exclusion, VJIL 51 (2010/11), 977.

scheint durchaus möglich, hierin einen ersten Anfang **zivilgesellschaftlicher Elemente** im modernen Völkerrecht zu erblicken.[59]

Durch die „Rückkehr des Staates" in allerjüngster Zeit etwas verdeckt, aber nicht beseitigt, wurde ein **Trend zur Informalisierung**, der sich in den letzten Jahren in den internationalen Beziehungen bemerkbar gemacht hat: **Koalitionen der Willigen** sind wiederholt an die Stelle institutionalisierter Allianzen getreten, wichtige Entscheidungen werden außerhalb Internationaler Organisationen in **informellen Zirkeln** wie den G8 oder G20 getroffen, **Behördennetzwerke** kooperieren weitgehend informell auch über Grenzen hinweg, statt Verträge abzuschließen, beschränkt man sich vielfach auf **informelle Abreden** und unverbindliche Resolutionen. Angesichts z. T. erheblicher Auswirkungen auch auf den Einzelnen (man denke nur an die Wirkungen der PISA-Studie der OECD auf das deutsche Schulsystem) ist eine drängende Herausforderung an das Völkerrecht, hier Verantwortlichkeiten und Kontrollen zu etablieren.[60] Diese Entwicklungen fordern aber nicht das Völkerrecht per se heraus. Sie stehen zu ihm nicht in einem Konkurrenz-, sondern in einem **Ergänzungsverhältnis**. Ein Bedürfnis nach „weichen" Formen internationaler Kooperation hat es immer gegeben und wird es auch weiterhin geben. Ebenso aber bleibt ein Bedürfnis nach verlässlichen und belastbaren institutionellen Strukturen und nach gesteigerter Verbindlichkeit internationaler Verpflichtungen, wie sie nur das Völkerrecht bieten kann. Gerade in einer multipolaren Welt beweist sich der Wert des Völkerrechts als Garant von Stabilität und Verlässlichkeit. 57

Vertiefende Literaturangaben zu § 1 siehe: www.cfmueller.de/voelkerrecht
www.wsi.uni-kiel.de

Kontrollfragen:

- Woher stammt der Begriff „Völkerrecht" und weshalb ist er irreführend? **Rn. 1**
- Was sind die Funktionen des Völkerrechts? Wie haben sie sich im Laufe der Zeit gewandelt? **Rn. 2–4**
- Ist Völkerrecht Recht? Warum „gilt" es? **Rn. 6–16**
- Inwieweit war und ist der Westfälische Friede von 1648 prägend für das Völkerrecht? **Rn. 25, 38**
- Was verbirgt sich hinter den Diskussionen über die Konstitutionalisierung und über die Fragmentierung des Völkerrechts? **Rn. 29–34**
- Worin liegen Gemeinsamkeiten und Unterschiede zwischen Völkerrecht und Privatrecht? **Rn. 35–37**
- Was ist kennzeichnend für den genossenschaftlichen Charakter des Völkerrechts? **Rn. 39–42**
- Was besagt die Lotus-Regel? **Rn. 40**
- Wieso ist das Völkerrecht in besonderem Maße „politisches" Recht? **Rn. 46–48**
- Was versteht man unter der sog. Mediatisierung des Individuums? **Rn. 49–51**
- Welche Chancen und Risiken bergen Trends einer stärkeren Regionalisierung im Völkerrecht? **Rn. 54**
- Worin äußert sich ein Trend zur Informalisierung in den internationalen Beziehungen? **Rn. 57**

---

59 *C. Marxsen*, The Promise of Global Democracy: The International Impact of Civil Society, NYUJILP 47 (2015), 719.

60 *A. v. Bogdandy/P. Dann/M. Goldmann*, Developing the Publicness of Public International Law: Towards a Legal Framework for Global Governance Activities, GLJ 9 (2008), 1375.

§ 2 Völkerrechtssubjekte

Einführende Literatur: *J. Crawford*, State, MPEPIL (1/2011); *C. Hillgruber*, Der Staat im Völkerrecht, ZRph 2007, 9; *J. Klabbers*, International institutions, in: Crawford/Koskenniemi (Hg.), The Cambridge Companion to International Law, 2012, 228; *K. Knop*, Statehood, ebd., 95; *K. Schmalenbach*, International Organizations or Institutions, General Aspects, MPEPIL (7/2014); *C. Walter*, Subjects of International Law, MPEPIL (5/2007).

Lehr- und Handbücher: *C. F. Amerasinghe*, Principles of the Institutional Law of International Organizations, 2. Aufl. 2005; *S. Chesterman/I. Johnstone/D. Malone* (Hg.), Law and Practice of the United Nations, 2. Aufl. 2016; *J. K. Cogan/I. Hurd/I. Johnstone* (Hg.), The Oxford Handbook of International Organizations, 2016; *R. Higgins* u. a. (Hg.), Oppenheim's International Law: United Nations, 2018; *I. Hurd*, International Organizations, 3. Aufl. 2018; *J. Klabbers*, An Introduction to International Organizations Law, 3. Aufl. 2015; *ders.*, Advanced Introduction to the Law of International Organizations, 2015; *J. Klabbers/Å. Wallendahl* (Hg.), Research Handbook On The Law Of International Organizations, 2011; *R. Kolb*, An Introduction to the Law of the United Nations, 2010; *B. Reinalda* (Hg.), Routledge Handbook of International Organization, 2013; *M. Ruffert/C. Walter*, Institutionalisiertes Völkerrecht, 2. Aufl. 2015; *H. G. Schermers/N. Blokker*, International Institutional Law, 6. Aufl. 2018; *I. Seidl-Hohenveldern/G. Loibl*, Das Recht der Internationalen Organisationen einschließlich der supranationalen Gemeinschaften, 7. Aufl. 2000; *T. Weiss/S. Daws* (Hg.), The Oxford Handbook on the United Nations, 2. Aufl. 2018; *N. D. White*, The Law of International Organisations, 3. Aufl. 2016.

Kommentare: *J.-P. Cot/A. Pellet/M. Forteau* (Hg.), La Charte des Nations Unies, 2 Bände, 3. Aufl. 2005; *A. Reinisch* (Hg.), The Conventions on the Privileges and Immunities of the United Nations and its Specialized Agencies, 2016; *B. Simma* u. a. (Hg.), The Charter of the United Nations, 3. Aufl. 2012.

58 Unter einem Rechtssubjekt versteht man jemanden, der Träger von Rechten und rechtlichen Pflichten sein kann. Ein Völkerrechtssubjekt ist also jemand, der **Träger völkerrechtlicher Rechte und Pflichten** ist. Diese traditionelle Subjekt-Objekt-Dichotomie wird teilweise als zu statisch kritisiert, weil sie eine Reihe einflussreicher internationaler Akteure (z. B. Transnationale Wirtschaftsunternehmen) ausschließt und durch eine Fixierung auf Statusfragen die Bindung an völkerrechtliche Standards hemmt.[1] Von der völkerrechtlichen Rechtsfähigkeit zu unterscheiden ist die **Handlungsfähigkeit**: So behält ein besetzter Staat seine Rechtsfähigkeit, auch wenn er seine Handlungsfähigkeit an das Besatzungsregime verloren hat; ebenso bleibt ein Staat, der – zumindest vorübergehend – keine effektive Staatsgewalt besitzt, rechtsfähig und damit z. B. vor gewaltsamen Übergriffen seiner Nachbarn geschützt.

A. Überblick

I. Der Staat als das „klassische" Völkerrechtssubjekt

59 Das Völkerrecht ist seinem ursprünglichen Verständnis nach Zwischenstaatenrecht („internationales" Recht), und noch heute sind Staaten die **hauptsächlichen Völkerrechtssubjekte**. Es entspricht der vielfältig zu beobachtenden Entwicklung vom Fak-

1 So insbes. *A. Clapham*, Human Rights Obligations of Non-State Actors, 2006, 59 ff.

tischen zum Normativen im Völkerrecht (vgl. *Georg Jellineks* berühmte Wendung von der „normativen Kraft des Faktischen“), dass der Kreis im Laufe der Zeit **erweitert** und andere Akteure auf internationaler Ebene als selbstständige Träger von Rechten und Pflichten anerkannt wurden. Hierzu zählen insbesondere:

II. Traditionelle Völkerrechtssubjekte

Traditionelle nichtterritoriale Völkerrechtssubjekte sind der Heilige Stuhl, der Souve- **60**
räne Malteserritterorden sowie das Internationale Komitee vom Roten Kreuz. Die Anerkennung dieser – in heutigem Sprachgebrauch – „Nicht-Regierungsorganisationen“ als Völkerrechtssubjekte ist historisch bedingt und lässt sich nicht verallgemeinern.

Der **Heilige Stuhl** besteht nach kirchenrechtlicher Definition aus dem Papst, unter- **61**
stützt durch die römische Kurie; er ist vom Vatikanstaat zu unterscheiden, der ein eigenständiger Mikrostaat ist.[2] Ob ein Abkommen vom Heiligen Stuhl oder vom Vatikanstaat geschlossen wird, entscheidet die Kurie in der Regel danach, ob es eher um gebietsbezogene Fragen geht oder um geistig-ideelle. Der Heilige Stuhl entsendet die Diplomaten (sog. Apostolische Nuntien) und schließt insbesondere Konkordate (d. h. völkerrechtliche Verträge über religions- und kirchenbezogene Fragen) mit Staaten.

Der „Souveräne Ritter- und Hospitalorden vom Heiligen Johannes zu Jerusalem, ge- **62**
nannt von Rhodos, genannt von Malta“ (**Malteserorden**) widmet sich heute überwiegend karitativen Aufgaben.[3] Sein Status als Völkerrechtssubjekt leitet sich von der Herrschaft über Malta ab, die 1798 durch Frankreich gewaltsam beendet wurde. Der Orden ist also eine Art „ent-territorialisiertes“ Völkerrechtssubjekt.

Das **Internationale Komitee vom Roten Kreuz** (IKRK) ist – seiner Satzung entspre- **63**
chend – ein Verein von maximal 25 Schweizer Bürgern nach Schweizer Recht. Es ist zu unterscheiden von der Internationalen Föderation der Rotkreuz- und Rothalbmond-Gesellschaften und den nationalen Rotkreuz-Gesellschaften. Nur das IKRK ist Völkerrechtssubjekt mit eigenen Befugnissen aus den Genfer Rotkreuz-Konventionen und dem 1. Zusatzprotokoll von 1977. Als neutrale Instanz im bewaffneten Konflikt besitzt es u. a. Informations- und Kontrollrechte und fungiert als Ersatzschutzmacht (vgl. Art. 5 Abs. 4 ZP I).[4]

---

2 *F. Germelmann*, Heiliger Stuhl und Vatikanstaat in der internationalen Gemeinschaft, AVR 47 (2009), 147; *C. Ryngaert*, The Legal Status of the Holy See, GoJIL 3 (2011), 829; *M. Kalbusch*, Die römisch-katholische Kirche im System der Vereinten Nationen, 2012, 248 ff. Siehe auch *G. Westdickenberg*, Holy See, MPEPIL (6/2006). A.A. *A. Peters*, Völkerrecht: Allgemeiner Teil, 4. Aufl. 2016, 272 f (Identität). Kritisch zum Status generell *J. Morss*, The International Legal Status of the Vatican/Holy See Complex, EJIL 26 (2015), 927.

3 *F. Gazzoni*, Malta, Order of, MPEPIL (1/2009); *K. Karski*, The International Legal Status of the Sovereign Military Hospitaller Order of St. John of Jerusalem of Rhodes and of Malta, IntCommLR 14 (2012), 19.

4 *H.-P. Gasser*, International Committee of the Red Cross (ICRC), MPEPIL (10/2015); *E. Debuf*, Tools to do the job: The ICRC's legal status, privileges and immunities, IRRC 97 (2015), 319; *C. Shucksmith*, The International Committee of the Red Cross and its Mandate to Protect and Assist, 2017.

III. Internationale Organisationen

64 **Internationale Organisationen** sind z. B. UNO, EU, Europarat, WTO, NATO, UNESCO, WHO oder der Internationale Strafgerichtshof. Es handelt sich um Zusammenschlüsse von Staaten, die über von ihnen geschaffene Organisationen auf internationaler Ebene gemeinsame Ziele verfolgen. Ähnlich wie auf innerstaatlicher Ebene Menschen („natürliche Personen") aus eigener Rechtsmacht (Privatautonomie) heraus durch Vertrag juristische Personen gründen können, die selbstständig am Rechtsverkehr teilnehmen (z. B. Verein, GmbH, Aktiengesellschaft), können auch die Staaten als „Normalpersonen"[5] des Völkerrechts aus eigener Rechtsmacht (Souveränität) heraus rechtliche Gebilde (Internationale Organisationen) schaffen und ihnen Rechtsfähigkeit verleihen (Näheres Rn. 116–118).

65 Internationale Organisationen werden z. T. als Internationale Regierungsorganisationen *(International Governmental Organizations)* bezeichnet, um sie deutlicher von **Nicht-Regierungsorganisationen** (*Non-Governmental Organizations*/NGO – wie *Amnesty International, Greenpeace, Ärzte ohne Grenzen, Transparency International* usw.) abzugrenzen. Bei diesen handelt es sich um private Gründungen, denen im traditionellen Völkerrecht keine Rechtspersönlichkeit zukommt (Rn. 120). Um solche privaten Akteure und ihre Rolle im Völkerrecht und der internationalen Politik geht es in aller Regel, wenn von **nichtstaatlichen Akteuren** *(non-state actors)* die Rede ist.[6] Neben NGO zählen zu diesem Themenkreis auch transnational agierende Wirtschaftsunternehmen (vgl. Rn. 632–633) und nichtstaatliche Gewaltakteure wie Terroristen (Rn. 1108–1130), aber auch private Militär- und Sicherheitsunternehmen (Rn. 1229–1232).

IV. Einzelmenschen

66 Das traditionelle Völkerrecht nimmt den Menschen nur als Glied des Staates wahr. Das Individuum selbst ist kein Völkerrechtssubjekt, d. h. es tritt völkerrechtlich nicht direkt in Erscheinung (**Mediatisierung des Individuums**; Rn. 49–51, 593). Zwar verpflichtet das völkerrechtliche **Fremdenrecht** die Staaten, Ausländern, die sich auf ihrem Staatsgebiet aufhalten, bestimmte Rechte zu garantieren; dies jedoch ist im Ausgangspunkt eine Pflicht, die dem Heimatstaat gegenüber besteht (so erklärt sich auch, warum Staatenlose vom fremdenrechtlichen Schutz nicht erfasst werden). Daher sind Ansprüche wegen Verletzung des Fremdenrechts auch nur im zwischenstaatlichen Verhältnis geltend zu machen **(diplomatischer Schutz)**. Auch **Handlungen von Individuen** (z. B. Übergriffe auf Fremde) müssen entweder einem Staat zuge-

5 *V. Epping*, in: Ipsen (Hg.), Völkerrecht, 7. Aufl. 2018, § 7.

6 Vertiefend u. a. *R. Hofmann* (Hg.), Non-State Actors as New Subjects of International Law, 1999; *A. Bianchi* (Hg.), Non-State Actors and International Law, 2009; *J. d'Aspremont* (Hg.), Participants in the International Legal System, 2011; *R. Nikol/T. Bernhard/N. Schniederjahn* (Hg.), Transnationale Unternehmen und Nichtregierungsorganisationen im Völkerrecht, 2013; *M. Noortmann/A. Reinisch/C. Ryngaert* (Hg.), Non-State Actors in International Law, 2015; *J. Summers/A. Gough* (Hg.), Non-State Actors and International Obligations, 2018. Siehe auch ILA, Non State Actors, Draft Final Report *(Veronika Bilkova)*, 2016.

rechnet werden oder dem Staat muss vorgeworfen werden können, dass er Schutzpflichten nicht nachgekommen ist (z. B. einer Schutzpflicht für diplomatische Vertretungen anderer Staaten).

Diese Mediatisierung des Einzelmenschen besteht im Völkerrecht im Ansatz auch heute fort. Allerdings wird der Einzelne inzwischen in bestimmten Bereichen als Völkerrechtssubjekt angesehen, und zwar als Träger von Rechten ebenso wie als Träger von Pflichten.[7] Um dem Einzelnen **eigene völkerrechtliche Rechte** zu verleihen, bedarf es nach überwiegender Auffassung eines entsprechenden **völkerrechtlichen Vertrages** zwischen Staaten (hierbei kommt es auf die Formulierung an: „Jeder hat das Recht" spricht eher für Rechte des Individuums als „Die Staaten erkennen das Recht an…"). Jedenfalls dort, wo dem Einzelnen die Möglichkeit eröffnet ist, auf völkerrechtlicher Ebene **seine Rechte selbst durchzusetzen**, ist von völkerrechtlichen Individualrechten auszugehen.[8] Wichtigstes Beispiel ist insoweit die Individualbeschwerde vor dem EGMR unter Berufung auf die Rechte aus der EMRK. 67

Als **Pflichtenträger** war der Einzelmensch schon seit längerem in begrenzten Gebieten des Völkerrechts anerkannt (Piraterieverbot, Kriegsverbrechen). Diese **völkerstrafrechtliche Verantwortlichkeit** ist seit den Prozessen von Nürnberg und Tokio erweitert und vertieft worden, v. a. durch die Ad-hoc-Kriegsverbrechertribunale der UNO für das ehemalige Jugoslawien (ICTY) und für Ruanda (ICTR). Vorläufiger Schlusspunkt dieser Entwicklung ist das Römische Statut des Internationalen Strafgerichtshofs (IStGH-Statut). Damit wurde durch einen internationalen Vertrag erstmals ein ständiger Strafgerichtshof zur Verfolgung schwerwiegender Verbrechen (Völkermord, Verbrechen gegen die Menschlichkeit, Kriegsverbrechen, Verbrechen der Aggression) eingerichtet. Die individuelle strafrechtliche Verantwortlichkeit für Verstöße gegen diese völkerrechtlichen Normen zeigt – ebenso wie die direkte Berechtigung in menschenrechtlichen Verträgen –, dass der Einzelne inzwischen deutlich in das Blickfeld des Völkerrechts gerückt ist. 68

V. Sonstige Völkerrechtssubjekte

1. De-facto-Regime

Insbesondere im Zuge von Sezessionen, d. h. Abspaltungen eines Gebietsteils aus einem bestehenden Staatsverband, können Situationen entstehen, in denen umstritten ist, ob das neue Gebilde bereits Staatsqualität besitzt oder nicht.[9] Im Interesse einer Befriedung der Situation erkennt das Völkerrecht **stabilisierte De-facto-Regime** als **partielle Völkerrechtssubjekte** an und nähert deren Rechtsstatus in Teilen dem von Staaten an (einschließlich der Verantwortlichkeit für Völkerrechtsbrüche).[10] Hierdurch kann der – oft politisch motivierte – Streit darüber entschärft werden, ob ein 69

7 Weitergehend *A. Peters*, Jenseits der Menschenrechte: Die Rechtsstellung des Individuums im Völkerrecht, 2014, die im Menschen heute bereits das primäre Völkerrechtssubjekt sieht.
8 Eingehend *K. Fenrich*, The Evolving International Procedural Capacity of Individuals, 2019.
9 Zur Frage der Anerkennung von Staaten näher Rn. 97–99.
10 *J. A. Frowein*, Das de facto-Regime im Völkerrecht, 1968. Außerdem *ders.*, De Facto Regime, MPEPIL (3/2013); *G. Nolte*, Faktizität und Subjektivität im Völkerrecht, ZaöRV 76 (2016), 715.

Staat im Sinne des Völkerrechts vorliegt (vgl. z. B. den Streit über den Status von Taiwan). Voraussetzung ist, dass die Gebietsherrschaft zwar umstritten, aber nicht bzw. nicht mehr umkämpft ist. Stabilisierte De-facto-Regime stehen insbesondere unter dem Schutz des Gewalt- und Interventionsverbots, was eine gewaltsame (Wieder-)Eingliederung ausschließt. Sie können völkerrechtliche Verträge schließen und sogar einer Internationalen Organisation beitreten, sofern deren Satzung dies zulässt. So ist etwa Taiwan Mitglied der WTO, nicht aber der UNO, die nur Staaten als Mitglieder aufnehmen kann. Ein quasi-diplomatischer Verkehr kann über Büros oder „Ständige Vertretungen" aufrechterhalten werden.

2. Völker als Subjekte des Völkerrechts?

70 Völker treten im „Völker"recht[11] v. a. in Verbindung mit dem **Selbstbestimmungsrechts der Völker** auf, das in den beiden UN-Menschenrechtspakten von 1966 garantiert wird (Art. 1 IPBPR, Art. 1 IPWSKR). Dieses Recht hat seinen Ursprung in der Dekolonisierungsphase. Außerhalb dieses Kontextes wirft es jedoch Probleme auf, sofern es nicht auf ein Staatsvolk bezogen ist, sondern auf eine soziale Gruppe innerhalb eines Staates.[12] Das erste Problem betrifft die **Definition des „Volkes"** anhand objektiver (Sprache, Religion, Ethnie, Kultur, Geschichte) und/oder subjektiver (Zusammengehörigkeitsgefühl) Kriterien, das zweite die möglichen **Inhalte des Selbstbestimmungsrechts**: Als innere Dimension werden hier kulturelle und politische Autonomierechte genannt, als äußere ein Recht auf Sezession aus dem Staatsverband. Gerade dieses externe Selbstbestimmungsrecht wird allenfalls bei schwersten Verletzungen von Menschen- und Minderheitenrechten anerkannt („remedial secession", etwa: „Sezession als Abhilfemaßnahme") um nicht dem Zerfall von Vielvölkerstaaten Vorschub zu leisten. Vgl. dazu die Erklärung der UN-Weltmenschenrechtskonferenz von Wien 1993 (Abschnitt I.2.):[13]

Taking into account the particular situation of peoples under colonial or other forms of alien domination or foreign occupation, the World Conference on Human Rights recognizes the right of peoples to take any legitimate action, in accordance with the Charter of the United Nations, to realize their inalienable right of self-determination. The World Conference on Human Rights considers the denial of the right of self-determination as a violation of human rights and underlines the importance of the effective realization of this right.

In accordance with the Declaration on Principles of International Law concerning Friendly Relations and Cooperation Among States in accordance with the Charter of the United Nations, this shall not be construed as authorizing or encouraging any action which would dismember or impair, totally or in part, the territorial integrity or political unity of sovereign and independent States conducting themselves in compliance with the principle of equal rights and self-determination of peoples and thus possessed of a Government representing the whole people belonging to the territory without distinction of any kind.

---

11 Zum Begriff Rn. 1.

12 Guter Überblick bei *P. Hilpold*, Selbstbestimmung und Autonomie, EurEth 72 (2015), 70. Vertiefend *ders.* (Hg.), Autonomie und Selbstbestimmung in Europa und im internationalen Vergleich, 2016.

13 Vienna Declaration and Programme of Action v. 12.7.1993, A/CONF.157/23.

Wegen dieser Schwierigkeiten wird das Selbstbestimmungsrecht der Völker weitgehend nur als eine Verpflichtung der Staaten gedeutet, ohne dass es die Völker selbst zu Rechtssubjekten machte.

Wegen übertrieben formalistischer Handhabung der ihm vorgelegten Frage hat der IGH in seinem **Kosovo-Gutachten** vom Juli 2010 die Frage unbeantwortet gelassen, ob dem Kosovo aufgrund der Vorkommnisse im Bürgerkrieg ein Recht auf Sezession aus dem serbischen Staatsverband zustand.[14] Der **Krim** und ihren Bewohnern, die im März 2014 ihre **Unabhängigkeit von der Ukraine** erklärte, stand nach den o.g. Maßstäben kein Recht auf Sezession zu. Damit musste die Ukraine weder die Durchführung des Referendums am 16. März 2014 dulden noch das Ersuchen der „Regierung der Krim" vom Folgetag um Aufnahme des Gebietes in die Russische Föderation. In Anbetracht dessen, dass die Ukraine seitens Russlands durch Abriegelung von Kasernen an legalen Gegenmaßnahmen gehindert wurde (nach Art. 3 lit. e der Aggressionsdefinition der Vereinten Nationen eine Angriffshandlung: Rn. 1085) und der Beitritt anschließend im Handstreich vollzogen wurde, lässt sich die Eingliederung der Krim in die Russische Föderation völkerrechtlich als Akt der Annexion (Rn. 80) einordnen.[15] Auch den **Katalanen** steht nach den o. g. Maßstäben kein Recht auf Sezession aus dem spanischen Staatsverband zu. Das von der Regionalregierung Kataloniens im Oktober 2017 durchgeführte Unabhängigkeitsreferendum durfte von der Zentralregierung nach Maßgabe der spanischen Verfassung unterbunden werden.[16] Ebenfalls verfassungsgerichtlich verboten wurde das Referendum der **Kurden** im Irak im September 2017. Hier wird man allerdings differenzierter über die Frage einer *remedial secession* zu diskutieren haben.[17] 71

Im kolonialen Kontext ist das fragliche Territorium hingegen „geographically separate and [...] distinct ethnically and/or culturally from the country administering it"[18]. Daher bestehen keine vergleichbaren Hürden. Das hat der IGH 2019 im Fall des **Chagos-Archipels** nachdrücklich bekräftigt. Im Gegenteil hatte das Volk von Mauritius einen Anspruch auf Integrität seines Territoriums. Dass die britische Kolonialmacht drei Jahre vor der Unabhängigkeit Mauritius' das Archipel aus dem kolonialen Verwaltungsverband herausgelöst hatte, sah der IGH als Verletzung des Selbstbestimmungsrechts, weswegen die Dekolonisierung von Mauritius noch nicht abgeschlossen sei. Weil die Pflicht zur Achtung des Selbstbestimmungsrechts *erga omnes* wir- 72

---

14 IGH, Gutachten v. 22.7.2010, Accordance with international law of the unilateral declaration of independence in respect of Kosovo, ICJ Rep. 2010, 403, siehe Anhang, Nr. 29. Scharfe Kritik und Argumentation für eine „remedial secession" im Sondervotum *Cançado Trindade*, a.a.O., §§ 239 f. Dazu statt vieler *R. Wilde*, Kosovo (advisory opinion), MPEPIL (5/2011); *S. Dietz/J. Stark*, Der Kosovo im Spannungsfeld zwischen Sezessionsrecht und internationaler Stabilität, Jura 2012, 282; *E. Milano*, Unfreezing and Settling the Conflict over Kosovo, GYIL 59 (2016), 163.

15 Vgl. Verurteilung durch die UN-Generalversammlung v. 24.3.2014, A/RES/68/262 (mit einer Mehrheit von 100 Stimmen verabschiedet). Vertiefend *C. Marxsen*, The Crimea Crisis: An International Law Perspective, ZaöRV 74 (2014), 367; *ders.*, International Law in Crisis: Russia's Struggle for Recognition, GYIL 58 (2015), 11; *T. Grant*, Annexation of Crimea, AJIL 109 (2015), 68; *ders.*, Three Years After Annexation: Of 'Frozen Conflicts' and How to Characterise Crimea, GYIL 59 (2016), 49; *M. Nikouei/M. Zamani*, The Secession of Crimea: Where Does International Law Stand?, NorJIL 85 (2016), 37. Außerdem Schwerpunkte in FW 89 (2014), Heft 1-2, PolYIL 34 (2014), ZaöRV 75 (2015), Heft 1 und GLJ 16 (2015), Heft 3.

16 Zu Katalonien siehe u. a. *A. Peters*, Populist International Law? The Suspended Independence and the Normative Value of the Referendum on Catalonia, EJIL Talk! (12.10.2017); Agora: Secession and self-determination in contemporary International Law, Spanish Yearbook of International Law (SYBIL) 22 (2018), 127 ff; *A. López-Basaguren/L. Escajedo San-Epifanio* (Hg.), Claims for Secession and Federalism: A Comparative Study with a Special Focus on Spain, 2019.

17 *T. Grant*, Kurdistan After the Referendum of September 25, 2017, GeorgiaJICL 46 (2018), 369.

18 GA Res. 1541 (XV) v. 15.12.1960, Prinzip IV.

ke (vgl. Rn. 292), seien alle Staaten verpflichtet, die UN-Generalversammlung bei der Vollendung des Dekolonisierungsprozesses zu unterstützen.[19]

B. Der Staat

I. Staatsbegriff

73 Um von einem Staat sprechen zu können, sind nach der deutschen sog. Allgemeinen Staatslehre drei Elemente nötig (sog. **Drei-Elemente-Lehre** nach *Georg Jellinek*):

- Staatsgebiet,
- Staatsvolk,
- Staatsgewalt.

Art. 1 der **Montevideo-Konvention** über Rechte und Pflichten der Staaten aus dem Jahr 1933[20] nennt als viertes Element außerdem die Fähigkeit, Beziehungen mit anderen Staaten zu unterhalten. Dies ist richtigerweise nicht als zusätzliches Kriterium zu verstehen, sondern deckt sich weitgehend mit der Völkerrechtsunmittelbarkeit als Element der Staatsgewalt (Rn. 90). Bei allen Elementen entstehen Kontroversen aus dem **Spannungsverhältnis zwischen Effektivität und Legitimität**. Während das traditionelle Völkerrecht allein auf die Effektivität z. B. des Landbesitzes oder der Regierungsgewalt abstellt, wird heute vielfach gefordert, dem Kriterium der Legitimität (z. B. des Gebietserwerbs oder der Regierung) eine größere Bedeutung einzuräumen. Aus dem Effektivitätsgrundsatz (und dem Interesse an Frieden und Stabilität) folgt auch das **Kontinuitätsprinzip**, nach dem selbst bei Wegfall eines der Elemente für einen gewissen Zeitraum vom Fortbestand des Staates auszugehen ist.

Der Klimawandel wirft die Frage nach dem physischen **Untergang von Inselstaaten** auf, der bei steigendem Meeresspiegel drohen könnte. Selbst wenn die Kontinuitätsvermutung einen „landlosen" Zustand für eine gewisse Zeit überbrücken könnte, ist nicht anzunehmen, dass diese Staaten längerfristig ohne territoriale Basis existieren können.[21] Es gilt daher, völkerrechtliche Lösungen für den Fall zu entwickeln, dass neues Territorium nicht durch Zession (Rn. 80), sondern nur im Wege langfristiger Pacht oder anderweitiger Überlassung erworben werden kann. Denkbar wäre hier z. B. die Entwicklung einer neuen Form von Kondominien (Rn. 96).

19 IGH, Gutachten v. 25.2.2019, Legal Consequences of the Separation of the Chagos Archipelago from Mauritius in 1965. Dazu *M. Milanovic*, ICJ Delivers Chagos Advisory Opinion, UK Loses Badly, EJIL Talk! (25.3.2019); *J. Klabbers*, Shrinking Self-determination: The Chagos Opinion of the International Court of Justice, ESIL Reflections 8:2 (2019). Zum Hintergrund *S. Allen*, The Chagos Islanders and International Law, 2014.

20 [Montevideo] Convention on Rights and Duties of States v. 26.12.1933, LNTS 165 (1936), 25.

21 Für Staatlichkeit ohne Territorium allerding *A. Jain*, The 21st Century Atlantis: The International Law of Statehood and Climate Change-Induced Loss of Territory, StanfordJIL 50 (2014), 1. Für Rechtsstatus sui generis *V. Bílková*, A State Without Territory?, NYIL 2016, 19; *N. Bergmann*, Versinkende Inselstaaten, 2016; *B. Juvelier*, When the Levee Breaks: Climate Change, Rising Seas, and the Loss of Island Nation Statehood, DenverJILP 46 (2017/18), 1. Siehe ferner *R. Rayfuse/E. Crawford*, Climate Change and Statehood, in: Rayfuse/Scott (Hg.), International Law in the Era of Climate Change, 2012, 243; *M. Gerrard/G. Wannier* (Hg.), Threatened Island Nations, 2013; *J. G. Stoutenburg*, Disappearing Island States in International Law, 2015.

II. Staatsgebiet

1. Umfang und Grenzen des Staatsgebiets

Das Staatsgebiet wird auf dem Festland seitlich durch die **Staatsgrenzen** eingefasst. Deren Verlauf muss nicht in jedem Punkt unstrittig sein (vgl. die z. T. noch unklare Grenze zwischen dem Sudan und Südsudan). In der Tiefe reicht das Staatsgebiet theoretisch in kegelförmiger Zuspitzung bis zum Erdmittelpunkt. Seewärts gehört das **Küstenmeer** zum Staatsgebiet. Dieses war früher drei Seemeilen breit (als die von Land aus verteidigungsfähige Zone), heute bis zu zwölf Seemeilen. Während der Küstenstaat in den jenseits dieser 12-Meilen-Zone gelegenen Meereszonen nur bestimmte einzelne Vorrechte genießt, unterliegt das Küstenmeer vollumfänglich seiner Souveränität, eingeschränkt lediglich durch das Recht aller Staaten auf friedliche Durchfahrt. Als natürliche Verlängerung des Territoriums gilt der Festlandsockel; daher hat der Küstenstaat dort „souveräne Rechte" auf Erforschung und wirtschaftliche Nutzung von Bodenschätzen.[22] 74

Zum Hoheitsgebiet des Staates gehört auch der **Luftraum** über dem gesamten Staatsgebiet, also auch über dem Küstenmeer. Bestrebungen zur Etablierung einer Luftverkehrsfreiheit (analog der Freiheit der Hohen See) konnten sich nicht durchsetzen. Überflugrechte werden heute in großem Umfang auf Grundlage bilateraler oder multilateraler Abkommen eingeräumt; gemäß Art. 9 des universell ratifizierten Chicagoer Übereinkommens über die Zivilluftfahrt von 1944 behält der Staat das Recht, Teile seines Luftraums (oder im Fall eines Notstands den gesamten Luftraum) in nichtdiskriminierender Weise zu sperren.[23] 75

Die Lufthoheit des Staates endet am **Weltraum**, der keinem Staat gehört.[24] Die Grenze liegt zwischen 80 und 120 km über dem Erdboden; die genaue Grenzziehung hat sich an den Möglichkeiten der Luftfahrt einerseits und dem Interesse an der Erhaltung des Weltraums als *res communis omnium* („gemeinsames Anliegen aller") zu orientieren.

Nicht zum Staatsgebiet des Entsendestaates gehören seine **Missionen (Botschaften)** und deren Räumlichkeiten; diese sind Teil des Staatsgebiets des Empfangsstaates, dessen Rechtsordnung aber durch die Regeln des Diplomatenrechts überlagert ist. 76

Afghanischer Gesandtschafts-Fall (RG 1934)[25] Am 6.6.1933 wurde der afghanische Gesandte im Gebäude der afghanischen Gesandtschaft in Berlin von einem Landsmann erschossen. Im gerichtlichen Verfahren rügte der Täter, die deutsche Strafjustiz sei unzuständig, weil sich die Tat aus deutscher Sicht im Ausland ereignet habe.

Das Reichsgericht stellte in Übereinstimmung mit der Völkerrechtspraxis klar, dass die (irreführenderweise so genannte) „Exterritorialität" der Räumlichkeiten diplomatischer Missi-

22 Näher zu den küstenstaatlichen Grenzen und Vorrechten Rn. 807–820.

23 *J. Wouters/B. Demeyre*, Overflight, MPEPIL (7/2008). Allgemein *M. Schladebach/O. J. Platek*, Einführung in das Luftrecht, JuS 2010, 499; *S. Schwuchow*, Völkerrecht als Restriktion für das Handeln von Regierungen, 2015, 78 ff. Vertiefend *M. Schladebach*, Lufthoheit: Kontinuität und Wandel, 2014; *ders.*, Luftrecht, 2. Aufl. 2018, § 4.

24 Zum Status des Weltraums Rn. 851–853.

25 RGSt 69, 54; siehe Anhang, Nr. 47.

onen nicht bedeute, dass diese als eine Art Exklave zum Staatsgebiet des Entsendstaates gehörten. Sie gehörten weiterhin zum Territorium des Empfangsstaates. „Das Recht der Exterritorialität geht nur so weit, als es erforderlich ist, die Unverletzlichkeit des Gesandten und seiner Begleitung zu gewährleisten. [...] Daß gewisse Amtshandlungen nicht in den Räumlichkeiten der Gesandtschaft vorgenommen werden dürfen, ist nur die Folge der anerkannten Unverletzlichkeit des Gesandten und der ihm Gleichgestellten und beschränkt sich auf diesen Zweck."

Auch **Schiffe** (und Luftfahrzeuge) werden nicht länger als „schwimmendes Territorium" *(territoire flottant)* des Flaggenstaates angesehen. Ansonsten wäre der Überflug über ein Schiff auf Hoher See nur nach Genehmigung gestattet; außerdem wäre kaum zu begründen, wieso sich ein Schiff in einem fremden Hafen an das Recht des Hafenstaates zu halten hat.

77 Das Staatsgebiet muss Teil der natürlichen Erdoberfläche sein (vgl. die Ableitung des Begriffs „Territorium" von *terra*, Erde). Eine weniger begriffsjuristische Begründung setzt an der Gefährdung für Frieden und Stabilität an, die von künstlich geschaffenem Territorium ausgehen kann (Rn. 79, 842). **Künstliche Inseln und Plattformen** im Meer können zu einem Staat gehören, aber nicht selbstständig Staatsgebiet sein (vgl. Art. 60 Abs. 8 SRÜ, Rn. 841).

2. Erwerb von Staatsgebiet

78 Der Erwerb von Staatsgebiet durch einen Staat erfolgt entweder originär oder derivativ (d. h. abgeleitet). Ein originärer Erwerb setzt voraus, dass es sich bei Erwerb um herrenloses Territorium *(terra nullius)* handelt.[26] Dagegen führt der derivative Erwerb stets zum Verlust bei dem Staat, der bislang Inhaber war. Maßgeblich für die Beurteilung, ob ein Gebiet rechtswirksam erworben wurde, sind diejenigen Regeln, die zum Zeitpunkt des Erwerbstatbestandes gegolten haben (Grundsatz des **intertemporalen Völkerrechts**).[27]

79 Formen des **originären Erwerbs** sind die Okkupation und Anschwemmung. Genügte zu Zeiten der großen Entdecker des 15. bis 18. Jahrhunderts noch die bloße **Entdeckung**, markiert v. a. durch das Hissen der Flagge, wurde mit der zunehmenden Konkurrenz der Seemächte etwa im 18. Jahrhundert die **Okkupation** notwendig; die Entdeckung konnte allenfalls eine Anwartschaft *(inchoate title)* auf Okkupation binnen angemessener Frist begründen. Die Okkupation setzt eine effektive Inbesitznahme des Territoriums voraus; die Anforderungen orientieren sich an den geographischen Gegebenheiten im Einzelfall (z. B. Größe des besiedelbaren Gebiets).[28] Die Anforde-

---

26 Für eine Trennung des originären Erwerbs vom kolonialgeschichtlich belasteten Konzept der *terra nullius S. Huh*, Title to Territory in the Post-Colonial Era, EJIL 26 (2015), 709.

27 Klassisch *Max Huber* in: Island of Palmas (Miangas), Schiedsspruch v. 4.4.1928, RIAA II, 829 (845); siehe Anhang, Nr. 35.

28 Vgl. dazu StIGH, Urteil v. 5.4.1933, Legal Status of Eastern Greenland (Denmark v. Norway), PCIJ Sér. A/B 53 (1933), 22 (50 f); siehe Anhang, Nr. 4. Siehe auch Schiedsspruch des italienischen Königs *Vittorio Emmanuele III.* v. 23.1.1931 im Streit zwischen Frankreich und Mexiko über die Clipperton-Insel, RGDIP 6 (1932), 129, AJIL 26 (1932), 390. Dazu *T. Pierlings*, Clipperton Island Arbitration, MPEPIL (12/2006).

rungen können aus Gründen der **Kontiguität** (= natürlicher geographischer Zusammenhang) reduziert sein, z. B. bei Besiedlung einer der Küste vorgelagerten Insel; einen eigenständigen Gebietstitel gibt die geographische Nähe zum eigenen Staatsgebiet aber nicht.[29] Die Okkupation ist heute faktisch nur für historische Gebietstitel von Bedeutung, da herrenloses Gebiet – mit Ausnahme der südlichen Polarregion (Rn. 854–856) – nicht existiert.

Im Streit um Gebietsansprüche in der **Arktis** stützen die Anrainerstaaten ihre Ansprüche auf die sog. **Sektorentheorie** – letztlich eine Spielart der Kontiguitätsidee: Weil die Arktis praktisch nicht okkupierbar sei, verlängere sich die Gebietshoheit der Anrainer in Sektoren zwischen den äußersten Punkten der Festlandküste und dem Pol. Diese Theorie hat keine Grundlage im Völkerrecht.

Praktisch bedeutsamer ist die **Anschwemmung** *(accretion)*. Diese vergrößert das Staatsgebiet eines Küstenstaates meerwärts, erfasst aber auch die graduelle Veränderung des Verlaufs von Grenzflüssen. Demgegenüber führt die sog. **Avulsion**, d. h. die plötzliche Veränderung des Verlaufs eines Grenzflusses durch Naturkatastrophen o.Ä. nicht zu einer Verschiebung der Grenzen. Weithin offene Fragen wirft die **künstliche Landgewinnung** durch Eindeichung oder Anschüttung auf: Gerade bei Meerengen kann es hier zu Konflikten mit anderen Anrainerstaaten kommen.[30]

Beim **derivativen Gebietserwerb** spielt heute die **Zession**, d. h. die Abtretung (we- **80**
gen Schenkung, Kaufs oder Tausches oder im Rahmen von Friedensverträgen), die wichtigste Rolle. **Ersitzung**, die lange Zeit unangefochtene Dokumentation eines Herrschaftswillens über ein Gebiet, und **Adjudikation** (die Zuweisung eines Gebietes durch Urteil eines internationalen Gerichts) sind praktisch kaum von Bedeutung. Die **Annexion**, d. h. die gewaltsame Einverleibung fremden Territoriums, wird vom Völkerrecht nicht mehr anerkannt. Dies wurde (aus Anlass der Besetzung der Mandschurei durch Japan) erstmals 1932 von den USA in der *Stimson*-Doktrin proklamiert und kurz darauf in einer Resolution von der Völkerbundversammlung übernommen. Heute folgt es als (teleo-)logische Konsequenz aus dem Gewaltverbot des Art. 2 Nr. 4 UNCh: *ex iniuria ius non oritur* („aus Unrecht geht kein Recht hervor"). So wurde z. B. die Annexion Kuwaits durch den Irak im Jahre 1990 von der internationalen Gemeinschaft einhellig verurteilt. Dass in manchen Fällen Annexionen ohne nachhaltige Reaktion der Vereinten Nationen geblieben sind (z. B. Tibet/China 1951 oder Goa/Indien 1961; zur Annexion der Krim durch Russland Rn. 71), ändert nichts an dem Verbot der Annexion durch das moderne Völkerrecht.

Schon wegen des Annexionsverbots konnte der sog. **Islamische Staat (IS)** keinen Anspruch auf die gewaltsam eroberten Gebiete in Syrien und dem Irak erheben. Da er über keinerlei rechtlich anerkanntes Territorium verfügte, fehlte es an einem wesentlichen Element der Staatlichkeit. Hinzu kommt der atypische Fall, dass die „Staatsgründung" hier von einem nichtstaat-

29 *Max Huber* in: Island of Palmas (Miangas), Schiedsspruch v. 4.4.1928, RIAA II, 829 (854, 869); siehe Anhang, Nr. 35.

30 ISGH, Anordnung v. 8.10.2003, Case concerning land reclamation by Singapore in and around the Straits of Johor (Malaysia v. Singapore), List of Cases No. 12. Dazu *T. Koh/J. Lin*, The Land Reclamation Case: Thoughts and Reflections, SingYIL 10 (2006), 1. Zur Aufschüttung künstlicher Inseln im Südchinesischen Meer durch die Volksrepublik China *D. Andreeff*, Legal Implications of China's Land Reclamation Projects in the Spratly Islands, NYUJILP 47 (2015), 855. S. auch Rn. 814.

lichen Akteur ausging. Dies erkennt das Völkerrecht nur an, wenn ein Volk sein Selbstbestimmungsrecht – zumindest friedlich (Rn. 70–71) – ausübt. Hiervon kann bei einem externen Gewaltakteur, der Gebiete erobert und deren Bevölkerung unterwirft, nicht die Rede sein.[31]

Namibia-Gutachten (IGH 1971)[32] Die ehemalige deutsche Kolonie Süd-West-Afrika (Namibia) hatte seit 1920 aufgrund eines Mandates des Völkerbundes unter der Verwaltung von Südafrika gestanden. 1946 hatte die Generalversammlung das Mandat für beendet erklärt. Südafrika weigerte sich dennoch, seine Herrschaft über Süd-West-Afrika aufzugeben und erklärte Teile des Staatsgebiets für annektiert. Daraufhin bat die Generalversammlung den IGH nach Art. 96 UNCh um ein Gutachten zur Beantwortung der Frage, welche rechtlichen Konsequenzen sich aus der andauernden Besatzung Süd-West-Afrikas ergeben.

Der IGH sah in der Annexion und der fortdauernden Präsenz Südafrikas in Namibia einen Verstoß gegen das Völkerrecht. Er machte deutlich, dass alle Staaten verpflichtet sind, die Herrschaft Südafrikas über Namibia nicht anzuerkennen, d. h. keine Vertretungen dort zu errichten oder sonstige politischen oder wirtschaftlichen Beziehungen mit Südafrika über die annektierten und die besetzten Gebiete zu unterhalten.

Im Zusammenhang mit der **Annexion Ost-Jerusalems und der Golanhöhen** durch Israel hat der UN-Sicherheitsrat mehrfach bekräftigt, dass das Annexionsverbot sich auch auf Gebiete erstreckt, die im Rahmen eines in Selbstverteidigung geführten Krieges erobert wurden.[33] Dies ist schon deshalb zwingend, weil die Kriegsschuld oft umstritten ist. Zugleich hat der Sicherheitsrat alle UN-Mitglieder verpflichtet, diese Annexionen nicht anzuerkennen. Hiergegen hat die US-Regierung mit ihrer Anerkennung der Annexion Ost-Jerusalems im Rahmen der Verlegung der US-Botschaft 2017/18 und der Annexion der Golanhöhen (März 2019) in flagranter Weise verstoßen.[34]

81 Einige historische Gebietsansprüche sorgen bis in unsere Zeit für Konflikte, wie z. B. der Streit um die Kurilen zwischen Japan und Russland. Besonders verwickelt ist die Entdeckungs-, Besiedlungs- und Eroberungsgeschichte der **Falkland-Inseln** (Malvinas).[35] Historische Gebietstitel spielen auch eine Rolle in den scharfen Auseinandersetzungen zwischen China und seinen Nachbarn über **Inseln im Ostchinesischen** (Senkaku/Diaoyu-Inseln) und **Südchinesischen Meer** (Xisha/Paracel- und Spratly-Inseln).[36]

31 Vertiefend zur fehlenden Staatsqualität des IS *C. Tomuschat*, The Status of the "Islamic State" under International Law, FW 90 (2015), 223; *A.-L. Chaumette*, DAECH, un "État" Islamique?, AFDI 60 (2014), 71. Siehe auch *S. Buszewski* gegen *R. Janik*, Is the Islamic State a State?, voelkerrechtsblog.org (10.6.2016).

32 IGH, Legal Consequences for States of the Continued Presence of South Africa in Namibia (South West Africa) Notwithstanding Security Council Resolution 276 (1970), Gutachten v. 21. Juni 1971, ICJ Rep. 1971, 42 ff; siehe Anhang, Nr. 14.

33 Res. 478 (1980) v. 20.8.1980; Res. 497 (1981) v. 17.12.1981. Vgl. zuletzt auch Res. 2334 (2016) v. 23.12.2016.

34 *E. Lieblich*, The Golan Heights and the Perils of "Defensive Annexation", www.justsecurity.org (4.4.2019). Wegen der Verlegung der US-Botschaft nach Jerusalem hat Palästina am 30.9.2018 vor dem IGH Klage gegen die USA eingereicht. Zu den Erfolgsaussichten s. die Beiträge auf EJIL Talk! von *M. Milanovic*, Palestine Sues the United States in the ICJ re Jerusalem Embassy (30.9.2018) und *A. Miron*, Palestine's Application the ICJ, neither Groundless nor Hopeless (8.10.2018).

35 Eingehend *H. Weber*, „Falkland-Islands" oder „Malvinas"?, 1977; *R. Dolzer*, Der völkerrechtliche Status der Falkland-Inseln (Malvinas) im Wandel der Zeit, 1986; Maastricht Symposium on the Sovereignty Dispute over the Falklands (Malvinas), HagueYIL 28 (2015), 3

36 Zum Problem allgemein *J. Fry/M. Loja*, The Roots of Historic Title: Non-Western Pre-Colonial Normative Systems and Legal Resolutions of Territorial Disputes, LJIL 27 (2014), 727. Speziell zum Streit zwischen China und Japan *C. Ramos-Mrosovsky*, International Law's Unhelpful Role in the Senkaku Islands, UPennJIL 29 (2008), 903; *R. Jade Harry*, A Solution Acceptable to All? A Legal

Fall: Wem gehört Utopia? Die nur mit Dodo-Vögeln bewohnte Insel Utopia wurde 1820 von einem britischen Seefahrer entdeckt. Dieser hinterließ den „Union Jack" auf dem höchsten Berg der Insel und setzte anschließend seine Fahrt fort. Als 40 Jahre später Frankreich einen Marinestützpunkt auf Utopia errichtet, protestiert London: Utopia sei britisches Territorium! Trifft das zu? Wie wäre der Fall zu beurteilen, wenn im Anschluss an die Entdeckung ein britischer Handelsposten auf Utopia gegründet worden wäre, um die Dodo-Population wirtschaftlich zu nutzen? Was, wenn die Briten 1860 durch die französische Marine gewaltsam vertrieben worden wären, um danach die Annexion der Insel durch Frankreich zu verkünden? 82

Lösungshinweise: I. Ausgangsfall: Die Entdeckung gab noch bis ins 17. Jahrhundert hinein einen Gebietstitel. 1820 genügte das bloße Hissen einer Flagge nicht mehr, notwendig wäre eine Okkupation. Etwas anderes könnte allenfalls bei einer unbewohnbaren Insel gelten (hier nicht der Fall: vgl. Marinestützpunkt Frankreichs). Allenfalls könnte durch das Hissen eine Gebietsanwartschaft begründet worden sein, die aber eine Okkupation in angemessener Zeit nach der Entdeckung verlangt, um zu einem vollen Gebietstitel zu erstarken. Ein Zeitraum von 40 Jahren ist nicht mehr angemessen. Utopia war *terra nullius*, als Frankreich eintraf. Da die Insel nur von Dodos bevölkert ist, sind keine hohen Anforderungen an eine effektive Inbesitznahme zu stellen. Der Marinestützpunkt reicht aus. Utopia gehört Frankreich.

II. Abwandlung: Hier hätte Großbritannien den „gestreckten" Gebietserwerb durch effektive Okkupation vollendet. Die gewaltsame Vertreibung und Annexion verstieße heute gegen den internationalen *ordre public*. 1860 waren Krieg und kriegerische Annexion jedoch noch nicht geächtet. Die Annexion durch Frankreich wäre in diesem Fall wirksam erfolgt.

III. Staatsvolk

Das Staatsvolk ist völkerrechtlich keine ethnische Größe, sondern zunächst allein durch das formale Band der **Staatsangehörigkeit** definiert. Diese ist eine wechselseitige Rechts- und Pflichtenbeziehung zwischen dem Bürger und seinem Heimatstaat. Sie spielt wegen der Mediatisierung des Individuums im Völkerrecht eine Rolle. Soweit diese heute noch reicht, genießt der Einzelmensch nur vermittelt über seinen Heimatstaat den Schutz des Völkerrechts (Rn. 66–67 und § 9 A). 83

Grundsätzlich besitzen die Staaten das Recht, frei über die Verleihung der Staatsbürgerschaft zu entscheiden; das Völkerrecht errichtet jedoch gewisse Grenzen. Insbesondere muss zwischen dem Staatsbürger und seinem Heimatstaat eine **„echte Verbindung"** *(genuine connection)* bestehen, wenn die Staatsangehörigkeit auf völkerrechtlicher Ebene anerkannt werden soll (IGH im Nottebohm-Fall). Dies gilt insbesondere bei der Verleihung der Staatsangehörigkeit durch **Einbürgerung**. 84

Analysis of the Senkaku-Diaoyu Island Dispute, CornJIL 46 (2013), 653; *J. J. Harris*, The Pacific War, Continued: Denationalizing International Law in the Senkaku/Diaoyu Island Dispute, GJICL 42 (2014), 587; *M. Davis*, Can International Law Help Resolve the Conflicts Over Uninhabited Islands in the East China Sea?, DenverJILP 43 (2015), 119. Zum Streit im Südchinesischen Meer auch Rn. 842.

Nottebohm-Fall (IGH 1955)[37] *Friedrich Nottebohm* lebte als deutscher Staatsbürger seit 1905 in Guatemala und erwarb 1939 während eines Besuchs die Staatsbürgerschaft Liechtensteins. 1943 wurde *Nottebohm* in Guatemala, das sich mit dem Deutschen Reich im Krieg befand, als feindlicher Ausländer verhaftet und enteignet. Liechtenstein wollte wegen dieser Enteignung diplomatischen Schutz für „seinen" Staatsbürger ausüben.

Der IGH stellte fest, dass sich das Recht zur Ausübung von diplomatischem Schutz bzw. die Pflicht zur völkerrechtlichen Anerkennung einer fremden Staatsbürgerschaft nach dem Völkerrecht bestimmt und verlangte dafür eine echte Verbindung *(genuine connection)* zwischen dem Staatsbürger und dem schutzwilligen Heimatstaat. Da *Nottebohm* nie in Liechtenstein gelebt hatte und auch sonst keine wesentlichen Verbindungen zu dem Staat unterhielt, stellte der IGH fest, dass Guatemala nicht verpflichtet war, ihn als Liechtensteiner zu behandeln und Liechtenstein kein Recht zur Ausübung von diplomatischem Schutz hatte.

Die **Einbürgerung fremder Staatsangehöriger** verletzt in aller Regel nicht die Rechte von deren Heimatstaat. Verleiht ein Staat seine Staatsangehörigkeit jedoch massenhaft an im Ausland wohnende Volkszugehörige mit dem Ziel, die politische Stabilität in dem anderen Staat zu untergraben (**„Passportisation"**), kann hierin ein Verstoß gegen das Interventionsverbot (vgl. Rn. 362–366) liegen. Andere Staaten sind berechtigt, solche Einbürgerungen nicht anzuerkennen.[38]

Die andere Form des Erwerbs der Staatsangehörigkeit ist der **Erwerb durch Geburt**. Hier sind im Völkerrecht als „echte Verbindungen" das Abstammungsprinzip (*ius sanguinis*, „Recht des Blutes") und das Territorialitätsprinzip (*ius soli*, „Recht des Bodens") anerkannt. Die Prinzipien werden z. T. auch kombiniert (so im deutschen Staatsangehörigkeitsrecht seit 1999).

85 Durch Zusammentreffen beider Prinzipien kann ein Kind mehrere Staatsangehörigkeiten erwerben (wenn z. B. das Kind einer deutschen Mutter und eines österreichischen Vaters in den USA geboren wird, kann es drei Staatsangehörigkeiten erhalten). Auch durch Einbürgerung kann es zu **Mehrstaatigkeit** kommen, falls die alte Staatsangehörigkeit in diesem Fall nicht automatisch erlischt oder als Vorbedingung aufgegeben werden muss. Durch Mehrstaatigkeit können Probleme entstehen, z. B. hinsichtlich des diplomatischen Schutzes oder bei der Frage der Wehrpflicht, die aber meist durch bilaterale Übereinkünfte geklärt werden können. Die früher verfolgte Politik, Mehrstaatigkeit völkerrechtlich zurückzudrängen, ist in jüngerer Zeit verstärkt einer Rechtsauffassung gewichen, die in Mehrstaatigkeit die typische Folge von Migrationsbiographien sieht. Dies findet z. B. im Europäischen Übereinkommen über die Staatsangehörigkeit (1997)[39] Ausdruck. Im Zuge der Ratifikation dieses Abkommens hat Deutschland 2002 das Übereinkommen über die Verringerung der Mehrstaatigkeit und über die Wehrpflicht von Mehrstaatern (1963)[40] gekündigt.

---

37 IGH, Urteil v. 6.4.1955, Nottebohm Case (Second Phase), ICJ Rep. 1955, 4 (20 ff); siehe Anhang, Nr. 9.

38 Zur Einbürgerung ukrainischer Staatsbürger durch Russland *E. Fripp*, Passportisation: Risks for International Law and Stability, EJIL Talk! (30.5.2019). Zu russischen Masseneinbürgerungen in Georgien 2002/2008 *M. Athen*, Der Tatbestand des völkerrechtlichen Interventionsverbots, 2018, 299 ff. Allgemein *K. Traunmüller*, 'Kin-States' and 'Extraterritorial Naturalization', ARIEL 18 (2013), 99.

39 ETS Nr. 166; BGBl. 2004 II 578.

40 BGBl. 1969 II 1953. Außer Kraft getreten am 21.12.2002: BGBl. 2002 II 171.

Vor Herausforderungen stellt nach wie vor das Problem der **Staatenlosigkeit**, weil hier der Einzelmensch keinen Heimatstaat besitzt, der sich auf völkerrechtlicher Ebene für ihn einsetzen kann. Menschenrechtliche Verträge bemühen sich, das Problem durch Ausbürgerungsverbote zu entschärfen. Staatenlosenausweise („Nansen-Pass" 1922, 1946 vom *London Travel Document* abgelöst) verbessern die Rechtsstellung Staatenloser. **86**

Nach dem Vorbild Frankreichs und Großbritanniens hat auch der Deutsche Gesetzgeber die Ausbürgerung von Doppelstaatern beschlossen, die für eine **Terrormiliz** im Ausland kämpfen.[41] Abgesehen von Fragen der Bestimmtheit des neuen Gesetzes mag eine solche Regelung in Einklang mit Art. 8 des Übereinkommens zur Verminderung der Staatenlosigkeit von 1961 stehen, der nach Abs. 2 lit. a (ii) die Ausbürgerung sogar bei drohender Staatenlosigkeit zuließe, wenn der Betroffene „ein den Lebensinteressen des Staates in schwerwiegender Weise abträgliches Verhalten an den Tag gelegt hat". Die Maßnahme ist gleichwohl menschenrechtlich bedenklich als überschießende Reaktion auf ein Verhalten, das mit Mitteln des Strafrechts zu ahnden ist. Hier werden in Wahrheit eigene „Verantwortlichkeiten ausgebürgert".[42]

Das Staatsvolk ist aber mehr als nur die Summe von Staatsangehörigen. Um aus den Staatsangehörigen ein Staatsvolk zu machen, ist ein Zusammenleben auf dem Staatsgebiet erforderlich (muss nicht alle Staatsangehörigen erfassen!). Das Staatsvolk muss eine **Lebens- und Schicksalsgemeinschaft** bilden und auf eine gemeinsame Geschichte bauen können. Die Notwendigkeit einer ideellen kollektiven Sinnstiftung steht künstlichen Zweckbündnissen entgegen, in denen die „Staatsbürger" allein durch steuerliche und wirtschaftliche Interessen miteinander verbunden sind. **87**

Dass die einheimische Bevölkerung in den vom sog. **Islamischen Staat (IS)** beherrschten Gebieten eine Lebens- und Schicksalsgemeinschaft bildete, kann nicht zweifelhaft sein. Dennoch bildete sie keine „dauerhafte Bevölkerung" *(permanent population)* im Sinne von Art. 1 Montevideo-Konvention, weil es an einem **Band zwischen der Bevölkerung und dem Gemeinwesen** fehlte, das Staatlichkeit beanspruchte. Ein Staatsvolk lässt sich nicht gewaltsam zusammenrauben. Hiervon zu unterscheiden ist die Legitimität der Regierung einer an sich „staatsfähigen" politischen Einheit aus Volk und Gebiet (Rn. 89).[43]

IV. Staatsgewalt

1. Innere Dimension

Im Innern ist Staatsgewalt die souveräne (= unabgeleitete, autonome) Machtausübung des Staates durch Gestaltung und Aufrechterhaltung einer **öffentlichen Ordnung**. Diese Staatsgewalt muss effektiv sein. Die **Effektivität** kann v. a. durch Bürgerkrieg in Frage gestellt sein (sog. **gescheiterte Staaten,** *failing* oder *failed states*, z. B. Somalia seit 1991). Selbst bei Fortfall der Staatsgewalt entfällt aber im Interesse der Stabilität in den internationalen Beziehungen nicht sogleich die Staatlichkeit (Kontinui- **88**

41 BT-Drs. 19/9736. Der Bundesrat hat am 28.6.2019 beschlossen, den Vermittlungsausschuss nicht anzurufen.

42 Plastisch *P. Feihle*, Verantwortlichkeiten ausbürgern – Entzug der Staatsbürgerschaft zur Terrorismusbekämpfung in Großbritannien, verfassungsblog.de (10.12.2014). Siehe auch *A. Zielcke*, Entzug der Staatsbürgerschaft: Primitiver als Folter, sueddeutsche.de (4.2.2016).

43 Literaturhinweise bei Rn. 80.

tätsgrundsatz). Ansonsten drohten Übergriffe anderer Staaten, die sich das Gebiet (das damit wieder *terra nullius* wäre) anzueignen versuchten. Die Auffassung, wonach die Aufrechterhaltung der Staatlichkeit hier allein dem Selbstbestimmungsrecht des Volkes diene, weswegen alle Interventionen ausländischer Mächte, die nicht gegen dieses Selbstbestimmungsrecht verstießen, rechtmäßig seien,[44] ist gewohnheitsrechtlich nicht etabliert und lässt die befriedende Wirkung außer Acht, die von der Konservierung der Staatlichkeit bei *failed states* ausgehen soll. Wegen der Missbrauchsgefahr abzulehnen ist auch der Versuch, unilaterale Interventionen im Sinne einer „völkerrechtlichen Geschäftsführung ohne Auftrag" auf einen (kaum zu ermittelnden) mutmaßlichen Willen des gescheiterten Staates zu stützen.[45] Erst in extremen Fällen langjähriger Abwesenheit jeglicher (d. h. nicht bloß staatlicher, sondern auch internationalisierter) Hoheitsgewalt könnte man theoretisch völkerrechtlich von einem Untergang des Staats ausgehen.[46] Wie sich am Beispiel Somalias, das seit dem Bürgerkrieg 1991 weitgehend zerfallen ist, ablesen lässt,[47] bemüht sich die internationale Gemeinschaft, den Zerfall staatlicher Strukturen durch Friedensmissionen zu verhindern und ein etwaiges Machtvakuum zu füllen. Ein derartiges multilaterales Vorgehen ist für den Umgang mit dem Problem zerfallender Staatlichkeit alternativlos; ein Recht auf unilaterale Intervention existiert nicht.

89 Die **Legitimität** der Staatsgewalt spielt für die Staatsdefinition **keine Rolle** – das Völkerrecht zeigt sich erneut blind für staatsinterne Vorgänge. Ansonsten würde das souveräne Recht der Staaten zur Wahl ihres eigenen politischen Systems beeinträchtigt. Hinzu tritt die Notwendigkeit, die Einhaltung des Völkerrechts zu garantieren. Dies vermag nur eine effektive Regierung. Käme es zusätzlich auf deren Legitimität an, bestünde die Gefahr, dass sich eine von anderen Staaten als illegitim eingestufte Regierung an die Spielregeln des Völkerrechts nicht gebunden fühlt. Außerdem trüge es in den zwischenstaatlichen Verkehr erhebliche Rechtsunsicherheit, wenn nur eine legitime Staatsgewalt den Status als Völkerrechtssubjekt vermitteln könnte.

Dasselbe gilt, wenn zwar nicht die Existenz als Staat an sich in Frage gestellt wird, sondern mangels legitimer Regierung der Anspruch eines (existierenden) Staates auf Achtung seiner Souveränität, die den Schutz durch Gewalt- und Interventionsverbot vermittelt. Zum großen Teil verlagert sich daher die völkerrechtliche Diskussion über die Legitimität von Staatsgewalt auf die Frage der Anerkennung von Regierungen. Hier bleiben die souveränen Rechte formal unangetastet; umstritten ist aber, wer den Staat aus Sicht des Völkerrechts repräsentiert (dazu näher Rn. 100–102). Ein angebliches Recht auf eine externe demokratische Intervention hingegen, das von vornherein den Anspruch auf staatliche Souveränität negiert, wenn die Regierung nicht bestimmte demokratische Standards achtet, wäre verhängnisvoll für die Aufrechterhaltung des Friedens und würde zudem das Selbstbestimmungsrecht der Bevölkerung unterminie-

44 *D. Murswiek*, Souveränität und humanitäre Intervention, Staat 35 (1996), 31 (36 ff).

45 *M. Herdegen*, Der Wegfall effektiver Staatsgewalt: „The Failed State", BDGV 34 (1996), 61 (64 f).

46 Näher *I. Ziemele*, States, Extinction of, MPEPIL (5/2007). Zum Rechtsstatus auch *A. v. Arnauld*, Klausurenkurs im Völkerrecht, 3. Aufl. 2018, Fall 4. Kritisch zum Konzept insgesamt *M. v. Engelhardt*, Die Völkerrechtswissenschaft und der Umgang mit Failed States, VRÜ 45 (2012), 222.

47 UN-Missionen UNOSOM (1992-93), UNOSOM II (1993-95), AU-Mission AMISOM (seit 2006). Siehe auch S/RES/2127 v. 5.12.2013 und S/RES/2149 v. 10.4.2014 zur Stabilisierung der Zentralafrikanischen Republik durch die Missionen MISCA und MINUSCA.

ren.[48] Demokratieexport mit militärischen Mitteln verstößt gegen das Gewaltverbot des Art. 2 Nr. 4 UNCh.

De lege ferenda könnte sich allerdings das Konzept einer **Schutzverantwortung** *(responsibility to protect)* als Basis einer Neubestimmung souveräner Staatlichkeit erweisen. Kerngedanke ist dabei, Souveränität nicht als bedingungslos zu definieren, sondern an den Zweck des Schutzes der Bevölkerung zu koppeln. Ein Staat, der seinen Bürgern elementaren Schutz vorenthält, indem er nicht willens oder nicht in der Lage ist, Völkermord, ethnische Säuberungen oder andere Verbrechen gegen die Menschlichkeit zu unterbinden, verwirkt diesem Konzept zufolge gewissermaßen seine Souveränität; dies soll Eingriffe durch die internationale Gemeinschaft ermöglichen (Rn. 314–315). Legitimiert sollen auf diese Weise nicht nur Kriseninterventionen im engeren Sinne sein, sondern auch Krisenprävention und Krisennachsorge *(responsibility to prevent, to react and to rebuild)*. Dieses Konzept schafft keine neuen Handlungsinstrumente, sondern systematisiert die vorhandenen Instrumente stärker und deutet sie „anti-etatistisch" von den Menschen und ihrer Schutzbedürftigkeit her. Mit der Libyen-Resolution 1973 hatte der UN-Sicherheitsrat 2011 erstmals die Autorisierung ausländischer Militäraktionen darauf gestützt, dass eine Regierung ihre Verantwortung zum Schutz der eigenen Bevölkerung verletzt hat.[49] Die Überschreitung des Mandats durch die Intervenienten in Libyen hat indes im Fall des Bürgerkriegs in Syrien zu einer ambivalenteren Haltung des Sicherheitsrates geführt.[50]

2. Äußere Dimension

Um Völkerrechtssubjekt zu sein, muss ein Staat nach außen hin die Fähigkeit besitzen, von anderen Staaten rechtlich unabhängig und nach Maßgabe des Völkerrechts zu handeln (**„Völkerrechtsunmittelbarkeit"**). Dies deckt sich mit Art. 1 lit. d der Montevideo-Konvention (Rn. 73), wonach Staaten die Fähigkeit besitzen müssen, mit anderen Staaten in Beziehungen zu treten. Als **Teilgehalt der Souveränität** bezieht sich die Völkerrechtsunmittelbarkeit gewissermaßen auf die „Außenrechtsfähigkeit" des Staates. Hiervon zu unterscheiden ist die **autonome Handlungsfähigkeit**, die aus faktischen oder aus rechtlichen Gründen beschränkt sein kann. Solche Beschränkungen mindern nicht die staatliche Souveränität selbst,[51] sondern betreffen nur die **Ausübung souveräner Rechte**. **90**

48 *S. van den Driest*, Pro-democratic Intervention and the Political Self-determination, NYIL 57 (2010), 29.

49 Vgl. S/RES/1973 (2011) v. 17.3.2011, Präambel, Abs. 4, §§ 3, 4 ff. Siehe auch *C. Henderson*, International Measures for the Protection of Civilians in Libya and Côte d'Ivoire, ICLQ 60 (2011), 767 (768 f). Angelehnt an diese Resolution auch *S. Martini/S. Schadendorf/M. Spörer*, in: v. Arnauld, Klausurenkurs im Völkerrecht, 3. Aufl. 2018, Fall 15. Eingehende Untersuchung des Aufstandes und der Intervention in Libyen bei *M. C. Bassiouni* (Hg.), Libya: From Repression to Revolution, 2013.

50 Vgl. S/RES/2118 v. 27.9.2013 (kein Hinweis auf Schutzverantwortung) und S/RES/2139 v. 22.2.2014, § 9.

51 Für einen materiellen Souveränitätsbegriff dagegen *A. Peters*, Völkerrecht: Allgemeiner Teil, 4. Aufl. 2016, 33 f. Wie hier z. B. *K. Oellers-Frahm*, Der Staat im Völkerrecht, FS E. Klein, 2013, 823 (824 ff).

a) Fehlende Rechtsfähigkeit

91 Fehlende Rechtsfähigkeit wurde zu Zeiten des Kolonialvölkerrechts den **Kolonien** attestiert. Die Souveränität über die Kolonialgebiete lag danach beim Kolonialherrn. Auch die **Mandatsgebiete** der Völkerbundzeit bzw. die **Treuhandgebiete** nach Art. 75 ff UNCh verfügten (noch) nicht über Souveränität und Völkerrechtsunmittelbarkeit. Durch das am Selbstbestimmungsrecht der Völker ausgerichtete Ziel der Dekolonisierung fand hier jedoch eine schrittweise Annäherung an einen staatsähnlichen Status statt. Nach Entlassung praktisch aller früheren Kolonien in die Unabhängigkeit spielen diese Fälle heute allerdings kaum noch eine Rolle (zu Chagos Rn. 72).

92 Praktisch relevant ist demgegenüber die Ausnahme von **Gliedstaaten eines Bundesstaates** aus dem Kreis souveräner Staaten. Umfassende originäre Völkerrechtssubjektivität besitzt nur der Bund. Die Bundesverfassung kann die Gliedstaaten zwar ermächtigen, im Rahmen ihrer Zuständigkeiten im eigenen Namen völkerrechtliche Abkommen zu schließen (z. B. Art. 32 Abs. 3 GG: hierfür ist die Zustimmung der Bundesregierung erforderlich!); damit erhalten die Gliedstaaten aber nur partielle (d. h. sachlich beschränkte) und verfassungsrechtlich vermittelte, abgeleitete Völkerrechtssubjektivität.[52] Die Beziehungen zwischen dem Bund und den Gliedstaaten sowie zwischen den Gliedstaaten untereinander sind staatsrechtlicher, nicht völkerrechtlicher Natur; völkerrechtliche Regeln können jedoch im Wege der Analogie zur Lückenschließung herangezogen werden.[53] Im Unterschied hierzu behalten bei einem **Staatenbund** als Zusammenschluss souveräner Staaten ohne eigene Staatsqualität die Mitglieder ihre umfassende Völkerrechtssubjektivität. Hier gilt letztlich dasselbe wie für die Mitgliedschaft in Internationalen Organisationen (Rn. 115).

b) Eingeschränkte Handlungsfähigkeit

93 Eingeschränkte Handlungsfähigkeit ist u. a. kennzeichnend für **besetzte Staaten**. Diese bewahren ihre Souveränität und „Außenrechtsfähigkeit“, nur übt die Besatzungsmacht die Hoheitsgewalt treuhänderisch aus. Dass der besetze Staat seinen Status als Völkerrechtssubjekt bewahrt, ergibt sich nicht zuletzt daraus, dass dem Besatzer gegenüber dem besetzten Staat Pflichten nach dem Recht des bewaffneten Konflikts obliegen (Rn. 1295–1302).

94 Die autonome Handlungsfähigkeit eines Staates kann außerdem durch **Übertragung von Hoheitsrechten** auf eine internationale oder supranationale Organisation eingeschränkt werden. Mit einer solchen Übertragung von Hoheitsrechten (z. B. Ermächtigung des UN-Sicherheitsrates zum Erlass rechtsverbindlicher Resolutionen in Art. 25 UNCh oder Unterwerfung unter die Gerichtshoheit des EGMR in Art. 46 EMRK) verzichtet der übertragende Staat nicht auf Teile seiner Souveränität, sondern lediglich darauf, bestimmte souveräne Rechte auszuüben. Dies wird darin deutlich, dass es dem Staat in letzter Konsequenz rechtlich möglich bleibt, aus der Organisation auszutreten. Dies gilt grundsätzlich auch für informelle Mittel der Steuerung von Politik

---

52 Zur historischen Entwicklung und heutigen Praxis *B. Fassbender*, Völkerrechtsfähigkeit und Völkerrechtsvergesslichkeit der deutschen Länder, JZ 2016, 280.

53 Vgl. RGZ 116, Anhang Nr. 2, 18 (Donauversinkung). Für das Grundgesetz BVerfGE 1, 14 (51 f) (Südweststaat); 34, 216 (230 ff) (Coburg).

durch internationale Institutionen („weiche" Standards, Berichte usw.), die sich freilich in ihren eher indirekten Wirkungen rechtlich schwer rückbinden lassen.[54]

Von diesen völkerrechtlichen Grundsätzen hat sich die **Europäische Union** inzwischen in mehrfacher Hinsicht entfernt. Schon seit den 1960er Jahren betont der EuGH die Eigenständigkeit der Unionsrechtsordnung: Das Unionsrecht ist weder „gewöhnliches" Völkerrecht noch innerstaatliches Recht. Völkerrecht findet nur in Außenbeziehungen der EU Anwendung, nicht im Binnenverhältnis zu den Mitgliedstaaten. Das Unionsrecht ist autonom; seine Regeln sind nach eigenen Maßstäben auszulegen.[55] Kennzeichnend für den **supranationalen** (also überstaatlichen, nicht zwischenstaatlichen) Charakter der EU sind die Grundsätze des Vorrangs und der unmittelbaren Anwendbarkeit des Unionsrechts. Mit dem über die Jahrzehnte erreichten Integrationsstand und dem Ziel einer „immer engeren Union der Völker Europas" (Art. 1 UAbs. 2 EUV) zeichnet sich ein Verschmelzungsprozess ab, dessen Ende offen ist. Betrachtet man den Grad, den die Beschränkungen der EU-Mitgliedstaaten in der autonomen Ausübung ihrer souveränen Rechte erreicht haben, stellt sich die Frage, ob das hier skizzierte herkömmliche Souveränitätskonzept, bei dem die Staaten Inhaber der Souveränität bleiben und die Organisation nur „beliehen" wird, noch befriedigende Erklärungen zu geben vermag. Für ein offeneres Konzept **geteilter** oder **zusammengefasster Souveränität** hat sich das tschechische Verfassungsgericht in seinem (2.) Lissabon-Urteil ausgesprochen:[56] 95

[T]he European Union has advanced by far the furthest in the concept of shared – "pooled" – sovereignty, and today already forms an entity sui generis, which is difficult to classify in classical political science categories. A key manifestation of a state's sovereignty is the ability to continue to manage its sovereignty (or part of it), or to cede certain powers temporarily or permanently.

Das BVerfG freilich hält an der klassischen völkerrechtlichen Konstruktion fest und betont den Charakter des Unionsrechts als einer von den Mitgliedstaaten als „Herren der Verträge" abgeleiteten Grundordnung.[57] Insbesondere dürfte nach Auffassung des BVerfG die Gründung eines europäischen Bundesstaates nicht „schleichend", sondern nur durch besonderen Akt erfolgen, der eine Volksabstimmung nach Art. 146 GG nötig machen würde. Ein archimedischer Punkt dieses traditionellen Souveränitätskonzepts ist das **Recht auf Austritt (Art. 50 EUV)**. Was lange theoretisch schien, dürfte mit dem angekündigten Austritt des (noch) Vereinigten Königreichs aus der EU Realität werden.[58] Wirkliche Unabhängigkeit wird das Königreich kaum erlangen

54 Am Beispiel der PISA-Studie der OECD *A. v. Bogdandy/M. Goldmann*, The Exercise of International Public Authority through National Policy Assessment, IOLR 5 (2008), 241.

55 EuGH, Slg. X (1964), 1141 (Costa/E.N.E.L.). Dazu u. a. *K. Ritgen*, in: Menzel/Pierlings/Hoffmann (Hg.), Völkerrechtsprechung, 2005, Nr. 58.

56 Tschechisches Verfassungsgericht, Urteil v. 3.11.2009, Pl. ÚS 29/09 (Lissabon II), § 147. Im Internet unter http://www.concourt.cz/clanek/pl-29-09 (deutsche Übersetzung in EuGRZ 2010, 209). Dazu *M. Hofmann*, Zum zweiten „Lissabon-Urteil" des Tschechischen Verfassungsgerichts, EuGRZ 2010, 153; *I. Ley*, Brünn betreibt die Parlamentarisierung des Primärrechts, JZ 2010, 165.

57 BVerfGE 123, 267 (Lissabon), §§ 226 ff. Näher Rn. 543–548.

58 Dazu *S. Wieduwilt*, Article 50 TFEU – The Legal Framework of a Withdrawal from the European Union, ZEuS 2015, 169; *A. Thiele*, Der Austritt aus der EU – Hintergründe und rechtliche Rahmenbedingungen des „Brexit", EuR 2016, 281. Zur Rücknahme der Austrittserklärung und ihren Folgen

können; vor allem aus ökonomischen Gründen wird mittelfristig eine erneute Annäherung an die Union unvermeidlich sein. Angesichts der engen wirtschaftlichen, politischen und rechtlichen Verzahnung dürfte ein Austritt aus der EU für die meisten Mitgliedstaaten praktisch kaum vorstellbar (und politisch nicht sinnvoll) sein. Mit dem **„Brexit“** könnte das traditionelle Souveränitätsdenken einen Pyrrhussieg errungen haben.

c) Sonderfälle

96 Zu ergänzen ist eine Reihe von Sonderfällen, die sich nicht immer leicht klassifizieren lassen. Auch hier ist für den Status als Völkerrechtssubjekt die aus der Souveränität folgende Völkerrechtsunmittelbarkeit der jeweiligen Gebietskörperschaft maßgeblich:

- **Protektorat:** Der protegierte Staat verpflichtet sich gegenüber einem anderen Staat, seine Politik in bestimmten Bereichen von dessen Zustimmung abhängig zu machen. Derartige Vereinbarungen bestehen z. B. zwischen Monaco und Frankreich, Liechtenstein und der Schweiz sowie San Marino und Italien. Dabei behält der protegierte Staat seine Souveränität (rechtlich könnte er das Protektoratsverhältnis beenden), ist aber in der Ausübung seiner souveränen Rechte beschränkt. Der Protektor erhält demgegenüber die Stellung eines „Suzeräns“ (von frz. *suzerain*, eigtl. Lehnsherr).

Kein Protektorat im rechtlichen Sinne war das „Reichsprotektorat Böhmen und Mähren“ (1939-45). Nach der völkerrechtswidrigen Annexion und Eingliederung in das Deutsche Reich hatte das „Protektorat“ eher den Charakter einer teilautonomen Provinz.

- **Kondominium:** Bei einem Kondominium teilen sich mehrere Staaten die territoriale Souveränität über ein ihnen gemeinsam gehörendes Gebiet. Das Gebiet selbst ist nicht Träger von Souveränität und damit auch nicht Völkerrechtssubjekt.

In der Kolonialzeit war die Bildung von Kondominien ein probates Mittel, um Interessenkonflikte zwischen Kolonialstaaten zu befrieden (z. B. die Neuen Hebriden als britisch-französisches Kondominium von 1906-1980, heute: Vanuatu). Ein bekanntes Beispiel aus der deutschen Geschichte bildet Schleswig-Holstein, das nach Aufgabe der dänischen Souveränitätsansprüche 1864 bis 1866 Kondominium von Preußen und Österreich war. Bis zum Jahr 1993 wurde auch Andorra unter die Kondominien gerechnet. Dieses stand seit 1278 unter der gemeinsamen Herrschaft Frankreichs und des Bischofs von Urgel in Spanien und wurde angesichts der umfassenden Befugnisse dieser Mächte nicht als eigenständiger Staat angesehen. Mit der Verfassungsreform von 1993 sind der französische Staatspräsident und der Bischof von Urgel weitgehend auf repräsentative Funktionen als Staatsoberhäupter beschränkt; Andorra ist seitdem Staaten des Commonwealth vergleichbar, deren Staatsoberhaupt die britische Königin ist, und wurde noch im selben Jahr in die Vereinten Nationen aufgenommen.[59] Auch Grenzgewässer können den Status eines Kondominiums haben. So betrachtet Österreich große Teile des Bodensees als Kondominium aller Anrainerstaaten.

- **Koimperium:** Bei einem Koimperium teilen sich mehrere Staaten die Gebietshoheit über fremdes Staatsgebiet. Die Souveränität des beherrschten Staates bleibt –

EuGH, Urteil v. 10.12.2018 – C-621/18 (Wightman). Dazu *S. Martini*, Niemand hat die Absicht die EU nicht zu verlassen, www.juwiss.de (14.12.2018); *M. Schmidt-Kessel*, Paukenschlag aus Luxemburg, www.lto.de (10.12.2018).

59 Näher *R. Viñas Farré*, Andorra, MPEPIL (5/2007).

im Unterschied zum Kondominium – erhalten. Bedeutsam wurde diese Konstruktion für den Status Deutschlands nach 1945: Nach h. M. ist das Deutsche Reich nach 1945 nicht untergegangen und blieb ein souveräner Staat; die Ausübung der souveränen Rechte teilten sich aber die vier Siegermächte. Die schrittweise Rückübertragung dieser Rechte hat 1990 mit dem sog. 2+4-Vertrag[60] ihren Abschluss gefunden, in dem die ehemaligen Alliierten vollständig auf ihre bis dahin noch bestehenden Vorbehaltsrechte verzichten.[61] Ein anderes Beispiel für ein Koimperium war die von 1923-1956 existierende Internationale Zone um das zu Marokko gehörende Tanger herum.

– **Internationale Verwaltung:** Die Vereinten Nationen (zuvor auch der Völkerbund: vgl. z. B. die Freie Stadt Danzig, 1920-1939) haben seit den 1990er Jahren gelegentlich Konfliktgebiete unter UN-Verwaltung gestellt (Osttimor, Kosovo). Übernommen wird dabei lediglich die Gebietshoheit, nicht die territoriale Souveränität; die Rechtslage ähnelt insoweit dem eines Koimperiums. Da es zumeist darum geht, einem nach Unabhängigkeit strebenden Volk den geordneten Übergang in einen eigenen Staat zu verschaffen, gibt es aber auch Ähnlichkeiten zu den Mandats- und Treuhandregimen.[62]

V. Anerkennung von Staaten und Regierungen

1. Anerkennung von Staaten

Mit der **Anerkennung eines Staates** gibt ein anderes Völkerrechtssubjekt zu erkennen, dass es den betreffenden Staat seinerseits als Völkerrechtssubjekt betrachtet. **97**
Dies kann auch implizit erfolgen, etwa durch Aufnahme diplomatischer Beziehungen. Die Anerkennung neuer Staaten wird von vielen Staaten heute nicht allein von Fragen der Effektivität und politischen Opportunität abhängig gemacht, sondern auch von Legitimitätskriterien.[63] Allerdings hat nach heute überwiegender Ansicht die Anerkennung bloß **deklaratorische** (nicht konstitutive) Bedeutung, d. h. sie ist ohne Einfluss auf die Staatseigenschaft, sondern stellt lediglich fest, dass aus Sicht des anerkennenden Staates alle Elemente vorliegen, die ein Staat besitzen muss.[64]

Die Staatsqualität lässt sich auf diesem Wege allerdings nicht völlig von politischen **98**
Konflikten abkoppeln: Zwar mag sich nach objektiven Kriterien bestimmen, ob man es mit einem Staat zu tun hat, die Staaten können aber unterschiedlicher Ansicht darüber sein, ob die drei Elemente vorliegen. Hier erhält die Anerkennungspraxis **mittel-**

60 Vertrag über die abschließende Regelung in bezug auf Deutschland v. 12.9.1990, BGBl. 1990 II 1318.

61 *I. v. Münch*, Deutschland: gestern – heute – morgen: Verfassungsrechtliche und völkerrechtliche Probleme der deutschen Teilung und Vereinigung, NJW 1991, 865; *H. J. Küsters*, Von der beschränkten zur vollen Souveränität Deutschlands, APuZ 17/2005, 3.

62 Vertiefend zu diesen Statusfragen *S. Wollenberg*, Die Regierung von Konfliktgebieten durch die Vereinten Nationen, 2007, 122 ff.

63 Siehe insbes. Leitlinien der EG für die Anerkennung neuer Staaten in Osteuropa und in der Sowjetunion v. 16.12.1991, EG Bulletin 12-1991, 1.4.5.; ILM 31 (1992), 1486.

64 A. A. *F. Fink*, The State Between Fact and Law, PolYIL 36 (2016), 51. Differenzierend *R. Wun*, Beyond Traditional Statehood Criteria: The Law and Contemporary Politics of State Creation, HYIL 26 (2013), 316.

bare rechtliche Bedeutung – nämlich als Indiz für die Auffassung der Völkergemeinschaft in Bezug auf die Staatsqualität als solche. Auch das Völkerrecht geht letztlich an der (Nicht-)Anerkennung durch andere Staaten nicht vorbei, sofern es sich um eine bedeutsame Praxis handelt. Eine kollektive Anerkennung spricht für, eine kollektive Nichtanerkennung gegen die Staatsqualität. Letztere beruht in aller Regel auf der Missbilligung von Umständen der Staatsgründung. Da sie kontrafaktisch an Legitimität statt Effektivität orientiert ist, muss darauf geachtet werden, dass die Bevölkerung nicht unter den Folgen einer Nichtanerkennung von De-facto-Regimen leidet.[65]

Diese politische Dimension unterstreicht auch der Fall der **Türkischen Republik Nordzypern**: Die Türkei besetzte am 20. Juli 1974 den Norden der Republik Zypern, weil sie den Anschluss der Republik an Griechenland befürchtete. Am 15. November 1983 wurde die „Türkische Republik Nordzypern“ (TRNZ) proklamiert. Unabhängig von der Frage, ob die Voraussetzungen für die Eigenschaft als Staat gegeben sind, wird der TRNZ seit jeher die Anerkennung als Staat verweigert. Allein die Türkei unterhält diplomatische Beziehungen mit der TRNZ. 1984 beschloss der Sicherheitsrat der Vereinten Nationen eine bis heute gültige Resolution, die alle UN-Mitgliedstaaten auffordert, die TRNZ nicht anzuerkennen.[66] Umgekehrt verhält es sich im Fall **Palästinas**: Angesichts der klaren Mehrheit (138 Ja-Stimmen, bei 9 Gegenstimmen und 46 Enthaltungen bzw. Nichtäußerungen) für die Resolution, mit der die UN-Generalversammlung Palästina zum Beobachterstaat heraufgestuft hat, und des Beitritts zum IStGH-Statut im Januar 2015 mehren sich die Stimmen, die eine Staatsqualität Palästinas bejahen.[67] Nachdem eine Reihe von EU-Mitgliedstaaten Palästina als Staat anerkannt haben, hat das Europäische Parlament am 17.12.2014 die grundsätzliche Anerkennung beschlossen, aber an die Wiederaufnahme der Friedensverhandlungen geknüpft.[68] Im März 2016 hat der Verwaltungsrat des Ständigen Schiedshofs dem Beitritt zum (I.) Haager Abkommen zur friedlichen Erledigung internationaler Streitfälle von 1907 zugestimmt.[69] Im November 2018 hat Palästina erstmals als Staat vor dem IGH Klage erhoben, über die noch nicht entschieden ist.[70]

99 Obgleich die Anerkennung eines Staates durch einen anderen für sich genommen nicht zu einer Änderung der Rechtslage führt, kann sie dennoch gegen Völkerrecht verstoßen: In der **vorzeitigen Anerkennung** von Staaten liegt ein Verstoß gegen das Verbot der Einmischung in die inneren Angelegenheiten eines anderen Staates (Interventionsverbot, Rn. 365), wenn der im Entstehen begriffene Staat sich im Wege der Sezession aus einem bestehenden Staatsverband zu lösen versucht.

Beispiele liefert insbesondere der Staatszerfall auf dem Balkan nach 1990: So gab es 1991 einen Streit zwischen Deutschland und Jugoslawien über die Anerkennung Sloweniens und Kroatiens durch die deutsche Regierung; ebenso bezeichnete Serbien die unmittelbar nach der

---

65 EGMR, Urteil v. 10.5.2001, Zypern/Türkei, 25781/94, § 95.

66 S/RES/550 v. 11.5.1984.

67 A/RES/67/19 v. 29.11.2012. Dazu *J. Cerone*, Legal Implications of the UN General Assembly Vote to Accord Palestine the Status of Observer State, ASIL Insights 16/2012; *M. Breuer*, Von der UNESCO in die Generalversammlung: Palästina und die Vereinten Nationen, 2013; *I. Stegmiller*, Palästinas Aufnahme als „Mitgliedstaat“ des Internationalen Strafgerichtshofs, ZaöRV 75 (2015), 435.

68 Entschließung v. 17.12.2014, 2014/2964(RSP). Dazu *R. Caballero*, Palestine: Do the Recognitions of its Statehood by European National Parliaments matter?, voelkerrechtsblog.org (2.3.2015).

69 *A. Zimmermann*, Palestine at the Gates of the Peace Palace: The long and windy road towards Palestinian membership in the Permanent Court of Arbitration, EJIL: Talk! (5.4.2016).

70 Dazu *J. Vidmar*, Palestine v United States: Why the ICJ does not need to decide whether Palestine is a state, EJIL Talk! (22.11.2018).

Unabhängigkeitserklärung des Kosovo im Jahre 2008 erfolgten Anerkennungen als Einmischungen in seine inneren Angelegenheiten. Einen Verstoß gegen das Gebot der Nichteinmischung stellt auch die Anerkennung der Sezession der Krim im März 2014 durch Russland dar.

2. Anerkennung von Regierungen

Von der Anerkennung von Staaten zu unterscheiden ist die **Anerkennung von Regierungen**. Zwar geht mit der Anerkennung eines Staates regelmäßig auch die Anerkennung seiner Regierung einher; Probleme kann es aber geben, wenn **konkurrierende Gruppen** die Regierungsgewalt jeweils für sich beanspruchen. Erkennt ein ausländischer Staat eine oppositionelle Kraft als Regierung an, so liegt hierin in aller Regel eine unzulässige Intervention in die inneren Angelegenheiten des betreffenden Staates (Rn. 365). Grundsätzlich gilt auch hier, dass **Effektivität vor Legitimität** geht: Wer die Kontrolle über den Verwaltungsapparat und die Sicherheitskräfte hat, hat die effektive Hoheitsgewalt inne. Setzen sich in einem Bürgerkrieg oppositionelle Kräfte in einem Teil des Landes effektiv durch, rechtfertigt dies, Beziehungen zu beiden Seiten hinsichtlich ihrer jeweiligen Herrschaftsbereiche zu unterhalten. Solange der Machtkampf noch nicht endgültig entschieden ist, ist auch die Anerkennung einer Exilregierung zulässig. Als Parteinahme in einem innerstaatlichen Konflikt ebenfalls verboten ist regelmäßig auch die Anerkennung einer oppositionellen Gruppe als „legitime Vertretung" des betreffenden Volkes.[71] **100**

Keine Rolle spielt, ob die effektive Regierung die Macht im Einklang mit oder im Widerspruch zu den Landesgesetzen erlangt hat. Die auf den damaligen (1907) Außenminister Ecuadors zurückgehende sog. **Tobar-Doktrin**, nach der Regierungen nicht anerkannt werden sollten, die durch Revolution an die Macht gekommen sind, hat sich nicht allgemein durchsetzen können. Wohl aber gibt es entsprechende Klauseln in den Gründungsverträgen von OAS (Art. 19 ff, Rn. 179) und AU (Art. 4 lit. p, Rn. 182). **101**

In der völkerrechtlichen Literatur wird seit längerem diskutiert, die Anerkennung von Regierungen an deren Legitimität zu koppeln, namentlich an **demokratische Legitimationsverfahren**.[72] Sieht man von Demokratieklauseln in den Gründungsakten einiger Regionalorganisationen[73] ab, dürfte die Behauptung eines „Rechts auf Demo- **102**

---

71 Zum Thema *I. Haßfurther*, Transforming the "International Unsociety": Towards Eutopia by Means of International Recognition of Peoples' Representatives, GYIL 60 (2017), 451; *J. Serralvo*, Government Recognition and International Humanitarian Law Applicability in Post-Gaddafi Libya, YIHL 18 (2015), 3; *L. Vulpe Albari*, The Estrada Doctrine and the English Courts: Determining the Legitimate Government of a State in the Absence of Explicit Recognition of Governments, HYIL 29 (2016), 171.

72 Grundlegend *T. Franck*, The Emerging Right to Democratic Governance, AJIL 86 (1992), 46. Ferner *S. Oeter*, Legalität und Legitimität staatlicher Herrschaft im Zeitalter der Demokratie, FW 73/3 (1998), 243; *G. Fox/B. Roth* (Hg.), Democratic Governance and International Law, 2000; *J. d'Aspremont*, Legitimacy of Governments in the Age of Democracy, NYUJILP 38 (2006), 877; *N. Petersen*, Demokratie als teleologisches Prinzip, 2009; *C. Vandewoude*, The Rise of Self-Determination Versus the Rise of Democracy, GoJIL 2 (2010), 981; *F. Ehm*, Demokratie und die Anerkennung von Staaten und Regierungen, AVR 49 (2011), 64; *ders.*, Das völkerrechtliche Demokratiegebot, 2013. Guter Überblick bei *D. Desierto*, Visions of the 'Right to Democratic Governance' under International Law, EJIL Talk! (24.5.2018).

73 Z. B. Art. 2 EUV. Für ein gewohnheitsrechtliches Demokratiegebot in Europa *S. Wheatley*, Democracy in International Law: A European Perspective, ICLQ 51 (2002), 225.

kratie" nach wie vor an dem souveränen Recht jedes Staates scheitern, sein politisches System selbst zu bestimmen. Es mehren sich jedoch Anzeichen, dass in der internationalen Praxis einem Recht der Bevölkerung auf politische Selbstbestimmung zunehmend Gewicht beigemessen wird. Dies dürfte jedenfalls dann gelten, wenn ein **ausgeübtes Selbstbestimmungsrecht missachtet** wird. So erteilte der UN-Sicherheitsrat 1994 das Mandat, den gewählten und 1991 durch Putsch gestürzten Präsidenten *Aristide* mit militärischen Mitteln wiedereinzusetzen.[74] Ende 2010 stellten sich nach den Wahlen in der Elfenbeinküste neben mehreren Regionalorganisationen auch die Vereinten Nationen gegen Amtsinhaber *Gbagbo* auf die Seite des Wahlsiegers *Ouattara*. Der Sicherheitsrat legte mit einer Resolution nach Kapitel VII die rechtliche Grundlage für die Anerkennung *Ouattaras* durch ausländische Regierungen.[75] Nach den Präsidentschaftswahlen in Gambia im Dezember 2016 bemühten sich ECOWAS und AU darum, den amtierenden Präsidenten *Jammeh* zur Übergabe des Amtes an den Wahlsieger *Barrow* zu bewegen. Die militärische Intervention der ECOWAS am 19.1.2017 fand am selben Tag Unterstützung durch eine Resolution des UN-Sicherheitsrates, der die Beschlüsse von AU und ECOWAS schon zuvor indirekt in Presseerklärungen gutgeheißen hatte.[76]

Weniger deutlich war die Rechtslage im Fall des Bürgerkriegs in Libyen: Hier hatte der Sicherheitsrat mit seiner Resolution 1973 (2011) das *Gaddafi*-Regime zwar wegen schwerer Angriffe auf die Zivilbevölkerung scharf verurteilt, eine Parteinahme für den libyschen Revolutionsrat jedoch vermieden.[77] Dessen Anerkennung durch eine Reihe ausländischer Staaten war damit nicht ausdrücklich durch den Sicherheitsrat legitimiert und blieb eine an sich unzulässige Intervention. Gleichwohl dürfte diese gerechtfertigt gewesen sein: Bei schwersten Menschenrechtsverletzungen ist die internationale Gemeinschaft als ganze betroffen und hat ein Recht, mit friedlichen und verhältnismäßigen Gegenmaßnahmen zu reagieren.[78] Um Missbräuche auszuschließen, ist freilich zu fordern, dass der Sicherheitsrat (wie hier) das Vorliegen schwerster Rechtsverstöße festgestellt hat. Zumindest wenn der Machtkampf „auf der Kippe" steht, dürfte auch nicht die Gefahr bestehen, eine weitgehend virtuelle neue Regierung zu unterstützen, die international für den Staat nicht zu handeln vermag. Dem Interesse, den Staat in die internationale Gemeinschaft einzubinden und zur Beachtung des Völkerrechts anzuhalten, wäre sonst mit guten Absichten ein schlechter Dienst erwiesen.[79] Dies zeigt sich auch im Fall Syriens, in dem die nach dem Verlauf des Bürgerkrieges verfrühte Anerkennung der vereinigten Oppositionsbewegung durch eine Mehrheit der Staatengemeinschaft kaum zur Entschärfung der Situation beigetragen haben dürfte.[80]

---

74 S/RES/940 v. 31.7.1994.

75 S/RES/1962 v. 20.12.2010, § 1.

76 Res. 2337 (2017) v. 19.1.2017. Näher *C. Pippan*, Collectively Enforcing the Results of Democratic Elections in Africa, voelkerrechtsblog.org v. 10.2.2017; *C. Kreß/B. Nußberger*, Zur pro-demokratischen Intervention im Völkerrecht der Gegenwart: Der Fall Gambia im Januar 2017, ZFAS 10 (2017), 213; *M. Brunner*, „Restore Democracy": Völkerrechtliche Fragen der militärischen Beendigung der Verfassungskrise in Gambia, AVR 56 (2018), 34. Siehe auch Rn. 1078.

77 S/RES/1973 v. 17.3.2011. Dass ein Sturz *Gaddafis* gleichwohl intendiert gewesen sei, meint *C. Henderson*, International Measures for the Protection of Civilians in Libya and Côte d'Ivoire, ICLQ 60 (2011), 767 (773).

78 Zu den sog. Pflichten *erga omnes* Rn. 292–294.

79 Siehe auch *S. Talmon*, De-Recognition of Colonel Qaddafi as Head of State of Libya?, ICLQ 60 (2011), 759.

80 Vorsichtige Unterstützung durch A/RES/67/262 v. 4.6.2013, Präambel. Dazu näher *P. Thielbörger*, Die Anerkennung oppositioneller Gruppen in den Fällen Libyen (2011) und Syrien (2012), HuV-I 2013, 34.

Fall: Fürstentum Sealand (VG Köln 1978)[81] Der deutsche Staatsangehörige *Alexander Achenbach* war Außenminister auf Lebenszeit des „Fürstentums Sealand". Hierbei handelt es sich um eine 1300 qm große künstliche Plattform in internationalen Gewässern vor der britischen Küste, die vom Vereinigten Königreich als Flakstellung errichtet, aber nach dem 2. Weltkrieg aufgegeben wurde. 1967 wurde die Plattform durch die Betreiber eines Piratensenders besetzt und das „Souveräne Fürstentum Sealand" ausgerufen. Der Anführer der Besetzer, *Paddy Roy Bates*, erklärte sich selbst zum regierenden Fürsten und seine Mitstreiter zu Mitgliedern der Regierung. Nach einem erfolglosen Versuch gab die britische Regierung das Ziel auf, die Besetzer zu vertreiben. Einige Klein- und Mikrostaaten erkennen das Fürstentum Sealand als Staat an. Sealand bietet seine Staatsangehörigkeit gegen Geld für Steuerflüchtlinge an; die eingebürgerten Sealander müssen lediglich vier Wochen im Jahr auf der Plattform verbringen; als Minister auf Lebenszeit verbrachte *Achenbach* in der Regel zwei Monate im Jahr dort. Um von Steuern und Sozialabgaben in Deutschland befreit zu werden, wollte er gerichtlich feststellen lassen, dass mit Annahme der sealandischen Staatsangehörigkeit seine deutsche Staatsangehörigkeit gemäß § 25 Abs. 1 Staatsangehörigkeitsgesetz (StAG) erloschen ist. 103

Das VG Köln wies die Klage als unbegründet ab. *Achenbachs* deutsche Staatsangehörigkeit sei nicht erloschen. Er habe keine neue Staatsangehörigkeit angenommen, weil Sealand kein Staat im Rechtssinne sei. Ein Staat müsse über ein definiertes Staatsgebiet, ein Staatsvolk und eine effektive Staatsgewalt verfügen. Sealand besitze bereits kein Staatsgebiet. Als *Staatsgebiet* seien nur Teile der Erdoberfläche anerkannt, die ihren natürlichen Ursprung in der Erdkugel hätten und somit ein Kegelausschnitt der Erde seien. Zwar akzeptiere das Völkerrecht auch künstliche Landgewinnung; diese müsse aber an ein definiertes Territorium (von *terra*, d. h. Erde) anschließen. Auch die Existenz eines Staatsvolkes verneinte das Gericht. Ein *Staatsvolk* sei „nicht nur ein loser Zusammenschluß zwecks Förderung gemeinsamer Hobbys und Interessen", sondern durch „eine im wesentlichen ständige Form des Zusammenlebens i. S. einer Schicksalsgemeinschaft" gekennzeichnet. Die „Staatsangehörigen" von Sealand hätten ihre „Staatsangehörigkeit" nicht mit dem Ziel eines solchen Gemeinschaftslebens erworben. Ihre Anwesenheit auf der Plattform beschränke sich auf gelegentliche Besuche, ansonsten gingen sie außerhalb ihren eigenen Interessen nach. Der Zweck ihres Zusammenschlusses beschränke sich nur auf einen kleinen Teilbereich ihres Lebens, nämlich ihre wirtschafts- und steuerpolitischen Interessen. Ob eine effektive *Staatsgewalt* vorhanden sei, brauchte das VG nicht mehr zu entscheiden. Je nach Lage der Dinge könnte man eine für die Zwecke eines Mikro„staates" hinreichend effektive Staatsgewalt noch bejahen. Da ein Staat alle drei Elemente aufweisen muss, hilft eine „Staats"gewalt allein jedoch nicht weiter. Auch auf die *Anerkennung* Sealands durch andere Klein- und Mikrostaaten kommt es nicht an, weil die Anerkennung eines Staates keine konstitutive Bedeutung hat: Ein Nicht-Staat kann nicht durch Anerkennung zum Staat werden.

81 VG Köln, DVBl. 1978, 510; siehe Anhang, Nr. 48. *V. Cogliati-Bantz*, My Platform, My State: The Principality of Sealand in International Law, JIML 18 (2012), 227; *P. Ségur*, La Principauté de Sealand: espace de non-droit et fiction de souveraineté, AnnDM 19 (2014), 15. Für Staatlichkeit *A. Lyon*, The Principality of Sealand, and Its Case for Sovereign Recognition, EmoryILR 29 (2015), 637.

VI. Staatennachfolge

1. Begriff und Fallgruppen

104 Während es beim *failed state* um die (eher theoretische) Frage geht, unter welchen Voraussetzungen ein Staat ersatzlos zerfällt, behandelt die Staatennachfolge (auch: Staatensukzession) die Fälle, in denen aus bestehenden Staaten **neue Staaten** hervorgehen bzw. bestehende Staaten **in anderen aufgehen**. Hiervon ist auch der Fall des Gebietserwerbs (Rn. 78–82) zu unterscheiden, bei dem es um den Wechsel von Territorium von einem Staat zu einem anderen geht, d. h. das Gebiet wechselt seine Zugehörigkeit; die Zahl der Staaten verändert sich nicht. Folgende Fälle der Staatennachfolge sind praktisch relevant:

- **Sezession:** Abspaltung eines Gebietsteils von einem Staat, meist unter Berufung auf das Selbstbestimmungsrecht der Völker (Rn. 70–71). Beispiele sind z. B. die Sezession Bangladeschs von Pakistan (1971) oder des Süd-Sudan vom Sudan (2011)[82].
- **Dismembration:** vollständiger Zerfall eines Staates in mehrere souveräne Staaten, z. B. Zerfall der UdSSR (1991) oder der ČSFR (1992).
- **Fusion (Zusammenschluss):** Mehrere Staaten gehen in einem neuen Staat auf, z. B. Zusammenschluss von Tanganijka und Sansibar zu Tansania (1964) oder der Arabischen Republik Jemen und der Volksdemokratischen Republik Jemen zur Republik Jemen (1990).
- **Inkorporation:** Beitritt eines Staates zu einem anderen Staat. Das historisch singuläre Beispiel bildet die Wiederherstellung der deutschen Einheit (1990), die zum Untergang der DDR als Völkerrechtssubjekt geführt hat.[83] Nach außen hin präsentierte sich zwar auch der Beitritt der Krim zur Russischen Föderation als Inkorporation; weil aber die durch russischen Militäreinsatz ermöglichte Sezession illegal war, handelt es sich völkerrechtlich um einen Akt der rechtswidrigen Annexion (Rn. 71)

105 Die Schwierigkeiten bei der Einordnung verdeutlicht der Zerfall Jugoslawiens: Von der ehemaligen Sozialistischen Föderativen Republik Jugoslawien (SFRJ) hatten sich im Juni 1991 Slowenien und Kroatien losgesagt, gefolgt von Mazedonien (September 1991) und Bosnien-Herzegowina (März 1992). Das aus Serbien und Montenegro bestehende Rest-Jugoslawien benannte sich im April 1992 in Bundesrepublik Jugoslawien (BRJ) um. Ob die Sezessionen der Jahre 1991/92 die Dismembration der SFRJ zur Folge hatten, blieb unklar: Die von der EU eingesetzte *Badinter*-Kommission ging von einem Untergang der SFRJ aus, ebenso der UN-Sicherheitsrat, der daher in Resolution 777 (1992) der Generalversammlung empfahl, die BRJ als Nichtmitglied von der Teilnahme in den UN-Gremien auszuschließen und zum Antrag auf Beitritt zu den Vereinten Nationen aufzufordern. Die Generalversammlung schloss jedoch am 22.9.1992 die BRJ lediglich von der Teilnahme in den UN-Gremien (Resolution 47/1) aus, ohne sich zur Statusfrage zu äußern. Erst am 1.11.2000 wurde die BRJ auf Antrag als neues Mitglied in die UNO aufgenommen. Damit hat sich rückblickend die Frage geklärt, dass die SFRJ (wohl) tatsächlich 1992 durch Dismembration untergegangen sein dürfte. Die anschließende

---

82 Dazu *S. Sheeran*, International Law, Peace Agreements and Self-Determination: The Case of the Sudan, ICLQ 60 (2011), 423.

83 Dazu *S. Oeter*, German Unification and State Succession, ZaöRV 51 (1991), 349; *O. Dörr*, Die Inkorporation als Tatbestand der Staatensukzession, 1995.

Umbenennung der BRJ in „Serbien und Montenegro" 2003 veränderte nur den Namen, nicht den Subjektstatus. Im Juni 2006 hat sich Montenegro von diesem Staat abgespalten (Sezession), der nunmehr nur noch aus Serbien besteht und den Namen „Republik Serbien" angenommen hat. 2008 hat sich auch die autonome Provinz Kosovo, die unter UN-Verwaltung stand, für unabhängig erklärt (Sezession).[84]

2. Rechtsprobleme der Staatennachfolge

Die Staatensukzession wirft Rechtsfragen auf, die bis heute nicht abschließend geklärt sind. Unproblematisch ist insoweit die Stellung desjenigen Staates, der mit einem vorher bestehenden Staat (teil-)identisch ist, d. h. für den „Rumpfstaat" nach einer Sezession oder für den Staat, der einen anderen inkorporiert: Er tritt nicht in die Rechtsstellung eines anderen Staates ein; er bleibt vielmehr „mit sich identisch". Für die anderen Staaten hingegen fragt sich, ob diese die „Erbschaft" der Rechtspflichten desjenigen Völkerrechtssubjekts antreten, in dessen Nachfolge sie stehen. **106**

Weitgehende Einigkeit besteht inzwischen, dass neue Staaten an das zum Zeitpunkt ihrer Entstehung etablierte **Gewohnheitsrecht** gebunden sind. Im Zuge der Dekolonisierungsprozesse der 1960er Jahre waren hieran Zweifel geäußert worden, weil durch die Übernahme des gewohnheitsrechtlichen *acquis* Staaten Rechtspflichten unterliegen, denen sie nicht zugestimmt haben. Im Interesse der Rechtssicherheit in den internationalen Beziehungen und im Interesse der neuen Staaten selbst, die auf den Schutz durch das Völkerrecht (u. a. Gewaltverbot, Interventionsverbot) angewiesen sind, ist die Durchbrechung des strikten Konsensprinzips sachlich legitimiert.[85] Allerdings besteht eine moralische Pflicht, in einem nachholenden Prozess der Universalisierung die berechtigten besonderen Anliegen der ehemaligen Kolonien bei der Weiterentwicklung des Völkerrechts zu berücksichtigen. **107**

Den schwierigen Problemen der **Rechtsnachfolge in Verträge** ist die Wiener Konvention zur Staatennachfolge in Verträge von 1978[86] gewidmet. Sie wurde bis heute (Stand: Juni 2019) nur 23-mal ratifiziert (u. a. wegen der kontroversen Privilegierung der *newly independent states*, d. h. der ehemaligen Kolonien, in den Art. 16 ff). Weitgehende Einigkeit besteht, dass **radizierte** (d. h. auf das Staatsgebiet bezogene) **Verträge** fortgelten – das Recht folgt hier dem Land. Damit soll insbesondere verhindert werden, dass Sukzessionsfälle zum Aufflammen von Grenzkonflikten führen. **108**

Ein ähnliches Ziel verfolgt der Grundsatz *uti possidetis* (vollständig: *uti possidetis, ita possideatis* – „wie ihr besitzt, so sollt ihr besitzen"), der bei der Dekolonisierung Südamerikas im 19. und Afrikas im 20. Jahrhundert Anwendung fand: Die ehemaligen Kolonien erlangten danach Unabhängigkeit in den Grenzen der Kolonialzeit. Wegen der konfliktträchtigen Grenzziehung

84 Vgl. zu der komplexen Nachfolgefrage IGH, Urteil v. 26.2.2007, Case Concerning the Application of the Convention on the Prevention and Punishment of the Crime of Genocide (Bosnia and Herzegovina v. Serbia and Montenegro), ICJ Rep. 2007, 43, §§ 67-141. Siehe auch *Y. Blum*, Was Yugoslavia a Member of the United Nations in the Years 1992–2000?, AJIL 101 (2007), 800; *S. Oeter*, The Dismemberment of Yugoslavia: An Update on Bosnia and Herzegovina, Kosovo and Montenegro, GYIL 50 (2007), 457.

85 Zu der Kontroverse *R. Anand*, New States and International Law, MPEPIL (1/2007); *A. Krueger*, Die Bindung der Dritten Welt an das postkoloniale Völkerrecht, 2018.

86 ILM 17 (1978), 1488; AVR 18 (1979), 226.

in Afrika durch die früheren Kolonialherren hat diese Regel dort jedoch Konflikte nicht verhindern können, sondern im Gegenteil begünstigt.[87]

109 Bei **politischen Verträgen** (z. B. Bündnisverträgen) wird teilweise angenommen, dass diese ihrem Sinn und Zweck nach nicht auf Nachfolgestaaten übergehen.[88] Die damit verbundene automatische Entlassung aus solchen Verträgen dürfte nicht in jedem Fall sachgerecht sein. Daher erscheint es vorzugswürdig, von einer grundsätzlichen Fortgeltung auszugehen, den Parteien aber die Lösung vom Vertrag wegen Änderung wesentlicher Umstände zu ermöglichen (sog. *clausula rebus sic stantibus*, Art. 62 WVK, siehe Rn. 247).

110 Die **Mitgliedschaft in Internationalen Organisationen** geht nicht auf Nachfolgestaaten über; hier muss es den zuständigen Organen der Organisation überlassen bleiben darüber zu entscheiden, ob sie den neuen Staat aufnehmen wollen oder nicht. Eine Ausnahme bildet insoweit die Russische Föderation. Diese ist nicht teilidentisch mit der durch Dismembration untergegangenen UdSSR, sondern ist deren größter Nachfolgestaat. Auf der Konferenz von Alma Ata haben sich die GUS-Staaten 1991 jedoch darauf verständigt, Russland als „Fortsetzerstaat" der UdSSR zu betrachten, der auch die Mitgliedschaft in Internationalen Organisationen, v. a. den ständigen Sitz im UN-Sicherheitsrat, „erben" sollte.[89] Diese Lösung stieß innerhalb der Vereinten Nationen und der anderen betroffenen Internationalen Organisationen auf keinen Widerstand und hat sich somit als punktuelle Durchbrechung der Aufnahmeregeln gewohnheitsrechtlich etabliert.

111 Zutreffender Ansicht nach gehen **Menschenrechtsabkommen** auf Nachfolgestaaten über. Soweit man den Menschen aus eigenem Recht als Träger völkerrechtlicher Rechte ansieht, folgt dies schon aus seinem Status als Völkerrechtssubjekt, der durch die Staatsneugründung unberührt bleibt. Aber auch jenseits des förmlichen Status als Völkerrechtssubjekt widerspräche eine menschenrechtliche Entpflichtung des Nachfolgestaates der gestärkten Stellung des Menschen im modernen Völkerrecht. Unabhängig von der Frage unmittelbarer Individualrechte sind Menschenrechtsabkommen rechtsetzende Verträge, Elemente eines *ordre public international*, und keine Austauschverträge.[90] Zwar könnte der Staat diese Verträge kündigen;[91] der Bindung an die gewohnheitsrechtlich geltenden Menschenrechtsstandards könnte er sich auf diesem Wege aber nicht entziehen.

112 Hinsichtlich der **übrigen Verträge** geht die Wiener Konvention von 1978 grundsätzlich von einer Fortgeltung aus (Art. 31, 34), spiegelt damit aber nicht das geltende Gewohnheitsrecht wider. Bei Dismembration und Sezession mag eine Fortgeltung

---

87 *D. Ahmed*, Boundaries and Secession in Africa and International Law: Challenging *Uti Possidetis*, 2015.

88 Z. B. *M. Herdegen*, Völkerrecht, 17. Aufl. 2018, § 29 Rn. 3.

89 Dazu mit Quellennachweisen *Y. Blum*, Russia Takes Over the Soviet Union's Seat at the United Nations, EJIL 3 (1992), 354. Vertiefend *Z. Kembayev*, Probleme der Rechtsnachfolge von der Sowjetunion auf die Russische Föderation, AVR 46 (2008), 106.

90 Zu dieser Unterscheidung Rn. 195.

91 Die Kündigung des IPBPR durch Nordkorea ist allerdings wegen Fehlens einer Kündigungsklausel 1998 vom UN-Generalsekretär zurückgewiesen worden, unter Hinweis darauf, dass sich ein Kündigungsrecht auch nicht gemäß Art. 56 Abs. 1 lit. b WVK aus der Natur des Vertrages ableiten lasse.

sachgerecht sein, zumal auch hier die Möglichkeit einer Lösung über die *clausula rebus sic stantibus* bleiben dürfte. Die Kontinuität der Vertragspflichten bei einer Fusion oder Inkorporation kann aber zu widersprechenden Vertragsbindungen führen. Hier ist eine Verständigung mit den Vertragspartnern notwendig, wie sie die Bundesrepublik Deutschland nach der Wiedervereinigung mit den Vertragspartnern der DDR gesucht (und gefunden) hat.[92]

Noch kontroverser als die Staatennachfolge in Verträge ist die Nachfolge in **Schulden und Staatsvermögen.**[93] Die Wiener Konvention zur Staatennachfolge in Staatsvermögen, Staatsarchive und Staatsschulden von 1983[94] privilegiert erneut die *newly independet states* durch ein *„clean slate"*– oder *„tabula rasa"*-Prinzip (Art. 38). Diese Regelung ist mitverantwortlich dafür, dass die Konvention bis heute (Stand: Juni 2019) noch nicht die für ein Inkrafttreten erforderlichen 15 Ratifikationen erhalten hat. Abgesehen davon, dürften die allgemeinen Grundsätze der Konvention geltendes Gewohnheitsrecht widerspiegeln. Leitgedanken sind dabei Gebietsbezogenheit und Fairness. So geht Staatsvermögen im Inland nach dem Belegenheitsprinzip auf den jeweiligen Territorialstaat über; ebenso werden sog. *localized debts* von ihm übernommen (z. B. Verbindlichkeiten aus gebietsbezogenen Infrastrukturprojekten). Bei Auslandsvermögen sowie bei nicht-lokalisierten Verbindlichkeiten ist eine billige Aufteilung vorzunehmen. Der Gedanke der Fairness ist auch leitend bei den sog. *odious debts*, d. h. Schulden, die vom Vorgängerstaat gerade entgegen den Interessen des Nachfolgestaates aufgenommen wurden (z. B. Kriegsanleihen zur Bekämpfung einer ethnischen Minderheit, der die Sezession aus dem Staatsverband gelingt). 113

C. Internationale Organisationen

Wenn Staaten auf internationaler Ebene eine kooperative Problemlösung suchen, bieten sich **verschiedene Grade der Kooperation** an: Genügt die *ad-hoc*-Diplomatie nicht, können Foren für eine kontinuierliche Regierungszusammenarbeit geschaffen werden, wie z. B. die G8 oder G20. Wo Staaten noch enger zusammenarbeiten wollen, können sie schließlich Internationale Organisationen gründen und mit eigener Rechtspersönlichkeit ausstatten. 114

Internationale Organisationen können universell, d. h. weltweit gemeinsame Ziele verfolgen oder regional. **Typische Betätigungsfelder** sind Sicherheit und Verteidigung (UNO, NATO), Wirtschaft und Finanzen (z. B. WTO, OECD, IWF), Arbeit, Gesundheit und Soziales (z. B. ILO, WHO, UNESCO). Angesichts der Breite der Zuständigkeiten der UNO oder regionaler Internationaler Organisationen (v. a. der EU, aber auch des Europarates oder der OAS) verschwimmt die Abgrenzung zum **Staa-** 115

92 Dazu vertiefend *D. Papenfuß*, Die Behandlung der völkerrechtlichen Verträge der DDR im Zuge der Herstellung der Einheit Deutschlands, 1997.

93 Zur verwandten Frage der Staatennachfolge in die internationale Verantwortlichkeit hat das Institut de Droit International 2015 eine Resolution beschlossen. Vertiefend dazu *M. Kohen/P. Dumberry*, The Institute of International Law's Resolution on State Succession and State Responsibility, 2019.

94 ILM 22 (1983), 306.

tenbund.[95] Unter einem Staatenbund (Konföderation) werden herkömmlich Zusammenschlüsse souveräner Staaten verstanden, die sich nicht bloß auf einzelne Politikfelder erstrecken, sondern eine Kooperation auf breiterer Ebene bezwecken (z. B. Schweizerische Eidgenossenschaft vor 1848, Vereinigte Arabische Staaten 1958-1961; Andengemeinschaft, Russisch-Weißrussische Union, ab 2015 geplant: Eurasische Union). Um die eigentümliche Stellung der EU zwischen Internationaler Organisation und Bundesstaat zu kennzeichnen, hat sich in der deutschen Rechtswissenschaft der Begriff des **Staatenverbunds** eingebürgert.

I. Allgemeines

1. Begrenzte Völkerrechtspersönlichkeit

116 Um Völkerrechtssubjekt zu sein, muss eine Vereinigung die folgenden **Voraussetzungen** erfüllen, die sich u. a. aus dem Bernadotte-Gutachten des IGH[96] ableiten lassen:

- Sie muss von **mindestens zwei Völkerrechtssubjekten** (v. a. Staaten oder anderen Internationalen Organisationen, nicht: Privatpersonen) gegründet und getragen werden, um am völkerrechtlichen Verkehr teilnehmen zu können.
- Sie muss **auf Dauer angelegt** sein, weil es sich sonst nicht um eine Organisation handelt, die eigene Rechtspersönlichkeit erlangen kann.
- Sie muss **auf internationaler Ebene nach Maßgabe des Völkerrechts** tätig sein (nicht etwa allein im innerstaatlichen Bereich nach dem Recht eines der Gründungsstaaten).
- Ihr müssen **eigene Aufgaben** zur **selbstständigen Wahrnehmung** übertragen sein. Nur dann ist eine hinreichende Selbstständigkeit gegeben, die es rechtfertigt, die Vereinigung von der Rechtspersönlichkeit ihrer Mitglieder zu lösen.
- Zum Zwecke der selbstständigen Wahrnehmung ihrer Aufgaben muss die Organisation schließlich mindestens mit einem eigenen **handlungsfähigen Organ** ausgestattet sein.

117 Liegen diese Voraussetzungen vor, so kann die Völkerrechtspersönlichkeit auch implizit vorhanden sein.[97] Vielfach verleihen die Mitgliedstaaten der Organisation die Völkerrechtsfähigkeit jedoch ausdrücklich im Gründungsvertrag (vgl. z. B. Art. 4 Abs. 1 S. 1 IStGH-Statut, Art. 47 EUV). Von der Völkerrechtsfähigkeit, d. h. der Teilnahme am internationalen Rechtsverkehr im eigenen Namen, ist die **innerstaatliche Rechts- und Geschäftsfähigkeit** zu unterscheiden, die notwendig ist, um z. B. Miet-, Kauf- und Arbeitsverträge im Sitzstaat zu schließen. Diese dürfte einer Internationalen Organisation regelmäßig implizit mit ihrer Gründung verliehen sein, wird aber z. T. in den Gründungsabkommen ebenfalls explizit geregelt (z. B. Art. 4 Abs. 1 S. 2 IStGH-Statut, Art. 104 UNCh).

95 Näher *S. Oeter*, Bundesstaat, Föderation, Staatenverbund, ZaöRV 75 (2015), 733.

96 Vgl. IGH, Gutachten v. 11.4.1949, Reparation for Injuries Suffered in the Service of the United Nations, ICJ Rep. 1949, 174 (178 f). Siehe Anhang, Nr. 6; hierzu noch Rn. 124.

97 *A. Peters*, Völkerrecht: Allgemeiner Teil, 4. Aufl. 2016, 241 f nimmt sogar eine gewohnheitsrechtlich begründete Vermutung an, dass eine Internationalen Organisation Völkerrechtspersönlichkeit besitzt, sofern nicht eine gegenteilige Ansicht der Gründer erkennbar wird.

Die **Völkerrechtspersönlichkeit** von Internationalen Organisationen ist **in sachlicher Hinsicht begrenzt**: Rechte und Pflichten der Organisation betreffen nur den Bereich ihrer **Zuständigkeit** (sog. **partielle Völkerrechtspersönlichkeit**) So ist z. B. die WMO nur für meteorologische Fragen zuständig, wie sie in der Gründungssatzung festgelegt sind, oder die WTO für Fragen grenzüberschreitenden Handels. Nach traditioneller Ansicht ist der Subjektstatus Internationaler Organisationen zudem im Außenverhältnis **in „persönlicher" Hinsicht** begrenzt. Anders als bei Staaten als „geborene" Völkerrechtssubjekte handelt es sich bei ihnen um künstlich geschaffene (**„gekorene"**) Rechtssubjekte. Um nach außen Völkerrechtssubjekt werden zu können, bedarf die Internationale Organisation demnach der **Anerkennung** und besitzt Rechtspersönlichkeit nur gegenüber Staaten, die sie anerkennen (sog. **relative Völkerrechtspersönlichkeit**). Eine Ausnahme wird allgemein für die UNO gemacht, der der IGH schon 1949 im Bernadotte-Gutachten eine gegenüber allen Staaten wirkende **objektive Völkerrechtspersönlichkeit** zugesprochen hat (Rn. 137). Die zentrale Begründung des IGH in jenem Gutachten (Repräsentation eines großen Teils der Staatengemeinschaft) trifft inzwischen allerdings auf eine Vielzahl von Organisationen zu. Der Repräsentationsgedanke ist aber nicht das alleinige Argument: Selbst regionale Organisationen wie die EU oder die AU sind heute ganz selbstverständlich als wichtige internationale Akteure in der gesamten Staatenwelt akzeptiert. Angesichts der zentralen Rolle Internationaler Organisationen im heutigen Völkerrecht erscheint es gekünstelt, an dem Erfordernis einer (ohnedies in aller Regel nur aus den Umständen zu schließenden) Anerkennung durch Staaten festzuhalten.[98] 118

2. Gründung und Mitgliedschaft

Gegründet werden Internationale Organisationen durch einen **völkerrechtlichen Vertrag**, der oft als „Satzung" oder als „Statut" bezeichnet wird. **Gründer** können nur **Völkerrechtssubjekte** sein, also v. a. Staaten, aber auch andere Internationale Organisationen. Dies entspricht dem Rechtsgrundsatz, wonach niemand mehr Rechte übertragen kann, als er selbst besitzt *(nemo plus iuris transferre potest quam ipso habet)*. Natürliche Personen (Einzelmenschen) und private Organisationen sind allenfalls in engen Grenzen Völkerrechtssubjekte und können keine Internationale Organisation im völkerrechtlichen Sinne gründen. 119

Private internationale Verbände werden als **„Nichtregierungsorganisationen"** (*Non-Governmental Organisations*, NGO) bezeichnet. Internationale NGO erfüllen nach Art. 1 des NGO-Übereinkommens des Europarates[99] folgende Kriterien: 120

- *have a non-profit-making aim of international utility;*
- *have been established by an instrument governed by the internal law of a Party;*
- *carry on their activities with effect in at least two States; and*
- *have their statutory office in the territory of a Party and the central management and control in the territory of that Party or of another Party.*

---

98 Näher *M. Breuer*, Die Völkerrechtspersönlichkeit Internationaler Organisationen, AVR 49 (2011), 4. Auch die ILC geht inzwischen von der objektiven Völkerrechtspersönlichkeit Internationaler Organisationen aus, vgl. Kommentar zu den ARIO (Rn. 381), Art. 2, para. 9.

99 Europäisches Übereinkommen über die Anerkennung der Rechtspersönlichkeit internationaler nichtstaatlicher Organisationen v. 24.4.1986, ETS No. 124 (von Deutschland nicht unterzeichnet).

Teilweise werden auch profitorientierte Organisationen unter die NGO gerechnet. NGO unterliegen dem staatlichem Recht und sind nach h. M. keine Völkerrechtssubjekte;[100] sie haben aber an der Fortentwicklung des Völkerrechts einen erheblichen Anteil, indem sie durch Lobbypolitik Impulse geben, an internationalen Konferenzen teilnehmen oder über die öffentliche Meinung Druck auf die politischen Entscheidungsträger ausüben. Soweit NGO in völkerrechtlich geregelte Verfahren einbezogen sind (vgl. z. B. ECOSOC-Resolution 1996/31 zum beratenden Status von NGO im UN-Wirtschafts- und Sozialausschuss; Art. 44 AMRK zur Antragsbefugnis von NGO vor der Inter-amerikanischen Menschenrechtskommission; Regel 103 der IStGH-Verfahrens- und Beweisregeln zum Recht, als *amici curiae* Stellungnahmen abzugeben), hängt es von der jeweiligen Ausgestaltung ab, ob die NGO eigene Verfahrensrechte eingeräumt bekommt. Man kann in NGO Ansätze einer **internationalen Zivilgesellschaft** erblicken; allerdings liegen Probleme nach wie vor in der Legitimation und Repräsentativität sowie der Transparenz und Kontrolle der NGO selbst.[101]

121 Internationale Organisationen sind in aller Regel offen für weitere Mitglieder. Daher finden sich in den Gründungsverträgen Regelungen über den späteren **Beitritt** neuer Mitglieder, teilweise auch über den Austritt oder sogar den Ausschluss von Mitgliedern. Während einige Organisationen nur Staaten als Mitglieder akzeptieren (z. B. die UNO, Art. 4 Abs. 1 UNCh), können in anderen auch weitere Internationale Organisationen Mitgliedschaftsstatus haben (z. B. Art. XI, XII WTO-Übk). In aller Regel keine Bestimmungen treffen Gründungsakte Internationaler Organisationen über deren Auflösung und Rechtsnachfolge. Hier muss auf allgemeine völkerrechtliche Regeln zurückgegriffen werden, die u. U. mit Blick auf den Gründungsvertrag zu modifizieren sind.[102]

3. Organisationsstrukturen

122 Die Organstrukturen von Internationalen Organisationen sind heterogen. Erforderlich sind Organe, die eine **Willensbildung innerhalb der Organisation** ermöglichen und **nach außen hin für sie handeln**. Meist existiert ein (General-)Sekretariat, das Verwaltungs- und Koordinationsfunktionen übernimmt und ein Gremium von Staatenvertretern (z. B. Ministerrat), das Beschlüsse fasst. Weil Außenpolitik typischerweise in den Kompetenzbereich der Regierung fällt, werden diese Vertreter in aller Regel von den Regierungen der Mitgliedstaaten entsandt; daher ist eine Dominanz der Exekutive charakteristisch für Internationale Organisationen. Wo eine Organisation eine parlamentarische Versammlung besitzt (z. B. Europarat, weiter entwickelt in der EU),

100 Zu historisch bedingten Ausnahmen Rn. 60–63.

101 Näher *R. Müller-Terpitz*, Beteiligungs- und Handlungsmöglichkeiten nichtstaatlicher Organisationen im aktuellen Völker- und Gemeinschaftsrecht, AVR 43 (2005), 466; *S. Charnovitz*, Nongovernmental Organizations and International Law, AJIL 100 (2006), 348; *S. Hobe*, Non-Governmental Organizations, MPEPIL (3/2010); *J. Paust*, Nonstate Actor Participation in International Law and the Pretense of Exclusion, VJIL 51 (2010/11), 977. Eingehend *F. W. Stoecker*, NGOs und die UNO: die Einbindung von Nichtregierungsorganisationen (NGOs) in die Strukturen der Vereinten Nationen, 2000; *I. Rossi*, Legal Status of Non-Governmental Organizations in International Law, 2010; *R. Ben-Ari*, The Legal Status of International Non-Governmental Organizations, 2013.

102 Näher *M. Ruffert/C. Walter*, Institutionalisiertes Völkerrecht, 2. Aufl. 2015, 54 ff; *C. Fischoeder*, Sukzession bei internationalen Organisationen, 2013.

ist ein Bemühen um **Demokratisierung** zu erkennen.[103] Eine Übertragung rechtsstaatlicher Prinzipien auf die internationale Ebene spiegelt sich in der **Einrichtung von Gerichten** (z. B. EuGH für die EU, EGMR für den Europarat). Internationale Gerichte können Organ einer Internationalen Organisation (z. B. EuGH) oder selbst eine Internationale Organisation sein (z. B. der IStGH, der gem. Art. 4 Abs. 1 des Status selbst Völkerrechtspersönlichkeit besitzt).

Die institutionelle Architektur Internationaler Organisationen ist geprägt vom Spannungsverhältnis zwischen selbstständiger Aufgabenwahrnehmung der Organisation einerseits und souveräner Bestimmung der „Herren der Verträge" andererseits. Die meisten Internationalen Organisationen besitzen Organe, die sich aus **Staatenvertretern** zusammensetzen und die durch **Koordinierung der mitgliedstaatlichen Interessen** eine gemeinsame Politik bestimmen (z. B. ein Ministerrat); viele Organisationen verfügen daneben über ein Organ mit **unabhängigen Mitgliedern**, das von den nationalen Interessen **autonome Gemeinschaftsinteressen** formuliert (z. B. eine Kommission, vgl. EU). Gerade solche den autonomen Gemeinschaftsinteressen verpflichteten Organe haben meist eine Impulsfunktion und dienen als Motor einer weiteren Integration. Ein wichtiges Indiz für den Grad an Gemeinschaftlichkeit innerhalb einer Internationalen Organisation ist auch, ob Entscheidungen nur **einstimmig** oder nach dem **Mehrheitsprinzip** getroffen werden können. Bei Verstößen gegen Pflichten aus dem Gründungsvertrag sehen manche Organisationen zudem eine Aussetzung von Mitgliedschaftsrechten vor (z. B. Art. 5 UNCh, Art. 7 EUV). **123**

4. Aufgaben und Befugnisse

a) Dynamische Aufgaben- und Befugnisstruktur

Welche Aufgaben und Befugnisse eine Internationale Organisation hat, ergibt sich zunächst aus dem Gründungsabkommen. Dabei müssen sich die Befugnisse nicht ausdrücklich aus dem Vertrag ergeben. Das Völkerrecht lässt einen Schluss von den Aufgaben (also dem, wofür eine Internationale Organisation sachlich zuständig ist) auf die Befugnisse (also dem, was die Organisation darf) zu, soweit es sich um Befugnisse handelt, die für die Erfüllung der Aufgaben „essentiell" sind. Solche Befugnisse, die sich den Erfordernissen der Gegenwart dynamisch anpassen, sind dem Vertrag implizit (sog. **implied powers**).[104] Sie erstrecken sich regelmäßig auch auf die Etablierung neuer Unterorgane. **124**

103 *F. Arndt*, Parliamentary Assemblies, International, MPEPIL (3/2013); *I. Ley*, Zur Politisierung des Völkerrechts: Parlamentarische Versammlungen im Außenverhältnis, AVR 50 (2012), 191. Allgemein *M. Krajewski*, International Organizations or Institutions, Democratic Legitimacy, MPEPIL (5/2008).

104 *K. Skubiszewski*, Implied Powers of International Organizations, FS Rosenne, 1989, 855 ff; *J. Klabbers*, An Introduction to International Organizations Law, 3. Aufl. 2015, 56 ff; *V. Engström*, Implied Powers of International Organizations, FYBIL 14 (2003), 129; *C. Amerasinghe*, Principles of the Institutional Law of International Organizations, 2. Aufl. 2005, 24 ff; *N. Blokker*, International Organizations or Institutions, Implied Powers, MPEPIL (4/2009); *M. Ruffert/C. Walter*, Institutionalisiertes Völkerrecht, 2. Aufl. 2015, 78 f.

Reparation for Injuries (IGH 1949)[105] Der Schwede *Folke Graf Bernadotte* wurde am 17. September 1948 in seiner Funktion als Vermittler der Vereinten Nationen im Palästina-Konflikt in Jerusalem von Extremisten erschossen. Daraufhin bat die Generalversammlung den IGH nach Art. 96 UNCh um ein Gutachten zur Frage, ob die UNO selbst Wiedergutmachungsansprüche für Schäden geltend machen könne, die ihre Bediensteten bei Erfüllung ihrer Pflichten erlittenen hätten.

Der IGH setzte sich zunächst mit der Frage der Völkerrechtsfähigkeit Internationaler Organisationen allgemein und der UNO im Besonderen auseinander. Nach eingehender Untersuchung der UNCh und der Praxis der Vereinten Nationen stellte er fest, dass der UNO von den Mitgliedstaaten implizit Völkerrechtspersönlichkeit verliehen wurde. Diese sei als objektive Völkerrechtspersönlichkeit auch von Nichtmitgliedern zu respektieren, weil die UNO die Hälfte aller Staaten der Welt repräsentiere. Anschließend untersuchte der IGH, ob die Vereinten Nationen auch die Befugnis haben, für die Verletzung eines ihrer Bediensteten Wiedergutmachungsansprüche gegen Staaten zu richten. Auch dies bejahte der IGH unter Rückgriff auf den Grundsatz der *implied powers*, wonach eine Organisation all diejenigen Handlungsbefugnisse besitze, die zur Erfüllung ihrer Aufgaben unbedingt notwendig seien: „Under international law, the Organization must be deemed to have those powers which, though not expressly provided in the Charter, are conferred upon it by necessary implication as being essential to the performance of its duties."

125 Welche Befugnisse als „essentiell" für die Erfüllung der Aufgaben anzusehen sind, bestimmt die Internationale Organisation **in weitem Umfang selbst.**[106] So hat der UN-Sicherheitsrat das Spektrum seiner Maßnahmen zur Friedenssicherung v. a. seit den 1990er Jahren erheblich erweitert: von Blauhelmeinsätzen über die Errichtung von internationalen Strafgerichten bis hin zur Übernahme der Regierung und Verwaltung von Konfliktgebieten (Rn. 1064–1070). Während eine Ausweitung der Organkompetenzen im Binnenverhältnis in aller Regel weniger kontrovers ist (vgl. zur Resolution „Uniting for Peace" Rn. 149), muss eine Ausweitung der Verbandskompetenzen, d. h. im Verhältnis der Organisation zu ihren Mitgliedstaaten, von jenen mitgetragen werden. Sonst droht sie als **Akt ultra vires** (= jenseits der Befugnisse) Konflikte zu erzeugen.[107] Die **Praxis** einer Internationalen Organisation kann ihrerseits wiederum zur Interpretation des Gründungsabkommens und damit auch der Befugnisse ihrer Organe herangezogen werden. Von dieser Praxis innerhalb eines flexiblen vertraglichen Rahmens sind die Übergänge zu einer **Vertragsfortbildung** fließend.

Ein gutes Beispiel für eine solche Vertragsfortbildung gibt der **NATO-Vertrag**: Art. 6 beschränkt das Aktionsgebiet des Bündnisses auf das Hoheitsgebiet seiner Mitgliedstaaten oder auf bestimmte Außenpositionen (Streitkräfte, Schiffe, Flugzeuge) nördlich des Wendekreises des Krebses. Nach dem Ende des Ost-West-Konflikts entwickelte die NATO ihre strategischen Konzepte schrittweise weiter, um angesichts gewandelter Bedrohungslagen auch Einsätze zur Krisenbewältigung und Konfliktverhütung außerhalb dieses Gebietes („out of area") zu übernehmen. Das BVerfG sah hierin eine Fortentwicklung des Vertrages, nicht aber eine Änderung

105 IGH, Gutachten v. 11.4.1949, Reparation for Injuries Suffered in the Service of the United Nations, ICJ Rep. 1949, 174, Zitat auf S. 182; siehe Anhang, Nr. 6.

106 *C. Peters*, Praxis Internationaler Organisationen: Vertragswandel und völkerrechtlicher Ordnungsrahmen, 2016. Zum Zusammenhang zwischen „mission creep" von Internationalen Organisationen und transformativen Wirkungen auf zwischenstaatliche und innerstaatliche Verhältnisse *G. Fiti Sinclair*, To Reform the World: International Organizations and the Making of Modern States, 2017.

107 Vgl. für das Verhältnis der EU zu ihren Mitgliedstaaten BVerfGE 126, 286 (302 ff) (Honeywell).

(die der Zustimmung des Parlaments nach Art. 59 Abs. 2 GG bedurft hätte).[108] Das Strategische Konzept von 1999 sei als Fortschreibung des „in der Präambel des Vertrags niedergelegten Sicherheits- und Friedensauftrag[s] des Bündnisses im Hinblick auf eine grundlegend neue Sicherheitslage" zu verstehen, das „Zweck und Wesen" des Bündnisses unverändert lasse; eine solche für Fortentwicklung offene „Elastizität" des Vertrages sei erforderlich, „um das Bündnis seinen Zielen entsprechend leistungs- und anpassungsfähig zu halten".[109]

b) Arten von Befugnissen

126 Die Befugnisse internationaler Organisationen können vielfältig sein: Manche Organisationen sind weitgehend darauf beschränkt, Entwicklungen in ihrem Aufgabenbereich zu beobachten und **Empfehlungen** zu geben (z. B. WHO zu Gesundheitsfragen, IMO zu Fragen der Sicherheit der Schifffahrt). Zum Teil kommt auch eine Steuerung politischer Entscheidungen der Mitgliedstaaten durch **Schaffung von Anreizen** in Betracht (vgl. v. a. die Aufnahme in die Welterbe-Liste der UNESCO). Weitergehend haben einige Organisationen das Recht, **bestimmte Einzelmaßnahmen** zu ergreifen, die dem Mitgliedstaat Duldungspflichten oder Handlungspflichten auferlegen. So haben z. B. viele Staaten der IAEA (einer autonomen Organisation der UNO) das Recht eingeräumt, Kontrollbesuche durchzuführen und sind der Behörde gegenüber zur Verschaffung von Informationen über ihr Atomprogramm verpflichtet. Wo Organisationen über Gerichte oder gerichtsähnliche Organe verfügen, kommen judizielle Akte hinzu.

127 Hinsichtlich der Schaffung von **Rechtsvorschriften** haben die meisten Internationalen Organisationen allenfalls die Funktion von **„Geburtshelfern"**. So wurden und werden vom Europarat zahlreiche Abkommen erarbeitet, die den Mitgliedstaaten zur Ratifikation empfohlen werden, ohne dass diese aber hierzu verpflichtet wären;[110] auch die ILO hat eine große Zahl von Abkommen zu Arbeits- und Wirtschaftsbedingungen entwickelt (bis heute 190, Stand: Juli 2019)[111], die jeweils erst von den Mitgliedstaaten ratifiziert werden müssen, um verbindlich zu sein.

128 Sofern Internationale Organisationen in ihrer Satzung hierüber hinaus ermächtigt sind, Rechtsakte zu erlassen, die gegenüber den Mitgliedstaaten verbindlich sind, spricht man von einer Befugnis zur Schaffung von **Sekundärrecht** (abgeleitetem Recht).[112] Das Primärrecht ist demgegenüber der Gründungsvertrag selbst, seine Urheber sind die Mitgliedstaaten, nicht die Organe der Internationalen Organisation, die es ja erst mit der Satzung zu schaffen gilt. Das Primärrecht ist also gewissermaßen die „Verfassung" der Internationalen Organisation. Vor allem die EU ist umfangreich zum Erlass von Sekundärrecht ermächtigt (Verordnungen und Richtlinien des Rates als Gesetzgebungsakte der Union), das sogar Vorrang vor dem nationalen Recht der Mitgliedstaaten hat (supranationales Recht). In der Befugnis zur Schaffung von Se-

108 BVerfGE 104, 151 (199 ff) (NATO-Konzept); BVerfGE 118, 244 (263 ff) (Afghanistan-Einsatz).
109 BVerfGE 104, 151 (203, 205, 206) (NATO-Konzept).
110 Überblick auf der Seite des Vertragsbüros: http://conventions.coe.int/Treaty/GER/v3DefaultGer.asp.
111 Zur ILO-Konvention Nr. 190 v. 21.6.2019 *D. Desierto*, The ESCR Revolution Continues: ILO Convention No. 190 on the Elimination of Violence and Harassment in the World of Work, EJIL Talk! (1.7.2019).
112 Zur Rolle internationaler Gerichte als Rechtsetzer *A. v. Bogdandy/I. Venzke*, Beyond Dispute: International Judicial Institutions as Lawmakers, GLJ 12 (2011), 979.

kundärrecht liegt ein bedeutsamer **„Souveränitätsausübungsverzicht“**[113] der Mitgliedstaaten, da hier Rechtsetzungskompetenzen auf eine überstaatliche Ebene verlagert werden und die Mitgliedstaaten sich verpflichten, dieses Sekundärrecht zu befolgen.[114]

5. Rechtsbindungen und Haftung Internationaler Organisationen

129 Im Rahmen ihrer Tätigkeit können Internationale Organisationen zum **Abschluss völkerrechtlicher Verträge** mit Staaten oder anderen Internationalen Organisationen ermächtigt sein; gegebenenfalls ist auf die Grundsätze der soeben erwähnten Implied-powers-Lehre zurückzugreifen. Regelmäßig schließen Internationale Organisationen mit dem Staat, in dem sich ihr Sitz befindet, **Sitzabkommen**, in denen insbesondere Fragen der Immunität der Beschäftigten geregelt sind. Einen Versuch, die gewohnheitsrechtlich geltenden Regeln für Vertragsschlüsse durch Internationale Organisationen zu bündeln, stellt das Wiener Übereinkommen (Konvention) über das Recht der Verträge zwischen Staaten und Internationalen Organisationen oder zwischen Internationalen Organisationen (WVKIO) von 1986 dar, das noch nicht in Kraft getreten ist (Stand: Juni 2019).

130 Internationale Organisationen sind hierüber hinaus auch an das allgemeine Völkerrecht **(Völkergewohnheitsrecht, Allgemeine Rechtsgrundsätze)**[115] gebunden, wobei einige dieser Regeln (z. B. Vertragsschluss, Verantwortlichkeit: hierzu Rn. 381–383) modifiziert sind, um Besonderheiten Rechnung zu tragen. Je mehr Internationale Organisationen öffentliche Gewalt ausüben, desto drängender stellt sich auch die Frage nach einer **Bindung an Menschenrechtsstandards**. In aller Regel sind Internationale Organisationen selbst nicht Vertragsparteien internationaler Menschenrechtsabkommen (allerdings soll die EU gemäß Art. 6 Abs. 2 EUV der EMRK beitreten), jedoch lässt sich in einigen Fällen eine Bindung aus dem Gründungsvertrag ableiten – sei es explizit (z. B. Art. 6 EUV, EU-Grundrechtecharta), sei es implizit (zur Menschenrechtsbindung der Vereinten Nationen Rn. 157). Daneben sprechen für eine hierüber hinausgehende Bindung Internationaler Organisationen an gewohnheitsrechtlich geltende Menschenrechtsstandards zumindest gute Gründe, zumindest dann, wenn man (wie hier: Rn. 252) Internationale Organisationen in den Kreis der Autoren des Gewohnheitsrechts einbezieht.[116]

131 Noch nicht abschließend geklärt ist die Frage der **Haftung** Internationaler Organisationen. Dabei geht es zunächst einmal um ihre vertraglich übernommenen Verbindlichkeiten. Bei der außervertraglichen Haftung für deliktische Schäden ist als Vorfrage zu

---

113 Verzichtet wird nicht auf die Souveränität als solche: Rn. 94.

114 Dazu *M. Benzing*, International Organizations or Institutions, Secondary Law, MPEPIL (3/2007).

115 IGH, Gutachten v. 20.12.1980, Interpretation of the Agreement of 25 March 1951 between the WHO and Egypt, ICJ Rep. 1980, 73, § 37: „International organizations are subjects of international law and, as such, are bound by any obligations incumbent upon them under general rules of international law, under their constitutions or under international agreements to which they are parties“.

116 Vgl. *J. Klabbers*, International Institutions, in: Crawford/Koskenniemi, The Cambridge Companion to International Law, 2012, 228 (235). Eingehende Untersuchung bei *C. Janik*, Die Bindung internationaler Organisationen an internationale Menschenrechtsstandards, 2012, 431 ff, die selbst eine Bindung mithilfe der Rechtsquelle der allgemeinen Rechtsgrundsätze favorisiert (a.a.O., 488 ff).

klären, ob die Organisation für den schädigenden Akt völkerrechtlich verantwortlich, insbesondere ob ihr der Akt zurechenbar ist (vertieft Rn. 398–417).[117] Mit Blick auf die Haftung ist vor allem umstritten, ob die Mitgliedstaaten für Verbindlichkeiten der Organisation einstehen müssen, wenn diese zahlungsunfähig ist. Diese Frage wurde mit dem Zusammenbruch des Internationalen Zinnrates *(International Tin Council)* 1985 virulent. Die überwiegende Ansicht geht heute von einer Alleinhaftung der Internationalen Organisation aus. Dies trägt dem Umstand Rechnung, dass die Organisation eine eigenständige Rechtspersönlichkeit besitzt, was außer Acht bliebe, würde man die Mitglieder ohne Weiteres in die Haftung einbeziehen. Weithin akzeptiert ist allerdings ein Haftungsdurchgriff *(piercing the corporate veil)* auf die Mitgliedstaaten, wenn diese bei wertender Betrachtung die Situation mitverschuldet haben. Dies ist der Fall bei (jedenfalls bewusster) Unterkapitalisierung, bei hoch riskanten Tätigkeiten und in Fällen, in denen das „Verstecken" hinter der Organisation rechtsmissbräuchlich erscheint.[118]

II. Die Vereinten Nationen

1. Entstehung und Entwicklung

„[S]o muss es einen Bund von besonderer Art geben, den man *Friedensbund* (foedus pacificum) nennen kann, der vom *Friedensvertrag* (pactum pacis) darin unterschieden sein würde, dass dieser bloß *einen* Krieg, jener aber *alle* Kriege auf immer zu endigen sucht."[119] Diese Vorstellung *Kants* von einer Föderation der Staaten als **System kollektiver Sicherheit** (zum Begriff Rn. 1053) klang an, als US-Präsident *Wilson* am 8. Januar 1918 in seiner Rede vor beiden Kammern des US-Kongresses seinen berühmten 14-Punkte-Plan vorstellte und als letztes a league of nations to protect mutual guarantees of political independence and territorial integrity to great and small nations alike" forderte. **132**

Der 1919 gegründete **Völkerbund** stellte den ersten Versuch in der Neuzeit dar, eine derartige Föderation zu verwirklichen.[120] Eine Bundesversammlung und ein aus ständigen und gewählten nichtständigen Mitgliedern bestehender Rat waren die Beschlussorgane mit weitgehend parallelen Zuständigkeiten; ihre Beschlüsse fassten sie in der Regel einstimmig. Unterstützt wurden sie durch ein ständiges Sekretariat. Der 1920 gegründete StIGH stand außerhalb der Organisation. Ein Verbot von Krieg und Gewalt enthielt die Völkerbundsatzung zwar nicht, wohl aber wurden die Mitglieder verpflichtet, erst drei Monate nach Scheitern friedlicher Streitbeilegung zu den Waffen zu greifen (Art. 12). Wer in satzungswidriger Weise Krieg führte, war gemäß Art. 16 automatisch durch die Mitgliedstaaten mit politischen und wirtschaftlichen Sankti-

117 Zum Verhältnis von Verantwortlichkeit und Haftung Rn. 377.

118 Dazu *H. Schermers*, Liability of International Organisations, LJIL 1 (1988), 3; *M. Hartwig*, Die Haftung der Mitgliedstaaten für internationale Organisationen, 1993; *U. Haltern*, Die Haftung von Mitgliedstaaten für Verbindlichkeiten internationaler Organisationen, ZvglRWiss 93 (1994), 221; *M. Wenckstern*, Die Haftung der Mitgliedstaaten für internationale Organisationen, RabelsZ 61 (1997), 93; *R. Higgins*, The Responsibility of States Members for the Defaults of International Organizations: Continuing the Dialogue, FS Shihata, 2001, 441; *A. Stumer*, Liability of member states for acts of international organizations: reconsidering the policy objections, HarvILJ 48 (2007), 553. Zur Verantwortlichkeit untereinander *B. Patel*, Responsibility of International Organisations Towards Other International Organisations, 2013.

119 *I. Kant*, Zum ewigen Frieden (1795), Zweiter Definitivartikel, 36.

120 Zum Völkerbund m. w. N. *C. Tams*, League of Nations, MPEPIL (9/2006).

onen zu belegen; militärische Maßnahmen sollten vom Rat des Bundes empfohlen werden. In der Praxis erwies sich dieses Sanktionssystem als wenig tauglich. Dies lag zum einen daran, dass maßgebliche Staaten, darunter die USA, der Organisation nicht angehörten, zum anderen standen dem Rat kaum Möglichkeiten zu Gebote, die von der Satzung angeordneten Sanktionen zu erzwingen. Gegenüber dem aufziehenden Zweiten Weltkrieg war der Völkerbund machtlos. Während des Krieges traten die Organe nicht mehr zusammen. In der Sitzung der Bundesversammlung vom 19. April 1946 wurde der Völkerbund schließlich aufgelöst.

133 Funktional war an seine Stelle bereits die Organisation der **Vereinten Nationen** als neues System kollektiver Sicherheit getreten. Gedanklich vorbereitet durch eine gemeinsame Erklärung von US-Präsident *Roosevelt* und dem britischen Premierminister *Churchill*, wurde ein erster Entwurf für die Charta der neuen Organisation 1944 in Dumbarton Oaks (Washington, D.C.) von Experten erarbeitet;[121] von April bis Juni 1945 fand die Gründungskonferenz in San Francisco statt, an der Vertreter aus 50 Staaten der Erde teilnahmen. Die endgültige Charta vom 26. Juni 1945 trat schließlich am 24. Oktober 1945 in Kraft. Vor dem Hintergrund der Erfahrungen mit dem Völkerbund erkennt man in der UNCh das Bestreben, die UNO zu einer starken „Föderation" auszubauen: Ein allgemeines Gewaltverbot, durchbrochen nur durch das Recht zur Selbstverteidigung gegen einen Aggressor, ein starker Sicherheitsrat, der über eigene Truppen verfügen sollte, um bei Bedrohungen des Weltfriedens auch militärische Sanktionen zu verhängen, ein Gerichtshof als integraler Bestandteil der Organisation – all das versprach dem Modell *Kants* näher zu kommen als der Völkerbund.

134 Die Hoffnungen, die in der Gründungsphase in die neue Organisation gesetzt wurden, erfüllten sich nicht. Schon bald lähmte der aufziehende Kalte Krieg den Sicherheitsrat, in dem Ost und West sich gegenseitig mit ihren Vetos blockierten. Das Machtvakuum innerhalb der Organisation konnte die Generalversammlung nur unvollkommen füllen. Da kein Staat zur Truppenstellung bereit war, blieben auch die von Art. 43 UNCh vorgesehenen UN-eigenen Truppen unrealisiert. Ihrem sicherheitspolitischen Auftrag wurden die Vereinten Nationen in den ersten 45 Jahren ihres Bestehens kaum gerecht. Für eine Erweiterung der Themenschwerpunkte sorgte in dieser Zeit vor allem die Generalversammlung. Durch die Unabhängigkeit der früheren Kolonien hatten sich hier die politischen Mehrheiten verändert: Neben Fragen des friedlichen Zusammenlebens (z. B. Prinzipien-Erklärung 1970[122], Aggressions-Definition 1974[123]) traten zunehmend auch soziale und ökonomische Fragen in den Mittelpunkt der UN-Politik (z. B. Recht auf Entwicklung 1986[124]).

135 Einen bedeutsamen Einschnitt markierte das Jahr 1990: Der Zusammenbruch des Ostblocks beseitigte die jahrzehntelange weitgehende Blockade des Sicherheitsrates. Die Hoffnung auf eine neue Gemeinsamkeit erfüllte sich aber gleichwohl nicht. Nationale Interessen gewannen immer wieder die Oberhand. Durch Vetos blockiert, vermochten die Vereinten Nationen nicht adäquat auf die ethnischen Säuberungen in Ruanda und im Kosovo Ende der 1990er Jahre zu reagieren; die USA trugen während der Präsidentschaft von *George W. Bush* (2001-2009) mit ihrem Bekenntnis zum Unilateralismus und unverhohlenen Hegemonialbestrebungen zu einer Schwächung der Organisation und zu Spaltungen auch innerhalb der Gruppe der westlichen Demokratien bei. Die in den letzten Jahren im Sicherheitsrat zu beobachtende Spannungslage zwischen multilateralem Handeln und politischer Uneinigkeit (im Falle von Libyen, Syrien, Zentralafrikanische Republik, Ukraine z. B.) dürfte die Schwierigkeiten des Sicherheitsrates aufzeigen, seine Rolle in einer multipolaren Welt zu finden.

121 Dazu näher *B. Fassbender*, Dumbarton Oaks Conference, MPEPIL (3/2007).
122 GA Res. 2625 (XXV) v. 24.10.1970.
123 GA Res. 3314 (XXIX) v. 14.12.1974.
124 A/RES/41/128 v. 4.12.1986.

Auch wenn die Vereinten Nationen in vielem hinter den Erwartungen zurückgeblieben sind, sind ihnen doch beachtliche Erfolge zu attestieren: Gerade in den Jahren nach 1990 hat der Sicherheitsrat in zahlreichen Fällen Bereitschaft und Fähigkeit zu entschlossenem Handeln gezeigt; durch Einrichtung von UN-Verwaltungen und -Gerichten wurde Neuland im Bereich des *peace-building* betreten; gerade auch außerhalb des sicherheitspolitischen Bereichs leisten die Vereinten Nationen viel. Vor allem aber ist die UNO, was der Völkerbund niemals war: eine wahrhaft **universelle Repräsentation** der internationalen Gemeinschaft. Mit 193 Mitgliedstaaten (Stand: Juni 2019) umfasst die Organisation heute nahezu alle Staaten der Erde. 136

2. Rechtspersönlichkeit und Sitz

Die Vereinten Nationen (vollständig muss es heißen: die Organisation der Vereinten Nationen) sind eine Internationale Organisation und besitzen als solche eigene Rechtspersönlichkeit. Anders als bei anderen Internationalen Organisationen ist für die UNO unstrittig, dass sie ihrer quasi-universellen Repräsentation wegen **„objektive" Völkerrechtspersönlichkeit** besitzt, unabhängig von einer ausdrücklichen Anerkennung.[125] Der **Hauptsitz** der Vereinten Nationen ist New York, wo mit Ausnahme des IGH (Sitz in Den Haag) alle Hauptorgane zu ihren Sitzungen zusammenkommen. Dienststellen der UNO sind über die ganze Welt verteilt. Zu den wichtigsten UN-Standorten mit sog. UN-Büros zählen Genf, Wien, Nairobi und Bonn. 137

3. Ziele und Grundsätze

Die allgemeinen Ziele der UNO zählt Art. 1 UNCh auf. Art. 1 UNCh ist zwar formal rechtsverbindlich, jedoch inhaltlich wenig bestimmt und darin Staatszielbestimmungen in Verfassungen vergleichbar. Wie diese liegt seine hauptsächliche Bedeutung in allgemeinen Zielvorgaben für die Tätigkeit der UN-Organe und in seiner Funktion als Auslegungsmaßstab. 138

Konkrete Rechtspflichten enthalten demgegenüber die Grundsätze, nach denen die UNO in Verfolgung ihrer Ziele tätig wird. Diese nennt Art. 2 UNCh. Eine Konkretisierung dieser Grundsätze hat die UN-Generalversammlung in ihrer Resolution betreffend die „Grundprinzipien des Völkerrechts über die freundschaftlichen Beziehungen und die Zusammenarbeit zwischen den Staaten" vom 24.10.1970 (**Friendly Relations Declaration** oder **Prinzipien-Deklaration**) unternommen, die allerdings für sich genommen keine Rechtsverbindlichkeit besitzt (Rn. 304–307). 139

4. Mitgliedschaft in den Vereinten Nationen

Mitglieder der Vereinten Nationen können nur Staaten sein. Als inhaltliche Voraussetzung bestimmt Art. 4 Abs. 1 UNCh, dass es sich um **„friedliebende" Staaten** handeln muss, die bereit sind, die **Verpflichtungen aus der Charta** zu übernehmen und „nach dem Urteil der Organisation auch fähig und willens sind, diese Verpflichtungen zu erfüllen". Diese Voraussetzungen sind abschließend und dürfen insbesondere nicht 140

125 IGH, Gutachten v. 11.4.1949, Reparation for Injuries Suffered in the Service of the United Nations, ICJ Rep. 1949, 174, (185) – siehe Anhang, Nr. 6 – bereits zu einem Zeitpunkt, zu dem die UNO nur die Hälfte aller Staaten zu ihren Mitgliedern rechnete.

durch politische Erwägungen ergänzt werden.[126] Die Aufnahme neuer Mitglieder beschließt gemäß Art. 4 Abs. 2 UNCh die **Generalversammlung** auf Empfehlung des Sicherheitsrates mit einer Zweidrittel-Mehrheit (Art. 18 Abs. 2 UNCh). Ohne Empfehlung des Sicherheitsrates darf die Generalversammlung den Beschluss nicht fassen.[127] Heute sind nahezu alle Staaten der Erde Mitglieder der Vereinten Nationen; eine Ausnahme bildet u. a. der Vatikanstaat. Staaten, die (noch) nicht Mitglieder sind (z. B. Bundesrepublik Deutschland 1951-1973, Schweiz 1948-2002), können ebenso wie nichtstaatliche Völkerrechtssubjekte (z. B. Heiliger Stuhl, IKRK, Malteserorden, EU) **Beobachterstatus** erhalten. Dieser berechtigt zur nicht stimmberechtigten Teilnahme an Sitzungen der Generalversammlung. Auch die gesonderte Mitgliedschaft in UN-Nebenorganen und Sonderprogrammen ist ohne UN-Mitgliedschaft möglich. Palästina, das mit Resolution vom 7. Juli 1998 in der Generalversammlung den Status eines privilegierten Beobachters erhalten hatte (und damit bereits außer dem Stimmrecht in der Versammlung nahezu alle Rechte eines UN-Mitglieds besaß), ist mit Resolution vom 29. November 2012 zum beobachtenden Nichtmitgliedstaat hochgestuft worden.[128]

141 Ergreift der Sicherheitsrat gegen ein Mitglied Zwangsmaßnahmen nach Kapitel VII, so kann er gemäß Art. 5 S. 1 UNCh der Generalversammlung empfehlen, die Mitgliedschaftsrechte des betreffenden Staates zu **suspendieren**. Die Generalversammlung fasst den Beschluss mit Zweidrittelmehrheit (Art. 18 Abs. 2 UNCh). Über die Aufhebung der Suspendierung entscheidet allein der Sicherheitsrat, Art. 5 S. 2 UNCh. Bei beharrlicher Verletzung der Grundsätze der Charta (vgl. Art. 2 UNCh) kann ein Mitglied aus der UNO **ausgeschlossen** werden, Art. 6 UNCh. Die erforderliche Empfehlung des Sicherheitsrates benötigt die Zustimmung von mindestens neun Mitgliedern einschließlich aller ständiger Mitglieder des Rates (Art. 27 Abs. 3 UNCh); der Beschluss ergeht durch die Generalversammlung mit Zweidrittel-Mehrheit (Art. 18 Abs. 2 UNCh). Zu einem Ausschluss ist es bislang nicht gekommen.

Ohne praktische Beispiele ist auch Art. 19 UNCh geblieben: Danach verliert ein Mitglied eigentlich automatisch sein Stimmrecht in der Generalversammlung, wenn es mit mindestens zwei Jahresbeiträgen in Zahlungsrückstand ist. Hiervon kann jedoch die Generalversammlung Dispens erteilen. In der Praxis wird dies so gehandhabt, dass die Suspendierung überhaupt erst auf Grund eines Beschlusses der Generalversammlung eintritt. Daher ist es bislang nicht zu einer Suspendierung des Stimmrechts bei Zahlungsrückständen gekommen. Die Umgehung der Konsequenzen aus Art. 19 UNCh wird auch durch das Konsensusverfahren bei Beschlussfassung in der Generalversammlung (Rn. 144) begünstigt.

142 Nicht geregelt ist der **Austritt** aus der UNO. Dieser ist nach allgemeinen Grundsätzen aus Gründen der staatlichen Souveränität möglich. Einziger Beispielsfall ist bis heute Indonesien, das aus Protest gegen die Aufnahme Malaysias in die Vereinten Nationen 1965 seinen Austritt erklärte, aber schon 1966 wieder ohne förmliches Aufnahmeverfahren an der Arbeit der Organisation teilnahm.[129]

---

126 IGH, Gutachten v. 28.5.1948, Conditions of Admission of a State to Membership in the United Nations (Article 4 of the Charter), ICJ Rep. 1947/48, 57. *O. Dörr*, Kompendium völkerrechtlicher Rechtsprechung, 2. Aufl. 2014, Nr. 11.

127 IGH, Gutachten v. 3.3.1950, Competence of Assembly regarding admission to the United Nations, ICJ Rep. 1950, 4 (7 f).

128 GA Res. 67/19 v. 29.11.2012, anstelle von GA Res. 52/250 v. 7.7.1998.

129 UNYB 1965, 236; UNYB 1966, 207.

5. Organisationsstruktur der UNO

a) Überblick

Die Organisation der Vereinten Nationen hat gemäß Art. 7 Abs. 1 UNCh sechs **Hauptorgane**: Generalversammlung, Sicherheitsrat, Wirtschafts- und Sozialrat, Treuhandrat, Internationalen Gerichtshof und Sekretariat. Generalversammlung (Art. 22 UNCh) und Sicherheitsrat (Art. 29 UNCh) können **Nebenorgane** einsetzen. Dabei handelt es sich v. a. um Ausschüsse, die mit Staatenvertretern und/oder Experten besetzt sind. In den sechs **Hauptausschüssen** der Generalversammlung (Abrüstung und internationale Sicherheit; Wirtschaft und Finanzen; soziale, humanitäre und kulturelle Fragen; besondere politische Fragen und Dekolonisierung; Verwaltung und Haushalt; Rechtsausschuss), in denen ein Hauptteil der Arbeit geleistet wird, hat jeder Mitgliedstaat Anspruch auf Mitwirkung. Gemäß Art. 68 UNCh kann der Wirtschafts- und Sozialrat zur Unterstützung seiner Arbeit Kommissionen einsetzen. Die Ausschüsse und Kommissionen können ihrerseits Unterausschüsse einrichten. Auf Grund ihrer abgeleiteten Legitimation müssen sie in ihrer Tätigkeit stets die Kompetenzgrenzen des Organs achten, das sie eingesetzt hat. **143**

Während die Ausschüsse und Kommissionen eng mit der Alltagsarbeit der Hauptorgane verbunden sind, haben die **Spezialorgane** größere Eigenständigkeit. Zu ihnen gehören verselbstständigte Abteilungen (z. B. UNHCR, UNCTAD, UNICEF) und UN-Programme (z. B. UNDP, WFP, UNEP). Formal sind sie an die Generalversammlung angebunden und erstatten dieser Bericht (zumeist über den Wirtschafts- und Sozialausschuss).

Während die Neben- und Spezialorgane zur Organisation der Vereinten Nationen gehören und rechtlich unselbstständig sind, besitzen die **Sonderorganisationen** eigene Rechtspersönlichkeit. Sie sind der UNO über Abkommen nach Art. 63 UNCh verbunden, die vom Wirtschafts- und Sozialausschuss abgeschlossen und von der Generalversammlung genehmigt werden. Ihre Errichtung erfolgt gemäß Art. 57 UNCh durch selbstständige völkerrechtliche Abkommen. Zu den Sonderorganisationen zählen z. B. FAO, ILO, WHO, UNESCO, Weltbank, IWF und WIPO. Zu den **autonomen Organisationen** schließlich werden IAEA und WTO gerechnet. Diese sind selbstständige Internationale Organisationen mit einer gewissen „Nähe" zu den Vereinten Nationen. Während die IAEA in enger Verbindung mit Sicherheitsrat und Generalversammlung steht, bestehen jedoch zur WTO keine formellen Verbindungen.

b) Generalversammlung

Die Generalversammlung ist das Repräsentativorgan für alle UN-Mitglieder. Jeder Mitgliedstaat hat gemäß Art. 18 Abs. 1 UNCh in der Versammlung eine Stimme (**„one state one vote"**), darf aber bis zu fünf Vertreter entsenden (Art. 9 Abs. 2 UNCh). Für Beschlüsse genügt eine einfache Mehrheit (Art. 18 Abs. 3 UNCh), für wichtige Fragen schreibt Art. 18 Abs. 2 UNCh eine Zweidrittel-Mehrheit vor. In der Praxis werden die meisten Beschlüsse im sog. **Konsensusverfahren** gefasst. Hier wird auf eine förmliche Abstimmung verzichtet und am Ende lediglich die Übereinstimmung in der Sache festgestellt. Auf diesem Wege lässt sich die Festlegung umgehen, ob einige Mitglieder wegen ausstehender Beitragszahlungen gemäß Art. 19 UNCh möglicherweise vorübergehend kein Stimmrecht besitzen. **144**

Die Generalversammlung ist **sachlich allzuständig**, d. h. sie darf sich mit allen Fragen befassen, die in den Aufgabenbereich der Vereinten Nationen fallen (Art. 10 UNCh). Dieser umfasst sämtliche Politikfelder in den internationalen Beziehungen und wird nur durch Art. 2 Nr. 7 UNCh begrenzt, der Angelegenheiten ausnimmt, „die **145** ihrem Wesen nach zur inneren Zuständigkeit eines Staates gehören".[130] Konkretisiert werden die Aufgaben und Befugnisse in den Art. 11, 13 und 14 UNCh.

146 Ein breites Aktionsfeld eröffnen der Generalversammlung Art. 13 Abs. 1 lit. b, Abs. 2 i. V. m. Art. 55 ff UNCh: Danach ist die Generalversammlung für Fragen des **Wirtschafts- und Sozialwesens**, der Kultur, der Erziehung und Gesundheit sowie für **Menschenrechtsfragen** zuständig. Hierfür kann sie sich außer den Neben- und Spezialorganen insbesondere der mit der UNO verbundenen Sonderorganisationen bedienen. Der ebenfalls für diese Themen zuständige Wirtschafts- und Sozialrat übt seine Tätigkeit unter der „Autorität" der Generalversammlung aus (Art. 60 UNCh). Für Menschenrechtsfragen wurde 2006 der **UN-Menschenrechtsrat** als Nebenorgan der Generalversammlung errichtet, der an die Stelle der wegen ihrer Ineffizienz viel kritisierten UN-Menschenrechtskommission (seinerzeit ein Nebenorgan des Wirtschafts- und Sozialrates) getreten ist.

147 Aus völkerrechtlicher Sicht besonders relevant ist die Aufgabe, die **fortschreitende Entwicklung und Kodifikation des Völkerrechts** zu fördern (Art. 13 Abs. 1 lit. a UNCh). Sieht man von dem Beitrag ab, den Resolutionen der Generalversammung zur Weiterentwicklung des Völkerrechts leisten (Rn. 278–279) und vom Recht der Generalversammlung, den IGH um Gutachten zu ersuchen (Rn. 487–497), ist diese Aufgabe weitgehend auf die **UN-Völkerrechtskommission (International Law Commission, ILC)** übertragen.[131] Sie ist ein Nebenorgan der Generalversammlung, das sich aus 34 unabhängigen Völkerrechtsexperten zusammensetzt; für jedes Thema wird innerhalb der Kommission ein Berichterstatter *(special rapporteur)* bestimmt. Die ILC nimmt sich vorwiegend solcher Themen an, die noch wenig normiert oder von Verträgen nur unzureichend erfasst sind. Sie erarbeitet – z. T. über lange Zeiträume – ihre Entwürfe in Form von Artikeln *(draft articles)*, die sie in kommentierter Form mit Nachweisen aus Rechtsprechung und Literatur und nach Einarbeitung von Stellungnahmen seitens der Mitgliedstaaten der Generalversammlung vorlegt *(final draft)*. Die im YBILC (auch online[132]) publizierten Kommentierungen sind ein wichtiges Hilfsmittel für die Orientierung über den Stand des Völkerrechts und die Hintergründe der Artikel-Entwürfe (vgl. Art. 32 WVK zur Bedeutung der *travaux préparatoires* für die Auslegung völkerrechtlicher Verträge). Die Entwürfe der ILC werden oft von der Generalversammlung in Form eines Vertrages gebracht, der den UN-Mitgliedstaaten zur Zeichnung und Ratifikation empfohlen wird. Auf diesem Wege sind u. a. die Genfer Seerechtsübereinkommen von 1958, das WÜD und die WVK entstanden. Von den wichtigen Arbeiten der ILC haben u. a. die Artikel zum Recht der Staatenverantwortlichkeit (Rn. 381) nicht den Weg in einen Vertrag gefunden. Ein

130 Zum sog. *domaine réservé* Rn. 355–357.

131 Vertiefend *B. Ramcharan*, The International Law Commission, 1977; *I. Sinclair*, The International Law Commission, 1987; *F. Berman*, The ILC Within the UN's Legal Framework, GYIL 49 (2006), 107; *P. S. Rao*, International Law Commission (ILC), MPEPIL (4/2013); *C. Tomuschat*, The International Law Commission – an Outdated Institution, GYIL 49 (2006), 77; *G. Nolte* (Hg.), Peace through International Law: The Role of the International Law Commission, 2009. Siehe auch *A. Watts*, Codification and Progressive Development of International Law, MPEPIL (12/2006); *R. Higgins*, The United Nations at 70 Years: The Impact Upon International Law, ICLQ 65 (2016), 1.

132 Siehe unter http://www.un.org/law/ilc/.

solcher Vertrag kann den Streit über die gewohnheitsrechtliche Geltung einzelner Regeln beenden. Da die Aufgaben, das geltende Recht zu kodifizieren sowie zur fortschreitenden Entwicklung des Völkerrechts beizutragen, fließend ineinander übergehen können, ist die Frage der gewohnheitsrechtlichen Geltung einzelner ILC-Regeln nicht selten Gegenstand von Kontroversen.

Im **UN-Friedenssicherungssystem** spielt die Generalversammlung eine nachgeord- **148**
nete Rolle. Sie kann sich gemäß Art. 11 UNCh „mit den allgemeinen Grundsätzen der Zusammenarbeit zur Wahrung des Weltfriedens und der internationalen Sicherheit" befassen und Empfehlungen an Mitgliedstaaten wie Sicherheitsrat richten. Auf Antrag eines Staates (oder des Sicherheitsrates) kann sie sich auch hierüber hinaus mit allen Fragen befassen, die die Wahrung des Weltfriedens und der internationalen Sicherheit betreffen und diesbezüglich Empfehlungen geben. Schließlich kann sie die Aufmerksamkeit des Sicherheitsrates auf friedens- oder sicherheitsgefährdende Situationen lenken. Verbindliche Beschlüsse kann sie allerdings nicht fassen. Dies folgt im Umkehrschluss aus Art. 25 UNCh der (nur) Beschlüssen des Sicherheitsrates Verbindlichkeit zubilligt. Art. 11 Abs. 2 Satz 2 UNCh stellt darüber hinaus klar, dass „Maßnahmen" zur Friedenssicherung nur der Sicherheit treffen kann; die Generalversammlung kann gemäß Art. 14 UNCh solche Maßnahmen lediglich empfehlen. Den Vorrang des Sicherheitsrates verstärkt zudem Art. 12 UNCh, wonach die Generalversammlung keine Empfehlungen zu Angelegenheiten abgeben darf, mit denen der Sicherheitsrat befasst ist.

Wegen der Lähmung des Sicherheitsrates im Kalten Krieg hat sich die Generalver- **149**
sammlung 1950 mit der **Resolution „Uniting for Peace"** das Recht zugesprochen, Verantwortung für Weltfrieden und internationale Sicherheit zu übernehmen, wenn der Sicherheitsrat blockiert ist.[133] Der zentrale § 1 der Resolution lautet:

[I]f the Security Council, because of lack of unanimity of the permanent members, fails to exercise its primary responsibility for the maintenance of international peace and security in any case where there appears to be a threat to the peace, breach of the peace, or act of aggression, the General Assembly shall consider the matter immediately with a view to making appropriate recommendations to Members for collective measures, including in the case of a breach of the peace or act of aggression the use of armed force when necessary, to maintain or restore international peace and security. If not in session at the time, the General Assembly may meet in emergency special session within twenty-four hours of the request therefore. Such emergency special session shall be called if requested by the Security Council on the vote of any seven members, or by a majority of the Members of the United Nations [...].

Da dem Sicherheitsrat lediglich die „Hauptverantwortung", nicht aber die alleinige Verantwortung für Frieden und Sicherheit zukommt, ist dies mit der Charta vereinbar. Mit der „Selbstermächtigung" der Generalversammlung kann aber lediglich die Sperrwirkung des Art. 12 UNCh umgangen werden. Daran, dass verbindliche Beschlüsse nur der Sicherheitsrat fassen darf und die Generalversammlung insoweit auf

133 GA Res. 377 (V) v. 3.11.1950. Dazu *C. Tomuschat*, „Uniting for Peace" – Ein Rückblick nach 50 Jahren, FW 76 (2001), 289; *C. Binder*, Uniting for Peace Resolution (1950), MPEPIL (6/2013). Die Resolution bildete u. a. die Grundlage für die UNEF-Mission (1956). Hintergründe in der UN-AVL (Einleitung: *C. Tomuschat*), http://legal.un.org/avl/ha/ufp/ufp.html.

Empfehlungen beschränkt ist, ändert sich nichts.[134] Die verbindliche, die staatliche Souveränität überspielende (vgl. Art. 2 Nr. 7 UNCh) Autorität, die der UN-Sicherheitsrat unter Kapitel VII UNCh besitzt, kann sich die Generalversammlung nicht selbst verschaffen. Wo ein entgegenstehender staatlicher Wille gebrochen werden muss, hilft letztlich nur ein Sanktionsbeschluss des Sicherheitsrates weiter. Beschlüsse der Generalversammlung vermögen hier selbst unter der „Uniting-for-Peace"-Prozedur wohl **Legitimität, nicht aber Legalität** zu vermitteln.

150 In allen externen Angelegenheiten ist die Generalversammlung somit auf Empfehlungen und unverbindliche Resolutionen beschränkt. **Organisationsintern** kann sie hingegen **verbindliche Beschlüsse** fassen. Dies betrifft u. a. die Aufnahme neuer Mitglieder, die Suspendierung von Mitgliedschaftsrechten und den Ausschluss von Mitgliedern, die Einrichtung von Nebenorganen, Personalentscheidungen und Wahlen zu Gremien usw. Gemäß Art. 17 UNCh liegt bei der Generalversammlung zudem das alleinige Haushaltsrecht.

c) Sicherheitsrat

151 Der Sicherheitsrat besteht aus 15 (bis 1965: elf) Mitgliedern, darunter fünf ständige Mitglieder: die Volksrepublik China (seit 1971, zuvor die Republik China, das heutige Taiwan), Frankreich, Russland (seit 1991 für die frühere UdSSR), das Vereinigte Königreich und die USA (vgl. Art. 23 Abs. 1 UNCh). Die nichtständigen Mitglieder werden von der Generalversammlung auf zwei Jahre gewählt (Art. 23 Abs. 2 UNCh). Die Wahl orientiert sich an einem Regionalschlüssel: Von den zehn nichtständigen Mitgliedern stammen drei aus Afrika, zwei aus Asien, zwei aus Lateinamerika, eines aus Osteuropa und zwei aus Westeuropa oder der übrigen westlichen Welt (Kanada, Australien, Neuseeland). Die Bundesrepublik Deutschland ist 2019-20 zum sechsten Mal als nichtständiges Mitglied im Sicherheitsrat vertreten (zuvor 1977-78, 1987-88, 1995-96, 2003-04 und 2011-12).

152 Der Sicherheitsrat fasst seine Beschlüsse mit der Zustimmung von mindestens neun (bis 1965: sieben) Mitgliedern. Die **ständigen Mitglieder** besitzen in allen Fragen, die nicht Verfahrensfragen sind, ein **Vetorecht** (Art. 27 Abs. 2 und 3 UNCh).[135] Zwar sieht die UN-Charta ihrem Wortlaut nach vor, dass in diesen Fragen alle ständigen Mitglieder zustimmen müssen; in der UN-Praxis hindert aber die Abwesenheit oder Stimmenthaltung eines ständigen Mitglieds das Zustandekommen des Beschlusses nicht.[136] Umstritten ist, ob diese Praxis als „kreative" Vertragsinterpretation angesehen werden kann oder als derogierendes (d. h. die vertragliche Regelung abbedingendes) Gewohnheitsrecht einzustufen ist; hier geht es letztlich um die Frage einer Wortlautgrenze bei der Interpretation. Eine Pflicht zur Stimmenthaltung wegen **Befangenheit** sieht Art. 27 Abs. 3 nur bei Beschlüssen zur friedlichen Streitbeilegung im Rahmen von Kapitel VI und Art. 52 Abs. 3 UNCh vor, nicht bei Sanktionsbeschlüssen

134 IGH, Gutachten v. 20.7.1962, Certain Expenses of the United Nations, ICJ Rep. 1962, 151 (163 ff); siehe Anhang, Nr. 11.

135 Näher und m. w. N. *B. Fassbender*, Veto, MPEPIL (4/2013), Rn. 9 ff.

136 Gebilligt durch IGH, Gutachten v. 21.6.1971, Legal Consequences for States of the Continued Presence of South Africa in Namibia (South West Africa) notwithstanding Security Council Resolution 276 (1970), ICJ Rep. 1971, 16, § 22; siehe Anhang, Nr. 14.

nach Kapitel VII. Dies verdeutlicht, dass der Sicherheitsrat ein **politisches Organ** ist, für das der Rechtsgrundsatz *nemo judex in causa sua* („niemand soll Richter in eigener Sache sein") nicht gilt.

Einer Umgehung des Vetorechts durch ein Umdeklarieren von Sachfragen in Verfahrensfragen (für die kein Vetorecht gilt), scheitert an der Praxis des sog. **doppelten Vetos**: Ein Mitglied kann eine Abstimmung darüber verlangen, ob eine Frage tatsächlich eine Verfahrensfrage ist. Bei dieser Abstimmung kann ein Veto eingelegt werden, weil sie keinen (reinen) Verfahrenscharakter hat. Wird ein Veto eingelegt, gilt die ursprüngliche Frage als „sonstige Frage", für die Art. 27 Abs. 3 UNCh die Zustimmung aller ständigen Mitglieder verlangt. Wird nun in der Sache abgestimmt, so besteht die Möglichkeit, mit einem weiteren Veto den Beschluss zu verhindern. 153

Fall: Überstimmt Asparien, ständiges Mitglied im Sicherheitsrat, ist maßgeblich in einen Konflikt in Xylistan involviert. Die übrigen Mitglieder des Sicherheitsrates beabsichtigen, dies in einer Resolution zu verurteilen, was Asparien durch Veto blockieren könnte. Daher stellt Bitumien im Sicherheitsrat den Verfahrensantrag, wonach ein Mitglied, das selbst Partei eines Konflikts ist, von Abstimmungen in Bezug auf diesen Konflikt ausgeschlossen ist. Lässt sich das drohende Veto von Asparien auf diesem Wege umgehen? 154

Lösungshinweis: Nein. Asparien kann den Antrag stellen abzustimmen, ob der Antrag Bitumiens eine Verfahrensfrage betrifft oder nicht. Diese Abstimmung hat selbst keinen reinen Verfahrenscharakter. Asparien kann nun mit seinem Veto verhindern, dass die Frage der Befangenheit zur Verfahrensfrage erklärt wird. Sollte der Antrag Bitumiens sodann als Nicht-Verfahrensfrage zur Abstimmung kommen, könnte Asparien erneut sein Veto einlegen und so verhindern, von der Abstimmung über die Resolution ausgeschlossen zu werden.

Der Sicherheitsrat hat gemäß Art. 24 UNCh die **„Hauptverantwortung für die Wahrung des Friedens und der internationalen Sicherheit"**. Diese nimmt er insbesondere nach den Kapiteln VI (friedliche Streitbeilegung), VII (Maßnahmen zur Friedenssicherung) und VIII (Zusammenarbeit mit Regionalorganisationen) wahr (Rn. 441–443, 1054–1078).[137] Gemäß Art. 25 UNCh kann der Sicherheitsrat im Rahmen seiner Aufgaben gegenüber allen Mitgliedern **verbindliche Beschlüsse** fassen. Diese gehen als „Verpflichtungen aus der Charta" gemäß Art. 103 UNCh allen übrigen völkerrechtlichen Pflichten der UN-Mitglieder vor. Die systematische Stellung von Art. 25 macht deutlich, dass diese Befugnis sich nicht allein auf Beschlüsse nach Kapitel VII beschränkt (dort sind Art. 48 und 49 UNCh *leges speciales*). Vielmehr ist durch Auslegung in jedem Fall zu ermitteln, ob der Sicherheitsrat eine verbindliche Anordnung bezweckt, wie er dies außerhalb von Kapitel VII z.B. im Zusammenhang mit rechtswidrigen Situationen und der Pflicht zu deren Nichtanerkennung wiederholt getan hat.[138] In Art. 25 UNCh liegt auch Potential zu einer dynamischen Erweiterung 155

137 Einzelne Befugnisse des Sicherheitsrates können sich auch aus anderen Verträgen ergeben, namentlich aus dem IStGH-Statut, wonach der Sicherheitsrat die Einleitung von Ermittlungen (Art. 13 lit. b) bzw. deren Aufschub für die Dauer von zwölf Monaten (Art. 16) erwirken kann.

138 Grundlegend IGH, Gutachten v. 21.6.1971, Legal Consequences for States of the Continued Presence of South Africa in Namibia (South West Africa) notwithstanding Security Council Resolution 276 (1970), ICJ Rep. 1971, 16, § 113. Vgl. aus jüngerer Zeit auch Res. 2118 (2013) v. 27.9.2013, Präambel § 14. Siehe außerdem *D. Joyner*, Legal Bindingness of Security Council Resolutions Generally, and Resolution 2334 on the Israeli Settlements in Particular, EJIL Talk! (9.1.2017).

der Befugnisse des Sicherheitsrates, namentlich im Bereich des *peacebuilding* (Rn. 1064). Von Sicherheitsrat und Generalversammlung gemeinsam eingesetzt wurde im Dezember 2005 die **UN Peacebuilding Commission**, die v. a. den Sicherheitsrat in Fragen der Konfliktnachsorge beraten soll.[139]

Hinweis zum Aufbau von Sicherheitsratsresolutionen:[140] Resolutionen des Sicherheitsrates bestehen aus zwei Teilen: einer Präambel und einem operativen Teil. Die **Präambel** enthält Hintergrunderwägungen, die zu den Beschlüssen des Sicherheitsrates geführt haben. Sie ist selbst nicht rechtsverbindlich, kann aber einen Beitrag zur Auslegung des operativen Teils leisten. Der **operative Teil** enthält sodann die eigentlichen (durchnummerierten) Beschlüsse. Mit der häufig verwendeten Schlussformel, wonach er beschließt, „mit der Angelegenheit aktiv befasst zu bleiben", macht der Sicherheitsrat deutlich, dass er das Heft des Handelns in der Hand behalten will. Dies hat Bedeutung für die Sperrwirkung des Art. 12 UNCh gegenüber der Generalversammlung, markiert aber auch Grenzen unilateraler Aktionen von Mitgliedstaaten.

156 Resolutionen, die der Sicherheitsrat unter Kapitel VII in Reaktion auf eine Bedrohung oder einen Bruch des Friedens oder auf eine Angriffshandlung treffen kann, zielen ihrem Wesen nach auf **anlassbezogene Maßnahmen**. So können gegen einen Friedensbrecher z. B. Wirtschaftssanktionen verhängt oder militärische Sanktionen autorisiert werden. Ist die Bedrohung für den Frieden gebannt oder erscheint es dem Sicherheitsrat aus anderen Gründen opportun, werden die Maßnahmen wieder beendet. Solche Maßnahme haben individuell- oder generell-konkreten Charakter, ähneln also dem Handeln einer **„Weltexekutive"**. Hiervon wich erstmals **Resolution 1373 (2001)** ab, in der der Sicherheitsrat in Reaktion auf die Terroranschläge in New York und Washington vom 11.9.2001 **generell-abstrakte Pflichten** der Staaten bei der Bekämpfung des internationalen Terrorismus formulierte.[141] Derartige Resolutionen werfen die Frage auf, ob der Sicherheitsrat durch die Charta überhaupt zum Erlass von Sekundärrecht ermächtigt, also gewissermaßen als Weltgesetzgeber eingesetzt ist. Sieht man einen solchen Rollenwechsel als von den *implied powers* noch gedeckt an, legt die Resolution anlassunabhängig allgemeine Staatenpflichten fest, wie sie sonst allenfalls durch einen völkerrechtlichen Vertrag auf konsensualer Basis vereinbart werden könnten. Sieht man darin jedoch ein Handeln des Sicherheitsrates *ultra vires* (= außerhalb seiner Kompetenzen oder Befugnisse), ist die Resolution nicht gemäß Art. 25 UNCh verbindlich.[142]

157 Damit sind die **Grenzen der Sicherheitsratsbefugnisse** angesprochen. Eine immanente Grenze errichtet, wie soeben gesehen, die Kompetenzordnung der UNCh: Der

139 S/RES/1645 (2005) v. 20.12.2005 und GA Res. 60/180 v. 20.12.2005. Dazu u. a. *V. Franke/M.-C. Heinze*, Aus Fehlern lernen? Fazit nach 18 Monaten Peacebuilding Commission der Vereinten Nationen, FW 83/1 (2008), 97; *A. Weidemann*, Post-Conflict Peacebuilding durch die Vereinten Nationen, 2011; *R. Jenkins*, Peacebuilding: From Concept to Commission, 2013.

140 Zur Auslegung *M. Wood*, The Interpretation of Security Council Resolutions, Revisited, MPYUNL 20 (2017), 3 (auch in der UN-AVL).

141 S/RES/1373 (2001) v. 28.9.2001. Siehe auch S/RES/1540 (2004) v. 28.4.2004 (zu Terrorismus und nuklearer Proliferation); S/RES/2178 (2014) v. 24.9.2014 (zu ausländischen Mitgliedern von Terrormilizen).

142 Dazu aus jüngerer Zeit *G. Abi-Saab*, The Security Council *Legibus Solutus*?, FS Gowlland-Debbas, 2010, 23; *N. Tsagourias*, Security Council Legislation, Article 2(7) of the UN Charter, and the Principle of Subsidiarity, LJIL 24 (2011), 539; *A. Boyle*, International Lawmaking: A New Role for the Security Council?, in: Cassese (Hg.), Realizing Utopia, 2012, 172; *T. Kloke*, Der Sicherheitsrat der Vereinten Nationen als Weltgesetzgeber, 2016.

Sicherheitsrat ist ein chartabasiertes Organ, das nicht über die Charta hinaus tätig werden kann. Auch für den Sicherheitsrat gilt ferner gemäß Art. 2 Nr. 7 UNCh das Verbot der Einmischung in die inneren Angelegenheiten der Mitgliedstaaten, soweit er nicht unter Kapitel VII tätig wird. Im Rahmen von Kapitel VII stehen ihm weitreichende Spielräume zu, die Lage einzuschätzen und die ihm geeignet erscheinenden Maßnahmen zu bestimmen. Hinsichtlich der **Rechtsbindungen** von Kapitel-VII-Maßnahmen jedoch besteht Streit. In der angelsächsischen Literatur wird oftmals der politische Charakter des Sicherheitsrates betont, der sich rechtlichen Maßstäben entziehe. In der Konsequenz soll der Sicherheitsrat frei sein zu entscheiden, wann eine Friedensbedrohung nach Art. 39 UNCh vorliegt, und ohne besondere Voraussetzungen selbst militärisch in einen Mitgliedstaat intervenieren können; er soll keinen menschenrechtlichen Bindungen unterliegen und auch die UN-Mitgliedstaaten von der Pflicht zur Beachtung von Menschenrechten befreien können; er soll keinerlei externer Kontrolle unterstehen. Zutreffender Ansicht nach ist der Sicherheitsrat jedoch **nicht „legibus solutus“** („vom Recht befreit“).[143] Bei der Frage, wann welche Maßnahmen unter Kapitel VII zu ergreifen sind, wird man – außer in Fällen eklatanten Missbrauchs (vor dem v. a. die Vetorechte schützen dürften) – kaum greifbare rechtliche Maßstäbe finden können. An die **Menschenrechte** ist aber auch der Sicherheitsrat gebunden. Obgleich die Vereinten Nationen nicht Vertragspartei von Menschenrechtsabkommen sind, bekennen sie sich doch in Art. 1 und 55 f UNCh zu den Menschenrechten und nennen diese als ein Ziel der Arbeit der UNO. Eine Selbstbindung der Organisation, die alle Organe erfasst, dürfte insbesondere auch durch die AEMR eingetreten sein. Von den Staaten die Beachtung der Menschenrechte einzufordern, selbst aber zu deren Missachtung berechtigt zu sein, würde die Vereinten Nationen in einen unerträglichen Selbstwiderspruch verwickeln. Auch der Sicherheitsrat hat daher die gewohnheitsrechtlich geltenden Menschenrechte zu achten; eine inhaltliche Orientierung mögen die unter der Ägide der Vereinten Nationen entstandenen Abkommen bieten, v. a. der IPBPR und der IPWSKR. Ebenso wenig sind die Rechtsbindungen des Sicherheitsrates der gerichtlichen **Kontrolle** entzogen. Der IGH hat im Lockerbie-Fall zu Recht angedeutet, dass er aus Anlass eines konkreten Falls das Recht hat, Resolutionen des Sicherheitsrates zu überprüfen; dies folgt aus der materiellen Rechtsbindung des Sicherheitsrates und der Befugnis des IGH, ihm unterbreitete Rechtsfälle am Maßstab des Völkerrechts zu messen.[144] Mittelbar können Maßnahmen des Sicherheitsrates auch der Kontrolle durch staatliche oder regionale Gerichte (wie den EGMR oder den EuGH) unterliegen (Rn. 628–630).

143 Dazu u. a. *M. Bedjaoui*, The New World Order and the Security Council, 1994, 31 ff; *E. de Wet*, The Chapter VII Powers of the United Nations Security Council, 2004, 133 ff; *S. Chesterman*, UNaccountable? The United Nations, Emergency Powers, and the Rule of Law, VJTL 42 (2009), 1509; *B. Fassbender* (Hg.), Securing Human Rights? Achievements and Challenges of the UN Security Council, 2011; *G. Verdirame*, The UN and Human Rights: Who Guards the Guardian?, 2011; *J. Genser/B. Stagno Ugarte* (Hg.), The United Nations Security Council in the Age of Human Rights, 2014.

144 *R. St. J. Macdonald*, Changing Relations between the International Court of Justice and the Security Council of the United Nations, CYIL 31 (1993); *V. Gowlland-Debbas*, The Relationship Between the International Court of Justice and the Security Council in the Light of the Lockerbie Case, AJIL 88 (1994), 643; *J. Alvarez*, Judging the Security Council, AJIL 90 (1996), 1; *B. Martenczuk*, The Security Council, the International Court and Judicial Review: What Lessons from Lockerbie?, EJIL 10 (1999), 517; *E. de Wet*, The Chapter VII Powers of the United Nations Security Council, 2004, 25 ff.

158 **Fall: Lockerbie (IGH 1992)**[145] Am 21.12.1988 explodierte über der schottischen Ortschaft Lockerbie ein Flugzeug der US-amerikanischen Fluggesellschaft „Pan Am" infolge eines Bombenattentats. Die USA und Großbritannien ermittelten als Attentäter zwei mutmaßliche Angehörige des libyschen Geheimdienstes und verlangten von Libyen deren Auslieferung auf Grundlage des Montrealer Übereinkommens zur Bekämpfung widerrechtlicher Handlungen gegen die Sicherheit der Zivilluftfahrt von 1971. Libyen lehnte die Auslieferung ab und berief sich darauf, dass es nach dem Übereinkommen berechtigt sei, gegen die beiden Tatverdächtigen auch selbst zu ermitteln. Mit der Resolution 731 (1992) forderte der UN-Sicherheitsrat Libyen dennoch zur Auslieferung auf (die Rechtsgrundlage blieb unklar). Als Libyen im März 1992 Klage beim IGH gegen das Auslieferungsverlangen erhob und den Erlass einstweiliger Maßnahmen beantragte, beschloss der Sicherheitsrat erneut – diesmal gestützt auf Kapitel VII UNCh – die Auslieferung der mutmaßlichen Attentäter (Resolution 748 [1992]).

Der IGH lehnte den Erlass einer einstweiligen Anordnung ab und begründete dies mit dem Vorrang von Resolutionen nach Kapitel VII (Resolution 748) vor dem Montrealer Übereinkommen, vgl. Art. 102 UNCh. Indem der Gerichtshof in einer Sache entschied, in die sich der Sicherheitsrat bereits eingeschaltet hatte, machte er implizit deutlich, dass er zu einer Kontrolle des Sicherheitsrates berechtigt ist. Sondervoten einzelner Richter unterstrichen diesen Anspruch. Das Verfahren wurde in der Hauptsache nicht mehr entschieden. Auf Grundlage eines Kompromisses fand der Prozess schließlich vor einem schottischen Gericht auf dem Staatsgebiet der Niederlande statt und endete mit einer Verurteilung und einem Freispruch. Libyen zahlte eine Entschädigung an die Hinterbliebenen.

d) Die übrigen Hauptorgane

159 Von den übrigen Hauptorganen der UNO wird auf den IGH noch an anderer Stelle näher einzugehen sein (§ 6 B). Der **Wirtschafts- und Sozialrat** (ECOSOC) besteht aus 54 Mitgliedern; jedes Jahr werden 18 Mitglieder auf drei Jahre gewählt. Die Wahl erfolgt, wie bei anderen UN-Gremien auch (z. B. Sicherheitsrat), orientiert an regionalen Gruppen. Beschlüsse werden mit einfacher Mehrheit getroffen. Zuständig ist der Wirtschafts- und Sozialrat für wirtschaftliche, soziale, kulturelle und humanitäre Aufgaben, die er unter der „Autorität" der Generalversammlung (Art. 60 UNCh) wahrnimmt. Seine Hauptfunktion ist die eines Koordinations- und Überwachungsorgans, das die Arbeit der in diesen Sachgebieten tätigen Kommissionen und Spezialorganen koordiniert und auch für die Kommunikation mit den Sonderorganisationen zuständig ist. Er kanalisiert auf diese Weise Informationsflüsse zwischen diesen Organen und Organisationen und der Generalversammlung.

160 Das UN-Treuhandsystem (Art. 75-85 UNCh) löste das Mandatssystem des Völkerbundes in der Aufgabe ab, für eine Verwaltung von Gebieten zu sorgen, in denen eine eigene Staatlichkeit (noch) nicht etabliert ist. Während in der Völkerbundzeit einzelne Staaten zu Mandatsmächten ernannt wurden, hat die UNCh einen **Treuhandrat** als UN-Organ errichtet, der die Aufgabe hat(te), diese Gebiete nicht bloß zu verwalten, sondern im Einklang mit dem Selbstbestimmungsrecht der Völker schrittweise in die Unabhängigkeit zu führen. Mit der Unabhängigkeit des letzten Treuhandgebietes

145 IGH, Entscheidung v. 14.4.1992, Questions of Interpretation and Application of the 1971 Montreal Convention arising from the Aerial Incident at Lockerbie (Libya v. USA), ICJ Rep. 1992, 3; siehe Anhang, Nr. 23.

(Palau) hat der Treuhandrat 1994 seine Tätigkeit bis auf Weiteres eingestellt. Nicht eingestellt ist dagegen die Arbeit des Entkolonisierungsausschusses, eines Spezialorgans der Generalversammlung, das sich mit „Hoheitsgebieten ohne Selbstverwaltung" (Art. 73 f UNCh) befasst. Hierunter fallen v. a. überseeische Hoheitsgebiete ehemaliger Kolonialmächte (zu Chagos siehe Rn. 72).

Das **Sekretariat** besteht aus dem Generalsekretär und rund 41.000 Bediensteten[146] weltweit. Die Leitung der Büros und Hauptabteilungen liegt bei Untergeneralsekretären, Generaldirektoren und beigeordneten Generalsekretären. Alle bilden gemeinsam den Verwaltungsapparat der UNO. Als internationale Beamte sind sie weisungsunabhängig gegenüber ihren Herkunftsstaaten und genießen auf Grund völkerrechtlicher Abkommen Immunität. Für dienstrechtliche Streitigkeiten ist 2009 an die Stelle des 1949 errichteten UN-Verwaltungsgerichts ein neues Rechtsschutzsystem getreten, das aus dem *United Nations Dispute Tribunal* und dem *United Nations Appeals Tribunal* als 2. Instanz besteht. 161

Der **Generalsekretär** wird auf Vorschlag des Sicherheitsrates (der die Zustimmung aller ständigen Mitglieder benötigt, Art. 27 Abs. 3 UNCh) von der Generalversammlung mit einfacher Mehrheit (!) auf fünf Jahre gewählt, Art. 97 S. 2 i. V. m. Art. 18 Abs. 3 UNCh. Die Wiederwahl ist zulässig. Die bisherigen Amtsinhaber waren *Trygve Lie* (Norwegen) 1946-1952, *Dag Hammarskjöld* (Schweden) 1953-1961, *Sithu U Thant* (Birma) 1961-1971, *Kurt Waldheim* (Österreich) 1972-1981, *Javier Perez de Cuellar* (Peru) 1982-1991, *Boutros Boutros-Ghali* (Ägypten) 1992-1996, *Kofi Annan* (Ghana) 1997-2006, *Ban Ki Moon* (Südkorea) 2007-2016, *António Guterres* (Portugal) seit 2017. Die Charta weist dem Generalsekretär v. a. **administrative Aufgaben** zu: Er nimmt ihm von den anderen Hauptorganen übertragene Aufgaben wahr, erstellt den Haushaltsansatz, erstattet vielfältig Bericht und registriert völkerrechtliche Verträge, die bei den Vereinten Nationen hinterlegt werden. Er nimmt an den Sitzungen der Hauptorgane (mit Ausnahme des IGH) teil. Seine **politischen Funktionen** haben sich (abgesehen von dem in Art. 99 UNCh eingeräumten Recht, den Sicherheitsrat auf mögliche Friedensbedrohungen aufmerksam zu machen) im Laufe der Zeit neben der Charta entwickelt. So gibt der Generalsekretär vielfach programmatische Impulse für die UN-Arbeit und übernimmt in Krisenfällen eine eigene Vermittlertätigkeit. Eine wichtige Rolle spielen die **Sonderbeauftragten** und **Sonderberichterstatter** des Generalsekretärs, mit denen dieser v. a. sein Engagement in humanitären und menschenrechtlichen Fragen dokumentiert (z. B. Binnenflüchtlinge, Rassismus, Massentötungen und Kriegsverbrechen). 162

6. Reform der Vereinten Nationen

Seit langem besteht Einigkeit, dass das UN-System der Reform bedarf.[147] Die Ziele und der Weg dorthin freilich sind umstritten. Inhaltlich geht es darum, die Vereinten Nationen stärker auf neue Herausforderungen auszurichten: Eine veränderte Sicher- 163

146 Siehe Bericht des Generalsekretärs v. 11.12.2015, A/70/605.

147 Siehe www.un.org/en/strengtheningtheun/. Zum jeweiligen Stand www.centerforunreform.org/. Überblick über Hintergründe und über den Reformprozess bei *J.-P. Cot*, United Nations, Reform, MPEPIL (3/2010). Siehe auch Beiträge in FW 80 (2005), Heft 3-4 (*J. Varwick*, *I. Johnstone*, *J. Leininger*, *V. Rittberger* und *D. Wolter*); *T. Giegerich*, "A Fork in the Road": Constitutional Challenges,

heitslage, in der Gefahren für den Weltfrieden und die internationale Sicherheit zunehmend von internationalem Terrorismus und von staatsinternen Konflikten ausgehen, ein verbesserter Menschenrechtsschutz, bessere Bedingungen für humanitäre Hilfe, eine gerechtere Weltwirtschaftsordnung und stärkere Anstrengungen im Bereich der Entwicklungspolitik sowie der Klima- und Umweltschutz sind Themen, die immer wieder angeführt werden, über die aber Einigkeit im Konkreten nicht leicht zu erzielen ist. In institutioneller Hinsicht steht eine **Reform des Sicherheitsrates** im Mittelpunkt der Diskussionen. Der Sicherheitsrat spiegelt in seiner heutigen Zusammensetzung die internationalen Kräfteverhältnisse nach dem Ende des Zweiten Weltkriegs. In einer multipolaren Welt ist es bedeutsam, nicht an neuen Regionalmächten wie Indien und Brasilien vorüberzugehen, wenn die Vereinten Nationen den Anspruch aufrechterhalten wollen, repräsentativ für die internationale Gemeinschaft zu stehen. Hinsichtlich der Effizienz bleibt das oftmals von nationalen Interessen bestimmte Vetorecht der fünf ständigen Mitglieder ein Stein des Anstoßes.

164 Vor allem UN-Generalsekretär *Annan* hat sich in seinen beiden Amtszeiten nachdrücklich für eine Reform der Vereinten Nationen eingesetzt. Der von ihm in Auftrag gegebene Bericht der „Hochrangigen Gruppe zu Bedrohungen, Herausforderungen und Wandel" vom Dezember 2004[148] hat eine Vielzahl von Reformideen präsentiert, von denen sich nur wenige im Abschlussdokument des **Weltgipfels von 2005** wiederfinden.[149] Ungeklärt ist weiterhin die künftige Zusammensetzung des Sicherheitsrates. Hier wurden von der Hochrangigen Gruppen zwei Modelle vorgeschlagen, die eine Erweiterung des Gremiums auf 24 Mitglieder vorsehen, die gleichmäßig auf Afrika, Amerika, Asien und Europa (als neue Großregionen) verteilt werden sollen. Modell A sieht zusätzlich zu den bisherigen neue ständige Mitglieder vor, die kein Vetorecht besitzen sollen; bei den nicht ständigen Mitgliedern bleibt es bei einer Wahl auf zwei Jahre. Modell B sieht eine Erweiterung nur bei den nicht ständigen Mitgliedern vor, die künftig teils auf vier, teils auf zwei Jahre gewählt werden sollen. Keines der Modelle würde im Falle einer Umsetzung etwas an der derzeitigen Regelung zum Vetorecht ändern.

165 Eine Hauptschwierigkeit für wirksame Reformen gerade des Sicherheitsrates liegt im **Änderungsverfahren** nach Art. 108 UNCh: Danach müssen Änderungen der Charta von zwei Dritteln der Mitglieder der Generalversammlung beschlossen werden, treten aber erst in Kraft, wenn zwei Drittel der UN-Mitglieder einschließlich sämtlicher ständiger Mitglieder des Sicherheitsrates sie ratifiziert haben. Dies gibt den ständigen Mitgliedern, die kaum ein Interesse an einer Schmälerung ihres Einflusses innerhalb der Organisation haben können, ein Vetorecht auch im Ratifikationsverfahren. Ände-

---

Chances and Lacunae of UN Reform, GYIL 48 (2005), 29; *P. Hilpold*, Reforming the United Nations, NILR 52 (2005), 389; *P. Alston*, The United Nations: No Hope for Reform?, in: Cassese (Hg.), Realizing Utopia, 2012, 38; *S. Eisentraut*, Stillstand und Dynamik – Realitäten der Sicherheitsratsreform, VN 2017, 99.

148 Eine sicherere Welt: Unsere gemeinsame Verantwortung. Bericht des High Level Panel on Threats, Challenges, and Change an den UN-Generalsekretär vom 1.12.2004, Annex zu A/59/565. Dazu *K. Manusama*, The High Level Panel Report on Threats, Challenges and Change and the Future Role of the United Nations Security Council, LJIL 18 (2005), 605; *H. Neuhold*, High-level Panel on Threats, Challenges and Change, MPEPIL (3/2013).

149 World Summit Outcome v. 24.10.2005. Resolution A/RES/60/1.

rungen werden in der Praxis daher wohl nur auf Ebene der Arbeitsmethoden des Sicherheitsrates zu erzielen sein.[150]

III. Regionale Organisationen

1. Allgemeines

In allen Weltregionen ist in jüngerer Zeit eine Zunahme von Bestrebungen zu verzeichnen, die regionale Integration über bestehende oder neue Regionalorganisationen voranzutreiben. Überlappende Mitgliedschaften sind dabei keineswegs unüblich. Dass der Integrationsgrad höchst unterschiedlich ausfällt und von dem in Europa erreichten noch weit entfernt ist, kann angesichts der z. T. gravierenden Unterschiede zwischen den Partnerstaaten in Hinblick auf Wirtschaft, Gesellschaft und politisches System nicht überraschen. **166**

In **Europa** (und weltweit) bildet die EU den am stärksten integrierten Verbund, der die Charakteristika einer zwischenstaatlichen Organisation in fast allen Politikfeldern längst zu Gunsten echt supranationaler Strukturen überwunden hat. Das „Europarecht" (im engeren Sinne) ist als eine eigenständige Rechtsordnung zu komplex, als dass sich ein Überblick an dieser Stelle lohnen könnte. Dafür sollen Europarat (2.) und OSZE (3.) kurz vorgestellt werden; auf die NATO wird ihrer Zielrichtung wegen im Zusammenhang mit der Friedenssicherung durch Regionalorganisationen einzugehen sein (Rn. 1079–1081). Auf dem Gebiet der ehemaligen UdSSR haben sich die meisten Nachfolgestaaten 1991 in der Gemeinschaft Unabhängiger Staaten (GUS) zusammengefunden, die eine Kooperation ihrer Mitglieder auf allen Politikfeldern auf Basis von souveräner Gleichheit und Nichteinmischung anstrebt; in den meisten Bereichen überwiegt jedoch ein lose koordinierender Charakter; 1996 haben sich innerhalb der GUS Russland, Weißrussland, Kasachstan und Kirgisistan (1999: Beitritt Tadschikistans) zur Gemeinschaft Integrierter Staaten (GIS) zusammengeschlossen, die eine engere Kooperation nach dem Vorbild der EU anstreben. Um ein Gegengewicht zur ökonomischen Anziehungskraft der EU für Staaten in der Region zu bilden, haben die GIS-Staaten Ende 2000 die Eurasische Wirtschaftsgemeinschaft gegründet; am 1. Januar 2015 ist der Vertrag über die Eurasische Wirtschaftsunion in Kraft getreten. **167**

In **Amerika** ist v. a. die OAS als zentraler Baustein des Inter-Amerikanischen Systems zu nennen (4.); daneben existieren die primär wirtschaftlich ausgerichteten Organisationen NAFTA und Mercosur (portugiesisch: Mercosul). Ambitionierter in den Zielen, aber noch wenig stabilisiert präsentieren sich seit 1996 die Andengemeinschaft als Nachfolgerin des früheren Andenpakts sowie die 2008 gegründete Unasur. Als Gegenmodell zur OAS mit der starken Rolle der USA wurde 2010 die Gemeinschaft der Lateinamerikanischen und Karibischen Staaten gegründet. **168**

---

150 *P. Baeriswyl*, Revolution durch die Hintertür, VN 2013, 195; *J. Harrington*, The Working Methods of the United Nations Security Council: Maintaining the Implementation of Change, ICLQ 66 (2017), 39; *T. Reinold*, Would a Code of Conduct for the UN Security Council Make Its Response to Mass Atrocities More Consistent and Accountable?, HuV-I 2017, 13.

169 In **Afrika** verfolgt seit 2002 die AU (5.) das Projekt einer supranationalen Organisation für den gesamten Kontinent; der subregionalen Integration in Westafrika dienen in wirtschaftlicher, zunehmend aber auch in menschenrechtlicher und sicherheitspolitischer Hinsicht die ECOWAS, die East African Community (EAC) sowie die South African Development Community (SADC).[151] Afrika und den Nahen Osten verbindet die bereits 1945 gegründete Arabische Liga, die der Koordination der nationalen Politiken v. a. in wirtschaftlichen und sozialen Fragen gewidmet ist, aber auch Ansätze eines Verteidigungsbündnisses enthält. Eine Schwäche der Organisation dürfte darin liegen, dass die Beschlüsse ihrer Organe in der Regel nur diejenigen Staaten binden, die ihnen zugestimmt haben (Art. 7 des Paktes der Arabischen Liga). Über lange Zeit wurde der politische Zusammenhalt in erster Linie nur durch die Opposition zu Israel gestiftet. Mit ihrem (zu Beginn noch zurückhaltenden) Engagement im innersyrischen Konflikt hat die Liga 2012 Neuland betreten.

170 In **Asien** dominieren derzeit noch subregionale Strukturen: Die südostasiatische Region ist seit 1967 in der ASEAN zusammengefasst, die sich jahrzehntelang über ihre Abgrenzung gegenüber der Volksrepublik China definierte; China, Japan und Südkorea zählen aber inzwischen zu ständigen „Dialogpartnern". Die Organisation verfolgt das Ziel einer regionalen Integration nach dem Vorbild der EU, wobei der Fokus derzeit v. a. auf der Errichtung eines gemeinsamen Wirtschaftsraums liegt. Im November 2012 wurden mit der Verabschiedung einer eigenen (unverbindlichen) Menschenrechteerklärung erste Schritte in Richtung einer regionalen Institutionalisierung des Menschenrechtsschutzes getan.[152] China ist seit 2001 mit Russland und mehreren zentralasiatischen Staaten in der Shanghaier Organisation für Zusammenarbeit *(Shanghai Cooperation Organization)* verbunden, die neben Kooperation in verschiedenen Politikfeldern insbesondere eine starke sicherheitspolitische Komponente besitzt (gemeinsame Anti-Terror-Politik). Die Brücke in den pazifischen Raum schlägt die Asiatisch-pazifische Wirtschaftliche Zusammenarbeit (APEC), die Pazifikanrainerstaaten in Asien, Amerika und Australien und Ozeanien vor allem im Fernziel einer Freihandelszone miteinander verbindet. Die APEC ist derzeit noch eher ein politisches Forum denn eine fest institutionalisierte Organisation.

2. Europarat

171 Der Europarat ist eine 1949 gegründete Internationale Organisation mit Sitz in Straßburg. Er hat derzeit 47 Mitglieder (Stand: Juni 2019) und umfasst somit nahezu alle europäischen Staaten (wichtige Ausnahme: Weißrussland). Die **Aufgaben** legt Art. 1 der Satzung fest. Die Mitglieder des Europarates bekennen sich gemäß Art. 3 der Satzung zu **Rechtsstaatlichkeit und Menschenrechten** und verpflichten sich zu aktiver Mitarbeit bei der Verfolgung der in Art. 1 genannten Ziele. Aus der Präambel und zahlreichen weiteren Bestimmungen und Dokumenten ergibt sich zudem ein klares Bekenntnis zur **Demokratie**.

151 *A. Possi*, The East African Court of Justice, MPYUNL 17 (2013), 173; *K. Alter/L. Helfer/J. McAllister*, A New International Human Rights Court for West Africa, AJIL 107 (2013), 737.

152 Kritische Bewertung bei *N. Doyle*, The ASEAN Human Rights Declaration and the Implications of Recent Southeast Asian Initiatives in Human Rights Institution-Building and Standard-Setting, ICLQ 63 (2014), 67; *A. Duxbury/H.-L. Tan*, Can ASEAN Take Human Rights Seriously?, 2019.

Zur **Mitgliedschaft** kann jeder europäische Staat eingeladen werden, der „für fähig und gewillt befunden wird, die Bestimmungen des Artikels 3 zu erfüllen" (Art. 4). Zum Beleg dessen sind die Kandidaten verpflichtet, „die Europäische Menschenrechtskonvention zu unterzeichnen und binnen kurzer Frist die Gesamtheit ihrer Kontrollbestimmungen anzuerkennen".[153] Bei schweren Verstößen gegen Art. 3 kann gemäß Art. 8 das Recht auf Vertretung in den Organen des Europarates vorläufig entzogen und das Mitglied zum Austritt aufgefordert werden.[154] Kommt das Mitglied der Aufforderung nicht nach, ist ein Ausschluss möglich. Daneben hat sich in der Praxis ein Monitoring-System entwickelt, das Sanktionen unterhalb der Schwelle des Art. 8 ermöglicht.

Organe des Europarates sind das Ministerkomitee und die Beratende Versammlung. **172**
Ihnen steht das Sekretariat des Europarates zur Seite (Art. 10). Das **Ministerkomitee** setzt sich aus den Außenministern der Mitgliedstaaten bzw. einem Beauftragten (in der Regel im Ministerrang) zusammen; jeder Staat hat im Ministerrat eine Stimme (Art. 14). Das Ministerkomitee trifft verbindliche Beschlüsse in Bezug auf die Organisation (Art. 16), hinsichtlich der politischen Aufgaben des Europarates billigt es Übereinkommen und kann Empfehlungen an die Regierungen der Mitgliedstaaten richten (Art. 15). Die **Beratende Versammlung** (auch „Parlamentarische Versammlung" genannt) besteht aus Abgeordneten, die von den Parlamenten der Mitgliedstaaten aus ihrer Mitte gewählt oder bestimmt werden (Art. 25). Die Zahl der Sitze ist nach der Bevölkerungszahl abgestuft (zwischen 2 und 18 Sitzen). Die Versammlung kann sich mit allen Fragen befassen, die in den Aufgabenbereich des Europarates fallen und Stellungnahmen sowie Empfehlungen gegenüber dem Ministerkomitee abgeben (Art. 23). Ministerrat wie Beratende Versammlung können **Komitees und Ausschüsse** einsetzen (Art. 17, 24). Das **Sekretariat** besteht aus dem Generalsekretär und seinem Stellvertreter (die auf Empfehlung des Ministerkomitees von der Beratenden Versammlung ernannt werden: Art. 36 lit. b) sowie dem Verwaltungspersonal. Es ist im Unterschied zur UNO weitgehend auf administrative Aufgaben beschränkt.

Der Europarat ist in seiner Tätigkeit auf **Konsultationen** und **Empfehlungen** be- **173**
schränkt; Hoheitsbefugnisse gegenüber den Mitgliedstaaten besitzt er nicht. Dennoch kommt den Empfehlungen des Ministerrates, die auf eine Harmonisierung von Standards v. a. in menschenrechtlichen und sozialen Bereichen zielen, eine *persuasive authority* zu. Verdienste hat sich der Europarat auch beim **Menschenrechts-Monitoring** erworben, z. B. durch das Europäische Komitee zur Verhütung von Folter und unmenschlicher oder erniedrigender Behandlung oder Strafe (*Committee for the Prevention of Torture*, CPT). Praktisch relevant ist auch die Tätigkeit der 1990 vom Ministerkomitee eingerichteten sog. **Venedig-Kommission** (Europäische Kommis-

---

153 Wiener Erklärung der Staats- und Regierungschefs der Mitgliedstaaten des Europarates v. 9.10.1993, SUM (93) 2, EuGRZ 1993, 484.

154 Vgl. Resolution der Parlamentarischen Versammlung 1990 (2014) v. 10.4.2014 betreffend den Entzug von Mitgliedschaftsrechten der Russischen Föderation wegen der Rolle Russlands in der Krim-Krise. Im Mai 2019 hat der Ministerrat die Wiedereinsetzung Russlands in seine Mitgliedschaftsrechte beschlossen. Dazu *C. v. Gall*, Gemeinsam für den Frieden und die Einheit Europas? Der Europarat und Russland, verfassungsblog.de (5.5.2019).

sion für Demokratie durch Recht), die Staaten in Mittel- und Osteuropa im Prozess der Verfassungsgebung und -änderung berät.[155]

Von besonderer Bedeutung ist die Funktion des Europarates als **„Geburtshelfer" von Verträgen** v. a. im menschenrechtlichen Bereich. Außer der EMRK (mit ihren bis dato 16 Zusatzprotokollen) sind unter der Ägide des Europarates u. a. die folgenden Abkommen entstanden: Europäisches Übereinkommen über die friedliche Beilegung von Streitigkeiten (1957), Europäische Sozialcharta (1961; revidiert 1996), Europäisches Übereinkommen zur Verhütung von Folter und unmenschlicher oder erniedrigender Behandlung oder Strafe (1987), Europäische Charta der Regional- oder Minderheitensprachen (1992), Rahmenübereinkommen zum Schutz nationaler Minderheiten (1995), Europäisches Übereinkommen über die Ausübung von Kinderrechten (1996), Europäisches Übereinkommen über die Staatsangehörigkeit (1997), Übereinkommen über Computerkriminalität (2001), Übereinkommen des Europarats zur Verhütung des Terrorismus (2005), Konvention des Europarates gegen Menschenhandel (2005); daneben zahlreiche Abkommen, die den Themen Wirtschaft und Bildung sowie Fragen innereuropäischer Migration gewidmet sind.

174 Praktische Wirksamkeit erlangt die Menschenrechtspolitik des Europarates v. a. durch den **Europäischen Gerichtshof für Menschenrechte (EGMR)** (Rn. 635–639). Dieser ist zwar kein Organ des Europarates, aber mit diesem über die EMRK konstitutionell verbunden; über die Durchführung seiner Urteile in den Mitgliedstaaten wacht das Ministerkomitee (Art. 46 Abs. 2 EMRK). Da jeder Bewohner eines Konventionsstaates den EGMR anrufen kann und die Urteile des Gerichtshofs rechtsverbindlich sind, liegt hier ein wichtiger Hebel zur rechtsstaatlichen Domestizierung der Mitgliedstaaten des Europarates.

3. Organisation für Sicherheit und Zusammenarbeit in Europa (OSZE)

175 Zu Zeiten der Blockkonfrontation war die **Konferenz für Sicherheit und Zusammenarbeit (KSZE)** das wichtigste Forum der Ost-West-Kooperation. Die **Schlussakte von Helsinki** von 1975 ordnete die Themen drei Körben zu (Korb 1: Souveränität, Nichteinmischung, friedliche Streitbeilegung, Korb 2: Wirtschaft, Wissenschaft, Technik und Umwelt, Sicherheit in Europa, Korb 3: humanitäre Fragen, menschliche Kontakte, Informationsaustausch). Mit dem Ende des Ost-West-Konflikts wandelte sich die KSZE schrittweise: Mit der **Charta von Paris für ein neues Europa** (1990) bekannten sich die Staats- und Regierungschefs der KSZE-Staaten übereinstimmend zu Menschenrechten, Demokratie und Rechtsstaatlichkeit, 1994 erfolgte in Budapest die **Umbenennung in OSZE**. Ziele der OSZE sind, in Fortführung der „Helsinki-Körbe", Friedenssicherung, wirtschaftliche Kooperation, Umweltschutz sowie die Förderung von Menschenrechten und demokratischen Institutionen. In jüngster Zeit hat sie eine größere Rolle im Verhältnis zwischen Russland und dem Westen eingenommen.

---

155 Dazu *J. Jowell*, The Venice Commission: Disseminating Democracy through Law, Public Law 2001, 675; *S. Rülke*, Venedig-Kommission und Verfassungsgerichtsbarkeit: eine Untersuchung über den Beitrag des Europarates zur Verfassungsentwicklung in Mittel- und Osteuropa, 2003; *H. Steinberger*, Venice Commission, MPEPIL (5/2007).

Der OSZE gehören 57 Staaten aus Europa, Zentralasien und Nordamerika (USA, Kanada) sowie der Heilige Stuhl an. Neben der in der Regel alle zwei Jahre stattfindenden **Gipfelkonferenz** der Staats- und Regierungschefs, die allgemeine Leitlinien beschließt, tagen einmal im Jahr die Außenminister im **Ministerrat** als dem höchsten Beschlussgremium. Ein **Ständiger Rat** in Wien dient als Konsultations- und Beschlussgremium zwischen den Ratstagungen; Fragen der Rüstungskontrolle sind einem besonderen **Forum für Sicherheitskooperation** anvertraut. Die Geschäftsführung liegt bei dem Außenminister des Staates, der gerade den Vorsitz führt (jährliche Rotation), unterstützt durch seinen Vorgänger und designierten Nachfolger (sog. **Troika**). Unterstützt wird die Troika durch das **Sekretariat**, dem der Generalsekretär vorsteht. Die **Parlamentarische Versammlung** in Kopenhagen, die sich – dem Europarat ähnlich – aus Abgeordneten der nationalen Parlamente und orientiert an der Bevölkerungszahl zusammensetzt, hat nur beratende Funktion. Daneben gibt es eine Reihe weiterer Institutionen (z. B. Büro für demokratische Institutionen und Menschenrechte, Warschau, Hoher Kommissar für nationale Minderheiten, Den Haag). **176**

Die OSZE ist zwar unstreitig eine „regionale Abmachung“ im Sinne von Kapitel VIII UNCh; ganz überwiegend wird ihr jedoch **keine Völkerrechtspersönlichkeit** attestiert. Zwar hat sie sich im Laufe der Zeit von einer bloßen ständigen Konferenz zu einer Organisation mit fester Organstruktur entwickelt, es fehlt aber an dem erkennbaren Willen der Teilnehmerstaaten, die OSZE mit eigener Rechtsfähigkeit zu versehen. Die Annahme impliziter Rechtsfähigkeit wird zusätzlich dadurch erschwert, dass die OSZE nicht auf vertraglicher Grundlage ruht, sondern ihre institutionellen Grundlagen v. a. durch Konferenzbeschlüsse erhalten hat. Es ist jedoch nicht ausgeschlossen, dass die OSZE sich über die Jahre zu einer Internationalen Organisation im Rechtssinne entwickeln könnte. **177**

4. Organisation Amerikanischer Staaten (OAS)

Die OAS mit Sitz in Washington, D.C. wurde 1948 in Bogotá gegründet. Sie ist ein Teil des **Inter-Amerikanischen Systems**, zu dem außerdem der Rio-Pakt (1947) über gegenseitigen militärischen Beistand und der Bogotá-Pakt (1948) über friedliche Streitbeilegung zählen. Enge Verbindungen bestehen auch zum inter-amerikanischen Menschenrechtssystem (Rn. 763). Ihr gehören alle amerikanischen Staaten an; von 1962-2009 waren die Teilnahmerechte Kubas suspendiert; Honduras war nach dem Putsch 2009 bis 2011 von der Mitwirkung ausgeschlossen. **178**

Als **Ziele** nennt Art. 2 der OAS-Charta die Förderung von Frieden und Sicherheit, friedliche Streitbeilegung, Demokratie, Förderung von Entwicklung und Armutsbekämpfung. Vor allem seit dem (Änderungs-)Protokoll von Cartagena (1985) ist die Demokratieförderung innerhalb der OAS ein Anliegen. 2001 wurde die **Inter-Amerikanische Demokratiecharta** verabschiedet, in der das Recht aller Amerikaner auf demokratische Selbstbestimmung anerkannt (Art. 1 Abs. 1) und in Zusammenhang mit Menschenrechten und Entwicklung gestellt wird (Art. 7 ff). Die OAS bietet ihren Mitgliedern darin ferner Unterstützung im Ausbau und in der Stärkung ihrer demokratischen Strukturen an (Art. 17 f) und stellt Sanktionen im Fall eines undemokratischen Umsturzes in Aussicht (Art. 19 ff). Die OAS-Charta verpflichtet ihre Mitglieder zu friedlicher Streitbeilegung entsprechend den Regeln des Bogotá-Paktes **179**

(Art. 27). Die Art. 28 f OAS-Charta errichten i. V. m. dem Rio-Pakt ein **System kollektiver Sicherheit**, das nicht nur zum Beistand gegen einen externen Aggressor verpflichtet (Verteidigungsbündnis), sondern auch Sanktionen vorsieht, wenn die Gewalt von einem Mitglied der Organisation ausgeht. Art. 8 Rio-Pakt sieht als mögliche Reaktionen die Abberufung von Botschaftern, den Abbruch diplomatischer oder konsularischer Beziehungen, die Unterbrechung von Wirtschafts- und Kommunikationsbeziehungen sowie den Einsatz bewaffneter Gewalt vor. Dieses Recht zur gewaltsamen Intervention muss aber in das UN-Friedenssicherungssystem eingepasst werden (Rn. 1077–1078).

180 Oberstes Beschlussorgan der OAS ist die jährlich tagende **Generalversammlung**, in der jeder Staat mit einer Stimme (Art. 56) durch seinen Außenminister vertreten ist. Diese ist für die wesentlichen Entscheidungen zuständig, die die Organisation betreffen und gibt die politischen Leitlinien vor. In dringenden Fragen treten die Außenminister als **Konsultative Versammlung** zusammen (Art. 61 ff). Das politische Alltagsgeschäft erledigt ein **Ständiger Rat** (Art. 80 ff) aus Botschaftern der Mitgliedstaaten. Er überwacht außerdem die Durchführung der Beschlüsse der Generalversammlung (Art. 91). Ein **Rat für einheitliche Entwicklung** *(Inter-American Council for Integral Development)* hat Sonderzuständigkeiten für Fragen der Entwicklung und Armutsbekämpfung. Das **General-Sekretariat** ist für die administrative Unterstützung und Ausführung der Beschlüsse der übrigen Organe zuständig (Art. 107 ff). Ähnlich dem UN-Generalsekretär darf der Generalsekretär der OAS an den Sitzungen der anderen Organe beratend teilnehmen und Generalversammlung und Ständigen Rat auf jede Angelegenheit aufmerksam machen, die den Frieden und die Sicherheit in der Region oder die Entwicklung der Mitgliedstaaten bedroht (Art. 101).

5. Afrikanische Union (AU)

181 Die Afrikanische Union (AU) ist eine Internationale Organisation mit Sitz in Addis Abeba. 2002 hat sie die Nachfolge der **Organisation für Afrikanische Einheit (OAU)** angetreten. Sie hat 55 Mitglieder (einschließlich der West-Sahara, die international nicht als Staat anerkannt wird); nach Wiederzulassung der Zentralafrikanischen Republik im April 2016 sind derzeit die Mitgliedschaftsrechte keines Staates suspendiert (Stand: Juni 2019). Wegen der Mitgliedschaft der West-Sahara blieb Marokko der AU (wie schon zuvor der OAU) lange fern, ist aber im Januar 2017 beigetreten. Die Gründungsakte entwirft die AU als eine starke supranationale Organisation mit hohem Grad an politischer und rechtlicher Integration. Die **tatsächliche Entwicklung** hinkt derzeit diesem Entwurf allerdings noch recht deutlich hinterher. Bedenkt man, dass selbst in der politisch und kulturell homogeneren EU der heutige Stand der Integration das Ergebnis eines jahrzehntelangen konfliktträchtigen Prozesses war, wird man der AU einige Zeit zugestehen müssen, ihre rechtlichen Formen mit politischem Leben zu füllen.

182 Art. 3 der AU-Gründungsakte von 2001 enthält einen ambitionierten **Katalog von Zielen**, zu denen die politische und sozioökonomische Integration des Kontinents, Förderung von Demokratie und Menschenrechten sowie eine nachhaltige Entwicklung ebenso gehören wie Sicherheit und Verteidigung und das Bestreben, gemeinsamen afrikanischen Positionen auf internationaler Ebene Gehör zu verschaffen. Auch

soll die AU die Politiken existierender und künftiger regionaler Wirtschaftsgemeinschaften koordinieren und harmonisieren. Der **Prinzipienkatalog** in Art. 4 formuliert auf der einen Seite klassische völkerrechtliche Grundsätze wie die souveräne Gleichheit, Respekt vor Staatsgrenzen und politischer Unabhängigkeit, Gewalt- und Interventionsverbot sowie die Pflicht zur friedlichen Streitbeilegung, enthält auf der anderen Seite aber auch Besonderheiten wie die Verurteilung von Akten des Terrorismus (lit. o) und verfassungswidrigen Umstürzen (lit. p). Bemerkenswert ist der Katalog in sicherheitspolitischer Hinsicht: Neben dem Ziel einer gemeinsamen Verteidigungspolitik (lit. d) wird das Recht jedes Mitgliedstaates anerkannt, die AU um Hilfe bei der Wiederherstellung der öffentlichen Sicherheit zu bitten (lit. j); vor allem aber erhält die Union das Recht, mit Blick auf „gravierende Umstände", namentlich Kriegsverbrechen, Völkermord und Verbrechen gegen die Menschlichkeit, in einem Mitgliedstaat auch militärisch zu intervenieren (lit. h). Dieses **Interventionsrecht** darf allerdings – ebenso wie Art. 8 des Rio-Paktes – nur im Rahmen der UNCh ausgeübt werden (Rn. 1077–1078).

In ihrer **Organstruktur** (vgl. Art. 5) orientiert sich die AU am Vorbild der EU: **183**
Grundlegende Beschlüsse fasst die **Unionsversammlung** der Staats- und Regierungschefs, die einmal jährlich tagt (Art. 6 ff). Die Vorbereitung der Beschlüsse sowie die Durchführung liegen beim **Exekutivrat** (Ministerrat). In wirtschaftlichen und sozialen Fragen sowie bei Umweltschutz und humanitärer Hilfe hat der Exekutivrat eigene Beschlusskompetenzen (Art. 13). „Spezialisierte Technische Komitees" unterstützen den Rat bei seiner Arbeit inhaltlich (Art. 14 f); seine Sitzungen werden vom Ständigen Ausschuss der Repräsentanten vorbereitet (Art. 21). Die **Kommission** besteht aus dem Vorsitzenden und seinem Stellvertreter sowie acht für bestimmte Sachgebiete zuständigen Kommissaren. Die Gründungsakte weist ihr nur die Aufgabe eines Sekretariats zu (Art. 20), sie hat aber nach dem Vorbild der EU-Kommission von der Unionsversammlung politische Impulsfunktionen übertragen bekommen. Das **Panafrikanische Parlament** mit Sitz in Midrand (Südafrika) setzt sich aus Abgeordneten zusammen, die von den nationalen Parlamenten entsandt werden. Es hat lediglich beratende Funktion. Ebenfalls beratend ist der **Wirtschafts-, Sozial- und Kulturrat** tätig, der sich aus Vertretern der Zivilgesellschaft zusammensetzt (Art. 22). 2008 wurde die Verschmelzung des AU-Gerichtshofs (Art. 18) mit dem Afrikanischen Gerichtshof für Menschen- und Völkerrechte zum **African Court of Justice and Human Rights** beschlossen (aber noch nicht vollzogen).[156] Die Finanzinstitutionen der AU umfassen (Art. 19) die Afrikanische Zentralbank, den Afrikanischen Währungsfonds und die Afrikanische Investitionsbank. Von besonderem Interesse ist ein aus 15 Mitgliedern bestehender **Friedens- und Sicherheitsrat**, der über AU-Missionen zur Friedenssicherung entscheidet.

Vertiefende Literaturangaben zu § 2 siehe: www.cfmueller.de/voelkerrecht
www.wsi.uni-kiel.de

156 Zum Gerichtshof für Menschenrechte und Rechte der Völker näher Rn. 770. Zum unklaren Stand der Fusion der Gerichshöfe *A. Kießling*, The Uncertain Fate of the African Court on Human and Peoples' Rights, GYIL 57 (2014), 541.

Ausbildungsfälle zu § 2: *J. Gotthold*, Das verunglückte UNO-Fahrzeug, JuS 1970, 131; *P. Hilpold*, Die Conch Republic – Szenen einer (nicht ganz ernstgemeinten) Sezession, Jura 2000, 118; *D. Koppe/A. Schwarz*, Das Krim-Märchen und der Krieg, ZJS 2016, 353; *M. Krajewski*, Die EU-Polizeimission in Sahelia, JuS 2007; 464; *B. Simma/D.-E. Khan*, Die Auflösung Balkaniens: Scheiden tut weh, Jura 1997, 203; *P. Thielbörger*, Sonne und Regen über Rubesien, JuS 2013, 332.

Kontrollfragen:

- Was versteht man unter einem Völkerrechtssubjekt? Welche Arten von Völkerrechtssubjekten sind heute anerkannt? **Rn. 58–68**
- Ist der einzelne Mensch Subjekt des Völkerrechts? **Rn. 66–68**
- Was ist ein stabilisiertes De-facto-Regime? Welchen völkerrechtlichen Status hat es? **Rn. 69**
- Was sind die Inhalte des Selbstbestimmungsrechts der Völker? Gibt es ein Recht auf Sezession, und wie wirkt es im kolonialen Kontext? **Rn. 70–72**
- Was sind die Elemente eines Staates i. S. d. Völkerrechts? **Rn. 73**
- Was gehört zum Staatsgebiet eines Staates und was nicht? **Rn. 74–77**
- Welche Arten des Gebietserwerbs werden unterschieden und was sind die einzelnen Erwerbstitel? **Rn. 78–80**
- Was ist das Staatsvolk im Sinne des Völkerrechts? **Rn. 83, 87**
- Welche Anforderungen stellt das Völkerrecht an den Erwerb und die Verleihung der Staatsangehörigkeit? **Rn. 84**
- Welche Rolle spielen Effektivität und Legitimität von Regierungen im Völkerrecht? **Rn. 89, 100–102**
- Bleibt auch ein sog. gescheiterter Staat (failed state) Völkerrechtssubjekt? **Rn. 88**
- Geht die Übertragung von Hoheitsrechten mit einem Souveränitätsverlust einher? **Rn. 94–95**
- Welche Wirkung hat die Anerkennung eines Staates? **Rn. 97–99**
- Was unterscheidet den Gebietserwerb von der Staatensukzession? **Rn. 104**
- Welche Formen der Staatennachfolge gibt es? **Rn. 104**
- Inwieweit gehen im Rahmen der Staatennachfolge Pflichten aus völkerrechtlichen Verträgen und aus Völkergewohnheitsrecht über? **Rn. 107–112**
- Grenzen Sie Bundesstaaten, Staatenbund und Internationale Organisationen voneinander ab! **Rn. 92, 115**
- Wann und inwieweit besitzen Internationale Organisationen Völkerrechtspersönlichkeit? Worin liegt dabei die Sonderrolle der Vereinten Nationen? **Rn. 116–118, 137**
- Was besagt der Grundsatz von den sog. implied powers? **Rn. 124–125**
- Haften Mitgliedstaaten für Verbindlichkeiten einer von ihnen gegründeten Internationalen Organisation? **Rn. 131**
- Stellen Sie die jeweiligen Kompetenzen von UN-Generalversammlung und UN-Sicherheitsrat bei der Friedenssicherung dar! **Rn. 148–149, 155–156**
- Unterliegen die Befugnisse des UN-Sicherheitsrates nach Kapitel VII UNCh rechtlichen Grenzen und Kontrollen? **Rn. 157**

§ 3 Quellen des Völkerrechts

Einführende Literatur: *S. Birkner*, Völkergewohnheitsrecht in der Fallbearbeitung, JA 2007, 525; *H. Charlesworth*, Law-making and sources, in: Crawford/Koskenniemi (Hg.), The Cambridge Companion to International Law, 2012, 187; *M. Fitzmaurice*, Treaties, MPEPIL (2/2010); *G. Gaja*, General Principles of Law, MPEPIL (3/2007); *P. Kunig*, Die Quellen des Völkerrechts aus der Sicht des Grundgesetzes, Jura 1989, 667; *T. Treves*, Customary International Law, MPEPIL (11/2006); *A. v. Ungern-Sternberg*, Völkerrechtsquellen im Wandel, 2 Teile, Jura 2010, 841 und 2011, 39; *R. Wolfrum*, Sources of International Law, MPEPIL (5/2011).

Lehr- und Handbücher: *J. d'Aspremont/S. Besson/S. Knuchel* (Hg.), The Oxford Handbook of the Sources of International Law, 2018; *A. Aust*, Modern Treaty Law and Practice, 3. Aufl. 2013; *C. Brölmann/Y. Radi* (Hg.), Research Handbook on the Theory and Practice of International Lawmaking, 2016; *D. Hollis* (Hg.), The Oxford Guide to Treaties, 2012; *R. Kolb*, The Law of Treaties: An Introduction, 2016; *A. D. McNair*, The Law of Treaties, 2. Aufl. 1961 (Nachdruck 2003); *C. Tams/A. Tzanakopoulos/A. Zimmermann* (Hg.), Research Handbook On The Law Of Treaties, 2014; *H. Thirlway*, The Sources of International Law, 2. Aufl. 2019.

Kommentare: *O. Corten/P. Klein* (Hg.), Vienna Convention on the Law of Treaties, 2011; *O. Dörr/K. Schmalenbach* (Hg.), Vienna Convention on the Law of Treaties, 2. Aufl. 2018; *M. Villiger*, Commentary on the 1969 Vienna Convention on the Law of Treaties, 2009.

A. Überblick

Unter Rechtsquellen versteht man sämtliche Vorschriften, Akte und ungeschriebenen Regeln, die **Rechtsfolgen auslösen**, d. h. die für die Frage nach der Rechtslage Antworten geben können. Aus den völkerrechtlichen Rechtsquellen ergeben sich also die völkerrechtlichen Rechte und Pflichten der Staaten und sonstigen Völkerrechtssubjekte. 184

Völkerrechtsquellen können danach unterschieden werden, ob sie prinzipiell auf eine Regelung weltweiter Fragen abzielen (man spricht hier vom **universellen Völkerrecht**) oder auf **regionale oder partikuläre** Rechtsbeziehungen, d. h. Rechtsbeziehungen zwischen einzelnen Staaten. Diese Unterscheidung hat klassifikatorischen, keinen rechtlichen Gehalt. Von dem prinzipiell universellen Regelungsanspruch ist die Frage der Bindungswirkung zu unterscheiden: Völkerrechtliche Verträge binden nur die Vertragsparteien. Auch wenn ein Vertrag universelle Fragen wie z. B. das Weltklima zum Gegenstand hat, ist er nicht schon seines Gegenstandes wegen universell verbindlich. 185

Die wichtigsten Arten völkerrechtlicher Rechtsquellen finden sich in **Art. 38 Abs. 1 des IGH-Statuts** zusammengestellt. Ihrem Anwendungsbereich nach bezieht sich diese Vorschrift nur auf die Spruchtätigkeit des IGH und enthält keine Aussagen zu den Rechtsquellen des Völkerrechts insgesamt. Es besteht jedoch Einigkeit, dass diese Regelung den Kanon der klassischen Quellen des Völkerrechts aufnimmt und wiedergibt: 186

Der Gerichtshof, dessen Aufgabe es ist, die ihm unterbreiteten Streitigkeiten nach dem Völkerrecht zu entscheiden, wendet an

(a) internationale Übereinkünfte allgemeiner oder besonderer Natur, in denen von den streitenden Staaten ausdrücklich anerkannte Regeln festgelegt sind;

(b) das internationale Gewohnheitsrecht als Ausdruck einer allgemeinen, als Recht anerkannten Übung;

(c) die von den Kulturvölkern anerkannten allgemeinen Rechtsgrundsätze;

(d) [...] richterliche Entscheidungen und die Lehrmeinung der fähigsten Völkerrechtler der verschiedenen Nationen als Hilfsmittel zur Feststellung von Rechtsnormen.

Danach kennt das Völkerrecht als **Rechtsquellen** völkerrechtliche Verträge (a), Gewohnheitsrecht (b) und allgemeine Rechtsgrundsätze (c). Als Hilfsmittel zur Feststellung von Völkerrecht – also als **Rechtserkenntnisquellen** – sind Entscheidungen internationaler und nationaler Gerichte und Schiedsgerichte sowie die Völkerrechtslehre anerkannt (d).

187 Diese Liste der Völkerrechtsquellen wird oft als **unvollständig** kritisiert. So fehlen insbesondere einseitige Rechtsakte, die ebenfalls völkerrechtliche Pflichten begründen können, sowie das Sekundärrecht Internationaler Organisationen. Indem solche Sekundärrechtsakte ihre Geltung aber aus dem Gründungsvertrag als Primärrecht herleiten und indem die Verbindlichkeit einseitiger Rechtsakte z. T. aus allgemeinen Rechtsgrundsätzen abgeleitet wird (v. a. Treu und Glauben), lassen sich diese beiden Rechtsquellenarten auch in die herkömmliche Trias der Rechtsquellen einordnen. Ganz überwiegend nicht als Völkerrechtsquelle wird das sog. *soft law* angesehen, das gleichwohl von großer praktischer Bedeutung für die internationalen Beziehungen und auch für die Entwicklung des Völkerrechts ist (Rn. 278–279).

188 Aus Sicht einer staatlichen Rechtsordnung scheint eine tiefere Befassung mit der Rechtsquellenlehre fernliegend. Hier setzt die Verfassung Rechtsquellen ein (Gesetze, Verordnungen, Geschäftsordnungen usw.), die ihrerseits weitere Rechtsquellenarten anerkennen bzw. einführen können (z. B. Verträge, Satzungen). Stellt man im Völkerrecht die Frage nach dem Warum und Woher des Rechtsquellenkanons, so scheint dies in einen Zirkel zu führen: Die nahe liegende Antwort, dass dieser Kanon selbst gewohnheitsrechtlich fundiert ist, setzt voraus, dass das Gewohnheitsrecht als Rechtsquelle schon vorher etabliert ist. Letztlich wird man hier auf den Konsens als Grundbedingung des genossenschaftlichen Völkerrechts zurückverwiesen: Hinter den Rechtsquellen öffnet sich die Frage nach dem Geltungsgrund des Völkerrechts (hierzu bereits Rn. 5).

B. Völkerrechtliche Verträge

I. Grundsätzliches

1. Begriff des völkerrechtlichen Vertrags

189 Völkerrechtliche Verträge sind

- Vereinbarungen
- zwischen Völkerrechtssubjekten, die
- vom Völkerrecht bestimmt und
- von einem Rechtsbindungswillen getragen sind.

Unerheblich ist dabei die Bezeichnung. Gebräuchlich sind Namen wie „Vertrag" oder „Abkommen"; „Übereinkommen", „Konvention" oder „Pakt" sind in der Regel Bezeichnungen für multilaterale Vertragswerke; Gründungsverträge Internationaler Organisationen heißen meist „Statut", „Charta" oder „Satzung".

Vereinbarung: Verträge beruhen auf dem Konsens der Parteien. Wie im Privatrecht auch wird der Konsens durch übereinstimmende Willenserklärungen der Parteien hergestellt. Eine Annahmeerklärung unter Modifikation führt auch im Völkerrecht nicht zum Vertragsschluss, sondern stellt ein erneutes Angebot der anderen Seite dar. Schon aus Gründen der Rechtssicherheit ist die Schriftform gebräuchlich; völkerrechtliche Verträge können aber auch mündlich geschlossen werden. **190**

Zwischen Völkerrechtssubjekten: Da das Völkerrecht nach wie vor primär Zwischenstaatenrecht ist, sind Verträge zwischen Staaten am häufigsten. Allerdings sind auch Verträge zwischen anderen Völkerrechtssubjekten (v. a. Internationalen Organisationen) oder Staaten und anderen Völkerrechtssubjekten möglich (z. B. Verträge der EU mit dritten Staaten oder Sitzabkommen einer Internationalen Organisation und dem Gaststaat). **191**

Viel diskutiert wurde v. a. in den 1970er Jahren die Rechtsnatur von Verträgen zwischen Staaten und ausländischen Wirtschaftsunternehmen. Solche Verträge wurden, jedenfalls wenn sie eine entsprechende Klausel enthielten, teilweise als **internationalisierte Verträge** angesehen, die dem Völkerrecht unterstanden und nicht dem Recht des staatlichen Partners. Der private Vertragspartner sollte auf diesem Wege eine Stellung als Quasi-Völkerrechtssubjekt erhalten. Das damit verfolgte Ziel, ausländische Investoren gegenüber dem Zugriff des Gaststaates zu schützen, wird heute überwiegend durch zwischenstaatliche Investitionsschutzabkommen geregelt, die dem Investor auf völkerrechtlicher Ebene Schutzrechte garantieren, ohne dass der Rückgriff auf solche Hilfskonstruktionen nötig wäre (vertiefend Rn. 993, 995–996). Während also dem Schutzbedürfnis privater Investoren heute weitgehend anders Rechnung getragen wird, bleibt die Frage, inwieweit das Völkervertragsrecht auf Verträge mit anderen Rechtspersonen ohne Völkerrechtspersönlichkeit, z. B. mit NGO oder Rebellengruppen in einem bewaffneten Konflikt, zumindest entsprechende Anwendung finden kann.[1]

Vom Völkerrecht bestimmt: In der Regel treffen Staaten ihre Vereinbarungen als Gleiche nach den Regeln des Völkerrechts. Es steht ihnen jedoch als Ausdruck souveräner Handlungsfreiheit frei, einen Vertrag auch dem nationalen Recht eines Vertragspartners zu unterstellen. Dies geschieht bei politischen Verträgen aus begreiflichen Gründen nicht, wohl aber gelegentlich bei Kaufverträgen (z. B. Kauf eines Grundstücks zur Errichtung der Botschaft). Sofern die Unterstellung unter das Recht eines der Partner nicht ausdrücklich erfolgt oder sich eindeutig aus den Umständen ergibt, dürfte ein Vertrag zwischen Völkerrechtssubjekten stets „vom Völkerrecht bestimmt" sein. **192**

Rechtsbindungswille: An dem erforderlichen Willen, sich rechtlich zu binden, fehlt es z. B. bei „Gentlemen's Agreements" oder politischen Absichtserklärungen, die aber als sog. *soft law* indirekt Einfluss auf die Rechtsentwicklung gewinnen können. Ein klassisches Beispiel für ein „Gentlemen's Agreement" ist die KSZE-Schlussakte **193**

1 Näher dazu *K. Doehring*, Völkerrecht, 2. Aufl. 2004, Rn. 397 ff.

von Helsinki. Ob ein Rechtsbindungswille vorliegt, ist aus objektivierter Sicht zu bestimmen (also nicht aus der subjektiven Sicht der Parteien); Anhaltspunkte sind Sprache, Form und Umstände.

Die Frage der Rechtsverbindlichkeit wurde u. a. in Bezug auf die **Charta von Paris für ein neues Europa** aufgeworfen, in der die KSZE-Staaten den 2+4-Vertrag zur deutschen Einheit „mit Genugtuung zur Kenntnis" nahmen – und damit möglicherweise noch bestehende **Reparationsansprüche Griechenlands** gegen Deutschland zum Erlöschen brachten.[2] Ebenfalls diskutiert wurde im Zuge der **Annexion der Krim** 2014 die Frage der Bindungskraft des **Budapester Memorandums** vom 5.12.1994, in dem die USA, Großbritannien und Russland der Ukraine im Gegenzug zu deren Verzicht auf ehemalige sowjetische Atomwaffen die Unabhängigkeit in den bestehenden Grenzen garantierten.[3]

Qatar/Bahrain I (IGH 1994)[4] In einem territorialen Rechtsstreit zwischen den Emiraten Qatar und Bahrain hatte Qatar den IGH angerufen. Grundlage für die Anrufung des Gerichtshofs war eine von den Außenministern beider Staaten und dem als Vermittler agierenden saudi-arabischen Außenminister unterzeichnete Gesprächsnotiz. Qatar sah hierin einen Vertrag darüber, den Rechtsstreit dem IGH zu unterbreiten, Bahrain bestritt die Rechtsverbindlichkeit einer Notiz, die bloß protokollierenden Charakter besitze.

Der IGH schloss v. a. aus Inhalt und Systematik auf den Vertragscharakter des Dokuments:

„Thus the 1990 Minutes include a reaffirmation of obligations previously entered into; they entrust King Fahd with the task of attempting to find a solution to the dispute during a period of six months; and, lastly, they address the circumstances under which the Court could be seised after May 1991. Accordingly, and contrary to the contentions of Bahrain, the Minutes are not a simple record of a meeting […]; they do not merely give an account of discussions and summarize points of agreement and disagreement. They enumerate the commitments to which the Parties have consented. They thus create rights and obligations in international law for the Parties. They constitute an international agreement."

2. Arten völkerrechtlicher Verträge

194 Unterscheiden kann man nach dem Kreis der beteiligten Völkerrechtssubjekte **bilaterale** (zweiseitige) und **multilaterale** (mehrseitige) Verträge. Bisweilen werden als multilaterale Verträge (dem Wortsinn getreu) nur „vielseitige" bezeichnet, während mehrseitige Verträge mit einer überschaubaren Zahl von Parteien als **plurilateral** bezeichnet werden.

195 Vor allem in der älteren Völkerrechtsliteratur findet sich eine Unterscheidung nach dem gegenständlichen Charakter zwischen **normbildenden Verträgen (traités-lois, law-making treaties)** und **Austauschverträgen (traités-contrats, contractual trea-**

2 Vgl. BT-Drs. 18/451 v. 6.2.2014. Dazu *E. Lenski/R. Czarnecki*, Fallrepetitorium Völkerrecht, 2. Aufl. 2007, Fall 2; *J. Finke*, Griechisches Ablenkungsmanöver oder deutsche Ignoranz? – Die unendliche Geschichte griechischer Reparationsforderungen, www.juwiss.de (19.2.2015).

3 Für Rechtsverbindlichkeit *T. Grant*, The Budapest Memorandum of 5 December 1994: Political Engagement or Legal Obligation?, PolYIL 34 (2014), 89.

4 IGH, Urteil v. 1.7.1994, Case Concerning Maritime Delimitation and Territorial Questions between Qatar and Bahrain (Jurisdiction and Admissibility), ICJ Rep. 1994, 112, § 25. *O. Dörr*, Kompendium völkerrechtlicher Rechtsprechung, 2. Aufl. 2014, Nr. 30a.

ties).[5] Diese Unterscheidung wird heute vielfach als nicht mehr zeitgemäß abgelehnt.[6] Der Kritik ist zuzugeben, dass Mischformen existieren, also Verträge, die sowohl reziproke Verpflichtungen als auch objektiv normsetzende Bestimmungen enthalten (z. B. Menschenrechtsklauseln in Entwicklungshilfeabkommen). Auch ist keine der beiden Kategorien weniger rechtsverbindlich als die andere. Die Unterscheidung kann aber im Rahmen von Konstitutionalisierungsprozessen im modernen Völkerrecht aufgegriffen werden (Rn. 29–34): Während Austauschverträge privatrechtsähnliche Verpflichtungen auf Basis der Gegenseitigkeit regeln, sind normbildende Verträge (wie z. B. Menschenrechtsabkommen) auf die Errichtung einer objektiven Ordnung *(ordre public international)* gerichtet und stehen für das „Öffentlich-Rechtliche" des Völkerrechts. So gedeutet, hilft die Unterscheidung zu verstehen, warum z. B. Gewohnheitsrecht nach Ansicht des IGH nur aus vertraglichen Bestimmungen mit normbildendem Charakter entstehen kann (Rn. 260) (und nicht aus auf Reziprozität beruhenden Austauschpflichten) oder warum Vorbehalte zu Menschenrechtsabkommen nach Sinn und Zweck solcher Verträge problematisch sind (Rn. 223). Die Differenzierung sollte aber nach dem Charakter der jeweiligen Bestimmung, nicht pauschal nach dem generellen Charakter des Vertrages erfolgen.[7]

3. Rechtsquellen des Völkervertragsrechts

Wie völkerrechtliche Verträge geschlossen, ausgelegt, geändert, suspendiert und be- **196**
endet werden können, hat sich über lange Zeit gewohnheitsrechtlich herausgebildet und entwickelt. Eine Kodifikation dieser Regeln – sowie einige Neuerungen, die nicht Bestandteil des Gewohnheitsrechts waren – findet sich seit 1969 in der **Wiener Vertragsrechts-Konvention** (**WVK**; Wiener Übereinkommen über das Recht der Verträge, in Kraft seit 1980), die auf Arbeiten der ILC beruht.[8] Diese Regeln sind für die Vertragsparteien nunmehr kraft Vertrages gültig. Die WVK hat heute 116 Vertragsstaaten (Stand: Juni 2019), darunter Deutschland, Österreich und die Schweiz. Angesichts dieser Akzeptanz und der generellen Orientierung an ihren Regeln im völkerrechtlichen Verkehr dürften diejenigen ihrer Bestimmungen, die nicht zuvor bereits Gewohnheitsrecht waren, inzwischen mehrheitlich zu Gewohnheitsrecht erstarkt sein.

5 *H. Triepel*, Völkerrecht und Landesrecht, 1899, 56 („Vereinbarung" versus „Vertrag"); *C. de Visscher*, Coutume et traité en droit international public, RGDIP 59 (1955), 353 (360); *G. Fitzmaurice*, Second Report on the Law of Treaties, UN Doc. A/CN.4/107, YBILC 1957, Vol. II, 31; *R. Jennings*, Treaties as Legislation, FS W. Friedmann, 1979, 159. Aus neuerer Zeit *M. Shaw*, International Law, 8. Aufl. 2017, 69 ff; *K. Doehring*, Völkerrecht, 2. Aufl. 2004, Rn. 329; *J. Crawford*, Brownlie's Principles of Public International Law, 8. Aufl. 2012, 30 ff. Siehe auch *C. Brölmann*, Law-making Treaties: Form and Function in International Law, NorJIL 74 (2005), 383; *J. Crawford*, Multilateral rights and obligations in international law, RdC 319 (2006), 325.

6 So z. B. von *A. Verdross/B. Simma*, Universelles Völkerrecht, 3. Aufl. 1984, § 537. Distanziert *M. Herdegen*, Völkerrecht, 17. Aufl. 2018, § 15 Rn. 7. Differenzierend *G. Dahm/J. Delbrück/R. Wolfrum*, Völkerrecht I/3, 2002, 520 ff.

7 Vgl. das Beispiel bei *J. Crawford*, Brownlie's Principles of Public International Law, 8. Aufl. 2012, 31: Auch bilaterale Auslieferungsverträge können Bestimmungen mit normbildendem Charakter enthalten, z. B. die Pflicht, entweder auszuliefern oder selbst die Strafverfogung zu übernehmen *(aut dedere aut iudicare)*.

8 UNTS 155, 331; BGBl. 1985 II, 927. Dazu im Überblick *A. Aust*, Vienna Convention on the Law of Treaties (1969), MPEPIL (6/2006). Zu offenen Fragen *E. Cannizzaro* (Hg.), The Law of Treaties Beyond the Vienna Convention, 2011.

197 Wie bei allen anderen Verträgen auch ist der Anwendungsbereich der WVK **in dreifacher Hinsicht begrenzt**:

- **sachlich (ratione materiae):** Die WVK behandelt nur schriftliche völkerrechtliche Verträge zwischen Staaten, vgl. Art. 2 Abs. 1 lit. a und Art. 3 WVK. Nicht erfasst sind mündliche Verträge, privat-, staats- oder verwaltungsrechtliche Verträge oder Verträge mit oder zwischen Internationalen Organisationen. Zu den letzteren existiert das an den Regeln der WVK orientierte Wiener Übereinkommen über das Recht der Verträge zwischen Staaten und Internationalen Organisationen oder zwischen Internationalen Organisationen von 1986 (WVKIO), das noch nicht in Kraft getreten ist.
- **persönlich (ratione personae):** Die WVK ist selbst ein Vertrag und bindet daher nur die Vertragsparteien. Die meisten Regeln des Übereinkommens stellen jedoch, wie ausgeführt, zugleich Gewohnheitsrecht dar und binden auch Nichtparteien.
- **zeitlich (ratione temporis):** Die WVK gilt nur für Verträge, die nach ihrem Inkrafttreten geschlossen wurde (ausdrücklich in Art. 4 geregelt). Hierin zeigt sich der Grundsatz des sog. **intertemporalen Rechts**, wonach rechtlich relevante Handlungen in der Regel am Maßstab des Rechts zu messen sind, das zum Zeitpunkt der Vornahme dieser Handlungen gegolten hat.[9] Auch für das Völkerrecht gilt also, dass es regelmäßig keine Rückwirkung hat (vgl. Art. 28 WVK). Da die wichtigsten Regeln der WVK schon vor 1969 als Gewohnheitsrecht anerkannt waren, können auch ältere Verträge nach diesen Regeln behandelt werden. Im Einzelnen kann eine Diskussion darüber nötig werden, ob die konkrete anzuwendende Regel hierunter fällt.

198 Die Regelungsgegenstände der WVK erinnern an das BGB. Während innerstaatlich die Regeln über Grundsätze, Verfahren und Grenzen des Vertragsschlusses in Form eines Gesetzes festgelegt sind, greift das Völkerrecht hierfür auf genossenschaftliche Handlungsformen (Gewohnheitsrecht oder Vertrag) zurück. Dass die WVK ein „Vertrag über Verträge“ ist, führt zu Selbstbezüglichkeiten: So bestimmt Art. 28 WVK, dass Verträge, die unter der WVK geschlossen werden, keine Rückwirkung haben; Art. 4 WVK regelt ebenfalls den Grundsatz der Nichtrückwirkung – allerdings für die WVK selbst.

199 **Fall: Gentlemen's Agreement?** Nach einem Gipfeltreffen der Staats- und Regierungschefs der Nachbarländer Askanien und Bethanien wird eine von beiden Seiten autorisierte „Gemeinsame Schlusserklärung“ veröffentlicht, wonach beide Staaten den Abbau von Grenzkontrollen befürworten. Dadurch sollen bilateral Völkerverständigung und Handel gefördert werde. Einige Zeit später entsteht zwischen beiden Regierungen Streit darüber, ob mit der Erklärung rechtsverbindliche Verpflichtungen übernommen wurden: Askanien hält die Erklärung für verbindlich, Bethanien nicht. Wie ist die Rechtslage? Kommt es darauf an, ob beide Staaten Vertragsparteien der WVK sind?

9 Überblick bei *M. Kotzur*, Intertemporal Law, MPEPIL (4/2008). Vertiefend *W.-D. Krause-Ablaß*, Intertemporales Völkerrecht, 1970; *G. E. do Nascimento e Silva*, Le Facteur Temps et les Traités, RdC 154 (1977), 215; *T. O. Elias*, The Doctrine of Intertemporal Law, AJKIL 74 (1980), 285; *R. Higgins*, Some Observations on the Inter-Temporal Rule in International Law, FS K. Skubiszewski, 1996, 173; *U. Linderfalk*, The Application of International Legal Norms Over Time, NILR 58 (2011), 147.

Lösungsskizze: 1. Völkerrechtliche Verträge müssen nicht als solche bezeichnet werden, so dass grundsätzlich denkbar ist, dass es sich bei der „Gemeinsamen Erklärung" um einen Vertrag handelt. Die Erklärung bringt eine Vereinbarung zwischen den beiden Staaten (vertreten durch ihre Staats- und Regierungschefs) zum Ausdruck, die sich auch auf einen völkerrechtlichen Gegenstand (Abbau der Grenzkontrollen bezieht). Allerdings ist das Vorliegen eines Rechtsbindungswillens zweifelhaft. Dieser fehlt nicht bereits, weil Bethanien bestreitet, gebunden zu sein – es kommt auf eine objektivierte Betrachtung an. Allerdings deuten die wenig konkrete Formulierung, der Abbau von Grenzkontrollen werde „befürwortet" und der Hinweis auf so allgemeine Ziele wie Völkerverständigung und Handel auf eine bloße politische Absichtserklärung hin, durch die sich die Parteien nicht binden wollten.

2. Ob die beiden Staaten Vertragsparteien der WVK sind, ist irrelevant, weil die Definition des völkerrechtlichen Vertrags aus Art. 2 Abs. 1 lit. a WVK inhaltsgleich mit dem hier zu Grunde gelegten gewohnheitsrechtlichen Begriff des völkerrechtlichen Vertrages ist.

II. Abschluss und Wirkung völkerrechtlicher Verträge

1. Verfahren beim Abschluss völkerrechtlicher Verträge

Völkerrechtliche Verträge von untergeordneter Bedeutung können im sog. **einphasigen Verfahren** abgeschlossen werden, bei dem der Vertrag mit Unterschrift bzw. mit Austausch der Vertragsurkunden verbindlich ist (Art. 12 f WVK). Bedeutsamere Verträge werden dagegen im **mehrphasigen (zusammengesetzten) Verfahren** geschlossen (Einzelheiten in Art. 7-16 WVK). In das völkerrechtliche Verfahren eingeschoben findet sich hier regelmäßig ein innerstaatliches Zustimmungsverfahren. Die WVK sieht eine Reihe von Varianten des mehrphasigen Modells vor; im Folgenden soll nur der gebräuchlichste Fall vorgestellt werden (Bindung durch Ratifikation): **200**

Auf die diplomatischen Vorverhandlungen **(Sondierungen)** folgt die Prüfung der **Vollmachten** (Art. 7 Abs. 1 WVK, nachträgliche Ermächtigung ist möglich: Art. 8 WVK). Kraft Amtes werden von Völkerrechts wegen (die verfassungsrechtliche Kompetenzverteilung spielt insoweit also keine Rolle) Staatsoberhäupter, Regierungschefs und Außenminister als bevollmächtigte Vertreter ihres Staates angesehen (Art. 7 Abs. 2 lit. a WVK); dasselbe gilt für Diplomaten oder Sondergesandte im Rahmen ihrer generellen Beglaubigung (Art. 7 Abs. 2 lit. b und c WVK). Nach Abschluss der **Verhandlungen** wird der Vertrag von den Unterhändlern **paraphiert**, d. h. mit einem Namenskürzel versehen. Damit wird der authentische Text als Verhandlungsergebnis festgelegt (Art. 10 WVK). Anschließend erfolgt die **Unterzeichnung** durch die hierzu nach Verfassungsrecht befugten Stellen, häufig in einer feierlichen Zeremonie. **201**

In vielen Staaten dürfen wichtige völkerrechtliche Verträge nicht von der Regierung allein abgeschlossen werden. Verfassungsrechtlich (nicht völkerrechtlich!) ist hier ein **innerstaatliches Zustimmungsverfahren** notwendig, das in das zusammengesetzte Verfahren auf völkerrechtlicher Ebene eingeschoben wird. In parlamentarischen Demokratien geht es jetzt meist darum, die Zustimmung des Parlaments zu dem unterzeichneten Vertrag einzuholen. In Deutschland bedürfen gemäß Art. 59 Abs. 2 GG „Verträge, welche die politischen Beziehungen des Bundes regeln oder sich auf Ge- **202** genstände der Bundesgesetzgebung beziehen, [...] der Zustimmung oder der Mitwirkung der jeweils für die Bundesgesetzgebung zuständigen Körperschaften in der Form eines Bundesgesetzes."[10] Umgangssprachlich ist hier oft die Rede davon, der Bundestag „ratifiziere" den Vertrag. Juristisch betrachtet, ist dieser Ausdruck unzutreffend: Verfassungsrechtlich handelt es sich um die Zustimmung zu einem Vertrag in Form eines Bundesgesetzes („Zustimmungsgesetz").

203 Die **Ratifikation** ist völkerrechtlich die nach außen gerichtete verbindliche Erklärung eines Staates, durch den Vertrag völkerrechtlich gebunden zu sein. Diese Erklärung erfolgt erst nach Abschluss des verfassungsrechtlich vorgeschriebenen Zustimmungsverfahrens und schließt das Vertragsschlussverfahren auf völkerrechtlicher Ebene ab. In Deutschland ist hierfür gemäß Art. 59 Abs. 1 GG der Bundespräsident zuständig. Die Ratifikation geschieht bei bilateralen Verträgen regelmäßig durch Austausch der Ratifikationsurkunden, bei multilateralen Abkommen werden die Urkunden bei einem Verwahrer (Depositar) hinterlegt (vgl. Art. 14, 16 WVK). Bei multilateralen Verträgen besteht regelmäßig auch die Möglichkeit, durch späteren **Beitritt** Vertragspartei zu werden (z. B. Art. 4 UNCh, Art. 83 WVK). Dies geschieht in der Regel durch Hinterlegung der Beitrittsurkunde.

Übersicht: Vertragsschluss – mehrphasiges Verfahren

diplomatische Vorverhandlungen (Sondierungen)

↓

Vollmachtsprüfung

↓

Verhandlungen

↓

Paraphierung

↓

Unterzeichnung

↓

innerstaatliches Zustimmungsverfahren

(verfassungsrechtlich, nicht völkerrechtlich vorgesehen)

↓

Ratifikation/Beitritt

204 Viele Verträge werden zusätzlich beim UN-Generalsekretär registriert und vom Sekretariat veröffentlicht.[11] Auf Geltung und Inkrafttreten des Vertrages hat dies keinen

10 Vertiefend zum Verhältnis von Völkerrecht und Verfassungsrecht § 7.
11 Siehe http://treaties.un.org/.

Einfluss; die Registrierung ist aber Voraussetzung dafür, dass sich die Vertragsstaaten vor Organen der Vereinten Nationen auf den betreffenden Vertrag berufen können (Art. 102 UNCh).

2. Wirksamwerden von Verträgen

Regelmäßig treten mit der Ratifikation für den betreffenden Staat die vollen Vertragsbindungen ein, es sei denn, die Parteien haben einen **Stichtag** für das Inkrafttreten vereinbart (Details in Art. 24 WVK). Bei multilateralen Verträgen ist es üblich, das Inkrafttreten an eine im Vertrag bestimmte **Mindestzahl an Ratifikationen bzw. Beitritten** zu koppeln (vgl. z. B. Art. 84 Abs. 1 WVK: „Dieses Übereinkommen tritt am dreißigsten Tag nach Hinterlegung der fünfunddreißigsten Ratifikations- oder Beitrittsurkunde in Kraft"). Erst mit dem Inkrafttreten sind diejenigen Staaten, die den Vertrag bereits ratifiziert haben, dann vollumfänglich gebunden. Staaten, die einen solchen Vertrag nach dessen Inkrafttreten ratifizieren, sind hingegen schon mit der Ratifikation voll gebunden (vgl. als Beispiel Art. 84 Abs. 2 WVK). 205

Bis zum Inkrafttreten eines multilateralen Vertrages kann einige Zeit vergehen (bei der WVK selbst waren es über zehn Jahre, beim SRÜ knapp zwölf Jahre). Sollen bestimmte Rechtswirkungen schon vor dem Inkrafttreten eines Vertrages eintreten, können die Parteien die **vorläufige Anwendung** des Vertrages oder einzelner Vertragsbestimmungen vereinbaren (Art. 25 WVK).[12] 206

So bestimmt z. B. Art. 45 Abs. 1 des Energiecharta-Vertrages: „Jeder Unterzeichner ist damit einverstanden, diesen Vertrag bis zum Inkrafttreten für den Unterzeichner nach Artikel 44 in dem Maße vorläufig anzuwenden, in dem die vorläufige Anwendung nicht mit seiner Verfassung und seinen Gesetzen und sonstigen Rechtsvorschriften unvereinbar ist."

Auch die Unterzeichnung erzeugt bereits eine gewisse Vorwirkung des Vertrages. Von der Unterzeichnung an hat ein Staat alle Handlungen zu unterlassen, die den Vertragszweck vereiteln können (sog. **Frustrationsverbot**: Art. 18 lit. a WVK). Der Unterzeichnerstaat hat Maßnahmen zu unterlassen, die gegen den Vertragszweck verstoßen; er hat aber nicht die Pflicht, in Erwartung der Vertragsbindung konkrete positive Umsetzungsmaßnahmen zu ergreifen. Um sich von dieser Bindung zu befreien, muss der Staat seine Absicht klar zu erkennen geben, nicht mehr Vertragspartei werden zu wollen, d. h. er muss die Unterschrift zurückziehen. 207

Um von den Vorwirkungen des Abkommens befreit zu werden, hat US-Präsident *Bush* am 6. Mai 2002 die Unterschrift seines Amtsvorgängers *Clinton* unter das von den USA noch nicht ratifizierte Statut des IStGH zurückgezogen. Dies sollte den Weg für den *American Service-Members' Protection Act* (ASPA) freimachen, der Kooperationen mit dem IStGH und seinen Mitgliedstaaten weitgehend untersagt. Dazu auch Rn. 444.

Das Frustrationsverbot gilt auch für die Phase zwischen Ratifikation und Inkrafttreten des Vertrages, „unter der Voraussetzung, dass sich das Inkrafttreten nicht ungebührlich verzögert" (Art. 18 lit. b WVK).

12 *A. Quast Mertsch*, Provisionally Applied Treaties, 2012; *B. Kempen/B. Schiffbauer*, Die vorläufige Anwendung völkerrechtlicher Verträge im internationalen Mehrebenensystem, ZaöRV 77 (2017), 95.

Übersicht: Stufen der Bindung

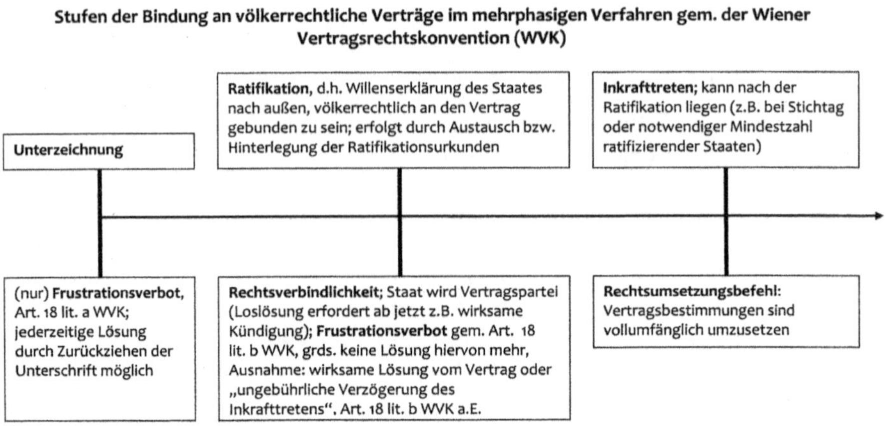

Graphik: Simon Neumann

3. Wirkung völkerrechtlicher Verträge

208 Mit Inkrafttreten eines Abkommens für einen Vertragsstaat trifft diesen die Pflicht, sich an den Vertrag zu halten. Im Grundsatz **pacta sunt servanda** („Verträge sind einzuhalten", Art. 26 WVK) hat *Hans Kelsen* eine Grundnorm des Völkerrechts überhaupt erblickt (Rn. 8).[13] Eine Vertragsverletzung ist ein völkerrechtliches Delikt, für das der Staat nach den Grundsätzen der Staatenverantwortlichkeit Wiedergutmachung schuldet. Seine Rückkehr zur Vertragstreue dürfen die betroffenen Staaten erforderlichenfalls durch Gegenmaßnahmen erzwingen (Rn. 421). Bei schwerwiegender Vertragsverletzung steht ihnen außerdem ein Recht zur Kündigung des Vertrages zu (Art. 60 WVK, Rn. 245).

209 Einen Verstoß gegen seine Vertragspflichten kann ein Staat nicht mit abweichenden Verpflichtungen durch sein innerstaatliches Recht rechtfertigen, Art. 27 WVK. Eine Ausnahme regelt Art. 46 WVK: Danach kann ein Staat einen Vertrag anfechten, wenn dieser von einer Person abgeschlossen wurde, die nach seinem innerstaatlichen Recht auch für andere Staaten erkennbar offenkundig unzuständig war (Rn. 239).

210 **Fall: Unbefugt** Die Außenminister von Albinien und Brunarien vereinbaren eine Kooperation in der Diplomatenausbildung. Der Vertrag soll im beiderseitigen Einvernehmen mit Unterschrift wirksam werden. Der Premierminister von Brunarien sieht seinen Staat durch diese Vereinbarung nicht verpflichtet. Zum einen sei der Außenminister von Verfassung wegen nicht befugt, solche Verträge zu schließen; zum anderen verbiete die brunarische Verfassung eine solche Kooperation auch der Sache nach. Wie ist die Rechtslage nach der WVK?

13 Zu diesem Grundsatz m. w. N. *A. Aust*, Pacta Sunt Servanda, MPEPIL (2/2007).

Lösungsskizze: Sollte der Vertrag wirksam geschlossen worden sein, wäre das Argument, die Kooperation verstoße der Sache nach gegen die brunarische Verfassung, völkerrechtlich wegen Art. 27 WVK irrelevant. Möglicherweise ist der Vertrag aber gar nicht wirksam geschlossen, weil der Außenminister unzuständig war. Nach Art. 46 Abs. 2 WVK kommt es darauf an, ob der brunarische Außenminister aus einer objektivierten Perspektive nach Treu und Glauben für jeden Staat erkennbar unzuständig war: Außenminister gehören zu dem Kreis von Staatsorganen, die ohne besondere Ermächtigung als vertretungsbefugt angesehen werden (Art. 7 Abs. 2 lit. a WVK). Von der allgemeinen Vertretungsbefugnis darf zwar nicht gleich auf ein Recht geschlossen werden, den Staat auch eigenmächtig völkerrechtlich zu binden; gleichwohl macht die Regelung deutlich, dass der Außenminister eine herausgehobene Stellung besitzt. Im vorliegenden Fall geht es zudem um einen Vertragsgegenstand aus seinem eigenen Ressort (Diplomatenausbildung). Dass Abkommen bereits mit Unterschrift wirksam werden können, sieht Art. 12 WVK ausdrücklich vor. Üblicherweise werden auf diesem Wege eher Abkommen mit administrativer Bedeutung geschlossen. Ob eine Kooperation bei der Diplomatenausbildung eher administrativen oder politischen Charakter besitzt, mag unterschiedlich beurteilt werden; keineswegs jedoch ist die Unzuständigkeit des Außenministers offensichtlich. Der Vertrag ist somit wirksam geschlossen und für beide Staaten verbindlich.

Die Rechtsbindungen treten für den Vertragsstaat regelmäßig für sein gesamtes Hoheitsgebiet ein (Art. 28 WVK). Nach dem sog. Grundsatz der beweglichen Vertragsgrenzen gilt dies auch bei einer späteren Vergrößerung des Staatsgebietes. Abweichende Regelungen bleiben aber möglich (vgl. z. B. Art. 56 EMRK). **211**

Verdeutlichen lässt sich dieser Grundsatz an der deutschen Wiedervereinigung 1990: Durch den Beitritt der DDR zur Bundesrepublik Deutschland wurde der räumliche Geltungsbereich von Verträgen, deren Partei die Bundesrepublik war, grundsätzlich auch auf das Territorium der früheren DDR erweitert. Für die Verträge der DDR hingegen stellten sich Fragen hinsichtlich der Staatennachfolge (Rn. 108–112). Ein anderes Beispiel ist die Mitgliedschaft Grönlands in der EWG: Als Teil Dänemarks war Grönland 1973 automatisch Mitglied geworden; der Austritt erfolgte 1985 auf der Grundlage eines 1982 abgehaltenen Referendums.

Aus der **konsensualen Grundlage** folgt zwingend, dass völkerrechtliche Verträge unbeteiligte („dritte") Staaten ohne deren Einwilligung weder verpflichten noch berechtigen können (*pacta tertiis nec nocent nec prosunt*, sog. **Pacta-tertiis-Regel**, Art. 34 WVK).[14] Hierin spiegelt sich die Vertragsschlussfreiheit als Ausdruck der staatlichen Souveränität. Allerdings können multilaterale völkerrechtliche Verträge über den Kreis der Vertragsparteien hinaus Standards vorgeben, die als Gewohnheitsrecht auch für Nichtvertragsparteien verbindlich werden können (Rn. 260). Nicht ausgeschlossen ist außerdem, dass Verträge für dritte Staaten faktische Wirkungen besitzen: Ein Handelsabkommen zwischen Staat A und Staat B verbessert den Zugang für Unternehmen aus A zum Binnenmarkt von B auch im Vergleich zu Unternehmen aus Staat C, mit dem kein solches Abkommen existiert. C ist hier aber nur faktisch betroffen und wird nicht rechtlich verpflichtet. **212**

14 Näher *A. Witte*, Der pacta-tertiis-Grundsatz im Völkerrecht: Scheinbare und tatsächliche Ausnahmen, 2019.

213 Von der Pacta-tertiis-Regel scheinen sog. **Ordnungsverträge** abzuweichen.[15] Diese schaffen Rechtstatsachen, die auch für außenstehende Staaten beachtlich sind. Zu ihnen zählen Verfügungs- und Statusverträge. Beispiel für einen **Verfügungsvertrag** ist z. B. die vertragliche Zession (= Abtretung) eines Territoriums; der Übergang der Gebietshoheit vom Zedenten auf den Zessionar ist von allen anderen Staaten zu beachten. Hier werden dem „Dritten" indes keine neuen Pflichten auferlegt; seine weiterbestehende allgemeine Pflicht, die Gebietshoheit fremder Staaten zu achten, erhält in Bezug auf das fragliche Territorium nur einen anderen Adressaten. Ebenso wenig bricht z. B. die vertragliche Internationalisierung eines Kanals (als Beispiel eines **Statusvertrags**) mit der Pacta-tertiis-Regel. Die Öffnung des Kanals für die Passage auch durch Schiffe unter der Flagge unbeteiligter Staaten ist lediglich eine Offerte, die explizit oder implizit (durch Nutzung) angenommen werden kann. Problematischer sind Statusverträge, die unbeteiligte Staaten von einem „internationalisierten" Gebiet ausschließen, wie z. B. der Antarktis-Vertrag (Rn. 854–856). Hier dürfte die Erstreckung des Okkupationsverbotes auch auf Nichtvertragsparteien weniger an der Natur des Vertrages liegen als an der mittlerweile gewohnheitsrechtlichen Geltung seiner normbildenden Gehalte. Wenn teilweise auch Gründungsabkommen Internationaler Organisationen als **institutionellen Verträgen** „objektiver" Charakter zugesprochen wird,[16] so trifft dies nur zu, sofern man – wie hier – von einer objektiven Völkerrechtspersönlichkeit Internationaler Organisationen ausgeht; nach wohl noch h. M. freilich bedürfen außer der UNO Internationale Organisationen der Anerkennung, um im Verhältnis zum anerkennenden Staat als Völkerrechtssubjekt gelten zu können (Rn. 118).

Problem: USA und IStGH Der IStGH kann nach seinem Statut völkerrechtliche Verbrechen u. a. dann ahnden, wenn der Tatortstaat Vertragspartei des Statuts ist oder dem Verfahren *ad hoc* zugestimmt hat (Art. 12 Abs. 2 und 3). Nach Auffassung der USA soll dies gegen den Pacta-tertiis-Grundsatz verstoßen, da US-Staatsbürger sich gegebenenfalls vor dem IStGH verantworten müssten, ohne dass die USA Partei des Statuts sind. Die Gegenauffassung sieht hierin nur eine faktische Auswirkung und verweist auf das im internationalen Strafrecht anerkannte Tatortprinzip. Außerdem gestatte Art. 17 IStGH-Statut jedem zur Strafverfolgung berechtigten Staat, durch Eröffnung eines eigenen Verfahrens die Jurisdiktion des IStGH auszuschließen (Rn. 1364–1365).[17] Die USA haben aus Sorge vor einem Fall der *third party jurisdiction* eine Reihe bilateraler Abkommen geschlossen, in denen sich die Vertragspartner verpflichten, US-Soldaten nicht an den IStGH zu überstellen.

15 Dazu u. a. *E. Klein*, Statusverträge im Völkerrecht, 1980; *B. Simma*, The Antarctic Treaty as a Treaty Providing for an "Objective Regime", CornILJ 19 (1986), 189; *C. Tomuschat/H. Neuhold/J. Kropholler*, Völkerrechtlicher Vertrag und Drittstaaten, BDGVR 28 (1988), 9; *S. Subedi*, The Doctrine of Objective Regimes in International Law and the Competence of the United Nations to Impose Territorial or Peace Settlements on States GYIL 37 (1994), 162; *C. Fernández de Casadevante Romani*, Objective Regime, MPEPIL (4/2010).

16 So etwa *S. Hobe*, Völkerrecht, 10. Aufl. 2014, 185.

17 Näher *A. v. Arnauld*, Klausurenkurs im Völkerrecht, 3. Aufl. 2018, Fall 16.

III. Vorbehalte zu multilateralen Verträgen

1. Grundsätzliches

Mittels eines **Vorbehalts** kann eine Vertragspartei die Geltung einzelner Vertragsbestimmungen für sich ausschließen (Art. 2 Abs. 1 lit. d WVK). Schwierig kann die Abgrenzung von bloßen **Interpretationserklärungen** sein.[18] Oftmals werden Vorbehalte fälschlich als Erklärungen zu Auslegungsfragen ausgegeben, weil jene im Unterschied zu Vorbehalten ohne Weiteres möglich sind. Hier ist zu ermitteln, ob durch den erklärenden Staat die Grenzen der zulässigen Interpretation überschritten werden. Schließt der Staat gerade etwas aus, was die Norm regeln soll, handelt es sich um einen Vorbehalt, schließt er etwas aus, was die Norm lediglich regeln könnte, liegt eine Interpretationserklärung vor. Eine Interpretationserklärung ist dann wirkungsvoll, wenn die Parteien selbst über die Auslegung des Vertrages entscheiden. Haben sie diese Befugnis einem Vertragsorgan übertragen, wird eine Interpretationserklärung zwar der Auslegung zugrunde zu legen sein; eine Bindung des Vertragsorgans ist aber regelmäßig nicht zu vermuten. 214

Ein Vorbehalt muss bereits bei Unterzeichnung, Ratifikation, Beitritt usw. erklärt werden (Art. 2 Abs. 1 lit. d WVK). Eine nachträgliche Einschränkung der Vertragsbindung kommt nicht in Betracht – sie verstieße gegen den Grundsatz *pacta sunt servanda*. Ein Staat kann jedoch einen Vertrag kündigen und anschließend unter Vorbehalt erneut beitreten.[19] 215

So wurde am 26. Mai 1998 das Fakultativprotokoll zum IPBPR durch Trinidad und Tobago gekündigt, um am selben Tag unter Vorbehalt wieder beizutreten. Der UN-Menschenrechtsausschuss rügte dieses Verfahren nicht als solches. Wohl aber sah die Ausschussmehrheit in dem Vorbehalt, der die Individualbeschwerde zum Menschenrechtsausschuss für zum Tode verurteilte Strafgefangene ausschließen sollte, aus inhaltlichen Gründen einen unzulässigen Vorbehalt.[20] Am 1. Juli 2011 hat Bolivien das UN-Antidrogenübereinkommen gekündigt, ist ihm aber schon 2012 unter Vorbehalt erneut beigetreten, um das traditionelle Kauen von Koka-Blättern zu schützen.

Vorbehalte erfüllen den Zweck, **multilateralen Vertragswerken** einen möglichst großen Beteiligtenkreis zu erschließen. Ein Staat, der mit Zielen und Inhalten eines Abkommens zum größten Teil übereinstimmt und nur einzelne Bestimmungen nicht mittragen will, kann so als Vertragspartei gewonnen werden. Das Ziel einer möglichst großen Beteiligung wird aber um den Preis einer inhaltlichen „Durchlöcherung" der Vertragsbindung erkauft (**Verträge „à la carte"**). Bei **bilateralen Verträgen** gibt es keine Vorbehalte: Soweit einer der Partner „Vorbehalte" äußert, fehlt es überhaupt am notwendigen Konsens. Die Annahme eines Vertragsangebots unter Abweichungen stellt ein neues Angebot dar. 216

---

18 Zu diesen näher *I. Cameron*, Treaties, Declarations of Interpretation, MPEPIL (3/2007).

19 *B. Arp*, Denunciation Followed by Re-Accession with Reservation to a Treaty, NILR 61 (2014), 141.

20 UN-Menschenrechtsausschuss, Beschluss v. 31.12.1999, Communication No 845/1999 (Kennedy v. Trinidad and Tobago), CCPR/C/67/D/845/1999, EuGRZ 2000, 615, Minderheitsvotum: EuGRZ 2001, 617.

2. Erklärung und Annahme

217 Verfahren und Rechtswirkungen von Vorbehalten sind in den **Art. 19 ff WVK** geregelt; diese Regeln sind unvollständig und führen z. T. zu unbefriedigenden Ergebnissen. Die ILC hat daher 2011 einen Praxisleitfaden vorgelegt, in dem sie versucht, die Art. 19 ff WVK zu konkretisieren und zu vervollständigen.[21]

218 Vor Abschluss der WVK standen sich drei Grundpositionen gegenüber: Nach der v. a. im Westen vertretenen **absoluten Theorie** war für die Wirksamkeit eines Vorbehalts die Annahme durch sämtliche Vertragsparteien notwendig. Widersprach nur eine Vertragspartei dem Vorbehalt, wurde der den Vorbehalt erklärende Staat nicht Partei des Vertrages. Dieses strikte Konsensprinzip dient größtmöglicher Vertragsintegrität und -parität, setzt aber eine Übereinstimmung der Interessen und Rechtskulturen der beteiligten Staaten voraus. Demgegenüber ging die v. a. in Lateinamerika verbreitete **relative Theorie** davon aus, dass der Vertrag nur zwischen dem erklärenden und dem widersprechenden Staat nicht in Kraft trete, im Verhältnis zu den Staaten, die keinen Widerspruch einlegten, der den Vorbehalt einlegende Staat aber Vertragspartei werde. Die überwiegend von sozialistischen Staaten vertretene **erweiterte relative Theorie** ging noch einen Schritt weiter, indem sie lediglich diejenigen Bestimmungen, auf die sich der Widerspruch bezog, von der Geltung zwischen den Parteien ausnehmen wollte.

219 Die WVK folgt einem **modifizierten Konsensprinzip**: Vorbehalte bedürfen der Annahme durch die anderen Parteien (Art. 20 f WVK), die Ablehnung durch einzelne andere Vertragsstaaten beeinträchtigt aber nicht die Vertragsmitgliedschaft des Staates, der den Vorbehalt erklärt, insgesamt. Das zweite Prinzip, dem die Regelung in der WVK folgt, ist der Grundsatz der **Reziprozität**: Im bilateralen Verhältnis sollen die wechselseitigen Rechte und Pflichten sich decken. Im Einzelnen gilt:

- bei Annahme des Vorbehalts durch eine andere Vertragspartei: Im Verhältnis zu dieser Partei gilt die Vertragsbindung beiderseitig nur in dem durch den Vorbehalt eingeschränkten Umfang, d. h. der Vorbehalt kommt auch der anderen Seite zugute, Art. 21 Abs. 1 WVK. Dies gilt nicht für die Rechtsbeziehungen zwischen dem annehmenden Staat und anderen Staaten, Art. 21 Abs. 2 WVK.
- bei Ablehnung des Vorbehalts durch eine andere Vertragspartei: Im Verhältnis zu dieser Partei tritt der Vertrag in Kraft; er bleibt aber außer Anwendung, soweit der Vorbehalt reicht, weil insoweit kein Konsens zwischen den Parteien besteht, Art. 21 Abs. 3 WVK. Das Ergebnis ist letztlich dasselbe wie bei Annahme des Vorbehalts: der den Vorbehalt anbringende Staat setzt sich durch.
- bei qualifizierter Ablehnung des Vorbehalts durch eine andere Vertragspartei: Lehnt ein anderer Vertragsstaat den Vorbehalt ab und widerspricht zugleich einem Inkrafttreten des Vertrags zwischen sich und dem Staat, der den Vorbehalt erklärt, so tritt der Vertrag zwischen diesen Parteien überhaupt nicht in Kraft, Art. 20 Abs. 4 lit. b WVK.

220 **Fall: Schilderstreit** In einem (fiktiven) Minderheitenschutzabkommen vereinbaren die Vertragsparteien, in Gebieten, die überwiegend von ethnischen Minderheiten bewohnt sind, zweisprachige Orts- und Straßenschilder aufzustellen. Deutschland kann sich in den Verhandlungen nicht mit dem Antrag durchsetzen, diese Regelung auf sog. autochthone (d. h.

21 ILC, Guide to Practice on Reservations to Treaties (2011), A/66/10, § 75. Dazu vertiefend Beiträge in EJIL 24 (2013), Heft 4 (S. 1055 ff).

alteingesessene) Minderheiten zu beschränken und erklärt daher bei Ratifikation einen Vorbehalt, wonach sich die Verpflichtung für Deutschland nicht auf sog. neue Minderheiten bezieht. Einige Zeit später tritt auch die Türkei dem Abkommen bei. Einen eigenen Vorbehalt erklärt sie nicht. Der türkische Ministerpräsident fordert Deutschland auf, in Gebieten und Stadtteilen mit überwiegend türkischer Bevölkerung zweisprachige Schilder anzubringen und droht, diese Verpflichtung vor dem IGH einzuklagen (das Abkommen sieht ein solches Klagerecht zum IGH ausdrücklich vor). Im Gegenzug drohen deutsche Politiker eine Gegenklage an und verlangen von der Türkei die Aufstellung von zweisprachigen Ortsschildern in überwiegend kurdisch besiedelten Gebieten sowie in Ortschaften, die mehrheitlich von deutschen Rentnern bewohnt sind. Sind diese Forderungen berechtigt, wenn (1) die Türkei dem deutschen Vorbehalt bei Beitritt nicht widersprochen hat, (2) die Türkei dem Vorbehalt widersprochen hat oder (3) dem Vorbehalt und zugleich dem Inkrafttreten des Vertrages zwischen der Türkei und Deutschland widersprochen hat?

Lösungshinweise: (1) Die Türkei hat den deutschen Vorbehalt implizit angenommen. Beide sind wechselseitig nur an den Vertrag gebunden, soweit der deutsche Vorbehalt nicht greift. Die Türken sind in Deutschland keine autochthone Minderheit und fallen somit ebenso unter die Ausschlusswirkung des Vorbehalts wie die deutschen Rentner in der Türkei. Die Türkei darf insoweit nicht die Anbringung von Schildern auch in türkischer Sprache verlangen, ebenso wenig wie Deutschland von der Türkei die Aufstellung auch-deutscher Schilder fordern darf (vgl. Art. 21 Abs. 1 lit. a und b WVK). Hinsichtlich autochthoner Minderheiten wie den Kurden in der Türkei (oder den Friesen und Sorben in Deutschland) bestehen hingegen wechselseitige Verpflichtungen der beiden Staaten. Die Forderung nach zweisprachigen Schildern in den Kurdengebieten ist daher berechtigt. Insoweit könnte die Erfüllung der Verpflichtung auch gerichtlich eingeklagt werden.

(2) Zwischen der Türkei und Deutschland besteht ein Dissens über die Einbeziehung neuer Minderheiten in die Schilderregelung. Da die Begründung einer Vertragspflicht Konsens voraussetzt, findet die Regelung, soweit sie sich auf neue Minderheiten bezieht, keine Anwendung zwischen den beiden Staaten (vgl. Art. 21 Abs. 3 WVK). Die Rechtslage entspricht der in Variante (1).

(3) Zwischen Deutschland und der Türkei bestehen durch den qualifizierten Widerspruch der Türkei keine Rechtspflichten aus dem Abkommen. Damit fehlt es allen Forderungen an einer Rechtsgrundlage.

Im Ergebnis führt dies zu einer **Bilateralisierung multilateraler Verträge**. 221

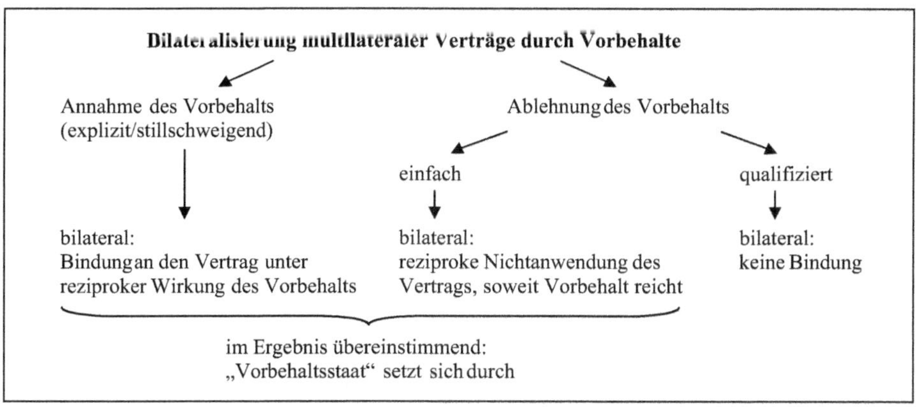

3. Unzulässige Vorbehalte

222 Die Behandlung unzulässiger Vorbehalte ist umstritten. Nach Art. 19 WVK sind **Vorbehalte unzulässig**,

(a) wenn der Vertrag sie explizit verbietet,
(b) wenn der Vertrag nur bestimmte Vorbehalte zulässt oder
(c) wenn sie mit Ziel und Zweck des Vertrages unvereinbar sind.

Während die Frage der Zulässigkeit oder Unzulässigkeit eines Vorbehalts in den Fällen (a) und (b) in der Regel ohne Schwierigkeiten zu beantworten ist, eröffnet die Frage, ob ein Vorbehalt mit Ziel und Zweck unvereinbar ist, größere Interpretationsspielräume.

223 Umstritten ist, ob (die in der Praxis zahlreichen) Vorbehalte zu **Menschenrechtsabkommen** generell unzulässig sind, weil sie Sinn und Zweck solcher Abkommen zuwiderlaufen.[22] Während der IGH in einem frühen Gutachten zur Völkermord-Konvention Vorbehalte auch bei menschenrechtlichen Abkommen im Prinzip für möglich gehalten hat,[23] hat der UN-Menschenrechtsausschuss *(Human Rights Committee)* für den IPBPR die Zulässigkeit von Vorbehalten weitgehend verneint und für sich das Recht reklamiert, über die Frage der Zulässigkeit konkreter Vorbehalte zum Zivilpakt zu entscheiden.[24] Gerade wenn man von der Unteilbarkeit der Menschenrechte ausgeht (Rn. 613–619) und diese letztlich aus der Würde des Menschen fließen (vgl. Präambel und Art. 1 AEMR), passen Vorbehalte nur schlecht zum normbildenden Charakter solcher Abkommen.[25] Gleichwohl wird man zu differenzieren haben: Soweit Menschenrechtsgarantien dem zwingenden Völkerrecht zuzurechnen *(ius cogens)* sind, sind Vorbehalte von vornherein unzulässig. Ebenso sind Vorbehalte unzulässig, die die Pflicht zur Beachtung der Menschenrechte generell und in unspezifischer Weise relativieren.

Mehrere islamische Staaten haben ihre menschenrechtlichen Verpflichtungen unter den Vorbehalt der Vereinbarkeit mit der Scharia gestellt. Besonders weitreichend waren bis 2011 die Vorbehalte Pakistans zum IPBPR. Hinsichtlich der Verpflichtungen aus Art. 3 (Gleichberechtigung von Männern und Frauen), Art. 6 (Recht auf Leben), Art. 7 (Folter und unmenschliche Behandlung), Art. 18 (Glaubens- und Gewissensfreiheit) und Art. 19 (Meinungsfreiheit) lautete der Vorbehalt: „The Islamic Republic of Pakistan declares that the provisions of Articles 3, 6, 7, 18 and 19 shall be so applied to the extent that they are not repugnant to the Provisions of the Constitution of Pakistan and the Sharia laws." Dieser Vorbehalt war – wie vergleichbare Vorbehalte anderer islamischer Staaten zum IPBPR und anderen menschenrechtlichen Abkommen – insbesondere von europäischen Staaten als unzulässig zurückgewiesen worden.

---

22 Aus jüngerer Zeit *I. Ziemele* (Hg.), Reservations to Human Rights Treaties and the Vienna Convention Regime, 2004; *J. Fournier*, Reservations and the Effective Protection of Human Rights, GoJIL 2 (2010), 437; *N. Ando*, Reservations to the International Covenant on Civil and Political Rights and the Human Rights Committee, FS E. Klein, 2013, 977; *A. Pellet*, Reservations to Treaties and the Integrity of Human Rights, in: Sheeran/Rodley (Hg.), Routledge Handbook of International Human Rights Law, 2013, 323. Siehe auch *A. v. Arnauld*, Klausurenkurs im Völkerrecht, 3. Aufl. 2018, Fall 3.

23 IGH, Gutachten v. 28.5.1951, Reservations to the Convention on the Prevention and Punishment of the Crime of Genocide, ICJ Rep. 1951, 15, mit abweichendem Votum des Richters *Álvarez*; siehe Anhang, Nr. 8.

24 CCPR/C/21/Rev.1/Add.6, General Comment No. 24 v. 4.11.1994. Näher *K. McCall-Smith*, Reservations and the Determinative Function of the Human Rights Treaty Bodies, GYIL 54 (2012), 521.

25 Menschenrechtsabkommen gehören typologisch zu den *traités-lois*: Rn. 195.

Wo es um konkrete Ausprägungen geht, die nicht zum Kanon der gewohnheitsrechtlich fundierten Rechte gehören, können Vorbehalte jedoch nicht von vornherein als unzulässig gelten. Das gilt auch, wenn – in diskriminierungsfreier Weise – bestimmte Sachbereiche von der Geltung menschenrechtlicher Bestimmungen ausgenommen werden. In solchen Fällen bleibt aber eine Prüfung nötig, ob der Vorbehalt *in concreto* gegen Sinn und Zweck des Vertrages verstößt oder unvereinbar mit dem Wesensgehalt eines in dem Vertrag für nicht-derogierbar erklärten Rechts ist.[26]

So haben z. B. mehrere Monarchien Vorbehalte gegen Art. 3 IPBPR eingelegt, um die in ihren Verfassungen vorgesehene männliche Erbfolge vor dem Verdikt der Paktwidrigkeit zu schützen. Mit einem Vorbehalt hat Deutschland versucht sicherzustellen, dass seine Verpflichtungen aus der UN-Kinderrechtekonvention nicht die ausländerrechtliche Ausweisung und Abschiebung von Kindern untersagen. Der politisch umstrittene, aber wohl rechtlich zulässige Vorbehalt wurde 2010 zurückgezogen.

Die **Rechtswirkungen unzulässiger Vorbehalte** regelt die WVK nicht. Wer die staatliche Souveränität in den Mittelpunkt stellt, hält auch unzulässige Vorbehalte für annahmefähig. Da Art. 19 WVK keine Antwort gebe, stehe es im souveränen Belieben der Vertragsparteien, auch an sich unzulässige Verträge anzunehmen und wirksam werden zu lassen. Dies jedoch hieße, dass zwischen unzulässigen und zulässigen Vorbehalten kein Unterschied bestünde. Art. 19 WVK wäre überflüssig. Eine solche Interpretation verstößt gegen die Auslegungsmaxime *ut res magis valeat quam pereat*.[27] Implizit trifft Art. 19 WVK somit eben doch eine Aussage: Unzulässige Vorbehalte sind unwirksam. **224**

Eine andere Frage ist, wer v. a. bei Art. 19 lit. c WVK die Unvereinbarkeit mit Sinn und Zweck feststellt. Für Abkommen wie den IPBPR, die über ein Vertragsorgan verfügen, das auch für die Interpretation des Abkommens zuständig ist, spricht vor allem das Interesse an Rechtsklarheit dafür, diesem Organ auch dann die primäre Kompetenz zur Beurteilung zuzuordnen, wenn es nicht generell „authentischer Interpret" des Vertrages ist. Ansonsten wird man den Staaten einen gewissen Einschätzungsspielraum zubilligen müssen, ob ein Vorbehalt gegen Sinn und Zweck verstößt oder nicht. **225**

Nimmt man **Unwirksamkeit** an, stellt sich die weitere Frage, ob der Staat, der den unwirksamen Vorbehalt erklärt hat, vorbehaltlos an den Vertrag gebunden ist oder ob die Vertragsbindung insgesamt entfällt. Der vollständige Wegfall der Vertragsbindung entspräche dem Grundanliegen der absoluten Konsenstheorie, wäre aber weder dem Ziel größtmöglicher Beteiligung zuträglich noch stets interessengerecht. Sofern nicht feststeht (durch ausdrückliche Erklärung oder auf andere Weise), dass der betreffende Staat nur unter Geltung des fraglichen Vorbehalts Vertragspartei zu werden beabsichtigte, ist er nach Auffassung der ILC vorbehaltlos an den Vertrag gebunden.[28] Dies erscheint sachgerecht: Das Risiko einer Unwirksamkeit des Vorbehalts **226**

---

26 Zu diesen Kriterien ILC, Guide to Practice on Reservations to Treaties (2011), A/66/10, § 75, Nr. 3.1.5.

27 Vollständig: *verba ita sunt intelligenda ut res magis valeat quam pereat* („Wörter sind so zu verstehen, dass sie ihre Bedeutung eher erhalten denn verlieren").

28 ILC, Guide to Practice on Reservations to Treaties (2011), A/66/10, § 75, Nr. 4.5.3. Tendenziell weiter *P. Kunig/R. Uerpmann-Wittzack*, Übungen im Völkerrecht, 2. Aufl. 2006, 241 f, die auf den objektivierten mutmaßlichen Willen des Staates abstellen.

hat der Staat selbst gesetzt und sollte es auch tragen. Da Vorbehalte Ausnahmecharakter haben, sollte das Bekenntnis zum Vertrag auch dann überwiegen, wenn ein Vorbehalt sich wegen Unzulässigkeit als unwirksam erweist. Schließlich bleibt dem Staat immer noch die Möglichkeit, sich vom Vertrag wieder zu lösen. Diese Option soll der ILC zufolge eingeschränkt sein, wenn die Unwirksamkeit des Vorbehalts von einem besonderen Vertragsorgan festgestellt worden ist. Zwar dürfte in einem solchen Fall längeres Schweigen tatsächlich zu einer Verwirkung des „Rechts zum Rückzug" schon nach geltendem Völkerrecht führen; die von der ILC angegebene Frist von 12 Monaten ist allerdings ein Vorschlag *de lege ferenda*. Eine regelmäßig vorbehaltlose Bindung des betreffenden Staates nehmen insbesondere der EGMR für die EMRK und der UN-Menschenrechtsausschuss für den IPBPR an.[29]

227 **Fall: Unter Vorbehalt** Kurulien ist ein islamischer Staat in Zentralasien. Neben den kurulischen Volksstämmen lebt im Süden des Landes die ethnische Minderheit der Liktorer, die nach einem eigenen Staat streben. Die kurulische Regierung hält demgegenüber an dem Prinzip der Einheit der Nation fest, wonach alle Staatsbürger dieselben Rechte haben und ethnische Zugehörigkeiten keine Rolle spielen. Anlässlich seines Beitritts zum IPBPR gibt Kurulien folgende „Interpretationserklärung" ab: „1. Sämtliche Rechte der Konvention werden von Kurulien im Einklang mit der Scharia ausgelegt und angewendet. 2. Aus Art. 27 folgt keine Verpflichtung zur Einräumung von Sonderrechten, die mit dem Prinzip der Einheit der Nation unvereinbar wären. 3. Art. 26 kann nicht als Grundlage eines kollektiven Schutzes ethnischer Minderheiten herangezogen werden." Welche Rechtswirkungen hat diese Erklärung?

Lösungshinweise: *Erklärung Nr. 1:* Zwar bezieht sich die Erklärung primär auf die Auslegung des IPBPR; Sinn und Zweck internationaler Menschenrechtspakte ist jedoch, dass das nationale Recht im Einklang mit diesen ausgelegt wird – nicht umgekehrt. Die Scharia kann aus Sicht des IPBPR kein höherrangiges Recht sein. Die Erklärung beinhaltet die reale Gefahr der Verkürzung von Paktrechten, namentlich der Gleichberechtigung von Mann und Frau (Art. 3, 26), der Freiheit zur Eheschließung (Art. 23) und der Religionsfreiheit (Art. 18 IPBPR). Sie ist daher als Vorbehalt einzustufen. Indem er die Paktgarantien generell dem Recht der Scharia unterordnet und in seiner Unbestimmtheit die Reichweite der Einschränkungen nicht erkennen lässt, verstößt der Vorbehalt gegen Sinn und Zweck. Soll Art. 19 WVK nicht sinnlos sein, ist der unzulässige Vorbehalt unwirksam. Da Kurulien die Situation selbst verursacht hat und es ihm freisteht, sich vom IPBPR wieder zu lösen, ist von einer insoweit vorbehaltlosen Bindung auszugehen.

Erklärung Nr. 2: Zwar spricht Art. 27 IPBPR nur von einem Recht, das nicht vorenthalten werden darf; ein solches Recht können Minderheiten jedoch nur ausüben, wenn ihnen ein Sonderstatus zugestanden wird. Die Erklärung zielt also auf eine Beschränkung von Art. 27 IPBPR und ist somit ein Vorbehalt. Dieser Vorbehalt bezieht sich nur auf eine einzelne Paktnorm, die nicht im Zentrum des IPBPR steht. Hinzu kommt, dass Kurulien nicht die Gewährung von Sonderrechten generell ausschließt, sondern nur solche Rechte, die das Prinzip der Einheit der Nation bedrohen. Der Vorbehalt ist somit zulässig und wirksam.

29 EGMR, Urteil v. 29.4.1988, Belilos/Schweiz, 10328/83, EGMR-E 4, 72, § 60; dazu *T. Richter*, in: Menzel/Pierlings/Hoffmann (Hg.), Völkerrechtsprechung, 2005, Nr. 7; CCPR/C/21/Rev.1/Add.6, General Comment No. 24 v. 4.11.1994, § 18.

Erklärung Nr. 3: Die von Kurulien ausgeschlossene Interpretation ist kein notwendiger, sondern nur ein möglicher Inhalt von Art. 26 IPBPR. Kurulien möchte nur ausschließen, dass sein Vorbehalt zu Art. 27 IPBPR leerläuft, weil die Aussage dieser Norm in Art. 26 IPBPR hineingelesen wird. Dieser systematische Zusammenhang zwischen den beiden Artikeln unterstreicht, dass es sich lediglich um eine Interpretationserklärung handelt, die ohne weiteres zulässig ist.

IV. Auslegung völkerrechtlicher Verträge

Die Auslegung nimmt nach Art. 31 WVK ihren Ausgang beim Text des Vertrages, **228**
d. h. der Parteiwille spielt nur insoweit eine Rolle, als er in der Vertragsnorm Niederschlag gefunden hat. Es handelt sich also um eine **objektivierte Auslegung**.[30] Die *canones* der Auslegung völkerrechtlicher Verträge entsprechen im Grundsatz denen des innerstaatlichen Rechts, weisen aber einige Besonderheiten auf.

Wörtliche Auslegung: Ausgangspunkt ist der Wortlaut der Vorschrift in seinem ge- **229**
wöhnlichen Verständnis *(ordinary meaning rule).* Völkerrechtliche Verträge sind meist in mehreren Sprachen abgefasst; welche hiervon verbindlich sind, wird regelmäßig ausdrücklich bestimmt. Wenn zwei oder mehr Sprachfassungen als authentisch festgelegt wurden, gelten alle als gleichermaßen verbindlich. Gemäß Art. 33 Abs. 3 WVK wird vermutet, dass Ausdrücke in jedem authentischen Text dasselbe bedeuten.

Systematische Auslegung: Auch im Völkerrecht ist der Regelungszusammenhang **230**
für die Interpretation einer Vertragsklausel zu berücksichtigen. Dazu zählen auch die bei völkerrechtlichen Verträgen typischen Präambeln sowie Anlagen, Protokolle und andere Urkunden, die sich auf den Vertrag beziehen. Die Einpassung in den Kontext macht aber nicht an den Grenzen des jeweiligen Vertragsdokuments halt. Nach Art. 31 Abs. 3 WVK sind „außer dem Zusammenhang […] in gleicher Weise zu berücksichtigen“:

a) jede spätere Übereinkunft zwischen den Vertragsparteien über die Auslegung des Vertrags oder die Anwendung seiner Bestimmungen;

b) jede spätere Übung bei der Anwendung des Vertrags, aus der die Übereinstimmung der Vertragsparteien über seine Auslegung hervorgeht;

c) jeder in den Beziehungen zwischen den Vertragsparteien anwendbare einschlägige Völkerrechtssatz.

Während Art. 31 Abs. 3 lit. a WVK sich auf spätere Abreden zur Interpretation bezieht (zu Abreden bei Vertragsschluss siehe Abs. 2 lit. b), ermöglicht **Abs. 3 lit. b**, auch eine **spätere Praxis der Vertragsparteien** zur Auslegung heranzuziehen. Nicht erforderlich ist, dass die Praxis von allen Vertragsparteien ausgeht, solange sich von den anderen Parteien akzeptiert ist. Im Wege der Vertragspraxis ist zwar auch eine Modifikation des Vertrages möglich (hier kann die Abgrenzung zum derogierenden

30 Zur gewohnheitsrechtlichen Geltung vgl. IGH, Urteil v. 12.12.1996 (Preliminary Objections), Oil Platforms (Iran v. USA), ICJ Rep. 1996, 803, § 23.

Gewohnheitsrecht schwierig werden: Rn. 284); dass dies beabsichtigt ist, darf aber der Vertragsintegrität wegen nicht vermutet werden.[31]

Art. 31 Abs. 3 lit. c WVK fordert dazu auf, **andere einschlägige Völkerrechtssätze** zu berücksichtigen, die zwischen den Vertragsparteien Anwendung finden. Dies bürgt für eine relative Einheit der Völkerrechtsordnung und wirkt der vielfach beschworenen Gefahr einer Fragmentierung entgegen (Rn. 34).[32] Als Beispiel mag die Berücksichtigung menschenrechtlicher Verpflichtungen im Rahmen des GATT dienen (Rn. 981–982). Wichtig ist, dass die „vertragsexternen" Verpflichtungen allen Vertragsparteien gemeinsam sind. Dies ist nicht der Fall bei Pflichten aus einem anderen Vertrag, den nur einen Teil der Parteien des auszulegenden Vertrages bindet.

231 **Teleologische Auslegung:** Von erheblicher auslegungsleitender Bedeutung ist die Ermittlung von Ziel und Zweck des Vertrages. Angesichts der oftmals schwerfälligen Vertragsänderungsverfahren spielt im Völkerrecht die **dynamische Interpretation** eine wichtige Rolle. Vertragswerke werden vielfach als „living instruments"[33] behandelt. Besondere Bedeutung haben dabei der Effektivitätsgrundsatz *(effet utile)*, wonach ein Vertrag so auszulegen ist, dass er seinen Zweck bestmöglich erreicht und der Grundsatz der *necessary implication*, wonach auch nicht ausdrücklich garantierte Rechte im Vertrag enthalten sind, wenn diese zur Erreichung des Regelungsziels notwendig sind. Bei Gründungsverträgen Internationaler Organisationen entspricht dies der Implied-powers-Lehre, wonach Organe von Internationalen Organisationen im Zweifel diejenigen Befugnisse besitzen, die zur Erfüllung ihrer Aufgaben erforderlich sind (Rn. 124–125).

232 **Historisch-genetische Auslegung:** Die vorbereitenden Arbeiten *(travaux préparatoires)* sind gem. Art. 32 WVK nur hilfsweise heranzuziehen, um Unklarheiten aufzuklären, die nach Anwendung der anderen Auslegungsmethoden noch bestehen.

233 **San Juan River (IGH 2009)**[34] Costa Rica und Nicaragua stritten über den Umfang der Schiffereirechte Costa Ricas auf dem Grenzfluss San Juan. Im Mittelpunkt stand eine Klausel im Grenzvertrag von 1858, die Costa Rica das Recht zur Schifffahrt „con objetos de comercio" zubilligte. Während Costa Rica diese Formulierung weit deutete („mit wirtschaftlicher Zielsetzung") nahm Nicaragua eine enge Interpretation vor („mit Handelsgütern").

Der IGH folgte im Grundsatz der Auffassung Costa Ricas, wenn auch mit einigen Einschränkungen. Während die Wendung „con objetos de" im Wortlaut uneindeutig sei, spreche der systematische Zusammenhang für eine weite Auslegung: Das enge Verständnis ließe den Satz bedeutungslos werden; ein anderer Artikel des Vertrages, der auch von „obje-

31 Dazu (mit eingehender Kommentierung) ILC, Draft conclusions on subsequent agreements and subsequent practice in relation to the interpretation of treaties, Anhang zu A/RES/73/202 v. 20.12.2018. Außerdem *G. Nolte* (Hg.), Treaties and Subsequent Practice, 2013; *K. Berner*, Subsequent Agreements and Subsequent Practice in Domestic Courts, 2017; *I. Buga*, Modification of Treaties by Subsequent Practice, 2018. Vor einer Überbetonung warnt *D. Tladi*, Is the International Law Commission Elevating Subsequent Agreements and Subsequent Practice?, EJIL Talk! (30.8.2018).

32 Vgl. ILC-Studiengruppe, Difficulties arising from the Diversification and Expansion of International Law, Schlussbericht v. 18.7.2006, A/CN.4/L.702 (Berichterstatter: *M. Koskenniemi*).

33 So die schlagwortartige Charakterisierung der EMRK durch den EGMR, siehe Urteil v. 25.4.1978, Tyrer/UK, 5856/72, EGMR-E 1, 268, § 31.

34 IGH, Urteil v. 13.7.2009, Dispute regarding Navigational and Related Rights (Costa Rica v. Nicaragua), ICJ Rep. 2009, 213, §§ 51 ff.

tos" spricht, wurde zum Vergleich ebenso herangezogen wie ein anderer Vertrag zwischen den Streitparteien aus dem Jahr 1857. Auch den Begriff „comercio" legte der IGH weit aus. Es handle sich um einen Gattungsbegriff *(generic term)*, bei dem es wegen der unbestimmten Vertragsdauer dem Willen der Vertragsparteien entspreche, ihn dynamisch auszulegen. Maßgeblich sei daher, was aktuell unter dem Begriff zu verstehen sei, nicht was man 1858 unter „comercio" verstanden habe. Daher falle auch der kommerzielle Personenverkehr darunter.

V. Änderung und Modifikation von Verträgen

Die WVK unterscheidet in den Art. 39 ff zwischen Vertragsänderungen, die alle Parteien eines Vertrages untereinander vereinbaren, und Modifikationen, die nur einen Teil der Parteien eines multilateralen Vertrags betrifft. Solche **Modifikationen** sind als „Inter-se-Abkommen" gemäß Art. 41 WVK nur zulässig, wenn der Rechtsstatus der Parteien, die sich an den Änderungen nicht beteiligen, hiervon unberührt bleibt und die Abweichung nicht Ziel und Zweck des Vertrages beeinträchtigt. 234

Bei den **Vertragsänderungen** werden herkömmlich wiederum „Änderungen" einzelner Vertragsbestimmungen und die „Revision" eines ganzen Vertragswerks unterschieden. Vertragsänderungen sind nicht selten mit einem erheblichen Aufwand verbunden und politisch schwer durchzusetzen. Das Völkerrecht kennt daher eine Reihe von besonderen Änderungsmechanismen, die zumindest in Teilen Abhilfe schaffen. Eine Möglichkeit besteht in der Ergänzung und Änderung durch Zusatzprotokolle, die gesonderter Ratifikation bedürfen. Sofern sich Änderungen auf institutionelle Strukturen beziehen, ist es notwendig, dass alle Vertragsparteien das Protokoll ratifizieren (so z. B. im Fall der Zusatzprotokolle Nr. 11 und 14 zur EMRK); im Übrigen ist es möglich, dass nur ein Teil der Vertragsparteien auch Partei eines ergänzenden oder ändernden Protokolls wird. Vor allem im Bereich des Umweltvölkerrechts, wo auf neue wissenschaftliche Erkenntnisse reagiert werden muss, sind für eher technische Fragen z. T. vereinfachte Vertragsanpassungsverfahren vorgesehen (vgl. z. B. Art. 2 Montrealer Protokoll über Stoffe, die zu einem Abbau der Ozonschicht führen). Zudem ermöglichen Rahmenabkommen, sich über die allgemeinen Ziele verbindlich zu einigen und deren Konkretisierung später zu schließenden Protokollen vorzubehalten.[35] 235

Insbesondere Gründungsverträge Internationaler Organisationen können vorsehen, dass eine Vertragsänderung durch eine **qualifizierte Mehrheit** beschlossen werden kann. Für Änderungen der UN-Charta genügt nach Art. 108 eine Mehrheit von zwei Dritteln in der Generalversammlung und die Ratifikation durch zwei Drittel der UN-Mitglieder einschließlich sämtlicher ständigen Mitglieder des Sicherheitsrates. 236

Für Vertragsänderungen gilt im Völkerrecht **Formfreiheit**. Verträge können daher auch mündlich oder stillschweigend durch eine abweichende Praxis geändert werden. Dabei ist es nicht leicht auseinanderzuhalten, ob man es mit einer nach Art. 31 Abs. 3 237

35 *N. Matz-Lück*, Framework Conventions as a Regulatory Tool, GoJIL 1 (2009), 439.

lit. b WVK für die Auslegung eines Vertrages relevanten Vertragspraxis oder einer **Vertragsfortbildung** zu tun hat, die sich zwar noch innerhalb der Ziele und Grundrisse des Vertrages bewegt, aber verschiedentlich Bestimmungen des Ausgangsvertrages abändert.[36] Ob man eine solche Fortbildung methodisch noch als Auslegung nach Art. 31 Abs. 3 lit. b WVK kategorisiert oder als Ausdruck **derogierenden** (d. h. die vertraglichen Regeln abbedingenden) **Gewohnheitsrechts** (Rn. 284) ist letztlich eine Frage der Perspektive.

VI. Ungültigkeit, Beendigung und Suspendierung von Verträgen

1. Allgemeines

238 Während die Ungültigkeit sich auf anfängliche Mängel eines Vertrags bezieht, bezieht sich die Beendigung auf einen zunächst wirksamen Vertrag.[37] Gewissermaßen als „milderes Mittel" gegenüber einer Beendigung des Vertrages kommt in bestimmten Fällen auch eine Suspendierung in Betracht. Dabei wird die Vertragsbindung nicht gelöst, sondern lediglich vorübergehend ausgesetzt. Ein Verfahren zur Geltendmachung der Ungültigkeit, zur Beendigung oder Suspendierung sehen die Art. 65 ff WVK vor, die nicht geltendes Gewohnheitsrecht reflektieren.

2. Ungültigkeit von Verträgen

239 Verträge können wegen Mängeln zum Zeitpunkt ihres Abschlusses oder wegen ihres Inhalts ungültig sein (Art. 46-53 WVK). **Mängel beim Vertragsschluss** betreffen den Irrtum über wesentliche Umstände (Art. 48), Betrug (Art. 49), Bestechung (Art. 50), Bedrohung eines Staatenvertreters (Art. 51) oder eines Staates (Art. 52). Die beiden letztgenannten Fälle erfassen nur die völkerrechtswidrige Drohung mit Gewalt; legale Maßnahmen gegen einen Angreiferstaat sollen hiermit nicht unterbunden werden (vgl. Art. 75 WVK). Auf eine fehlende innerstaatliche Befugnis zum Abschluss völkerrechtlicher Verträge dagegen darf sich ein Staat nicht berufen, es sei denn die fehlende Befugnis des Vertreters war bei Vertragsschluss offenkundig (Art. 46). In dem Streit zwischen Relevanztheorie (diese erklärte die verfassungsrechtliche Kompetenzordnung für maßgeblich, weil das Völkerrecht die Bestimmung der Vertragsschlusskompetenz überlasse, und verneinte damit selbst die Möglichkeit eines völkerrechtlichen Gestaltungs*rahmens*) und Irrelevanztheorie (diese erklärte im Interesse der Rechtssicherheit im völkerrechtlichen Verkehr das innerstaatliche Recht für unbeachtlich und verschloss sich damit der staatlichen Verfassungsautonomie) hat die WVK sich für die mittlere Linie entschieden (Evidenztheorie). Offenkundig ist die fehlende Kompetenz, „wenn sie für jeden Staat, der sich hierbei im Einklang mit der allgemeinen Übung und nach Treu und Glauben verhält, objektiv erkennbar ist".[38]

36 Zum Beispiel des NATO-Vertrages Rn. 125.

37 Zu verschiedenen Ungültigkeits- und Beendigungsgründen *A. v. Arnauld*, Klausurenkurs im Völkerrecht, 3. Aufl. 2018, Fall 2.

38 Siehe dazu oben Rn. 210. Außerdem *A. v. Arnauld*, Klausurenkurs im Völkerrecht, 3. Aufl. 2018, Fall 2.

Aus **inhaltlichen Gründen** ungültig schließlich ist ein Vertrag, der bei seinem Abschluss gegen zwingendes Völkerrecht *(ius cogens)* verstößt (Art. 53).[39]

Während in den Fällen der Art. 46-50 WVK die Ungültigkeit von der betroffenen Vertragspartei geltend gemacht werden muss (der Vertrag ist also **anfechtbar**), ist der Vertrag in den Fällen der Art. 51-53 WVK automatisch ungültig (**Nichtigkeit**). Dies entspricht dem gravierenden Verstoß gegen den völkerrechtlichen *ordre public* in diesen Fällen.[40] **240**

Übersicht: Ungültigkeit von Verträgen

Mängel bei Vertragsschluss	
offenkundige Unzuständigkeit (Art. 46 WVK)	anfechtbar
Irrtum (Art. 48 WVK)	anfechtbar
Betrug (Art. 49 WVK)	anfechtbar
Bestechung (Art. 50 WVK)	anfechtbar
Bedrohung (Art. 51, 52 WVK)	nichtig
Inhaltliche Mängel	
Verstoß gegen ius cogens (Art. 53 WVK)	nichtig

Anders als im Zivilrecht spielen in der internationalen Praxis die Ungültigkeitsgründe eine untergeordnete Rolle, sieht man einmal von der großen Bedeutung ab, die Art. 53 WVK in konzeptioneller Hinsicht (allerdings wohl weniger in praktischer Hinsicht[41]) hat. Dies liegt daran, dass der völkerrechtliche Vertragsschluss sich meistens über einen längeren Zeitraum erstreckt und viele Personen und Institutionen involviert, die in der Aushandlung und im Abschluss von Abkommen erfahren sind. **241**

3. Beendigung und Suspendierung von Verträgen

Die Vertragsbindungen enden (hierzu Art. 54-64 WVK) durch eine Lösung des Vertrages im Einvernehmen aller Vertragsparteien, durch einseitige Lösung einer Partei vom Vertrag oder aber unabhängig vom Willen der Parteien dann, wenn der Vertrag gegen zwischenzeitlich entstandenes zwingendes Völkerrecht verstößt. Im Unterschied zu den Ungültigkeitsgründen sind die Beendigungsgründe von erheblicher praktischer Relevanz. **242**

39 Näher zum *ius cogens* noch Rn. 288–294.
40 Vertiefend *M. Reisman/D. Pulkowski*, Nullity in International Law, MPEPIL (9/2006).
41 *A. Bianchi*, Human Rights and the Magic of *Jus Cogens*, EJIL 19 (2008), 491. Vgl. dazu auch empirisch *E. de Wet/J. Vidmar* (Hg.), Hierarchy in International Law, 2012; *E. de Wet*, Paradigmen in der internationalen Praxis: Normenhierarchie versus systemische Integration, BDGVR 45 (2012), 81.

Übersicht: Beendigung von Verträgen

Konsensuale Auflösung:
- im Vertrag vorgesehen (Art. 54 lit. a WVK): Erfüllung, Zeitablauf, Bedingungseintritt
- einvernehmliche Aufhebung: explizit (Art. 54 lit. b WVK), implizit (Art. 59 WVK)

Einseitige Lösung:
- bei vertraglich vereinbartem Kündigungsrecht (Art. 54 lit. a, 56 WVK)
- erhebliche Vertragsverletzung (Art. 60 WVK)
- Unmöglichkeit der Erfüllung (Art. 61 WVK)
- grundlegende Änderung wesentlicher Umstände *(clausula rebus sic stantibus)* (Art. 62 WVK)

Unabhängig vom Willen der Parteien:
- Verstoß gegen zwischenzeitlich entstandenes *ius cogens* (Art. 64 WVK)
- Untergang eines Vertragspartners (nicht in der WVK geregelt)

243 Eine **konsensuale Beendigung** kann sich zunächst aus dem Vertrag selbst ergeben (Art. 54 lit. a): durch Erbringung der im Vertrag geschuldeten Leistung (Erfüllung), durch Zeitablauf (bei befristeten Verträgen), durch Eintritt einer Bedingung. Daneben ist stets eine einvernehmliche Aufhebung möglich (Art. 54 lit. b), auch implizit durch einen späteren Vertrag (Novation). Voraussetzungen hierfür sind die Identität der Vertragsparteien und des Vertragsgegenstandes, die Unvereinbarkeit des neuen Vertrags mit dem früheren Vertrag sowie eine Ersetzungsabsicht der Parteien (Beispiel: implizite Ersetzung der Seerechtskonventionen von 1958 durch das UN-Seerechtsübereinkommen von 1982, allerdings nur für die und im Verhältnis zwischen den Vertragsstaaten des SRÜ). Unter besonderen Umständen kommt auch ohne Novation eine stillschweigende Vertragsbeendigung in Betracht. Da die Regeln der WVK keinen abschließenden Charakter besitzen, ist dies z. B. durch Hinnahme der Vertragsaufsage einer Partei durch die andere(n) Partei(en) nach den Grundsätzen der sog. *acquiescence* möglich (Rn. 274).[42]

244 Ein **einseitiges Recht zur Kündigung** bzw. Suspendierung kann sich ebenso explizit (Art. 54 lit. a WVK, vgl. z. B. Art. XVI Abs. 2 Chemiewaffen-Übereinkommen von 1993 oder Art. 50 EUV) oder implizit (vgl. Art. 56 WVK) aus dem Vertrag ergeben. Im letztgenannten Fall muss feststehen, dass die Parteien das Lösungsrecht zulassen wollten oder es muss sich ein solches Recht aus der Natur des Vertrages ergeben. Ansonsten nennt die WVK drei auch gewohnheitsrechtlich anerkannte Fälle der Beendigung von Verträgen: die erhebliche Vertragsverletzung durch den anderen Vertragsteil (Art. 60 WVK), die Unmöglichkeit der Erfüllung (Art. 61 WVK) und die grundlegende Änderung von Umständen (Art. 62 WVK).

245 Bei einer **erheblichen Vertragsverletzung** kann es für die vertragstreue Partei unzumutbar sein, an dem Abkommen festzuhalten. Sie erhält daher ein Recht, den Vertrag zu kündigen oder zu suspendieren. Art. 60 Abs. 3 WVK definiert als erhebliche Verletzung („material breach") eine nach der WVK unzulässige Ablehnung des Vertrags

42 Zum Erlöschen eines Vertrages durch Zeitablauf oder derogierendes (abbedingendes) Gewohnheitsrecht Rn. 284–285; *A. v. Arnauld*, Klausurenkurs im Völkerrecht, 3. Aufl. 2018, Fall 1.

(lit. a) oder die Verletzung einer für die Erreichung des Vertragsziels oder des Vertragszwecks wesentlichen Bestimmung.

Welche Bestimmungen für die Erreichung des Vertragsziels oder des Vertragszwecks wesentlich sind, muss durch Auslegung ermittelt werden. Bisweilen treffen Verträge aber auch selbst eine Aussage. Die EU z. B. nimmt in ihre entwicklungspolitischen Abkommen (Cotonou-Abkommen) eine Klausel auf, in der die Achtung und der Schutz von Menschenrechten zu einer wesentlichen Vertragsbestimmung erklärt werden, um für den Fall von Menschenrechtsverletzungen ein Druckmittel in der Hand zu haben (Rn. 921).

Bei multilateralen Abkommen formuliert Art. 60 Abs. 2 WVK Sonderregeln: Danach können die vertragstreuen Parteien einvernehmlich die vertragsbrüchige Partei aus dem Vertrag vorübergehend oder endgültig ausschließen oder aber den Vertrag insgesamt beenden oder suspendieren (lit. a); eine besonders betroffene Partei kann den Vertrag im bilateralen Verhältnis zum vertragsbrüchigen Staat suspendieren (nicht beenden, lit. b). Art. 60 Abs. 2 lit. c WVK hat v. a. Abrüstungsverträge im Blick: Hier darf jede der vertragstreuen Parteien die erhebliche Verletzung einer anderen Partei zum Anlass nehmen, den Vertrag von sich aus zu suspendieren, weil hier die Gegenseitigkeit Wesenskern des Abkommens ist. Gänzlich ausgeschlossen ist die Beendigung oder Suspendierung von „Bestimmungen über den Schutz der menschlichen Person in Verträgen humanitärer Art", Art. 60 Abs. 5 WVK. Hierin kommt einmal mehr der Charakter von Menschenrechtsabkommen als normbildende Verträge zum Ausdruck (Rn. 195).

Von den vertragsinternen Reaktionen auf einen Vertragsbruch nach Art. 60 WVK sind Gegenmaßnahmen (Rn. 421–424) zu unterscheiden, die den allgemeinen Regeln der völkerrechtlichen Verantwortlichkeit folgen (vgl. Art. 73 WVK zum insoweit nicht abschließenden Charakter der WVK). Solche Gegenmaßnahmen setzen vertragsextern an, d. h. sie rechtfertigen es, in Reaktion auf die Verletzung einer völkerrechtlichen Pflicht (hier: eine Vertragsverletzung) mit der Verletzung einer anderen Pflicht (z. B. aus einem anderen Abkommen) zu reagieren, um den Rechtsbrecher zum Einlenken zu bewegen.[43]

Auch eine nachträgliche „unverschuldete" **Unmöglichkeit** der Erfüllung kann zum Anlass für die einseitige Beendigung des Vertrages genommen werden, etwa wenn ein Gewässer austrocknet, über dessen Nutzung sich zwei Nachbarstaaten vertraglich geeinigt hatten, oder wenn eine Insel untergeht, auf der ein Staat einem anderen bestimmte Nutzungsrechte eingeräumt hatte. Bei nur vorübergehender Unmöglichkeit kommt eine Suspendierung in Betracht. **246**

Ebenso traditionsreich wie umstritten ist die sog. **clausula rebus sic stantibus** (etwa „Klausel von den gleichbleibenden Umständen"). Danach darf ein Vertrag auch beendet oder suspendiert werden, wenn eine grundlegende, unvorhersehbare **Änderung von Umständen**, die für den Vertragsschluss wesentlich waren, eintritt, welche die weiteren Vertragsbeziehungen tiefgreifend umgestalten würde. In etwas un- **247**

43 Zur Abgrenzung näher *S. Forlati*, Reactions to Non-Performance of Treaties in International Law, LJIL 25 (2012), 759; *M. Fitzmaurice*, The Law of Treaties, the Law of State Responsibility and the Non-Performance of Treaty Obligations, in: Bowman/Kritsiotis (Hg.), Conceptual and Contextual Perspectives on the Modern Law of Treaties, 2018, 748.

übersichtlicher Regelungstechnik normiert Art. 62 WVK die folgenden Voraussetzungen:

- grundlegende Änderung von Umständen;
- von den Parteien nicht vorhergesehen;
- Umstände waren (aus objektiver Sicht) wesentliche Grundlage für die Zustimmung aller Parteien;
- Änderung führt zu tiefgreifender Umgestaltung der noch zu erfüllenden Pflichten;
- kein Grenzvertrag;
- keine Herbeiführung durch die Partei, die sich vom Vertrag lösen will.

Die *clausula rebus sic stantibus* hat für kontroverse Diskussionen gesorgt, weil sie durch Verknüpfung mit den Motiven und dem Entstehungskontext ein Element der Rechtsunsicherheit in den Vertrag trägt. Über die gewohnheitsrechtliche Geltung der Regel besteht heute kein Streit mehr,[44] wohl aber über ihren Anwendungsbereich. Umstritten ist insbesondere, ob politische Systemwechsel in einem Vertragsstaat die Lösung von politischen Verträgen des vorigen Systems gestatten (z. B. schrittweise Auflösung des Warschauer Pakts 1990 vor der Auflösung 1991). Anders sieht es bei Fällen der Staatennachfolge aus: Hier ist – anders als beim Systemwechsel als innenpolitischem Vorgang – die völkerrechtliche Ebene von vornherein affiziert. Daher kommt über die *clausula rebus sic stantibus* eine Lösung von Verträgen des Vorgängerstaates in Frage, sofern diese auf den Nachfolgestaat übergegangen sind und nicht der Regelung der Staatsgrenzen dienen. Auch der Kriegszustand zwischen den Parteien eines völkerrechtlichen Vertrages kann dessen Suspendierung rechtfertigen. Voraussetzung ist, dass es sich nicht um einen Vertrag handelt, der gerade für den Fall eines bewaffneten Konflikts geschlossen ist wie z. B. Verträge aus dem Bereich des humanitären Völkerrechts.[45]

248 Auch **unabhängig vom Willen** der Parteien kann ein Vertrag untergehen, nämlich dann, wenn ein (älterer) Vertrag gegen eine **in der Zwischenzeit entstandene** (also neuere) **Norm des zwingenden Völkerrechts** verstößt. In diesem Fall wird der Vertrag automatisch nichtig und erlischt (sog. *ius cogens superveniens*). Art. 64 WVK rundet hier Art. 53 WVK ab, der dem zwingenden Völkerrecht mit Blick auf künftige vertragliche Pflichten zur Durchsetzung verhilft. Seine Bedeutung dürfte eher konzeptionell denn praktisch sein. Nicht in der WVK geregelt ist schließlich der Fall, dass einer der **Vertragspartner aufhört zu existieren**. Allerdings kann es sein, dass der Vertrag nach den Regeln der Staatennachfolge in Verträge auf einen Nachfolgestaat übergeht (Rn. 108–112).

249 **Fall: Ein atomares Joint-Venture** Bergien möchte seine Energieversorgung durch Kernkraft sichern. Weil das eigene, von steilen Felsketten durchzogene Staatsgebiet sich nicht für die Errichtung eines Atomkraftwerks (AKW) eignet, verabredet es mit dem angrenzenden Pagonien den Bau und Betrieb eines AKW auf pagonischem Boden gegen Zahlung eines jährlichen Betrags von 500.000 bergischen Escudos. Die benachbarten Staaten Trulien und Miranien schließen sich dem Projekt an und beteiligen sich mit Beiträgen von jeweils

44 Dazu IGH, Urteil v. 2.2.1973, Fisheries Jurisdiction (Federal Republic of Germany v. Iceland), ICJ Rep. 1973, 3, § 43; Urteil v. 25.9.1997, Gabčíkovo-Nagymaros, ICJ Rep. 1997, 7, § 104.

45 Näher ILC, Draft articles on the effects of armed conflicts on treaties (2011), A/66/10, § 100.

250.000 bergischen Escudos im Jahr. Der Vertrag zwischen den vier Staaten wird 1995 geschlossen. Ein gemeinsames Planfeststellungsverfahren wird 2003 abgeschlossen. In einer mündlichen Zusatzabrede hatten die Parteien kurz zuvor vereinbart, dass Pagonien spätestens fünf Jahre nach Abschluss des Verfahrens mit dem Bau beginnen sollte; von diesem Zeitpunkt an sollten die übrigen Vertragspartner ihre Beiträge entrichten. Bergien, Trulien und Miranien beginnen 2008 mit der Beitragszahlung; der Baubeginn verzögert sich jedoch. 2011 soll mit dem Bau tatsächlich begonnen werden. Inzwischen gibt es in der pagonischen Bevölkerung immer stärkeren Widerstand gegen das Projekt. Die mittlerweile von der Grünen Partei dominierte Regierung Pagoniens verweigert die Ausführung der Bauarbeiten und bringt folgende rechtliche Argumente vor:

(1) Das pagonische Verfassungsgericht habe einer Verfassungsbeschwerde von Anwohnern stattgegeben, wonach die mit dem Bau eines AKW verbundenen Risiken die Menschenwürde der Anwohner verletzen. Das Völkerrecht könne einen Staat nicht zwingen, die Grundrechte seiner Bürger zu verletzen.

(2) Die pagonische Bevölkerung habe inzwischen eine neue Haltung zur Atomkraft gewonnen, die auch im Regierungswechsel zum Ausdruck komme. Außerdem habe sich jüngst in Juranien ein schwerer Atomunfall ereignet. Dies habe zu einer völlig veränderten Situation geführt. Der Vertrag sei deshalb hinfällig.

(3) Die mündliche Zusatzabrede sei unwirksam, da nur schriftliche Verträge verbindlich seien.

(4) Selbst wenn die Zusatzabrede wirksam sei, sei der Vertrag stillschweigend aufgehoben worden, weil unwidersprochen nach 2008 nicht mit dem Bau begonnen worden sei.

(5) Bergien, Trulien und Miranien hätten wegen einer Finanzkrise ihre Beträge für 2009 mit sechsmonatiger Verspätung an Pagonien überwiesen. Pagonien sei daher berechtigt, den Vertrag zu suspendieren.

(6) Der Vertrag sah die Verwendung der KX-7 Reihe, der seinerzeit sichersten Technik, vor. Nach Auffassung Pagoniens müsse, wenn der Vertrag gültig sei, auf jeden Fall die neueste Technik aus heutiger Sicht angewendet werden, da sie deutlich besseren Schutz gegen Atomunfälle bietet. Diese ist teurer und erhöht die Baukosten um 10%, weshalb die anderen Vertragsparteien weiterhin die KX-7 Technik verwenden wollen.

Beurteilen Sie die Einwände Pagoniens gegen die Erfüllung des Vertrages!

Lösungshinweise: (1) Nach Art. 27 WVK darf sich ein Staat nicht auf sein innerstaatliches Recht berufen, um die Erfüllung einer Pflicht aus einem völkerrechtlichen Vertrag zu verweigern. Unberührt hiervon bleibt nur Art. 46; hier geht es jedoch nicht um eine Frage der innerstaatlichen Vertragsschlusskompetenzen. Da ein Verstoß gegen die Menschenwürde gerügt wird, ist zu erwägen, ob der Vertrag u. U. wegen Verstoßes gegen *ius cogens* gemäß Art. 53 WVK nichtig ist. Zwar gehört die Unantastbarkeit der menschlichen Würde als Quelle der Menschenrechte (vgl. z. B. Präambel und Art. 1 AEMR) dem zwingenden Völkerrecht (und nicht nur dem pagonischen Verfassungsrecht) an; damit ist aber nicht sogleich jede Ableitung aus der Menschenwürde dem *ius cogens* zuzurechnen. Die Interpretation des pagonischen Verfassungsgerichts, dass Atomkraft menschenwürdewidrig sei, erscheint angesichts der weltweit verbreiteten friedlichen Nutzung von Kernenergie kaum als universell anerkannte Überzeugung. Das Urteil des Verfassungsgerichts ist völkerrechtlich irrelevant.

(2) Pagonien beruft sich der Sache nach auf Art. 62 WVK *(clausula rebus sic stantibus)*. Gewandelt hat sich mit dem öffentlichen Bewusstsein in Pagonien eine innere Haltung, kein äußerer Umstand. Dieser hat sich zwar in einem Regierungswechsel niedergeschlagen; doch selbst wenn die Parteien einen solchen Politikwechsel seinerzeit nicht vorhergesehen haben sollten, ist die politische Zusammensetzung der pagonischen Regierung kein Umstand, der

wesentliche Grundlage der Zustimmung aller Vertragspartner war. Auch der Atomunfall in Juranien hat nur die ohnehin bekannten Risiken der Kernenergie deutlicher vor Augen geführt, aber keine veränderte Situation geschaffen. Pagonien kann sich nicht über Art. 62 WVK vom Vertrag lösen.

(3) Auch mündliche Verträge sind völkerrechtlich wirksam. Zwar findet die WVK keine Anwendung auf sie (Art. 2 Abs. 1 lit. a WVK); wie mündliche Verträge zu behandeln sind, ergibt sich aber aus dem Gewohnheitsrecht. Da viele der Regeln der WVK Gewohnheitsrecht kodifizieren, können sie der Sache nach auch für mündliche Verträge herangezogen werden (vgl. auch Art. 3 WVK).

(4) Zwar ist nach Art. 54 lit. b WVK auch die stillschweigende Aufhebung von Verträgen möglich; Bergien, Trulien und Miranien haben jedoch durch Beitragszahlung ab 2008 ihren Willen bekundet, am Vertrag festhalten zu wollen. Einvernehmlich aufgehoben dürfte indes die Zusatzabrede sein, da der Bau abredewidrig nicht begonnen wurde, ohne dass einer der beteiligten Staaten hiergegen Widerspruch erhoben hätte.

(5) Nach Art. 60 Abs. 2 lit. b WVK ist bei einem mehrseitigen Vertrag eine besonders betroffene Vertragspartei berechtigt, nach einer erheblichen Verletzung des Vertrags durch einen oder mehrere Partner den Vertrag zu suspendieren. „Besonders betroffen" ist eine Partei, die mehr als andere unter der Vertragsverletzung zu leiden hat. Da die Zahlungspflicht allein gegenüber Pagonien besteht, ist dies der Fall. Allerdings müsste die Verletzung „erheblich" sein, d. h. sie müsste nach Art. 60 Abs. 3 lit. b WVK eine „für die Erreichung des Vertragsziels oder des Vertragszwecks wesentliche[n] Bestimmung" betreffen. Die Zahlungspflicht gegenüber Pagonien mag man als Gegenleistung für den (noch nicht erfolgten!) Bau und Betrieb des AKW als wesentliche Bestimmung betrachten. Sinn und Zweck der Regelung ist es aber, die Schwelle für die Suspendierung hoch zu setzen und hierzu nur zu berechtigen, wenn infolge der Verletzung ein Festhalten am Vertrag unzumutbar ist. Dies verdeutlicht der Begriff der „Erheblichkeit". Daher ist die geringfügige Verletzung selbst einer an sich wesentlichen Vertragspflicht nicht in der Lage, Pagonien ein Recht zur Suspendierung zu verschaffen. – Zudem könnte Pagonien mit seinem Einwand nach Art. 45 lit. b WVK ausgeschlossen sein. Der Zahlungsverzug trat schon 2009 ein; erst 2011 beruft sich Pagonien hierauf. Zumindest wenn Pagonien die Zahlungen für das Jahr 2010 entgegengenommen haben sollte, hat es stillschweigend zu erkennen gegeben, dass der Vertrag weiterhin in Kraft bleiben soll.

(6) Hier muss der Vertrag ausgelegt werden. Man kann sich auf den Standpunkt stellen, dass im Vertrag explizit die KX-7-Technik vereinbart wurde und den Parteien stets die Möglichkeit zu Nachverhandlungen und Vertragsänderung bleibe (vgl. Art. 40 WVK für mehrseitige Verträge). Ein Vertrag ist aber nach Art. 31 Abs. 1 WVK „nach Treu und Glauben" und „im Lichte seines Zieles und Zweckes" auszulegen. Da es sich bei der KX-7-Technik um die bei Vertragsschluss modernste (nicht die kostengünstigste!) Technik handelte, ist anzunehmen, dass es den Parteien um hohe Sicherheitsstandards ging. Dass der Bau, der nun erst 16 Jahre nach Vertragsschluss beginnen wird, mit einer veralteten Technik ausgerüstet werden sollte, entspricht kaum einer Auslegung nach Treu und Glauben. Soweit die Kostensteigerungen sich im Rahmen des Zumutbaren halten, wird man die Klausel so interpretieren dürfen, dass neue technische Erkenntnisse zum Schutz von Mensch und Umwelt bei Vertragsdurchführung zu berücksichtigen sind. Die Kostensteigerungen sind mit 10% nicht übermäßig hoch. Pagonien kann die Verwendung der neuesten Sicherheitstechnik verlangen. [Eine a. A. ist gut vertretbar; dann wäre zu prüfen, ob sich Pagonien über Art. 62 WVK vom Vertrag lösen kann. Die unvorhergesehene Änderung der Umstände wäre hier die sehr lange Verzögerung (die Pagonien nur z. T. zu vertreten hat) mit der Folge, dass Pagonien auf seinem Gebiet ein AKW mit veralteter Sicherheitstechnik errichten müsste.]

C. Das Völkergewohnheitsrecht

Das Gewohnheitsrecht ist das „Urgestein“[46] des Völkerrechts. Während im innerstaatlichen Recht Deutschlands als Folge einer weitgehenden gesetzlichen Durchregelung des Lebens das Gewohnheitsrecht kaum eine Rolle spielt, ist es im weniger entwickelten Völkerrecht nach wie vor bedeutsam. Auch hier jedoch geht die Bedeutung seit Mitte des 20. Jahrhunderts zurück, weil Staaten eine große Zahl völkerrechtlicher, insbesondere auch multilateraler Verträge geschlossen haben. Da diese in aller Regel schriftlich sind, lassen sich mit ihnen die wechselseitigen Rechte und Pflichten klarer festlegen und außer Streit stellen. Das Gewohnheitsrecht wird so im System der Völkerrechtsquellen zunehmend in eine faktische **Auffangfunktion** gedrängt. 250

I. Elemente

Das Gewohnheitsrecht setzt sich aus einer **Übung von einiger Dauer (consuetudo)** als objektivem Element und einer diese Übung tragenden **Rechtsüberzeugung (opinio iuris)** als subjektivem Element zusammen (vgl. Art. 38 Abs. 1 lit. b IGH-Statut).[47] Auch der umgekehrte Weg ist möglich: Wird eine Praxis eingestellt, weil die Staaten sich nicht länger zu ihr verpflichtet sehen, führt diese sog. *desuetudo* zum Untergang der Norm. Davon zu unterscheiden ist die gewohnheitsrechtliche Ablösung von Vertragsnormen.[48] 251

1. Übung (consuetudo)

An der **internationalen Übung** nehmen alle Völkerrechtssubjekte, also auch Internationale Organisationen (IO), teil. Die wohl h. M. hält dagegen am Dogma der **„Staatenpraxis“** fest und interpretiert den Beitrag von IO zum Völkerrecht noch immer als Beitrag der Mitgliedstaaten. Eine solche bloß indirekte Beteiligung der IO an der Völkerrechtsentwicklung wirkt gekünstelt und wird dem eigenständigen Beitrag zumindest „starker“ Organisationen wie der UNO oder der EU nicht gerecht.[49] Innerhalb von Staaten sind v. a. Exekutive und Legislative die maßgeblichen Träger der relevanten Praxis. Die Rolle der innerstaatlichen **Gerichte** ist schwieriger zu beurteilen: Nach Art. 38 Abs. 1 lit. d IGH-Statut sind ihre Entscheidungen Hilfsmittel für die Erkenntnis von Rechtsnormen. Begreift man Rechtsprechung jedoch auch als rechtsschöpferischen Akt, kann man Gerichtsentscheidungen als Teil der Staatenpraxis begreifen – jedenfalls sofern sie über bloße Rechtsfeststellungen hinausgehen.[50] Wo Gerichte das Handeln der beiden ersten Gewalten im Staat steuern, beeinflussen sie 252

46 So die passende Bezeichnung bei *M. Herdegen*, Völkerrecht, 17. Aufl. 2018, § 16 Rn. 1.
47 Vertiefend ILA, Statement of Principles Applicable to the Formation of General Customary International Law, London Conference, Juli 2000, http://www.ila-hq.org/en/committees/index.cfm/cid/30; ILC, Draft conclusions on identification of customary international law, Anhang zu A/RES/73/203 v. 20.12.2018.
48 Hier ist gelegentlich missverständlich ebenfalls von *desuetudo* die Rede. Näher Rn. 284–285.
49 Siehe nunmehr auch ILC, Draft conclusions, Nr. 4 Abs. 2 („in certain cases“).
50 Vgl. zur Doppelrolle staatlicher Gerichte ILC, Draft Conclusions, Nr. 5 und 13.

zumindest mittelbar die Praxis ihres Staates; unmittelbar relevant sind Gerichte namentlich dort, wo es um Verfahrensfragen geht (Standards fairer Verfahren, Immunitätenfragen usw.). Problematisch kann auch sein, die **innerstaatliche Praxis** heranzuziehen: Hier kann es sein, dass ein Staat sich in einer bestimmten Weise verhält, weil er sich verfassungsrechtlich, nicht aber völkerrechtlich hierzu verpflichtet sieht.

In einem gemeinsamen Schreiben an den Präsidenten des IKRK haben die Rechtsberater des Außen- und des Verteidigungsministeriums der USA, *John Bellinger* und *William Haynes*, u. a. kritisiert, dass das IKRK für seine 2005 publizierte Studie zum gewohnheitsrechtlich geltenden humanitären Völkerrecht auch auf US-Militärhandbücher zurückgegriffen habe, die rein internen Charakter besäßen.[51]

253 Die Entstehung von Gewohnheitsrecht setzt eine gewisse Dauer, Einheitlichkeit und Verbreitung der Übung voraus, ohne dass hier konkrete Zahlen genannt werden könnten. Es genügt, auf eine verbreitete und repräsentative Praxis abzustellen.[52] Diese **„Quasi-Universalität“** bewirkt, dass große Staaten es leichter haben als kleine, eine neue Übung zu etablieren, nicht zuletzt, weil ihr Verhalten mehr Aufmerksamkeit erlangt. Dennoch ist es möglich, dass sich eine Gewohnheitsrechtsnorm auch gegen die Position eines „big player“ entwickelt; dieser erhält gegebenenfalls den Status eines *persistent objector* (Rn. 257–258). Ob sich an einer Praxis die überwiegende Zahl der Staaten aktiv beteiligen muss oder ob auch die Duldung der Praxis einiger Staaten durch die Staatenmehrheit ausreicht, ist umstritten. Betrifft eine Gewohnheitsrechtsnorm nur bestimmte Staaten auf Grund ihrer Beschaffenheit (z. B. als Küsten- oder als Archipelstaaten) oder ihrer Fähigkeiten (z. B. zur Weltraumnutzung), kommt es maßgeblich auf die Praxis und Haltung dieser Staaten an.

254 Das Völkergewohnheitsrecht ist überwiegend **universell**, d. h. seine Regeln gelten weltweit für alle Völkerrechtssubjekte. Daneben gibt es aber auch **regionales** Gewohnheitsrecht. Ein klassisches Beispiel ist das diplomatische Asyl, das allein in Südamerika gewohnheitsrechtlich verankert ist (Rn. 586). Als weiteres Beispiel mag das Verbot der Todesstrafe gelten, das angesichts umfassender Ächtung der Todesstrafe in völkerrechtlichen Abkommen (v. a. ZP 6 und 13 zur EMRK), im nationalen Verfassungsrecht und in verschiedenen Resolutionen in Europa gewohnheitsrechtlich gilt.

Asyl-Fall I (IGH 1950)[53] Nach einem erfolglosen Putschversuch gegen die peruanische Regierung im Oktober 1948 flüchtete sich der Anführer der linkspopulistischen *American People's Revolutionary Alliance*, *Haya de la Torre*, in die kolumbianische Botschaft in Lima. Vor dem IGH stritten sich Peru und Kolumbien über das Recht Kolumbiens, *Haya de la Torre* diplomatisches Asyl in den Räumlichkeiten der Mission zu gewähren.

---

51 Schreiben v. 11.2006, abgedruckt in: ILM 46 (2007), 511 ff sowie IRRC 89 (2007), 443 ff. Wie um dies zu unterstreichen, verweist das neue Militärhandbuch der USA vom Juni 2015 auf 1176 Seiten mit fast 7000 Fußnoten fast ausschließlich auf US-amerikanische Praxis, Positionen und Literatur.

52 Näher ILA, Statement of Principles Applicable to the Formation of General Customary International Law, London Conference, Juli 2000, Prinzipien 12-14; ILC, Draft Conclusions, Nr. 8 („sufficiently widespread and representative, as well as consistent“).

53 IGH, Urt. v. 20.11.1950, Asylum I (Colombia/Peru), ICJ Rep. 1950, 266; siehe Anhang, Nr. 7. Der Fall befasste den IGH noch zweimal wegen der sich anschließenden Frage, ob Kolumbien zur Überstellung Haya de la Torres verpflichtet sei: ICJ Rep. 1950, 395 (Asylum II), ICJ Rep. 1951, 71 (Haya de la Torre).

Der IGH erklärte die Gewährung diplomatischen Asyls durch Kolumbien für rechtswidrig. Zwar hielt er regionales Gewohnheitsrecht für grundsätzlich möglich, sah aber noch nicht genügend Anzeichen für die Existenz eines Rechtssatzes, der die Gewährung diplomatischen Asyls in Südamerika trage. In jedem Fall hätte sich Peru einem solchen Anspruch stets widersetzt und wäre somit als *persistent objector* (Rn. 257–258) nicht gebunden. In seinem abweichenden Votum bestätigte dagegen v. a. der chilenische Richter Alvárez die Existenz eines entsprechenden Gewohnheitsrechts in Südamerika.

2. Rechtsüberzeugung (opinio juris)

Die **Rechtsüberzeugung** ist als eine Art innere Tatsache nicht leicht zu belegen. Üblicherweise wird sie unter Rückgriff auf Verlautbarungen und Stellungnahmen der Staatsorgane abgeleitet.[54] Besonders deutlicher Ausdruck einer Rechtsüberzeugung sind Proteste gegen die Rechtsverletzung durch einen anderen Staat. Ironischerweise kann sich so im Augenblick ihrer Verletzung die Existenz einer Gewohnheitsrechtsnorm besonders deutlich manifestieren. Wo es nicht um fremdes, sondern eigenes Verhalten geht, werden die Stellungnahmen oft das staatliche Handeln begleiten oder es wird sich die Überzeugung implizit aus dem Verhalten ergeben. Hier können objektives und subjektives Element des Gewohnheitsrechts zusammenfallen. **255**

An einer Rechtsüberzeugung fehlt es, wo Staaten sich nicht an eine Praxis halten, weil sie sich hierzu rechtlich verpflichtet meinen, sondern aus Gründen der Bequemlichkeit oder der Höflichkeit im internationalen Verkehr. Man spricht hier von **Comity** bzw. (im letztgenannten Fall) von **Courtoisie**.[55] Ein traditionsreiches Beispiel ist das sog. Dippen der Flagge im Seerecht bei der Begegnung mit einem Schiff unter fremder Flagge. **256**

3. Persistent objector

Ein Staat, der eine im Entstehen begriffene Gewohnheitsrechtsnorm nicht gegen sich gelten lassen will, muss seine Ablehnung deutlich machen. Dies geschieht durch Protest, der gegebenenfalls wiederholt werden muss. Er ist dann als sog. **persistent objector** von der neu entstandenen Gewohnheitsrechtsregel ausgenommen. Bei dieser Rechtsfigur ist freilich manches unklar und umstritten.[56] Teilweise wird bestritten, dass es diese Figur überhaupt geben könne; kein Staat dürfe sich auf Dauer gegen den Rest der internationalen Gemeinschaft stellen. Ob sich das Völkerrecht von seinen „westfälischen" Wurzeln schon so weit entfernt hat, wird man zu diskutieren haben. **257**

54 Zu Beispielen ILC, Draft Conclusions, A/CN.4/L.872, v. 30.5.2016, Nr. 10 Abs. 2.

55 Näher *J. A. Kämmerer*, Comity, MPEPIL (12/2006); *T. Schultz/N. Ridi*, Comity and International Courts and Tribunals, CornellILJ 50 (2017), 577.

56 *J. Charney*, The Persistent Objector Rule and the Development of Customary International Law, BYIL 56 (1985), 1; *T. Stein*, The Approach of the Different Drummer: The Principle of the Persistent Objector in International Law, HarvILJ 26 (1985), 457; *D. Colson*, How Persistent Must the Persistent Objector Be?, WashLR 61 (1986), 957; *P. Weil*, Le droit international en quête de son identité, RdC 237 (1992), 9 (189 ff); *H. Lau*, Rethinking the Persistent Objector Doctrine in International Human Rights Law, ChiJIL 6 (2005), 495; *O. Elias*, Persistent Objector, MPEPIL (9/2006); *P. Dumberry*, Incoherent and Ineffective: The Concept of Persistent Objector Revisited, ICLQ 59 (2010), 779; *J. Green*, The Persistent Objector Rule in International Law, 2016.

Auf einem anderen Blatt steht, dass auf tatsächlicher Ebene die politischen Kosten für den „widerständigen" Staat auf längere Sicht oft zu hoch sind und ein Einlenken stattfindet.[57] Nicht zulässig ist der Widerstand gegen eine etablierte oder sich formierende Regel des zwingenden Völkerrechts. Dies folgt aus dem verfassungsähnlichen Charakter des *ius cogens*, findet aber auch in der Staatenpraxis einen gewissen Rückhalt.

So wurde Südafrika zur Zeit der Apartheid der Status eines *persistent objector* nicht zuerkannt, weil das Prinzip der Rassentrennung gegen zwingendes Völkerrecht verstieß. Im Fall *Domingues v. USA* (2002) hat die Interamerikanische Menschenrechtskommission entgegen der US-Praxis in der Todesstrafe gegen Minderjährige einen Verstoß gegen das universelle *ius cogens* gesehen.[58] Unter Hinweis auf die gewandelte internationale Praxis und Rechtsüberzeugung erklärte 2005 dann auch der *U.S. Supreme Court* im Urteil *Roper v. Simmons* die Verhängung der Todesstrafe gegen minderjährige Täter für verfassungswidrig.[59]

258 Unklarheiten bei der Figur des *persistent objector* beziehen sich auf die Häufigkeit und Frequenz der Proteste. Wie hartnäckig die eigene Position gegen den Rest der Welt vertreten werden muss, lässt sich nicht allgemein sagen, sondern nur anhand des Einzelfalls beurteilen. Die Rechtsfigur bleibt also insgesamt schemenhaft und vermag eher in der Theorie denn in der Praxis, souveräne Vorbehaltsrechte des Staates gegen einen unerwünschten Wandel des Völkerrechts abzusichern.

II. Feststellung von Gewohnheitsrecht

259 Ein Problem beim Gewohnheitsrecht ist seine Feststellung. Nach traditioneller Auffassung ist die Praxis das Primäre, so dass zunächst die einschlägige Staatenpraxis zusammenzutragen ist, um anschließend Indizien für eine Überzeugung zu sammeln, dass diese Praxis Ausdruck einer Rechtspflicht ist.[60] Diese Aufgabe wird erleichtert, wenn man einem moderneren Ansatz folgend umgekehrt an der Rechtsüberzeugung ansetzt und für diese Bestätigungen in der Staatenpraxis sucht. Im Nicaragua-Urteil von 1986 hat der IGH in diesem Sinne formuliert: „The Court must satisfy itself that the existence of the rule in the *opinio juris* of States is confirmed by practice."[61] Unterstützend gibt es die Möglichkeit, Rechtsprechung und Literatur als Rechtserkenntnisquellen heranzuziehen (vgl. Art. 38 Abs. 1 lit. d IGH-Statut). Dennoch bleibt die Arbeit oft eine mühselige, die keine eindeutigen Ergebnisse zu Tage fördert. Da gegen Gewohnheitsrecht verstoßen werden kann (nicht darf!), sind – auch wiederholte – Fälle von Nichtbeachtung noch kein Grund, das Bestehen einer gewohnheitsrechtli-

---

57 *M. Byers*, Custom, Power and the Power of Rules, 1999, 102 ff, 181 f, sowie *V. Fon/F. Parisi*, Stability and Change in International Customary Law, Supreme Court Economic Review 17 (2009), 279.

58 Report 62/02 v. 22.10.2002, §§ 52 ff, siehe http://www1.umn.edu/humanrts/cases/62-02.html.

59 U.S. Supreme Court, Urteil v. 1.3.2005, 543 U.S. 551 (2005) 112.

60 Vgl. IGH, Urteil v. 20.2.1969, North Sea Continental Shelf Cases (Federal Republic of Germany v. Denmark and Netherlands), ICJ Rep. 1969, 3, § 77; siehe Anhang, Nr. 12.

61 IGH, Case concerning Military and Paramilitary Activities in and against Nicaragua (Nicaragua v. USA), Urteil II (Merits) v. 27.6.1986, ICJ Rep. 1986, 14, § 184; siehe Anhang, Nr. 18. Zu diesem Ansatz näher *M. H. Mendelson*, The Formation of Customary International Law, RdC 272 (1998), 155 (378 ff). Zur Methode des IGH zugespitzt *S. Talmon*, Determining Customary International Law: The ICJ's Methodology between Induction, Deduction and Assertion, EJIL 26 (2015), 417: weder deduktiv noch induktiv, sondern schlicht behauptend.

chen Pflicht zu verneinen.[62] Bei zahlreichen Regeln ist daher **umstritten**, ob sie gewohnheitsrechte Geltung beanspruchen können oder nicht. Um Streit über die Existenz einer Gewohnheitsrechtsnorm zu vermeiden, bietet sich die Verschriftlichung an. Insbesondere die UN-Völkerrechtskommission (ILC) ist mit der Ausarbeitung völkerrechtlicher Verträge befasst, die zu einem großen Teil bereits gewohnheitsrechtlich geltendes Völkerrecht **kodifizieren**, aber darüber hinaus auch neue Regelungen enthalten können.[63] Auf diese Weise kann Gewohnheitsrecht zusätzlich vertragliche Geltung erlangen, was den Streit über die gewohnheitsrechtliche Geltung erübrigt und auch mit größerer Genauigkeit den Inhalt der Norm bestimmen lässt.

Umgekehrt kann auch **aus Vertragsrecht Gewohnheitsrecht** entstehen, wenn Staa- **260**
ten vertragliche Pflichten unabhängig von einer vertraglichen Verpflichtung als bindend betrachten (z. B. Genfer Rotkreuz-Konventionen, Gewaltverbot aus Art. 2 Nr. 4 UNCh). Hierzu hat der IGH in seinem Festlandsockel-Urteil von 1969 richtungweisende Aussagen getroffen. Danach muss es sich um Regelungen mit einem grundlegenden normbildenden Charakter[64] handeln, die sich aus einem Vertrag mit umfassender und repräsentativer Beteiligung ergeben und eine nahezu (!) einheitliche Staatenpraxis zur Folge haben. Die ILA hält es in ihrer Prinzipienerklärung in seltenen Ausnahmefällen sogar für möglich, dass ein Vertrag aus sich heraus („of its own impact") Gewohnheitsrecht schafft, wenn er seinem Inhalt nach auf eine universelle Geltung gerichtet ist. Sie nennt hier die UN-Charta (vgl. Art. 2 Nr. 6 UNCh) sowie Teile der Genfer Rotkreuz-Konventionen.[65] Man wird auch den Nichtverbreitungsvertrag zu diesen Fällen rechnen können (vgl. Rn. 1158).

Festlandsockel-Fall (IGH 1969)[66] Die Bundesrepublik Deutschland stritt mit Dänemark und den Niederlanden vor dem IGH um die Abgrenzung ihrer aneinandergrenzenden Festlandsockel in der Nordsee. Art. 6 der Genfer Konvention über den Festlandsockel von 1958 sah hierfür die Anwendung des Äquidistanzprinzips vor. Die Bundesrepublik war nicht Partei der Genfer Konvention und somit nicht an sie gebunden, Dänemark und die Niederlande behaupteten jedoch, die Regel in Art. 6 habe sich seit 1958 zu allumfassend geltendem Völkergewohnheitsrecht entwickelt.

Der IGH stellte fest, dass eine völkervertragliche Regelung zu Völkergewohnheitsrecht werden kann, wenn ihr ein grundlegender normbildender Charakter zukommt. Dies kann auch in relativ kurzer Zeit erfolgen, wenn der Vertrag umfassende und repräsentative Beteiligung erfährt. Die Staatenpraxis muss in dieser Zeit weitverbreitet und nahezu einheitlich sein. Zudem müssen die Staaten dabei die notwendige *opinio juris* haben, d. h. die Ansicht, dass sie in Übereinstimmung mit einer völkerrechtlichen Verpflichtung handeln und nicht nur aus Courtoisie, Bequemlichkeit oder Tradition. Im konkreten Fall hielt der IGH die Staatenpraxis nicht für ausreichend, damit Art. 6 zu Völkergewohnheitsrecht erstarken konnte.

62 Vgl. IGH, Case concerning Military and Paramilitary Activities in and against Nicaragua (Nicaragua v. USA), Urteil II (Merits) v. 27.6.1986, ICJ Rep. 1986, 14, § 186.

63 Zur ILC näher Rn. 147.

64 *A. D'Amato*, The Concept of Custom in International Law, 1971, 105 ff. Dazu schon Rn. 195.

65 ILA, Statement of Principles Applicable to the Formation of General Customary International Law, London Conference, Juli 2000, Prinzip 27.

66 IGH, Urteil v. 20.2.1969, North Sea Continental Shelf Cases (Federal Republic of Germany v. Denmark and Netherlands), ICJ Rep. 1969, 3, §§ 70 ff; siehe Anhang, Nr. 12.

III. „Ex iniuria ius oritur?" („Geht aus Unrecht Recht hervor?")

261 Eine neue Regel des Gewohnheitsrechts entsteht nicht im rechtlichen Vakuum. Wo Staaten sich selbst eines bisher erlaubten Verhaltens aus Rechtsgründen enthalten, gibt es keine Probleme; diese Selbstbindung ist als Ausdruck der Souveränität stets zulässig. Anders sieht es aber aus, wenn Staaten für sich Rechte reklamieren, die nach bisherigem Völkerrecht ausgeschlossen waren oder wenn ein Staat für ein bislang nicht verbotenes Verhalten von anderen Staaten erstmals zur Verantwortung gezogen wird. Selbst wenn sich die neue Praxis als Gewohnheitsrecht durchsetzen sollte: In beiden Fällen entsteht die neue Norm im **Widerspruch zum bisherigen Völkerrecht**. Da es einer Übung von einiger Dauer bedarf, um Gewohnheitsrecht zu schaffen, verstoßen die ersten Fälle der neuen Praxis gegen das zu ihrer Zeit geltende Völkerrecht und erhalten ihre Legitimation damit erst im Nachhinein.[67]

Ein Beispiel für den ersten Fall ist die Entwicklung der Ausschließlichen Wirtschaftszonen (heute Art. 55 ff SRÜ): Ursprünglich begann hinter dem Küstenmeer die Hohe See, die allen Staaten zur Nutzung offenstand. Als erstmals Küstenstaaten für sich Ausschließliche Fischereizonen von bis zu 200 Seemeilen beanspruchten, verdrängte dies die anderen Staaten aus ihren bisherigen Nutzungsrechten. Ein Beispiel für den zweiten Fall sind die Nürnberger Kriegsverbrecherprozesse, namentlich die Verfolgung wegen der Vorbereitung und Führung eines Angriffskrieges. Zwar war die Ächtung des Angriffskrieges bereits 1928 durch den Briand-Kellogg-Pakt erfolgt; dass aber der Verstoß hiergegen nicht nur die Staatenverantwortlichkeit des Deutschen Reichs, sondern auch erstmals wirksam die strafrechtliche Verantwortlichkeit der Spitzen von Regierung und Militär zur Folge hatte, war seinerzeit einer der Hauptkritikpunkte der Verteidigung.

262 Es fehlt daher nicht an Versuchen, die **Etablierung neuer Regeln** des Völkerrechts **zu erleichtern**, indem man die Anforderungen an Dauer oder Häufigkeit der Anwendungsfälle reduziert. In dem soeben erwähnten Festlandsockel-Fall hat der IGH es z. B. für möglich gehalten, dass eine weit verbreitete Praxis auch innerhalb relativ kurzer Zeit neues Recht schaffen kann; Dauer und Verbreitung bilden so „kommunizierende Röhren" innerhalb des objektiven Elements. Befürwortet wird auch eine pragmatische „Verrechnung" von Praxis und *opinio iuris*: Je deutlicher und verbreiteter eine Rechtsüberzeugung geäußert wird, desto weniger Praxis ist nötig, um die neue Norm gewohnheitsrechtlich zu etablieren.[68]

Für die Nürnberger Prozesse ist so z. B. auf die einstimmige Resolution 95 vom 11. Dezember 1946 verwiesen worden, in denen die UN-Generalversammlung die Nürnberger Grundsätze bekräftigte.

Erleichtert wird dieser Schluss von der Rechtsüberzeugung auf die Praxis, wenn man – entgegen der traditionellen Sicht – in der *opinio iuris* von vornherein das primäre Element des Gewohnheitsrechts erblickt.[69] Diese Fokussierung auf die Rechtsüber-

67 Vgl. *M. Hakimi*, Unfriendly Unilateralism, HarvILJ 55 (2014), 105, zur Rolle „unfreundlicher" unilateraler Akte bei der Fortentwicklung des Völkerrechts.

68 Vgl. *F. Kirgis*, Custom on a Sliding Scale, AJIL 81 (1987), 146; *M. H. Mendelson*, The Formation of Customary International Law, RdC 272 (1998), 155 (382 ff); ILA, Statement of Principles Applicable to the Formation of General Customary International Law, London Conference, Juli 2000, Prinzip 19.

69 So z. B. *R. Ago*, Science juridique et droit international, RdC 90 (1956-II), 851, insbes. 938 ff; *J. Delbrück*, Structural Changes in the International System and its Legal Order, SZIER 11 (2001), 1 (29 ff).

zeugung wird in der umstrittenen Figur des *instant custom* noch zugespitzt. Insbesondere für das Weltraumrecht wurde erwogen, ob dieses bereits mit den ersten UN-Resolutionen sogleich zu Gewohnheitsrecht geworden sei.[70] Die Vorstellung eines „sofortigen Gewohnheitsrecht" bricht jedoch mit dem Grundcharakter dieser Rechtsquelle: Ganz gleich, welches Element man als das primäre ansieht, von „Gewohnheit" kann man nur bei gewissen Verhaltensmustern sprechen, die durch einen Einzelfall noch nicht in Erscheinung getreten sein können. Nicht in den anerkannten Rechtsquellenkanon einzupassen sind schließlich auch Positionen, die das Gewohnheitsrecht als eine Art *declaratory law*[71] betrachten, bei dem auf Praxis ganz verzichtet werden könne. In der Folge sollen v. a. Resolutionen der UN-Generalversammlung oder von UN-Weltgipfeln ohne weiteres Gewohnheitsrecht etablieren können. Hier werden die Grenzen zwischen Recht und Nicht-Recht verwischt. Die Beispiele zeigen jedoch, dass und wie das Völkergewohnheitsrecht unter den Bedingungen eines rapiden technologischen Wandels oder einer tief gehenden moralischen Empörung einen beschleunigten Wandel erfahren kann.[72]

Die gelegentlich (z. B. im Zusammenhang mit der *responsibility to protect* [Rn. 314–315]) anzutreffende Formulierung, es handle sich bei einer Regel um eine „emerging norm", bringt diese Spannungslage auch begrifflich zum Ausdruck: Eine **„im Entstehen begriffene" Norm** ist (noch) nicht Bestandteil des Völkerrechts, wird aber – eine sich verfestigende Rechtsüberzeugung und eine entsprechende Be(s)tätigung in der Praxis vorausgesetzt – als Kandidat für den Status einer Rechtsnorm behandelt.[73]

Der hier gebotene Überblick hat eine Reihe von Unschärfen des Gewohnheitsrechts **263**
angesprochen, in denen sich das Potential dieser Rechtsquelle für eine **Fortentwicklung des Völkerrechts auch ohne oder gegen den Willen einzelner Staaten** verbirgt.[74] Während im Bereich des Vertragsrechts eine Bindung ohne Einwilligung nicht stattfindet und Widerstände einzelner Staaten nur im Rahmen vertraglicher Ermächtigung überwunden werden können (z. B. durch Sekundärrecht Internationaler Organisationen oder durch satzungsgemäße Mehrheitsbeschlüsse), eröffnet das Gewohnheitsrecht gewisse Spielräume für das Überspielen einzelner Abweichler:[75]

---

70 *B. Cheng*, United Nations Resolutions on Outer Space: "Instant" Customary Law?, IJIL 5 (1965), 23. Vertieft diskutiert von *M. H. Mendelson*, The Formation of Customary International Law, RdC 272 (1998), 155 (370 ff); *D. G. Mejia-Lemos*, Some Considerations Regarding "Instant International Customary Law", Fifty Years Later, IJIL 55 (2015), 85. Allgemein auch *R. Ago*, Der Begriff des positiven Rechts in der Völkerrechtstheorie, AVR 6 (1956/57), 257 (301 ff).

71 Dazu *R. J. Dupuy*, Declaratory Law and Programmatory Law: From Revolutionary Custom to "Soft Law", FS B.V.A. Röling, 1977, 247; *D. Jones*, The Declaratory Tradition in Modern International Law, in: Nardin/Maple (Hg.), Traditions of International Ethics, 1992, 42. Im Ergebnis ähnlich *N. Petersen*, Der Wandel des ungeschriebenen Völkerrechts im Zuge der Konstitutionalisierung, AVR 46 (2008), 502.

72 *M. Scharf*, Customary International Law in Times of Fundamental Change, 2013, spricht insoweit von „Grotius-Momenten" („Grotian moments") der Völkerrechtsentwicklung.

73 Näher *A. v. Arnauld*, Werdende Norm oder politisches Konzept? Zur völkerrechtlichen Einordnung der Responsibility to Protect, in: Staack/Krause (Hg), Schutzverantwortung in der Debatte, 2015, 55.

74 Dazu vertiefend *C. Tomuschat*, Obligations Arising for States Without or Against Their Will, RdC 241 (1993), 195. Zur Forderung gewendet bei *A. Guzman*, Against Consent, VJIL 52 (2012), 747; *W. Staff*, Customary International Law: A Vehicle on the Road from Istopia to Eutopia?, GYIL 60 (2017), 423.

75 Rechtsphilosophische Kritik an dieser unterschiedlichen Behandlung des Konsensprinzips im Vertrags- und Gewohnheitsrecht übt *R. Schmücker*, Gesetzgebung durch Verträge, in: Kamp/Thiele (Hg.), Erkennen und Handeln, 2009, 393.

durch die Unklarheit über die genauen Inhalte und die Rechtswirkungen zwingenden Völkerrechts (dazu Rn. 288–294); über die Möglichkeit, den Geltungsbereich vertraglicher Normen durch einen Übergang ins Gewohnheitsrecht zu erweitern, dessen Voraussetzungen nicht präzise zu benennen sind; durch das Abstellen auf die Praxis und Rechtsüberzeugung lediglich einer überwiegenden Zahl der Staaten; durch offene Fragen rund um den *persistent objector*; durch Verrechnungen des objektiven und subjektiven Elements. Hinzu tritt, dass neu entstehende Staaten in das zum Zeitpunkt ihrer Entstehung existierende Völkergewohnheitsrecht hineintreten (Rn. 107). Da all diese Unschärfen den Streit über die Existenz bzw. den Inhalt einer Gewohnheitsrechtsnorm befeuern, kommt den autoritativen Rechtserkenntnisquellen des Art. 38 Abs. 1 lit. d IGH-Statut, namentlich den **internationalen Gerichten**, hier eine nicht zu unterschätzende Rolle bei der Fortentwicklung des Völkerrechts zu.

D. Allgemeine Rechtsgrundsätze

264 Allgemeine Rechtsgrundsätze **in einem weiteren Sinne** sind Normen, die grundlegende Vorstellungen von Recht und Gerechtigkeit verkörpern und die in allen Rechtsordnungen anerkannt sind. Unterscheiden kann man hier:

- **Grundbedingungen jeder Rechtsordnung:** Hierzu zählt z. B. der Grundsatz *pacta sunt servanda* („Verträge sind einzuhalten"). Ohne die Verbindlichkeit von Verträgen und – im übertragenen Sinn – ganz allgemein von Recht, kann keine Rechtsordnung existieren. Letztlich geht es hier um die Grundnorm(en) des Rechts.
- **Grundsätze aus der spezifischen Natur des Völkerrechts**, wie z. B. die souveräne Gleichheit der Staaten oder das Interventionsverbot. Hier handelt es sich um Grundsätze der internationalen Beziehungen, bei denen von einer gewohnheitsrechtlichen Geltung ausgegangen werden kann.
- **Grundsätze der Rechtslogik:** Zu diesen zählen formale Grundsätze wie der Vorrang der speziellen Rechtsnorm vor der allgemeinen, der neueren vor der älteren, der höherrangigen vor der niederrangigen. Ihre Allgemeinheit folgt aus der Bezogenheit auf normtheoretische Aspekte.

265 In einem engeren Sinne werden als allgemeine Rechtsgrundsätze **übereinstimmende Regeln staatlicher Rechtsordnungen** bezeichnet. Im nach wie vor weitgehend fragmentarischen Völkerrecht (Rn. 41) erfüllen sie die Funktion, Lücken dort zu schließen, wo der Rückzug auf die staatliche Souveränität nicht angemessen erschiene. Voraussetzung für einen solchen Transpositionsakt vom nationalen Recht auf die Ebene des Völkerrechts ist, dass (1) die betreffende Regel „von den Kulturvölkern anerkannt" ist und dass (2) sie sich sinnvoll auf die internationale Ebene übertragen lässt. Etabliert sich ein solcher allgemeiner Rechtsgrundsatz auf internationaler Ebene, so kann er in Gewohnheitsrecht übergehen.

266 Die **„Kulturvölker"**, von denen Art. 38 Abs. 1 lit. c IGH-Statut spricht, sind nach heute überwiegender Auffassung alle Mitgliedstaaten der Vereinten Nationen; andere wollen etwa auf die Achtung der universell anerkannten Menschenrechte abstellen. Dennoch muss in der Praxis nicht nach der Anerkennung von Rechtsgrundsätzen in

sämtlichen Staaten gefahndet werden. Es genügt vielmehr, wenn bei dem erforderlichen Rechtsvergleich repräsentative Rechtsordnungen aus den großen Rechtskreisen („Rechtsfamilien") der Welt berücksichtigt werden (v. a. angloamerikanisch, kontinentaleuropäisch, südamerikanisch, ostasiatisch, afrikanisch, islamisch-arabisch; früher auch: sozialistisch). Das IGH-Statut erreicht dies organisatorisch durch eine **Zusammensetzung des IGH**, die gemäß Art. 9 Angehörige aller großen Rechtskreise erfassen muss. (Eine gewisse Dominanz des anglo-amerikanischen Rechtsdenkens dürfte allerdings nicht zuletzt dem Umstand zu verdanken sein, dass die meisten IGH-Richter zumindest auch in den USA oder in Großbritannien ausgebildet wurden.)

Bei der Frage, welche Grundsätze sich zu einer Transposition auf die internationale **267** Ebene eignen, offenbart sich einmal mehr der im Kern **genossenschaftliche Charakter** des Völkerrechts: Neben Grundsätzen des Prozessrechts (z. B. Rechtskraft von Urteilen nach den Grundsätzen der *res iudicata* oder Grundsatz des rechtlichen Gehörs) sind es v. a. **dem Privatrecht entstammende** Grundsätze, die den Weg in das Völkerrecht geschafft haben. Zu diesen zählen u. a. folgende Grundsätze:

- Auch im Völkerrecht hat sich der Rechtsverkehr an **Treu und Glauben** *(good faith, bona fide)* zu orientieren.[76] Dem Treue-Grundsatz verwandt ist das Verbot widersprüchlichen Verhaltens *(venire contra factum proprium)*, das Elemente des Vertrauensschutzes in sich aufnimmt.[77] Vor allem in Prozessen wird widersprüchliches Verhalten durch das dem *Common Law* entstammende Prinzip des *estoppel* sanktioniert: Setzt sich eine Prozesspartei zu ihrem bisherigen Verhalten oder Vorbringen in Widerspruch, ist sie mit dem neuen Argument ausgeschlossen („estopped").[78] Die Abgrenzung dieser sich teilweise überschneidenden Grundsätze ist nicht zuletzt wegen ihrer Herkunft aus unterschiedlichen Rechtskreisen nicht immer leicht möglich.
- Dass ein Staat für sein völkerrechtswidriges Verhalten einzustehen und **Wiedergutmachung** zu leisten hat, leitet sich ebenfalls aus den übereinstimmenden nationalen Rechtsordnungen ab, ist aber inzwischen auf internationaler Ebene auch gewohnheitsrechtlich anerkannt.
- Auch der **Rechtsverlust durch Zeitablauf** (Verjährung, Ersitzung) ist ein Grundsatz, der nationalen Rechtsordnungen entstammend in das Völkerrecht importiert wird.

Die Herleitung allgemeiner Grundsätze **aus dem öffentlichen Recht** scheitert im Un- **268** terschied zu privatrechtlichen Grundsätzen oft bereits daran, dass solche Prinzipien nicht in allen Staaten anerkannt sind. Dies liegt v. a. an den unterschiedlichen politischen Systemen. So sind z. B. demokratische Strukturen längst nicht in allen Staaten vorhanden. Auch die Menschenrechte, zu denen sich in der einen oder anderen Form alle Staaten der Erde auch in ihrem innerstaatlichen Recht zumindest formal beken-

76 *M. Kotzur*, Good Faith (Bona fide), MPEPIL (1/2009). Näher *J. O'Connor*, Good Faith in International Law, 1991; *R. Kolb*, Principles as Sources of International Law (With Special Reference to Good Faith), NILR 53 (2006), 1; *ders.*, Good Faith in International Law, 2017.

77 Dazu vertiefend *J. P. Müller*, Vertrauensschutz im Völkerrecht, 1971.

78 Zu diesem Grundsatz m. w. N. *T. Cottier/J. P. Müller*, Estoppel, MPEPIL (4/2007). Eingehend *A. Martin*, L'estoppel en droit international public, 1979; *Y. Youakim*, Estoppel in International Law, 1994; *A. Kulick*, Estoppel im Völkerrecht, AVR 52 (2014), 522. Rechtsvergleichend *B. Fauvarque-Cosson* (Hg.), La confiance légitime et l'estoppel, 2007.

nen, lassen sich auf internationaler Ebene besser über Verträge oder Gewohnheitsrecht verankern.

E. Sonstige Rechtsquellen und Rechtserkenntnisquellen

I. Einseitige Akte

269 Einseitige Akte können im Völkerrecht ebenfalls Rechtsfolgen auslösen. Die vielfältigen Formen lassen sich auf unterschiedliche Weisen typisieren. Namentlich kann man selbstständige einseitige Akte von einseitigen Rechtshandlungen im Rahmen von Vertragsbeziehungen unterscheiden. Von letzteren (Vorbehalte, Beitritt, Kündigung usw.) war bereits im Rahmen des Vertragsrechts die Rede, so dass es hier nur um selbstständige Akte gehen soll. Selbstständige einseitige Akte kommen in den folgenden Formen vor:

- einseitige rechtsgeschäftliche Handlungen
- Protest gegen fremdes Verhalten
- Anerkennungen ohne rechtsgeschäftliche Bedeutung

Nur bedingt zu den einseitigen (Rechts-)Akten gehört die **Notifizierung**. Diese ist die bloße Mitteilung über eine rechtserhebliche Tatsache.

1. Einseitige rechtsgeschäftliche Handlungen

270 Völkerrechtssubjekte können durch einseitige Erklärung gegenüber einem anderen Völkerrechtssubjekt oder der internationalen Gemeinschaft als ganzer Verpflichtungen übernehmen, wie sie auch typischerweise durch Vertrag begründet werden. Im Unterschied zu einem Vertrag wird die Erklärung aber nicht mit Blick auf eine Gegenerklärung abgegeben. Hierzu können gehören: die **Anerkennung** fremder Rechtsansprüche, der **Verzicht** auf eigene Rechtsansprüche oder das **Versprechen** eines künftigen Verhaltens. Die Verbindlichkeit eines gegebenen Wortes folgert der IGH aus dem allgemeinen Rechtsgrundsatz von **Treu und Glauben**; die Rechtsverbindlichkeit ist also auf einen allgemeinen Rechtsgrundsatz im Sinne von Art. 38 Abs. 1 lit. c IGH-Statut „aufgesattelt".[79]

Der StIGH hat diese Möglichkeit der völkerrechtlichen Selbstbindung erstmals im Streit Dänemarks und Norwegens über Ostgrönland bestätigt. Hier wertete er eine Erklärung des früheren norwegischen Außenministers *Ihlen* aus dem Jahre 1919, die norwegische Seite werde Dänemark hinsichtlich seines Anspruchs auf ganz Grönland „keine Schwierigkeiten" machen, als Verzicht auf territoriale Ansprüche Norwegens.[80]

---

79 Vor allem IGH, Urteile v. 20.4.1974, Nuclear Tests (Australia v. France, New Zealand v. France), ICJ Rep. 1974, 253, bzw. ICJ Rep. 1974, 457. Zu dieser Klasse einseitiger Akte auch die Leitprinzipien *(Guiding Principles Applicable to Unilateral Declarations of States Capable of Creating Legal Obligations)* der ILC von 2006, A/61/10, 367.

80 StIGH, Urteil v. 5.4.1933, Legal Status of Eastern Greenland (Denmark v. Norway), PCIJ Ser. A/B 53 (1933), 22 (71); siehe Anhang, Nr. 4. Z. T. wird die *Ihlen*-Erklärung allerdings auch als Teil eines mündlich geschlossenen Vertrags zwischen beiden Staaten angesehen.

Um politische Äußerungen von rechtsverbindlichen einseitigen Erklärungen abzugrenzen, bedarf es bestimmter **Voraussetzungen**:[81] 271

- **Zuständigkeit** des versprechenden Staatsorgans (wer verspricht etwas?)
- hinreichende inhaltliche **Bestimmtheit** (was wird versprochen?)
- Ernsthaftigkeit und **Rechtsbindungswille** (wird etwas versprochen?)

Ob ein Rechtsbindungswille vorliegt, ist danach zu bestimmen, wie die fragliche Aussage unter den konkreten Umständen von einem objektiven Beobachter verstanden werden konnte **(objektivierter Empfängerhorizont)**. Insbesondere reicht eine mündliche Erklärung aus. Schriftform ist also nicht erforderlich.

Nukleartest-Fälle (IGH 1974)[82] Australien und Frankreich (sowie Neuseeland und Frankreich) stritten vor dem IGH über die Zulässigkeit von atmosphärischen Atomtests, die Frankreich im Südpazifik durchführte. Als Sachurteilsvoraussetzung prüfte der IGH zunächst, ob überhaupt ein Streit zwischen den Parteien vorlag. Dies war streitig, da Frankreich nunmehr einseitig erklärt hatte, keine weiteren Atomtests unternehmen zu wollen. Handelte es sich dabei um eine völkerrechtlich verbindliche einseitige Erklärung, die zur Beendigung des Verfahrens führen musste?

Der IGH präzisierte in seiner Entscheidung die Anforderungen an die Verbindlichkeit einseitiger Erklärungen. Einseitige Erklärungen, die öffentlich und mit Rechtsbindungswillen abgegeben wurden, können grundsätzlich verbindlich sein. Nicht erheblich ist, ob die Erklärung mündlich oder schriftlich abgegeben wurde. Zentrale Bedeutung für die Beurteilung der Verbindlichkeit von Rechtsakten hat dagegen der Grundsatz von Treu und Glauben. Offizielle Verlautbarungen des Staatschefs oder von Ministern kommt eher Verbindlichkeit zu als Erklärungen von anderen Staatsorganen. Auch die Umstände der Bekanntgabe, die generelle Natur, der Charakter und der politische Kontext der Erklärung sind relevant für die Beurteilung der Verbindlichkeit. Nach diesen Maßstäben betrachtete der IGH die vom französischen Präsidenten abgegebene Erklärung als verbindlich. Damit hatte Australien (wie auch Neuseeland im Parallelverfahren) sein Ziel erreicht und der IGH beendete das Verfahren ohne Entscheidung in der Sache.

2. Protest

Mit einem Protest bringt ein Völkerrechtssubjekt zum Ausdruck, dass es das Verhalten eines anderen Völkerrechtssubjekts für rechtswidrig bzw. eine Rechtsbehauptung für unzutreffend hält. Der Protest dient der **Rechtswahrung** auf Seiten des Protestierenden: Er verhindert, dass dieser eines Rechts im Wege der *acquiescence* (dazu sogleich) verlustig geht; er kann erreichen, dass eine im Entstehen begriffene Norm des Gewohnheitsrechts den Protestierenden nicht erfasst;[83] geht es um eine Änderung zwingenden Völkerrechts können Proteste die Rechtsänderung sogar ganz verhindern, da diese Normen von der internationalen Gemeinschaft als ganzer getragen sein müssen. Dies gibt dem einzelnen Staat (oder zumindest einer Gruppe von Staaten) eine Vetoposition bei Veränderung der Grundwerte der Völkerrechtsgemeinschaft. 272

81 Vgl. dazu auch *A. v. Arnauld*, Klausurenkurs im Völkerrecht, 3. Aufl. 2018, Fall 1.

82 IGH, Urteile v. 20.4.1974, Nuclear Tests (Australia v. France, New Zealand v. France), ICJ Rep. 1974, 253, § 46 bzw. ICJ Rep. 1974, 457, § 49; siehe Anhang, Nr. 15.

83 Zum *persistent objector* Rn. 257–258.

273 Wird ein Protest unterlassen, wo er zu erwarten gewesen wäre, kann auf Seiten des sich still Verhaltenden ein Rechtsverlust eintreten: Er wird so behandelt, als habe er stillschweigend in die Situation eingewilligt. Über diesen Grundsatz der sog. **acquiescence** (entspricht dem römisch-rechtlichen Grundsatz *qui tacet consentire videtur si loqui debuisset ac potuisset*: „wer schweigt, scheint zuzustimmen, wenn er hätte reden müssen und können", kurz: Qui-tacet-Grundsatz) ist es also möglich, dass rechtsgeschäftliche (oder auch gewohnheitsrechtliche) Bindungen durch Schweigen eintreten oder erlöschen.[84] Hier wird aus Anlass einer einseitigen Erklärung ein Konsens der Beteiligten unwiderleglich vermutet.

So blieb z. B. die Erklärung Österreichs von 1990, dass es die Rüstungsbeschränkungsklauseln im österreichischen Staatsvertrag von 1955 als obsolet betrachte, unwidersprochen, weswegen die Klauseln auch mit Wirkung gegenüber den Vertragsparteien als erloschen anzusehen sind.

Tempel von Preah Vihear (IGH 1962)[85] Kambodscha und Thailand stritten sich über das Gebiet des Tempels von Preah Vihear im Grenzgebiet zwischen beiden Staaten. Thailand stützte sich auf einen Vertrag des Königreichs Siam (das heutige Thailand) mit Frankreich (der damaligen Protektoratsmacht für Kambodscha) aus dem Jahre 1904, der dieses Gebiet Thailand zuordnete. Kambodscha dagegen berief sich auf eine Karte, die von französischen Experten im Auftrag einer durch den Vertrag eingesetzten Grenzkommission 1907 erstellt wurde. Dieser Karte zufolge, die an Thailand übergeben und auch veröffentlich wurde, gehörte das Gebiet zu Kambodscha.

Der IGH sprach das Gebiet des Tempels Kambodscha zu. Zur Begründung stellte es auf die Karte ab, die Thailand bekannt gewesen sei. Von Thailand wäre zu erwarten gewesen, gegen den unrichtigen Grenzverlauf zu protestieren. Indem Thailand den Protest hiergegen unterlassen habe, habe es stillschweigend den veränderten Grenzverlauf akzeptiert. Auf einen Irrtum könne sich Thailand nicht berufen, weil dieser vermeidbar gewesen sei.

Das Urteil hatte keine befriedende Wirkung, nicht zuletzt, weil nur der engere Tempelbezirk Gegenstand des Verfahrens war. Seit Ende der 1990er Jahre kam es erneut zu Spannungen, die Anfang 2011 in bewaffnete Auseinandersetzungen zwischen beiden Staaten mündeten. Kambodscha hat im Mai 2011 den IGH um eine Interpretation seines Urteils von 1962 ersucht. In einer einstweiligen Anordnung v. 18. Juli 2011 hat der IGH um den Tempel herum eine demilitarisierte Zone festgelegt und beide Parteien zum sofortigen Rückzug ihrer Truppen aus dieser Zone aufgefordert. In seinem Auslegungs-Urteil v. 11. November 2013 erklärte der IGH, dass der gesamte Tempelberg zu Kambodscha gehöre.

84 Vgl. IGH, Urteil v. 18.12.1951, Fisheries (Great Britain v. Norway), ICJ Rep. 1951, 116 (139). Siehe auch noch IGH, Urteil v. 15.6.1962, Temple of Preah Vihear, ICJ Rep. 1962, 6 (23, 27 ff). Hilfreiche Anhaltspunkte in: Juridical Regime of Historic waters including historic bays, Study prepared by the Secretariat, YBILC 1962 II, 1, §§ 106 ff. Aus der Literatur *I. MacGibbon*, Customary International Law and Acquiescence, BYIL 33 (1957), 115; *V. D. Degan*, Sources of International Law, 1997, 322 ff, 348 ff. Zum Verhältnis von *acquiescence* und *estoppel* (Überschneidungen, aber keine Identität) *D. Bowett*, Estoppel Before International Tribunals and its Relation to Acquiescence, BYIL 33 (1957), 197. Siehe auch *A. v. Arnauld*, Klausurenkurs im Völkerrecht, 3. Aufl. 2018, Fall 1.

85 IGH, Urteil v. 15.6.1962, Temple of Preah Vihear (Cambodia v. Thailand), ICJ Rep. 1962, 6; siehe Anhang, Nr. 10.

3. Anerkennung

Anerkennungserklärungen können je nach ihrem Gegenstand unterschiedliche Wirkungen im Völkerrecht haben. In Bezug auf **Völkerrechtssubjekte** wurde bereits ausgeführt, dass die Anerkennung von *Staaten* lediglich deklaratorische Bedeutung hat, während die Anerkennung einer *Internationalen Organisation* diese im Verhältnis zu dem anerkennenden Staat überhaupt erst zum Völkerrechtssubjekt macht (relative Völkerrechtspersönlichkeit, siehe Rn. 118). 274

In Bezug auf **Kräfte innerhalb eines Staates** gilt: Die Anerkennung einer **Regierung** ist bloß ein politisch bedeutsamer Akt; wird aber eine „Gegenregierung" anerkannt, die nicht über die effektive Gewalt im Staat verfügt, liegt (wie bei der vorzeitigen Anerkennung als Staat in Sezessionsfällen) ein Verstoß gegen das Interventionsverbot vor (Rn. 100–102, 365). Durch Anerkennung von **Aufständischen** als Kriegführende kann die bekämpfte Regierung erreichen, dass „Kriegsrecht" Anwendung findet, was mit Blick auf den Schutz Verwundeter und Gefangener von Vorteil sein kann. Ein solcher Schritt ist seit langem unüblich geworden. Durch die Erstreckung des Humanitären Völkerrechts auch auf den nicht-internationalen bewaffneten Konflikt besteht heute kaum noch Bedürfnis nach einer solchen „Aufwertung" der Insurgenten. 275

Anerkennungen können auch in Bezug auf die **Gerichtsbarkeit** abgegeben werden: So kann ein Staat die Gerichtsbarkeit eines internationalen Gerichts anerkennen, indem er sich diesem für den Einzelfall oder generell unterwirft (Rn. 472). Gegenüber Gerichten eines anderen Staates muss sich ein Staat als Gleicher zwar nicht verantworten; auch hier ist es ihm aber möglich, in souveräner Entscheidung dessen Gerichtsbarkeit im konkreten Fall anzuerkennen. Anerkennungen **fremder Hoheitsakte** kommen schließlich u. a. im Rahmen der Rechts- und Vollstreckungshilfe in Betracht. Auch insoweit obliegt es dem anerkennenden Staat, inwieweit er sich in den Dienst einer fremden Entscheidung stellen will (Rn. 345–346). 276

II. Beschlüsse Internationaler Organisationen

Beschlüsse Internationaler Organisationen sind abgeleitetes Recht (**„Sekundärrecht"**). Ihren Rechtsquellencharakter verdanken sie dem Gründungsvertrag der Internationalen Organisation, durch den dem beschließenden Organ das Recht eingeräumt wird, rechtsverbindliche Beschlüsse zu fassen. Angesichts dieser **vertraglichen Basis** ist offensichtlich, dass Beschlüsse Internationaler Organisationen **nur gegenüber den Mitgliedstaaten** verbindlich sein können.[86] Ob und welche Beschlüsse von Organen Internationaler Organisationen rechtsverbindlich sind, hängt vom Inhalt des jeweiligen Gründungsvertrags ab. So sind etwa nach der UN-Charta die Beschlüsse des Sicherheitsrates verbindlich (Art. 25), nicht aber Resolutionen der Generalversammlung. Unverbindliche Beschlüsse Internationaler Organisationen gehören dem *soft law* an (hierzu sogleich). 277

86 Siehe aber zum Verhältnis der UNO zu Nichtmitgliedern noch Rn. 1073–1074.

III. Soft law

278 Die Bezeichnung *„soft law"* ist irreführend, da es sich **nicht um Recht** handelt, sondern um nicht rechtsverbindliche Resolutionen, Erklärungen und Übereinkünfte. Die beteiligten Akteure wollen sich hier gerade nicht rechtlich binden. Das *soft law* spielt in den internationalen Beziehungen eine große Rolle und kann auch als **Initiator** oder als **Katalysator** zur Herausbildung von (verbindlichem) Völkerrecht beitragen, etwa indem Standards des *soft law* in Verträge aufgenommen werden oder wenn sich im Laufe der Zeit zu der Praxis eine Rechtsüberzeugung entwickelt. Beispiele für solche **„Verrechtlichungsprozesse"** sind die Allgemeine Erklärung der Menschenrechte (1948), der heute in weitem Umfang gewohnheitsrechtliche Geltung beigemessen wird und die namentlich für die internationale *„Bill of Rights"* (UN-Zivilpakt, UN-Sozialpakt) als Vorbild gedient hat, oder die Erklärung von Rio (1992), die die Entstehung von Gewohnheits- und Vertragsrecht im Umweltvölkerrecht nachhaltig beeinflusst hat.

279 Resolutionen von Organen Internationaler Organisationen können außerdem **auslegungsleitende Bedeutung** für ihnen anvertraute Verträge erlangen. Dies gilt z. B. für Resolutionen der UN-Generalversammlung. Mit ihrer Prinzipien-Resolution *(Friendly Relations Declaration)* von 1970 hat sie einen wichtigen Beitrag zur Interpretation der Grundsätze des Art. 2 UNCh geleistet und mit der Aggressions-Definition (1974) den Begriff der „Angriffshandlung" in Art. 39 UNCh maßgeblich konkretisiert. Auch die *General Comments* des UN-Menschenrechtsausschusses zum IPBPR geben – trotz fehlender Rechtsverbindlichkeit – wichtige Anhaltspunkte zur Auslegung der Rechte des UN-Zivilpakts. Insbesondere im Bereich der Menschenrechte führen solche Wechselbezüge zwischen *soft law* und verbindlichen Normen zur Ausbildung von **Menschenrechtsstandards**.[87]

IV. Rechtserkenntnisquellen

280 Als nichtschriftliche Rechtsquelle ist namentlich das Gewohnheitsrecht nicht leicht feststellbar (Rn. 259). Auch die Ermittlung allgemeiner Rechtsgrundsätze oder die Auslegung völkerrechtlicher Verträge kann vor Schwierigkeiten stellen. Hier spielen die Entscheidungen von Gerichten und Schiedsgerichten sowie die veröffentlichten Meinungen anerkannter Völkerrechtler eine wichtige Rolle. Art. 38 Abs. 1 lit. d IGH-Statut räumt ihnen den Status einer Rechtserkenntnisquelle („Hilfsmittel") zur Ermittlung von Völkerrecht ein.

281 Als Rechtserkenntnisquelle können **internationale wie nationale Gerichte** dienen. Soweit nationale Gerichte rechtsschöpferisch tätig sind (Rn. 252), bewegen sie sich in einer Doppelrolle als Akteure und als Interpreten des Völkerrechts. Internationale Gerichte sind mit der Einordnung unter die bloßen „Hilfsmittel" ebenfalls nur unzureichend charakterisiert. Auch ohne eine Präjudizienbindung besitzen v. a. Judikate des IGH erhebliche Orientierungswirkung für den internationalen Rechtsverkehr. Dass insbesondere die rechtsquellentheoretischen Fragen rund um das Gewohnheitsrecht

87 Grundlegend *E. Riedel*, Theorie der Menschenrechtsstandards, 1986. Vgl. auch *B. Druzin*, Why Does Soft Law Have any Power Anyway?, Asian JIL 7 (2017), 361.

den richterlichen Erkenntnisakt zu einem rechtsschöpferischen Akt machen, ist an anderer Stelle ausgeführt worden (Rn. 263). Gerade auch über eine *persuasive authority* wirken Gerichte – natürlich abhängig von ihrer Reputation – nicht selten auf die nachfolgende Staatenpraxis ein. So hat sich Belgien im Verfahren vor dem IGH über den belgischen Haftbefehl gegen den kongolesischen Außenminister etwa auf das Pinochet-Urteil des britischen *House of Lords* berufen.[88]

Die **„Lehrmeinung der fähigsten Völkerrechtler der verschiedenen Nationen"** verweist schließlich auf die wichtige Rolle, die die Völkerrechtswissenschaft im Zusammenwirken mit den Gerichten bei der Konsolidierung, Konkretisierung und Fortentwicklung des Völkerrechts spielt. Der IGH zitiert – im Gegensatz zu anderen internationalen und nationalen Gerichten – in seinen Urteilen praktisch nie Werke einzelner Autoren namentlich; dennoch werden völkerrechtswissenschaftliche Publikationen vom Gerichtshof zur Kenntnis genommen und können hintergründigen Einfluss auf die Entscheidung erlangen. Wer zu den „fähigsten Völkerrechtlern der verschiedensten Nationen" zählt, ist von der Reputation oder einer besonderen Expertise in dem fraglichen Rechtsgebiet abhängig. Von großer Bedeutung sind Institutionen, die gebündelten völkerrechtlichen Sachverstand repräsentieren. An erster Stelle ist hier die ILC zu nennen, daneben das *Institut de Droit International* (eine Vereinigung von höchstens 132 Gelehrten des internationalen Rechts, die ihre Neumitglieder über ein Kooptationsprinzip selbst auswählt) und die *International Law Association* (eine weltweit verzweigte Nichtregierungsorganisation, die der Pflege und der Verbreitung des Völkerrechts dient).[89] Diese Institutionen werden selbst in den Entscheidungen des IGH des Öfteren zitiert. **282**

F. Verhältnis zwischen den Rechtsquellen

I. Normenkollisionen und Normenhierarchien im Völkerrecht

In der Praxis wird man sich zur Beantwortung völkerrechtlicher Rechtsfragen zuerst an einschlägigen Verträgen orientieren und erst danach auf Gewohnheitsrecht zurückgreifen. Allgemeine Rechtsgrundsätze schließlich kommen im Anschluss zur Lückenschließung in Betracht. Dies ist keine Frage von Vorrangverhältnissen. Zwischen den verschiedenen völkerrechtlichen Rechtsquellen gibt es **keine Hierarchie**, etwa dass Verträge Vorrang vor dem Gewohnheitsrecht hätten oder umgekehrt.[90] Die genannte Abstufung ist praktischen Interessen geschuldet: Bei einem Vertrag lässt sich die Geltung leicht feststellen; auch legen die einzelnen Vertragsbestimmungen die Rechte und Pflichten ausdrücklich fest – vorbehaltlich der Auslegung, die dem Juristen Alltagsgeschäft ist. Ohne Not muss man sich also nicht dem oft mühsamen Geschäft aussetzen, die Geltung einer gewohnheitsrechtlichen Regel zu begründen, deren Inhalt am Ende so allgemein (oder umstritten) ist, dass sie für konkrete Fragen nicht immer konkrete Antworten gibt. **283**

---

88 Zu beiden Verfahren noch Rn. 331.

89 *T. Stein*, International Law Association (ILA), MPEPIL (9/2012).

90 IGH, Case concerning Military and Paramilitary Activities in and against Nicaragua (Nicaragua v. USA), Urteil II (Merits) v. 27.6.1986, ICJ Rep. 1986, 14, §§ 177 ff; siehe Anhang, Nr. 18.

284 Mit der Lösung am Maßstab des Vertragsrechts allein hat es aber nicht sein Bewenden. Eine Vertragsnorm kann nämlich durch eine nachfolgende Praxis geändert oder sogar gänzlich abbedungen worden sein. Weil es zwischen Vertrag und Gewohnheitsrecht keine Hierarchie gibt, kann ein Vertrag ebenso Gewohnheitsrecht ersetzen, wie Gewohnheitsrecht vertragliche Regeln ablösen kann. Man spricht hier von **derogierendem** (abbedingendem) **Gewohnheitsrecht**. Eine solche Derogation ist allerdings nicht vorschnell anzunehmen: Eine vertragswidrige Praxis ist zunächst einmal ein Vertragsbruch. Für den Fortbestand der Vertragsnormen spricht eine gewisse Vermutung. Hier ist der Nachweis nötig, dass die vertragswidrige Praxis auch von einer Rechtsüberzeugung der Vertragsparteien insgesamt getragen ist, sich von der betreffenden Regelung lösen zu wollen. Nicht leicht abzugrenzen ist die derogierende Gewohnheit von einer vertragsausfüllenden und vertragsfortbildenden Praxis (vgl. hierzu Art. 31 Abs. 3 lit. b WVK, Rn. 230). Letztlich geht es bei der Derogation um die Beseitigung einer ausdrücklich vorgesehenen Regelung.

285 Schwierig kann auch die Abgrenzung zu dem Fall sein, dass ein Vertrag mangels Anwendung erlischt, ohne durch eine neue Norm des Gewohnheitsrechts abgelöst worden zu sein. Eine solche sog. **desuetudo** (Rn. 251)[91] wird man allenfalls annehmen können, wenn ein Vertrag über einen längeren Zeitraum keine Anwendung gefunden hat und die Berufung auf Rechte aus diesem Vertrag als Verstoß gegen Treu und Glauben erscheint. Beruft sich eine Partei auf einen seit langem „eingeschlafenen“ Vertrag, kann das Recht bzw. dessen Ausübung je nach den Umständen des Falles u. U. auch als **verwirkt** angesehen werden. Auch hierhinter stehen letztlich Gedanken von Treu und Glauben und Vertrauensschutz. Die Verwirkung setzt im Unterschied zur *desuetudo* an der einzelnen Vertragspartei an und kommt daher v. a. in Fällen in Betracht, in denen eine Vertragspartei besonderen Nutzen aus dem Vertrag zieht. Diese Partei verwirkt dann „ihr“ Recht aus dem Vertrag.

Übersicht: Normenhierarchien im Völkerrecht

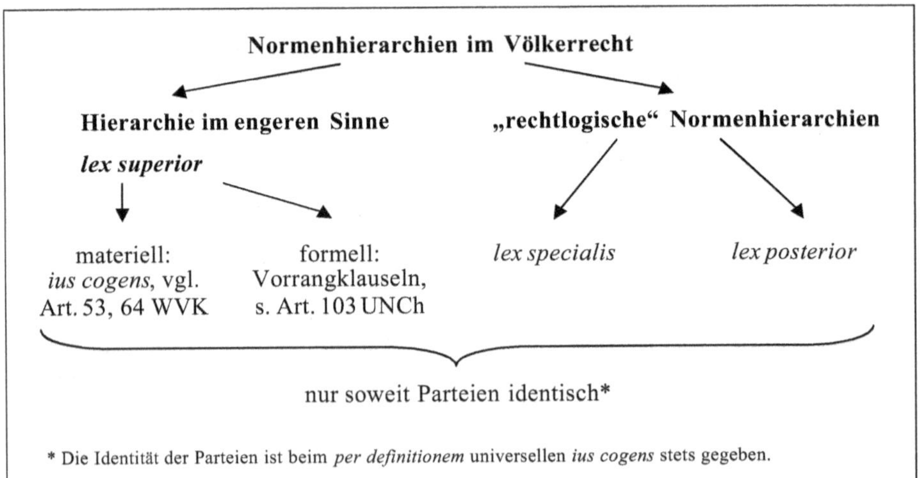

91 Vertiefend und in Abgrenzung zu verwandten Phänomenen *A. v. Arnauld*, Klausurenkurs im Völkerrecht, 3. Aufl. 2018, Fall 1.

Einen „echten" Vorrang im Sinne einer **Normenhierarchie** gibt es nur für das zwingende Völkerrecht *(ius cogens)*, gegen das kein Vertrag verstoßen darf und gegen das sich kein Gewohnheitsrecht entwickeln kann, das nicht seinerseits den Rang von (neuem) zwingenden Recht hat (Rn. 288–294), sowie für die Pflichten aus der UN-Charta (Art. 103)[92]. Im Übrigen sind völkerrechtliche Rechte und Pflichten gleichrangig, wobei nach den allgemeinen Regeln die speziellere Regel der allgemeineren vorgeht *(lex specialis derogat legi generali)* und die spätere der früheren *(lex posterior derogat legi priori)*. Voraussetzung hierfür ist, dass die Parteien identisch sind. Ein späterer oder speziellerer Vertrag, den die Staaten A und B geschlossen haben, ist für Staat C ohne Relevanz, selbst wenn er denselben Gegenstand betrifft wie ein früheres oder allgemeineres Übereinkommen, das A, B und C gemeinsam getroffen haben. **286**

Geht ein Staat einander **widersprechende Vertragsbindungen mit unterschiedlichen Staaten** ein, sind beide Verpflichtungen gleichrangig (es gibt also z. B. keinen Vorrang kraft zeitlicher Priorität). Eine harmonisierende Auslegung nach Art. 31 Abs. 3 lit. c WVK scheidet aus, weil diese nur greift, wenn zwei Rechtssätze aufeinandertreffen, die alle Parteien des auszulegenden Vertrages treffen. Ein einseitiges Lösungsrecht gibt hier weder das Vertragsrecht (vgl. Art. 61 Abs. 2 WVK: die Unmöglichkeit der Erfüllung darf nicht selbst herbeigeführt worden sein) noch das Recht der Staatenverantwortlichkeit. Zwar kann theoretisch ein Vertragsbruch durch Notstand (vgl. Art. 25 ASR) gerechtfertigt sein (Rn. 428–429); zur Situation darf der Staat, der einen Notstand geltend macht, aber ebenfalls nicht beigetragen haben. Außerdem muss die Pflichtverletzung die einzige Möglichkeit für diesen Staat sein, ein wesentliches Interesse vor einer schweren und unmittelbar drohenden Gefahr zu schützen. Es ist ihm aber möglich, sich durch Verhandlungen einvernehmlich von einem der Verträge zu lösen oder im Einvernehmen mit allen Vertragspartnern Modifikationen beider Verträge zu erreichen.[93] **287**

Beispiel: Staat A verpflichtet sich sowohl Staat B als auch Staat C gegenüber zur Rückgabe eines Beutekunstwerks, auf das sowohl B als auch C aus historischen Gründen Anspruch erheben. Beide Verpflichtungen sind rechtlich gleichrangig; A muss beide erfüllen, kann aber nur eine voll erfüllen. Entweder muss er sich mit B oder mit C über eine Auflösung des bilateralen Vertrags einigen oder er muss mit B und C gemeinsam nach einer Lösung suchen, die den Interessen aller Parteien gerecht wird (z. B. eine Wanderausstellung).

92 Dazu *R. Liivoja*, The Scope of the Supremacy Clause of the United Nations Charter, ICLQ 57 (2008), 583; *S. Raffeiner*, Wege der Konstitutionalisierung im Völkerrecht: Vorrang der UN-Charta und *ius cogens*, in: Pernice u. a. (Hg.), Konstitutionalisierung jenseits des Staates, 2012, 45. Internationale Gerichte vermeiden es in der Praxis, auf Hierarchien zurückzugreifen, indem sie Normkonflikte negieren oder zu harmonisieren versuchen: *E. de Wet/J. Vidmar*, Conflicts between International Paradigms: Hierarchy versus Systemic Integration, Global Constitutionalism 2 (2013), 196.

93 Vgl. *A. v. Arnauld*, Klausurenkurs im Völkerrecht, 3. Aufl. 2018, Fall 16. Zum Thema auch *N. Matz-Lück*, Treaties, Conflicts between, MPEPIL (6/2006). Zum strategischen Einsatz solcher Kollisionen *S. Ranganathan*, Strategically Created Treaty Conflicts and the Politics of International Law, 2014.

II. Insbesondere: Zwingendes Völkerrecht

288 Als **zwingendes Völkerrecht** (**ius cogens**, *peremptory norms of international law*) gelten diejenigen Regeln, die, dem Willen der Staaten weitgehend entzogen, in materieller Hinsicht die unverbrüchlichen Verfassungsprinzipien der internationalen Gemeinschaft darstellen. Diese können ihren Sinn nur dann erfüllen, wenn und soweit sie allen Staaten von vertraglicher Bindung unabhängig obliegen. Sie sind daher Bestandteil des universellen Gewohnheitsrechts. Beide sind aber nicht deckungsgleich: Nur sehr wenige Normen des universellen Gewohnheitsrechts haben zwingenden Charakter.

289 Als **Inhalte** des völkerrechtlichen *ius cogens* werden genannt: das Gewaltverbot, das Verbot des Völkermordes, Sklavereiverbot und Verbot der Apartheid sowie Kerngewährleistungen der Menschenrechte.[94] Deutlich wird an diesem Kanon der Verfassungsprinzipien ein Wandel des alten „Westfälischen Systems“: Nur das Gewaltverbot gehört dem zwischenstaatlichen Paradigma an – die übrigen Normen schützen den Menschen und verdeutlichen, dass das moderne Völkerrecht die scharfe Trennung von Innen und Außen, die noch bis zur Mitte des 20. Jahrhundert prägend war, nicht länger anerkennt.

Zum *ius cogens* wird man **„elementare Erwägungen der Menschlichkeit“** *(elementary considerations of humanity)* rechnen können. Der IGH hat diese Formel 1949 im Korfu-Kanal-Urteil verwendet und 1986 im Nicaragua-Urteil mit Blick auf den humanitären Mindeststandard des gemeinsamen Art. 3 der Genfer Rotkreuz-Konventionen von 1949 wieder aufgegriffen.[95] Auch hier geht es um eine letzte Grenze staatlichen Verhaltens, an der alle Rechtfertigungsversuche scheitern müssen.

Korfu-Kanal-Fall (IGH 1949)[96] Am 22. Oktober 1946 liefen vier britische Kriegsschiffe in den zu albanischen Hoheitsgewässern gehörigen Korfu-Kanal ein. Zwei der Schiffe liefen dabei auf Seeminen, wodurch es zu erheblichen menschlichen wie materiellen Verlusten kam. Großbritannien verklagte daraufhin Albanien vor dem IGH auf Schadensersatz.

Der IGH gab der Klage statt mit der Begründung, Albanien habe eine völkerrechtliche Sorgfaltspflicht verletzt, als es die britischen Schiffe in seine Gewässer einfahren ließ, ohne sie vor den Seeminen zu warnen. Es stand dabei zur Überzeugung des IGH fest, dass Albanien von den Seeminen Kenntnis gehabt hatte und es auch zeitlich wie technisch möglich gewesen wäre, die einlaufenden Schiffe rechtzeitig zu warnen. Die aktive Handlungspflicht, Dritte vor Gefahren im eigenen Hoheitsgebiet zu warnen, folgt nach Ansicht des IGH aus allgemeinem Völker(gewohnheits)recht:

„Such obligations are based, not on the Hague Convention of 1907, No. VIII, which is applicable in time of war, but on certain general and well-recognized principles, namely: elementary considerations of humanity, even more exacting in peace than in war; the principle

94 Eingehend *C. Mik*, *Jus Cogens* in Contemporary International Law, PolYIL 33 (2013), 27. Seit 2015 arbeitet die ILC an Draft conclusions zum Thema (Berichterstatter: *Dire Tladi*), vgl. zuletzt A/73/10, S. 224 ff.

95 IGH, Urteil II (Merits) v. 27.6.1986, Military and Paramilitary Activities in and against Nicaragua (Nicaragua v. USA), ICJ Rep. 1986, 14, § 218; siehe Anhang, Nr. 18.

96 IGH, Urteil v. 9.4.1949, Corfu Channel II (Merits), ICJ Rep. 1949, 4, Zitat auf S. 22; siehe Anhang, Nr. 5.

of the freedom of maritime communication; and every State's obligation not to allow knowingly its territory to be used for acts contrary to the rights of other States."

Den wichtigsten Referenzpunkt für das *ius cogens* bildet Art. 53 WVK. Dieser regelt zwar nur bestimmte Wirkungen des zwingenden Rechts, bestätigt aber die Existenz dieser Klasse von Rechtsnormen und **definiert** die zwingende Norm als **290**

eine Norm, die von der internationalen Staatengemeinschaft in ihrer Gesamtheit angenommen und anerkannt wird als eine Norm, von der nicht abgewichen werden darf und die nur durch eine spätere Norm des allgemeinen Völkerrechts derselben Rechtsnatur geändert werden kann.

Danach sind Regeln des zwingenden Völkerrechts zwar nicht vollständig der **Änderung** entzogen; ihr besonderer Charakter ergibt sich aber daraus, dass sie nur im Einvernehmen aller Mitglieder der internationalen Gemeinschaft geändert werden dürfen. Außerdem muss ein neues Fundamentalprinzip an die Stelle des alten treten. Selbst wenn man in Rechnung stellt, dass der „einheitliche Wille" der „internationalen Gemeinschaft" vereinzelt bleibende Widerstände nicht berücksichtigen muss, ist eine Änderung solcher zwingender Normen des Völkerrechts **sehr unwahrscheinlich**. Etwas anderes dürfte allein für die Erweiterung anerkannter Ausnahmen vom Gewaltverbot gelten (Rn. 1052, 1106). Im Unterschied zu anderen zwingenden Völkerrechtsnormen kennt das Gewaltverbot überhaupt Ausnahmen.

Verstößt ein Vertrag gegen eine Norm des zwingenden Völkerrechts, ist er nichtig; **291**
Verträge, die gegen eine inzwischen entstandene Ius-cogens-Norm verstoßen, werden nichtig (vgl. Art. 53, 64 WVK). Zwingendes Völkerrecht widersteht auch dem (übrigen) Gewohnheitsrecht, indem es nur durch neues zwingendes Recht abgelöst werden kann. Das *ius cogens* etabliert also eine **Normenhierarchie** im Völkerrecht (im Sinne eines Geltungsvorrangs bestimmter, höherrangiger Normen, siehe Rn. 286).

Normen des zwingenden Völkerrechts gelten **erga omnes**, d. h. ihre Einhaltung ist al- **292**
len Mitgliedern der internationalen Gemeinschaft gegenüber geschuldet. Die Figur der Erga-omnes-Pflicht ist nicht auf das *ius cogens* beschränkt; sie bezeichnet lediglich eine Erfüllungsstruktur von Rechtsnormen. Die meisten völkerrechtlichen Pflichten gelten nur *inter partes*, d. h. zwischen den Parteien eines Vertrages oder den Beteiligten eines völkerrechtlichen Delikts: Erlegt Staat A Waren aus Staat B unter Verstoß gegen ein bilaterales oder multilaterales Handelsabkommen Strafzölle auf, ist nur Staat B verletzt. Dasselbe gilt, wenn A durch Genehmigung eines grenznahen Kohlekraftwerks die Luft in B verpestet. Parteien eines Vertrags können aber festlegen, dass ein Normverstoß gegenüber einer Vertragspartei als Vertragsverletzung gegenüber der Gesamtheit der Vertragspartner gilt (hier spricht man von Pflichten *erga omnes partes*, also gegenüber allen Vertragsparteien).[97] Eine solche Regelung wird man nur für besonders wichtige Bestimmungen treffen, die gewissermaßen das Herzstück des Vertrages bilden. Aus demselben Grund haben auch Ius-cogens-Normen

97 Zur Diskussion in Bezug auf die Verpflichtungen der WTO-Mitgliedstaaten *J. Pauwelyn*, A Typology of Multilateral Treaty Obligations: Are WTO Obligations Bilateral or Collective in Nature?, EJIL 14 (2003), 907; *C. Carmody*, WTO Obligations as Collective, EJIL 17 (2006), 419.

Erga-omnes-Wirkung: Sie markieren das Herzstück des universellen Völkerrechts. Ein Völkermord, wo auch immer begangen, betrifft die internationale Gemeinschaft als ganze. Greift ein Staat einen anderen militärisch an, ist der internationale *ordre public* gestört.

Barcelona Traction (IGH 1970)[98] Im Barcelona-Traction-Fall ging es im Kern um die Frage, welcher Staat auf völkerrechtlicher Ebene diplomatischen Schutz für eine juristische Person ausüben darf, wenn Sitzstaat, Gründungsstaat und Heimatstaat der Anteilseigner auseinanderfallen. Für diese Frage ist das Urteil nach wie vor wichtig. Berühmt wurde es aber durch ein *obiter dictum* (d. h. eine für die Entscheidung des Falls irrelevante, beiläufige Bemerkung) des IGH, in der er die Existenz von Pflichten *erga omnes* anerkannte:

„In particular, an essential distinction should be drawn between the obligations of a State towards the international community as a whole, and those arising vis-à-vis another State in the field of diplomatic protection. By their very nature the former are the concern of all States. In view of the importance of the rights involved, all States can be held to have a legal interest in their protection; they are obligations *erga omnes*."

293 An diese theoretischen Überlegungen schließt sich die praktische Frage an, wer die **„internationale Gemeinschaft"** ist und vor allem – wer für sie handelt. Die internationale Gemeinschaft ist ein schwer greifbarer Adressat; man kommt nicht umhin, nach einem **Treuhänder** zu suchen. Angesichts ihrer universellen Repräsentanz sind die Vereinten Nationen der natürliche und weitgehend unumstrittene Kandidat. Schwieriger wird es, wenn sich einzelne Staaten oder regionale Bündnisse aus eigenem Antrieb als Treuhänder der internationalen Gemeinschaft begreifen und sich aufmachen, das zwingende Völkerrecht durchzusetzen. Hier besteht die Gefahr von Missbrauch.

294 In ihren Artikeln zur Staatenverantwortlichkeit (2001)[99] ist die ILC bei der Frage von Reaktionen auf Ius-cogens-Verstöße vage geblieben (vgl. Art. 41):

1. Die Staaten arbeiten zusammen, um jeder schwerwiegenden Verletzung im Sinne des Artikels 40 mit rechtmäßigen Mitteln ein Ende zu setzen.

2. Kein Staat erkennt einen Zustand, der durch eine schwerwiegende Verletzung im Sinne des Artikels 40 herbeigeführt wurde, als rechtmäßig an oder leistet Beihilfe oder Unterstützung zur Aufrechterhaltung dieses Zustands.

3. Dieser Artikel berührt nicht die anderen in diesem Teil genannten Folgen und alle weiteren Folgen, die eine Verletzung, auf die dieses Kapitel Anwendung findet, nach dem Völkerrecht nach sich ziehen kann.

Auf der Suche nach „den rechtmäßigen Mitteln" zur Beendigung eines Verstoßes gegen zwingendes Völkerrecht muss man nach der **Art der Reaktion** differenzieren: **Klagen** vor dem IGH, der als Gerichtshof der Vereinten Nationen das wichtigste Rechtsprechungsorgan der Völkerrechtsgemeinschaft darstellt, sollten von dem klagenden Staat in Prozessstandschaft auch auf Verletzungen *erga omnes* gestützt wer-

98 IGH, Urteil v. 5.2.1970, Barcelona Traction, Second Phase, ICJ Rep. 1970, 3, § 33; siehe Anhang, Nr. 13.
99 Zu diesen noch Rn. 380.

den können, selbst wenn der IGH hier noch zurückhaltend ist.[100] Auch gewaltfreie **Gegenmaßnahmen** können jedenfalls von „regionalen Abmachungen“ im Sinne von Kapitel VIII UNCh gegen den Rechtsbrecher ergriffen werden (Rn. 1077). So haben z. B. die EU-Mitgliedstaaten 1999 wegen der ethnischen Säuberungen im Kosovo-Konflikt der staatlichen jugoslawischen Fluggesellschaft JAT die Landerechte in der EU entzogen oder wegen des Vorwurfs schwerster Menschenrechtsverletzungen während des Bürgerkriegs in Libyen 2011 ihre Häfen für Schiffe gesperrt, die aus dem Teil Libyens stammten, der von Staatschef *Gaddafi* kontrolliert wurde. **Gewaltsame Interventionen** dagegen dürfen nach wie vor nur nach einer Autorisierung des UN-Sicherheitsrates als Reaktion auf den Verstoß gegen eine Norm des zwingenden Völkerrechts gestützt werden.[101]

III. Lücken im Völkerrecht

1. Analogie

Taucht im innerstaatlichen Recht eine planwidrige Regelungslücke auf, ist der Rechtsanwender, namentlich der Richter, regelmäßig ermächtigt, eine für einen vergleichbaren Fall bestehende Regelung sinngemäß auf den ungeregelten Fall zu übertragen. Eine solche Analogie ist lediglich im Strafrecht zu Lasten des Täters verboten (gem. Art. 103 Abs. 2 GG: *nulla poena sine lege praevia*, keine Strafe ohne vorheriges Gesetz). Im Völkerrecht sind Analogien weit problematischer. Dies liegt zum einen daran, dass im Westfälischen System Staaten nur insoweit Pflichten erfüllen müssen, wie sie sich selbst dazu verpflichtet haben (sog. *Lotus*-Regel, Rn. 40). Liegt eine Verpflichtung nicht vor, ist der Staat bindungsfrei; es ist daher schwierig, das Vorliegen einer Regelungslücke zu begründen. Zum anderen muss für eine Analogie die Lücke „planwidrig“ sein. Hierhinter steht die Idee einer auf einheitlichen, verklammernden Wertungen beruhenden Rechtsordnung. Eine solche gemeinsame Wertebasis kennt das Völkerrecht nach wie vor erst in Ansätzen (v. a. Menschenrechte, Gewaltverbot). Mit dem schrittweisen Wandel des Westfälischen Systems kommen aber auch im Völkerrecht Analogieschlüsse verstärkt in Betracht. 295

Die weitgehende Annäherung des Rechts des nicht-internationalen bewaffneten Konflikts an das Recht des internationalen bewaffneten Konflikts im Tadić-Urteil des ICTY[102] beruht auch auf Analogieschlüssen, die sich aus dem übergreifenden humanitären Anliegen rechtfertigen.

100 Vgl. IGH, Urteil v. 30.6.1995, East Timor (Portugal v. Australia), ICJ Rep. 1995, 90, § 29; siehe Anhang, Nr. 20. Progressiver IGH, Urteil v. 20.7.2012, Questions relating to the Obligation to Prosecute or Extradite (Belgium v. Senegal), ICJ Rep. 2012, 422, §§ 68-70 (Klagebefugnis Belgiens erstmals auf *erga-omnes*-Pflichten aus der CAT gestützt). Zum Thema *C. Annacker*, Die Durchsetzung von Erga-omnes-Verpflichtungen vor dem Internationalen Gerichtshof, 1994; *A. Vermeer-Künzli*, A Matter of Interest: Diplomatic Protection and State Responsibility Erga Omnes, ICLQ 56 (2007), 553; *G. Hernández*, A Reluctant Guardian: The International Court of Justice and the Concept of 'International Community', BYIL 83 (2013), 13; *J. Verhoeven*, *Belgique contre Sénégal* ou quel intérêt pour se plaindre d'autrui?, AFDI 59 (2013), 1.

101 Zur sog. unilateralen humanitären Intervention Rn. 1136–1150.

102 Vgl. ICTY, Prosecutor v. Dusko Tadić, Urteil v. 2.10.1995 (Appeals Chamber), §§ 96 ff; siehe Anhang, Nr. 33. Dazu auch noch Rn. 1196.

2. Billigkeit

296 Wo eine Völkerrechtsregel nicht existiert oder der Rückgriff auf die unbeschränkte Souveränität ungerecht erschiene, können Staaten internationale Gerichte ermächtigen, nach „Billigkeit“ zu entscheiden (vgl. Art. 38 Abs. 2 IGH-Statut: Entscheidung *ex aequo et bono*).[103] In der Praxis kommt dies kaum vor. Ob Gerichte diese Befugnis auch ohne ausdrückliche Ermächtigung haben, ist umstritten. Als Ausweg spricht der IGH bisweilen eine Verpflichtung der Streitparteien aus, unter Beachtung der Billigkeit im Verhandlungswege eine Lösung zu finden.[104] Von dieser lückenfüllenden bzw. „korrektiven“ Billigkeit (Billigkeit *praeter legem* bzw. *contra legem*, d. h. außerhalb des Gesetzes bzw. gegen das Gesetz) ist die Billigkeit *intra legem* (d. h. innerhalb des Gesetzes) zu unterscheiden. Diese verpflichtet, insoweit dem Grundsatz von Treu und Glauben ähnlich, im Rahmen der Erfüllung völkerrechtlicher Pflichten diejenige Lösung zu wählen, die den Besonderheiten der im Spiel befindlichen Interessen am besten gerecht wird (z. B. Pflicht zu „billiger“ Aufteilung gemeinsamer Wasserressourcen, siehe Rn. 887).

3. Non liquet

297 Prozessrechtlich begegnet einem das Lückenproblem in der Diskussion über ein sog. *non liquet* („es ist unklar“).[105] Hiervon spricht man, wenn ein Gericht einen Fall nicht entscheiden kann, weil es an einer Regel fehlt oder das Gericht deren Inhalt nicht ermitteln kann. Taucht eine Lücke im Recht auf, hängt der Eintritt eines solchen *non liquet* davon ab, ob man den Richter für ermächtigt hält, diese im Wege der Analogie oder der Billigkeit zu schließen. Je mehr man in der Völkerrechtsordnung eine verfasste Werteordnung erblickt, desto eher wird man dem Gericht dies zubilligen. Anders aus einer traditionelleren Sicht: Hier kann ein *non liquet* mit Hilfe der Lotus-Regel ausgeschlossen werden, die immer dann, wenn eine Rechtsbindung nicht existiert oder nicht ermittelbar ist, auf die ungebundene staatliche Souveränität zurückgreift.

Als Beispiel eines *non liquet* aus der Praxis des IGH wird zumeist das Nuklearwaffen-Gutachten von 1996 genannt: Hier konnte der Gerichtshof nicht feststellen, dass der nukleare Erstschlag in jedem denkbaren Fall gegen das Völkerrecht verstoße.[106] Ob in einer extremen Notlage ein Staat zum Selbsterhalt einen solchen Schlag führen darf, hängt davon ab, wie man die Lücke füllt: durch Rückgriff auf übergeordnete Werte oder auf die staatliche Souveränität. Ein Ausweg aus der prozessualen „Zwickmühle“ kann für das Gericht auch die Verpflichtung der Streitparteien sein, den Konflikt im Verhandlungswege zu lösen.[107]

---

103 *M. Kotzur*, Ex Aequo et Bono, MPEPIL (7/2009). Zur Bedeutung in dynamischen Rechtskontexten *L. Trakman*, *Ex Aequo et Bono:* Demystifying an Ancient Concept, ChiJIL 8 (2007), 621.

104 Z. B. IGH, Urteil v. 20.2.1969, North Sea Continental Shelf Cases (Federal Republic of Germany v. Denmark and Netherlands), ICJ Rep. 1969, 3, § 101.

105 *D. Bodansky*, Non Liquet; MPEPIL (5/2006). Alternativer Versuch einer Prozeduralisierung bei *V. Jeutner*, Irresolvable Norm Conflicts in International Law, 2017.

106 IGH, Gutachten v. 8.7.1996 (Nuklearwaffen), ICJ Rep. 1996, 226, § 105; siehe Anhang, Nr. 21. Vgl. hierzu auch die Analyse von *J. Kammerhofer*, Gaps, the *Nuclear Weapons* Advisory Opinion and the Structure of International Legal Argument between Theory and Practice, BYIL 80 (2009), 333.

107 Vgl. IGH, Urteil v. 25.7.1974, Fisheries Jurisidiction (Vereinigtes Königreich/Island), ICJ Rep. 1974, 3, §§ 73 ff.

IV. Zwischen Induktion und Deduktion

Zum Abschluss dieses Kapitels noch ein paar Worte zum **Umgang mit den Rechtsquellen** im Prozess der Rechtsfindung: In einer idealtypischen (d. h. im Interesse der analytischen Klarheit überzeichneten) Gegenüberstellung verfährt das *Common Law* **induktiv**, d. h. man schließt hier vom Einzelfall auf die allgemeine Regel: Der Richter schaut zunächst frühere Fälle durch, um den aktuellen Fall nach deren Muster zu entscheiden bzw. um aus den Einzelfällen eine allgemeine Regel zu folgern, die er auf seinen Fall anwenden kann. Demgegenüber baut die kontinentaleuropäische Tradition typischerweise auf ein **deduktives** Vorgehen: Von einer allgemeinen Regel ausgehend wird über verschiedene Stufen der Auslegung und Konkretisierung die Lösung des Einzelfalls vorbereitet.[108] **298**

Das Spannungsfeld von induktivem und deduktivem Ansatz findet sich auch im Völkerrecht.[109] Dabei kommt das **induktive** Vorgehen dem **klassischen souveränitätsbetonten Völkerrecht** entgegen: Ausgangspunkt sind die konkreten Einzelfälle, deren Fähigkeit, eine allgemeine Regel zu generieren, kritisch geprüft wird. Das Völkerrecht bewahrt auf diese Weise seinen konkreten und fragmentarischen Charakter (Rn. 41). Das **deduktive** Vorgehen dagegen begünstigt einen **gemeinschafts- und verfassungsorientierten Ansatz**: Allgemeine Prinzipien können dazu dienen, im Wege der Konkretisierung abgeleitete Rechtssätze hervorzubringen, die den Staaten neue Verhaltenspflichten auferlegen. Notwendig ist nicht, dass eine solche Pflicht in der Vergangenheit schon einmal anerkannt wurde und der Fall auf den vorliegenden übertragbar ist, sondern dass sie aus einem anerkannten allgemeinen Grundsatz ableitbar ist. **299**

Beide Ansätze haben **Vor- und Nachteile**: Der induktive Ansatz ist im traditionellen Völkerrecht verwurzelt und kann auf größere Akzeptanz bei den Staaten rechnen, die ihre Souveränität nicht vorschnell und unkontrolliert eingeschränkt sehen wollen. Ein Nachteil ist eine Neigung zum Beharren und eine geringere Problemlösungsfähigkeit des Völkerrechts. Oft erscheint der Rückzug auf die *Lotus*-Regel unbefriedigend. Der deduktive Ansatz fördert die dynamische Fortentwicklung des Völkerrechts, läuft aber Gefahr, im konstitutionellen Überschwang Rechtsschöpfung zu betreiben, die die realen Bedingungen in den internationalen Beziehungen aus dem Blick verliert und damit Akzeptanz verspielt. Die angemessene Methode des Umgangs mit den Völkerrechtsquellen baut daher auf eine **Mischung aus beiden Ansätzen**. **300**

Bei **Verträgen** steht zunächst ein deduktiver Rechtsfindungsmodus im Vordergrund: Hier liegen allgemeine Vertragsnormen vor, die es – *continental style* – auf den Einzelfall anzuwenden gilt. Bei der Berücksichtigung der Vertragspraxis oder in Ausle- **301**

108 Verwandt ist die Unterscheidung zwischen einem regelorientierten und einem prinzipienorientierten Rechtsdenken: Während ersteres nach der Existenz klar umrissener Rechtsregeln sucht, um andernfalls mit der Lotus-Regel auf souveräne Bindungslosigkeit zu schließen, versucht letzteres die Beantwortung der Rechtsfrage aus allgemeinen Prinzipien des Völkerrechts heraus. Gegenüberstellung am Beispiel des Kosovo-Gutachtens des IGH bei *V. Röben*, The ICJ Advisory Opinion on the Unilateral Declaration of Independence in Respect of Kosovo: Rules or principles?, GoJIL 2 (2010), 1063.

109 Näher *C. Picker*, International Law's Mixed Heritage: A Common/Civil Law Jurisdiction, VJTL 41 (2008), 1083; *W. T. Worster*, The Inductive and Deductive Methods in Customary International Law Analysis: Traditional and Modern Approaches, GeorgeJIL 45 (2014), 445.

gungsfragen besteht aber Anlass, die durch Deduktion gewonnenen Erkenntnisse auf ihre Akzeptabilität hin zu prüfen, indem man frühere Fälle auf ihre Verwertbarkeit hin untersucht und gegebenenfalls heranzieht. Der Umgang mit **Gewohnheitsrecht** erfolgt dagegen traditionell induktiv – durch Suche nach Staatenpraxis. Will man das Gewohnheitsrecht nicht zu einem reinen deklarativen Recht denaturieren (Rn. 262), muss das stark induktive Moment erhalten bleiben. Notwendig ist aber auch die Einbeziehung von allgemeinen Rechtssätzen, deren gewohnheitsrechtliche Fundierung anerkannt ist und die der Rechtsfindung eine Richtung weisen können. Durch ein Hin- und Herwandern des Blickes kann so im Interesse einer angemessenen Problemlösung das Völkerrecht fortgeschrieben werden. Dieses Verfahren erinnert daran, wie *Ronald Dworkin* das anglo-amerikanische (Richter-)Recht charakterisiert hat:[110] als einen Kettenroman, an dem viele Autoren beteiligt sind, die zwar das Romangeschehen vorantreiben, dabei jedoch regelmäßig in den Bahnen bleiben, die in den früheren Kapiteln vorgezeichnet sind. Überraschende und kreative Wendungen haben aber natürlich auch ihren Platz.

Verdeutlichen kann man die unterschiedlichen Herangehensweisen am Beispiel des Streits um den belgischen Haftbefehl gegen den damaligen kongolesischen Außenminister *Yerodia*.[111] Belgien leitete die Legalität seines internationalen Haftbefehls zunächst aus großen Prinzipien ab: dem Verbot von Völkermord als *ius cogens* und dem Weltrechtsprinzip, das alle Staaten zur Strafverfolgung ermächtigt, als Ausdruck von Pflichten *erga omnes*. Gegenüber diesen Verfassungsprinzipien der internationalen Gemeinschaft könne das alte Prinzip der Immunität ausländischer Regierungsvertreter nicht mehr bestehen. Zur Beglaubigung dienten aus der internationalen Praxis u. a. die Nürnberger Prozesse, die Tätigkeit von ICTY und ICTR sowie das *Pinochet*-Urteil des *House of Lords*. Demgegenüber verfuhr der IGH in seinem Urteil weitgehend induktiv und stellte fest, dass die internationale Praxis die von Belgien behauptete Regel nicht erkennen lasse. Das Nürnberger Tribunal, das ICTY und das ICTR seien internationale Strafgerichte, und das *Pinochet*-Urteil hätte ein ehemaliges Staatsoberhaupt betroffen, keinen amtierenden Minister. Diese an den Einzelfällen gewonnenen Ergebnisse wurden vom Gericht zurückgekoppelt an die fortdauernde Bedeutung des Immunitätsgrundsatzes – und damit an ein übergeordnetes Prinzip.

Vertiefende Literaturangaben zu § 3 siehe: www.cfmueller.de/voelkerrecht
www.wsi.uni-kiel.de

Ausbildungsfälle zu § 3: *W. Ader/R. Streinz*, Sanktionen mit Hindernissen, Jura 1989, 312; *T. Diehn/N. Petersen*, Die königlichen Kronjuwelen, Jura 2004, 416; *O. Dörr*, M.-Phobie, JuS 1994, 500; *G. Odendahl*, Frankreichs Nuklearversuche im Südpazifik, JuS 1997, 633.

Kontrollfragen:

- Welche Arten von Rechtsquellen sind im Völkerrecht anerkannt? **Rn. 186–187**
- Was ist ein völkerrechtlicher Vertrag? **Rn. 189–193**

110 *R. Dworkin*, Law's Empire, 1986 (Nachdruck 1998), 228 ff. Zur Übertragbarkeit von *Dworkins* am angelsächsischen Rechtssystem entwickelten Rechts- und Interpretationstheorie auf das Völkerrecht *B. Çalı*, On Interpretivism and International Law, EJIL 20 (2009), 805.

111 IGH, Urteil v. 14.2.2002, Arrest Warrant of 11 April 2000 (D.R. Congo v. Belgium), ICJ Rep. 2002, 3, §§ 47 ff; siehe Anhang, Nr. 25.

- Welche Relevanz hat die Unterscheidung von Austauschverträgen *(traités-contrats)* und normsetzenden Verträge *(traités-lois)*? **Rn. 195**
- Warum ist es völkerrechtlich unzutreffend, wenn formuliert wird, der Bundestag habe ein internationales Abkommen ratifiziert? **Rn. 202**
- Welche Rechtswirkungen entfaltet ein Vertrag vor seinem Inkrafttreten? Wie kann sich ein Staat hiervon lösen? **Rn. 206–207**
- Auf welche Weise bewirken Vorbehalte eine Bilateralisierung multilateraler Verträge? **Rn. 219, 221**
- Welche Rechtsfolgen hat ein unzulässiger Vorbehalt im Völkervertragsrecht? **Rn. 224–226**
- Wirkt sich ein Verstoß gegen das innerstaatliche Recht eines Vertragspartners auf die Rechtsgültigkeit völkerrechtlicher Verträge aus? **Rn. 209, 239**
- Grenzen Sie die Kündigung bzw. Suspendierung eines Vertrags nach Art. 60 WVK von der Kündigung bzw. Suspendierung eines Vertrags als Gegenmaßnahme ab! **Rn. 245**
- Was besagt die sog. *clausula rebus sic stantibus*? **Rn. 247**
- Aus welchen Elementen bildet sich Gewohnheitsrecht? **Rn. 251**
- Was ist ein *persistent objector*? **Rn. 257–258**
- Vor welche Schwierigkeit stellt die Entstehung neuen Gewohnheitsrechts? **Rn. 261–262**
- In welchem Verhältnis stehen Völkergewohnheitsrecht und vertragliches Völkerrecht zueinander? **Rn. 259–260, 284–286**
- Wie kann es im Völkerrecht zu Rechtsbindungen von Staaten ohne oder sogar gegen ihren Willen kommen? **Rn. 263**
- Was sind „allgemeine Rechtsgrundsätze" im Sinne von Art. 38 Abs. 1 lit. c IGH-Statut? **Rn. 265**
- Unter welchen Voraussetzungen kommt es im Völkerrecht zu einer Rechtsbindung durch einseitige Erklärung? **Rn. 271**
- Welche Rolle spielt das sog. *soft law* im Völkerrecht? **Rn. 278–279**
- Was versteht man unter zwingendem Völkerrecht *(ius cogens)* und welche Rolle spielt es im heutigen Völkerrecht? **Rn. 288–294**
- Was sind Pflichten *erga omnes*, und welche Rechtsfolgen hat ein Verstoß gegen eine solche Pflicht? **Rn. 292–294**
- Worin liegt das Problem von Analogien im Völkerrecht? **Rn. 295**

§ 4 Grundprinzipien der Völkerrechtsordnung

Einführende Literatur: *S. Blay*, Territorial Integrity and Political Independence, MPEPIL (3/2010); *S. Carbone/L. Schiano di Pepe*, States, Fundamental Rights and Duties, MPEPIL (1/2009); *J. Crawford*, Sovereignty as a legal value, in: Crawford/Koskenniemi (Hg.), The Cambridge Companion to International Law, 2012, 117; *B. Fassbender*, Die souveräne Gleichheit der Staaten, APuZ 43/2004, 7; *J. Kokott*, States, Sovereign Equality, MPEPIL (4/2011); *P. Kunig*, Intervention, Prohibition of, MPEPIL (4/2008); *H. Schack*, Internationales Zivilverfahrensrecht, 7. Aufl. 2017, § 6; *B. Simma/A. Müller*, Exercise and limits of jurisdiction, in: Crawford/Koskenniemi (Hg.), The Cambridge Companion to International Law, 2012, 134.

Lehr- und Handbücher: *S. Allen* u. a. (Hg.), The Oxford Handbook of Jurisdiction in International Law, 2019; *A. Bellamy/T. Dunne* (Hg.), The Oxford Handbook on the Responsibility to Protect, 2016; *H. Fox/P. Webb*, The Law of State Immunity, 3. Aufl. 2013; *A. Knight/*

F. Egerton (Hg.), The Routledge Handbook of the Responsibility to Protect, 2012; *A. Orakhelashvili* (Hg.), Research Handbook on Jurisdiction and Immunities in International Law, 2015.

Kommentare: *R. O'Keefe/C. Tams* (Hg.), The United Nations Convention on Jurisdictional Immunities of States and Their Property, 2013.

A. Einführung

I. Grundrechte und -pflichten der Staaten zwischen Naturrecht und positivem Recht

302 Die ursprünglich **naturrechtlich fundierte Idee**, dass Staaten durch ihre bloße Existenz „von Natur aus" bestimmte grundlegende Rechte und Pflichten gegenüber anderen Staaten besitzen,[1] ist im modernen Völkerrecht einer **stärker rechtspositivistischen Auffassung** gewichen.[2] Ein Relikt des früheren Ansatzes stellt die Formulierung in Art. 51 UNCh dar, wonach das „naturgegebene" Recht der Staaten zur Selbstverteidigung anerkannt wird (im englischen Wortlaut: „inherent right", französisch: „droit naturel"). Eine gewisse Wiederbelebung naturrechtlicher Gedanken mag man insbesondere in der Figur des **ius cogens** sehen, auch wenn dieses formal in die Konsensordnung des „Westfälischen Modells" eingeordnet bleibt und inhaltlich überwiegend die angeborenen Rechte der Menschen, nicht solche der Staaten, schützt (Rn. 42, 289).

303 Die „Grundrechte" und „Grundpflichten" der Staaten umfassen nach heutigem Verständnis jenen Kanon von Rechtsgrundsätzen, der für ein friedliches Zusammenleben der Staaten unerlässlich ist, also gewissermaßen die „Verfassungsprinzipien der Staatengemeinschaft". Tragende Säulen sind insbesondere das **Gewaltverbot** (eingehend § 13 A) sowie die **souveräne Gleichheit der Staaten** (dazu B.) Mit dieser eng verbunden sind die Gebiets- und Personalhoheit (C.) und das Interventionsverbot (D.). Das Bild der heutigen Völkerrechtsordnung wäre indes nicht vollständig ohne einen Hinweis auf den **internationalen Menschenrechtsschutz**, der das klassische Zwischenstaatenrecht in vielen Bereichen neu ausgerichtet und verändert hat (Rn. 308–315, eingehend § 9 B). Ein im Entstehen begriffenes völkerrechtliches Prinzip stellt die **internationale Solidarität** dar[3], die sich neben dem Recht der Entwicklungszusammenarbeit (dazu § 11 C) in jüngster Zeit v. a. im Katastrophenschutzrecht[4] auch in konkreten Rechtsnormen niederschlägt. In ihren *Draft articles on the protection of persons in the event of disasters* (2016) geht die ILC von einer zwischenstaatlichen Pflicht zur Kooperation (Art. 7) aus und schlägt der Generalversammlung die Ausarbeitung einer Konvention vor.[5]

---

1 So insbesondere der Schweizer Völkerrechtler *Emer de Vattel* (1714-1767) in seinem Werk „Droit des gens", 1758. Vgl. die Parallele zu der naturrechtlichen Auffassung von angeborenen und unveräußerlichen Rechten der Menschen.

2 Zur Gegenüberstellung naturrechtlicher und positivistischer Begründungen siehe Rn. 6–7.

3 Näher *R. Wolfrum/C. Kojima* (Hg.), Solidarity: A Structural Principle of International Law, 2010.

4 Vgl. dazu die ILC-Studiengruppe „Protection of persons in the event of disasters" (Berichterstatter: *E. Valencia-Ospina*), zuletzt 8. Bericht, A/CN.4/697, v. 17.3.2016.

5 ILC, Draft articles on the protection of persons in the event of disasters, Anhang zu A/RES/73/209 v. 20.12.2018. Dazu *G. Bartolini*, The Draft Articles on "The Protection of Persons in the Event of Disasters": Towards a Flagship Treaty?, EJIL Talk! (2.12.2016).

II. UN-Prinzipienerklärung (Friendly Relations Declaration)

Besondere Bedeutung für die Bestimmung der Grundprinzipien der Völkerrechtsordnung hat die *Friendly Relations Declaration* (Prinzipienerklärung) der UN-Generalversammlung vom 24.10.1970.[6] Diese Resolution ist zwar selbst **nicht rechtsverbindlich**; ihre Inhalte aber geben im Wesentlichen die Gewohnheitsrechtslage wieder.[7] Nach a. A. handelt es sich um eine authentische Interpretation bzw. Weiterentwicklung der Charta, namentlich in Bezug auf die Grundsätze des Art. 2 UNCh.[8] Bedeutsam ist sie vor allem auch, weil die **UN-Organe in ihrer Praxis** immer wieder auf sie Bezug nehmen.[9] Zu den Prinzipien des friedlichen Zusammenlebens der Staaten gehören danach: 304

- Gewaltverbot
- Gebot der friedlichen Streitbeilegung
- Interventionsverbot
- Gebot der Kooperation
- Gleichberechtigung und Selbstbestimmung der Völker
- souveräne Gleichheit der Staaten
- Pflicht aller Staaten, ihre Pflichten aus der UN-Charta zu erfüllen

Art. 2 Nr. 4 UNCh verpflichtet alle UN-Mitgliedstaaten zum **Verzicht auf militärische Gewalt** in ihren internationalen Beziehungen. Ausgenommen sind nur Fälle der Selbstverteidigung gegen einen bewaffneten Angriff (Art. 51 UNCh) sowie militärische Sanktionsmaßnahmen der UNO bzw. mit Mandat des Sicherheitsrates (Art. 42 UNCh). Dieses umfassende Gewaltverbot wird flankiert durch das Gebot der **friedlichen Streitbeilegung** (Rn. 441–443) und gilt nicht allein auf Grund vertraglicher Bindung der UN-Mitglieder an die Charta, sondern auch kraft Gewohnheitsrechts. Das **Interventionsverbot** verbietet die Einmischung in die inneren oder äußeren Angelegenheiten eines anderen Staates (§ 4 D). Über das gesondert erwähnte Gebot der friedlichen Streitbeilegung hinaus enthält das **Gebot der Kooperation** wenig konkrete Rechtspflichten. 305

Nach dem Grundsatz der **Gleichberechtigung und Selbstbestimmung der Völker** sind alle Völker (Achtung: hier ist nicht von Staaten die Rede!) einander gleichberechtigt und haben ein Recht auf Selbstbestimmung, d. h. es gibt keine „Herrenvölker" und „Sklavenvölker". Das Selbstbestimmungsrecht der Völker spielte im Prozess der Dekolonisierung eine wichtige Rolle; es wird heute weitgehend durch den 306

6 GA Res. 2625 (XXV). Umfangreiche Dokumentation zur Entstehungsgeschichte in der UN-AVL: legal.un.org/avl/ha/dpilfrcscun/dpilfrcscun.html.

7 Vgl. z. B. IGH, Urteil II (Merits) v. 27.6.1986, Military and Paramilitary Activities in and against Nicaragua (Nicaragua v. USA), ICJ Rep. 1986, 14, §§ 188, 191, 193, 202, 264 (als Ausdruck einer allgemeinen Rechtsüberzeugung); siehe Anhang, Nr. 18.

8 Zum Streit über den Rechtscharakter *H. Keller*, Friendly Relations Declaration (1970), MPEPIL (6/09), Rn. 30 m. w. N.

9 So z. B. IGH, Gutachten v. 16.10.1975, Western Sahara, ICJ Rep. 1975, 12, § 58; siehe Anhang, Nr. 16; Urteil II (Merits) v. 27.6.1986, Military and Paramilitary Activities in and against Nicaragua (Nicaragua v. USA), ICJ Rep. 1986, 14, §§ 188, 191, 193, 202, 264; Gutachten v. 25.3.2019, Chagos, § 155; UN-Sicherheitsrat, S/RES/1373 v. 28.9.2001, Präambel; UN-Generalversammlung, A/RES/68/262 v. 24.3.2014, Präambel.

Grundsatz der staatlichen Einheit beschränkt verstanden, um Staaten mit ethnischen Minderheiten oder Vielvölkerstaaten nicht zu sprengen (Rn. 70). Gewissermaßen das staatszentrierte Pendant zu diesem Prinzip stellt die **souveräne Gleichheit der Staaten** dar, demzufolge alle Staaten einander gleichberechtigt sind und ihre Angelegenheiten selbstbestimmt regeln können (§ 4 B).

307 Die **Pflicht aller Staaten, ihre Pflichten aus der UN-Charta zu erfüllen**, trifft nur Mitglieder der Vereinten Nationen und ist ein Spezialfall des allgemeinen Grundsatzes *pacta sunt servanda* („Verträge sind einzuhalten“). Gegenüber Nichtmitgliedern trägt die Organisation gemäß Art. 2 Nr. 6 UNCh Sorge, dass diese insoweit nach den Grundsätzen der Charta handeln, „als dies zur Wahrung des Weltfriedens und der internationalen Sicherheit erforderlich ist“ (Rn. 1073–1074).

III. Paradigmenwechsel durch Menschenrechte

1. Menschenrechte als dritte Säule des Völkerrechts

308 Das 20. Jahrhundert hat aus den Erfahrungen zweier Weltkriege Konsequenzen gezogen und die Völkerrechtsordnung in grundlegender Weise erweitert und umgebaut. Neben die bis dahin allein prägende souveräne Gleichheit der Staaten trat, als eine zweite Säule des Völkerrechtssystems, 1928 das Verbot des Angriffskrieges im *Briand-Kellogg*-Pakt, das 1945 durch Art. 2 Nr. 4 UNCh zum heutigen Gewaltverbot erweitert wurde. Als dritte Säule etablierte dann die **Allgemeine Erklärung der Menschenrechte** 1948 den internationalen Menschenrechtsschutz. Die AEMR hat eine Fülle universeller und regionaler Menschenrechtsabkommen inspiriert – zu menschenrechtlichen Fragen allgemein wie zu speziellen Fragen des Menschenrechtsschutzes. Bedeutsam als bekräftigende Bestätigung der gewohnheitsrechtlich erreichten Standards wurde zudem die Wiener Welt-Menschenrechtskonferenz von 1993.[10]

2. Einwirkungen der Menschenrechte auf das Völkerrechtssystem

309 Eine wichtige Folge der Etablierung internationaler Menschenrechtsregime ist die **Öffnung des staatlichen Souveränitätspanzers**. Durch die völkerrechtliche Verpflichtung zum Schutz der Menschenrechte räumen Staaten den anderen Vertragsparteien das Recht ein mitzureden – auch dann, wenn es um interne Vorgänge geht, die vorher vom Schutz des Interventionsverbots abgeschirmt waren (Rn. 355–357). Die Einmischungsmöglichkeiten können in ihrer Art differieren, wie ein Vergleich etwa der Berichtsverfahren vor dem Menschenrechtsrat mit dem Recht der Individualbeschwerde unter der EMRK oder nach dem (1.) ZP zum IPBPR zeigt; gleichwohl besteht schon der Idee völkerrechtlich verbindlicher Menschenrechtsgarantien nach keine Möglichkeit, Menschenrechtsfragen zu inneren Angelegenheiten zu deklarieren und jegliche Einmischung von außen abzuwehren. Auch in der Volksrepublik China,

10 Siehe Vienna Declaration and Programme of Action v. 12.7.1993, A/CONF.157/23. Zu den Wirkungen *E. Klein/C. Menke* (Hg.), Universalität – Schutzmechanismen – Diskriminierungsverbote: 15 Jahre Wiener Weltmenschenrechtskonferenz, 2008; *M. Nowak/F. Steinert/H. Tretter* (Hg.), Vienna+20: Advancing the Protection of Human Rights, 2014.

die Menschenrechte lange als innere Angelegenheiten betrachtete, ist hier in den letzten Jahren ein Wandel zu verzeichnen.

Dieses Umdenken kommt mit eindrucksvoller Deutlichkeit in der Erklärung der Mitgliedstaaten der KSZE vom 10. Juli 1992 zum Ausdruck. Dort heißt es:[11]

Wir betonen, dass die im Bereich der menschlichen Dimension der KSZE eingegangenen Verpflichtungen ein unmittelbares und berechtigtes Anliegen aller Teilnehmerstaaten und eine nicht ausschließlich innere Angelegenheit des betroffenen Staates darstellen. Der Schutz und die Förderung der Menschenrechte und Grundfreiheiten sowie die Stärkung demokratischer Institutionen sind weiterhin eine unerläßliche Grundlage für unsere umfassende Sicherheit.

Mit der Anerkennung wurde auch die **Durchsetzung der Menschenrechte** in den **310** Jahrzehnten nach 1945 gestärkt. Neben vertragsbasierte Organe und Gerichte – von denen der EGMR als die einflussreichste und aktivste Institution besondere Erwähnung verdient – hat sich der UN-Sicherheitsrat gestellt, der zunehmend seine Bereitschaft bewiesen hat, schwere und systematische Verletzungen der Menschenrechte innerhalb eines Staates als Bedrohungen für den Frieden im Sinne von Art. 39 UNCh anzusehen und damit zum Anlass für Zwangsmaßnahmen zu nehmen.[12]

Menschenrechte sind heute zentraler Bestandteil des **internationalen ordre public**, **311** woraus sich die Sonderrolle erklärt, die sie in vielerlei Hinsicht genießen. Menschenrechtsabkommen gehören zum Typus normbildender Verträge *(traités-lois)*.[13] Sie errichten daher nach Sinn und Zweck der Zulässigkeit von Vorbehalten Grenzen (Rn. 223) und unterliegen auch nicht der Kündigung bei schweren Vertragsverletzungen durch andere Parteien (vgl. Art. 60 Abs. 5 WVK). Im Rahmen der Staatennachfolge gehören Menschenrechtsabkommen zu denjenigen Verträgen, die nach nahezu einhelliger Auffassung auf den Nachfolger übergehen (Rn. 111). Auch besteht Einigkeit über die gewohnheitsrechtliche Geltung der meisten Rechte, die in der AEMR proklamiert wurden. Kerngewährleistungen der Menschenrechte schließlich gelten als *ius cogens*, als zwingendes Völkerrecht, das entgegenstehende Verträge nichtig werden lässt. Durch eine Wirkung *erga omnes* können sich auch i. e. S. unbeteiligte Staaten durch Gegenmaßnahmen zum Anwalt der Menschenrechte machen (Rn. 294).

Menschenrechte **strahlen in praktisch alle Teilbereiche des Völkerrechts aus**. Sie **312** haben die überkommene Trennung zwischen Kriegs- und Friedensrecht überwunden und beanspruchen Geltung auch im bewaffneten Konflikt – in Ergänzung zum Humanitären Völkerrecht (Rn. 1172–1174). Das seit den 1990ern in dynamischer Entwicklung befindliche Völkerstrafrecht soll schwerste Verletzungen von Menschenrechten ahnden (Rn. 1316–1318, 1342). Im Entwicklungsvölkerrecht gehört die Menschen-

11 KSZE, Herausforderung des Wandels, Gipfelerklärung von Helsinki, 10.7.1992, EA 1992, D 533, § 8. Im Internet unter http://www.osce.org/node/39532.

12 So etwa in der Libyen-Resolution S/RES/1973 v. 17.3.2011. Dazu näher *H. Krieger*, Der Sicherheitsrat als Hüter der Menschenrechte: Grund und Grenzen seiner Kompetenz, FW 81 (2006), 107.

13 *W. Kälin*, Menschenrechtsverträge als Gewährleistung einer objektiven Ordnung, BDGVR 33 (1994), 9; *L. Brilmayer*, From "Contract" to "Pledge": The Structure of International Human Rights Agreements, BYIL 77 (2006), 163. Allgemein Rn. 195.

rechtsfrage seit langem zu den etablierten Themen. Die Berücksichtigung von Menschenrechten im internationalen Wirtschaftsrecht, namentlich innerhalb des materiellen WTO-Rechts, ist inzwischen ebenfalls zu einem Kernthema geworden (Rn. 981–982). Angesichts solcher Veränderungen kann man treffend von einer „anthropozentrischen Wende im Völkerrecht" nach 1945 sprechen,[14] die freilich als Beginn eines noch im Gang befindlichen Umbauprozesses verstanden werden muss.

3. Menschenrechte und Souveränitätsverständnis

313 Die Einwirkungen der Menschenrechte auf das Völkerrechtssystem sind so nachhaltig, dass von manchem heute die Frage gestellt wird, ob nicht das **tradierte Modell staatlicher Souveränität** neu konzipiert werden müsse. Eindringlich hat dies der frühere UN-Generalsekretär *Kofi Annan* in einer Rede vor der Generalversammlung 1999 formuliert:[15]

State sovereignty, in its most basic sense, is being redefined by the forces of globalization and international cooperation. The State is now widely understood to be the servant of its people, and not vice versa. At the same time, individual sovereignty – and by this I mean the human rights and fundamental freedoms of each and every individual as enshrined in our Charter – has been enhanced by a renewed consciousness of the right of every individual to control his or her own destiny. These parallel developments [...] do not lend themselves to easy interpretations or simple conclusions. They do, however, demand of us a willingness to think anew.

Der Gedanke einer **„individuellen Souveränität"** spiegelt sich in verschiedenen neueren Theoriemodellen: Auf einen UNDP-Bericht von 1994 geht die Debatte über „menschliche Sicherheit" *(human security)* zurück.[16] Hier wird der Versuch unternommen, sicherheitspolitische Fragen von den Bedürfnissen der Menschen her zu definieren und dabei die „Freiheit von Not" *(freedom from want)* und die „Freiheit von Furcht" *(freedom from fear)* in den Mittelpunkt zu stellen (in Anlehnung an die berühmte Rede *Franklin D. Roosevelts* über die „vier Freiheiten" von 1941). Der Versuch, nicht nur Sicherheitspolitik, sondern das Völkerrecht insgesamt aus der Perspektive der Menschen neu zu bestimmen, verbindet sich mit Konzeptionen des Völkerrechts als „Recht der Weltbevölkerung" *(Kunig)* oder als eines menschenzentrierten „Weltrechts" *(Emmerich-Fritsche)*. Als Vorläufer sind hier die Modelle einer „Weltinnenpolitik" *(C. F. v. Weizsäcker, Senghaas)* bzw. eines „Weltinnenrechts" *(Delbrück)* zu erwähnen.

314 Besondere Prominenz hat in den letzten Jahren das Konzept einer **Schutzverantwortung (responsibility to protect)** erlangt. Dieses ist eine Erfindung der *International*

14 So *M. Kotzur*, Theorieelemente des internationalen Menschenrechtsschutzes, 2001, 143. Eingehend zu einem damit verbundenen Paradigmenwechsel und zur neuen Kategorie internationaler subjektiver Rechte *A. Peters*, Jenseits der Menschenrechte, 2014.

15 Jahresbericht des Generalsekretärs an die Generalversammlung v. 20.9.1999, SG/SM/7136 GA/9596.

16 UNDP, Human Development Report 1994, 22 ff. Dazu *B. Ramcharan*, Human Rights and Human Security, 2002; *B. von Tigerstrom*, Human Security and International Law, 2007; *J. Stein-Kaempfe*, Human security: Völkerrechtliche Aspekte eines internationalen Sicherheitskonzeptes zu Beginn des 21. Jahrhunderts, 2008; *H. Owada*, Human Security and International Law, FS B. Simma, 2011, 505; *D. Estrada-Tanck*, Human Security and Human Rights under International Law, 2016.

Commission on Intervention and State Sovereignty (ICISS), einer von der kanadischen Regierung eingesetzten Expertenkommission, die in ihrem 2001 vorgelegten Bericht versucht hat, das Dilemma humanitärer Interventionen (Rn. 1136–1150) in einem veränderte Souveränitätskonzept aufzulösen.[17] „Souveränität als Verantwortung" soll bedeuten, dass Staaten mit ihrer Souveränität zugleich die Verantwortung erhalten, ihre Bevölkerungen vor schweren Menschenrechtsverletzungen zu schützen. Ist ein Staat hierzu nicht willens oder nicht in der Lage, soll eine Auffangverantwortung der internationalen Gemeinschaft (der aber wohl keine Rechtspflicht entspricht) greifen. Dies soll aber nicht nur für Interventionen im engeren Sinne gelten. Entsprechend den Phasen der Konfliktbearbeitung, die in der UN-Praxis der 1990er Jahre prägend wurden, geht es um eine Verantwortung zur Verhütung *(responsibility to prevent)*, eine Verantwortung zur Reaktion *(responsibility to react)* und eine Verantwortung zum Wiederaufbau *(responsibility to rebuild)*.

Das Konzept fand Eingang in den UN-Reform-Prozess[18] und wurde schließlich im Schlussdokument des UN-Weltgipfels 2005 im Grundsatz anerkannt[19] – allerdings mit signifikanten Entschärfungen im Bereich der Auffangverantwortung und der Interventionsrechte. Beschränkt wurde das Konzept inhaltlich auf die Verhütung von Völkermord, ethnischen Säuberungen, Verbrechen gegen die Menschlichkeit und schweren Kriegsverbrechen. In einem Bericht zur Konkretisierung des Konzepts[20] hat der UN-Generalsekretär sich zu einem Verständnis der „R2P" (so eine verbreitete Kurzbezeichnung) bekannt, das „zugleich eng und tief gehend" sei. Der Schwerpunkt liegt dabei weniger auf den Phasen der Konfliktbearbeitung, sondern auf Verantwortungsstufen: Die vorrangige Verantwortung liegt beim souveränen Staat, dem auf zweiter Stufe internationale Hilfe angeboten werden soll. Erst als *ultima ratio* soll auf dritter Stufe eine internationale Intervention in Betracht kommen. Besonderes Augenmerk wird v. a. auf den Präventionsaspekt gelegt und die Forderung nach Frühwarnsystemen unter Einbeziehung der UNO erhoben.

Staatliche Souveränität wird in solcher Perspektive zu einer instrumentellen Größe. **315**
Sie ist nicht mehr das Apriori der internationalen Beziehungen, sondern wird vom Völkerrecht verliehen – unter der Bedingung, dass der Staat seiner Verpflichtung gerecht wird, für die ihm anvertrauten Menschen zu sorgen. Solche **treuhänderischen Konzeptionen von Souveränität** haben eine lange Tradition,[21] Grundgedanken finden sich schon bei *Hugo Grotius* und im philosophischen Kontraktualismus; sie hatten aber in der „westfälischen Orthodoxie" (die freilich in dieser Reinheit nie Bestand hatte, hier aber eine Zuspitzung aus demonstrativen Gründen erfährt) keinen Platz.

17 Umfassende Dokumentation auf www.responsibilitytoprotect.org.

18 A More Secure World: Our Shared Responsibility. Report of the High-level Panel on Threats, Challenges and Change, Dezember 2004. A/59/565, § 203.

19 World Summit Outcome v. 24.10.2005. Resolution A/RES/60/1, §§ 138 f.

20 UN-Generalsekretär, Bericht v. 12.1.2009, A/63/677. Weitere Berichte v. 14.7.2010, A/64/864 (early warning), 27.6.2011, A/65/877 (regional and subregional arrangements), 25.7.2012, A/66/874 (timely and decisive response), 9.7.2013, A/67/929 (State responsibility and prevention), 11.7.2014, A/68/947 (international assistance), 13.7.2015, A/69/981 (implementation), 22.7.2016, A/70/999 (mobilising collective action), 10.8.2017, A/71/1016 (accountability for prevention), 1.6.2018, A/72/884 (from early warning to early action), A/73/898 (lessons learned for prevention), 10.6.2019.

21 Dazu Schwerpunktheft TIL 16 (2015), Heft 2 (Beiträge von *M. Troper*, *D. Dyzenhaus*, *S. Dellavalle*, *L. Zucca*, *B. Straumann*, *A. Fitzmaurice*, *E. Criddle*, *E. Fox-Decent/I. Dahlman*, *E. Benvenisti*).

Ob dieses Souveränitätsverständnis sich bereits durchgesetzt hat, mag man bezweifeln. Ein Trend zu „Re-Nationalisierung" in jüngster Zeit lässt latente Differenzen darüber, wie Souveränität und Menschenrechte auszubalancieren sind, offener zutage treten.[22] Dennoch ist unter den Bedingungen einer wirtschaftlich und informationell globalisierten Welt mit einem immer dichteren und vielfältigeren Netzwerk an Akteuren eine Rückkehr zu einem auf Abschottung orientierten Modell von Souveränität nicht zu erwarten (Rn. 53–55). In der Gesamtschau scheint ein **mehrdimensionales Souveränitätsverständnis** angemessen, in dem das traditionelle Souveränitätsmodell menschenrechtlich zumindest merklich modifiziert ist.[23]

B. Souveräne Gleichheit der Staaten

I. Überblick

316 Der Grundsatz der souveränen Gleichheit der Staaten gehört zu den **Grundpfeilern des „Westfälischen Systems"**. Er steht einem Hegemonialsystem entgegen, wie es im Imperialismus zum Ausdruck kommt und sichert den souveränen und gleichberechtigten Staat vor Machtanmaßungen anderer Staaten. Unter dem Grundsatz der souveränen Gleichheit gilt der klassische Satz des *Bartolus* (*Bartolo da Sassoferrato* [1313-1357]): **par in parem non habet imperium** („ein Gleicher hat über einen Gleichen keine Hoheitsgewalt"). Zwischen den Untergrundsätzen dieses Grundsatzes und den anderen Prinzipien der *Friendly Relations Declaration* (v. a. dem Interventionsverbot und dem Gewaltverbot) gibt es enge Bezüge. Dies unterstreicht die zentrale Stellung des Grundsatzes in der Völkerrechtsordnung. In der UN-Prinzipienerklärung werden der souveränen Gleichheit der Staaten folgende Subprinzipien zugeordnet:

- Rechtsgleichheit
- volle Souveränität
- Pflicht zur Achtung der Rechtspersönlichkeit anderer Staaten
- Achtung der territorialen Unversehrtheit und politischen Unabhängigkeit
- freie Wahl des politischen, sozialen, wirtschaftlichen und kulturellen Systems
- Pflicht zur Erfüllung der internationalen Verpflichtungen

317 **Rechtsgleichheit:** Die Gleichheit der Staaten ist rechtliche Norm, kein tatsächlicher Befund. Sie bezieht sich auf die Gleichberechtigung und Gleichverpflichtung, ungeachtet faktischer Ungleichheiten.[24] Rechtliche Ungleichheiten können nur auf konsensualer Basis (und damit durch Vereinbarung unter rechtlich Gleichen) begründet werden. Dies betrifft z. B. Vorrechte einzelner Staaten in Internationalen Organisationen (vgl. z. B. das Vetorecht im UN-Sicherheitsrat) oder die Bevorzugung von Ent-

22 Vgl. die Diskussion im UN-Sicherheitsrat am 15.2.2016: http://www.un.org/press/en/2016/sc12241.doc.htm.

23 *A. v. Arnauld*, Staatliche Souveränität im Wandel: Neujustierung der staatlichen „Firewall", Globale Trends 2013, 69.

24 Um die Herstellung materieller Gleichheit geht es v. a. im Rahmen des Entwicklungsvölkerrechts (§ 10 C.). Dass dem Prinzip der souveränen Gleichheit die Aufforderung zur Verwirklichung materieller Gleichheit innewohne, betont *G. Seidel*, Souveräne Gleichheit und faktische Ungleichheit der Staaten, FS E. Klein, 2013, 897. Zumindest in einem moralischen Sinne ist dem beizupflichten.

wicklungsländern in einer Reihe völkerrechtlicher Verträge. Aus dem Prinzip der Rechtsgleichheit folgt auch der Grundsatz der Staatenimmunität (Rn. 323–336).

Volle Souveränität: Der Grundsatz umfasst das Recht jedes Staates, seine inneren und äußeren Angelegenheiten selbst zu bestimmen, ohne von fremder Zustimmung abhängig zu sein. Die Souveränität schließt das Recht zur Selbstbindung durch das Völkerrecht ein. Hierdurch verzichtet der Staat zwar auf die Ausübung bestimmter souveräner Rechte, nicht aber auf die Souveränität als solche. **318**

Pflicht zur Achtung der Rechtspersönlichkeit anderer Staaten: Diese Pflicht umfasst die Verpflichtung, das Existenzrecht anderer Staaten zu respektieren. Dies bedeutet in erster Linie eine **Pflicht zur Achtung der territorialen Unversehrtheit und politischen Unabhängigkeit** anderer Staaten. Verletzungen der territorialen Unversehrtheit gehen regelmäßig mit Verstößen gegen das Gewaltverbot einher, das in der Prinzipiendeklaration gesondert erwähnt wird. Verletzungen der politischen Unabhängigkeit (sie entspricht dem Freisein von fremder Staatsgewalt) verstoßen ebenfalls gegen das gesondert erwähnte Interventionsverbot sowie, bei Anwendung militärischer Gewalt, gegen das Gewaltverbot. **319**

Ob hierüber hinaus eine Pflicht zur Achtung der **Ehre anderer Staaten** Rechtsqualität besitzt oder ob – abgesehen von schwerwiegenden Fällen (etwa der öffentlichen Demütigung eines fremden Staatsoberhauptes[25]) – es sich insoweit nur um unfreundliche, aber nicht rechtswidrige Akte handelt, ist umstritten.[26] Generell sollte bei der Verrechtlichung verbaler und symbolischer Politik Zurückhaltung angezeigt sein.[27] Der Sache nach ist nichts gewonnen, wenn man in der Beleidigung eines anderen Staates einen Rechtsverstoß erblickt; dies würde zwar *de iure* (d. h. von Rechts wegen) Gegenmaßnahmen legitimieren, die aber eher zu einer Eskalation beitragen dürften. Letztlich würde – sofern verbale Ausfälle nicht mit konkreten Aktionen oder Drohungen einhergehen – eine solche Rechtspflicht an ihrer eigenen Durchsetzungsschwäche unglaubwürdig werden. **320**

Freie Wahl des politischen, sozialen, wirtschaftlichen und kulturellen Systems: Jeder Staat hat das Recht, sein gesellschaftliches System selbst zu wählen. Das allgemeine Völkerrecht kennt also z. B. keine Pflicht zur Demokratie oder zur Marktwirtschaft. Ganz frei sind die Staaten heute allerdings nicht mehr: Universelle **Menschenrechte** verpflichten Staaten zu einer menschenrechtskonformen Ausgestaltung ihres Verfassungssystems; eine Diktatur, die in der Lage (oder bereit) wäre, die grundlegenden Menschenrechte zu garantieren, lässt sich schwerlich vorstellen. Hinzu treten Verpflichtungen auf gemeinsame Grundprinzipien und Werte im Rahmen verschiedener Regionalorganisationen (z. B. EU, OAS). Der Versuch, einem anderen Staat ein anderes System aufzuzwingen (Politik des *regime change*), verstößt gegen das Interventions- bzw. das Gewaltverbot. **321**

25 Hiervon zu unterscheiden sind Beleidigungen durch Private. Eine völkerrechtliche Pflicht, diese über den allgemeinen Ehrschutz hinaus unter Strafe zu stellen, existiert nicht, vgl. amtliche Begründung zur Streichung von § 103 StGB: Deutscher Bundestag, Drucksache 18/11243, 6 f. Zum Fall Böhmermann *R. C. Schelzke*, Ändert Jan Böhmermann das Strafgesetzbuch? – Über die Abschaffung des § 103 StGB, HRRS 2016, 248.

26 Näher *P. Kunig*, Staatenehre im Völkerrecht, Jura 1998, 160.

27 Vgl. zu dem teilweise parallelen Problem der Drohung mit Gewalt Rn. 1048.

322 **Pflicht zur Erfüllung der internationalen Verpflichtungen:** Ein Anwendungsfall der Regel *pacta sunt servanda*. Kehrseite dieser Pflicht ist die Verantwortlichkeit der Staaten für die Nichterfüllung ihrer Pflichten (**Staatenverantwortlichkeit**).

II. Insbesondere: Immunität von Staaten und Staatsorganen

1. Sinn und Zweck der Staatenimmunität

323 Der Grundsatz der Staatenimmunität folgt in seinem klassischen Verständnis (zu neueren Lesarten Rn. 330–336) unmittelbar aus dem Prinzip der souveränen Gleichheit der Staaten: Wo der Satz des *Bartolus* gilt: *par in parem non habet imperium*, gilt ebenso der Satz: **par in parem non habet iudicium** („ein Gleicher darf über einen Gleichen nicht zu Gericht sitzen"). Es ist Staaten verwehrt, vor ihren eigenen Gerichten Hoheitsakte fremder Staaten auf deren Rechtmäßigkeit hin zu überprüfen. Allerdings ist kein Staat verpflichtet, fremde Hoheitsakte für seine eigene innerstaatliche Rechtsordnung anzuerkennen (also etwa ein ausländisches Gerichtsurteil im Inland für vollstreckbar zu erklären). Eine solche Anerkennung bedarf regelmäßig völkervertraglicher Vereinbarung (z. B. in Rechtshilfeabkommen, Rn. 345–346).

324 Diese Immunität von Staaten ist gerade unter den **Bedingungen der Globalisierung** von Bedeutung, da ein Staat, der fürchten müsste, ungefragt von Gerichten anderer Staaten verurteilt zu werden, sich mit grenzüberschreitenden Kooperationen und Investitionen zurückhalten würde. Aus dem Grundsatz der Staatenimmunität (2.) folgt in einem weiteren Schritt die Immunität der Organe, die für den Staat handeln (3.).

2. Immunität des Staates

325 Die Immunität des Staates bezieht sich sowohl auf das gerichtliche **Erkenntnisverfahren**, d. h. das Verfahren vor Gericht, das regelmäßig mit einem Urteil endet, als auch auf das Verfahren der **Zwangsvollstreckung**, das der Durchsetzung „ausgeurteilter" (titulierter) Ansprüche gegen einen Schuldner dient. Das deutsche Recht regelt dies in § 20 Abs. 2 GVG:

> *Im übrigen erstreckt sich die deutsche Gerichtsbarkeit auch nicht auf […] Personen, soweit sie nach den allgemeinen Regeln des Völkerrechts, aufgrund völkerrechtlicher Vereinbarungen oder sonstiger Rechtsvorschriften von ihr befreit sind.*

Die **UN-Konvention** über gerichtliche Immunitäten der Staaten und ihres Eigentums von 2004[28] ist noch nicht in Kraft getreten (Stand: Juni 2019).

326 Der Grundsatz der Staatenimmunität verbietet bereits die **Verfahrenseinleitung**, d. h. das Gericht eines Staates (anders bei internationalen Gerichtshöfen) darf Klagen, die sich gegen einen fremden Staat richten, erst gar nicht annehmen.[29] Dies gilt jedoch

28 United Nations Convention on Jurisdictional Immunities of States and their Property v. 2.12.2004, Annex zu A/RES/59/38.

29 Zu dem insoweit abweichenden Verfahren vor US-Gerichten nach dem Foreign Sovereign Immunities Act *D. Epstein/C. Baldwin*, International Litigation, 4. Aufl. 2010, 188 ff.

nur für **Hoheitsakte** des anderen Staates *(acta iure imperii)*. Der traditionsreichen Immunitätsregel wurde ab Mitte des 20. Jahrhunderts[30] eine wichtige Ausnahme hinzugefügt: **Privatwirtschaftliche Akte** fremder Staaten *(acta iure gestionis)* unterliegen ausländischer Gerichtsbarkeit. Im Kern geht es darum, die privaten Geschäftspartner fremder Staaten angesichts weitgehender wirtschaftlicher Aktivitäten von Staaten nicht rechtsschutzlos zu stellen. Diese Ausnahme ist v. a. vor dem Hintergrund sozialistischer Staatswirtschaften entstanden, hat aber gerade durch staatliche Aktivitäten am internationalen Kapitalmarkt auch heute noch Relevanz. Die Abgrenzung zwischen beiden Formen staatlichen Handelns kann Schwierigkeiten aufwerfen.[31] Maßgeblich sind dabei nicht die Zwecke oder der Kontext, sondern allein der Charakter der fraglichen Maßnahme.[32] Als Faustformel kann herangezogen werden, ob der Staat in einer Weise handelt, wie nur ein Staat handeln kann, oder ob er sich „wie ein Privater" verhält.

Die Abgrenzungsfrage stellt sich insbesondere bei Maßnahmen zur **Restrukturierung von Staatsschulden** in Krisenzeiten. Da Staatsanleihen als solche unstrittig dem privatwirtschaftlichen Handeln zuzurechnen sind, haben US-amerikanische Gerichte Klagen gegen Argentinien ohne weiteres zugelassen. Demgegenüber betont der BGH, dass auf die Rechtsnatur des Umstrukturierungsaktes abzustellen sei und hat im Fall des Zwangsumtauschs griechischer Staatsanleihen einen hoheitlichen Akt bejaht.[33] Da es meist um Klagen von Hedgefonds geht, die auf dem sog. Sekundärmarkt Staatsanleihen zu einem Bruchteil ihres Nennwertes aufkaufen, um dann die Staaten auf diesen Nennwert zu verklagen, hat sich auch die UN-Generalversammlung des Themas angenommen und einen Katalog von Grundprinzipien beschlossen.[34]

Die Immunität des Staates setzt sich im **Vollstreckungsverfahren** fort: Selbst wenn **327**
ein Gericht einem Kläger zulässigerweise einen vollstreckbaren Rechtstitel gegen einen fremden Staat gegeben hat (nur möglich bei *acta iure gestionis*, s. o.), darf die Zwangsvollstreckung nicht in solches Vermögen des Staates erfolgen, das **hoheitlichen Zwecken** dient (vgl. Art. 19 der UN-Konvention als Ausdruck von Gewohnheitsrecht).[35] So ordnete z. B. im Dezember 2012 der ISGH die Freigabe des Segelschulschiffs der argentinischen Marine an, das auf Antrag privater Gläubiger im Ha-

30 Vgl. dazu den Brief des Rechtsberaters des US-Außenministeriums, *Jack Tate* (sog. *Tate Letter*) v. 19.5.1952, abgedruckt in AJIL 47 (1953), 93.

31 Näher dazu u. a. BVerfGE 16, 27 (61 ff) – iranischer Botschafts-Fall. Vgl. auch Art. 10 ff der UN-Konvention (2004). Näher *A. van Aaken*, Blurring Boundaries between Sovereign Acts and Commercial Activities, in: Peters u. a. (Hg.), Immunities in the Age of Global Constitutionalism, 2015, 131.

32 BGHZ 209, 191, Rn. 14 f m. w. N., auch dazu, dass dieser Charakter sich grundsätzlich nach nationalem Recht bestimmt.

33 BGHZ 209, 191, Rn. 17 ff.; bestätigt durch BGHZ 217, 153. Vgl. auch BVerfG, NJW 2014, 1723 (Besteuerung von Arbeitslohn). Zum „Jahrhundertverfahren" *NML Capital Ltd. v. Argentina* in den USA dagegen siehe *A. Szodruch-Arnold*, Recht der Staateninsolvenzen, FS 100 Jahre Walther-Schücking-Institut, 2014, 659. Ferner *A. Kämmerer*, Argentine Debt Crisis, MPEPIL (9/2017).

34 Basic Principles on Sovereign Debt Restructuring Processes, A/RES/69/319 v. 10.9.2015. Zum Thema *A. v. Bogdandy/M. Goldmann*, Die Restrukturierung von Staatsschulden als Ausübung internationaler öffentlicher Gewalt, ZaöRV 73 (2013), 61; *J. P. Bohoslavsky/J. Letnar Černič* (Hg.), Making Sovereign Financing and Human Rights Work, 2014; *J. Bröhmer*, State Immunity and Sovereign Bonds, in: Peters u. a. (Hg.), Immunities in the Age of Global Constitutionalism, 2015, 182.

35 IGH, Urteil v. 3.2.2012, Jurisdictional Immunities of the State (Germany v. Italy: Greece intervening), ICJ Rep. 2012, 99, §§ 113 ff; siehe Anhang, Nr. 30. Vgl. ferner *F. Becker*, Keine Zwangsvollstreckung in ein für diplomatische Zwecke genutztes Grundstück – BGH, NJW-RR 2003, 1218, JuS 2004, 470.

fen von Tema (Ghana) festgesetzt worden war.[36] Die UN-Konvention listet in Art. 21 Vermögenskategorien auf, die insbesondere unter Vollstreckungsschutz fallen.

Philippinische Botschaftskonten (BVerfG 1977)[37] Wegen ausstehender Mietzahlungen für ein von der philippinischen Botschaft genutztes Gebäude hatte die Vermieterin vor dem LG Bonn ein Urteil gegen die Philippinen in Höhe von rund 100.000 DM erwirkt (Klagen aus Mietverhältnissen fallen unter die Immunitätsausnahme für privatwirtschaftliches Handeln). Im Rahmen eines Rechtsbehelfsverfahrens in der anschließenden Zwangsvollstreckung legte das AG Bonn dem BVerfG nach Art. 100 Abs. 2 GG die Frage vor, ob eine allgemeine Regel des Völkerrechts (Art. 25 GG) der Pfändung von Konten der Botschaft bei der Deutschen Bank entgegenstehe.

Das BVerfG stellte fest, dass Forderungen aus einem laufenden, allgemeinen Bankkonto der Botschaft eines fremden Staates, das zur Deckung der Ausgaben und Kosten der Botschaft bestimmt ist, nicht der Zwangsvollstreckung durch den Gerichtsstaat unterliege (Leitsatz 11). Zur Begründung führte es u. a. die Unterscheidung zwischen hoheitlicher und privatwirtschaftlicher Betätigung an, die sich auch auf Gegenstände in der Zwangsvollstreckung beziehe.

Das US-amerikanische Recht kennt Ausnahmen von der Staatenimmunität bei Klagen wegen Verletzung von Leib und Leben durch **Terrorakte**, die von ausländischen Staaten unterstützt wurden. § 1605A *Foreign Sovereign Immunities Act* gestattet seit 1996 die Durchführung des Erkenntnisverfahrens; 2012 wurde auch der Vollstreckungsschutz gegen iranisches und syrisches Staatsvermögen gelockert. Wegen eines Urteils des *U.S. Supreme Court*, das die Vollstreckung in Vermögenswerte der iranischen Zentralbank gestattete,[38] hat der Iran im Juni 2016 Klage vor dem IGH eingereicht.[39] Der US-Kongress hat am 28. September 2016 gegen ein Veto des US-Präsidenten beschlossen, auch Klagen wegen der Terroranschläge vom 11. September 2001 gegen Saudi-Arabien vom Immunitätsschutz auszunehmen.[40]

3. Immunität von Staatsorganen

328 Die Immunität von Staatsorganen leitet sich aus der Immunität der Staaten ab: Weil Staaten durch ihre Organe handeln, genießen auch alle Staatsorgane Immunität für ihre **hoheitlichen (amtlichen) Handlungen** (sog. **funktionale Immunität**). Ihr Handeln wird dem Staat zugerechnet und gilt nicht als privates Verhalten des Amtsträgers (zu Ausnahmen sogleich). Bestimmte Staatsorgane genießen darüber hinaus besondere Privilegierung, indem auch ihre **privaten Handlungen** den Schutz der Immunität genießen **(persönliche Immunität)**. Dabei handelt es sich um Organe, die den diplo-

---

36 ISGH, Anordnung v. 15.12.2012, Case No. 20: The "ARA Libertad" (Argentina v. Ghana). Dazu auch Rn. 840.

37 BVerfGE 46, 342; siehe Anhang, Nr. 45. Kritisch (im Sinne einer Umkehrung der Beweislast) *C. Ryngaert*, Embassy Bank Accounts and State Immunity from Execution, LJIL 26 (2013), 73.

38 US Supreme Court, Urteil v. 20.4.2016, *Bank Markazi, aka The Central Bank of Iran v. Deborah Peterson*, 14-770. Vgl. allgemein *L. Souren*, Haftung für terroristische Anschläge, 2015.

39 Zu dessen Zulässigkeitsurteil v. 13.2.2019 *F. Paddeu*, Non-Precluded Measures Clause: Substance or Procedure? A comment on Certain Iranian Assets, EJIL Talk! (6.3.2019). Zum Verfahren *P. Janig/ S. Mansour Fallah*, *Certain Iranian Assets*: The Limits of Anti-Terrorism Measures in Light of State Immunity and Standards of Treatment, GYIL 59 (2016), 355.

40 Zum ersten Anwendungsfall *D. Hamer/L. Green*, JASTA Keeps Saudi Arabia on Trial for 9/11 Terror Attacks: The US and its Foreign Sovereign Immunity Issue, EJIL Talk! (17.4.2018).

matischen Verkehr tragen: Staatsoberhäupter (einschließlich der nächsten Familienmitglieder[41] und des amtlichen Gefolges), Diplomaten sowie Mitglieder der Regierung als Träger der *Ad-hoc*-Diplomatie.[42] Der internationale (Rechts-)Verkehr käme zum Erliegen, wenn diese Staatsorgane fürchten müssten, für ihre Handlungen im Ausland gerichtlich verfolgt zu werden. Aus dieser Zielrichtung folgt, dass die persönliche (!) Immunität mit dem **Ausscheiden aus dem Amt** endet. Da es sich bei der Immunität um ein Verfahrenshindernis handelt, kommt nach dem Ausscheiden aus dem Amt auch eine nachträgliche gerichtliche Verfolgung für private Verfehlungen während der Amtszeit in Betracht. Zudem steht es dem Staat frei, auf die Immunität seiner Organe zu **verzichten**, da die Immunität letztlich dem Schutz des Staates dient.

Während für Diplomaten und Sondergesandte vertragliche Regeln existieren **329**
(Rn. 575–577), ergeben sich die Immunitäten für alle übrigen Staatsorgane aus dem **Gewohnheitsrecht.**[43] Das geht mit Unklarheiten einher. So ist bei der persönlichen Immunität für Staatsoberhäupter und Regierungsmitglieder umstritten, wie weit der Kreis der geschützten Personen ist. Auch besteht keine Einigkeit, in welchem Umfang sich die Immunität auf private Besuche erstreckt.[44] Funktionale Immunität für ihre amtlichen Handlungen genießen im Ausgangspunkt zwar alle ausländischen Staatsorgane; diese Regel kennt jedoch eine Reihe von Ausnahmen.[45] So unterliegen Spionage und subversive Tätigkeit traditionell der Gerichtsbarkeit des betroffenen Staates,[46] ebenso Verstöße gegen das Humanitäre Völkerrecht[47] und grobe Verletzungen der Gebietshoheit. Auch politischer Mord und Akte des Terrorismus auf fremdem Boden dürften heute nicht länger von der Gerichtsbarkeit des Staates ausgenommen sein, auf dessen Boden sie begangen wurden. Diese (und weitere) Ausnahmen haben neben der anhaltenden Kritik zu **Rechtsunsicherheiten** geführt. Zumindest für im

41 Insoweit skeptisch *B. Chinowawa*, International Law or Comity? Exploring whether Grace Mugabe can successfully claim immunity for crimes committed on foreign soil, EJIL Talk! (4.9.2017).

42 Zu deren Status näher *A. Watts*, Heads of States, MPEPIL (10/2010); *ders.*, Heads of Governments and Other Senior Officials, MPEPIL (10/2010).

43 IGH, Urteil v. 14.2.2002, Arrest Warrant of 11 April 2000 (D.R. Congo v. Belgium), ICJ Rep. 2002, 3, § 52 ff; siehe Anhang, Nr. 25. Eine Kodifikation unternimmt derzeit die ILC, vgl. zuletzt: 7. Bericht *(C. Escobar Hernández)*, A/CN.4/729 v. 18.4.2019. Zur Kontroverse inner- und außerhalb der ILC: Symposium on the Present and Future of Foreign Official Immunity, AJIL Unbound 112 (2018) (mit Beiträgen von *C. Bradley, S. Murphy, Q. Shen, P. Webb, M. Forteau, R. van Alebeek, E. de Wet*).

44 Dazu IGH, Urteil v. 14.2.2002, Arrest Warrant of 11 April 2000 (D.R. Congo v. Belgium), ICJ Rep. 2002, 3, § 55 und gemeinsames abw. Votum der Richter *Higgins, Kooijmans* und *Buergenthal*, § 84.

45 *M. Bothe*, Die strafrechtliche Immunität fremder Staatsorgane, ZaöRV 31 (1971), 246. Ohne Begründung Supreme Court of India, Urteil v. 18.1.2013, Italien/Indien, No. 135 (2012) im Fall eines Schiffs der italienischen Marine, das während eines Anti-Terror-Einsatzes versehentlich indische Fischer tötete. Dazu *N. Ronzitti*, The *Enrica Lexie* Incident: Law of the Sea and Immunity of State Officials, ItalYIL 22 (2012), 3. Der Streit ist vor dem Internationalen Schiedshof anhängig. Auf Antrag Italiens hat der ISGH (Case No. 24) am 24.8.2015 in einer einstweiligen Anordnung die Suspendierung von Verfahren zu dem Vorfall vor nationalen Gerichten Indiens und Italiens bis zum Abschluss des Schiedsverfahrens angeordnet.

46 *C. Gusy*, Spionage im Völkerrecht, NZWehrR 1984, 187; *S. Sule*, Spionage, 2006; *F. Lafouasse*, L'espionnage dans le droit international, 2012; *P. Salvati*, Intelligence Collection in Time of Peace and International Law, La Communità Internazionale 68 (2013), 285; *C. Schaller*, Spies, MPEPIL (9/2015); *I. Navarrete/R. Buchan*, Out of the Legal Wilderness: Peacetime Espionnage, International Law and the Existence of Customary Exceptions, CornILJ 51 (2019), 897.

47 Von einem Immunitätsausschluss bei Völkerstraftaten generell geht die Generalbundesanwaltschaft aus, vgl. Einstellungsverfügung zur „Gaza-Hilfsflottille" v. 30.9.2014, 3 ARP 77/10-4, S. 7.

Ausland stationierte Truppen ist es üblich, die Immunität gegenüber den Gerichten des Aufenthaltsstaates in **Truppenstationierungsabkommen** (*status of forces agreements* – SOFA) ausdrücklich zu vereinbaren. Als allgemeiner Trend zeichnet sich ab, dass die ehedem am formalen Status orientierte Unterscheidung einer **funktionalen Betrachtungsweise** weicht.[48] Dies dürfte zu einer Ausweitung von *ad-hoc*-Immunitäten für Sondergesandtschaften und anderen Strategien zur Kompensation von statusbezogenen Immunitätslücken führen.[49]

In diesen Trend fügt sich die Entscheidung der französischen *Cour de Cassation* v. 15.12.2015 in einem Strafverfahren wegen Veruntreuung öffentlicher Gelder gegen *Teodorin Obiang*. Das Gericht verneinte eine Immunität des amtierenden Zweiten Vizepräsidenten (und Sohn des Präsidenten) von Äquatorialguinea, weil die Vorwürfe sich nicht auf dessen offizielle Funktion, sondern allein auf sein Privatleben in Frankreich bezögen. Die Klage Äquatorialguineas hiergegen hat der IGH im Juni 2018 als unzulässig abgewiesen.[50]

4. Durchbrechungen der Immunität

a) Immunität von Staatsorganen

330 In den letzten Jahrzehnten hat sich gewohnheitsrechtlich etabliert, dass die Immunität von Staatsorganen in gewissen Grenzen durchbrochen werden kann, wenn diesen **schwere Menschenrechtsverletzungen** zur Last gelegt werden. Dass Staatsorgane für Menschenrechtsverbrechen zur Verantwortung gezogen werden können, ist jedenfalls seit den **Nürnberger Prozessen** und den **UN-Tribunalen** für das ehemalige Jugoslawien (Art. 7 Nr. 2 des Statuts) und Ruanda (Art. 6 Nr. 2 des Statuts) anerkannt. So wurde vor dem Jugoslawien-Tribunal im Mai 1999 Anklage gegen den amtierenden Präsidenten der Bundesrepublik Jugoslawien, *Slobodan Milošević*, erhoben. Übereinstimmend mit diesen Grundsätzen bestimmt auch Art. 27 Abs. 2 IStGH-Statut, dass die Amtsträgerschaft den IStGH nicht an der Ausübung seiner Gerichtsbarkeit hindert.

331 Auf denselben Standpunkt hat sich 1999 im Grundsatz auch das englische *House of Lords* im Fall des ehemaligen chilenischen Diktators **Pinochet** gestellt, dessen Auslieferung Spanien beantragt hatte: Dieser könne für Folterungen während seiner Amtszeit auch von spanischen Gerichten zur Verantwortung gezogen werden (mit unterschiedlicher Begründung). Eine auf den ersten Blick abweichende Bewertung hat der IGH 2000 im **Yerodia-Fall** vorgenommen: Der IGH hielt den belgischen Haftbefehl gegen einen kongolesischen Minister auch angesichts des Völkermordvorwurfs für unvereinbar mit dem Grundsatz der Immunität hochrangiger Regierungsvertreter gegenüber Gerichten anderer Staaten. Dagegen bejahte er die Befugnis internationaler Strafgerichte zur Strafverfolgung. Im Yerodia-Fall handelte es sich allerdings, im Unterschied zum Pinochet-Fall, um ein amtierendes Mitglied der kongolesischen Re-

48 Dazu eingehend *J. Pullen*, Die Immunität von Staatsunternehmen im zivilrechtlichen Erkenntnis- und Vollstreckungsverfahren, 2012.

49 Vgl. *H. Krieger*, Immunität: Entwicklung und Aktualität als Rechtsinstitut, und *S. Talmon*, Immunität von Staatsbediensteten, BDGVR 46 (2014), 233 bzw. 313.

50 Zulässig ist die Klage nur in Bezug auf den Status von Räumlichkeiten, die im Zuge des Strafverfahrens durchsucht wurden: IGH, Immunities and Criminal Proceedings (Equatorial Guinea v. France), Urteil v. 6.6.2018 (Preliminary Objections).

gierung, nicht um ein aus dem Amt geschiedenes Regierungsmitglied. Der Klage Belgiens gegen Senegal auf Überstellung des ehemaligen Präsidenten des Tschad, **Habré** wegen Beteiligung an Völkermordtaten hat der IGH aus Gründen seiner Jurisdiktion allein auf Grundlage der UN-Antifolterkonvention stattgegeben, die eine Pflicht zur Auslieferung kennt, wenn der Staat des Aufenthalts nicht selbst Strafverfolgungsmaßnahmen einleitet (*aut dedere aut judicare*, dazu Rn. 1314).[51]

Pinochet-Urteil (House of Lords 1998/99)[52] Der ehemalige chilenische Militärdiktator *Augusto Pinochet* reiste 1998 nach London, um sich ärztlich behandeln zu lassen. Dort wurde er auf Grund eines spanischen Haftbefehls festgenommen. Ihm wurde u. a. die Folterung und Ermordung von spanischen Staatsbürgern während seiner Diktatur (1973-1990) vorgeworfen. Zentral ging es um die Frage, ob die Immunität eines ehemaligen Staatsoberhauptes der Auslieferung an einen dritten Staat entgegenstehe.

In einem ersten Urteil vom 25.11.1998 hatten die Lordrichter mehrheitlich noch relativ weitgehende Ausnahmen von der Immunität bei Völkerrechtsverbrechen bejaht; das Urteil wurde aber wegen möglicher Befangenheit eines Richters aufgehoben. Im zweiten Urteil vom 24.3.1999 bejahte die Mehrheit der Richter die Möglichkeit der Auslieferung nur wegen Verstößen gegen die Anti-Folterkonvention der Vereinten Nationen von 1984. Eine absolute Immunität würde Sinn und Zweck der Konvention entgegenstehen, die Folter als Verbrechen definiert, das von Staatsorganen in amtlicher Eigenschaft verübt wird. Eine Auslieferung käme aber erst für Folterungen nach 1988 in Betracht, weil das Übereinkommen erst in diesem Jahr in Großbritannien wirksam umgesetzt worden sei. Andere Lords gingen weiter und nahmen eine umfassende Verwirkung der Immunität bei völkerrechtlichen Verbrechen an oder sahen in der Folter eine dritte, nicht der Immunität unterfallende Kategorie hoheitlichen Handelns neben privaten und amtlichen Handlungen. Im Jahr 2000 entschied der britische Innenminister, *Pinochet* nicht an Spanien auszuliefern, sondern gestattete ihm die Ausreise nach Chile.

Arrest Warrant Case (Yerodia-Fall) (IGH 2002)[53] Die belgische Justiz hatte gegen den amtierenden Außenminister der Demokratischen Republik Kongo (während des Prozesses wechselte er in das Amt des Bildungsministers) einen Haftbefehl wegen Völkermordes erlassen. Gestützt wurde die Jurisdiktion Belgiens auf das Weltrechtsprinzip für schwerste Völkerrechtsverbrechen. Die belgische Regierung trug außerdem vor, dass das Verbot des Völkermordes zum zwingenden Völkerrecht gehöre und daher der Immunität vorgehe.

Der IGH bestätigte dagegen die gewohnheitsrechtlich fundierte umfassende Immunität amtierender Staatsoberhäupter und anderer „hochrangiger Regierungsvertreter“ (der Kreis wird im Urteil nicht genau definiert) von fremder Gerichtsbarkeit. Diese erstrecke sich umfassend auf alle Handlungen, amtliche und private, da sie nicht dem persönlichen Vorteil der privilegierten Person diene, sondern die Funktionsfähigkeit des zwischenstaatlichen Verkehrs schütze (§§ 51, 53 des Urteils). Zwar sei das Verbot des Völkermordes *ius cogens*, nicht aber die Pflicht, Völkermord strafrechtlich zu ahnden. Die Immunität gelte jedoch nur gegenüber Gerichten anderer Staaten, nicht gegenüber internationalen Strafgerichten. Offen blieb, ob nach dem Ausscheiden aus dem Amt etwas anderes zu gelten hat.

---

51 IGH, Urteil v. 20.7.2012, Questions relating to the Obligation to Prosecute or Extradite (Belgium v. Senegal), ICJ Rep. 2012, 422, §§ 55, 68 ff, 88, 117 ff. Dazu Anm. von *M. Andenaes/T. Weatherall*, ICLQ 62 (2013), 753, und *S. Sangeeta*, HRLR 13 (2013), 351.

52 UK House of Lords, Urteil v. 24.3.1999, [1999] UKHL 17; siehe Anhang, Nr. 49.

53 IGH, Urteil v. 14.2.2002, Arrest Warrant of 11 April 2000 (D.R. Congo v. Belgium), ICJ Rep. 2002, 3; siehe Anhang, Nr. 25.

332 Die **Ausnahmen von der Immunität für amtliche Handlungen** lassen sich im Anschluss an diese Entscheidungen wie folgt systematisieren:

- **während der Amtszeit:** Verfolgung wegen schwerer Menschenrechtsverletzungen und anderer völkerrechtlicher Verbrechen nur durch internationale Gerichte (vgl. Art. 27 Abs. 2 des Römischen Statuts des Internationalen Strafgerichtshofs [IStGH], der die Immunität für Verfahren vor dem IStGH für unbeachtlich erklärt): Yerodia-Fall.[54]
- **nach Ende der Amtszeit:** Verfolgung wegen schwerer Menschenrechtsverletzungen und anderer völkerrechtlicher Verbrechen durch internationale Strafgerichte (muss erst recht möglich sein) sowie durch Gerichte anderer Staaten: Pinochet-Fall, Habré-Fall.

Diese Grundsätze sind **nicht unbestritten**: Teilweise wurde das Urteil des IGH im Yerodia-Fall als zu immunitätsfreundlich kritisiert, teilweise das Urteil des *House of Lords* im Pinochet-Fall als zu immunitätsfeindlich. Dass die gewohnheitsrechtliche Immunität amtierender Staatsorgane vor Gerichten eines anderen Staates **auch in zivilgerichtlichen Verfahren** zu beachten ist, hat der EGMR bestätigt.[55]

b) Staatenimmunität

333 Diskutiert wird, ob in Fällen **schwerwiegender Menschenrechtsverletzungen** auch der Grundsatz der Immunität des Staates[56] vor den Gerichten eines anderen Staates durchbrochen wird.[57] Als Argumente werden die zentrale Bedeutung der Menschenrechte im heutigen Völkerrecht, die Idee des völkerrechtlichen *ius cogens* und eine Analogie zur Durchbrechung der strafrechtlichen Immunität von Staatsorganen angeführt. Diese Position hat der griechische *Areopag* am 4. Mai 2000 im Urteil über die Klage von Hinterbliebenen eines Massakers vertreten,[58] das 1944 von Angehörigen

---

54 Gewohnheitsrechtliche Geltung bejaht durch IStGH, Beschluss v. 6.5.2019, *The Prosecutor v Omar Hassan Ahmad Al-Bashir*, ICC-02/05-01/09-397, §§ 1 ff. Dazu *D. Akande*, ICC Appeals Chamber Holds that Heads of State Have No Immunity Under Customary International Law Before International Tribunals, EJIL Talk! (9.5.2019). Siehe dazu auch Rn. 1370.

55 EGMR, Urt. v. 21.11.2001, Al-Adsani/UK, 35763/97, EuGRZ 2002, 403. Bekräftigt durch Urt. v. 14.1.2014, Jones u. a./UK, 34356/06 u. a. Dazu *M. Kloth*, Die zivilrechtliche Immunität bei Verstößen gegen das Folterverbot, AVR 52 (2014), 256. Ferner *K. F. Gärditz*, in: Menzel/Pierlings/Hoffmann (Hg.), Völkerrechtsprechung, 2005, Nr. 70; *E. Klein*, Al-Adsani Case, MPEPIL (5/2007).

56 Zur Frage einer entsprechenden Durchbrechung der Immunität von Internationalen Organisationen (i. E. abgelehnt) US Supreme Court, Urteil v. 27.2.2019, *Jam et al. v. International Finance Corporation*. Dazu *D. Desierto*, SCOTUS Decision in Jam et al v. International Finance Corporation (IFC) Denies Absolute Immunity to IFC…With Caveats, EJIL Talk! (28.2.2019).

57 Ablehnend U.S. Disctrict Court for the District of Columbia, Urteil v. 9.3.1990 (entgegen seinem Urteil v. 15.10.1985), *Guy van Dardel v. USSR*, 736 Fed. Supp. 1 (1990) im Rechtsstreit über die Verschleppung und das Verschwinden des schwedischen Diplomaten *Raoul Wallenberg*, der im Zweiten Weltkrieg Hunderttausende ungarischer Juden gerettet hatte. Dazu *N. Kunczik*, in: Menzel/Pierlings/Hoffmann (Hg.), Völkerrechtsprechung, 2005, Nr. 67. Abgewiesen wurde am 6.3.2019 auch die Klage, mit der Verbände der Ovaherero und Nama von Deutschland Entschädigung für Völkermordtaten zwischen 1904 und 1908 erstreiten wollten: U.S. District Court, Southern District of New York, *Rukoro et al v Federal Republic of Germany*, No. 17-00062. Die Immunitätenfrage drehte sich hier jedoch allein um spezifische Klauseln des *US Foreign Sovereign Immunities Act*.

58 Oberster Gerichtshof Griechenlands (Aereios Pagos), Urteil v. 4.5.2000, Präfektur Voiotia/Deutschland, 11/2000, ILR 129 (2007), 513; in Auszügen auf Deutsch abgedruckt in KJ 2000, 472. Dazu *C. Maierhöfer*, in: Menzel/Pierlings/Hoffmann (Hg.), Völkerrechtsprechung, 2005, Nr. 148.

eines SS-Panzergrenadierregiments an der Zivilbevölkerung des griechischen Dorfes Distomo verübt wurde. Diese Auffassung wurde nacheinander vom Obersten Sondergericht Griechenlands[59] und vom EGMR[60] zurückgewiesen: Zwar sei ein Wandel der gewohnheitsrechtlich geltenden Immunitätsgrundsätze möglich; es fehle aber an einer Staatenpraxis, die auf eine solche Immunitätsausnahme schließen lasse. Einen erneuten Vorstoß zur gerichtlichen Aufarbeitung deutscher Weltkriegsverbrechen haben ehemalige italienische Zwangsarbeiter unternommen. Die hierauf ergangenen Verurteilungen Deutschlands sowie die Anerkennung der griechischen Urteile durch italienische Gerichte[61] hat der IGH im Februar 2012 für völkerrechtswidrig erklärt (Rn. 336). Wie schon bei seiner Rechtsprechung zur Immunität von Staatsorganen lehnte der Gerichtshof eine Durchbrechung der Immunität durch *ius cogens* ab und unterschied insoweit zwischen materiellem Recht und prozessualer Dimension.[62]

Ob die Immunitätsfrage bei der Aufarbeitung historischen Unrechts zur rückwirkenden Anwendung modernen Völkerrechts auf einen historischen Sachverhalt führt, ist umstritten: Formal betrachtet, betrifft die Immunität das gerichtliche Verfahren, d. h. die Frage, ob sich ein Gericht überhaupt mit der Sache befassen darf; das Verfahren findet in der Gegenwart statt. Der Sache nach jedoch bezieht sich der Vorwurf schwerer Menschenrechtsverletzungen, der die Immunitätsausnahme rechtfertigen soll, auf das zurückliegende Staatshandeln; dieses wird also doch – wenn auch nur für die Zwecke des Gerichtsverfahrens – an heutigem Recht gemessen. Daher wird z. T. argumentiert, dass sich die Zulässigkeit des Verfahrens und die inhaltliche Bewertung der Handlungen nicht trennen ließen. Unstrittig ist, dass das Gericht, wenn es sich mit der Sache befassen darf, für die rechtliche Beurteilung des Vorfalls das seinerzeit geltende Völkerrecht heranzuziehen hat (Grundsatz des intertemporalen Rechts). **334**

Noch weiter gingen die Versuche des *Areopag* und der *Corte Suprema di Cassazione*, die Ansprüche der Opfer und Hinterbliebenen in den in Rn. 333 genannten Fällen aus Liegenschaften der Bundesrepublik Deutschland zu befriedigen, die ein Goethe-Institut bzw. ein deutsch-italienisches Kulturzentrum beherbergten: Schon die Urteile selbst verletzten die Immunität Deutschlands; ein zusätzlicher Rechtsverstoß hätte in der Zwangsvollstreckung in Gebäude gelegen, die der auswärtigen Kulturpolitik – und damit der Erfüllung einer nicht-kommerziellen staatlichen Aufgabe – dienen. Die Vollstreckung in das Athener Goethe-Institut wurde vom griechischen Justizministerium verhindert, diejenige in die Villa Vigoni durch das Urteil des IGH vom Februar 2012 untersagt. **335**

59 Oberstes Sondergericht Griechenlands (Anotato Eidiko Dikastirio), Urteil v. 17.9.2002, ILR 129 (2007), 525. Das Urteil betraf einen vergleichbaren Fall und erging mit sechs zu fünf Stimmen.

60 EGMR, Urteil v. 12.12.2002, Kalogeropoulou u. a./Deutschland und Griechenland, 59021/00, NJW 2004, 273.

61 Dazu m. w. N. *P. De Sena/F. De Vittor*, State Immunity and Human Rights, EJIL 16 (2005), 89; *C. Focarelli*, Denying Foreign State Immunity for Commission of International Crimes: The Ferrini Decision, ICLQ 54 (2005), 951; *S. El Boudouhi*, La motivation de la jurisprudence récente de la Corte Suprema di Cassazione italienne sur les immunités juridictionnelles de l'Etat, RGDIP 114 (2010), 747.

62 Kritisch u. a. *A. Orakhelashvili*, The Classification of International Legal Rules, LJIL 26 (2013), 89. Den IGH verteidigend *S. Talmon*, *Jus cogens* after *Germany v. Italy*, LJIL 25 (2012), 979.

336 **Jurisdictional Immunities (Deutschland/Italien) (IGH 2012)**[63] Die Bundesrepublik Deutschland war von italienischen Staatsbürgern, die während des Zweiten Weltkriegs unter Bruch des Völkerrechts zur Zwangsarbeit nach Deutschland gebracht worden waren, vor italienischen Gerichten auf Entschädigung verklagt und verurteilt worden. Zugleich erkannten die italienischen Richter die im Fall Distomo vom Landgericht Livadia (Griechenland) ausgesprochene Entschädigungspflicht Deutschlands an und verfügten wegen beider Forderungen die Zwangsvollstreckung in die Villa Vigoni am Comer See, die ein von Deutschland betriebenes Kulturzentrum beherbergt. Deutschland hatte sich im Verfahren auf die Staatenimmunität berufen und im Anschluss an die Entscheidungen im Dezember 2008 den IGH angerufen. Im Juli 2011 wurde Griechenland auf Antrag als Nebenintervenient (Art. 62 IGH-Statut) zugelassen.

In seinem Urteil stellte der IGH einen mehrfachen Rechtsverstoß Italiens fest und verwarf die italienische (und griechische) Argumentation: Eine Ausnahme von der Staatenimmunität für deliktisches Verhalten eines fremden Staates im Forumsstaat *(tort exception)* erstrecke sich jedenfalls nicht auf das Verhalten von Streitkräften (§§ 62-79). Eine Durchbrechung der Staatenimmunität bei schweren Menschenrechtsverletzungen oder schweren Verstößen gegen das Humanitäre Völkerrecht sei nach wie vor nicht gewohnheitsrechtlich etabliert (§§ 81-91). Selbst wenn solche Verstöße als Verstöße gegen zwingendes Völkerrecht anzusehen sein sollten, begründe dies keine Durchbrechung der Immunität: Diese sei eine verfahrensrechtliche Regelung, die man von der materiell-rechtlichen Frage eines Verstoßes gegen *ius cogens* unterscheiden müsse (§§ 92-97). Einen Verstoß sah der IGH auch in der Anerkennung der griechischen Urteile, weil für das Anerkennungsverfahren im Forumsstaat ebenfalls die Immunitätsregel gelte (§§ 121-133). Außerdem verurteilte der Gerichtshof die Zwangsvollstreckung in die Villa Vigoni, die als ein – auf Grundlage eines bilateralen Notenwechsels – staatlich betriebenes Kulturzentrum eindeutig Regierungszwecken nichtkommerziellen Charakters diente (§§ 109-120).

Das Gesetz zur Umsetzung des IGH-Urteils hat die *Corte Costituzionale* im Oktober 2014 für nichtig erklärt. Die Gewährung von Immunität bei Kriegsverbrechen und Verbrechen gegen die Menschlichkeit verstoße gegen tragende Grundsätze der italienischen Verfassung (Art. 2: Bekenntnis zu Menschenrechten; Art. 24: Rechtsschutzgarantie); eine entsprechende völkergewohnheitsrechtliche Regel besitze daher in der italienischen Rechtsordnung ebensowenig Geltung wie das IGH-Urteil selbst.[64]

63 IGH, Urteil v. 3.2.2012, Jurisdictional Immunities of the State (Germany v. Italy: Greece intervening), ICJ Rep. 2012, 99 mit *diss. op. Cançado Trindade*; siehe Anhang, Nr. 30. Kritisch gegenüber der apodiktischen Haltung des IGH, die künftige Völkerrechtsentwicklungen erschweren dürfte, *M. Krajewski/C. Singer*, Should Judges be Front-Runners?, MPYUNL 16 (2012), 1.

64 Italienischer Verfassungsgerichtshof (Corte Costituzionale), Urt. Nr. 238/2014 v. 22.10.2014. Deutsche Übersetzung: www.cortecostituzionale.it/documenti/download/doc/recent_judgments/S238_2013_deu.pdf. Dazu *A. Peters*, Let Not Triepel Triumph – How To Make the Best Out of Sentenza No. 238 of the Italian Constitutional Court for a Global Legal Order, EJIL: Talk! (22.12.2014); *K. Oellers-Frahm*, Das italienische Verfassungsgericht und das Völkerrecht – eine unerfreuliche Beziehung, EuGRZ 2015, 8; *F. Würkert*, Historische Immunität? Anmerkung zu Sentenza Nr. 238 der Corte costituzionale vom 22. Oktober 2014, AVR (53) 2015, 90. Siehe auch ItalYIL 24 (2014) (Beiträge von *R. Pisillo Mazzeschi*, *M. Bothe*, *G. Cataldi*, *P. Palchetti*) sowie die Beiträge in *A. Peters/V. Volpe* (Hg.), Remedies against Immunity? Reconciling International and Domestic Law after Italian Constitutional Court's Sentenza 238/2014, 2020 (i. V.). Zur Position der Bundesregierung vgl. Deutscher Bundestag, Drucksache 19/7126 v. 17.1.2019.

C. Gebietshoheit und Personalhoheit

I. Gebietshoheit

1. Grundsatz der Gebietsausschließlichkeit

Die Gebietshoheit gibt das ausschließliche Recht zur Vornahme von Hoheitsakten auf dem eigenen Staatsgebiet (sog. Grundsatz der **Gebietsausschließlichkeit**). Zu unterscheiden ist sie von der territorialen Souveränität, die dem Staat die alleinige Verfügungsbefugnis über sein Staatsgebiet verleiht. Die beiden Grundsätze verhalten sich zueinander in ähnlicher Weise wie Besitz (als die tatsächliche Herrschaftsbefugnis) und Eigentum (als die umfassende Verfügungsbefugnis über eine Sache) im Zivilrecht. Faustformelartig lässt sich sagen, dass die Gebietshoheit ausschließliche Rechte *auf dem* Territorium gibt, die territoriale Souveränität Verfügungsrechte *über das* Territorium. 337

Die Gebietshoheit steht auch „gescheiterten" Staaten *(failed states)* zu.[65] Die Auffassung, wonach die Aufrechterhaltung der Staatlichkeit hier allein dem Selbstbestimmungsrecht des Volkes diene, weswegen alle Maßnahmen ausländischer Mächte, die nicht gegen dieses Selbstbestimmungsrecht verstießen, rechtmäßig seien,[66] ist gewohnheitsrechtlich nicht etabliert und lässt die befriedende Wirkung außer Acht, die von der Konservierung der Staatlichkeit auch bei *failed states* ausgehen soll.

Aus dem Grundsatz der Gebietsausschließlichkeit folgt, dass ein Staat, der **Hoheitsakte auf einem fremden Staatsgebiet** vornimmt, die Gebietshoheit verletzt und sich damit zugleich in die inneren Angelegenheiten des anderen Staates einmischt. So ist etwa einem Gericht untersagt, Zeugen im Ausland zu vernehmen (hier wird regelmäßig im Wege der Rechtshilfe ein ausländischer Richter um Vernehmung des Zeugen ersucht) oder einem Polizisten, Verbrecher im Rahmen der Nacheile jenseits der eigenen Staatsgrenzen festzunehmen. Solche Befugnisse können aber vertraglich zwischen den beteiligten Staaten eingeräumt werden. Dasselbe gilt für die Ausübung von Straf- und Disziplinargewalt bei im Ausland stationierten Truppen; hier wird meist eine Regelung im Stationierungsabkommen (Truppenstatut) getroffen. Unzulässig sind insbesondere auch **heimliche Aktionen**, etwa Sabotageakte oder Entführungen von fremdem Hoheitsgebiet (Rn. 368–370). 338

Keinen Verstoß gegen die Gebietshoheit stellt die Vornahme von Hoheitsakten dar, die **keine Auswirkung auf die fremde Rechtsordnung** haben, sofern sich das handelnde Staatsorgan in zulässiger Weise im Ausland aufhält. Die Gebietshoheit ist daher nicht verletzt, wenn z. B. der Bundespräsident auf Staatsbesuch im Ausland Beamtenernennungsurkunden unterzeichnet. 339

Fall: Der beförderte Kommandeur Der Bundesverteidigungsminister besucht die auf Grundlage eines Abkommens in Afghanistan stationierten Truppen der Bundeswehr. Bei dieser Gelegenheit überreicht er dem Kommandeur eines der Stützpunkte eine Beförderungsurkunde. Ist dieser Vorgang völkerrechtlich problematisch?

65 Dazu auch *A. v. Arnauld*, Klausurenkurs im Völkerrecht, 3. Aufl. 2018, Fall 4.
66 *D. Murswiek*, Souveränität und humanitäre Intervention, Staat 35 (1996), 31, insbes. 36 ff.

Lösungshinweise: Maßgeblich ist, ob der Vorgang Auswirkungen auf Afghanistan hat. Anders als bei der bloßen Unterzeichnung einer Urkunde wird die Beförderung als Rechtsakt hier in Afghanistan gegenüber einem in Afghanistan befindlichen deutschen Staatsorgan vorgenommen – es gibt also einen weitergehenden Gebietsbezug. Dieser Gebietsbezug findet seine Grundlage jedoch in der Gegenwart deutscher Truppen in Afghanistan, die durch das Stationierungsabkommen legitimiert ist. Die Beförderung erhält keinen hierüber hinausgehenden Eingriff in die afghanische Gebietshoheit. Der Vorgang ist somit völkerrechtlich unproblematisch.

340 Die Gebietshoheit ist auch verletzt, wenn die schädigende Handlung zwar auf dem heimischen Staatsgebiet erfolgt, ihre **Wirkungen** sich aber **auf fremdem Hoheitsgebiet** einstellen. Dies gilt für den Schuss eines Polizisten über die Grenze hinweg ebenso wie für Fälle grenzüberschreitender Emissionen (z. B. Luftverunreinigungen).

341 Umgekehrt erwachsen dem Staat aus seiner Gebietshoheit auch **Verpflichtungen**: Im Rahmen der gebotenen Sorgfalt *(due diligence)* muss der Territorialstaat dafür Sorge tragen, dass von seinem Staatsgebiet keine Übergriffe in Rechte anderer Völkerrechtssubjekte erfolgen (Rn. 409). Diese Pflicht spielt nicht nur im Zusammenhang mit privaten Gewaltakten eine wichtige Rolle (vgl. Diskussion über *safe havens*); sie ist auch Keimzelle des Umweltvölkerrechts, das seine Ursprünge im völkerrechtlichen Nachbarrecht hat (Rn. 882–888).

2. Einschränkungen der Gebietshoheit

342 Die Gebietshoheit des Territorialstaates kann ausnahmsweise **eingeschränkt** sein. Jenseits der Fälle einer militärischen Besetzung oder einer Verwaltung durch die Vereinten Nationen (z. B. Osttimor, Kosovo) sind hier Servituten, Verpachtungen und internationalisierte Gewässer als traditionelle Fallgruppen zu nennen.

Unter **Servituten** versteht man, wie im Immobiliarsachenrecht auch (vgl. §§ 1018 ff BGB), dingliche Nutzungsbeschränkungen. Diese müssen im Völkerrecht vertraglich eingeräumt werden. Denkbare Fälle sind Transitrechte (für einen atypischen, weil allgemein und ohne besondere Vereinbarung geltenden Fall vgl. das Recht auf friedliche Durchfahrt durch das Küstenmeer) oder sog. Grenzservituten (z. B. Badischer Bahnhof in Basel als deutscher Bahnhof auf Schweizer Territorium), z. T. wird auch die Einräumung von Nacheilerechten zu Land unter die Servituten gerechnet.

Die Gebietshoheit kann auch weitgehend durch **Verpachtung** an einen anderen Staat übertragen werden.[67] Berühmtes Beispiel ist Hong Kong, das 1898 für 99 Jahre durch Großbritannien von China gepachtet wurde und seit dem 1. Juli 1997 wieder unter der chinesischer Kontrolle steht. Traurige Bekanntheit hat in den letzten Jahren auch der US-amerikanische Militärstützpunkt in Guantánamo Bay erlangt, der 1903 von Kuba gepachtet wurde.[68] Die volle administrative Verfügungsgewalt unter Ausschluss der territorialen Souveränität kann einem anderen Staat auch durch eine **Verwaltungszession** verschafft werden (z. B. Verwaltung des Panama-Kanals durch die USA von 1903 bis zum 1. Januar 2000).

67 *Y. Ronen*, Territory Lease, MPEPIL (7/2008).

68 Zum (umstrittenen) Status näher *C. Tams/C. Brown*, Hundert Jahre und kein bisschen weise? Zum 100. Jahrestag der Abkommen über Guantanamo Bay, FW 78 (2003), 395; *A. de Zayas*, Guantánamo Naval Base, MPEPIL (7/2016); *C. Thiele*, Der völkerrechtliche Status der US-amerikanischen Militärbasis Guantánamo in Kuba, AVR 48 (2010), 105.

Auch **Binnengewässer**, namentlich Flüsse und Kanäle, die an sich Teil des Staatsgebietes sind, können durch **Internationalisierung** der Gebietshoheit des Territorialstaates entzogen werden.[69] Auch hierfür ist regelmäßig ein Vertrag vonnöten. So wurde in Art. 380 ff des Vertrags von Versailles nach dem Ersten Weltkrieg der Kaiser-Wilhelm-Kanal (heute Nord-Ostsee-Kanal) internationalisiert. 1936 erklärte die deutsche Regierung den internationalen Status einseitig für beendet. Proteste blieben vereinzelt und wurden nicht mit Nachdruck aufrechterhalten, weswegen der Kanal heute als „re-nationalisiert" gilt.[70] Ein internationales Flussregime gilt nach wie vor für den Rhein (Mannheimer Revidierte Rheinschifffahrtsakte vom 17. Oktober 1868[71]).

II. Personalhoheit

Neben die Gebietshoheit des Staates tritt die Personalhoheit, d. h. sein Recht, **Regelungen in Bezug auf seine eigenen Staatsangehörigen** zu treffen. Wo Menschen sich im Ausland aufhalten, kollidiert dieses Recht des Heimatstaates mit der Gebietshoheit des Aufenthaltsstaates. Dabei erhält die **Gebietshoheit Vorrang**; allerdings schuldet der Aufenthaltsstaat dem Heimatstaat des Fremden eine Achtung seiner Personalhoheit. Er muss die Ausländer auf seinem Staatsgebiet im Einklang mit den Grundregeln des sog. **Fremdenrechts** behandeln. Zu diesen Grundregeln zählen u. a. der Respekt vor Leib und Leben des Fremden, seine Anerkennung als Rechtspersönlichkeit, der Zugang zu Gerichten und der Schutz vor willkürlicher und entschädigungsloser Enteignung (Rn. 595). 343

Verstößt der Aufenthaltsstaat gegen diese Rechtspflichten, so verletzt er den Anspruch des Heimatstaates auf völkerrechtskonforme Behandlung seiner Staatsangehörigen (nicht etwa Rechte des Fremden selbst – anders im Menschenrechtsschutz). Bevor der Heimatstaat jedoch die rechtswidrige Behandlung auf völkerrechtlicher Ebene zur Sprache bringen kann, muss der betroffene Staatsangehörige im Aufenthaltsstaat alle zumutbaren Rechtsschutzmöglichkeiten ausgeschöpft haben (**local remedies rule**). Sein Heimatstaat „adoptiert" dann gewissermaßen die Rechtsverletzung und macht sie im Wege des sog. **diplomatischen Schutzes** im eigenen Namen gegenüber dem Aufenthaltsstaat geltend. Zunehmend wird diese komplette Mediatisierung des Einzelmenschen als antiquiert betrachtet und von einer Geltendmachung von Rechten des Einzelnen durch seinen Heimatstaat ausgegangen (Rn. 597). 344

III. Erlass von Hoheitsakten mit Auslandsbezug

Grundsätzlich darf der Gebietsausschließlichkeit wegen ein Staat nur auf seinem Territorium Hoheitsakte erlassen.[72] Daher ist der Erlass von Hoheitsakten mit Wirkung gegenüber dem Ausland prinzipiell unzulässig. Mittelbare Auswirkungen sind dabei 345

69 Allgemein *R. Wolfrum/J. Pichon*, Internationalization, MPEPIL (10/2010). Siehe auch *S. McCaffrey*, International Watercourses, MPEPIL (9/2009).

70 *R. Lagoni*, Kiel Canal, MPEPIL (4/2009), Rn. 23 (zur Diskussion näher Rn. 13 ff). Vertiefend *ders.*, Der rechtliche Status des Nord-Ostsee-Kanals, in: v. Arnauld (Hg.), Völkerrecht in Kiel, 2017, 427.

71 Neubekanntmachung in BGBl. 1969 II 597, zuletzt geändert durch Zusatzprotokolle v. 17.10.1979, BGBl. 1980 II 870, 875.

72 Zu Ausnahmen im Seerecht Rn. 824–835.

nicht ausgeschlossen; die Grenze zieht das Interventionsverbot. Dem korrespondiert das Recht eines Staates, Hoheitsakte anderer Staaten nicht anzuerkennen und auf seinem Hoheitsgebiet nicht durchzusetzen. Um eine solche Durchsetzung zu erreichen, können z. B. Rechtshilfeabkommen geschlossen werden, die auf Basis der Gegenseitigkeit u. a. die Vollstreckung ausländischer Gerichtsurteile regeln; eine ähnliche Funktion haben Auslieferungsabkommen. Ohne solche Abkommen hat ein Staat das Recht, auf seinem eigenen Hoheitsgebiet Hoheitsakte anderer Staaten zu ignorieren.

346 Staatliche Gerichte dürfen ausländische Rechtsakte auch am eigenen *ordre public* überprüfen, um über die Anerkennungsfähigkeit nach nationalem Recht zu entscheiden.[73] Ein Verstoß gegen den Grundsatz der Staatenimmunität liegt hierin nicht, da es insoweit nicht um ein Verfahren gegen den anderen Staat geht, sondern um die Anerkennung seiner Rechtsakte als Grundlage in einem anderen Verfahren.

Weiter geht die US-amerikanische *Act-of-State*-Doktrin, die jede Überprüfung ausländischer Hoheitsakte untersagt.[74] Dabei geht es weniger um den Respekt vor anderen Staaten als um die Kompetenzverteilung zwischen den Gerichten und der Bundesregierung in auswärtigen Angelegenheiten. Die Doktrin ist Teil des innerstaatlichen Rechts der USA, nicht des Völkerrechts.

347 In der deutschen völkerrechtlichen Debatte werden zwei **Formen des Auslandsbezugs** staatlicher Gesetze unterschieden. Der **sachliche Geltungsbereich** eines Gesetzes darf sich (im völkerrechtlich anerkannten Rahmen, siehe sogleich) auf Auslandssachverhalte erstrecken, d. h. ein Gesetz darf in seinem Tatbestand an Ereignisse, Umstände usw. im Ausland anknüpfen (z. B. Regelung von Sozialleistungsansprüchen Deutscher mit Wohnsitz im Ausland). Allerdings ist der **räumliche Geltungsbereich** auf das eigene Hoheitsgebiet beschränkt, d. h. das Gesetz „gilt" nicht im Ausland. International gebräuchlicher ist die dem angloamerikanischen Recht entstammende Unterscheidung zwischen der **jurisdiction to prescribe** und der **jurisdiction to enforce**: Im völkerrechtlich anerkannten Rahmen dürfen Staaten Gesetze erlassen, die sich auf ausländische Sachverhalte beziehen, sie dürfen diese Gesetze aber nicht außerhalb ihres Hoheitsgebietes vollziehen. Beide Ansätze kommen in den meisten Fällen zu demselben Ergebnis.

So genießen politisch Verfolgte zutreffender Ansicht nach gemäß Art. 16a Abs. 1 GG Asylrecht schon vor einem Kontakt mit dem deutschen Staatsgebiet (wichtig z. B. für die Frage einer Visumspflicht); der sachliche Geltungsbereich von Art. 16a Abs. 1 GG erfasst also auch den Auslandssachverhalt, das Grundgesetz nutzt insoweit eine *jurisdiction to prescribe*. Allerdings darf das Asylrecht erst auf deutschem Hoheitsgebiet gewährt (räumlicher Geltungsbereich) bzw. „vollzogen" werden *(jurisdiction to enforce)*. Dazu zählt das Gelände deutscher Botschaften im Ausland nicht.[75]

348 Ob ein staatliches Gesetz sich auf ausländische Sachverhalte beziehen darf, bemisst sich danach, ob ein **völkerrechtlich anerkannter Anknüpfungspunkt** vorliegt. Je

73 Dazu m. w. N. *M. Gebauer*, Ordre public (Public Policy), MPEPIL (5/2007).

74 *F. de Quadros/J. H. Dingfelder Stone*, Act of State Doctrine, MPEPIL (3/2013); *J. Harrison*, The American Act of State Doctrine, GeorgeJIL 47 (2016), 507. Dazu vertiefend *M. Berentelg*, Die Act of State-Doktrin als Zukunftsmodell für Deutschland? Zur Nachprüfung fremder Hoheitsakte durch staatliche Gerichte, 2010.

75 *A. v. Arnauld*, in: v. Münch/Kunig (Hg.), Grundgesetz-Kommentar, Bd. 1, 6. Aufl. 2012, Art. 16a Rn. 25. Zum sog. diplomatischen Asyl noch Rn. 586.

nach Rechtsgebiet (Strafrecht, Verwaltungsrecht, Steuerrecht, Privatrecht usw.)[76] differieren diese zulässigen Anknüpfungspunkte; zu nennen sind im Wesentlichen:

- Das **Territorialitätsprinzip** folgt aus dem Grundsatz der Gebietshoheit und begründet die Geltung des staatlichen Rechts für Ausländer. Problematischer ist das **Wirkungsprinzip**, das an Auswirkungen auf dem eigenen Territorium ansetzt: Hier ist ein gesteigerter Inlandsbezug *(direct, foreseeable and substantial effect)* vonnöten, um in einer interdependenten Welt unnötige Jurisdiktionskonflikte zu vermeiden.
- Das **Personalitätsprinzip** ist Ausfluss der Personalhoheit und gestattet den Erlass von Regelungen in Bezug auf eigene Staatsangehörige im Ausland (z. B. Wahlrecht, Steuerrecht, Strafbarkeit von Taten von eigenen Staatsbürgern oder an eigenen Staatsbürgern).
- Das **Schutzprinzip** gestattet den Erlass von Gesetzen zum Schutz wichtiger staatlicher Interessen; hier ist im Einzelnen vieles umstritten, da bei extensiver Interpretation das Interventionsverbot ausgehöhlt werden könnte.
- Das **Weltrechtsprinzip** gestattet im Strafrecht die universelle Verfolgung völkerrechtlicher Verbrechen (vgl. z. B. das deutsche Völkerstrafgesetzbuch).

Helms Burton Act (1996) 1996 erließen die USA in ihrer Blockadepolitik gegen Kuba den sog. *Helms-Burton Act*. Das Gesetz ermöglicht in den USA lebenden Exilkubanern, Unternehmen aus Drittstaaten zu verklagen, die auf Kuba Vermögen erwerben, das früher dem Kläger gehörte. Außerdem dürfen Drittstaaten auf Kuba erworbene Produkte nicht in den USA verkaufen. Die USA begründeten dies mit dem Schutz wichtiger nationaler Interessen.

Das Gesetz stieß auf Kritik der UN-Generalversammlung, des Europarates, zahlreicher Staaten und Menschenrechtsorganisationen und ist in seinen wesentlichen Teilen seitdem ausgesetzt. Insbesondere die EU hat gegen die völkerrechtswidrige extraterritoriale Wirkung des Gesetzes protestiert und eine Verordnung zur Abwehr erlassen (VO Nr. 2271/96 vom 22.11.1996, ABl. EG L 309/1).

Kiobel (U.S. Supreme Court 2013)[77] Das *Alien Tort Statute* (ATS; auch: *Alien Tort Claims Act*, ATCA) des *U.S. Code* von 1789 sieht vor, dass US-Gerichte auch für Schadensersatzklagen von Ausländern zuständig sind, „committed in violation of the law of nations or a treaty of the United States". Seit 1980 wurden auf dieser Grundlage Klagen gegen ausländische Privatpersonen und Unternehmen wegen (Menschen-)Rechtsverletzungen im Ausland zugelassen, das ATS so zur Grundlage einer weltweiten *human rights litigation*.

Im Kiobel-Fall machten die Kläger geltend, die *Royal Dutch Shell* sei gemeinsam mit der Regierung Nigerias verantwortlich für die brutale Unterdrückung von Protesten der Ogoni gegen die Ausbeutung des Niger-Deltas. Der *U.S. Supreme Court* wies am 17. April 2013

76 Speziell zum internationalen Strafrecht siehe noch Rn. 1309–1315.

77 U.S. Supreme Court, Urteil v. 17.4.2013, *Kiobel v. Royal Dutch Petroleum Co.*, 133 S. Ct. 1659 (2013); bestätigt durch Urteil v. 24.4.2018, *S. Jesner et al v. Arab Bank PLC*, No. 16–499. Aus der umfangreichen Literatur: Schwerpunkt in AJIL 107 (2013), 829 ff; *T. Giegerich*, Demise of a "Legal Lohengrin"?, FS 100 Jahre Walther-Schücking-Institut, 2014, 335; *P. Liste*, Transnational Human Rights Litigation and Territorialised Knowledge: Kiobel and the 'Politics of Space', Transnational Legal Theory 5 (2014), 1; *P. D. Mora*, The Alien Tort Statute After *Kiobel*, ICLQ 63 (2014), 699; *M. Stürner*, Die territorialen Grenzen der Human Rights Litigation in den USA, JZ 2014, 13; *M. Kamminga*, Transnational Human Rights Litigation against Multinational Corporations Post-*Kiobel*, FS Soons, 2015, 154. Zum Thema allgemein Rn. 632–633.

die Klage ab und verwies auf eine allgemeine Auslegungsregel, wonach ein Gesetz im Zweifel keine extraterritoriale Wirkung habe: „The presumption against extraterritoriality applies to claims under the ATS, and nothing in the statute rebuts that presumption." Damit beendete der Gerichtshof die weite Handhabung des Schutzprinzips durch US-Gerichte zwar auf Grundlage des ATS, nahm diese aber nicht generell zurück.

349 Das Völkerrecht koordiniert die nationalen Rechtsordnungen und teilt Regelungskompetenzen zu. Es erfüllt die Funktion eines **übergeordneten Kollisions- oder Koordinationsrechts**.[78] Die einzelnen Kollisionsregeln werden dann von den Staaten in ihrem nationalen Kollisionsrecht in dem vom Völkerrecht vorgegebenen Rahmen konkretisiert. Dieses nationale Kollisionsrecht ist in der Regel gemeint, wenn vom „Internationalen Privatrecht", „Internationalen Steuerrecht" usw. die Rede ist. Für **Jurisdiktionskonflikte** gibt das „Third Restatement of the Law" (als eine Art private Kodifizierung des US-amerikanischen Rechts) des *American Law Institute* taugliche Abwägungskriterien an die Hand:[79]

Whether exercise of jurisdiction over a person or activity is unreasonable is determined by evaluating all relevant factors, including, where appropriate:

(a) the link of the activity to the territory of the regulating state, i.e., the extent to which the activity takes place within the territory, or has substantial, direct, and foreseeable effect upon or in the territory;

(b) the connections, such as nationality, residence, or economic activity, between the regulating state and the person principally responsible for the activity to be regulated, or between that state and those whom the regulation is designed to protect;

(c) the character of the activity to be regulated, the importance of regulation to the regulating state, the extent to which other states regulate such activities, and the degree to which the desirability of such regulation is generally accepted.

(d) the existence of justified expectations that might be protected or hurt by the regulation;

(e) the importance of the regulation to the international political, legal, or economic system;

(f) the extent to which the regulation is consistent with the traditions of the international system;

(g) the extent to which another state may have an interest in regulating the activity; and

(h) the likelihood of conflict with regulation by another state.

350 Diese Grundsätze sehen sich heute einem Trend gegenüber, wonach (v. a. mächtige) Staaten teils periphere Anknüpfungen an ihr Territorium nutzen, um extraterritorial ihre eigenen Ordnungsvorstellungen durchzusetzen.[80] So setzen die USA nach ihrem

78 Plastisch *B. Simma/A. Müller*, Exercise and limits of jurisdiction, in: Crawford/Koskenniemi, The Cambridge Companion to International Law, 2012, 134 (136).

79 American Law Institute, Third Restatement of the Law, Bd. I (Foreign Relations Law of the United States), 1987, § 403 para. 2. Zu Besonderheiten der Jurisdiktionsabgrenzung im Internet Rn. 864–867.

80 *C. Ryngaert*, Territory in the Law of Jurisdiction, NYIL 2016, 49; *P. Szigeti*, The Illusion of Territorial Jurisdiction, TexILJ 52 (2017), 369. Der Trend spiegelt sich auch darin, dass das Ende 2018 veröffentlichten *Fourth Restatement* die Ausgewogenheit der vorigen Fassung vermissen lässt.

Rückzug aus dem *Joint Comprehensive Plan of Action* mit dem Iran im Mai 2018 (dazu Rn. 1157) auf sog. **Sekundärsanktionen**, die ausländischen Unternehmen, die direkt oder indirekt mit dem Iran Handel treiben, den Zugang zu den US-Märkten verschließen.[81] Extensiv gehandhabte jurisdiktionelle Anknüpfungen werden so zum Instrument von **„Lawfare“** („law“/„warfare“), einer Strategie, rechtliche Mechanismen strategisch zur Bekämpfung eines Gegners einzusetzen.[82] Derartige Übergriffe in fremde Jurisdiktionen zurückzuweisen, ist Aufgabe des Völkerrechts, will es seine Funktion eines Rahmens für konkurrierende jurisdiktionelle Ansprüche erfüllen.

D. Das Interventionsverbot

I. Grundlagen

Das Interventionsverbot untersagt die Einmischung in die inneren und äußeren Angelegenheiten eines Staates durch Anwendung oder Androhung von Zwang.[83] Tatbestandlich ist es somit **doppelt bedingt** durch 351

- eine Einmischung in die Angelegenheiten eines anderen Staates und
- die Anwendung oder Androhung von Zwang.

Das Interventionsverbot ist Ausfluss des Rechts jedes Staates, sein politisches, soziales, wirtschaftliches und kulturelles System frei zu wählen. Schutzobjekt ist die **Entscheidungsfreiheit des Staates**; dessen souveräner Wille soll sich nicht durch Zwang dem Willen eines anderen Staates untergeordnet werden. Vom Selbstbestimmungsrecht umfasst ist die Gestaltung der auswärtigen Politik, auch wenn z. T. verkürzend von einer Einmischung in die „inneren Angelegenheiten“ die Rede ist. Das Interventionsverbot findet im zwischenstaatlichen Verhältnis seine Rechtsgrundlage im Grundsatz der **souveränen Gleichheit** der Staaten: Aus der Souveränität folgt das Recht eines Staates, seine innere und äußere Politik selbst zu bestimmen, aus der Gleichheit das Verbot, andere Staaten zu bevormunden. Die Geltung des Interventionsverbotes kraft Gewohnheitsrechts wird allgemein anerkannt. 352

Gegen das Interventionsverbot können auch **Internationale Organisationen** im Verhältnis zu ihren Mitgliedstaaten oder anderen Staaten verstoßen. Für das Verhältnis der UNO zu ihren Mitgliedern untersagt **Art. 2 Nr. 7 UNCh** die Einmischung der UN-Organe in Angelegenheiten der UN-Mitglieder, „die ihrem Wesen nach zur inneren Zuständigkeit eines Staates gehören“. Hiervon unberührt bleiben die Zwangsmaß- 353

81 *D. Franchini*, 'With Friends Like That, Who Needs Enemies?': Extraterritorial Sanctions Following the United States' Withdrawal from the Iran Nuclear Agreement, EJIL Talk! (29.5.2018). Siehe auch *D. Adler*, Die Anwendung und Durchsetzung US-amerikanischer Handelsbeschränkungen innerhalb der Europäischen Union, 2016; *U. Karpenstein/R. Sangi*, Iran-Sanktionen am Scheideweg: Die EU-Blocking-Verordnung und INSTEX, EuZW 2019, 309 ff; *S. Lohmann*, Extraterritoriale US-Sanktionen: Nur US-Gerichte können den weltweiten Vollzug nationalen Rechts wirksam begrenzen, SWP-Aktuell 2019/A 31.

82 *D. Kennedy*, Lawfare and warfare, in: Crawford/Koskenniemi (Hg.), The Cambridge Companion to International Law, 2012, 158; *O. Kittrie*, Lawfare: Law as a Weapon of War, 2016.

83 Vgl. IGH, Urteil II (Merits) v. 27.6.1986, Military and Paramilitary Activities in and against Nicaragua (Nicaragua v. USA), ICJ Rep. 1986, 14, § 205; siehe Anhang, Nr. 18.

nahmen, die der Sicherheitsrat nach Kapitel VII zur Wahrung oder Wiederherstellung des Friedens und der internationalen Sicherheit trifft. Solche Zwangsmaßnahmen würden gegen das Interventionsverbot verstoßen, hätten nicht die UN-Mitglieder durch den Beitritt zur UNO diese Zwangsgewalt des Sicherheitsrates anerkannt.

Die **UNCh** enthält somit ein **doppeltes Verbot** der Einmischung in die inneren (und äußeren) Angelegenheiten von Staaten: Das ausdrückliche Interventionsverbot in Art. 2 Nr. 7, das an die Organe der UNO adressiert ist, sowie implizit das zwischenstaatliche Interventionsverbot, das aus dem Grundsatz der souveränen Gleichheit der Staaten (Art. 2 Nr. 1) folgt.

354 **Private** verstoßen selbst dann **nicht** gegen das Interventionsverbot, wenn sie in der Lage sind, auf ausländische Staaten erheblichen Druck auszuüben (etwa transnationale Wirtschaftsunternehmen). „Täter“ von Verstößen gegen das Interventionsverbot können, wie allgemein im Völkerrecht, nur Völkerrechtssubjekte sein.

II. Der domaine réservé

355 Der Bereich der inneren und äußeren Angelegenheiten, die dem Staat vorbehalten sind, der sog. **domaine réservé**, deckt sich in etwa mit dem Recht der Staaten auf freie Wahl ihres politischen, ökonomischen, sozialen und kulturellen Systems sowie zur eigenverantwortlichen Gestaltung ihrer auswärtigen Beziehungen. Dieser Bereich ist **nicht unwandelbar** und kann von Staat zu Staat unterschiedlich weit zu bestimmen sein.[84]

356 Mit jedem internationalen Vertrag oder jeder gewohnheitsrechtlichen Regel, der ein Staat sich unterwirft, öffnet er seine Rechtsordnung für Einflüsse des Völkerrechts (oben als **„Vervölkerrechtlichung“** bezeichnet). Der Bereich der Innen- und Außenpolitik, der vom Völkerrecht unabhängig ist, wird hierdurch reduziert. Solange die völkerrechtliche Verpflichtung besteht, können andere Staaten (oder Internationale Organisationen, deren Mitglied der betreffende Staat ist) die Einhaltung dieser Pflichten einfordern und gegebenenfalls auf friedlichem Wege erzwingen, ohne dass dies das Interventionsverbot verletzte. Vor allem durch die Anerkennung von Menschenrechten auf völkerrechtlicher Ebene ist der Bereich, den Staaten vor auswärtiger Kritik und Reaktion abschirmen dürfen, erheblich verringert worden (Rn. 309).

357 Eine weitere Reduktion erfährt der *domaine réservé* gegenüber den Vereinten Nationen durch die **Praxis des Sicherheitsrates zu Kapitel VII** der Satzung (Rn. 1055). Während früher der „Frieden“ im Sinne von Art. 39 UNCh ausschließlich negativ als Abwesenheit von Krieg verstanden wurde, ist der Sicherheitsrat schrittweise zu einem positiven Friedensbegriff übergegangen, der z. B. die Achtung grundlegender Menschenrechte, die Garantie hinreichender innerer Sicherheit, ein Mindestmaß sozialer Gerechtigkeit und mehr umfasst bzw. umfassen kann. Durch diese Ausdehnung der Gründe für mögliche Zwangsmaßnahmen der UNO wird der den Mitgliedstaaten vorbehaltene Bereich zusätzlich eingeschränkt.

84 Näher *A. v. Arnauld*, Staatliche Souveränität im Wandel – Neujustierung der staatlichen „Firewall“, Globale Trends 2013, 69; *M. Athen*, Der Tatbestand des völkerrechtlichen Interventionsverbots, 2017, 167 ff. Siehe auch m. w. N. *K. Ziegler*, Domaine réservé, MPEPIL (4/2013).

III. Verstöße gegen das Interventionsverbot

1. Zwischen Gewaltverbot und zulässiger politischer Kritik

Das Interventionsverbot wurde früher vor allem als Verbot gewaltsamer Interventionen in einem Völkerrecht verstanden, in dem der Krieg ansonsten noch als ein legales Mittel der Politik galt. Mit Etablierung des Verbots des Angriffskrieges, ab 1945 dann des Gewaltverbotes, hat sich sein Anwendungsbereich verschoben. Zwar verstoßen gewaltsame Interventionen noch immer auch gegen das Interventionsverbot, eigenständige Bedeutung findet dieses jedoch nur bei **Einmischungen unterhalb der Gewaltschwelle**. **358**

Als verbotene Einmischung kann **nicht** bereits eine **politische Stellungnahme** zu den Verhältnissen in anderen Staaten angesehen werden. Im Rahmen der Verhandlungen zur Prinzipien-Deklaration stellte die britische Regierung klar:[85] **359**

In considering the scope of "intervention", it should be recognized that in an interdependent world, it is inevitable and desirable that States will be concerned with and will seek to influence the actions and policies of other States, and that the objective of international law is not to prevent such activity but rather to ensure that it is compatible with the sovereign equality of States and self-determination of their peoples.

Hinzu treten muss daher regelmäßig ein **Zwangselement**. Übereinstimmend hiermit bestimmt Art. 32 der Charta der wirtschaftlichen Rechte und Pflichten der Staaten,[86] einer Resolution der UN-Generalversammlung, die für sich genommen nicht rechtsverbindlich ist, aber insoweit Anhaltspunkt für die Ermittlung geltenden Völkerrechts bieten kann:

Ein Staat darf keine wirtschaftlichen, politischen oder sonstigen Zwangsmaßnahmen gegen einen anderen Staat anwenden oder ihre Anwendung begünstigen, um von ihm die Unterordnung bei der Ausübung seiner souveränen Rechte zu erlangen.

Die UN-Generalsversammlung hat 1981 mit großer Mehrheit eine Erklärung über die Unzulässigkeit der Intervention und der Einmischung in die inneren Angelegenheiten von Staaten angenommen;[87] wegen ihrer sehr weiten Fassung des *domaine réservé* jedoch stieß diese auf Ablehnung bei den Staaten der westlichen Welt und wird bis heute allenfalls am Rande herangezogen. **360**

2. Fallgruppen

In der Staatenpraxis lassen sich mehrere **Fallgruppen** ausmachen, in denen ein Verstoß gegen das Interventionsverbot angenommen wird. Dabei wird deutlich, dass **„Zwang“** ein **normativer Begriff** ist; nicht in jedem der Fälle liegt Zwang in einem engeren, eher an der Alltagssprache orientierten Verständnis vor. Aus diesem Grunde werden teilweise diejenigen Fälle, in denen es an unmittelbarer Zwangswirkung fehlt, einem vom Interventionsverbot unterschiedenen Verbot der **Nichteinmischung** un- **361**

85 *Sir Ian Sinclair*, in: UN Doc. A/AC.125/SR.114 (1966). Official Records of the General Assembly, Twenty-fifth Session, Supplement No. 18 (A/8018), 155.
86 GA Res. 3281 (XX/X) v. 12.12.1974. Zu dieser noch Rn. 918, 991.
87 A/RES/36/103 v. 9.12.1981.

terstellt[88] oder als Verletzungen der **Souveränität** selbst qualifiziert[89]. Demgegenüber hat der Ansatz über das Interventionsverbot den Vorzug, dass er durch Anknüpfung an einen (wenn auch weiter verstandenen) Begriff des „Zwangs" Konturenlosigkeit und damit auch eine übermäßige Ausdehnung meidet. Als „Zwang" sollte dabei nicht bloß die *vis compulsiva* im Sinne einer Nötigung verstanden werden, sondern auch die „willensbrechende" *vis absoluta*, da sie den Staat zur Duldung einer eigenmächtigen Handlung nötigt.[90]

a) Destabilisierung im Innern

362 Kein Staat darf gegenüber einem anderen aktiv eine Politik des **Regimewechsels** *(regime change)* verfolgen oder die Destabilisierung des anderen Staates betreiben.[91] Wird ein Regimewechsel mit militärischer Gewalt erzwungen (wie z. B. der Sturz des irakischen Diktators *Saddam Hussein* durch die von den USA geführte „Koalition der Willigen" 2003), liegt zugleich ein Verstoß gegen das Gewaltverbot vor. Auch gegen Einrichtungen des Staates gerichtete **Anschläge und Sabotageakte** unterhalb der Schwelle des Gewaltverbots stellen eine verbotene Intervention dar.

Für Diskussionen haben 2007 Cyber-Angriffe auf Websites der estnischen Regierung gesorgt, die zu einem zeitweiligen Zusammenbruch der Server führten. Estland beschuldigte Russland, hinter den Angriffen zu stecken. Russland wird auch hinter den Hackerangriffen auf den Deutschen Bundestag 2015 und Angriffen auf die ukrainische Stromversorgung im selben Jahr vermutet. Ungeachtet der offenen Fragen der konkreten Fälle können angesichts der zentralen Bedeutung von Computersystemen für die Aufrechterhaltung auch der öffentlichen Funktionen Cyber-Attacken von einem Staat gegen einen anderen das Interventionsverbot verletzen (Rn. 868, vgl. ferner Rn. 1041, 1042).[92]

363 Durch das Interventionsverbot untersagt ist insbesondere auch die **Unterstützung von Aufständischen** etwa durch Finanzierung, Ausbildung oder Versorgung mit Waffen. Dies hat der IGH 1986 aus Anlass der US-amerikanischen Unterstützung für die Contra-Rebellen in Nicaragua angenommen und zugleich festgestellt, dass bei einem gesteigerten Grad an Unterstützung der unterstützende Staat selbst gegen das Gewaltverbot verstoßen („indirekte Gewalt") oder sogar ein zur Selbstverteidigung berechtigender bewaffneter Angriff vorliegen kann („indirekte Aggression).[93]

---

88 *T. Trautner*, Die Einmischung in innere Angelegenheiten und die Intervention als eigenständige Verbotstatbestände im Völkerrecht, 1999 m. w. N.

89 So v. a. *M. Schmitt* (Hg.), Tallinn Manual 2.0 on the International Law Applicable to Cyber Operations, 2017, Rule 4. Kritisch *G. Corn/R. Taylor*, Sovereignty in the Age of Cyber, AJIL Unbound 111 (2017), 207.

90 A. A. *M. Athen*, Der Tatbestand des völkerrechtlichen Interventionsverbots, 2017, 246.

91 *K. Odendahl*, Regimewechsel und Interventionsverbot, AVR 50 (2012), 318 (zu Libyen und zur Elfenbeinküste); *H. Woolaver*, Pro-democratic Intervention in Africa and the 'Arab Spring', African JIL 22 (2014), 151 (zu Tunesien, Ägypten und Libyen).

92 Vgl. dazu Schwerpunkte in BalticYIL 14 (2014) und GYIL 58 (2015). Ferner *P. Thielbörger/R. Ramsahye*, Hybrid Warfare: zwischen Cyber-Attacken und Manipulation von Informationen, FW 90 (2015), 81.

93 IGH, Urteil II (Merits) v. 27.6.1986, Military and Paramilitary Activities in and against Nicaragua (Nicaragua v. USA), ICJ Rep. 1986, 14, §§ 108, 124. Näher dazu Rn. 1042, 1088–1089 sowie Anhang, Nr. 18. Zur bleibenden Relevanz des Urteils *M. Kohen*, The Principle of Non-Intervention 25 Years after the Nicaragua Judgment, LJIL 25 (2012), 157. Vgl. zur aktuellen Situation im syrischen Bürgerkrieg *T. Ruys*, Of Arms, Funding and "Non-lethal Assistance", ChiJIL 13 (2014), 13; *C. Nowak*, Das Interventionsverbot im Bürgerkrieg, 2018.

Differenziert ist die **Unterstützung oppositioneller Bewegungen** zu beurteilen, die sich mit der Regierung ihres Landes auf politischer Ebene gewaltfrei auseinandersetzen. Hier dürfte darauf abzustellen sein, ob die Tätigkeiten der Bewegung bzw. die Art der Unterstützung (z. B. Parteispenden) nach innerstaatlichem Recht verboten sind – in diesem Fall liegt ein Verstoß gegen die Gesetze des betreffenden Staates vor, und damit regelmäßig eine verbotene Intervention. **364**

Von Deutschland aus werden solche Kontakte oft durch Parteistiftungen bzw. parteinahe Stiftungen unterhalten. Hier handelt nicht der Staat, so dass – ungeachtet der Frage, in welcher Form eine Unterstützung erfolgt – auch nicht gegen das Interventionsverbot verstoßen wird.[94]

Wegen der destabilisierenden Wirkung kann auch die **Parteinahme in einem innerstaatlichen Konflikt** gegen das Interventionsverbot verstoßen. Dies betrifft zum einen die Anerkennung einer oppositionellen Regierung, die (noch) nicht über die effektive Gewalt im Staat verfügt,[95] zum anderen die vorzeitige Anerkennung eines Staats, der erst im Begriff ist, sich durch Sezession aus einem bestehenden Staatsverband zu lösen (vgl. die Diskussion über eine vorzeitige Anerkennung von Slowenien, Kroatien und zuletzt des Kosovo durch die Mitgliedstaaten der EU, Rn. 99, 100). **365**

Umstritten ist, ob und wann **gegnerische Propaganda** gegen das Interventionsverbot verstoßen kann. Stein des Anstoßes war während des Ost-West-Konflikts insbesondere der von den USA betriebene Rundfunksender „Radio Free Europe“, in dem Staaten des Ostblocks eine unzulässige Einmischung in ihre inneren Angelegenheiten sahen. Auch hier ist davor zu warnen, verbale Kritik oder Polemik ohne Not zur Völkerrechtsverletzung zu stilisieren (Rn. 320). Bei einer Aufstachelung oder Hetzpropaganda dagegen kann der suggestive Einfluss von Medien auch in einer das Interventionsverbot verletzenden Weise genutzt werden.[96] Auch bei einer **Manipulation politischer Prozesse** in einem anderen Staat durch subversive „Fake News“ oder gar technische Eingriffe in Wahlvorgänge sprechen gute Gründe für die Annahme eines Verstoßes gegen das Interventionsverbot.[97] **366**

b) Verletzungen der Gebietshoheit

Auch die Verletzung des Grundsatzes der Gebietsausschließlichkeit durch Vornahme von Hoheitsakten auf fremdem Territorium verstößt gegen das Interventionsverbot. Dazu gehören zunächst Akte **angemaßter Hoheitsgewalt**, etwa die Verhaftung einer Person im Ausland oder die gezielte Tötung einer Person durch das Militär einer ausländischen Macht ohne Einwilligung des Inhabers der Gebietshoheit. **367**

---

94 Vgl. zur Behinderung der Stiftungstätigkeit in Ägypten den Beschluss des Deutschen Bundestages v. 9.2.2012, BT-Drs. 17/8578. Zur Situation in Russland *L. P. Schmidt/J. Fuhrmann*, Nichtregierungsorganisationen in Russland, KAS-Auslandsinformationen 29/5 (2013), 118. Am 11.7.2016 hat auch das israelische Parlament ein Gesetz beschlossen, das NGO, die von ausländischen Regierungen Zuwendungen erhalten, zur Transparenz verpflichtet.

95 Zur Anerkennung des selbsternannten Übergangspräsidenten Venezuelas, *Juan Gaidó*, durch westliche Staaten Anfang 2019 siehe Deutscher Bundestag, Wissenschaftliche Dienste, Rechtsfragen zur Anerkennung des Interimspräsidenten in Venezuela, WD 2-3000-017/19 v. 15.2.2019.

96 Mit Blick auf die Wirkung von Massenmedien vgl. *per analogiam* ICTR, Urteil v. 8.12.2003, ICTR-99-52-T, Nahimana u. a. (Radio-Télévision Libre des Mille Collines).

97 Näher dazu *A. v. Arnauld*, Klausurenkurs im Völkerrecht, 3. Aufl. 2018, Fall 6.

Ohne Zustimmung der pakistanischen Regierung hätte z. B. die Tötung des Al-Kaida-Chefs *Osama Bin Laden* durch US-Einheiten am 2. Mai 2011 auf dem Boden Pakistans gegen das Interventionsverbot verstoßen.[98]

368 Verboten ist auch die **Ausübung realer Zwangsgewalt**. Praktisch bedeutsam ist dies v. a. im Fall völkerrechtswidriger Entführungen.[99] Der bekannteste Fall betrifft die Entführung eines der wichtigsten Organisatoren des Holocaust, *Adolf Eichmann*, aus Argentinien durch den israelischen Geheimdienst im Mai 1960.[100] Andere Fälle waren die Entführung des in ein Attentat auf den französischen Staatspräsidenten *de Gaulle* verwickelten Oberst *Argoud* aus München 1963 (mutmaßlich durch Angehörige des französischen Geheimdienstes)[101], die Entführung des mexikanischen Arztes *Humberto Álvarez Machaín* im Auftrag der US-amerikanischen Drogenfahndungsbehörde 1990[102] sowie die Verschleppung des vietnamesischen Managers und Ex-Politikers *Trinh Xuân Thanh* aus Berlin im Juli 2017.[103]

An völkerrechtswidrige Entführungen schließt die Frage an, ob die Rechtsverstöße bei der Ergreifung das Strafverfahren ebenfalls rechtswidrig werden lassen. Die Mehrzahl der Staaten hält hier wohl noch immer an dem Grundsatz *male captus, bene detentus* (sinngemäß: „rechtswidrig gefangen, rechtmäßig in Haft“) fest,[104] einige Gerichte hingegen argumentieren gegen die Zulässigkeit mit dem Recht auf ein faires Verfahren, das verlange, dass der Staat mit „sauberen Händen“ vor Gericht erscheine *(clean hands rule)*. Angesichts dieser divergierenden Rechtsansichten kann von einem allgemeinen Rechtsgrundsatz in den innerstaatlichen Rechtsordnungen nicht die Rede sein. Auch gewohnheitsrechtlich dürfte noch kein Verbot der Strafverfolgung nach Entführung etabliert sein.[105]

369 Während Entführungen gegen den Willen des Territorialstaates generell das Interventionsverbot verletzen, ist dies für Fälle umstritten, in denen jemand durch List aus einem sicheren Ort in einen Staat gelockt wird, in dem er verhaftet wird.[106] Da hier keine Zwangsgewalt auf fremdem Territorium angemaßt wird, sondern eine freie Ent-

98 Zur Frage der Rechtmäßigkeit einer möglichen gezielten Tötung *Bin Ladens* Rn. 1226.

99 Dazu *S. Wilske*, Abduction, Transboundary, MPEPIL (10/2012). Eingehend *ders.*, Die völkerrechtswidrige Entführung und ihre Rechtsfolgen, 2000. Siehe auch *A. v. Arnauld*, Klausurenkurs im Völkerrecht, 3. Aufl. 2018, Fall 4.

100 Israeli Supreme Court, Urteil v. 29.5.1962, ILR 36 (1961), 277. Zum Fall *F. Becker*, in: Menzel/Pierlings/Hoffmann (Hg.), Völkerrechtsprechung, 2005, Nr. 144; *S. Villalpando*, Eichmann Case, MPEPIL (2/2007).

101 Vgl. Cour de Cassation, Urteil v. 4.6.1964, ILR 45 (1972), 90.

102 Vgl. U.S. Supreme Court, 504 U.S. 655 (1992). Dazu *B. Baker/V. Röben*, To Abduct or To Extradite? Does a Treaty Beg the Question?, ZaöRV 53 (1993), 657; *C.-F. Stuckenberg*, in: Menzel/Pierlings/Hoffmann (Hg.), Völkerrechtsprechung, 2005, Nr. 45.

103 Dazu Deutscher Bundestag, Drucksache 18/13514 v. 6.9.2017; *B. Nußberger/F.-J. Langmarck*, „Wie in einem finsteren Film über den Kalten Krieg“: Der völkerrechtliche Hintergrund der Eiszeit zwischen Vietnam und Deutschland, verfassungsblog.de (21.2.2018).

104 So auch ICTY, IT-94-2-PT, Dragan Nikolić, Decision on Defence Motion Challenging the Exercise of Jurisdiction by the Tribunal v. 9.10.2002, §§ 70 ff.

105 A.A. (zumindest in der Tendenz) *S. Wilske*, Die völkerrechtswidrige Entführung und ihre Rechtsfolgen, 2000, 338 ff. Vertiefend auch *J. Cazala*, L'adage male captus bene detentus face au droit international, JDI 134 (2007), 837; *C. Paulussen*, Male captus bene detentus?, 2010. Siehe ferner *A. v. Arnauld*, Klausurenkurs im Völkerrecht, 2. Aufl. 2012, Fall 4.

106 Z. B. BVerfG, NJW 1995, 651; dazu Anm. von *C. Rinio*, JuS 1996, 393. Allgemein *M. Herdegen*, Die Achtung fremder Hoheitsrechte als Schranke nationaler Strafgewalt, ZaöRV 47 (1987), 221 (239 ff); *S. Wilske*, Die völkerrechtswidrige Entführung und ihre Rechtsfolgen, 2000, 96 ff.

scheidung den Verhafteten aus dem Ort seiner Zuflucht geführt hat, spricht vieles dafür, hierin keine regelmäßig verbotene Intervention zu sehen.

Gegen das Interventionsverbot verstoßen auch **Anschläge und Sabotageakte**, die 370
sich gegen Einrichtungen ausländischer Staaten, sonstiger Völkerrechtssubjekte oder Privater richten. Ein Beispiel hierfür ist die Versenkung des *Greenpeace*-Schiffes „Rainbow Warrior" im Hafen von Auckland (Neuseeland) durch Agenten des französischen Geheimdienstes im Jahre 1985[107] oder das dem russischen Geheimdienst angelastete Giftattentat auf den ehemaligen Doppelagenten *Sergej Skripal* und dessen Tochter in Salisbury im März 2018[108].

Fall: Das abgehörte Diensthandy Im Zuge von Enthüllungen des ehemaligen US-Ge- 371
heimdienstmitarbeiters *Edward Snowden* wurde 2013 bekannt, dass die US-amerikanische National Security Agency (NSA) die Telefone von deutschen Spitzenpolitikern, darunter das Diensthandy der Bundekanzlerin, abgehört hat. Verstoßen die Abhörmaßnahmen gegen Völkerrecht?

Lösungshinweise: Zwar kennt das Völkerrecht kein allgemeines Verbot von Spionage; die Maßnahmen könnten jedoch gegen das Interventionsverbot verstoßen. Eine Einmischung in die inneren Angelegenheiten Deutschlands ist unbestreitbar gegeben; es fragt sich aber, ob Abhören „Zwang" im Rechtssinne darstellt. Da das Verbot die souveräne Entscheidungsfreiheit der Staaten schützen soll, wird man keine allzu hohen Anforderungen an das Zwangselement stellen dürfen. Der Einsatz geheimdienstlicher Mittel dient dazu, einen entgegenstehenden Willen des anderen Staates zu umgehen. Gleichwohl droht eine Überdehnung des Interventionsverbotes, die sich jedenfalls dann vermeiden lässt, wenn man es auf Auslandsspionage beschränkt: Fanden die abgehörten Gespräche auf deutschem Boden statt, liegt zudem eine Anmaßung hoheitlicher Gewalt vor, gegen die das Interventionsverbot ebenfalls schützt. Daraus, dass alle Staaten Geheimdienste unterhalten, folgt umgekehrt kein Ausnahmetatbestand vom Verbot hoheitlicher Tätigkeit auf fremdem Staatsgebiet. Insoweit fehlt es an einer Rechtsüberzeugung, welche die Praxis stützt: Praktisch alle Staaten stellen geheimdienstliche Tätigkeit unter Strafe (siehe z. B. § 99 StGB); die funktionale Immunität ausländischer Staatsorgane gilt für Spione gerade nicht (Rn. 329).[109]

c) Militärischer und physischer Zwang

In jedem Verstoß gegen das **Gewaltverbot** sowie das **Gewaltandrohungsverbot** 372
liegt zugleich auch ein Verstoß gegen das Interventionsverbot, weil hier die schwerste Form von Zwang überhaupt ausgeübt wird, um auf das politische Selbstbestim-

---

107 Vgl. Schiedsspruch des UN-Generalsekretärs v. 6.7.1986, ILM 26 (1987), 1346. Dazu *T. Richter*, in: Menzel/Pierlings/Hoffmann (Hg.), Völkerrechtsprechung, 2005, Nr. 139; *C. Hoss/J. Morgan-Foster*, The Rainbow Warrior, MPEPIL (4/2010).

108 *M. Weller*, An International Use of Force in Salisbury?, EJIL Talk! (14.03.2018), mit berechtigter Kritik an der Auffassung der britischen Regierung, der Anschlag stelle einen Verstoß gegen das Gewaltverbot der UN-Charta dar.

109 Ähnlich *W. Ewer/T. Thienel*, Völker-, unions- und verfassungsrechtliche Aspekte des NSA-Datenskandals, NJW 2014, 30; *A. Peters*, Surveillance Without Borders: The Unlawfulness of the NSA Panopticum, EJIL Talk! (1.11.2013). A. A. *S. Talmon*, Das Abhören des Kanzlerhandys und das Völkerrecht, Bonn Research Papers on International Law, Paper 3/2013; *S. Schmahl*, Effektiver Rechtsschutz gegen Überwachungsmaßnahmen ausländischer Geheimdienste?, JZ 2014, 220; *H. Aust*, Spionage im Zeitalter von Big Data, AVR 52 (2014), 375 (381 f).

mungsrecht eines Staates einzuwirken. Beide Verbote sind insoweit teilkongruent. Zur Gewalt im Sinne der UNCh wird auch eine Seeblockade gerechnet (vgl. Art. 3 lit. c Aggressions-Definition).

373 Vom Interventionsverbot erfasst sind auch Fälle **physischen Zwangs**, deren Einbeziehung in den Gewaltbegriff des Art. 2 Nr. 4 UNCh abgelehnt oder kontrovers diskutiert wird. Hierzu zählen z. B. die Massenvertreibungen von Flüchtlingen über die Grenze in einen Nachbarstaat oder das Abschneiden eines Staates von der Wasserzufuhr.

d) Ökonomischer Zwang

374 Kontrovers diskutiert wird die Anwendung ökonomischer Druckmittel. Bei **Wirtschaftsblockaden und Embargos** dürfte ein an sich unzulässiger wirtschaftlicher Zwang bejaht werden können (hier wird der betroffene Staat gleichsam „abgeschottet“),[110] nicht jedoch bei bloßer **Unterbrechung der Wirtschaftsbeziehungen** oder bei **Einstellung von Entwicklungshilfe**: Selbst wenn vertragliche Regelungen existieren sollten, die durch solche Maßnahmen verletzt würden, gehören diese vertraglich vereinbarten (Sonder-)Rechte nicht zum *domaine réservé*.[111] Es gibt unabhängig von vertraglicher Vereinbarung keinen Anspruch auf Aufrechterhaltung dieser Beziehungen und Hilfsleistungen.[112] Gerade bei Fällen ökonomischen Drucks ist daran zu erinnern, dass das Interventionsverbot nicht allein die Ausübung von Zwang voraussetzt, sondern auch das Ziel, die **politische Willensbildung zu beeinflussen**. Hieran fehlt es, wenn der Druck lediglich eingesetzt wird, um höhere Preise zu erzielen.[113]

375 **Fall: Gas(preis)explosion** In Almonien kommt eine Regierung an die Macht, die mit der bisherigen engen Anbindung an den großen Nachbarstaat Butanien Schluss machen will. Kurz nach der Wahl erhöht die staatliche butanische Gasgesellschaft ihre Preise für Gaslieferungen an Almonien um 400%. Die almonische Wirtschaft und Privathaushalte sind zu 80% von butanischem Gas abhängig. Wie ist die Preiserhöhung völkerrechtlich zu beurteilen? Vertragsrechtliche Fragen sind nicht zu prüfen.

Lösungshinweise: Es könnte sich um einen Verstoß gegen das Interventionsverbot handeln. Die Zwangswirkung liegt angesichts der Abhängigkeit Almoniens von butanischem Gas und der Preissteigerung um 400% vor. Damit müsste jedoch das Ziel verfolgt werden, die almonische Politik zu beeinflussen. Der zeitliche Zusammenhang mit der Neuausrichtung der Nachbarschaftspolitik ist sicherlich auffällig; auch ist angesichts dessen, dass die Preiserhöhung von einem Staatsunternehmen durchgeführt wird, denkbar, dass die Preissteigerung politische Ziele verfolgt; dies jedoch bedürfte näherer Beweise oder zumindest Indizien, aus denen sich die politische Intention ergibt.

---

110 Zur Völkerrechtswidrigkeit des langjährigen, 2015 gelockerten US-Embargos gegen Kuba *N. White*, The Cuban Embargo under International Law, 2015. Zu den Sanktionen arabischer Staaten gegen Qatar 2017 *A. Hofer/L. Ferro*, Sanctioning Qatar: Coercive interference in the State's domaine réservé?, EJIL Talk! (30.6.2017).

111 Wohl aber gegebenenfalls die Maßnahmen oder Unterlassungen, die der sanktionierende Staat verlangt. Näher *M. Athen*, Der Tatbestand des völkerrechtlichen Interventionsverbots, 2017, 31 ff.

112 So auch, *de lege lata*, *A. Tzanakopoulos*, The Right to Be Free from Economic Coercion, CJICL 4 (2015), 616.

113 Am Beispiel der Wirtschaftssanktionen gegen und durch Russland in der Krim-Krise (2014) *K. Nowrot/F. Boor*, Wirtschaftssanktionen und Energieversorgungssicherheit, FW 89/1-2 (2014), 211.

Vertiefende Literaturangaben zu § 4 siehe: www.cfmueller.de/voelkerrecht
www.wsi.uni-kiel.de

Ausbildungsfälle zu § 4: *H.-J. Cremer*, Die Pfändung von Botschaftskonten, JuS 1994, 598; *S. Eilers* u. a., Sowjetische U-Boote vor Schwedens Küsten, JuS 1984, 49; *T. Giegerich*, Fischzug in Belgien – Gewerbeverbot in Deutschland, Jura 1995, 374; *D.-E. Khan/ O. Landwehr*, Der Diktator in der Todeszelle, Jura 2004, 485; *M. Karg*, Völkerrechtliche Probleme eines Höhenflugs, Jura 2003, 129; *B. Rudolf/E. Hoven*, Die Strafbarkeit eines Diktators, JuS 2009, 630.

Kontrollfragen:

- Auf welche Weise haben Menschenrechte das „westfälische" Zwischenstaatenrecht verändert? **Rn. 309–312**
- Was besagt das Konzept einer „Schutzverantwortung" *(responsibility to protect)*? **Rn. 314–315, 1148–1150**
- Ist die Vorzugsstellung der ständigen Mitglieder im UN-Sicherheitsrat mit dem Grundsatz der souveränen Gleichheit der Staaten vereinbar? **Rn. 317**
- Welche Ausnahmen kennt der Grundsatz der Staatenimmunität? **Rn. 326–327, 333–336**
- Wie weit reicht die Immunität von Staatsoberhäuptern und Regierungsmitgliedern vor ausländischen oder internationalen Gerichten? Wo liegen ihre Grenzen? **Rn. 328, 330–332**
- Grenzen Sie die territoriale Souveränität von der Gebietshoheit ab! **Rn. 337**
- In welchem Rahmen gestattet das Völkerrecht Rechtsakte mit Auslandsbezug? **Rn. 345–349**
- Was sind sog. Sekundärsanktionen und worin liegt ihre völkerrechtliche Problematik? **Rn. 350**
- Wo in der UN-Charta findet das Interventionsverbot seine Rechtsgrundlage? **Rn. 353**
- Was ist der Inhalt des völkerrechtlichen Interventionsverbotes? **Rn. 351**
- Welche Auswirkungen hat die Expansion des Völkerrechts („Vervölkerrechtlichung") auf das Interventionsverbot? **Rn. 356**
- Inwieweit setzt ein Verstoß gegen das Interventionsverbot Zwang voraus? **Rn. 358–359, 361**
- Verstößt ökonomischer Druck gegen das Interventionsverbot? **Rn. 374**

§ 5 Die völkerrechtliche Verantwortlichkeit

Einführende Literatur: *D. Bodansky/J. Crook*, The ILC's State Responsibility Articles – Introduction and Overview, AJIL 96 (2002), 773; *J. Crawford*, State Responsibility, MPEPIL (9/ 2006); *P. Kunig*, Das völkerrechtliche Delikt, Jura 1986, 344.

Lehr- und Handbücher: *J. Crawford/J. Pellet/S. Olleson* (Hg.), The Law of International Responsibility, 2010; *R. Kolb*, The International Law of State Responsibility: An Introduction, 2017.

Kommentare: *J. Crawford*, The International Law Commission's Articles on State Responsibility: Introduction, Text and Commentaries, 2002.

A. Grundlagen der völkerrechtlichen Verantwortlichkeit

I. Prinzipien der Staatenverantwortlichkeit

376 Aus dem Wesen einer Rechtspflicht folgt als Kehrseite, dass der Staat für Verletzungen seiner Völkerrechtspflichten verantwortlich ist, d. h. für sie einstehen muss. Man spricht hier vom Grundsatz der **Staatenverantwortlichkeit** (grundlegend dazu 1928 der StIGH im Chorzów-Fall). Während früher diskutiert wurde, ob der Grundsatz aus der inneren Logik des Völkerrechts als Recht abgeleitet ist, dürfte seine gewohnheitsrechtliche Geltung heute außer Frage stehen.[1] Da neben die Staaten Internationale Organisationen als Träger völkerrechtlicher Rechte und Pflichten getreten sind, die ebenfalls für Verletzungen ihrer Pflichten einzustehen haben, kann insoweit von einem **Grundsatz der völkerrechtlichen Verantwortlichkeit** gesprochen werden. Die hierzu entwickelten Rechtsgrundsätze gelten allerdings nicht ohne Weiteres für Rechtsverletzungen gegenüber Privaten (hierzu Rn. 432) oder durch Private (zum Völkerstrafrecht Rn. 378 und § 15, zur Verantwortlichkeit Transnationaler Unternehmen Rn. 632)

Fabrik von Chorzów (StIGH 1928)[2] Polen und das Deutsche Reich stritten um die 1922 erfolgte Enteignung der Stickstoffwerke Chorzów in Oberschlesien, dessen Eigentümer ein deutsches Unternehmen war. Das Deutsche Reich verklagte Polen wegen Verletzung des deutsch-polnischen Abkommens über Oberschlesien von 1922 auf Schadensersatz vor dem Ständigen Internationalen Gerichtshof.

In seiner Entscheidung prägte der StIGH den heute allgemein anerkannten Grundsatz der Wiedergutmachung, wonach jede Verletzung einer völkerrechtlichen Pflicht eine Verpflichtung zu einer angemessenen Wiedergutmachung nach sich zieht. Daraus folgerte der StIGH auch, dass sich seine Zuständigkeit hinsichtlich der Auslegung und Anwendung eines Vertrages immer auch auf die Wiedergutmachung im Falle einer Vertragsverletzung erstreckt.

377 Bisweilen wird in der deutschsprachigen völkerrechtlichen Literatur synonym auch der Begriff der **„Haftung“** verwendet. Besser ist es jedoch, beide Begriffe zu trennen: Haftung *(liability)* setzt regelmäßig Verantwortlichkeit *(responsibility)* voraus. Allerdings ist Verantwortlichkeit begrifflich das Einstehenmüssen für rechtswidriges Verhalten (vgl. Art. 1 der ILC-Artikel zur Staatenverantwortlichkeit von 2001[3]). Eine Haftung kann dagegen ausnahmsweise auch an rechtmäßiges Verhalten anknüpfen.[4]

378 Von diesem „Staatenunrecht“ (bzw. „Organisationsunrecht“) ist die **individuelle Verantwortlichkeit der handelnden Organe** zu unterscheiden. Bei schweren Verstößen gegen das Völkerrecht (Völkermord, Verbrechen gegen die Menschlichkeit, schweren Kriegsverbrechen, dem Verbrechen des Angriffskrieges) tritt neben die

1 Den Übergang von den Rechtsquellen zur *accountability* als Grundlage des Prinzips stellt *J. Klabbers*, From Sources Doctrine to Responsibility? Reflections on the Private Lives of States, FS Verhoeven, 2015, 69 fest.

2 StIGH, Case concerning the factory at Chorzów (Claim for Indemnity – Merits), Entscheidung v. 13.9.1928, PCIJ Series A, No. 17, 29 ff; siehe Anhang, Nr. 2.

3 Näheres zu diesen Artikeln sogleich.

4 Zur Diskussion über eine Gefährdungshaftung im Völkerrecht Rn. 393, 902.

Staatenverantwortlichkeit die strafrechtliche Verantwortlichkeit der handelnden Personen nach den Grundsätzen des sog. **Völkerstrafrechts**. Ein und derselbe Völkerrechtsbruch kann somit dem verantwortlichen Staat Wiedergutmachungspflichten auferlegen und daneben gegenüber den handelnden Staatsorganen strafrechtlich sanktioniert werden.[5] Eine strafrechtliche Verantwortlichkeit von Staaten hingegen ist dem Völkerrecht fremd.[6]

In einer früheren Entwurfsfassung ihrer Artikel zur Staatenverantwortlichkeit hatte die ILC den Versuch unternommen, schwere Völkerrechtsbrüche („grave breaches of international law") auch gegenüber den verantwortlichen Staaten zu kriminalisieren. Diese Vermischung völkerrechtlicher und strafrechtlicher Verantwortlichkeit stieß auf erheblichen Widerstand der Staaten und wurde von der ILC wieder aufgegeben.[7]

Durch den Verstoß gegen eine völkerrechtliche Pflicht entsteht zwischen dem Rechts- **379**
brecher und dem Verletzten eine **neue Rechtsbeziehung**: Die Pflicht, sich an die betreffende Regel zu halten, besteht natürlich fort und entfällt nicht durch ihre Verletzung (sog. Primärpflicht). Aus diesem Grunde ist auch die Pflicht zur Beendigung eines noch andauernden Rechtsverstoßes unmittelbarer Ausdruck und Inhalt der Primärpflicht.[8] Neben sie tritt aber eine sog. **Sekundärpflicht** zur Wiederherstellung eines völkerrechtsgemäßen Zustandes.

Beispiel: Staat A greift Staat B an und besetzt diesen. A hat damit gegen das Gewaltverbot und das Gebot zur Achtung der territorialen Integrität von B verstoßen (Verstoß gegen Primärpflichten). Die Verletzung des territorialen Achtungsanspruchs dauert noch an; dass A sich aus B zurückzuziehen (und damit die fortgesetzte Verletzung zu beenden) hat, ist somit Ausdruck derselben Primärpflicht. Die Sekundärpflichten (i. e. S.) beziehen sich auf die Verpflichtung von A, die durch den Krieg und die Besetzung entstandenen Schäden zu kompensieren.

Orientierung über die anwendbaren Regeln vermitteln die **Artikel der ILC zur Staa-** **380**
tenverantwortlichkeit (*Articles on the Responsibility of States for Internationally Wrongful Acts*, kurz: *Articles on State Responsibility*, ASR, auch: ARISWA). Sie wurden von der ILC im August 2001 der UN-Generalversammlung vorgelegt. Diese hat sie „zur Kenntnis" genommen und der „Aufmerksamkeit der Regierungen" empfohlen.[9] Die ILC hatte sich seit 1955 mit dem Thema befasst (Berichterstatter waren *Francisco García-Amador*, *Roberto Ago*, *Willem Riphagen*, *Gaetano Arangio-Ruíz*

---

5 Differenziert zum Verhältnis beider Verantwortlichkeiten *J. Wolf*, Individual Responsibility and Collective State Responsibility for International Crimes, in: Krzan (Hg.), Prosecuting International Crimes, 2016, 3.

6 IGH, Urteil v. 26.2.2007, Application of the Convention on the Prevention and Punishment of the Crime of Genocide (Bosnia and Herzegovina v. Serbia and Montenegro), ICJ Rep. 2007, 43, § 170.

7 Für eine Wiederbelebung *A. Cançado Trindade*, International Law for Humankind: Towards a New Jus Gentium, RdC 316 (2005), 9 (418 f). Vgl. EGMR, Urteil v. 12.5.2014, Zypern/Türkei, 25781/94, zust. Votum *Pinto de Albuquerque* und *Vučinić*, §§ 1, 13 f, 18 f zum Strafcharakter von Entschädigungszahlungen; *G. Blum*, The Crime and Punishment of States, YJIL 38 (2013), 57 (121 f) zu Strafdenken in der Prävention. Zu strukturellen Parallelen *M. Jackson*, Complicity in International Law, 2015.

8 A. A. ILC, Articles on the Responsibility of States for Internationally Wrongful Acts (2001), Commentary, Anm. 6 zu Art. 30, Anhang zu A/RES/56/83 v. 12.12.2001, die darauf abstellt, dass die Pflicht zur Beendigung einen Rechtsverstoß voraussetzt. Diesem „situativen" Verständnis der „secondary rule" steht hier ein Verständnis gegenüber, das auf die Idee der Rechtsgeltung abstellt.

9 Nachweis in der vorigen Fn. Hilfreich für den Umgang mit ihnen ist die umfangreiche Kommentierung der einzelnen Artikel durch die ILC, zu finden unter http://legal.un.org/ilc/guide/9_6.shtml.

und zuletzt *James Crawford*) und ebenso ambitionierte wie kontroverse Entwürfe vorgelegt.[10] Der letzte Entwurf von 2001 ist weniger ambitioniert in seinem Versuch, zur „fortschreitenden Entwicklung des Völkerrechts" (vgl. Art. 13 Abs. 1 lit. a UNCh) beizutragen. Trotzdem dürfte das Ziel, die ASR in einen völkerrechtlichen Vertrag münden zu lassen (wie bei der WVK), bis auf Weiteres unerreichbar sein.[11] Einige der Artikel sind nach wie vor umstritten. Dennoch stellen die ASR, die für sich genommen nicht rechtsverbindlich sind, in weiten Teilen eine **Kodifizierung des geltenden Gewohnheitsrechts** dar. Auch hat der IGH verschiedentlich auf sie Bezug genommen,[12] was ihren Charakter als wichtigster Referenzpunkt für das Recht der Staatenverantwortlichkeit unterstreicht.

II. Verantwortlichkeit Internationaler Organisationen

381 Die ASR betreffen nur die Staatenverantwortlichkeit, nicht die völkerrechtliche Verantwortlichkeit insgesamt. Zur **Verantwortlichkeit Internationaler Organisationen** hat die ILC einen Artikelkatalog erarbeitet (*Articles on the Responsibility of International Organisations*, ARIO), der im Dezember 2011 von der UN-Generalversammlung entgegengenommen wurde.[13] Die meisten der Regeln zur Staatenverantwortlichkeit sind auf die Verantwortlichkeit Internationaler Organisationen übertragbar.[14] Allerdings gibt es auch Sonderfragen, die mit der Stellung Internationaler Organisationen im Völkerrechtssystem zusammenhängen.

382 Da die völkerrechtliche Deliktsfähigkeit an die Rechtsfähigkeit anknüpft (dazu sogleich), schlagen die **immanenten Grenzen der Völkerrechtspersönlichkeit** auch auf die Ebene der Verantwortlichkeit für mögliche Völkerrechtsverstöße durch: Rechtsfähigkeit (und damit Deliktsfähigkeit) genießt eine Internationale Organisation nur so weit, wie sie durch den Gründungsvertrag bzw. im Rahmen ihrer *implied powers* ermächtigt ist (Rn. 124–125). Lehnt man außerdem mit der traditionellen Sicht

10 Retrospektive Würdigung bei *G. Nolte*, From Dionisio Anzilotti to Roberto Ago: The Classical International Law of State Responsibility and the Traditional Primacy of a Bilateral Conception of Inter-State Relations, EJIL 13 (2002) 1083; *M. Spinedi*, From One Codification to Another: Bilateralism and Multilateralism in the Genesis of the Codification of the Law of Treaties and the Law of State Responsibility, EJIL 13 (2002), 1099.

11 Die UN-Generalversammlung will die Chancen für eine Konvention auf der 74. Sitzung im September 2019 prüfen: A/RES/71/133 v. 13.12.2016, § 8. Dazu *L. Pacht*, The Case for a Convention on State Responsibility, NorJIL 83 (2014), 439.

12 Z. B. IGH, Urteil v. 25.9.1997, Gabčíkovo-Nagymaros Project (Hungary/Slovakia), ICJ Rep. 1997, 7, §§ 50 ff; Urteil v. 26.2.2007, Application of the Convention on the Prevention and Punishment of the Crime of Genocide (Bosnia and Herzegovina v. Serbia and Montenegro), ICJ Rep. 2007, 43, §§ 385 ff, 398 ff. Vertiefend *C. Tams*, Law-making in Complex Processes: The World Court and the Modern Law of State Responsibility, FS Crawford 2015, 287.

13 Anhang zu A/RES/66/100 v. 9.12.2011. Kommentare der ILC unter http://legal.un.org/ilc/guide/9_11.shtml. Die gebräuchliche Abkürzung „DARIO" wurde hier geändert, weil die Artikel seit Dezember 2011 kein „Entwurf" („Draft") mehr sind. Über eine Überführung in einen Vertrag soll auf der 75. Sitzung der Generalversammlung (2020) diskutiert werden: A/RES/72/122 v. 10.12.2017, § 3.

14 Vergleichende Würdigung bei *M. Möldner*, Responsibility of International Organizations: Introducing the ILC's DARIO, MPYUNL 16 (2012), 281. Vertiefend auch *M. Ragazzi* (Hg.), The Responsibility of International Organizations, 2013; Sonderheft der RBDI 47 (2013), Heft 1.

eine objektive Völkerrechtspersönlichkeit Internationaler Organisationen ab, ist eine Internationale Organisation für denjenigen Staat als Völkerrechtssubjekt inexistent, der sie nicht anerkannt hat; aus seiner Sicht sind es die Mitgliedstaaten der Organisation, die für die Rechtsverletzung verantwortlich sind, nicht die Organisation selbst (Rn. 118, 131).

Eine weitere, oft schwierig zu beantwortende Frage ist, ob das fragliche Verhalten tat- 383
sächlich der Internationalen Organisation **zuzurechnen** ist. Die meisten Organe Internationaler Organisationen bestehen aus Staatenvertretern, die an Weisungen ihrer Heimatstaaten gebunden sind. Wo die Mitgliedstaaten ihre eigenen Staatsorgane der Organisation zur Verfügung stellen, kommt es oft zu einem schwer entwirrbaren Geflecht von Weisungs- und Kontrollbefugnissen. Hierauf wird im Zusammenhang mit den Fragen der Zurechnung allgemein zurückzukommen sein (Rn. 404–406).

B. Das völkerrechtliche Delikt: Überblick

Verletzt ein Völkerrechtssubjekt seine völkerrechtlichen Pflichten, begeht es ein **völ-** 384
kerrechtliches Delikt. Um festzustellen, ob ein solches Delikt vorliegt, müssen die folgenden Voraussetzungen geprüft werden:

Übersicht: Völkerrechtliches Delikt

1. Deliktsfähigkeit
   a) aktiv
   b) passiv
2. Zurechenbarer Normverstoß
   a) zurechenbares Verhalten
   b) Normverstoß
3. (Kein) Ausschluss der Rechtswidrigkeit
4. Rechtsfolge: Wiedergutmachung

I. Deliktsfähigkeit

Völkerrechtlich deliktsfähig sind nur **Völkerrechtssubjekte**, da nur diese Träger völ- 385
kerrechtlicher Rechte und Pflichten sind, um deren Verletzung es beim völkerrechtlichen Delikt geht.[15] Während die Deliktsfähigkeit von Staaten in aller Regel unproblematisch ist, muss sie für andere Akteure wie Internationale Organisationen oder De-facto-Regime besonders festgestellt werden.[16]

15 Kritisch zu den Konsequenzen dieser Kopplung *J. Vidmar*, Some Observations on Wrongfulness, Responsibility and Defences in International Law, NILR 63 (2016), 335.

16 Vordergründig ablehnend gegenüber dem Kriterium der Deliktsfähigkeit *J. Crawford*, State Responsibility, The General Part, 2013, 62 („it was paradoxical to assert that international law could confer the 'capacity' to breach its own rules"). Es handelt sich um die unausgesprochene Voraussetzung, dass die Akteure überhaupt Träger völkerrechtlicher Rechte und Pflichten sein können, was im konkreten Fall fraglich sein kann.

386 Zu unterscheiden ist die **aktive Deliktsfähigkeit** (des Rechtsbrechers) von der passiven (des in seinen Rechten Verletzten). Die aktive Deliktsfähigkeit setzt zusätzlich zur völkerrechtlichen Rechtsfähigkeit die völkerrechtliche **Handlungsfähigkeit** voraus. Ein *failed state* ist nicht in der Lage, seine völkerrechtlichen Verpflichtungen einzuhalten, und umgekehrt auch nicht in der Lage, sie zu verletzen. Für die **passive Deliktsfähigkeit** reicht dagegen die **Rechtsfähigkeit** aus. In seinen Rechten kann auch ein Staat verletzt sein, der selbst nicht mehr handlungsfähig ist.

So kann z. B. einem *failed state* nicht zum Vorwurf gemacht werden, dass er nicht gegen Piraten in seinen Hoheitsgewässern vorgeht: Ihm fehlt mangels Handlungsfähigkeit die aktive Deliktsfähigkeit. Umgekehrt aber darf kein anderer Staat eigenmächtig in den Hoheitsgewässern dieses Staates die Seeräuberei bekämpfen, denn auch der *failed state* bleibt passiv deliktsfähig.

387 Während früher **Individuen** ihrer Mediatisierung wegen nicht Beteiligte eines völkerrechtlichen Delikts sein konnten, wird heute zunehmend angenommen, dass in bestimmten Konstellationen auch Einzelmenschen aktiv (z. B. Terroristen) bzw. passiv (im Rahmen der Menschenrechte) deliktsfähig sein können. Der internationale Menschenrechtsschutz kennt jedoch eigene, speziellere Regeln, nach denen sich eine Rechtsverletzung bemisst, weswegen der Rückgriff auf die allgemeinen Deliktsregeln hier nicht erforderlich ist.[17] Sofern Terroristen selbst völkerrechtlich als Urheber von Verstößen gegen das Gewaltverbot angesehen werden, stellen sich Folgefragen, die damit zusammenhängen, dass das Friedenssicherungsrecht seiner Grundstruktur nach noch immer am zwischenstaatlichen Paradigma orientiert ist (Rn. 1120–1127).

II. Zurechenbarer Normverstoß

388 Im Zentrum des völkerrechtlichen Delikts steht der Verstoß gegen eine völkerrechtliche Norm, die dem Rechtsbrecher Pflichten gegenüber dem Verletzten auferlegt. Dieser Verstoß muss jedoch dem Verletzerstaat auch zurechenbar sein, um seine völkerrechtliche Verantwortlichkeit zu begründen.

1. Zurechenbares Verhalten

389 Auch im Völkerrecht handeln Menschen.[18] Menschliches Verhalten führt aber nur dann zur völkerrechtlichen Verantwortlichkeit des Deliktssubjekts, wenn es diesem zurechenbar ist (hierzu 4-11 ASR). Ein Staat (wie auch eine Internationale Organisation) hat in erster Linie für das **Verhalten seiner Organe** einzustehen. Das Handeln von **Privatpersonen** dagegen ist ihm regelmäßig nicht zurechenbar. Hier muss der Staat **Vorkehrungen** treffen, um zu verhindern, dass es von seinem Staatsgebiet aus zu Übergriffen Privater auf ausländische Staaten kommt.[19]

17 Am Beispiel der EMRK näher Rn. 652–666. Zur Vertiefung siehe Beiträge in: *A. van Aaken/I. Motoc* (Hg.), The European Convention on Human Rights and General International Law, 2018.

18 Zu den Herausforderungen einer Automatisierung an das Völkerrecht vgl. GYIL 60 (2017), Focus Section: International Law and the Dehumanisation of Activities.

19 Einzelheiten in Rn. 398–417.

2. Normverstoß

390 Das zurechenbare Verhalten muss gegen eine völkerrechtliche Pflicht verstoßen, die dem Deliktssubjekt gegenüber dem Deliktsobjekt obliegt (vgl. Art. 12-15 ASR). Eine Besonderheit besteht hier bei völkerrechtlichen Pflichten *erga omnes*: Deren Beachtung ist der internationalen Gemeinschaft insgesamt geschuldet, so dass ein Verstoß gegen eine Erga-omnes-Verpflichtung jeden Staat verletzt.[20]

391 Die verletzte Pflicht kann sich aus jeder der anerkannten Rechtsquellen (Verträgen, Gewohnheitsrecht oder allgemeinen Rechtsgrundsätzen) ergeben. Inhaltlich kann der Verstoß in einem Handeln oder Unterlassen liegen. Letzteres setzt die Existenz einer Handlungspflicht voraus, die vom Staat nicht befolgt wird.

392 Der Normverstoß kann auch in der **Beteiligung** an dem Völkerrechtsbruch eines anderen Staates liegen. Für eine rechtswidrige **Beihilfe** (vgl. Art. 16 ASR) ist nicht erforderlich, dass der Beitrag des Unterstützerstaates bereits für sich genommen rechtswidrig ist (z. B. Verstoß gegen ein Embargo bei Waffenlieferung an einen Staat, der Kriegsverbrechen begeht); sonst wäre das Konzept der Beihilfe redundant.[21] Die Beihilfe ist vielmehr an drei Voraussetzungen gebunden: (1) Kenntnis vom Rechtsverstoß des Unterstützten; (2) Unterstützung leistet „signifikanten" Beitrag zum Völkerrechtsverstoß des Unterstützten und wird zu diesem Zweck geleistet; (3) Bindung des Unterstützers an die vom Unterstützten verletzte Norm.[22] Ein klassischer Fall ist, dass ein Staat einem anderen sein Territorium zur Durchführung eines völkerrechtswidrigen Angriffs auf einen dritten Staat zur Verfügung stellt. Auch die Lieferung von Waffen kann einen Verstoß darstellen, wenn diese zur Verletzung von Menschenrechten oder humanitärem Völkerrecht eingesetzt werden – vorausgesetzt, der liefernde (oder die Lieferung gestattende) Staat will damit die Rechtsbrüche fördern.[23] Das zweite Kriterium führt also ein subjektives Element in die Staatenverantwortlichkeit ein.

Eine Mitverantwortlichkeit für Kriegsverbrechen durch ausländische militärische Unterstützung wird in jüngerer Zeit vor allem aus Anlass des syrischen Bürgerkriegs diskutiert.[24] Ein

20 Zu der Frage der Reaktionsmöglichkeiten Rn. 294.

21 In diesem Sinne *O. Corten*, La complicité dans le droit de la responsabilité internationale: un concept inutile?, AFDI 57 (2011), 57.

22 ILC, Kommentar (Fn 11), Anm. 3 ff zu Art. 16. Vgl. als Positivbeispiel (Vorbeugung gegen eine eventuelle Beihilfe) die menschenrechtliche Due-diligence-Politik der UNO, A/67/775 v. 25.2.2013. Dazu *H. Aust*, The UN Human Rights Due Diligence Policy: An Effective Mechanism against Complicity of Peacekeeping Forces?, JCSL 20 (2015), 61. Vgl. auch *A. Seibert-Fohr*, From Complicity to Due Diligence: When Do States Incur Responsibility for Their Involvement in Serious International Wrongdoings?, GYIL 60 (2017), 667.

23 *D. Furger*, Völkerrechtliche Staatenverantwortlichkeit für grenzüberschreitende Waffentransfers, 2013; *N. Jørgensen*, State Responsibility for Aiding or Assisting International Crimes in the Context of the Arms Trade Treaty, AJIL 108 (2014), 722.

24 *H. Moynihan*, Aiding and Assisting: Challenges in Armed Conflict and Counterterrorism, Chatham House Research Paper (14.11.2016) mit Debatte auf justsecurity.org: State Complicity in Other States' Bad Acts—and How to Avoid It (11/2016); *E. de Wet*, Complicity in violations of human rights and humanitarian law by incumbent governments through direct military assistance on request, ICLQ 67 (2018), 287. Zu einer Klage gegen britische Waffenlieferungen an Saudi-Arabien *L. Hill-Cawthorne*, Appealing the High Court's Judgment in the Public Law Challenge against UK Arms Export Licenses to Saudi Arabia, EJIL Talk! (29.11.2018). Zur Unterstützung von Rebellen *A. Nollkaemper*, A Shared Responsibility Trap: Supplying Weapons to the Syrian Opposition, EJIL: Talk! (17.6.2013).

menschenrechtliches „Seitenstück" findet die Beihilfe in der Rechtsprechung des EGMR zu Auslieferungen, der Beteiligung am US-Programm der „extraordinary renditions"[25] oder in der Frage einer Mitverantwortlichkeit von EU-Staaten für Folterungen von Migranten in Libyen.[26]

Leitet ein Staat den Völkerrechtsbruch eines anderen Staates **an**, ist er nach Art. 17 ASR verantwortlich, „wenn er dies in Kenntnis der Umstände der völkerrechtswidrigen Handlung tut und wenn die Handlung völkerrechtswidrig wäre, wenn er sie selbst beginge". **Nötigt** ein Staat einen anderen Staat zu einem Bruch des Völkerrechts, ist er nach Art. 18 ASR selbst verantwortlich, „wenn die Handlung bei Abwesenheit von Nötigung eine völkerrechtswidrige Handlung des gezwungenen Staates wäre und wenn der nötigende Staat dies in Kenntnis der Umstände der Handlung tut". Vergleichbare Regeln finden sich in den Art. 14 ff ARIO hinsichtlich einer **Beteiligung Internationaler Organisationen** an Völkerrechtsbrüchen von Staaten. Eine Besonderheit ist hier, dass nach Art. 17 ARIO eine Internationale Organisation auch für Völkerrechtsbrüche verantwortlich ist, zu denen sie ihre Mitglieder verpflichtet oder ermächtigt. Gemeinsamer Grundgedanke ist, dass sich kein Völkerrechtssubjekt hinter einem anderen verstecken können soll, um seiner eigenen Verantwortlichkeit zu entgehen (Umgehungsgedanke).

393 Diskutiert wird darüber, ob eine Haftung im Völkerrecht ausnahmsweise auch ohne einen Normverstoß begründet werden kann. In Betracht kommt dies für Schäden aus einem an sich rechtmäßigen, aber gefährlichen Verhalten. Eine solche **Gefährdungshaftung** bestimmt z. B. Art. II des Übereinkommens über die völkerrechtliche Haftung für Schäden durch Weltraumgegenstände vom 29.3.1972.[27] Jenseits dieses seltenen Falles einer ausdrücklichen vertraglichen Regelung ist umstritten, ob bei besonders gefährlichen Aktivitäten *(ultra-hazardous activities)* – wie der Nutzung von Atomenergie – den Staat eine „strenge Haftung" *(strict liability)* trifft (Rn. 902).

III. Ausschluss der Rechtswidrigkeit

394 Vgl. Art. 20-27 ASR. Wegen ihres weiten Anwendungsbereichs ist die **Gegenmaßnahme** (Art. 22 und 49-54 ASR) von besonderer Bedeutung. Andere Gründe zum Ausschluss der Rechtswidrigkeit sind z. B. Einwilligung des „Verletzten", Selbstverteidigung, Notstand (Rn. 418–431).

Im Mittelpunkt steht hier die Pflicht, die Beachtung der Regeln des humanitären Völkerrechts „sicherzustellen" (Art. 1 GK I-IV), was auch gegenüber nicht-staatlichen Gewaltakteuren gilt: IGH, Urteil v. 27.6.1986 (Nicaragua II), ICJ Rep. 1986, 14, § 220. Zur Vergleichbarkeit mit Art. 16 ASR, *mutatis mutandis*, IGH, Urteil v. 26.2.2007 (Application of the Convention on the Prevention and Punishment of the Crime of Genocide), ICJ Rep. 2007, 43, § 420.

25 Dazu Rn. 645, 679. Der EGMR sieht in dem Beitrag des Konventionsstaates regelmäßig eine eigenständige Verletzung des fraglichen EMRK-Rechts. Im Fall der deutschen Unterstützung für Drohnenangriffe der USA im Jemen hat das OVG Münster, NJW 2019, 1898, eine Schutzpflichtenlösung gewählt. Dazu *M. Bothe*, Wegschauen verletzt das Recht auf Leben (21.3.2019) und *H. Sauer*, Angst vor der eigenen Courage? (22.3.2019) auf verfassungsblog.de.

26 *R. Mackenzie-Gray Scott*, Torture in Libya and Questions of EU Member State Complicity, EJIL Talk! (11.1.2018).

27 BGBl. 1975 II 1210; UNTS Vol. 961, 187.

IV. Sonstige Voraussetzungen?

Ob ein Deliktssubjekt nur für schuldhaftes, d. h. vorsätzliches oder fahrlässiges Verhalten seiner Organe einzustehen hat, war lange umstritten.[28] Überwiegend wird heute eine **verschuldensunabhängige Erfolgshaftung** angenommen, wobei bei Unterlassungsdelikten die im Einzelfall geschuldete Sorgfalt geprüft werden muss (Rn. 409). Sonderfälle unverschuldeter Rechtsverstöße behandeln die ASR als Fälle des Ausschlusses der Rechtswidrigkeit (Art. 23: Höhere Gewalt, Art. 24: Notlage, siehe Rn. 425–427). **395**

Dass ein **Schaden** notwendige Voraussetzung für ein völkerrechtliches Delikt ist, wird heute überwiegend verneint. In einem immateriellen Sinne ist das Deliktsobjekt freilich immer in seinem Anspruch auf Achtung seiner Rechtssphäre „geschädigt". Der Schaden lässt sich oft kurz im Zusammenhang mit der Rechtsfolge ansprechen, denn Art und Umfang der zu leistenden Wiedergutmachung hängen von dem zugefügten Schaden ab. Soweit ein Schaden eingetreten ist, muss zwischen dem Rechtsverstoß und dem Schaden sowohl dem Grunde („haftungsbegründend") als auch dem Umfang („haftungsausfüllend") nach ein **kausaler Zusammenhang** bestehen.[29] **396**

V. Rechtsfolge: Wiedergutmachung

Vgl. Art. 34-39 ASR. Das Deliktssubjekt schuldet in erster Linie Wiederherstellung des vorigen Zustands, gegebenenfalls Schadensersatz. Art und Umfang der Wiedergutmachung werden meist zwischen den Beteiligten vereinbart. Ein rein immaterieller Schaden kann durch Genugtuung (z. B. förmliche Entschuldigung) ausgeglichen werden (Rn. 432–438). Bei Verstößen gegen zwingendes Völkerrecht *(ius cogens)* sind alle Staaten in der Pflicht, den durch den Rechtsverstoß entstandenen Zustand nicht anzuerkennen und zusammenzuarbeiten, um ihm „mit rechtmäßigen Mitteln ein Ende zu setzen" (Art. 40 ASR, Rn. 294).[30] **397**

---

28 Dazu etwa *I. v. Münch*, Das völkerrechtliche Delikt in der modernen Entwicklung der Völkerrechtsgemeinschaft, 1963, 152 ff; *F. García-Amador*, YBILC 1960 II, 60 ff; *K. Zemanek*, Schuld- und Erfolgshaftung im Entwurf der Völkerrechtskommission über Staatenverantwortlichkeit, FS Bindschedler, 1980, 315.

29 Vertiefend *N. Plakokefalos*, Causation in the Law of State Responsibility and the Problem of Overdetermination, EJIL 26 (2015), 471.

30 Vgl. dazu UN Sicherheitsrat, Resolution 2334 (2016) v. 23.12.2016, zum Umgang von Drittstaaten mit israelischen Siedlungen im besetzten Palästina. Zu den Konsequenzen *T. Moerenhout*, The Consequence of the UN Resolution on Israeli Settlements for the EU: Stop Trade with Settlements, EJIL Talk! (4.4.2017) und die schriftliche Anfrage E-002892/2018 von EU-Parlamentariern an die EU-Kommission v. 29.5.2018. Siehe auch Rn. 1296.

C. Das völkerrechtliche Delikt: Einzelfragen

I. Zurechnung

398 Wie beschrieben, hat ein Staat (wie auch eine Internationale Organisation) in erster Linie für das Verhalten seiner Organe einzustehen, für das Handeln von Privatpersonen hingegen nur, soweit zwischen dem Staat und diesem Privathandeln eine „Sonderverbindung" besteht. Zurechnungsgründe finden sich in den Art. 4-11 ASR (sowie in den Art. 6-9 ARIO).[31]

1. Verantwortlichkeit für Organhandeln

a) Organe und De-facto-Organe

399 Staaten (wie Internationale Organisationen) sind juristische, keine natürlichen Personen, d. h. sie benötigen Organe, um überhaupt handeln zu können. Es gehört zum **Wesen des Organhandelns**, dass dieses der juristischen Person, für die das Organ handelt, zugerechnet wird. Dass Staaten für das Verhalten ihrer Staatsorgane völkerrechtlich verantwortlich sind, liegt in der Natur der Sache und ist gewohnheitsrechtlich anerkannt.[32]

400 Das Völkerrecht zeigt sich dabei einmal mehr blind für die Binnenstruktur des Staates. Der **Staat wird als Einheit betrachtet**, d. h. weder Gewaltenteilung noch bundesstaatliche Strukturen werden berücksichtigt. Der Gesamtstaat hat völkerrechtlich auch für das Handeln seiner Gliedstaaten einzustehen, und zwar bei allen Formen staatlicher Tätigkeit (Legislative, Exekutive, Judikative), vgl. **Art. 4 Abs. 1 ASR**.

LaGrand-Fall (IGH 2001)[33] Zwei deutsche Staatsbürger (die Brüder LaGrand) wurden nach einem Raubmord festgenommen und in Arizona zum Tode verurteilt – ohne dass das deutsche Konsulat gem. Art. 36 Abs. 1 lit. b WÜK hiervon in Kenntnis gesetzt wurde. Deutschland klagte vor dem IGH und beantragte zugleich erfolgreich den Erlass vorsorglicher Maßnahmen (Art. 41 IGH-Statut), um die Vollstreckung des Urteils bis zu einer endgültigen Entscheidung durch den IGH zu verhindern.

Für die (später festgestellte) Verletzung von Art. 36 Abs. 1 lit. b WÜK wie auch für die Hinrichtung der Brüder entgegen der einstweiligen Anordnung des IGH trugen die USA die völkerrechtliche Verantwortlichkeit, obgleich beide Völkerrechtsverstöße von Behörden des Bundesstaates Arizona begangen worden waren.

---

31 Anhand eines Falles näher *A. v. Arnauld*, Klausurenkurs im Völkerrecht, 3. Aufl. 2018, Fall 5 A.

32 Vgl. IGH, Gutachten v. 29.4.1999 (Difference Relating to Immunity from Legal Process of a Special Rapporteur of the Commission on Human Rights), ICJ Rep. 1999, 9, § 62. Zu praktischen Schwierigkeiten des Nachweises (im Fall des Abschusses eines Flugzeugs der *Malaysia Airlines* über der Ostukraine im Juli 2014) *M. Milanovic*, The Netherlands and Australia Attribute the Downing of MH17 to Russia, EJIL Talk! (25.5.2018). Zu anhängigen Gerichtsverfahren gegen Russland *ders.*, Russian Agents Charged with Downing of MH17; MH17 Cases in Strasbourg, EJIL Talk! (20.6.2019). Zur Frage einer Verpflichtung Russlands, zur Aufklärung beizutragen, *M. Gibney*, The Downing of MH17: Russian Responsibility?, HRLR 15 (2015), 169.

33 IGH, Urteil v. 27.6.2001, LaGrand II (Germany v. USA), ICJ Rep. 2001, 466. Dazu auch Rn. 556; siehe Anhang, Nr. 24.

401 Bei der Frage, **wer Organ des Staates ist**, verweist das Völkerrecht für die positive Feststellung auf das **innerstaatliche Recht** (vgl. Art. 4 Abs. 2 ASR). Das bedeutet aber nicht, dass das Verhalten von Personen, denen das innerstaatliche Recht keine förmliche Organeigenschaft zubilligt, dem Staat nicht zurechenbar wäre. Sonst hätte es jeder Staat in der Hand, seine Völkerrechtsbindungen zu unterlaufen, indem er Aufgaben nicht auf Beschäftigte des öffentlichen Dienstes überträgt, sondern auf private Unternehmen oder Personen, die er durch Aufträge an sich bindet.

402 Daher ist ebenso die Regel in **Art. 5 ASR** gewohnheitsrechtlich etabliert, dass die Zurechnung auch das Verhalten von Personen erfasst, die zwar nicht den förmlichen Status eines Staatsorgans innehaben, die aber kraft staatlicher Ermächtigung hoheitliche Aufgaben erfüllen **(De-facto-Organe)**. Art. 5 ASR lässt aber eine Zweideutigkeit, indem er formuliert, die fragliche Person müsse „empowered by the law of that State to exercise elements of the governmental authority" sein: „law" kann „Recht" oder „Gesetz" heißen. Im Montreux-Dokument vom September 2008 haben die teilnehmenden Staaten mit Blick auf den Einsatz privater Militär- und Sicherheitsunternehmen die Staatenpflichten nach geltendem Völkerrecht zusammengetragen und hier eine gesetzliche Ermächtigung als Basis der Zurechnung verlangt („formally authorized by law or regulation").[34] Damit halten sich die beteiligten Staaten in kaum überzeugender Weise den Weg zu einem *contracting-out* offen. Will man vermeiden, dass es die Staaten in der Hand haben, sich durch Wahl einer bestimmten Rechtsform der Verantwortlichkeit zu entledigen, kann es nicht darauf ankommen, ob diese Ermächtigung per Gesetz oder mittels eines Vertrages erfolgt.[35] Der zunehmende Einsatz privater Militär- und Sicherheitsunternehmen durch die UNO wirft vergleichbare Fragen hinsichtlich der Verantwortlichkeit Internationaler Organisationen auf.[36]

403 Schwer in die Systematik der ASR einzupassen ist die Auffassung des IGH, wonach eine **„vollständige Abhängigkeit"** von einem Staat dazu führen kann, das Handeln von Personen dem von Staatsorganen gleichzustellen.[37] Anders als in Art. 5 ASR liegt der Ausübung hoheit-

34 Montreux Document on Pertinent International Legal Obligations and Good Practices for States related to Operations of Private Military and Security Companies during Armed Conflict, http://www.icrc.org/eng/assets/files/other/icrc_002_0996.pdf, S. 12. Dazu ergänzend der (ebenfalls rechtlich unverbindliche) International Code of Conduct for Private Security Service Providers (ICoC) von 2010: www.icoca.ch/en/the_icoc. Näher zum Zusammenwirken (zwischen)staatlicher und privater Regulierung *M. Noortmann*, Private Military and Security Companies: A Transnational Legal Approach, in: v. Arnauld/Matz-Lück/Odendahl (Hg.), 100 Years of Peace Through Law, 2015, 257.

35 Wie hier *V. Ballesteros Moya*, The Privatization of the Use of Force Meets the Law of State Responsibility, AmUnivILR 30 (2015), 795. Eingehend *C. Lehnardt*, Private Militärfirmen und völkerrechtliche Verantwortlichkeit, 2011; *S. Giesen*, Private Military Companies im Völkerrecht, 2013, 213 ff; *C. Seiberth*, Private Military and Security Companies in International Law, 2014, 75 ff; *H.-Y. Liu*, Law's Impunity: Responsibility and the Modern Private Military Company, 2015; *E. Moyakine*, The Privatized Art of War, 2015, 201 ff.

36 Dazu *J. Pressler*, Responsibility of the United Nations for the Activities of Private Military and Security Companies in Peacekeeping Operations, MPYUNL 18 (2014), 152; *N. White*, Peacekeeping, Private Security and International Human Rights Law, IntCommLR 16 (2014), 443.

37 IGH, Urteil v. 26.2.2007, Application of the Convention on the Prevention and Punishment of the Crime of Genocide (Bosnia and Herzegovina v. Serbia and Montenegro), ICJ Rep. 2007, 43, § 392; siehe Anhang, Nr. 28. Zu den Idiosynkrasien des Umgangs mit den herkömmlichen Zurechnungsregeln in diesem Urteil *J. Griebel/M. Plücken*, New Developments Regarding the Rules of Attribution? The International Court of Justice's Decision in *Bosnia v. Serbia*, LJIL 21 (2008), 601, sowie Entgegnung von *M. Milanović*, State Responsibility for Acts of Non-state Actors: A Comment on Griebel and Plücken, LJIL 22 (2009), 307.

licher Befugnisse hier keine rechtliche Ermächtigung zu Grunde, sondern nur ein faktisches Abhängigkeitsverhältnis. Solche faktischen Verhältnisse aber spielen im Rahmen von Art. 8 ASR eine Rolle, nicht im Rahmen von Art. 5, geschweige denn Art. 4 ASR. Soweit damit einer Umgehung der Zurechnungsregeln entgegengewirkt werden soll, ist dem IGH aber beizupflichten.

b) Organleihe

404 Vor Abgrenzungsprobleme stellt schließlich die völkerrechtliche **Organleihe**, wie sie im Wege der Amtshilfe zwischen Staaten oder zwischen Staaten und Internationalen Organisationen erfolgen kann. Hier leiht sich ein Staat Staatsorgane (z. B. Polizeikräfte) eines anderen Staates zur Erfüllung seiner eigenen Aufgaben aus. Dafür, ob das Verhalten des entliehenen Organs dem entleihenden oder dem verleihenden Staat zuzurechnen ist, kommt es zum einen darauf an, **in wessen Namen** das entliehene Organ tätig wird, zum anderen darauf, ob das entliehene Organ **in die Befehlsstrukturen des Entleiherstaates eingegliedert** ist oder nicht. Nur wenn das entliehene Organ im Namen des entleihenden Staates auftritt und an dessen Weisungen gebunden ist, kann sein Verhalten dem Staat zugerechnet werden, der es angefordert hat. Die entsprechende Regelung in **Art. 6 ASR** ist zwar mangels ausreichender Praxis wohl nicht gewohnheitsrechtlich fundiert, folgt aber aus der inneren Logik des Handelns von Organen, die für eine bestimmte juristische Person tätig werden.

405 Schwierig kann die Klärung der Verantwortlichkeitsstrukturen v. a. bei **multinationalen Einsätzen** sein, v. a. solchen unter dem Dach einer Internationalen Organisation.[38] Gerade bei UN-Einsätzen ist dies relevant, da die UNO ihrer Immunität vor staatlichen Gerichten wegen und mangels geeigneten Rechtsschutzes auf UN-Ebene kaum zur Verantwortung zu ziehen ist.[39] Theoretisch kann die Verantwortlichkeit bei der Internationalen Organisation, dem truppenstellenden Staat oder einer *lead nation* liegen – oder bei mehreren gemeinschaftlich (dazu näher Rn. 406). Eine Organleihe im engeren Sinne, bei der das fremde Staatsorgan vollständig in die Strukturen des Entleihers eingegliedert wird, kommt nur selten vor. In aller Regel beansprucht der Heimatstaat mindestens die exklusive disziplinarische und strafjustizielle Gewalt über seine eigenen Staatsorgane; diese bleiben so organisatorisch in ihren Heimatstaat eingegliedert. Der Einfluss geht aber meist noch hierüber hinaus: Gerade bei „robus-

38 Dazu vertiefend aus jüngerer Zeit u. a. *A. S. Barros/C. Ryngaert/J. Wouters* (Hg.), International Organizations and Member State Responsibility: Critical Perspectives, 2016; *M. Moelle*, The International Responsibility of International Organisations: Cooperation in Peacekeeping Operations, 2018; *N. Voulgaris*, Allocating International Responsibility Between Member States and International Organisations, 2019.

39 Im Überblick m. w. N. *A. v. Arnauld/S. Buszewski*, Modes of Legal Accountability, FW 88/3-4 (2013), 15; *H. Krieger*, Addressing the Accountability Gap in Peacekeeping, NILR 62 (2015), 259; *C. Ferstman*, International Organizations and the Fight for Accountability, 2017; *J. Krumrey*, Die Immunität der Vereinten Nationen: Verantwortlichkeit für Friedensmissionen, 2018. – Zur Verantwortlichkeit für den durch nepalesische Blauhelm-Soldaten 2010 verursachten Ausbruch der Cholera auf Haiti *K. Lundahl*, The United Nations and the Remedy Gap, FW 88/3-4 (2013), 77; *F. Mégret*, La responsabilité des Nations Unies au temps du choléra, RBDI 46 (2013), 161; *K. N. Taylor*, Shifting Demands in International Institutional Law, NYIL 45 (2014), 157; *T. Bode*, Cholera in Haiti: United Nations Immunity and Accountability, GeorgeJIL 47 (2016), 759. Zu Vorwürfen sexuellen Missbrauchs durch UN-Blauhelme *R. Burke*, Sexual Exploitation and Abuse by UN Military Contingents, 2014.

ten" Operationen behalten sich die Staaten das letzte Wort über den Einsatz ihrer nationalen Kontingente regelmäßig vor.[40]

Eine „operative Kontrolle" *(operational control)*, die sich stärker an der Gesamtleitung einer Operation orientiert (Festlegung in Resolutionen, Beschlüssen oder Abkommen), genügt nach Ansicht der ILC für eine Zurechnung regelmäßig nicht. Nach Art. 7 ARIO, der sich auf internationale Praxis wie auf eine breite Auffassung in der Literatur stützen kann, kommt es für die Zurechnung vielmehr auf die „effektive Kontrolle" über das konkrete Verhalten *(effective control over that conduct)* an, d. h. auf die faktische Situation vor Ort. Unter Verweis auf ihren Kommentar zu den ASR spricht die ILC davon, dass das betreffende Organ „under exclusive direction and control, rather than on instruction from the sending State" handeln müsse.[41] Maßgeblich ist danach, wer die Herrschaft über das konkrete Geschehen hat.

Von dieser Linie ist der EGMR abgewichen, als er in der Rechtssache *Behrami und Saramati* (2007) eine „letzte Verantwortung und Kontrolle" *(ultimate authority and control)* des UN-Sicherheitsrates für Handlungen und Unterlassungen von UNMIK und KFOR im Kosovo pauschal genügen ließ.[42] Eine solche politische Letztverantwortung bleibt jedoch weitgehend theoretisch und bietet keine taugliche Grundlage für die Zurechnung. Das Urteil des EGMR ist daher weitgehend auf Ablehnung gestoßen. In seinem Urteil *Al-Jedda* hat der Gerichtshof 2011 ein Einlenken angedeutet, aber jede Klarstellung vermieden.

Al-Jedda (EGMR 2011)[43] Der Bf. ist Iraker, der 1992 in Großbritannien Asyl und 2000 die britische Staatsangehörigkeit erhalten hat. Bei einer Reise in den Irak nach dem Sturz *Saddam Husseins* wurde er 2004 von US-Soldaten verhaftet und an ein britisches Militärgefängnis in Basra überstellt. Unter dem Verdacht terroristischer Aktivitäten wurde der Bf. drei Jahre festgehalten, ohne dass gegen ihn Anklage erhoben worden wäre. Nach Erschöpfung des Rechtswegs in Großbritannien rügte er vor dem EGMR u. a. eine Verletzung seiner Rechte aus Art. 5 EMRK. Die britische Regierung lehnte jede Verantwortlichkeit ab, weil die UNO mit den Resolutionen 1483 und 1511 die Letztverantwortung für das Verhalten der britischen Truppen im Irak übernommen habe.

Der EGMR verneinte nach näherer Untersuchung der Resolutionen eine Zurechnung zur UNO. Dabei stellte er zunächst auf den Art. 7 ARIO und den Maßstab der „effektiven Kontrolle" ab, um seine Prüfung mit der Feststellung zu beschließen, dass der UN-Sicherheitsrat im Irak zwischen 2004 und 2007 „weder effektive Kontrolle noch letzte Verantwortung und Kontrolle" über das Verhalten britischer Truppen im Irak gehabt habe. Indem der Gerichtshof beiläufig (und ohne Relevanz für das Urteil) anmerkt, entscheidend sei nicht so sehr, ob die UNO verantwortlich sei, sondern ob der beklagte Staat aus seiner Verantwortung entlas-

40 Vgl. *J. Cerone*, Minding the Gap: Outlining KFOR Accountability in Post-Conflict Kosovo, EJIL 12 (2001), 469 (486). Eingehend zu den verwickelten Befehls- und Kommandostrukturen im Fall niederländischer UNPROFOR-Soldaten in Srebrenica 1995 Rechtbank Den Haag, Urteil v. 16.7.2014, C/09/295247/HA ZA 07-2973, §§ 4.32-4.116. Zu diesem Urteil Schwerpunkt in NILR 62 (2015), Heft 2.

41 ILC, Kommentar (Fn 11), Anm. 4 zu Art. 7 m. w. N. Zu Indikatoren für eine effektive Kontrolle *A. Peters*, Die Anwendbarkeit der EMRK in Zeiten komplexer Hoheitsgewalt und das Prinzip der Grundrechtstoleranz, AVR 48 (2010), 1 (37 ff).

42 EGMR, Entscheidung v. 2.5.2007, Behrami und Saramati/Frankreich u. a., 78166/01, EuGRZ 2007, 522.

43 EGMR, Urteil v. 7.7.2011, Al-Jedda/UK, 27021/08, § 84 bzw. § 80; siehe Anhang, Nr. 43. Näher zur Rechtsprechung *A. Hárs*, The Responsibility of International Organizations and States for Multinational Military Operations in the Practice of the European Court of Human Rights, CzYIL 2018, 71.

sen sei, könnte er sich eine Tür offen gehalten haben, um künftig trotz einer *„ultimate authority and control"* des Sicherheitsrates Akte unter UN-Mandat nicht allein den Vereinten Nationen, sondern zugleich auch dem Truppensteller zuzurechnen.

406 Inhalt und Bedeutung des „effective control"-Tests werden intensiv diskutiert. Dabei geht es u. a. um den Zusammenhang zwischen Zurechnung, Verantwortlichkeit und Haftung.[44] Geht man in strenger Lesart davon aus, dass in aller Regel entweder nur die Organisation oder nur der Mitgliedstaat die effektive Kontrolle innehaben[45] und dass der Test nicht bloß die Zurechnung regelt, sondern auch bestimmt, wer (exklusiv!) verantwortlich ist und haften muss, kann dies zu Haftungslücken führen – namentlich bei der UNO, die durch Immunität und ein unzureichendes internes Entschädigungssystem als Haftungsschuldner weitgehend ausfällt. Diskutiert werden daher verschiedene Formen **„geteilter Verantwortlichkeit"** („shared responsibility").[46] Zum einen lässt sich die Verantwortlichkeit nach der „effektiven Kontrolle" ergänzen durch Ausbau von **Mitverantwortlichkeiten**. Ansatzpunkte finden sich in den ARIO. Danach ist eine Internationale Organisation insoweit (!) mitverantwortlich, wie sie ein bestimmtes völkerrechtswidriges Verhalten autorisiert oder sogar angeordnet (vgl. Art. 17 ARIO) und damit ihr selbst obliegende rechtliche Bindungen unterlaufen hat. Die völkerrechtliche Verantwortlichkeit des handelnden Staates bleibt hiervon unberührt (vgl. Art. 19 ARIO), so dass in diesem Falle eine gemeinschaftliche Verantwortlichkeit für den fraglichen Akt gegeben ist. Theoretisch ebenfalls denkbar wäre eine Abkopplung der Haftungstatbestände von der Verantwortlichkeit; dies indes weicht stärker von den allgemein anerkannten Regeln internationaler Verantwortlichkeit ab. Schließlich kann man aber auch den „effective control"-Test selbst offener gestalten für **mehrfache Zurechnung**, indem man auf die Möglichkeit zur Verhinderung einer Rechtsverletzung abstellt („power to prevent the conduct concerned").[47] Dies eröffnet die Möglichkeit, über nicht genutzte Vetopositionen Internationale Organisation und Mitgliedstaat verstärkt gemeinsam verantwortlich zu machen.

---

44 Zum Folgenden im Überblick: *A. v. Arnauld/S. Buszewski*, Modes of Legal Accountability, FW 88/3-4 (2013), 15, am Beispiel der juristischen Aufarbeitung des Massakers von Srebrenica (Rn. 1067).

45 Eine doppelte Zurechnung „may not frequently occur in practice": ILC, Kommentar (Fn. 11), Anm. 4 vor Art. 6-9. Gedacht ist z. B. an Fälle, in denen eine Entscheidung gemeinschaftlich getroffen wird.

46 Dazu v. a. *A. Nollkaemper/I. Plakokefalos* (Hg.), Principles of Shared Responsibility in International Law, 2014; *A. Nollkaemper/D. Jacobs* (Hg.), Distribution of Responsibilities in International Law, 2015; *A. Nollkaemper/I. Plakokefalos* (Hg.), The Practice of Shared Responsibility in International Law, 2017. Weiteres beim „Shares"-Projekt an der Universität Amsterdam: http://www.sharesproject.nl/. Vgl. auch *A. v. Arnauld*, Klausurenkurs im Völkerrecht, 3. Aufl. 2018, Fall 5 C.

47 Berufungsgericht Den Haag *(Gerechtshof's-Gravenhage)*, Urteil v. 5.7.2011, Nr. 200.020.173/01, Mehida Mustafić-Mujić, § 5.9. Ähnlich das Dänische Landgericht (Östlicher Bezirk), Urteil v. 15.6.2018, B344808J – HBJ. Dazu *T. O. Hansen/F. Nelson*, Liability of an Assisting Army for Detainee Abuse by Local Forces: The Danish High Court Judgment in Green Desert, EJIL Talk! (24.1.2019). Wie hier auch *V. Tzevelekos*, Reconstructing the Effective Control Criterion in Extraterritorial Human Rights Breaches, MichJIL 36 (2015), 129 (169 ff); *N. Perova*, Disentangling 'Effective Control' Test for the Purpose of Attribution of the Conduct of UN Peacekeepers to the States and the United Nations, NorJIL 86 (2017), 30. Zu Recht kritisch gegenüber dem Srebrenica-Urteil des niederländischen Obersten Gerichtshofs (*Hoge Raad*) v. 19.7.2019, Nr. 17/04567, *T. Dannenbaum*, A Disappointing End of the Road for the Mothers of Srebrenica Litigation in the Netherlands, EJIL Talk! (23.7.2019).

Eine „geteilte Verantwortung" hat das OVG Münster im Fall der **Übergabe mutmaßlicher Piraten** an Kenia durch die Besatzung einer deutschen Fregatte, die an dem EUNAVFOR-Einsatz vor der Küste Somalias teilnahm, bejaht. Die Entscheidung war durch ein ressortübergreifendes Entscheidungsgremium der Bundesregierung getroffen und der Besatzung sowie der deutschen Botschaft in Nairobi per Weisung mitgeteilt worden. Dass OVG stellte zutreffend fest, dass dies selbst nach den Kriterien der (an sich überholten) *Behrami*-Rechtsprechung, erst recht aber nach den ILC-Kriterien die Zurechnung zu Deutschland begründe („effektive Kontrolle"). Selbst wenn die Übergabe von der EU autonom getroffen worden sein sollte, habe die Bundesregierung mit der Entscheidung, vom Vorrecht Deutschlands zur Strafverfolgung (vgl. Art. 105 SRÜ) keinen Gebrauch zu machen, eine notwendige Voraussetzung für die Übergabe geschaffen. Dies begründe die Zurechnung der „zwangsläufigen Folge".[48]

Fall: Gemeinsame Verteidigung oder Krieg mit allen Mitteln? In einem bewaffneten Konflikt ermächtigt der Militärrat der Gemeinsamen Verteidigungs-Union (GVU), das oberste Beschlussorgan einer Regionalorganisation mit Völkerrechtspersönlichkeit, im Kampf gegen Xylonien „alle erforderlichen Mittel" einzusetzen. Konkret ermächtigt der Rat zum Einsatz von Streubomben und zu Angriffen, mit denen die Zivilbevölkerung eingeschüchtert werden soll. Luftverbände aus Altanien, einem GVU-Mitgliedstaat, fliegen darafhin Angriffe auf Wohnviertel in Xylonien. Außerdem setzen sie Streubomben ein, obwohl Altanien Vertragspartei des Osloer Übereinkommens gegen Streumunition von 2008 ist. Im Rahmen des GVU-Einsatzes operieren die nationalen Kontingente weitgehend eigenständig; die GVU hat die Kontrolle über die Gesamtoperation inne. Wer ist für die Aktionen der altanischen Soldaten verantwortlich? 407

Lösungshinweise: I. Verantwortlichkeit Altaniens: Altanien besitzt die effektive Kontrolle über das Verhalten seiner Soldaten; die GVU verfügt lediglich über eine operative Kontrolle. Die Aktionen sind Altanien zurechenbar. Terrorangriffe auf die Zivilbevölkerung stellen schwere Verstöße gegen das Humanitäre Völkerrecht dar (vgl. Art. 51 Abs. 2 ZP I 1977); der Einsatz von Streubomben ist für Altanien als Partei des Osloer Übereinkommens verboten.

II. Verantwortlichkeit der GVU: Die GVU könnte durch die vom Ministerrat ausgesprochenen Ermächtigungen verantwortlich sein (vgl. Art. 17 ARIO):

1. *Ermächtigung zum Einsatz „aller erforderlichen Mittel":* Diese (auch in Mandaten des UN-Sicherheitsrat gebräuchliche) Formulierung ist kein Freibrief für die Mitgliedstaaten, sondern bedeutet nur, *dass* Gewalt angewendet werden darf. Welche Grenzen dabei zu beachten sind, ergibt sich aus den verbindlichen Regeln des Völkerrechts. Die GVU übernimmt hierdurch keine Verantwortung für etwaige Völkerrechtsbrüche.

2. *Ermächtigung zum Einsatz von Streubomben:* Die GVU ist nicht selbst Vertragspartei des Osloer Übereinkommens; das Verbot von Streumunition hat auch noch keine gewohnheitsrechtliche Geltung. Somit umgeht die GVU durch die Ermächtigung keine eigenen Rechtsbindungen und ist nicht verantwortlich.

3. *Ermächtigung zu Angriffen auf die Zivilbevölkerung:* Auch wenn die GVU nicht Vertragspartei der Genfer Rotkreuz-Konventionen und ihrer Zusatzprotokolle ist, verstoßen Angriffe auf die Zivilbevölkerung gegen gewohnheitsrechtlich geltende Regeln des Humanitären Völkerrechts, die auch die GVU binden (Rn. 129–130). Insoweit ist die GVU neben

48 OVG Münster, DÖV 2015, 343 mit Anm. *M. Ladiges*, NZWehrR 2015, 37. Dazu auch *I. Ley*, Neuere Entwicklungen im Recht der Verantwortungsverteilung zwischen truppenentsendenden Staaten und internationalen Organisationen im Rahmen internationaler Einsätze, DVBl. 2015, 874.

Altanien für die Völkerrechtsbrüche verantwortlich. (Auch ohne diese Aufforderung ließe sich eine Mitverantwortlichkeit der GVU begründen, wenn sie einen tatsächlich vorhandenen Einfluss nicht genutzt hätte, gegen die Terrorangriffe im Rahmen eines GVU-Einsatzes vorzugehen.)

c) Handeln ultra vires

408 In den genannten Fällen liegt dem Handeln der Organe (oder Quasi-Organe) eine **Ermächtigung durch den Staat** zu Grunde, dem dieses Handeln zugerechnet wird. Gewohnheitsrechtlich anerkannt ist die Regel in **Art. 7 ASR**, wonach dem Staat das Verhalten seiner Organe auch zuzurechnen ist, wenn diese die Grenzen der ihnen eingeräumten Befugnisse überschreiten (sog. **Handeln ultra vires**). Diese Regel hat sich im Laufe des 20. Jahrhunderts herausgebildet und wurde von der Mehrheit der Teilnehmerstaaten auf der Haager Kodifizierungskonferenz von 1930 akzeptiert (*leading case* ist v. a. der Caire-Fall).[49] Voraussetzung ist, dass das Organ **im Zusammenhang mit der ihm zugewiesenen Aufgabe** tätig wird oder diesen **Anschein** erweckt. Die Ideen hierhinter sind:

- Die Kompetenzgrenzen sind dem staatlichen Binnenbereich zuzuordnen und für Außenstehende regelmäßig nicht erkennbar (Erkennbarkeitsgedanke).
- Erst die Ermächtigung zum hoheitlichen Handeln ermöglicht dem Organ das völkerrechtswidrige Verhalten (Ermöglichungsgedanke).
- Außerdem wäre es sonst für die Staaten einfach, sich ihrer Verantwortlichkeit zu entledigen, indem sie vortragen, das Staatsorgan habe seine Befugnisse überschritten (Missbrauchsgedanke).

Caire-Fall (Schiedskommission Frankreich/Mexiko 1929)[50] Der Franzose Jean-Baptiste Caire wurde am 11. Dezember 1914 in Mexiko von mexikanischen Soldaten erschossen, nachdem ein Major und ein Hauptmann erfolglos versucht hatten, ihm Geld abzupressen. Seine Witwe machte in Mexiko Schadensersatz gegen den mexikanischen Staat geltend, wurde jedoch mangels Zurechenbarkeit der Taten abgewiesen. Schließlich kam der Fall zur Entscheidung vor eine französich-mexikanische Schiedskommission.

Die Schiedskommission befand, dass im Völkerrecht dem Staat grundsätzlich auch kompetenzwidrige Akte seiner Organe und Agenten zugerechnet werden können. Voraussetzung sei jedoch, dass die handelnden Organe oder Agenten sich dabei den Anschein der Staatlichkeit zunutze gemacht oder staatliche Macht bzw. Mittel zur Ausführung ihrer Tat verwandt haben. Die Anwendung dieser Grundsätze auf den vorliegenden Fall führte zu einer Bejahung der völkerrechtlichen Verantwortlichkeit Mexikos für das Handeln seiner Soldaten.

49 Vertiefend *F. Przetacznik*, The International Responsibility of the States for *ultra vires* Acts of their Organs, RDI 61 (1983), 67, 129; *C. Fischer*, La responsabilité internationale de l'Etat pour les comportements ultra vires de ses organes, 1993; *I. Ziemele*, International Courts and *Ultra Vires* Acts, FS Wildhaber, 2007, 537. Kritisch zur fehlenden Abstimmung mit der Immunität für dienstliche Handlungen (dazu Rn. 328–329) *C. Keitner*, Categorizing Acts by State Officials: Attribution and Responsibility in the Law of Foreign Official Immunity, DukeJCIL 26 (2016), 451 (Zurechnung zum Staat, aber keine automatische Einordnung als dienstliche Handlung).

50 Caire Claim (France v. Mexico), Schiedsspruch v. 7. Juni 1929, RIAA Vol. V, 516 (528 ff); siehe Anhang, Nr. 36.

2. Verantwortlichkeit im Zusammenhang mit dem Handeln Privater

Das **Handeln von Privatpersonen** ist dem Staat **regelmäßig nicht zurechenbar**. Ihn trifft als Kehrseite seiner ausschließlichen Gebietshoheit indes die Pflicht, nach Möglichkeit zu verhindern, dass von seinem Staatsgebiet aus Rechte anderer Staaten verletzt werden.[51] Allerdings steht der Staat nicht jedes Mal in der Verantwortung, wenn Private von seinem Hoheitsgebiet aus Rechte anderer Staaten verletzen. Er schuldet nur eine **angemessene Sorgfalt** *(due diligence)* **bei der Verhütung solcher Übergriffe**.[52] Was diese angemessene Sorgfalt umfasst, hängt von den Umständen des Einzelfalls ab: Während z. B. die Besetzung eines Botschaftsgebäudes auf mangelhafte Sicherungsmaßnahmen des Empfangsstaats hindeuten dürfte, ist der Überfall auf einen fremden Staatsangehörigen nicht einmal in einem Polizeistaat auszuschließen (anders, wenn sich der Überfall vor den Augen der Polizei abspielt, die tatenlos zuschaut). Wieder anders sind grenzüberschreitende Luftverunreinigungen zu beurteilen, die von privaten Industriebetrieben ausgehen (Rn. 882–884). Lässt ein Staat die geschuldete Sorgfalt vermissen, wird ihm nicht der private Übergriff als solcher zugerechnet; er hat vielmehr dafür einzustehen, dass er seinen Sorgfaltspflichten nicht nachgekommen ist. Es geht also um den Vorwurf eines **originär staatlichen Unterlassens**. Solche staatlichen **Schutzpflichten** sind traditionell an das eigene Staatsgebiet gebunden; sie werden zunehmend auch als extraterritorial wirkende Pflichten diskutiert, um zu erreichen, dass Verletzungen internationaler Rechtsgüter (Menschenrechte, Umwelt usw.) durch private Akteure wirksam unterbunden werden können.[53] 409

Wo sich der Urheber eines Übergriffs in völkerrechtlich geschützte Rechtsgüter nicht ermitteln lässt oder wo Staaten sich hinter privaten Akteuren verstecken, erfüllt der Unterlassungsvorwurf auch eine Ersatzfunktion. Dies lässt sich insbesondere bei schädigenden **Cyberoperationen** beobachten, wo die *due diligence* mittlerweile in der völkerrechtlichen Diskussion eine zentrale Stellung erlangt hat. Auch hier wird sachspezifisch zu ermitteln sein, was von Staaten realistischerweise verlangt werden kann.[54] Eine vollständige Schließung der Verantwortlichkeitslücke wird über diesen Weg allein nicht zu erreichen sein.

3. Zurechnung von Privathandeln bei „Sonderverbindung“

Um die ausnahmsweise Zurechnung von Privathandeln zum Staat dagegen geht es in den Fällen, die **Art. 8-11 ASR** regeln. In jedem dieser Fälle liegt eine Art **„Sonderverbindung“** zwischen der an sich privaten Handlung und einem Staat vor. Da in keinem der Fälle eine rechtliche Kompetenz zum Handeln für den Staat zu Grunde liegt, stellt sich das Ultra-vires-Problem hier nicht: Zugerechnet werden kann ohnehin nur 410

51 Vgl. *Max Huber*, Schiedsspruch zur Spanischen Zone in Marokko v. 1.5.1925, RIAA II, 615 (641 f).

52 Zum Überblick *T. Koivurova*, Due Diligence, MPEPIL (2/2010). Eingehend zuletzt *J. Bäumler*, Das Schädigungsverbot im Völkerrecht, 2017. Siehe auch *A. v. Arnauld*, Klausurenkurs im Völkerrecht, 3. Aufl. 2018, Fälle 5 B und 6.

53 *A. Seibert-Fohr*, Die völkerrechtliche Verantwortung des Staats für das Handeln von Privaten, ZaöRV 73 (2013), 37 (39). Vertiefend *S. Stahl*, Schutzpflichten im Völkerrecht, 2012. Siehe auch Rn. 632.

54 Vgl. *C. Walter*, Obligations of States Before, During, and After a Cyber Security Incident, GYIL 58 (2015), 67; *R. Kolb*, Reflections on Due Diligence Duties and Cyberspace, ebd. 113; *M. Schmitt* (Hg.), Tallinn Manual 2.0 on the International Law Applicable to Cyber Operations, 2017, 87 ff; *L. Chircop*, A Due Diligence Standard of Attribution in Cyberspace, ICLQ 67 (2018), 643. An einem Fallbeispiel *A. v. Arnauld*, Klausurenkurs im Völkerrecht, 3. Aufl. 2018, Fall 6.

das tatsächliche Verhalten. Dies erklärt, warum Art. 7 ASR zwischen den Art. 4-6 und 8-11 ASR steht.

Die **gewohnheitsrechtliche Geltung** dieser Zurechnungsregeln ist **in vielen Fällen umstritten**. Die ILC hat sich hier z. T. von Gerechtigkeits- und Angemessenheitserwägungen leiten lassen, die in der internationalen Praxis nicht immer eindeutigen Rückhalt finden, und damit einen Beitrag zur „fortschreitenden Entwicklung des Völkerrechts" (Art. 13 Abs. 1 lit. a UNCh) geleistet. Zu den einzelnen Fallgruppen:

a) Steuerung oder Kontrolle

411 Vgl. **Art. 8 ASR**: Ein Staat kann Private rechtlich zu hoheitlichem Handeln ermächtigen (s. o.: De-facto-Organe); er kann sie aber auch ohne eine solche Ermächtigung zur Verfolgung seiner politischen Ziele einsetzen. Wo der Staat privates Handeln faktisch steuert bzw. unter seiner Kontrolle hat und die privaten Akteure als inoffizieller **„verlängerter Arm"** des Staates erscheinen, ist ebenfalls der hinter den Aktionen stehende Staat völkerrechtlich verantwortlich. Dies betrifft v. a. subversive Aktivitäten (z. B. „Fernsteuerung" Aufständischer, Sabotageakte etc.). Die gewohnheitsrechtliche Geltung dieser Zurechnungsregel wird kaum bestritten; praktisch ist jedoch die Beweisführung schwierig. Während das ICTY im Tadić-Urteil eine „Gesamtkontrolle" *(overall control)* von Staatsorganen ausreichen ließ, die sich auf Planung, Organisation und Koordinierung von Völkerrechtsverstößen stützt,[55] hält der IGH für die Staatenverantwortlichkeit an dem Erfordernis effektiver Kontrolle *(effective control)* über das konkrete Geschehen fest.[56]

412 Abzugrenzen von dieser Zurechnungsregel ist der weiter gefasste Grundsatz 1 Nr. 9 der Prinzipiendeklaration von 1970, wo es heißt:

Jeder Staat hat die Pflicht, die Organisierung, Anstiftung oder Unterstützung von Bürgerkriegs- oder Terrorhandlungen in einem anderen Staat und die Teilnahme daran oder die Duldung organisierter Aktivitäten in seinem Hoheitsgebiet, die auf die Begehung solcher Handlungen gerichtet sind, zu unterlassen, wenn die in diesem Absatz genannten Handlungen die Androhung oder Anwendung von Gewalt einschließen.

In diesem Grundsatz geht es nicht darum, ob sich ein Staat einen Akt, den er unterstützt hat, als eigenen Akt zurechnen lassen muss, sondern darum, dass ihm der Unterstützungsbeitrag als solcher zum Vorwurf gemacht wird.

413 Im (2.) Nicaragua-Urteil von 1986 hat der IGH auch **indirekte Gewalt** durch Unterstützung bewaffneter Übergriffe anderer Staaten oder militärisch organisierter nichtstaatlicher Verbände (in jenem Fall die Unterstützung der nicaraguanischen „Contra"-Rebellen durch die USA) als Verstoß gegen das Gewaltverbot anerkannt. Dabei reicht nicht jede Unterstützung aus. Dem Urteil zufolge ist die Bewaffnung und Ausrüstung von Rebellen ausreichend, nicht jedoch die bloße finanzielle Unterstützung.

55 ICTY (Appeals Chamber), Prosecutor v. Dusko Tadić, Urteil v. 15.7.1999, § 145; zum Fall siehe Anhang, Nr. 33. Ziel war aber nicht die Feststellung von Verantwortlichkeit, sondern die Klärung der Frage, ob der bewaffnete Konflikt in Bosnien internationalen Charakter besaß.

56 IGH, Urteil v. 26.2.2007, Application of the Convention on the Prevention and Punishment of the Crime of Genocide (Bosnia and Herzegovina v. Serbia and Montenegro), ICJ Rep. 2007, 43, § 400; siehe Anhang, Nr. 28.

Maßgeblich bleibt eine wertende Gesamtbetrachtung aller Umstände (näher Rn. 1042).

Hinsichtlich der **Unterstützung des internationalen Terrorismus** wird seit den Anschlägen vom 11. September 2001 zunehmend vertreten, dass auch substantielle Unterstützungshandlungen die Zurechnung begründen. Am weitesten geht hier die v. a. von den USA entwickelte „harbo(u)ring doctine“. Danach soll bereits der Aufenthalt von Terroristen auf fremdem Staatsgebiet zur Zurechnung der Terrorakte zu jenem Staat führen, wenn dieser nicht willens oder unfähig ist, gegen die Terroristen vorzugehen. Diese Doktrin ist nicht Bestandteil des Völkerrechts (Rn. 1122). 414

b) Handeln im Interesse des Staates

Die gewohnheitsrechtliche Geltung der **„Geschäftsführung ohne Auftrag“**[57] in **Art. 9 ASR** ist zweifelhaft und folgt eher aus Billigkeitserwägungen. Es geht um einen Fall, wo die staatlichen Institutionen handlungsunfähig sind und ein Privater eigenmächtig an Stelle der staatlichen Organe im Interesse des Staates handelt. Beispiele sind die Übernahme von Polizeifunktionen durch private Milizen nach Zusammenbruch der Staatsgewalt oder die massenhafte Erhebung von Teilen der Zivilbevölkerung gegen eine Besatzungsmacht im internationalen bewaffneten Konflikt (sog. *levée en masse*). Praktisch dürfte die Abgrenzung zwischen „öffentlichen“ Funktionen und „privaten“ Handlungen nicht immer leicht fallen. 415

Fall: Beherztes Eingreifen Nach einem schweren Erdbeben im Küstenstaat A herrscht allgemeines Chaos; die öffentliche Verwaltung ist zusammengebrochen. Um eine schwere Explosion in einer Chemiefabrik zu verhüten, werfen einige Anwohner Tonnen mit Chemikalien ins Meer. Diese verseuchen die Küsten des Nachbarstaates B.

Lösungshinweise: Ein Ausfall der staatlichen Stellen im Sinne von Art. 9 ASR ist gegeben; auch dürfte die Situation das Handeln der Einwohner erfordert haben. Ob nach Art. 9 ASR eine Zurechnung zu A erfolgt, hängt davon ab, ob die Versenkung der Fässer im Meer als faktische Ausübung hoheitlicher Befugnisse zu gelten hat. Angesichts der allgemeinen Pflicht des Staates, die öffentliche Sicherheit zu gewährleisten, wird man dies annehmen können (Vergleich mit Aufgaben von Polizei oder Feuerwehr).

c) Handeln Aufständischer

Art. 10 ASR soll aus dem Dilemma heraushelfen, dass **Bürgerkriegsverbrechen**, die von Aufständischen begangen werden, u. U. **ungesühnt** bleiben. Die ILC hat sich hier für eine „Hypothekenlösung“ entschieden, die zu einer rückwirkenden Zurechnung der Rechtsverstöße führt.[58] Auch diese Lösung ist weniger an der Staatenpraxis 416

57 Zu unterscheiden ist hiervon die Vertretung der Interessen eines Völkerrechtssubjekts durch ein anderes – hierzu nicht beauftragtes – Völkerrechtssubjekt, die eine Verantwortlichkeit des handelnden Völkerrechts auslöst. Dazu *M. Herdegen*, Zur Geschäftsführung ohne Auftrag (negotiorum gestio) im Völkerrecht, FS Doehring, 1989, 303.

58 Näher *P. Dumberry*, New State Responsibility for Internationally Wrongful Acts by an Insurrectional Movement, EJIL 17 (2006), 605; *K. Greenman*, The Secret History of Successful Rebellions in the Law of State Responsibility, ESIL Reflection 6 (2017), Nr. 9. Mittelbar dient die Regel auch der Effektivität humanitär-völkerrechtlicher Bindungen der Aufständischen selbst. Gegen die traditionell

orientiert als an politischen und moralischen Erwägungen. Gedacht ist an zwei **Konstellationen**:

- Aufständische übernehmen die Regierungsgewalt im Staat (Abs. 1): Auch wenn der Staat die Aufständischen früher bekämpft hat (und für deren Handlungen daher nicht verantwortlich gemacht werden konnte), soll er mit Regierungsübernahme durch die Aufständischen auch die völkerrechtliche Verantwortlichkeit für Verbrechen seiner (neuen) Regierung übernehmen.
- Den Aufständischen gelingt eine Sezession und sie gründen einen neuen Staat (Abs. 2): Dieser neue Staat soll von vornherein mit der „Hypothek" der Völkerrechtsverstöße seiner Gründer belastet sein.

Im Übrigen richtet sich die Zurechnung nach den allgemeinen Regeln der Art. 4-9 ASR (vgl. Art. 9 Abs. 3 ASR).

d) Adoption oder Anerkennung

417 **Art. 11 ASR** geht wohl über das Völkergewohnheitsrecht hinaus, wenn er auch die bloß verbale **Anerkennung oder Adoption** privater Rechtsverletzungen durch einen Staat für die Zurechnung genügen lässt (z. B. durch Auszeichnung der Täter, durch öffentliche Solidaritätsbekundung usw.). Hier geht es regelmäßig um einen Akt **politischer Rhetorik und Symbolik**, der u. U. unfreundlich sein kann, aber kaum für sich genommen die Zurechnung trägt. Der von der ILC angeführte Präzedenz-Fall (Teheraner Geisel-Fall) bezieht sich auf den Sonderfall, dass sich die Regierung während einer noch andauernden Rechtsverletzung mit den Verletzern solidarisch erklärt. Über die bloße Solidaritätserklärung hinaus gibt die Regierung hier zu erkennen, dass sie nicht gewillt ist, ihren Schutzpflichten nachzukommen. Je nach Lage des Einzelfalls kann es ab dieser Erklärung zu einer Zurechnung der einzelnen Verletzungshandlungen kommen.

Fall: Geiselnahme in US-Botschaft in Teheran (IGH 1980)[59] Kurz nach der Revolution im Iran 1979 besetzten revolutionäre Studenten die US-Botschaft in Teheran und weitere US-Konsulate im Land und nahmen Mitglieder des diplomatischen Personals als Geiseln. Die neue iranische Revolutionsregierung schritt nicht ein; Revolutionsführer *Chomeini* rechtfertigte die Besetzung sogar u. a. mit der Behauptung, die Botschaft sei ein Spionagezentrum der USA.

Auf Klage der USA hin entschied der IGH 1980, dass der Iran in schwer wiegender Weise das Diplomatenrecht verletzt habe, indem er seiner Schutzpflicht für die Räumlichkeiten der Mission und für das diplomatische Personal nicht nachgekommen sei. Über diese Verletzung eigener Schutzpflichten hinaus hat der IGH die Besetzung und Geiselnahme der iranischen Regierung sogar zugerechnet: weil sie nichts zur Beendigung der fortdauernden Besetzung und zur Befreiung der Geiseln unternommen, sondern sich sogar mit den Geiselnehmern solidarisiert habe.

---

staatenzentrierte Perspektive im Recht völkerrechtlicher Verantwirtlichkeit *E. Heffes*, The Responsibility of Armed Opposition Groups for Violations of International Humanitarian Law, JIHLS 4 (2013), 81. Im Fall der Sezession geht es zugleich um die Frage der Staatennachfolge in völkerrechtliche Verantwortlichkeiten. Vgl. dazu Rn. 113.

59 IGH, Urteil v. 24.5.1980, U.S. Diplomatic and Consular Staff in Tehran (USA v. Iran), ICJ Rep. 1980, 3; siehe Anhang, Nr. 17.

Übersicht: Zurechnung

Zurechnung von Verhalten zum Staat
(vgl. Art. 4-11 ASR)

bei Tätigkeit im Namen des Staates

- Organverhalten (Art. 4 ASR)
- Ausübung hoheitlicher Befugnisse durch Nicht-Organe im Einzelfall (Art. 5 ASR)
- Verhalten entliehener Organe (Art. 6 ASR)
- nachträgliche Anerkennung oder Annahme als eigenes Verhalten (Art. 11 ASR)

faktischer Zurechnungszusammenhang

- staatlich geleitetes oder kontrolliertes Verhalten (Art. 8 ASR)
- (notwendige) faktische Ausübung hoheitlicher Befugnisse bei Fehlen oder Ausfall staatlicher Stellen (Art. 9 ASR)
- Verhalten von Aufständischen, sofern diese später die Regierung übernehmen (Art. 10 I ASR)

„rein" privates Handeln

nicht zurechenbar; der Staat ist aber für ein Unterlassen seiner Organe verantwortlich, soweit er die Erfordernisse der *due diligence* bei der Verhütung von Übergriffen Privater nicht beachtet.

mangels rechtlicher Handlungskompetenz auch kein Handeln *ultra vires* möglich

Verantwortlichkeit auch bei Kompetenzüberschreitung und weisungswidrigem Verhalten (Handeln *ultra vires*: Art. 7 ASR)*

* im Fall von Art. 11 ASR entscheidet die nachträgliche Anerkennung etc. über die Reichweite der Zurechnung

II. Ausschluss der Rechtswidrigkeit

Mögliche Gründe, warum der Verstoß gegen eine völkerrechtliche Pflicht ausnahmsweise im Einklang mit dem Völkerrecht stehen kann, finden sich in Art. 20-27 ASR. Neben Fällen der Rechtfertigung an sich völkerrechtswidriger Handlungen findet sich mit Art. 20 ASR (Einwilligung) auch ein Fall, der einen Rechtsverstoß bereits auf Ebene des Tatbestandes entfallen lässt. Diese im deutschen Rechtsverständnis dogmatisch bedeutsame Differenzierung vollziehen die ASR nicht nach.[60] **418**

60 Für eine solche Differenzierung *F. Paddeu*, Justification and Excuse in International Law, 2019.

1. Einwilligung

419 Dass Übergriffe in die Rechtssphäre eines anderen Staates dann keinen Völkerrechtsverstoß darstellen, wenn dieser eingewilligt hat (Art. 20 ASR), beruht auf dem Grundsatz *volenti non fit iniuria* (= „Dem Willigen/Einwilligenden geschieht kein Unrecht“). Wer z. B. die Vornahme fremder Hoheitsakte auf seinem Staatsgebiet gestattet, ist nicht in seiner Gebietshoheit verletzt, wenn ein anderer Staat von dieser Erlaubnis Gebrauch macht. Auf dem Gedanken beruht letztlich das gesamte Völkervertragsrecht, mit dem Staaten auf Basis der Gegenseitigkeit ihre Rechtssphäre für Einwirkungen des Vertragspartners öffnen. Die Grenze der Einwilligungsfähigkeit markiert das *ius cogens* (vgl. Art. 53 WVK), das der Verfügungsgewalt der Vertragspartner entzogen ist (z. B. bei Intervention auf Einladung, um an ethnischen Säuberungen teilzunehmen).

2. Selbstverteidigung

420 Die Selbstverteidigung (Art. 21 ASR) stellt (sieht man von einer Ermächtigung durch den Sicherheitsrat nach Kapitel VII der UN-Charta ab) den einzigen Rechtfertigungsgrund dar, der zur Anwendung von Gewalt berechtigt. Gemäß Art. 51 UNCh ist sie nur zur Abwehr „bewaffneter Angriffe“ gestattet (vertiefend Rn. 1085–1089).

3. Gegenmaßnahme

421 Eine wichtige Institution des Völkerrechts ist die sog. **Gegenmaßnahme** (*countermeasure*; älterer Name: Repressalie/*reprisal*), dazu Art. 22, 49-54 ASR. Eine Gegenmaßnahme ist ein an sich völkerrechtswidriger gewaltfreier (!) Akt, der ausnahmsweise gestattet ist, wenn er von dem „Opfer“ eines vorangegangenen, noch andauernden völkerrechtlichen Delikts begangen wird, um dieses Delikt abzustellen. Es ist ein wichtiges Mittel zur **Selbsthilfe des Geschädigten gegen Völkerrechtsbrüche**. Um Missbräuche auszuschließen, ist die Gegenmaßnahme nur nach den folgenden in den ASR niedergelegten, gewohnheitsrechtlich anerkannten **Voraussetzungen** zulässig:

- Es liegt ein noch andauerndes **völkerrechtliches Delikt** vor. Auch die fortdauernde Verletzung sekundärer Rechtspflichten, d. h. die unterlassene Wiedergutmachung für bereits beendete Rechtsverstöße ist grundsätzlich repressalienfähig.
- Der **Adressat** der Gegenmaßnahme ist der **Urheber**, der **Autor** der Gegenmaßnahme **Verletzter** dieses (ersten) Delikts. Bei einem Verstoß gegen Pflichten *erga omnes* kann grundsätzlich jeder Staat Gegenmaßnahmen ergreifen (vgl. Art. 48 ASR, dazu Rn. 292–294; Art. 54 ASR spricht hier von „rechtmäßigen“ *[lawful]* Gegenmaßnahmen, was auf eine entsprechende Anwendung der Art. 49-53 hinausläuft).
- Die Gegenmaßnahme zielt darauf, die **Rückkehr zur Rechtstreue** zu erzwingen, d. h. auf Beendigung des völkerrechtswidrigen Verhaltens bzw. auf Wiedergutmachung. Daraus folgt zwingend, dass die Gegenmaßnahme zu beenden ist, sobald der anlassgebende Rechtsbruch entfällt (vgl. Art. 53 ASR).
- Die Gegenmaßnahme muss **vorher angekündigt** werden, um den anderen Teil zum Einlenken zu bewegen (Subsidiarität der Gegenmaßnahme, folgt aus ihrem Ziel).

– Die Gegenmaßnahme darf nicht verboten sein (**kein Repressalienverbot**): Verboten sind Gegenmaßnahmen, die selbst gegen zwingendes Völkerrecht (einschließlich des Gewaltverbotes und der grundlegenden Menschenrechte) verstoßen, vgl. Art. 50 Abs. 1 ASR. Gegenmaßnahmen können ferner ausgeschlossen sein, weil ein Rechtsgebiet als sog. *self-contained regime* (etwa „in sich abgeschlossenes Rechtsregime") nur spezielle Sanktionsformen zulässt (Fall einer *lex specialis*).[61] Klassischer Anwendungsfall ist das Diplomatenrecht; weitgehend repressalienfest sind aber auch die Schutzgarantien des Humanitären Völkerrechts.

Die Figur des **self-contained regime** ist in jüngerer Zeit kritisiert worden, weil sie eine Fragmentierung des Völkerrechts begünstige, indem sich „Sondervölkerrecht" von den allgemeinen Regeln abkopple.[62] Diese Kritik ist insoweit berechtigt, als sie auf das systemgefährdende Potenzial der Figur hinweist und davor warnt, Rechtsgebiete völlig vom allgemeinen Völkerrecht abzukoppeln. Ein *self-contained regime* sollte daher nicht vorschnell angenommen und primär als Fall der *lex specialis* v. a. im Bereich der Gegenmaßnahmen verstanden werden (z. B. Ausschluss von Kriegsrepressalien). Das *self-contained regime* verhindert nicht eine Zielkoordination bei Regimekollisionen[63] und findet seine Grenzen außerdem im zwingenden Völkerrecht, wie die Diskussion um den Missbrauch diplomatischer Immunitäten zeigt (Rn. 569).[64]

– Schließlich darf die Gegenmaßnahme **nicht außer Verhältnis** zu dem Delikt stehen, auf das sie reagiert (Übermaßverbot).

Fall: Botschafter in Nöten In Platanien kommt eine radikale Partei an die Macht, die in Bitumien den großen ideologischen Feind sieht. Der neue Ministerpräsident gibt Order, den bitumische Botschafter in der platanischen Hauptstadt unter Hausarrest zu stellen. Er rechtfertigt diese Anordnung als Gegenmaßnahme gegen die „imperialistische Politik" Bitumiens. Die bitumische Regierung fordert Platanien auf, den Hausarrest aufzuheben und droht „empfindliche Konsequenzen" an. Als die platanische Regierung hierauf nicht reagiert, setzt Bitumien bis zur Aufhebung des Arrests einseitig ein bilaterales Handelsabkommen aus. Wie ist die Rechtslage? **422**

Lösungshinweise: I. Hausarrest: Die Anordnung von Hausarrest verstößt gegen den Grundsatz der Unverletzlichkeit, die ein Botschafter als Diplomat genießt (vgl. Art. 29 WVK). Eine Rechtfertigung als Gegenmaßnahme scheitert schon daran, dass das Diplomatenrecht ein *self-contained regime* ist; die zulässigen Sanktionen gegen Diplomaten ergeben sich abschließend aus den speziellen diplomatenrechtlichen Regeln. Diese gestatten nur die Erklärung zur *persona non grata*, verbunden mit der Aufforderung, das Land zu verlassen (Rn. 565 566). Hausarrest darf gegen einen Botschafter nicht verhängt werden. Darauf, dass es bereits an einem konkreten deliktischen Verhalten Bitumiens fehlt, auf das mit einer

---

61 Zu dieser Figur allgemein *B. Simma*, Self-Contained Regimes, NYIL 16 (1985), 111; *ders./D. Pulkowski*, Of Planets and the Universe: Self-contained Regimes in International Law, EJIL 17 (2006), 483; *A. Marschik*, Subsysteme im Völkerrecht, 1997; *M. Noortmann*, Enforcing International Law: From Self-help to Self-contained Regimes, 2005; *E. Klein*, Self-Contained Regime, MPEPIL (11/2006).

62 Zur Kritik m. w. N. *A. Lindroos/M. Mehling*, Dispelling the Chimera of 'Self-Contained Regimes': International Law and the WTO, EJIL 16 (2005), 857. Zur Fragmentierungsdebatte schon Rn. 34.

63 Wichtige Diskussionsfelder betreffen v. a. die Berücksichtigung von Menschenrechts- und Umweltschutz im Recht der WTO. Dazu Rn. 978–982.

64 So im Ergebnis auch *M. Koskenniemi*, Fragmentation of International Law: Difficulties Arising from the Diversification and Expansion of International Law, Bericht der Studiengruppe der ILC v. 13.4.2006, A/CN.4/L.682, §§ 191 ff.

Gegenmaßnahme reagiert werden dürfte, kommt es daher nicht an. Der Hausarrest ist völkerrechtswidrig.

II. Aussetzung des Abkommens: Die einseitige Aussetzung des Abkommens ist völkerrechtswidrig, da keiner der in den Art. 60-62 WVK geregelten Fälle vorliegt, die Bitumien zu einer solchen Suspendierung berechtigen würde; insbesondere hat Platanien das Handelsabkommen selbst nicht verletzt (vgl. zur Suspendierung wegen einer Verletzung desselben Vertrages Art. 60 WVK). Die Aussetzung des Handelsabkommens durch Bitumien könnte aber ihrerseits als Gegenmaßnahme gerechtfertigt sein.

Der rechtswidrige Hausarrest des Botschafters stellt ein fortdauerndes völkerrechtliches Delikt gegenüber Bitumien als Entsendestaat dar. Die Aussetzung des Abkommens richtet sich gegen Platanien als den für dieses Delikt verantwortlichen Staat. Bitumien bezweckt mit der Maßnahme, die Aufhebung des völkerrechtswidrigen Arrests zu erreichen (und nicht etwa, sich von einem ungeliebten Abkommen zu befreien). Es hat auch vorher eine Gegenmaßnahme angekündigt. Dass diese nicht konkret benannt wurde, ist unschädlich; entscheidend ist, dass Platanien erkennen musste, dass die Fortsetzung des Völkerrechtsverstoßes eine Gegenmaßnahme zur Folge haben würde und Gelegenheit hatte einzulenken. Ein Repressalienverbot besteht nicht; insbesondere sperrt hier nicht das Diplomatenrecht als *self-contained regime*, weil dieses nur Repressalien *gegen* diplomatenrechtlich geschützte Personen oder Objekte untersagt, nicht aber Gegenmaßnahmen *zum Schutz* solcher Personen oder Objekte. Angesichts der Schwere des Verstoßes erscheint die Aussetzung eines Handelsabkommens auch nicht außer Verhältnis zum ursprünglichen Delikt.

423 Gegenmaßnahmen (Repressalien) sind selbst an sich rechtswidrige, ausnahmsweise gerechtfertigte Akte. Dies unterscheidet sie von sog. **Retorsionen**. Eine Retorsion ist ein unfreundlicher, aber völkerrechtskonformer Akt, der als Reaktion auf einen Völkerrechtsbruch (oder auch einen anderen unfreundlichen Akt) ohne besondere Voraussetzungen jederzeit zulässig ist. Typische Retorsionen sind z. B. die Ausladung eines Staatsgastes, die Einbestellung des Botschafters oder der Abbruch diplomatischer Beziehungen (auf deren Aufrechterhaltung es keinen Anspruch gibt).

424 Abzugrenzen ist die Gegenmaßnahme auch von **Sanktionen im Rahmen Internationaler Organisationen**. Richtet sich die Sanktion gegen ein Mitglied, das seine Verpflichtungen aus dem Gründungsvertrag nicht erfüllt hat, findet sie ihre Rechtsgrundlage im Vertrag (vgl. z. B. Art. 7 EUV), nicht im allgemeinen Repressalienrecht. Sanktionen gegen Außenstehende hingegen können den Charakter von Gegenmaßnahmen haben oder auf einer Ermächtigung durch den UN-Sicherheitsrat beruhen (nach Kapitel VII oder VIII UNCh).

4. Höhere Gewalt, Notlage

425 Bei der **höheren Gewalt** (*force majeure*, Art. 23 ASR) handelt es sich um Folgen „unwiderstehlicher Gewalt", wie sie insbesondere mit Naturkatastrophen einhergeht. Die Einwirkungen dieser Gewalt müssen die Beachtung des Völkerrechts **tatsächlich unmöglich** machen und nicht bloß unzumutbar (hier käme u. U. die Suspendierung vertraglicher Verpflichtungen in Betracht).

Wird ein Staat durch ein Erdbeben verwüstet, so ist es ihm auf Grund höherer Gewalt tatsächlich nicht möglich, vertraglich eingeräumte Landerechte auf einem Flughafen zu gewähren, solange dieser zerstört ist. Die Begleichung seiner Auslandsschulden hingegen ist ihm nicht unmöglich, kann aber angesichts der Folgen der Katastrophe unzumutbar erscheinen. Hier müsste mit den Gläubigern eine Einigung auf vertraglicher Ebene (Schuldenmoratorium) gesucht werden. In Extremfällen könnte sogar eine einseitige Suspendierung des Vertrags nach Art. 62 WVK *(clausula rebus sic stantibus)* in Betracht kommen (Rn. 247).

Um tatsächlich mögliche, aber **unzumutbare** Handlungsalternativen geht es bei der **Notlage** (*distress*, **Art. 24 ASR**). Nicht zugemutet wird einem Staatsorgan (und damit mittelbar dem Staat, dem das Organhandeln zugerechnet wird), sein eigenes Leben oder das Leben anderer Personen, die seiner Obhut anvertraut sind, zu opfern. 426

So darf z. B. ein Luftwaffenpilot auch ohne Einwilligung auf fremdem Staatsgebiet notlanden, wenn er nur so sein Leben und das der übrigen Besatzungsmitglieder retten kann. Dies gilt natürlich nur außerhalb eines bewaffneten Konflikts. Im bewaffneten Konflikt ist der Abschuss feindlicher Flugzeuge gestattet.

Notlage und höhere Gewalt enthalten Elemente des **Verschuldens** und privilegieren letztlich bestimmtes nicht schuldhaftes Verhalten eines Einzelnen, der für einen Staat handelt, bzw. einen Staat, der eine Rechtsverletzung tatsächlich nicht verhindern kann. In beiden Fällen entfällt die Privilegierung, wenn die Zwangssituation von demjenigen, der sich auf sie berufen will, in zurechenbarer Weise provoziert wurde. 427

5. Notstand

Der **Notstand** (*necessity*, Art. 25 ASR) stellt im Unterschied zur Notlage nicht auf ein Dilemma der handelnden Einzelperson ab, sondern auf ein **Dilemma des Staates**. Wo dessen wesentliche Interessen auf dem Spiel stehen, hat ein Staat die Möglichkeit, sich als *ultima ratio* seinen Rechtspflichten zu entziehen. Dieser Notstand ist ein rechtlich eingehegter und gestattet keine regellose Selbsthilfe (anders die frühere Doktrin des *self-help*).[65] Der IGH hat den Notstand als Rechtfertigungsgrund u. a. im Gabčíkovo-Nagymaros-Urteil (1997) prinzipiell anerkannt. 428

Die gewohnheitsrechtlich fundierten **Voraussetzungen** für eine Notstandsmaßnahme sind in Übereinstimmung mit Art. 25 ASR: 429

- Einem **wesentlichen staatlichen Interesse** droht **unmittelbar schwere Gefahr**.
- Völkerrechtsverstoß ist die **einzige Möglichkeit** zum Schutz dieses Interesses.
- Der Verstoß beeinträchtigt seinerseits **kein wesentliches Interesse anderer** Staaten oder der internationalen Gemeinschaft **ernsthaft**.
- Die Berufung auf den Notstand darf **nicht ausgeschlossen** sein. Insbesondere gestattet das Notstandsrecht keine gewaltsamen Maßnahmen.[66]
- **Keine Provokation** des Notstandes durch den Staat, der sich auf ihn zur Rechtfertigung eines Völkerrechtsverstoßes berufen will.

65 Skeptisch *R. Sloane*, On the Use and Abuse of Necessity in the Law of State Responsibility, AJIL 106 (2012), 447, der eine Selbstermächtigung von Staaten befürchtet, da – anders als im innerstaatlichen Recht – eine Kontrollinstanz fehlt, die den Notstandseinwand in engen Grenzen halten kann.

66 Zu „Residuen eines alles überscheinenden Rechts auf Selbsterhalt in Extremsituationen" allerdings *C. Binder*, Die Grenzen der Vertragstreue im Völkerrecht, 2013, 332 ff. Vgl. namentlich IGH, Gutachten v. 8.7.1996 (Nuklearwaffen), ICJ Rep. 1996, 226, §§ 95 f.

Fall: Gabčíkovo-Nagymaros (IGH 1997)[67] Ungarn und die Slowakei stritten über ein gemeinsames Staudammprojekt, das 1977 in einem Rahmenvertrag zwischen Ungarn und der Tschechoslowakei beschlossen wurde. Während Ungarn die Arbeiten an dem Projekt 1989 einstellte, setzte die Tschechoslowakei, später die Slowakei, die Arbeiten fort und leitete dafür die Donau einseitig um. 1992 erklärte Ungarn den Rücktritt vom Vertrag und begründete dies mit geänderten wirtschaftlichen Rahmenbedingungen sowie Umweltrisiken des Projekts. Um die Völkerrechtskonformität der Handlungen beider Parteien zu überprüfen, wandten sich Ungarn und die Slowakei an den IGH.

Der IGH prüfte in seiner Entscheidung vom 25. September 1997 u. a. den völkerrechtlichen Notstand in Bezug auf das Einstellen der Arbeiten durch Ungarn sowie eine Repressalie in Bezug auf das Umleiten der Donau durch die Slowakei als mögliche Rechtfertigungsgründe. Der IGH bestätigte, dass es sich bei dem Schutz der Umwelt um ein wesentliches Interesse im Sinne von Art. 25 ASR (Art. 33 der früheren Entwurfsfassung) handeln kann. Jedoch konnte er keine hinreichend konkretisierte Gefahr feststellen, da die möglichen Umweltrisiken unzureichend aufgeklärt waren. Außerdem handle es sich eher um langfristige Risiken, so dass eine Gefahr auch nicht unmittelbar bevorstehen würde, sofern sie vorläge. Des Weiteren betonte der IGH, dass selbst wenn hier ein völkerrechtlicher Notstand zu bejahen wäre, Ungarn selbst durch den Vertragsabschluss zu der Situation beigetragen hätte. Daher konnte sich Ungarn nicht auf Art. 25 ASR berufen.

Hinsichtlich der einseitigen Umleitung der Donau durch die Slowakei stellte der IGH fest, dass hierin eine Völkerrechtsverletzung gegenüber Ungarn als Anrainer eines internationalen Wasserweges liege. Daher überprüfte der IGH, ob die Umleitung als Gegenmaßnahme gemäß Art. 49 ff ASR gerechtfertigt werden konnte. Der IGH verneinte dies schon deshalb, weil die einseitige Umleitung der Donau in keinem angemessenen Verhältnis zum erlittenen Schaden stehe, so dass sich eine Prüfung der weiteren Voraussetzung erübrigte.

430 Nach Ansicht des BVerfG rechtfertigt der Notstand nur Völkerrechtsverstöße gegenüber anderen Staaten, nicht **gegenüber Privaten**. Die Existenz einer gewohnheitsrechtlichen Regel, die auch Verpflichtungen gegenüber Privaten unter Notstandsvorbehalt stellt, hat das Gericht im Fall privater Gläubiger argentinischer Staatsanleihen verneint.[68] Legt man mit dem BVerfG eine strikte Trennung des Verhältnisses zwischen Staaten einerseits und zwischen Staaten und Privaten andererseits zu Grunde, ist die Beschränkung des Notstands auf das zwischenstaatliche Verhältnis korrekt. Allerdings haben Staaten gegenüber Privaten viel weitergehende souveräne Rechte, ihre vertraglich übernommenen Pflichten einseitig durch Gesetz umzugestalten. Grenzen dieser Befugnisse aus dem allgemeinen Fremdenrecht (Schutz vor entschädigungsloser Enteignung) und aus Investitionsschutzabkommen mit dem Heimatstaat des Investors (Rn. 991–997) gehören ihrerseits dem zwischenstaatlichen Recht an und unterliegen damit der Notstandseinrede. Soweit man die Rechtsbeziehungen zwischen Staat und privatem Investor „internationalisiert", indem man Investor-Staat-Verträge dem Völkerrecht unterstellt oder in fremdenrechtlichen Garantien auch Ansprüche des Privaten erblickt, muss eine solche Erweiterung des zwischenstaatlichen Völkerrechts konsequenterweise auch mit einer Erstreckung der

67 IGH, Urteil v. 25.9.1997, Gabčíkovo-Nagymaros Project (Hungary/Slovakia), ICJ Rep. 1997, 7, §§ 49 ff; siehe Anhang, Nr. 22.

68 BVerfGE 118, 124 mit abw. Votum *Lübbe-Wolff*. Bestätigt durch BGH, NJW 2015, 2328. Kritisch *S. Schill*, Der völkerrechtliche Staatsnotstand in der Entscheidung des BVerfG zu Argentinischen Staatsanleihen – Anachronismus oder Avantgarde?, ZaöRV 68 (2008), 45; *A. Szodruch*, Staateninsolvenz und private Gläubiger, 2008, 315 ff; *R. A. Lorz*, Internationaler Investitionsschutz und völkerrechtlicher Notstand, FS Riedel, 2013, 289; *M.-P. Weller*, Die Grenze der Vertragstreue von (Krisen-)Staaten, 2013. Siehe dazu auch *A. Reinisch/C. Binder*, Debts and State of Necessity, in: Bohoslavsky/Černič (Hg.), Making Sovereign Financing and Human Rights work, 2014, 115 (117 ff).

Notstandseinrede auf solche Rechtsbeziehungen einhergehen. Die Frage ist von Bedeutung im Kontext drohender **Staateninsolvenzen**, weil von ihr die Rechtmäßigkeit eines notfalls erzwungenen „Schuldenschnitts" abhängt. Auf einem anderen Blatt steht, *wie* eine solche Restrukturierung von Staatsschulden ins Werk gesetzt wird (dazu Rn. 326).

6. Einhaltung zwingenden Völkerrechts

Art. 26 ASR stellt noch einmal klar, dass **Verstöße gegen zwingendes Völkerrecht** *(ius cogens)* **unter keinen Umständen gerechtfertigt** werden können. Zudem sind alle Staaten verpflichtet, zu einer Beendigung fortdauernder Verletzungen zwingender Normen des Völkerrechts zusammenzuarbeiten (Art. 41 Abs. 1 ASR) und unter Verstoß gegen zwingendes Völkerrecht zustande gekommene Zustände nicht anzuerkennen (Art. 41 Abs. 2 ASR). Die zweite Pflicht stellt eine Fortführung der *Stimson*-Doktrin dar, mit der die USA 1932 erklärten, dass sie gewaltsame Gebietsveränderungen nicht anerkennen würden (Rn. 80). Wie die Zusammenarbeit, die Art. 41 Abs. 1 ASR anmahnt, auszusehen hat, ist allerdings noch weitgehend offen.[69] 431

III. Rechtsfolgen

Liegt ein völkerrechtliches Delikt vor, so schuldet der Völkerrechtsbrecher dem in seinen Rechten Verletzten **Wiedergutmachung**. Diese Pflicht zur Wiedergutmachung tritt als sekundäre Pflicht neben die fortbestehende Primärpflicht, die verletzte Völkerrechtsregel zu achten (Rn. 379). *Dass* eine Wiedergutmachungspflicht besteht, ist unbestritten. Dies folgt zunächst aus übereinstimmenden Grundsätzen der nationalen Rechtsordnungen, ist also ein allgemeiner Rechtsgrundsatz; durch Bestätigungen dieses Grundsatzes auf internationaler Ebene ist auch eine gewohnheitsrechtliche Geltung anzunehmen. Die **Staatenpraxis** ist jedoch **hinsichtlich der konkreten Ausgestaltung uneinheitlich**, da die verletzten Staaten aus politischen Gründen vielfach flexibel reagieren.[70] Eine wichtige Referenz für die Wiedergutmachungspflicht ist das Chorzów-Urteil des StIGH (1928):[71] 432

The essential principle contained in the actual notion of an illegal act – a principle which seems to be established by international practice and in particular by the decisions of arbitral tribunals – is that reparation must, as far as possible, wipe out the consequences of the illegal act and re-establish the situation which would, in all probability, have existed if the act had not been committed. Restitution in kind or, if this is not possible, payment of a sum corresponding to the value which a restitution in kind would bear; the award, if need be, of damages for loss sustained which would not be covered by restitution in kind or payment in place of it – such are the principles which should serve to determine the amount of compensation due for an act contrary to international law.

69 Zur Durchsetzung von Verstößen gegen *erga omnes* geltendes zwingendes Völkerrecht Rn. 294. Zur Würdigung von Art. 40 ASR siehe Beiträge in EJIL 13 (2002), Heft 5, 1053 ff.

70 *C. Brown*, A Common Law of International Adjudication, 2007, 185 ff; *C. Gray*, Remedies, in: Romano/Alter/Avgerou (Hg.), The Oxford Handbook of International Adjudication, 2014, 871 ff.

71 StIGH, Case concerning the factory at Chorzów (Claim for Indemnity – Merits), Entscheidung v. 13.9.1928, PCIJ Series A, No. 17, 47; siehe Anhang, Nr. 2.

Die Regeln in den Art. 34-39 ASR orientieren sich an dieser Entscheidung sowie an den Schadensersatzvorschriften innerstaatlicher Rechtsordnungen. Ob alle diese Regeln gewohnheitsrechtlich oder als allgemeine Rechtsgrundsätze gelten, ist z. T. umstritten. Anerkannt sind **drei Grundformen** der Wiedergutmachung, die wahlweise oder kumulativ geleistet werden können: Restitution (Art. 35 ASR), Schadensersatz (Art. 36 ASR) und Genugtuung (Art. 37 ASR).

Noch nicht als allgemeines Prinzip gewohnheitsrechtlich etabliert ist die Wiedergutmachung bei **Verletzungen von Rechten des Individuums** (Rn. 376).[72] Hier bedarf es einer speziellen Anspruchsgrundlage. Diese findet sich im Völkerrecht selten (z. B. Art. 5 Abs. 5 EMRK); Staaten haben jedoch grundsätzlich die Pflicht, solche Anspruchsgrundlagen im nationalen Recht vorzusehen (vgl. Art. 13 EMRK, Art. 2 Abs. 3 IPBPR). Der Anspruch muss in aller Regel vor nationalen Gerichten durchgesetzt werden, nur in Ausnahmefällen besteht ein Rechtsweg vor internationalen Gerichten (z. B. Art. 41 EMRK). Dies macht die Durchsetzung einer Verantwortlichkeit vom jeweiligen nationalen Recht und der Bereitschaft der Gerichte abhängig, Individualrechte gegen den Staat zu stärken.[73] Probleme bestehen heute v. a. in Ansprüchen von Kriegsopfern auf Schadensersatz (Rn. 1164) sowie in Ansprüchen wegen historischen Unrechts[74].

433 Unter **Restitution** versteht man die Verpflichtung des Schädigers, den Zustand herzustellen, der ohne die Schädigungshandlung bestehen würde. Die Restitution kommt nicht in Betracht, wo sie tatsächlich unmöglich ist; zudem soll sie nach Art. 35 ASR ausgeschlossen sein, wenn sie den Schädiger in unverhältnismäßiger Weise belastet.

434 **Schadensersatz** im Sinne von Art. 36 ASR ist die Entschädigung für erlittene Schäden in Geld. Dieser umfasst jeden finanziell messbaren Schaden einschließlich entgangenen Gewinns.[75] Gerade nach kriegerischen Auseinandersetzungen werden die

---

72 Art. 33 Abs 2 ASR lässt diese Fragen bewusst unberührt. Für solche Ansprüche *O. Dörr*, Völkerrechtliche Deliktsansprüche Privater, FS E. Klein, 2013, 765 (auf Basis einer Schutznormlehre); *A. Peters*, Jenseits der Menschenrechte, 2014, 172 ff (auf Basis subjektiver Rechte). Vgl. auch Schwerpunkt in ZaöRV 2018, 521: Reparation for Victims of Armed Conflict. Vgl. dazu auch Basic Principles and Guidelines on the Right to a Remedy and Reparation for Victims of Gross Violations of International Human Rights Law and Serious Violations of International Humanitarian Law, GA Res 60/147 v. 16.12.2005.

73 *S. Olleson*, Internationally Wrongful Acts in the Domestic Courts, LJIL 26 (2013), 615; *P. Stöckle*, Victims Caught Between a Rock and a Hard Place: Individual Compensation Claims against Troop-Contributing States, FW 88/3-4 (2013), 119; *S. Wittich*, Domestic Courts and the Content and Implementation of State Responsibility, LJIL 26 (2013), 643; *F. Messineo*, The Invocation of Member State Responsibility before National and International Courts, IOLR 12 (2015), 484. Breit angelegter Rechtsvergleich bei *E. Bagińska* (Hg.), Damages for Violations of Human Rights, 2015. Zu weitergehenden Ansätzen unter Einbeziehung von nichtstaatlichen Akteuren und Zivilgesellschaft *L. Moffett* u. a., The Limits of the Law: Putting Reparations into Practice, EJIL Talk! (2.7.2019).

74 *E. Posner/A. Vermeule*, Reparations for Slavery and Other Historical Injuries, ColumLR 103 (2003), 689; *J. A. Kämmerer/J. Föh*, Das Völkerrecht als Instrument der Wiedergutmachung?, AVR 42 (2004), 294; *D. Shelton*, Remedies in International Human Rights Law, 3. Aufl. 2015, 263 ff; *L. van den Herik*, Adressing Colonial Crimes through Reparation?, JICJ 10 (2012), 693; Themenheft des JICL 14 (2014), Heft 2 (zu Armenien); *M van der Linden*, The Acquisition of Africa (1870-1914), 2016, 245 ff. Zur CARICOM-Resolution v. 10./11.3.2014, Caribbean Reparatory Justice Programme (10-Punkte-Plan zur Wiedergutmachung für Sklavenhandel) *A. Buser*, Colonial Injustices and the Law of State Responsibility, ZaöRV 77 (2017), 409; *A. Strecker*, Indigenous Land Rights and Caribbean Reparations Discourse, LJIL 30 (2017), 629.

75 Zur Berechnung von Schäden an der natürlichen Umwelt IGH, Urteil v. 2.2.2018, Certain Activities Carried Out by Nicaragua in the Border Area (Costa Rica v. Nicaragua), §§ 39 ff. Dazu *D. Desierto*, Environmental Damages, Environmental Reparations, and the Right to a Healthy Environment, EJIL Talk! (14.2.2018).

Schäden meist nicht im Detail zusammengerechnet, sondern eine Pauschalentschädigung vereinbart *(lump sum agreement)*, mit der alle Reparationsforderungen beglichen sind. Macht ein Staat im Wege diplomatischen Schutzes Schäden geltend, die einem Staatsangehörigen durch einen anderen Staat zugefügt wurden, orientiert sich der Schadensersatz, der im zwischenstaatlichen Verhältnis geschuldet ist, regelmäßig an den Schäden, die der Private erlitten hat.[76]

Die **Genugtuung** (Art. 37 ASR) ist demgegenüber ein eher symbolischer Akt, der **435**
v. a. dort eine adäquate Form der Wiedergutmachung darstellt, wo kein wirtschaftlich messbarer Schaden eingetreten ist. Sie kann auch begleitend neben andere Formen der Wiedergutmachung treten, insbesondere wo ein Rest „gekränkter Staatenehre" verbleibt. Als typische Formen nennt Art. 37 Abs. 2 ASR (die Liste ist nicht abschließend) Geständnis der Verletzung, Ausdruck des Bedauerns, förmliche Entschuldigung. Die Genugtuung darf den sich entschuldigenden Staat nicht erniedrigen und darf auch nicht außer Verhältnis zu der Rechtsverletzung stehen. Kommt der Verletzerstaat seiner Pflicht zur Genugtuung nach, so trägt dies über den Einzelfall hinaus zu einer Bekräftigung der verletzten Völkerrechtsregel bei, indem eine Rechtsüberzeugung explizit geäußert wird.[77]

Mit der Genugtuung teilt die **Versicherung der Nichtwiederholung** *(guarantee of* **436**
non-repetition), dass sie auf ein ideelles Interesse zielt. Dass sie nur unter bestimmten Umständen gefordert werden kann, lässt sich zudem, wie bei der Genugtuung, als Residuum der „Staatenehre" begreifen.[78] Weil eine solche Versicherung als Bekräftigung der Normgeltung verstanden kann, hat die ILC sie in Art. 30 ASR zusammen mit der Pflicht zur Beendigung eines fortdauernden Rechtsverstoßes (Rn. 379) geregelt (lit. b). In der Ergänzung des Rechts der Staatenverantwortlichkeit um **Elemente der Prävention**[79] liegt eine wichtige Fortentwicklung gegenüber den „retrospektiven" *Chorzów*-Grundsätzen.

LaGrand-Fall (IGH 2001)[80] Im LaGrand-Fall kam es zu einer Entschuldigung der USA für den Verstoß gegen die Pflichten aus dem WÜK. Auf mögliche künftige Fälle bezogen führte der IGH aus, die USA müssten durch Verfahrensvorkehrungen dafür sorgen, dass Verstöße gegen das WÜK bei der Festnahme und Verurteilung von Ausländern im Rahmen einer Überprüfung der Verurteilung bzw. des Strafmaßes berücksichtigt werden können (siehe § 125 des Urteils).

---

76 Vgl. StIGH, Case concerning the factory at Chorzów (Claim for Indemnity – Merits), Entscheidung v. 13.9.1928, PCIJ Series A, No. 17, 47 f. Eingehend zur Schadenskalkulation in Fällen diplomatischen Schutzes IGH, Urteil v. 19.6.2012, Ahmadou Sadio Diallo (Compensation), ICJ Rep. 2012, 324; Anhang, Nr. 31 Dazu *A. Tournier*, De Brunsbüttel à Kinshasa: le droit de la réparation dans la jurisprudence des cours mondiales à l'aune de l'arrêt Diallo, AFDI 58 (2012), 205; *H. Meunier*, Le fondemont de la protection diplomatique, AFDI 59 (2013), 221; *G. Gaja*, Quel préjudice pour un État qui exerce la protection diplomatique?, FS P.-M. Dupuy, 2014, 487.

77 Zur Feststellung der eine Gewohnheitsrechtsnorm tragenden Rechtsüberzeugung Rn. 255.

78 Vgl. IGH, Urt. v. 13.7.2009, Dispute regarding Navigational and Related Rights (Costa Rica v. Nicaragua), ICJ Rep. 2009, 213, § 150 („good faith must be presumed").

79 Vgl. *G. Vidigal*, Targeting Compliance: Prospective Remedies in International Law, JIDS 6 (2015), 462.

80 IGH, Urteil v. 27.6.2001, LaGrand II (Germany v. USA), ICJ Rep. 2001, 466; siehe Anhang, Nr. 24. Dazu bereits Rn. 400.

437 Nach den ASR ist in erster Linie Restitution geschuldet, nachrangig Schadensersatz, wenn eine Restitution unmöglich oder unzumutbar ist (insoweit in Übereinstimmung mit dem *Chorzów*-Urteil). Die Genugtuung schließlich ist nachrangig gegenüber beiden anderen Formen der Wiedergutmachung. Ob diese (einleuchtende) Abstufung gewohnheitsrechtlich verbindlich ist, darf bezweifelt werden. Es steht den Beteiligten der sekundären Rechtsbeziehung, d. h. dem Wiedergutmachungsschuldner und -gläubiger unbestrittenermaßen frei, einen hiervon abweichenden Modus der Entschädigung zu vereinbaren.

438 Bei der Bestimmung der Wiedergutmachung ist nach Art. 39 ASR ein etwaiges **Mitverschulden** des Geschädigten zu berücksichtigen. So kann z. B. bei Umweltschäden nach einem Industrieunfall der geschädigte Staat durch eine verzögerte Reaktion den Schaden vergrößert haben. Auf Ebene der Schadensberechnung kommt also erneut ein Element des Verschuldens in das Recht der völkerrechtlichen Verantwortlichkeit.

Vertiefende Literaturangaben zu § 5 siehe: www.cfmueller.de/voelkerrecht
www.wsi.uni-kiel.de

Ausbildungsfälle zu § 5: *T. Diehn/N. Petersen*, Die königlichen Kronjuwelen, Jura 2004, 416; *M. Krajewski*, Die EU-Polizeimission in Sahelia, JuS 2007; 464; *P. Kunig*, Der Putschversuch auf den Seychellen, Jura 1982, 648.

Kontrollfragen:

- Was sind die Elemente des völkerrechtlichen Delikts? **Rn. 384–397**
- Sind Bundesstaaten völkerrechtlich für das Verhalten ihrer Gliedstaaten verantwortlich? **Rn. 400**
- Unter welchen Bedingungen sind Staaten für den Einsatz privater Militär- und Sicherheitsunternehmen völkerrechtlich verantwortlich? **Rn. 402**
- Wer ist für das völkerrechtswidrige Verhalten eines Staatsorgans verantwortlich, das ein Staat einem anderen oder einer Internationalen Organisation zur Verfügung stellt? **Rn. 404–406**
- Ist ein Staat auch dann für das Handeln seiner Staatsorgane verantwortlich, wenn diese sich nicht an ihre Weisungen halten? **Rn. 408**
- Was besagt der Grundsatz der *due diligence* im Recht der völkerrechtlichen Verantwortlichkeit? **Rn. 409**
- Unter welchen Voraussetzungen ist ein Staat für das Verhalten von Privatpersonen völkerrechtlich verantwortlich? **Rn. 410–417**
- In welchen Fällen ist die Rechtswidrigkeit eines Verstoßes gegen eine Völkerrechtsnorm ausgeschlossen? **Rn. 418–429**
- Was ist eine Gegenmaßnahme und unter welchen Voraussetzungen ist sie zulässig? **Rn. 421**
- Was versteht man unter einem *self-contained regime*? **Rn. 421**
- Was ist der Unterschied zwischen Retorsion und Repressalie? **Rn. 423**
- Unter welchen Voraussetzungen und wem gegenüber kann ein Staat sich auf Notstand als Rechtfertigungsgrund berufen? **Rn. 429–430**
- Welche Formen der Wiedergutmachung von Rechtsbrüchen kennt das Völkerrecht? **Rn. 432–435**

§ 6 Durchsetzung des Völkerrechts

Einführende Literatur: *A. van Aaken*, Die vielen Wege zur Effektuierung des Völkerrechts, RWiss 2013, 227; *B. Kingsbury*, International courts, in: Crawford/Koskenniemi (Hg.), The Cambridge Companion to International Law, 2012, 203; *D. Kritsiotis*, International law and the relativities of enforcement, ebd., 245; *A. Pellet*, Peaceful Settlement of Disputes, MPEPIL (8/2013); *S. Rosenne*, International Court of Justice (ICJ), MPEPIL (6/2006); *R. Schäfer*, Leitfälle des Internationalen Gerichtshofs aus 70 Jahren Rechtsprechung, Jura 2018, 906; *C. Tomuschat*, International Courts and Tribunals, MPEPIL (2/2011); *S. Vöneky*, Die Durchsetzung des Völkerrechts, Jura 2007, 488; *M. Will*, Schiedsgerichtsbarkeit, internationale, in: Schöbener (Hg.), Völkerrecht, 2014, 357.

Lehr- und Handbücher: *C. Giorgetti* (Hg.), The Rules, Practice, and Jurisprudence of International Courts and Tribunals, 2012; *R. Kolb*, The International Court of Justice, 2013; *ders.*, The Elgar Companion to the International Court of Justice, 2014; *J. G. Merrills*, International Dispute Settlement, 6. Aufl. 2017; *C. Romano/K. Alter/Y. Shany* (Hg.), The Oxford Handbook of International Adjudication, 2014; *B. Patel* (Hg.), The World Court Reference Guide and Case-Law Digest, 2014; *S. Rosenne/T. Gill*, The World Court, 6. Aufl. 2003; *W. Schabas/S. Murphy* (Hg.), Research Handbook on International Courts and Tribunals, 2017; *S. Sterett/L. Walker* (Hg.), Research Handbook on Law and Courts, 2019; *Y. Tanaka*, The Peaceful Settlement of International Disputes, 2018; *H. Thirlway*, The International Court of Justice, 2016; *Xue Hanqin*, Jurisdiction of the International Court of Justice, 2017.

Kommentare: *A. Zimmermann/C. Tams* (Hg.), The Statute of the International Court of Justice, 3. Aufl. 2019.

A. Wege zur Durchsetzung des Völkerrechts

I. Fehlen einer obligatorischen Gerichtsbarkeit

Verletzt ein Rechtssubjekt seine rechtlichen Pflichten, so kann im innerstaatlichen **439**
Recht derjenige, dem gegenüber diese Pflicht oblag, den Rechtsverletzer v. a. mit Hilfe der Gerichte zur Beachtung seiner Rechtspflichten zwingen und für erlittene Schäden Ersatz verlangen, z. B. durch Klage vor den Zivilgerichten. Im Völkerrecht hingegen gibt es **keine obligatorische Gerichtsbarkeit**, d. h. ohne seinen Willen ist kein Staat gezwungen, sich vor einem internationalen Gericht zu verantworten.[1] Internationale Gerichte können erst dann tätig werden, wenn sich alle Streitparteien dem Gericht unterworfen haben und seine Gerichtsbarkeit anerkennen. Hieraus folgt die große Bedeutung **dezentraler Mechanismen** der Rechtsdurchsetzung im Völkerrecht.[2]

Das Fehlen einer obligatorischen, zentralen Rechtsdurchsetzung war nach der **440**
Zwangstheorie Beleg für den fehlenden Rechtscharakter des Völkerrechts (Rn. 11), und auch heute noch ist die Ansicht verbreitet, das Völkerrecht sei seiner **Durchsetzungsschwäche** wegen nicht so ernst zu nehmen wie staatliches Recht. Zu warnen ist

1 Schon gar nicht vor dem Gericht eines anderen Staates: *par in parem non habet iudicium*, Rn. 323.

2 *R. Collins*, The Institutional Problem in Modern International Law, 2016 warnt zu Recht davor, diese dezentralen Mechanismen durch Vergleich mit staatlichen Strukturen als defizitär anzusehen.

dabei sowohl vor überzogenen Erwartungen als auch vor Zerrbildern: Zum einen darf man das Völkerrecht nicht am Idealbild einer entwickelten staatlichen Rechtsordnung messen; in den meisten Staaten der Welt gibt es zum Teil erhebliche Durchsetzungsschwierigkeiten auch beim innerstaatlichen Recht. Zum anderen gibt es seit 1945 beträchtliche Fortschritte bei der Rechtsdurchsetzung auf internationaler Ebene. Eine obligatorische Rechtsdurchsetzung existiert z. T. regional (EuGH für Mitglieder der EU, EGMR für Mitglieder des Europarates); zudem gibt es Ansätze zentralisierter Rechtsdurchsetzung durch internationale (Schieds-)Gerichte sowie Sanktionen Internationaler Organisationen. Das **Gesamtbild der Durchsetzungsmechanismen** ist für das moderne Völkerrecht also **differenziert** zu zeichnen. In dieses Gesamtbild gehören vertragsrechtliche Sanktionen (vgl. Art. 60 WVK: Rn. 245) sowie immer differenziertere flexible Mechanismen, mit denen innerhalb einzelner Vertragsregime die Einhaltung des Rechts angestrebt wird (vgl. Rn. 457).[3] In der wissenschaftlichen Befassung mit dem Völkerrecht tritt zunehmend die Frage, wie seine Regeln effektiviert werden, an die Stelle der alten Frage, ob „das" Völkerrecht befolgt wird.[4]

II. Mittel der friedlichen Streitbeilegung

441 Auch ohne eine obligatorische Gerichtsbarkeit sind die Staaten **zur friedlichen Streitbeilegung verpflichtet**.[5] Dies bestimmt Art. 2 Nr. 3 UNCh ausdrücklich und in Ergänzung zum Gewaltverbot des Art. 2 Nr. 4 UNCh, ist aber auch über die vertragliche Bindung der UN-Mitglieder hinaus gewohnheitsrechtlich als eine der Grundpflichten der Staaten anerkannt. **Art. 33 UNCh** nennt als Mittel friedlicher Streitbeilegung beispielhaft: Verhandlung, Untersuchung, Vermittlung, Vergleich, Schiedsspruch, gerichtliche Entscheidung. Zu ergänzen sind insbesondere noch die sog. guten Dienste. Die Mittel der friedlichen Streitbeilegung können in diplomatische und (schieds-)gerichtliche unterschieden werden.

3 *B. Simma/C. Tams*, Reacting Against Treaty Breaches, in: Hollis (Hg.), The Oxford Guide to Treaties, 2012, 576 (603). Näher *M. Vec*, Verrechtlichung internationaler Streitbeilegung im 19. und 20. Jahrhundert?, in: Dauchy/Vec (Hg.), Les conflits entre peuples, 2011, 1; *D. Krisiotis*, International law and the relatives of enforcement, in: Crawford/Koskenniemi (Hg.), The Cambridge Companion to International Law, 2012, 245.

4 *Y. Shany*, Assessing the Effectiveness of International Courts, AJIL 106 (2012), 225; *ders.*, Assessing the Effectiveness of International Courts, 2014; *K. Alter*, The New Terrain of International Law: Courts, Politics, Rights, 2014; *P.-H. Verdier/M. Versteeg*, International Law in National Legal Systems: An Empirical Investigation, AJIL 109 (2015), 514: *K. Alter/L. Helfer/M. Rask Madsen* (Hg.), International Court Authority, 2018; *T. Squatrito* u. a. (Hg.), The Performance of International Courts and Tribunals, 2018. Zu diesem *empricial turn* in der Völkerrechtswissenschaft *G. Shaffer/T. Ginsburg*, The Empirical Turn in International Legal Scholarship, AJIL 106 (2012), 1. Kritisch *G. Hernández*, The Judicialization of International Law: Reflections on the Empirical Turn, EJIL 25 (2014), 919; *J. d'Aspremont*, Epistemic Forces in International Law, 2015, 187 ff.

5 Zur Erstreckung des Gedankens auf innerstaatliche Konfliktlagen namentlich in *Transitional-Justice*-Prozessen *C. Joyner*, Reconciliation as Conflict Resolution, NZJPIL 8 (2010), 39. Hier bildet sich auf Ebene der Verfahren die zunehmende Erstreckung völkerrechtlicher Normen (Rn. 3, 52, 310–316) auf den innerstaatlichen Bereich ab.

1. Diplomatische Verfahren

Trotz zunehmender Institutionalisierung von Streitbeilegung und Rechtsdurchsetzung spielt die Bereinigung von Konflikten auf diplomatischer Ebene nach wie vor in der Praxis die **zentrale Rolle**. Zugleich ist sie **rechtlich nur schwer zu fassen**. Das Völkerrecht kann eine Pflicht statuieren, zur Diplomatie zu greifen, es kann Verfahrensleitlinien formulieren, inhaltlicher Bezugspunkt sein (nur dann geht es im strengeren Sinne um Rechtsdurchsetzung) oder das Ergebnis diplomatischer Prozesse sichern. Welches der folgenden Verfahren gewählt wird, hängt von den Umständen und Besonderheiten des jeweiligen Konflikts ab. **442**

- **Verhandlungen (negotiation):** Hier klären die Streitparteien unmittelbar im Dialog die gegenseitigen Positionen und bemühen sich um eine einvernehmliche Lösung (vg. z. B. Art. 283 SRÜ). Dies erfordert Kompromissbereitschaft und Flexibilität auf beiden Seiten.
- **Vermittlung (mediation):** Hierbei greift ein unbeteiligter Dritter in den Streit ein und unterbreitet eigene Lösungsvorschläge. Das Verfahren bietet sich an, wo eine Einigung im bilateralen Verhältnis schwierig ist, die Parteien aber gleichwohl grundsätzlich zu einem Kompromiss bereit sind.
- **Gute Dienste (good offices):** Hier wird ein unbeteiligter Dritter hinzugezogen, der Kontakte zwischen den Streitparteien herstellt und sich bemüht, diese überhaupt erst an einen Tisch zu bringen (z. B. durch „Pendeldiplomatie" oder durch Bereitstellen eines Konferenzortes).
- **Untersuchung (inquiry):** Die Untersuchung dient der unparteiischen Tatsachenfeststellung, wo Fakten umstritten sind. Der Untersuchungsbericht kann sodann als Grundlage einer weiteren Konfliktlösung dienen.
- **Vergleich (conciliation):** Der deutsche Begriff ist irreführend, weil er an ein aus dem Prozessrecht vertrautes Rechtsinstitut erinnert, das am Ende von Verhandlungen die gemeinsame Verfügung über einen Streitgegenstand trifft. Der Vergleich (treffender: Ausgleich), der hier gemeint ist, ist Kombination aus Untersuchung und Vermittlung durch eine Vergleichs- bzw. Ausgleichskommission (vgl. z. B. Art. 284 SRÜ).

In jedem Fall ist die **Zustimmung der Streitparteien** erforderlich, um eines der Verfahren anzuwenden. Die Zustimmung kann auch in einem Vertrag vorab erklärt werden. Gem. Art. 36 Abs. 1 UNCh darf der **UN-Sicherheitsrat** jederzeit Empfehlungen zur friedlichen Streitbeilegung in einem aktuellen Konflikt abgeben und auf Antrag aller Streitparteien auch selbst Vermittlungsvorschläge unterbreiten (Art. 38 UNCh). Nimmt der Sicherheitsrat seine Aufgabe nicht wahr, darf die **Generalversammlung** Empfehlungen abgeben (Art. 11 Abs. 2 UNCh). Außerdem findet (auch ohne explizite Grundlage in der Charta) der **UN-Generalsekretär** eine wichtige Aufgabe v. a. im Leisten guter Dienste. In der Praxis dienen die Empfehlungen der UN-Organe meist dazu, die zwischenstaatlichen Verfahren diplomatischer Streiterledigung zu flankieren und zu unterstützen. **443**

2. Gerichtliche und schiedsgerichtliche Verfahren

444 Gerichtsförmige Streiterledigungsverfahren sind im Gegensatz zu den diplomatischen Verfahren dadurch gekennzeichnet, dass der Streit einer **unbeteiligten dritten „Person"** vorgelegt wird, die diesen Streit **verbindlich entscheiden** soll. In der Unterwerfung unter die Entscheidung eines solchen Spruchkörpers liegt also ein **erheblicher Verzicht auf die Ausübung souveräner Rechte**, v. a. deswegen, weil anders als bei diplomatischen Verfahren politische „Tauschgeschäfte" mit einem Gericht oder Schiedsgericht nicht möglich sind.

So kann z. B. ein Staat einen anderen durch ökonomische oder finanzielle Anreize dazu bringen, auf die Auslieferung eines Straftäters zur Strafverfolgung zu verzichten. Solche Anreize sind gegenüber einem internationalen (Straf-)Gericht hingegen wirkungslos. Vgl. als Dokument einer rücksichtslosen Hilflosigkeit Sect. 2008 des *American Service-Members' Protection Act* (2002) (ASPA), wo der US-Präsident ermächtigt wird, alle erforderlichen Mittel (einschließlich bewaffneter Gewalt) einzusetzen, um Angehörige der US-Streitkräfte zu befreien, die auf Anweisung des IStGH in Haft genommen wurden.

445 Auf der anderen Seite bieten (schieds-)gerichtliche Verfahren eine **erhöhte Sicherheit bei der Durchsetzung** auch der eigenen Rechte. Zwar gibt es in der Regel keine Zwangsvollstreckung,[6] allerdings sind z. T. Monitoring-Verfahren vorgesehen, die die Befolgung eines Richterspruchs überwachen (vgl. z. B. Art. 94 Abs. 2 UNCh, Art. 46 Abs. 2 EMRK). Dass die Staaten in aller Regel die Entscheidungen internationaler Gerichte und Schiedsgerichte befolgen, dürfte v. a. am Fehlen einer obligatorischen Gerichtsbarkeit liegen: Wer sich freiwillig einem (Schieds-)Gericht unterwirft, kalkuliert vorher ein, dass die Entscheidung auch gegen ihn ausfallen könnte. Wo die schiedsgerichtliche Streitbeilegung in einem Vertrag generell angeordnet ist, trifft dies nicht ohne Weiteres zu. Dies zeigt sich z. B. an der fehlenden Anerkennung von Schiedsverfahren und Schiedsspruch durch Russland im Fall der „Arctic Sunrise" (Rn. 841) und China im Fall des Südchinesischen Meers (Rn. 814).

a) Schiedsgerichte

446 Bei der Schiedsgerichtsbarkeit *(arbitration)* handelt es sich um eine Form zwischenstaatlicher Streiterledigung, die im Unterschied zu den diplomatischen Mitteln auf rechtsverbindliche Entscheidung zielt. Die Schiedsgerichtsbarkeit hat im Völkerrecht eine lange Tradition. Als „Urbild" gilt der *Jay*-Vertrag (1794) zwischen Großbritannien und den USA, der eine schiedsgerichtliche Beilegung von Streitigkeiten nach dem Ende des Unabhängigkeitskrieges vorsah.[7] Stärkere Prägung dürfte das moderne Schiedswesen jedoch durch die Friedensbewegung um 1900 (in Deutschland u. a. *Alfred H. Fried*, *Walther Schücking* und *Hans Wehberg*) sowie durch die Wirtschaftsschiedsgerichtsbarkeit erfahren haben. Die Schiedsgerichtsbarkeit hat in den interna-

6 Zu Besonderheiten bei der Vollstreckung von ICSID-Schiedssprüchen Rn. 1011.

7 Dazu *K. Ziegler*, Jay Treaty (1794), MPEPIL (4/2013); *K.-H. Lingens*, Der Jay-Vertrag (1794) als Geburtsstunde der modernen internationalen Schiedsgerichtsbarkeit?, in: Dauchy/Vec (Hg.), Les conflits entre peuples, 2011, 65 (mit Kritik an einer simplifizierenden Historisierung). Zur (nicht unproblematischen) Rolle Deutschlands *M. I. Carl*, Zwischen staatlicher Souveränität und Völkerrechtsgemeinschaft, 2012.

tionalen Beziehungen erhebliche Bedeutung und scheint in jüngster Zeit verstärkt nachgefragt zu werden.[8]

Die Wahl eines Schiedsgerichts ermöglicht den Streitparteien **Flexibilität** bei der Auswahl der Schiedsrichter, dem anwendbaren Recht und dem anwendbaren Verfahren; die Festlegung erfolgt im sog. *compromis*. Eine schiedsgerichtliche Streitbeilegung kann jederzeit vereinbart werden; oft enthalten völkerrechtliche Abkommen Schiedsklauseln, in denen die Anrufung eines Schiedsgerichts schon im Voraus vereinbart wird, wenn es im Rahmen des Vertrages zu Streitigkeiten kommen sollte. **447**

In Den Haag sitzt seit 1907 (Errichtung durch Art. 41 ff des [I.] Haager Abkommens zur friedlichen Erledigung internationaler Streitfälle[9]) der **Ständige Schiedshof**,[10] der kein eigenes Schiedsgericht ist, sondern eine Liste mit möglichen Schiedsrichtern führt, die im Fall völkerrechtlicher Streitigkeiten zwischen Staaten angerufen werden können.[11] In dem für den Ständigen Schiedshof errichteten „Friedenspalast" residiert seit 1945 auch der IGH. **448**

Große praktische Bedeutung haben in jüngerer Zeit **investitionsrechtliche Schiedsverfahren** v. a. unter dem Dach des zur Weltbankgruppe gehörenden *International Centre for the Settlement of Investment Disputes* **(ICSID)** erlangt, weil hier Investoren unmittelbar auf internationaler Ebene gegen Staaten vorgehen können, ohne auf diplomatischen Schutz durch ihre Heimatstaaten angewiesen zu sein (Rn. 994, 996).[12] **449**

Unter den ständigen Schiedsgerichten verdient das in Den Haag ansässige **Iran-US Claims Tribunal** besondere Erwähnung, das über 3900 Klagen von Staatsbürgern der USA und des Iran gegen den jeweils anderen Staat entgegengenommen hat, die sich v. a. auf Rechte aus bilateralen Handelsabkommen beziehen. 1981 mit dem Ziel errichtet, die nach der islamischen Re- **450**

8 Nach seiner Statistik hat 2018 allein der Ständige Schiedshof 190 Fälle betreut, von denen 56 in jenem Jahr anhängig gemacht wurden. *M. Indlekofer*, Die Renaissance des Ständigen Schiedshofs?, in: Vedder/Indlekofer (Hg.), Völkerrecht 2012: Richterliche Praxis und politische Realität, 2012, 13, nennt als Grund u. a. die Einbeziehung nichtstaatlicher Akteure, die Schiedsverfahren leichter ermöglichen als gerichtliche Verfahren.

9 RGBl. 1910 S. 5; Martens NRG 3e série, Tome 3, 360.

10 Vertiefend *N. Ando*, Permanent Court of Arbitration (PCA), MPEPIL (10/2006); *J. van Haersolte-van Hof*, The Revitalization of the Permanent Court of Arbitration, NILR 54 (2007), 395; *T. van den Hout*, Resolution of International Disputes: The Role of the Permanent Court of Arbitration, LJIL 21 (2008), 643; *M. Indlekofer*, International Arbitration and the Permanent Court of Arbitration, 2013.

11 Zu besonderer Reputation als Schiedsrichter hat es der Schweizer *Max Huber* (1874-1960) gebracht, der 1920-32 dem StIGH als Richter angehörte (Präsident 1924-27) und 1928-44 Präsident des IKRK war. Von ihm stammt u. a. der berühmte Schiedsspruch im *Island of Palmas*-Fall (4.4.1928), RIAA II 829. Näher *D.-E. Khan*, Max Huber as Arbitrator: The *Palmas (Miangas)* Case and Other Arbitrations, EJIL 18 (2007), 145. – Für negatives Aufsehen hat hingegen das Verfahren über Grenzstreitigkeiten zwischen Kroatien und Slowenien gesorgt. Nachdem 2015 Mitschnitte von Telefongesprächen aufgetaucht waren, in denen einer der Schiedsrichter den slowenischen Prozessvertreter über Beratungsinterna informierte, kündigte Kroatien die Schiedsabrede. Der Schiedshof erklärte die Kündigung für unwirksam, weil der befangene Richter inzwischen ausgewechselt worden war: Partial Award v. 30.6.2016, PCA 166428.

12 Die Tätigkeit als Schiedsrichter in investitionsrechtlichen Schiedsverfahren ist so lukrativ, dass der Präsident des IGH im Oktober 2018 der verbreiteten Praxis amtierender IGH-Richter, an solchen Schiedsverfahren teilzunehmen, einen Riegel vorschieben musste. Amtsaufgaben hätten unbedingten Vorrang. Dazu *C. Musto*, New Restrictions on Arbitral Appointments for Sitting ICJ Judges, EJIL Talk! (5.11.2018).

volution angespannten Beziehungen zwischen beiden Staaten zu verbessern, hat es die meisten Fälle inzwischen abgearbeitet.[13]

b) Internationale Gerichte

451 Im Unterschied zu Schiedsgerichten sind internationale Gerichte **institutionalisierte Spruchkörper**, die den Streitparteien weniger Flexibilität ermöglichen: Die Regeln über Zusammensetzung, anwendbares Recht und das Verfahren sind hier weitgehend festgelegt und für alle Parteien, welche die Rechtsprechungsgewalt des Gerichts anerkennen, gleichermaßen verbindlich. Dafür verfügen diese Gerichte über andere **Vorzüge**: Sie sind schneller verfügbar als Schiedsgerichte, die erst für jeden Streitfall gesondert eingesetzt werden müssen. Außerdem werden sie aus einem allgemeinen Haushalt durch alle Mitgliedstaaten finanziert und sind daher für die Streitparteien billiger. Hinzu kommen eine mit der Institutionalisierung verbundene erhöhte Reputation und Autorität internationaler Gerichte (bei Schiedsgerichten hängt diese nicht selten von den Personen der Schiedsrichter ab) und eine bessere Berechenbarkeit: Auch ohne Präjudizienbindung wird sich ein Gericht an seinen früheren Entscheidungen orientieren und damit künftigen Streitparteien eine gewisse Orientierung an die Hand geben. Rechtsdurchsetzung und Streitbeilegung sind dabei nur zwei der wichtigsten Funktionen internationaler Gerichte. Über die „construction of the law" – über die Auslegung des Rechts, die Feststellung ungeschriebenen Rechts und die Entwicklung von Prinzipien und Regeln (Rn. 281) – besitzen sie wichtige gestalterische Funktionen bei der **Ausübung** wie bei der **Kontrolle internationaler wie nationaler Hoheitsgewalt**.[14]

452 Von ihrem **Rechtsstatus** her können internationale Gerichtshöfe von den Vertragsparteien im Gründungsvertrag als Internationale Organisationen mit eigener Völkerrechtspersönlichkeit ausgestattet werden (vgl. z. B. Art. 4 IStGH-Statut) oder Organe einer Internationalen Organisation sein (vgl. Art. 7 Abs. 1 UNCh, Art. 1 IGH-Statut).

453 Auch internationale Gerichte können erst tätig werden, wenn sich alle beteiligten Staaten der Rechtsprechungsgewalt des Gerichts unterworfen haben. Diese sog. **Unterwerfungserklärung** kann für jeden Einzelfall *ad hoc* abgegeben werden oder generell für Streitigkeiten aus einem bestimmten Vertrag (z. B. Art. 36 Abs. 1 IGH-Statut; sog. kompromissarische Klausel) oder sogar für alle künftigen Rechtsstreitigkeiten (z. B. Art. 36 Abs. 2 IGH-Statut). Nicht selten fügen Staaten solchen Unterwerfungserklärungen **Vorbehalte** bei, mit denen sie ihre Unterwerfung für bestimmte Sachgebiete oder Zeiträume ausschließen oder an strikte Reziprozität binden.[15]

---

13 Errichtung durch die *Erklärung von Algier* v. 19.1.1981, abgedruckt in ILM 20 (1981), 224. Dazu auch *C. Pinto/B. McAsey*, Iran-United States Claims Tribunal, MPEPIL (3/2013).

14 Instruktiv *J. Alvárez*, What are International Judges for?, in: Romano u. a. (Hg.), The Oxford Handbook of International Adjudication, 2013, 158. Siehe auch *K. Alter*, The Multiple Roles of International Courts and Tribunals, in: Dunoff/Pollack (Hg.), Interdisciplinary Perspectives on International Law and International Relations, 2013, 345; *A. v. Bogdandy/I. Venzke*, In wessen Namen? Internationale Gerichte in Zeiten globalen Regierens, 2014, 42 ff. Zu den Funktionen des IGH eingehend *G. Hernández*, The International Court of Justice and the Judicial Function, 2014. Zu Funktionsgrenzen *V. Lowe*, The Function of Litigation in International Society, ICLQ 61 (2012), 209 (214 ff).

15 Für den IGH Rn. 474–476.

Vor allem ab den 1990er Jahren ist eine bemerkenswerte Vermehrung internationaler Gerichte zu verzeichnen: Sowohl auf regionaler Ebene (EU, Europarat, AU, OAS) als auch sektoral (v. a. Seerecht, Völkerstrafrecht) haben sich Staaten einer stattlichen Zahl inter- oder sogar supranationaler Gerichte unterworfen. Vor allem im Bereich des Völkerstrafrechts sind neben dem IStGH eine Reihe internationaler (ICTY, ICTR) bzw. internationalisierter (Sondergerichtshof für Sierra Leone, Außerordentliche Kammern in Kambodscha u. a.) Strafgerichte für die strafrechtliche Aufarbeitung einzelner Konflikte geschaffen worden. Diese **Proliferation internationaler Gerichte** hat die Sorge vor einer Zersplitterung (Fragmentierung: Rn. 33) des Völkerrechts geweckt.[16] Angesichts eines lebendigen **interjustiziellen Dialogs**,[17] durch Erfahrungsaustausch und durch wechselseitige Rezeption von Urteilen, ist diese Gefahr jedoch nicht zu überschätzen. Nicht überschätzt werden darf aber auch die Rolle, die internationale Gerichte insgesamt auf der internationalen Bühne spielen: Sowohl thematisch als auch regional gibt es hier erhebliche Unterschiede in einem Prozess der **„uneinheitlichen Judizialisierung“**[18]. **454**

Unter den internationalen Gerichten sind besonders hervorzuheben: **455**

- **Internationaler Gerichtshof (IGH):** Das Rechtsprechungsorgan der Vereinten Nationen mit Sitz in Den Haag wird bisweilen als „Weltgerichtshof“ apostrophiert. Angesichts seiner sachlich umfassenden Zuständigkeit für alle denkbaren völkerrechtlichen Streitigkeiten zwischen Staaten mag dies eine gewisse Berechtigung haben; er ist aber den anderen internationalen oder regionalen Gerichtshöfen gleichgeordnet. Mit 176 anhängig gemachten Verfahren seit Gründung des Gerichtshofs (Stand: Juni 2019) bleibt die Arbeitsbelastung deutlich hinter der eines staatlichen Gerichts zurück. In den letzten Jahren ist allerdings ein deutlicher Anstieg an Neuanträgen zu beobachten. Neben der Zuständigkeit für Klagen zwischen Staaten erstattet der IGH auch Rechtsgutachten für andere Organe und Sonderorganisationen der UNO.[19]
- **Internationaler Seegerichtshof (ISGH):** Der ISGH mit Sitz in Hamburg ist zur Entscheidung von Streitigkeiten zwischen Staaten nach dem UN-Seerechtsübereinkommen (SRÜ) zuständig. Er hat seine Tätigkeit 1997 aufgenommen und hat seitdem (Stand: Juni 2019) 27 Anträge entgegengenommen, darunter zwei Gut-

16 Statt vieler und m. w. N. *A. Reinisch*, International Courts and Tribunals, Multiple Jurisdiction, MPEPIL (4/2011); *P.-M. Dupuy/J. Viñuales*, The Challenge of “Proliferation”, in: Romano u. a. (Hg.), The Oxford Handbook on International Adjudication, 2014, 135. Vgl. zur Visualisierung den „iCourts Finder“ der Universität Kopenhagen: http://jura.ku.dk/icourts/icourts-finder/.

17 Exemplarisch die Ausführungen in IGH, Urteil v. 30.11.2010, Ahmadou Sadio Diallo (Merits), ICJ Rep. 2010, 639, §§ 66-68, siehe Anhang, Nr. 31. Näher u. a. *C. Romano*, Deciphering the Grammar of the International Jurisprudential Dialogue, NYUJILP 41 (2009), 755; *A. Nollkaemper*, Conversations Among Courts, in: Romano u. a. (Hg.), The Oxford Handbook on International Adjudication, 2014, 523. Konzeptionell *A.-M. Slaughter*, A Global Community of Courts, HarvILJ 44 (2003), 191.

18 *B. Kingsbury*, International Courts: Uneven judicialization in global order, in: Crawford/Koskenniemi (Hg.), The Cambridge Companion to International Law, 2012, 203. Namentlich im Umweltvölkerrecht dominieren „weiche“ Formen der Durchsetzung. Zur Diskussion über einen internationalen Umweltgerichtshof *A. Postiglione*, Global Environmental Governance, 2010; *O. Pedersen*, An International Environmental Court and International Legalism, JEnvL 24 (2012), 547.

19 Näher zum IGH § 6 B. Siehe für den Überblick: Summaries of Judgments, Advisory Opinions and Orders of the ICJ, http://www.un.org/law/ICJsummaries/.

achtenanforderungen, acht Anträge auf Erlass einstweiliger Anordnungen und neun betreffend die Freigabe von Schiffen.[20]

- **Internationaler Strafgerichtshof (IStGH):** Vor dem IStGH in Den Haag treten im Unterschied zum IGH und ISGH keine Staaten als Parteien auf; es geht um die Durchsetzung des Völkerstrafrechts gegenüber Einzelpersonen (Rn. 1358–1374).
- **Europäischer Gerichtshof (EuGH):** Der EuGH in Luxemburg ist ein Organ der EU und in erster Linie für die Wahrung des Rechts der EU gegenüber den Organen der EU und den EU-Mitgliedstaaten zuständig. Angesichts des supranationalen Charakters des Unionsrechts und der weitgehenden Integration der Unionsrechtsordnung reicht er in seinen Kompetenzen und seiner praktischen Bedeutung weit über andere internationale Gerichte hinaus. Beteiligte können EU-Organe, Mitgliedstaaten, natürliche oder juristische Personen sein.
- **Europäischer Gerichtshof für Menschenrechte (EGMR):** Der EGMR in Straßburg ist der aktivste regionale Menschenrechtsgerichtshof.[21] Er wacht über die Einhaltung der EMRK, die unter der Ägide des Europarates entstanden ist. Vor dem EGMR werden Menschenrechtsstreitigkeiten zwischen Mitgliedstaaten des Europarates ausgetragen, die zahlenmäßig kaum ins Gewicht fallen.[22] Hauptsächlich ist der Gerichtshof mit Individualbeschwerden von Bürgern befasst, die nach erfolglosem Beschreiten des Rechtswegs in einem Mitgliedstaat des Europarats Verletzungen ihrer Rechte aus der EMRK rügen können (Rn. 635–639, 740–750).

c) Gerichtsähnliche Streitbeilegung

456 Neben gerichtlichen und schiedsgerichtlichen Verfahren gibt es gerichtsähnliche Verfahren der Streitentscheidung, namentlich in der WTO. Während die **WTO-Streitbeilegung** erneut allein auf die Beilegung von Streitigkeiten zwischen Staaten auf Basis völkerrechtlicher Regeln gerichtet ist (Rn. 957–960), ist z. B. der **UN-Menschenrechtsausschuss** (*Human Rights Committee*, nicht zu verwechseln mit dem UN-Menschenrechtsrat, der 2006 an die Stelle der früheren Menschenrechtskommission getreten ist) nicht nur für Staatenbeschwerden zuständig, sondern nach dem (1.) Fakultativprotokoll zum IPBPR auch für Individualbeschwerden wegen Verletzung von IPBPR-Rechten (Rn. 757). Nicht der Streiterledigung, aber ebenfalls der Durchsetzung des Völkerrechts dienen **Inspektions- und Verifikationsmechanismen**, wie sie u. a. im Recht der Abrüstung häufig vereinbart werden (Rn. 1151, 1157).

---

20 Zum ISGH Rn. 844–845.

21 Zum institutionellen Menschenrechtsschutz in anderen Weltregionen § 9 E.

22 Anders die politische Bedeutung, vgl. das Entschädigungsurteil im Streit zwischen Zypern und der Türkei (Urteil v. 12.5.2014, 25781/94) oder die fünf anhängigen Beschwerden der Ukraine gegen Russland. Ende 2018 waren zusätzlich rund 4000 Individualbeschwerden anhängig, die sich auf die Annexion der Krim und den Bürgerkrieg in der Ostukraine beziehen, vgl. Pressemitteilung vom 17.12.2018, ECHR 432 (2018). Zur neueren Entwicklung *H. Küchler*, Die Renaissance der Staatenbeschwerde, 2019. Allgemein *I. Risini*, The Inter-State Application under the European Convention on Human Rights, 2018.

3. Compliance-Mechanismen

457 Nicht der Streitbeilegung, wohl aber der Rechtsdurchsetzung dienen sog. **Compliance-Mechanismen**, die sich insbesondere in umweltvölkerrechtlichen Abkommen finden (z. B. im Protokoll von Cartagena vom 29. Januar 2000 über die biologische Sicherheit zum Übereinkommen über die biologische Vielfalt) und eine Einhaltung der vereinbarten Standards so weit als möglich garantieren sollen. Im Mittelpunkt stehen Kooperations- und Transparenzpflichten, namentlich die Pflicht, in regelmäßigen Abständen einem besonderen Vertragsgremium (das aus Staatenvertretern oder unabhängigen Experten zusammengesetzt sein kann) Bericht zu erstatten. Wie auf Pflichtverstöße reagiert wird, ist üblicherweise einer Entscheidung der Konferenz der Vertragsstaaten überlassen. Derartige Mechanismen zielen auf eine Durchsetzung völkerrechtlicher Verpflichtungen in nicht-justizieller und damit zugleich „souveränitätsschonender“ Weise.[23]

III. Durchsetzung im Rahmen Internationaler Organisationen

458 Auch Internationale Organisationen tragen auf vielfältige Weise zur Durchsetzung des Völkerrechts bei.[24] Zum einen bilden sie **institutionalisierte Foren**, in denen Streitpunkte durch Verhandlungen gelöst werden können; zum anderen besitzen manche Internationale Organisationen eigene **Gerichte oder gerichtsähnliche Spruchkörper** (z. B. IGH für die UNO, EuGH für die EU usw.); zum Dritten schließlich sehen die Gründungssatzungen der Internationale Organisationen häufig **Sanktionen** vor, wenn ein Mitglied seine Pflichten verletzt (siehe z. B. Sanktionsregime in Kapitel VII UNCh).

IV. „Selbsthilfe“

459 Trotz der Erweiterung der Durchsetzungsmöglichkeiten des Völkerrechts in den letzten Jahrzehnten, v. a. durch einen Ausbau der internationalen Gerichtsbarkeit und gerichtsähnlicher Institutionen, bleiben die Durchsetzungsmöglichkeiten hinter denen innerstaatlichen Rechts zurück. Daher spielt im Völkerrecht die Selbsthilfe nach wie vor eine wichtige Rolle. „Selbsthilfe“ ist dabei jedoch **nicht** im Sinne einer **Doktrin des self-help** zu verstehen, die das Faustrecht etablierte.[25]

460 Die völkerrechtlich erlaubte Selbsthilfe wird heute **durch das Gewaltverbot und das Verhältnismäßigkeitsprinzip begrenzt** und umfasst drei Formen: Die einzige Form der erlaubten gewaltsamen Selbsthilfe stellt die **Selbstverteidigung** gegen einen bewaffneten Angriff dar (Art. 51 UNCh). Erhebliche Bedeutung bei der gewaltfreien

23 Zur Verdrängung formaler Legalität und der Sprache des Rechts in solchen Verfahren *S. Boysen*, Grundfragen des transnationalen Klimaschutzrechts, AVR 50 (2012), 377. Vertiefend auch über das Umweltrecht hinaus *T. McInerney*, Strategic Treaty Management: Practice and Implications, 2015.

24 Überblick bei *K. Schmalenbach*, International Organizations or Institutions, Supervision and Sanctions, MPEPIL (8/2014).

25 Überblick zur „Selbsthilfe“ im heutigen Völkerrecht bei *C. Joyner*, Coercion, MPEPIL (12/2006).

Durchsetzung des Völkerrechts kommt nach wie vor der **Gegenmaßnahme** zu, mit der durch vorübergehenden Verstoß gegen eigene völkerrechtliche Pflichten Druck auf einen Rechtsbrecher ausgeübt werden kann, um diesen zum Einlenken zu bewegen (Rn. 421). Schließlich kann auch mittels unfreundlicher Akte – z. B. durch Einbestellung des Botschafters oder den Abbruch diplomatischer Beziehungen – versucht werden, einen Rechtsbrecher von seinem Rechtsbruch abzubringen (sog. **Retorsion**). Auch diese „Selbsthilfe" findet heute zunehmend in einem **multilateralen Kontext** statt, sei es dass eine Staatenkoalition die Rechte eines ihrer Mitglieder schützt, sei es dass sich Staaten oder Internationale Organisationen zur Durchsetzung von Pflichten *erga omnes* gegen einen Rechtsbrecher wenden (Rn. 293–294).

V. Durchsetzung durch staatliche Institutionen

461 Eine bedeutsame Rolle bei der Durchsetzung des Völkerrechts, aber auch bei seiner Fortbildung, spielen staatliche Institutionen,[26] namentlich **staatliche Gerichte**.[27] Wie und in welchem normativen Rang das Völkerrecht in das innerstaatliche Recht „hineinragt", hängt zwar von der staatlichen Rechtsordnung ab; in praktisch allen Staaten sind die Gerichte jedoch berufen, völkerrechtlichen Verpflichtungen zur Durchsetzung zu verhelfen. Aus diesem Grunde können auch Entscheidungen staatlicher Gerichte als Hilfsmittel zur Feststellung von Völkerrecht herangezogen werden (Art. 38 Abs. 1 lit. c IGH-Statut). Dass der Beitrag der Gerichte zur völkerrechtlichen Disziplinierung ihrer Staaten je nach politischem System und Funktionieren des Justizapparats unterschiedlich ausfällt, dürfte kaum überraschen.

VI. Rolle der Zivilgesellschaft

462 Bedeutsam ist das Völkerrecht auch als Maßstab für eine **kritische Öffentlichkeit**, die ihrerseits auf nationaler wie internationaler Ebene Druck auf Regierungen ausüben kann, sich völkerrechtskonform zu verhalten. In den europaweiten Protesten gegen den Irak-Krieg der USA und ihrer Verbündeter 2003 sahen *Jürgen Habermas* und *Jacques Derrida* sogar ein Zeichen für eine „Wiedergeburt Europas".[28] Die weltweite Empörung nach der Veröffentlichung der Fotos von Folteropfern aus dem von den USA betriebenen Gefängnis im irakischen Abu Ghraib 2004 dürfte einen Beitrag zur moralischen Diskreditierung der *Bush*-Administration wie auch zu der schrittweisen Rückkehr der USA zur Achtung des universellen Folterverbotes geleistet haben. **Nicht-Regierungsorganisationen** (NGO) kommt dabei eine wichtige Vermittler- und Katalysatorenfunktion zu. Gerade menschenrechtliche NGO leisten über Dokumentation, Erzeugen von Öffentlichkeit und *human rights litigation* einen wichtigen

26 Berühmt ist *George Scelles* Konzept einer Funktionenverdopplung *(dédoublement fonctionnel)* staatlicher Institutionen, die zugleich als Organe einer (schwach institutionalisierten) internationalen Gemeinschaft agieren: *G. Scelle*, Règles générales du droit de la paix, RdC 46 (1933), 347 (368).

27 Vgl. dazu das von *A. Nollkaemper* und *A. Reinisch* geleitete Online-Projekt „Oxford Reports on International Law in Domestic Courts" (ILDC) mit aktuell rund 2100 Einträgen (Stand: Juni 2019): http://opil.ouplaw.com/page/ILDC/oxford-reports-on-international-law-in-domestic-courts.

28 *J. Habermas/J. Derrida*, Nach dem Krieg: Die Wiedergeburt Europas, FAZ v. 31.5.2003, 33 f.

Beitrag zur Durchsetzung von internationalen Menschenrechtsstandards.[29] **Immanente Grenzen** des zivilgesellschaftliche Drucks liegen in der unterschiedlichen Skandalisierbarkeit von Rechtsbrüchen (lokale als globale Anliegen?, Gesetze der Medienöffentlichkeit usw.) und in den Fragen von Objektivität und Repräsentativität der Proteste.[30]

B. Der Internationale Gerichtshof

I. Aufgaben, Rechtsstellung und Organisation

Der IGH mit Sitz in Den Haag ist das **Hauptrechtsprechungsorgan der UNO**. Er hat 1946 die Nachfolge des StIGH angetreten, der das internationale Rechtsprechungsorgan zu Zeiten des Völkerbundes (obgleich kein Organ des Völkerbundes) war.[31] Der IGH ist sachlich für **alle völkerrechtlichen Streitigkeiten zwischen Staaten** zuständig, was zu Doppelzuständigkeiten führen kann (v. a. im Verhältnis zum ISGH: Art. 287 Abs. 1 SRÜ). Gemäß Art. 93 Abs. 1 UNCh sind alle Mitgliedstaaten der UNO zugleich Vertragsparteien des IGH-Statuts; daneben können auch Nichtmitglieder der UNO Vertragsparteien werden (Art. 93 Abs. 2 UNCh). Strikt von dem Status als Vertragspartei zu trennen ist allerdings die Unterwerfung unter die Gerichtsbarkeit des IGH. Hierzu bedarf es einer gesonderten **Unterwerfungserklärung** (Art. 36 IGH-Statut). Neben dem zwischenstaatlichen Streitverfahren sind die UN-Generalversammlung und der Sicherheitsrat (sowie mit gesonderter Ermächtigung auch andere Organe und Sonderorganisationen der UNO) berechtigt, beim IGH **Rechtsgutachten** anzufordern (Art. 96 UNCh). 463

Dem IGH gehören 15 **Richter** an, welche die hauptsächlichen Rechtssysteme der Welt repräsentieren müssen (Art. 9 IGH-Statut). Es dürfen keine zwei Richter aus demselben Staat stammen. Hierdurch soll gewährleistet sein, dass sich im „invisible college of international lawyers“ möglichst die kulturelle und politische Vielfalt der Welt findet.[32] Die Richter werden von Generalversammlung und Sicherheitsrat für neun Jahre aus einer Liste von Personen gewählt, die von den nationalen Gruppen des Ständigen Schiedshofs benannt worden sind (Art. 4 IGH-Statut). Eine Wiederwahl ist möglich. Jede Streitpartei kann zusätzlich für den konkreten Rechtsstreit einen **Richter ad hoc** benennen, wenn keiner der „regulären“ Richter die Staatsangehörigkeit dieser Partei besitzt (Art. 31 Abs. 2, 3 IGH-Statut). Die Richter *ad hoc* wirken gleichberechtigt am Verfahren und an der Entscheidung mit (Art. 31 Abs. 7 IGH-Statut). 464

29 Vgl. *K. Sikkink*, The Justice Cascade: How Human Rights Prosecutions Are Changing World Politics, 2011.

30 Vgl. die Fallstudie von *J. Junk*, Humanitäre Appelle, humanitäre Interventionen? Medienberichterstattung, Regierungshandeln und das internationale Eingreifen im Sudan, FW 88/1-2 (2013), 141.

31 Zum StIGH *S. Rosenne*, Permanent Court of International Justice (PCIJ), MPEPIL (6/2006). Zur Geschichte des IGH vgl. Beitrag in der UN-AVL: http://legal.un.org/avl/ha/sicj/sicj.html (Einführung von *A. Cançado Trindade*).

32 Vgl. den berühmten Aufsatz von *O. Schachter*, The Invisible College of International Lawyers, NWULR 72 (1977) 217. Interessant dazu *L. Swigart/D. Terris*, Who Are International Judges?, in: Romano/Alter/Shany (Hg.), The Oxford Handbook of International Adjudication, 2013, 619.

Damit soll der Besorgnis der Voreingenommenheit entgegengewirkt und das Souveränitätsopfer für die Staaten abgemildert werden. Allerdings sind die Richter unabhängig, d. h. v. a. nicht an Weisungen ihrer Heimatstaaten gebunden, und unabsetzbar.

465 Der IGH tagt in der Regel im **Plenum** (Art. 25 Abs. 1 IGH-Statut). Art. 29 IGH-Statut sieht die Bildung einer Kammer für ein abgekürztes Verfahren vor; Art. 26 gestattet die Errichtung von Kammern für bestimmte Arten von Rechtssachen (Abs. 1) oder zur Entscheidung einer bestimmten Rechtssache (Abs. 2 und 3).[33] Da in allen Fällen die Parteien einwilligen müssen, wird von dieser Möglichkeit in der Praxis jedoch so gut wie nie Gebrauch gemacht.

II. Allgemeines zum Verfahren vor dem IGH

466 Vor dem IGH gibt es zwei unterschiedliche **Verfahrenstypen**: das sog. streitige Verfahren, in dem Staaten gegeneinander klagen *(contentious cases)*, und das Gutachtenverfahren, in dem der Gerichtshof auf Antrag v. a. des UN-Sicherheitsrats oder der UN-Generalversammlung über eine Völkerrechtsfrage ein Gutachten erstattet *(advisory cases)*. Die Verfahren sind in den Art. 39-64 (Streitsachen) und Art. 65-68 (Gutachten) IGH-Statut geregelt und in der **Geschäfts- und Verfahrensordnung** des IGH näher ausgestaltet. Diese Ordnung gibt sich der Gerichtshof gem. Art. 30 Abs. 1 IGH-Statut selbst.

467 In beiden Verfahren prüft der IGH in zwei Schritten: Bevor er sich mit der Sache befasst (**Begründetheit, merits**), prüft er zunächst Einwände gegen die **Zulässigkeit** des Antrags (**preliminary objections**).[34] Dazu zählt namentlich die Prüfung, ob der Gerichtshof für die Entscheidung in der Sache überhaupt zuständig ist. Wenn dies zwischen den Parteien umstritten ist, spaltet der IGH das Verfahren nicht selten in zwei Phasen auf: der Streit über die Zulässigkeit wird dann mit einem ersten Urteil abgeschlossen, auf das die Verhandlung und die Entscheidung in der Sache folgt.[35]

Wenn in einer **völkerrechtlichen Falllösung** nach den Erfolgsaussichten einer Klage vor dem IGH oder dem voraussichtlichen Ergebnis eines Gutachtens gefragt ist, ist daher die Lösung ebenfalls in die zwei Hauptgliederungspunkte „Zulässigkeit" und „Begründetheit" zu unterteilen. Unter dem ersten Punkt sind die prozessualen Vorfragen zu klären (siehe sogleich), unter dem zweiten die aufgeworfene Völkerrechtsfrage in der Sache (z. B. welchem Staat ein umstrittenes Territorium gehört oder ob Staat A ein völkerrechtliches Delikt gegenüber Staat B begangen hat). – Die Bezeichnungen „Zulässigkeit" und „Begründetheit" sind hier an die im deutschen Recht gebräuchliche Terminologie angelehnt. Die *preliminary objections* im Verfahrensrecht des IGH beziehen sich neben der *jurisdiction* (Zuständigkeit des Gerichts) auch auf die *admissibility* der Klage (Näheres sogleich), die hier als „Zulässigkeit im engeren Sinne (i. e. S.)" übersetzt wird.

---

33 Näher *R. Ostrihaky*, Chambers of the International Court of Justice, ICLQ 37 (1988), 30; *R. Mackenzie*, International Courts and Tribunals, Chambers, MPEPIL (8/2007), Rn. 4 ff.

34 Überblick über mögliche Einwände bei *H. Thirlway*, Preliminary Objections, MPEPIL (8/2006).

35 Vgl. z. B. IGH, Military and Paramilitary Activities in and against Nicaragua (Nicaragua v. USA), Urteil I (Jurisdiction and Admissibility) v. 26.11.1984, ICJ Rep. 1984, 392, und Urteil II (Merits) v. 27.6.1986, ICJ Rep. 1986, 14.

Das für die Prüfung in der Sache anwendbare Recht (Begründetheit) ergibt sich aus den in Art. 38 Abs. 1 IGH-Statut aufgeführten **Rechtsquellen**. Es steht den Parteien frei, den anzuwendenden Maßstab durch Erklärung zu erweitern oder zu begrenzen (z. B. auf einen bestimmten Vertrag). Die Parteien können sogar vereinbaren, dass der IGH einen Streit nicht nach rechtlichen Maßstäben, sondern nach „Billigkeit" *(ex aequo et bono)* entscheiden soll (Art. 38 Abs. 2 IGH-Statut, siehe auch Rn. 296). In der Praxis ist dies noch nicht vorgekommen. **468**

III. Das streitige Verfahren

Die Zulässigkeitsprüfung unterteilt sich in die folgenden Aspekte: **469**

Übersicht: Prüfung einer Klage vor dem IGH

I. Zulässigkeit

1. Klageberechtigung (Parteifähigkeit): Art. 34, 35 IGH-Statut
   → Staaten? (Art. 34 IGH-Statut)
   → UN-Mitgliedschaft? (Art. 35 I IGH-Statut)
2. Zuständigkeit des Gerichts *(jurisdiction)*, Art. 36 IGH-Statut:
   → Unterwerfung aller Streitparteien (Reziprozität)?
   → existieren Vorbehalte zu einer Unterwerfungserklärung? Wirksamkeit des Vorbehalts?
   → *necessary third party rule* einschlägig?
3. Zulässigkeit i. e. S. *(admissibility)*
   a) Klagegegenstand: Völkerrecht als Maßstab
   b) Voraussetzungen diplomatischen Schutzes (falls einschlägig)
   c) Klagebedürfnis: Streit besteht
   d) Form: Art. 40 IGH-Statut; keine Fristbindung

II. Begründetheit

Prüfung der Rechtsfrage in der Sache, z. B. Deliktsprüfung

1. Klageberechtigung (Parteifähigkeit, capacity)

Nach Art. 34 Abs. 1 IGH-Statut sind nur **Staaten** berechtigt, vor dem IGH aufzutreten und damit auch zu klagen bzw. verklagt zu werden (Sonderregeln für Internationale Organisationen in den Abs. 2 und 3 beziehen sich nicht auf die Klageberechtigung).[36] **470**

Nach Art. 35 Abs. 1 IGH-Statut steht der Zugang zum Gerichtshof nur solchen Staaten offen, die **Vertragsparteien des Statuts** sind. Dies sind gemäß Art. 93 Abs. 1 UNCh automatisch alle UNO-Mitglieder. Die UN-Mitgliedschaft muss jedenfalls **471**

36 Zu der am 28.9.2018 eingereichten Klage Palästinas gegen die USA *V. Kattan*, It's Time to Take Palestine v. United States of America Seriously, opiniojuris.org (16.10.2018); *J. Vidmar*, Palestine v United States: Why the ICJ does not need to decide whether Palestine is a state, EJIL Talk! (22.11.2018).

zum Zeitpunkt der Klageerhebung vorliegen.[37] Unter bestimmten Voraussetzungen können auch **Nichtmitglieder** den IGH anrufen (vgl. Art. 35 Abs. 2 und 3 IGH-Statut: hierdurch war die Bundesrepublik Deutschland auch schon vor ihrem UN-Beitritt im Jahre 1973 Streitpartei[38]).

2. Zuständigkeit des Gerichts (jurisdiction)

a) Begründung der Zuständigkeit

472 Der Gerichtshof muss für die Klage zuständig sein, d. h. er muss die **Gerichtshoheit (jurisdiction)** über die Parteien des Rechtsstreits besitzen. Hierzu ist es erforderlich, dass sich alle Parteien dem IGH gemäß Art. 36 IGH-Statut unterworfen haben. Die **Unterwerfung** kann auf folgende Arten erfolgen:

- für den konkreten Rechtsstreit **(Unterwerfung ad hoc)**, Art. 36 Abs. 1 Fall 1: durch übereinstimmende Erklärung der Parteien oder durch nachträgliche Zustimmung des Beklagten; die nachträgliche Zustimmung kann auch durch rügelose Einlassung auf das Verfahren erfolgen (sog. **forum prorogatum**)[39];
- durch entsprechende Klausel in einem völkerrechtlichen Vertrag, Art. 36 Abs. 1 Fall 2 (sog. **kompromissarische Klausel**);
- durch generelle Unterwerfungserklärung, Art. 36 Abs. 2 (sog. **Fakultativklausel**).

Außerdem tritt der IGH gemäß Art. 36 Abs. 5 und Art. 37 IGH-Statut **an die Stelle des ehemaligen StIGH**, wo Erklärungen oder Abkommen dessen Zuständigkeit begründen.

b) Unterwerfung nach Art. 36 Abs. 2 IGH-Statut

473 Von besonderem Interesse ist die **Fakultativklausel** nach Art. 36 Abs. 2 IGH-Statut, schon allein, weil mit der ständigen Unterwerfung unter die Gerichtsbarkeit des IGH durch den sich unterwerfenden Staat ein deutliches völkerrechtspolitisches Signal gesetzt wird. Derzeit haben 73 Staaten Erklärungen nach Art. 36 Abs. 2 IGH-Statut abgegeben (Stand: Juni 2019); von den ständigen Mitgliedern des UN-Sicherheitsrates gehört nur das Vereinigte Königreich zu diesen Staaten; China und Russland haben sich nie unterworfen, die USA und Frankreich haben ihre Unterwerfungserklärungen nach für sie unbefriedigend verlaufenen Verfahren wieder zurückgezogen.

474 Die **Rechtsfolgen einer Unterwerfung** müssen jedoch differenziert betrachtet werden: Zunächst einmal wirkt sie schon nach dem Wortlaut von Art. 36 Abs. 2 IGH-Statut **strikt reziprok**, d. h. sie findet nur im Verhältnis zu Staaten statt, die dieselbe Verpflichtung übernommen haben; zum anderen kann sie mit **Vorbehalten** *(amend-*

---

37 IGH, Urteil v. 15.12.2004, Legality of Use of Force (Serbia and Montenegro v. Germany), ICJ Rep. 2004, 720, §§ 50 ff.

38 IGH, Urteil v. 20.2.1969, North Sea Continental Shelf (Federal Republic of Germany/Denmark and Netherlands), ICJ Rep. 1969, 3; Urteile v. 2.2.1973 (Jurisdiction) und v. 25.7.1974 (Merits), Fisheries Jurisdiction (Federal Republic of Germany v. Iceland), ICJ Rep. 1973, 3 bzw. ICJ Rep. 1974, 175.

39 Dazu etwa IGH, Urteil v. 4.6.2008, Certain Questions of Mutual Assistance in Criminal Matters (Djibouti v. France), ICJ Rep. 2008, 177, §§ 60 ff.

ments) versehen werden. Diese Vorbehalte wirken ebenfalls reziprok (sonst würde es an einer „Waffengleichheit" der Parteien fehlen), d. h. die Unterwerfung der einen Partei reicht nicht weiter als die der anderen; jede Partei kann sich also zur Einschränkung der Jurisdiktion des IGH auf die Vorbehalte der Gegenpartei berufen.

Vorbehalte können die Zuständigkeit des Gerichts in persönlicher (*ratione personae*: z. B. Unterwerfung nicht oder nur für Klagen bestimmter Staaten), sachlicher (*ratione materiae*: Ausnahme bestimmter Sachfragen, z. B. Kanada, Japan: Fischerei), örtlicher (*ratione loci*: z. B. Ausnahme bestimmter Territorien) oder zeitlicher (*ratione temporis*: z. B. nur für Streitigkeiten nach Hinterlegung der Unterwerfungserklärung) Hinsicht beschränken. Um „Überraschungsklagen" auszuschließen, erklären viele Staaten, dass ihre Unterwerfung nur Staaten gegenüber gilt, die sich selbst dem IGH bereits einige Zeit (Deutschland: zwölf Monate) vor Klageerhebung unterworfen haben (sog. *anti-ambush clause*).

Die **Zulässigkeit** mancher Vorbehalte ist umstritten, nicht zuletzt wenn die Unterwer- **475**
fung letztlich nur noch ein sinnentleerter Schein ist. Das Vorbehaltsregime der WVK ist zumindest nicht unmittelbar anwendbar, da es um Vorbehalte zu einseitigen Erklärungen, nicht zu einem Vertrag, geht.[40] Nach Art. 36 Abs. 3 IGH-Statut sind jedenfalls solche Vorbehalte zulässig, die sich auf „eine entsprechende Verpflichtung mehrerer oder einzelner Staaten" oder „auf einen bestimmten Zeitabschnitt" beziehen. Der nahe liegende Umkehrschluss, dass andere Vorbehalte unzulässig sind, kann aber aus Gründen der **staatlichen Souveränität** nicht gezogen werden. Da es jedem Staat freisteht, sich zu unterwerfen, darf er auch frei über die Reichweite seiner Unterwerfung entscheiden.

Der IGH hat im Nicaragua-Fall insbesondere den sog. **Vandenberg-Vorbehalt** der USA als wirksam behandelt:[41]

Disputes arising under a multilateral treaty, unless (1) all parties to the treaty affected by the decision are also parties to the case before the Court or (2) the United States of America specially agrees to the jurisdiction.

Umstritten ist hingegen der von den USA bei Unterwerfung eingelegte sog. **Connally-Vorbehalt**, der alle Streitigkeiten „with regard to matters which are essentially within the domestic jurisdiction" von der Jurisdiktion des IGH ausnimmt.[42] Ein solcher Vorbehalt ist zunächst nur deklaratorischer Natur, da der IGH am Maßstab des Völkerrechts entscheidet und Fragen, die völkerrechtlich geregelt sind, nicht (länger) dem *domaine réservé* der Staaten angehören. Da aber die USA für sich das Recht beanspruchen zu entscheiden, ob eine Frage in ihren *domaine réservé* fällt, kommt dieser Vorbehalt im Ergebnis einer Aufhebung der Unterwerfung gleich und unterläuft das Recht des IGH aus Art. 36 Abs. 6 IGH-Statut, selbst im Streitfall über seine Zuständigkeit zu entscheiden. Indem der Vorbehalt es ermöglicht, sich jederzeit einem Verfahren zu entziehen, ist er als **missbräuchlich** anzusehen.

40 Teilweise a. A. *G. Törber*, The Contractual Nature of the Optional Clause, 2015.

41 IGH, Urteil II (Merits) v. 27.6.1986, Military and Paramilitary Activities in and against Nicaragua (Nicaragua v. USA), ICJ Rep. 1986, 14, §§ 42 ff; siehe Anhang, Nr. 18.

42 *C. Stahn*, Connally Reservation, MPEPIL (12/2006).

Sofern ein anderer Staat auf die Unterwerfung vertraut, darf der Staat, der mit seiner Unterwerfung den Rechtsschein gesetzt hat, sich zutreffender Ansicht nach **dem Verfahren nicht entziehen**, indem er z. B. seine Erklärung ohne Vorwarnung zurückzieht.[43] Die andere Ansicht stellt dagegen auf die souveräne Freiheit des Staates ab, über Ob und Wie seiner Unterwerfung selbst zu entscheiden.

476 Die **Bundesrepublik Deutschland** hat ihrer am 1. Mai 2008 abgegebenen Erklärung nach Art. 36 Abs. 2 IGH-Statut mehrere Vorbehalte beigefügt.[44] Neben einem deklaratorischen Rücknahmevorbehalt (die Erklärung kann jederzeit zurückgenommen werden, allerdings nicht mit Wirkung für schon anhängige Verfahren: Verstoß gegen Treu und Glauben) ist dies in zeitlicher Hinsicht ein Rückwirkungsausschluss: Die Zuständigkeit des IGH erfasst nur solche Streitfälle, die nach Abgabe der Erklärung entstanden sind. In sachlicher Hinsicht sind alle Rechtsfragen rund um Auslandseinsätze der Bundeswehr sowie alle Fragen in Bezug auf die militärische Nutzung deutschen Staatsgebietes durch andere Staaten ausgeschlossen. Mit dem letztgenannten Vorbehalt hat die Bundesregierung auf die Diskussion über die Gewährung von Überflugrechten für die USA während des Irak-Krieges 2003 reagieren wollen.

c) Notwendige Beteiligung anderer Staaten?

477 Auch wenn die Urteile des IGH nur für die Parteien verbindlich sind, geht von ihnen ein nicht unerheblicher Druck aus. Dieser könnte faktisch die Freiwilligkeit der Unterwerfung aushebeln. Der IGH hält sich daher bei Klagen für unzuständig, wenn er als Vorfrage notwendigerweise über Rechte und Pflichten einer dritten Partei entscheiden müsste, die am Verfahren nicht beteiligt ist (**necessary third party rule**).[45]

3. Zulässigkeit i. e. S. (admissibility)

a) Klagegegenstand

478 Der IGH entscheidet über „Rechtssachen" (Art. 36 Abs. 1) bzw. über „Rechtsstreitigkeiten […] über jede Frage des Völkerrechts" (Art. 36 Abs. 2 IGH-Statut), d. h. es muss um **rechtliche Fragen** gehen, nicht um politische. Dabei kann es um möglicherweise deliktisches Verhalten des Beklagten gehen, um Gebietsansprüche oder andere Fragen; entscheidend ist, dass Völkerrecht den Maßstab bildet.

b) Voraussetzungen diplomatischen Schutzes

479 Macht der klagende Staat nicht originär eigene Rechte geltend, sondern rügt er im Wege des diplomatischen Schutzes Rechtsverletzungen gegenüber Privaten, ist zu-

43 So unlängst auch ACHPR, Beschluss v. 3.6.2016 (Jurisdiction), 003/2014, Ingabire Victoire Umuhoza v. Republic of Rwanda, §§ 60 ff, 67 f.

44 Dazu *C. Eick*, Die Anerkennung der obligatorischen Gerichtsbarkeit des Internationalen Gerichtshofs durch Deutschland, ZaöRV 68 (2008), 763; *C. Tams/A. Zimmermann*, „[T]he Federation Shall Accede to Agreements Providing for General, Comprehensive and Compulsory International Arbitration": The German Optional Clause Declaration of 1 May 2008, GYIL 51 (2008), 391.

45 Erstmals IGH, Urteil v. 15.6.1954, Monetary Gold (Italy v. France, United Kingdom and USA), ICJ Rep. 1954, 19, 32. Eingehend dazu *T. Thienel*, Drittstaaten und die Jurisdiktion des Internationalen Gerichtshofs: Zur Monetary Gold-Doktrin, 2016. Zu Abgrenzungsfragen *P. Tzeng*, The Implicated Issue Problem: Indispensable Issues and Incidental Jurisdiction, NYUJILP 50 (2018), 447.

nächst die **Aktivlegitimation** (das sog. *standing* oder *ius standi*) zu prüfen: Zur Ausübung diplomatischen Schutzes berechtigt ist regelmäßig der Heimatstaat der betroffenen Person, bei juristischen Personen der Sitz- bzw. Gründungsstaat, in Ausnahmefällen auch der Heimatstaat der Anteilseigner (Rn. 598–605).[46] Daneben kann das *standing* auch auf die Verletzung von Pflichten *erga omnes* gestützt werden (der IGH ist hier eher zurückhaltend, Rn. 294). Zweite Voraussetzung ist die **Erschöpfung innerstaatlicher Rechtsmittel** durch den geschädigten Privaten im Verletzerstaat (*local/domestic remedies rule*, Rn. 606). Abgesehen vom Fall des diplomatischen Schutzes ist die Ausschöpfung alternativer Streiterledigungsmittel (z. B. diplomatischer Streitbeilegungsformen) nicht Voraussetzung einer Klage vor dem IGH. Abweichende vertragliche Vereinbarungen sind allerdings möglich.

c) Klagebedürfnis

Nach Art. 36 Abs. 2 IGH-Statut muss es um eine „Rechtsstreitigkeit" gehen, d. h. es 480
muss – zum Zeitpunkt der Klageerhebung – ein **Streit zwischen den Parteien** bestehen.[47] Dies soll nicht bloß erfordern, dass in der Sache Uneinigkeit besteht, sondern auch, dass sich die Gegenseite bewusst ist oder bewusst sein musste („could not have been unaware"), dass ihr ein Rechtsbruch vorgeworfen wird.[48]

Fall: Ost-Timor (IGH 1995)[49] Die ehemalige portugiesische Kolonie Ost-Timor wurde 1975/1976 nach dem Abzug der Portugiesen von Indonesien zunächst militärisch besetzt und anschließend annektiert. In der Folgezeit kam es zu Verhandlungen zwischen Australien und Indonesien über die Abgrenzung des zwischen Indonesien und der Insel Timor gelegenen Festlandssockels. In dem 1989 zwischen Australien und Indonesien geschlossenen Abgrenzungsvertrag wurde Ost-Timor von Australien *de facto* als indonesisches Staatsgebiet anerkannt. Daraufhin erhob Portugal gegen Australien Klage vor dem IGH – Indonesien konnte mangels Unterwerfung unter den IGH nicht verklagt werden – mit dem Vorwurf, Australien verletzte mit der Anerkennung von Ost-Timor als indonesisches Staatsgebiet das völkerrechtliche Selbstbestimmungsrecht des Volkes von Ost-Timor.

Der IGH erklärte die Klage für unzulässig. Den Einwand Australiens, dass kein Streit zwischen den Parteien vorliege, weil Australien das Selbstbestimmungsrecht des Volkes von Ost-Timor anerkenne und der eigentliche Streit zwischen Portugal und Indonesien bestehe, wies der IGH zurück: Ein Streit sei eine objektive Nichtübereinstimmung zwischen den Parteien über eine Tatsache oder eine Rechtsfrage bzw. ein Konflikt über Rechtsansichten oder

46 Siehe auch *A. v. Arnauld*, Klausurenkurs im Völkerrecht, 3. Aufl. 2018, Fall 9.

47 Beispiel für einen entfallenen Streit: IGH, Urteile v. 20.4.1974, Nuclear Tests (Australia v. France, New Zealand v. France), ICJ Rep. 1974, 253, §§ 52 ff bzw. ICJ Rep. 1974, 457, §§ 55 ff. Dazu Rn. 271; siehe Anhang, Nr. 15.

48 IGH, Urteil v. 5.10.2016, Obligations concerning Negotiations relating to Cessation of the Nuclear Arms Race and to Nuclear Disarmament (Marshall Islands v. United Kingdom), ICJ Rep. 2016, 833, §§ 26 ff; ebenso die Urteile vom selben Tag zu den Klagen gegen Indien und Pakistan. Dieses Kriterium war unter den Richtern heftig umstritten (vgl. nur abw. Votum *J. Crawford*, ebd., 1093 ff) und wurde auch in der Fachöffentlichkeit überwiegend kritisch aufgenommen. Siehe etwa *C. Tams*, No Dispute About Nuclear Weapons?, EJIL Talk! (6.10.2016); *V.-J. Proulx*, The World Court's Jurisdictional Formalism and its Lost Market Share, LJIL 30 (2017), 925. Vgl. auch Schwerpunkt in QIL, *Zoom-out* 45 (2017), 3-88.

49 IGH, Urteil v. 30.6.1995, East Timor (Portugal v. Australia), ICJ Rep. 1995, 90, §§ 20-37; siehe Anhang, Nr. 20.

Interessen zwischen den Parteien. Hierfür genüge es, dass Portugal eine rechtliche Behauptung aufgestellt hat, der Australien widersprochen habe.

Erfolg hatte der Einwand, dass Indonesien notwendige dritte Partei im Sinne des Monetary-Gold-Urteils sei. Der IGH stellte fest, dass der Streit nicht entschieden werden könne, ohne über die Rechtmäßigkeit der indonesischen Besatzung von Ost-Timor zu entscheiden. Indonesiens Verhalten sei hier der Hauptgegenstand des Verfahrens. Auch der Umstand, dass es sich bei dem Selbstbestimmungsrecht um eine völkerrechtliche Verpflichtung *erga omnes* handle, stehe dem nicht entgegen. Damit sei die Klage unzulässig.

d) Form, Frist

481 Schiedsvertrag *(compromis)* oder Klage sind **schriftlich** beim IGH einzureichen (Art. 40 Abs. 1 IGH-Statut); eine Klagefrist besteht nicht; aus dem allgemeinen Rechtsgrundsatz von Treu und Glauben folgt allerdings die Möglichkeit der Verwirkung bei unangemessener Verzögerung.[50]

482 **Fall: Nicaragua (IGH 1984/86)**[51] Die USA wurden von Nicaragua vor dem IGH wegen ihrer Unterstützung für die Contras, einer nicaraguanischen Rebellengruppe, verklagt. Nicaragua rügte u. a. einen Verstoß gegen das Gewaltverbot aus Art. 2 Nr. 4 UNCh. Die USA brachten mehrere Argumente gegen die Zulässigkeit der Klage vor:

(1) Die USA beriefen sich auf die vom IGH im Fall *Monetary Gold* aufgestellte *necessary third party rule.* Da die Contras auch vom Staatsgebiet von Honduras aus operierten, sei Honduras eine unverzichtbare Partei, deren Nichtbeteiligung am Verfahren zur Unzulässigkeit der Klage führe.

Der IGH wies den Einwand zurück mit der Begründung, dass allenfalls eine Beeinträchtigung von Interessen Honduras zu befürchten sei; das Verhalten Honduras sei nicht verdeckter Hauptgegenstand des Verfahrens.

(2) Die USA argumentierten, die Klage beträfe im Wesentlichen das völkerrechtliche Gewaltverbot und Fragen der Selbstverteidigung nach Art. 51 UNCh. Für diese Fragen trage der UN-Sicherheitsrat gemäß Art. 24 UNCh die Hauptverantwortung, in die sich der IGH nicht einmischen dürfe.

Der IGH wies den Einwand zurück: Die „Hauptverantwortung" sei keine ausschließliche Verantwortung. Zudem fehle für das Verhältnis zum IGH eine Art. 12 UNCh vergleichbare Regelung (dort zum Verhältnis von Sicherheitsrat und Generalversammlung). Der IGH sei angerufen worden, um die rechtlichen Aspekte des Falles zu überprüfen. Dies sei seine Aufgabe als juristisches Hauptorgan der UNO.

(3) Nach Ansicht der USA hätte Nicaragua vor einer Klage vor dem IGH zunächst ein regionales Streitschlichtungsverfahren beantragen müssen.

Auch diesen Einwand ließ der IGH nicht gelten: Anders als bei Klagen in Ausübung diplomatischen Schutzes sei bei Klagen, die sich unmittelbar auf die Verletzung staatlicher Rech-

50 Vgl. IGH, Urteil v. 26.6.1992, Certain Phosphate Lands in Nauru (Nauru v. Australia), ICJ Rep. 1992, 240, § 32.

51 IGH, Case concerning Military and Paramilitary Activities in and against Nicaragua (Nicaragua v. USA), Urteil I (Jurisdiction and Admissibility) v. 26.11.1984, ICJ Rep. 1984, 392, §§ 84-108, Urteil II (Merits) v. 27.6.1986, ICJ Rep. 1986, 14, §§ 36-56; siehe Anhang, Nr. 18. Zu den Verfahrensfragen näher *J. Crawford*, The Nicaragua Case 25 Years Later: Jurisdiction and Applicable Law, LJIL 25 (2012), 471.

te stützten, keine vorherige Ausschöpfung alternativer Streitbeilegungsmittel erforderlich. Auch die zeitgleiche Betreibung eines regionalen Friedensprozesses in anderen Foren stehe der Zulässigkeit einer Klage nicht entgegen.

(4) Die USA hatten ihre unbefristete Unterwerfungserklärung von 1946 nach Art. 36 Abs. 2 IGH-Statut am 6. April 1984, drei Tage vor Klageerhebung durch Nicaragua am 9. April 1984, so verändert, dass der IGH nicht mehr zuständig war für Klagen, die gegen die USA von zentralamerikanischen Staaten geführt werden.

Der IGH urteilte, dass auf Unterwerfungserklärung der allgemeine Rechtsgrundsatz von Treu und Glauben anzuwenden ist. Danach könne man sich wie im Vertragsrecht nicht plötzlich von einer übernommenen Verpflichtung lösen, sondern nur innerhalb einer vernünftigen Zeit. Drei Tage reichten nicht aus, um die Änderungserklärung in Kraft treten zu lassen. Maßgeblich war daher die Unterwerfungsklärung von 1946. Da es für die Beurteilung der Zuständigkeit des IGH immer auf den Zeitpunkt der Klageerhebung ankommt und ein späterer Wegfall der Voraussetzungen für die Zuständigkeit nicht schadet, erklärte sich der IGH in diesem Fall für zuständig.

(5) Schließlich beriefen sich die USA noch auf den *Vandenberg*-Vorbehalt: Die Klage sei auf Vorschriften der UN-Charta gestützt. Nur für den Fall, dass alle betroffenen VN-Mitglieder am Verfahren teilnähmen, die von einem Urteil des IGH betroffen wären, sei die Zuständigkeit des Gerichtshofs gegenüber den USA begründet.

Der IGH hielt diesen Einwand für so eng mit der sachlichen Beurteilung des Falles verbunden (da es um die inhaltlichen Rechtsmaßstäbe ginge), dass er ihn erst im zweiten Urteil, das der Begründetheit *(merits)* gewidmet war, behandelte. Er bejahte eine „Betroffenheit" zumindest El Salvadors (das in den Konflikt involviert war, ohne aber „notwendige dritte Partei" zu sein). Die aus dem Vorbehalt der USA resultierende Unzuständigkeit des Gerichtshofs beziehe sich aber nur auf die UN-Charta; andere Rechtsquellen, namentlich das Völkergewohnheitsrecht, seien damit nicht ausgeschlossen. Da der IGH dem Gewohnheitsrecht jedoch praktisch dieselben Regeln zu Gewaltverbot und Selbstverteidigung entnahm, wie sie in der UN-Charta niedergelegt sind, lief der Vorbehalt letztlich in der Sache leer.

4. Durchführung des Verfahrens

Auf einen schriftlichen ersten Verfahrensteil, in dem die Parteien ihre Rechtsansich- **483**
ten und Argumente über Schriftsätze *(memorials)* austauschen, folgt die öffentliche (Art. 46) mündliche Verhandlung (Art. 43 IGH-Statut) in Den Haag. Dritte Staaten, deren rechtliche Interessen berührt sein können (die aber nicht als „notwendige dritte Partei" anzusehen sind), können als Nebenintervenienten dem Verfahren beitreten (Art. 62 IGH-Statut). Erscheint eine Partei nicht vor Gericht, so hindert dies nicht die Fortführung des Verfahrens (Art. 53 Abs. 1 IGH-Statut); der IGH hat aber der Rechtsposition beider Parteien, auch der nicht erschienenen, Rechnung zu tragen. Es gibt also kein Versäumnisurteil zu Gunsten der erschienenen Partei. Die Einzelheiten zum Verfahren und zum Beweisrecht[52] regeln die *Rules of Court* (1978), die sich der IGH gemäß Art. 30 IGH-Statut selbst gegeben hat.

52 Zu Recht und Praxis der Beweiserhebung *P. Tomka/V.-J. Proulx*, The Evidentiary Practice of the World Court, FS Eiriksson, 2016, 361; *J. G. Devaney*, Fact-Finding before the International Court of Justice, 2018.

484 Der Gerichtshof kann gem. Art. 41 IGH-Statut auch **vorsorgliche Maßnahmen** anordnen, um eine Vereitelung des strittigen Rechts zu verhüten.[53] Von dieser Möglichkeit machen die Parteien zunehmend Gebrauch.[54] Die lange umstrittene Frage nach der Bindungswirkung solcher Anordnungen wird heute zu Recht überwiegend bejaht.[55] Dabei handelt es sich um eine Ergebnisverpflichtung *(obligation of result)*; wie der verpflichtete Staat dieses Ergebnis erreicht, ist eine Frage des innerstaatlichen Rechts und völkerrechtlich nicht vorgegeben.[56] Das zentrale Problem bleibt freilich die fehlende Durchsetzungsmöglichkeit. Dem IGH bleibt im Falle eines Verstoßes nur dessen Feststellung im Endurteil.

5. Das Urteil

485 Der Fall wird vom Gerichtshof **mehrheitlich** entschieden; bei Stimmgleichheit gibt die Stimme des Präsidenten den Ausschlag (Art. 55 IGH-Statut). Auch ohne gesonderte Ermächtigung sieht sich der IGH als befugt an, gewissermaßen als „Annex" zu seinem Urteil auch eine Entscheidung über die fällige Wiedergutmachung zu treffen.[57] Das endgültige (Art. 60, Ausnahme: Art. 61 IGH-Statut) Urteil ist nur für die Parteien des Rechtsstreits verbindlich (*inter partes*, nicht *erga omnes*: Art. 59 IGH-Statut). Befolgt ein UN-Mitgliedstaat das Urteils nicht, kann die obsiegende Partei den Sicherheitsrat anrufen (Art. 94 Abs. 2 UNCh). Eine Berufung gegen Urteile des IGH gibt es nicht, wohl aber kann ein Staat den IGH um eine **Interpretation** eines früheren Urteils bitten;[58] unter engen Voraussetzungen kommt auch eine **Wiederauf-**

---

53 Z. B. Anordnung der Aussetzung einer Hinrichtung: IGH, Beschluss v. 3.3.1999, LaGrand I (Germany v. USA), ICJ Rep. 1999, 9; Errichtung einer entmilitarisierten Zone und Anordnung des Truppenabzugs: Beschluss v. 18.7.2011, Temple of Preah Vihear (Cambodia v. Thailand), ICJ Rep. 2011, 537.

54 Vgl. z. B. Beschluss v. 19.4.2017, Ukraine v. Russian Federation, ICJ Rep. 2017, 104; dazu *A. Peters*, "Vulnerability" versus "Plausibility": Righting or Wronging the Regime of Provisional Measures?, EJIL Talk! (5.5.2017); Beschluss v. 18.5.2017, Jadhav (India v. Pakistan), ICJ Rep. 2017, 231; Beschluss v. 3.10.2018, Alleged violations of the 1955 Treaty of Amity, Economic Relations, and Consular Rights (Iran v. USA); dazu *M. Somos/T. Sparks*, The urgent, the plausible and the irreparable. The significance of lowering ICJ thresholds for provisional measures, voelkerrechtsblog.org (5.10.2018).

55 Im Anschluss an IGH, Urteil v. 27.6.2001, LaGrand II (Germany v. USA), ICJ Rep. 2001, 466, §§ 98 ff; siehe Anhang, Nr. 24. Aus der neueren Literatur *K. Oellers-Frahm*, Expanding the Competence to Issue Provisional Measures, GLJ 12 (2011), 1279; *M. Lando*, Compliance with Provisional Measures Indicated by the International Court of Justice, JIDS 8 (2017), 22; *C. Miles*, Provisional Measures before International Courts and Tribunals, 2017.

56 Vgl. IGH, Beschluss v. 16.7.2008 zur Auslegung des Avena-Urteil v. 31.3.2004 [= ICJ Rep. 2004, 12], ICJ Rep. 2008, 311, § 7.

57 Ganz überwiegend haben die Urteile des IGH feststellenden Charakter und verzichten auf Bestimmungen zu den Unrechtsfolgen. Im Urteil v. 19.6.2012, Ahmadou Sadio Diallo (Compensation), ICJ Rep. 2012, 324, hat der IGH erstmals seit dem Korfu-Kanal-Fall (1949) selbst eine Entschädigungssumme festgesetzt, siehe Anhang, Nr. 31. Dazu *G. Ulfstein*, Awarding Compensation in a Fragmented Legal System: The *Diallo* Case, JIDS 4 (2013), 477. Vgl. zuletzt auch IGH, Urteil v. 2.2.2018, Certain Activities Carried Out by Nicaragua in the Border Area (Costa Rica v. Nicaragua) zur Festsetzung einer Entschädigung für Umweltschäden.

58 Z. B. Antrag Kambodschas v. 2.5.2011 zur Interpretation des Urteils II (Merits) v. 15.6.1962, Temple of Preah Vihear (Cambodia v. Thailand), ICJ Rep. 1962, 6. Näher *A. Kulick*, Article 60 ICJ Statute, Interpretation Proceedings, and the Competing Concepts of Res Judicata, LJIL 28 (2015), 73.

nahme in Betracht.[59] Ansonsten hindern der Grundsatz der *res judicata* (in etwa: Rechtskraft des Urteils) und das Durchsetzungsregime des Art. 94 Abs. 2 UNCh den IGH an einer neurlichen Befassung mit einem Fall.[60] Über den Einzelfall hinaus besitzen Urteile des IGH Bedeutung als wichtiges Hilfsmittel zur Feststellung von Völkerrecht (Art. 38 Abs. 1 lit. d IGH-Statut).

Die Orientierung in den umfangreichen Urteilen des IGH wird erleichtert, wenn man mit deren Aufbau vertraut ist: Auf das (1.) Inhaltsverzeichnis (kein Teil des Urteils) folgen (2.) das sog. Rubrum: Besetzung des Gerichts, Name des Falls, Verfahrensbeteiligte, dann (3.) die Prozessgeschichte mit den Anträgen der Parteien. Auf die (4.) Schilderung der Fakten folgt als Hauptteil (5.) die rechtliche Würdigung des Falles: (a) zur *jurisdiction*, (b) zur *admissibility*, (c) zu den *merits*. Diese Würdigung beginnt für jede Rechtsfrage gesondert mit der Wiedergabe der Argumente von Kläger und Beklagtem und endet mit der Stellungnahme des Gerichts selbst. Anders als in Urteilen deutscher Gerichte steht der Entscheidungsausspruch (sog. Tenor) am Ende des Urteils (6.). Hier werden die Abstimmungsergebnisse für jede der strittigen Rechtsfragen einzeln angegeben. Angefügt sind (7.) die Sondervoten von Richtern (vgl. Art. 57 IGH-Statut), die das Urteil ganz oder in Teilen im Ergebnis nicht mittragen *(dissenting opinions)* oder bei Übereinstimmung im Ergebnis einzelne Aussagen oder Argumente nicht teilen *(seperate opinions)*. **486**

IV. Das Gutachtenverfahren

Beim Gutachtenverfahren leistet der IGH als das UN-Organ mit der größten völkerrechtlichen Expertise anderen UN-Organen gewissermaßen **„Amtshilfe“**, wenn diese Organe für die Erfüllung ihrer Aufgaben Auskünfte über eine völkerrechtliche Frage benötigen. Die Gutachten sollen den anfordernden Organen eine Hilfestellung bei ihrer Arbeit geben und sind **nicht rechtsverbindlich**. Gleichwohl können sie als Rechtserkenntnisquelle im Sinne von Art. 38 Abs. 1 lit. d IGH-Statut (auch gerichtliche Gutachten sind zutreffender Ansicht nach „Entscheidungen“ im Sinne dieser Rechtsnorm) Bedeutung erlangen.[61] **487**

Auch im Gutachtenverfahren prüft der Gerichtshof zunächst mögliche Zulässigkeitseinwände (hier meist als Statthaftigkeit bezeichnet), bevor er sich zur Rechtsfrage selbst äußert. Zu prüfen ist in diesem Rahmen: **488**

---

59 Vgl. IGH, Urteil v. 3.2.2003, Application for Revision of the judgment of 11 July 1996 in the Case concerning the Application of the Convention for the Prevention and Punishment of the Crime of Genocide (Bosnia and Herzegovina v. Yugoslavia), Preliminary Objections [= ICJ Rep. 1996, 595], ICJ Rep. 2003, 7. Dazu *R. Geiß*, Revision Proceedings before the International Court of Justice, ZaöRV 63 (2003), 167.

60 Zur bisweilen diffizilen Abgrenzung bei eng verwandten Anträgen IGH, Urteile v. 17.3.2016, Alleged Violations of Sovereign Rights and Maritime Spaces in the Caribbean Sea (Nicaragua v. Colombia) sowie Questions of the Delimitation of the Continental Shelf between Nicaragua and Colombia beyond 200 Nautical Miles from the Nicaraguan Coast (Nicaragua v. Colombia) im Verhältnis zum Urteil v. 19.11.2012, Territorial and Maritime Dispute (Nicaragua v. Colombia), ICJ Rep. 2012, 624. Dazu *D. Desierto*, A New Theory for Enforcing ICJ Judgments?, EJIL: Talk! (6.4.2016).

61 Wie stets im Völkerrecht sind die Grenzen zwischen *de jure* unverbindlicher Rechtsfeststellung und „law-making“ fließend: *K. Oellers-Frahm*, Lawmaking Through Advisory Opinions?, GLJ 12 (2011), 1033.

Übersicht: Prüfung eines Gutachtenantrags vor dem IGH

I. Statthaftigkeit des Gutachtens

1. Antragsberechtigung: Art. 65 I IGH-Statut i. V. m. Art. 96 UNCh
2. Antragsgegenstand, Art. 65 I IGH-Statut, Art. 96 UNCh
3. Antragsbedürfnis: Zusammenhang mit Tätigkeit des Organs?
4. Form, Art. 65 II IGH-Statut
5. Ermessen des Gerichts: sprechen „zwingende Gründe" gegen die Erstattung des Gutachtens?

II. Rechtliche Beurteilung der Sachfrage

Klärung der aufgeworfenen Rechtsfrage

1. Antragsberechtigung

489 Art. 65 IGH-Statut verweist für die Antragsberechtigung auf die UN-Charta. Nach Art. 96 Abs. 1 UNCh dürfen **Sicherheitsrat** und **Generalversammlung** Gutachten beim IGH anfordern. Andere Organe und Sonderorganisationen der UNO können dies gem. Art. 96 Abs. 2 UNCh mit Genehmigung der Generalversammlung tun.

Während im streitigen Verfahren nun die Prüfung der Gerichtshoheit des IGH *(jurisdiction)* gegenüber den souveränen Streitparteien folgt, entfällt diese Zulässigkeitshürde wegen des UN-internen „Amtshilfecharakters" des Gutachtenverfahrens: Eine Unterwerfung der Antragsteller unter die Zuständigkeit des IGH ist hier nicht nötig.

2. Antragsgegenstand

490 Tauglicher Antragsgegenstand ist nach Art. 65 IGH-Statut und Art. 96 UNCh **„jede Rechtsfrage"**; erforderlich ist also auch hier eine völkerrechtliche, keine politische Frage.

3. Antragsbedürfnis

491 Für das Antragsbedürfnis verlangt der IGH im Gutachtenverfahren keinen „Streit" (wie im streitigen Verfahren); vielmehr muss ein **Zusammenhang mit der Tätigkeit des Organs** bestehen, das den Antrag stellt. Dies wird namentlich relevant bei den nach Art. 96 Abs. 2 UNCh besonders ermächtigten sonstigen UN-Organen oder Sonderorganisationen, die nur Rechtsfragen vorlegen dürfen, die sich „in ihrem Tätigkeitsbereich stellen".[62]

492 Die im streitigen Verfahren im Anschluss an das Klagebedürfnis erforderlichenfalls zu prüfende Erschöpfung alternativer Mittel der Streiterledigung spielen im nichtstreitigen Gutachtenverfahren keine Rolle.

62 Vgl. IGH, Gutachten v. 8.7.1996, Legality of the Use by a State of Nuclear Weapons in Armed Conflict, ICJ Rep. 1996, 66, zum – unzulässigen – Antrag der WHO bezüglich der Rechtmäßigkeit der Drohung mit und des Einsatzes von Atomwaffen. Zulässig war hingegen der Parallelantrag der UN-Generalversammlung, vgl. Gutachten v. 8.7.1996, Legality of the Threat or Use of Nuclear Weapons, ICJ Rep. 1996, 226; siehe Anhang, Nr. 21.

4. Form

Formvorgaben enthält Art. 65 Abs. 2 IGH-Statut (Schriftform, Beifügung von Unterlagen). Die Frage ist „genau darzustellen"; der IGH lässt hier allerdings auch recht weit formulierte Fragen zu. Eine Frist für die Antragstellung gibt es nicht. **493**

5. Ermessen des Gerichtshofs

Der IGH muss dem Ersuchen nicht nachkommen (vgl. Art. 65 Abs. 1 IGH-Statut: „kann"), sieht sich jedoch als Organ der Vereinten Nationen hierzu regelmäßig als verpflichtet an, sofern nicht **„zwingende Gründe"** *(compelling reasons)* entgegenstehen.[63] In der Praxis ist eine solche Zurückweisung eines Ersuchens durch den IGH noch nicht vorgekommen. Freilich hat der IGH in seinem Westsahara-Gutachten im Anschluss an den StIGH im Ostkarelien-Fall[64] bemerkt, dass die Abgabe eines Gutachtens dann **„unangemessen"** sein könne (ein Verstoß gegen die *judicial propriety*), wenn dieses sich auf einen **konkreten Rechtsstreit** zwischen Staaten beziehe, von denen mindestens einer seine Zustimmung zur Jurisdiktion des IGH nicht erteilt hat.[65] Liegt einer Anfrage ein solcher Rechtsstreit zu Grunde, prüft der IGH daher intensiv, ob „zwingende Gründe" vorliegen. **494**

Gegen die Erstattung eines Gutachtens spricht hier: **495**

- um die Gerichtshoheit des IGH gegenüber souveränen Staaten zu begründen, ist eine Unterwerfung nach Art. 36 IGH-Statut nötig; dies könnte durch das Gutachtenverfahren umgangen werden;
- das Gutachten ist zwar im Unterschied zum Urteil nicht rechtsverbindlich, hat aber ein erhebliches faktisches Gewicht.

Für die Erstattung des Rechtsgutachtens führt der IGH hier an: **496**

- das Gutachten zwingt die betroffenen Staaten nicht vor den IGH (zur Äußerungsberechtigung: Art. 66 Abs. 2 IGH-Statut);
- das Gutachten ist nicht an die Streitparteien gerichtet, sondern soll einem UN-Organ bei der Wahrnehmung seiner Aufgaben helfen;
- das antragsberechtigte Organ hat ein weites Ermessen, welche Fragen für seine Tätigkeit der Klärung bedürfen;
- nahezu allen für die UNO praktisch relevanten Rechtsfragen liegen konkrete Streitigkeiten und Konflikte zu Grunde; wollte man diese Fälle ausnehmen, liefe

---

63 IGH, Gutachten v. 16.10.1975, Western Sahara, ICJ Rep. 1975, 12, § 23; Gutachten v. 8.7.1996, Legality of the Threat or Use of Nuclear Weapons, ICJ Rep. 1996, 226, § 14; Gutachten v. 9.7.2004, Legal Consequences of the Construction of a Wall in the Occupied Palestinian Territory, ICJ Rep. 2004, 136, § 16.

64 StIGH, Gutachten v. 23.7.1923, Status of Eastern Carelia, PCIJ Ser. B, No. 5 (1923), 27 ff.

65 IGH, Gutachten v. 16.10.1975, Western Sahara, ICJ Rep. 1975, 12, § 32 f; siehe Anhang, Nr. 16. Siehe auch Gutachten v. 9.7.2004, Legal Consequences of the Construction of a Wall in the Occupied Palestinian Territory, ICJ Rep. 2004, 136, § 47. Ferner *S. Rosenne*, The Law and Practice of the International Court: 1920-1996, Vol. II, 1997, 1014 ff; *R. Wolfrum*, Advisory Opinions: Are They a Suitable Alternative for the Settlement of International Disputes?, in: ders./Gätzschmann (Hg.), International Dispute Settlement: Room for Innovation?, 2013, 35. Siehe auch *A. v. Arnauld*, Klausurenkurs im Völkerrecht, 3. Aufl. 2018, Fall 12.

das Gutachtenverfahren leer, das im IGH-Statut für alle UN-Mitglieder verbindlich vorgesehen ist.

497 Der IGH misst schließlich auch dem Umstand Bedeutung bei, ob der Streit, welcher der Rechtsfrage zu Grunde liegt, bilateralen oder regionalen Charakter hat und ob sich die internationale Gemeinschaft bereits mit dem Konflikt befasst (und ihn damit quasi „internationalisiert") hat.[66]

Fall: Westsahara (IGH 1975)[67] Marokko, Mauretanien und Spanien stritten über den Status der ehemaligen spanischen Kolonie Westsahara. Während Spanien das Gebiet durch eine Volksabstimmung in die Unabhängigkeit entlassen wollte, beanspruchte Marokko das Gebiet für sich. Die Generalversammlung beantragte beim IGH nach Art. 96 UNCh ein Gutachten über den Rechtsstatus der Westsahara vor der Kolonialisierung durch Spanien. Gefragt wurde, ob die Westsahara zuvor völkerrechtliches Niemandsland gewesen sei und, falls nicht, welche Verbindungen zum damaligen Zeitpunkt zwischen der Westsahara sowie Marokko und Mauretanien bestanden hätten. Vor der Beantwortung der ihm gestellten Fragen musste sich der IGH mit mehreren Einwänden auseinandersetzen, die Spanien gegen die Statthaftigkeit des Gutachtens gerichtet hatte, darunter:

(1) Spanien: Anders als von Art. 96 UNCh und Art. 65 IGH-Statut verlangt, handle es sich nicht um Rechtsfragen, sondern um Tatsachenfragen.

IGH: Die Fragen seien Rechtsfragen. Eine Rechtsfrage werde nicht dadurch zur Tatsachenfrage, dass ihre Beantwortung die Entscheidung über Tatsachen voraussetzt.

(2) Spanien: Die Beantwortung einer Gutachtenfrage durch den IGH müsste die Entstehung, Änderung oder den Untergang von Rechten in konkreter Form zum Gegenstand haben.

IGH: Die Beantwortung einer Gutachtenfrage durch den IGH könne, müsse aber nicht konkrete Rechtsfolgen nach sich ziehen. Vielmehr seien auch abstrakte Rechtsfragen ein zulässiger Gegenstand für ein Gutachten.

(3) Spanien: Die fehlende Zustimmung von interessierten Parteien stehe der Zulässigkeit des Gutachtens entgegen.

IGH: Die Nichtzustimmung einer interessierten Partei stehe der Kompetenz des IGH zur Erstellung eines Gutachtens nicht entgegen. Diese habe der Staat mit seinem Beitritt zur Charter und zum IGH-Statut quasi generell erteilt. Die fehlende Zustimmung sei aber vom IGH bei der Ausübung seines Ermessens zu berücksichtigen, ob er ein beantragtes Gutachten erstellt oder nicht (vgl. Art. 65 IGH-Statut). Der IGH könne ein beantragtes Gutachten jedoch nur aus zwingenden Gründen verweigern. Da die Fragen hier die Vergangenheit und nicht die Gegenwart betreffen und auch Spaniens anerkannten Status als Verwalter der Westsahara nicht in Frage stellten, stünden der Gewährung des Gutachtens keine zwingenden Gründe entgegen.

Vertiefende Literaturangaben zu § 6 siehe: www.cfmueller.de/voelkerrecht
www.wsi.uni-kiel.de

66 IGH, Gutachten v. 9.7.2004, Legal Consequences of the Construction of a Wall in the Occupied Palestinian Territory, ICJ Rep. 2004, 136, § 49; siehe Anhang, Nr. 26. Im Gutachten v. 25.3.2019, Legal Consequences of the Separation of the Chagos Archipelago from Mauritius in 1965, §§ 87 f, nannte der IGH den „long and consistent record" der Generalversammlung in Fragen der Dekolonisierung.

67 IGH, Gutachten v. 16.10.1975, Western Sahara, ICJ Rep. 1975, 12, §§ 15-73; siehe Anhang, Nr. 16.

Ausbildungsfall zu § 6: *S. Schadendorf/J. Udich*, Menschenrechtsverletzungen durch eingeladene Soldaten, ZJS 2013, 596; *B. Simma/D.-E. Khan*, Die Auflösung Balkaniens: Scheiden tut weh, Jura 1997, 203.

Kontrollfragen:

- Auf welchen Wegen wird das Völkerrecht in der Praxis durchgesetzt? **Rn. 441–462**
- Welche Formen diplomatischer Streiterledigung gibt es? **Rn. 442**
- Was unterscheidet ein Schiedsgericht von einem Gericht? Welche Vorteile bieten Schiedsgerichte? Welche Vorteile bieten Gerichte? **Rn. 447, 451**
- Was ist der Ständige Schiedshof? **Rn. 448**
- Alle UN-Mitglieder sind gemäß Art. 93 UNCh automatisch Vertragsparteien des IGH-Statuts. Ist damit die Anerkennung der Gerichtshoheit des IGH verbunden? **Rn. 463**
- Auf welche Arten kann die Zuständigkeit des IGH begründet werden? **Rn. 472**
- Was besagt der sog. Connally-Vorbehalt? Beschränkt er rechtswirksam die Unterwerfung unter die Gerichtsbarkeit des IGH? **Rn. 475**
- Was sind die Zulässigkeisvoraussetzungen einer Klage vor dem IGH? **Rn. 478–482**
- Wer darf beim IGH Rechtsgutachten anfordern? **Rn. 489**
- Welche Frage wirft ein Gutachtenantrag zum IGH auf, dem ein aktueller zwischenstaatlicher Konflikt zugrunde liegt? Was spricht hier gegen die Erstattung des Gutachtens, was dafür? **Rn. 494–497**

§ 7 Völkerrecht in der innerstaatlichen Rechtsordnung

Einführende Literatur: *R. Cammareri*, Die Bedeutung der EMRK und der Urteile des EGMR für die nationalen Gerichte, JuS 2016, 791; *P.-M. Dupuy*, International Law and Domestic (Municipal) Law, MPEPIL (4/2011); *A. Funke*, Außenverfassungsrecht, Jura 2010, 407; *S. Hölscheidt/M. Ridinger/A. Zitterbart*, Grundzüge des Völkerrechts und seine Bezüge zum Europa- und Verfassungsrecht, Jura 2005, 83, 224; *T. Hofmann*, Der Grundsatz der völkerrechtsfreundlichen Auslegung, Jura 2013, 326; *T. P. Holterhus/A.-C. Mittwoch/M. El-Ghazi*, Die Einwirkung internationalen und ausländischen Rechts in die deutsche Rechtsordnung, JuS 2018, 313; *S. Schmahl*, Das Verhältnis der deutschen Rechtsordnung zu Regeln des Völkerrechts, JuS 2013, 961; *A. Schwerdtfeger*, Europäisches Unionsrecht in der Rechtsprechung des Bundesverfassungsgerichts, EuR 2015, 290; *A. Voßkuhle/A.-K. Kaufhold*, Offene Staatlichkeit, JuS 2013, 309; *R. Wahl*, Der offene Staat und seine Rechtsgrundlagen, JuS 2003, 1145; *M. Will*, Völkerrecht und nationales Recht, Jura 2015, 1164; *C. Zehetgruber*, Die EMRK, ihre Rechtsstellung sowie die Entscheidungen des EGMR im Stufenbau der deutschen Rechtsordnung, ZJS 2016, 52.

Lehr- und Handbücher: *C. Calliess*, Staatsrecht III, 2. Aufl. 2018; *R. Geiger*, Staatsrecht III, 7. Aufl. 2018; *C. Herrmann*, Examensrepetitorium: Europarecht, Staatsrecht III, 7. Aufl. 2019; *A. Paulus*, Staatsrecht III, 2010; *H. Sauer*, Staatsrecht III, 5. Aufl. 2018; *M. Schweitzer/G. Dederer*, Staatsrecht III, 11. Aufl. 2016.

Kommentare: Kommentare zum GG.

A. Verhältnisbestimmung als Aufgabe des staatlichen Rechts

I. Völkerrechtskonformität als Ergebnisverpflichtung

498 Jeder Staat muss sich entscheiden, wie er das Verhältnis seiner eigenen Rechtsordnung zum Völkerrecht ausgestalten will. Dies ist notwendig, um nicht nur das nationale Recht, sondern auch völkerrechtliche Normen zum Maßstab des Handelns staatlicher Behörden und Gerichte zu machen. Das **Völkerrecht** macht für diese Verhältnisbestimmung **keine Vorgaben**, sondern überlässt die Entscheidung den Staaten.[1] Aus Sicht des Völkerrechts zählt allein, dass sich ein Staat im Ergebnis völkerrechtskonform verhält. Art. 27 S. 1 WVK verdeutlicht diese **Ergebnisverpflichtung**, wenn er klarstellt, dass eine Vertragspartei sich nicht auf ihr innerstaatliches Recht berufen kann, um die Nichterfüllung eines Vertrages zu rechtfertigen.

499 Will ein Staat einen Widerspruch zwischen dem nationalen Recht und einer einzugehenden völkerrechtlichen Verpflichtung vermeiden, so hat er im Prinzip drei Optionen: Er kann das innerstaatliche Recht ändern, er kann – im Rahmen des Zulässigen – bei Unterzeichnung oder Ratifizierung eines Vertrages einen Vorbehalt einlegen, oder er muss von einem Vertrag Abstand nehmen, wenn er weder auf dem einen noch auf dem anderen Weg einen Gleichlauf des nationalen Rechts und der internationalen Verpflichtungen erreichen kann.

500 Für die Ausgestaltung des Verhältnisses zwischen Völkerrecht und staatlichem Recht stellen sich vor allem **zwei Fragen**:

- Findet das Völkerrecht innerstaatlich **unmittelbar** – quasi „automatisch" – Beachtung oder erst durch einen besonderen Akt der Anerkennung? Steht also, bildhaft gesprochen, die „Schleuse" offen, oder muss sie jedes Mal geöffnet werden?
- Welchen **normativen Rang** bekleiden die völkerrechtlichen Verpflichtungen? Hiervon hängt ab, welche Rechtsvorschrift im Fall eines Widerspruchs zwischen einer völkerrechtlichen und einer innerstaatlichen Regel den Vorrang erhält.

II. Monismus und Dualismus

501 Hinsichtlich der ersten Frage verfolgen die Staaten im Grundsatz zwei unterschiedliche Ansätze: den Monismus und den Dualismus. Dabei handelt es sich um eine **Systematisierung verfassungsrechtlicher Modelle**, nicht um völkerrechtliche Kategorien: Das Völkerrecht überlässt die Verhältnisbestimmung ja gerade den Staaten.

502 Der **Monismus** betrachtet alles Recht als eine Einheit. Die völkerrechtlichen Rechte und Pflichten, die den Staat treffen, sind von allen Staatsorganen, also auch von den Gerichten und Verwaltungsbehörden, zu beachten, ohne dass es eines weiteren nationalen Umsetzungsaktes bedürfte. Einem monistischen Modell sind im Ansatz z. B.

1 Eingehend zum Verfassungsrecht von 27 Staaten *D. Shelton* (Hg.), International Law and Domestic Legal Systems, 2011.

Österreich[2], die Schweiz[3], Frankreich und die USA verpflichtet. Typisch sind Normen, die das Völkerrecht ganz allgemein in die Rechtsordnung **inkorporieren** (bzw. seine Regeln **„adoptieren“**). Berühmt ist z. B. Art. VI para. 2 der US-Verfassung:

This Constitution, and the Laws of the United States which shall be made in Pursuance thereof; and all Treaties made, or which shall be made, under the Authority of the United States, shall be the supreme Law of the Land; and the Judges in every State shall be bound thereby, any Thing in the Constitution or Laws of any State to the Contrary notwithstanding.

Die zweite Frage, diejenige nach dem **normativen Rang**, ist durch einen monisti- **503**
schen Ansatz nicht vorentschieden. Meist gibt es hier aber eine Präferenz für einen Vorrang oder zumindest Höchstrang des Völkerrechts (vgl. Art. VI para. 2 US-Verfassung). Für *Hans Kelsen* und die Wiener Schule (Rn. 8) folgt dies daraus, dass das Völkerrecht den Staat und seine Elemente sowie die Reichweite seiner Jurisdiktion überhaupt erst definiert. Allerdings gibt es auch den umgekehrten Ansatz, für den das Völkerrecht auf den Willen der Staaten zurückzuführen und folglich dem staatlichen Recht untergeordnet ist.[4]

Deutschland ist dem **Dualismus** verpflichtet.[5] Danach bilden Völkerrecht und staatli- **504**
ches Recht keine Einheit. Es handelt sich vielmehr um zwei voneinander getrennte Rechtskreise. Völkerrechtliche Verpflichtungen treffen den Staat von außen, haben aber für sich genommen keine Wirkung im innerstaatlichen Recht – und damit für die tägliche Praxis der Gerichte und Verwaltungsbehörden.[6] Um dem Völkerrecht innerstaatlich Relevanz zu verleihen, ist ein **Übersetzungsakt** nötig, der eine völkerrechtliche Pflicht in das innerstaatliche Recht hereinholt. Fehlt es an einer Überführung in das nationale Recht, sind innerstaatlich auch solche Rechtsakte gültig, die gegen völkerrechtliche Verpflichtungen verstoßen. Dieser Verstoß macht den Staat allerdings im Außenverhältnis völkerrechtlich verantwortlich (vgl. Art. 27 WVK, wonach innerstaatliches Recht nicht von der Beachtung völkerrechtlicher Verträge befreit).

Umstritten ist, ob die Völkerrechtsnorm durch die Überführung in das deutsche Recht **505**
in eine inhaltsgleiche deutsche Rechtsnorm umgewandelt – und damit „verdoppelt“ – wird (**Transformationstheorie**) oder ob sie eine Norm des Völkerrechts bleibt, der durch den Überführungsakt lediglich ein innerstaatlicher Vollzugsbefehl erteilt wird (**Vollzugstheorie**). Namentlich das BVerwG hält an der Transformationslehre fest,[7]

2 Zu Österreich *C. Grabenwarter*, Völkerrecht, Recht der Europäischen Union und nationales Recht, in: Reinisch (Hg.), Österreichisches Handbuch des Völkerrechts, Bd. I: 5. Aufl. 2013, 111; *H.-P. Rill*, Internationales, supranationales und nationales Rech: eine Einheit, GS R. Walter, 2013, 679.

3 Zur Schweiz, auch zu kontroversen Debatten der jüngeren Zeit, *B. Fassbender*, Völkerrecht und Landesrecht, AJP 2014, 437; *D. Thürer*, Volksherrschaft und Herrschaft des Rechts, ZSchwR 133 (2014) 3; *J. P. Müller*, Landesrecht vor Völkerrecht?, ZSchwR 134 (2015), 3; *R. Kunz/A. Peters*, Constitutionalisation and Democratisation of Foreign Affairs: The Case of Switzerland, in: Albi/Bardutzki (Hg.), National Constitutions in European and Global Governance, 2019, 1491. Vertiefend *D. Wüger*, Anwendbarkeit und Justiziabilität völkerrechtlicher Normen im schweizerischen Recht, 2005.

4 Zu den sog. Staatswillentheorien Rn. 7.

5 Deutlich BVerfGE 111, 307 (318). Zu wichtigen Modifikationen allerdings Rn. 516–524.

6 Grundlegend *H. Triepel*, Völkerrecht und Landesrecht, 1899.

7 Ausdrücklich in BVerwGE 95, 42 (49).

während das BVerfG sich nicht ausdrücklich festgelegt hat,[8] gelegentlich aber eine Neigung zur Vollzugstheorie erkennen lässt.[9] Die herrschende Lehre bevorzugt mit guten Gründen die Vollzugstheorie. Die Transformationstheorie koppelt das Gesetz künstlich vom Vertrag und seinem Schicksal ab. So müsste in strenger Observanz dieser Lehre für das Inkrafttreten und Außerkrafttreten eigentlich auf das Gesetz abgestellt werden, selbst dann, wenn der Vertrag völkerrechtlich noch nicht bzw. nicht mehr in Kraft ist. Diese Konsequenz will aber niemand ziehen. Wer an der Transformationslehre festhält, tut dies v. a., um den Vertrag nach heimischen Maßstäben auszulegen. Da Deutschland sich aber mit Ratifizierung der WVK verpflichtet hat, die völkerrechtlichen Auslegungsregeln zu verwenden (und an diese darüber hinaus auch gewohnheitsrechtlich gebunden ist), ist ein Sonderweg bei den Auslegungsmethoden nicht eröffnet. Allerdings erleichtert die Transformationstheorie es, sich der *persuasive authority* rechtsvergleichender Argumente zu verschließen. Hierin dürfte letztlich der einzige praktische Unterschied beider Theorien liegen.

So hat das BVerwG jahrelang die Auffassung vertreten, die Genfer Flüchtlingskonvention (GFK) schütze nur gegen staatliche Verfolgung.[10] Dass die große Mehrheit der Vertragsstaaten der GFK auch Schutzwirkung bei nicht-staatlicher Verfolgung attestierte, schob das Gericht unter Verweis auf die Transformationslehre beiseite: Man wende nicht die GFK an, sondern ein deutsches Gesetz.[11]

III. Verwischung der Unterschiede

506 Allgemein hat sich inzwischen die Einsicht durchgesetzt, dass die Unterscheidung von monistischen und dualistischen Systemen allenfalls den **konzeptionellen Ausgangspunkt** bilden kann, beide Modelle sich aber **notwendigerweise annähern** müssen.[12] So muss der Dualismus Vorkehrungen treffen, um zu vermeiden, dass innerstaatliches Recht und völkerrechtliche Verpflichtungen auseinanderklaffen.[13] Umgekehrt braucht der Monismus Schleusen, die den Zustrom des Völkerrechts regulieren, um die Gefahr eines ungeordneten Pluralismus der Rechtsquellen zu vermeiden.

507 Ein wichtiges „Schleusenprinzip" – v. a. im Monismus des US-amerikanischen Verfassungsrechts – ist die Unterscheidung zwischen Normen, die **self-executing**, d. h. aus sich selbst heraus vollziehbar, und solchen, die **non-self-executing** sind. Nur Normen, die *self-executing* sind, werden automatisch Bestandteil des „Law of the Land" (Art. VI para. 2 US-Verfassung, s. o.), die anderen bedürfen erst eines Umsetzungsaktes, bevor die staatlichen Gerichte und Behörden ihnen zufolge handeln kön-

8 Explizit offen gehalten in BVerfG, NJW 2007, 499 (501). Widersprüchlich BVerfGE 111, 307 (316: Transformation; 319: Inkorporation).

9 BVerfGE 90, 286 (364); 104, 151 (209).

10 BVerwGE 95, 42 (49); 101, 328 (332 ff); 104, 254 (258). Beendet durch BVerfG, NJW 2000, 1165 (1166 f).

11 Zu Recht kritisch *R. Marx*, Nichtstaatliche Verfolgung und deutsches Ausländerrecht, ZAR 2001, 12.

12 Für eine Ablösung der tradierten Dichotomie durch eine Systematisierung verschiedener Modelle verfassungsgerichtlichen Legimitätsmanagements *N. Petersen*, Determining the Domestic Effect of International Law Through the Prism of Legitimacy, ZaöRV 72 (2012), 223.

13 Zum gemäßigten Dualismus unter dem deutschen Grundgesetz Rn. 520–528.

nen.[14] Verdeutlichen lässt sich die Unterscheidung an Art. 1 des 2. Fakultativprotokolls zum IPBPR:

(1) Niemand, der der Hoheitsgewalt eines Vertragsstaats dieses Fakultativprotokolls untersteht, darf hingerichtet werden.

(2) Jeder Vertragsstaat ergreift alle erforderlichen Maßnahmen, um die Todesstrafe in seinem Hoheitsbereich abzuschaffen.

Während Abs. 1 in unmittelbar vollziehbarer Weise jede *Vollstreckung* der Todesstrafe untersagt, wendet sich Abs. 2 an den Gesetzgeber: Sofern die Todesstrafe noch im nationalen Strafrecht vorgesehen sein sollte, muss dieser durch Gesetzesänderung dafür sorgen, dass schon die *Verhängung* der Todesstrafe unterbleibt. Abs. 2 ist *non-self-executing*. Solche Regelungsaufträge müssen sich nicht immer ausdrücklich aus dem Vertrag ergeben; sie können auch aus dem unbestimmten Gehalt einer Vertragsnorm folgen, die erst eine Konkretisierung erfordert (so namentlich im Bereich sozialer Menschenrechte).

Diese Unterscheidung ist nicht nur für monistische Rechtsordnungen relevant. Auch **508** **im deutschen Recht** spielt es eine Rolle, ob eine Norm ihrem Inhalt nach **unmittelbar vollziehbar** ist oder ob sie zunächst nach einem Tätigwerden des Gesetzgebers verlangt, bevor Exekutive und Judikative sie anwenden können. Zutreffender Ansicht nach geht es dabei nicht um die Geltung und Verbindlichkeit der Norm, sondern allein um die unmittelbare Anwendbarkeit als solche.[15] Verbindlich ist die Norm schon dadurch, dass sie mit dem Zustimmungsgesetz nach Art. 59 Abs. 2 GG (dazu sogleich) in das deutsche Recht hereingeholt worden ist. Von ihrem Inhalt hängt es nun ab, ob sie Behörden und Gerichte unmittelbar verpflichtet *(self-executing)* oder ob sie den Gesetzgeber in Bund und Ländern in die Pflicht nimmt, zunächst Gesetze zur Umsetzung zu erlassen, weil sie aus sich selbst heraus nicht vollziehbar ist, gleichwohl aber eine Regelungsverpflichtung enthält. Letztlich geht es um eine auf das **Gewaltenverhältnis** zielende Frage danach, welche Staatsgewalt die Norm „adressiert".

Fall: Abgeschoben! Familie F ist 2007 vor dem Bürgerkrieg in ihrer Heimat nach **509** Deutschland geflohen und erhielt vorübergehend eine Aufenthaltserlaubnis. Nach Ende des Bürgerkrieges verfügt die zuständige Behörde Ausweisung und Abschiebung der sechsköpfigen Familie. Der Anwalt der F argumentiert, dass die Behörde nicht genügend berücksichtigt hat, dass die beiden ältesten Kinder seit 2008 bzw. 2011 in Deutschland die Schule besuchen und die beiden jüngsten 2010 und 2013 in Deutschland geboren wurden. Er verweist auf Art. 3 Abs. 1 der UN-Kinderrechtekonvention (CRC). Die Familie möchte klagen. Kann sie aus Art. 3 Abs. 1 CRC eine Klagebefugnis (§ 40 Abs. 2 VwGO) ableiten?

Art. 3 Abs. 1 CRC: Bei allen Maßnahmen, die Kinder betreffen, gleichviel ob sie von öffentlichen oder privaten Einrichtungen der sozialen Fürsorge, Gerichten, Verwaltungsbe-

---

14 Zur De-facto-Umkehrung monistischer Prinzipien in der jüngeren US-Verfassungsentwicklung durch die Vermutung, dass Verträge *non-self-executing* sind, *U. Fink/I. Gillich*, Der Einfluss des Völkerrechts auf die US-amerikanische Verfassung, JöR 61 (2013), 725. Siehe auch die kritische Auseinandersetzung mit U.S. Supreme Court, Medellín v. Texas, 552 U.S. 491 (2008), bei *O. Hathaway/ S. McElroy/S. Solow*, International Law at Home: Enforcing Treaties in U.S. Courts, YJIL 37 (2012), 51. Allgemein *C. Bradley*, International Law in the U.S. Legal System, 2. Aufl. 2015.

15 BVerfGE 142, 234 (245 f).

hörden oder Gesetzgebungsorganen getroffen werden, ist das Wohl des Kindes ein Gesichtspunkt, der vorrangig zu berücksichtigen ist.

Lösungshinweise: (1) Als erstes ist zu klären, ob Art. 3 CRC überhaupt Bestandteil der deutschen Rechtsordnung ist, d. h. ob er *innerstaatlich gilt*. Durch das Zustimmungsgesetz zur CRC[16] ist der Konvention insgesamt der innerstaatliche Geltungsbefehl erteilt worden. (2) Die Behörde müsste Art. 3 Abs. 1 CRC allerdings nur dann befolgen, wenn die Vorschrift *unmittelbar anwendbar* ist (ansonsten käme allenfalls eine Auslegung des AufenthG im Lichte des Art. 3 CRC in Betracht, d. h. eine durch das deutsche Gesetz vermittelte Beachtung). Hierfür spricht der klare Wortlaut („alle Maßnahmen", „Verwaltungsbehörden", „ist ... vorrangig zu berücksichtigen"). Einer vorherigen Umsetzung durch den Bundesgesetzgeber bedurfte es somit nicht.[17] (3) Schließlich stellt sich die Frage, nach der *Klagbarkeit*. Diese ist nach § 40 Abs. 2 VwGO davon abhängig, dass der Kläger in seinen Rechten verletzt ist, d. h. dass die Norm ein subjektives Recht verleiht. Der Wortlaut mag zwar dagegen sprechen (Art. 3 CRC formuliert eine Pflicht der Staatsorgane, kein Recht des Kindes), der Zweck, im Rahmen einer Konvention über (subjektive!) Kinderrechte diesen die größtmögliche Effektivität in der nationalen Rechtsordnung zu geben, spricht hingegen dafür, dass die Einhaltung von Art. 3 CRC auch gerichtlich erzwingbar sein soll (str.). F kann eine Klagebefugnis aus Art. 3 CRC ableiten. (Nach der Begründetheit war hier nicht gefragt.)

In einem 2010 zurückgezogenen Vorbehalt zur UN-Kinderrechtskonvention[18] hatte Deutschland z. B. die unmittelbare Anwendbarkeit der Konvention für sich ausgeschlossen. Damit sollte u. a. verhindert werden, dass Behörden und Gerichte die Abschiebung minderjähriger Ausländer unter Anwendung der Konvention ablehnen oder Kindern lediglich geduldeter Ausländer von Vertrags wegen Zugang zu Bildungseinrichtungen verschaffen.

B. Das Völkerrecht in der deutschen Rechtsordnung

I. Der Rang von Völkerrecht in der deutschen Rechtsordnung

1. Völkerrechtliche Verträge

510 Der Rang, den völkerrechtliche Regeln nach „Übersetzung" im deutschen Recht bekleiden, ist von der Art der Rechtsquelle abhängig. **Völkerrechtliche Verträge** der Bundesrepublik werden von der Bundesregierung ausgehandelt[19] und gem. Art. 59 Abs. 1 S. 2 GG vom Bundespräsidenten ratifiziert. Nach **Art. 59 Abs. 2 S. 1 GG** bedürfen sie der Zustimmung von Bundestag und Bundesrat in Form eines Bundesgesetzes. Dieses sog. **Zustimmungsgesetz** ist allerdings nur für „Verträge, welche die

16 BGBl. 1992 II 990.

17 Vgl. inzwischen § 25a AufenthG (Aufenthaltsgewährung bei gut integrierten Jugendlichen und Heranwachsenden) als Konkretisierung der – unmittelbar anwendbaren – Generalklausel des Art. 3 CRC.

18 Dazu *L. Krappmann*, Die Rücknahme der Vorbehalte der Bundesrepublik gegen die Kinderrechtskonvention, RdJB 2010, 502; *H. Cremer*, Die UN-Kinderrechtskonvention: Geltung und Anwendbarkeit in Deutschland nach der Rücknahme der Vorbehalte, 2. Aufl. 2012. Sehr guter Überblick über die Schnittstellen von Völkerrecht und Verfassungsrecht hierzu bei *J. v. Bernstorff*, Anmerkung zur innerstaatlichen Anwendbarkeit ratifizierter Menschenrechtsverträge, RdJB 2011, 203.

19 Eine ausdrückliche Regelung trifft das Grundgesetz nicht. Das BVerfG stützt dies auf die traditionelle außenpolitische Prärogative der Regierung: E 104, 151 (207); 131, 152 (195); 137, 185 (235).

politischen Beziehungen des Bundes regeln", vorgesehen oder für Verträge, die „sich auf Gegenstände der Bundesgesetzgebung beziehen". Als **politische Verträge** gelten nach noch h. M. nur solche, die besondere Bedeutung für die internationale Stellung Deutschlands haben (dies soll z. B. für Handelsverträge nur unter bestimmten Voraussetzungen gelten).[20] Weiter ist der Kreis der sog. **gesetzesinhaltlichen Verträge** gezogen. Maßgeblich sind dabei nicht die Kataloge in Art. 73 und 74 GG; diese dienen der Abgrenzung der Gesetzgebungskompetenzen zwischen Bund und Ländern. Maßgeblich ist vielmehr, ob die Regelung ein Gesetz erforderte, würde sie mit demselben Inhalt innerstaatlich beschlossen. Wie bei politischen Verträgen auch geht es also um eine Sicherung des **Vorbehalts des Gesetzes** gegenüber der Exekutive.[21] Wo das GG ausdrücklich ein Gesetz verlangt oder wo die Wesentlichkeit der Frage eine formell-gesetzliche Regelung gebietet (sog. **Wesentlichkeitstheorie**), soll das Parlament durch die außenpolitische Prärogative der Bundesregierung nicht gänzlich verdrängt werden. Entsprechendes gilt, wo ein Vertrag auf bestehende Gesetze trifft (Sicherung des **Vorrangs des Gesetzes**). Hinzu tritt die Notwendigkeit, dem völkerrechtlichen Vertrag innerstaatlich den Vollzugsbefehl zu erteilen. Damit besitzt das Zustimmungsgesetz eine **Doppelfunktion**: Ermächtigung zur Ratifikation (d. h. zur Verpflichtung Deutschlands im Außenverhältnis) und Sicherung der Vertragstreue durch Erteilung des innerstaatlichen Geltungsbefehls.[22]

Dennoch bleibt die **Stellung des Parlaments** eine nachgeordnete: Die Aushandlung **511**
des Vertrages nimmt die Bundesregierung vor, der Bundestag kann praktisch nur zustimmen oder ablehnen;[23] bei multilateralen Vertragswerken besteht die Möglichkeit zur Verpflichtung des Bundespräsidenten, nur unter Vorbehalt zu ratifizieren. Den Nachrang gegenüber der Regierung bringt das BVerfG (in problematischer Weise) zum Ausdruck, wenn es das Zustimmungsgesetz als **„Regierungsakt in Form eines Bundesgesetzes"** bezeichnet.[24] Aus dieser Charakterisierung folgt, dass das Gericht zurückhaltend bei der Ausweitung des außenpolitischen Parlamentsvorbehalts ist.[25] So sollen **einseitige Rechtshandlungen** auch dann nicht unter den Vorbehalt des Art. 59 Abs. 2 S. 1 GG fallen, wenn sie in Bezug auf einen Vertrag abgegeben werden (z. B. Kündigung[26]); ebenso wenig soll die parlamentarische Zustimmung für selbstständige rechtsgeschäftliche Erklärungen (Verzicht, Versprechen; Rn. 270–271) notwendig sein.[27] Ferner hält das BVerfG auch eine **Vertragsfortbildung** unter

20 BVerfGE 1, 372 (380 ff). Kritisch zu diesem Festhalten an einem veralteten Begriff des „Politischen", der Fragen wie Umweltschutz, Wirtschaft oder Menschenrechte (entgegen der seit langem geübten Staatspraxis) ausklammert, *A. v. Arnauld*, Beteiligung des Deutschen Bundestages an gemischten völkerrechtlichen Abkommen, AöR 141 (2016), 268.

21 BVerfGE 1, 372 (388 f).

22 BVerfGE 1, 396 (410 f); 104, 151 (194).

23 Das BVerfG spricht – völkerrechtlich nicht ganz korrekt – davon, der Bundestag befände sich in einer „Ratifikationslage": z. B. BVerfGE 140, 160 (194).

24 BVerfGE 1, 372 (395); 90, 286 (357). Differenzierter nunmehr BVerfGE 141, 1 (128 f).

25 Anerkannt inzwischen für den Einsatz der Streitkräfte (BVerfGE 90, 286 [381 ff, Ls. 3a]; 121, 135 [153 ff]); für die programmatische Fortentwicklung von Integrationsverträgen (BVerfGE 118, 244 [258 f]); für völkerrechtliche Verträge, die in einem Ergänzungs- oder sonstigen besonderen Näheverhältnis zum Recht der EU stehen (BVerfGE 131, 152 [199 ff und Ls. 1]).

26 BVerfGE 68, 1 (83 ff). Mit guten Gründen kritisch *F. Ehm*, Die Beteiligung des Bundestags bei der Kündigung völkerrechtlicher Verträge, Bucerius Law Journal 2012, 45.

27 BVerfGE 68, 1 (88 f); 90, 286 (358). Kritisch zum zweiten Punkt *R. Geiger*, Staatsrecht III, 7. Aufl. 2018, 120 (Umgehungsgefahr).

Ausschluss des Parlaments in weitem Umfang für möglich.[28] Angesichts fließender Übergänge zwischen Vertragsänderung und -fortbildung im Völkerrecht (Rn. 237) komme es auf einen Vertragsänderungswillen der Parteien an. Damit erreicht das BVerfG, dass das GG die anderen Vertragspartner nicht in eine förmliche Änderung zwingt. Keine Parlamentsmitbestimmung ist schließlich bei internationalen Dokumenten erforderlich, die dem *soft law* zuzuordnen sind.[29]

512 Dass bei einer **Vertragsänderung** regelmäßig ein Zustimmungsgesetz erforderlich ist, wird dagegen kaum bestritten.[30] Ebenso wird zu Recht überwiegend angenommen, dass auch sog. **Parallelabkommen** von Art. 59 Abs. 2 GG erfasst sind. Hier verpflichtet sich Deutschland zu etwas, das bereits Bestandteil des geltenden innerstaatlichen Rechts ist. Dennoch handelt es sich nicht um eine bloß deklaratorische Verpflichtung: Mit dem Parallelabkommen wird das Parlament völkerrechtlich daran gehindert, die betreffende Regelung abzuändern oder aufzuheben (zum sog. *treaty override* Rn. 524). Daher liegt ein Eingriff in die parlamentarische Entscheidungsgewalt vor, der den Zustimmungsvorbehalt auslöst.

513 Durch das Zustimmungsgesetz gilt ein Vertrag im Sinne von Art. 59 Abs. 2 S. 1 GG in Deutschland im **Rang eines Bundesgesetzes. Unterhalb des Gesetzesrangs** bewegen sich hingegen **Verwaltungsabkommen** im Sinne von Art. 59 Abs. 2 S. 2 GG. Diese werden negativ definiert als alle Abkommen des Bundes, die nicht unter Satz 1 fallen. Für ihre Überführung in die deutsche Rechtsordnung genügen Rechtsverordnungen, wenn es um generell-abstrakte Regelungen geht, die üblichen verwaltungsrechtlichen Handlungsformen in den übrigen Fällen.

Dass Verwaltungsabkommen innerstaatlich „in der Luft hängen" können, wurde aus Anlass des Streits über den Bau der Dresdner **Waldschlösschenbrücke** deutlich, Hier stand der durch Volksabstimmung beschlossene Bau einer Brücke gegen den Status des Dresdner Elbtals als UNESCO-Weltkulturerbe. Die Ratifikation der UNESCO-Konvention war 1976 ohne Beteiligung des Bundestages erfolgt, so dass die Konvention nicht über ein Zustimmungsgesetz Bestandteil der deutschen Rechtsordnung geworden ist. Es fehlt aber auch an einer für die Inkorporation eines Verwaltungsabkommens nötigen Bestätigung z. B. durch eine Rechtsverordnung. Das OVG Bautzen entschied wegen der **Völkerrechtsfreundlichkeit** des GG (Rn. 521), dass der Konvention immerhin eine „mittelbare Bindungswirkung" zukomme, d. h. dass sie im Rahmen der Ausübung des planerischen Ermessens zu berücksichtigen sei. Wegen der unbestimmt gehaltenen Verpflichtungen verneinte das OVG aber eine „abwägungsfeste Schutzposition" ebenso wie die Möglichkeit, die einschlägigen Konventionsartikel (Art. 4, 5) zur Einschränkung von Grundrechten heranzuziehen.[31]

---

28 BVerfGE 90, 286 (360 ff); 104, 151 (209 ff).

29 BVerfG, NJW 2019, 161 zum UN-Migrationspakt (Rn. 797). Dazu *H. Büttner*, Much Ado About Nothing vs. the Opening of Pandora's Box? – Some (Normative) Aspects of the Migration Compact Regarding its Impact in Germany, GYIL 61 (2018), 491.

30 Vgl. BVerfGE 90, 286 (361). Differenzierend *T. Plate*, Art. 59 Abs. 2 GG: Anwendungsfragen aus der Praxis am Beispiel der Änderung völkerrechtlicher Verträge, DÖV 2011, 606.

31 OVG Bautzen, LKV 2007, 520. Bestätigt durch BVerfG, NVwZ 2007, 1176. Dazu eingehend *P. Seifert*, Das UNESCO-Übereinkommen zum Schutz des Kultur- und Naturerbes der Welt und die Rechtsordnung der Bundesrepublik Deutschland, 2016. Ferner *U. Fastenrath*, Das UNESCO-Übereinkommen zum Schutz des Kultur- und Naturerbes der Welt und seine Wirkungen im deutschen Recht, AVR 54 (2016), 382.

2. Sekundärrecht Internationaler Organisationen

Als **Sekundärrechtsakte** (Rn. 128) werden hier rechtsverbindliche Akte verstanden, die von Organen einer Internationalen Organisation (IO) erlassen werden und die Außenwirkung gegenüber ihren Mitgliedern besitzen.[32] Solche Akte sind selbst keine völkerrechtlichen Verträge; Art. 59 Abs. 2 GG ist daher nicht einschlägig. Sofern keine Übertragung (Art. 24 Abs. 1 GG, dazu sogleich), sondern nur eine Beschränkung von Hoheitsrechten stattgefunden hat, ergibt sich die **Verpflichtung zur Umsetzung** von Sekundärrecht völkerrechtlich aus dem Gründungsabkommen der IO, innerstaatlich aus dem **Zustimmungsgesetz** zu diesem Abkommen, verstärkt durch den Verfassungsgrundsatz der **Völkerrechtsfreundlichkeit** (Rn. 521). Ihre Übersetzung in innerstaatlich verbindliches Recht erfolgt in Deutschland danach, ob nach Maßgabe der sog. Wesentlichkeitstheorie der Parlamentsvorbehalt greift oder ob diese auch durch Regierungs- bzw. Verwaltungshandeln erfolgen kann. So wurden z. B. Wirtschaftssanktionen der UNO nach Kapitel VII UNCh regelmäßig innerstaatlich durch Rechtsverordnungen umgesetzt.[33] 514

Sekundärrechtsakte sind zwar *gegenüber*, nicht aber automatisch auch *in* ihren Mitgliedstaaten verbindlich. Nur wenigen IO ist das Recht eingeräumt, Sekundärrecht mit **Durchgriffswirkung**[34] in den innerstaatlichen Bereich zu erlassen.[35] Völkerrechtlich muss sich dies aus dem Gründungsabkommen ergeben; verfassungsrechtlich ist hierfür eine **Übertragung von Hoheitsrechten** erforderlich; Rechtsgrundlage für das Zustimmungsgesetz zum Gründungsabkommen ist dann Art. 24 Abs. 1 GG, nicht Art. 59 Abs. 2 GG. Ist eine solche Übertragung erfolgt, gelangt das satzungsgemäß beschlossene Sekundärrecht über die **„Brücke" des Zustimmungsgesetzes** zum Gründungsvertrag in das deutsche Recht. Einer gesonderten Überführung bedarf es nicht. Solche Sekundärrechtsakte besitzen den Rang eines Bundesgesetzes (sofern ihnen nicht, wie dem EU-Recht, ein Vorrang eingeräumt ist). Mit Übertragung der Hoheitsrechte hat der Bundesgesetzgeber den im Einzelnen noch unbekannten Sekundärrechtsakten gewissermaßen „im Vorgriff" seine Zustimmung erteilt. 515

3. „Allgemeine Regeln des Völkerrechts"

Eine Fülle von Unklarheiten hat der Verfassungsgeber – in bester Absicht – mit Art. 25 GG geschaffen. Es beginnt schon mit dem Begriff der „allgemeinen Regeln", der im Völkerrecht unbekannt ist. Heute besteht Einigkeit, dass hierunter das **Völker-** 516

32 Wie hier *M. Frenzel*, Sekundärrechtsetzungsakte internationaler Organisationen, 2011, 11 ff, der jedoch als viertes Kriterium noch den abstrakt-generellen Charakter fordert. Dann wären z. B. Beschlüsse der EU-Kommission gem. Art. 288 Abs. 4 AEUV kein Sekundärrecht.

33 Heute sind diese Kompetenzen auf die EU übertragen, so dass die Umsetzung über EU-Verordnungen erfolgt. Zur Rechtskontrolle über solche Sanktionen Rn. 1058.

34 Wie hier *M. Frenzel*, Sekundärrechtsetzungsakte internationaler Organisationen, 2011, 13. Anders *A. Funke*, Umsetzungsrecht, 2010, der die Durchgriffswirkung mit der unmittelbaren Anwendbarkeit gleichsetzt (94), also mit der zweiten Stufe, nicht mit der ersten (automatische innerstaatliche Geltung). Man kann auch vom „supranationalen" Charakter solchen Sekundärrechts sprechen, sofern man dies über den engeren Wortsinn hinaus nicht nur auf die Rangfrage (Vorrang), sondern auch bereits auf die Schleusenfrage (automatischer Bestandteil des nationalen Rechts) bezieht.

35 Beispiele sind (neben der EU als Sonderfall: dazu § 7 C.) z. B. die Europäische Patentorganisation oder die Europäische Organisation zur Sicherung der Luftfahrt (EUROCONTROL), dazu BVerfGE 58, 1 (27 f), sowie die Europäischen Schulen: BVerfG, NJW 2018, 3374.

gewohnheitsrecht sowie die **allgemeinen Rechtsgrundsätze** fallen (für Verträge gilt allein Art. 59 Abs. 2 GG). Die „Allgemeinheit" einer Regel bemisst sich nicht nach ihrem Inhalt, sondern nach ihrer personellen Reichweite; sie muss **„von der Mehrheit der Staaten anerkannt sein"**.[36] Eine ausdrückliche Anerkennung durch die Bundesrepublik Deutschland selbst ist nicht erforderlich; es genügt, dass diese sich der Regel nicht als *persistent objector* widersetzt hat.[37] Problematisch ist, dass nach h. M. partikuläres, namentlich **regionales Gewohnheitsrecht** nicht unter Art. 25 GG fallen soll. Dies hätte zur Konsequenz, dass dessen Regeln (über den Grundsatz der Völkerrechtsfreundlichkeit, vgl. Rn. 513) bestenfalls mittelbare Relevanz für die innerstaatliche Praxis hätten. Angesichts der bewussten Öffnung des GG für eine internationale Kooperation sprechen bessere Gründe dafür, die Allgemeinheit der Regel bezogen auf den jeweils relevanten Kreis zu bestimmen und zumindest auch regionales Gewohnheitsrecht als „allgemein" gültig zu begreifen.

Beispiel: Üblicherweise existiert ein Verbot der Doppelbestrafung wegen derselben Tat *(ne bis in idem)* nur in Bezug auf Gerichte desselben Staates. Im Recht der EU ist inzwischen ein Verbot des grenzüberschreitenden *ne bis in idem* verankert (Art. 50 EU-GRCh), über den Kreis der EU hinaus hat sich ein solches grenzüberschreitendes Verbot jedoch noch nicht etabliert. Sollte es in Europa eines Tages gewohnheitsrechtlich gelten, würde es nach h. M. als regionales Gewohnheitsrecht nicht die Auslieferung eines Straftäters durch Deutschland verbieten, wenn diesem im Zielstaat die Bestrafung für eine Tat droht, für die er bereits in Deutschland (oder in einem anderen europäischen Staat) seine Strafe verbüßt hat.

517 Umstritten ist auch die **Rangfrage**. Nach Art. 25 GG sind diese allgemeinen Regeln „Bestandteil des Bundesrechtes" und „gehen den Gesetzen vor". Die h. M. liest dies als einen **Zwischenrang über den Bundesgesetzen** (und damit innerstaatlich auch über den völkerrechtlichen Verträgen), aber **unterhalb des Grundgesetzes** (das kein gewöhnliches Gesetz im Sinne des Art. 25 GG ist, sondern die Verfassung).[38] Nach a. A. sollen die „allgemeinen Regeln" insgesamt Verfassungsrang oder sogar Überverfassungsrang besitzen. Zum Teil wird auch nur dem zwingenden Völkerrecht Überverfassungsrang attestiert.[39]

518 Der tiefere Sinn des 2. Halbsatzes von Art. 25 S. 2 GG **(„erzeugen Rechte und Pflichten unmittelbar für die Bewohner des Bundesgebietes")** erschließt sich nur vom historischen Hintergrund her. Nach den Erfahrungen mit dem Nationalsozialismus sollte durch diese Verschränkung des innerstaatlichen Rechts mit dem Völkerrecht sichergestellt werden, dass sowohl die internationalen Menschenrechtsgarantien (vgl. dazu Art. 1 Abs. 2 GG) als auch die Nürnberger Prinzipien (als Keimzelle des Völkerstrafrechts) künftig unzweifelhaft in Deutschland gelten würden. Der Einzelne sollte sowohl als Opfer als auch als Täter menschenrechtswidriger Übergriffe ungeachtet gesetzgeberischer Umsetzung unmittelbar dem Völkerrecht unter-

36 BVerfGE 15, 25 (34).

37 BVerfGE 16, 27 (35).

38 BVerfGE 6, 309 (363); 37, 271 (279); 111, 307 (318); 112, 1 (27). Die Bezeichnung als Grund-„Gesetz" ist auf den durch die deutsche Teilung zurückgehenden ursprünglich provisorischen Charakter zurückzuführen.

39 Zum Streitstand *C. Tomuschat*, Bonner Kommentar zum GG (Stand: 3/2019), Art. 25, Rn. 90 ff.

stehen.[40] Von dieser Ratio her ist auch der Begriff der „Bewohner des Bundesgebietes“ extensiv zu interpretieren. Daher erfasst Art. 25 GG zutreffender Ansicht nach auch Fälle der Ausübung deutscher Hoheitsgewalt im Ausland (v. a. Auslandseinsätze der Streitkräfte), an die im Parlamentarischen Rat noch nicht zu denken war. Angesichts der parallelen extraterritorialen Bindung an die Grundrechte des GG, an Menschenrechtsabkommen und an das vertraglich geltende Humanitäre Völkerrecht und Völkerstrafrecht sind diese Auslegungsfragen derzeit jedoch wenig praktisch.

Schließlich bedarf noch das Verhältnis des letzten Halbsatzes zum Rest des Art. 25 GG der korrigierenden Interpretation. Beide Normteile sind nur teilkongruent. Während sich der letzte Halbsatz seinem Wortlaut und Sinn nach nur auf diejenigen Regeln bezieht, die ihrem Inhalt nach **individualgerichtete** Rechte oder Pflichten erzeugen, erfasst Art. 25 GG im Übrigen sämtliche allgemeine Regeln, d. h. auch solche, die **staatengerichtet** sind. Dies hat das BVerfG v. a. in seinem Beschluss zu den philippinischen Botschaftskonten ausgeführt.[41] Umstritten ist, ob staatengerichtete Regeln des Völkerrechts kraft Art. 25 GG einklagbare subjektive öffentliche Rechte vermitteln, wenn sie ihrem Inhalt nach individualschützenden Charakter haben (**Adressatenerweiterung** oder **subjektiv-rechtliche Umformung**). Das BVerwG hat dies im Anschluss an das BVerfG für bestimmte Normen des völkerrechtlichen Enteignungsrechts, des humanitären Völkerrechts, die Freiheiten der Hohen See und den fremdenrechtlichen Mindeststandard bejaht.[42] Für staatenadressierte Normen, die „nicht bereits von sich aus eine subjektive Schutzwirkung aufweisen“ (so z. B. das zwischenstaatliche Gewaltverbot), hat das BVerfG dies indes verneint.[43] 519

II. Der „gemäßigte Dualismus“

1. Allgemeine Grundsätze

In Bezug auf das GG spricht man von einem **gemäßigten Dualismus,**[44] da das dualistische Grundmodell mit seiner scharfen Trennung zwischen Innen (staatliches Recht) und Außen (Völkerrecht) nicht strikt durchgehalten wird. Dies gilt zunächst für die „Schleusen-Frage“: Durch **Art. 25 GG als „Generalinkorporationsnorm“**[45] werden in quasi-monistischer Weise die „allgemeinen Regeln des Völkerrechts“ in das Bundesrecht überführt, ohne dass es einer Übernahme in jedem Einzelfall bedürfte. Indem bei politischen und gesetzesinhaltlichen Verträgen das **Zustimmungsgesetz noch** 520

40 Vgl. *Carlo Schmid* im Verfassungskonvent von Herrenchiemsee: „Wir betrachten das Völkerrecht nicht als Recht, das nur den Staat, aber nicht den Einzelnen im Staat verpflichtet, sondern als universelles Recht, das durch die Staatskruste hindurch bis zum Einzelnen geht. Es verleiht ihm unmittelbar Rechte und legt ihm unmittelbar Pflichten auf.“ in: Deutscher Bundestag/Bundesarchiv, Der Parlamentarische Rat 1948–1949, Akten und Protokolle, Bd. 2, 1981, 206 Fn. 61.

41 BVerfGE 46, 342 (362 f). Zu diesem Beschluss auch Rn. 327.

42 BVerwGE 154, 328 (346 f).

43 BVerfG, NJW 2018, 2312, Rn. 37. Für möglich gehalten noch in BVerwGE 154, 328 (347) (Nutzung der US-Militärbasis in Ramstein/Rheinland-Pfalz für Drohnenangriffe im Jemen).

44 Zum Begriff *W. Rudolf*, Völkerrecht und deutsches Recht, 1967, 141 ff.

45 Vgl. zu dieser Charakterisierung BVerfGE 46, 342 (403 f). Nach a. A. findet ein Gestaltwandel (d. h. eine Transformation) in deutsches Recht statt.

vor der Ratifikation beschlossen wird,[46] ist sichergestellt, dass bei Eintritt der völkerrechtlichen Verbindlichkeit der innerstaatliche Geltungsbefehl bereits erteilt ist.

521 Auch hinsichtlich der **Rangfrage** zeigt sich der grundgesetzliche Dualismus gemäßigt: Aus einer Gesamtschau verschiedener Bestimmungen (Präambel, Art. 1 Abs. 2, Art. 9 Abs. 2, Art. 24-26, Art. 59 Abs. 2 GG) leitet das BVerfG den Grundsatz der **Völkerrechtsfreundlichkeit des GG** ab. Dieser besitzt **drei Dimensionen**: „Erstens sind die deutschen Staatsorgane verpflichtet, die die Bundesrepublik Deutschland bindenden Völkerrechtsnormen zu befolgen und Verletzungen nach Möglichkeit zu unterlassen. Zweitens hat der Gesetzgeber für die deutsche Rechtsordnung zu gewährleisten, dass durch eigene Staatsorgane begangene Völkerrechtsverstöße korrigiert werden können. Drittens können die deutschen Staatsorgane […] auch verpflichtet sein, das Völkerrecht im eigenen Verantwortungsbereich zur Geltung zu bringen, wenn andere Staaten es verletzen.“[47]

Mit der dritten Dimension bezieht sich das BVerfG auf seine Rechtsprechung zu völkerrechtswidrigen Enteignungen in der Sowjetischen Besatzungszone. Kontroverser hat das OVG Münster im März 2018 die Bundesregierung dazu verpflichtet, „sich durch geeignete Maßnahmen zu vergewissern, dass eine Nutzung der Air Base Ramstein durch die Vereinigten Staaten von Amerika für Einsätze von unbemannten Fluggeräten, von denen Raketen zur Tötung von Personen abgeschossen werden, [...] nur im Einklang mit dem Völkerrecht [...] stattfindet, sowie erforderlichenfalls auf dessen Einhaltung gegenüber den Vereinigten Staaten von Amerika hinzuwirken.“[48]

522 Seine praktisch wichtigste Bedeutung erlangt der Grundsatz in der Pflicht zur **völkerrechtskonformen Interpretation** der Gesetze,[49] die das BVerfG auch auf die Interpretation von Prinzipien des GG erstreckt.[50] Im Falle möglicher **Normenkollisionen** spricht grundsätzlich eine **Vermutung** dafür, dass sich der Gesetzgeber **nicht in Widerspruch** zu den völkerrechtlichen Bindungen Deutschlands setzen wollte.[51] Unter Zurückstellung der Normenhierarchie ist eine Auslegung möglichst im Einklang mit dem Völkerrecht zu suchen. Hier hilft es vielfach weiter, die völkerrechtliche Norm für spezieller zu erklären, auch wenn sie älter ist als die kollidierende innerstaatliche Norm. Lässt sich die Kollision nicht im Wege der Auslegung bereinigen, ist der Gesetzgeber durch den Grundsatz der Völkerrechtsfreundlichkeit auch verfassungsrechtlich (und nicht nur völkerrechtlich!) verpflichtet, die **Gesetzeslage** nach Möglichkeit den völkerrechtlichen Verpflichtungen **anzupassen**.

46 Zum Vertragsschlussverfahren Rn. 200–203.

47 BVerfGE 141, 1 (29).

48 OVG Münster, NJW 2019, 1898. Dazu *H. Sauer*, Angst vor der eigenen Courage? Licht und Schatten im Drohnenurteil des OVG Münster, verfassungsblog.de (22.3.2019); *L. Beinlich*, Germany and its Involvement in the US Drone Programme before German Administrative Courts, EJIL Talk! (8.4.2019).

49 BVerfGE 6, 309 (362 f); 31, 58 (75 f); 74, 358 (370); 92, 26 (48); 111, 307 (317 f); 112, 1 (24 ff). Erstreckung auf „internationale Standards mit Menschenrechtsbezug, wie sie in den im Rahmen der Vereinten Nationen oder von Organen des Europarates beschlossenen einschlägigen Richtlinien und Empfehlungen enthalten sind“ in BVerfGE 116, 69 (90). Dazu *K. Reiling*, Die Anwendung des Grundsatzes der Völkerrechtsfreundlichkeit auf rechtsunverbindliche internationale Standards, ZaöRV 78 (2018), 311.

50 Vgl. – jenseits der Grundrechtsinterpretation als Sonderfall – z. B. zum Demokratieprinzip BVerfGE 63, 343 (370); zum Rechtsstaatsprinzip BVerfGE 74, 358 (370); 82, 106 (120).

51 BVerfGE 74, 358 (370).

Fall: Sozialhilfe für Flüchtlinge (BVerwG 2000)[52] Gemäß § 120 Abs. 5 S. 2 BSHG erhielten Ausländer, die eine räumlich unbeschränkte Aufenthaltsbefugnis besaßen, außerhalb des Bundeslandes, in dem diese Befugnis erteilt wurde, anders als Deutsche nicht die volle Sozialhilfe, sondern nur die unabweisbar gebotene Hilfe. Hierdurch sollte eine Binnenwanderung von hilfsbedürftigen Ausländern vermieden werden, von der eine übermäßige Belastung der Ballungszentren befürchtet wurde. K ist als Flüchtling im Sinne der GFK anerkannt. Wegen eines Umzuges innerhalb Deutschlands erhielt er seinerzeit nur das Existenzminimum bewilligt. Gegen den Sozialhilfebescheid ging er nach erfolglosem Widerspruchsverfahren gerichtlich vor. Er rügte einen Verstoß gegen Art. 23 GFK, der vorschreibt, dass sog. Konventionsflüchtlinge und eigene Staatsangehörige auf dem Gebiet der öffentlichen Fürsorge gleich zu behandeln sind. Hatte er Recht? 523

Die Kürzung der Sozialhilfe verstieß gegen geltendes Völkerrecht, weil den deutschen Staatsangehörigen durch das BSHG keine mittelbaren Residenzpflichten auferlegt wurden. Da es um eine Kollision mit Völkervertragsrecht ging, das in Deutschland über das Zustimmungsgesetz zur GFK einfachgesetzlichen Rang innehatte, ergab sich nach formalen Kriterien kein Vorrang einer der beiden gleichrangigen Rechtsnormen. (Hätte man die Lex-posterior-Regel angewendet, wonach die spätere Norm der früheren vorgeht, hätte sogar die GFK zurücktreten müssen.) Im Einklang mit dem Grundsatz der Völkerrechtsfreundlichkeit ging das BVerwG indes von der Vermutung aus, dass der Gesetzgeber im BSHG nicht von völkerrechtlichen Verpflichtungen der Bundesrepublik Deutschland habe abweichen wollen und erklärte Art. 23 GFK in Fragen der Sozialhilfe für Flüchtlinge zur spezielleren Norm.

Der Gesetzgeber hat reagiert und die Rechtslage der GFK angepasst: Die Nachfolgevorschrift (§ 23 Abs. 5 SGB XII) enthält eine Ausnahme für Konventionsflüchtlinge.

Das BVerfG hat klargestellt, dass sich die Völkerrechtsfreundlichkeit als Ausle- 524
gungsprinzip nicht über **methodische Grenzen der Gesetzesinterpretation** hinwegsetzen könne. Methodisch nicht vertretbar sei eine **Auslegung entgegen eindeutig entgegenstehendem Gesetzes- oder Verfassungsrecht**.[53] Daher sei die bewusste Entscheidung des Gesetzgebers, sich über eine völkerrechtliche Verpflichtung hinwegzusetzen (sog. **treaty override**[54]), innerstaatlich wirksam. Das BVerfG stützt dies auf das **Demokratieprinzip** und den (daraus abgeleiteten) Grundsatz der parlamentarischen Diskontinuität. Diesen Grundsätzen widerspräche es, wenn der Bundestag mit Zustimmung zu einem völkerrechtlichen Vertrag künftige Bundestage unwiderruflich binden könne. Die Option einer bewussten Durchbrechung völkerrechtlicher Verpflichtungen entschädigt den Bundestag gewissermaßen für das Fehlen eines parlamentarischen Kündigungsrechts (Rn. 511).[55] Indem es den Willen des Gesetzesgebers absolut setzt und sich auf den formalen Rang völkerrechtlicher Verträge im innerstaatlichen Recht beruft, **überspitzt** das BVerfG den **dualistischen Ansatz**. Aus der Öffnung des GG für eine internationale Zusammenarbeit folgt, dass die Idee einer völkerrechtlichen Bindung auch innerstaatlich ernst zu nehmen ist. Eine bloße Ausle-

52 BVerwGE 111, 200.
53 Zum Folgenden ausführlich BVerfGE 141, 1 (20 ff, hier: 30 f).
54 Bei diesem v. a. im Steuerrecht auftauchenden Phänomen geht es um den bewussten Bruch von Regelungen in Doppelbesteuerungsabkommen (DBA) durch den Gesetzgeber, d. h. um die Besteuerung von Einnahmen und Gewinnen im Inland, für die nach dem DBA der andere Vertragsstaat zuständig wäre. Hintergrund dieser nicht nur in Deutschland verbreiteten Praxis ist die Verhinderung einer Abwanderung des Steuersubstrats durch Steuersparstrategien. Allgemein *R. Frau*, Der Gesetzgeber zwischen Verfassungsrecht und völkerrechtlichem Vertrag, 2015.
55 BVerfGE 141, 1 (23).

gungsregel, an die der Gesetzgeber in keiner Weise gebunden ist,[56] wird dem nicht gerecht. Zutreffend ist sicherlich, dass umgekehrt auch die **Völkerrechtstreue** (es geht um Einhaltung übernommener Verpflichtungen, nicht um eine großherzige „Freundlichkeit"!) nicht absolut gesetzt werden darf; zwischen beiden Prinzipien ist aber ein **angemessener Ausgleich** herzustellen. Dies zu überprüfen, obliegt dem BVerfG, wobei dem Gesetzgeber ein Einschätzungsspielraum zuzubilligen ist.[57]

Als **Abwägungskriterien** kommen dabei insbesondere in Betracht: „das mit dem späteren Gesetz verfolgte Regelungsziel und dessen Bedeutung für das Gemeinwohl, die Auswirkungen auf die Rechtsstellung der durch die völkerrechtliche Regelung begünstigten Individuen, die Dringlichkeit der abweichenden Regelung, die Möglichkeit des Rückgriffs auf zumutbare völkerrechtsgemäße Mittel zur Beendigung der völkerrechtlichen Bindung, wie etwa Abgabe einer interpretativen Erklärung, Kündigung oder Modifizierung des Vertrags und die bei einem Völkerrechtsbruch im Raume stehenden Rechtsfolgen."[58]

2. Besonderheiten bei Menschenrechtsabkommen

525 Für völkerrechtliche Verpflichtungen aus **Menschenrechtsabkommen**, namentlich der EMRK[59], geht auch das BVerfG von einer stärkeren Bindungswirkung aus.[60] Grundlage für deren **quasi-verfassungsrechtlichen Rang** ist das Bekenntnis zu „unverletzlichen und unveräußerlichen Menschenrechten" in Art. 1 Abs. 2 GG. Hinzu kommt, dass das GG mit den Grundrechten in dieselbe Richtung zielt. Es geht daher nicht um Kollisionen gegenläufiger, sondern um **Konkurrenzen** zwischen gleichgerichteten Normen. Ungeachtet des normativen Rangs dieser Abkommen als einfache Bundesgesetze sind sie als **Auslegungshilfe** zur Interpretation der Grundrechte des GG heranzuziehen. Auf diesem Wege vermögen internationale Menschenrechtsstandards auch dem parlamentarischen Gesetzgeber Bindungen aufzuerlegen. Ein *treaty override* ist hier allenfalls durch Verfassungsänderung möglich, wobei zu beachten ist, dass die in Art. 1 Abs. 2 GG beschworenen Grundsätze gem. Art. 79 Abs. 3 GG unabänderlich sind.

526 Die Einbeziehung völkerrechtlicher Menschenrechtsstandards erfolgt „ergebnisorientiert": „Sie zielt nicht auf eine schematische Parallelisierung einzelner verfassungsrechtlicher Begriffe, sondern dient der Vermeidung von Völkerrechtsverletzungen".[61] Ebenfalls zu berücksichtigen ist die **Rechtsprechung internationaler Gerichte** zu diesen Abkommen, und zwar unabhängig davon, ob es sich um Urteile handelt, die Deutschland als Streitpartei rechtlich verpflichten. Das BVerfG stützt dies überzeugend auf deren „jedenfalls faktische Orientierungs- und Leitfunktion […] über den

56 Strikter noch BVerfGE 111, 307 (319): „Insofern widerspricht es nicht dem Ziel der Völkerrechtsfreundlichkeit, wenn *der Gesetzgeber ausnahmsweise* Völkervertragsrecht nicht beachtet, sofern nur auf diese Weise ein Verstoß gegen tragende Grundsätze der Verfassung abzuwenden ist" (Hervorhebungen hinzugefügt).

57 So zutreffend abw. Votum *König*, BVerfGE 141, 1/44 ff. Dem folgend *M. Payandeh*, Grenzen der Völkerrechtsfreundlichkeit, NJW 2016, 1279.

58 Abw. Votum *König*, BVerfGE 141, 1/44 (48).

59 Zur UN-Konvention über Rechte von Menschen mit Behinderungen BVerfGE 128, 282 (306); BVerwG, NJW 2019, 1206, Rn. 62 ff; zur UN-Kinderrechtekonvention BVerfG, Beschluss v. 5.7.2013, 2 BvR 708/12, Rn. 21. Zur UN-Frauenrechtekonvention *D. König/S. Schadendorf*, Die Rezeption der UN-Frauenrechtskonvention in Karlsruhe und Straßburg, DÖV 2014, 853.

60 BVerfGE 141, 1 (33 f).

61 BVerfGE 128, 326, Rn. 94. Vgl. zuvor schon BVerfGE 74, 358 (370); 111, 307 (317 f).

konkret entschiedenen Einzelfall hinaus“.[62] Auch hier geht es aber nicht um schematische Übernahme der Rechtsprechung, sondern um eine möglichst schonende Einpassung „in das vorhandene, dogmatisch ausdifferenzierte nationale Rechtssystem“.[63] Einfallstore sind v. a. der Grundsatz der Verhältnismäßigkeit und der Vertrauensschutz.[64] Diese Grundsätze sind vor allem mit Blick auf die EMRK und Entscheidungen des EGMR entwickelt worden, gelten aber z. B. auch für menschenrechtlich relevante Urteile des IGH.[65]

Auch hinsichtlich internationaler Menschenrechtsgarantien hat das BVerfG Grenzen der Völkerrechtsfreundlichkeit herausgearbeitet. Diese sind in erster Linie an die **Fachgerichte** adressiert. Seine seit dem Görgülü-Beschluss[66] entwickelte Rechtsprechung hat das BVerfG im Urteil zur Sicherungsverwahrung von 2011 zusammengefasst.[67] Danach sind **Grenzen der völkerrechtsfreundlichen Auslegung und Anwendung** des Rechts erreicht, **527**

- wenn die konventionsfreundliche Auslegung „nach den anerkannten Methoden der Gesetzesauslegung und Verfassungsinterpretation nicht mehr vertretbar erscheint“ oder
- wenn der Grundrechtsschutz nach dem GG eingeschränkt wird,
- insbesondere bei abweichender Gewichtung in mehrpoligen Rechtsbeziehungen.

Für die Fachgerichte wandelt sich die Berücksichtigungspflicht in diesen Fällen in eine Pflicht, ihre Abweichung zu begründen.

Auf den ersten Blick mag irritieren, dass das BVerfG vor dem Beschluss zum *treaty override* seine Rechtsprechung zu den Grenzen der Völkerrechtsfreundlichkeit gerade mit Blick auf menschenrechtliche Verpflichtungen der Bundesrepublik Deutschland entwickelt hat: Diese Pflichten sollten ja eigentlich nicht in Widerspruch mit den Grundrechten des GG treten, sondern diese vielmehr verstärken. Hierhinter verbirgt sich letztlich ein **institutioneller Konflikt zwischen BVerfG und EGMR**: Gerade in **mehrpoligen Rechtsverhältnissen**, wo kollidierende Grundrechte verschiedener Grundrechtsträger auszugleichen sind, kann die Gewichtung unterschiedlich vorgenommen werden. Dies musste das BVerfG im Fall *Caroline von Hannover* erfahren, in dem der EGMR die Persönlichkeitsrechte Prominenter stärker gegenüber der Pressefreiheit in Schutz genommen hat als das BVerfG in seiner Rechtsprechung.[68] Indem **528**

62 BVerfGE 128, 326, Rn. 92.

63 BVerfGE 128, 326, Rn. 97. Dies erstreckt sich auch auf den Urteilstenor des EGMR in Verfahren gegen Deutschland, vgl. BVerfG, NJW 2013, 3714 (3175 f, Rn. 40 ff): keine Pflicht zur Wiederaufnahme des Verfahrens nach Feststellung der Verletzung und Verurteilung zur Zahlung.

64 Näher anhand von Beispielen *A. v. Arnauld*, Öffnung der öffentlich-rechtlichen Methode durch Internationalität und Interdisziplinarität, VVDStRL 74 (2015), 39 (55 ff).

65 BVerfG, NJW 2007, 499 (500); NJW 2011, 207 (208 f).

66 BVerfGE 111, 307; siehe Anhang, Nr. 46.

67 BVerfGE 128, 326 (369 ff).

68 EGMR, Urteil v. 24.6.2004, Caroline v. Hannover/Deutschland, 59320/00, EuGRZ 2004, 404 = NJW 2004, 2647, gegenüber BVerfGE 101, 361 – Caroline II. Auseinandersetzung mit der Rechtsprechung des EGMR in BVerfGE 120, 180 – Caroline III. Dazu u. a. *A. Behnsen*, Das Recht auf Privatleben und die Pressefreiheit – Die Entscheidung des Europäischen Gerichtshofs für Menschenrechte in der Sache Hannover./. Deutschland, ZaöRV 65 (2005), 239; *M. Hong*, Caroline von Hannover und die Folgen: Meinungsfreiheit im Mehrebenensystem zwischen Konflikt und Kohärenz, EuGRZ 2011, 214; *H.-J. Cremer*, *Caroline II* – Zwischenschritt auf dem Weg zu einem Kooperationsverhältnis Straßburg-Karlsruhe?, ZaöRV 74 (2014), 215.

die Fachgerichte eine solche abweichende Gewichtung durch den EGMR als eine Einschränkung des Grundrechtsschutzes behandeln dürfen (was für die eine der beiden Seiten ja auch zutrifft), baut das BVerfG die Brücke zu den nicht aufgebbaren „tragenden Grundsätzen der Verfassung" und zu der „in dem letzten Wort der deutschen Verfassung liegende[n] Souveränität".[69] Da das BVerfG das letzte Wort über dieses letzte Wort hat, sieht das Gericht hierin die „normative Grundlage" eines „internationalen und europäischen Dialogs der Gerichte".[70]

Verfassungsrechtliche Grenzen der Übernahme von EGMR-Urteilen in das deutsche Recht hat z. B. das BVerwG geltend gemacht. Nach ständiger Rechtsprechung des EGMR (v. a. zur Rechtslage in der Türkei) darf das **Streikrecht für Beamte** nicht pauschal ausgeschlossen werden, sondern allenfalls für solche Beamte, die im engeren Sinne hoheitliche Aufgaben erfüllen (nicht z. B. für Lehrer) (Rn. 725). Das BVerwG sah im traditionellen Streikverbot für Beamte einen hergebrachten Grundsatz des Berufsbeamtentums i. S. v. Art. 33 Abs. 5 GG, der nicht im Wege der Auslegung oder richterlichen Rechtsfortbildung, somdern nur im Wege der Gesetzgebung geändert werden dürfe.[71] Demgegenüber hat das BVerfG nach einer Kontextualisierung der EGMR-Urteile die Vergleichbarkeit der türkischen Fälle mit der Rechtslage in Deutschland und – nach einer eher verfassungskonformen Interpretation der Konvention denn einer konventionskonformen Interpretation des GG – einen Widerspruch zur EMRK verneint.[72]

III. Die Durchsetzung des Völkerrechts vor deutschen Gerichten

1. Bindung an das Völkerrecht als Teil der Gesetzesbindung

529 Völkerrechtliche Verträge, die über das Zustimmungsgesetz als Bundesgesetze gelten, sind ebenso Bestandteil der deutschen Rechtsordnung wie die über Art. 25 GG inkorporierten „allgemeinen Regeln des Völkerrechts". Ihrer **Bindung an Gesetz und Recht** aus Art. 20 Abs. 3 GG wegen sind deutsche Behörden und Gerichte daher verpflichtet, diese völkerrechtlichen Normen zu beachten.[73] Da diese Normen Bestandteil des Bundesrechts sind, wachen die obersten Bundesgerichte als **Revisionsgerichte** über die einheitliche Anwendung der völkerrechtlichen Regeln im Bundesgebiet.

530 Die Fachgerichte unterliegen in ihrer Auslegung und Anwendung völkerrechtlicher Verträge auch der **Kontrolle durch das BVerfG**. Da dieses nicht am Maßstab einfachen Rechts entscheidet, muss die vertragsrechtliche Frage aber verfassungsrechtliche Relevanz besitzen. Grundsätzlich überprüft das BVerfG die Auslegung völkerrechtlicher Verträge durch die Fachgerichte nur darauf, „ob sie willkürlich sind oder auf einer grundsätzlich unrichtigen Anschauung von der Bedeutung eines Grund-

69 Alle Zitate aus BVerfGE 111, 307 (318 f); siehe Anhang, Nr. 46.

70 BVerfGE 128, 326 (369). Näher *A. Voßkuhle*, Menschenrechtsschutz durch die Europäischen Verfassungsgerichte, RdA 2015, 33.

71 BVerwGE 149, 117, Rn. 58 f.

72 BVerfG, NJW 2019, 41. Dazu kritisch *J. Wagner*, Vom Ende der Freundlichkeit – Zum Urteil des Bundesverfassungsgerichts zum Streikverbot für Beamte, juwiss.de (20.6.2018). Vertiefend *S. Jötten/ F. Machts*, Ban on Strike Action for Civil Servants is Constitutional, GYIL 61 (2018), 465.

73 Zu den praktischen Schwierigkeiten *M. Payandeh*, Die Internationalisierung der Rechtsordnung als Herausforderung für die Gesetzesbindung, RWiss 2013, 397.

rechts beruhen oder mit anderen verfassungsrechtlichen Vorschriften unvereinbar sind".[74] Eine intensivere Kontrolle erfolgt, wo ein Völkerrechtsverstoß droht, der im Außenverhältnis die Verantwortlichkeit der Bundesrepublik Deutschland zur Folge hätte.[75] Eine umfassende Überprüfung findet schließlich in Menschenrechtsfällen statt. Kontrollmaßstab ist hier die relevante Grundrechtsbestimmung des GG, die sodann unter Heranziehung der einschlägigen internationalen Abkommen als Auslegungshilfe interpretiert wird.[76]

2. Überprüfung völkerrechtlicher Abkommen durch das BVerfG

Eine Sonderrolle spielt das BVerfG, weil es allein befugt ist, über die **Verfassungsmäßigkeit völkerrechtlicher Abkommen** zu entscheiden (formal ist nicht das Abkommen selbst, sondern das Zustimmungsgesetz Gegenstand der Entscheidung). **Vor Ratifikation** des Vertrages kann das BVerfG v. a. im Wege der abstrakten Normenkontrolle gemäß Art. 93 Abs. 1 Nr. 2 GG durch die Bundesregierung, eine Landesregierung oder ein Viertel der Mitglieder des Bundestages angerufen werden – oder aber im Wege der Verfassungsbeschwerde (Art. 93 Abs. 1 Nr. 4a GG), wenn das Vertragsgesetz in Grundrechte oder grundrechtsgleiche Rechte eingreift. Ausnahmsweise überprüft das BVerfG ein Gesetz hier bereits vor seiner Ausfertigung, weil unmittelbar nach der Ausfertigung die Ratifikation erfolgt; nach der Ratifikation aber hätte eine Entscheidung des BVerfG keinen Einfluss mehr auf die völkerrechtliche Bindung Deutschlands.[77] 531

Nach Ratifikation und nach Inkrafttreten des Zustimmungsgesetzes kann ein völkerrechtlicher Vertrag vor allem inzident zum BVerfG gelangen, nämlich über eine Verfassungsbeschwerde oder eine konkrete Normenkontrolle (Art. 100 Abs. 1 GG). Für Abkommen, die über ein Zustimmungsgesetz nach Art. 59 Abs. 2 S. 1 GG im Rang von Bundesgesetzen gelten, besitzt das BVerfG ein Verwerfungsmonopol. 532

Beispiel: A wehrt sich gerichtlich gegen die Weitergabe seiner Daten an die Polizeibehörden eines anderen Staates auf Grundlage eines bilateralen Abkommens. Sofern das Gericht von der Verfassungswidrigkeit des Abkommens (bzw. formal des Zustimmungsgesetzes) überzeugt ist, hat es dieses dem BVerfG nach Art. 100 Abs. 1 GG vorzulegen. Bleibt A vor den Fachgerichten mit seiner Klage erfolglos, kann er nach Erschöpfung des Rechtswegs Verfassungsbeschwerde erheben und dabei erneut die Unvereinbarkeit des Abkommens mit seinem Grundrecht auf informationelle Selbstbestimmung aus Art. 2 Abs. 1 i. V. m. Art. 1 Abs. 1 GG rügen.

Da in diesen Fällen die völkerrechtliche Bindung Deutschlands bereits eingetreten ist, wird das BVerfG jedoch so weit als möglich versuchen, Widersprüche im Wege der Auslegung zu beseitigen.[78]

74 BVerfGE 111, 307 (328) m. w. N.

75 BVerfGE 58, 1 (34); 59, 63 (89); 63, 343 (371 f); 109, 13 (23).

76 Z. B. BVerfGE 128, 326 (366 ff).

77 BVerfGE 1, 396 (410 ff); 24, 33 (53 f).

78 Vgl. BVerfGE 74, 358 (370); 88, 103 (112); 99, 145 (158); 111, 307 (317 f). Zu den Grenzen dieser völkerrechtsfreundlichen Auslegung siehe Rn. 521–524.

3. Normverifikationsverfahren nach Art. 100 Abs. 2 GG

533 Besonderheiten bei der gerichtlichen Durchsetzung bestehen schließlich beim Völkergewohnheitsrecht und den allgemeinen Rechtsgrundsätzen, d. h. den **„allgemeinen Regeln des Völkerrechts"** im Sinne von Art. 25 GG. Hier handelt es sich um nicht-schriftliche Rechtsregeln, deren Existenz und konkreter Inhalt schwer feststellbar sein können. Wäre die Feststellung jedem Gericht selbst überlassen, drohte die Gefahr abweichender Entscheidungen. Das Grundgesetz sieht daher bei Zweifeln hinsichtlich einer solchen Regel in Art. 100 Abs. 2 GG ein Vorlageverfahren an das BVerfG vor, bei dem die Normfeststellung **(Normverifikation)** monopolisiert ist.[79]

534 Ob **Zweifel** bestehen, ist aus **objektiver Sicht** zu bestimmen, nicht danach, ob das Gericht selbst Zweifel hat. Nur so kann erreicht werden, dass die Erkenntnis ungeschriebener (und daher schwerer zu bestimmender) Regeln des Völkerrechts im Interesse der Rechtssicherheit beim BVerfG gebündelt wird. Wie bei Art. 100 Abs. 1 GG auch, setzt die Vorlage nach Art. 100 Abs. 2 GG zusätzlich voraus, dass es auf die Frage zur Entscheidung des Ausgangsrechtsstreits ankommt **(Entscheidungserheblichkeit)**.[80]

535 Unterlässt ein Gericht pflichtwidrig die Vorlage, so kann nach Erschöpfung des Rechtswegs beim BVerfG **Verfassungsbeschwerde** erhoben werden.[81] Der eine Weg führt über die Rüge eines Verstoßes gegen Art. 2 Abs. 1 GG (die „allgemeinen Regeln des Völkerrechts" aus Art. 25 sind Bestandteil der „verfassungsmäßigen Ordnung" in der Schrankentrias des Art. 2 Abs. 1 GG), der andere über Art. 101 Abs. 1 S. 2 GG: Das BVerfG ist im Rahmen des Art. 100 Abs. 2 GG „gesetzlicher Richter"; unterlässt das Instanzgericht in pflichtwidriger Weise die Vorlage, wird dem Beschwerdeführer *in spe* sein gesetzlicher Richter entzogen. In anderen Vorlagefällen (z. B. bei pflichtwidrig unterlassener Vorlage an den EuGH[82]) stellt das BVerfG nur einen Verstoß gegen Art. 101 Abs. 1 S. 2 GG fest und verweist die Sache an das Instanzgericht zurück; dieses muss dann die Vorlage nachholen. Da das BVerfG (genauer: dessen Zweiter Senat) hier sowohl für die Entscheidung im Verfassungsbeschwerdeverfahren zuständig, als auch der gesetzliche Richter im Zwischenverfahren zum Ausgangsrechtsstreit ist, entscheidet der Senat in einem solchen Fall „durch", d. h. er prüft nach Feststellung des Verstoßes weiter, ob die fragliche allgemeine Regel des Völkerrechts tatsächlich existiert oder nicht.[83]

---

79 Zum Verhältnis von Vertragsrecht (hier sind die Fachgerichte vorrangig zur Interpretation befugt) und Gewohnheitsrecht (hier besteht ein Feststellungsmonopol des BVerfG) im Rahmen von Verfahren vor deutschen Gerichten BVerfG, NJW 2001, 1848 (zur Strafbarkeit des Völkermordes nach dem Weltrechtsprinzip).

80 BVerfGE 100, 209 (213).

81 Näher *A. v. Arnauld*, Klausurenkurs im Völkerrecht, 3. Aufl. 2018, Fall 7.

82 Zu den diesbezüglichen Voraussetzungen BVerfG, NJW 2018, 606.

83 BVerfGE 64, 1 (21 f); 96, 68 (86).

Übersicht: Die Stellung des Völkerrechts im deutschen Recht

	Völkerrechtliche Verträge	Völkergewohnheitsrecht, allg. Rechtsgrundsätze
Rang	Gesetzesrang über das Zustimmungsgesetz: Art. 59 II 1 GG *anders bei Verwaltungsabkommen: Art. 59 II 2 GG*	Vorrang vor Gesetzen, Nachrang gegenüber Verfassung (str.): Art. 25 GG
Kollisionsregeln	*Verordnung:* Verordnung nichtig *Gesetz:* völkerrechtskonforme Auslegung, soweit möglich; i. Ü. setzt sich *lex posterior* durch (*treaty override*; anders bei Menschenrechtsabkommen) *Grundgesetz:* völkerrechtskonforme Auslegung, soweit möglich; i. Ü. setzt sich GG durch	*Verordnung:* Verordnung nichtig *Gesetz:* Gesetz nichtig bzw. unanwendbar (str.) *Grundgesetz:* völkerrechtskonforme Auslegung, soweit möglich; sonst setzt sich innerstaatlich GG durch; Konflikt mit dem Völkerrecht wohl nur durch GG-Änderung zu lösen (wegen Natur der Völkerrechtsquelle; eher theoretischer Fall)
Durchsetzung	durch Fachgerichte BVerfG prüft auf Vertretbarkeit; bei drohendem Völkerrechtsverstoß intensivere Prüfung; bei Menschenrechten volle Überprüfung an Grundrechten des GG i. V. m. Menschenrechtsabkommen	durch Fachgerichte bei Zweifeln über Bestehen oder Inhalt der Völkerrechtsregel Vorlage an das BVerfG: Art. 100 II GG bei pflichtwidriger Nichtvorlage Verfassungsbeschwerde

C. Die Sonderrolle des Rechts der EU

I. Supranationalität des Unionsrechts

Die Bestimmung des wechselseitigen Verhältnisses ist nicht nur zwischen Völkerrecht und staatlichem Recht nötig, sondern ebenso für das (mitglied-)staatliche Recht und das Recht der EU. Vor dem Hintergrund der soeben dargestellten Grundsätze lässt sich die Sonderrolle des Unionsrechts verdeutlichen, das sich von seinen völkerrechtlichen Wurzeln schon lange und weit entfernt hat. Nach ständiger Rechtsprechung des EuGH ist das Unionsrecht weder „gewöhnliches" Völkerrecht noch innerstaatliches Recht. Völkerrecht findet nur in Außenbeziehungen der EU Anwendung, nicht im Binnenverhältnis zu den Mitgliedstaaten. Das **Unionsrecht ist autonom**; seine Regeln sind nach eigenen Maßstäben auszulegen.[84] **536**

Innerhalb des Unionsrechts bekleiden **völkerrechtliche Verträge der Union** einen Rang zwischen Primär- und Sekundärrecht (Art. 216 Abs. 2 AEUV). Im Rahmen ihrer Zuständigkeit **537**

84 Grundlegend EuGH Slg. X (1964), 1141 (Costa/ENEL). Dazu u. a. *K. Ritgen*, in: Menzel/Pierlings/Hoffmann (Hg.), Völkerrechtsprechung, 2005, Nr. 58.

sind die Mitgliedstaaten wie durch Unionsrecht allgemein zur Implementierung und Anwendung verpflichtet. Der EuGH ist allerdings zurückhaltend bei der Frage der unmittelbaren Anwendbarkeit (und damit Einklagbarkeit) völkerrechtlicher Verträge. Vor allem dem WTO-Recht und den Entscheidungen der WTO-Streitbeilegungsorgane spricht der EuGH ab, *self-executing* zu sein und nimmt lediglich eine Pflicht zur völkerrechtsfreundlichen Auslegung des Unionsrechts an.[85] Die Regeln des **Völkergewohnheitsrechts** wiederum gelten als allgemeine Rechtsgrundsätze im Unionsrecht und bekleiden damit den normativen Rang von Primärrecht. Für die Frage, ob eine solche Regel existiert, besitzt der EuGH die Kompetenz zur Normverifikation. Der Einzelne kann sich auf eine Norm des Völkergewohnheitsrechts nur berufen, wenn sie ihn entweder unmittelbar berechtigt oder verpflichtet (z. B. Menschenrechte) oder die Geltung von Rechtsakten betrifft (z. B. Regeln zur Suspendierung von Verträgen), aus denen sich individuelle Rechte oder Pflichten ergeben.[86]

538 Das Unionsrecht hebt sich dadurch von den völkerrechtlichen Verpflichtungen ab, dass es als **„supranational"** charakterisiert werden kann (vgl. Rn. 515). Kennzeichnend hierfür sind v. a. zwei Fundamentalprinzipien des Unionsrechts:[87]

- Unionsrechtsakte gelten in den Mitgliedstaaten unmittelbar, d. h. ohne dass es zuvor einer Umsetzung in nationales Recht bedürfte **(unmittelbare Geltung)**.
- Unionsrecht hat Vorrang vor allem nationalen Recht, auch dem mitgliedstaatlichem Verfassungsrecht **(Vorrang des Unionsrechts)**.

Die beiden Grundsätze antworten auf die zu Beginn dieses Kapitels vorgestellten Ausgangsfragen für die Bestimmung des Verhältnisses zwischen Rechtsordnungen: die „Schleusen-Frage" (II.) und die Rangfrage (III.) (zu diesen Rn. 500). Die Rechtsprechung des EuGH dazu ist von den Mitgliedstaaten grundsätzlich akzeptiert.[88]

II. Unmittelbare Geltung des Unionsrechts

539 Die „Schleusen-Frage" ist im Sinne einer automatischen Geltung des Unionsrechts in den mitgliedstaatlichen Rechtsordnungen beantwortet, die Schleusen stehen für das Unionsrecht offen. Damit entwirft das Unionsrecht für sein Verhältnis zum Recht der Mitgliedstaaten ein **monistisches Modell**.

540 Wie in anderen monistischen Systemen auch findet sich im Verhältnis des Unionsrechts zu den Rechtsordnungen der Mitgliedstaaten die wichtige Unterscheidung zwischen **unmittelbar anwendbaren** und **nicht unmittelbar anwendbaren Normen** (Rn. 507): EU-Verordnungen sind *self-executing* und damit ohne weiteren Umsetzungsakt in den Mitgliedstaaten anwendbar (Art. 288 Abs. 2 AEUV). EU-Richtlinien dagegen verpflichten die Mitgliedstaaten, einem vorgegebenen Rahmen entsprechen-

85 Klassisch EuGH Slg. 1982, 3641 (Kupferberg); Slg. 2005, I-1465 (Léon Van Parys).

86 EuGH, Urteil v. 21.12.2011, C-366/10 (Air Transport Association of America). Vertiefend zum Völkerrecht im Recht der EU *A. v. Arnauld*, Das System der Europäischen Außenbeziehungen, in: ders. (Hg.), Europäische Außenbeziehungen, 2014, § 1, Rn. 100 ff. Siehe auch *B. Fassbender*, Triepel in Luxemburg, DÖV 2010, 333; *A. Epiney*, Zu den Implikationen der EU-Mitgliedschaft für die Stellung und Anwendung des Völkerrechts im innerstaatlichen Recht, FS Wolfrum, Band 2, 2012, 1909; *G. de Búrca*, International Law Before the Courts: the EU and the US Compared, VirginiaJIL 55 (2015), 685.

87 EuGH Slg. IX (1963), 1 (Van Gend & Loos); Slg. X (1964), 1251 (Costa/ENEL).

88 Vgl. BVerfGE 123, 267 (401 f).

de Gesetze zu erlassen, die dann von den nationalen Behörden und Gerichten zu beachten sind (Art. 288 Abs. 1 AEUV). Sie adressieren die mitgliedstaatlichen Gesetzgeber und sind somit *non-self-executing*.

Auch wenn Richtlinien insgesamt auf eine zweistufige Rechtsetzung zielen (1. Stufe: Richtlinie, 2. Stufe: innerstaatliches Umsetzungsgesetz), enthalten sie doch nicht selten einzelne Bestimmungen, die so konkret gefasst sind, dass sie aus sich selbst heraus vollziehbar sind. Hierauf kommt es in Fällen **verspäteter oder fehlerhafter Umsetzung von Richtlinien** an: Nach der Rechtsprechung des EuGH können mit Ablauf der Umsetzungsfrist diejenigen Teile der Richtlinie, die *self-executing* sind, in den Mitgliedstaaten unmittelbar angewendet werden, ohne auf die korrekte Umsetzung durch den nationalen Gesetzgeber zu warten.[89] 541

III. Vorrang des Unionsrechts

Die Rangfrage wird vom EuGH im Sinne eines Vorrangs des Unionsrechts vor sämtlichen mitgliedstaatlichen Rechtsakten beantwortet. Aus diesem Vorrang folgt zweierlei: 542

- Soweit der innerstaatliche Rechtsakt auslegungsfähig ist, ist diejenige Auslegung zu wählen, die mit dem Unionsrecht im Einklang steht **(unionsrechtskonforme Auslegung)**.
- Soweit eine unionsrechtskonforme Auslegung nicht möglich ist, ist das entgegenstehende nationale Recht **unanwendbar** (nicht notwendigerweise nichtig: dies ist wichtig für ein Wiederaufleben, wenn die unionsrechtliche Regelung entfällt).

IV. Monismus auf dualistischer Grundlage

Das Verhältnis zwischen Unionsrecht und dem Recht der EU-Mitgliedstaaten folgt somit dem Modell eines Monismus mit Vorrang für das überstaatliche Recht. Um dieses Modell etablieren zu können, ist die EU aber auf die Unterstützung durch das mitgliedstaatliche Verfassungsrecht angewiesen. Für Deutschland ergibt sich so das Gesamtbild eines **Monismus auf dualistischer Grundlage**, denn die Unionsrechtsordnung ruht auf den Gründungsverträgen als dem Primärrecht der Union (EUV, AEUV); diese Gründungsverträge aber sind völkerrechtliche Abkommen, die mit der deutschen Rechtsordnung nach dualistischen Grundsätzen verkoppelt sind. 543

In seinem **Lissabon-Urteil**[90] hat das BVerfG 2009 in Bekräftigung seines Maastricht-Urteils betont, dass der supranationale Charakter des Unionsrechts **Grund und Grenze im nationalen Verfassungsrecht** finde. Schon die Verwendung des Begriffs der „Europarechtsfreundlichkeit"[91] deutet an, dass das Gericht hier bewusst eine Rückbindung an seine Rechtsprechung zum allgemeinen Völkerrecht vorgenommen

89 Grundlegend EuGH Slg. XVI (1970), 1213 (S. A.C.E.), Rn. 14 ff.
90 BVerfGE 123, 267.
91 Zum Begriff BVerfGE 123, 267 (346 f).

hat. Auch für diese „Freundlichkeit" gilt aus Sicht des BVerfG, dass sie Wirkung „nur im Rahmen des demokratischen und rechtsstaatlichen Systems des Grundgesetzes" entfaltet und keinen Verzicht „auf die in dem letzten Wort der deutschen Verfassung liegende Souveränität" bedeutet.[92] Aus diesem Souveränitätsvorbehalt leitet das BVerfG die Aufgabe ab, darüber zu wachen, dass sich EU-Rechtsakte im Rahmen der übertragenen Hoheitsrechte bewegen (Ultra-vires-Kontrolle) und dass Integrationsschritte nicht die von Art. 79 Abs. 3 GG gezogene Grenze überschreiten (Identitätskontrolle).

544 Mit der **Ultra-vires-Kontrolle** will das BVerfG die **Grenzen des Übertragenen** sichern. Nur soweit der EU Hoheitsrechte übertragen wurden, kann sie auch rechtswirksame Maßnahmen treffen. Dabei geht es dem BVerfG letztlich um eine Verteidigung der völkerrechtlichen Grundlagen der Union: Die Mitgliedstaaten bestimmen als „Herren der Verträge" darüber, welche Hoheitsrechte sie auf die EU übertragen. Nur die in Übereinstimmung damit erlassenen Sekundärrechtsakte können über die Brücke des Zustimmungsgesetzes zu den völkerrechtlichen Gründungsverträgen in das innerstaatliche Recht gelangen (Rn. 515). Überschreitet die EU ihre Kompetenzgrenzen, maßt sie sich mit dem „ausbrechenden Rechtsakt" eine Kompetenz-Kompetenz an, die ihr nicht zukommt (und die die Union nach Ansicht des BVerfG zum Staat werden ließe).

545 Kontrovers ist die Auffassung des BVerfG v. a. deshalb, weil es die Überwachung der Kompetenzgrenzen nicht allein dem EuGH überlassen möchte, der hierfür nach Art. 263 AEUV zuständig ist. Das vom BVerfG selbst so genannte **„Kooperationsverhältnis"** zum EuGH ist dadurch ein latent angespanntes, hinter dem der Streit um letzte Worte steht. Das erkennt auch das BVerfG an. In seinem **Honeywell-Beschluss**[93] führt das Gericht aus, dass eine freie Überprüfung von Unionsrechtsakten durch die mitgliedstaatlichen Gerichte den Anwendungsvorrang des Unionsrechts unterlaufen und dessen einheitliche Anwendung gefährden würde; umgekehrt würde ein Verzicht auf Überprüfung durch die Mitgliedstaaten das Primärrecht zur alleinigen Disposition der Unionsorgane stellen und so eine Selbstermächtigung der EU an den „Herren der Verträge" vorbei gestatten. Die Ultra-vires-Kontrolle ist daher **zurückhaltend auszuüben**. Inhaltlich setzt sie voraus, dass Unionsrechtsakte „offensichtlich und in strukturell bedeutsamer Weise" die primärrechtlich abgesteckten Kompetenzgrenzen überschreiten. Bevor das BVerfG einen „ausbrechenden Rechtsakt" feststellt, muss es zudem dem EuGH die Frage nach dessen Vereinbarkeit mit dem Primärrecht vorlegen. Dem EuGH gesteht das BVerfG dabei – nicht ohne kollegiale Herablassung – einen „Anspruch auf Fehlertoleranz" zu.[94]

In seinem Urteil zum **OMT-Beschluss** der EZB (Bereitschaft zum Ankauf von Staatsanleihen auf dem sog. Sekundärmarkt) hat das BVerfG nach seiner ersten Vorlage an den EuGH zwar „gewichtige Einwände" gegen das Urteil des Gerichtshofs geäußert, jedoch festgestellt, dass

92 Vgl. BVerfGE 111, 307 (318 f) zur Völkerrechtsfreundlichkeit. Dazu Rn. 521–524. Zu der problematischen Vorbildwirkung *B. Bakó*, The Zauberlehrling Unchained? The Recycling of the German Federal Constitutional Court's Case Law on Identity-, Ultra Vires- and Fundamental Rights Review in Hungary, ZaöRV 78 (2018), 863.

93 Zum Folgenden BVerfGE 126, 286.

94 BVerfGE 126, 286 (307).

der Beschluss in den vom EuGH umrissenen Grenzen nicht „offensichtlich" gegen die Kompetenzen der EZB verstoße.[95]

Indem die Ultra-vires-Kontrolle eine Kompetenz-Kompetenz der EU abwehren soll, dient sie dem Schutz von Demokratie und Volkssouveränität (Art. 20 Abs. 1 GG). In diesem Sinne ist sie eine Unterform der **Identitätskontrolle**, wenn auch mit anderem Prüfungsprogramm.[96] Mit dieser Identitätskontrolle wacht das BVerfG über die **Grenzen des Übertragbaren**. Es prüft dabei „ob die durch Art. 79 Abs. 3 GG für unantastbar erklärten Grundsätze bei der Übertragung von Hoheitsrechten durch den deutschen Gesetzgeber oder durch eine Maßnahme von Organen, Einrichtungen und sonstigen Stellen der Europäischen Union berührt werden. Das betrifft die Wahrung des Menschenwürdekerns der Grundrechte (Art. 1 GG) ebenso wie die Grundsätze, die das Demokratie-, Rechts-, Sozial- und Bundesstaatsprinzip im Sinne des Art. 20 GG prägen. Mit Blick auf das Demokratieprinzip ist unter anderem sicherzustellen, dass dem Deutschen Bundestag bei einer Übertragung von Hoheitsrechten nach Art. 23 Abs. 1 GG eigene Aufgaben und Befugnisse von substantiellem politischem Gewicht verbleiben und dass er in der Lage bleibt, seine haushaltspolitische Gesamtverantwortung wahrzunehmen."[97] Prozessualer Hebel für Verfassungsbeschwerden ist insoweit das Wahlrecht zum Deutschen Bundestag (Art. 38 Abs. 1 S. 1 GG). **546**

Sofern Maßnahmen im Streit stehen, die der **Durchführung von Unionsrecht** dienen, hat das BVerfG mit Rücksicht auf den Vorrang des Unionsrechts seine **Grundrechtskontrollen** zurückgenommen, solange der EU-Grundrechtsschutz „dem vom Grundgesetz als unabdingbar gebotenen Grundrechtsschutz im wesentlichen gleichzuachten ist, zumal den Wesensgehalt der Grundrechte generell verbürgt" **(Solange II)**.[98] Allerdings überprüft das BVerfG die Vereinbarkeit nationaler Gesetze mit dem Grundgesetz auch, wenn zugleich (!) Zweifel an der Vereinbarkeit des Gesetzes mit EU-Sekundärrecht bestehen.[99] Verfassungsrechtlich endet der Anwendungsvorrang des Unionsrechts ebenfalls an der Grenze des Art. 79 Abs. 3 GG. Sofern eine **Verletzung der Menschenwürdegarantie** gerügt wird, „gewährleistet das BVerfG im Wege der Identitätskontrolle den [...] unabdingbar gebotenen Grundrechtsschutz uneingeschränkt und im Einzelfall."[100] Die Identitätskontrolle ist in einem solchen Fall er- **547**

95 BVerfGE 142, 123 (217 ff, 221 ff). Dazu *S. Kadelbach*, ECB Unbound? – das BVerfG, der EuGH und das OMT Programm der EZB, Jura 2017, 940. Die Entscheidung zum Anleihenkaufprogramm der EZB steht noch aus. Dazu BVerfGE 146, 216 (Vorlagebeschluss) und EuGH, Urteil v. 18.12.2018, C-493/17 (Vorabentscheidung).

96 So auch BVerfGE 142, 123 (203).

97 BVerfGE 142, 123 (195).

98 BVerfGE 73, 339 (387) – Solange II. Zum institutionellen Grund- und Menschenrechtsschutz zwischen BVerfG, EuGH und EGMR näher Rn. 628–630.

99 BVerfG, NJW 2018, 2109, Ls. 3.

100 BVerfGE 140, 317 (341) – Haftbefehl II. Dazu *C. D. Classen*, Zu wenig, zu fundamentalistisch – zur grundrechtlichen Kontrolle „unionsrechtlich determiniterter" nationaler Hoheitsakte, EuR 2016, 304; *S. Eßlinger/K. Herzmann*, Die verfassungsrechtliche Identitätskontrolle und ihre Konkretisierung durch die Entscheidung 2 BvR 2735/14, JA 2016, 852; *K. Müller*, Vertrauen ist gut, Kontrolle ist besser: Einordnung des neuen EuGH-Urteils zum Europäischen Haftbefehl in das grundrechtliche Mehrebenensystem in Europa, ZEuS 19 (2016), 345; *T. Reinbacher/M. Wendel*, Menschenwürde und Europäischer Haftbefehl: Zum ebenenübergreifenden Schutz grundrechtlicher Elementargarantien im europäischen Auslieferungsverfahren, EuGRZ 2016, 333. Grundsätzliche Anerkennung am Maßstab des Unionsrechts durch EuGH, Urteil v. 25.7.2018, C-216/18 PPU (Auslieferung nach Polen).

neut **zurückhaltend auszuüben** und erfordert gegebenenfalls die Vorlage an den EuGH.[101]

548 Größere Zurückhaltung übt das BVerfG bei der Identitätskontrolle (noch?), sofern es nicht um Maßnahmen von EU-Organen, sondern um die **Übertragung von Hoheitsrechten durch den deutschen Gesetzgeber** geht. Die materiell-rechtliche Idee der Verfassungsidentität (Grenzen des Übertragbaren) macht hier meist Raum für den im Lissabon-Urteil erstmals so genannten Verfassungsgrundsatz der **Integrationsverantwortung**. Dieser Grundsatz verpflichtet die deutschen Verfassungsorgane, auf die Einhaltung des Integrationsprogramms durch die EU hinzuwirken und sich insbesondere keiner unionalen „Kompetenz-Kompetenz" auszuliefern. Je weiter die Folgen eines neuen Integrationsschritts reichen, „umso wirksamer müssen Zustimmungs- und Ablehnungsrechte sowie Kontrollbefugnisse des **Deutschen Bundestages** ausgestaltet werden".[102] Formal auf Ebene des einfachen Bundesgesetzes, aber durch diese Grundsätze verfassungsrechtlich „vorgeprägt", regeln das Integrationsverantwortungsgesetz (**IntVG**; für primärrechtsbezogene Fragen) bzw. das Gesetz über die Zusammenarbeit von Bundesregierung und Deutschem Bundestag in Angelegenheiten der Europäischen Union (**EUZBBG**; für die übrigen Fragen) Einzelheiten zu Unterrichtung und Mitwirkung des Bundestages in EU-Angelegenheiten. Für die Mitwirkung von Bundestag (und Bundesrat) in Angelegenheiten der EU kann daher nicht mehr gelten, dass es sich um Regierungsakte in parlamentarischer Form handelt (vgl. Rn. 511). Die Integrationsverantwortung ist vom Grundgesetz der Bundesregierung und den gesetzgebenden Körperschaften vielmehr **zur gesamten Hand** – wenn auch nach Funktionen differenziert (Regierung als Impulsgeberin und Verhandlungsführerin, Parlament als Ort der Debatte, Kontrolle und Legitimation in allen wesentlichen Fragen) – anvertraut.[103] Für die **Bundesregierung** folgt aus der Integrationsverantwortung namentlich die Pflicht, in den EU-Organen (Ministerrat, Rat der EZB usw.) „Maßnahmen […], die eine Identitätsverletzung bewirken oder einen Ultra-vires-Akt darstellen, entgegenzutreten".[104]

Vertiefende Literaturangaben zu § 7 siehe: www.cfmueller.de/voelkerrecht
www.wsi.uni-kiel.de

Ausbildungsfälle zu § 7: *H. Aust/C. Gutmann*, Streikrecht aus Straßburg? Das beamtenrechtliche Streikverbot unter völkerrechtlichem Anpassungsdruck, Jura 2015, 282; *K. von der Decken/F. Telschow*, Des Herrn Creys Freud und Leid, JA 2019, 440; *A. Funke/A. Papp*, Die Internationalisierung des Kommunalrechts – Welterbe unter Aufsicht, JuS 2009, 246; *J. Greim-Diroll*, Karlo Krawall – Präventionsgewahrsam im Lichte der EMRK, Jura 2016, 545; *D. Hanschel*, Der gefallene Fürst, Ad Legendum 2011, 296; *C. Herrmann/A. Hofmann*, Bildungspolitisches Kompetenzgerangel – Turbo-Abitur für alle!, JuS 2012, 543; *S. Kadelbach/C. Hilmes*, Die Militärische Entwaffnung des Staates X, Jura 2005, 628; *K. F. Kempfler*, Deutsche Flugsicherung: Aufgabenübertragung an ausländische Staaten?, Jura 2004, 351; *M. Knaust*, Die Antiterrordatei, ZJS 2016, 219; *H. Kremser*, Die streikende Beamtin, ZJS 2014, 74; *P. Lange*, Die verweigerte Vorlage, JuS 2016,

101 BVerfGE 142, 123 (204).
102 BVerfGE 132, 195 (340, Rn. 108), Hervorhebung hinzugefügt.
103 Vgl. BVerfGE 131, 152 (195 ff).
104 BVerfGE 142, 123, Ls. 3.

50; *H. Sauer/N. Grundhewer*, Europäische Grundrechte, JuS 2016, 813; *D. Steinbach*, Terrorgefahr fürs Welterbe, Jura 2010, 67; *G. H. Stumpf/C. Goos*, Terrorabwehr durch die NATO im Inland, JuS 2009, 40.

Kontrollfragen:

- ► Was versteht man unter „Monismus" und „Dualismus" in Hinblick auf das Verhältnis von Völkerrecht und innerstaatlichem Recht? **Rn. 502, 504**
- ► Wieso ist für Deutschland von einem „gemäßigten Dualismus" die Rede? **Rn. 520–522**
- ► Welche Relevanz hat die Unterscheidung von Normen danach, ob sie *self-executing* sind? **Rn. 507–508, 540–541**
- ► Wodurch unterscheiden sich im Dualismus Transformations- und Vollzugstheorie? **Rn. 505**
- ► Welchen Rang bekleiden völkerrechtliche Verträge in der deutschen Rechtsordnung? **Rn. 513**
- ► Was sind die „allgemeinen Regeln des Völkerrechts" im Sinne von Art. 25 GG und welchen Rang in der Normenhierarchie bekleiden sie? **Rn. 516–517**
- ► Wozu verpflichtet der Grundsatz der Völkerrechtsfreundlichkeit des Grundgesetzes die deutschen Staatsorgane? **Rn. 521**
- ► Wo liegen die verfassungsrechtlichen Grenzen völkerrechtsfreundlicher Auslegung nach der Rechtsprechung des BVerfG? **Rn. 524, 527**
- ► Ist die Auslegung des Völkerrechts in Deutschland beim BVerfG monopolisiert? **Rn. 529–533**
- ► Wann besteht nach Art. 100 Abs. 2 GG eine Vorlagepflicht der Fachgerichte, und wie kann sie gegebenenfalls erzwungen werden? **Rn. 534–535**
- ► Das EU-Recht errichtet innerhalb der deutschen Rechtsordnung einen „Monismus auf dualistischer Grundlage". Inwiefern? **Rn. 543**
- ► Wozu dienen Identitäts- und Ultra-vires-Kontrollen vor dem BVerfG und in welchem Zusammenhang stehen sie zueinander? **Rn. 544–548**

Teil II

Friedensvölkerrecht

§ 8 Diplomatische Beziehungen

Einführende Literatur: *H. Hestermeyer*, Vienna Convention on Diplomatic Relations (1961), MPEPIL (1/2009); *E. Jara Roncati*, Diplomacy, MPEPIL (10/2017); *J.-P. Redder*, 20 Wiederholungsfragen zum internationalen Diplomatenrecht, ZJS 2016, 316.

Lehr- und Handbücher: *G. Berridge*, Diplomacy: Theory and Practice, 5. Aufl. 2015; *C. Chatterjee*, International Law and Diplomacy, 2010; *A. F. Cooper/J. Heine/R. Thakur* (Hg.), The Oxford Handbook of Modern Diplomacy, 2013; *R. Feltham*, Diplomatic Handbook, 8. Aufl. 2004; *L. Lee/J. Quigley*, Consular Law and Practice, 3. Aufl. 2008; *J. Salmon*, Manuel de droit diplomatique, 1994; *T. Ruys/N. Angelet/L. Ferro* (Hg.), The Cambridge Handbook of Immunities and International Law, 2019; *A. Smolinska* (Hg.), Droit international des relations diplomatiques et consulaires, 2015.

Kommentare: *E. Denza*, Diplomatic Law: A Commentary on the Vienna Convention on Diplomatic Relations, 4. Aufl. 2016; *A. Reinisch* (Hg.), The Conventions on the Privileges and Immunities of the United Nations and its Specialized Agencies, 2016; *M. Richtsteig*, Wiener Übereinkommen über diplomatische und konsularische Beziehungen, 2. Aufl. 2010; *ders.*, Vienna Conventions on Diplomatic and Consular Relations, 2018; *N. Wagner/H. Raasch/T. Pröpstl*, Wiener Übereinkommen über diplomatische Beziehungen vom 18. April 1961: Kommentar für die Praxis, 2. Aufl. 2018 (Bearb. *C. Oelfke*); *dies.*, Wiener Übereinkommen über konsularische Beziehungen vom 24. April 1963: Kommentar für die Praxis, 2007.

A. Einführung

I. Entwicklung und Bedeutung der Diplomatie

549 Die **Geschichte der Diplomatie** (früher war vom Gesandtschaftswesen die Rede) reicht bis weit in das Altertum zurück. Der Austausch von Gesandten dient seit Jahrtausenden der Verbesserung der Beziehungen zwischen politischen Einheiten ebenso wie dem Schutz und der Wahrung der eigenen Interessen im Ausland. Bis in das Mittelalter hinein wurde der völkerrechtliche Verkehr primär durch Sondergesandte für spezielle Missionen abgewickelt. Erst mit Herausbildung moderner Staatlichkeit in der frühen Neuzeit kam es zur Einrichtung ständiger Botschaften.[1]

550 Heute wird die Hauptarbeit des zwischenstaatlichen Verkehrs über die **ständige Diplomatie** abgewickelt. Daneben werden oft Sondergesandte für spezielle Missionen, insbesondere zur Krisenbewältigung eingesetzt (**Ad-hoc-Diplomatie**). Zunehmende Bedeutung hat in neuerer Zeit zudem die sog. **direkte Diplomatie** zwischen den Ent-

1 In kritischer Perspektive *A. Eyffinger*, Interaction or Imposition: Diplomacy, in: Fassbender/Peters (Hg.), The Oxford Handbook of the History of International Law, 2012, 813.

scheidungsträgern selbst gewonnen.[2] Auch wenn vermehrt auf medienwirksamen „Gipfeltreffen" wichtige Grundsatzentscheidungen getroffen werden, bleibt die ständige Diplomatie ein wichtiges Instrument der Außenpolitik gerade jenseits des Scheinwerferlichts. Auf diplomatischer Ebene werden solche Entscheidungen oftmals vorbereitet, ihre Umsetzung begleitet; auch tragen gute diplomatische Beziehungen wesentlich zur Schaffung eines Klimas des Vertrauens bei, ohne das internationale Kooperation schnell an ihre Grenzen stößt.

Die **Hauptfunktionen** ständiger Missionen sind, in Anlehnung an Art. 3 Abs. 1 des Wiener Übereinkommens über diplomatische Beziehungen von 1961 (WÜD): **551**

- **Vertretungsfunktion:** Vertreter ausländischer Missionen repräsentieren den Entsendestaat im Empfangsstaat.
- **Kommunikationsfunktion:** Die ständige Diplomatie dient einer kontinuierlichen und vertrauensvollen Kommunikation zwischen Entsende- und Empfangsstaat.
- **Schutzfunktion:** Botschaften und Konsulate nehmen Schutzaufgaben für ihre eigenen Staatsangehörigen wahr, wenn diese sich im Empfangsstaat aufhalten (diplomatischer bzw. konsularischer Schutz).
- **Informationsfunktion:** Diplomaten versorgen ihre Heimatstaaten mit Informationen und Einschätzungen aus erster Hand den Empfangsstaat betreffend. Hier haben sie in den letzten Jahrzehnten Konkurrenz durch Nachrichtendienste, wissenschaftliche Institutionen, Stiftungen politischer Parteien usw. erhalten.

Beinahe ebenso alt wie die Diplomatie selbst sind die Grundregeln des Diplomatenrechts (Gesandtschaftsrechts). Dazu zählt insbesondere der Grundsatz der Unverletzlichkeit der Person des Gesandten (früher war teilweise auch von seiner „Heiligkeit" die Rede). Eine wichtige Rolle bei der Etablierung des Gesandtschaftsrechts spielte die **Gegenseitigkeit (Reziprozität)**. Jeder Staat ist sowohl Empfangs- als auch Entsendestaat und will darauf vertrauen können, dass seine eigenen Gesandten ebenso respektiert werden, wie er die Gesandten anderer Staaten respektiert. Der IGH hat daraus abgeleitet, dass die Achtung der Regeln des Diplomatenrechts die internationale Gemeinschaft als Ganze angehe. Welche gravierende Unruhe Verletzungen des Diplomatenrechts in die internationalen Beziehungen tragen können, verdeutlicht der **Teheraner Geiselfall**. **552**

Fall: Geiselnahme in US-Botschaft in Teheran (IGH 1979/80)[3] Im Zuge der islamischen Revolution im Iran besetzten angebliche Studenten am 4. November 1979 die US-Botschaft in Teheran und nahmen Mitglieder des diplomatischen Personals als Geiseln. Die neue iranische Revolutionsregierung schritt nicht ein, sondern solidarisierte sich sogar mit den Geiselnehmern. Zur Rechtfertigung führte sie an, sie habe auf anhaltende Rechtsverstöße durch Mitglieder der US-Botschaft reagieren müssen, die sich in die inneren Angelegenheiten des Iran eingemischt hätten. Zudem verlangte sie u. a. die Freigabe von Geldern des Schahs, der sich nach seiner Flucht vorübergehend in den USA aufgehalten hatte. Am 29. November 1979 reichten die USA Klage beim IGH ein und beantragten den Erlass einer einstweiligen Anordnung.

2 Überblick bei *J. Salmon*, Representatives of States in International Relations, MPEPIL (8/2007).
3 IGH, U.S. Diplomatic and Consular Staff in Tehran, Beschluss v. 15.12.1979, ICJ Rep. 1979, 7; Urteil v. 24.5.1980, ICJ Rep. 1980, 3; siehe Anhang, Nr. 17.

Mit seiner einstweiligen Anordnung vom 15. Dezember 1979 forderte der IGH den Iran (im Ergebnis ohne Erfolg) auf, für die umgehende Befreiung der Botschaftsräume und die Freilassung der Geiseln zu Sorgen und unterstrich die fundamentale Bedeutung des Diplomatenrechts für die internationalen Beziehungen. In seinem Urteil vom 24. Mai 1980 (vorausgegangen war im April ein gescheiterter Versuch der USA, die Geiseln gewaltsam zu befreien) entschied der IGH, dass der Iran in schwerwiegender Weise das Diplomatenrecht verletzt habe, indem er seiner Schutzpflicht für die Räumlichkeiten der Mission und für das diplomatische Personal nicht nachgekommen sei und sich überdies mit den Geiselnehmern solidarisiert habe. Angesichts dieser Kumulation von Verstößen sah der IGH den Iran verantwortlich nicht nur für die Verletzung der Schutzpflicht, sondern auch für die fortdauernde Geiselnahme, die er als eigene Tat anerkannt habe.[4] Rechtfertigungsversuche der iranischen Regierung ließ der IGH nicht gelten; das Diplomatenrecht gestatte als *self-contained regime* keine Repressalien gegen geschützte Personen und Räumlichkeiten.[5]

(Die US-Geiseln kamen erst im Januar 1981 dank einer mit algerischer Vermittlung geschlossenen Vereinbarung frei, die auch Grundlage für das *Iran-US Claims Tribunal* ist.[6])

553 Der IGH hat die kumulativen Rechtsverstöße des Iran seinerzeit zum Anlass genommen, in eindringlichen Worten die **besondere Bedeutung des Diplomatenrechts** in überzeugender Weise herauszustellen.[7] In seinem Urteil hat er das Diplomatenrecht in die Nähe zwingenden Völkerrechts *(ius cogens)* gerückt („fundamentaler Charakter“ der Pflichten) und mögliche Rechtswirkungen *erga omnes* angedeutet (Angelegenheit „der gesamten internationalen Gemeinschaft“).[8] Dies wird man nur in einem eingeschränkten Sinne rechtstechnisch verstehen können. Zum Kanon des zwingenden Völkerrechts werden die Grundregeln des Diplomatenrechts üblicherweise nicht gerechnet. Gleichwohl wird man annehmen können, dass sie insoweit die Staatengemeinschaft als Ganze „betreffen“, dass alle Staaten aufgefordert sind, zusammenzuarbeiten, „um jeder schwerwiegenden Verletzung [...] mit rechtmäßigen Mitteln ein Ende zu setzen“ (vgl. zum *ius cogens* Art. 41 Abs. 1 ASR). Ein Klagerecht oder ein Recht auf Gegenmaßnahmen für dritte (d. h. unbeteiligte) Staaten lässt sich der internationalen Praxis jedoch nicht entnehmen.

II. Diplomatische und konsularische Beziehungen

1. Abgrenzung der Aufgaben

554 **Auslandsvertreter** sind Organe des Entsendestaates, die auf Dauer in den Empfangsstaat entsandt werden, um die Interessen des Entsendestaates wahrzunehmen. Man unterscheidet Diplomaten und Konsuln. **Diplomaten** sind diejenigen Auslandsvertreter, die die Interessen des Entsendestaates bei den obersten Organen des Empfangsstaates wahrnehmen. Diplomatische Missionen (Botschaften) befinden sich daher in der Regel am Regierungssitz des Empfangsstaates. Die Rechtsverhältnisse der Diplo-

4 Dieser Fall bildet das Vorbild für Art. 11 ASR. Dazu Rn. 417.
5 Zum *self-contained regime* allgemein Rn. 421. Siehe auch noch Rn. 566.
6 Zu diesem ständigen Schiedsgericht Rn. 450.
7 IGH, Urteil v. 24.5.1980, U.S. Diplomatic and Consular Staff in Tehran, ICJ Rep. 1980, 3, §§ 91 f.
8 Zu solchen Pflichten allgemein Rn. 292–194.

maten und diplomatischen Missionen sind im WÜD von 1961 niedergelegt, das den Status kodifizierten Gewohnheitsrechts hat.

Konsuln sind für v. a. die Förderung der wirtschaftlichen, kulturellen und wissen- 555
schaftlichen Beziehungen und für den Verkehr mit untergeordneten Organen des Empfangsstaates zuständig. Sie nehmen insbesondere Verwaltungsfunktionen für den Entsendestaat wahr (z. B. Erteilung von Visa, mit Zustimmung des Empfangsstaats auch Vornahme von Beglaubigungen, Trauungen usw.). Konsulate befinden sich meist in großen Städten des Empfangsstaates. Das Wiener Übereinkommen über konsularische Beziehungen (WÜK) von 1963 stellt wie das WÜD weitgehend eine Kodifikation des Gewohnheitsrechts dar.

Zu den Aufgaben von Konsulaten gehört auch die Gewährung **konsularischen** 556
Schutzes für die eigenen Staatsangehörigen.[9] Art. 36 Abs. 1 WÜK garantiert freien Verkehr und Besuchsrechte zwischen Konsularbeamten und Angehörigen des Entsendestaates (lit. a); bei Festnahmen und jeder Art von Freiheitsentziehung ist die konsularische Vertretung zu benachrichtigen und der Betroffene „unverzüglich über seine Rechte auf Grund dieser Bestimmung zu unterrichten" (lit. b); Konsularbeamte haben Zugang zu jedem ihrer Staatsbürger, dem die Freiheit entzogen ist, und dürfen für seine Vertretung in rechtlicher Hinsicht sorgen, sofern dieser nicht ausdrücklich Einspruch erhebt (lit. c). Nach zwei Fällen gegen die USA (*LaGrand* [2001], *Avena* [2004])[10] hat der Gerichtshof zuletzt in einem Verfahren gegen Pakistan festgestellt, dass Art. 36 WÜK umfassend gilt und damit auch in Fällen mutmaßlicher Spionage.[11] In seinem LaGrand-Urteil hat der IGH die Formulierung in Art. 36 Abs. 1 lit. b WÜK, wonach auch der Betroffene selbst unverzüglich über „seine" Rechte zu unterrichten ist, so gedeutet, dass der konsularische Schutz **auch Rechten der festgenommenen Person** diene und nicht allein ein aus der Personalhoheit fließendes Recht des Heimatstaates ist.[12] Diese mit dem Grundsatz der Mediatisierung des Individuums brechende Deutung hat eine lebhafte Diskussion über die Natur der Rechte angestoßen, die im Wege des diplomatischen und konsularischen Schutzes geltend gemacht werden.[13]

Die Rechtsstellung der Diplomaten und diplomatischen Missionen ist stärker als die 557
der Konsulate und Konsuln. Daher verfügen die meisten Botschaften über **Konsular-**

9 Zu Schwierigkeiten bei der Umsetzung des Unionsbürgerrechts aus Art. 23 AEUV (konsularischer Schutz durch andere EU-Mitgliedstaaten, wo Vertretung durch den Heimatstaat fehlt), *A. Vermeer-Künzli*, Where the Law Becomes Irrelevant: Consular Assistance and the European Union, ICLQ 60 (2011), 965.

10 IGH, Urteil v. 27.6.2001, LaGrand, ICJ Rep. 2001, 446; Urteil v. 31.3.2004, Avena u. a., ICJ Rep. 2004, 12; siehe Anhang, Nr. 24. Außerdem *P.-M. Dupuy/C. Hoss*, Avena and Other Mexican Nationals Case, MPEPIL (12/2009). – Auch die deutsche StPO bestimmte lange keine Unterrichtungspflicht (zur unmittelbaren Anwendbarkeit von Art. 36 Abs. 1 WÜK daher BVerfG, NJW 2007, 499), vgl. nunmehr aber § 114b Abs. 2 S. 4 StPO. Aus einem Verstoß folgt nicht automatisch ein Beweisverwertungsverbot: BVerfG, NJW 2014, 532.

11 IGH, Urteil v. 17.7.2019, Jadhav (India v. Pakistan), §§ 69 ff.

12 IGH, Urteil v. 27.6.2001, LaGrand, ICJ Rep. 2001, 446, § 77.

13 Dazu u. a. *K. Oellers-Frahm*, Die Entscheidung des IGH im Fall LaGrand – Eine Stärkung der internationalen Gerichtsbarkeit und der Rolle des Individuums im Völkerrecht, EuGRZ 2001, 265; *C. Tams*, Consular Assistance: Rights, Remedies and Responsibility, EJIL 13 (2002), 1257; *A. Peters*, Jenseits der Menschenrechte, 2014, 307 ff, 343 ff. Siehe auch Rn. 597.

abteilungen, deren Personal als diplomatisches Personal behandelt wird. Eine Möglichkeit, den Diplomatenstatus auf möglichst viele Auslandsvertreter auszudehnen, ist, außerhalb der Hauptstadt des Empfangsstaates statt Konsulaten konsularische Außenstellen der Botschaft zu errichten. Dies ist jedoch von der Zustimmung des Empfangsstaates abhängig (Art. 12 WÜD).

2. Aufnahme und Abbruch der Beziehungen

558 Das **aktive und passive Gesandtschaftsrecht** besitzen alle souveränen Staaten, die traditionellen nichtstaatlichen Völkerrechtssubjekte – Heiliger Stuhl, Souveräner Malteser-Ritterorden, IKRK – sowie, im Rahmen ihrer Aufgaben, Internationale Organisationen. Während Internationale Organisationen üblicherweise allein das passive Gesandtschaftsrecht nutzen (z. B. staatliche Botschafter bei den Vereinten Nationen), entsendet die Europäische Union als Internationale Organisation selbst Auslandsvertreter.[14] Die **Aufnahme** diplomatischer Beziehungen ist **freiwillig** und beruht auf Gegenseitigkeit. Bei Nichtanerkennung eines Staates werden für quasi-diplomatische Missionen andere Formen gewählt. So unterhielt z. B. die Bundesrepublik Deutschland in der DDR eine „Ständige Vertretung".

559 Der **Abbruch diplomatischer Beziehungen** ist jederzeit möglich. Während die Aufnahme diplomatischer Beziehungen regelmäßig die Aufnahme konsularischer Beziehungen mit einschließt, führt der Abbruch diplomatischer Beziehungen nicht automatisch auch zu einer Beendigung der **konsularischen Beziehungen** (Art. 2 Abs. 2 und 3 WÜK). Bei Abbruch der diplomatischen Beziehungen hat das diplomatische Personal das Land zu verlassen; das technische Personal hingegen ist völkerrechtlich nicht zur Ausreise verpflichtet. Der Entsendestaat kann gem. Art. 45 lit. c WÜD einen dritten Staat als sog. **Schutzmacht** mit der Wahrnehmung seiner Interessen betrauen (z. B. Frankreich als Schutzmacht für Deutschland in Jugoslawien 1957–1968).

B. Missionspersonal

I. Zusammensetzung des Missionspersonals

560 **Diplomatischen Status** genießen der Missionschef und das diplomatische Personal. Keinen diplomatischen Status besitzen das Verwaltungspersonal und das technische Personal (z. B. Schreibkräfte, Archivare, Chiffrierbeamte) sowie das Dienstpersonal (Fahrer, Dienstboten, Köche usw.). Alle Personalgruppen genießen allerdings – abgestufte – Vorrechte und Immunitäten, damit die Arbeit der Mission nicht durch Interventionen des Empfangsstaates behindert wird.

---

14 Zum Europäischen Auswärtigen Dienst *G. Sydow*, Der Europäische Auswärtige Dienst, JZ 2011, 6; *F. Kruse*, Der Europäische Auswärtige Dienst zwischen intergouvernementaler Koordination und supranationaler Repräsentation, 2014; *M. Krajewski*, Binnenorganisation der EU-Außenpolitik, in: v. Arnauld (Hg.), Europäische Außenbeziehungen, 2014, § 3, Rn. 65 ff; *D. Thym*, GASP und äußere Sicherheit, ebd., § 16, Rn. 16 ff, 57 ff.

561 Die **Missionschefs** *(chefs de mission)* teilen sich in drei Klassen: Die Klasse der Botschafter *(ambassadeurs)* und die der Gesandten *(envoyés)* sind beim Staatsoberhaupt beglaubigt, die Geschäftsträger *(chargés d'affaires)* lediglich beim Außenminister (Art. 14 Abs. 1 WÜD). Der Heilige Stuhl wird durch sog. Apostolische Nuntien (1. Klasse) bzw. Internuntien (2. Klasse) vertreten, die in vielen Staaten traditionell qua Amt als Doyens des diplomatischen Korps gelten. Die Staaten vereinbaren die Klasse, in die ihre Missionschefs einzuordnen sind (Art. 15 WÜD). Innerhalb einer Klasse orientiert sich die Rangfolge nach der Anciennität, d. h. dem Zeitpunkt der Übergabe des Beglaubigungsschreibens (Art. 16 Abs. 1 i. V. m. Art. 13 Abs. 1 WÜD). Zum **diplomatischen Personal** gehören Attachés, Botschaftsräte und Botschaftssekretäre. Meist sind deren Zuständigkeiten nach Sachgebieten aufgeteilt, z. B. Handels-, Kultur- oder Militärattachés. Ebenfalls zum diplomatischen Personal gehört der Kanzleileiter, d. h. der Leiter der Missionsverwaltung.

II. Ernennung des Missionspersonals

562 Für den diplomatischen Verkehr ist wechselseitiges Vertrauen eine Grundbedingung. Obgleich die Auswahl des Missionspersonals an sich Sache des Entsendestaates ist, schreibt das WÜD daher bei **wichtigen personellen Fragen** die **Zustimmung des Empfangsstaates** vor. Verweigert dieser die Zustimmung, muss er hierfür keine Gründe nennen.

563 Von besonderer Bedeutung ist die **Ernennung des Missionschefs**: Vor dessen Ernennung hat der Entsendestaat die Zustimmung des Empfangsstaates zur ausgewählten Person einzuholen (das sog. **agrément**), Art. 4 WÜD; beim Leiter einer konsularischen Vertretung ist diese förmliche Zustimmung das *Exequatur* gemäß Art. 12 WÜK. Wird das *agrément* erteilt, folgen die Ernennung und **Übergabe des Beglaubigungsschreibens**. Empfänger dieses Schreibens ist je nach Rang des Missionschefs das Staatsoberhaupt oder der Außenminister. Möglich ist auch die **mehrfache Beglaubigung**: sowohl die Beglaubigung einer Person als Vertreter *in* mehreren Staaten (Art. 5 Abs. 2 WÜD), als auch die Beglaubigung als Vertreter *für* mehrere Staaten (Art. 6 WÜD). Eine solche „Sammelvertretung" kommt v. a. bei Kleinstaaten in Betracht. So ist z. B. der deutsche Botschafter in der Schweiz zugleich für Liechtenstein beglaubigt; umgekehrt ist in vielen Staaten der Botschafter der Schweiz auch für Liechtenstein akkreditiert.

564 Bei den **übrigen Mitgliedern** der Mission besteht bloß eine **Notifikationspflicht** des Entsendestaates (Art. 7 WÜD); auch hier jedoch hat der Empfangsstaat einen gewissen Einfluss auf die personelle Zusammensetzung.

- Gemäß Art. 7 S. 2 WÜD kann der Empfangsstaat bei **Militär-, Luft- und Marineattachés** vorab die Namen zwecks Erteilung seiner Zustimmung verlangen.
- Gemäß Art. 8 Abs. 2 WÜD besteht Zustimmungspflicht bei sog. **regnicoles**, d. h. bei Mitgliedern des diplomatischen Personals, die Staatsangehörige des Empfangsstaates sind. Der Empfangsstaat kann auch verlangen, die Ernennung von Staatsangehörigen dritter Staaten von seiner Zustimmung abhängig zu machen (Art. 8 Abs. 3 WÜD).

- Gemäß Art. 11 WÜD schließlich kann der Empfangsstaat – ohne Diskriminierung gegenüber anderen Staaten – Einfluss auf die **Größe der Mission** und die **Bedienstetenkategorien** nehmen. Dies eröffnet ihm zwar kein Mitbestimmungsrecht über konkrete Personen, wohl aber einen Einfluss auf die personelle Struktur der Mission.
- Ein besonders wichtiges Instrument zur Mitbestimmung über die personelle Zusammensetzung der Mission ist das Recht, Mitglieder der Mission zu **unerwünschten Personen** zu erklären (dazu sogleich).

Englische Gerichte hatten jüngst mit zwei Fällen angeblich missbräuchlicher Verleihung des Diplomatenstatus zu tun. Im Fall des ehemaligen Außen- und Premierministers von Qatar, der zum Schutz vor strafrechtlicher Verfolgung und einer zivilrechtlichen Klage zum Rat der Botschaft in London ernannt wurde, lehnte das Gericht es ab, die Wirksamkeit der Ernennung zu prüfen, und verwies auf die Sensibilität des diplomatischen Verkehrs, der beim Außenministerium in geeigneteren Händen sei als bei den Gerichten.[15] Im Fall *Al-Juffali* dagegen entschied die erste Instanz gegen eine wirksame Bestellung, weil der Betreffende nur zum Schutz vor einer Scheidungsklage zum Repräsentanten von St. Lucia bei der IMO (mit Sitz in London) bestellt worden und in keiner Weise diplomatisch tätig geworden sei. Das Berufungsgericht erkannte im Prinzip auf eine wirksame Bestellung, lehnte es aber aus anderen Gründen ab, Immunität zu gewähren.[16]

Tabatabai-Fall (BGH 1984)[17] Am 8. Januar 1983 wurde der iranische Regierungsbeamte *Tabatabai* bei Einreise in die Bundesrepublik Deutschland wegen Drogenbesitzes festgenommen. Der Polizei gegenüber gab er an, Diplomat in Sondermission zu sein. Da das Auswärtige Amt hiervon keine Kenntnis hatte und auch der Iran zunächst nichts unternahm, wurde am 28. Januar Anklage gegen *Tabatabai* erhoben. Mit Schreiben vom 31. Januar teilte dann die iranische Regierung dem Auswärtigen Amt mit, dass *Tabatabai* die Stellung eines Sonderbotschafters innehabe.

Der BGH entschied, dass auch die nachträgliche Notifizierung *Tabatabai* die geschützte Stellung eines Sonderbotschafters vermittelte, weil das Auswärtige Amt ihr nicht widersprochen habe. Daher sei er gemäß § 20 Abs. 2 GVG von der deutschen Gerichtsbarkeit befreit. Weil bereits vor der Einreise *Tabatabais* Kontakt zur deutschen Botschaft in Teheran wegen einer Spezialmission aufgenommen worden war, verneinte der BGH auch einen Rechtsmissbrauch. Die Verleihung des Diplomatenstatus habe jedenfalls nicht allein das Ziel verfolgt, den Angeklagten dem Strafverfahren zu entziehen.

III. Unerwünschte Personen (personae non gratae)

565 Von großer Bedeutung ist das Recht des Empfangsstaates, **jedes Mitglied der Mission jederzeit und ohne Angabe von Gründen** zur **unerwünschten Person (persona non grata)** zu erklären und seine Abberufung binnen angemessener Frist zu verlangen, Art. 9, 43 lit. b WÜD. Bei schweren Verstößen kann das sofortige Verlassen des Landes gefordert werden. Dies findet sich nicht explizit im WÜD, ist aber gewohn-

15 *Al Attiya v Bin-Jassim Bin-Jaber Al Thani* [2016] EWHC 212 (QB).

16 *Estrada v Al-Juffali* [2016] EWHC 213 (Fam); *Estrada v Al-Juffali* [2016] EWCA Civ 176.

17 BGHSt 32, 275. Dazu *K. F. Gärditz*, in: Menzel/Pierlings/Hoffmann (Hg.), Völkerrechtsprechung, 2005, Nr. 66. Vgl. auch *A. v. Arnauld*, Klausurenkurs im Völkerrecht, 3. Aufl. 2018, Fall 8.

heitsrechtlich anerkannt. Die Erklärung kann sogar noch vor dem Eintreffen des Diplomaten im Hoheitsgebiet erfolgen, was den Einfluss des Empfangsstaates auf die personelle Zusammensetzung der Mission erheblich erweitert. Für Konsularbeamte enthält Art. 23 WÜK entsprechende Regeln.

Dieses Recht ist oft die einzige Möglichkeit, auf Rechtsverstöße durch Angehörige der Mission zu reagieren. In seinem Urteil zum Teheraner Geisel-Fall hat der IGH das Diplomatenrecht als ein in sich geschlossenes Rechtsgebiet **(self-contained regime)** bezeichnet, das nur solche Sanktionen gegen geschützte Personen gestattet, die diplomatenrechtlich vorgesehen sind.[18] Die allgemeinen Möglichkeiten einer Reaktion auf Rechtsbrüche (v. a. Gegenmaßnahmen) stehen *gegen* Diplomaten oder die Mission nicht zur Verfügung. Allerdings dürfen *wegen* Verstößen gegen das WÜD Gegenmaßnahmen *in anderen Bereichen* (z. B. Aussetzung eines Handelsabkommens) ergriffen werden. Als systeminterne Sanktion kommt neben der Erklärung einzelner (oder auch aller) Diplomaten zu unerwünschten Personen als letztes Mittel der **Abbruch der diplomatischen Beziehungen** in Betracht. Da keine Pflicht zur Aufrechterhaltung diplomatischer Beziehungen besteht, sind diese spezifisch diplomatenrechtlichen Sanktionen Retorsionen, keine Gegenmaßnahmen (Rn. 423). **566**

Die Bandbreite diplomatischer Reaktionsformen lässt sich an den Ereignissen rund um die britische Botschaft in Teheran Ende November 2011 ablesen.[19] Regimetreue Studenten, die gegen die internationale Sanktionspolitik gegenüber dem Iran demonstrierten, waren in das Botschaftsgebäude eingedrungen und verwüsteten dieses, ohne von den iranischen Sicherheitskräften hieran gehindert zu werden. Die britische Regierung zog daraufhin ihr gesamtes Botschaftspersonal aus Teheran ab und erklärte sämtliche Mitglieder der iranischen Botschaft in London zu unerwünschten Personen, die das Land binnen 48 Stunden zu verlassen hätten; die diplomatischen Beziehungen zum Iran brach die britische Regierung jedoch nicht ab. Andere Staaten, wie z. B. Deutschland, reagierten durch Einbestellung des iranischen Botschafters und vorübergehende Zurückbeorderung des eigenen Botschafters zu Konsultationen.

C. Diplomatische Vorrechte und Immunitäten

I. Vorrechte und Pflicht zur Legalität

Um die rechtliche Sonderstellung zu erklären, die Diplomaten (Gesandte) seit alters **567**
her genießen, wurden verschiedene Theorien entwickelt. Die u. a. von *Hugo Grotius* vertretene **Exterritorialitätslehre** sah die Person des Gesandten ebenso wie die Gesandtschaft als außerhalb der Gebietshoheit des Empfangsstaates stehend an. Diese Lehre wurde später von der **Repräsentationstheorie** abgelöst, die die Sonderbehandlung mit der Stellung des Diplomaten als Repräsentant eines ausländischen Souveräns begründet. Im Unterschied zur älteren Lehre folgt hieraus keine vollständige Befreiung von der Jurisdiktion des Empfangsstaates, wohl aber weitgehende Ausnahmen von dieser. Zu ähnlichen Ergebnissen gelangt die neuere **Funktionstheorie**, die da-

18 IGH, Urteil v. 24.5.1980, U.S. Diplomatic and Consular Staff in Tehran, ICJ Rep. 1980, 3, § 86; siehe Anhang, Nr. 17.

19 Dazu auch Erklärung des Präsidenten des UN-Sicherheitsrates vom 29.11.2011, UN-Dok. SC/10463.

rauf abstellt, dass der Diplomat nicht bei der Erfüllung seiner Aufgaben behindert werden darf. Der IGH hat im Teheraner Geisel-Fall die Entscheidung zwischen diesen beiden Ansätzen offen gelassen.[20] Das WÜD stellt in Abs. 4 der Präambel primär auf eine funktionelle Begründung ab, lässt aber auch das repräsentative Moment anklingen („Ziel [...], den diplomatischen Missionen als Vertretungen von Staaten die wirksame Wahrnehmung ihrer Aufgaben zu gewährleisten"). Vereint man beide Theorien, werden die Vorrechte und Immunitäten um der Achtung vor dem repräsentierten souveränen Staat willen zu dem Zweck gewährleistet, die Aufgaben der Mission zu erfüllen.

568 In der Konsequenz heißt dies, dass die **Vorrechte nur zu Zwecken der Mission** eingeräumt sind und im Übrigen eine **Pflicht zur Beachtung der Gesetze** des Empfangsstaates besteht (Art. 41 Abs. 1 und 3 WÜD). Hieraus resultiert ein **Spannungsverhältnis**. Beide Seiten könnten ihre Position missbrauchen: der Entsendestaat, indem er seine Vorrechte für illegale Aktivitäten nutzt; der Empfangsstaat, indem er unter einem Vorwand die Arbeit der Mission behindert. Das Völkerrecht löst diese Spannungslage traditionell weitgehend zu Gunsten des Entsendestaates. Der Empfangsstaat hat hiergegen die Möglichkeit, Missionsangehörige zu *personae non gratae* zu erklären oder die diplomatischen Beziehungen abzubrechen. Die Stellung des Empfangsstaates wird dadurch gestärkt, dass er für solche Maßnahmen keine Gründe anzugeben braucht. Er kann so bereits beim bloßen Anschein illegalen Verhaltens reagieren. Da jeder Staat zugleich Entsende- und Empfangsstaat ist, sind diese Regeln auf Basis der Gegenseitigkeit weitgehend anerkannt.

569 Diskutiert wird bei allen diplomatischen Vorrechten und Immunitäten seit einiger Zeit, ob bei **schweren Verstößen gegen humanitäre Normen**, insbesondere bei internationalen Verbrechen (Völkermord, Menschenhandel, Sklaverei usw.),[21] Ausnahmen gemacht werden müssen.[22] Teils wird hier mit tatbestandlichen Einengungen der Vorrechte auf legale Missionstätigkeiten, teils mit Verwirkung der Vorrechte, teils mit dem Vorrang zwingenden Völkerrechts vor dem Diplomatenrecht argumentiert.[23] In der Staatenpraxis sind solche Ausnahmen noch nicht etabliert; gleichwohl ent-

---

20 IGH, Beschluss v. 15.12.1979, U.S. Diplomatic and Consular Staff in Tehran, ICJ Rep. 1979, 7, § 38; siehe Anhang, Nr. 17.

21 Ein praktisches Problem stellt v. a. die Misshandlung von Hausangestellten dar. Dazu UK Supreme Court, Urteil v. 18.10.2017, Reyes v Al-Malki and another [2017] UKSC 61 (Immunität wegen Beendigung der Mission verneint, i. Ü. Uneinigkeit im Gericht). Dazu *P. Webb*, The Limits of Diplomatic Immunity in the Age of Human Trafficking, EJIL Talk! (23.10.2018). Zur Situation in Deutschland *A. Reißmann/S. Bothe*, Ending Impunity for the Bottommost Caste: German Practice in Relation to Domestic Workers in Diplomatic Households, GYIL 57 (2014), 633. Ferner *F. Staiano*, Domestic Workers' Human Rights versus Diplomatic Immunity, ItalYIL 22 (2013), 201; *P. Webb*, The Immunity of States, Diplomats and International Organizations in Employment Disputes, EJIL 27 (2016), 745.

22 Vgl. die Parallelдiskussion zu Grenzen der Staatenimmunität und der Immunität der höchsten Repräsentanten des Staates Rn. 330–336.

23 Vgl. *A. v. Arnauld*, Klausurenkurs im Völkerrecht, 3. Aufl. 2018, Fall 8. Dazu näher *M. Herdegen*, The Abuse of Diplomatic Privileges and Countermeasures not Covered by the Vienna Convention on Diplomatic Relations, ZaöRV 46 (1986), 734; *F. Orrego Vicuña*, Diplomatic and Consular Immunities and Human Rights, ICLQ 40 (1991), 34; *J. Kokott*, Mißbrauch und Verwirkung von Souveränitätsrechten bei gravierenden Völkerrechtsverstößen, FS Bernhardt, 1995, 135. Allgemein auch *K. Doehring*, Statusverwirkung im Völkerrecht, ZaöRV 67 (2007), 385.

spricht es dem verfassungsähnlichen Charakter von Normen des völkerrechtlichen *ius cogens*, gewisse Einschränkungen dort zuzulassen, wo unter dem Schutz diplomatischer Vorrechte und Immunitäten zwingendes Völkerrecht verletzt wird. Eine behutsame Fortentwicklung des Völkerrechts sollte allerdings zunächst bei Eingriffen zur **Beendigung unmittelbarer Gefahren** ansetzen und nicht über die Annahme einer Verwirkung der Privilegien den Schutz des Diplomatenrechts generell beseitigen. Auch muss nach Möglichkeit sichergestellt sein, dass die Eingriffe nicht lediglich unter einem Vorwand (und damit ihrerseits missbräuchlich) stattfinden.

Fall: Sklavenhalter und Mädchenhändler Die anirische Polizei hat verlässliche Erkenntnisse, dass die Botschaft Bumaliens in Anirien in Sklaverei und Menschenhandel verwickelt ist. Die Botschaft soll ein wichtiger Kontaktpunkt für einen internationalen Mädchenhändlerring sein, der Minderjährige aus Entwicklungsländern weltweit als Prostituierte verkauft. Zudem hält der Botschafter selbst in seinen Privaträumen zwei minderjährige Mädchen zu seiner Befriedigung gefangen. Darf die anirische Polizei gegen den Willen des Botschafters die Räumlichkeiten der Mission und die Privatwohnung des Botschafters durchsuchen? 570

Lösungshinweise: I. Durchsuchung der Botschaft: Die Durchsuchung gegen den Willen des Missionschefs verstößt gegen Art. 22 Abs. 1 WÜD. Menschenhandel ist ein schwerer Verstoß gegen fundamentale Menschenrechte und verletzt Normen des zwingenden Völkerrechts, die Bumalien gegenüber der internationalen Gemeinschaft als Ganzer, also *erga omnes*, verpflichten. Wenn auch die Rechtfertigung als Gegenmaßnahme am Charakter des Diplomatenrechts als *self-contained regime* scheitert, könnte der zwingende Charakter des Menschenhandelsverbots die Berufung auf Art. 22 Abs. 1 WÜD untersagen. Es ist jedoch zu bedenken, dass die Botschaft nur ein Kontaktpunkt ist. Die Durchsuchung könnte also evtl. zu einem Fahndungserfolg beitragen, den Handel selbst aber nicht unmittelbar unterbinden. Hier ist die anirische Polizei auf Ermittlungen im Umfeld zu verweisen. Ansonsten bleibt der Regierung nur die Möglichkeit, Missionsangehörige zu unerwünschten Personen zu erklären oder die diplomatischen Beziehungen zu Bumalien abzubrechen.

II. Durchsuchung der Privaträume: Die Privaträume des Botschafters genießen denselben Schutz wie die Räumlichkeiten der Mission (Art. 30 Abs. 1 WÜD). Auch hier stellt sich die Frage nach den Folgen eines Verstoßes gegen eine Norm des zwingenden Völkerrechts (hier: Sklavereiverbot). Anders als im Fall der Botschaft liegt aber eine unmittelbare Gefahr vor. Hier erscheint es dem zwingenden Charakter des Sklavereiverbots angemessen, den anirischen Beamten zu gestatten, die beiden Mädchen zu befreien. Im Anschluss stünde es der Regierung Aniriens erneut frei, den Botschafter zur *persona non grata* zu erklären oder die diplomatischen Beziehungen zu Bumalien vollständig abzubrechen.

II. Vorrechte, Immunitäten und Befreiungen der Diplomaten

1. Vorrechte

Die Person des Diplomaten ist **unverletzlich** (Art. 29 f WÜD); er genießt Schutz vor staatlichen Zwangsmaßnahmen aller Art (Verhaftung, Festnahme, Ausweisung, Auslieferung etc.). Auch besteht explizit eine Schutzpflicht des Empfangsstaates gegenüber Angriffen von dritter Seite (vgl. dazu auch das UN-Übereinkommen über die Verhütung, Verfolgung und Bestrafung von Straftaten gegen völkerrechtlich geschützte Personen einschließlich Diplomaten von 1973). Der persönliche Schutz er- 571 streckt sich auch auf seine Unterkunft, seine Papiere, seine Korrespondenz und – mit einer Einschränkung für legale Zwangsvollstreckungsmaßnahmen im Rahmen von Art. 31 Abs. 3 WÜD – sein Vermögen. Unverletzlichkeit genießen ebenso die Mitglieder des **Verwaltungs- und technischen Personals** sowie die **zum Haushalt gehörenden Familienmitglieder**, sofern sie nicht Angehörige des Empfangsstaates sind, Art. 37 Abs. 1 und 2 WÜD.

572 Der Diplomat ist zwar verpflichtet, sich an die **Gesetze des Empfangsstaates** zu halten, auch darf er sich nicht in dessen inneren Angelegenheiten einmischen (Art. 41 Abs. 1 WÜD); begeht ein Diplomat jedoch **Rechtsverstöße**, schützt ihn der Charakter des Diplomatenrechts als *self-contained regime*: Seine Unverletzlichkeit und seine Immunität schützen ihn vor Festnahme und Strafverfolgung. Allerdings ist die kurzzeitige Festnahme zulässig, um einen Diplomaten, der auf frischer Tat ertappt wird, an der Vornahme einer strafbaren Handlung zu hindern.[24]

573 **Fall: Lizenz zum Töten?** Diplomat D hat den Auftrag, im Empfangsstaat den Oppositionellen O zu töten. Die Polizei erhält einen Hinweis über den geplanten Anschlag und trifft am Tatort ein, als D gerade zum Schuss ansetzen will. D wird vorläufig festgenommen und zur Feststellung des Sachverhalts auf das Revier mitgenommen. Der Staatsanwalt möchte wissen, ob die Festnahme rechtmäßig war und ob er gegen D einen Haftbefehl beantragen darf. – Angenommen, D hätte O bereits erschossen, als die Polizei eintraf: Hätte D festgenommen oder zumindest festgehalten werden dürfen?

Lösungshinweise: An sich verstößt eine Festnahme gegen den Grundsatz der diplomatischen Unverletzlichkeit (Art. 29 WÜD). Die „Festnahme" des D am Tatort diente jedoch nicht der Strafverfolgung, sondern allein dazu, diesen am Schuss zu hindern. Art. 29 WÜD verbietet nur die Festnahme i. e. S. zu repressiven Zwecken, nicht ein kurzzeitiges (!) Festhalten zu präventiven Zwecken. Die Verbringung auf das Revier dürfte gegen Art. 29 WÜD verstoßen, weil sie vom Präventionszweck nicht mehr umfasst ist und der Vorbereitung der Strafverfolgung dient. Erst recht unzulässig wäre es, gegen D einen Haftbefehl zu beantragen. Dem Empfangsstaat bleibt nur, D zur *persona non grata* zu erklären und zur (u. U. sogar sofortigen) Ausreise aufzufordern.

Abwandlung: In diesem Fall gäbe es nichts mehr zu verhüten. Eine Festnahme könnte nur noch repressive Zwecke verfolgen. Allerdings dürften die Polizisten vor Ort die Personalien des D aufnehmen. Abgesehen davon, dass D sich erst als Diplomat ausweisen muss, ist die Feststellung der Personalien notwendig, wenn der Empfangsstaat – in Ausübung seines Rechts aus Art. 9 WÜD – den „richtigen Mann" ausweisen will. Dies kann aber nur gelten, wenn jemand (wie hier) noch am Tatort angetroffen wird. Ansonsten würde es sich um Ermittlungsmaßnahmen gegen Angehörige des diplomatischen Personals handeln. Hier bliebe nur die Ausweisung „auf gut Glück" oder des gesamten diplomatischen Personals des Heimatstaates von D.

574 Im Unterschied zum WÜD macht Art. 41 WÜK für **Konsularbeamte** bei schweren strafbaren Handlungen eine Ausnahme von der Unverletzlichkeit. Voraussetzung ist eine Entscheidung der zuständigen Justizbehörde (Abs. 1). Das Verfahren ist „in kürzester Frist" einzuleiten und in der dem Konsularbeamten „auf Grund seiner amtlichen Stellung gebührenden Rücksicht" zu führen (Abs. 3).

---

24 IGH, Urteil v. 24.5.1980, U.S. Diplomatic and Consular Staff in Tehran, ICJ Rep. 1980, 3, § 86; siehe Anhang, Nr. 17.

Die Unterschiede zwischen konsularischer und diplomatischer Immunität verdeutlicht der Fall *Khobragade*: Die Stellvertretende Generalkonsulin Indiens in New York wurde am 12. Dezember 2013 unter dem Vorwurf des Visamissbrauchs kurzzeitig festgenommen. Indien hielt die Art der Behandlung (Leibesvisitation u. a.) für unangemessen und versetzte sie kurz darauf an die UN-Mission Indiens in New York. Ihr Agrément erhielt sie am 8. Januar 2014. Da die förmliche Anklage erst am 9. Januar erhoben wurde, erklärte das zuständige Gericht sie am 12. März 2014 für unzulässig, weil *Khobragade* zum Zeitpunkt der Anklageerhebung diplomatische Immunität genoss.[25] Unzweifelhaft ein „schweres Verbrechen" im Sinne des Art. 41 WÜK stellte die bestialische Ermordung des saudischen Journalisten *Jamal Khashoggi* im Generalkonsulat Saudi-Arabiens in Istanbul im Oktober 2018 dar. Saudi-Arabien zog seinen Generalkonsul ab, bevor die Türkei Schritte gegen ihn einleiten konnte.[26]

2. Immunitäten

Der Diplomat genießt Immunität von der Gerichtsbarkeit des Empfangsstaates. Er ist nicht verpflichtet, als Zeuge auszusagen (Art. 31 Abs. 2 WÜD); Zwangsvollstreckungsmaßnahmen gegen ihn sind nur in Ausnahmefällen zulässig (Art. 31 Abs. 3 WÜD). Die Immunität für **dienstliche Handlungen** gilt umfassend und besteht auch nach Ende der Mission fort, weil diese Handlungen dem Entsendestaat zugerechnet werden. Diese fortdauernde Immunität gilt aber nur gegenüber Gerichten des Empfangsstaates; dritte Staaten sind nicht verpflichtet, im dienstlichen Auftrag verübte Straftaten eines ehemaligen Diplomaten ungeahndet zu lassen, wie das BVerfG im Fall eines früher in der DDR akkreditierten Diplomaten entschieden hat, gegen den nach der Wiedervereinigung wegen Verwicklung in das Sprengstoffattentat auf die „Maison de France" in Berlin (West) 1983 ermittelt wurde.[27] Die Immunität für **private Handlungen** erstreckt sich grundsätzlich ebenfalls auf alle Zweige der Gerichtsbarkeit, kennt aber gewisse Ausnahmen bei Klagen vor Zivil- und Verwaltungsgerichten (Art. 31 Abs. 1 WÜD).[28] Außerdem endet sie mit der Ausreise des Diplomaten bzw. nach Ablauf einer angemessenen Ausreisefrist (Art. 39 Abs. 2 S. 1 WÜD). 575

Die Abgrenzung dienstlicher und privater Handlungen kann Schwierigkeiten bereiten. Dabei kommt es auf den Zusammenhang mit der dienstlichen Tätigkeit an. So ist Spionagetätigkeit im Empfangsstaat zwar ungesetzlich, aber dienstlich veranlasst,[29] anders ein Ladendiebstahl oder ein Totschlag aus Eifersucht. Die Frage, wie eine nächtliche Trunkenheitsfahrt des Botschafters von Papua-Neuguinea in den USA, *Kiatro Abisinito*, mit seinem Dienstwagen einzustufen

25 U.S. District Court, Southern District of New York, USA v. Devyani Khobragade, Beschluss v. 12.3.2014. Zwischenzeitlich zur unerwünschten Person erklärt, hatte *Khobragade* zum Zeitpunkt der Entscheidung die USA bereits verlassen.

26 Zum Fall *Khashoggi S. Anderson*, What International Law Tells Us About the Khashoggi Investigation, www.lawfareblog.com (15.10.2018); *M. Milanovic*, The Murder of Jamal Khashoggi: Immunities, Inviolability and the Human Right to Life, 4 Teile, EJIL Talk! (16.-18.4.2019), auch HRLR (i. V.); *ders.*, Callamard Report on the Murder of Jamal Khashoggi, 2 Teile, EJIL Talk! (1.7.2019).

27 BVerfGE 96, 68 (86 ff). Das BVerfG behandelte hier die DDR und die Bundesrepublik (entgegen der früheren bundesdeutschen Doktrin) als zwei Staaten und verneinte auch einen Übergang der Pflicht zur Achtung der Immunität auf die Bundesrepublik im Wege der Staatennachfolge (a. a. O., 91 ff).

28 Namentlich die USA erteilen häufig sog. *statements of interest* zugunsten ausländischer Diplomaten, die den Zugang zu US-Gerichten über das WÜD hinaus auch in privatrechtlichen Streitigkeiten versperren. Dazu kritisch *N. M. Bergmar*, Demanding Accountability Where Accountability Is Due, VJTL 47 (2014), 501.

29 Vgl. zur konsularischen Immunität BGH, NStZ 2013, 600 mit zust. Anm. *H. Kreicker*, ZIS 2014, 129 (Informationsgewinnung über terroristische Organisation in Deutschland).

war, stand 1987/88 im Mittelpunkt eines Streits zwischen beiden Staaten, der durch die Abberufung des Botschafters und eine gütliche Einigung mit den Opfern beigelegt wurde.[30]

576 Für die **übrigen Mitglieder der Mission** gibt es einen nach Status und Funktion **abgestuften Immunitätsschutz**: Dieselben Immunitäten wie der Diplomat genießen die zu seinem Haushalt gehörenden Familienmitglieder (Art. 37 Abs. 1 WÜD). Die Mitglieder des technischen und Verwaltungspersonals genießen strafgerichtliche Immunität, Immunität vor den Zivil- und Verwaltungsgerichten aber nur für dienstliche Handlungen (Art. 37 Abs. 2 WÜD). Allein für dienstliche Handlungen wird Immunität auch dem dienstlichen Hauspersonal gewährt (Art. 37 Abs. 3 WÜD). Bei privatem Hauspersonal hat der Empfangsstaat Sorge zu tragen, dass die Ausübung der Gerichtsbarkeit die Erfüllung der Aufgaben der Mission nicht ungebührlich behindert (Art. 37 Abs. 4 WÜD). Die Gewährung weitergehender Immunität steht natürlich im souveränen Belieben des Empfangsstaates.

Übersicht: Diplomatische Immunitäten

Gruppe	dienstliche Handlungen	private Handlungen
Diplomaten	Immunität, Art. 31	Immunität (in Grenzen), Art. 31
Familienmitglieder	wie Diplomat, Art. 37 Abs. 1	wie Diplomat, Art. 37 Abs. 1
technisches und Verwaltungspersonal	Immunität, Art. 37 Abs. 2	strafgerichtliche Immunität, Art. 37 Abs. 2
Hauspersonal (dienstlich)	Immunität, Art. 37 Abs. 3	–
Hauspersonal (privat)	keine ungebührliche Behinderung der Aufgaben, Art. 37 Abs. 4	–

577 Die Immunität schützt **nur persönlich**; eine Kfz-Haftpflichtversicherung darf sich gegenüber einem Geschädigten nicht auf die Immunität ihres Versicherungsnehmers berufen.[31] Der Entsendestaat kann auf die Immunität des Diplomaten sowie der übrigen geschützten Personen **verzichten**, auch ohne deren Zustimmung (Art. 32 WÜD). Hierin kommt zum Ausdruck, dass die Immunität nicht dem Schutz der Person dient, sondern der Funktion bzw. dem Repräsentanten des Entsendestaates (Rn. 567). Ein Verzicht ist für Familienmitglieder von Diplomaten üblich, wenn diese im Empfangsstaat einem Beruf nachgehen wollen.

Um einen möglichen Verzicht auf diplomatische Immunität ging es 2013 am Rande des Streits um die Tötung indischer Fischer durch Mitglieder der Besatzung des italienischen Marineschiffs *Enrica Lexie*. Im Rahmen des Gerichtsverfahrens in Indien gegen die Seeleute hatte der italienische Botschafter eine eidesstattliche Versicherung abgegeben, dass die Angeklagten, falls sie Indien verlassen dürften, zum Prozess zurückkehren würden. Als nach deren Ausreise

30 Dazu *B. Larschan*, The Abisinito Affair: A Restrictive Theory of Diplomatic Immunity?, ColJTL 26 (1987/88), 283; *T. Pecoraro*, Diplomatic Immunity – The Abisinito Affair, HarvILJ 29 (1988), 533; *J. Donoghue*, Perpetual Immunity for Former Diplomats?, ColJTL 27 (1988/89), 615.

31 Tribunal de Commerce de Bruxelles, Entscheidung v. 23.11.1970, W. Bonne & Cie, RBDI 9 (1973), 679 f.

die italienische Regierung erklärte, die Seeleute würden nicht nach Indien zurückkehren, ordnete der Oberste Gerichtshof Indiens an, dass der Botschafter wegen Missachtung des Gerichts das Land nicht verlassen dürfe. Hierin lag ein Verstoß gegen Art. 31 WVK. Weder hatte der Botschafter durch die „Anstrengung" eines – bereits laufenden – Verfahrens (Art. 32 Abs. 2 WVK) noch durch eine Erklärung auf seine Immunität verzichtet. Zwar wird der Missionschef gewohnheitsrechtlich für berechtigt gehalten, den Verzicht für den Entsendestaat wirksam zu erklären; diese Erklärung muss aber ausdrücklich erfolgen. Der Streit wurde durch ein Einlenken Italiens beigelegt.[32]

3. Befreiungen

Art. 33-36 WÜD enthält eine Reihe von Befreiungen von Steuern, Zöllen und Abgaben. Diese gelten eingeschränkt und abgestuft auch für die anderen Mitglieder der Mission oder des Haushalts der Missionsmitglieder (vgl. Art. 37 WÜD). **578**

4. Transitrechte in Drittstaaten

Die Vorrechte und Immunitäten aus den Art. 29 ff WÜD stehen dem Diplomaten nur im Empfangsstaat zu. Allerdings genießt er gemäß Art. 40 WÜD (für Konsularbeamte: Art. 41 WÜK) **Transitrechte in Drittstaaten**: Für Reisen zwischen seinem Heimatstaat und seinem Dienstposten (nicht hingegen für Urlaubsreisen in Drittstaaten[33]) sind ihm Unverletzlichkeit und alle für seine sichere Durchreise erforderlichen Immunitäten zu gewähren. Dies gilt auch für seine Familienangehörigen, denen nach dem WÜD Vorrechte und Immunitäten zustehen (d. h. die zu seinem Haushalt gehören). **579**

5. Besondere Statusverhältnisse

Eingeschränkt sind die Immunitäten von Angehörigen der Mission, die **Staatsangehörige des Empfangsstaates** *(regnicoles)* **oder in diesem ständig ansässig** sind. Indem der Empfangsstaat seine Personal- und Gebietshoheit hier stärker zur Geltung bringt, sind diese Personen den anderen Missionsangehörigen im Ergebnis gleichgestellt; diese unterliegen ebenfalls der Gerichtsbarkeit ihres Heimatstaates (nämlich des Entsendestaates bzw. eines Drittstaates). Ein „inländischer" Diplomat genießt Unverletzlichkeit und Immunität nur für dienstliche Handlungen (Art. 38 Abs. 1 WÜD); bei den übrigen Mitgliedern der Mission und den privaten Hausangestellten darf die Ausübung der Hoheitsgewalt die Mission bei der Wahrnehmung ihrer Aufgaben nicht ungebührlich behindern (Art. 38 Abs. 2 WÜD). Familienangehörige des Diplomaten, die Staatsangehörige des Empfangsstaates sind, sind nicht immun (vgl. Art. 37 Abs. 1 WÜD). Allerdings wird der Empfangsstaat bei der Ausübung seiner Hoheitsgewalt aus Gründen der Courtoisie auf den besonderen Status des Diplomaten Rücksicht zu nehmen haben. Eng begrenzte Vorrechte und Immunitäten nur für ihre amtliche Tätigkeit genießen nach Art. 58 Abs. 2 WÜK **Wahlkonsuln (Honorarkonsuln)**. Diese sind ehrenamtlich tätig; meist handelt es sich um Kaufleute aus dem **580**

32 Näher *S. Talmon*, The (Not So) 'Sacred' Word of an Italian Ambassador and Diplomatic Immunity for Contempt of Court, Bonn Research Papers on Public International Law, Paper 5/2014 (9.9.2014).

33 BGH, NStZ 2004, 402: Drogenschmuggel zwischen den Niederlanden und Deutschland durch einen in Venezuela akkreditierten US-Diplomaten während seines Urlaubs.

Empfangsstaat, die besondere Geschäftsbeziehungen zum Entsendestaat pflegen und von diesem mit der konsularischen Vertretung seiner Interessen beauftragt werden.[34]

581 Die Vorrechte, Immunitäten und Befreiungen von **Staatenvertretern bei Internationalen Organisationen** ergeben sich aus dem Sitzabkommen.[35] Mangels eigener Jurisdiktion der Internationalen Organisation ist deren Einräumung und Realisierung von der Kooperation des Sitzstaates abhängig. Das Wiener Übereinkommen über die Vertretung der Staaten in ihren Beziehungen zu Internationalen Organisationen universellen Charakters von 1975[36] ist mangels einer ausreichenden Zahl von Ratifikationen noch nicht in Kraft getreten. Seit 1985 in Kraft ist das UN-Übereinkommen über **Sondermissionen** von 1969.[37] Die Regeln über Vorrechte, Immunitäten und Befreiungen in den Art. 29 ff sind an das WÜD angelehnt und dürften insoweit auch gewohnheitsrechtlich gelten. Nicht unter das WÜD fallen die Träger **direkter Diplomatie**; allerdings sind dessen Regeln als Ausdruck von Gewohnheitsrecht entsprechend anzuwenden. Als höchsten Repräsentanten ihres Staates kommen diesen Personen darüber hinaus die weitergehenden Immunitäten und Ehrenrechte von Staatsoberhäuptern und Mitgliedern der Regierung zu (Rn. 328–329).

Bei Staatsbesuchen überschneiden sich demnach drei Arten von Immunität: die Immunität *ratione personae* hoher Staatsrepräsentanten, die Immunität *ratione materiae*, die ihre amtlichen Handlungen genießen, und die Immunität von Staatsgästen.[38]

III. Unverletzlichkeit des Missionsgebäudes

582 Das Missionsgebäude ist Teil des **Staatsgebiets des Empfangsstaates**. Dessen Rechtsordnung gilt, ist aber durch das Diplomatenrecht überlagert und darf dort deshalb nicht durchgesetzt werden.[39] Zur Vornahme von Hoheitsakten auf dem Territorium des Empfangsstaates sind die Vertreter des Entsendestaates nur im Rahmen der üblichen Aufgaben der Mission befugt (z. B. Erteilung von Visa, Verlängerung von Ausweisdokumenten); der Empfangsstaat kann hierüber hinaus gehende Hoheitsakte gestatten (z. B. Durchführung von Trauungen).

583 Das Missionsgebäude ist **unverletzlich**. Die Räumlichkeiten dürfen nur mit Einwilligung des Missionschefs betreten werden (Art. 22 Abs. 1 WÜD). Durchsuchungen, Beschlagnahmen, Pfändungen und Vollstreckungen sind unzulässig (Art. 22 Abs. 3 WÜD). Für konsularische Räumlichkeiten bestimmt Art. 31 Abs. 2 S. 2 WÜK, dass „bei Feuer oder einem anderen Unglück, wenn sofortige Schutzmaßnahmen erforder-

34 Ausführlich *W. Bolewski/T. Pierlings*, Honorarkonsul – Beruf oder Berufung? Völkerrechtliche und innerstaatliche Grundlagen des Honorarkonsularwesens, AVR 44 (2006), 429.

35 Eingehend *M. Wenckstern*, Die Immunität internationaler Organisationen, 1994, 166 ff.

36 Abgedruckt in AJIL 69 (1975), 52.

37 Siehe A/RES/2530 (XXIV), abgedruckt in AVR 16 (1973/75), 60. Dazu auch *M. Ryan*, The Status of Agents on Special Mission in Customary International Law, CYIL 36 (1978), 157.

38 *M. Wood*, The Immunity of Official Visitors, MPYUNL 16 (2012), 35. Siehe auch *C. Warbrick/ D. McGoldrick/J.C. Barker*, State Immunity, Diplomatic Immunity and Act of State: A Triple Protection Against Legal Action?, ICLQ 47 (1998), 950. Vertiefend *T. Prauß*, Staatsbesuche in der Bundesrepublik Deutschland, 2014.

39 Zum Afghanischen Gesandtschafts-Fall (RG 1934) bereits oben Rn. 76.

lich sind, die Zustimmung des Leiters der konsularischen Vertretung vermutet werden" kann. Für Botschaftsgebäude gilt eine solche Ausnahme nicht. Dies folgt aus dem Fehlen einer entsprechenden Regelung im WÜD und trägt dem Umstand Rechnung, dass Botschaften politisch sensiblere Aufgaben erfüllen. Deshalb besteht für sie ein erhöhter Geheimnisschutz.[40]

Problematisch war mit Blick auf Art. 22 Abs. 1 WÜD die gewaltsame Befreiung von Geiseln in der japanischen Botschaft von Peru am 22.4.1997.[41] Mitglieder der linksgerichteten Bewegung „Tupac Amaru" hatten 126 Tage lang über 70 Geiseln in ihrer Gewalt, unter ihnen den japanischen Botschafter. Japan hatte auf eine Verhandlungslösung gedrängt und war vom peruanischen Präsidenten *Fujimori* nicht über die Aktion informiert worden. Da der Botschafter nicht in der Lage war, seine Einwilligung zu geben, hätte diese vom japanischen Außenministerium erteilt werden müssen. Nach der Aktion bedauerte der japanische Premierminister die Anwendung von Gewalt, bedankte sich aber für die Befreiung der Geiseln.

Der Schutz erstreckt sich auch auf die **Einrichtung** und die sonst in den Räumlichkeiten der Mission befindlichen Gegenstände sowie die **Beförderungsmittel** der Mission (Art. 22 Abs. 3 WÜD). **Archive und Schriftstücke** sind unverletzlich auch wenn sie sich außerhalb der Räumlichkeiten der Mission befinden (Art. 24 WÜD). **584**

Wegen Art. 22 Abs. 3 WÜD ist das Abschleppen von Dienstkraftfahrzeugen einer Botschaft unzulässig. Etwas anderes dürfte gelten, wenn ein Fahrzeug Rettungseinsätze behindert; gegebenenfalls ist eine Umsetzung des Fahrzeugs zu prüfen. Zulässig (und üblich) ist die Erteilung von Strafmandaten. Die Zahlung der Geldbuße kann aber wegen der diplomatischen Immunität nicht erzwungen werden. Privatfahrzeuge von Diplomaten sind gemäß Art. 30 Abs. 2 WÜD unverletzlich.

Der Empfangsstaat ist verpflichtet, die Mission vor **Übergriffen Dritter** zu schützen, die den Frieden der Mission oder ihre Würde stören können (Art. 22 Abs. 2 WÜD). Aus dieser Schutzpflicht folgt namentlich die Verpflichtung zum polizeilichen Schutz der Botschaft (mit Genehmigung des Empfangsstaates kann dieser auch durch Sicherheitskräfte des Entsendestaates erfolgen). **Politische Demonstrationen** vor Botschaftsgebäuden sind als Ausdruck der Meinungs- und Versammlungsfreiheit (vgl. Art. 19 f AEMR) grundsätzlich zulässig, können aber im Einzelfall den Frieden oder die Würde der Mission stören, z. B. bei Beschimpfung und Beleidigung des Entsendestaates oder bei einem lautstarken oder aggressiven Verlauf. Lässt er eine solche Demonstration zu, obliegt dem Empfangsstaat eine gesteigerte Sorgfaltspflicht dafür, dass von der Demonstration keine Übergriffe auf die Mission ausgehen. **585**

Das Missionsgebäude darf nur **im Einklang mit den Zwecken der Mission** genutzt werden, Art. 41 Abs. 3 WÜD. Diese Zwecke ergeben sich primär aus Art. 3 Abs. 1 WÜD, der jedoch nicht abschließend ist („unter anderem"). Hier spielt auch das Völkergewohnheitsrecht eine wichtige Rolle. Umstritten ist, inwieweit die Gewährung **586**

40 Für eine begrenzte Ausnahme bei Bedrohung von Menschenleben oder von benachbarten Häusern *J.-P. Redder*, Die Unverletzlichkeit des Botschaftsgeländes (Art. 22 Abs. 1 WÜD) und ihre Grenzen, AVR 53 (2015), 501. Zum Eindringen von Polizisten in die Botschaft Bahrains in London, um das Leben eines Demonstranten zu schützen, *M. Jackson*, Inviolability and the Protest at the Bahraini Embassy, EJIL Talk! (9.8.2019).

41 Eingehend *R. Panjabi*, Terror at the Emperor's Birthday Party: An Analysis of the Hostage-Taking Incident at the Japanese Embassy in Lima, Peru, DickinsonJIL 16 (1997), 1.

diplomatischen Asyls zu den Zwecken der Mission gehören kann.[42] Nach wie vor wird ein Recht, politisch Verfolgten in den Räumen der Botschaft Schutz zu gewähren, überwiegend abgelehnt. Eine Ausnahme bildet Südamerika, wo regional nach h. M. ein gewohnheitsrechtlich etabliertes Recht zur Asylgewährung in Botschaften existiert.[43] Die Zurückhaltung ist verständlich, weil sich dieses Asyl typischerweise gerade gegen eine Verfolgung durch Behörden des Empfangsstaates richtet.

Für erhebliches Aufsehen sorgte die Gewährung „diplomatischen Asyls" im Fall des WikiLeaks-Gründers *Julian Assange*. Dieser lebte von Juni 2012 bis Mai 2019 in der Botschaft Ecuadors in London, um einer Auslieferung an Schweden zu entgehen, wo ein Haftbefehl wegen sexueller Vergehen gegen ihn vorlag. In Übereinstimmung mit dem Völkerrecht hielt die britische Regierung den Aufenthalt *Assanges* in der Botschaft für illegal.[44] Auch wies sie die Verleihung eines Diplomatenstatus an *Assange* nach dessen Einbürgerung durch Ecuador zurück.[45]

Anerkannt wird dagegen überwiegend ein **humanitäres Asyl**, das vorübergehenden Schutz vor unmittelbaren Gefahren für Leib und Leben bezweckt. Was hierunter fällt, ist allerdings nicht einfach zu bestimmen: Als Fall des humanitären Asyls wird bisweilen der Aufenthalt des ungarischen Kardinals *Mindszenthy* in der US-Botschaft in Budapest genannt, der von 1956 bis 1971 dauerte und eher als diplomatisches Asyl zu qualifizieren sein dürfte. Die Gewährung von Zuflucht an den chinesischen Bürgerrechtler *Fang Lizhi* nach dem Massaker auf dem Platz des Himmlischen Friedens am 4. Juni 1989 durch die US-Botschaft stieß auf scharfen Protest Chinas. Im Fall der DDR-Flüchtlinge in der bundesdeutschen Botschaft in Prag 1989 bemühte sich die Bundesregierung um Einvernehmen mit der tschechoslowakischen Regierung. Auch wenn es an Staatenpraxis fehlt, dürfte die Gewährung humanitären Asyls i. e. S. aus elementaren Erwägungen der Menschlichkeit (Rn. 289) heraus gestattet, in bestimmten Situationen sogar geboten sein. Ein vorübergehender Schutz könnte darüber hinaus auch damit begründet werden, dass dem Schutzsuchenden bei Überstellung schwere Menschenrechtsverletzungen drohen.[46]

---

42 Vgl. *A. v. Arnauld*, Klausurenkurs im Völkerrecht, 3. Aufl. 2018, Fall 8. Vertiefend *H.Carrie*, Das diplomatische Asyl im gegenwärtigen Völkerrecht, 1994; *I. Klepper*, Diplomatisches Asyl, 2009. Überblick m. w. N. bei *P. Shah*, Asylum, Diplomatic, MPEPIL (4/2007).

43 Das Gewohnheitsrecht dürfte aus einer ganzen Reihe von Verträgen zwischen 1889 und 1954 folgen, vgl. IAGMR, Pacheco Tineo Family v. Plurinational State of Bolivia, Urt. v. 25.11.2013, Series C No. 272, Rn. 140. Vertiefend *P. Behrens*, The Law of Diplomatic Asylum, MichJIL 35 (2014), 319 (330 ff). Zum Fall *Haya de la Torre* bereits oben Rn. 254.

44 *T. Marauhn/S. Simon*, Diplomatisches Asyl für Julian Assange?, ZJS 2012, 593; *M. den Heijer*, Diplomatic Asylum and the Assange Case, LJIL 26 (2013), 399; *B. Schiffbauer*, Julian Assange und das Völkerrecht, 2013 (Cologne Occasional Papers on Peace and Security Law, No. 2). Zu der umstrittenen Einstufung als rechtswidrige Freiheitsberaubung durch den UN-Menschenrechtsrat, Working Group on Arbitrary Detention, Opinion No. 54/2015, 22.1.2016, A/HRC/WGAD/2015, *M. Happold*, Julian Assange and the UN Working Group on Arbitrary Detention, EJIL: Talk! (5.2.2016); *P. Janig*, Julian's Golden Cage: Julian Assange, the UN Working Group on Arbitrary Detention and the Quest for Scholarly Diligence – A Case Study, ARIEL 18 (2016), 155; *J. Leiss*, The UNWGAD's Opinion in the case concerning Julian Assange, QIL, Zoom-in 25 (2016), 17.

45 *D. Akande*, Ecuador Seeks to Confer Diplomatic Status on Julian Assange, EJIL Talk! (25.1.2018), auch dazu, dass nicht die Verleihung des diplomatischen Status, sondern die Einbürgerung zu hinterfragen war (vgl. zu Einbürgerungen Rn. 564).

46 Vgl. Court of Appeals for England and Wales, Ex parte B. [Bakhtiari] a. o., Urteil v. 18.10.2004 [2004] EWCA Civ 1344 (im Ergebnis ablehnend). Mit drohender Folter haben die USA 2012 die kurzzeitige Zuflucht für den chinesischen Menschenrechtsaktivisten *Chen Guangcheng* begründet, vgl. *B. Stone*, Gimme Shelter: Does the United States Violate International Law by Offering Protection to Chen Guangcheng at the American Embassy in Beijing?, AmUnivLR 28 (2013), 905.

Fall: Fluchtbewegungen Im kaukasischen Bormistan startet die Militärregierung eine gewaltsame Großoffensive gegen die Opposition. Viele Oppositionelle flüchten sich in die Botschaften anderer Staaten. Der Botschafter Venezuelas erklärt, die 30 Oppositionellen, die in seiner Botschaft Zuflucht gefunden hätten, genössen diplomatisches Asyl. Zu Recht? Wie wäre es, wenn die 30 Flüchtlinge Angehörige einer ethnischen Minderheit wären, die in einem tobenden Bürgerkrieg Zuflucht vor bewaffneten Milizionären gesucht hätten? **587**

Lösungshinweise: Die Gewährung diplomatischen Asyls gehört nicht zu den in Art. 3 Abs. 1 WÜD genannten Aufgaben. Gewohnheitsrechtlich ist es nur in Südamerika anerkannt. Zwar ist Venezuela ein südamerikanischer Staat; das regionale Gewohnheitsrecht kann aber nur anderen südamerikanischen Staaten entgegengehalten werden, nicht dem kaukasischen Bormistan. Somit verstößt der Botschafter gegen seine Pflicht aus Art. 41 Abs. 3 WÜD, die Räumlichkeiten der Botschaft nur im Einklang mit den Zwecken der Mission zu nutzen.

In der Abwandlung läge kein diplomatisches, sondern ein humanitäres Asyl vor. Ein solches Recht, Flüchtlingen vorübergehenden Schutz vor unmittelbaren Gefahren für Leib und Leben zu schützen, wird zumindest in der Literatur überwiegend anerkannt. Es dürfte elementaren Erwägungen der Menschlichkeit entsprechen, die Flüchtlinge hier nicht in die Arme ihrer Verfolger zu treiben. Angesichts der nichtstaatlichen Natur der Verfolgung steht im Übrigen auch kein Konflikt mit Bormistan zu erwarten.

Auch wenn die Räumlichkeiten der Mission **in rechtswidriger Weise genutzt** werden, **behalten sie ihren Schutz** durch Art. 22 WÜD.[47] Ansonsten wäre es für den Empfangsstaat leicht, sich unter dem Vorwand rechtswidrigen Verhaltens Zutritt zu den Räumlichkeiten zu verschaffen. Diskutiert wird, ob bei schweren Menschenrechtsverletzungen im Botschaftsgebäude der Schutz entfällt bzw. verwirkt wird (Rn. 569). **588**

Die Bereitschaft der Staaten, die Unverletzlichkeit der Mission selbst bei gravierenden Verstößen zu respektieren, zeigt der Fall des libyschen Volksbüros 1984: Damals war aus einem Fenster der libyschen Botschaft („Volksbüro") in London heraus mit einer Maschinenpistole in eine Menschenmenge geschossen worden, die vor der Botschaft gegen den libyschen Diktator *Gaddafi* demonstrierte. Elf Demonstranten wurden verletzt, eine Polizistin getötet. Der britischen Polizei wurde verwehrt, die Räume der Mission zu durchsuchen, so dass der Schuldige nicht ermittelt werden konnte. Daraufhin erklärte die britische Regierung das gesamte Personal des Volksbüros zu unerwünschten Personen und setzte eine siebentägige Frist zur Ausreise.[48]

IV. Verkehrsfreiheiten der Mission

Nach Art. 25 WÜD ist der Empfangsstaat verpflichtet, der Mission „jede Erleichterung zur Wahrnehmung ihrer Aufgaben" zu gewähren. Hierzu zählt die volle **Bewegungs- und Reisefreiheit**. Sie darf aus Gründen der nationalen Sicherheit für bestimmte Territorien beschränkt, aber durch diese Beschränkungen nicht illusorisch **589**

47 Zum mutmaßlichen Abhören der Bundesregierung vom Gebäude der US-Botschaft in Berlin aus *S. Talmon*, Das Abhören des Kanzlerhandys und das Völkerrecht, Bonner Rechtsjournal 2014, 6.

48 AdG 1984, 27627. Freilich dürfte die Sorge der britischen Regierung vor möglichen Reaktionen Libyens, das in jener Zeit terroristische Anschläge zumindest unterstützte, auch eine Rolle gespielt haben.

werden (Art. 26 WÜD). Art. 27 Abs. 1 WÜD verpflichtet den Empfangsstaat zudem, den **freien Verkehr** der Mission für alle amtlichen Zwecke zu gestatten und gegen äußere Eingriffe zu schützen. Gemäß Art. 27 Abs. 2 WÜD ist die **amtliche Korrespondenz** unverletzlich und damit vor Postkontrolle, Telefonabhörmaßnahmen etc. geschützt.[49]

590 **Fall: Wanzenplage** Bei Renovierungsarbeiten in der Botschaft Bitumiens in Aralien wird eine Abhöranlage entdeckt, die von Aralien dort installiert wurde. Der bitumische Botschafter protestiert energisch gegen eine flagrante Verletzung des Völkerrechts. Hat er Recht?

Lösungshinweise: Der Einbau der Abhöranlage könnte gegen Art. 27 Abs. 2 WÜD verstoßen. Dieser erklärt die „amtliche Korrespondenz" für unverletzlich. Ausweislich von S. 2 ist der Begriff weit zu interpretieren und umfasst auch Telefongespräche. Soweit die Anlage zum Abhören von Telefonaten dient, verstößt ihr Betrieb gegen Art. 27 Abs. 2 WÜD. Sofern sie jedoch dem Abhören von Gesprächen in den Botschaftsräumen dient, ist Art. 27 Abs. 2 WÜD nicht einschlägig. Solche Gespräche sind keine „amtliche Korrespondenz". Allerdings dient die Unverletzlichkeit der Mission aus Art. 22 Abs. 1 WÜD in erster Linie dem Schutz der Vertraulichkeit. Das Abhören von Gesprächen in der Mission kommt einer „akustischen Durchsuchung" gleich und ist somit unvereinbar mit Art. 22 Abs. 1 WÜD.[50]

591 **Diplomatisches Kuriergepäck** darf weder geöffnet noch zurückgehalten werden, Art. 27 Abs. 3 WÜD. Es muss als solches gekennzeichnet sein und darf nur für den amtlichen Gebrauch bestimmte Gegenstände und Schriftstücke enthalten, Art. 27 Abs. 4 WÜD. Von der Kontrolle befreit ist gemäß Art. 36 Abs. 2 WÜD auch das persönlich mitgeführte **Gepäck des Diplomaten**. Sofern triftige Gründe vorliegen, dass es unzulässige Gegenstände enthält, darf der Empfangsstaat das Diplomatengepäck aber in Gegenwart des Diplomaten oder eines ermächtigten Vertreters kontrollieren.

592 Ein solches **Kontrollrecht** sieht das WÜD **für das Kuriergepäck** gerade **nicht** vor.[51] Mangels planwidriger Regelungslücke scheidet eine Analogie zu Art. 36 Abs. 2 WÜD aus. Versuche, Art. 27 Abs. 3 WÜD tatbestandlich auf Gepäck mit legalem Inhalt zu reduzieren oder eine Verwirkung des Schutzes anzunehmen, helfen nur, wenn feststeht, dass das Kuriergepäck illegale Fracht enthält, und laden zu Missbrauch des Empfangsstaates ein. Die Rechtfertigung über den Notstand (vgl. Art. 25 ASR) scheitert am Charakter des Diplomatenrechts als *self-contained regime*. Trotz der Kritik an vielfältigem Missbrauch halten die Staaten an der Unverletzlichkeit des Kuriergepäcks im Grundsatz fest. Eine Lösung des Problems muss auf zwei Ebenen ansetzen: Erstens bedarf eine Kontrolle **triftiger Gründe**, und diese müssen ohne Einblick in das Gepäck selbst gewonnen werden. Als Umgehung des Verbots, Einblick zu nehmen, wird die elektronische Durchleuchtung von den Staaten weithin abgelehnt; der Einsatz von Drogen- und Sprengstoffspürhunden hingegen gilt als akzeptiert. Zwei-

---

49 Zum Schutz der Kommunikation im „Internet-Zeitalter" *J. Kurbalija*, E-Diplomacy and Diplomatic Law in the Internet Era, in: Ziolkowski (Hg.), Peacetime Regime for State Activities in Cyberspace, 2013, 393; *P. G. Labat/N. Burke*, The Protection of Diplomatic Correspondence in the Digital Age, in: Behrens (Hg.), Diplomatic Law in a New Millenium, 2017, 205.

50 Teilweise a. A. wohl BGHSt 36, 396: Hier wurde auch das Abhören von Telefonaten des türkischen Generalkonsulats in Hamburg an Art. 31 Abs. 2 WÜK (Unverletzlichkeit der konsularischen Räumlichkeiten) gemessen und nicht an Art. 35 Abs. 2 (Unverletzlichkeit der amtlichen Korrespondenz).

51 Dazu *A. v. Arnauld*, Klausurenkurs im Völkerrecht, 3. Aufl. 2018, Fall 8.

tens ist bei der Kontrolle ein **Interessenausgleich** nötig. Die ILC hat vorgeschlagen,[52] dass der Empfangsstaat bei triftigem Verdacht eine Kontrolle im Beisein eines Vertreters des Entsendestaates verlangen kann. Im Unterschied zu Art. 36 Abs. 2 WÜD muss dem nicht entsprochen werden. Weigert sich der Entsendestaat aber, darf das Gepäck zurückgewiesen werden. Darin liegt zwar ein Zurückhalten entgegen Art. 27 Abs. 3; allerdings geschieht dies um des Schutzes der Vertraulichkeit willen. Auch hat es der Entsendestaat in der Hand, durch Kooperation die Rücksendung zu verhindern. Es erscheint vertretbar, dieses Modell nicht bloß als Vorschlag *de lege ferenda* (also für ein künftiges, noch zu schaffendes Recht) zu verstehen, sondern als eine Auslegung von Art. 27 WÜD, mit der das Spannungsverhältnis zwischen Abs. 3 und Abs. 4 aufgelöst wird.

Glück hatte 1984 der ehemalige nigerianische Verkehrsminister *Umaru Dikko*, der in London entführt wurde und chloroformiert in einer Holzkiste nach Nigeria geschickt werden sollte. Da die verdächtige Kiste zwar mit dem Absender der Botschaft versehen und an das Außenministerium adressiert, nicht aber förmlich als Kuriergepäck versiegelt war, öffneten die britischen Behörden sie im Beisein eines Attachés der nigerianischen Botschaft.[53]

Vertiefende Literaturangaben zu § 8 siehe: www.cfmueller.de/voelkerrecht
www.wsi.uni-kiel.de

Ausbildungsfälle zu § 8: *H.-J. Cremer*, Die Pfändung der Botschaftskonten, JuS 1994, 598; *A. Dirks*, Der libanesische Diplomat – Ein anderer Fall, Jura 1998, 20; *P. Kunig*, Der libanesische Diplomat, JuS 1978, 41; *D. Murswiek*, Botschaftsbesetzung in Banama, JuS 1997, 153; *A. Schwarz*, Die Fallstricke des Diplomatenrechts, Jura 2014, 1066; *C. Tangermann*, Das Botschaftsasyl, JA 2005, 197; *C. Tomuschat/J. Himmelreich/L. Kuhl*, Die entführte Konferenzvertreterin, Jura 1988, 139.

Kontrollfragen:

- Was ist der Unterschied zwischen Diplomaten und Konsuln? Was versteht man unter diplomatischem, was unter konsularischem Schutz? **Rn. 554–556; 596–597**
- Inwieweit kann der Empfangsstaat auf die personelle Zusammensetzung des Missionspersonals Einfluss nehmen? **Rn. 562–565**
- Worin äußert sich der Charakter des Diplomatenrechts als *self-contained regime*? **Rn. 566**
- Darf ein Diplomat wegen der Begehung eines Kapitaldelikts festgenommen werden? **Rn. 569, 572**
- Reicht die diplomatische Immunität über das Ende der Dienstzeit hinaus? **Rn. 575**
- Welchen rechtlichen Status besitzt das Missionsgebäude? **Rn. 76, 582**
- Darf die Feuerwehr bei einem Brand die Räumlichkeiten einer Auslandsvertretung betreten? **Rn. 583**
- Deckt die Unverletzlichkeit der Missions auch schwerste Menschenrechtsverletzungen in deren Räumlichkeiten? **Rn. 569, 588**

---

52 Draft Articles on the Status of the Diplomatic Courier and the Diplomatic Bag Not Accompanied by Diplomatic Courier and Draft Optional Protocols, YBILC 1989, vol. II (Part Two), § 72, Art. 28 Abs. 2.

53 Dazu *A. Akinsanya*, The Dikko Affair and Anglo-Nigerian Relations, ICLQ 34 (1985), 602.

- Kennt das Völkerrecht ein Recht zur Gewährung diplomatischen Asyls? **Rn. 586**
- Darf diplomatisches Kuriergepäcke geöffnet werden, wenn der Verdacht besteht, dass es verbotene Gegenstände enthält? **Rn. 591–592**

§ 9 Der Mensch im Völkerrecht

Einführende Literatur: *N. Börnsen*, Europäischer und Internationaler Menschenrechtsschutz, Jura 2015, 1326; *P. Braasch*, Einführung in die Europäische Menschenrechtskonvention, JuS 2013, 602; *T. Buergenthal*, The Evolving International Human Rights System, AJIL 100 (2006), 783; *ders.*, Human Rights, MPEPIL (3/2007); *H. Charlesworth*, Universal Declaration of Human Rights (1948), MPEPIL (2/2008); *D. Ehlers*, Die Europäische Menschenrechtskonvention, Jura 2000, 372; *T. Ellerbrok/L. Hartmann*, Grundzüge des Flüchtlingsrechts und das Recht in der Flüchtlingskrise, ZJS 2016, 157; *K. F. Kempfler*, Die Allgemeine Erklärung der Menschenrechte: Grundlage des modernen Menschenrechtsschutzes, JA 2004, 577; *A. Nußberger*, Europäische Menschenrechtskonvention, in: Schöbener (Hg.), Völkerrecht, 2014, 85; *dies.*, Europäischer Gerichtshof für Menschenrechte, ebd., 90; *S. Schmahl*, Die völkerrechtsdogmatische Einordnung internationaler Menschenrechtsverträge, JuS 2018, 737; *M. Wittinger*, Die drei regionalen Menschenrechtssysteme, Jura 1999, 405.

Lehr- und Handbücher: Zu B., D. *P. Alston/R. Goodman*, International Human Rights, 2012; *I. Brownlie/G. Goodwill-Gil* (Hg.), Basic Documents on Human Rights, 6. Aufl. 2010; *T. Cushman* (Hg.), Handbook of Human Rights, 2011; *C. Gearty/C. Douzinas* (Hg.), The Cambridge Companion to Human Rights Law, 2012; *H. Hannum* (Hg.), Guide to International Human Rights Practice, 4. Aufl. 2004; *L. Hennebel/H. Tigroudja*, Traité de droit international des Droits de l'homme, 2016; *S. Joseph/A. McBeth*, (Hg.), Research Handbook on International Human Rights Law, 2010; *W. Kälin/J. Künzli*, Universeller Menschenrechtsschutz, 4. Aufl. 2019; *R. Kolb/G. Gaggioli* (Hg.), Research Handbook on Human Rights and Humanitarian Law, 2013; *D. Moeckli* u. a. (Hg.), International Human Rights Law, 3. Aufl. 2017; *T. Schilling*, Internationaler Menschenrechtsschutz, 3. Aufl. 2016; *O. De Schutter*, International Human Rights Law: Cases, Materials, Commentary, 3. Aufl. 2019; *S. Sheeran/N. Rodley* (Hg.), Routledge Handbook of International Human Rights Law, 2013; *D. Shelton* (Hg.), The Oxford Handbook of International Human Rights Law, 2013; *dies.*, Advanced Introduction to International Human Rights Law, 2014; *R. Smith*, International Human Rights Law, 8. Aufl. 2018; *C. Tomuschat*, Human Rights: Between Idealism and Realism, 3. Aufl. 2014; *A. Weber*, Menschenrechte: Texte und Fallpraxis, 2004.

Zu C., E. *T. Antkowiak/A. Gonza*, The American Convention on Human Rights, 2017; *T. Buergenthal/D. Shelton*, Protecting Human Rights in the Americas, 4. Aufl. 1995; *C. Cerna* (Hg.), Regional Human Rights Systems, 2014; *D. Ehlers* (Hg.), Europäische Grundrechte und Grundfreiheiten, 4. Aufl. 2014; *C. Grabenwarter/K. Pabel*, Europäische Menschenrechtskonvention, 6. Aufl. 2016; *D. Harris/M. O'Boyle/C. Warbrick*, Law of the European Convention on Human Rights, 4. Aufl. 2018; *F. Jacobs/R. White/C. Ovey*, The European Convention on Human Rights, 7. Aufl. 2017; *D. Merten/H.-J. Papier* (Hg.), Handbuch der Grundrechte in Deutschland und Europa, Band IV/1-2: Europäische Grundrechte, 2009/2010; *A. Peters/T. Altwicker*, Europäische Menschenrechtskonvention, 2. Aufl. 2012; *A. Robertson/J. Merrills*, Human Rights in Europe, 4. Aufl. 2004; *D. Shelton/P. Carozza*, Regional Protection of Human Rights, 2. Aufl. 2013.

Zu G. *V. Chetail/C. Bauloz* (Hg.), Research Handbook on International Law and Migration, 2014; *G. S. Goodwin-Gill/J. McAdam*, The Refugee in International Law, 4. Aufl. 2020 (i. V.);

J. Hathaway, The Rights of Refugees under International Law, 2005; *J. Hathaway/M. Foster*, The Law of Refugee Status, 2. Aufl. 2014; *R. Islam/J. H. Bhuiyan* (Hg.), An Introduction to International Refugee Law, 2013; *S. Singh Juss* (Hg.), Research Handbook on International Refugee Law, 2019.

Kommentare: *I. Bantekas/M. A. Stein/D. Anastasiou* (Hg.), The UN Convention on the Rights of Persons with Disabilities, 2019; *V. Della Fina/R. Cera/G. Palmisano* (Hg.), The United Nations Convention on the Rights of Persons with Disabilities, 2017; *O. Dörr/R. Grote/T. Marauhn* (Hg.), EMRK/GG: Konkordanzkommentar, 2. Aufl. 2013; *M. Freeman/C. Chinkin/B. Rudolf* (Hg.), The UN Convention on the Elimination of All Forms of Discrimination Against Women, 2012; *J. A. Frowein/W. Peukert*, Europäische Menschenrechtskonvention, 3. Aufl. 2009; *P. Gaeta* (Hg.), The UN Genocide Convention, 2009; *J. Hohmann/M. Weller* (Hg.), The UN Declaration on the Rights of Indigenous Peoples, 2018; *C. Hruschka* (Hg.), Genfer Flüchtlingskonvention, 2019; *J. Meyer-Ladewig/M. Nettesheim/S. v. Raumer* (Hg.), Europäische Menschenrechtskonvention, 4. Aufl. 2017; *R. Murray* (Hg.), The African Charter on Human and Peoples' Rights, 2019; *M. Nowak*, U.N. Covenant on Civil and Political Rights, 2. Aufl. 2005; *M. Nowak/M. Birk/G. Monina* (Hg.), The United Nations Convention Against Torture, 2. Aufl. 2019; *K. Pabel/S. Schmahl* (Hg.), Internationaler Kommentar zur Europäischen Menschenrechtskonvention, ab 2016 (Loseblatt); *B. Saul/D. Kinley/J. Mowbray* (Hg.), The International Covenant on Economic, Social and Cultural Rights, 2014; *W. Schabas* (Hg.), The European Convention on Human Rights, 2015; *C. Tams/L. Berster/B. Schiffbauer* (Hg.), Convention on the Prevention and Punishment of the Crime of Genocide, 2014; *P. Thornberry* (Hg.), The International Convention on the Elimination of All Forms of Racial Discrimination, 2016; *J. Tobin* (Hg.), The UN Convention on the Rights of the Child, 2019; *M. Weller* (Hg.), The Rights of Minorities in Europe, 2005; *A. Zimmermann* (Hg.), The 1951 Convention Relating to the Status of Refugees and its 1967 Protocol, 2011.

A. Das völkerrechtliche Fremdenrecht

I. Die Mediatisierung des Individuums

Im Westfälischen System des Völkerrechts tritt der Einzelmensch erstmals im völker- **593**
rechtlichen **Fremdenrecht** *(law of aliens)* auf den Plan. Zwar trifft einen Staat grundsätzlich keine Pflicht, Fremde in sein Land zu lassen oder ihren Aufenthalt zu dulden[1]; befinden sich aber Ausländer auf seinem Staatsgebiet, muss er ihnen bestimmte Rechte garantieren. Das Fremdenrecht beruht noch auf der traditionellen Vorstellung, wonach primär Staaten Völkerrechtssubjekte sind und der Einzelmensch völkerrechtlich nur über seine Staatsangehörigkeit relevant wird (**Mediatisierung**). Der „Fremde" ist nicht in erster Linie Mensch, sondern Staatsangehöriger eines anderen Staates. Beim Fremdenrecht handelt es sich in enger Lesart um eine **Überlagerung von Territorial- und Personalhoheit**: Der Aufenthaltsstaat ist Inhaber der Territorialhoheit und darf auch Fremde seinen Gesetzen unterwerfen, muss dabei jedoch bestimmte Garantien beachten, die er dem Fremden um der Personalhoheit seines Heimatstaates willen schuldet.[2]

1 Zu Einschränkungen durch das Flüchtlingsrecht § 9 G. Zur Ausweisung von Ausländern siehe ILC Draft articles on the expulsion of aliens, A/69/10 (2014), § 44 (Kommentar in § 45).
2 Zu einem zeitgemäßeren Verständnis sogleich Rn. 597.

II. Der fremdenrechtliche Mindeststandard

594 Die Idee eines „Sonderrechts" für Ausländer stieß vor allem in Südamerika lange auf Widerstand. Dort folgte man überwiegend der von dem argentinischen Völkerrechtler *Carlos Calvo* (1824-1906) aufgestellten Lehre, wonach Fremde wie Inländer zu behandeln seien **(Calvo-Doktrin)**.[3] Dies sollte dem Staat v. a. die Möglichkeit eröffnen, die Voraussetzungen und Rechtsfolgen von Enteignungen frei zu bestimmen, ohne insoweit völkerrechtlichen Beschränkungen zu unterliegen. Die Calvo-Doktrin hat sich auf internationaler Ebene letztlich nicht durchsetzen können.

595 Durchgesetzt hat sich spätestens seit 1945 die **Theorie vom völkerrechtlichen Mindeststandard**, den Staaten fremden Staatsangehörigen zu garantieren haben, die ihrer Hoheitsgewalt unterstehen.[4] Dieser umfasst gewohnheitsrechtlich:

- **Recht auf Rechtsfähigkeit:** Fremde müssen als Träger eigener Rechte und Pflichten anerkannt und dürfen nicht als rechtlos behandelt werden;
- **Recht auf Leben und körperliche Unversehrtheit:** Verboten sind willkürliche Tötungen und physische oder psychische Verletzungen, nicht Eingriffe in dieses Recht auf gesetzlicher Grundlage, wie z. B. durch Vollstreckung einer Todesstrafe im Einklang mit den Gesetzen des Landes (und nach einem fairen Verfahren);
- **Schutz vor grausamer und erniedrigender Behandlung;**
- **Rechtliches Gehör, faires Verfahren und Gleichheit vor Gericht:** Der Fremde muss nicht nur als Rechtsperson anerkannt sein, sondern auch Zugang zu Gericht bzw. einer Beschwerdeinstanz haben, um innerstaatlich Verletzungen seiner Rechte zu rügen; das Verfahren muss fair sein und die Chancengleichheit der Parteien wahren;
- **Schutz vor entschädigungsloser Enteignung** (Rn. 991–992).

In allen Fällen handelt es sich um Mindeststandards, die inhaltlich unter dem Niveau verwandter Menschenrechtsgarantien liegen. Das Fremdenrecht verpflichtet ferner nicht zur Gewährung politischer Rechte und Freiheiten und enthält auch kein Recht auf Zugang zum Binnenmarkt. Solche Rechte werden durch Staaten üblicherweise auf Basis der Gegenseitigkeit vertraglich vereinbart und folgen nicht schon aus Gewohnheitsrecht.

III. Diplomatischer Schutz

1. Grundsätze

596 Ansprüche Privater (auch, aber nicht nur solche aus Verletzung des fremdenrechtlichen Mindeststandards) werden auf völkerrechtlicher Ebene durch ihren Heimatstaat im Wege des **diplomatischen Schutzes** durchgesetzt.[5] Voraussetzung für dessen Gewährung ist,

---

3 Näher *P. Juillard*, Calvo Doctrine/Calvo Clause, MPEPIL (1/2007).

4 IGH, Urteil v. 20.7.1989, ELSI, ICJ Rep. 1989, 15, § 111; siehe Anhang, Nr. 19. Siehe auch *A. v. Arnauld*, Klausurenkurs im Völkerrecht, 3. Aufl. 2018, Fälle 5 A. und 9.

5 Dazu näher die ILC Articles on Diplomatic Protection von 2006, Report of the ILC, 58th session (2006), A/61/10, § 49 (mit Kommentar in § 50). Die Generalversammlung will die Möglichkeit prüfen, die Artikel in einen völkerrechtlichen Vertrag zu überführen: A/RES/71/142 v. 13.12.2016.

- dass der Staat **zur Schutzgewährung berechtigt** ist und
- dass der verletzte Fremde im Aufenthaltsstaat **alle zumutbaren Rechtsmittel ausgeschöpft** hat *(local/domestic remedies rule).*

Sein Heimatstaat „adoptiert“ dann die Rechtsverletzung und macht sie im eigenen Namen gegenüber dem Aufenthaltstaat geltend. Einen Anspruch auf diplomatischen Schutz kennt das Völkerrecht bislang nicht; ihn kann nur das innerstaatliche Recht gewährleisten.[6]

Umstritten ist die **Natur der Rechte**, die im Wege des diplomatischen Schutzes geltend gemacht werden. Im Mavrommatis-Fall hat der StIGH das klassische Verständnis formuliert.[7] Danach geht es beim diplomatischen Schutz um die Wahrnehmung eines aus seiner Personalhoheit fließenden eigenen Rechts des Heimatstaates, eine völkerrechtskonforme Behandlung seiner eigenen Staatsangehörigen verlangen zu können. Für den konsularischen Schutz hat der IGH im LaGrand-Fall dagegen der Formulierung in Art. 36 Abs. 2 WÜK, wonach der Beschuldigte über „seine“ Rechte auf konsularischen Schutz zu belehren sei, als Beleg für ein paralleles eigenes Recht des Betroffenen genommen (Rn. 556). Eine solche textliche Basis ist hilfreich, aber nicht nötig. Eine extreme Mediatisierung wie im Mavrommatis-Urteil passt nicht länger zu der gestärkten Stellung des Individuums im modernen Völkerrecht. Eine Deutung, die im diplomatischen Schutz zugleich eine Prozessstandschaft für den Verletzten sieht,[8] macht den Einzelmenschen noch nicht zum Völkerrechtssubjekt (schließlich bedarf er weiterhin staatlicher Vermittlung auf internationaler Ebene); sie zieht aber die Konsequenz daraus, dass der Staat nicht länger die „black box“ ist, die er für das „Westfälische System“ früher einmal gewesen ist (Rn. 49). 597

In der Vergangenheit haben südamerikanische Staaten in Verträge mit ausländischen Unternehmen und Investoren oft eine Klausel aufgenommen, mit der die privaten Vertragspartner auf diplomatischen Schutz durch ihren Heimatstaat verzichteten.[9] Diese sog. **Calvo-Klausel** sollte verhindern, dass die Einhaltung eines fremdenrechtlichen Mindeststandards auf völkerrechtlicher Ebene eingefordert würde und diente so der Durchsetzung der Calvo-Doktrin. Ob ein solcher Verzicht völkerrechtlich wirksam ist, darf man bezweifeln: Der Heimatstaat wäre nur an ihn gebunden, wenn der diplomatische Schutz allein der Durchsetzung privater Rechte dienen würde. Da es aber immer auch um Rechte des Staates geht, liegt es am Staat selbst, ob er einen Verstoß gegen das Fremdenrecht rügen will oder nicht. Die Calvo-Klausel hat mit dem Siegeszug der bilateralen Investitionsabkommen (BIT) an Bedeutung verloren.[10]

---

6 Nach Art. 19 der ILC Articles on Diplomatic Protection „sollte“ der Staat die Schutzgewährung „gebührend bedenken“ („due consideration“). Einen langsamen Wandel konstatiert *A. Vermeer-Künzli*, Restricting Discretion: Judicial Review of Diplomatic Protection, NorJIL 75 (2006), 279.

7 StIGH, Urteil v. 30.8.1924, Mavrommatis, Series A No. 2, S. 12; siehe Anhang, Nr. 1.

8 In diesem Sinne wohl IGH, Urteil v. 19.6.2012, Ahmadou Sadio Diallo (Compensation), ICJ Rep. 2012, 324, § 57, siehe Anhang, Nr. 31: „[T]he sum awarded to Guinea in the exercise of diplomatic protection of Mr. Diallo is intended to provide reparation for the latter's injury.“ Vertiefend *M. Breuer*, Das Rechtsfolgenregime des diplomatischen Schutzes unter dem Einfluss der Menschenrechte, AVR 55 (2017), 324.

9 Vgl. dazu *A. v. Arnauld*, Klausurenkurs im Völkerrecht, 3. Aufl. 2018, Fall 9. Zur umgekehrten Konstellation (Verzicht des Heimatstaates) *J. Gundel*, Vom diplomatischen Schutz zum Recht der Investitionsschutzabkommen, AVR 51 (2013), 108.

10 Vertiefend *F. Oschmann*, Calvo-Doktrin und Calvo-Klauseln, 1993. Zu den BIT näher Rn. 995–997.

2. Berechtigung zur Schutzgewährung

598 Zur Schutzgewährung berechtigt ist der **Heimatstaat**. Zur formalen Staatsangehörigkeit muss nach Ansicht des IGH eine „echte Verbindung" *(genuine link, genuine connection)* treten.[11] Schwierigkeiten kann die Bestimmung des schutzberechtigten Staates bei **mehrfacher Staatsangehörigkeit** bereiten. Diese ist heute eine alltägliche Folge von Migration. Sie betrifft eine große Zahl von Menschen, die zu ihren unterschiedlichen Heimatstaaten höchst unterschiedliche Beziehungen haben. Daher kann die früher vorherrschende Ansicht, im Verhältnis der Heimatstaaten untereinander dürfe kein diplomatischer Schutz gewährt werden, nicht länger überzeugen. Weit angemessener ist der Vorschlag der ILC in ihren Entwurfsartikeln zum diplomatischen Schutz: Danach soll die Ausübung diplomatischen Schutzes gegenüber einem anderen Heimatstaat demjenigen Staat ausnahmsweise gestattet sein, zu dem die überwiegende *(predominant)* Verbindung besteht (Art. 7).[12] Gegenüber dritten Staaten kann jeder Heimatstaat diplomatischen Schutz ausüben (vgl. Art. 6). Bei **Staatenlosen und Flüchtlingen** tritt an die Stelle des Heimatstaates der Staat des gewöhnlichen Aufenthalts (vgl. Art. 8). Dies mag gewohnheitsrechtlich noch nicht etabliert sein, kommt aber dem in zahlreichen völkerrechtlichen Dokumenten anerkannten besonderen Schutzbedürfnis dieser Personengruppen entgegen.

599 Schwierig kann bisweilen die Feststellung der Staatszugehörigkeit (man spricht hier nicht von Staats*an*gehörigkeit) **juristischer Personen** sein. Welche juristischen Personen inländische sind, bestimmt sich nach dem nationalen Kollisionsrecht, dem sog. **Internationalen Gesellschaftsrecht**. Ähnlich wie bei natürlichen Personen auch akzeptiert das Völkerrecht diese Zuordnung durch das nationale Recht, definiert aber selbst, welche Kriterien des Internationalen Gesellschaftsrechts für die Zwecke der Ausübung diplomatischen Schutzes herangezogen werden können.[13]

600 Nach der v. a. von angelsächsischen Ländern vertretenen **Gründungstheorie** entscheidet über die Staatszugehörigkeit, nach welchem Recht die juristische Person gegründet wurde. Die Gründungstheorie begünstigt die Mobilität von Unternehmen, weil diese bei einer Sitzverlegung „ihr" Recht gewissermaßen „mitnehmen". Der Gründungstheorie steht die u. a. in Deutschland vertretene **Sitztheorie** gegenüber, wonach der Sitz des Unternehmens über die Staatszugehörigkeit entscheidet. Der Vorteil liegt in der Vermeidung von „Rechtsenklaven": Die Rechtsordnung des Sitzstaates gilt für alle dort ansässigen Unternehmen. Dabei ist auf den tatsächlichen Verwaltungssitz abzustellen. Dies ist „der Tätigkeitsort der Geschäftsführung und der dazu berufenen Vertretungsorgane, also der Ort, wo die grundlegenden Entscheidungen der Unternehmensleitung effektiv in laufende Geschäftsführungsakte umgesetzt werden".[14]

Gründungs- wie Sitztheorie sind für die Vermittlung der Staatszugehörigkeit juristischer Personen völkerrechtlich **gleichermaßen anerkannt**. Sollten Sitz- und Gründungsstaat auseinander-

11 Zum *Nottebohm*-Urteil Rn. 84.

12 Zur Praxis vgl. *M. Milanovic*, UK's Position on the Diplomatic Protection of Dual Nationals, EJIL Talk! (8.3.2019). Zum Fall des 2017–2018 in der Türkei inhaftierten deutsch-türkischen Journalisten *Deniz Yücel* siehe *S. Talmon*, Nachteile der doppelten Staatsangehörigkeit, BRJ 1/2017, 24.

13 Vertiefend zum Folgenden *A. v. Arnauld*, Klausurenkurs im Völkerrecht, 3. Aufl. 2018, Fall 9.

14 BGHZ 97, 269 (272).

fallen, ist umstritten, welchem Kriterium Vorrang gebührt. Art. 9 des ILC-Entwurfs setzt am Gründungsstatut an, will dieses aber zurücktreten lassen, wenn die Verbindung zum Staat der Gründung nur noch leere Hülle ist, weil das Unternehmen von Angehörigen anderer Staaten kontrolliert wird, im Staat der Gründung keine nennenswerten Geschäftsaktivitäten entfaltet und seinen Geschäftssitz in einem anderen Staat hat. In diesem Fall soll der Staat als Heimatstaat gelten, von dem aus die Geschäfte geführt und die Finanzen kontrolliert werden.

Problematisch ist, wann für die Bestimmung des Heimatstaates eines Unternehmens **601**
für die Zwecke des diplomatischen Schutzes auf die **Kontrolltheorie** abgestellt werden kann, die sich im Internationalen Gesellschaftsrecht einiger Staaten findet. Diese fragt danach, wer ein Unternehmen wirtschaftlich kontrolliert. Weil sie die Idee von der juristischen Person als eigenständiger rechtlicher Zurechnungseinheit ignoriert und bei internationaler Streuung der Anteile zu einer Multiplikation von Schutzansprüchen führen könnte, hat sie nur nachrangige, d. h. **subsidiäre Bedeutung**.

Fall: Barcelona Traction (IGH 1970)[15] 1948 wurde eine in Kanada inkorporierte Gesellschaft, die *Barcelona Traction, Light and Power Company Ltd.* von spanischen Behörden für insolvent erklärt und im Laufe des Insolvenzverfahren in das Vermögen eines spanischen Unternehmens überführt. Die Mehrheit der Anteilseigner der *Barcelona Traction* waren Aktionäre aus Belgien. Belgien wollte diplomatischen Schutz für seine Aktionäre ausüben und erhob Klage vor dem IGH mit der Behauptung, der fremdenrechtliche Mindeststandard sei zu Lasten der *Barcelona Traction* bzw. der belgischen Aktionäre verletzt worden.

Der IGH wies die Klage als unzulässig ab. Zunächst bejahte er, dass das völkerrechtliche Fremdenrecht mittelbar auch juristische Personen schützt. Das bedeutet, dass die Rechte des Schutz ausübenden Staates als Berechtigter aus dem Mindeststandard dann verletzt sind, wenn zwischen diesem Staat und dem Unternehmen eine echte Verbindung besteht. Eine solche Verbindung besteht aber nicht schon dann, wenn Anteilseigner über die Staatsbürgerschaft dieses Staates verfügen. Vielmehr muss die Gesellschaft regelmäßig in diesem Staat ihren Verwaltungssitz haben oder nach dem Recht dieses Staates gegründet sein. Nur unter besonderen Umständen könne ein Staat mittels des diplomatischen Schutzes auch ihm zugehörige Anteilseigner schützen, etwa wenn eine Gesellschaft rechtlich vollständig erloschen ist oder wenn die Maßnahme sich nicht gegen die Gesellschaft als solche, sondern unmittelbar gegen die Rechte der Anteilseigner richtet. Eine bloße Entwertung der Anteile oder eine Enteignung der Gesellschaft als solcher rechtfertigt dies nicht. Daher war allein Kanada und nicht Belgien berechtigt, diplomatischen Schutz vor dem IGH auszuüben.

Demnach kommt ein „Lüften des Schleiers“ (**lifting of the corporate veil**), quasi der **602**
Blick in das Innere der juristischen Person, in den folgenden Fällen in Betracht:

- Die Maßnahme betrifft nicht das Eigentum des Unternehmens, sondern Rechte der Gesellschafter (z. B. indirekte Enteignung durch Entzug von Stimmrechten, ILC-Art. 12).
- Die juristische Person besteht nicht mehr und entfällt als Zurechnungseinheit. Die Auflösung des Unternehmens darf allerdings nicht Folge der umstrittenen Maßnahme selbst sein, weil sonst der Vorrang der Gründungs- und der Sitztheorie unterlaufen würde (vgl. ILC-Art. 11 lit. a).

15 IGH, Urteil v. 5.2.1970, Barcelona Traction, Second Phase, ICJ Rep. 1970, 3, §§ 35 ff; siehe Anhang, Nr. 13.

Angedeutet hat der IGH einen dritten Fall, in dem ein „Lüften des Schleiers“ zulässig sein könnte, nämlich

- wenn der Sitz- und Gründungsstaat unfähig ist bzw. – bei einem Auseinanderfallen – beide Staaten unfähig sind, diplomatischen Schutz auszuüben. Hiervon zu unterscheiden ist der Fall, dass weder Sitz- noch Gründungsstaat von ihrem Recht Gebrauch machen wollen, diplomatischen Schutz auszuüben: Diese Unwilligkeit ist Ausdruck der souveränen Entscheidung, ein Recht auszuüben oder nicht.

603 Vor besondere Schwierigkeiten stellt der Fall, dass der nach Sitz- und Gründungstheorie ermittelte **Heimatstaat die Schädigung selbst vornimmt** und allein der Heimatstaat der Anteilseigner noch Schutz gewähren könnte. Für diesen Fall hat die ILC in Art. 11 lit. b eine weitere Ausnahme ergänzt, die sie auf Staatspraxis, Schiedssprüche und Lehrmeinungen stützt:[16]

- Der schädigende Staat hat die Inkorporation im Inland zur Voraussetzung für die Aufnahme von Geschäftstätigkeiten gemacht.

Damit wird letztlich einer Umgehung des diplomatischen Schutzes vorgebeugt.

604 **Fall: Wer schützt den Kontrolleur?** Die X-AG ist nach dem Recht von A gegründet und dort auch ansässig. Mehrheitsaktionär ist ein Unternehmen aus B. Die X-AG betreibt im Staat C ein Wasserkraftwerk. Im Zuge einer Neuordnung der nationalen Energiewirtschaft enteignet C alle privaten Betreiber von Kraftwerken. Die X-AG versucht vergeblich, vor den Gerichten in C eine angemessene Entschädigung einzuklagen. Darf B in den folgenden Konstellationen für die X-AG diplomatischen Schutz gegenüber C ausüben?

1. Die Regierung von A lehnt es ab, sich für X zu verwenden, um die Beziehungen zu C nicht zu belasten.
2. Durch einen Bürgerkrieg in A ist die Regierung handlungsunfähig und kann sich nicht für X einsetzen.
3. Wegen riskanter Spekulationen fällt die X-AG kurz nach Abschluss der Gerichtsverfahren in C in Konkurs und wird liquidiert.

Abwandlung: Das Wasserkraftwerk ist eine rechtlich selbstständige Tochter der X-AG, die nach dem Recht von C gegründet wurde. Kontrolliert wird sie von der X-AG. Wer darf unter welchen Voraussetzungen diplomatischen Schutz gegenüber C ausüben?

Lösungshinweise:

1. Nach Sitz- und Gründungstheorie ist allein A schutzberechtigt. Ob A von diesem Recht Gebrauch macht, ist in sein souveränes Belieben gestellt. Entscheidet sich A – wie hier – aus politischen Gründen dagegen, versperrt dies den Rückgriff auf die Kontrolltheorie. B darf sich nicht für X verwenden.
2. Anders als in Variante 1 ist der Heimatstaat nicht unwillig, sondern unfähig zur Gewährung von Schutz. Hier versperrt nicht dessen souveräne Entscheidung den Rückgriff auf die Kontrolltheorie. B darf diplomatischen Schutz für die ansonsten schutzlose X-AG gewähren.
3. Hier ist der „gesellschaftsrechtliche Schleier“ durch Liquidation der X-AG zerrissen. Die juristische Person als Zurechnungseinheit hat aufgehört zu existieren, die ehemals in ihr

16 Offen gelassen in IGH, Urteil v. 24.5.2007, Ahmadou Sadio Diallo (Preliminary Objections), ICJ Rep. 2007, 582, §§ 91 f; siehe Anhang, Nr. 31.

verkörperten wirtschaftlichen Interessen treten hervor. Da die Liquidation nichts mit der Enteignung durch C zu tun hat, ist B zur Gewährung diplomatischen Schutzes berechtigt.

Abwandlung: Nach Sitz- und Gründungstheorie ist C der Heimatstaat, weil es sich um eine rechtlich selbstständige Tochter handelt. Gegen eine Enteignung durch den Heimatstaat gibt es grundsätzlich keinen Schutz (zu abweichenden vertraglichen Regelungen sogleich). Anders, wenn die Inkorporation in C von C zur Bedingung des Betriebs eines Kraftwerks in C gemacht worden sein sollte. In diesem Fall dürfte A als Heimatstaat des „Kontrolleurs" (X-AG, nicht deren Aktionäre!) diplomatischen Schutz ausüben.

In anderen Fällen kommt die Ausübung diplomatischen Schutzes gegenüber Gründungs- und Sitzstaat durch den Heimatstaat der Anteilseigner nur in Betracht, wenn es um die Verletzung **vertraglich ausdrücklich zugesicherter Rechte der Gesellschafter** geht, z. B. wenn ein Investitionsabkommen Ausländern das Recht garantiert, Anteile von im Inland inkorporierten Unternehmen zu erwerben und diese zu kontrollieren. Hier ist es der Vertrag selbst, der Rechte „hinter dem Schleier" einräumt. 605

Fall: ELSI (IGH 1989)[17] Das nach italienischem Recht gegründete und in Sizilien ansässige Unternehmen ELSI S. p.A. (ELSI) gehörte zu 100% Aktionären aus den USA. Als die Eigentümer 1968 angesichts wirtschaftlicher Schwierigkeiten die Schließung und Liquidation beschlossen, kam es zu Protesten und Werksbesetzungen. Der Bürgermeister von Palermo verfügte die sofortige Beschlagnahme des Betriebsgeländes (die Entscheidung wurde ein gutes Jahr später vom Präfekten für rechtswidrig erklärt). Kurz danach meldete die ELSI Konkurs an. Der Insolvenzverwalter versuchte vergeblich, das Unternehmen zu versteigern. Es wurde schließlich an ein italienisches Staatsunternehmen unter Buchwert verkauft. Die USA sahen im Verhalten der italienischen Behörden einen Verstoß gegen den bilateralen Freundschaftsvertrag von 1948. Nach dem Scheitern diplomatischer Verhandlungen erhoben die USA 1987 Klage vor dem IGH.

Der IGH konnte das Recht der USA, sich schützend für die Aktionäre einzusetzen, auf den Freundschaftsvertrag stützen, der ausdrücklich auch US-Bürgern und US-Unternehmen das Recht garantierte, italienische Unternehmen zu erwerben, zu kontrollieren und zu leiten. Dieses Recht war unzweifelhaft betroffen, so dass auf die Kontrolltheorie nicht zurückgegriffen werden musste. Aus dem Urteil wurde jedoch teilweise abgeleitet, dass der Heimatstaat der Gesellschafter auch dann diplomatischen Schutz ausüben dürfe, wenn Sitzstaat bzw. Gründungsstaat (hier Italien) nicht zur Ausübung diplomatischen Schutzes bereit sei, weil er selbst Autor der strittigen Maßnahme sei.[18]

3. Erschöpfung des innerstaatlichen Rechtswegs

Bevor der Heimatstaat die Verletzung von Rechten Privater im Wege des diplomatischen Schutzes aufgreifen darf, muss der Betroffene den Rechtsweg im Schädigerstaat erschöpft haben *(local* oder *domestic remedies rule).*[19] Jener erhält damit Gele- 606

17 IGH, Urteil v. 20.7.1989, ELSI, ICJ Rep. 1989, 15; siehe Anhang, Nr. 19.

18 Zurückgewiesen in IGH, Urteil v. 24.5.2007, Ahmadou Sadio Diallo (Preliminary Objections), ICJ Rep. 2007, 582, §§ 87 ff.

19 IGH, Urteil v. 21.3.1959, Interhandel, ICJ Rep. 1959, 6, 27 ff, *O. Dörr*, Kompendium völkerrechtlicher Rechtsprechung, 2. Aufl. 2014, Nr. 16. Dazu auch *T. Pierlings*, in: Menzel/Pierlings/Hoffmann (Hg.), Völkerrechtsprechung, 2005, Nr. 25.

genheit, den Rechtsverstoß abzustellen und die Auseinandersetzung mit dem Heimatstaat zu vermeiden. Gefordert ist nur die **Erschöpfung möglicher und zumutbarer Rechtsbehelfe**. Steht Rechtsschutz nicht zur Verfügung, weil kein funktionierendes Rechtsschutzsystem existiert oder Rechtsbehelfe für den Betroffenen nicht zur Verfügung stehen, ist Rechtsschutz unmöglich; ist angesichts einer ständigen Rechtsprechung ein Rechtsbehelf von vornherein aussichtslos, ist er unzumutbar.

B. Internationaler Menschenrechtsschutz

I. Vom Fremdenrecht zum Menschenrechtsschutz

607 Im Unterschied zum klassischen Verständnis des Fremdenrechts folgt der internationale Menschenrechtsschutz nicht aus der Achtung vor dem Heimatstaat, sondern aus der **Achtung vor dem Menschen** und der ihm angeborenen Würde. Daher finden menschenrechtliche Standards nicht nur auf Ausländer Anwendung, sondern **ebenso auf eigene Staatsangehörige**.[20] Damit wird der Umgang der Staaten mit ihren eigenen Staatsangehörigen zu einer Angelegenheit, die nicht länger dem Binnenbereich des *domaine réservé* zuzuordnen ist. Der Einzelmensch gerät in den Blick des Völkerrechts.[21] Einige menschenrechtliche Abkommen (v. a. die EMRK) geben dem Einzelnen die Möglichkeit, **im eigenen Namen** und ohne Vermittlung eines (Heimat-)Staates[22] seine Rechte auf internationaler Ebene zu verfolgen. Auch hierin liegt ein Unterschied zwischen den Menschenrechten und dem Fremdenrecht, dessen Durchsetzung auf völkerrechtlicher Ebene im Wege des diplomatischen Schutzes zu erfolgen hat. Schließlich geht der Menschenrechtsschutz auch **inhaltlich** weit über den Mindeststandard des Fremdenrechts hinaus.

II. Entwicklung der Menschenrechtsidee

608 Mit Entstehung des neuzeitlichen Staates ersetzten Staatsräson und Fürstensouveränität die mittelalterliche *potestas ordinata* (eine Macht, die ihrerseits übertragen und Ausdruck einer bereits existenten Ordnung ist) durch die fürstliche *potestas absoluta* (v. a. *Niccolò Machiavelli*, *Jean Bodin*). Damit wurde zugleich der christlich geprägte **Naturrechtsgedanke** des Mittelalters (v. a. *Thomas von Aquin*) abgelöst, in säkularisierter Form aber gegenüber dem „absolut" regierenden Fürsten im 17. und 18. Jhdt. im Zeichen der Vernunft wiederbelebt; die Philosophie des Herrschafts- *(Thomas Hobbes)* bzw. Gesellschaftsvertrags *(John Locke*, *Jean-Jacques Rousseau)* setzte sich

20 Und natürlich auf Staatenlose: *D. Weissbrodt/C. Collins*, The Human Rights of Stateless Persons, HRQ 28 (2006), 245.

21 Zur Frage, ob und inwieweit er hierdurch zum Völkerrechtssubjekt wird, siehe Rn. 67.

22 Der Heimatstaat kann im Wege diplomatischen Schutzes auch Menschenrechtsverletzungen angreifen: IGH, Urteil v. 24.5.2007, Ahmadou Sadio Diallo (Preliminary Objections), ICJ Rep. 2007, 582, § 39 und, emphatisch, *sep. op. Cançado Trindade*, §§ 213, 233. Weitergehend für ein Recht jedes Staates, bei Menschenrechtsverletzungen diplomatischen Schutz zu gewähren, *M. Kamminga*, Inter-State Accountability for Violations of Human Rights, 1992.

durch. In diesem **Gesellschaftsvertrag** werden die angeborenen und unveräußerlichen natürlichen (vorstaatlichen) Rechte in rechtliche Freiheit überführt, die vom Staat zu achten ist. Nach *Immanuel Kant*, der den Menschen als „Zweck an sich selbst" ansieht, soll der durch Gesellschaftsvertrag begründete „bürgerliche Zustand" die ursprüngliche gleiche Freiheit aller sichern.[23]

Die Freiheit des einen kann mit der Freiheit anderer kollidieren. Notwendig ist daher eine **Koordination der Freiheiten** ebenso wie eine **Sicherung der Gleichheit**. In moralischer Hinsicht übernimmt diese Funktion bei *Kant* der kategorische Imperativ; in rechtlicher Hinsicht ist diese Aufgabe dem Staat (primär dem Gesetzgeber) übertragen. Die in diesem Sinne vom Naturrecht in die rechtliche Ordnung der Menschen überführten Rechte heißen **„positive" Menschenrechte**. In ihnen kommt die Trennung von Moral und Recht zum Ausdruck, die Grundlage des modernen Rechtsstaats-Denkens ist.[24] **609**

Historisch betrachtet, wurde der Menschenrechtsdiskurs im Europa der Aufklärung zwar über Staatsgrenzen hinweg geführt; die Verwirklichung des positiven Menschenrechtsschutzes aber wurde **zunächst als alleinige Aufgabe der Staaten** begriffen (die noch heute die wichtigsten Garanten der Menschenrechte sind). Menschenrechte wurden daher als „innere Angelegenheiten" der Staaten betrachtet. Erst nach dem Zweiten Weltkrieg wurde in Reaktion insbesondere auf den staatlich organisierten Massenmord an den europäischen Juden das Völkerrecht vom reinen Zwischenstaatenrecht stärker auf den Schutz des Einzelnen ausgerichtet und damit der staatliche Binnenbereich für menschenrechtliche Einwirkungen des Völkerrechts geöffnet (Rn. 308–315). Diese Öffnung ist als Prozess zu begreifen, für den die Menschenrechtsbewegungen der 1970er Jahre[25] und die Dekolonisierung wichtige Katalysatoren darstellten.[26] **610**

III. Menschenrechtsgarantien im Völkerrecht

Einen Anfangspunkt setzte im Dezember 1948 die **Allgemeine Erklärung der Menschenrechte** (AEMR).[27] Als Resolution der UN-Generalversammlung für sich genommen nicht rechtsverbindlich, ist sie in den folgenden Jahrzehnten vielfältig bestätigt worden; die proklamierten Rechte sind jedenfalls zum großen Teil **gewohn-** **611**

---

23 *I. Kant*, Metaphysik der Sitten, Erster Teil: Rechtslehre, 1797, § 44.

24 Parallel dazu bleiben Menschenrechte als moralische und politische Rechte relevant: *P. Kirchschläger*, Die Multidimensionalität der Menschenrechte, MRM 2013, 77. Siehe auch *A. An-Na'im*, The interdisciplinarity of human rights, in: Gearty/Douzinas (Hg.), The Cambridge Companion to Human Rights Law, 2012, 97.

25 *S. Moyn*, The Last Utopia: Human Rights in History, 2012; *J. Eckel*, Die Ambivalenz des Guten: Menschenrechte in der internationalen Politik seit den 1940ern, 2. Aufl. 2015; *S. Moyn/J. Eckel* (Hg.), The Breakthrough: Human Rights in the 1970s, 2015. Kritisch gegenüber einer zu starken Fixierung auf die westliche Zivilgesellschaft *S. Cargas*, Questioning Samuel Moyn's Revisionist History of Human Rights, HRQ 38 (2016), 411; *J. R. Slaughter*, Hijacking Human Rights: Neoliberalism, the New Historiography, and the End of the Third World, HRQ 40 (2018), 735.

26 Vgl. *P. Slotte/M. Halme-Tuomisaari* (Hg.), Revisiting the Origins of Human Rights, 2018.

27 A/RES/217 v. 10.12.1948. Neuübersetzung mit Synopse, Erläuterungen und Materialien in *B. Fassbender* (Hg.), Menschenrechteerklärung, 2009.

heitsrechtlich anerkannt.[28] Von besonderer Bedeutung ist die Resolution der UN-Weltkonferenz über Menschenrechte 1993 in Wien[29] als Fortentwicklung und Bekräftigung der AEMR, die von fast allen Staaten der Erde einstimmig verabschiedet wurde.

Programmatisch formuliert Art. 1 AEMR den Zusammenhang zwischen Menschenwürde, angeborenen Rechten, Freiheit, Gleichheit und Brüderlichkeit (Solidarität):

Alle Menschen sind frei und gleich an Würde und Rechten geboren. Sie sind mit Vernunft und Gewissen begabt und sollen einander im Geist der Brüderlichkeit begegnen.

Das Vorhaben, der AEMR verbindliche universelle Menschenrechtsverträge folgen zu lassen, gelang erst 1966 mit dem Internationalen Pakt über bürgerliche und politische Rechte (IPBPR, „Zivilpakt") und dem Internationalen Pakt über wirtschaftliche, soziale und kulturelle Rechte (IPWSKR, „Sozialpakt").

612 Neben diesen **universell geltenden** (Zivilpakt: 172 Ratifikationen, Sozialpakt: 169 Ratifikationen; Stand: Juni 2019) und **sachlich umfassenden** Menschenrechtsverträgen gibt es Verträge, die sich **Einzelaspekten des Menschenrechtsschutzes** widmen, z. B. das UN-Anti-Folter-Übereinkommen, das UN-Übereinkommen zur Beseitigung der Rassendiskriminierung, das Übereinkommen zur Beseitigung von Diskriminierungen von Frauen, die UN-Kinderrechtskonvention usw. Daneben existieren Menschenrechtsabkommen auf **regionaler Ebene**, die ebenfalls einem sachlich umfassenden Menschenrechtsschutz oder Einzelfragen der Menschenrechtsgarantien gewidmet sind. **Sachlich umfassende** regionale Abkommen sind:

- Europäische Menschenrechtskonvention (EMRK) und Europäische Sozialcharta
- Amerikanische Menschenrechtskonvention (AMRK)
- Afrikanische Charta der Menschenrechte und der Rechte der Völker (Banjul-Charta)
- Arabische Charta der Menschenrechte

Schließlich existieren **regionale Abkommen**, die **bestimmten Fragen** des Menschenrechtsschutzes gewidmet sind, wie die Europäische Charta der Regional- oder Minderheitensprachen, die Konvention des Europarates gegen Menschenhandel usw.

---

28 Dazu UN-AVL (mit Einführung von *A. Cançado Trindade*): http://legal.un.org/avl/ha/udhr/udhr.html. Zur Entstehungs- und Wirkungsgeschichte auch *G. Alfredsson/A. Eide* (Hg.), The Universal Declaration of Human Rights: A Common Standard of Achievement, 1999; *J. v. Bernstorff*, The Changing Fortunes of the Universal Declaration of Human Rights, EJIL 19 (2008), 903; *R. Huhle*, Wie universell ist die allgemeine Erklärung der Menschenrechte?, VN 2011, 147. Eingehend *W. Schabas* (Hg.), The Universal Declaration of Human Rights: The Travaux Préparatoires, 3 Bände, 2013.

29 Vienna Declaration and Programme of Action v. 12.7.1993, A/CONF.157/23. In deutscher Sprache abgedruckt in: Europa-Archiv 1993, D 498. Dazu *I. Boerefijn*, Vienna World Conference on Human Rights (1993), MPEPIL (5/2007). Vertiefend *E. Klein/C. Menke* (Hg.), Universalität – Schutzmechanismen – Diskriminierungsverbote: 15 Jahre Wiener Weltmenschenrechtskonferenz, 2008; *M. Nowak/F. Steinert/H. Tretter* (Hg.), Vienna+20: Advancing the Protection of Human Rights, 2014.

IV. Einheit und Unteilbarkeit der Menschenrechte

1. Dimensionen und Verpflichtungstypen

In der völkerrechtlichen Diskussion werden drei **Dimensionen** von Menschenrechten unterschieden (dazu Rn. 614–616). Oft ist von drei „Generationen" die Rede. Dieser historischen Reihung liegt allerdings eine „westliche" Sicht zu Grunde. Innerhalb aller Dimensionen lassen sich drei **Typen von Verpflichtungen** unterscheiden: die Pflicht, Menschenrechte zu achten *(respect)*, gegen Übergriffe Dritter zu schützen *(protect)* und durch geeignete staatliche Maßnahmen zu erfüllen *(fulfil)*. Während die Pflicht zur Achtung der Menschenrechte eine **negative Pflicht** ist (d. h. zu einem Unterlassen verpflichtet), betreffen die anderen Typen **positive Pflichten**. Diese stellen regelmäßig Verhaltenspflichten *(obligations of conduct)* dar und nur ausnahmsweise Ergebnisverpflichtungen *(obligations of result)*. **613**

Die **1. Dimension** betrifft **bürgerliche und politische Rechte**. In diese Kategorie fallen die meisten Rechte des IPBPR und der EMRK. Es handelt sich primär um Abwehrrechte gegen staatliche Eingriffe in die Rechtssphäre des Einzelnen, z. B. den Schutz vor unmenschlicher oder erniedrigender Behandlung, das Recht auf Leben und körperliche Unversehrtheit, die Freiheit der Person, die Religionsfreiheit usw. Mit dem Abwehrrecht des Einzelnen steht die staatliche Aufgabe, Freiheit sozialverträglich zu regulieren, in einem Spannungsverhältnis. Um zu verhindern, dass der Staat die Freiheit wieder beseitigt, erlegen Menschenrechtsabkommen ihm „Schranken-Schranken"[30] auf, indem sie z. B. die Verfolgung nur bestimmter Zwecke gestatten und verlangen, dass die Beschränkung „in einer demokratischen Gesellschaft notwendig" sein muss (z. B. Art. 21 S. 2, Art. 22 Abs. 2 IPBPR, Art. 8 Abs. 2, Art. 9 Abs. 2 EMRK). Neben Schutzpflichten zur Verhütung von Rechtsverletzungen durch Dritte kennen bürgerliche und politische Rechte auch Erfüllungspflichten, etwa die Pflicht zur Gewährleistung gerichtlichen Rechtsschutzes. **614**

Die **2. Dimension** betrifft **wirtschaftliche, soziale und kulturelle Rechte**. Es handelt sich um Ansprüche gegen den Staat auf Gewährung von Leistungen bzw. auf nichtdiskriminierende (vgl. Art. 2 Abs. 2 IPWSKR) Teilhabe an Einrichtungen des Staates. Im Vergleich mit Teilhaberechten, die den Zugang zu bestehenden Einrichtungen (z. B. staatlichen Schulen) betreffen, sind Leistungsrechte weit stärker von der wirtschaftlichen Leistungsfähigkeit des Staates abhängig. Anerkannt ist heute jedenfalls weitgehend, dass soziale Rechte nicht nur „weiche" Pflichten begründen, sondern mindestens einen „harten Kern" enthalten *(minimal core content)*, den jeder Staat gewährleisten muss und dessen Entziehung gegen die Pflicht zur Achtung der Menschenrechte verstoßen kann.[31] **615**

30 Zum Begriff *T. Kingreen/R. Poscher*, Grundrechte: Staatsrecht II, 35. Aufl. 2019, Rn. 326 ff. Zu den internationalen Standards vgl. UN-Menschenrechtskommission, Siracusa Principles on the Limitation and Derogation of Provisions in the International Covenant on Civil and Political Rights Annex, UN Doc E/CN.4/1984/4 (1984).

31 Committee on Economic, Social and Cultural Rights, General Comment 3 (1990), Nr. 10; Afrikanische Kommission für Menschenrechte, Communications 25/89 etc., HRLJ 1997, 32, § 47. Siehe auch die von Experten zur Verwirklichung des IPWSKR beschlossenen Limburg Principles (1986), HRQ 9 (1987), 122, Nr. 72, und Maastricht Guidelines (1997), HRQ 20 (1998), 691, Nr. 9, 15 (i). Aus der Li-

616 Mit der **3. Dimension** der Menschenrechte sind **kollektive Rechte** gemeint, insbesondere das Selbstbestimmungsrecht der Völker (gemeinsamer Art. 1 IPBPR und IPWSKR) sowie das Recht auf Entwicklung, das von der UN-Generalversammlung verschiedentlich bekräftigt worden ist (Rn. 915–917). Solche Gruppenrechte, die der Gruppe selbst und nicht ihren einzelnen Mitgliedern zugeordnet sind (Gruppe als Rechtsträger), sind dem individualistisch ausgerichteten europäischen Rechtsdenken eher fremd, aber v. a. in Afrika und Lateinamerika verbreitet.[32] Sie können – je nach Verhältnis des „Völker"begriffs zu dem des Staatsvolks – weit gehende Forderungen nach Umgestaltung bestehender politischer Ordnungen stellen oder in Konflikt mit den Individualrechten der Gruppenmitglieder geraten.[33]

2. Universalismus versus Kulturrelativismus

617 Die drei Dimensionen sind Teil eines einheitlichen Menschenrechtsverständnisses, dem ein Bild des Menschen als ein in der Gemeinschaft mit anderen lebendes autonomes Individuum zu Grunde liegt. Wenn in Menschrechtsdokumenten die **Einheit und Unteilbarkeit der Menschenrechte** beschworen werden, ist damit zum einen dieser Zusammenhang der drei Dimensionen gemeint, zum anderen der universelle Charakter der Menschenrechte. In der Wiener Menschenrechtserklärung von 1993 heißt es dazu:[34]

All human rights are universal, indivisible and interdependent and interrelated. The international community must treat human rights globally in a fair and equal manner, on the same footing, and with the same emphasis. While the significance of national and regional particularities and various historical, cultural and religious backgrounds must be borne in mind, it is the duty of States, regardless of their political, economic and cultural systems, to promote and protect all human rights and fundamental freedoms.

618 Rechte, die an das Menschsein als solches anknüpfen, sind **ihrer Idee nach universell**, d. h. sie gelten für alle Menschen überall auf der Welt. Die Kritik, hier würde ein Produkt der europäischen Geistesgeschichte anderen Kulturen oktroyiert, verfängt angesichts der **universellen Menschenrechtsdokumente** nicht: Die AEMR und die UN-Menschenrechtspakte sind keine europäischen Projekte, sondern unter Beteiligung zahlreicher Staaten aus unterschiedlichsten Kulturen zustande gekommen. Dieser universelle Anspruch ist auch auf der Wiener Weltmenschenrechtskonferenz 1993 noch einmal bekräftigt worden. Einzuräumen ist, dass das Konzept der Menschen-

---

teratur *J. Künzli*, Zwischen Rigidität und Flexibilität: Der Verpflichtungsgrad internationaler Menschenrechte, 2001, 283 ff. Kritische Diskussion bei *K. Young*, The Minimum Core of Economic and Social Rights: A Concept in Search of Content, YaleJIL 33 (2008), 113. Siehe auch noch Rn. 758.

32 *N. Torbisco Casals*, Group Rights as Human Rights, 2006; *P. Minnerop/N. Roht-Arriaza/S. Aminzadeh*, Solidarity Rights, MPEPIL (2/2018); *D. Ingram*, Group rights: a defense, in: Cushman (Hg.), Handbook of Human Rights, 2011, 277; *J. Schaarschmidt*, Gruppenrechte als Menschenrechte?, in: Burchardt u. a. (Hg.), Kollektivität, 2012, 97; *C. Bisaz*, The Concept of Group Rights in International Law, 2012; *R. McCorquodale*, Group Rights, in: Moeckli u. a. (Hg.), International Human Rights, 3. Aufl. 2017, 344. Zu Problemen rund um das Selbstbestimmungsrecht der Völker Rn. 70–72.

33 *K. Feyter/G. Pavlakos* (Hg.), The Tension Between Group Rights and Human Rights, 2008; *C. Tomuschat*, Human Rights: Between Idealism and Realism, 3. Aufl. 2014, 149 ff. Exemplarische Untersuchung bei *S. Boysen*, Demokratische Selbstbestimmung? Zum Verhältnis von staatlicher Integrität und Gruppenrechten im Völkerrecht, AVR 47 (2009), 427.

34 Vienna Declaration and Programme of Action v. 12.7.1993, A/CONF.157/23, Nr. I.5.

rechte auf bestimmten **ideengeschichtlichen Prämissen** basiert: auf einem Menschenbild, das von einem autonomen Individuum in einer Gemeinschaft Gleicher ausgeht, und auf einem Staatsverständnis, das dem Staat die Aufgabe zuweist, als Inhaber des Gewaltmonopols Sicherheit und Freiheit der Bürger zu achten und zu schützen, zugleich aber auch für die Voraussetzungen der menschlichen Existenz zu sorgen. Hinsichtlich dieser Prämissen ist, bei allen Unterschieden, eine Konvergenz zu beobachten. Im wesentlichen Kern ist das hier skizzierte Menschenbild in allen Kulturen zu finden; Unterschiede betreffen vor allem die Gewichtung zwischen Individualität und Sozialbezug des Menschen (Rn. 619). Durch die Dominanz des Nationalstaats europäischer Prägung im Völkerrecht wird außerdem auch die zweite Prämisse über Kulturgrenzen hinweg geteilt.

Menschenrechte sind heute ihrer Idee nach universell gültig und anerkannt; im Ein- **619**
zelnen aber gibt es nicht unerheblich voneinander **abweichende Vorstellungen**. Solche Unterschiede beziehen sich insbesondere auf:

- Verhältnis zwischen den drei Dimensionen: Während im europäischen Verständnis die bürgerlich-liberalen Abwehrrechte des Individuums eine Leitfunktion besitzen, betont das asiatische Verständnis die soziale Einbindung des Menschen, wie sie eher in Rechten der 2. Dimension zum Ausdruck kommt. Im afrikanischen und lateinamerikanischen Verständnis wiederum spielen kollektive Rechte eine wichtige Rolle.
- Inhalte und Auslegung von Menschenrechtsgarantien: Eine wichtige Rolle spielt, ob Menschenrechte im Einklang mit religiösen Traditionen ausgelegt werden. Auch der sozialmoralische Wandel kann unterschiedlich weit fortgeschritten sein und sich z. B. auf die Frage auswirken, ob gleichgeschlechtliche Partnerschaften durch das Diskriminierungsverbot geschützt werden.
- Schranken der Menschenrechte: Welche Einschränkungen sind im Interesse der öffentlichen Ordnung oder Moral geboten? Hier kommt erneut zum Tragen, ob kulturell der Individualismus oder die Gemeinschaftsgebundenheit im Vordergrund steht.

Abweichungen im Einzelnen gefährden nicht den universellen Charakter der Menschenrechte insgesamt. Im Übrigen muss die Universalität der Menschenrechte nicht als gegebene Größe, sondern als **gegenseitiger dialogischer Lernprozess** verstanden werden.[35] Im bilateralen und multilateralen Diskurs der Völkerrechtssubjekte, durch wechselseitige Bezugnahmen von Gerichten und Menschenrechtsinstitutionen aufeinander[36] wie auch im zivilgesellschaftlichen Dialog können Differenzen überwunden werden, wobei Raum für Abweichung bleiben wird und muss.[37] Dass die Menschen-

35 Vgl. *F. Lenzerini*, The Culturalization of Human Rights Law, 2014, 246: „a goal, an objective to be achieved under a *de lege ferenda* perspective". Vgl. allgemein zu diesem Verständnis *Y. Onuma*, International Law in a Transcivilizational World, 2017. Siehe auch *ders.*, A Trans-civilizational Perspective on International Law, www.webtv.un.org (9.1.2009).

36 *A. Huneeus/M. Rask Madsen*, Between universalism and regional law and politics: A comparative history of the American, European, and African human rights systems, IJCL 16 (2018), 136.

37 Instruktiv die Länderberichte in *R. Arnold* (Hg.), The Universalism of Human Rights, 2013, und *D. Davis/A. Richter/C. Saunders* (Hg.), An Inquiry into the Existence of Global Values, 2015. Siehe ferner *C. Heyns/M. Killander*, Universality and the Growth of Regional Systems, in: Shelton (Hg.), The Oxford Handbook of International Human Rights Law, 2013, 670.

rechte ihrer Idee nach universell und unteilbar sind, erzwingt den – unter Umständen auch kontroversen – Diskurs über einen gemeinsamen Gegenstand.[38]

V. Institutioneller Menschenrechtsschutz

1. Menschenrechtsschutzsysteme im Überblick

620 Um wirksam zu sein, dürfen Menschenrechte nicht nur auf dem Papier stehen. Ihre Einhaltung muss überwacht werden und, im Idealfall, erzwingbar sein. Die **Hauptverantwortung** für die Garantie effektiven Menschenrechtsschutzes liegt nach wie vor bei den **Staaten**, insbesondere bei den staatlichen Gerichten. Wo dieser Rechtsschutz im Binnenbereich funktioniert (in Deutschland durch Arbeitsteilung zwischen Fach- und Verfassungsgerichtsbarkeit, hinzu kommt der EuGH), sind internationale Kontrollen allenfalls nötig, um Randkorrekturen anzumahnen oder „Ausreißer“ zu korrigieren. Wo der innerstaatliche Menschenrechtsschutz dagegen defizitär ist, sind **Kontrollen auf internationaler Ebene** unerlässlich.

621 Die Menschenrechtssysteme unterscheiden sich in der Ausgestaltung der Kontroll- und Korrekturmöglichkeiten erheblich. Die wichtigsten Grundmodelle sind:[39]

- *Länderberichtsmodelle:* vgl. z. B. den UN-Menschenrechtsrat;[40] vgl. auch Art. 40 IPBPR.
- *Staatenbeschwerden gegen Menschenrechtsverstöße in einem anderen Vertragsstaat:* fakultativ z. B. in Art. 41 ff IPBPR.
- *Kommissionen für Individualbeschwerden:* z. B. Beschwerde zum UN-Menschenrechtsausschuss nach dem (1.) Fakultativprotokoll zum IPBPR; Art. 41 ff Amerikanische Menschenrechtskonvention.
- *Gerichtsmodelle für Klagen zwischen Staaten:* Art. 33 EMRK, Art. 61 ff AMRK (klagebefugt ist hier auch die Inter-Amerikanische Menschenrechtskommission, was die mittelbare Überprüfung von Einzelfällen ermöglicht).
- *Gerichtsmodelle mit Individualbeschwerde:* Art. 34 f EMRK

622 Für die **Wirksamkeit dieser Schutzmechanismen** sind folgende Fragen bedeutsam:[41]

---

38 Ähnlich *S. Kadelbach*, The Territoriality and Migration of Fundamental Rights, in: Handl u. a. (Hg.), Beyond Territoriality, 2012, 295. Vgl. auch die „antagonistische“ Konzeption von Universalismus bei *C. Mouffe*, Über das Politische: Wider die kosmopolitische Illusion, 2010.

39 Gute Übersicht mit Schaubildern bei *W. Kälin/J. Künzli*, Universeller Menschenrechtsschutz, 4. Aufl. 2019, 215 ff. Außerdem Beiträge in der MPEPIL: *D. Shelton*, Human Rights, Individual Communications/Complaints (3/2006); *G. Ulfstein*, Human Rights, State Complaints (5/2011); *D. Kretzmer*, Human Rights, State Reports (10/2008).

40 Errichtung durch Resolution 60/251 der UN-Generalversammlung v. 15.3.2006. Kritische Evaluation solcher Verfahren bei *A. Liese*, *Epistula (non) erubescit*: Das Staatenberichtsverfahren als Instrument internationaler Rechtsdurchsetzung, FW 81/1 (2006), 51.

41 Zur Wirksamkeit von Menschenrechtsmechanismen *S. Subedi*, The Effectiveness of the UN Human Rights System, 2017; *D. Moeckli/H. Keller* (Hg.), The Human Rights Covenants at 50, 2018, Part II; *T. Squatrito* u. a. (Hg.), The Performance of International Courts and Tribunals, 2018. Zur Frage staatlicher Befolgung der Urteile von Menschenrechtsgerichtshöfen *C. Hillebrecht*, Domestic Politics and International Human Rights Tribunals: The Problem of Compliance, 2014.

- *Wer kann die Kontrolle veranlassen?* Besonders effektiv sind Systeme, die eine Individualbeschwerde vorsehen, da hier die Initiative von dem betroffenen Einzelmenschen ausgeht und keinen politischen Rücksichtnahmen unterliegt. Allerdings muss sichergestellt sein, dass der Betroffene nicht an der Beschwerde gehindert wird.
- *Wie ist das Kontrollorgan besetzt?* Sind seine Mitglieder unabhängige Experten („in personal capacity“) oder weisungsabhängige Staatenvertreter („in official capacity“)?
- *Erfolgt die Kontrolle öffentlich?* Die Kritik an der früheren UN-Menschenrechtskommission richtete sich u. a. gegen die Vertraulichkeit der Untersuchungen, die Raum für politische Rücksichtnahme eröffnete. Demgegenüber verhandelt z. B. der EGMR gemäß Art. 40 Abs. 1 EMRK grundsätzlich öffentlich.
- *Ist das Ergebnis für den Staat bindend?* Hier liegt ein Vorteil bei Gerichtsmodellen gegenüber Kommissionsmodellen, deren Berichte im Unterschied zu Urteilen keine verbindlichen Korrekturpflichten auferlegen.

2. Institutioneller Menschenrechtsschutz auf Ebene der UNO

Auf Ebene und unter dem Dach der UNO ist eine Reihe von Organen und Institutionen mit dem Schutz der Menschenrechte befasst. Einige von ihnen sind von der UN-Charta vorgesehen bzw. von UN-Organen als Unterorgane eingesetzt (also chartabasiert, *charter-based*), andere wiederum durch Menschenrechtsabkommen, die unter dem Dach der Vereinten Nationen entstanden sind (vertragsbasiert, *treaty-based*).[42] **623**

Chartabasierte UN-Organe mit besonderer Zuständigkeit für Menschenrechte sind: **624**

- **Generalversammlung:** Die Generalversammlung hat wichtige Resolutionen zu Menschenrechten gefasst (u. a. Allgemeine Erklärung der Menschenrechte 1948); v. a. der Ausschuss für soziale, humanitäre und kulturelle Fragen (**3. Ausschuss**) hat die Aufgabe aus Art. 13 lit. b UNCh übertragen bekommen, „Untersuchungen und Empfehlungen“ auch zu Menschenrechtsfragen abzugeben und vorzubereiten.
- **Wirtschafts- und Sozialrat (ECOSOC):** Der ECOSOC kann gemäß Art. 62 Abs. 2 UNCh „Empfehlungen abgeben, um die Verwirklichung der Menschenrechte und Grundfreiheiten für alle zu fördern“. Diesem Auftrag kommt er durch Resolutionen nach, die an die Generalversammlung gerichtet sind (vgl. Art. 60 i. V. m. Art. 55 lit. c UNCh). Bis 2006 existierte als Unterorgan des ECOSOC die **Menschenrechtskommission**, die (mit ihren zahlreichen Unterkommissionen) das wichtigste chartabasierte Menschenrechtsgremium darstellte. Neben ihrer Zuständigkeit für Staatenberichte war sie an der Ausarbeitung von Entwürfen für wichtige menschenrechtliche Abkommen (z. B. IPBPR, IPWSKR) maßgeblich beteiligt. Sie hatte in den letzten Jahren ihres Bestehens aber immer mehr an Glaubwürdigkeit verloren, weil Staaten in ihr vertreten waren, die ihre Mitgliedschaft nutzten, um sich selbst vor Kritik zu schützen. An ihre Stelle ist 2006 der Menschenrechtsrat getreten (dazu sogleich). Im Jahr 2000 hat der ECOSOC ein **Permanentes Forum für indigene Angelegenheiten** eingerichtet, das aus 16 unabhängigen Experten besteht und sich mit den Rechten indigener Völker befasst.
- **Menschenrechtsrat:** Der Menschenrechtsrat wurde 2006 mit Resolution der Generalversammlung als deren Nebenorgan eingerichtet und ist an die Stelle der Menschenrechtskom-

42 Vertiefte Würdigung in *P. Alston/F. Mégret* (Hg.), The United Nations and Human Rights: A Critical Appraisal, 2. Aufl. 2018.

mission getreten.[43] Seine 47 Mitglieder (Regierungsvertreter) werden von der Generalversammlung in geheimer Wahl mit absoluter Mehrheit gewählt. Ein Regionalschlüssel sorgt nach wie vor mehr für Proporz als für menschenrechtliche „Unbedenklichkeit"; die vertretenen Staaten unterliegen jedoch einem besonderen Peer-review-Verfahren. Dem Menschenrechtsrat stehen als Instrumente (Mechanismen) zur Verfügung:

- *Beschwerdeverfahren:* zur vertraulichen Prüfung von Individual- und Gruppenbeschwerden; von der Menschenrechtskommission übernommen (sog. *1503-Verfahren*), 2007 in Teilen überarbeitet.
- *Universal Periodic Review:* Alle vier Jahre muss jeder UN-Mitgliedstaat die Menschenrechtslage im eigenen Land in offener Sitzung und unter Beteiligung von NGO diskutieren und bewerten lassen.[44]
- *Special Procedures:* Sondervertreter, Sonderberichterstatter und Expertengruppen zu bestimmten Themen oder Ländern, die auch Vor-Ort-Besuche durchführen (z. B. die *Working Group on Arbitrary Detention*).[45]

Als „Think Tank" hat der Menschenrechtsrat 2007 einen **Beratenden Ausschuss** *(Human Rights Advisory Committee)* aus 18 unabhängigen Experten eingesetzt, der seinerseits Arbeitsgruppen bildet. Trotz anhaltender (und berechtigter) Kritik an seiner Zusammensetzung und einigen politischen „Schieflagen", die die USA im Juni 2018 zum Austritt bewogen haben, wird die Arbeit des Menschenrechtsrates überwiegend positiv beurteilt.[46]

- **UN-Hochkommissar für Menschenrechte (UNHCHR):** Das Amt des UNHCHR mit dem Status eines Untergeneralsekretärs wurde 1993 eingerichtet (Sitz in Genf). Sein Büro dient zugleich als Sekretariat des Menschenrechtsrates. Das zunächst eher beratende und unterstützende Amt hat im Laufe der Jahre an Bedeutung gewonnen und ist heute die wichtigste Stelle zur Bündelung und Koordination der Menschenrechtsaktivitäten auf UN-Ebene.[47] Dafür stehen dem UNHCHR inzwischen auch Untersuchungsbefugnisse zu.

625 Zu den **vertragsbasierten Mechanismen** zählen:[48]

- **UN-Menschenrechtsausschuss:** Errichtet auf Grundlage von Art. 28 IPBPR ist er das wichtigste Organ zur Überwachung des UN-Zivilpaktes (Rn. 756–757). Er setzt sich aus 18 unabhängigen Experten zusammen. Der Menschenrechtsausschuss *(Human Rights Committee)* beschließt Allgemeine Bemerkungen *(General Comments)*, in denen er zu Fragen der Auslegung des IPBPR Stellung nimmt. Daneben ist er für Staatenbeschwerden und

---

43 *B. Rudolf*, United Nations Commission on Human Rights/United Nations Human Rights Council, MPEPIL (9/2008). Vertiefend *D. Karrenstein*, Der Menschenrechtsrat der Vereinten Nationen, 2011; *J. N. Osthoff*, Weiterentwicklung des internationalen Menschenrechtsschutzes unter dem UN-Menschenrechtsrat?, 2012; *M. Kothari*, From Commission to Council: Evolution of UN Charter Bodies, in: Shelton (Hg.), The Oxford Handbook of International Human Rights Law, 2013, 587; *B. Ramcharan*, The Law, Policy and Politics of the UN Human Rights Council, 2015.

44 Näher *C. Tomuschat*, Universal Periodic Review, FS Simma, 2011, 609; *H. Charlesworth/E. Larking* (Hg.), Human Rights and Universal Periodic Review: Rituals and Ritualism, 2015.

45 *A. Nolan/R. Freedman/T. Murphy* (Hg.), The United Nations Special Procedures System, 2017.

46 Bilanz bei *W. Heinz*, Zehn Jahre UN-Menschenrechtsrat: zwischen Politisierung und Positionierung, VN 2016, 116. Speziell zum Verhältnis zum Hochkommissariat *M. Spohr*, Der neue Menschenrechtsrat und das Hochkommissariat für Menschenrechte der Vereinten Nationen, 2014.

47 Vgl. als Portal zum UN-Menschenrechtsschutz http://www.ohchr.org/EN/Pages/Home.aspx. Näher zum UNHCHR *F. Gaer/C. Broecker* (Hg.), The United Nations High Commissioner for Human Rights, 2014.

48 Zur Vertiefung *H. Keller/G. Ulfstein* (Hg.), UN Human Rights Treaty Bodies, 2012. Zur Reformdebatte („Strengthening Process") http://www.ohchr.org/EN/HRBodies/HRTD/Pages/TBStrengthening.aspx. Dazu kritisch *Y. Shany*, The Effectiveness of the Human Rights Committee and the Treaty Body Reform, FS E. Klein, 2013, 1307; *N. Schrijver*, 50 Jahre UN-Menschenrechtspakte: Es ist Zeit für ein einheitliches Vertragsorgan, VN 2016, 121; *H. Birkenkötter*, Die Menschenrechtsausschüsse der Vereinten Nationen, APuZ 10-11/2016, 10.

nach dem (1.) Fakultativprotokoll zum IPBPR nach Erschöpfung des innerstaatlichen Rechtswegs auch für Individualbeschwerden zuständig. Seine Berichte sind als solche nicht rechtsverbindlich; der Ausschuss sieht sie aber als Aussagen über Rechtspflichten der Staaten aus dem Zivilpakt und damit als quasi-verbindliche Feststellungen an.

- **UN-Ausschuss für wirtschaftliche, soziale und kulturelle Fragen:** Das *ICESC Committee* wacht über den UN-Sozialpakt (IPWSKR), gewissermaßen spiegelbildlich zum UN-Menschenrechtsausschuss. Gegründet wurde es 1985 durch Resolution des ECOSOC. Er setzt sich ebenfalls aus 18 Experten zusammen und ist wie das Schwestergremium für Allgemeine Bemerkungen und Staatenberichte zuständig. Das Fakultativprotokoll (2008), das nach dem Vorbild des 1. Fakultativprotokolls zum IPBPR eine Individualbeschwerde einführt, ist am 5.5.2013 in Kraft getreten.
- **Ausschüsse anderer UN-Menschenrechtsabkommen:** Expertenkomitees zur Überwachung ihrer Einhaltung sehen auch andere wichtige Menschenrechtsabkommen vor, die unter dem Dach der UNO entstanden sind: den Ausschuss zur Beseitigung jeder Form von Rassendiskriminierung *(CERD Committee)*,[49] den Ausschuss gegen Folter *(CAT Committee)*, den Ausschuss zur Beseitigung jeder Form von Diskriminierung der Frau *(CEDAW Committee)*, den Ausschuss für die Rechte des Kindes *(CRC Committee)*, den Ausschuss für Wanderarbeiter *(CMW Committee)*, den Ausschuss für die Rechte behinderter Personen *(CRPD Committee)* und den Ausschuss gegen das Verschwindenlassen *(CED Committee)*. Mit Ausnahme des *CRC Committee* können nach gesonderter Unterwerfung durch einen Vertragsstaat alle Ausschüsse auch Individualbeschwerden entgegennehmen.

3. Institutioneller Menschenrechtsschutz und Regimekollisionen

Die meisten Staaten bindet ein **dichtes Netzwerk** universeller und regionaler, allgemeiner und spezieller Menschenrechtsnormen. Rechtskonflikte zwischen diesen Verpflichtungen sind dadurch reduziert, dass alle letztlich in dieselbe Richtung zielen – auf den Schutz und das Wohlergehen des Menschen. Es handelt sich also überwiegend um **Normkonkurrenzen**, nicht um Normkollisionen. Mögliche Widersprüche lassen sich durch eine **harmonisierende Auslegung** erreichen.[50] Zu Konflikten zwischen den verschiedenen Schutzsystemen kann es allerdings insbesondere dann kommen, wenn die Auslegung und Überwachung verschiedenen Institutionen anvertraut ist. Die Normenkonkurrenz mündet hier nicht selten in **institutionelle Konflikte**, weil Auslegungen oder Abwägungen zu unterschiedlichen Ergebnissen kommen. 626

Bei Konkurrenzen zwischen **gleichgeordneten Rechtsregimen** obliegt diesen selbst die Koordination ihres Verhältnisses zueinander.[51] So bestimmt z. B. Art. 35 Abs. 2 627

49 Für Aufsehen sorgte 2013 die Verurteilung Deutschlands durch den CERD-Ausschusses (Communication No. 48/2010) im Fall *Sarrazin*: Es habe keine effektive Strafverfolgung wegen Äußerungen des Bundesbank-Vorstandes und ehemaligen Berliner Senators stattgefunden, die vom Ausschuss als rassistisch eingestuft wurden. Kritisch dazu *M. Payandeh*, Die Entscheidung des UN-Ausschusses gegen Rassendiskriminierung im Fall Sarrazin, JZ 2013, 980; *C. Tomuschat*, Der „Fall Sarrazin" vor dem UN-Rassendiskriminierungsausschuss, EuGRZ 2013, 262.

50 Zur Rolle der Auslegungsregel in Art. 31 Abs. 3 lit. c WVK für harmonisierende Interpretation allgemein Rn. 34, 230.

51 Deutlich formuliert in IGH, Urteil v. 30.11.2010, Ahmadou Sadio Diallo (Merits), ICJ Rep. 2010, 639, §§ 66 ff; Anhang, Nr. 31. Speziell zur (neuen) Rolle des IGH im „Geflecht" des institutionellen Menschenrechtsschutzes *S. Gandhi*, Human Rights and the International Court of Justice, HRLR 11 (2011), 527; *C. Thiele*, Der Schutz der Menschenrechte durch den IGH, AVR 51 (2013), 1; *A. Zimmermann*, Zuständigkeit des Internationalen Gerichtshofs und Treaty Bodies, FS E. Klein, 2013, 953;

lit. b EMRK, dass sich der EGMR nicht mit Beschwerden befasst, die zuvor bereits einer anderen internationalen Untersuchungs- oder Vergleichsinstanz unterbreitet worden ist; für den UN-Menschenrechtsausschuss hingegen lässt das 1. Fakultativprotokoll zum IPBPR eine solche „Doppelprüfung" prinzipiell zu (vgl. Art. 5 Abs. 2 lit. a). Das Verhältnis zwischen **staatlichen und internationalen Institutionen** des Menschenrechtsschutzes zu bestimmen, ist Aufgabe des staatlichen Rechts. Das Völkerrecht verlangt nur, seine Beachtung im Ergebnis sicherzustellen; hierzu gehört für die Vertragsstaaten der EMRK z. B. auch die Beachtung verbindlicher Urteile des EGMR (vgl. Art. 46 EMRK).[52]

628 Besonders konfliktträchtig ist der Menschenrechtsschutz in **Mehrebenensystemen**, in denen Rechtsakte der einen Ebene Vorrang vor dem Recht der anderen Ebene beanspruchen. Dies ist im Verhältnis der EU zu ihren Mitgliedstaaten der Fall, aber auch im Verhältnis von Resolutionen des UN-Sicherheitsrates zu den anderen völkerrechtlichen Verpflichtungen der UN-Mitglieder, zu denen auch menschenrechtliche Verpflichtungen gehören: Resolutionen nach Kapitel VII haben am Vorrang der Pflichten aus der Charta nach Art. 103 UNCh teil. Darf in einem solchen Fall ein Organ der untergeordneten Ebene (z. B. das BVerfG) Entscheidungen der übergeordneten Ebene (z. B. eine EU-Verordnung) bzw. deren Umsetzungen (z. B. einen Verwaltungsakt, der die Verordnung vollzieht) am Maßstab seiner eigenen menschenrechtlichen Bindungen prüfen? Die Rechtsprechung zu dieser viel diskutierten Frage lässt (bei Abweichungen im Detail) gewisse Konvergenzen erkennen:

629 Verfügt die übergeordnete Ebene materiell wie institutionell über einen **im Wesentlichen vergleichbaren Menschenrechtsschutz**, droht *per saldo* keine Einbuße an Rechtsschutz für den Einzelnen. Die untergeordnete Ebene kann sich aus der Überprüfung zurückziehen. Allerdings ist ein solcher Jurisdiktionsverzicht unter den Vorbehalt gestellt, dass er nur gilt, solange der Menschenrechtsschutz im Wesentlichen vergleichbar ist, wie das BVerfG in seinem *Solange II*-Beschluss formuliert hat.[53] Hieran angelehnt hat der EGMR im *Bosphorus*-Urteil die Bedingungen formuliert, unter denen die EU-Mitgliedstaaten auf eine Kontrolle von Rechtsakten der EU an den Garantien der EMRK verzichten dürfen:[54]

– der Grundrechtsschutz muss dem nach der EMRK gebotenen Rechtsschutz *generell* gleichzuachten sein (für die EU greift hier eine *presumption of equivalent protection*);[55]

B. Simma, Human Rights in the International Court of Justice: Are We Witnessing a Sea Change?, FS Dupuy, 2014, 711; *S. Kadelbach/T. Rensmann/E. Rieter* (Hg.), Judging International Human Rights: Courts of General Jurisdiction as Human Rights Courts, 2019.

52 Zum Verhältnis von EGMR und BVerfG Rn. 525–528. Wie das künftige Verhältnis zwischen EuGH und EGMR aussehen wird, ist nach dem EuGH-Gutachten 2/13 v. 18.12.2014 zum (bzw. gegen den) Beitritt der EU zur EMRK ungewiss. Hierzu statt vieler Special Section in GLJ 16 (2015), Heft 1 (Beiträge von *D. Halberstam, C. Krenn, S. Ø. Johansen, A. Lazowski/R. Wessel, S. Peers*).

53 Vgl. BVerfGE 73, 339 – Solange II.

54 EGMR, Urteil v. 30.6.2005, Bosphorus Airways/Irland, 45036/98, NJW 2006, 197 = EuGRZ 2007, 662; siehe Anhang, Nr. 41. Überblick über die Entwicklung der Rechtsprechung bei *L. R. Glas/ J. Krommendijk*, From Opinion 2/13 to Avotiņš: Recent Developments in the Relationship between the Luxembourg and Strasbourg Courts, HRLR 17 (2017), 567.

55 Zum Maßstab der Gleichwertigkeit *C. Janik*, Die EMRK und internationale Organisationen: Ausdehnung und Restriktion der *equivalent protection*–Formel in der neuen Rechtsprechung des EGMR, ZaöRV 70 (2010), 127; *J. Kokott/I. Dervisopoulos*, Grundrechtsvorbehalt bei gegenseitiger Anerken-

- der Grundrechtsträger muss die Möglichkeit haben nachzuweisen, dass *im Einzelfall* der Grundrechtsschutz durch die EU offensichtlich defizitär *(manifestly deficient)* war.[56]

In der Rechtssache *Michaud* hatte der EGMR 2012 präzisiert, dass zwischen EU-Mitgliedstaaten die *Bosphorus*-Vermutung nur greift, wenn der EuGH auch Gelegenheit hatte, den Grundrechtsschutz zu garantieren. Habe dieser eine Frage noch nicht entschieden, sei diese ihm gemäß Art. 267 AEUV von dem mitgliedstaatlichen Gericht vorzulegen.[57] Nachdem der EuGH in seinem EMRK-Gutachten 2/13 (2014) betont hatte, eine Überprüfung von Rechtsakten anderer EU-Mitgliedstaaten komme dort, wo der Grundsatz wechselseitigen Vertrauens gelte (z. B. bei Vollstreckungen von Urteilen oder Europäischen Haftbefehlen), grundsätzlich nicht in Betracht,[58] hat der EGMR die *Bosphorus*-Grundsätze noch einmal bekräftigt.[59] Der Grundsatz des gegenseitigen Vertrauens dürfe nicht dazu führen, dass die Prüfung, ob der Grundrechtsschutz im Einzelfall offensichtlich defizitär war, entfalle. Darüber hinaus hat der EGMR klargestellt, dass der Hinweis auf Art. 267 AEUV in *Michaud* nicht einer Absicherung der unionsrechtlichen Vorlagepflicht durch den EGMR diente; ob eine Vorlage an den EuGH möglich und aussichtsreich war, berücksichtigt der EGMR vielmehr im Rahmen seiner Gesamtbewertung, ob im Zusammenspiel von nationalem und unionalem Rechtsschutz der Grundrechtsschutz im Einzelfall dem *Bosphorus*-Standard entsprach.

Solange auf der übergeordneten Ebene **kein im Wesentlichen vergleichbarer Menschenrechtsschutz** existiert, führt an einem Selbsteintritt von Gerichten der untergeordneten Ebene kein Weg vorbei, wenn die Menschenrechtsbindungen nicht in einem „schwarzen Loch“ verschwinden sollen.[60] Einen solchen „Ungehorsam“ hatte das BVerfG gegenüber der EG seinerzeit (1974) noch in seinem Solange I-Beschluss geübt.[61] Auch der EuGH hat im Fall *Kadi* 2008 dem UN-Sicherheitsrat die Gefolgschaft verweigert, indem er EU-Verordnungen, mit denen Sanktionsbeschlüsse des Sicherheitsrates umgesetzt wurden, wegen Verstoßes gegen EU-Grundrechte für nichtig erklärt hat. Zwar liegt in der Berufung auf die eigenen Rechtsbindungen (statt auf diejenigen der übergeordneten Ebene) die Gefahr, den Vorranganspruch generell zu unterminieren; dennoch ist ein heilsamer Druck auf das übergeordnete Regime zu begrüßen, wenn nur so die Beachtung der Menschenrechte wirksam durchzusetzen ist.

---

nung und gegenseitigem Vertrauen, in: Leutheusser-Schnarrenberger (Hg.), Vom Recht auf Menschenwürde, 2013, 123. Kritisch gegenüber einer Privilegierung der EU und ihrer Mitgliedstaaten *Grabenwarter/Pabel*, Europäische Menschenrechtskonvention, 6. Aufl. 2016, § 4 Rn. 4. Für den Rechtsschutz von UN-Beschäftigten gegenüber der UNO Gleichwertigkeit bezweifelt durch EGMR, Urteil v. 6.1.2015, Perez/Deutschland, 15521/08, §§ 63 ff (der EGMR hat hier den Schwarzen Peter dem BVerfG zugespielt und die Beschwerde mangels Erschöpfung des Rechtswegs abgewiesen).

56 Während die *Solange-II*-Formel auf generelle Gleichwertigkeit beschränkt war, reklamiert das BVerfG inzwischen ebenfalls eine Einzelfallprüfung für sich, soweit Verletzungen der Menschenwürdegarantie gerügt werden (Rn. 547): BVerfGE 140, 317.

57 EGMR, Urteil v. 6.12.2012, Michaud/Frankreich, 12323/11, § 115. Dazu *J. Vondung*, Der EGMR als Ersatzspieler des EuGH?, EuR 2013, 688.

58 EuGH, Gutachten v. 18.12.2014, Rs. 2/13, ECLI:EU:C:2014:2454, Rn. 194 ff.

59 EGMR, Urteil v. 23.5.2016, Avotiņš/Lettland, 17502/07, 109 ff, 113 ff. Dazu *P. Gragl*, An Olive Branch from Strasbourg? Interpreting the European Court of Human Rights' Resurrection of *Bosphorus* and Reaction to *Opinion 2/13* in the *Avotiņš* Case, ECLR 13 (2017), 551.

60 Zu Grunde gelegt wird hier die gerichtliche Kontrollperspektive. Für eine Pflicht, auf internationaler Ebene auf menschenrechtskonforme Beschlüsse hinzuwirken, überzeugend *S. Buszewski/H. Gött*, Avoiding Kadi: 'Pre-emptive Compliance' with Human Rights when Imposing Targeted Sanctions, GYIL 57 (2014), 507.

61 BVerfGE 37, 271 – Solange I.

Fall: Kadi (EuG 2005/2010, EuGH 2008/2013)[62] Im Zuge der Bekämpfung des internationalen Terrorismus hat der UN-Sicherheitsrat unter Kapitel VII UNCh handelnd sog. gezielte Sanktionen *(targeted sanctions)* gegen Privatpersonen verhängt. Hierzu zählt insbesondere die Sperrung der Konten von Personen, die der Unterstützung des Terrornetzwerks *Al Qaida* verdächtig sind. Der Sanktionsausschuss des Sicherheitsrates führt hierzu eine Liste mit Namen, die laufend aktualisiert wird. Für den Betroffenen war es nach dem ursprünglichen De-listing-Verfahren kaum möglich, von der Liste gestrichen zu werden: Hierzu musste er sich um diplomatischen Schutz durch seinen Heimatstaat bemühen, der sich wiederum an den Sanktionsausschuss wenden konnte, um die Streichung im Einvernehmen mit dem Staat zu erreichen, der die Person auf die Liste setzen ließ. Dies sind in den meisten Fällen die USA, denen bei streitiger Abstimmung ein Vetorecht zusteht. Hinzu kam, dass unter Berufung auf die „Sicherheit der Völkergemeinschaft" die Auskunft über die belastenden Beweismittel kategorisch verweigert werden durfte. Die EU hatte die Resolution mit einer Verordnung umgesetzt und die Kommission ermächtigt, die Namensliste im Anhang laufend an die Liste des UN-Sanktionsausschusses anzupassen. Gegen diese Verordnung erhoben mehrere Betroffene Nichtigkeitsklage (heute: Art. 263 AEUV) vor dem EuG, in zweiter Instanz vor dem EuGH.

In erster Instanz hielt sich das EuG 2005 nicht für befugt, die Verordnung an den EU-Grundrechten zu überprüfen, weil dies gegen den Vorrang der Pflichten aus der UN-Charta verstieße. Es nahm aber an, dass eine Überprüfung am internationalen *ius cogens* jedem Gericht möglich sei: Rechtsakte, die gegen zwingendes Völkerrecht verstießen, seien nichtig und hätten keine Bindungswirkung; insoweit könne auch kein Vorranganspruch bestehen. Im Ergebnis verneinte es einen Verstoß gegen zwingend garantierte Kerngewährleistungen der Menschenrechte. Der EuGH erklärte in zweiter Instanz 2008 die angegriffene Verordnung für nichtig. Unter Betonung des Charakters der EU als „Rechtsgemeinschaft" verneinte er einen unbedingten Vorrang der Charta-Pflichten nach dem Verfassungsrecht der Union und verwies ausdrücklich darauf, dass das Überprüfungsverfahren auf UN-Ebene „offenkundig nicht die Garantien eines gerichtlichen Rechtsschutzes bietet". Auf weitere Klage hin entschied das EuG 2010 in Übereinstimmung mit dem EuGH v. a. wegen unzureichender Unterrichtung und Verteidigungsmittel die Verordnung in Bezug auf den Kläger erneut für nichtig. Entgegen den Schlussanträgen des Generalanwalts wurde dies vom EuGH 2013 bestätigt; dabei erkannte der EuGH die im Juni 2011 erfolgte grundlegende Überarbeitung des De-listing-Verfahrens durch den Sicherheitsrat (Stärkung einer unabhängigen Ombudsperson, deren Votum im Regelfall nur einstimmig zurückgewiesen werden kann) als nach wie vor unzureichend mit Blick auf den gebotenen Grundrechtsschutz.[63]

630 Die soeben beschriebenen Schwierigkeiten ergeben sich nur, soweit die untergeordnete Ebene den Rechtsakt der übergeordneten Ebene „eins zu eins" übernimmt. Soweit (!) **bei der Umsetzung Spielräume** existieren, ist eine Überprüfung des Umset-

62 EuG, Urteile v. 21.9.2005, Rs. T-306/01 (Ahmed Ali Yusuf und Al Barakaat International Foundation), Slg. 2005, II-3533, sowie T 315/01 (Yassin Abdullah Kadi), Slg. 2005, II-3649; EuGH, Urteil v. 3.9.2008, verb. Rs. C-402/05 P und C-415/05 P (Kadi u. a./Rat u. Kommission), Slg. 2008, I-6351, Zitat in § 322; EuG, Urteil v. 30.9.2010, Rs. T-85/09 (Yassin Abdullah Kadi), Slg. 2010, II-5177; EuGH, Urteil v. 18.7.2013, verb. Rs. C-584/10 P u. a. (Kadi u. a.), Slg. 2013, I-518. Zu den Kadi-Urteilen siehe Anhang, Nr. 44.

63 Für bedingte Kooperation hingegen *A. v. Arnauld*, Der Weg zu einem „Solange 1½": Die Umsetzung der gezielten UN-Sanktionen durch die EU nach Einrichtung der UN-Ombudsstelle, EuR 2013, 236. Ähnlich IDI, Review of Measures Implementing Decisions of the Security Council in the Field of Targeted Sanctions, Resolution v. 9.9.2017, Art. 11.

zungsaktes an den eigenen Menschenrechtsbindungen der untergeordneten Ebene unproblematisch.[64] In seinem Urteil *Al-Jedda* (2011) hat der EGMR diese Spielraumdoktrin genutzt, um eine weitgehende Überprüfung UN-mandatierter Operationen ungeachtet des Vorrangs von Kapitel VII-Resolutionen nach Art. 103 UNCh zu gewährleisten.

Al-Jedda (EGMR 2011)[65] Im Fall eines Irakers, der drei Jahre lang ohne Anklage in einem britischen Militärgefängnis in Basra (Irak) inhaftiert war, bestritt die britische Regierung unter Berufung auf das EGMR-Urteil *Behrami und Saramati* (Rn. 648) die Jurisdiktion des EGMR: Zum einen seien die Maßnahmen britischer Soldaten im Irak den Vereinten Nationen zuzurechnen, zum anderen seien die Soldaten durch den Sicherheitsrat zu präventiven Internierungen ermächtigt. Dessen Resolutionen hätten Vorrang vor Art. 5 EMRK.

Nachdem der EGMR festgestellt hatte, dass Großbritannien, nicht die Vereinten Nationen, für die Inhaftierung verantwortlich war, untersuchte er, ob und inwieweit die Resolutionen einen Dispens von Art. 5 EMRK erteilt hätten. Den grundsätzlichen Vorrang der Charta-Pflichten stellte der Gerichtshof nicht in Frage. Allerdings gehörten die Menschenrechte zu den Zielen der Vereinten Nationen; daher gebe es eine Vermutung, „dass der Sicherheitsrat nicht beabsichtige, die Mitgliedstaaten in irgendeiner Weise zu einem Bruch grundlegender Menschenrechte zu verpflichten". Wo eine Resolution Auslegungsspielräume eröffne, sei diejenige Auslegung zu wählen, die den EMRK-Verpflichtungen am besten entspreche. Wo eine Resolution den Mitgliedstaaten Spielräume bei der Wahl der Mittel lasse, müsse diese Wahl ebenfalls im Einklang mit den Verpflichtungen aus der EMRK erfolgen. Da der Sicherheitsrat die präventive Internierung nur als eines unter mehreren Mitteln und auch nur indirekt erwähnt hatte, sah der EGMR Spielräume eröffnet, in denen Art. 5 EMRK voll zur Anwendung gelangen musste. Eine Verletzung wurde im Ergebnis bejaht.

Im Urteil *Al-Dulimi* (2016) hat der Gerichtshof diese Vermutung noch weiter getrieben, indem er den Spielraum für eine gerichtliche Kontrolle von Kontensperrungen im Auftrag des UN-Sicherheitsrates daraus abgeleitet hat, dass die fragliche Resolution **Kontrollen** durch Gerichte der Mitgliedstaaten **nicht explizit ausschloss**.[66] Letztlich handelt es sich hier um einen Akt richterlichen Ungehorsams à la „Kadi", der sich als Vermutung nur noch tarnt.[67]

64 Vgl. z. B. BVerfGE 125, 260 308 f – Vorratsdaten. bereinstimmend EGMR, Urteil v. 23.5.2016, Avotiņš/Lettland, 17502/07, 105 ff. Näher *S. Augsberg*, Von der Solange- zur Soweit-Rechtsprechung: Zum Prüfungsumfang des Bundesverfassungsgerichts bei richtlinienumsetzenden Gesetzen, DÖV 2010, 153. Allerdings wird diese „Rückeroberung der Spielräume" durch den EuGH wiederum in Frage gestellt: EuGH, Urteil v. 26.2.2013, Rs. C-617/10 (Åkerberg Fransson), abgemildert in EuGH, Urteil v. 10.7.2014, Rs. C-198/13 (Hernández), Rn. 34 ff. Hiergegen scharf BVerfGE 133, 277 (313 ff, Rn. 88 ff). Vermittelnd *S.-P. Hwang*, Grundrechte unter Integrationsvorbehalt?, EuR 2014, 400.

65 EGMR, Urteil v. 7.7.2011, Al-Jedda/UK, 27021/08; siehe Anhang, Nr. 43. Näher zum Sachverhalt Rn. 405. Bestätigt durch EGMR, Urteil v. 12.9.2012, Nada/Schweiz, 10593/08, NJOZ 2013, 1183.

66 EGMR, Urteil v. 21.6.2016, Al-Dulimi und Montana Management Inc./Schweiz, 5809/08, §§ 145 ff. Dazu *V. Tzevelekos*, The Al-Dulimi Case before the Grand Chamber of the European Court of Human Rights: Business as Usual? QIL, Zoom-in 38 (2017), 5.

67 Treffend *A. Nußberger* in einem der sechs Sondervoten (von neun Mitgliedern der Großen Kammer!): „In the present case the majority of the Grand Chamber have tried to resolve a conflict by denying its very existence."

VI. Verpflichtete

631 Verpflichtete (Adressaten) der Menschenrechte sind in erster Linie die **Staaten** als Träger der **Hoheitsgewalt**. Neben ihnen kommen auch zunehmend **Internationale Organisationen** als Adressaten von Menschenrechten in Betracht, wo sie von den Mitgliedstaaten zur Ausübung von Hoheitsgewalt ermächtigt werden (Rn. 130). Die Mitgliedstaaten können sich ihrer Menschenrechtsbindungen nicht dadurch entledigen, dass sie ihre (gebundene) Hoheitsgewalt auf eine (ungebundene) Internationale Organisation übertragen.[68] Auch die Vereinten Nationen – und damit insbesondere der **UN-Sicherheitsrat** – sind zutreffender Ansicht nach an die universellen Menschenrechte gebunden, wie sie sich in der AEMR und in den großen UN-Menschenrechtspakten niedergelegt finden (Rn. 157).

632 Gegenstand intensiver Debatten ist die Bindung **Transnationaler Wirtschaftsunternehmen** (*Transnational Corporations*, TNC; weitgehend synonym hier: MNE, *Multi-National Enterprises*) an Menschenrechtsstandards.[69] Als Private sind diese an sich nicht Adressaten, sondern Träger von Menschenrechten;[70] die Einbeziehung in den Kreis der Verpflichteten soll aber ihrer Machtposition gerade in Ländern der Zweiten und Dritten Welt Rechnung tragen. Zu den Varianten einer solchen **„Drittwirkung"** (Horizontalwirkung) von Menschenrechten:

- Eine **direkte Bindung** von TNC an Menschenrechte scheitert daran, dass diese nach ganz h. M. keine Völkerrechtssubjekte sind (vgl. noch Rn. 993);[71] allerdings ist nicht völlig ausgeschlossen, dass unter einem bestimmten Abkommen ein Vertragsorgan im Wege der Auslegung einzelnen Bestimmungen eine unmittelbare Drittwirkung entnehmen könnte.
- Eine **weiche Selbstbindung** an internationale Standards wird bereits praktiziert, v. a. im Rahmen des von der UNO initiierten *Global Compact*[72], über die OECD-

68 Vgl. EGMR, Urteile v. 18.2.1999, Matthews/UK, 24833/94, EuGRZ 1999, 200, und Waite und Kennedy/Deutschland, 26083/94, EuGRZ 1999, 207. Guter Überblick bei *J. M. Beneyto*, Accountability of International Organisations for Human Rights Violations, Introductory Memorandum v. 10.5.2013, AS/Jur (2013) 17. Vertiefend *J. Wouters* u. a. (Hg.), Accountability for Human Rights Violations by International Organisations, 2010; *A. Peters*, International Organizations: Effectiveness and Accountability, MPIL Research Paper No. 2016-01 (2.3.2016).

69 Hierzu u. a. *P. Muchlinski*, Corporations in International Law, MPEPIL (6/2014); *ders.*, Regulating Multinational Enterprises, EYIEL 7 (2016), 391; *J. v. Bernstorff*, Extraterritoriale menschenrechtliche Staatenpflichten und Corporate Social Responsibility, AVR 49 (2011), 34; Beiträge zum Schwerpunkt in: KJ 2013, 2 ff; *S. Deva/D. Bilchitz* (Hg.), Human Rights Obligations of Business, 2013; *J. R.-M. Wetzel*, Human Rights in Transnational Business, 2016; *B. Spießhofer*, Unternehmerische Verantwortung, 2017; *S. Massoud*, Menschenrechtsverletzungen im Zusammenhang mit wirtschaftlichen Aktivitäten von transnationalen Unternehmen, 2018.

70 Kritisch *T. Isiksel*, The Rights of Man and the Rights of the Man-Made: Corporations and Human Rights, HRQ 38 (2016), 294: „dehumanization of human rights".

71 Für unmittelbare Bindung *I. Kanalan*, Horizontal Effects of Human Rights in the Area of Transnational Constellations, EYIEL 7 (2016), 423 (gestützt auf funktionelle Analyse); *H. Dagan/A. Dorfman*, Interpersonal Human Rights, CornILJ 51 (2018), 361 (gestützt auf allgemeine Rechtsgrundsätze).

72 Norms on the responsibilities of transnational corporations and other business enterprises with regard to human rights v. 26.8.2003, E/CN.4/Sub.2/2003/12/Rev.2. Näher http://www.unglobalcompact.org/. Dazu *K. Nowrot*, Die UN-Norms on the Responsibility of Transnational Corporations and Other Business Enterprises with Regard to Human Rights, 2003; *D. Buntenbroich*, Menschenrechte und Unternehmen: Transnationale Rechtswirkungen „freiwilliger" Verhaltenskodizes, 2007.

Leitsätze[73] und die *Tripartite Declaration* der ILO[74]. Die Durchsetzung solcher Standards erfolgt unternehmensintern durch Mechanismen der *Corporate Social Resonsibility* (CSR); mittels gesellschaftsrechtlicher Vorgaben und Transparenzpflichten kann der Heimatstaat die Wirksamkeit der CSR steigern.

– **Mittelbar** können Menschenrechtsstandards **über das staatliche Recht** gegen TNC gewandt werden (z. B. indem Wettbewerbsvorteile durch ausbeuterische Arbeitsbedingungen in anderen Staaten im Inland als wettbewerbswidrig eingestuft werden). Die Durchsetzung erfolgt über staatliche Gerichte, die jedoch bereit sein müssen, sich in den Dienst einer transnationalen *human rights litigation* zu stellen (vgl. zum *Kiobel*-Fall Rn. 348).[75]

Stärker dem zwischenstaatlichen Paradigma des Völkerrechts verpflichtet ist der Weg über **staatliche Schutzpflichten**: **633**

– Unstrittig obliegen dem **Gaststaat** Schutzpflichten für alle Personen unter seiner Jurisdiktion. Die Reichweite dieser Schutzpflichten allerdings ist im Völkerrecht weniger bestimmt als in ausdifferenzierten nationalen Grundrechtssystemen; hinzu kommen mögliche Kollisionen mit investitionsschutzrechtlichen Pflichten sowie das Problem der Durchsetzung in Staaten mit schwachen oder unverantwortlichen Staatsstrukturen.
– Möglich ist es auch, an Schutzpflichten des **Heimatstaates** von TNC anzusetzen, die sich in Sanktionen (z. B. Importverbote, [Unternehmens-]Strafrecht) oder Anreizen (Auflagen für Investitionsschutz oder für steuerliche Vergünstigungen) niederschlagen können. Neben einem vielfach fehlenden Interesse an Regulierung gibt es hier eine Reihe rechtlicher Hürden zu nehmen: das Ausbuchstabieren von Schutzpflichten für Menschen außerhalb der eigenen Jurisdiktion; die Souveränität des Gaststaates; wirtschaftsvölkerrechtliche Verpflichtungen; gesellschaftsrechtliche Fragen (v. a. Zugriff auf selbstständige Tochtergesellschaften).

Das zentrale Dokument, in dem die möglichen („polyzentrischen") Ansätze und der Status quo des Völkerrechts niedergelegt sind, ist der vom UN-Sonderberichterstatter *John Ruggie* vorgelegte Bericht **(Ruggie Framework)**, der im Juni 2011 vom UN-Menschenrechtsrat verabschiedet wurde.[76] Er untergliedert die jeweiligen Pflichten in

73 OECD Guidelines for multinational enterprises (2001, rev. 2011): https://mneguidelines.oecd.org/guidelines/. Hierzu *K. Weidmann*, Der Beitrag der OECD-Leitsätze für multinationale Unternehmen zum Schutz der Menschenrechte, 2014; *J. Ruggie/T. Nelson*, Human Rights and the OECD Guidelines for Multinational Enterprises, HKS Working Paper No. 15-045 (3.5.2015).

74 ILO, Tripartite declaration of principles concerning multinational enterprises and social policy (MNE Declaration), 5. Aufl. 2017.

75 Dazu aus deutscher Perspektive *M. Krajewski/F. Oehm/M. Saage-Maaß* (Hg.), Zivil- und strafrechtliche Unternehmensverantwortung für Menschenrechtsverletzungen, 2018.

76 UN-Menschenrechtsrat, Guiding Principles on Business and Human Rights: Implementing the United Nations "Protect, Respect and Remedy" Framework v. 21.3.2011, A/HRC/17/31. Dazu *R. Klimke/L. Lorenzoni Escobar/C. Tietje*, Fünf Jahre UN-Leitprinzipien für Wirtschaft und Menschenrechte, VN 2016, 243. Im Juni 2011 hat der Menschenrechtsrat eine Arbeitsgruppe zur Implementierung der Prinzipien eingerichtet: A/HRC/174. Zur Umsetzung in Deutschland: Bundesregierung, Nationaler Aktionsplan: Umsetzung der VN-Leitprinzipien für Wirtschaft und Menschenrechte 2016–2020 v. 16.12.2016. Zum französischen Gesetz über Konzernhaftung v. 28.3.2017 *S. Cossart/J. Chaplier/T. Beau de Lomenie*, The French Law on Duty of Care, Business and Human Rights Journal 2 (2017), 316. Zur Konzernhaftung eines britischen Unternehmens jüngst auch UK Supreme Court, Urteil v. 10.4.2019, Vedanta Resources PLC a. o. v Lungowe a. o. [2019] UKSC 20. Dazu *L. Green/D. Ha-*

drei Grundprinzipien: die Pflicht des Staates, die Menschenrechte zu schützen *(state duty to protect)*, die Verantwortung der Unternehmen, die Menschenrechte zu respektieren *(corporate responsibility)* und den Zugang der Opfer zu Wiedergutmachung *(access to remedy)*. Im Juli 2019 hat eine vom UN-Menschenrechtsrat eingesetzte intergouvernementale Arbeitsgruppe den Entwurf eines verbindlichen Abkommens vorgelegt, mit dem sich Staaten zur wirksamen Regulierung der Tätigkeit von TNC verpflichten sollen.[77]

C. Die Europäische Menschenrechtskonvention

634 Die (Europäische) Konvention der Menschenrechte und Grundfreiheiten vom 4. November 1950 (EMRK) ist ein regionales Menschenrechtsabkommen, das im Rahmen des **Europarates** (Rn. 171–174) entstanden ist. Alle 47 Mitgliedstaaten des Europarats sind zugleich Vertragsparteien der EMRK. Zudem existieren derzeit 16 **Zusatzprotokolle**, die Änderungen und Ergänzungen zum Grundvertrag enthalten. Einige dieser Protokolle enthalten verfahrenstechnische Änderungen (Nr. 2, 3, 5, 8-11 und 14-16), andere inhaltliche Erweiterungen der Menschenrechtsgarantien (Nr. 1, 4, 6, 7, 12 und 13). Jedes Zusatzprotokoll bedarf der Zeichnung und Ratifikation durch die Vertragsparteien, so dass nicht jeder Mitgliedstaat Partei jedes Zusatzprotokolls ist (betrifft primär die inhaltlichen Garantien).

I. Der Europäische Gerichtshof für Menschenrechte

1. Organisation und Statistik

635 Das **11. Zusatzprotokoll** (ZP) vom 11. Mai 1994 hat die institutionelle Struktur des EMRK-Systems tiefgreifend verändert. An die Stelle der früheren Kommission als Vorprüfungsinstanz und eines nicht-ständigen Gerichtshofs ist ein **ständiger Gerichtshof** mit Sitz in Straßburg getreten. Das 11. ZP wurde von allen Mitgliedern des Europarates ratifiziert, so dass das alte System seit seinem Inkrafttreten am 1. November 1998 vollständig abgelöst ist.

636 Der EGMR besteht aus **47 Richtern** (1 je Vertragsstaat), die über die eingereichten Beschwerden in Ausschüssen zu 3, Kammern zu 7 und Großen Kammern zu 17 Richtern tagen. Die Große Kammer tagt nur, wenn eine Kammer eine Rechtssache wegen

---

mer, Corporate Responsibility for Human Rights Violations: UK Supreme Court Allows Zambian Communities to Pursue Civil Suit Against UK Domiciled Parent Company, EJIL Talk! (24.4.2019). Vgl. auch CESCR, General Comment Nr. 24 (2017), E/C.12/GC/24.

77 Guter Überblick unter https://www.business-humanrights.org/en/zero-draft-summary. Dazu *P. Thielbörger/T. Manandhar*, Bending the Knee or Extending the Hand to Industrial Nations? A Comment on the New Draft Treaty on Business and Human Rights, EJIL Talk! (23.8.2019). Vertiefend zum Projekt *O. De Schutter*, Towards a New Treaty on Business and Human Rights, Business and Human Rights Journal 1 (2016), 41; *S. Deva/D. Bilchitz* (Hg.), Building a Treaty on Business and Human Rights, 2017; *J. Letnar Černič/N. Carrillo-Santarelli* (Hg.), The Future of Business and Human Rights, 2018.

ihrer Bedeutung abgibt (Art. 30 EMRK) oder als zweite Instanz bei Fällen von besonderer Bedeutung (Art. 43 EMRK). Daneben ist sie für die Erstattung von Gutachten auf Antrag des Ministerkomitees des Europarates zuständig (Art. 47 EMRK). Das Plenum (Vollversammlung der Richter) spielt nur eine Rolle bei Geschäftsordnungsfragen Art. 26 EMRK).

Der EGMR hat in den letzten Jahrzehnten eine **erhebliche praktische Bedeutung** erlangt, v. a. 637
wegen seiner Zuständigkeit für Individualbeschwerden. Im Jahr 2018[78] wurden den Spruchkörpern 43.100 neue Anträge zugeteilt (im Jahr 2000 waren es noch 10.500). Von den rund 56.000 anhängigen Verfahren stammten 2018 20,9 % aus Russland, 15,1 % aus Rumänien, 12,9 % aus der Ukraine, 12,6 % aus der Türkei und 7,2 % aus Italien. Aus Deutschland stammten 154 anhängige Verfahren. 2018 wurde Deutschland in 2 Fällen verurteilt (42.761 Entscheidungen insgesamt, davon 2.738 Urteile, 19 davon gegen Deutschland). Bei den Verfahren handelt es sich fast ausnahmslos um **Individualbeschwerden**. Gemäß Art. 34 EMRK kann der Gerichtshof „von jeder natürlichen Person, nichtstaatlichen Organisation oder Personengruppe, die behauptet, durch eine der Hohen Vertragsparteien in einem der in dieser Konvention oder den Protokollen dazu anerkannten Rechte verletzt zu sein, mit einer Beschwerde befasst werden".[79]

Um der großen Zahl an Verfahren Herr zu werden, wurden mit dem **14. Zusatzprotokoll** vom 13. Mai 2004 erleichterte Möglichkeiten der Abweisung von Anträgen eingeführt, die inzwischen spürbare Erfolge gezeitigt haben: Offensichtlich aussichtlose Anträge können durch den Einzelrichter abgewiesen werden, bei „Serien"-Fällen können stattgebende Entscheidungen durch einen 3er-Ausschuss ergehen, bei Bagatellverletzungen besteht die Möglichkeit einer Abweisung.[80] Noch nicht in Kraft getreten (Stand: Juni 2019) ist das **15. Zusatzprotokoll** mit dem u. a. die Frist für die Individualbeschwerde auf vier Monate verkürzt und die Möglichkeit zur Abweisung erweitert werden soll.[81] Mit Inkrafttreten des **16. Zusatzprotokolls** existiert seit August 2018 ein neues Gutachtenverfahren auf Antrag des obersten Gerichts eines Konventionsstaates.[82]

2. Bedeutung der Urteile

Urteile des EGMR[83] sind gegenüber den Mitgliedstaaten verbindlich (Art. 46 Abs. 1 638
EMRK). Über ihre Umsetzung wacht das Ministerkomitee des Europarates gemäß

78 Quelle: Statistik des EGMR.

79 Zu den Zulässigkeitsvoraussetzungen der Individualbeschwerde Rn. 740–750.

80 Dazu Dokumentation unter http://www.echr.coe.int/Pages/home.aspx?p=basictexts/reform&c=. Siehe ferner Concil of Europe, Steering Committe for Human Rights (CDDH), Report on the longer-term future of the system of the European Convention on Human Rights v. 11.12.2015, CDDH(2015)R84 Addendum I.

81 Zu diesen *D. Milner*, Protocols no. 15 and 16 to the European Convention on Human Rights in the context of the perennial process of reform, ZEuS 17 (2014), 19.

82 Deutschland, Österreich und die Schweiz haben nicht ratifiziert. Zum ersten Gutachten v. 10.4.2019, P16-2018-001, auf Vorlage der französischen Cour de Cassation *L. Lavrysen*, The mountain gave birth to a mouse: the first Advisory Opinion under Protocol No. 16, www.strasbourgobservers.com (24.4.2019).

83 Sämtliche Entscheidungen finden sich in der Rechtsprechungsdatenbank des Gerichtshofs („HUDOC"). Eine hilfreiche Zusammenstellung von Fundstellen deutscher Übersetzungen bietet die Website http://www.egmr.org. Ausgewählte Entscheidungen referiert auch das Bundesjustizministerium auf seiner Homepage (unter „Themen/Menschenrechte"). Zu den einzelnen Mitgliedstaaten siehe *ECHR, Press Unit*, Press country profiles: z.B. Germany (1/2019).

Art. 46 Abs. 2–5 EMRK.[84] Sie besitzen über den Einzelfall hinaus Bedeutung: Auch wenn sich die Bindungswirkung allein auf den entschiedenen Fall bezieht und nur zwischen den Parteien des konkreten Rechtsstreits Recht schafft (Wirkung *inter partes*), besitzen die Urteile **faktische Präjudizwirkung** und werden wie authentische Interpretationen behandelt. Deutsche Gerichte haben nach der Rechtsprechung des BVerfG im Regelfall die EMRK in der Auslegung des EGMR heranzuziehen (Rn. 520–524).

639 Vor allem strukturelle Probleme in den Mitgliedstaaten führen zu einer Vielzahl paralleler Verfahren. Gewissermaßen als Akt der Selbsthilfe hat der Gerichtshof hier sein **Pilotverfahren** *(pilot judgment)* entwickelt:[85] Liegt einem Fall ein „Systemfehler" im nationalen Recht zu Grunde, greift der EGMR einen „Musterfall" heraus und stellt in diesem ein strukturelles Defizit fest. Über eine erweiternde Interpretation von Art. 46 EMRK gibt er seinem Urteil *de facto* den Charakter einer Normenkontrolle und fordert den Mitgliedstaat zu einer Lösung des zu Grunde liegenden Problems auf. Die Parallelverfahren werden ausgesetzt und später als unzulässig abgewiesen, sofern eine befriedigende Lösung gefunden wird. Stellt ein Mitgliedstaat trotz wiederholter Ermahnungen ein strukturelles Problem nicht ab, beendet der Gerichtshof die Aussetzung der Parallelverfahren, um weiter Druck auszuüben; auch nimmt er für sich gelegentlich in Anspruch, eine Frist zur Beseitigung des Missstands zu setzen.[86] Ist ein strukturelles Problem gerichtsbekannt, so begnügt sich der EGMR hinsichtlich der konkreten Umstände des Einzelfalls bisweilen mit einem Beweis *prima facie* (des ersten Anscheins) und behandelt die vorliegende Beschwerde damit als typischen Fall.[87]

640 Der EGMR droht auch in anderer Hinsicht Opfer seines eigenen Erfolges zu werden. Seit einigen Jahren mehrt sich die Kritik einiger Staaten an einem Gerichtshof, der Gespür für nationale Besonderheiten vermissen lasse und dem es – anders als staatlichen Institutionen – an demokratischer Legitimation fehle.[88] Dahinter verbergen sich nicht selten Überfremdungsängste, aber auch handfeste Versuche, sich gegenüber externer Kritik zu immunisieren. Niederschlag

---

84 Zum Überwachungsverfahren *J.-E. Zastrow*, Die Rolle des Ministerkomitees bei der Umsetzung der Urteile des Europäischen Gerichtshofs für Menschenrechte, 2018. Zum ersten Verletzungsverfahren *E. Lambert*, The first Infringements proceedings within the European system of Human rights, EHRLR 2018, 325. Der EGMR hat in der fortdauernden Haft eines politischen Häftlings einen Verstoß gegen ein früheres Urteil erblickt und eine Verletzung von Art. 5 i. v. m. Art. 18 EMRK festgestellt: Urteil v. 29.5.2019, Mammadov/Aserbaidschan, 15172/13.

85 Vgl. (seit 2011) Art. 61 der Verfahrensregeln. Erstmals EGMR, Urteil v. 22.6.2004, Broniowski/Polen, 31443/96, EuGRZ 2004, 472, §§ 189 ff. Dazu *ECHR, Press Unit*, Fact Sheet: Pilot judgments (1/2019). Aus der Literatur zuletzt eingehend *J. Baumann*, Das Piloturteilsverfahren als Reaktion auf massenhafte Parallelverfahren, 2016.

86 EGMR, Urteil v. 2.9.2010, Rumpf/Deutschland, 46344/06, EuGRZ 2010, 700, §§ 59 ff.

87 Vgl. EGMR, Urteil v. 21.1.2011, M.S. S./Belgien u. Griechenland, 30696/09, EuGRZ 2011, 243, § 228. Dazu *A. v. Arnauld*, Konventionsrechtliche Grenzen der EU-Asylpolitik, EuGRZ 2011, 238 (240 f).

88 Konflikthaft ist das Verhältnis seit einem Streit um das Wahlrecht von Strafgefangenen zum Vereinigten Königreich, das von Dänemark „Schützenhilfe" erhält. Das Russische Verfassungsgericht hat 2015 sein Recht auf Überprüfung von EGMR-Urteilen betont: *A. Donald*, Russia Defies Strasbourg: Is Contagion Spreading?, EJIL: Talk! (19.12.2015); *L. Mälksoo/W. Benedek* (Hg.), Russia and the European Court of Human Rights, 2017. Vgl. allgemein *G. Martinico*, National Courts and Judicial Disobedience to the ECHR: A Comparative Overview, in: Mjöll Arnardóttir/Buyse (Hg.), Shifting Centres of Gravity in Human Rights Protection, 2016, 59; *M. Breuer* (Hg.), Principled Resistance to ECtHR Judgments – A New Paradigm?, 2019.

hat diese Haltung in der Verankerung der **Subsidiarität**[89] im 15. ZP und in der **Kopenhagener Erklärung** der Mitglieder des Europarates v. 13. April 2018 gefunden, in der der Gedanke von Subsidiarität und Aufgabenteilung stark gemacht wird. Frühere Entwürfe, die auf eine stärkere Beschränkung des EGMR zielten, haben sich nicht durchsetzen können.[90] Daher scheint die Rede von einem „backlash"[91] v. a. denjenigen Mitgliedstaaten in die Karten zu spielen, von denen die Kritik ausgeht.

II. Reichweite der Garantien

1. Örtlicher Geltungsbereich

Die Reichweite der Garantien bestimmt sich nach Art. 1 EMRK: „Die Hohen Vertragsparteien sichern allen ihrer Hoheitsgewalt unterstehenden Personen die in Abschnitt I bestimmten Rechte und Freiheiten zu." In örtlicher Hinsicht *(ratione loci)* enthält Art. 1 seinem Wortlaut nach also keine Beschränkung; gem. Art. 56 EMRK können die Vertragsstaaten allerdings für die Geltung der Konvention bestimmte räumliche Beschränkungen bestimmen (dies zielt primär auf überseeische Territorien ehemaliger Kolonialmächte). **641**

Auf dem **eigenen Territorium** ist die Bindung an die EMRK **grundsätzlich umfassend**. In besonderen Situationen kann der Staat von seinen Pflichten entbunden sein. Dies ist der Fall, wenn fremde Staaten mit Zustimmung des Territorialstaates auf dessen Staatsgebiet Hoheitsgewalt ausüben, z. B. bei Menschenrechtsverstößen in der Botschaft eines anderen Staates oder in einem ausländischen Truppenstützpunkt. Möglich ist aber auch der Fall, dass wegen einer militärischen Besetzung der Konventionsstaat nicht in der Lage ist, die Beachtung der EMRK-Rechte zu garantieren.[92] **642**

Fall: Ilaşcu (EGMR 2004)[93] Im Moldawienkonflikt 1991/92 hatten die Beschwerdeführer gegen die von Russland unterstützte „Republik Transnistrien" gekämpft und saßen mehrere Jahre lang in einem „transnistrischen" Gefängnis. Sie rügten u. a. Verfahrensverstöße und Misshandlungen während der Haft.

Der Gerichtshof hatte zu klären, ob Moldawien oder Russland für die Misshandlungen verantwortlich war. Der EGMR entschied, dass zwar Moldawien als Territorialstaat grundsätz-

---

89 *A. Nußberger*, Subsidiarity in the Control of Decisions Based on Proportionality, in: Seibert-Fohr/Villiger (Hg.), Judgments of the European Court of Human Rights, 2014, 165, *D. Walton*, Subsidiarity and the Brighton Declaration, ebd., 193.

90 Zur Debatte *M. Rask Madsen/J. Christoffersen*, The European Court of Human Rights' View of the Draft Copenhagen Declaration, EJIL Talk! (23.2.2018) mit Erwiderung von *P. Leach/A. Donald*, Copenhagen: Keeping on Keeping on, EJIL Talk! (24.2.2018); *G. Ulfstein/A. Follesdal*, Copenhagen – much ado about little?, EJIL Talk! (14.4.2018).

91 Vgl. *M. Rask Madsen*, The European Court of Human Rights: From the Cold War to the Brighton Declaration and backlash, in: Alter/Helfer/Rask Madsen (Hg.), International Court Authority, 2018, 243.

92 Dies gilt auch für Serbien in Bezug auf den Kosovo seit Übernahme der Territorialverwaltung durch die Vereinten Nationen: EGMR, Urteil v. 5.11.2013, Azemi/Serbien, 11209/09, §§ 38 ff.

93 EGMR, Urteil v. 8.7.2004, Ilaşcu u. a./Moldawien und Russland, 48787/99, NJW 2005, 1849. Bestätigt im Urteil v. 17.7.2018, Sandu u. a./Moldawien und Russland, 21034/05 u. a. Dazu *N. Wenzel*, Ilaşcu Case, MPEPIL (9/2007); *M. Milanović/T. Papić*, The Applicability of the ECHR in Contested Territories, ICLQ 67 (2018), 779. Einen Appell an beide Seiten, die Rechte der Zivilbevölkerung zu achten, hat der Präsident der 3. Kammer des EGMR in einer einstweiligen Anordnung v. 13.3.2014 im Verfahren Ukraine/Russland, 20958/14, wegen der Krim-Krise gerichtet.

lich die Einhaltung der EMRK auf seinem Territorium zu garantieren habe; wenn ein Staat aber wegen der Präsenz fremder Truppen auf seinem Gebiet nicht in der Lage sei, dies zu garantieren, könne von ihm nur das im Rahmen seiner faktischen Möglichkeiten Liegende erwartet werden. Moldawien habe auf diplomatischem Wege alles versucht, um die Einhaltung der EMRK in Transnistrien einzufordern. Verantwortlich sei Russland, das mittels seiner Militärpräsenz die tatsächliche Macht in Transnistrien ausgeübt habe.

643 Dass die EMRK auch für das **Handeln von Staatsorganen im Ausland** gelten kann, hat der EGMR für Maßnahmen der Türkei in Nordzypern deutlich gemacht.

Fall: Loizidou (EGMR 1996)[94] *Titina Loizidou* ist Eigentümerin eines Grundstücks in Nordzypern. In ihrer Beschwerde zum EGMR rügte sie u. a. eine Verletzung in ihrem Recht auf Eigentum, weil ihr seit der türkischen Besetzung Nordzyperns und der Ausrufung der türkischen Republik Nordzypern 1974 der Zugang zu dem Grundstück verwehrt wurde.

Der EGMR nahm im Ergebnis eine Verletzung des Eigentumsrechts an und verurteilte die Türkei zur Zahlung einer Entschädigung. Als Vorfrage hatte der Gerichtshof zu klären, ob seine Zuständigkeit auch exterritoriale Handlungen von Vertragsparteien (hier: der Türkei) erfasst. Dies wurde vom EGMR in diesem Fall bejaht: Die Hoheitsgewalt eines Staates sei nicht auf sein Gebiet beschränkt, sondern kann auch außerhalb ausgeübt werden, wenn der Staat dort die tatsächliche Kontrolle ausübt. Dies bejahte der Gerichtshof hinsichtlich der Präsenz türkischer Truppen in Nordzypern.

Als eine Kehrtwende erschien die – heftig kritisierte – **Banković-Entscheidung** (2001). Vermutlich um sich aus den politischen Implikationen des Kosovo-Konflikts herauszuhalten, erklärte der EGMR die EMRK in Bezug auf die Luftangriffe von NATO-Staaten auf Belgrad 1999 für unanwendbar. Die EMRK sei ein „verfassungsrechtliches Instrument des europäischen *ordre public*", das primär „im Rechtsraum" *(espace juridique, legal space)* der Vertragsstaaten gelte (§ 80 des Urteils). Die Erstreckung auf Staatshandeln im Ausland sei besonders zu begründen. Die Luftangriffe hätten die Beschwerdeführer nicht der „Hoheitsgewalt" der am Einsatz beteiligten Konventionsstaaten „unterstellt".

Fall: Banković (EGMR 2001)[95] Mehrere Bürger der Republik Jugoslawien, die bei dem Angriff von NATO-Verbänden auf die Belgrader TV-Station am 23. April 1999 verletzt worden waren oder Angehörige verloren hatten, wandten sich mit einer Beschwerde an den EGMR gegen die beteiligten NATO-Staaten. Sie rügten eine Verletzung der Art. 2, 10 und 13 EMRK.

Der EGMR erklärte sich für unzuständig, da die EMRK örtlich keine Anwendung finde: Die Republik Jugoslawien war zum Zeitpunkt der Angriffe selbst nicht Konventionspartei, und die an den Angriffen beteiligten Konventionsstaaten seien außerhalb ihres Territoriums tätig geworden. Grundsätzlich gelte die EMRK nur auf dem Staatsgebiet der Vertragsparteien. Die Bombardierung aus der Luft sei nicht geeignet, Hoheitsgewalt im Sinne des Art. 1 EMRK über die am Boden befindlichen Menschen zu begründen.

---

94 EGMR, Urteil v. 18.12.1996, Loizidou/Türkei, 15318/89, EuGRZ 1997, 555. Dazu *U. Deutsch*, Loizidou Case, MPEPIL (1/2007). Vgl. auch EGMR, Urteil v. 16.6.2015, Chiragov u. a./Armenien, 13216/05, §§ 169 ff.

95 EGMR, Beschluss v. 12.12.2001, Banković u. a./Belgien u. a., 52207/99, EuGRZ 2002, 133 NJW 2003, 413; siehe Anhang, Nr. 40.

In späteren Entscheidungen ist der EGMR von dieser apodiktischen Haltung abgewichen, ohne indes die in *Banković* eingenommene Position förmlich aufzugeben. So hat er z. B. im Fall *Öcalan* die Verhaftung und Entführung des Chefs der kurdischen Arbeiterpartei durch türkische Beamte aus Kenia an der EMRK gemessen, ebenso im Fall *Medvedyev* die Festnahme eines Drogenschmugglers auf hoher See durch Frankreich.[96] Ebenfalls der EMRK unterfielen nach Auffassung einer Kammer des EGMR Aktionen der türkischen Armee im Nordirak.[97] Versucht man sich an einer Systematisierung, lassen sich im Anschluss an das Urteil *Al-Skeini* (2011) folgende Fälle ausmachen, in denen nach Sicht des EGMR eine Bindung an die EMRK bei auswärtigem Staatshandeln besteht:

- bei tatsächlicher Gesamtkontrolle über ausländisches Territorium, namentlich bei militärischer Besetzung (Fälle *Loizidou* und *Ilaşcu*);
- im Rahmen der Erfüllung diplomatischer und konsularischer Aufgaben im Ausland;[98]
- bei tatsächlicher physischer Kontrolle über eine Person (Fälle *Öcalan* und *Medvedyev*);[99]
- bei Ausübung hoheitlicher Funktionen mit Zustimmung des Territorialstaates.[100]

Fall: Al-Skeini u. a. (EGMR 2011)[101] Das Verfahren betraf die Tötung von sechs Irakern durch britische Besatzungstruppen im Irak im Jahr 2003. *Al-Skeini* und drei weitere Personen waren von britischen Soldaten auf Streife, bei Hausdurchsuchungen bzw. Fahrzeugkontrollen erschossen worden; der 15-jährige *Ahmed Jabbar Kareem Ali* war wegen Plünderungsverdachts verhaftet und (um ihm „eine Lektion zu verpassen") in den Schatt al-Arab geworfen worden, wo er als Nichtschwimmer ertrank; das letzte Opfer, *Baha Mousa*, war ohne Angabe von Gründen verhaftet und in britischer Haft gefoltert worden, wo er nach drei Tagen mit 93 Wundmalen am Körper erstickt aufgefunden wurde. Außer im Fall *Mousa* weigerten sich die britischen Behörden, die Vorfälle näher zu untersuchen. Es wurden keine nennenswerten Entschädigungen gezahlt. Mit ihren Beschwerden rügten die Hinterbliebenen der Opfer eine Verletzung von Untersuchungs- und Entschädigungspflichten aus Art. 2 EMRK. Die britische Regierung hielt die EMRK nur im Fall von *Baha Mousa* für anwendbar (physischer Gewahrsam) und bestritt i. Ü. die Anwendbarkeit der EMRK außerhalb des „Rechtsraums der Mitgliedstaaten".

In seinem Urteil bemühte sich der EGMR, seine bisherige Rechtsprechung möglichst kohärent zu präsentieren. Ausgangspunkt bleibt für den Gerichtshof, dass die Geltung der

96 EGMR, Urteil v. 12.5.2005, Öcalan/Türkei, 46221/99, EuGRZ 2005, 463 = NVwZ 2006, 1267; EGMR, Urteil v. 29.3.2010, Medvedyev/Frankreich, 3394/03, NJOZ 2011, 231, §§ 62 ff. Siehe auch Urteil v. 23.2.2012, Hirsi Jamaa u. a./Italien, 27765/09, NVwZ 2012, 809, §§ 76 ff (Flüchtlinge an Bord eines Schiffes unter italienischer Flagge).

97 EGMR, Urteil v. 16.11.2004, Issa/Türkei, 31821/96, §§ 65 ff. Es ging hier um den Vorwurf der Tötung mehrerer Kurden, die der Türkei aber im Ergebnis nicht nachgewiesen werden konnte.

98 Vgl. EKMR, Beschluss v. 14.10.1992, W.M./Dänemark, 17392/90.

99 Verneint für die Niederlande bei Personen, die sich im Gewahrsam des IStGH befinden: Beschluss v. 9.10.2012, Djokaba Lambi Longa/Niederlande, 33917/12. Bejaht für ein gemeinsam mit den USA betriebenes Militärgefängnis im Irak: Urteil v. 16.9.2014, Hassan/UK, 29750/09, §§ 76 ff; für die Kontrolle über Fahrzeuginsassen an einem Checkpoint: Urteil v. 20.11.2014, Jaloud/Niederlande, 47708/08, § 152.

100 Vgl. EGMR, Urteil v. 7.7.2011, Al-Skeini u. a./UK, 55721/07, § 135; siehe Anhang, Nr. 42.

101 EGMR, Urteil v. 7.7.2011, Al-Skeini u. a./UK, 55721/07; siehe Anhang, Nr. 42. Siehe für den Überblick auch *ECHR, Press Unit*, Fact Sheet: Extra-territorial jurisdiction (02/2016).

EMRK primär auf das Staatsgebiet der Vertragsstaaten beschränkt ist und jede extraterritoriale Geltung Ausnahmecharakter hat. Die Ausnahmen wurden sodann wie vorstehend systematisiert. Worauf er in den konkreten Fällen die Jurisdiktion stützte, blieb trotz des Bemühens um Klarstellung unklar, weil der EGMR es unterließ, die Fälle den einzelnen Fallgruppen zuzuordnen, und die Jurisdiktion recht pauschal bejahte (§ 149). In einer späteren Entscheidung hat er als für den Fall *Al-Skeini* maßgebliches Kriterium die am 1. Mai 2013 förmlich erklärte Übernahme der Besatzungsgewalt durch die Koalitionstruppen genannt, was eine Prüfung erübrigt habe, ob zu jenem Zeitpunkt das britische Militär tatsächlich die effektive Kontrolle über den Südirak besaß.[102] Wenn es sich hierbei nicht um eine bloße Frage der Beweislast handeln sollte, wäre damit ein zusätzliches Kriterium benannt: neben einer De-facto-Kontrolle auch die formale Übernahme der Besatzungsgewalt.

644 Mit der im Banković-Urteil formulierten örtlichen Geltungsbeschränkung hat der EGMR einen unnötig komplizierten und wenig überzeugenden Weg beschritten:[103] Wenn (als eine Begleiterscheinung der Globalisierung) staatliche Hoheitsgewalt zunehmend außerhalb des eigenen Territoriums ausgeübt wird, kann dies nicht von menschenrechtlichen Bindungen befreien. In einer Zeit, die von Entterritorialisierung in der Ausübung und Auswirkung von Hoheitsgewalt gekennzeichnet ist, eine Territorialisierung der Rechtsbindungen vorzunehmen, ist anachronistisch. Ausgerechnet Rechte, die vom Menschen aus gedacht sind, vom Staat und seinem Staatsgebiet her zu denken, ist zudem widersinnig. Diese Bindungen folgen vielmehr als **rechtsstaatliche Hypothek der Staatsgewalt** dorthin, wo immer sich diese manifestiert, ob im Inland, im Ausland oder an einem Ort, der keiner staatlichen Hoheitsgewalt untersteht. Das Europäische an der EMRK ist nicht ihr örtlicher Geltungsbereich, sondern der Kreis der Vertragsparteien. Eine Wertegemeinschaft kann und darf ihre Werte nicht an den eigenen Staatsgrenzen ablegen – auch nicht lediglich im Regelfall.[104] Dem Unbehagen des Gerichtshofs im Fall *Banković* lag das schwierig zu bestimmende Verhältnis zwischen Humanitärem Völkerrecht und Menschenrechten zu Grunde. Hier hätte der Ansatz zu einer überzeugenderen Lösung gelegen (Rn. 1173–1174). Zu differenzieren ist dabei zwischen Grundrechtsfunktionen: Während Abwehrrechte mühelos auch im Ausland beachtet werden können, stößt die Erfüllung (und Erfüllbarkeit) von positiven Pflichten (Schutzpflichten, institutionelle und prozedurale Garantien) im Ausland an rechtliche und faktische Grenzen.[105]

645 Von der Frage einer Rechtsbindung im Ausland sind diejenigen Fälle zu unterscheiden, in denen staatliches **Handeln im Inland Rechtsverletzungen im Ausland** zur

102 EGMR, Urteil v. 16.9.2014, Hassan/UK, 29750/09, § 75.

103 Eine weitere Folge ist die weitgehende Gleichsetzung von „Hoheitsgewalt" und Zurechnung im Sinne der Staatenverantwortlichkeit. Dazu *M. Milanović*, Jurisdiction and Responsibility, in: van Aaken/Motoc (Hg.), The European Convention of Human Rights and General International Law, 2018, 97. Siehe auch *J. Rooney*, The Relationship between Jurisdiction and Attribution after *Jaloud v. Netherlands*, NILR 62 (2015), 407.

104 Überzeugend und lesenswert das emphatische Sondervotum des Richters *Bonello* zum Urteil *Al-Skeini*.

105 Näher *A. v. Arnauld*, Das (Menschen-)Recht im Auslandseinsatz, in: Weingärtner (Hg.), Streitkräfte und Menschenrechte, 2008, 61; *ders.*, Rechtsbindungen im Auslandseinsatz, JBÖS 2010/11, Teilband 2, 77; *M. Milanović*, Extraterritorial Application of Human Rights Treaties, 2011, 118 ff. Siehe auch *I. Kanalan*, Extraterritoriale Staatenpflichten jenseits der Hoheitsgewalt, AVR 52 (2014), 495; *T. Schwander*, Extraterritoriale Wirkungen von Grundrechten im Mehrebenensystem, 2019.

Folge hat. Bei **Auslieferungen** und **Abschiebungen** müssen die Konventionsstaaten sicherstellen, dass dem Betroffenen im Zielstaat keine Behandlung widerfährt, die mit Art. 3 EMRK unvereinbar ist.[106] Das gilt auch für Terroristen, von denen eine schwere Gefahr für die öffentliche Sicherheit im Aufenthaltsstaat ausgeht.[107] Diese Rechtsprechung ist auf alle Fälle zu erstrecken, in denen ein Konventionsstaat eine Person, die seiner Hoheitsgewalt untersteht, einer anderen Macht übergibt, also auch z. B. auf Überstellungen an eine Partnernation im Auslandseinsatz. Zum Schutzbereich von Art. 3 EMRK müssen hier auch grundlegende Verfahrensgarantien gerechnet werden: Wird ein Gefangener zum Zwecke der Strafverfolgung überstellt, muss sichergestellt sein, dass ihm im Zielstaat ein fairer Prozess gemacht wird.[108]

Beispiel:

Überstellung gefangener Piraten durch EU-Mitgliedstaaten an Kenia und die Seychellen im Rahmen der EU-Operation „Atalanta" (seit 2008) vor dem Horn von Afrika.[109]

Fall: Soering (EGMR 1989)[110] Der deutsche Staatsbürger *Jens Soering* sollte von Großbritannien an die USA ausgeliefert werden. In Virginia war gegen ihn Anklage wegen Mordes erhoben worden; die Staatsanwaltschaft hatte erklärt, die Todesstrafe beantragen zu wollen. Gegen seine Auslieferung erhob *Soering* Beschwerde beim EGMR.

Der EGMR stellte fest, dass die EMRK zwar kein generelles Recht auf Nichtauslieferung garantiere, dass die Mitgliedstaaten aber gleichwohl für die vorhersehbaren Folgen einer Auslieferung Verantwortung trügen, wenn im Zielstaat eine Behandlung drohe, die mit Art. 3 EMRK unvereinbar sei. Der Konventionsstaat sei nicht für die Behandlung im Zielstaat als solche verantwortlich, wohl aber dafür, den Betroffenen einer solchen Behandlung auszusetzen. Für die Vorhersehbarkeit sei ausreichend, dass die menschenunwürdige Behandlung mit hinreichender Wahrscheinlichkeit drohe. Da die Todesstrafe zu diesem Zeitpunkt auch im EMRK-System noch nicht vollständig abgeschafft war (dazu das 13. ZP von 2002), sah der EGMR nicht in der drohenden Todesstrafe einen Verstoß gegen Art. 3 EMRK, wohl aber im sog. Todeszellensyndrom, dem voraussichtlichen jahrelangen Warten auf die eigene Hinrichtung.

---

106 Grundlegend für Auslieferungen EGMR, Urteil v. 7.7.1989, Soering/UK, 14038/88, EGMR-E 4, 376; Urteil v. 13.12.2012, El-Masri/FYROM, 39630/09, NVwZ 2013, 631, §§ 212 ff (Übergabe eines Terrorverdächtigen an die CIA), §§ 86 ff. Für Abschiebungen Urteil v. 20.3.1991, Cruz Varas/Schweden, 15576/89, EuGRZ 1991, 203, § 69; Urteil v. 21.1.2011, M.S. S./Belgien und Griechenland, 30696/09, EuGRZ 2011, 243 (Abschiebungen im EU-Asylsystem). Für Abweisungen an der Grenze (sog. *refoulement*) Urteil v. 23.2.2012, Hirsi Jamaa u. a./Italien, 27765/09, NVwZ 2012, §§ 122 ff. Guter Überblick bei *ECHR, Press Unit*, Fact Sheets: Collective expulsions of aliens (9/2018), "Dublin" cases (6/2016), Secret detention sites (3/2019). Näher *O. Thurin*, Der Schutz des Fremden vor rechtswidriger Abschiebung, 2. Aufl. 2012, 22 ff; *R. A. Lorz/H. Sauer*, Wann genau steht Art. 3 EMRK einer Auslieferung oder Ausweisung entgegen?, EuGRZ 2010, 389; *A. Nußberger*, Menschenrechtsschutz im Ausländerrecht, NVwZ 2013, 1305. Kritisch zur Praxis *J. Schneider*, Schutz vor Folter durch einstweilige Maßnahmen bzw. durch diplomatische Zusicherungen, EuGRZ 2014, 168.

107 EGMR, Urteil v. 15.11.1996, Chahal/UK, 22414/93, NVwZ 1997, 1093, §§ 79 ff. Dazu *J. Hoffmann*, in: Menzel/Pierlings/Hoffmann (Hg.), Völkerrechtsprechung, 2005, Nr. 85.

108 EGMR, Urteil v. 17.1.2012, Othman (Abu Qatada)/UK, NVwZ 2013, 487, 8139/09.

109 Hierzu OVG Münster, DÖV 2015, 343, Rn. 133 ff (vgl. dazu auch Rn. 406).

110 EGMR, Urteil v. 7.7.1989, Soering/UK, 14038/88, EGMR-E 4, 376; siehe Anhang, Nr. 39.

2. Persönlicher Geltungsbereich

a) Verpflichtete

646 Wie jeder völkerrechtliche Vertrag verpflichtet die EMRK die **Vertragsstaaten** umfassend in ihrem legislativen, exekutiven und judikativen Tun oder Unterlassen. Ob der Staat seine Aufgaben in öffentlich-rechtlicher oder privatrechtlicher Form erfüllt, ist ebenso unerheblich wie der Umstand, dass er hierzu Private einschaltet.[111] Die EMRK hat im Verhältnis Privater zueinander **keine unmittelbare Drittwirkung** (Horizontalwirkung).[112]

647 Bei **Übertragung von Hoheitsgewalt** auf eine Internationale Organisation wird die Organisation nicht selbst verpflichtet (Art. 6 Abs. 2 EUV sieht allerdings für die Zukunft den Beitritt der EU zur EMRK vor: oben bei Rn. 627); die Mitgliedstaaten bleiben aber in der Verantwortung. Auf eine eigene Kontrolle von Maßnahmen der Organisation dürfen sie nur verzichten, soweit und solange im Wesentlichen vergleichbarer Grundrechtsschutz besteht; auch im Einzelfall muss die Rüge möglich sein, der Grundrechtsschutz durch die Organisation sei offenkundig unzureichend gewesen (Rn. 629). Der Mitgliedstaat einer Internationalen Organisation bleibt also mit Blick auf seine Verpflichtungen aus der EMRK „in einer Art **Garantenstellung**".[113]

648 Von diesen Grundsätzen ist der EGMR in seiner bereits kritisch erwähnten (Rn. 405) Entscheidung im Fall *Behrami* und *Saramati* für die Mitgliedschaft in den **Vereinten Nationen** abgewichen. Er hat hier nicht nur das Verhalten französischer und norwegischer Soldaten im Kosovo vorschnell der UNO zugerechnet; er hat die UN-Mitgliedstaaten außerdem aus ihrer Garantenstellung entlassen, soweit sie sich an Maßnahmen beteiligen, die der UN-Sicherheitsrat unter Kapitel VII UNCh beschlossen hat. Zur Begründung verwies der Gerichtshof auf die zentrale Verantwortung des Sicherheitsrates für die Aufrechterhaltung des Weltfriedens und die Bedeutung auch freiwilliger Beiträge von Mitgliedstaaten zu Friedenssicherungsmaßnahmen der Vereinten Nationen. Mit dieser Argumentation hat der EGMR das Entstehen „schwarzer Löcher" des Menschenrechtsschutzes gefördert, anstatt zu einer Stärkung der Menschenrechte auch im Rahmen von UN-Missionen zu sorgen.[114]

b) Berechtigte

649 Während völkerrechtliche Austauschverträge *(traités-contrats)* (Rn. 195) eine wechselseitige Berechtigung und Verpflichtung der Vertragsparteien zum Inhalt haben, hat die EMRK als Menschenrechtsabkommen eine Berechtigung von Personen zum Ge-

111 Vgl. EGMR, Urteil v. 25.3.1993, Costello-Roberts/UK, 13134/87, ÖJZ 1993, 707, § 27 (Privatschulen).

112 Näher zum Drittwirkungsproblem *E.A. Alkema*, The Third-party Applicability or "Drittwirkung" of the European Convention on Human Rights, FS Wiarda, 1988, 33; *A. Clapham*, The "Drittwirkung" of the Convention, in: Macdonald/Matscher/Petzold (Hg.), The European System for the Protection of Human Rights, 1993, 163; *D. Spielmann*, L'effet potentiel de la Convention européenne des droits de l'homme entre personnes privées, 1995.

113 *C. Grabenwarter/K. Pabel*, Europäische Menschenrechtskonvention, 6. Aufl. 2016, § 17 Rn. 8.

114 Dazu kritisch, statt vieler, *M. Milanović/T. Papić*, As Bad as it Gets: The European Court of Human Rights' Behrami and Saramati Decision and General International Law, ICLQ 58 (2009), 267. Vgl. demgegenüber die Haltung des EuGH im Fall *Kadi*: Rn. 629.

genstand. Nach Art. 1 EMRK erfasst der Schutz **„alle Personen“**, die der Hoheitsgewalt einer Vertragspartei unterstehen, unabhängig von ihrer Staatsangehörigkeit[115] oder ihrem Wohnsitz. Die Berechtigung beginnt für **natürliche Personen** mit der Geburt. Ob schon der *nasciturus* aus eigenem Recht Menschenrechtsträger ist, wird man angesichts der Zurückhaltung in vielen Vertragsstaaten eher zu bezweifeln haben.[116] Tote sind in der Rechtsprechung des EGMR bislang nicht als Rechtsträger anerkannt; allerdings können die Angehörigen eine Tötung in Prozessstandschaft als Eingriff in das bis dahin bestehende Recht auf Leben (Art. 2 EMRK) überprüfen lassen. **Nichtstaatliche Organisationen** sind nach Art. 34 EMRK beschwerdefähig; daraus folgt, dass sie auch Rechtsträger sind. Das jeweilige Recht muss seinem Wesen nach auf Organisationen anwendbar sein. Dies ist bei den Rechten aus Art. 2, 3, 5 und 12 EMRK nicht der Fall, ebenso bei einigen Rechte aus Art. 8 EMRK.

3. Zeitlicher Geltungsbereich

In zeitlicher Hinsicht *(ratione temporis)* gilt die EMRK nur für Maßnahmen, die **nach** **650**
dem Inkrafttreten der EMRK (bzw. des jeweiligen Zusatzprotokolls) für den betreffenden Staat getroffen oder wurden. Bei **fortdauernden Verletzungen** sind nur solche Verletzungen erfasst, die zeitlich nach dem Inkrafttreten liegen. Hiervon zu unterscheiden sind in der Vergangenheit liegende abgeschlossene Akte *(instantaneous acts)*, z. B. Enteignungen, die fortdauernde Auswirkungen haben. Während solche Akte selbst nicht an der EMRK zu messen sind, kann deren Anerkennung nach dem Inkrafttreten der EMRK für den betreffenden Staat einen Konventionsverstoß begründen. Bei der Bewältigung von Kriegsfolgen und der Aufarbeitung einer vorrechtsstaatlichen Vergangenheit zeigt sich der EGMR allerdings großzügig gegenüber einer Hinnahme des Status quo.[117]

In engen Grenzen wendet der EGMR die Konvention auch auf die **unterlassene Aufarbeitung** von **Rechtsverletzungen** aus der Zeit **vor Inkrafttreten** der Konvention an. Notwendig ist regelmäßig eine „echte Verbindung“ *(genuine connection)* zwischen Verletzung und Unterlassen, bei der v. a. der zeitliche Abstand bedeutsam ist; wegen Ausmaß und Schwere des Vorfalls können aber „Werte der Konvention“ *(conventional values)* die Aufarbeitung auch länger zurückliegender Menschenrechtsverbrechen gebieten.[118]

---

115 Vgl. allerdings Art. 16 EMRK sowie Art. 3 ZP 1 und die Art. 2 f ZP 4.

116 Vgl. EGMR, Urteil v. 8.7.2004, Vo/Frankreich, 53924/00, EuGRZ 2005, 568, NJW 2005, 727, §§ 82 ff. Unter Hinweis auf einen Beurteilungsspielraum der Mitgliedstaaten offen gelassen im Urteil v. 16.12.2010, A., B. und C./Irland, 25579/05, § 228. Dazu *S.-I. Koutnatzis/K. Weilert*, Fragen der menschlichen Reproduktion vor dem EGMR, AVR 51 (2013), 72; *R. Müller-Terpitz*, Assistierte Reproduktionsverfahren im Lichte der Europäischen Menschenrechtskonvention, AVR 51 (2013), 42.

117 Vgl. EGMR, Urteil v. 12.7.2001, Hans Adam II. von Liechtenstein/Deutschland, 42527/98, EuGRZ 2001, 466; Urteil v. 2.3.2005, Freiherr v. Maltzan u. a./Deutschland, 71916/01, EuGRZ 2005, 305.

118 Grundlegend EGMR, Urteil v. 21.10.2013, Janowiec u. a./Russland, 55508/07 u. a., §§ 140 ff zum Massaker von Katyn (1940): Im Ergebnis abgewiesen, weil eine Erstreckung auf die Zeit vor Annahme des Konventionstextes am 4.11.1950 nicht möglich sei (a.a.O., § 151). Verstoß bejaht im Urteil v. 17.9.2014, Mocanu u. a./Rumänien, 10865/09 u. a., §§ 205 ff, 314 ff (unterlassene Aufklärung von Misshandlungen im Rahmen der rumänischen Revolution von 1990).

4. Abweichungen im Notstandsfall

651 Art. 15 EMRK gestattet die **begrenzte Derogation** von Rechten aus der EMRK im Falle eines Krieges oder eines anderen öffentlichen Notstandes.[119] Soweit die Derogation reicht, gelten diese Rechte in dem betreffenden Staat nicht; die deutsche Übersetzung als Recht zur „Abweichung" ist nicht ganz präzise. Die Derogation ist nur gestattet, „soweit es die Lage unbedingt erfordert und wenn die Maßnahmen nicht im Widerspruch zu den sonstigen völkerrechtlichen Verpflichtungen der Vertragspartei stehen". **Unbedingte Erforderlichkeit** liegt vor, wenn die Grenze dessen überschritten werden muss, was die Schranken und Schranken-Schranken der EMRK-Grundrechte gestatten.[120] Zu den **„sonstigen Verpflichtungen"** zählen – neben anderen Menschenrechtsabkommen, die eigene Derogationsklauseln enthalten (z. B. Art. 4 IPBPR) – insbesondere solche aus dem Humanitären Völkerrecht (HVR). Art. 15 Abs. 2 EMRK nennt als **derogationsfeste Rechte** Art. 3, Art. 4 Abs. 1 und Art. 7 sowie Art. 2, sofern es nicht um Todesfälle infolge rechtmäßiger Kriegshandlungen geht. Derogation wie das Ende der Maßnahmen müssen dem Generalsekretär des Europarates **notifiziert** werden; Maßnahmen und Gründe sind **„umfassend" darzulegen**. Ob die Maßnahmen unbedingt erforderlich sind, darf der EGMR überprüfen.[121]

Im Fall *Hassan* (2014) stand der EGMR vor der Schwierigkeit, die Legalität von Kriegsgefangenschaft und Internierung als zweier etablierter Institute des HVR beurteilen zu müssen, obgleich Art. 5 Abs. 1 EMRK diese nicht als zulässige Haftgründe anführt und keine Derogation erklärt worden war. Die Große Kammer sah sich gleichwohl nicht gehindert, Art. 5 EMRK im Lichte des HVR modifizierend auszulegen (dazu noch Rn. 679, 1292). Dass Staaten für Auslandseinsätze ihrer Streitkräfte weder unter Art. 15 EMRK noch unter Art. 4 IPBPR jemals eine Derogation erklärt haben, deutete der EGMR als nachfolgende Praxis (Art. 31 Abs. 3 lit. b WVK) und nahm an, dass insoweit eine Derogation nicht erforderlich sei, um von den strengeren Vorgaben der EMRK zu Gunsten von HVR-Standards abzuweichen.[122] Dieser Ansatz war im Gericht umstritten und überzeugt bereits für auswärtige Einsätze in internationalen bewaffneten Konflikten nicht. Keinesfalls sollte er auf andere Konflikttypen ausgedehnt werden.

---

119 Vgl. als jüngste Beispiele die Derogationserklärung der Ukraine (seit 5.6.2015), Frankreichs (24.11.2015 bis 22.2.2017) und der Türkei (21.7.2016 bis 8.8.2018).

120 Vgl. EGMR, Urteil v. 1.7.1961, Lawless/UK (III), 332/57, EGMR-E 1, 10, § 36. Zu diesem Urteil *K. Schneider*, in: Menzel/Pierlings/Hoffmann (Hg.), Völkerrechtsprechung, 2005, Nr. 87. Näher *ECHR, Press Unit*, Fact Sheet: Derogation in time of emergency (8/2018).

121 Zu Art. 15 EMRK zuletzt *H. Krieger*, Notstand, in: Dörr u. a. (Hg.), EMRK/GG-Konkordanzkommentar, Bd. 1, 2. Aufl. 2013, 417; *M. O'Boyle*, Emergency Government and Derogation under the ECHR, EHRLR 2016, 331; *K. Kappler/S. Auerwald*, Der EGMR und die Derogation von Menschenrechten – Werden Notstände zu akzeptierten Dauerzuständen in Zeiten des Terrorismus?, MRM 2018, 97; *M. Polzin*, Der verrechtlichte Ausnahmezustand: Art. 15 EMRK und die Rolle des Europäischen Gerichtshofs für Menschenrechte, ZaöRV 78 (2018), 635. Zu Art. 4 IPBPR *A. Siehr*, Derogation Measures under Article 4 ICCPR, with Special Consideration of the "War against International Terrorism", GYIL 48 (2005), 545. Allgemein *M. Maslaton*, Notstandsklauseln im regionalen Menschenrechtsschutz, 2002; *E. Criddle* (Hg.), Human Rights in Emergencies, 2017.

122 EGMR Urteil v. 16.9.2014, Hassan/UK, 29750/09, §§ 101 ff. Dazu näher und m. w. N. *A. v. Arnauld*, An Exercise in Defragmentation: The Grand Chamber Judgment in Hassan v UK, in: Geiß/Krieger (Hg.), The Legal Pluriverse Surrounding Extraterritorial Military Operations, 2019 (i. E.).

III. Dogmatik der EMRK-Rechte

Die meisten Rechte in der Konvention sind ihrem Charakter nach **Abwehrrechte.**[123] Die Prüfung, ob eine Maßnahme eines Vertragsstaates mit einem Recht aus der EMRK vereinbar ist oder dieses Recht verletzt, erfolgt hier im Wesentlichen in zwei Schritten. Zunächst ist zu prüfen, (1.) ob die fragliche staatliche Maßnahme die Rechte des Betroffenen beeinträchtigt (Eingriff in den Schutzbereich); sodann, (2.) ob dieser Eingriff auf gesetzlicher Grundlage erfolgt und durch Gründe des Gemeinwohls gerechtfertigt ist (Rechtfertigung der Maßnahme). Z. T. wird die Prüfung in drei Schritten vorgenommen (Schutzbereich, Eingriff, Rechtfertigung). Eine Abweichung in der Sache liegt hierin nicht. 652

Übersicht: Prüfung am Maßstab eines EMRK-Rechts

I. Eingriff in den Schutzbereich (= liegt ein Grundrechtsfall vor?)

1. Schutzbereich (= wird ein bestimmtes Verhalten von einem EMRK-Recht erfasst?)
2. Eingriff (= wird dieses Verhalten vom Staat beeinträchtigt?)

II. Rechtfertigung des Eingriffs (= durfte der Staat die Maßnahme treffen, insbesondere: hat er alle seine Bindungen beachtet?)

1. Gesetzliche Grundlage
2. Zulässiges Ziel
3. Verhältnismäßigkeit
   a) Erforderlichkeit
   b) Angemessenheit

1. Eingriff in den Schutzbereich

a) Schutzbereich

Der Schutzbereich (die EMRK verwendet diesen Begriff selbst nicht) umfasst **alle Freiheitsäußerungen, die von dem jeweiligen Menschenrecht erfasst sind**. An dieser Stelle geht es darum zu ermitteln, ob das Verhalten, das durch eine staatliche Maßnahme untersagt, erschwert usw. wird, von einem Recht der EMRK erfasst wird (z. B. ob der Schutz personenbezogener Daten in den Schutzbereich des Rechts auf Privatleben im Sinne von Art. 8 Abs. 1 EMRK fällt). Gerade hier wirkt sich die **dynamische Interpretation** durch den EGMR aus, der die Konvention als ein *living instrument* behandelt (Rn. 667). 653

b) Eingriff

Ein Eingriff *(interference, ingérence)* ist jede **Beeinträchtigung der individuellen Rechtssphäre**, die dem Staat zurechenbar ist. Eingriffe haben oft die Form von Verboten (z. B. Versammlungsverbot) oder Geboten (z. B. Ausreisepflicht) oder wirken 654

123 Vertiefend zu den Funktionen der Konventionsrechte *H. Krieger*, Funktionen von Grund- und Menschenrechten, in: Dörr u. a. (Hg.), EMRK/GG-Konkordanzkommentar, Bd. 1, 2. Aufl. 2013, 287.

mit staatlichem Zwang auf den Einzelnen ein (z. B. Untersuchungshaft), können aber auch andere Formen annehmen. Die Form ist von dem einzelnen Recht abhängig (z. B. Verstoß gegen Art. 7 Abs. 1 EMRK durch Verurteilung auf Grund rückwirkender Strafgesetze).

2. Rechtfertigung des Eingriffs

655 Alle Eingriffe können – außer im Fall der absoluten Garantien in Art. 3 und 4 EMRK – im überwiegenden Interesse der Gemeinschaft gerechtfertigt sein. Daher ist im Anschluss an die Feststellung des Eingriffs die mögliche Rechtfertigung zu prüfen. Das folgende Prüfungsraster gilt v. a. für die Art. 8–11 EMRK, ist aber im Wesentlichen auf die anderen Abwehrrechte übertragbar.[124]

a) Gesetzliche Grundlage

656 Nach den Abs. 2 der Art. 8–11 EMRK müssen Beschränkungen dieser Rechte **„gesetzlich vorgesehen"** sein, d. h. Verwaltung und Gerichte müssen bei ihren Eingriffen auf gesetzlicher Grundlage handeln. Das Erfordernis findet sich bei praktisch allen EMRK-Rechten (vgl. z. B. Art. 5 Abs. 1: „nur auf die gesetzlich vorgeschriebene Weise", Art. 6 Abs. 1: „auf Gesetz beruhendes Gericht" usw.). Angesichts der unterschiedlichen Rechtstraditionen in den Staaten des Europarats (z. B. Richterrecht im *Common Law*) sind damit **nicht nur Parlamentsgesetze** gemeint; eine gefestigte Rechtsprechung reicht als „gesetzliche Grundlage" aus.[125] Der konventionsrechtliche Gesetzesvorbehalt dient der **Orientierung** (was ist gestattet, was verboten?), der **Machtbegrenzung** (was darf das Staatsorgan?) und der **Kontrolle** (hat der Staat rechtmäßig gehandelt?). Aus diesem Grunde muss die Rechtsgrundlage im Rahmen des Zumutbaren **zugänglich und hinreichend bestimmt** sein, gegebenenfalls im Zusammenspiel mit einer konkretisierenden Rechtsprechung.[126] Muss auf singuläre und unvorhersehbare Situationen reagiert werden (z. B. einen in Art, Zeitpunkt und Ausmaß unerwarteten terroristischen Übergriff), kann das Bestimmtheitserfordernis reduziert werden.[127]

b) Legitimes Ziel

657 Der Staat muss mit seinem Eingriff in die Rechte des Betroffenen ein legitimes Ziel verfolgen; die Verkürzung der Rechte darf kein Selbstzweck sein. Die Abs. 2 der Art. 8–11 EMRK nennen eine Reihe zulässiger Ziele, die weit gefasst (nationale oder öffentliche Sicherheit, wirtschaftliches Wohl des Landes, Aufrechterhaltung der Ordnung, Verhütung von Straftaten, Schutz der Gesundheit oder der Moral, Schutz der Rechte und Freiheiten anderer) und **weit zu interpretieren** sind, um den Staaten die erforderlichen politischen Freiräume bei der Gestaltung des sozialen Zusammenle-

124 Zu Besonderheiten bei Justiz- und Verfahrensrechten und positiven Verpflichtungen Rn. 663–665.

125 EGMR, Urteil v. 26.4.1979, Sunday Times/UK (I), 6538/74, EGMR-E 1, 366, § 47. Zu diesem Urteil *C. Mensching*, in: Menzel/Pierlings/Hoffmann (Hg.), Völkerrechtsprechung, 2005, Nr. 101.

126 EGMR, Urteil v. 26.4.1979, Sunday Times/UK (I), 6538/74, EGMR-E 1, 366, § 49. Näher dazu auch Urteil v. 25.3.1983, Silver/UK (I), 5947/72 u. a., EGMR-E 2, 226, §§ 85 ff.

127 Vgl. EGMR, Urteil v. 20.12.2011, Finogenov u. a./Russland, 18299/03, § 230.

bens zu lassen. Der EGMR verzichtet regelmäßig auf eine genaue Subsumtion unter eines der genannten Eingriffsziele.

Nach der Rechtsprechung des EGMR verfolgt eine Maßnahme ihr anvisiertes Ziel aber nur, wenn sie überhaupt geeignet ist, dieses Ziel in irgendeiner Weise zu fördern. Eine ungeeignete Maßnahme verfolgt zumindest nicht das angebliche Ziel. Dabei sind staatliche Prognosekompetenzen in Rechnung zu stellen. Der EGMR hält sich bei der Beurteilung der Eignung der Maßnahme grundsätzlich zurück. Art. 18 EMRK stellt klar, dass Einschränkungen der Konventionsrechte auch wirklich nur zu den dort genannten Zwecken erfolgen dürfen und nicht als Vorwand, um unliebsame Personen aus dem Verkehr zu ziehen.[128] **658**

c) Verhältnismäßigkeit

Nach den Abs. 2 der Art. 8–11 EMRK müssen die Einschränkungen der Rechte „in einer demokratischen Gesellschaft notwendig" sein. Dies impliziert eine zweistufige Prüfung der Verhältnismäßigkeit, wobei der EGMR zwischen den Stufen nicht strikt differenziert: **659**

aa) Erforderlichkeit. Eine Maßnahme ist nur erforderlich, wenn sie unter mehreren zur Zweckverfolgung gleichermaßen tauglichen Mittel dasjenige ist, das die Rechtssphäre des Betroffenen am wenigsten beeinträchtigt **(Grundsatz des mildesten Mittels)**. Oft wird ein milderes Mittel allerdings nicht gleichermaßen geeignet sein, den anvisierten Zweck zu erfüllen. **660**

bb) Angemessenheit. Mittel (der Eingriff in die EMRK-Rechte) und Zweck müssen in einem angemessenen Verhältnis zueinander stehen, sie sind daher **gegeneinander abzuwägen**. Hierin liegt meist ein Schwerpunkt der Prüfung am Maßstab eines Menschenrechts. Argumentationsmuster sind z. B. die Einordnung eines der Interessen als besonders wichtig oder das Abstellen auf die Intensität der Beeinträchtigung und den Grad der Zweckförderung. Auch der Gedanke der Selbstverantwortung des Grundrechtsträgers kann eine Rolle spielen. **661**

Insbesondere bei dieser Abwägung im Rahmen der Angemessenheit besteht die Gefahr, dass der EGMR seine eigene Wertung an die Stelle der staatlichen Entscheidungsträger setzen könnte. Der EGMR ist als ein **subsidiäres Organ** des Menschenrechtsschutzes konzipiert (Rn. 640), das die nationalen Schutzmechanismen ergänzen und gegebenenfalls korrigieren soll. Gerade im Vergleich mit dem BVerfG prüft der EGMR daher mit einer geringeren **Kontrolldichte**. Eine wichtige Rolle spielt dabei seine **Doktrin vom Beurteilungsspielraum (margin of appreciation)**: Den Staaten **662**

128 Der Gerichtshof ist zurückhaltend in der Anwendung von Art. 18 EMRK. Zum ungenutzten Potenzial, um gegen politisch motivierte Prozesse in autoritären Mitgliedstaaten vorzugehen *H. Keller/ C. Heri*, Selective Criminal Proceedings and Article 18 ECHR – the European Court of Human Rights' Untapped Potential to Protect Democracy, HRLJ 36 (2016), 3. Zur Feststellung eines Verstoßes gegen Art. 5 i. V. m. Art. 18 EMRK wegen Nichtbeachtung einer zuvor vom EGMR angeordneten Freilassung eines politischen Häftlings im Urteil v. 29.5.2019, Mammadov/Aserbaidschan, 15172/13, *J. Gavron/R. Remezaite*, Has the ECtHR in Mammadov 46(4) opened the door to findings of 'bad faith' in trials?; EJIL Talk! (4.7.2019).

steht bei der Beurteilung der Verhältnismäßigkeit[129] einer Maßnahme regelmäßig ein weiter Spielraum zur Verfügung; der EGMR übt hier richterliche Zurückhaltung. Er mischt sich allerdings stärker ein, sobald besonders empfindliche Freiheitsinteressen besonders intensiv berührt werden. Insbesondere entnimmt er dem Zusatz, dass die Einschränkung „in einer demokratischen Gesellschaft" notwendig sein müsse, den Auftrag, bei Eingriffen in die politisch bedeutsamen Kommunikationsgrundrechte aus Art. 10 und 11 EMRK eine strengere Kontrolle vorzunehmen.[130] Von zentraler Bedeutung für die Weite des Beurteilungsspielraums ist zudem, ob ein **europäischer Konsens** existiert – entweder in Bezug auf die relative Bedeutung der betroffenen Interessen oder in Bezug auf den besten Weg, diese zu schützen. Fehlt es an einem solchen Konsens, ist der Beurteilungsspielraum weiter, namentlich wenn der Fall sensible moralische oder ethische Fragen berührt.[131] Als Sonderfall der Spielraumdoktrin kann auch die Rechtsprechung zur Rücknahme der Kontrolldichte angesehen werden, wo Hoheitsrechte auf die EU übertragen wurden (Rn. 629).

3. Justiz- und Verfahrensgarantien

663 Die **Art. 5 und 6 EMRK** enthalten im Vergleich zu den meisten anderen Grundrechtsbestimmungen der Konvention recht detailliert gehaltene Garantien, bei denen man sich dementsprechend näher am Text orientieren kann. An sich sieht die EMRK hier keine Rechtfertigung von Verstößen vor; dennoch finden bei Art. 6 EMRK zunehmend Verhältnismäßigkeitserwägungen Eingang in die Rechtsprechung.[132] Unabhängig von den ausdrücklichen Verfahrensgarantien erkennt der EGMR auch bei anderen Grundrechten eine **Organisations- und Verfahrensdimension** an. Diese kommt z. B. bei Abhör- und Überwachungsmaßnahmen zum Tragen, die, um als Eingriffe in Art. 8 EMRK verhältnismäßig zu sein, Vorkehrungen gegen Missbrauch erfordern.[133]

---

129 Gelegentlich erstreckt sich der Beurteilungsspielraum auch auf den Grundrechtstatbestand. Zur Frage z. B., ob der *nasciturus* ein Recht auf Leben hat, siehe Rn. 649.

130 Grundlegend EGMR, Urteil v. 7.12.1976, Handyside/UK, 5493/72, EGMR-E 1, 217, § 49. Dazu u. a. *I. Spiecker genannt Döhmann*, in: Menzel/Pierlings/Hoffmann (Hg.), Völkerrechtsprechung, 2005, Nr. 100. Näher *S. Marks*, The European Convention on Human Rights and Its "Democratic Society", BYIL 66 (1995), 209.

131 Siehe insbes. EGMR, Urteil v. 12.4.2012, Stübing/Deutschland, 43547/08, NJW 2013, 215, §§ 58 ff (Strafbarkeit des Geschwisterinzests). Dazu u. a. *P. Braasch*, Margin of Appreciation or a Victimless Crime?, GYIL 55 (2012), 613; *S.-P. Hwang*, Grundrechtsschutz unter der Voraussetzung des europäischen Grundkonsenses?, EuR 2013, 307. Abweichend allerdings EGMR, Urteil v. 15.10.2015, Perinçek/Schweiz, 27510/08, §§ 255 ff. Dass hier ein fehlender Konsens über die Strafbarkeit (!) der Leugnung von Völkermorden zum Anlass genommen wurde, eine Verletzung von Art. 10 EMRK festzustellen (und nicht umgekehrt aus dem Fehlen des Konsenses auf einen staatlichen Spielraum zu schließen), sahen sieben Richter in ihrem Sondervotum als Umkehrung der Konsensus-Rechtsprechung. Zum Urteil *S. Schürer*, Im Grenzbereich der freien Rede, ZSchwR 133 (2014), 347.

132 Dazu *C. Grabenwarter/K. Pabel*, Der Grundsatz des fairen Verfahrens, in: Dörr u. a. (Hg.), EMRK/GG: Konkordanz-Kommentar, Bd. 1, 2. Aufl. 2013, 742, Rn. 175 ff.

133 EGMR, Urteile v. 24.4.1990, Kruslin/Frankreich, 11801/85, und Huvig/Frankreich, 11105/84, ÖJZ 1990, 564 und 567; Urteil v. 13.9.2018, Big Brother Watch v. UK, 58170/13, § 307. Dazu *M. Milanovic*, ECtHR Judgment in Big Brother Watch v. UK, EJIL Talk! (17.9.2018).

4. Positive Verpflichtungen

Unter „positive Verpflichtungen" *(obligations positives)* fasst der EGMR in seiner Rechtsprechung alle Grundrechtsfunktionen, die den Staat verpflichten, aktiv zu werden.[134] Originäre **Leistungsrechte** finden sich in der auf Grundrechte der 1. Dimension beschränkten EMRK praktisch nicht; diese haben ihren Platz v. a. in der Europäischen Sozialcharta von 1961. Eine Ausnahme bilden flankierende Garantien aus Art. 5 (Abs. 2: Mitteilung der Beschuldigung in einer verständlichen Sprache) und Art. 6 Abs. 3 EMRK (Stellung eines Pflichtverteidigers und eines Dolmetschers). Das Recht auf Bildung in Art. 2 ZP 1 ist als ein **Recht auf Teilhabe** an bestehenden Bildungseinrichtungen ausgestaltet. Die Veranstaltung freier Wahlen in periodischen Abständen gebietet Art. 3 ZP 1, kann aber ebenfalls als Recht auf (demokratische) Teilhabe gedeutet werden. Ein Eingriff in Leistungs- und Teilhaberechte liegt in der Vorenthaltung einer Leistung bzw. der Verweigerung des Zugangs. Ein Verstoß gegen die EMRK liegt nur vor, sofern ein Anspruch auf Gewährung der Leistung bzw. des Zugangs besteht. Dies ist auf Grundlage einer Abwägung zu ermitteln, bei denen gegenläufige Interessen Berücksichtigung finden können. 664

Differenziert ist mittlerweile die Rechtsprechung zu **Schutzpflichten**, namentlich 665 solchen aus Art. 2 EMRK.[135] Grundsätzlich hat der Staat im Rahmen des Möglichen vor Übergriffen Dritter zu schützen, von denen er Kenntnis erlangt.[136] Hierzu zählen gegebenenfalls auch Informationspflichten.[137] Außerdem ist der Staat verpflichtet, mittels Strafen und Sanktionen das Leben von Menschen in seinem Hoheitsbereich zu schützen.[138] Schließlich hat der EGMR aus Art. 2, 3 und 5 EMRK Untersuchungspflichten abgeleitet, um Fälle der Tötung, Misshandlung oder Freiheitsberaubung durch staatliche Sicherheitskräfte oder durch Dritte aufzuklären.[139] Da die Untersuchung hier an der bereits eingetretenen Rechtsverletzung nichts mehr ändern kann, kann sie für den konkreten Einzelfall nur noch Genugtuungscharakter besitzen und dient i. Ü. der Generalprävention. Bei Schutzpflichten ist zunächst das Bestehen einer Schutzpflicht aus dem einschlägigen Freiheitsrecht heraus zu begründen (das „Ob" der Pflicht), in einem zweiten Schritt geht es darum, ob der Staat im konkreten Fall genug getan hat (das „Wie" der Pflicht). Der Staat verfügt dabei über einen großen Ermessensspielraum, der durch das Untermaßverbot begrenzt wird, das in dieser Konstellation an die Stelle des abwehrrechtlichen Übermaßverbotes tritt.

134 Zum Begriff *C. Dröge*, Positive Verpflichtungen der Staaten in der Europäischen Menschenrechtskonvention, 2003, 4 ff. Vertiefend auch *H. Krieger*, Positive Verpflichtungen unter der EMRK, ZaöRV 74 (2014), 187; *L. Lavrysen*, Human Rights in a Positive State: Rethinking the Relationship between Positive and Negative Obligations under the European Convention on Human Rights, 2017.

135 Guter Überblick bei *ECHR, Press Unit*, Fact Sheet: Right to life (Juni 2013).

136 EGMR, Urteil v. 28.10.1998, Osman/UK, 23452/94, §§ 115 ff; Urteil v. 10.7.2012, Kayak/Türkei, 60444/08, §§ 53 ff.

137 EGMR, Urteil v. 19.2.1998, Guerra u. a./Italien, 14967/89, EuGRZ 1999, 188; Urteil v. 9.6.1998, L.C.B./UK, 23413/94, ÖJZ 1999, 353.

138 *H. Baier*, Der Schutz der Menschenrechte durch Strafpflichten auf der Basis der Europäischen Menschenrechtskonvention, GS Blumenwitz, 2008, 293; *D. Steiger*, Menschenrechtliche Bestrafungspflichten, FS E. Klein, 2013, 1325. Zur Pflicht, Terrorverdächtige gegebenenfalls zur Strafverfolgung an einen anderen Staat auszuliefern, EGMR, Urteil v. 9.7.2019, Romeo Castaño/Belgien, 8351/17.

139 Vertiefend *A. Mowbray*, Duties of Investigation under the European Convention on Human Rights, ICLQ 2002, 437; *K. Altermann*, Ermittlungspflichten der Staaten aus der Europäischen Menschenrechtskonvention, 2006.

5. Beschränkungen für Ausländer und Verbot des Rechtsmissbrauchs (Art. 16, 17 EMRK)

666 Art. 16 stellt klar, dass die „politischen“ Grundrechte aus Art. 10 und 11 EMRK für Ausländer in stärkerem Maße beschränkt werden dürfen und dass das Diskriminierungsverbot aus Art. 14 EMRK nicht die Gleichstellung von Ausländern mit Inländern verlangt. Eine Erwähnung auf Ebene der Grundrechtsschranken ist möglich, aber nicht nötig. Art. 17 EMRK (Verbot des Rechtsmissbrauchs) wird regelmäßig erst als Korrektiv im Rahmen der Verhältnismäßigkeit geprüft,[140] gelegentlich aber auch als Auslegungshilfe zur wertenden Beschränkung des Schutzbereichs insbesondere von Art. 10 und 11 EMRK bei rassistischer Hetze genutzt.[141]

IV. Die materiellen Garantien

667 Die EMRK enthält **keinen umfassenden Grundrechtekatalog**, sondern ausgewählte zentrale Grund- und Menschenrechte, die durch eine Reihe von Zusatzprotokollen ergänzt worden sind. Gleichwohl hat der EGMR in seiner Rechtsprechung die Bestimmungen der EMRK zu einer europäischen Menschenrechtsverfassung verdichtet. Die Schließung von Schutzlücken begründet er damit, dass die EMRK **keine theoretischen oder illusorischen Rechte**, sondern einen **praktisch wirksamen und effektiven Menschenrechtsschutz** gewährleisten wolle.[142] Außerdem behandelt er die Konvention als **„lebendiges Instrument“** *(living instrument)*, das unter den Bedingungen der Gegenwart stets aufs Neue dynamisch auszulegen ist.[143] Vor allem die Achtung des Privatlebens (Art. 8 EMRK) wird vom EGMR extensiv interpretiert und zur Lückenschließung herangezogen. So hat er z. B. aus Art. 8 EMRK ein Menschenrecht auf Datenschutz hergeleitet.[144]

1. Schutz der persönlichen Integrität

a) Recht auf Leben (Art. 2 EMRK)

668 Art. 2 **schützt** das menschliche Leben umfassend ohne Rücksicht auf Krankheit oder Alter.[145] Allerdings entnimmt der EGMR Art. 8 ein Selbstbestimmungsrecht der Person darüber, „wie und zu welchem Zeitpunkt ihr Leben beendet werden soll“.[146] Im rechtlichen Umgang mit Selbsttötung und Sterbehilfe gesteht der EGMR den Konventionsstaaten einen weiten Spielraum zu, verlangt aber, als prozedurale Pflicht, ent-

140 Vgl. EGMR, Urteil v. 13.2.2003, Refah Partisi u. a./Türkei, 41340/98 u. a., EuGRZ 2003, 206 = NVwZ 2003, 1489, § 96.

141 Z. B. EGMR, Beschluss v. 2.9.2004, W.P. u. a./Polen, 42264/98. Zu Art. 17 EMRK auch *M. Oeschger*, Missbrauch von Grundrechten nach Art. 17 EMRK: notwendiges Mittel zur Sicherung einer freiheitlichen demokratischen Grundordnung?, FS Hänni, 2010, 143.

142 EGMR, Urteil v. 9.10.1979, Airey/Irland, 6289/73, EGMR-E 1, 414, § 24; std. Rspr.

143 EGMR, Urteil v. 25.4.1978, Tyrer/UK, 5856/72, EGMR-E 1, 268, § 31; std. Rspr.

144 EGMR, Urteil v. 26.3.1987, Leander/Schweden, 9248/81, EGMR-E 3, 430, § 48. Siehe auch *A. v. Arnauld*, Klausurenkurs im Völkerrecht, 3. Aufl. 2018, Fall 10.

145 Darüber, wann das Leben beginnt, besteht derzeit kein Konsens: Rn. 649.

146 EGMR, Urteil v. 10.1.2011, Haas/Schweiz, 31322/07, NJW 2011, 3773, § 51. Weiterführung von EGMR, Urteil v. 29.4.2002, Pretty/UK, 2346/02, EuGRZ 2002, 234, §§ 39 ff.

sprechende Klagen tatsächlich zu prüfen.[147] Ähnliches gilt für die Einstellung lebenserhaltender Maßnahmen.[148] Ein **Eingriff** liegt nicht nur in Tötungshandlungen durch einen Konventionsstaat, sondern auch in der Auslieferung bzw. Abschiebung in einen Staat, in dem mit hinreichender Wahrscheinlichkeit das Leben des Betroffenen bedroht ist.[149]

Rechtfertigungsgründe ergeben sich abschließend aus Art. 2: **669**

- Die Ausnahme für Vollstreckungen rechtmäßiger **Todesurteile** in Abs. 1 ist durch die ZP 6 und 13 weitgehend obsolet; angesichts der fast umfassenden Ratifikation dieser Protokolle hält der EGMR die Staatsgebiete der Mitgliedstaaten des Europarates unabhängig von der Ratifikation des ZP 6 durch den konkreten Staat zumindest in Friedenszeiten für eine „todesstrafenfreie Zone“.[150]
- Abs. 2 lit. a gestattet die Tötung bei **Notwehr** und **Nothilfe**. Dabei darf ein finaler Rettungsschuss (z. B. bei Geiselnahmen) nur als *ultima ratio* gesetzt werden.[151]
- Tötungen anlässlich einer **Festnahme** oder zur **Verhinderung der Flucht** (Abs. 2 lit. b) sind nur als *ultimissima ratio* gestattet. Erfolgt die Tötung gezielt, ist sie mit Blick auf das hier verfolgte Ziel (Festnahme, Festhalten) unverhältnismäßig.
- Abs. 2 lit. c gestattet Tötungen zur **Niederschlagung eines Aufruhrs oder Aufstandes**. Voraussetzung ist eine konkrete Gefahrensituation (z. B. Verhütung eines Anschlags oder Niederschlagung akuter Unruhen); die Maßnahme darf nicht der Bestrafung oder der Abschreckung dienen. Die gezielte Tötung darf nur letztes Mittel sein, wenn andere Mittel, namentlich eine Verhaftung, ausscheiden.

Für die Rechtfertigungsgründe in Abs. 2 gilt eine strenge Bindung an den Grundsatz der Verhältnismäßigkeit, und zwar aus der *Ex-ante*-Sicht des handelnden Staatsorgans.[152]

Art. 2 Abs. 1 S. 1 erlegt den Staaten ausdrücklich eine **Pflicht zum Schutz** des Rechts auf Leben aus. Dies erfordert einen Schutz durch Gesetzgebung wie durch einen effektiven Gesetzesvollzug. Auch eine entsprechende Ausbildung, Kontrolle und Organisation der Sicherheitskräfte gehört dazu.[153] Bei der Planung von Einsätzen, die die Anwendung tödlicher Gewalt beinhalten, müssen im Rahmen des Möglichen Vorkehrungen getroffen werden, um vermeidbare Unfälle auszuschließen.[154] Während der Gerichtshof in der „heißen“ Phase von Einsätzen, die unter großem **670**

147 EGMR, Urteil v. 19.7.2012, Koch/Deutschland, 479/09, NJW 2013, 2953, §§ 51 ff, 69 ff; Urteil v. 27.6.2017, Gard u. a./UK, 39793/17, §§ 79 ff.

148 EGMR, Urteil v. 5.6.2015, Lambert u. a./Frankreich, 46043/14, NJW 2015, 2715.

149 Verstoß gegen Art. 2 i. V. m. Art. 3 EMRK: Vgl. EGMR, Urteil 21.1.2011, M.S. S./Belgien u. Griechenland, 30696/09, EuGRZ 2011, 243, §§ 323 ff; Urteil v. 29.10.2015, A.L. (X.W.)/Russland, 44095/14, §§ 63 ff.

150 EGMR, Urteil v. 12.5.2005, Öcalan/Türkei (III), 46221/99, EuGRZ 2005, 463, NVwZ 2006, 1267, §§ 299 ff.

151 EGMR, Urteil v. 2.7.1995, McCann u. a./UK, 18984/91, ÖJZ 1996, 233, § 150; Urteil v. 9.10.1997, Andronicou und Constantinou/Zypern, 25052/94, ÖJZ 1998, 674, § 220.

152 EGMR, Urteil v. 2.7.1995, McCann u. a./UK, 18984/91, ÖJZ 1996, 233, § 200; Urteil v. 9.10.1997, Andronicou und Constantinou/Zypern, 25052/94, ÖJZ 1998, 674, § 241.

153 EGMR, Urteil v. 2.7.1995, McCann u. a./UK, 18984/91, ÖJZ 1996, 233, §§ 202 ff.

154 EGMR, Urteil v. 20.12.2011, Finogenov u. a./Russland, 18299/03, §§ 207 ff.

Druck durchgeführt werden (z. B. Antiterroreinsätze, Einsätze in bewaffneten Konflikten), den staatlichen Behörden einen erweiterten Beurteilungsspielraum zugesteht, legt er an die nachfolgenden Phasen einen strikten Kontrollmaßstab an.[155] Dies gilt insbesondere auch für die Pflicht zur objektiven und unparteiischen Untersuchung und Ahndung von Verstößen, die der EGMR ebenfalls aus der Schutzpflicht ableitet.[156] An der Unparteilichkeit fehlt es, wenn an der Untersuchung Beamte oder andere Personen teilnehmen, die selbst an dem zu untersuchenden Vorfall beteiligt waren.[157] Zudem verlangt der EGMR, alle zumutbaren Schritte zu unternehmen, um rassistische Motive für Gewalttaten aufzuklären.[158] In besonderen Situationen kann der Staat auch dazu verpflichtet sein, einer konkret bedrohten Person Schutz vor Übergriffen Privater zu gewähren.[159] Gesteigerte Schutzpflichten für das menschliche Leben gelten in besonderen Gewaltverhältnissen (z. B. Gefängnissen, Militärdienst).[160]

Fall: McCann (EGMR 1995)[161] Im März 1988 reisten drei Mitglieder der IRA nach Gibraltar ein. Die britischen Behörden hatten zuvor Hinweise erhalten, dass die drei eine Autobombe zünden würden und ließen sie durch die Polizei überwachen, um auf frischer Tat zuzugreifen. Auf Grund von Erfahrungen mit früheren Anschlägen gingen die Behörden davon aus, dass die Bombe kurz nach Verlassen des Wagens mittels eines Fernzünders zur Explosion gebracht werden würde. Als die drei ein verdächtiges Fahrzeug abstellten, wurde die Antiterroreinheit SAS der britischen Armee zur Festnahme geschickt. Die ruckartige Bewegung eines der IRA-Terroristen deuteten die Soldaten als Zündung der Bombe und erschossen die drei Verdächtigen. Es stellte sich heraus, dass die drei unbewaffnet waren, keinen Fernzünder besaßen und sich im Auto auch keine Bombe befand. Allerdings fand man später in Spanien ein Auto mit einer Bombe. Die Angehörigen der drei IRA-Mitglieder erhoben Beschwerde zur EKMR und später zum EGMR wegen Verletzung von Art. 2 EMRK.

Der EGMR stellte klar, dass in den in Art. 2 Abs. 2 EMRK aufgeführten Fällen eine Tötung nur als letztes Mittel in Betracht komme; maßgeblich sei die Perspektive des handelnden Staatsorgans vor Ort (Ex-ante-Sicht). Die Soldaten seien auf Grund der ihnen gegebenen Informationen und Befehle aus nachvollziehbaren Gründen überzeugt gewesen, nur durch Erschießen der drei Terroristen das unmittelbar bedrohte Leben unschuldiger Menschen retten zu können. Mit 10:9 Stimmen bejahte der EGMR aber einen Verstoß gegen Art. 2 EMRK durch die fehlerhafte Organisation und Kontrolle der Operation insgesamt. Die Behörden würden die Gefahr für die Bevölkerung erheblich steigern, wenn sie besserer Beweise we-

155 EGMR, Urteil v. 20.12.2011, Finogenov u. a./Russland, 18299/03, §§ 214 ff. Kritisch *S. Skinner*, Deference, Proportionality and the Margin of Appreciation in Lethal Force Case Law under Article 2 ECHR, EHRLR 2014, 32.

156 EGMR, Urteil v. 4.5.2001, Kelly u. a./UK, 30054/96, §§ 94 ff; Urteil v. 17.7.2018, Mazepa u. a./ Russland, 15086/07, §§ 69 ff. Siehe auch *J. Chevalier-Watts*, Effective Investigations under Article 2 of the European Convention on Human Rights: Securing the Right to Life or an Onerous Burden on a State?, EJIL 21 (2010), 701. Dies gilt auch im Rahmen bewaffneter Konflikte: EGMR, Urteil v. 20.11.2014, Jaloud/Niederlande, 47708/08, §§ 226 ff.

157 EGMR, Urteil v. 20.12.2011, Finogenov u. a./Russland, 18299/03, § 281.

158 EGMR, Urteil v. 6.7.2005, Nachova/Bulgarien, 43577/98, EuGRZ 2005, 693, § 160; Urteil v. 14.12.2010, Mižígarová/Slowakei, 74832/01, §§ 119 ff.

159 EGMR, Urteil v. 28.3.2000, Kilic/Türkei, 22492/93, §§ 62 ff.

160 Zu Aufklärungspflichten bei Todesfall in psychiatrischer Einrichtung EGMR, Urteil v. 17.7.2014, Centre de ressources juridiques au nom de Valentin Câmpeanu/Rumänien, 47848/08, NJW 2015, 2635.

161 EGMR, Urteil v. 2.7.1995, McCann u. a./UK, 18984/91, ÖJZ 1996, 233. Dazu *I. Cameron*, McCann Case, MPEPIL (6/2007).

gen Terroristen einreisen und ihren vermeintlichen Tatplan bis zum letzten Augenblick ausführen ließen. Vor allem aber hätten sich die Behörden von Anfang an auf ein bestimmtes Szenario festgelegt, ohne andere Möglichkeiten zu prüfen. Dass es sich um bloße Annahmen handle, hätte den Soldaten vor Ort mitgeteilt werden müssen. Auch der Einsatz der SAS wurde kritisiert, weil diese ausschließlich zur gezielten Tötung ausgebildet würden, so dass ein Waffeneinsatz durch die SAS quasi automatisch den Tod eines Verdächtigen zur Folge habe. Die unterlegenen Richter beurteilten in ihren Sondervoten auch das Verhalten der Behörden aus einer Ex-ante-Perspektive als vernünftig und angemessen und verneinten eine Verletzung von Art. 2 EMRK.

b) Verbot von Folter, unmenschlicher und erniedrigender Behandlung (Art. 3 EMRK)

Art. 3 als unmittelbarer Ausdruck der Unantastbarkeit der menschlichen Würde verbietet Folter, unmenschliche und erniedrigende Behandlung **absolut** und ohne Möglichkeit der Rechtfertigung. Das Verbot ist auch notstandsfest (vgl. Art. 15 Abs. 2 EMRK). 671

Folter als schwerste Form menschenwürdewidriger Behandlung setzt die absichtliche Zufügung schwerer Schmerzen oder erheblicher psychischer Leiden voraus. Zur näheren Bestimmung dient Art. 1 des UN-Antifolterübereinkommens.[162] 672

Beispiele sind das „palästinensische Hängen", bei dem der Häftling an seinen hinter dem Rücken zusammengebundenen Händen aufgehängt wird, was zur Lähmung der Arme führt;[163] die Vergewaltigung eines weiblichen Häftlings durch die Polizei;[164] die nach Häufigkeit, Dauer und Intensität schwere physische und psychische Misshandlung im polizeilichen Verhör.[165]

Unmenschlich ist eine Behandlung, die absichtlich schwere physische oder psychische Leiden hervorruft (die Grenze zur Folter als besonders intensiver unmenschlicher Behandlung ist fließend). Dabei kommt es auf die Umstände des Einzelfalls an (z. B. Alter und Gesundheitszustand des Betroffenen). Die Absicht, beim Opfer Gefühle der Furcht und der Erniedrigung hervorzurufen, ist hinreichende, aber nicht notwendige Voraussetzung.[166] 673

Als unmenschlich hat der EGMR z. B. die sog. fünf Verhörtechniken eingestuft (Gegen-die-Wand-Stellen, Überstreifen einer Kapuze, Einsatz von Lärm, Schlafentzug, Nahrungsentzug);[167] das Einflößen von Brechmittel bei einem Drogenkurier, um an Beweismittel zu gelangen;[168] die Androhung physischer Gewalt gegenüber einem mutmaßlichen Kindesentführer im

162 EGMR, Urteil v. 28.7.1999, Selmouni/Frankreich, 25803/94, NJW 2001, 56, §§ 97 ff.
163 EGMR, Urteil v. 18.12.1996, Aksoy/Türkei, 21987/93, § 64.
164 EGMR, Urteil v. 25.9.1997, Aydin/Türkei, 23178/94, §§ 80 ff.
165 EGMR, Urteil v. 28.7.1999, Selmouni/Frankreich, 25803/94, NJW 2001, 56, § 105.
166 EGMR, Urteil v. 19.4.2001, Peers/Griechenland, 28524/95, § 74; Urteil v. 15.7.2002, Kalashnikov/Russland, 47095/99, NVwZ 2005, 303, § 95.
167 EGMR, Urteil v. 18.1.1978, Irland/UK, 5310/71, EGMR-E 1, 232, § 167. Die EKMR hatte hierin Folter erblickt. Bestätigung des Urteils durch EGMR, Urteil v. 20.3.2018, Irland/UK (request for revision of the judgment of 18 January 1978), 5310/71. Dazu *M. O'Boyle*, Revising the verdict in Ireland v UK: time for a reality check?, EJIL Talk! (6.4.2018).
168 EGMR, Urteil v. 11.7.2006, Jalloh/Deutschland, 54810/00, EuGRZ 2007, 150 = NJW 2006, 3117, § 82 (bei 8 Sondervoten). Kritisch *K. Schumann*, „Brechmitteleinsatz ist Folter"? Die Rechtsprechung des EGMR zum Brechmitteleinsatz im Strafverfahren, StV 2006, 661.

Polizeigewahrsam, um den Aufenthalt des Kindes zu erfahren.[169] Auch im Zusammenhang mit der Todesstrafe kann eine unmenschliche Behandlung vorliegen: beim sog. Todeszellensyndrom[170] oder bei Verhängung der Todesstrafe in einem unfairen Verfahren.[171] Unmenschlich ist außerdem eine lebenslange Freiheitsstrafe ohne Aussicht auf Herabsetzung der Strafe.[172]

674 **Erniedrigend** ist eine demütigende Behandlung, die den Betroffenen in seiner Würde verletzt. Anders als bei den anderen beiden Tatbestandsalternativen ist die Zufügung von Schmerzen nicht erforderlich; allerdings muss ein bestimmter Schweregrad erreicht sein.

Erniedrigend ist danach die Prügelstrafe auch unabhängig vom Grad der zugefügten Schmerzen;[173] die Inhaftierung einer körperlich behinderten Person unter unzureichenden und gesundheitsgefährdenden Bedingungen;[174] die unnötige Auskleidung einer mit Handschellen gefesselten Person;[175] die Präsentation von Angeklagten in Metallkäfigen im Gerichtssaal.[176]

675 Dem Staat obliegt eine **Schutzpflicht** gegen Misshandlungen von privater Seite, sofern er die Gefährdung kannte bzw. erkennen musste.[177] Verstöße müssen aufgeklärt und geahndet werden (Rn. 665).[178] Besondere Bedeutung hat Art. 3 bei **aufenthaltsbeendenden Maßnahmen** (oben Rn. 645): Er steht einer Auslieferung oder Abschiebung nicht nur dann entgegen, wenn im Zielstaat Misshandlungen von staatlicher Seite drohen, sondern auch, wenn die Gefahr von Privaten ausgeht. In Ausnahmefällen kann auch die Abschiebung schwerkranker Personen in einen Staat, in denen keine ausreichende Gesundheitsversorgung besteht, gegen Art. 3 verstoßen.[179]

676 Gerade in Gefängnissen und anderen Einrichtungen zur zwangsweisen Unterbringung von Personen besteht die erhöhte Gefahr von Verstößen gegen Art. 3 EMRK. Zur Verhütung, Kontrolle und Aufklärung ist auf Basis der Europäischen Antifolterkonvention von 1987 das **Europäische Komitee zur Verhütung von Folter und unmenschlicher oder erniedrigender Behandlung oder Strafe** (kurz: *Committee for the Prevention of Torture*, CPT) eingerichtet worden, das solche Haftorte besucht und öffentlich Bericht erstattet.[180] Die Berichte werden auch vom EGMR herangezogen, wenn es um die Aufklärung von Verstößen gegen Art. 3 EMRK im Einzelfall geht.

---

169 EGMR, Urteil v. 1.6.2010, Gäfgen/Deutschland (III), 22978/05, EuGRZ 2010, 417 = NJW 2010, 3145. Dazu Anmerkung *C. Grabenwarter*, NJW 2010, 3128.

170 EGMR, Urteil v. 7.7.1989, Soering/UK, 14038/88, EGMR-E 4, 376, § 111. Dazu oben Rn. 645.

171 EGMR, Urteil v. 8.7.2004, Ilaşcu u. a./Moldawien und Russland, 48787/99, NJW 2005, 1849, §§ 429 ff; Urteil v. 12.5.2005, Öcalan/Türkei, 46221/99, EuGRZ 2005, 463, NVwZ 2006, 1267, § 175. Die verschlungene Argumentation des EGMR kann als Beispiel für den Versuch gelesen werden, ein möglichst umfassendes Verbot der Todesstrafe in die EMRK selbst hineinzuinterpretieren.

172 EGMR, Urteil v. 17.1.2017, Hutchinson/UK, 57592/08, §§ 42 ff.

173 EGMR, Urteil v. 25.4.1978, Tyrer/UK, 5856/72, EGMR-E 1, 268, §§ 33 ff. Vgl. auch EGMR, Urteil v. 28.9.2015, Bouyid/Belgien, 23380/09, §§ 100 ff: Ohrfeige in Polizeigewahrsam.

174 EGMR, Urteil v. 10.7.2001, Price/UK, 33394/96, §§ 24 ff.

175 EGMR, Urteil v. 22.2.2007, Wieser/Österreich, 2293/03, ÖJZ 2007, 792, §§ 35 ff.

176 EGMR, Urteil v. 17.7.2014, Svinarenko u. a./Russland, 32541/08 u. a., NJW 2015, 3423, §§ 122 ff.

177 EGMR, Urteil v. 10.10.2002, D.P. und J.C.,/UK, 38719/97, §§ 109 ff. Siehe auch EGMR, Urteil v. 28.1.2014, O'Keeffe/Irland, 35810/09, NVwZ 2014, 1641, § 168 f: sexueller Missbrauch in katholischer Schule.

178 Daher müssen maskierte Polizeibeamte im Einsatz anderweitig eindeutig identifizierbar sein: Urteil v. 9.11.2017, Hentschel und Stark/Deutschland, 47274/15, NJW 2018, 3763, §§ 91 ff.

179 EGMR, Urteil v. 2.5.1997, D./UK, 30240/96, NVwZ 1998, 161, §§ 49 ff; Urteil v. 6.2.2001, Bensaid/UK, 44599/98, NVwZ 2002, 453, §§ 34 ff (im konkreten Fall wurde ein Verstoß verneint).

180 Siehe z. B. Bericht über den Besuch in Deutschland v. 9.5.2019, CPT/Inf(2019) 14.

c) Verbot von Sklaverei und Zwangsarbeit (Art. 4 EMRK)

Art. 4 enthält ein absolutes Verbot von Sklaverei und Zwangsarbeit. In den Fällen des Abs. 3 (Arbeit in der Haft, Militär- Ersatzdienst, Notstandpflichten, Hand- und Spanndienste) liegt schon tatbestandlich keine verbotene Zwangs- oder Pflichtarbeit vor. Der EGMR zieht zur Auslegung von Abs. 1 und 2 v. a. einschlägige ILO-Konventionen heran. Während Sklaverei Eigentumsrechte über eine Person und deren Degradierung zum Objekt voraussetzt,[181] erfasst Leibeigenschaft *(servitude)* „besonders schwere Formen der Freiheitsverweigerung".[182] Zwangs- oder Pflichtarbeit ist „jede Art von Arbeit oder Dienstleistung [...], die von einer Person unter Androhung irgendeiner Strafe verlangt wird und für die sie sich nicht freiwillig zur Verfügung gestellt hat".[183] **677**

2. Justiz- und Verfahrensgrundrechte

a) Freiheit der Person (Art. 5 EMRK)

Art. 5 schützt gegen bzw. bei **Freiheitsentziehung** durch den Staat. Das in Abs. 1 gleichfalls garantierte „Recht auf Sicherheit" spielt in der Praxis keine Rolle. Abs. 1 S. 1 definiert den Schutzbereich des Grundrechts, Abs. 1 S. 2 enthält einen abschließenden Katalog von Fällen, in denen eine Freiheitsentziehung zulässig ist, die Abs. 2-5 enthalten besondere Garantien im Falle einer Freiheitsentziehung. Schutzgut des Art. 5 ist – wie bei Art. 2 ZP 4 (Freizügigkeit) – die **physische Bewegungsfreiheit** des Menschen. Art. 5 EMRK schützt davor **eingesperrt**, Art. 2 ZP 4 davor ausgesperrt zu werden. Zur Abgrenzung „muss man von der konkreten Situation ausgehen und eine Vielzahl von Kriterien wie die Art, die Dauer, die Auswirkungen und die Modalitäten der Durchführung der in Frage stehenden Maßnahme berücksichtigen".[184] **678**

Für **Eingriffe** fordert Art. 5 Abs. 1 S. 2 eine **gesetzliche Grundlage**. Diese muss hinreichend bestimmt sein und auch die Bedingungen der Freiheitsentziehung regeln.[185] Die Freiheitsentziehung muss auch tatsächlich „in der gesetzlich vorgeschriebenen Weise" erfolgen. Abs. 1 S. 2 lit. a-f legen grundsätzlich[186] **abschließend** die **Gründe für zulässige Freiheitsentziehungen** fest: **679**

- **Verurteilung durch ein zuständiges Gericht** (lit. a): „Verurteilung" erfasst nur straf- und disziplinarrechtliche Sanktionen nach Feststellung der Schuld. Aus-

181 Auch der Fall bei Menschenhandel und Zwangsprostitution: EGMR, Urteil v. 7.1.2010, Rantsev/Zypern und Russland, 25965/04, NJW 2010, 3003, §§ 277, 281 ff. Zu weiteren Fallgruppen *ECHR, Press Unit*, Fact Sheets: Traficking in human beings (5/2019) und Slavery, servitude and forced labour (5/2019). Näher auch *J. Cockayne* (Hg.), Slavery and the Limits of International Criminal Justice, 2016 (= JICJ 14, Heft 2).

182 EGMR, Urteil v. 26.7.2005, Siliadin/Frankreich, 73316/01, NJW 2007, 41, §§ 113 ff, §§ 122 ff.

183 Vgl. EGMR, Urteil v. 23.11.1983, Van der Mussele/Belgien, 8919/80, EGMR-E 2, 295, §§ 33 ff im Anschluss an Art. 2 Abs. 1 ILO-Konvention Nr. 29. Siehe auch Urteil v. 4.6.2015, Chitos/Griechenland, 51637/12, zur vorzeitigen Entlassung aus dem Militärdienst nur gegen prohibitiv hohe Ablösesumme.

184 EGMR, Urteil v. 6.11.1980, Guzzardi/Italien, 7367/76, EGMR-E 1, 492, § 92: Verbannung auf eine Insel, die zu 90% von einem Gefängnisbau belegt ist und nur selten unter Aufsicht verlassen werden kann, ist Freiheitsentziehung (a. a. O., § 95).

185 EGMR, Urteil v. 29.3.2010, Medvedyev u. a./Frankreich, 3394/03, NJOZ 2011, 231, §§ 80, 82 ff. Zum Gesetzesvorbehalt allgemein Rn. 656.

186 Im bewaffneten Konflikt tritt die Möglichkeit der Internierung (Rn. 1292) hinzu: EGMR, Urteil v. 16.9.2014, Hassan/UK, 29750/09, §§ 104 ff.

drücklich verboten ist in Art. 1 ZP 4 die Freiheitsentziehung wegen zivilrechtlicher Schulden (sog. Schuldhaft). Die Freiheitsentziehung muss vom Urteil „abhängen", d. h. zwischen beiden muss ein innerer Zusammenhang bestehen.[187]

- **Nichtbefolgung gerichtlicher Anordnungen oder gesetzlicher Pflichten** (lit. b): Die Verpflichtung muss „spezifisch und konkret" sein, um willkürliche Freiheitsentziehungen auszuschließen.[188]
- **Untersuchungs- und Präventivhaft** (lit. c): Haftgründe sind hinreichender Tatverdacht, Fluchtgefahr *oder* die Gefahr der Begehung einer Straftat. Sieht das nationale Recht zusätzliche Eingriffsschwellen vor (z. B. § 112 StPO: dringender Tatverdacht *und* Haftgrund), gelten diese (vgl. Art. 5 Abs. 1 S. 2 EMRK: „auf die gesetzlich vorgeschriebene Weise"). Mit zunehmender Dauer der Untersuchungshaft entnimmt der EGMR Art. 5 Abs. 3, dass die Haft über den hinreichenden Tatverdacht hinaus auf weitere Gründe gestützt werden muss.[189] Die Gefahr der Begehung der Straftat liegt auch bei einer möglichen „Ersttat" vor, ist also nicht auf die Wiederholungsgefahr beschränkt. Die Präventivhaft ist wegen der Fehlbarkeit von Prognosen besonders heikel. Es müssen daher konkrete Gründe vorliegen, die auf die Gefahr einer konkreten und spezifischen Straftat schließen lassen; die generelle Gefährlichkeit einer Person reicht nicht aus.[190]
- **Freiheitsentziehung bei Minderjährigen** (lit. d): „zum Zweck überwachter Erziehung" (z. B. Erziehungsheim, Jugendhaftanstalt) oder „zur Vorführung vor die zuständige Behörde". In beiden Fällen geht es um Maßnahmen mit erzieherischem Charakter.
- **Unterbringung von Kranken und Landstreichern** (lit. e): zur Verhütung der Verbreitung ansteckender Krankheiten (Quarantänemaßnahmen); bei psychisch Kranken[191], bei Alkohol- oder Rauschgiftsucht (Unterbringung muss therapeutischen Charakter haben bzw. der Ausnüchterung dienen); bei Landstreicherei (v. a. Maßnahmen gegen Obdachlose; die Verhältnismäßigkeit ist zu wahren!).
- **Einreise-, Abschiebe- und Auslieferungshaft** (lit. f): Die Varianten 1 und 2 schützen das „unleugbare" Recht der Staaten, „die Einreise und den Aufenthalt von Ausländern in ihrem Staatsgebiet souverän zu kontrollieren".[192] Dabei ist nach Art, Dauer, Wirkungen und Anwendungsweise zu bestimmen, ob das Anhalten im Rahmen von Grenzkontrollen bereits in Art. 5 Abs. 1 EMRK eingreift.[193] Art. 5 Abs. 1 S. 2 lit. f rechtfertigt die Inhaftierung von Asylbewerbern bis zur of-

187 EGMR, Urteil v. 17.12.2009, M./Deutschland, 19359/04, EuGRZ 2010, 25, § 88.

188 EGMR, Urteil v. 8.6.1976, Engel u. a./Niederlande, 5100/71, EGMR-E 1, 178, § 69.

189 EGMR, Urteil v. 10.11.1969, Stögmüller/Österreich, 1602/62, EGMR-E 1, 83, § 4.

190 EGMR, Urteil v. 17.12.2009, M./Deutschland, 19359/04, EuGRZ 2010, 25, § 89. Von seiner Auffassung, dass ein Präventivgewahrsam außerhalb von Strafverfahren in engen Grenzen auf lit. b gestützt werden könne – Urteil v. 7.3.2013, Ostendorf/Deutschland, 15598/08, EuGRZ 2013, 489, §§ 89 ff (gewaltbereite Hooligans) –, ist der EGMR abgerückt und zieht nunmehr lit. c heran: Urteil v. 22.10.2018, S., V und A./Dänemark, 35553/12 u. a., m. Anm. *J. M. Hoffmann*, NVwZ 2019, 135/141.

191 Kritisch *A. E. Abello Jiménez*, Criminalizing Disability: The Urgent Need of a New Reading of the European Convention on Human Rights, AmUnivILR 30 (2015), 285.

192 EGMR, Urteil v. 25.6.1997, Amuur/Frankreich, 19776/92, NVwZ 1997, 1102 = EuGRZ 1996, 577, § 41. Dazu *K. F. Gärditz*, in: Menzel/Pierlings/Hoffmann (Hg.), Völkerrechtsprechung, 2005, Nr. 88.

193 EGMR, Beschluss v. 15.10.2013, Gahramanov/Aserbaidschan, 26291/06, NVwZ 2014, 1440.

fiziellen Aufenthaltsbewilligung.[194] Fluchtgefahr ist nicht erforderlich, es genügt ein laufendes Einreise-, Abschiebungs- oder Auslieferungsverfahren. Allerdings formuliert der Gerichtshof zeitliche und inhaltliche Anforderungen an das aufenthaltsrechtliche Verfahren.[195]

Scharf verurteilt hat der EGMR die US-Praxis der Überstellung von Terrorverdächtigen (**extraordinary renditions**) an die CIA und die Beteiligung von Konventionsstaaten hieran. Die Inhaftierung „outside the normal legal system [...] by its deliberate circumvention of due process, is anathema to the rule of law and the values protected by the Convention". Den Konventionsstaat trifft eine positive Pflicht, den Betroffenen vor willkürlicher Haft zu schützen; zudem scheint der EGMR dem Konventionsstaat die Überstellung auch als aktiven Verstoß gegen Art. 5 vorzuwerfen, wenn dieser von der Verbringung in ein Geheimgefängnis wusste oder wissen musste.[196]

Fall: Nachträgliche Sicherungsverwahrung (EGMR 2011)[197] Der Beschwerdeführer (Bf.) war vom LG Passau 1999 wegen Vergewaltigung in zwei Fällen zu einer Gesamtfreiheitsstrafe von 3 Jahren und 6 Monaten verurteilt worden. Kurz vor seiner Haftentlassung ordnete das LG Bayreuth als Strafvollstreckungsgericht im April 2002 auf Grundlage psychologischer Gutachten wegen fortdauernder Gefährlichkeit die unbefristete Sicherungsverwahrung des Bf. in einer Justizvollzugsanstalt an. Nach Erschöpfung des Rechtswegs in Deutschland erhob der Bf. Individualbeschwerde zum EGMR und rügte einen Verstoß gegen Art. 5 EMRK.

Der EGMR betonte zunächst, dass sich die zulässigen Gründe für eine Freiheitsentziehung abschließend aus Art. 5 Abs. 1 Satz 2 EMRK ergeben. Eine „Verurteilung" im Sinne von lit. a liege nur im Urteil des LG Passau, nicht im Beschluss des LG Bayreuth, weil die Entscheidung des Strafvollstreckungsgerichts keine Schuldfeststellung beinhalte. Zwischen der Verurteilung und der Fortdauer der Freiheitsentziehung fehle es an einem hinreichenden Kausalzusammenhang, weil das LG Passau gegen den Bf. keine Sicherungsverwahrung verhängt habe. Die Verhängung sei vielmehr nachträglich durch den selbstständigen Beschluss des Strafvollstreckungsgerichts erfolgt; die Bezugnahme auf das Urteil in diesem Beschluss könne einen solchen Konnex nicht herstellen. Die Sicherungsverwahrung sei daher keine Freiheitsentziehung „nach" einer Verurteilung im Sinne von lit. a. Auch auf lit. c könne die weitere Inhaftierung nicht gestützt werden, da sie nicht der Verhütung einer nach Ort, Zeit und Opfer konkretisierbaren Straftat diene, sondern an eine generelle Gefährlichkeit des Täters anknüpfe. Lit. e komme als Unterbringungsgrund nur in Betracht, wenn bei dem Bf. tatsächlich eine psychische Krankheit diagnostiziert worden sei. Angesichts der Trennung zwischen den Maßregeln der § 63 (Unterbringung in einem psychiatrischen Krankenhaus) und § 66 StGB (Sicherungsverwahrung) und angesichts des strafähnlichen Charakters der Sicherungsverwahrung (u. a. Vollzug in einer Justizvollzugsanstalt nach im Wesentlichen gleichen Bedingungen wie der Strafvollzug) handle es sich jedoch nicht um eine therapeutische Unterbringung wegen einer psychischen Krankheit. Da auch kein anderer Grund aus Art. 5 Abs. 2 EMRK die fortdauernde Freiheitsentziehung rechtfertige, liege ein Verstoß gegen Art. 5 Abs. 1 EMRK vor.

194 EGMR, Urteil v. 29.1.2008, Saadi/UK, 13229/03, § 65.

195 EGMR, Urteil v. 8.1.2010, Mikolenko/Estland, 10664/05, §§ 59 ff.

196 EGMR, Urteil v. 13.12.2012, El-Masri/FYROM, 39630/09, NJW 2013, 631, §§ 237 ff (Zitat in § 239). Siehe auch EGMR, Urteil v. 24.7.2014, Al Nashiri/Polen, 28761/11, NVwZ 2015, 955, §§ 529 ff; Urteil v. 31.5.2018, Al Nashiri/Rumänien. 33234/12, §§ 638 ff.

197 EGMR, Urteil v. 13.1.2011, Haidn/Deutschland, 6587/04. Die reformierte Sicherungsverwahrung begegnet keinen Bedenken mehr: Urteil v. 4.12.2018, Ilnseher/Deutschland, 10211/12.

680 Die **Rechte Festgenommener** bestimmen sich nach den Abs. 2-5, wobei die Abs. 2, 4 und 5 für jede Form der Freiheitsentziehung gilt, Abs. 3 nur für Freiheitsentziehungen nach Abs. 1 S. 2 lit. c (Untersuchungs- und Präventivhaft). Jede festgenommene Person hat ein Recht, innerhalb möglichst kurzer Frist in einer ihr verständlichen Sprache über die Gründe der Festnahme informiert zu werden (Abs. 2) und die Überprüfung der Freiheitsentziehung durch ein unabhängiges Gericht zu beantragen (Abs. 4, das sog. Habeas-corpus-Recht). Für die Untersuchungs- und Präventivhaft ist die „unverzügliche", d. h. alsbaldige Vorführung vor einen Richter gefordert (Abs. 3 S. 1 Hs. 1). Was noch als „unverzüglich" gilt, hängt von den Umständen des Falles ab; regelmäßig dürfte in einem funktionierenden Justizsystem die Einhaltung einer 48-Stunden-Frist zu erwarten sein.[198] Der Untersuchungshäftling hat außerdem Anspruch auf ein Urteil binnen angemessener Frist. Ergeht dies nicht, fordert der EGMR in Abweichung vom Wortlaut des Abs. 3 S. 1 Hs. 2 und S. 2 zwar nicht die Entlassung, gegebenenfalls gegen Kaution (anders nur, wenn es bereits an einem Haftgrund fehlt); wohl aber verlangt er, Alternativen zur Untersuchungshaft zu prüfen.[199] Bei konventionswidriger Haft gibt Art. 5 Abs. 5 Anspruch auf Haftentschädigung.[200]

b) Recht auf ein faires Verfahren (Art. 6 EMRK)

681 In den **detaillierten Vorschriften** von Art. 6 EMRK über faire Zivil- und Strafverfahren spiegelt sich die stärker prozedural orientierte angelsächsische Rechtstradition. Während Abs. 1 sich auf alle Zivil- und Strafverfahren bezieht, enthalten die Absätze 2 und 3 die Unschuldsvermutung und besondere Verfahrensgarantien allein für den Strafprozess. Wichtig ist, dass der EGMR die Schlüsselbegriffe (z. B. „zivilrechtliche Ansprüche", „Gericht" usw.) **autonom auslegt**, d. h. unabhängig vom innerstaatlichen Verständnis.[201] So ist gewährleistet, dass Verfahrensgarantien nicht durch unterschiedliche Kategorisierungen in den nationalen Rechtsordnungen unterlaufen werden.

682 **aa) Art. 6 Abs. 1 EMRK.** Satz 1 von Art. 6 Abs. 1 EMRK lautet:

Jede Person hat ein Recht darauf, dass über Streitigkeiten in Bezug auf ihre zivilrechtlichen Ansprüche und Verpflichtungen oder über eine gegen sie erhobene strafrechtliche Anklage von einem unabhängigen und unparteiischen, auf Gesetz beruhenden Gericht in einem fairen Verfahren, öffentlich und innerhalb angemessener Frist verhandelt wird.

Die **„zivilrechtlichen Ansprüche"** fasst der EGMR sehr weit (vgl. das englische Recht, das weite Teile des öffentlichen Rechts als *civil law* einstuft). „Zivilrechtlich"

---

198 Vgl. aber EGMR, Urteil v. 10.7.2008, Medvedyev/Frankreich, 3394/03, §§ 64 ff: rund 14 Tage bei Festnahme eines mutmaßlichen Drogenschmugglers auf hoher See noch „unverzüglich". Zur Festnahme von Piraterieverdächtigen vor der Küste Somalias Urteil v. 4.12.2014, Ali Samatar u. a./ Frankreich, 17110/10 u. a., NJOZ 2016, 36 m. Anm. *J. Meyer-Ladewig/H. Petzold.*

199 EGMR, Urteil v. 26.10.2006, Chraidi/Deutschland, 65655/01, §§ 35 ff; Urteil v. 8.6.2006, Korchuganova/Russland, 75039/01, § 75.

200 Der BGH (NJW 2013, 3176) beschränkt den (verschuldensunabhängigen!) Anspruch auf dem Grund nach rechtswidrige Freiheitsentziehungen und lehnt die Erstreckung auf menschenunwürdige Haftbedingungen ab. Letzterer kann auf einen Amtshaftungsanspruch aus § 839 BGB i. V. m. Art. 34 GG gestützt werden.

201 Vgl. EGMR, Urteil v. 28.6.1978, König/Deutschland, 6232/73, EGMR-E 1, 278, §§ 88 f.

in diesem Sinne meint alles, was **Auswirkungen auf zivilrechtliche Positionen** hat (auch z. B. Baugenehmigungen) sowie alle **vermögenswerten Ansprüche** (z. B. sozialversicherungsrechtliche Ansprüche). Ausgenommen sind lediglich Streitigkeiten aus dem Kernbereich des öffentlichen Rechts. Hierzu zählen u. a. das Wahlrecht, der Militärdienst, das Ausländer- und Asylrecht oder Steuern und Zölle.[202] Da sich die Beziehungen des Einzelnen zum Staat über die Zeit verändern, ist auch dieser Bereich ständigem Wandel unterworfen. Für beamtenrechtliche Streitigkeiten gilt in der neueren Rechtsprechung eine Vermutung, dass diese unter Art. 6 Abs. 1 fallen.[203] Auch was eine **„strafrechtliche Anklage"** ausmacht, bestimmt der EGMR autonom anhand dreier Kriterien („Engel-Kriterien"): der Zuordnung nach nationalem Recht, der Natur des Vergehens, der Art und Schwere der Sanktion.[204]

Das **Gericht** muss unabhängig und unparteiisch sein und auf Gesetz beruhen.[205] Für **683**
die **Unabhängigkeit** kommt es in persönlicher Hinsicht auf Fragen der Amtsdauer und der Unabsetzbarkeit an; eine kurze Amtszeit muss aus der Natur des Richteramtes begründet sein.[206] In sachlicher Hinsicht bedeutet Unabhängigkeit Weisungsfreiheit.[207] Bei der **Unparteilichkeit** unterscheidet der EGMR zwischen subjektiver und objektiver Unparteilichkeit. Dabei geht es um die Unterscheidung zwischen tatsächlicher Befangenheit („subjektiv"), die bis zum Beweis des Gegenteils vermutet wird, und der bloßen Besorgnis der Befangenheit („objektiv"). Um das Vertrauen in eine unparteiliche Justiz zu schützen, muss bereits in diesem Fall die (Selbst-)Ablehnung eines Richters möglich sein.[208]

Der Grundsatz des **fairen Verfahrens** ist eine Generalklausel, aus der der EGMR **684**
eine Reihe von nachgeordneten Prinzipien abgeleitet hat. Zu den wichtigsten zählen:

- **Waffengleichheit** der Parteien mit Blick auf Verfahrensrechte und Zugang zu Informationen;[209]

---

202 Zur Abgrenzung EGMR, Urteil v. 12.7.2001, Ferrazzini/Italien, 44759/98, NJW 2002, 3453, §§ 24 ff.

203 Näher EGMR, Urteil v. 19.4.2007, Eskelinen u. a./Finnland, 63235/00, NJOZ 2008, 1188, § 62, abweichend von der früheren Leitentscheidung v. 8.12.1999, Pellegrin/Frankreich, 28541/95, NVwZ 2000, 661.

204 EGMR, Urteil v. 8.6.1976, Engel u. a./Niederlande, 5100/71, EGMR-E 1, 178, §§ 83 ff. Dazu *K. F. Gärditz*, in: Menzel/Pierlings/Hoffmann (Hg.), Völkerrechtsprechung, 2005, Nr. 89. Das zweite und dritte Kriterium gelten alternativ, können aber kumuliert werden. Urteil v. 20.3.2017, R.S./Deutschland, 19600/15, § 32.

205 Darunter fällt auch der Internationale Sportschiedshof (CAS) in Lausanne: Urteil v. 2.10.2018, Mutu und Pechstein/Schweiz, 40575/10, NJW 2019, 1057.

206 EGMR, Urteil v. 28.6.1984, Campbell u. Fell/UK, 7819/77, EGMR-E 2, 409, § 80: Amtszeit von drei Jahren begründet mit unentgeltlicher Richtertätigkeit.

207 Diese kann bei Militärgerichten bzw. beim Einsatz von Militärrichtern in staatlichen Gerichten problematisch sein, sofern diese in eine militärische Befehls- und Disziplinarstruktur eingeordnet bleiben: EGMR, Urteil v. 25.2.1997, Findlay/UK, 22107/93, §§ 74 ff; Urteil v. 9.6.1998, Incal/Türkei, 22678/93, §§ 67 ff.

208 EGMR, Urteil v. 1.10.1982, Piersack/Belgien, 8692/79, EGMR-E 2, 173, § 30.

209 EGMR, Urteil v. 17.1.1970, Delcourt/Belgien, 2689/65, EGMR-E 1, 100, §§ 28 ff; Urteil v. 29.5.1986, Feldbrugge/Niederlande, 8562/79, EGMR-E 3, 138, § 44. Dass im Vorabentscheidungsverfahren vor dem EuGH (Art. 267 AEUV) der Generalanwalt das letzte Wort hat, ist durch die Natur eines Vorlageverfahrens gerechtfertigt: EGMR, Urteil v. 20.1.2009, Nederlandse Kokkelvisserij/Niederlande, 13645/05, EuGRZ 2011, 11.

- Recht auf **rechtliches Gehör** und **aktive Teilnahme** am Verfahren;[210]
- Recht, sich im Strafverfahren nicht selbst belasten zu müssen (**Nemo-tenetur-Grundsatz:** *nemo tenetur [est] se ipsum accusare*)[211] sowie daraus folgend ein Verbot der **Verwertung von Beweisen**, die unter **Verstoß gegen Art. 3**[212] gewonnen wurden;
- Anspruch auf eine **begründete Entscheidung**.[213]

Beim Einsatz von **Lockspitzeln** *(agents provocateurs)* besteht ein Konflikt zwischen EGMR und BGH. Während der EGMR hier wegen des Rechts, sich nicht selbst belasten zu müssen, ein Beweisverwertungsverbot fordert, will die deutsche Rechtsprechung in bewusster Abweichung die Tatprovokation durch verdeckte staatliche Ermittler allein im Rahmen der Strafzumessung berücksichtigen.[214] Nach Ansicht des BVerfG genügt dies der Berücksichtigungspflicht gegenüber EGMR-Urteilen (Rn. 526).[215]

Ausdrücklich schreibt Art. 6 Abs. 1 die **Öffentlichkeit** des Verfahrens und der Verkündung der Urteile vor und beschreibt die zulässigen Beschränkungen abschließend. Die Öffentlichkeit des Verfahrens „schützt die Rechtsunterworfenen vor einer Geheimjustiz, die sich öffentlicher Kontrolle entzieht; außerdem ist sie ein Mittel, um das Vertrauen in die Gerichtsbarkeit zu sichern".[216] Die Form der öffentlichen Urteilsverkündung ist abhängig von der Art des Verfahrens; die Verkündung muss nicht unbedingt mündlich erfolgen.[217]

685 Erhebliche praktische Bedeutung hat der Anspruch auf **Verhandlung innerhalb angemessener Frist**. Insbesondere gegen Deutschland sind über die Jahre zahlreiche Urteile wegen überlanger Verfahrensdauern ergangen.[218] Seit dem Kudła-Urteil hält der EGMR die Mitgliedstaaten für verpflichtet, innerstaatliche Rechtsbehelfe gegen überlange Verfahrensdauern einzuführen.[219] Ob ein Verfahren unangemessen lange dauert, bemisst sich nach der Komplexität des Falles, dem Verhalten des Beschwerdeführers und dem Verhalten der Behörden und Gerichte.[220] Auch auf die Bedeutung des Falles für den Beschwerdeführer kommt es an.

---

210 EGMR, Urteil vom 27.10.1993, Dombo Beheer B.V./Niederlande, 14448/88, NJW 1995, 1413, § 33; Urteil v. 23.2.1994, Stanford/UK, 16757/90, ÖJZ 1994, 600, § 26.

211 EGMR, Urteil v. 8.2.1996, Murray/UK, 18731/91, EuGRZ 1996, 587, § 45.

212 EGMR, Urteil v. 11.7.2006, Jalloh/Deutschland, 54810/00, EuGRZ 2007, 150 = NJW 2006, 3117, §§ 99 ff; Urteil v. 1.6.2010, Gäfgen/Deutschland, 22978/05, EuGRZ 2010, 417 = NJW 2010, 3145, §§ 166 ff.

213 EGMR, Urteil v. 16.12.1992, Hadjianastassiou/Griechenland, 12945/87, EuGRZ 1993, 70 = NJW 1993, 1697, §§ 32 ff.

214 Vgl. EGMR, Urteil v. 9.6.1998, Teixeira de Castro/Portugal, 25829/94, EuGRZ 1999, 660, sowie Urteil v. 23.10.2014, Furcht/Deutschland, 54648/09, NJW 2015, 3631 einerseits und BGH, NStZ 2014, 277 andererseits; offen gelassen in BGH, NStZ 2018, 355. Dazu *F. Gottschalk*, Verfahrenshindernis bei Tatprovokation durch Lockspitzel?, StudZR 2013, 49; *M. Jahn*, Lockspitzeleinsatz, JuS 2014, 371.

215 BVerfG, NJW 2015, 1083, Rn. 41 ff. Dazu *C. Jäger*, Polizeilich initiierter Tatendrang, JA 2015, 473.

216 EGMR, Urteil v. 8.12.1983, Pretto u. a./Italien, 7984/77, EGMR-E 2, 312, § 21.

217 EGMR, Urteil v. 8.12.1983, Pretto u. a./Italien, 7984/77, EGMR-E 2, 312, §§ 25 ff.

218 Nachweise bei *C. Tiwisina*, Rechtsfragen überlanger Verfahrensdauer nach nationalem Recht und der EMRK, 2010, 36 ff. Siehe dazu auch Rn. 685.

219 EGMR, Urteil v. 26.10.2000, Kudła/Polen, 30210/96, EuGRZ 2004, 484 NJW 2001, 2694. Zu Deutschland v. a. Urteil v. 2.9.2010, Rumpf/Deutschland, 46344/06, EuGRZ 2010, 700.

220 EGMR, Urteil v. 29.5.1986, Deumeland/Deutschland, 9384/81, EGMR-E 3, 155, §§ 78 ff.

Aus Art. 6 Abs. 1 EMRK leitet der EGMR seit dem Urteil *Golder* ein Recht auf **Zugang zum Gericht** ab: „Faires Verfahren, Öffentlichkeit und Zügigkeit eines Prozesses bieten nicht das geringste Interesse, wenn es einen Prozess nicht gibt."[221] Das Recht unterliegt immanenten Schranken (Verfahrensökonomie, Verfahrensbeschleunigung, Immunitäten usw.); die gesetzlichen Beschränkungen dürfen den Zugang jedoch „nicht in einer Weise oder bis zu einem Grad einschränken, der das Recht in seinem Wesensgehalt antastet".[222] Das „Recht auf ein Gericht" schließt auch die Durchsetzbarkeit von Urteilen ein,[223] gibt aber kein Recht auf eine zweite Instanz. **686**

bb) Art. 6 Abs. 2 und 3 EMRK. Art. 6 Abs. 2 enthält mit der **Unschuldsvermutung** ein Kerngrundrecht des Angeklagten im Strafverfahren (*in dubio pro reo:* im Zweifel für den Angeklagten). Dieses verpflichtet auch die Strafverfolgungsbehörden, namentlich im Umgang mit der Presse.[224] Auch der Hinweis in einem freisprechenden Urteil, dass das Gericht den Angeklagten für schuldig hält, verletzt die Unschuldsvermutung.[225] Die in Art. 6 Abs. 3 **besonders erwähnten Rechte** des Angeklagten sind nicht abschließend („mindestens"); zur Lückenschließung ist auf die Garantie des fairen Verfahrens in Abs. 1 zurückzugreifen. Art. 6 Abs. 3 nennt: die Pflicht zur Unterrichtung über die Beschuldigung (lit a; unabhängig von einer Freiheitsentziehung: dazu Art. 5 Abs. 2); das Recht zur Vorbereitung der Verteidigung (lit. b); das Recht auf Verteidigung (lit. c);[226] die Waffengleichheit beim Zeugenbeweis (lit. d); das Recht auf einen Dolmetscher (lit. e). **687**

c) Recht auf wirksame Beschwerde (Art. 13 EMRK)

Das Recht auf eine wirksame Beschwerde ist **akzessorisch**, d. h. es besteht nur in Bezug auf die Verletzung eines anderen EMRK-Rechts. Art. 13 soll erreichen, dass Konventionsverstöße möglichst bereits auf nationaler Ebene beseitigt werden; die Vorschrift sichert die **Subsidiarität** der Beschwerdeverfahren vor dem EGMR. Nicht erforderlich ist, dass der Konventionsverstoß tatsächlich vorliegt; das Recht greift bereits, wenn ein solcher Verstoß in vertretbarer Weise behauptet wird *(arguable claim)*. Die **„innerstaatliche Instanz"** braucht kein Gericht zu sein, muss aber Unabhängigkeit und Unparteilichkeit garantieren und befugt sein, verbindliche Entscheidungen zu treffen.[227] Die „Beschwerde" (der Begriff meint jeden Rechtsbehelf zur Durchsetzung von Konventionsrechten) ist nur **wirksam**, wenn der Rechtsakt auch in der Sache überprüft wird[228] (setzt erhöhte Kontrolldichte voraus[229]) und das Verfah- **688**

---

221 EGMR, Urteil v. 21.2.1975, Golder/UK, 4451/70, EGMR-E 1, 146, § 35. Zum Verhältnis zu Art. 13 EMRK Rn. 689.

222 EGMR, Urteil v. 28.5.1985, Ashingdane/UK, 8225/78, EGMR-E 3, 63, § 57.

223 EGMR, Urteil v. 19.3.1997, Hornsby/Griechenland, 18357/91, ÖJZ 1998, 236, §§ 40 f.

224 EGMR, Urteil v. 28.10.2004, Y.B. u. a./Türkei, 48173/99, §§ 43 ff.

225 EGMR, Urteil v. 15.1.2015, Cleve/Deutschland, 48144/09, StV 2016, 1 m. Anm. *C. F. Stuckenberg.*

226 Zu Strafverfahren in Abwesenheit EGMR, Urteil v. 9.4.1984, Goddi/Italien, 8966/80, EGMR-E 2, 366, §§ 25 ff; Urteil v. 13.2.2001, Krombach/Frankreich, 29731/96, NJW 2001, 2387, §§ 82 ff.

227 Näher EGMR, Urteil v. 25.3.1983, Silver u. a./UK, 5947/72, EGMR-E 2, 227, § 113.

228 Vgl. dazu auch *A. v. Arnauld*, Klausurenkurs im Völkerrecht, 3. Aufl. 2018, Fall 10.

229 EGMR, Urteil v. 27.9.1999, Smith und Grady/UK, 33985/96, NJW 2000, 2089, §§ 135 ff. Zu Auswirkungen auf das englische Recht *A. v. Arnauld*, Theorie und Methode des Grundrechtsschutzes in Europa – am Beispiel des Grundsatzes der Verhältnismäßigkeit, EuR, Beiheft 1/2008, 41 (44 ff).

ren geeignet ist, die Konventionsverletzung oder deren Fortdauer zu verhindern oder eine angemessene Wiedergutmachung zu erlangen. Unter strengen Voraussetzungen ist eine Einschränkung des Rechts aus Gründen der inneren Sicherheit gestattet.[230]

689 Dass der EGMR aus Art. 6 Abs. 1 EMRK ein Recht auf Zugang zu einem Gericht ableitet, macht eine **Abgrenzung von Art. 6 und 13** notwendig. Die erweiterte Auslegung von Art. 6 Abs. 1 begründet der EGMR damit, dass Art. 6 speziell auf Verfahren vor *Gerichten* ziele (nicht auf beliebige „staatliche Instanzen"). Um die justiziellen Garantien des Art. 6 EMRK nicht auszuhöhlen, müsse der Vorschrift auch ein Zugangsrecht entnommen werden. Zudem sind Streitigkeiten i. S. von Art. 6 nicht auf die Verletzung von EMRK-Rechten beschränkt.[231] Konsequenz ist, dass Art. 13 eigenständige Bedeutung nur noch bei **öffentlich-rechtlichen Streitigkeiten** besitzt, sofern diese nicht unter Art. 6 Abs. 1 fallen.[232] Einen weiteren Anwendungsbereich hat der EGMR Art. 13 mit dem Kudła-Urteil (2000) eröffnet: Danach sind die Mitgliedstaaten nach Art. 13 verpflichtet, wirksame Beschwerdemöglichkeiten vorzuhalten, falls ein **Recht aus Art. 6 EMRK selbst** verletzt sein sollte.[233] Praktisch ist dies vor allem bei überlangen Verfahrensdauern geworden. Art. 13 EMRK soll hier als Hebel wirken, um den EGMR von einer Vielzahl von Verfahren zu entlasten, die nunmehr vorrangig auf nationaler Ebene durchzuführen sind.

690 **Fall: Entwaffnet**[234] Der Bf. betreibt ein Personenschutzunternehmen. Ende 1993 wird sein Antrag auf Neuerteilung eines Waffenscheins abgelehnt. Nach erfolglosem Widerspruchsverfahren erhebt er im April 1994 Klage beim VG Halle. Die Klagebegründung reicht der Anwalt des Klägers im September 1995 ein. Nachdem die mündliche Verhandlung auf Wunsch des Bf. auf Mai 1996 verschoben worden war, bestätigt das VG am 30. Mai 1996 die Nichterteilung des Waffenscheins. Im Juli 1996 legt der Bf. Berufung ein; wegen Überlastung des Gerichts findet die mündliche Verhandlung vor dem OVG Magdeburg erst im November 1998 statt, das Verfahren wird wegen fehlender Akten ausgesetzt. Jahrelang bleiben Versuche des OVG erfolglos, Akten vom Landkreis und vom VG Halle zu erhalten. Trotz mehrfacher Anträge des Bf. wird kein weiterer Verhandlungstermin anberaumt, ein für Juli 2001 angesetzter Termin vom Gericht abgesagt. Schließlich findet im Mai 2004 eine mündliche Verhandlung statt. Die Zurückweisung seiner Berufung wird dem Bf. Ende Juni 2004 zugestellt. Das BVerwG weist die Nichtzulassungsbeschwerde im Januar 2005 zurück. Die nach Fristverlängerung im Oktober 2005 anhängig gemachte Verfassungsbeschwerde wird vom BVerfG mit Beschluss vom 25. April 2007 nicht zur Entscheidung angenommen. Der Bf. erhebt Beschwerde zum EGMR und rügt die Verletzung seiner Rechte aus Art. 6 Abs. 1 und 13 EMRK.

---

230 EGMR, Urteil v. 6.9.1978, Klass u. a./Deutschland, 5029/71, EGMR-E 1, 320, §§ 61 ff (zum G10-Gesetz).

231 EGMR, Urteil v. 21.2.1975, Golder/UK, 4451/70, EGMR-E 1, 146, § 33.

232 Z. B. bei geheimdienstlichen Überwachungsmaßnahmen: EGMR, Urteil v. 31.7.2012, Drakas/Litauen, 36662/04, §§ 63 ff.

233 EGMR, Urteil v. 26.10.2000, Kudła/Polen, 30210/96, EuGRZ 2004, 484 NJW 2001, 2694, §§ 146 ff.

234 Nach EGMR, Urteil v. 2.9.2010, Rumpf/Deutschland, 46344/06, EuGRZ 2010, 700. Der Gesetzgeber hat 2011 mit einem Entschädigungsanspruch nach §§ 198 ff GVG reagiert. Der EGMR hat dies – fürs Erste – akzeptiert: EGMR, Urteil v. 29.5.2012, Taron/Deutschland, 53126/07, EuGRZ 2012, 514, § 40. Dasselbe gilt für die zeitgleich eingeführte Verzögerungsbeschwerde gemäß §§ 97a ff BVerfGG bei überlangen Verfahren vor dem BVerfG: EGMR, Urteil v. 4.9.2014, Peter/Deutschland, 68919/10, NJW 2015, 3359, §§ 52 ff.

Lösungshinweise: I. Verstoß gegen Art. 6 Abs. 1 EMRK: Art. 6 Abs. 1 EMRK gibt ein Recht auf gerichtliche Verhandlung innerhalb angemessener Frist. Obwohl Art. 6 EMRK keine Verpflichtung für die Mitgliedstaaten enthält, mehrere Instanzen vorzusehen, erstreckt sich die Pflicht nach ständiger Rechtsprechung des EGMR auf das gesamte gerichtliche Verfahren, das der Mitgliedstaat vorsieht, einschließlich der Verfassungsbeschwerde. Die Prüfung, ob ein Verstoß gegen Art. 6 Abs. 1 vorliegt, hat sich an der Komplexität des Falles, dem Verhalten des Bf. und der staatlichen Stellen sowie an der Bedeutung der Sache für den Bf. zu orientieren.

Der Fall wirft keine Rechts- oder Tatsachenfragen von besonderer Komplexität auf (materiell-rechtlich geht es im Wesentlichen um die Frage persönlicher Zuverlässigkeit und Sachkunde). Durch das Verhalten des Bf. hat sich allein das Verfahren vor dem VG Halle verzögert (verspätete Klagebegründung, Verschiebung der mündlichen Verhandlung), das in angemessener Frist verhandelte und entschied. Dass das Verfahren vor dem OVG sich rund acht Jahre lang hinzog, lag allein an dem Verhalten staatlicher Stellen: Das OVG hat die erste Verhandlung spät terminiert und im Anschluss das Verfahren nicht aktiv betrieben; auch dass die Akten über Jahre nicht beigebracht werden konnten, ist dem Staat anzulasten (Landkreis, VG). der Nichtannahmebeschluss des BVerfG hat mit eineinhalb Jahren ebenfalls recht lange gedauert, fällt aber angesichts der extremen Verschleppung des Verfahrens vor dem OVG kaum ins Gewicht. Berücksichtigt man, dass der Waffenschein für den Bf. als Betreiber eines Personenschutzunternehmens aus beruflichen Gründen entscheidende Bedeutung besitzt, liegt ein klarer Verstoß gegen Art. 6 Abs. 1 EMRK vor.

II. Verstoß gegen Art. 13 EMRK: Dem Bf. stand in Deutschland kein Rechtsbehelf zur Verfügung, mit dem er den Verstoß gegen Art. 6 Abs. 1 EMRK hätte rügen und eine Verfahrensbeschleunigung erreichen können. Hierin liegt ein Verstoß gegen Art. 13 i. V. m. Art 6 Abs. 1 EMRK. In dem diesem Fall zu Grunde liegenden Urteil hat der EGMR die Feststellung des Verstoßes mit der Verpflichtung Deutschlands verbunden, innerhalb eines Jahres einen Beschleunigungsrechtsbehelf einzuführen.

d) Recht auf Individualbeschwerde zum EGMR (Art. 34 EMRK)

Art. 34 EMRK ist zwar im Abschnitt zum Gerichtshof und seinen Verfahren plaziert, 691
gibt aber „jeder natürlichen Person, nichtstaatlichen Organisation und Personengruppe“, die der Hoheitsgewalt einer Vertragspartei untersteht (vgl. Art. 1 EMRK), ein subjektives **Recht auf Individualbeschwerde** zum EGMR. Dieses ist verletzt, wenn der Grundrechtsträger vom Staat an der Kommunikation mit dem EGMR gehindert oder unter Druck gesetzt wird, seine Beschwerde zurückzuziehen oder zu ändern.[235]

e) Besondere strafrechtliche Garantien

Art. 7 EMRK gewährleistet das **strafrechtliche Rückwirkungsverbot** und **Be-** 692
stimmtheitsgebot als Ausprägung des allgemeinen Prinzips der Rechtssicherheit (*nulla poena sine lege praevia:* keine Strafe ohne ein bereits existierendes Gesetz); Art. 4 ZP 7 verbietet die **Doppelbestrafung** in derselben Sache *(ne bis in idem)*, allerdings nur vor Gerichten desselben Staates. Einen Anspruch auf eine **zweite Instanz in Strafsachen** gibt Art. 2 ZP 7. Das Recht auf **Haftentschädigung** aus Art. 5 Abs. 5

235 EGMR, Urteil v. 8.7.2004, Ilaşcu u. a./Moldawien und Russland, 48787/99, NJW 2005, 1849, §§ 475 ff.

wird in Art. 3 ZP 7 auf die Fälle erweitert, in denen ein die Haft legitimierendes Urteil später wegen erwiesener Unschuld aufgehoben wird.

3. Persönlichkeitsbezogene Rechte

a) Recht auf Achtung des Privat- und Familienlebens (Art. 8 EMRK)

693 Im Unterschied zum Grundgesetz kennt die EMRK keinen Schutz einer allgemeinen Handlungsfreiheit. In der Rechtsprechung des EGMR ist allerdings der **Schutz des Privatlebens** aus Art. 8 EMRK zu einem **Auffangrecht** entwickelt worden, das wichtige Aspekte der freien Persönlichkeitsentfaltung abdeckt und in besonderem Maße einer dynamischen Erweiterung zugänglich ist. Neben dem Privatleben schützt Art. 8 EMRK ausdrücklich auch Familienleben, Wohnung und Korrespondenz.

694 **aa) Achtung des Privatlebens.** Unter den Schutz des Privatlebens fasst der EGMR u. a. den Schutz der **physischen und psychischen Integrität**, die in der EMRK über das Recht auf Leben (Art. 2) hinaus nicht explizit verbürgt ist.[236] Eingriffe sind z. B. Zwangsuntersuchungen und -therapien, Blutproben. In diesem Zusammenhang erkennt der EGMR auch positive Verpflichtungen der Mitgliedstaaten an, bei deren Erfüllung diese allerdings weite Spielräume haben.[237] Art. 8 EMRK schützt auch vor willkürlicher Entziehung einer einmal erworbenen Staatsangehörigkeit.[238]

695 Daneben umfasst der Schutz des Privatlebens die Garantie eines **allgemeinen Persönlichkeitsrechts**. Dessen hauptsächliche Schutzrichtungen lassen sich systematisieren in: identitätsprägende Charakteristika und Lebensplanung (1), Geheimheit und Privatheit (2), soziale Beziehungen und Bild in der Öffentlichkeit (3).

696 **(1) Identitätsprägende Charakteristika und Lebensplanung.** Der Einzelne wird in dem geschützt, wer er ist und wer er werden will. Eine wichtige Rolle spielen in der Rechtsprechung **Geschlechtsidentität** und **sexuelles Selbstbestimmungsrecht**. So müssen die Staaten Geschlechtsumwandlungen Transsexueller zulassen und personenstandsrechtlich umsetzen.[239] Die Strafbarkeit einvernehmlicher homosexueller Handlungen zwischen Erwachsenen verstößt gegen Art. 8,[240] auch die Entlassung

---

236 Siehe z. B. EGMR, Urteil v. 26.3.1985, X. und Y./Niederlande, 8978/80, EGMR-E 3, 38, § 22.

237 Insbesondere bei Belastungen von Gesundheit und Lebensqualität durch Umweltverschmutzung und Immissionen (z. B. Fluglärm): EGMR, Urteil v. 21.2.1990, Powell und Rayner/UK, 9310/81, ÖJZ 1990, 418, §§ 40 ff; Urteil v. 9.12.1994, Lopez Ostra/Spanien, 16798/90, EuGRZ 1995, 530, §§ 51 ff; Urteil v. 8.7.2003, Hatton/UK, 36022/97, EuGRZ 2005, 584 = NVwZ 2004, 1465, §§ 96 ff. Dazu *S. Heselhaus*, Straßburger Springprozession zum Schutz der Umwelt, EuGRZ 2005, 549; ferner *R. Schmidt-Radefeldt*, Ökologische Menschenrechte, 2000, 55 ff; *K. Braig*, Umweltschutz durch die Europäische Menschenrechtskonvention, 2013. Guter Überblick: *ECHR, Press Unit*, Fact Sheets: Environment (3/2019); Health (12/2018).

238 EGMR, Urteil v. 21.6.2016, Ramadan/Malta, 76136/12.

239 EGMR, Urteil v. 11.7.2002, Christine Goodwin/UK, 28957/95, NJW-RR 2004, 289, §§ 71 ff. Dazu *M. Cornils*, in: Menzel/Pierlings/Hoffmann (Hg.), Völkerrechtsprechung, 2005, Nr. 96. Zumutbar soll die Umwandlung einer Ehe in eine eingetragene Partnerschaft nach Geschlechtsumwandlung sein: EGMR, Urteil v. 16.7.2014, Hämäläinen/Finnland, 37359/09, §§ 800 ff. Vertiefend *J. Theilen*, Depathologisation of Transgenderism and International Human Rights Law, HRLR 14 (2014), 327.

240 EGMR, Urteil v. 22.10.1981, Dudgeon/UK, 7525/76, EGMR-E 2, 1, §§ 41, 60 ff. Die unterschiedliche Behandlung homosexueller und heterosexueller Kontakte zu Heranwachsenden verletzt Art. 14 i. V. m. Art. 8 EMRK: Urteil v. 9.1.2003, L. und V. u. a./Österreich, 39392/98 u. a., ÖJZ 2003, 394, §§ 34 ff.

Homosexueller aus den Streitkräften kann nicht mit dem Schutz der Moral (vgl. Art. 8 Abs. 2) gerechtfertigt werden.[241] Aus Art. 8 EMRK folgt die positive Verpflichtung der Mitgliedstaaten, sexuellen Missbrauch unter Strafe zu stellen.[242] Auch die Rechte auf Anerkennung[243] und auf Kenntnis der **eigenen Abstammung** sind erfasst; letzteres unterliegt aber Beschränkungen, um das ebenfalls durch Art. 8 geschützte Recht der Mutter auf Anonymität zu achten, die Mitgliedstaaten haben einen weiten Beurteilungsspielraum.[244] Ein Schutz gegen Assimilationsdruck folgt aus der Einbeziehung **ethnischer Minderheiten** in den Identitätsschutz des Art. 8 EMRK.[245] Zwar umfasst die nach Art. 8 geschützte selbstbestimmte Lebensplanung auch das Recht, sich für oder gegen eine **Schwangerschaft** zu entscheiden, die Mitgliedstaaten dürfen jedoch Abtreibungen zum Schutz der Moral verbieten.[246] Die Verweigerung eines Schwangerschaftsabbruchs bei drohenden Schäden für die Gesundheit der Mutter verstößt gegen Art. 8 EMRK.[247]

(2) Geheimheit und Privatheit. Um zu sich selbst zu finden, wird dem Einzelnen garantiert, dass er „für sich selbst" sein kann. Über den gesondert erwähnten Schutz der Wohnung und der Korrespondenz hinaus umfasst die Achtung des Privatlebens Schutz gegen nicht gerechtfertigte staatliche Durchsuchungen, Beobachtungen, Bild- und Tonaufnahmen.[248] Auch eine dauerhafte Videoüberwachung des öffentlichen Raums stellt einen Eingriff in Art. 8 Abs. 1 EMRK dar.[249] Den Mitgliedstaaten obliegt eine positive Verpflichtung, die Presseveröffentlichung von Paparazzi-Fotos Prominenter zu untersagen, die ohne Bezug zur öffentlichen Rolle und Funktion der abgebildeten Person sind.[250] Aus der Achtung des Privatlebens folgt ferner ein Recht auf **Datenschutz**.[251] Dieses erstreckt sich auch auf geschäftliche Vorgänge und solche des öffentlichen Lebens.[252] **697**

---

241 EGMR, Urteil v. 27.9.1999, Smith and Grady/UK, 33985/96, NJW 2000, 2089, §§ 89 ff. Dazu *M. Cornils*, in: Menzel/Pierlings/Hoffmann (Hg.), Völkerrechtsprechung, 2005, Nr. 94.

242 Vgl. EGMR, Urteil v. 4.12.2003, M.C./Bulgarien, 39272/98, § 185. Die Strafbarkeit des einvernehmlichen Geschwisterinzests dagegen liegt im Beurteilungsspielraum der Staaten: EGMR, Urteil v. 12.4.2012, Stübing/Deutschland, 43547/08, NJW 2013, 215, §§ 55, 65 ff.

243 EGMR, Urteil v. 26.6.2014, Mennesson/Frankreich, 65192/11: rechtliche Anerkennung als leibliche Kinder trotz Leihmutterschaft.

244 EGMR, Urteil v. 13.2.2003, Odièvre/Frankreich, 42326/98, EuGRZ 2003, 584 = NJW 2003, 2145, §§ 29, 40 ff; Urteil v. 25.9.2012, Godelli/Italien, 33783/09, NJOZ 2014, 117.

245 Vgl. EGMR, Urteil v. 18.1.2001, Chapman/UK, 27238/95, § 73 (Identität als Roma).

246 EGMR, Urteil v. 16.12.2010, A., B. und C./Irland, 25579/05, §§ 212 ff. Zur Frage, ob das Verbot auch dem „Schutz der Rechte [...] anderer" dient, d. h. ob der *nasciturus* selbst Rechtsträger ist, Rn. 649.

247 EGMR, Urteil v. 20.3.2007, Tysic/Polen, 5410/03, NJOZ 2009, 3349, §§ 103 ff, 114 ff. Vgl. auch Human Rights Committee, Auffassung v. 9.6.2016, Mellet/Irland, 2324/2013, § 7 zur Rechtslage in Irland.

248 Zu Maßnahmen von Geheimdiensten anderer Konventionsstaaten *S. Schmahl*, Effektiver Rechtsschutz gegen Überwachungsmaßnahmen ausländischer Geheimdienste?, JZ 2014, 220 (226 ff).

249 Vgl. EGMR, Urteil v. 28.1.2003, Peck/UK, 44647/98, ÖJZ 2004, 651, § 59.

250 EGMR, Urteil v. 24.6.2004, Caroline v. Hannover/Deutschland, 59320/00, EuGRZ 2004, 404 = NJW 2004, 2647, §§ 57 ff, 61 ff. Etwas zurückhaltender die Urteile v. Hannover/Deutschland Nr. 2 und 3 v. 7.2.2012, 40660/08 u. a., EuGRZ 2012, 278, und 19.9.2013, 8772/10, EuGRZ 2014, 43. Versöhnlich auch EGMR, Urteil v. 17.3.2016, Kahn/Deutschland, 16313/10, §§ 63 ff.

251 EGMR, Urteil v. 26.3.1987, Leander/Schweden, 9248/81, EGMR-E 3, 430, § 48; Urteil v. 4.5.2000. Vgl. auch *A. v. Arnauld*, Klausurenkurs im Völkerrecht, 3. Aufl. 2018, Fall 10. Guter Überblick bei *ECHR, Press Unit*, Fact Sheet: Personal Data Protection (2/2019).

252 EGMR, Urteil v. 4.5.2000, Rotaru/Rumänien, 28341/95, ÖJZ 2001, 74, §§ 43 f.

698 **(3) Soziale Beziehungen und Bild in der Öffentlichkeit.** Der „Einzelne" lebt nicht vereinzelt, sondern in Gesellschaft mit anderen und soll selbst darüber bestimmen dürfen, welches Bild von ihm vermittelt wird. Geschützt sind von Art. 8 EMRK soziale Kontakte, aber auch die berufliche Selbstverwirklichung;[253] Art. 8 umfasst somit zumindest in Ansätzen die in der EMRK sonst nicht gewährleistete Berufsfreiheit. Zum selbstbestimmten Erscheinungsbild in der Öffentlichkeit gehören die Selbstbestimmung über Kleidung und Haartracht, das Recht am eigenen Namen und Bild und die persönliche Ehre.

699 **bb) Familienleben.** Die Achtung des Familienlebens bezieht sich sowohl auf das Verhältnis der Partner zueinander als auch auf dasjenige zwischen Eltern und Kindern.[254] **Partnerschaft:** Für das Recht auf Eheschließung ist Art. 12 EMRK *lex specialis*, i.Ü. wird Art. 8 v. a. im Ausländerrecht relevant (bei Ausweisungen oder Ehegattennachzug).[255] Angesichts des sozialmoralischen Wandels in Europa hat der EGMR seine frühere Rechtsprechung aufgegeben, wonach gleichgeschlechtliche Partnerschaften nur durch das Recht auf Privatleben geschützt seien, und diese ebenfalls in den Schutz des Familienlebens einbezogen.[256]

700 Um diskriminierende Ausgrenzungen zu vermeiden, stellt der EGMR auf einen **weiten Familienbegriff** ab, der auch nichteheliche Kinder („natürliche Familie")[257] und Kinder gleichgeschlechtlicher Elternteile[258] umfasst. Pflege- und Adoptivfamilien sind ebenfalls geschützt. Der Schutz gilt primär der „Kernfamilie" (Eltern und minderjährige Kinder); hierüber hinaus kommt es auf die Intensität des tatsächlichen Familienlebens an.[259] Umfangreiche Rechtsprechung betrifft Fragen des **Umgangs- und Sorgerechts** sowie staatliche **Fürsorgemaßnahmen**. Hier übt der EGMR bei der Kontrolle im Allgemeinen Zurückhaltung, weil die Behörden vor Ort besser beurteilen können, was das Kindeswohl im konkreten Fall erfordert; drohen die Familienbeziehungen zwischen einem oder beiden Elternteilen und dem Kind endgültig abgeschnitten zu werden, ist die Kontrolle intensiviert.[260] Große Bedeutung erlangt der Schutz des Familienlebens im **Ausländerrecht**: Zwar gibt die EMRK Fremden kein Recht auf Einreise und Aufenthalt, Art. 8 EMRK kann aber der Ausweisung von Ausländern entgegenstehen. Hier ist auf den Grad der familiären Bindungen, das Wohl

253 Vgl. EGMR, Urteil v. 27.7.2004, Sidabras und Džiautas/Litauen, 55480/00 u. a., §§ 47 f.
254 *ECHR, Press Unit*, Fact Sheets, Parental Rights (2/2016); Children's Rights (4/2016).
255 Im Überblick *A. Nußberger*, Menschenrechtsschutz im Ausländerrecht, NVwZ 2013, 1305.
256 EGMR, Urteil v. 24.6.2010, Schalk u. Kopf/Österreich, 30141/04, EuGRZ 2010, 445 = NJW 2011, 1421, §§ 90 ff. Die Konvention gebietet keine „Ehe für alle", jedoch begründet das Fehlen jeglicher Form der rechtlichen Anerkennung gleichgeschlechtlicher Partnerschaften einen Verstoß gegen Art. 8 EMRK: Urteil v. 14.12.2017, Orlandi u. a./Italien, 26431/12, §§ 192 ff. Vertiefend im Rechtsvergleich *D. Gallo* u. a. (Hg.), Same-Sex Couples before National, Supranational and International Jurisdictions, 2014.
257 EGMR, Urteil v. 13.6.1979, Marckx/Belgien, 6833/74, EGMR-E 1, 396, § 31; Urteil v. 18.12.1986, Johnston u. a./Irland, 9697/82, EGMR-E 3, 356, § 55. Zu den beiden Urteilen *C. Küll*, in: Menzel/Pierlings/Hoffmann (Hg.), Völkerrechtsprechung, 2005, Nr. 92 f.
258 EGMR, Urteil v. 21.12.1999, Salgueiro da Silva Mouta/Portugal, 33290/96, §§ 23 ff.
259 EGMR, Urteil v. 13.2.2001, Ezzouhdi/Frankreich, 47160/99, § 34.
260 EGMR, Urteil v. 24.3.1988, Olsson/Schweden (I), 10465/83, EGMR-E 4, 18, §§ 72, 81; Urteil v. 13.7.2000, Elsholz/Deutschland, 25735/94, EuGRZ 2001, 595 = NJW 2001, 2315, §§ 48 ff; Urteil v. 26.2.2004, Görgülü/Deutschland, 74969/01, EuGRZ 2004, 700 = NJW 2004, 3397, §§ 41 ff.

minderjähriger Kinder sowie die Bindungen an den Aufenthalts- und an den Herkunftsstaat abzustellen.[261] Bei der Einreise gesteht der EGMR den Mitgliedstaaten ein weiter gehendes Recht zur Beschränkung von Familiennachzug zu, weil hier ein Familienleben im Inland noch nicht besteht.

cc) Achtung der Wohnung. Als **Wohnung** gelten auch Wohnwagen, Hausboote, Kellerräume, Garagen und Gärten, nicht jedoch Räume unter besonderer staatlicher Aufsicht wie Gefängniszellen und Stuben in Kasernen (hier greift aber der Schutz des Privatlebens). Um Unstimmigkeiten bei gewerblicher Teilnutzung von Wohnräumen zu vermeiden, bezieht der EGMR auch Geschäfts- und Büroräume in den Schutz der „Wohnung" ein.[262] Art. 8 Abs. 1 schützt die Wohnung v. a. gegen Betreten, Durchsuchung und Überwachung. Bei verdeckten Maßnahmen bestehen gesteigerte Anforderungen an die Bestimmtheit der gesetzlichen Grundlage. Ferner schützt Art. 8 gegen die Zerstörung eines Hauses sowie gegen den vollständigen Ausschluss des Wohnungsbesitzers von der Nutzung (für den Eigentümer greift zusätzlich Art. 1 ZP 1).[263] **701**

dd) Achtung der Korrespondenz. Zunächst zählen zur „Korrespondenz" schriftliche Mitteilungen; im Interesse eines umfassenden Schutzes der Geheimheit individueller Kommunikation sind aber auch alle mündlichen und elektronischen Formen der **Telekommunikation** erfasst (v. a. Telefonate[264], E-Mail).[265] Das Gespräch unter Anwesenden fällt dagegen unter den Schutz des Privatlebens. Geschützt ist die Geheimheit der Kommunikationsinhalte, aber auch der äußeren Kommunikationsdaten (d. h. wer wann wo mit wem kommuniziert hat).[266] Art. 8 EMRK schützt v. a. gegen Anhalten, verzögerte Weitergabe, Kontrolle und Zensur. Eingriffe bedürfen einer hinreichend bestimmten gesetzlichen Grundlage; auch müssen Verfahren zum Schutz vor Missbrauch existieren.[267] Eine umfangreiche Rechtsprechung betrifft die Überwachung der Korrespondenz von Häftlingen. Hier genießt namentlich die Kommunikation mit dem Anwalt und mit den Konventionsorganen besonderen Schutz.[268] **702**

Fall: Niemietz (EGMR 1992)[269] Der Bf. ist als Anwalt in Freiburg niedergelassen. Am 13. November 1986 wurden seine Kanzleiräume durchsucht, um im Rahmen eines Beleidigungsprozesses die Identität des Absenders eines pseudonymen Briefs zu ermitteln, der einen Richter beleidigt und mit „unangenehmen Konsequenzen" bedroht hatte. Der Durchsuchungsbeschluss ermächtigte zur Suche nach sämtlichen Unterlagen, aus denen sich die

---

261 EGMR, Urteil v. 18.10.2006, Üner/Niederlande, 46410/99, DVBl. 2007, 689 = NVwZ 2007, 1279, §§ 57 ff.

262 EGMR, Urteil v. 16.12.1992, Niemietz/Deutschland, 13710/88, EuGRZ 1993, 65 = NJW 1993, 718, §§ 30 f. Dazu auch *A. v. Arnauld*, Klausurenkurs im Völkerrecht, 3. Aufl. 2018, Fall 10.

263 EGMR, Urteil v. 10.5.2001, Zypern/Türkei, 25781/94, §§ 171 ff, 184 ff.

264 Zum Abhören von Mobiltelefonen EGMR, Urteil v. 4.12.2015, Zakharov/Russland, 47143/06, §§ 173 ff. Dazu *M. Milanović*, Blockbuster Strasbourg Judgment on Surveillance in Russia, EJIL: Talk! (7.12.2015).

265 EGMR, Urteil v. 3.4.2007, Copland/UK, 62617/00, EuGRZ 2007, 415, § 41.

266 EGMR, Urteil v. 2.8.1984, Malone, 8691/79, EGMR-E 2, 452, § 84.

267 EGMR, Urteil v. 6.9.1978, Klass u. a./Deutschland, 5029/71, EGMR-E 1, 320, §§ 50 ff.

268 Näher EGMR, Urteil v. 25.3.1983, Silver u. a./UK, 5947/72 u. a., EGMR-E 2, 227, §§ 83 ff, 96 ff.

269 EGMR, Urteil v. 16.12.1992, Niemietz/Deutschland, 13710/88, EuGRZ 1993, 65 = NJW 1993, 718 (Zitat § 37). Ähnlich Urteil v. 3.9.2015, Sérvulo & Associados/Portugal, 27013/10.

Identität des Briefschreibers ergeben könnte. Im Rahmen der Durchsuchung, die ergebnislos verlief, wurden u. a. mehrere Mandantenakten durchgesehen. Der Bf. rügte eine Verletzung seiner Rechte aus Art. 8 EMRK.

Der EGMR hatte zunächst zu klären, ob ein Eingriff in Art. 8 Abs. 1 EMRK vorliegt. Dies bejahte er gleich in dreifacher Hinsicht: Büro- und Geschäftsräume seien als „Wohnungen" im Rechtssinne gegen Durchsuchungen geschützt; die Geschäftsbeziehungen zwischen einem Anwalt und seinem Mandanten seien Teil des „Privatlebens", das auch geschäftliche Kontakte einschließe; die in den durchgesehenen Akten enthaltenen Schreiben an und von Mandanten stellten „Korrespondenz" dar. Durchsuchung und Einsichtnahmen griffen in diese Rechte ein. Bei der Prüfung der Grundrechtsschranken (Art. 8 Abs. 2 EMRK) bejahte der EGMR zunächst das Vorliegen einer gesetzlichen Grundlage (§ 103 StPO). Das legitime Ziel lag in der Verhinderung strafbarer Handlungen und dem Schutz der Rechte des Richters. Die Maßnahmen waren auch nicht schon wegen geringer Schwere der Tat unverhältnismäßig – es ging nicht allein um Beleidigung, sondern auch um die Ausübung von Druck auf einen Richter. Allerdings verneinte der EGMR aus anderen Gründen die Verhältnismäßigkeit: „Der Durchsuchungsbefehl war [...] sehr weit gefaßt, weil er die Nachsuche nach ‚Unterlagen', aus denen sich die Identität des Verfassers des beleidigenden Briefes ergab, und deren Beschlagnahme ohne Einschränkung anordnete; dem kommt besondere Bedeutung zu, wenn die Durchsuchung einer Anwaltskanzlei wie in Deutschland nicht von besonderen Verfahrensgarantien begleitet wird, etwa der Anwesenheit eines unabhängigen Beobachters. Noch wesentlicher ist, dass die Durchsuchung in Anbetracht der tatsächlich überprüften Unterlagen in das Anwaltsgeheimnis in einem Maße eingriff, das sich hier als unverhältnismäßig erweist; hierzu ist daran zu erinnern, dass eine solche Beeinträchtigung bei einem Anwalt Rückwirkungen auf den ordnungsmäßigen Gang der Rechtspflege und damit auf die durch Art. 6 EMRK geschützten Rechte haben kann. Außerdem kann das Bekanntwerden des Vorfalls dem beruflichen Ansehen des Bf. in den Augen seiner Mandanten und der breiten Öffentlichkeit geschadet haben."

b) Gedanken-, Gewissens- und Religionsfreiheit (Art. 9 EMRK)

703 **aa) Gedanken- und Gewissensfreiheit.** Die in Art. 9 Abs. 1 gewährleistete **Gedankenfreiheit** schützt vor Indoktrinierungen. Sie ist auf die innere Dimension *(forum internum)* beschränkt; die Äußerung wird von anderen Freiheitsrechten erfasst. Daher ist die Gedankenfreiheit in Abs. 2 auch keinen Schranken unterstellt. Die **Gewissensfreiheit** schützt vor staatlichem Zwang, gegen seine moralischen Überzeugungen handeln zu müssen. Sie gibt kein Recht zur Verweigerung allgemeiner Bürgerpflichten (z. B. Steuerzahlung); jedoch nimmt der Gerichtshof (entgegen der Wahlfreiheit, die Art. 4 Abs. 3 lit. b den Konventionsstaaten gibt) in dynamischer Interpretation des Art. 9 ein Recht auf **Kriegsdienstverweigerung** aus Gewissensgründen an.[270]

704 **bb) Religionsfreiheit.** Die Religionsfreiheit ist als Individualrecht formuliert, erfasst aber **auch Religionsgemeinschaften**, wenn nicht eine Gewinnerzielungsabsicht

270 EGMR, Urteil v. 7.7.2011, Bayatyan/Armenien, 23459/03, NVwZ 2012, 1603, §§ 108 ff (in Abkehr von der Spruchpraxis der ehemaligen Kommission). Feststellung eines strukturellen Problems im Urteil v. 22.11.2011, Erçep/Türkei, 43965/04. Wird eine Bestrafung wegen Kriegsdienstverweigerung bei der Zulassung zu bestimmten Berufen mit anderen Vorstrafen gleichgesetzt, verstößt dies gegen Art. 14 i. V. m. Art. 9 EMRK: EGMR, Urteil v. 6.4.2000, Thlimmenos/Griechenland, 34369/97, ÖJZ 2001, 518, § 47.

im Vordergrund steht. Geschützt sind **forum internum** und **forum externum**, ausdrücklich nennt Art. 9 Abs. 1 das Recht auf Religionswechsel sowie auf individuelle oder kollektive Ausübung der Religion durch Gottesdienst, Unterricht (auch Erwachsenenmissionierung[271]), Praktizieren von Bräuchen und Riten. Letzteres schließt alle vom Glauben geleiteten Verhaltensweisen ein. Der Grundrechtsträger trägt hier eine **Darlegungs- und Plausibilisierungslast**.[272]

Grundsätzlich von Art. 9 Abs. 1 erfasst ist das religiös motivierte **Schächten** (d. h. 705
das betäubungslose Schlachten); allerdings fehlt es an einem Eingriff, wenn das Fleisch auf anderem Wege zu beschaffen ist.[273] Auch das **„islamische Kopftuch"** fällt in den Schutzbereich von Art. 9 Abs. 1 EMRK.[274] Das Kopftuchverbot ist gegenüber einer Lehrerin jedoch zum Schutz der Rechte von Eltern und Schülern sowie zur Wahrung der öffentlichen Ordnung in der Schule gerechtfertigt.[275] Zur Wahrung der öffentlichen Ordnung in einem laizistisch geprägten Staat ist der Ausschluss Kopftuch tragender Schülerinnen und Studentinnen vom Unterricht ebenfalls grundsätzlich zulässig.[276] Zwecks Förderung der Integration darf auch entgegen religiös motivierten Einwänden die Teilnahme am gemischten schulischen Schwimmunterricht angeordnet werden.[277] Allgemeine Gesetze, die nicht die Beschränkung der Religionsausübung bezwecken, sondern für alle gleichermaßen geltende Regeln errichten (z. B. Sicherheitskontrollen, Vorschriften für Passfotos), verletzen regelmäßig nicht das Recht, sich seinem Glauben entsprechend zu kleiden.[278] Kontroverse Debatten hat die Entscheidung ausgelöst, das französische **Burka-Verbot** sei – im Rahmen eines Beurteilungsspielraums – konventionskonform, weil es in zulässiger Weise dazu diene, die Bedingungen des sozialen Miteinander (das „vivre ensemble") als Teil der „Rechte und Freiheiten anderer" zu bewahren.[279] Hiergegen hat der UN-Menschenrechtsausschuss zu Recht eingewandt, es gebe keinen indivduellen Anspruch darauf, das Gesicht beliebiger anderer Personen in der Öffentlichkeit zu sehen oder vom An-

271 EGMR, Urteil v. 25.5.1993, Kokkinakis/Griechanland, 14307/88, ÖJZ 1994, 59, § 31, in § 48 auch Abgrenzung zu illegalen Formen der Bekehrung (durch Drohungen, Gehirnwäsche usw.), die ihrerseits die Rechte des zu Bekehrenden aus Art. 9 Abs. 1 EMRK verletzen.

272 Vgl. EGMR, Urteil v. 13.4.2006, Kosteski/FYR Mazedonien, 55170/00, NZA 2006, 1401, § 39.

273 EGMR, Urteil v. 27.6.2000, Cha'are Shalom Ve Tsedek/Frankreich, 27417/95, ÖJZ 2001, 774, §§ 77 ff.

274 Zur Drittwirkung EGMR, Urteil v. 15.1.2013, Eweida u. a./UK, 48420/10 u. a., NJW 2014, 1935, § 84. Dazu *J. Maher*, Eweida and Others: A New Era for Article 9?, ICLQ 63 (2014), 213.

275 EGMR, Urteil v. 15.2.2001, Dahlab/Schweiz, 42393/98, NJW 2001, 2871.

276 EGMR, Urteil v. 10.11.2005, Leyla Sahin/Türkei, 44774/98, EuGRZ 2006, 28 = NVwZ 2006, 1389, §§ 104 ff (Medizinstudentin); Urteil v. 4.12.2008, Dogru/Frankreich, 27058/05, NJOZ 2010, 1193, §§ 61 ff (Schülerin, Verhältnismäßigkeit wegen Möglichkeit des Fernunterrichts gewahrt). Vgl. dazu auch *K. Pabel*, Islamisches Kopftuch und Prinzip des Laizismus, EuGRZ 2005, 12.

277 EGMR, Urteil v. 10.1.2017, Osmanoğlu und Kocabas/Schweiz, 29086/12, NVwZ-RR 2018, 505, §§ 95 ff (Hinweis auf den staatlichen Beurteilungsspielraum und die Teilnahme in einem Burkini).

278 Vgl. EGMR, Beschluss v. 13.11.2008, Mann Singh/Frankreich, 24479/07 (Sikh-Turban) m. w. N.

279 EGMR, Urteil v. 1.7.2014, S.A.S./Frankreich, 43835/11 mit abw. Votum *Nußberger* und *Jäderblom*; bestätigt durch Urteil v. 11.7.2017, Belcacemi und Oussar/Belgien, 37798/13. Dazu Anm. von *J. Finke*, ZevKr 2014, 390, *A. Steinbach*, AVR 52 (2014), 407, *A. v. Ungern-Sternberg*, MRM 2015, 56. Ferner *K. Lemmens*, Larvatus prodeo? Why Concealing the Face Can Be Incompatible with a European Conception of Human Rights, ELR 39 (2014), 47; *S. L. Rödiger/D.-S. Valentiner*, „Living together": Zum Pluralismuskonzept des EGMR unter besonderer Berücksichtigung der Burka-Entscheidung, AVR 53 (2015), 360. Vertiefend *R. Steinberg*, Kopftuch und Burka, 2015.

blick verschleierter Personen verschont zu bleiben.[280] Mögliche Gründe für ein Verbot müssen daher kollektiver Natur sein.

706 Art. 9 Abs. 1 garantiert auch die **negative Religionsfreiheit**. Dieses Recht, einen Glauben nicht bekennen zu müssen, wird durch die Verpflichtung zum religiösen Eid verletzt.[281] Kruzifixe an den Wänden von Klassenzimmern in staatlichen Schulen verstoßen hingegen nicht gegen die negative Religionsfreiheit von Schülern und Eltern, weil von ihnen keine indoktrinierende Zwangswirkung ausgeht.[282]

707 In **religionsverfassungsrechtlicher** Hinsicht enthält Art. 9 EMRK kein Verbot einer Staatskirche oder des Laizismus, solange (abweichende) religiöse Überzeugungen gelebt und praktiziert werden können. Dies erfordert gegebenenfalls Formen öffentlicher Anerkennung als Religionsgemeinschaft.[283] Art. 9 gibt (in der neueren Rechtsprechung im Lichte von Art. 11 EMRK interpretiert) den Religionsgemeinschaften eine gewisse innere Autonomie, in die der Staat sich nicht einmischen darf. Geschützt sind u. a. die innere Organisation und die Festlegung der Glaubensinhalte. Art. 9 i. V. m. Art. 11 EMRK rechtfertigt auch Beschränkungen der persönlichen Freiheiten Beschäftigter im Arbeitsvertrag.[284]

708 Problematisch ist die Rechtsprechung des EGMR zum **Schutz religiöser Gefühle** gegenüber blasphemischen Äußerungen.[285] Ein Recht auf Achtung religiöser Gefühle überspannt die freiheitsrechtliche Normaussage des Art. 9 und macht mit dem Gefühl eine wenig berechenbare subjektive Größe zur Schranke anderer Freiheitsrechte. Die staatliche Schutzpflicht wird erst ausgelöst, wenn durch antireligiöse Hetze ein Klima der Einschüchterung erzeugt wird, in dem Gläubige sich scheuen, ihren Glauben zu bekennen.

709 **dd) Weltanschauungsfreiheit.** Dass Art. 9 Abs. 1 auch Weltanschauungen schützt, ergibt sich aus Abs. 1 Hs. 2 und Abs. 2. Weltanschauungen sind umfassende Lehren, die eine nicht-religiöse Haltung zur Welt zum Ausdruck bringen, wie z. B. Pazifismus oder Laizismus.[286]

280 MRA, Entscheidung v. 7.12.2018, Yaker v France, CCPR/C/123/D/2747/2016, § 8.9–8.10. Im Ergebnis wurde eine Verletzung von Art. 18 IPBPR festgestellt. Dazu *S. Berry*, The UN Human Rights Committee Disagrees with the European Court of Human Rights Again: The Right to Manifest Religion by Wearing a Burqa, EJIL Talk! (3.1.2019).

281 EGMR, Urteil v. 18.2.1999, Buscarini u. a./San Marino, 24645/94, EuGRZ 1999, 213 = NJW 1999, 2957, §§ 34, 39.

282 EGMR, Urteil v. 18.3.2011, Lautsi/Italien, 30814/06, NVwZ 2011, 737, §§ 66 ff (Große Kammer in Abweichung von der Kammerentscheidung vom 3.11.2009). Maßstab war Art. 2 ZP 1 als *lex specialis*. Dazu *H. de Wall*, Die Lautsi-Entscheidungen des Europäischen Gerichtshofs für Menschenrechte, Jura 2012, 960.

283 EGMR, Urteil v. 26.4.2016, İzzettin Doğan u. a./Türkei, 62649/10: Lage der Aleviten in der Türkei.

284 EGMR, Urteile v. 23.9.2010, Obst/Deutschland, 425/03, NZA 2011, 277, §§ 43 ff, und Schüth/Deutschland, 1620/03, NZA 2011, 274, §§ 53 ff. Dazu *C. Grabenwarter*, Die Straßburger Urteile Obst und Schüth aus der Perspektive des kirchlichen Arbeitsrechts in Deutschland, in: Kämpen u. a. (Hg.), Straßburg und das kirchliche Arbeitsrecht, 2013, 9; *B. Plesker*, Kirchliches Arbeitsrecht vor dem EGMR, FreiLaw 1/2013.

285 EGMR, Urteil v. 20.9.1994, Otto-Preminger-Institut/Österreich, 13470/87, ÖJZ 1995, 154, §§ 46 ff; Urteil v. 25.11.1996, Wingrove/UK, 17419/90, ÖJZ 1997, 714, § 48; Urteil v. 25.10.2018, E.S./Österreich, 38450/12, § 41. Dazu kritisch *A. v. Arnauld*, Grundrechtsfreiheit zur Gotteslästerung?, in: Isensee (Hg.), Religionsbeschimpfung 2007, 63; *M. Milanovic*, Legitimizing Blasphemy Laws Through the Backdoor: The European Court's Judgment in E.S. v. Austria, EJIL Talk! (29.10.2018).

286 EGMR, Urteil v. 18.3.2011, Lautsi/Italien, 30814/06, NVwZ 2011, 737, § 58.

c) Weitere Rechte

Das **Recht auf Eheschließung und Familiengründung** in Art. 12 EMRK ist *lex specialis* gegenüber dem Recht auf Familienleben. **Homosexuelle Partnerschaften** können nur dann „Ehen" im Sinne von Art. 12 sein, wenn das nationale Recht dies bestimmt; ansonsten sind eingetragene Partnerschaften nach neuerer Rechtsprechung über Art. 8 geschützt.[287] Dass aus Art. 8 EMRK eine positive Pflicht folgt, gleichgeschlechtlichen Paaren ein Form der rechtlichen Anerkennung zukommen zu lassen, hat der EGMR im *Oliari*-Urteil festgestellt.[288] Das Recht des Staates, durch „innerstaatliche Gesetze" die Voraussetzungen und Bedingungen der Eheschließung zu regeln, darf das Selbstbestimmungsrecht nicht aushöhlen. Ein Recht auf Scheidung gibt Art. 12 nicht.[289] Das Recht auf Familiengründung schützt das Recht, Kinder zu haben (leibliche oder adoptierte), unabhängig vom Bestehen einer Ehe. In dieses Recht wird durch Geburtenkontrollen, Zwangssterilisation oder Adoptionsverbote eingegriffen. **710**

Das **Recht auf Bildung** (Art. 2 ZP 1) garantiert Zugang zu bestehenden Bildungseinrichtungen einschließlich höherer Schulen und Universitäten. Angemessene Zugangsvoraussetzungen können im Rahmen immanenter Schranken festgelegt werden. In institutioneller Hinsicht garantiert Art. 2 ZP 1 die staatliche Schulaufsicht, die mit dem elterlichen Erziehungsrecht in Ausgleich zu bringen ist. Für religiöse Fragen in der Schule ist Art. 2 ZP 1 nach neuerer Rechtsprechung *lex specialis* gegenüber Art. 9 EMRK.[290] **711**

4. Kommunikationsfreiheiten und politische Grundrechte

a) Freiheit der Meinungsäußerung (Art. 10 EMRK)

Art. 10 schützt die **Freiheit der Kommunikation** umfassend. Der Oberbegriff in Abs. 1 S. 1 ist der des Rechts auf freie Meinungsäußerung *(freedom of expression)*. Dieses Recht umfasst nach S. 2 die Meinungsfreiheit i. e. S. *(freedom to hold opinions)* sowie die Informationsfreiheit. Aus S. 3 ergibt sich, dass die Freiheit nach S. 1 auch die Massenkommunikation über Hörfunk, Fernsehen und Film umfasst. Nicht erwähnt, aber ebenfalls von Art. 10 Abs. 1 erfasst, sind Pressefreiheit, Kunstfreiheit und Wissenschaftsfreiheit. **712**

Auf alle Kommunikationsfreiheiten wendet der EGMR ein **einheitliches Schrankenregime** an. Die in Abs. 1 S. 3 gesondert erwähnten Genehmigungen für Hörfunk, Fernsehen und Kinos unterliegen ebenso den Schranken-Schranken des Abs. 2 wie andere Beschränkungen der freien Kommunikation.[291] Dass die Freiheiten nach Abs. 2 S. 1 mit „Pflichten und Verantwortung" verbunden sind, hat keine eigenständige Bedeutung, sondern kann als Abwägungsgesichtspunkt im Rahmen der Verhältnismäßigkeit relevant werden (z. B. bei journalistischen Sorgfaltspflichten). Wegen der großen Bedeutung der Meinungsfreiheit i. w. S. für die Demokratie verlangt der EGMR, dass Eingriffen eine „dringende gesellschaftliche Notwendigkeit" *(pressing* **713**

287 EGMR, Urteil v. 24.6.2010, Schalk u. Kopf/Österreich, 30141/04, EuGRZ 2010, 445 = NJW 2011, 1421, §§ 90 ff. Zum Eheschließungsrecht von Transsexuellen unmittelbar aus Art. 12 EMRK Urteil v. 11.7.2002, Christine Goodwin/UK, 28957/95, NJW-RR 2004, 289, §§ 97 ff.

288 EGMR, Urteil v. 21.7.2015, Oliari u. a./Italien, 18766/11, §§ 159 ff. Dazu *S. Ragone*, An Emerging Right to a "Gay" Family Life?, GLJ 17 (2016), 451.

289 EGMR, Urteil v. 18.12.1986, Johnston u. a./Irland, 9697/82, EGMR-E 3, 356, §§ 51 ff.

290 EGMR, Urteil v. 18.3.2011, Lautsi/Italien, 30814/06, NVwZ 2011, 737, § 59.

291 EGMR, Urteil v. 28.3.1990, Groppera Radio AG u. a./Schweiz, 10890/84, EuGRZ 1990, 255 = NJW 1991, 615, § 61.

social need) zu Grunde liegen muss, und schränkt somit den Beurteilungsspielraum der Konventionsstaaten ein.[292]

714 Die **Meinungsfreiheit** i. e. S. stellt gewissermaßen das „Leit-Grundrecht“ im Rahmen von Art. 10 EMRK dar. Sie schützt Meinungen und Tatsachenmitteilungen[293]; ebenfalls geschützt sind politische wie kommerzielle Werbung. Nach ständiger Rechtsprechung ist die Meinungsfreiheit „nicht nur anwendbar auf ‚Informationen‘ oder ‚Ideen‘ [...], die positiv aufgenommen oder als harmlos oder gleichgültig betrachtet werden, sondern auch auf solche, die den Staat oder eine Gruppe der Bevölkerung beleidigen, schockieren oder verstören“ **(Handyside-Formel)**.[294] Differenzierungen nach Inhalt, Wahrheitsgehalt und Qualität einer Mitteilung können auf Schrankenebene im Rahmen der Verhältnismäßigkeit vorgenommen werden. Geschützt ist das Recht, eine Meinung zu bilden und diese in jeder Form (Wort, Schrift, Bild, Gesten usw.) zu kommunizieren. Kein Verstoß liegt grundsätzlich darin, den Betreiber eines Internetportals für Äußerungen seiner Nutzer haftbar zu machen.[295] Die Meinungsfreiheit darf für Beamte und Soldaten stärker beschränkt werden, jedoch ist hier nach der Art der Tätigkeit zu differenzieren.[296]

Begrenzt wird die Handyside-Formel durch die teils auf Art. 10 Abs. 2, teils auf Art. 17 (Rechtsmissbrauch) gestützte Hassrede-Formel des EGMR: „Toleranz und Respekt für die gleiche Würde aller Menschen sind die Grundlage jeder demokratischen und pluralistischen Gesellschaft. Daher kann es aus prinzipiellen Gründen in demokratischen Gesellschaften als notwendig erachtet werden, alle Äußerungsformen zu sanktionieren oder sogar zu unterbinden, die auf Intoleranz gründenden Hass propagieren, erregen, verbreiten oder rechtfertigen.“[297] Dabei kommt es nicht notwendigerweise auf eine aufhetzende Absicht an; das deutsche Verbot der Verwendung von Kennzeichen verfassungswidriger Organisationen (§ 86a StGB) darf auch auf die Verwendung von NS-Symbolen in kritischer Absicht erstreckt werden.[298]

715 Die **Pressefreiheit** ist ein Sonderfall der Meinungsfreiheit i. e. S., für den der EGMR teilweise besondere Regeln entwickelt hat. Sie gewährleistet nicht nur als subjektives Recht den im Pressewesen tätigen Personen und Unternehmen Freiheit von staatli-

292 Z. B. EGMR, Urteil v. 26.9.1995, Vogt/Deutschland, 17851/91, EuGRZ 1995, 590 = NJW 1996, 375, § 52. Siehe auch *C. Calliess*, Zwischen staatlicher Souveränität und europäischer Effektivität: Zum Beurteilungsspielraum der Vertragsstaaten im Rahmen des Art. 10 EMRK, EuGRZ 1996, 293; *U. Prepeluh*, Die Entwicklung der Margin of Appreciation-Doktrin im Hinblick auf die Pressefreiheit, ZaöRV 61 (2001), S. 771.

293 Zum „Whistleblowing“ (im arbeitsrechtlichen Kontext) EGMR, Urteil v. 21.7.2011, Heinisch/Deutschland, 28274/08, EuGRZ 2011, 555 = NJW 2011, 3501, §§ 93 ff.

294 Klassische Wendung in EGMR, Urteil v. 7.12.1976, Handyside/UK, 5493/72, EGMR-E 1, 217, § 49. Damit schwer zu vereinbaren ist der Hinweis auf eine Ausnahme rassistischer Äußerungen vom Schutzbereich des Art. 10 in einem *obiter dictum*: Urteil v. 23.9.1994, Jersild/Dänemark, 15890/89, NStZ 1995, 237, § 35. Anders für homophobe Hetze: EGMR, Urteil v. 9.2.2012, Vejdeland u. a./Schweden, 1813/07, §§ 47, 54 ff.

295 EGMR, Urteil v. 16.6.2015, Delfi/Estland, 64569/09, §§ 140 ff.

296 EGMR, Urteil v. 26.9.1995, Vogt/Deutschland, 17851/91, EuGRZ 1995, 590 = NJW 1996, 375, §§ 53 ff. Dazu *I. Spiecker genannt Döhmann*, in: Menzel/Pierlings/Hoffmann (Hg.), Völkerrechtsprechung, 2005, Nr. 106.

297 Grundlegend EGMR, Urteil v. 6.7.2006, Erbakan/Türkei, 59405/00, § 56. Dazu *D. Spielmann/S. Schuster*, Anstößige Meinungen, in: Leutheusser-Schnarrenberger (Hg.), Vom Recht auf Menschenwürde: 60 Jahre Europäische Menschenrechtskonvention, 2013, 165; *A. Buyse*, Dangerous Expressions: The ECHR, Violence and Free Speech, ICLQ 63 (2014), 491.

298 EGMR, Urteil v. 13.3.2018, 35285/16, Nix/Deutschland, §§ 51 ff (unter Betonung der besonderen historischen Verantwortung Deutschlands).

chem Zwang, sie schützt auch die institutionelle Eigenständigkeit der Presse von der Beschaffung der Information bis zur Verbreitung der Nachricht. Der Schutz der Informationsquellen darf nur bei überragendem öffentlichem Interesse angetastet werden.[299] Als „öffentlicher Wächter" *(public watchdog)*[300] ist die freie Presse von zentraler Bedeutung für eine demokratische Gesellschaft. Der EGMR gesteht den Staaten hier daher nur einen eingeschränkten Beurteilungsspielraum zu und berücksichtigt auch mögliche Einschüchterungseffekte *(chilling effects)*. Auf der anderen Seite trägt die Presse besondere Verantwortung, namentlich in Gestalt journalistischer Sorgfaltspflichten bezüglich Recherche, wahrheitsgemäßer Berichterstattung und Beachtung der Folgen von Berichten.[301]

Die **Informationsfreiheit** ist aktiv („weiterzugeben") und passiv („zu empfangen") **716**
garantiert, wobei sich die aktive Informationsfreiheit mit der Meinungsfreiheit i. e. S. deckt. Das Recht, sich zu informieren, besteht nur hinsichtlich allgemein zugänglicher Quellen. Der EGMR erkennt dabei auch die besondere Bedeutung des Internet als Informationsquelle unter den modernen Kommunikationsbedingungen an.[302] Die vollständige Sperrung des Zugangs zum Videoportal „YouTube" durch ein türkisches Gericht vom Mai 2008 bis Oktober 2010 wegen mehrerer Beiträge, die angeblich den Staatsgründer *Kemal Atatürk* beleidigten, hat der Gerichtshof schon mangels ausreichender gesetzlicher Grundlage als konventionswidrig eingestuft, aber auch deutliche Zweifel an der Verhältnismäßigkeit erkennen lassen.[303]

Fall: Das Liebeskonzil[304] Der Bf. betreibt in Innsbruck ein Programmkino. In seiner Vor- **717**
schau kündigt er den Film „das Liebeskonzil" von *Werner Schroeter* nach einem Theaterstück von *Oskar Panizza* an. In dem Stück werden Gottvater, Jesus und Maria als debile oder verschlagene Charaktere gezeichnet, die gemeinsam mit dem Teufel die Syphilis in die Welt setzen, als Strafe für das ausschweifende Leben am Hof Papst Alexanders VI. Die Programmvorschau enthält neben einer Inhaltsangabe einen Hinweis auf den karikierenden und kritischen Charakter des Films. Auf Drängen des Bistums wird ein Strafverfahren wegen „Herabwürdigung religiöser Lehren" (§ 188 StGB) eingeleitet, in dessen Rahmen das LG Innsbruck die Beschlagnahme und Zerstörung der Filmkopien nach dem Landesmediengesetz anordnet. Der Bf. rügt vor dem EGMR einen Verstoß gegen Art. 10 EMRK.

Lösungshinweise: I. Eingriff in den Schutzbereich. Beim „Liebeskonzil" handelt es sich um ein Werk der Filmkunst. Zwar garantiert die EMRK die Kunstfreiheit nicht ausdrücklich; Kunst ist jedoch eine Form der Kommunikation. Art. 10 EMRK schützt die freie Kommunikation umfassend und unabhängig von Form und Inhalt. Beschlagnahme und Zerstörung der Filmkopien greifen in das Recht aus Art. 10 Abs. 1 EMRK ein.

II. Rechtfertigung des Eingriffs.

1. Gesetzliche Grundlage. Die gesetzliche Grundlage liegt im Landesmediengesetz i. V. m. § 188 StGB.

---

299 EGMR, Urteil v. 27.3.1996, Goodwin/UK, 17488/90, ÖJZ 1996, 795, § 39.

300 EGMR, Urteil v. 25.3.1985, Barthold/Deutschland, 8734/79, EGMR-E 3, 14, § 58.

301 Z. B. EGMR Urteil v. 23.9.1994, Jersild/Dänemark, 15890/89, NStZ 1995, 237, § 31.

302 Zu Internetarchiven EGMR, Urteil v. 10.3.2009, Times Newspaper Ltd. (Nr. 1 & 2)/UK, 3002/03 u. a., § 27; Urteil v. 16.7.2013, Węgrzynowski und Smolczewski/Polen, 33846/07, §§ 65 ff.

303 EGMR, Urteil v. 1.12.2015, Cengiz u. a./Türkei, 48226/10 u. a., §§ 59 ff.

304 Nach EGMR, Urteil v. 20.9.1994, Otto-Preminger-Institut/Österreich, 13470/87, ÖJZ 1995, 154 (dort allerdings mit anderem Ergebnis). Vgl. bereits die Kritik oben Rn. 708.

2. Legitimes Ziel. Zwar geht es in dem Film auch um Sexualität („Schutz der Moral"), die Maßnahme bezweckt aber den Schutz religiöser Lehren vor Herabwürdigung (vgl. § 188 StGB). Zutreffender Ansicht nach schützt das Freiheitsrecht aus Art. 9 Abs. 1 EMRK nicht religiöse Gefühle; wird durch schwere Verletzungen religiöser Empfindungen aber ein Klima der Einschüchterung erzeugt, in dem Gläubige Angst haben, sich zu ihrem Glauben zu bekennen, schlagen solche Verletzungen auf die freie Religionsausübung und damit auf „Rechte anderer" durch. Vor den Folgen einer solchen Herabwürdigung soll das Verfahren nach § 188 StGB schützen. Es ist hierzu nicht offensichtlich ungeeignet und dient somit auch tatsächlich diesem Ziel.

3. Verhältnismäßigkeit.

a) Erforderlichkeit. Geht man davon aus, dass der Film, in welchem Maße auch immer, schädlich auf das gesellschaftliche Klima wirken kann, kann das Ziel nur erreicht werden, wenn der schädliche Einfluss auf die Gesellschaft insgesamt verhindert wird. Mögliche Zugangsregelungen (explizite Warnungen usw.) wären zwar milder, aber nicht gleichermaßen zur Förderung des Ziels geeignet.

b) Angemessenheit. Bei Abwägung zwischen der Freiheit und dem legitimen Eingriffsziel gesteht der EGMR den Mitgliedstaaten einen Einschätzungsspielraum zu, der bei Eingriffen in Art. 10 EMRK aber wegen der Bedeutung freier Kommunikation für eine „demokratische Gesellschaft" eingeschränkt ist. Geschützt sind auch Äußerungen, „die den Staat oder eine Gruppe der Bevölkerung beleidigen, schockieren oder verstören". Die Maßnahmen wiegen schwer, weil der Film überhaupt nicht gezeigt werden darf („Vorzensur"). Seiner aus Art. 10 Abs. 2 EMRK folgenden Verantwortung ist der Bf. gerecht geworden, indem er in der Programmvorschau (in nicht aufhetzender Weise) mögliche Interessenten informiert bzw. gewarnt hat, was sie erwartet. Der Religionsfreiheit der Tiroler Katholiken droht allenfalls eine geringe Gefahr: Der Film hetzt nicht gegen Katholiken, sondern übt, wenn auch ätzende, Kritik an der Kirche als Institution. Film wie Forum richten sich nicht an die breite Masse. Dass ein solcher Film im katholisch geprägten Tirol eine Stigmatisierung und Marginalisierung der katholischen Christen zur Folge haben könnte, ist ausgeschlossen. Art. 10 EMRK zielt auf einen freien Austausch der Meinungen. Vor allem auch abweichende Meinungen müssen die Chance haben, gehört zu werden. Kritik an Institutionen der Mehrheitsreligion gesetzlich im Wege der Zensur zu unterbinden, ist unangemessen. Die Maßnahmen verstoßen gegen Art. 10 EMRK.

b) Versammlungs- und Vereinigungsfreiheit (Art. 11 EMRK)

718 Versammlungs- und Vereinigungsfreiheit stellen die **kollektive Seite der Kommunikationsfreiheiten** dar. Sie haben eine spezifische Nähe zur **„demokratischen Gesellschaft"** (vgl. Art. 11 Abs. 2), deren Kennzeichen Pluralismus und zivilgesellschaftliches Engagement sind.[305] Daher sind auch „unbequeme" und „störende" Versammlungen und Vereinigungen geschützt. Wegen besonderer Nähe zum Staat kann die Ausübung der Versammlungs- und Vereinigungsfreiheit bei Angehörigen der Streitkräfte, der Polizei und der Staatsverwaltung (nur bei hoheitlich tätigen Beschäftigten) beschränkt werden.

719 **aa) Versammlungsfreiheit.** Eine **Versammlung** ist die Zusammenkunft mehrerer Personen zu dem gemeinsamen Zweck der Kundgabe (Demonstration) oder der kol-

305 EGMR, Urteil v. 3.5.2007, Bczkowski u. a./Polen, 1453/06, §§ 62 ff.

lektiven Meinungsbildung (z. B. Diskussion) in privaten Räumen oder an öffentlichen Plätzen. Geschützt sind ausdrücklich nur **friedliche** Versammlungen; der EGMR bezieht diese Ausnahme im Licht von Art. 17 EMRK auch auf Versammlungen von Personen, die „demokratische Prinzipien ablehnen".[306] Auf die Versammlungsfreiheit können sich **Teilnehmer und Veranstalter** berufen. Veranstalter können auch nichtstaatliche Organisationen und Personengruppen (vgl. Art. 34 EMRK) sein.

Eingriffe und Beschränkungen sind nur verhältnismäßig, wenn sie einer „dringenden gesellschaftlichen Notwendigkeit" *(pressing social need)* entsprechen.[307] Daher kommen ein **Verbot** bzw. eine **Auflösung** nur als letzte Mittel in Betracht. Zulässig sind Verfahrensvorschriften, sofern diese nicht vom Gebrauch des Grundrechts abschrecken. Auf eine **fehlende Anmeldung** allein darf die Auflösung einer Versammlung nicht gestützt werden; nötig ist eine tatsächliche Gefahr für die öffentliche Sicherheit und Ordnung.[308] Dies gilt namentlich für Spontanversammlungen, die unmittelbar auf ein Ereignis reagieren.[309] **720**

Den Staat trifft eine **Schutzpflicht** für ordnungsgemäß angemeldete Versammlungen. Er hat sie gegen Übergriffe und Störungen durch Gegendemonstrationen zu schützen.[310] Eine Auflösung wegen gewaltsamer Übergriffe kommt nur als *ultima ratio* in Betracht, wenn trotz ausreichender Vorkehrungen der Sicherheitsbehörden die Situation außer Kontrolle gerät und ein Vorgehen gegen die Angreifer als Möglichkeit ausscheidet. **721**

bb) Vereinigungsfreiheit. Vereinigungen sind alle auf Dauer angelegten und organisatorisch verfestigten Zusammenschlüsse von natürlichen Personen oder anderen Vereinigungen. Auf die rechtliche Anerkennung durch das staatliche (Vereins-)Recht kommt es wegen Umgehungsgefahr nicht an. Vereinigungen können jeden Zweck verfolgen (auch einen rechtswidrigen: ein Verbot ist an den Grundrechtsschranken zu messen). Vom Schutzbereich erfasst sind auch Gewerkschaften (gesonderte Erwähnung in Abs. 1 Hs. 2), Arbeitgeberverbände und politische Parteien. Nicht erfasst sind juristische Personen des öffentlichen Rechts, die hoheitliche Befugnisse ausüben.[311] **722**

Art. 11 Abs. 1 schützt auch die negative Vereinigungsfreiheit, d. h. die Freiheit zum Nichteintritt und Austritt. **Zwangsmitgliedschaften** sind nach der Rechtsprechung des EGMR dann unverhältnismäßige Eingriffe in dieses Recht, wenn sie mit spürbaren Pflichten verbunden sind und der Vereinszweck gegen Gesinnungen des Betroffe- **723**

---

306 EGMR, Urteil v. 23.10.2008, Sergey Kuznetsov/Russland, 10877/04, § 45.
307 Eingehend EGMR, Urteil v. 15.11.2018, Navalnyy u. a./Russland, 29580/12, §§ 98 ff.
308 EGMR, Urteil v. 17.5.2011, Akgöl und Göl/Türkei, 28495/06 u. a., §§ 41 ff.
309 EGMR, Urteil v. 17.7.2007, Bukta u. a./Ungarn, 25691/04, § 36.
310 EGMR, Urteil v. 21.6.1988, Plattform „Ärzte für das Leben"/Österreich, 10126/82, EGMR-E 4, 117, §§ 32, 34. Vertiefend Urteil v. 21.10.2010, Alekseyev u. a./Russland, 4916/07 u. a., §§ 72 ff. Hierzu auch *P. Johnson*, Homosexuality, Freedom of Assembly and the Margin of Appreciation Doctrine of the European Court of Human Rights: Alekseyev v Russia, HRLR 11 (2011), 578; *S. Polsdofer*, Pride and Prejudiced: Russia's Anti-Gay Propaganda Law Violates the European Convention on Human Rights, AmUnivILR 29 (2014), 1069.
311 Vgl. EGMR, Urteil v. 30.6.1993, Sigurdur A. Sigurjónsson/Island, 16130/90, ÖJZ 1994, 207, § 31.

nen verstößt.[312] Auch schwere Sanktionen bei Nichtbeitritt zu oder Austritt aus einer Zwangsvereinigung führen zu einem Verstoß gegen Art. 11 EMRK.[313]

724 Große Bedeutung hat Art. 11 Abs. 1 als Maßstab für **Parteiverbote** erlangt. Der EGMR verlangt hier zwingende Gründe und übt eine intensive Kontrolle aus. Für ein Verbot genügt nicht schon die Gesetzes- und Verfassungswidrigkeit nach nationalem Recht. Eine Partei darf für eine Änderung der Staats- und Rechtsordnung eintreten – unter zwei Bedingungen: „(1) die dazu eingesetzten Mittel müssen rechtmäßig und demokratisch sein; (2) die vorgeschlagene Änderung muss ihrerseits mit den grundlegenden demokratischen Prinzipien vereinbar sein."[314] Sanktionen, die auf Verstöße gegen diese Grundsätze reagieren, sind mit Art. 11 EMRK vereinbar. Eine Partei, die langfristig das Ziel verfolgt, eine auf der Scharia beruhende Staats- und Rechtsordnung zu errichten, setzt sich in Widerspruch zur demokratischen Gesellschaft im Sinne der EMRK.[315]

725 Das ausdrücklich garantierte Recht, **Gewerkschaften** zu gründen und ihnen beizutreten, umfasst typische Gewerkschaftstätigkeiten. Der Staat hat die Wahl, welche Mittel er hierzu an die Hand geben will; die staatlichen Regelungen müssen die Gewerkschaften in die Lage versetzen, für den Schutz der Interessen ihrer Mitglieder zu kämpfen. Das Recht, Tarifverträge zu schließen, ist ein mögliches, kein notwendiges Mittel.[316] Das Streikrecht jedoch ist zumindest im Kern garantiert.[317] Aus dem Recht auf Mitgliedschaft folgt für den Staat eine Pflicht, nachteilige Folgen gewerkschaftlicher Tätigkeit zu unterbinden.[318] Ein Streikverbot für Beamte erkennt der EGMR im Rahmen der Verhältnismäßigkeit nur in Abhängigkeit von konkreten hoheitlichen Funktionen und Aufgaben an.[319]

c) Recht auf freie Wahlen (Art. 3 ZP 1)

726 Art. 3 ZP I ist als eine **institutionelle Verpflichtung** der Staaten formuliert, freie Wahlen zu garantieren. Darüber hinaus enthält Art. 3 ZP 1 aber auch ein **subjektives Recht** (aktives und passives Wahlrecht).[320] Um das Wahlrecht nicht zu entwerten, reicht der Gewährleistungsbereich über den Wahlakt hinaus und umfasst eine Pflicht zur Beachtung des Wahlergebnisses

312 EGMR, Urteil v. 29.4.1999, Chassagnou u. a./Frankreich, 25088/94 u. a., NJW 1999, 3695, § 117 (Zwangsmitgliedschaft in einem kommunalen Jagdverband).

313 EGMR, Urteil v. 13.8.1981, Young, James und Webster/UK (I), 7601/76 u. a., EGMR-E 1, 554, § 55: Entlassung wegen Weigerung, der Hausgewerkschaft beizutreten.

314 EGMR, Urteil v. 13.2.2003, Refah Partisi u. a./Türkei, 41340/98 u. a., EuGRZ 2003, 206 = NVwZ 2003, 1489, § 98.

315 EGMR, Urteil v. 13.2.2003, Refah Partisi u. a./Türkei, 41340/98 u. a., EuGRZ 2003, 206 = NVwZ 2003, 1489, §§ 120 ff. Das Verbot betraf die zum Zeitpunkt des Verbotes (1998) in der Türkei regierende „Wohlfahrtspartei" und hatte dementsprechend international zu kontroversen Diskussionen geführt. Zum Urteil *I. Spiecker genannt Döhmann*, in: Menzel/Pierlings/Hoffmann (Hg.), Völkerrechtsprechung, 2005, Nr. 108. Konventionsrechtliche Würdigung der Entscheidung im NPD-Verbotsverfahren durch das BVerfG (Feststellung der Verfassungswidrigkeit) in BVerfGE 144, 20, Rn. 607 ff.

316 EGMR, Urteil v. 6.2.1976, Schwedischer Lokomotivführerverband/Schweden, 5614/72, EGMR-E 1, 165, § 40.

317 Vgl. EGMR, Urteil v. 6.2.1976, Schmidt und Dahlström/Schweden, 5589/72, EGMR-E 1, 172, § 36.

318 Vgl. EGMR, Urteil v. 25.4.1996, Gustafsson/Schweden, 15573/89, AuR 1997, 408, § 45.

319 EGMR, Urteil v. 12.11.2008, Demir und Baykara/Türkei, 34503/97, NZA 2010, 1425. Zur Rechtslage in Deutschland und der Position des BVerwG Rn. 528.

320 EGMR, Urteil v. 2.3.1987, Mathieu-Mohin/Belgien, 9267/81, EGMR-E 3, 376, §§ 48 ff.

wie auch das Recht zur Mandatsausübung. **Gesetzgebende Körperschaften** sind Parlamente (einschließlich des Europäischen Parlaments[321]) und sonstige Institutionen mit Gesetzgebungsbefugnissen, nicht dagegen kommunale Vertretungskörperschaften mit überwiegend administrativen Aufgaben. Präsidentschaftswahlen sind ebenfalls nicht erfasst. Als **Wahlgrundsätze** nennt Art. 3 ZP 1 nur die Freiheit und Geheimheit; anerkannt ist aber, dass auch die Allgemeinheit und Gleichheit der Wahl (vgl. Art. 14 EMRK) garantiert sind. Wahlen müssen periodisch in angemessenen Zeitabständen stattfinden. Das Wahlrecht muss **durch den Staat ausgestaltet** werden; hierbei genießt er einen weiten Ermessensspielraum. Die Gestaltung des Wahlrechts darf nicht zu willkürlichen und unverhältnismäßigen Beschränkungen führen oder die Wahlgrundsätze in ihrem Kern verletzen.[322]

5. Eigentumsgarantie (Art. 1 ZP 1)

Den **Begriff des Eigentums** legt der EGMR autonom aus, d. h. ohne Rückgriff auf das jeweilige innerstaatliche Recht. Zum Eigentum gehören alle **vermögenswerten Rechte**.[323] Erfasst sind nicht nur das Eigentum an Sachen, sondern auch Unternehmensanteile, geistiges Eigentum sowie **Forderungen**, sofern diese hinreichend etabliert und durchsetzbar sind.[324] Zum Eigentum gehört auch der Kundenstamm *(good will)* eines Unternehmens oder einer Kanzlei;[325] Art. 1 ZP 1 schützt somit das **Recht am Gewerbebetrieb** umfassend. 2005 hat der EGMR mit seiner früheren Rechtsprechung gebrochen und rechnet auch **Sozialleistungen**, auf die nach den Gesetzen des betreffenden Staates ein Anspruch besteht, zum geschützten Eigentum – unabhängig davon, ob diese auf einer Eigenleistung des Empfängers beruhen oder nicht.[326] **727**

Die Eigentumsgarantie in Art. 1 ZP 1 ist **dreigliedrig aufgebaut**: Die allgemeine Garantie findet sich in Abs. 1 S. 1; Abs. 1 S. 2 (Eigentumsentziehungen) und Abs. 2 (Nutzungsregelungen) betreffen unterschiedliche Formen des Eingriffs in das Eigentumsrecht. Hieran schließt eine **differenzierte Eingriffsdogmatik** des EGMR an. Unterschieden wird danach zwischen Enteignungen (dazu Abs. 1 S. 2), Nutzungsregelungen (dazu Abs. 2) und sonstigen Eingriffen (die am Maßstab der allgemeinen Garantie in Abs. 1 S. 1 gemessen werden). **728**

Eigentumsentziehungen sind Enteignungen und De-facto-Enteignungen. Eine **Enteignung** liegt vor, wenn der Staat einen formellen Übergang des Eigentums bewirkt. Keine Enteignung liegt hingegen in der Konfiskation wegen rechtswidrigen Gebrauchs einer Sache (vgl. im deutschen Recht z. B. die Regeln zur Einziehung in den §§ 73 ff StGB), weil diese nicht auf einen Eigentumsübergang zielt, sondern an eine rechtswidrige Nutzung anknüpft. Sie wird daher zu den Nutzungsregelungen gerech- **729**

321 EGMR, Urteil v. 18.2.1999, Matthews/UK, 24833/94, NJW 1999, 3107, §§ 40 ff.

322 Gegen den pauschalen Ausschluss von Strafgefangenen vom aktiven Wahlrecht EGMR, Urteil v. 6.10.2005, Hirst (No. 2)/UK, 74025/01, §§ 69 ff.

323 Einschließlich der Testierfreiheit: Urteil v. 19.12.2018, Molla Sali/Griechenland, 20452/14 (Vorrang des Willens des Erblassers vor dem Erbrecht der Scharia) mit krit. Anm. von *E. Jayme/C. F. Nordmeier*, IPrax 2019, 200; *I. Tsavousoglou*, The Curious Case of Molla Sali v. Greece: Legal Pluralism Through the Lens of the ECtHR, strasbourgobservers.org (11.1.2019).

324 EGMR, Urteil v. 23.2.1995, Gasus Dosier- und Fördertechnik GmbH/Niederlande, 15375/89, § 53; Urteil v. 5.1.2000, Beyeler/Italien, 33202/96, NJW 2003, 654, § 100.

325 EGMR, Urteil v. 26.6.1986, van Marle u. a./Niederlande, 8543/79, EGMR-E 3, 177, § 41.

326 EGMR, Beschluss v. 6.7.2005, Stec u. a./UK (Zulässigkeit), 65731/01, §§ 47 ff; Urteil v. 15.9.2009, Moskal/Polen, 10373/05, § 38.

net.[327] Eine **De-facto-Enteignung** liegt vor, wenn das Eigentum faktisch entzogen wird und die verbleibende Rechtsposition keine sinnvolle Nutzung mehr gestattet[328], z. B. wenn eine nachträglich für rechtswidrig erklärte Enteignung nicht rückgängig gemacht wurde.

730 Zu den **Nutzungsregelungen** zählen alle Vorschriften, die sich auf das Ob und Wie bestimmter Nutzungen des Eigentums beziehen, z. B. solche des Planungsrechts, des Natur- und Denkmalschutzrechts usw.[329] Auch Zwangsbeiträge (z. B. Erschließungsbeiträge) und andere Abgaben, die an das Eigentum anknüpfen, fallen unter Art. 1 Abs. 2 ZP 1. Die Kategorie der **sonstigen Eingriffe** hat der EGMR entwickelt, um Fälle zu erfassen, die weder Enteignung noch Nutzungsregelung sind. Hierunter fällt z. B. ein dauerhaftes Bauverbot, das der erste Schritt zu einer „steckengebliebenen" Enteignung sein sollte,[330] ebenso wie die jahrelange Aussperrung von einem Grundstück durch eine militärische Besetzung.[331]

731 Zu ihrer **Rechtfertigung** müssen alle Formen der Eingriffe in das Eigentum auf gesetzlicher Grundlage ergehen (ein Gesetz im materiellen Sinne genügt)[332] und im öffentlichen Interesse erfolgen. Das **öffentliche Interesse** ist weit zu verstehen. Insbesondere ist auch eine Enteignung zu Gunsten von Privaten möglich. Schließlich müssen alle Eingriffe den Grundsatz der **Verhältnismäßigkeit** beachten. Generell steht den Mitgliedstaaten ein weiter Beurteilungsspielraum zur Verfügung, der nur bei offensichtlich unvernünftigen Regelungen und bei einer „besonderen und übermäßigen Belastung" überschritten ist.[333]

732 Während Nutzungsregelungen und sonstige Eingriffe **Entschädigungen** nur im Ausnahmefall erfordern, sind Eigentumsentziehungen aus Gründen der Verhältnismäßigkeit regelmäßig entschädigungspflichtig.[334] Voller Wertersatz ist zwar nicht geboten; eine Entschädigung deutlich unter dem Verkehrswert ist aber im Regelfall unangemessen. In der Tendenz verlangt der EGMR bei Individualenteignungen (die meist einem konkreten Projekt dienen) Wertersatz, während bei Globalenteignungen im Zuge großer Strukturreformen lediglich eine angemessene Entschädigung zu zahlen ist.[335] Große Spielräume gesteht der EGMR Staaten bei einer Transformation nach Systemwechseln zu.

---

327 EGMR, Urteil v. 7.12.1976, Handyside/UK, 5493/72, EGMR-E 1, 217, §§ 62 f.

328 Vgl. EGMR, Urteil v. 28.10.1999, Brumarescu/Rumänien, 28342/95, § 77.

329 Zur Unzumutbarkeit einer Jagdduldungspflicht, wenn der Grundeigentümer aus ethischen Gründen die Jagd ablehnt, EGMR, Urteil v. 26.6.2012, Herrmann/Deutschland, 9300/07, JZ 2013, 519 m. Anm. *F. Michl*, JZ 2013, 504; *C. Maierhöfer*, Jagdduldungszwang und Europäische Menschenrechtskonvention, NVwZ 2012, 1521.

330 EGMR, Urteil v. 23.9.1982, Sporrong u. Lönnrath/Schweden, 7151/75 u. a., EGMR-E 2, 148, § 69.

331 EGMR, Urteil v. 18.12.1996, Loizidou/Türkei, 15318/89, EuGRZ 1997, 555, § 63. Vgl. aber Urteil v. 24.6.1993, Papamichalopoulos/Griechenland, 14556/89, ÖJZ 1997, 190, §§ 41 ff: De-facto-Enteignung, wenn die Besatzer zusätzlich das Grundstück selbst in Besitz nehmen.

332 Dazu allgemein Rn. 656.

333 EGMR, Urteil v. 23.9.1982, Sporrong u. Lönnrath/Schweden, 7151/75 u. a., EGMR-E 2, 148, § 73. Zur Vereinbarkeit des griechischen „Schuldenschnitts" mit den Eigentumsrechten privater Gläubiger siehe Urteil v. 21.7.2016, Mamatas u. a./Griechenland, 63066/14 u. a.

334 EGMR, Urteil v. 8.7.1986, Lithgow u. a./UK, 9006/80 u. a., EGMR-E 3, 185, §§ 120 f.

335 *M. Hartwig*, Der Eigentumsschutz nach Art. 1 des 1. Zusatzprotokolls zur EMRK, RabelsZ 63 (1999), 561 (577) m. w. N. Vertiefend *I. Marboe*, Die Berechnung von Entschädigung und Schadenersatz in der internationalen Rechtsprechung, 2009.

Aus Art. 1 ZP 1 folgen auch **positive Verpflichtungen** der Staaten. Diese haben Schutzmaßnahmen zu ergreifen, wenn von staatlichen Einrichtungen eine Gefahr für das Eigentum der Anwohner ausgeht.[336] Ist ein Staat nicht in der Lage, Vertriebenen Zugang zu ihrem Eigentum zu verschaffen, muss er alternative Maßnahmen ergreifen, um deren Eigentumsrechte wiederherzustellen oder ihnen eine Entschädigung zukommen zu lassen.[337]

6. Freizügigkeit und Aufenthalt

Art. 2-4 ZP 4 enthalten wichtige Garantien zu Freizügigkeit und Aufenthalt. **Staatsangehörige** 733
dürfen frei in ihr Land ein- und ausreisen (Art. 3 Abs. 2 bzw. Art. 2 Abs. 2 ZP 4) und genießen Bewegungs- und Niederlassungsfreiheit in der Heimat (Art. 2 Abs. 1 ZP 4). Sie dürfen nicht ausgewiesen werden (Art. 3 Abs. 1 ZP 4). Um eine Umgehung dieser Garantien auszuschließen, ist jedenfalls die willkürliche Entziehung der Staatsangehörigkeit als Verstoß gegen Art. 3 ZP 4 zu werten.

Ausländer, die sich rechtmäßig in einem Staat aufhalten, haben ebenfalls das Recht auf Bewegungs- und Niederlassungsfreiheit (Art. 2 Abs. 1 ZP 4). Ein Recht auf Einreise und Aufenthalt gibt ihnen die EMRK nicht; allerdings steht es ihnen frei, das Land wieder zu verlassen (Art. 2 Abs. 2 ZP 4). Art. 4 ZP 4 verbietet die Kollektivausweisung von Ausländern[338] und sichert so die Prüfung des Einzelfalls, für die Art. 1 ZP 7 Verfahrensgarantien enthält. Das gilt auch für sog. Pushback-Operationen außerhalb des Hoheitsgebietes der Konventionsstaaten.[339] Mit dieser räumlichen Erweiterung des Anwendungsbereichs von Art. 4 ZP 4 hat der EGMR die **EU-Flüchtlingspolitik** menschenrechtlich eingehegt und einen Anspruch auf Zugang zu aufenthaltsrechtlichen Verfahren begründet. Eine individuelle Anhörung ist nicht geboten, sofern eine „echte und effektive" Möglichkeit besteht, Gründe gegen die Ausweisung vorzubringen.[340]

Die Rechte aus Art. 3 Abs. 1 und Art. 4 ZP 4 sind schrankenlos; bei den anderen Rechten sind **Beschränkungen** im Rahmen der Verhältnismäßigkeit zulässig. Typische Beschränkungen bei Art. 2 Abs. 1 ZP 4 sind Sperrzonen (lokalisiert) oder Meldeauflagen (personalisiert), bei Art. 2 Abs. 2 ZP 4 der Entzug des Reisepasses. Für das Recht eigener Staatsangehöriger auf Einreise sieht Art. 3 Abs. 2 ZP 4 keine Schranken vor; in bestimmten Fällen kann die Verweigerung der Einreise gleichwohl gerechtfertigt sein.[341]

---

336 EGMR, Urteil v. 30.11.2004, Öneryıldız, 48939/99, §§ 107 ff, 134 ff.

337 Vgl. das – komplexe – verkappte Piloturteil des EGMR v. 16.6.2015, Sargsyan/Aserbeidschan, 40167/06. Vgl. auch die Pinheiro-Prinzipien, Rn. 793.

338 Dazu EGMR, Urteil v. 5.2.2002, Čonka/Belgien, 51564/99, §§ 61 ff (pauschale Abschiebung von Roma-Flüchtlingen; Urteil v. 3.7.2014, Georgien/Russland, 13255/07, NJW 2015, 569, §§ 167 ff (systematische Verhaftung und Abschiebung von Georgiern aus Russland im Herbst 2006). Vgl. auch die ILC Draft articles on the expulsion of aliens (2014), A/69/10, § 44.

339 EGMR, Urteil v. 23.2.2012, Hirsi Jamaa u. a./Italien, 27765/09, NVwZ 2012, §§ 169 ff (kollektive Zurückschiebung von Bootsflüchtlingen). Zu anhängigen Verfahren bezüglich sog. Pullback-Operationen *M. Baumgärtel*, High Risk, High Reward: Taking the Question of Italy's Involvement in Libyan 'Pullback' Policies to the European Court of Human Rights, EJIL Talk! (14.5.2018).

340 EGMR, Urteil v. 15.12.2016, Khlaifia u. a./Italien, 16482/12, §§ 239 ff. Dazu *D. Venturi*, The Grand Chamber's ruling in Khlaifia and Others v Italy: one step forward, one step back?, strasbourgobservers.org (10.1.2017); *M. R. Mauro*, A Step Back in the Protection of Migrants' Rights, ItalYIL 26 (2016), 289.

341 *C. Grabenwarter/K. Pabel*, Europäische Menschenrechtskonvention, 6. Aufl. 2016, § 21 Rn. 73.

7. Gleichheitsrechte

734 **Art. 14 EMRK** enthält ein Verbot der Diskriminierung nur bei Ausübung der EMRK-Rechte, garantiert also ein **akzessorisches Gleichheitsrecht**. Dieses findet Anwendung, wenn der Schutzbereich eines anderen Rechts aus der EMRK oder aus einem der Zusatzprotokolle (das von dem betreffenden Staat natürlich ratifiziert sein muss) eröffnet ist. Eine Verletzung von Art. 14 i. V. m. einem anderen Recht kann somit auch dann vorliegen, wenn dieses Recht selbst nicht verletzt ist. Art. 14 ist ebenfalls anwendbar, wenn ein Mitgliedstaat im Anwendungsbereich eines Konventionsartikels **weitergehende Rechte** garantiert.

Beispiel: Ein Mitgliedstaat, der beim Nachzug von Ehegatten und Verlobten im Inland ansässiger Ausländer generell großzügiger verfährt, als Art. 8 EMRK verlangt, muss sich gleichwohl an Art. 14 i. V. m. Art. 8 EMRK messen lassen, wenn er – z. B. bei Angehörigen bestimmter Staaten – von dieser Praxis abweicht.[342]

735 Hat der EGMR bereits den Verstoß gegen eine EMRK-Vorschrift festgestellt, verzichtet er regelmäßig auf eine zusätzliche Überprüfung an Art. 14 i. V. m. dieser Vorschrift. Eine vorrangige Prüfung an Art. 14 erfolgt dagegen, wenn die Ungleichbehandlung einen **wesentlichen Aspekt des Streitfalles** darstellt.[343] In der Praxis sind Verknüpfungen von Art. 14 mit Art. 8 (sexuelle Orientierung, Sorgerecht, Stellung nichtehelicher Kinder und Eltern) und Art. 9 EMRK sowie mit Art. 1 ZP 1 (unterschiedliche Belastungen) besonders relevant.[344]

736 Der **Katalog** der verbotenen Differenzierungsgründe in Art. 14 ist **nicht abschließend**, wie der Zusatz „oder eines sonstigen Status" unterstreicht. Vor allem Geschlechtsidentität und sexuelle Orientierung spielen in der Rechtsprechung zu Art. 14 eine wichtige Rolle.[345] Der Begriff des „Status" ist jedoch weit zu verstehen und setzt keine besondere Nähe zum Persönlichkeitskern voraus.[346] Damit wird Art. 14 von einem auf bestimmte Kriterien beschränkten Diskriminierungsverbot faktisch zu einem **allgemeinen Gleichheitssatz**.

737 Nach der Rechtsprechung des EGMR ist Diskriminierung die **„unterschiedliche Behandlung** von Personen in wesentlich gleicher Lage ohne sachliche und vernünftige Rechtfertigung".[347] Die Rechtfertigung setzt ein legitimes Ziel und die Wahrung des Grundsatzes der Verhältnismäßigkeit voraus. Bei der Entscheidung, ob und in welchem Ausmaß Unterschiede, die trotz der im Wesentlichen (!) gleichen Lage bestehen, eine unterschiedliche Behandlung rechtfertigen,[348] hat der Staat einen **Ermessensspielraum**. Dieser ist zu Gunsten einer intensiveren Kontrolle durch den EGMR

342 EGMR, Urteil v. 28.5.1985, Abdulaziz u. a./UK, 9214/80, EGMR-E 3, 80, § 82.

343 EGMR, Urteil v. 29.4.1999, Chassagnou u. a./Frankreich, 25088/94 u. a., NJW 1999, 3695, § 89.

344 Zum „Racial Profiling" als Verstoß gegen Art. 14 i. V. m. Art. 8 (Datenschutz) *A. Tischbirek/ T. Wihl*, Verfassungswidrigkeit des „Racial Profiling", JZ 2013, 219 (221).

345 Vgl. etwa EGMR, Urteil v. 30.6.2016, Taddeucci und McCall/Italien, 51362/09 (Verweigerung des Ehegattennachzugs für gleichgeschlechtlichen Partner). Siehe zudem auch *ECHR, Press Unit*, Fact Sheet: Gender Equality (1/2019).

346 EGMR, Urteil v. 13.7.2010, Clift/UK, 7205/07, § 59.

347 EGMR, Urteil v. 13.11.2007, D.H. u. a./Tschechien, 57325/00, NVwZ 2008, 533, § 175; std. Rspr.

348 Zur dogmatischen Struktur von Gleichheitsrechten allgemein siehe *T. Kingreen/R. Poscher*, Grundrechte, 35. Aufl. 2019, Rn. 514 ff. Im Vergleich *S. Baer*, Gleichberechtigung revisited: Zur Interpretation des Art. 3 GG und internationaler Gleichbehandlungsgebote, NJW 2013, 3145.

eingeschränkt bei Ungleichbehandlungen, die an das Geschlecht, die sexuelle Identität oder Orientierung, die nationale Herkunft oder die Geburt anknüpfen. **Keine Rechtfertigung** ist möglich bei Ungleichbehandlungen aus rassistischen Gründen oder wegen der Hautfarbe.[349]

In seiner neueren Rechtsprechung erkennt der EGMR auch an, dass eine formal gleiche Behandlung wegen unterschiedlicher tatsächlicher Voraussetzungen diskriminierend wirken kann (**mittelbare Diskriminierung**).[350] So können etwa Einschränkungen bei Teilzeitarbeitsverhältnissen Frauen benachteiligen, wenn überwiegend Frauen in Teilzeit arbeiten. Der EGMR geht daher inzwischen davon aus, dass Art. 14 auch dann verletzt ist, wenn der Staat ohne sachliche und vernünftige Begründung Personen in eindeutig unterschiedlichen Lagen nicht unterschiedlich behandelt.[351] Ein solches **materielles Gleichheitsverständnis** verlangt zunächst einmal nach Ausnahmen und differenzierten Regeln. Den weiteren Schritt hin zu Bevorzugungen (**positiven Diskriminierungen**) im Rahmen einer aktiven Gleichstellungspolitik hat der EGMR bislang noch nicht beschritten.[352] 738

Das **12. Zusatzprotokoll**, 2005 in Kraft getreten (Deutschland hat unterzeichnet, aber noch nicht ratifiziert; Stand: Juni 2019), verbietet Diskriminierungen auch dann, wenn sie außerhalb des Schutzbereichs eines EMRK-Rechts liegen. Es enthält somit ein **nicht-akzessorisches Diskriminierungsverbot**. Dieses knüpft an denselben offenen Katalog von Differenzierungsgründen an wie Art. 14 EMRK; auch ist der Diskriminierungsbegriff derselbe wie bei Art. 14. Daher ist es befremdlich, wenn der EGMR Art. 1 ZP 12 nicht als *lex specialis* gegenüber Art. 14 EMRK behandelt, sondern beide Gleichheitsrechte nebeneinander anwendet.[353] Ebenfalls nicht als *lex specialis*, sondern als Ergänzung behandelt der EGMR **Art. 5 ZP 7**, der die **Gleichberechtigung der Ehegatten** hinsichtlich der Eheschließung, während der Ehe und bei deren Auflösung gewährleistet.[354] Da der EGMR dieselben Verpflichtungen bereits aus Art. 14 i. V. m. Art. 8 EMRK herleitet, ist die Vorschrift von geringer praktischer Bedeutung. 739

V. Die Individualbeschwerde

Mit der Individualbeschwerde können natürliche oder juristische Personen eine Verletzung ihrer Rechte aus der EMRK oder eines der Zusatzprotokolle durch einen Vertragsstaat unmittelbar vor dem EGMR rügen. Die Individualbeschwerden machen heute den allergrößten Teil der Fälle des Gerichtshofs aus. Wie andere Gerichte auch, prüft der EGMR eingehende Beschwerden zunächst auf ihre **Zulässigkeit** (Prozessstation), bevor er sich mit der Sache an sich (**Begründetheit**, Sachstation) befasst. Die Prüfung in der Sache orientiert sich an dem oben vorgestellten Prüfungsraster 740

349 EGMR, Urteil v. 13.12.2005, Timishev/Russland, 55762/00 u. a., § 58.
350 EGMR, Entscheidung v. 6.1.2005, Hoogendijk/Niederlande, 58461/00.
351 Erstmals EGMR, Urteil v. 6.4.2000, Thlimmenos/Griechenland, 34369/97, ÖJZ 2001, 578, § 44.
352 Zu den verschiedenen Dimensionen der Gleichheit *K. Henrard*, Equality of Individuals, MPEPIL (5/2008). Siehe auch *A. v. Arnauld*, Zur Erforderlichkeit der Ausdifferenzierung des Diskriminierungsverbotes, in: Klein/Menke (Hg.), Universalität – Schutzmechanismen – Diskriminierungsverbote, 2008, 396.
353 EGMR, Urteil v. 22.12.2009, Sejdić und Finci/Bosnien-Herzegowina, 27996/06 u. a., NJOZ 2011, 428, §§ 38 ff, §§ 52 ff.
354 EGMR, Urteil v. 22.2.1994, Burghartz/Schweiz, 16213/90, ÖJZ 1994, 559, §§ 22 f.

(Rn. 652). Die Voraussetzungen für die Zulässigkeit einer Individualbeschwerde ergeben sich aus Art. 1, 34 und 35 EMRK:[355]

Übersicht: Prüfung einer Individualbeschwerde zum EGMR

I. Zulässigkeit

1. Zuständigkeit des EGMR: Art. 1 EMRK
   → *ratione loci:* territorial bzw. „der Hoheitsgewalt unterstehend"?
   → *ratione personae:* zurechenbares Staatshandeln?
   → *ratione temporis:* nach Inkrafttreten der EMRK für den beklagten Staat?
2. Beschwerdefähigkeit: Art. 34 EMRK
   → natürliche Person, nichtsstaatliche Organisation oder Personengruppe
3. Beschwerdegegenstand: Art. 34 EMRK
   → Akt einer Vertragspartei
4. Beschwerdebefugnis: Art. 34 EMRK
   → Opfereigenschaft: eigene Verletzung in Konventionsrecht
5. Rechtswegerschöpfung: Art. 35 EMRK
6. Frist, Form
   → 6 Monate ab endgültiger innerstaatlicher Entscheidung (Art. 35 I EMRK)
   → Schriftform (Art. 45 VerfO)
   → namentliche Beschwerde (Art. 35 II lit. a EMRK)
7. Rechtsschutzbedürfnis
   a) keine anderweitige Rechtshängigkeit (Art. 35 II lit. b EMRK)
   b) nicht offensichtlich unbegründet oder missbräuchlich (Art. 35 III lit. a EMRK)
   c) kein bloß unerheblicher Nachteil (Ausnahmen; Art. 35 III lit. b EMRK)

II. Begründetheit

1. Zuständigkeit des EGMR

741 Der EGMR hat von den Konventionsstaaten das Recht übertragen bekommen, ihre Maßnahmen an der EMRK zu überprüfen; Voraussetzung für die Gerichtshoheit *(jurisdiction)* des EGMR ist daher, dass die EMRK überhaupt **gemäß Art. 1 anwendbar** ist. An dieser Stelle ist daher zu klären, ob die örtlichen (evtl. Beschränkung nach Art. 56, Streit über die Auslegung der Wendung „ihrer Hoheitsgewalt unterstehend"), persönlichen (zurechenbares Staatshandeln) und zeitlichen (keine Rückwirkung der EMRK und ihrer Zusatzprotokolle) Voraussetzungen für die Anwendbarkeit im Einzelfall vorliegen (Rn. 641–651).

2. Beschwerdefähigkeit

742 Beschwerdefähig (parteifähig) sind nach Art. 34 EMRK „natürliche Personen, nichtstaatliche Organisationen oder Personengruppen". Als **nichtstaatliche Organisationen** sind neben juristischen Personen auch nicht rechtsfähige Vereinigungen aner-

355 Vgl. Fallbeispiel bei *A. v. Arnauld*, Klausurenkurs im Völkerrecht, 3. Aufl. 2018, Fall 10. Ablaufschema zur Bearbeitung von Anträgen unter www.echr.coe.int/Documents/Case_Processing_DEU.pdf.

kannt. Notwendig ist eine gewisse organisatorische Verfestigung, die als Basis einer eigenen Grundrechtsträgerschaft dienen kann. Als „nichtstaatlich" gelten auch juristische Personen des öffentlichen Rechts, soweit sie nicht als staatliche Organe handeln. Dies sind v. a. staatliche Universitäten, öffentlich-rechtliche Rundfunkanstalten und öffentlich-rechtlich verfasste Religionsgemeinschaften oder Gewerkschaften, nicht aber Gemeinden.[356] **Personengruppe** ist eine Mehrzahl von Personen ohne organisatorische Verbundenheit, die in der Regel ein gemeinsames Interesse eint.[357] Bei einer Gruppenbeschwerde muss jedes Mitglied eigene Rechte geltend machen und sämtliche Zulässigkeitsvoraussetzungen erfüllen.

Die Beschwerdefähigkeit ist normalerweise an die **Rechtsträgerschaft** gekoppelt, kann diese aber ausnahmsweise überdauern: Stirbt ein Beschwerdeführer während des Verfahrens, können seine Angehörigen den Prozess fortführen, sofern sie ein berechtigtes Interesse hieran haben oder ein allgemeines Interesse an der Klärung besteht. Auch Verletzungen des Rechts auf Leben (Art. 2 EMRK) können von den Hinterbliebenen in ihrem eigenen Namen geltend gemacht werden (Prozessstandschaft).[358] Nichtstaatliche Organisationen, namentlich politische Parteien, können sich auch nach ihrer Auflösung vor dem EGMR gegen die Auflösung zur Wehr setzen. 743

Ausnahmsweise kann Anlass bestehen, die **Prozessfähigkeit** zu prüfen. Der EGMR handhabt dies flexibel. Minderjährige werden im Verfahren regelmäßig von ihren gesetzlichen Vertretern, nichtstaatliche Organisationen von ihren Organen vertreten.

3. Beschwerdegegenstand

Tauglicher Beschwerdegegenstand ist gemäß Art. 34 EMRK jedes Tun oder Unterlassen einer Vertragspartei („durch eine der Hohen Vertragsparteien…"). Hier ist insbesondere zu klären, ob die angefochtene Maßnahme der beklagten Vertragspartei zuzurechnen ist. Die Zurechenbarkeit hat der EGMR zumindest im Fall *Behrami und Saramati* allerdings nicht im Zusammenhang mit Art. 34, sondern bei Art. 1 EMRK geprüft (Rn. 648). 744

4. Beschwerdebefugnis

Beschwerdebefugt ist nach Art. 34 EMRK nur das „Opfer" einer Verletzung (**Opfereigenschaft**, *qualité de victime*). Der Beschwerdeführer muss selbst betroffen und beschwert sein; eine Popularklage kennt die EMRK nicht. Außerdem ist das Recht zu nennen, in dem sich der Beschwerdeführer verletzt meint. Die Beschwer muss nicht andauern; auch vergangene Verletzungen können Gegenstand einer Beschwerde sein, solange nicht der beklagte Staat die Verletzung anerkannt und angemessen auf sie reagiert hat. 745

Im Fall *Gäfgen* hat die Große Kammer des EGMR z. B. den fortdauernden Opferstatus des Bf. bejaht: Die Androhung physischer Gewalt im Verhör sei eine unmenschliche Behandlung im Sinne von Art. 3 EMRK. Die straf- und disziplinarrechtlichen Sanktionen gegenüber den ver-

356 EGMR, Beschluss v. 23.10.2010, Dösemealti Belediyesi/Türkei, 50108/06, BeckRS 2011, 02095.

357 Beispiel für einen Gruppenantrag: Bczkowski u. a./Polen, 1453/06, Urteil v. 3.5.2007.

358 Den pragmatischen Ansatz des EGMR spiegelt das Urteil v. 17.7.2014, Centre de ressources juridiques au nom de Valentin Câmpeanu/Rumänien, 47848/08, NJW 2015, 2635, §§ 104 ff. Weil der Verstorbene als geistig behinderter HIV-infizierter Roma ohne Angehörige in jeder Hinsicht ausgegrenzt war, akzeptierte die Große Kammer die Beschwerde einer NGO in seinem Namen, um die Vorwürfe zu klären.

antwortlichen Polizeibeamten seien eher symbolisch und hätten kaum abschreckende Wirkung; auch eine Entschädigung sei dem Bf. bislang nicht gezahlt worden.[359]

Die Verletzung anderer Personen kann grundsätzlich nicht gerügt werden. Angehörigen, die in Prozessstandschaft Rechte eines Verstorbenen geltend machen, wird vom EGMR ein „mittelbarer" Opferstatus eingeräumt.[360]

5. Rechtswegerschöpfung

746 Die Erhebung der Individualbeschwerde ist gemäß Art. 35 Abs. 1 EMRK erst „nach Erschöpfung aller innerstaatlichen Rechtsbehelfe" zulässig. Dieses Erfordernis handhabt der Gerichtshof großzügig und unter Berücksichtigung aller Umstände des Einzelfalls. Die Standardformel lautet, dass Art. 35 Abs. 1 EMRK **„mit einer gewissen Flexibilität und ohne übertriebenen Formalismus"** gehandhabt werden müsse.[361]

747 In **„vertikaler"** Hinsicht verlangt Art. 35 Abs. 1 EMRK das Ausschöpfen des Instanzenzugs in dem betreffenden Staat (in Deutschland einschließlich einer Verfassungsbeschwerde zum BVerfG). Es müssen aber nur effektive, d. h. zugängliche, geeignete und ausreichende Rechtsbehelfe eingelegt werden. Nicht effektiv ist ein Rechtsbehelf, wenn eine ständige Praxis der Behörden und Gerichte die berechtigte Erwartung weckt, dass dieser in der Sache keinen Erfolg haben wird. Beim Staat liegt die Beweislast, dass nicht ergriffene Rechtsmittel generell effektiv sind. Ist dieser Beweis erbracht, muss der Beschwerdeführer darlegen, warum sie im konkreten Fall gleichwohl nicht effektiv waren.[362] Wird das Fehlen einer wirksamen Beschwerdemöglichkeit (vgl. Art. 13 EMRK) gerügt, kann die Frage der Rechtswegerschöpfung im Rahmen der Begründetheit geprüft werden.[363]

748 Als **„horizontale Rechtswegerschöpfung"** verlangt der EGMR, dass jedenfalls der Sache nach („in substance") die Rügen, die vor dem EGMR erhoben werden, schon Gegenstand des Verfahrens vor den nationalen Gerichten gewesen sein müssen und dass der Beschwerdeführer die innerstaatlichen Verfahrensvorschriften beachtet hat.

An der Beachtung innerstaatlicher Verfahrensvorschriften fehlt es z. B., wenn der Bf. vor nationalen Gerichten Fristen versäumt hat und daher erfolglos geblieben ist. Sofern er sich nicht dagegen wehrt, dass die Fristenregelungen selbst gegen sein Recht aus Art. 6 Abs. 1 EMRK verstoßen, ist seine Beschwerde zum EGMR nach Art. 35 Abs. 1 unzulässig.

6. Frist, Form

749 Die Beschwerde ist gemäß Art. 35 Abs. 1 EMRK „innerhalb einer Frist von sechs Monaten nach der endgültigen innerstaatlichen Entscheidung" einzulegen.[364] Maßgeblich ist in der Regel das Datum, an dem die letztinstanzliche Entscheidung dem

---

359 EGMR, Urteil v. 1.6.2010 (GK), Gäfgen/Deutschland, 22978/05, EuGRZ 2010, 417 = NJW 2010, 3145, §§ 115 ff, 120 ff.

360 Dies gilt auch bei nichtehelichen Lebenspartnern: EGMR, Urteil v. 20.12.2011, Finogenov u. a./ Russland, 18299/03, § 205.

361 Z. B. EGMR, Urteil v. 28.7.1999, Guzzardi/Italien, 7367/76, EGMR-E 1, 492, § 72.

362 EGMR, Urteil v. 16.9.1996, Akdivar u. a./Türkei, 21893/93, §§ 67 f (zu Art. 26 EMRK a. F.).

363 EGMR, Urteil v. 23.2.2012, Hirsi Jamaa u. a./Italien, 27765/09, NVwZ 2012, § 62.

364 Art. 5 des 15. ZP v. 24.6.2013 (noch nicht in Kraft) setzt die Frist auf vier Monate herab.

Beschwerdeführer zugestellt wurde. Auch bei der Frist ist der EGMR tendenziell großzügiger als z. B. deutsche Gerichte. Ist der Beschwerdeführer z. B. durch Inhaftierung an einer rechtzeitigen Einlegung der Beschwerde gehindert, kommt ausnahmsweise eine Fristhemmung in Betracht. Die Beschwerde ist gemäß Art. 45 Verfahrensordnung (VerfO) schriftlich abzufassen und gemäß Art. 35 Abs. 2 lit. a EMRK namentlich einzulegen (keine anonyme Beschwerde).

7. Rechtsschutzbedürfnis

Auch wenn diese Voraussetzungen alle erfüllt sind, kann es sein, dass gleichwohl ein **750** Bedürfnis, Rechtsschutz durch den EGMR zu erlangen, nicht gegeben ist. Art. 35 EMRK regelt folgende Fälle eines fehlenden Rechtsschutzbedürfnisses:

a) Nach Art. 35 Abs. 2 lit. b EMRK darf die Sache **nicht anderweitig rechtshängig** sein. Anders als die Parallelnorm im Fakultativprotokoll zum IPBPR (Art. 5 Abs. 2 lit. a) schließt diese Regelung nicht nur die parallele Inanspruchnahme internationaler Menschenrechtsinstitutionen aus, sondern auch die sukzessive – falls nicht der EGMR zuerst angerufen wird.

b) Gemäß Art. 35 Abs. 3 lit. a EMRK sind auch solche Beschwerden unzulässig, die **offensichtlich unbegründet** sind oder **missbräuchlich** eingelegt werden. Dieser „Vorgriff" auf die Begründetheit ermöglicht eine Abweisung der Beschwerde *a limine [litis]*, d. h. ohne in die eigentliche sachliche Prüfung einzusteigen.

c) Art. 35 Abs. 3 lit. b EMRK (zur Entlastung des EGMR eingeführt durch das ZP 14): Unzulässig sind Beschwerden, bei denen die gerügte Rechtsverletzung keinen erheblichen Nachteil für den Beschwerdeführer bedeutet **(Bagatellfälle)**. Die Vorschrift kennt **Ausnahmen**:

- Die Achtung vor der EMRK erfordert gleichwohl eine Entscheidung des EGMR (besondere Bedeutung des Falls).
- Die gerügte Grundrechtsverletzung ist von keinem innerstaatlichen Gericht „gebührend geprüft" worden.[365]

D. Die „International Bill of Human Rights"

Der Internationale Pakt über bürgerliche und politische Rechte (IPBPR, auch: IPbürgR, UN-Zivilpakt) und der Internationale Pakt über wirtschaftliche, soziale und **751** kulturelle Rechte (IPWSKR, auch: IPwirtR, UN-Sozialpakt) bilden gemeinsam mit der AEMR die *International Bill of Human Rights*. Sie sind das Ergebnis der 1948 mit der AEMR begonnenen Anstrengungen, universell gültige umfassende Menschenrechtsabkommen zu schließen. Dies gelang erst 1966; es dauerte weitere zehn Jahre bis zum Inkrafttreten der Pakte. Der IPBPR hat 172 Vertragsstaaten, der IPWSKR 169 (Stand: Juni 2019), von denen jedoch viele ihren Ratifikationsinstrumenten Vorbehalte beigegeben haben (Rn. 223). Während der IPBPR Rechte der

365 Diese Rückausnahme entfällt mit Inkrafttreten von Art. 5 des 15. ZP v. 24.6.2013.

„ersten Dimension" garantiert, ist der IPWSKR Rechten der „zweiten Dimension" gewidmet. Mit dem Recht auf Selbstbestimmung der Völker werden beide Pakte in ihrem gemeinsamen Art. 1 jedoch mit einem „Drittdimensions-Recht" eröffnet.

I. Der Internationale Pakt über bürgerliche und politische Rechte

1. Materielle Garantien

752 **Art. 2 Abs. 1** verpflichtet jeden Vertragsstaat, die im Pakt anerkannten Rechte „zu achten und sie allen in seinem Gebiet befindlichen und seiner Herrschaftsgewalt unterstehenden Personen" diskriminierungsfrei „zu gewährleisten". Der IPBPR begründet somit sowohl **Abwehrrechte** („zu achten") als auch **positive Verpflichtungen** („zu gewährleisten") des Staates, der die zum Genuss der Paktrechte notwendigen Institutionen zu schaffen (z. B. unabhängige Gerichte, vgl. Art. 9 und 14) und vor Übergriffen Dritter zu schützen hat. Art. 2 Abs. 2 unterstreicht dies noch einmal durch die Pflicht, den Rechten durch „gesetzgeberische oder sonstige Vorkehrungen" Wirksamkeit zu verleihen. Gelegentlich hat der Menschenrechtsausschuss (MRA, *Human Rights Committee*) aus einem Paktrecht auch **Leistungspflichten** der Staaten abgeleitet, so z. B. aus dem Recht auf Leben (Art. 6) den „unverzüglichen Zugang" zu Nahrung, Wasser, Unterkunft, Gesundheitsversorgung, Elektrizität und sanitären Anlagen, das Ziel, die Kindersterblichkeit zu verringern und v. a. durch Bekämpfung von Unterernährung und Epidemien die Lebenserwartung zu steigern.[366]

753 Der **Geltungsbereich** ist in persönlicher Hinsicht auf die Vertragsstaaten beschränkt und hat nach allgemeinen Grundsätzen keine Rückwirkung. Eine territoriale Beschränkung scheint Art. 2 Abs. 1 durch die Erwähnung des Staatsgebiets zu enthalten. Der MRA[367] und der überwiegende Teil der Völkerrechtslehre lesen die Wendung „allen in seinem Gebiet befindlichen *und* seiner Herrschaftsgewalt unterstehenden Personen" nicht als eine kumulative Bedingung, sondern als alternative. Dies entspricht Sinn und Zweck des Paktes, der eine umfassende Bindung staatlicher Hoheitsgewalt sicherstellen will. Ausdrücklich (und in Reaktion auf den Banković-Beschluss des EGMR: Rn. 643) hat der MRA festgestellt, dass der IPBPR auch die Streitkräfte der Vertragsstaaten im Auslandseinsatz bindet.[368]

754 Die einzelnen Rechte sind im **Teil III** des IPBPR zusammengestellt und decken – mit Ausnahme des Eigentumsschutzes, der hier fehlt – im Wesentlichen diejenigen Rechte ab, die auch die EMRK und ihre ZP garantieren (mit einzelnen Abweichungen):

- **persönliche Integrität:** Recht auf Leben (Art. 6), Folterverbot (Art. 7), Sklavereiverbot (Art. 8); ergänzend das 2. Fakultativprotokoll (Abschaffung der Todesstrafe);

---

366 General Comment No. 36 (2018), § 26.

367 Seit Entscheidung v. 29.7.1981, Lopez Burgos/Uruguay, 52/1979 u. a., UN Doc. Supp. No. 40 (A/36/40), 176 ff (mit in der Begründung abweichendem Votum von *Tomuschat*).

368 General Comment No. 31 (2004), § 10. Bekräftigt in General Comment No. 36 (2018), § 63. Dazu *D. Møgster*, Towards Universality: Activities Impacting the Enjoyment of the Right to Life and the Extraterritorial Application of the ICCPR, EJIL Talk! (27.11.2018).

- **Justiz- und Verfahrensrechte:** Recht auf persönliche Freiheit und Sicherheit (Art. 9), Recht auf menschenwürdige Behandlung bei Freiheitsentziehung (Art. 10), Verbot der Schuldhaft (Art. 11), Recht auf ein faires Verfahren (Art. 14), Verbot rückwirkender Strafgesetze (Art. 15), Anerkennung als Rechtsperson (Art. 16); hinzu tritt das Recht auf wirksame Beschwerde wegen Verletzung eines Paktrechts (Art. 2 Abs. 3);
- **persönlichkeitsbezogene Rechte:** Schutz der Privatsphäre (Art. 17), Gedanken-, Gewissens- und Religionsfreiheit (Art. 18), Schutz der Familie und der Kinder (Art. 23 f);
- **Kommunikationsfreiheiten und politische Rechte:** Meinungsfreiheit (Art. 19), Versammlungs- (Art. 21) und Vereinigungsfreiheit (Art. 22), Zugang zu öffentlichen Ämtern und das Recht auf „echte" Wahlen (Art. 25); ausdrücklich verboten sind Kriegspropaganda und nationalistische, rassistische oder religiös motivierte Hetze (Art. 20);
- **Freizügigkeit und Aufenthalt:** Freizügigkeit (Art. 12), Schutz vor willkürlicher Ausweisung (Art. 13);
- **Gleichheitsrechte:** Gleichheit vor dem Gesetz (Art. 26); Gewährleistung von Minderheitenschutz (Art. 27); hinzu tritt die „Sicherstellung" (= positive Verpflichtung) der Gleichberechtigung von Mann und Frau bei der Ausübung der Paktrechte (Art. 3).

Die Rechte wurden und werden durch Resolutionen der Generalversammlung wie **755**
durch den MRA dynamisch interpretiert, um sie modernen Bedürfnissen anzupassen. Die **Struktur der Rechtsgewährleistung** entspricht derjenigen der EMRK: Zunächst werden die Schutzbereiche der Rechte festgeschrieben, sodann wird in nachfolgenden Absätzen die Möglichkeit einer Einschränkung zu Gunsten der Rechte anderer oder des gemeinen Wohls eröffnet. Die Prüfung einer staatlichen Maßnahme am Maßstab des IPBPR entspricht größtenteils der Prüfung am Maßstab der EMRK.

2. Allgemeine Bemerkungen (General Comments)

Der MRA richtet sich in seiner Praxis nach Interpretationen des Paktes, die er selbst **756**
in sog. Allgemeinen Bemerkungen **(General Comments)** festlegt.[369] Diese besitzen eine wichtige Orientierungsfunktion und sind bei der Auslegung der Paktrechte und -pflichten zu berücksichtigen. Bislang liegen 36 Bemerkungen vor (Stand: Juni 2019). Diese betreffen

- **Verfahrensfragen:** Richtlinien zu Staatenbeschwerden: Nr. 2 (1982); Berichtspflichten: Nr. 30 (2002); Verpflichtungen nach dem (1.) Fakultativprotokoll: Nr. 33 (2008);
- **Verpflichtungen in Bezug auf die Paktrechte allgemein:** innerstaatliche Umsetzung: Nr. 3 (1981); Status von Ausländern: Nr. 15 (1986); Vorbehalte zum IPBPR: Nr. 24 (1994); Staatennachfolge in Paktverpflichtungen: Nr. 26 (1997); Derogationserklärungen nach Art. 4: Nr. 29 (2001); Natur der Verpflichtungen nach Art. 2: Nr. 31 (2004);

369 Im Internet zu finden über http://www.ohchr.org/en/hrbodies/ccpr/pages/ccprindex.aspx. Zu deren Bedeutung auch *N. Ando*, General Comments/Recommendations, MPEPIL (11/2008); *E. Klein/ D. Kretzmer*, The UN Human Rights Committee: The General Comments – The Evolution of an Autonomous Monitoring Instrument, GYIL 58 (2015), 189; *N. Reiners*, Die Interpretation von Menschenrechtsnormen durch die Vertragsausschüsse der Vereinten Nationen, MRM 2018, 5.

- **materielle Garantien:** zu Art. 1 (Selbstbestimmungsrecht der Völker): Nr. 12 (1984); zu Art. 3 (Gleichberechtigung der Geschlechter bei Ausübung der Paktrechte): Nr. 28 (2000); zu Art. 6 (Recht auf Leben): Nr. 36 (2018); zu Art. 7 (Folterverbot): Nr. 20 (1992); zu Art. 9 (Recht auf persönliche Freiheit und Sicherheit): Nr. 35 (2014); zu Art. 10 (Behandlung von Häftlingen): Nr. 21 (1992); zu Art. 12 (Freizügigkeit): Nr. 27 (1999); zu Art. 14 (Recht auf ein faires Verfahren): Nr. 32 (2007); zu Art. 17 (Schutz der Privatsphäre): Nr. 16 (1988); zu Art. 18 (Gedanken-, Gewissens- und Religionsfreiheit): Nr. 22 (1993); zu Art. 19 (Meinungsfreiheit): Nr. 34 (2011); zu Art. 20 (Verbot von Kriegspropaganda und Hetze): Nr. 11 (1983); zu Art. 23 (Schutz der Familie): Nr. 19 (1990); zu Art. 24 (Rechte des Kindes): Nr. 17 (1989); zu Art. 25 (Recht auf Wahlen): Nr. 25 (1996); zu Art. 26 (Diskriminierungsverbot): Nr. 18 (1989); zu Art. 27 (Minderheitenrechte): Nr. 23 (1994).

3. Durchsetzungsmechanismen

757 Der mit Art. 28 errichtete MRA als „Hüter" des IPBPR[370] hat drei Wege, seine Aufgabe zu erfüllen:

Staatenberichte: Alle Vertragsstaaten sind nach Art. 40 Abs. 1 verpflichtet, dem MRA auf Anforderung über den UN-Generalsekretär Berichte über die Menschenrechtssituation im Lande zu übermitteln. Der Ausschuss kann hierzu „allgemeine Bemerkungen" (hier einzelstaatenbezogen) machen (Art. 40 Abs. 4), die keinerlei Verbindlichkeit besitzen.

Staatenbeschwerde: Die Vertragsstaaten können erklären, dass sie die Zuständigkeit des MRA für Beschwerden von Staaten anerkennen, in denen diese die Menschenrechtslage in anderen Vertragsstaaten kritisieren (Art. 41). Gegebenenfalls kann eine *ad-hoc*-Vergleichskommission eingesetzt werden, die zwischen den beteiligten Staaten vermittelt (Art. 42). Praxis hierzu gibt es bislang nicht.

Individualbeschwerde: Das (1.) Fakultativprotokoll zum IPBPR (von 116 Staaten ratifiziert; Stand: Juni 2019) eröffnet die Möglichkeit, eine Individualbeschwerde beim MRA einzulegen. Die Zulässigkeitsvoraussetzungen entsprechen weitgehend denen der Individualbeschwerde nach Art. 34 f EMRK (mit der Abweichung, dass nur die gleichzeitige Inanspruchnahme anderer internationaler Menschenrechtsinstitutionen ausgeschlossen ist). Das Verfahren ist schriftlich und nichtöffentlich und endet nicht mit einem verbindlichen Urteil, sondern mit einer „Auffassung" *(view)*.[371] Der Ausschuss ist aber der Ansicht, dass in Verbindung mit der Verpflichtung zur Pakttreue aus Art. 2 IPBPR eine Pflicht zur Beachtung seiner „Auffassungen" besteht. Die „Auffassungen" des MRA werden in Literatur und Praxis in ähnlicher Weise wie Gerichtsentscheidungen und somit als Hilfsmittel zur Feststellung des Völkerrechts (vgl. Art. 38 Abs. 1 lit. d IGH-Statut) behandelt.[372]

370 *A. Seibert-Fohr*, The UN Human Rights Committee, in: Oberleitner (Hg.), International Human Rights Institutions, Tribunals, and Courts, 2018, 117. Zur Einordnung in die UN-Institutionen zum Menschenrechtsschutz Rn. 623–625.

371 Recherchierbar über http://juris.ohchr.org/.

372 Zur innerstaatlichen Behandlung *R. van Alebeek/A. Nollkaemper*, The Legal Status of Decisions by Human Rights Treaty Bodies in National Law, in: Keller (Hg.), UN Human Rights Treaty Bodies, 2012, 356. Zur Behandlung als verbindliche Beschlüsse durch das Spanische Verfassungsgericht *K. Casla*, Supreme Court of Spain: UN Treaty Body individual decisions are legally binding, EJIL Talk! (1.8.2018); *V. Engström*, Spanish Supreme Court Bringing UN Treaty Bodies One Step Closer to International Courts, I-CONnect Blog (22.8.2018).

Übersicht: Prüfung Individualbeschwerde IPBPR/EMRK

Prüfung nach EMRK	Prüfung nach (1.) FP zum IPBPR
I. Zulässigkeit	**I. Zulässigkeit**
1. Zuständigkeit des EGMR: Art. 1: alle Personen unter der Hoheitsgewalt einer Vertragspartei	*1. Zuständigkeit des MRA:* Art. 1: alle Personen unter der Hoheitsgewalt einer Vertragspartei
2. Beschwerdefähigkeit: Art. 34: natürliche Person, nichtstaatliche Organisation, Personengruppe	*2. Beschwerdefähigkeit:* Art. 1, 2: <u>nur Einzelpersonen</u>
3. Beschwerdegegenstand: Art. 34: Akt der Staatsgewalt	*3. Beschwerdegegenstand:* Art. 1: Akt der Staatsgewalt
4. Beschwerdebefugnis: Art. 34: Opfereigenschaft	*4. Beschwerdebefugnis:* Art. 1, 2: Opfereigenschaft
5. Rechtswegerschöpfung: Art. 35 I	*5. Rechtswegerschöpfung:* Art. 2, 5 II lit. b
6. Frist, Form: Art. 45 VerfO: Schriftform Art. 35 II lit. a: namentlich Art. 35 I: 6-Monats-Frist	*6. Frist, Form:* Art. 2: Schriftform Art. 3: namentlich <u>keine Frist</u> (aber ggf. Missbrauch)
7. Rechtsschutzbedürfnis: Art. 35 II lit. b: keine vorherige oder parallele Rechtshängigkeit Art. 35 III lit. a: nicht offensichtlich unbegründet oder missbräuchlich Art. 37 III lit. b: kein Bagatellfall	*7. Rechtsschutzbedürfnis:* Art. 5 II lit. a: <u>keine parallele Rechtshängigkeit</u> Art. 3: nicht offensichtlich unbegründet oder missbräuchlich
II. Begründetheit	**II. Begründetheit**

II. Der Internationale Pakt über wirtschaftliche soziale und kulturelle Rechte

Im Unterschied zum IPBPR sind die Verpflichtungen aus dem IPWSKR stärker auf eine **progressive Erfüllung** ausgerichtet. Programmatisch streicht dies Art. 2 Abs. 1 heraus: **758**

Jede Vertragspartei verpflichtet sich, einzeln und durch internationale Hilfe und Zusammenarbeit [...] unter Ausschöpfung aller seiner Möglichkeiten, um nach und nach mit allen geeigneten Mitteln [...] die volle Verwirklichung der in diesem Pakt anerkannten Rechte zu erreichen.

Einigkeit dürfte inzwischen bestehen, dass zumindest die **Kerngehalte** der einzelnen Garantien verbindliche Verpflichtungen der Staaten enthalten (sog. *minimum core obligation*), um die Rechte nicht völlig ihrer Wirksamkeit zu berauben und zu reinen

Programmsätzen herabzustufen (Rn. 615).[373] Zutreffender Ansicht nach geht die Verpflichtung aber hierüber hinaus und ist von Recht zu Recht differenziert zu bestimmen.[374] Dass diese Rechte auch eine **subjektiv-rechtliche Dimension** besitzen, unterstreicht das am 5. Mai 2013 in Kraft getretene Fakultativprotokoll (2008), das für die betreffenden Staaten eine Individualbeschwerde zum IPWSKR-Ausschuss *(ICESC Committee)* eingeführt hat.[375] In Art. 14 des Protokolls sind erstmals konkretere Bestimmungen zur internationalen Kooperation einschließlich eines Treuhandfonds zur beratenden und technischen Unterstützung für bedürftige Staaten enthalten.

759 Art. 2 legt in Abs. 2 ein **Verbot der Diskriminierung** bei der Gewährleistung der Paktrechte fest, macht aber in Abs. 3 eine Ausnahme für Entwicklungsländer, die „unter gebührender Berücksichtigung der Menschenrechte und der Erfordernisse ihrer Volkswirtschaften" die Paktrechte ihren eigenen Staatsangehörigen vorbehalten dürfen. Die Gleichberechtigung der Geschlechter bei Ausübung der Paktrechte (Art. 3) steht aber nicht zur Disposition.

760 Die Paktrechte dürfen gemäß Art. 4 gesetzlich vorgesehenen **Einschränkungen** unterworfen werden, die mit der Natur der Rechte vereinbar sind und ausschließlich dem Ziel der Förderung des Gemeinwohls dienen. Damit sind insbesondere nichtdiskriminierende sozialstaatliche Verteilungsentscheidungen gerechtfertigt. Art. 5 Abs. 2 legt ein Günstigkeitsprinzip fest und stellt damit klar, dass die Paktrechte **Mindestgarantien** enthalten, über die ein Staat auf Grund anderer Verpflichtungen hinausgehen kann.

761 Die **materiellen Rechte** in Teil III umfassen: das Recht auf Arbeit, einschließlich des Rechts auf die Möglichkeit, seinen Lebensunterhalt durch frei gewählte Arbeit zu verdienen (Art. 6); das Recht auf gerechte und günstige Arbeitsbedingungen (Art. 7); das Recht, Gewerkschaften zu gründen oder beizutreten, einschließlich des Streikrechts (Art. 8); das Recht auf soziale Sicherheit (Art. 9); den Schutz und die Förderung von Familien, Müttern und Kindern (Art. 10); das Recht auf einen angemessenen Lebensstandard und das „grundlegende Recht eines jeden, vor Hunger geschützt zu sein" (Art. 11); das Recht eines jeden „auf das für ihn erreichbare Höchstmaß an körperlicher und geistiger Gesundheit" (Art. 12); das Recht auf Bildung, einschließlich des unentgeltlichen Zugangs zu Grundschulen (Sonderregelung für Entwicklungsländer) sowie der schrittweise einzuführenden Unentgeltlichkeit des Zugangs zu höheren Schulen und Hochschulen (Art. 13 f);[376] das Recht auf Teilnahme am kulturellen Leben und auf Teilhabe „an den Errungenschaften des wissenschaftlichen Fortschritts und seiner Anwendung" (Art. 15).

---

373 Siehe v. a. ICESC Committee, General Comment No. 3 (1990), § 10.

374 *M. Kradolfer*, Verpflichtungsgrad sozialer Menschenrechte, AVR 50 (2012), 255; *M. Trilsch*, Die Justiziabilität wirtschaftlicher, sozialer und kultureller Menschenrechte, 2012.

375 *E. Riedel*, New Bearings in Social Rights? The Communications Procedure under the ICESCR, FS Simma, 2011, 574; *C. Mahler*, Endlich gleichberechtigt – die Anerkennung der Justiziabilität von wirtschaftlichen, sozialen und kulturellen Rechten!, FS E. Klein, 2013, 1189.

376 Zur Vereinbarkeit der Einführung von Studiengebühren in Deutschland nach Maßgabe von Art. 13 IPWSKR BVerwG, NVwZ 2011, 1272; *U. Fastenrath*, Menschenrechtliche Verträge im deutschen Recht: zum Urteil des Bundesverwaltungsgerichts zur Vereinbarkeit von Studiengebühren mit dem Recht auf Bildung (Art 13 Abs 2 Buchst c WiSoKuPakt), FS Fiedler, 2011, 53.

E. Außereuropäischer regionaler Menschenrechtsschutz

Von den regionalen Menschenrechtssystemen ist das der EMRK das praktisch bedeutendste. Durch die umfangreiche Rechtsprechung des EGMR sind die EMRK-Rechte im internationalen Vergleich in singulärer Weise differenziert und entfaltet worden. Aus diesen Gründen (und natürlich auch wegen der höheren Ausbildungs- und Prüfungsrelevanz) wurde die EMRK in diesem Kapitel ausführlich und als erstes Menschenrechtsabkommen vorgestellt. Die wichtigsten Menschenrechtsabkommen anderer Weltregionen werden im Folgenden eher im Überblick präsentiert. Im Mittelpunkt sollen dabei Besonderheiten des jeweiligen Rechtsregimes stehen. 762

I. Amerikanische Menschenrechtskonvention

Die Amerikanische Menschenrechtskonvention (AMRK) ist Teil des **Interamerikanischen Menschenrechtssystems**, das in engem Zusammenhang mit der Organisation Amerikanischer Staaten (OAS) steht.[377] Diese verabschiedete 1948 die Amerikanische Erklärung der Rechte und Pflichten des Menschen[378] sowie die Interamerikanische Charta sozialer Garantien. Die zunächst unverbindliche Erklärung von 1948 wird seit der OAS-Reform von 1967 als verbindlich betrachtet.[379] Sie enthält neben einem Katalog von Rechten (Art. 1-28) auch Pflichten (Art. 29-32), darunter die Pflicht zur Teilnahme an Wahlen und die Pflicht, Steuern zu zahlen. Die AMRK wiederum wurde 1969 in San José unterzeichnet und trat am 18. Juli 1978 in Kraft (derzeit 23 Vertragsparteien, Stand: Juni 2019).[380] Da die USA, Kanada, die englischsprachigen Karibikstaaten und (seit Kündigung zum 10. September 2013) Venezuela zwar Mitglieder der OAS und damit an die Erklärung von 1948 gebunden, nicht aber Vertragsparteien der AMRK sind, ist das Interamerikanische System durch eine Überlagerung zweier Rechts- und Rechtsschutzregime gekennzeichnet. 763

In **materiellrechtlicher Hinsicht** enthält die AMRK einen der EMRK ähnelnden Katalog bürgerlicher und politischer Rechte; Besonderheiten sind u. a. ein (drittgerichtetes!) Recht auf Gegendarstellung bei ehrenrührigen oder unwahren Veröffentlichungen (Art. 14), das Recht auf einen Namen (Art. 18), das Recht auf Staatsbürgerschaft (Art. 20, stellt in Abs. 2 subsidiär auf den Geburtsort ab), das Recht auf Teilhabe an den öffentlichen Angelegenheiten (Art. 23). Die Förderung sozialer Rechte findet sich in Art. 26.[381] Eine Reihe von Zusatzprotokollen und flankierenden Konventionen 764

377 Zur OAS Rn. 178–180.

378 Amerikanische Erklärung der Rechte und Pflichten des Menschen v. 30.4.1948, OAS Res. XXX, in: AJIL 43 (1949), Suppl., 133.

379 Vgl. IAGMR, Gutachten v. 14.7.1989, Interpretation of the American Declaration of the Rights and Duties of Man within the Framework of Article 64 of the American Convention on Human Rights, Series A Nr. 10, Rn. 29 ff, 43 ff.

380 Amerikanische Menschenrechtskonvention v. 22.11.1969, OAS Treaty Series No. 36, 1144 UNTS 123, ILM 9 (1970), 673; deutsche Übersetzung: EuGRZ 1980, 435.

381 Zur Justiziabilität der wirtschaftlichen, sozialen und kulturellen Rechte aus Art. 26 AMRK siehe IAGMR, Urteil v. 31.8.2017, Lagos del Campo/Peru, §§ 141 ff. Dazu *L. Sánchez*, Der IAGMR und WSK-Rechte: Eine wegweisende Rechtsprechungsänderung, voelkerrechtsblog.org (20.8.2018).

erweitern den Katalog, darunter das (1.) Protokoll vom 17. November 1988 im Bereich wirtschaftlicher, sozialer und kultureller Rechte und das 2. Protokoll vom 8. Juni 1990 zur Abschaffung der Todesstrafe. Die Rechte und Freiheiten werden – wie in Art. 2 EMRK – „allen Personen" unter der „Hoheitsgewalt" der Vertragsstaaten garantiert (Art. 1).

765 Institutionell spiegelt das Interamerikanische Menschenrechtssystem die beschriebene Doppelstruktur deutlich wider: Das System der AMRK kennt – wie die EMRK vor Inkrafttreten des 11. Zusatzprotokolls – eine Kommission und einen Gerichtshof. Die **Interamerikanische Menschenrechtskommission** (IAKMR), bestehend aus sieben Mitgliedern und mit Sitz in Washington D.C., ist neben ihrer Funktion als Berichtsorgan auch für die Behandlung sowohl von Staaten- als auch von Individualbeschwerden zuständig. Während die Individualbeschwerde (Art. 44 AMRK) für die Vertragsstaaten obligatorisch ist, ist hinsichtlich der Staatenbeschwerde (Art. 45 AMRK) eine gesonderte Unterwerfungserklärung erforderlich (die allerdings von den meisten Vertragsstaaten abgegeben worden ist). Für die Individualbeschwerde ist eine eigene Betroffenheit nicht erforderlich (vgl. Art. 46 AMRK), was insbesondere die gerichtliche Aufarbeitung des staatlich organisierten oder geduldeten Verschwindenlassens von Personen ermöglicht.[382] Wie der UN-Menschenrechtsausschuss schließt die IAKMR ihre Untersuchungen mit einem Bericht ab, in dem sie Empfehlungen aussprechen kann. Der IAKMR obliegt auch die Überwachung, ob der betreffende Staat auf in dem Bericht festgestellte Menschenrechtsverstöße angemessen reagiert (Art. 51 AMRK). Die IAKMR ist aber nicht allein Vertragsorgan der AMRK, sondern wacht, ihrem ursprünglichen Auftrag entsprechend, auch über die Einhaltung der Erklärung von 1948 – und damit auch über die USA, Kanada und Venezuela.[383] Gemäß Art. 20 des IAKMR-Statuts ist die Kommission auch für Beschwerden gegen Staaten zuständig, die die AMRK nicht ratifiziert haben. Zur Anwendung kommt dabei natürlich nicht die AMRK, sondern die Erklärung von 1948.

766 Im Unterschied zur IAKMR ist der **Interamerikanische Gerichtshof für Menschenrechte** (IAGMR) mit Sitz in San José allein ein Vertragsorgan der AMRK. Der Zugang zum Gericht, dessen sieben Richter von der OAS-Generalversammlung gewählt werden, steht nur den Vertragsparteien und der IAKMR offen (Art. 61 AMRK), nicht Einzelpersonen. *De facto* läuft das Klagerecht der Kommission jedoch auf eine Individualbeschwerde hinaus, da die Kommission eine große Zahl von Streitfällen weiterleitet (zu den Voraussetzungen Art. 45 Abs. 1 VerfO-IAKMR); zudem sieht Art. 25 VerfO-IAGMR seit 2009 Beteiligungsrechte der Betroffenen vor. Die Urteile des IAGMR sind nur verbindlich, wenn der Staat bei Ratifikation oder Beitritt oder zu einem späteren Zeitpunkt eine entsprechende Unterwerfungserklärung abgegeben hat (Art. 62 AMRK). Der IAGMR kann Verletzten Schadensersatz zusprechen und vor-

382 Zu Aufklärungspflichten beim gewaltsamen Verschwinden *(enforced disappearance)* von Personen aus Art. 1 AMRK siehe IAGMR, Urteil v. 29.7.1988, Velásquez Rodríguez/Honduras, HRLJ 9 (1988), 212. Dazu *J. Hoffmann*, in: Menzel/Pierlings/Hoffmann (Hg.), Völkerrechtsprechung, 2005, Nr. 115. Ferner Symposium, in JICJ 12 (2014), 731. Siehe aktuell zum „Verschwinden" von 43 Studenten in Ayotzinapa, Mexiko den Special Follow-Up Mechanism for the Ayotzinapa Case (MESA): http://www.oas.org/en/iachr/activities/giei.asp.

383 Zu Venezuela zuletzt IAKMR, Democratic Institutions, the Rule of Law and Human Rights in Venezuela, OEA/Ser.L/V/II.Doc. 20931, December 2017.

läufige Schutzmaßnahmen anordnen (Art. 63 AMRK). Gerade als Reaktion auf strukturelle Menschenrechtsverstöße hat der Gerichtshof vielfältige Instrumente der Wiedergutmachung entwickelt. Neben Beschwerdeverfahren ist er auch für Auslegungsentscheidungen und Rechtsgutachten im Auftrag von Mitgliedstaaten der OAS zuständig (Art. 64 AMRK).

IAKMR und IAGMR haben in den Jahrzehnten ihres Bestehens eine **erhebliche praktische Bedeutung** erlangt. Bei der Kommission gingen allein im Jahr 2017 rund 2494 Beschwerden ein (davon 819 aus Mexiko, 536 aus Kolumbien). Von den Berichten der Kommission, vor allem aber von den Urteilen des IAGMR sind wichtige Impulse z. B. zum Problem verschwundener Personen, zu Todesstrafe, Folter und den Garantien fairen Verfahrens ausgegangen.[384] Zum Übergang mehrerer lateinamerikanischer Staaten von der Diktatur zur Demokratie haben beide Institutionen wichtige Beiträge geleistet. **767**

II. Afrikanische Charta der Rechte der Menschen und Völker

Die Afrikanische Charta der Rechte der Menschen und Völker (auch **Banjul-Charta**, nach der Hauptstadt von Gambia, wo die Charta maßgeblich ausgearbeitet wurde) wurde im Juni 1981 in Nairobi von der Versammlung der Staats- und Regierungschefs der Organisation der Afrikanischen Einheit (OAU) (der Vorläuferorganisation der heutigen Afrikanischen Union, AU, siehe Rn. 181–183) verabschiedet.[385] Sie trat gemäß ihrem Art. 63 Abs. 3 am 21. Oktober 1986 nach Hinterlegung des 26. Ratifikationsinstruments in Kraft. Mit Ausnahme des Süd-Sudan sind sämtliche Mitgliedstaaten der AU[386] heute (Stand: Juni 2019) Vertragsparteien der Banjul-Charta (53 Staaten). **768**

In inhaltlicher Hinsicht unterscheidet sich die Banjul-Charta deutlich von EMRK und AMRK. Sie enthält Menschenrechte aller drei Dimensionen.[387] Neben den klassischen bürgerlichen und politischen Rechten findet sich eine Reihe **sozialer Rechte** (Art. 15: gerechte Arbeitsbedingungen und Entlohnung, Art. 16: Recht auf Gesundheit, Art. 17: Recht auf Bildung); Art. 18 bestimmt neben dem Schutz der Familie auch die Gleichstellung der Frau und den besonderen Schutz von alten Menschen und Menschen mit Behinderungen. Charakteristisch sind daneben die auch im Namen der Charta erwähnten **Rechte der Völker** (Art. 19-24).[388] Diese Rechte sind zum einen als postkoloniales Erbe gegen Fremdherrschaft gerichtet und beschwören zum anderen den Zusammenhalt sozialer Gemeinschaften (Art. 19: Gleichheit der Menschen und der Völker, Art. 20: Selbstbestimmungsrecht der Völker, Art. 21: freie Verfügung über Natur- und Bodenschätze, Art. 22: Recht auf Entwicklung unter Beachtung **769**

384 Die veröffentlichten Fälle der IAKMR finden sich unter http://www.cidh.oas.org/casos.eng.htm. Die Entscheidungen und Gutachten des IAGMR sind zu finden über http://www.corteidh.or.cr.

385 Afrikanische Charta der Rechte der Menschen und Völker v. 27.6.1981, OAU Dok. Nr. CAB/LEG/67/3, 1520 UNTS 217, ILM 21 (1982), 58; deutsche Übersetzung: EuGRZ 1986, 677.

386 Zum Sonderfall der Westsahara Rn. 181.

387 Zu den Dimensionen Rn. 613–616.

388 Zum Begriff der „Völker-Rechte" *R. N. Kiwanuka*, The Meaning of "People" in the African Charter on Human Rights and Peoples' Rights, AJIL 82 (1988), 80.

der eigenen Identität, Art. 23: Recht auf Frieden, Art. 24: Recht auf zufriedenstellende Umweltbedingungen). Eine weitere Besonderheit schließlich ist ein umfangreicher **Pflichtenkatalog**, der neben allgemeinen Rücksichtnahme- und Toleranzpflichten (Art. 27, 28) und verschiedenen Solidaritätspflichten (gegenüber der Familie, für den sozialen und nationalen Verband, für die afrikanische Einheit usw., Art. 29) u. a. die Pflicht zur Verteidigung der staatlichen Integrität und Unabhängigkeit (Art. 29 Nr. 5) und die Pflicht, zu arbeiten und Steuern zu zahlen (Art. 29 Nr. 6), enthält.

770 Seit 1987 wacht über die Charta die **Afrikanische Kommission der Menschenrechte und Rechte der Völker** (Afrikanische Menschenrechtskommission), ein elfköpfiges Organ der AU (früher: der OAU) mit Sitz in Banjul. Neben Kontroll- und Interpretationsaufgaben hat sie – ähnlich der UN-Menschenrechtskommission und der IAKMR – auch quasi-judikative Funktion. Auch die Banjul-Charta sieht die Möglichkeit von Staatenbeschwerden (Art. 47 ff, vorgeschaltet ist ein bilaterales Einigungsverfahren) und Individualbeschwerden (Art. 55 ff) vor. Individualbeschwerden setzen wie bei der IAKMR keine eigene Betroffenheit voraus; eine Prüfung erfolgt allerdings nur, wenn die Kommission dies mit einfacher Mehrheit beschließt (Art. 55 Abs. 2). Die Kommission erstattet nach Prüfung der Beschwerden einen Bericht, den sie mit Empfehlungen versehen kann (Art. 53).

Mit einem Zusatzprotokoll von 1998[389] wurde neben die Kommission der **Afrikanische Gerichtshof für Menschenrechte und Rechte der Völker** gesetzt, der nach Inkrafttreten des Protokolls (2005) im Jahre 2006 seine Arbeit aufgenommen hat. Bereits 2004 ist seine Fusion mit dem AU-Gerichtshof zum African Court of Justice and Human Rights beschlossen worden, aber noch nicht vollzogen.[390] Der Sitz ist seit 2007 Arusha (Tansania). Die elf Richter werden von der Versammlung der Staats- und Regierungschefs der AU (früher: der OAU) auf sechs Jahre gewählt. Beschwerdeberechtigt sind gemäß Art. 5 Abs. 1 des Protokolls von 1998 die Afrikanische Menschenrechtskommission, die an einem Kommissionsverfahren beteiligten Staaten, der Heimatstaat des Verletzten sowie afrikanische Regierungsorganisationen. Die Zulassung von Individualbeschwerden ist von einer gesonderten Unterwerfungserklärung abhängig (Art. 5 Abs. 3 i. V. m. Art. 34 Abs. 6 des Protokolls). Neben streitigen Verfahren ist der Gerichtshof auch für die Erstattung von Gutachten zuständig, die die AU (früher: die OAU) und ihre Organe sowie AU-Mitgliedstaaten anfordern können (Art. 4 des Protokolls).

771 Das afrikanische System ist geprägt von einer **Diskrepanz zwischen großem Anspruch und praktischer Umsetzung**. Die sozialen Verheißungen der Banjul-Charta bleiben in den meisten Staaten des Kontinents unerfüllt, die kollektiven Rechte richten sich z. T. gegen Industriestaaten, die sich nicht in die Pflicht nehmen lassen wollen, oder zielen auf eine panafrikanische Solidarität, die immer wieder an der Realität scheitert. In jüngster Zeit ist aber das **Bestreben der Institutionen** erkennbar, sich stärker zur Geltung zu bringen. Das betrifft vor allem die Kommission, die in gut 30

389 Protokoll zur Afrikanischen Charta der Rechte der Menschen und Völker über die Errichtung eines Afrikanischen Gerichtshofs für Menschenrechte und Rechte der Völker v. 10.6.1998, in: ZaöRV 58 (1998), 727.

390 Kritisch zu der geplanten Fusion *A. Kießling*, The Uncertain Fate of the African Court on Human and Peoples' Rights, GYIL 57 (2014), 541.

Jahren insgesamt rund 230 Beschwerden bearbeitet hat.[391] Auch der Gerichtshof hat nach Startschwierigkeiten mittlerweile eine Reihe von wichtigen Urteilen gefällt.[392] Es bleibt abzuwarten, inwieweit es zu mehr als punktuellen Interventionen kommen kann.[393] Beide Organe wenden nicht nur die Banjul-Charta, sondern alle einschlägigen Menschenrechtsabkommen an und rezipieren dabei die Entscheidungen anderer Institutionen. In ihrem Versuch, sämtliche Dimensionen und Verpflichtungstypen (Rn. 613) abzudecken und sich auf Entscheidungen aus anderen Weltregionen zu beziehen, kann die **Methode** der afrikanischen Menschenrechtsinstitutionen ungeachtet der Betonung afrikanischer Besonderheiten in besonderem Maße als **holistisch und universalistisch** charakterisiert werden.

III. Arabische Charta der Menschenrechte

Die **Arabische Charta der Menschenrechte** von 2004[394] ist der jüngste regionale Menschenrechtspakt mit sachlich umfassendem Anspruch. Die Arabische Liga hatte sich bereits seit 1968 mit dem Projekt einer arabischen Charta befasst, die Resonanz der Staaten blieb jedoch gering. Eine erste Charta von 1994 wurde nur von einem einzigen Staat unterzeichnet (dem Irak) und von keinem einzigen ratifiziert. Sie ist nie in Kraft getreten. Die überarbeitete Charta von 2004 entstand in engem Zusammenwirken der Arabischen Liga mit dem UNHCHR und verschiedenen Menschenrechtsorganisationen. Am 15. März 2008 ist sie in Kraft getreten. Gegenwärtig gibt es 14 Vertragsparteien.[395] **772**

Die Charta ist in inhaltlicher Hinsicht an neuere Menschenrechtsabkommen angelehnt. Besonderheiten sind u. a. Regelungen zur Todesstrafe (Art. 6, 7) sowie das Verbot, medizinischer Experimente ohne Einwilligung (Art. 9). **Religionsfreiheit** ist im Rahmen der Gesetze gewährt, Beschränkungen müssen „in einer toleranten Gesellschaft […] zum Schutz der öffentlichen Sicherheit, Ordnung, Gesundheit oder Moral" notwendig sein (Art. 30). Ein Recht auf politische Teilhabe und freie Wahlen garantiert Art. 24. Art. 3 bestimmt die **Gleichstellung von Mann und Frau**, geht aber in Abs. 3 von einer Gleichheit „im Rahmen der positiven Diskriminierung, wie sie zugunsten von Frauen durch die islamische Scharia und andere göttliche Gesetze, Gesetzgebung und internationale Instrumente etabliert ist", aus. Ausdrücklich finden sich Verbote der Zwangsehe (Art. 33 Abs. 1) und von Gewalt gegen Frauen und Kinder (Art. 33 Abs. 2) sowie die Gleichstellung der Geschlechter in Berufsausbildung und Arbeitsleben (Art. 34 Abs. 4). Die Charta enthält auch **Rechte von Kindern und** **773**

391 Eine hilfreiche Datenbank zur Praxis der Kommission mit vielen Recherchefunktionen findet sich unter http://caselaw.ihrda.org.

392 Zur jüngeren Judikatur *M. Löffelmann*, Neuere Rechtsprechung des Afrikanischen Gerichtshofs für die Rechte der Menschen und der Völker: Entwicklungen Juni 2016 bis Juni 2018, EuGRZ 2018, 361.

393 Zu jüngsten Versuchen, die Kompetenzen der Kommission zu beschneiden, *J. Biegon*, The Rise and Rise of Political Backlash: African Union Executive Council's decision to review the mandate and working methods of the African Commission, EJIL Talk! (2.8.2018).

394 Arabische Charta der Menschenrechte v. 23.5.2004, in: BUILJ 24 (2006), 147.

395 Algerien, Bahrain, Irak, Jemen, Jordanien, Kuwait, Libanon, Libyen, Qatar, Saudi-Arabien, Sudan, Syrien, Vereinigte Arabische Emirate. Hinzu kommt Palästina (zum Status Palästinas Rn. 98).

Jugendlichen (Art. 17: spezielles Strafverfahren bei Kindern und Jugendlichen, Art. 33 Abs. 3: angemessene Lebensbedingungen, Art. 34 Abs. 3: weitgehende Beschränkung der Kinderarbeit) sowie einen Katalog von Verpflichtungen gegenüber **Menschen mit Behinderungen** (Art. 40). An **sozialen Rechten** finden sich Rechte auf Arbeit und gerechte Arbeitsbedingungen (Art. 34 Abs. 1 und 2), auf soziale Sicherheit (Art. 36), auf Teilhabe an der Entwicklung (Art. 37), auf angemessenen Lebensstandard (Art. 38), auf Zugang zu medizinischer Versorgung (Art. 39), auf Bildung (Art. 41, einschließlich Menschenrechtsbildung) und auf Teilhabe am kulturellen Leben (Art. 42).

774 Das Organ zur Überwachung der Charta ist der **Arabische Menschenrechtsausschuss**, dessen sieben Mitglieder gemäß Art. 45 der Charta gewählt werden. Der Ausschuss nimmt über den Generalssekretär der Arabischen Liga die alle drei Jahre zu erstattenden Berichte der Mitgliedstaaten entgegen. Für seine Beratungen, die öffentlich und in Anwesenheit von Vertretern des betreffenden Staates erfolgen, kann er die Mitgliedstaaten um zusätzliche Informationen ersuchen. Eine Einbeziehung von Informationen von Individuen oder Nichtregierungsorganisationen (NGO) ist nicht vorgesehen; es gibt jedoch einen informellen Dialog zwischen Ausschuss und NGO. Der Abschlussbericht des Ausschusses enthält Empfehlungen, die gemeinsam mit dem Bericht publik gemacht werden. Das **Länderberichtsverfahren** nach Art. 48 ist der derzeit einzige Kontrollmechanismus der Arabischen Menschenrechtscharta. Beschwerdeverfahren (Staatenbeschwerde oder Individualbeschwerde) sind nicht vorgesehen. Im September 2014 hat die Arabische Liga die Errichtung eines Gerichtshofs mit Sitz in Bahrain beschlossen. Das Statut soll nach Hinterlegung von sieben Ratifikationsurkunden in Kraft treten. Es erlaubt Beschwerden von Staaten und akkreditierten NGOs, aber keine Individualbeschwerden. Der begrenzte Zugang zum Gerichtshof wie auch andere Verfahrensregeln sind auf Kritik gestoßen.[396]

775 Die Arabische Charta erweckt über weite Strecken den Eindruck eines modernen Menschenrechtsdokuments, enthält aber Elemente, die in eine andere, **problematische Richtung** weisen: Trotz internationaler Kritik ist in Art. 2 Abs. 3 eine Wendung aus der 1994er-Charta übernommen worden, in der der **„Zionismus“** neben Rassismus, Besetzung und Fremdherrschaft als Antastung der Menschenwürde bezeichnet wird, was der universalistischen Friedensrhetorik im übrigen Text einen separatistischen Klang beimischt. **Innere Spannungen** muss auch der Hinweis in der Präambel erzeugen, wonach die Vertragsstaaten nicht nur die Prinzipien der UN-Charta, der AEMR sowie der UN-Zivil- und Sozialpakte bekräftigen, sondern auch die **Kairoer Erklärung der Menschenrechte im Islam** berücksichtigen. Bei dieser Erklärung, die 1990 von der 19. Islamischen Außenministerkonferenz der Organisation der Islamischen Konferenz (heute: Organisation für Islamische Zusammenarbeit) verabschiedet wurde,[397] handelt es sich um das Dokument eines konservativen Islam, das darin gipfelt, sämtliche Menschenrechte der islamischen Scharia zu unterstellen (Art. 24). Die Bezugnahme auf die Kairoer Erklärung kann die Auslegung beeinflussen – oder

396 Vgl. International Commission of Jurists, The Arab Court of Human Rights: A Flawed Statute for an Ineffective Court, Bericht v. April 2015, verfügbar unter http://www.icj.org.

397 Annex zu Res. 49/19-P; siehe auch U.N. GAOR, World Conf. on Hum. Rts., 4th Sess., Agenda Item 5, U.N. Doc. A/CONF.157/PC/62/Add.18 (1993).

auch nicht. Es besteht die Möglichkeit, z. B. die Rechte der Frau unter Bezugnahme auf die islamische Tradition zu beschneiden (der erwähnte Art. 3 Abs. 3 der Charta lässt das Prinzip „Schutz und Fürsorge statt gleicher Rechte" anklingen, das in Art. 6 der Erklärung deutlich ausgesprochen wird) oder die Religionsfreiheit im Sinne eines missionarischen Islam hinwegzuinterpretieren (die Präambel der Kairoer Erklärung beschwört die „islamische Umma, die von Gott als die beste Nation geschaffen wurde" und die Rolle, welche diese „bei der Führung der [...] verwirrten Menschheit [...] übernehmen sollte", Art. 10 der Erklärung verbietet es, Muslime zu bekehren). Umgekehrt besteht aber ebenso die Möglichkeit, die Kairoer Erklärung durch die ebenfalls in Bezug genommenen internationalen Instrumente in den Hintergrund zu drängen und so zu einer säkularen Interpretation vorzustoßen.[398] Wie diese **Spannungen zwischen Islam, Scharia und Menschenrechten** aufzulösen sind, lässt sich nicht abstrakt feststellen. Dies muss sich letztlich in der Praxis beweisen. Hier wiederum jedoch erweist sich die **institutionelle Schwäche** des arabischen Menschenrechtsschutzsystems als hinderlich bei der Etablierung eines einheitlichen Verständnisses in Abstimmung mit anderen globalen und regionalen Menschenrechtsinstitutionen.

F. Minderheitenschutz

I. Völkerrechtliche Abkommen zum Minderheitenschutz

Der Schutz von Minderheiten ist im Völkerrecht ein wichtiger, aber zugleich politisch **776**
heikler Bereich des Menschenrechtsschutzes. Wichtig ist er, weil Angehörige von Minderheiten in der Mehrheitsgesellschaft unter einem **Anpassungsdruck** stehen, der ihre Identität gefährden kann, und weil sie von **Ausgrenzung und Marginalisierung** bedroht sein können. Politisch heikel ist er, weil zu selbstbewusst agierende Minderheiten mit Autonomiebestrebungen den **sozialen Zusammenhalt** gefährden und letztlich die **staatliche Einheit** bedrohen können.[399] Zudem verpflichtet Minderheitenschutz zu **Sonderrechten**, die gegenüber der Mehrheitsgesellschaft oder gegenüber anderen Minderheiten politisch nicht immer leicht zu rechtfertigen sind. Nicht selten gibt es zwischen verschiedenen Ethnien auch **historisch begründete Ressentiments**, die einer Durchsetzung des Minderheitenschutzes im Wege stehen. Diese besonderen Spannungslagen waren ursächlich dafür, dass nach Ende des Ersten Weltkriegs angesichts neuer Grenzziehungen und des Zerfalls von Vielvölkerstaaten (Österreich-Ungarn, Osmanisches Reich) auf internationaler Ebene spezielle Regeln und Instrumente des Minderheitenschutzes entwickelt wurden.[400] Sie sind aber auch ursächlich dafür, dass ergänzend zum allgemeinen Schutz durch Menschenrechte und Menschenrechtsinstitutionen der Minderheitenschutz weiterhin bedeutsam bleibt.[401]

398 Zu Strategien der Harmonisierung instruktiv *A. An-Na'im*, Human Rights in the Arab World: A Regional Perspective, HRQ 23 (2001), 701; *ders.*, Islam, Sharia and Democratic Transformation in the Arab World, FW 87/1 (2012), 27.

399 Zur Diskussion über ein Recht auf Sezession Rn. 70–71.

400 *P. Hilpold*, The League of Nations and the Protection of Minorities, MPUNL 17 (2013), 87.

401 Vgl. nur zum Schutz der Roma EGMR, Urteil v. 13.11.2007, D.H. u. a./Tschechische Republik, 57325/00, EuGRZ 2009, 81, § 182. Überblick in *ECHR, Press Unit*, Fact Sheet: Roma and Travellers (4/2019).

777 Eine erste universelle Verankerung hat der Minderheitenschutz in **Art. 27 IPBPR** gefunden; danach begann ein langes Ringen um eine stärkere Etablierung: Einen wichtigen Anstoß gab 1979 eine Studie des Sonderberichterstatters der UN-Unterkommission für Minderheiten (Unterkommission der Menschenrechtskommission), *Francesco Capotorti*.[402] Erst 1992 jedoch gelang mit der **Erklärung über die Minderheitenrechte** der UN-Generalversammlung, die einer Konkretisierung von Art. 27 IPBPR dient, ein Durchbruch.[403] Ein universelles Abkommen zum Minderheitenschutz existiert bis heute nicht. Mit der UN-Weltmenschenrechtskonferenz in Wien 1993 gerieten die **Rechte indigener Völker** stärker in den Blick der UNO.[404] Auf die „Dekade der indigenen Bevölkerungen" (1994-2004) folgte 2007 eine Erklärung der Generalversammlung über die Rechte indigener Völker.[405] Heute werden Rechte indigener Völker, aber auch Rechte anderer Minderheiten auf UN-Ebene durch mehrere Institutionen überwacht.[406]

778 Unter dem Dach des Europarates entstanden dagegen zwei wichtige Abkommen: die **Europäische Charta der Regional- und Minderheitensprachen** v. 5. November 1992[407] und das **Rahmenabkommen zum Schutz nationaler Minderheiten** v. 1. Februar 1995.[408] Beide Abkommen sind 1998 in Kraft getreten. Deutschland hat sie ratifiziert und mit Erklärungen bzw. Vorbehalten die in den Genuss der Rechte kommenden Minderheiten abschließend definiert (v. a. Dänen, Sorben und Friesen). Der 1993 aufgenommene Versuch, den Minderheitenschutz in einem Zusatzprotokoll zur EMRK zu verankern, blieb erfolglos.

II. Begriff der Minderheit

779 Schon der Begriff der Minderheit gibt Anlass zu Diskussionen. Weitgehend akzeptiert ist die **Definition** in der erwähnten Studie von *Capotorti*. Danach sind für eine Minderheit im Sinne des Völkerrechts fünf Kriterien maßgeblich:

– zahlenmäßige Unterlegenheit im Vergleich zur übrigen Bevölkerung,

---

402 *F. Capotorti*, Study on the Rights of Persons Belonging to Ethnic, Religious, and Linguistic Minorities, 1979, E/CN4/Sub2/384/Rev1.

403 UN-Generalversammlung, Resolution 47/135 v. 18.12.1992. Vgl. auch Art. 33 UN-Kinderrechtskonvention von 1989, der Art. 27 IPBPR in den Bereich der Kinderrechte überträgt.

404 Zu der teils schwierigen Abgrenzung von Minderheiten und Völkern im Völkerrecht siehe Beiträge in *N. Matz-Lück* (Hg.), Der Status von Gruppen im Völkerrecht, 2016.

405 UN-Generalversammlung, A/RES/61/295 v. 13.9.2007 (zuvor hatte sich die ILO bereits des Themas angenommen). Siehe auch Ergebnisdokument der UN World Conference on Indigenous Peoples, A/RES/69/2 v. 22.09.2014. Zur Vertiefung u. a. *L. Westra*, Environmental Justice & the Rights of Indigenous Peoples: International & Domestic Legal Perspectives, 2007; *B. Richardson* u. a. (Hg.), Indigenous Peoples and the Law: Comparative and Critical Perspectives, 2009; *S. Allen/A. Xanthaki* (Hg.), Reflections on the UN Declaration on the Rights of Indigenous Peoples, 2011; Schwerpunkthefte „The Law and Politics of Indigenous Peoples in International Law", GoJIL 5 (2013), Heft 1, und „Indigene Völker und Vereinte Nationen", EurEth 2014, Heft 3/4.

406 UN Special Rapporteur on Minority Issues; UN Special Rapporteur on the rights of indigenous peoples; Expert Mechanism on the Rights of Indigenous Peoples (EMRIP).

407 BGBl. 1998 II 1315. Vertiefend *S. Boysen* u. a., Europäische Charta der Regional- und Minderheitensprachen: Handkommentar, 2011.

408 BGBl. 1997 II 1408. Dazu *R. Hofmann/T. H. Malloy/D. Rein* (Hg.), The Framework Convention for the Protection of National Minorities: A Commentary, 2018.

- nicht-dominante Stellung im Staat,
- ethnisch, religiös oder sprachlich unterschieden von der Bevölkerungsmehrheit,
- Staatsangehörigkeit des Aufenthaltsstaates,
- Solidaritäts- und Identitätsgefühl.

Das Erfordernis der **zahlenmäßigen Unterlegenheit** ergibt sich schon aus dem Begriff der Minderheit; dass die Minderheit **keine dominante Stellung** im Staat besitzen darf, folgt aus dem Anliegen, denjenigen zu helfen, die aufgrund ihres Andersseins von sozialer oder politischer Marginalisierung bedroht sind. Das Abstellen auf **ethnische, religiöse oder sprachliche Differenz** verdeutlicht, dass dem völkerrechtlichen Diskurs über Minderheitenschutz ein enger Begriff zu Grunde liegt, der auf eine kollektive ethnisch-kulturelle Differenz abstellt und Minderheiten, die sich durch persönliche Merkmale von der Mehrheit unterscheiden (z. B. Menschen mit Behinderungen, Homosexuelle), nicht einbezieht. Nicht unproblematisch ist das Erfordernis der **Staatsangehörigkeit**, denn es ermöglicht Staaten, durch Vorenthaltung oder sogar Entzug der Staatsbürgerschaft den Minderheitenschutz zu unterlaufen. Daher sollten zumindest auch Angehörige solcher Minderheiten einbezogen werden, die dauerhaft in dem betreffenden Staat leben und deren Nichtbürgerstatus auf einer Entscheidung des Aufenthaltsstaats beruht.

Ein weitgehend ungelöstes Problem bilden die sog. **Neuen Minderheiten**, die als **780** Wanderarbeitnehmer oder als Flüchtlinge in ein Land gekommen sind, in dem sie nun dauerhaft leben.[409] In der öffentlichen Wahrnehmung erscheinen sie primär als „Fremde", weniger als „Minderheit" im eigentlichen Sinne. Entsprechend gering ausgeprägt ist die Bereitschaft, ihnen spezifische Minderheitenrechte zuzugestehen wie z. B. Schulunterricht in der Herkunftssprache oder mehrsprachige Straßenschilder. Die Diskussion über die Integration in Deutschland lebender (und großenteils auch geborener) Türken verdeutlicht dies.

III. Grundansätze des Minderheitenschutzes

Die juristische Diskussion um Minderheitenschutz reflektiert die Debatte um die drei **781** Dimensionen („Generationen") der Menschenrechte (Rn. 613–616). In der ersten Dimension ist Minderheitenschutz **Schutz vor Diskriminierung**. Der Einzelne kann mit rechtlichen Mitteln jede Benachteiligung durch den Staat abwehren, die ihm wegen seiner Zugehörigkeit zu einer Minderheit entsteht (vgl. Art. 1 ZP 12 zur EMRK, Art. 26 IPBPR).[410] Knüpft ein solches Diskriminierungsverbot an ein formales Gleichheitsverständnis an, kann eine formal gleiche Behandlung zu einer Benachteiligung führen, weil die Ausgangssituationen verschieden sind. So können Vorschriften in einem Bebauungsplan allgemein sein, aber Angehörige einer nomadisch in Wohnwagen lebenden Ethnie wie die Roma benachteiligen. Zunehmend setzt sich auch im Rahmen „erstgenerationeller" Diskriminierungsverbote ein **materielles Gleichheits-**

409 Dazu u. a. *P. Hilpold*, Neue Minderheiten im Völkerrecht und im Europarecht, AVR 42 (2004), 80.
410 Zu einer Schutzpflicht bei Diskriminierung durch private Arbeitgeber IAMGR, Gutachten v. 17.9.2003, Juridical Condition and Rights of the Undocumented Migrants, Series A No. 18.

verständnis durch, das solche mittelbaren Diskriminierungen mit in den Blick nimmt und eine differenzierte Behandlung derartiger Fälle verlangt.[411]

782 Positive Förderungspflichten sind ein Kennzeichen vor allem der zweiten Dimension der Menschenrechte (z. B. Art. 27 IPBPR, Art. 8 ff der Europäischen Charta der Regional- oder Minderheitensprachen). Den Minderheiten bzw. ihren Angehörigen wird hier ein Recht auf **positive Diskriminierung** zugestanden. Der Staat hat Minderheiten danach nicht nur zu achten, sondern in der Pflege ihrer Kultur usw. zu fördern. Die Palette solcher Schutz- und Fördermaßnahmen umfasst bei sprachlichen Minderheiten z. B. Schulunterricht und Behördenverkehr in der Minderheitensprache oder mehrsprachige Ortsschilder.

783 Der dritten Dimension schließlich gehören v. a. **kollektive Autonomierechte und politische Mitbestimmungsrechte** für in einem bestimmten Siedlungsgebiet lebende Minderheiten[412] an (vgl. z. B. Befreiung der dänischen Minderheit von der 5%-Klausel bei Landtagswahlen in Schleswig-Holstein). Autonomiestatus wird von Staaten, die um ihre nationale und territoriale Integrität fürchten, ihren von Minderheiten bevölkerten Regionen begreiflicherweise ungern eingeräumt. Geschieht dies gleichwohl, ist dies meist eine Reaktion auf nicht anders zu befriedende innere Spannungen, wie sich am Beispiel der spanischen Autonomieregionen ablesen lässt. Auch wenn Minderheitenrechte vielfach als kollektive Rechte formuliert sind, werden sie meist als individuelle Rechte der Angehörigen verstanden. Sieht man von den Rechten der Völker in der Banjul-Charta ab, finden sich Kollektivrechte für Minderheiten vor allem im Recht der indigenen Völker,[413] einerseits zum Schutz traditioneller Sozialstrukturen, andererseits zur besseren Sicherung von Land- und Ressourcenrechten.

784 **Völkergewohnheitsrechtlich** ist der Minderheitenschutz angesichts der erheblichen Zurückhaltung vieler Staaten als solcher noch kaum existent. Wohl aber sorgt das gewohnheitsrechtlich geltende **Diskriminierungsverbot** für eine Abwehr rechtlicher Benachteiligungen aus ethnischen, religiösen oder sprachlichen Gründen. In Ansätzen dürfte auch bereits ein materielles Verständnis etabliert sein, das bei gravierenden Fällen **mittelbarer Diskriminierung** ausnahmsweise einen Anspruch auf differenzierte Behandlung verleiht. Positive Förderpflichten gibt es kraft Gewohnheitsrechts hingegen nicht. Kollektive Autonomierechte sind für ethnische Minderheiten in Gestalt des **Selbstbestimmungsrechts der Völker** zwar dem Grunde nach gewohnheitsrechtlich etabliert. Umfang und Rechtsfolgen dieses Rechts sind aber nach wie vor umstritten (Rn. 70–71).

---

411 Für die EMRK Rn. 738.

412 Zur besonderen Situation „verstreuter" Minderheiten *B. de Villiers*, The Protection of Dispersed Minorities: Options for Aboriginal People in Australia, ZaöRV 74 (2014), 105.

413 *K. Henrard*, Minorities, International Protection, MPEPIL (2/2013), Rn. 91 f.

G. Flüchtlingsrecht

Im Jahr 2018 befanden sich nach UN-Angaben 68,5 Millionen Menschen auf der Flucht. Allein aus Syrien sind seit Beginn des Bürgerkrieges 2011 5,5 Millionen Menschen geflüchtet, 6,3 Millionen Syrer leben als Binnenvertriebene im eigenen Land. Die Relevanz des Flüchtlingsrechts erklärt sich angesichts solcher Zahlen von selbst. Auf internationaler Ebene nahm sich zuerst der **Völkerbund** des Flüchtlingsproblems an, das durch die Veränderungen in der politischen Geographie nach dem Ende des Ersten Weltkriegs und durch die Revolution in Russland 1917 entstanden war (Ernennung von *Fritjof Nansen* zum Hochkommissar für Flüchtlinge 1921). Die noch größeren Flüchtlingsströme nach dem Zweiten Weltkrieg lösten weiteren Handlungsdruck aus. 1946 errichteten die neu gegründeten **Vereinten Nationen** die Internationale Flüchtlingsorganisation (*International Refugee Organisation*, IRO). Deren Aufgaben wurden später vom Büro des **UN-Hochkommissars für Flüchtlinge** (*United Nations High Commissioner for Refugees*, **UNHCR**) übernommen, ein Amt, das von der UN-Generalversammlung Ende 1950 eingerichtet wurde.[414] Zur Durchführung von Migrationssteuerungs- und Rückführungsprogrammen arbeitet die UNO seit Juli 2016 eng mit der **Internationalen Organisation für Migration** (*International Migration Organisation*, **IMO**) zusammen.[415] 785

Das zentrale völkerrechtliche Instrument ist die **Genfer Flüchtlings-Konvention** (GFK) von 1951 mit derzeit 145 Vertragsstaaten (Stand: Juni 2019).[416] Art. 1 A Nr. 2 GFK verdeutlicht, dass der ursprüngliche Zweck darin bestand, dem Flüchtlingsproblem zu begegnen, das durch den Zweiten Weltkrieg und seine unmittelbaren Folgen, namentlich durch die Neuordnung der Staatsgrenzen, ausgelöst worden war: Als Flüchtling gilt danach nur, wer infolge von Ereignissen verfolgt wird, „die vor dem 1. Januar 1951" eingetreten sind. Diese Beschränkung wurde im **Protokoll von 1967** aufgegeben.[417] Erst damit wurde die GFK zur „Magna Charta der Flüchtlinge". 786

Die auch z. B. für das europäische Flüchtlingsrecht nach wie vor maßgebliche **Flüchtlingsdefinition** nach Art. 1 A Nr. 2 GFK enthält folgende Voraussetzungen: 787

- begründete Furcht vor Verfolgung,
- Verfolgung knüpft an Rasse, Religion, Nationalität, Zugehörigkeit zu einer bestimmten sozialen Gruppe oder politische Überzeugungen an,
- Aufenthalt außerhalb des Heimatstaates, der keinen Schutz bieten will oder kann (bei Staatenlosen: Staat des gewöhnlichen Aufenthalts maßgeblich).

Verfolgung ist die zielgerichtete Ausgrenzung einer Person (oder Personengruppe), die diese in eine ausweglose Lage bringt. Maßgeblich ist, dass der Verbleib im Land dem Flüchtling unzumutbar ist. Dies ist regelmäßig der Fall, wenn Leib, Leben oder 788

414 *E. Feller/A. Klug*, Refugees, United Nations High Commissioner (UNHCR), MPEPIL (1/2013).

415 Agreement concerning the Relationship between the United Nations and the International Organization for Migration, A/70/976 v. 8.7.2016. Dazu kritisch *M. Cullen*, The IOM's New Status and its Role under the Global Compact for Safe, Orderly and Regular Migration: Pause for Thought, EJIL Talk! (29.3.2019).

416 BGBl. 1953 II 560. Dokumentation und Hintergründe in der UN-AVL (Einführung *G. Goodwin-Gill*), http://legal.un.org/avl/ha/prsr/prsr.html.

417 BGBl. 1969 II 1294.

Freiheit der Person bedroht sind. Dass auch **nichtstaatliche Verfolgung** flüchtlingsrechtliche Relevanz besitzt, sofern in der Heimat kein Schutz zu erlangen ist, wird heute von den allermeisten Vertragsstaaten der GFK anerkannt.[418]

789 Klassischer Anknüpfungspunkt ist die Verfolgung Oppositioneller, also wegen **politischer Überzeugungen** und Tätigkeit. Unerheblich für das Recht auf Anerkennung als Flüchtling ist, welche politische Gesinnung der Verfolgte vertritt; das Flüchtlingsrecht ist gesinnungsneutral. Schwierig kann die Grenzziehung zwischen politischen Straftätern (die bei Verfolgung über das übliche Maß hinaus Schutz genießen) und denjenigen Verbrechern sein, die gemäß Art. 1 F vom Schutz der GFK ausgenommen sind (die Diskussion dreht sich heute v. a. um Akte des Terrorismus). Schwierigkeiten bereitet teilweise auch der Umgang mit sog. Nachfluchtgründen, v. a. dann, wenn eine oppositionelle Haltung sich erstmals im Ausland manifestiert hat. Verfolgung wegen **„Rasse"** (korrekt: rassistische Verfolgung) ist v. a. Verfolgung wegen Hautfarbe, Herkunft und Zugehörigkeit zu einer ethnischen Gruppe, Verfolgung wegen **Religion** schließt die Verfolgung wegen atheistischer Überzeugungen ein. Der Begriff der **„Nationalität"** umfasst die Staatsangehörigkeit ebenso wie die Zugehörigkeit zu einer ethnischen oder sprachlichen Minderheit.

790 Es gibt keine „natürlichen" Gründe für Verfolgung. Es ist immer der Verfolger, der die Gründe wählt, aus denen er eine Person oder Personengruppe als „anders" definiert und verfolgt. Art. 1 A Nr. 2 GFK enthält daher aus gutem Grund einen **offenen Katalog der Verfolgungsgründe**. Auffangfunktion besitzt der Begriff der „Zugehörigkeit zu einer bestimmten sozialen Gruppe". Dabei geht es um Verfolgung wegen angeborener, für den Einzelnen unverfügbarer oder identitätsprägender Merkmale. Zunehmend anerkannt ist, dass darunter Verfolgung wegen der sexuellen Orientierung (z. B. Verfolgung Homosexueller) oder geschlechtsspezifische Verfolgung (z. B. Genitalverstümmelung) fallen kann.

791 Den wichtigsten Grundsatz regelt Art. 33 Abs. 1 GFK. Dieser legt ein **Verbot des Refoulement** fest, d. h. das Verbot von Abschiebung oder Auslieferung verfolgter Personen an bzw. in einen Verfolgerstaat. Nach Sinn und Zweck gilt das Refoulement-Verbot auch bereits für Abweisungen an der Grenze. Da das Verbot die Abschiebung in einen sicheren Drittstaat nicht umfasst, bleibt es hinter dem Asylrecht zurück, das ein Recht auf Aufenthalt im Staat der Zuflucht garantiert. Ein Recht auf Asyl ist im Völkerrecht (trotz Art. 14 Abs. 1 AEMR) bis heute nicht etabliert. Wie ein Refoulement-Verbot wirken auch einige menschenrechtliche Garantien:[419] Art. 3 CAT enthält ein ausdrückliches Verbot der Auslieferung oder Abschiebung bei drohender Folter;[420] sowohl aus Art. 3 EMRK als auch aus Art. 7 IPBPR folgt ein Ab-

418 Anders noch BVerwGE 101, 328 (332 ff); 104, 254 (258); jetzt aber BVerwGE 114, 16 (20 ff). Zu dem früheren deutschen Sonderweg *R. Marx*, Nichtstaatliche Verfolgung und deutsches Ausländerrecht, ZAR 2001, 12. Zum nunmehr einheitlichen Standard in der EU Art. 6 lit. c der Richtlinie 2011/95/EU v. 13.12.2011 (sog. Qualifikationsrichtlinie), ABl. EU 2011 L 337/9. Umgesetzt in § 3c AsylVfG.

419 Zur geplanten Verankerung auch in den ILC Draft Articles zu Verbrechen gegen die Menschlichkeit *H. Jöbstl*, An Unforeseen Pandora's Box? Absolute Non-Refoulement Obligations under Article 5 of the ILC Draft Articles on Crimes Against Humanity, EJIL Talk! (20.5.2019).

420 Konkretisiert durch CAT Committee, General Comment No. 4 (2017), CAT/C/GC/4. Dazu *B. Çalı/ S. Cunningham*, A few steps forward, a few steps sideways and a few steps backwards: The CAT's revised and updated GC on Non-Refoulement, EJIL Talk! (20./21.3.2018).

schiebungs- und Auslieferungsverbot, wenn im Zielstaat eine grausame oder erniedrigende oder sonst menschenunwürdige Behandlung droht.[421]

Ob jemand im Sinne von Art. 1 A GFK als verfolgt gelten kann, muss in einem **Anerkennungsverfahren** festgestellt werden. Dessen Ausgestaltung darf den Vertragszweck nicht unterminieren und muss daher eine faire und angemessene Prüfung jedes Einzelfalls garantieren.[422] Wegen der Erschwerung der Beweisführung für den Flüchtling problematisch ist daher die pauschale Einstufung von Staaten als **sichere Herkunftsstaaten**, bei denen vermutet wird, dass in diesen keine politische Verfolung i. S. d. GFK stattfindet. Bei allem Verständnis für die Bewältigung großer Antragszahlen geht es um einen individualrechtlichen Anspruch, der nicht durch unwiderlegliche oder schwer widerlegliche Vermutungen zur Fiktion werden darf.[423] Die Ausweisung und Abschiebung eines Flüchtlings ist kein gewöhnlicher Verwaltungsvorgang, sondern kann den Betroffenen das Leben kosten. In vielen Ländern ist das Büro des UNHCR über eine seiner Niederlassungen in das Anerkennungsverfahren eingebunden. Bei Massenfluchtbewegungen hat sich die Praxis herausgebildet, bis zu einer Prüfung des Einzelfalls **vorläufigen Schutz** zu gewähren.[424] Bei der Abschiebung in **sichere Drittstaaten** ist sicherzustellen, dass dort menschenwürdige Aufnahmebedingungen herrschen und keine Weiterschiebung in einen Verfolgerstaat droht;[425] auch hier muss die Vermutung der Sicherheit vor Verfolgung überprüfbar sein. Bei Abschiebung ganzer Gruppen von Flüchtlingen ist zudem das Verbot der Kollektivausweisung von Ausländern zu beachten (Rn. 733). **792**

Nach den Maßstäben der GFK anerkannte Flüchtlinge („Konventionsflüchtlinge") genießen im Aufenthaltsstaat die in der GFK anerkannten Rechte. Zu diesem **„Recht im Aufenthalt"** gehören u. a. Meistbegünstigung (d. h. Gleichbehandlung mit den am besten gestellten anderen Ausländern) beim Zugang zum Arbeits- (Art. 17 ff) und Wohnungsmarkt (Art. 21), Gleichbehandlung mit den eigenen Staatsangehörigen bei dem Zugang zu Bildungseinrichtungen (Art. 22) und Sozialleistungen (Art. 23). Ergänzend treten Verpflichtungen aus menschenrechtlichen Abkommen (z. B. IPBPR, **793**

421 Zu Art. 3 EMRK, Rn. 645. Grundlegend EGMR, Urteil v. 23.2.2012, Hirsi Jamaa u. a./Italien, 27765/09, NVwZ 2012, §§ 122 ff, 146 ff.

422 Vgl. dazu die Empfehlungen in UNHCR, Handbook on Procedures and Criteria for Determining Refugee Status under the 1951 Convention and the 1967 Protocol relating to the Status of Refugees, 4. Aufl. 2019, HCR/1P/4/ENG/REV. 4.

423 Vgl. schriftliche Stellungnahme des Deutschen Instituts für Menschenrechte zur Einstufung Algeriens, Marokkos und Tunesiens als sichere Herkunftsstaaten, 2016, BT-Drs.18/8039. Siehe auch *J. Bader*, Sichere Herkunftsstaaten?, InfAuslR 2015, 69. Anders *H. Sodan*, Das Konzept der sicheren Dritt- und Herkunftsstaaten, in: Depenheuer/Grabenwarter (Hg.), Der Staat in der Flüchtlingskrise, 2. Aufl. 2017, 174.

424 Vgl. UNHCR, Guidelines on International Protection No 11: Prima Facie Recognition of Refugee Status, HCR/GIP/15/11 v. 24.6.2015.

425 M.S.S./Belgien und Griechenland, 30696/09, EuGRZ 2011, 243. Dazu *A. v. Arnauld*, Konventionsrechtliche Grenzen der EU-Asylpolitik, EuGRZ 2011, 238. Zur EU-Kooperation mit Libyen *P. Biondi*, The Externalization of the EU's Southern Border in Light of the EU/Libya Framework Agreement, EYBHR 12 (2012), 167; *S. Trevisanut*, The Principle of Non-Refoulement and the De-Territorialization of Border Control at Sea, LJIL 27 (2014), 661; *P d'Argent/M. Kuritzky*, Refoulement by Proxy? The Mediterranean Migrant Crisis and the Training of Libyan Cost Guards by EUNAVFOR MED Operation Sophia, IsrYBHR 47 (2017), 233; *P. Strauch*, When Stopping the Smuggler Means Repelling the Refugee, YLJ 126 (2017), 2421.

IPWSKR, EMRK, CRC) hinzu. Um Flüchtlingen nach Ende der Vertreibungssituation die Rückkehr zu erleichtern, ist es notwendig, ihnen in ihrer Heimat Wohnraum zu verschaffen. Hierauf zielen die UN-Prinzipien zu Unterbringung und Eigentumsrestitution für Flüchtlinge und Vertriebene von 2005 (**„Pinheiro-Prinzipien“**).[426]

794 Die GFK erfasst nicht alle Flüchtlinge. Zwar kann es im Rahmen von Bürgerkriegen zu Verfolgungsakten kommen (z. B. ethnische oder religiöse „Säuberungen“), wer aber Zuflucht vor den Auswirkungen eines Kriegs oder Bürgerkriegs als solchem sucht (**Kriegs- oder Bürgerkriegsflüchtlinge**), ist nicht „Verfolgter“ im Sinne des Flüchtlingsrechts. Die meisten Staaten erkennen in solchen Fällen einen besonderen Status an („De-facto-Flüchtlinge“, „anderweitiger Schutz“, „humanitärer Schutz“ o. Ä.). Dies dürfte von einem Bewusstsein humanitärer Verpflichtung getragen sein und Gewohnheitsrecht darstellen. Dabei handelt es sich aber nur um temporären Schutz, der nicht die vollen Rechte umfasst, die einem Konventionsflüchtling zu gewähren sind.[427]

795 An zielgerichteter „Verfolgung“ fehlt es ebenso im Fall von **Klimaflüchtlingen**.[428] Dem drängenden Problem von Landstrichen und ganzen Staaten, die durch Auswirkungen des Klimawandels unbewohnbar zu werden drohen, und der daraus resultierenden Migration lässt sich schwerlich durch eine Ausweitung des klassischen Flüchtlingsrechts begegnen; zumindest dürfte der Wille der Staaten zu einer solchen Extension des Flüchtlingsbegriffs wenig ausgeprägt sein. Auch hier könnte die Entwicklung jedoch in Richtung eines subsidiären Schutzes laufen, den einige Staaten schon jetzt gewähren.[429] Mit grenzüberschreitenden Fluchtbewegungen befasst sich in diesem Rahmen die intergouvernementale *Platform on Disaster Displacement*, die auf die von den Regierungen Norwegens und der Schweiz gestartete *Nansen-Initiative* zurückgeht;[430] zu durch den Klimawandel bedingter Binnenvertreibung hat eine internationale Expertengruppe die *Peninsula Principles on Climate Displacement within States* v. 18. März 2013 erarbeitet.[431]

---

426 Schlussbericht des UN-Sonderberichterstatters *Paulo Sérgio Pinheiro*, Principles on housing and property restitution for refugees and displaced persons, 28.6.2005, E/CN.4/Sub.2/2005/17. Dazu *N. Keller*, Die „Principles on Housing and Property Restitution for Refugees and Displaced Persons“ der Vereinten Nationen, 2009; *K. Hassine/S. Leckie*, The United Nations Principles on Housing and Property Restitution for Refugees and Displaced Persons (“The Pinheiro Principles”): A Commentary, 2016.

427 Eingehend *N. Markard*, Kriegsflüchtlinge, 2012; *V. Holzer*, Refugees from Armed Conflict, 2015. Dazu auch UNHCR, Guidelines on International Protection: Claims to refugee status related to situations of armed violence and conflict under Article 1A(2) of the 1951 Convention and/or 1967 Protocol relating to the Status of Refugees and the regional refugee definitions, HCR/GIP/16/12 v. 2.12.2016.

428 Vgl. Supreme Court of New Zealand, Urteil v. 20.7.2015, Teitiota/MBIE, [2015] NZSC 107. Dazu näher *H. Ragheboom*, The International Legal Status and Protection of Environmentally-Displaced Persons, 2017, 289 ff.

429 Dazu monographisch jüngst *H. Ragheboom*, The International Legal Status and Protection of Environmentally-Displaced Persons, 2017; *S. Diezig*, Umweltvertriebene im flüchtlingsrechtlichen und menschenrechtlichen Kontext, 2018. Siehe außerdem *B. Mayer/F. Crépeau* (Hg.), Research Handbook on Climate Change, Migration and the Law, 2017.

430 Dazu https://disasterdisplacement.org/.

431 Dazu *S. Leckie/C. Huggins* (Hg.), Repairing Domestic Climate Displacement, 2016.

Noch weitgehend ungelöst ist das Problem der **Binnenflüchtlinge** *(internally displaced persons).*[432] Diese halten sich noch in ihrem Heimatstaat auf und fallen daher nicht unter die Flüchtlingsdefinition. Von ihrem Heimatstaat können sie keinen Schutz erwarten, weil dieser entweder selbst der Verfolger ist oder wegen einer Schwächung der Staatsgewalt nicht in der Lage ist, vor Übergriffen privater Gruppen oder Milizen zu schützen. Die Lebensbedingungen dieser Menschen sind oft prekär. Wegen einer feindlichen Umwelt fällt es auch Hilfsorganisationen schwer, zu einer Linderung der Situation beizutragen. Seit 1992 gibt es bei den Vereinten Nationen einen Sonderberichterstatter für Binnenflüchtlinge. Der erste Berichterstatter, *Francis Deng*, hat 1998 Leitprinzipien für den Status von und den Umgang mit Binnenvertriebenen vorgelegt,[433] die von der UN-Generalversammlung als Ergebnis des Weltgipfeltreffens von 2005 „anerkannt" wurden.[434] Im Oktober 2009 wurde im Rahmen der Afrikanischen Union (AU) die Kampala-Konvention für den Schutz und die Unterstützung von Binnenflüchtlingen in Afrika abgeschlossen.[435] **796**

Einen ersten Versuch, in einem Dokument alle Dimensionen grenzüberschreitender Migration zusammenzuführen, stellt der *Global Compact for Safe, Orderly and Regular Migration* (GCM, missverständlich als **„UN-Migrationspakt"** eingedeutscht) dar, der am 10. Dezember 2018 in Marrakesch von 164 Staaten angenommen wurde.[436] Dieser „Pakt", der unter der Ägide der IMO ausgearbeitet wurde, adressiert die Verbesserung der Situation in den Herkunftsländern, den Ausbau der Wege für reguläre Migration, den Schutz von Migranten vor Gefahren und Notlagen, die Integration in die Aufnahmegesellschaften, Bekämpfung illegaler Migration und internationale Zusammenarbeit in Migrationsfragen. Der GCM ist selbst nicht rechtlich verbindlich, viele seiner Grundsätze entstammen jedoch völkerrechtlichen Verträgen bzw. dem geltenden Gewohnheitsrecht. Hierüber hinausgehende politische Verpflichtungen (v. a. Ziel 5: Verbesserung der Verfügbarkeit und Flexibilität der Wege für eine reguläre Migration) sind vage gehalten bzw. durch Hinweis auf souveräne Vorrechte der Staaten eingeschränkt. Neben dieser hybriden Natur des GCM ist auch sein Verhältnis zum parallel entwickelten *Global Compact on Refugees*[437] klärungsbedürftig. **797**

432 Guter Überblick bei *M. Silska*, Protection of Internally Displaced Persons: An International Obligation?, Polish YIL 34 (2014), 249. Siehe auch *V. Teubert*, Binnenvertreibung als Angelegenheit des Völkerrechts, MRM 2014, 18.

433 *F. Deng*, Guiding Principles for Internal Displacement, Anhang zum Bericht v. 11.2.1998, E/CN.4/1998/53/Add.2.

434 Resolution A/RES/60/1 v. 24.10.2005, § 132.

435 ILM 49 (2010), 86. Dazu *A. B. Birganie*, An African Initiative for the Protection of the Rights of Internally Displaced People, HRLJ 10 (2010), 179; *A. Kießling*, Binnenvertreibung in Afrika – eine neue Konvention für ein altes Problem, FW 85/1-2 (2010), 13; *W. Kidane*, Managing Forced Displacement by Law in Africa: The Role of the New African Union IDPs Convention, VJTL 44 (2011), 1; *M. Taddele Maru*, The Kampala Convention and its Contributions to International Law, 2014.

436 A/CONF.231/3. Dazu näher *A. Peters*, The Global Compact for Migration: to sign or not to sign?, EJIL Talk! (21.11.2018); *H. Büttner*, Much Ado About Nothing vs. the Opening of Pandora's Box? – Some (Normative) Aspects of the Migration Compact Regarding its Impact in Germany, GYIL 61 (2018), 491; *J. Bast*, Der Global Compact for Migration und das internationale Migrationsregime, ZAR 2019, 96; *D. Thym*, Viel Lärm um Nichts? Das Potential des UN-Migrationsrechts zur dynamischen Fortentwicklung der Menschenrechte, ZAR 2019, 131.

437 A/73/12 (Part II), angenommen von der UN-Generalversammlung am 17.12.2018. Dazu Symposium „The UN Global Compacts on Migration and Refugees: The Twin Peaks?", EJIL Talk! (27.2.–5.3.2019).

Vertiefende Literaturangaben zu § 9 siehe: www.cfmueller.de/voelkerrecht
www.wsi.uni-kiel.de

Ausbildungsfälle zu § 9: *H. P. Aust/C. Gutmann*, Streikrecht aus Straßburg? Das beamtenrechtliche Streikverbot unter völkerrechtlichem Anpassungsdruck, Jura 2015, 282; *H. Baab*, The Fief of Sark – Ist die feudalistische Gesellschaftsordnung vereinbar mit der EMRK?, Jura 1995, 659; *M. Dauster*, Der Anspruch der Staatsangehörigen auf Schutz gegenüber dem Ausland, Jura 1990, 262; *K. von der Decken/F. Telschow*, Des Herrn Creys Freud und Leid, JA 2019, 440; *T. Diehn/N. Petersen*, Die königlichen Kronjuwelen, Jura 2004, 416; *J. Greim-Diroll*, Karlo Krawall – Präventivgewahrsam im Lichte der EMRK, Jura 2016, 545; *S. Hindelang/K. Berner*, Jagdgenosse wider Willen, JuS 2013, 925; *F. Jeßberger*, „Wenn Du nicht redest, füge ich Dir große Schmerzen zu", Jura 2003, 711; *C. Kreuzer*, Die Feuerwehrabgabe, Jura 1996, 481; *G. Odendahl*, Die Insel der verletzten Menschenrechte, JA 1996, 395; *K. Odendahl*, Meinungsfreiheit nach der EMRK, JuS 2005, 537; *T. Ricke*, Der Formel-1-Chef und die Nazi-Orgie, Jura 2012, 641; *S. Schadendorf/J. Udich*, Menschenrechtsverletzungen durch eingeladene Soldaten, ZJS 2013, 596; *S. Schiedermair*, Individualbeschwerde vor dem EGMR – Gewaltandrohung im Verhör, JuS 2010, 993; *A. Schlüter*, Burka-Verbot, ZJS 2014, 548; *M. Staufer/A. Steinebach*, Ein Unfall mit Folgen, JA 2008, 615; *J. Stephan/R. Yamato*, Kündigung wegen „Whistleblowing", JuS 2012, 821; *T. Trautwein*, Schwangerschaftsabbruch in Irland, JuS 1995, 908; *S. Weinzierl*, Urlaub im Gefängnis, JuS 2007, 73; *R. Wiemann*, Kopftuchverbot an einer Universität, JuS 2010, 1083.

Kontrollfragen:

- Was ist der Inhalt der Calvo-Doktrin und was ihr völkerrechtlicher Status? **Rn. 594**
- Was sind die Voraussetzungen des diplomatischen Schutzes? Wessen Rechte werden auf diesem Wege geltend gemacht? **Rn. 596, 606, 597**
- Welcher Staat darf diplomatischen Schutz zu Gunsten einer juristischen Person ausüben? Wann darf hier auf die sog. Kontrolltheorie zurückgegriffen werden? **Rn. 599–605**
- Worin unterscheiden sich Fremdenrecht und internationaler Menschenrechtsschutz? **Rn. 595, 607**
- Welche Dimensionen und Verpflichtungstypen lassen sich bei Menschenrechtsgarantien unterscheiden? Nennen Sie Beispiele! **Rn. 613–616**
- Was ist mit der „Einheit und Unteilbarkeit" der Menschenrechte gemeint? **Rn. 617–619**
- Welche Normen- bzw. Institutionenkonflikte können beim Menschenrechtsschutz in Mehrebenensystemen entstehen? Welche Lösungswege hat die Rechtsprechung hier entwickelt? **Rn. 628–630**
- Welche Ansätze können verfolgt werden, um transnational operierende Wirtschaftsunternehmen an Menschenrechtsstandards zu binden? **Rn. 632–633**
- Wieso haben Urteile des EGMR Bedeutung über den entschiedenen Einzelfall hinaus? **Rn. 638–639**
- Sind Staatsorgane von Konventionsstaaten auch im Auslandseinsatz an die EMRK gebunden? Wie sieht die Rechtsprechung des EGMR zu dieser Frage aus? **Rn. 643–644**
- Welche grundlegende Verpflichtung der Konventionsstaaten hat der EGMR erstmals im Soering-Urteil formuliert? **Rn. 645**

- Wie wird die EMRK-Bindung gesichert, wenn ein Konventionsstaat Hoheitsrechte an eine Internationale Organisation überträgt? **Rn. 647–648**
- Was sind Inhalt und Zweck konventionsrechtlicher Gesetzesvorbehalte? **Rn. 656**
- Welche Rolle spielt die EGMR-Doktrin vom Beurteilungsspielraum *(margin of appreciation)*? **Rn. 662**
- Welche positiven Verpflichtungen entnimmt der EGMR bestimmten EMRK-Rechten? **Rn. 664–665**
- Die EMRK enthält keinen umfassenden Rechtekatalog. Auf welche Weise schließt der EGMR Schutzlücken? Welches Konventionsrecht spielt hier eine besondere Rolle? **Rn. 667, 693**
- Was ist Folter, was unmenschliche, was erniedrigende Behandlung i. S. v. Art. 3 EMRK? **Rn. 672–674**
- Warum verstößt eine nachträglich verhängte Sicherungsverwahrung gegen einen Straftäter nach Verbüßung seiner Haft gegen Art. 5 EMRK? **Rn. 679**
- Was sind „zivilrechtliche Ansprüche" i. S. v. Art. 6 Abs. 1 EMRK? **Rn. 682**
- In welchem Verhältnis stehen Art. 6 Abs. 1 und Art. 13 EMRK zueinander? **Rn. 689**
- Welche Dimensionen kennt der Schutz des Privatlebens (Art. 8 EMRK) in der Rechtsprechung des EGMR? **Rn. 694–698**
- Umfasst der Schutz der „Wohnung" in Art. 8 Abs. 1 EMRK auch Büro- und Geschäftsräume? **Rn. 701**
- Wie würdigt der EGMR den besonderen Beitrag der Kommunikationsfreiheiten zu einer demokratischen Gesellschaft? **Rn. 713–716**
- Welche Maßstäbe legt der EGMR an Parteiverbote an? **Rn. 724**
- Welche Eingriffsformen unterscheidet der EGMR bei der Eigentumsgarantie (Art. 1 ZP I)? **Rn. 728–730**
- Enthält Art. 14 EMRK einen allgemeinen Gleichheitssatz? Welches Gleichheitsverständnis liegt der Rechtsprechung des EGMR zugrunde? **Rn. 734, 739, 737–738**
- Welches sind die Zulässigkeitsvoraussetzungen der Individualbeschwerde zum EGMR? Worin unterscheiden sich die Voraussetzungen einer Individualbeschwerde zum UN-Menschenrechtsausschuss? **Rn. 740, 750, 757**
- Welche Bedeutung haben die Allgemeinen Bemerkungen *(General Comments)* des UN-Menschenrechtsausschusses? **Rn. 756**
- Gewährt der IPWSKR (UN-Sozialpakt) auch „harte" Rechte? **Rn. 758**
- Inwiefern besitzt der Interamerikanische Menschenrechtsschutz eine Doppelstruktur und wie äußert sich diese? **Rn. 763, 765–766**
- Was sind die Grundansätze des Minderheitenschutzes? Erfassen sie auch sog. Neue Minderheiten? **Rn. 781–783, 780**
- Welche Verfolgungsgründe erfasst die GFK? Gewährt sie auch Schutz vor nichtstaatlicher Verfolgung? **Rn. 789–790, 788**
- Was besagt das sog. Refoulement-Verbot? Worin liegt der Unterschied zu einem Asylrecht? **Rn. 791**

§ 10 Der Raum im Völkerrecht

Einführende Literatur: *U. Häußler*, Räume im Völkerrecht: Luft-, See- und Weltraumrecht im Überblick, JA 2002, 817; *N. Matz-Lück*, Das moderne Seevölkerrecht, Ad Legendum 2013, 237; *M. Rafii*, Seerecht, internationales, in: Schöbener (Hg.), Völkerrecht, 2014, 362; *T. Treves*, Law of the Sea, MPEPIL (4/2011).

Lehr- und Handbücher: *R. Churchill/V. Lowe*, The Law of the Sea, 3. Aufl. 1999; *I. Diederiks-Verschoor/V. Kopal*, An Introduction to Space Law, 3. Aufl. 2008; *F. von der Dunk* (Hg.), Handbook of Space Law, 2015; *R.-J. Dupuy/D. Vignes* (Hg.), A Handbook on the Law of the Sea, 1991; *S. Gorove*, Cases on Space Law: Texts, Comments and References, 1996; *S. Hobe*, Space Law, 2019; *R. S. Jakhu/P. Dempsey* (Hg.), Routledge Handbook of Space Law, 2016; *K. Kittichaisaree*, Public International Law of Cyberspace, 2017; *W. v. Kries/B. Schmidt-Tedd/K.-U. Schrogl*, Grundzüge des Raumfahrtrechts, 2002; *F. Lyall/P. B. Larsen*, Space Law, 2. Aufl. 2017; *R. Rayfuse* (Hrsg.), Research Handbook on International Marine Environmental Law, 2015; *D. Rothwell/T. Stephens*, The International Law of the Sea, 2. Aufl. 2016; *D. Rothwell* u. a. (Hg.), The Oxford Handbook of the Law of the Sea, 2015; *M. Schladebach*, Luftrecht, 2. Aufl. 2018; *M. Schmitt* (Hg.), Tallinn Manual 2.0 on the International Law Applicable to Cyber Operations, 2017; *L. Sohn/J. Noyes* u. a., Cases and Materials on the Law of the Sea, 2. Aufl. 2014; *Y. Tanaka*, The International Law of the Sea, 3. Aufl. 2019; *N. Tsagourias/R. Buchan* (Hg.), Research Handbook on International Law and Cyberspace, 2015; *W. Graf Vitzthum* (Hg.), Handbuch des Seerechts, 2006.

Kommentare: *S. Hobe/B. Schmidt-Tedd/K.-U. Schrogl* (Hg.), Cologne Commentary on Space Law, Vol. 1, 2010, Vol. 2, 2013, Vol. 3, 2015; *M. Nordquist* (Hg.), United Nations Convention on the Law of the Sea, 7 Bde., 1985-2010; *A. Proelß* (Hg.), The United Nations Convention on the Law of the Sea, 2017.

A. Überblick

798 Für das Völkerrecht ist die Raumordnung von zentraler Bedeutung. Im Mittelpunkt steht dabei das Territorialitätsprinzip: Die **territoriale Souveränität** gibt dem Staat die alleinige Verfügungsbefugnis über sein Staatsgebiet. Dem Eigentum vergleichbar, kann nur er es z. B. an andere Staaten abtreten. Die **Gebietshoheit** gibt das ausschließliche Recht zur Vornahme von Hoheitsakten auf dem eigenen Staatsgebiet (Rn. 337). Dieser exklusiven Berechtigung steht eine exklusive **Verpflichtung** gegenüber: Im Rahmen der gebotenen Sorgfalt *(due diligence)* muss der Territorialstaat Sorge tragen, dass von seinem Staatsgebiet keine Übergriffe in Rechte anderer Völkerrechtssubjekte ausgehen (Rn. 409). Diese Pflicht spielt nicht nur bei privaten Gewaltakten eine wichtige Rolle, z. B. in der Diskussion über *safe havens* (Rn. 1122); sie ist auch Keimzelle des Umweltvölkerrechts, das seine Ursprünge im völkerrechtlichen Nachbarrecht hat (Rn. 875). Es besteht eine Vermutung dafür, dass ein Staat auf seinem Hoheitsgebiet in der Lage ist, die Beachtung der Menschenrechte zu garantieren (Rn. 642). Beim Erlass von **Hoheitsakten mit Wirkung im Ausland** ist die Abgrenzung der Hoheitsgebiete Ausgangspunkt aller Überlegungen (Rn. 340, 345–350). Ein neuer Staat entsteht innerhalb der bisherigen Grenzen (**Uti-possidetis-Doktrin**); gebietsbezogene Pflichten (radizierte Pflichten) gelten fort (Rn. 108).

Viele Rechte und Pflichten im Völkerrecht werden also unter Bezugnahme auf die Beherrschung des Raumes definiert. Dementsprechend erlangt die Aufteilung des Raumes und die Zuordnung zum Verantwortungsbereich eines Staates erhebliche Bedeutung. Hierin liegt die fortdauernde Relevanz von **Staatsgrenzen** im Völkerrecht. Um ihre **Ordnungs- und Friedensfunktion** erfüllen zu können, müssen die Staatsgrenzen im Einvernehmen mit den Nachbarn festgelegt werden – durch Vertrag (nicht selten unter Einbeziehung von Karten, um größere Klarheit zu schaffen) oder durch Gewohnheitsrecht. Auch eine Ersitzung von Territorium ist möglich, setzt aber (hier zeigt sich die Friedensfunktion) unangefochtenen Besitz voraus (Rn. 80). Grenzverträge besitzen auch eine besondere Stabilität, indem sie z. B. von einer grundlegenden Änderung der bei Vertragsschluss bestehenden Umstände unberührt bleiben (Art. 62 Abs. 2 lit. a WVK). Sie schaffen absolute Rechtspositionen, die auch von Drittstaaten zu beachten sind. Dass Grenzen tatsächlich oft Gegenstand von Streitigkeiten sind, liegt an ihrer **Befugnisse zuteilenden Funktion**: Innerhalb dieser Grenzen, seinem Staatsgebiet, seinem Küstenmeer, dem Luftraum darüber und dem Erdreich darunter, ist der Staat grundsätzlich frei in seinen Entscheidungen (soweit er sich nicht völkerrechtlichen Bindungen unterworfen hat); er hat nur das gleiche Recht anderer Staaten auf Achtung ihrer Gebietshoheit zu achten. 799

Wie ein „Gürtel" legen sich um das Staatsgebiet Räume, in denen der Staat zwar keine volle Gebietshoheit besitzt, wohl aber gewisse funktionale Hoheitsrechte **(Funktionshoheitsräume)**.[1] Ihr Sinn ist z. T., die Ausübung der Hoheitsrechte im eigenen Gebiet zu sichern **(Schutzfunktion)**, z. T. geht es um eine räumliche Ausweitung bestimmter Vorrechte, ohne dass der vorgelagerte Raum durch Okkupation der internationalen Gemeinschaft insgesamt entzogen wird **(Nutzfunktion)**. Zu diesen Zwecken besitzen die Staaten in solchen Räumen zwar keine Souveränität, aber bestimmte „souveräne Rechte", so namentlich in der sog. Anschlusszone (Art. 33 SRÜ), der Ausschließlichen Wirtschaftszone (Art. 55 ff SRÜ) oder in Bezug auf den Festlandsockel (Art. 76 ff SRÜ). Solche Funktionshoheitsräume folgen einem differenzierenden Konzept des Zusammenhangs von Raum und Recht, indem sie keine exklusiven Rechte *über* den Raum beinhalten, wohl aber exklusive Rechte *in* dem betreffenden Raum. 800

In diesem System, in dem über eine Zuordnung von Räumen exklusive Rechte und Pflichten begründet werden, sind **Nichtstaatsgebiete** ein Fremdkörper. Gleichwohl kennt sie das Völkerrecht seit langem. In früheren Jahrhunderten standen zwar Landgebiete, die „niemandem" gehörten (meist gab es eine eingeborene Bevölkerung; diese aber galt dem kolonialistischen *Ius Publicum Europaeum* als unzivilisiert und damit nicht als legitimer Eigentümer), zur Aneignung frei **(Okkupation**, Rn. 79); eine Aneignung der Hohen See dagegen war ausgeschlossen. In solchen Nichtsstaatsgebieten, die in unterschiedlichen Ausprägungen den Charakter von **Gemeinschaftsräumen** *(Global Commons)* besitzen, zeigt sich in Ansätzen die Idee einer (imaginierten?) Völkerrechtsgemeinschaft. 801

Solche Räume können entweder niemandem gehören oder allen gemeinsam (Dimension der Souveränität), sie können allen zur Nutzung offen stehen bzw. bestimmte 802

1 Zum Begriff *A. Proelß*, Der Raum im Völkerrecht, in: Vitzthum (Hg.), Völkerrecht, 7. Aufl. 2016, 5. Abschn. Rn. 9.

Nutzungen (z. B. militärische Nutzung) können allen untersagt sein (Dimension der Ausübung von Hoheitsrechten). Diese Varianten spiegeln sich in den zu Grunde liegenden Konzepten: Das Konzept der **res nullius** (= niemandes Eigentum) bezieht sich allein auf die fehlende Souveränität über das in Rede stehende Gebiet, während die **res communis omnium** (= Gemeineigentum aller, z. B. Hohe See) allen gemeinsam „gehört" und allen gemeinsam zur Nutzung offen steht. Während diese Figuren eine lange Tradition haben, ist das Konzept des **common heritage of mankind** (= gemeinsames Erbe der Menschheit, z. B. Tiefseeboden) neueren Datums: Hier wird das Konzept der *res communis* ergänzt um den Gedanken der gemeinsamen Verantwortung für die Erhaltung der Sache (die im Wege einer Internationalisierung des Raums verwirklicht wird). Dies schlägt die Brücke zum Umweltschutz und zur Idee der Nachhaltigkeit.[2]

Übersicht: Raum im Völkerrecht

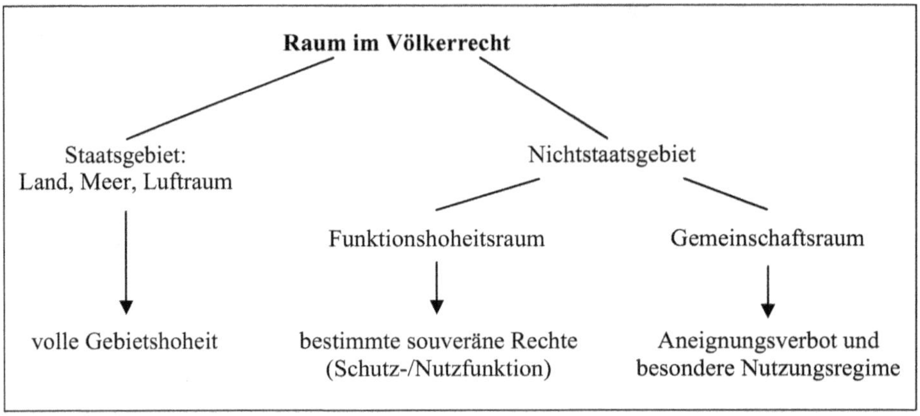

803 Das für das Völkerrecht lange Zeit prägende Raumdenken ist schon seit längerem in einem **Wandel** begriffen. So werden **Außenpositionen des Staates** nicht länger als Exklaven des Staatesgebiets begriffen: Der Schutz von Botschaftsgebäuden wird nicht mehr mit deren „Extraterritorialität" begründet (Rn. 76, 567) ebenso wie Schiffe nicht mehr als „schwimmendes Staatsgebiet" *(territoire flottant)* betrachtet werden. Schutz vermittelt hier ein raumunabhängig gedachtes rechtliches Band. Auch die Existenz von **nicht gebietsbezogenen Völkerrechtssubjekten** zwingt zu einer „raumfreien" Konzeption von Rechten und Pflichten. Während solche Völkerrechtssubjekte lange Zeit „Exotenstatus" besaßen (z. B. der Heilige Stuhl oder der Souveräne Malteserritterorden), hat das Aufkommen zahlreicher Internationaler Organisationen das Bild verändert. Vor neue Herausforderungen stellt schließlich auch das **Internet** („Cyberspace") die völkerrechtliche Raumordnung. Es zwingt einerseits zu einem neuen Verständnis von Raum und Distanz, wirkt sich andererseits aber auch sehr real auf die Sphäre des Staates und seines Rechts aus.

2 Zur Entwicklung dieser Konzepte *A. Proelß/C. Haake*, Gemeinschaftsräume in der Entwicklung: Von der *res communis omnium* zum „common heritage of mankind", in: v. Arnauld (Hg.), Völkerrechtsgeschichte(n): Narrative und Konzepte im Wandel, 2016, 171. Kritisch zum Entstehungskontext *S. Ranganathan*, Global Commons, EJIL 27 (2016), 693.

B. Internationales öffentliches Seerecht

I. Begriff und Geschichte des Seevölkerrechts

1. Begriff des Seevölkerrechts

Das **internationale öffentliche Seerecht** oder **Seevölkerrecht** befasst sich mit den 804
Rechten und Pflichten, die Staaten hinsichtlich der Meere und anderer Gewässer haben, v. a. mit Fragen der Aufteilung, Nutzung und Erhaltung der Ressourcen oder von Hoheitsrechten. Soweit ein Staat danach Hoheitsrechte besitzt, darf (und muss) er Regelungen zur Aufrechterhaltung der öffentlichen Sicherheit und Ordnung treffen, die seinem **(nationalen) öffentlichen Seerecht** zuzurechnen sind (z. B. Bundeswasserstraßengesetz). Das **Seehandelsrecht** schließlich befasst sich mit dem Recht des privaten Seehandels. Zu ihm rechnen staatliche Gesetze ebenso wie völkerrechtliche Abkommen, aber auch privatrechtliche Verträge sowie in beträchtlichem Maße private Regelwerke, v. a. den internationalen Seehandel betreffend.

2. Historischer Abriss des Seevölkerrechts

Mit der Entdeckung und Erschließung der Ozeane in der frühen Neuzeit entstand das 805
Bedürfnis, die Meere zu einem Rechtsraum auszugestalten, der den **Bedürfnissen der seefahrenden Nationen** Rechnung trug. Ausweitung des Seehandels, Vernetzung der Schifffahrtslinien, Entdeckungsfahrten, aber auch die Bekämpfung der Piraterie machten neue Regeln erforderlich. Es kristallisierten sich zwei konträre Konzeptionen des Meeres als Rechtsraum heraus: *mare clausum* (geschlossenes Meer) und *mare liberum* (freies Meer). Nach dem Konzept des **mare clausum**, das vor allem von Spanien, teils aber auch von England vertreten wurde, war das Meer okkupationsfähig (*John Selden*, Mare clausum, 1635), während die vor allem von Holland vertretene Theorie des **mare liberum** von der Freiheit der Meere ausging (Klassikertext: *Hugo Grotius*, Mare liberum, 1609). Dass hinter beiden Konzepten reale machtpolitische Interessen standen (die von Seekriegsmächten einerseits, die von Seehandelsmächten andererseits), verdeutlicht ein bissiges Zitat des großen österreichischen Kulturhistorikers *Egon Friedell* (1878-1938):[3]

Ferner waren die Holländer während der ersten Hälfte des siebzehnten Jahrhunderts die Zwischenhändler von ganz Europa: ihre Handelsflotte war dreimal so groß wie die aller übrigen Staaten. […] ‚Frei muss der Handel sein, überall, bis in die Hölle', lautete ihr höchster Glaubensartikel. Unter Handelsfreiheit verstanden sie aber nur Freiheit für sich selbst, das heißt: rücksichtslos ausgenütztes Monopol. So war es auch gemeint, wenn Grotius in seinem berühmten völkerrechtlichen Werk ‚Mare liberum' ausführte, die Entdeckung fremder Länder gebe allein noch kein Recht auf ihren Besitz und das Meer entziehe sich seiner Natur nach überhaupt jeder Besitzergreifung, es sei das Eigentum aller. Da das Meer sich aber tatsächlich im Besitz der Holländer befand, so war diese liberale Philosophie nicht als eine heuchlerische Maskierung ihres wirtschaftlichen Terrorismus.

Durchgesetzt hat sich für die **Hohe See** spätestens im 19. Jahrhundert das Konzept des *mare liberum*. Als *res communis omnium* ist die Hohe See nicht okkupationsfä-

3 *E. Friedell*, Kulturgeschichte der Neuzeit, 1928, 441 f.

hig. Auf ihr genießt jeder Staat die Freiheiten der Meere, namentlich Schifffahrt und Fischerei. Die Idee des *mare clausum* wurde auf die Herrschaft des Küstenstaates über die Binnengewässer und das **Küstenmeer** beschränkt. Die spätere Entwicklung, v. a. im 20. Jahrhundert, hat allerdings eine immer weitere **Ausdehnung der küstenstaatlichen Vorrechte** zu Lasten der Freiheit der Hohen See mit sich gebracht. Dafür ist die Rechtsfigur der *res communis* für den Tiefseeboden zur Figur des *common heritage of mankind* fortentwickelt worden. Das heutige Seevölkerrecht präsentiert sich dadurch als eine **Mischung aus beiden Grundkonzeptionen.**[4] Das moderne internationale öffentliche Seerecht ist zudem durch die **Integration zusätzlicher Ziele** gekennzeichnet. So haben etwa der Umweltschutz oder die Interessen von Binnenstaaten *(land-locked states)* und geographisch benachteiligten Staaten *(geographically disadvantaged states)* Eingang in das Seevölkerrecht gefunden.

806 Die erste umfassende Kodifikation des Seevölkerrechts gelang auf der **1. UN-Seerechtskonferenz von 1958** mit dem Abschluss von vier Übereinkommen betreffend die Hohe See, das Küstenmeer und die Anschlusszone, den Festlandsockel sowie die Hochseefischerei. Nach wie vor offene Fragen (z. B. zur Breite des Küstenmeeres), Expansionsbestrebungen der Küstenstaaten, neue technische Entwicklungen sowie der Wunsch nach Integration von Umweltschutz und fairer Ressourcenverteilung in das Seevölkerrecht machten eine Neuregelung erforderlich. Diese gelang nach zähen Verhandlungen erst mit dem **UN-Seerechtsübereinkommen von 1982** (SRÜ, auch *Montego Bay Convention*). Kritik wurde v. a. von den Industriestaaten an den Regeln über den Tiefseebergbau in Teil XI geübt, wodurch das Inkrafttreten lange verzögert wurde. Erst Modifikationen im Wege eines „Durchführungsübereinkommens" zu Teil XI ermöglichte das Inkrafttreten am 16. November 1994. Derzeit haben 168 Staaten und die EU das SRÜ ratifiziert (Stand: Juni 2019); nicht dabei sind insbesondere die USA, die aber Vertragspartei der Abkommen von 1958 sind. In weiten Teilen stellt das SRÜ heute **Gewohnheitsrecht** dar. Mehr als 35 Jahre nach dessen Verabschiedung kommt der Fortentwicklung des Seevölkerrechts unter dem SRÜ und neben dem SRÜ (weitere Verträge, neues Gewohnheitsrecht) große Bedeutung zu. Über Stand und Entwicklung informiert die jährliche „enzyklopädische" sog. Omnibus-Resolution der UN-Generalversammlung.[5]

II. Rechtsregime der Meereszonen und der inneren Gewässer

1. Eigengewässer

807 Zu den Eigengewässern (Binnengewässern, *internal waters*) gehören alle **innerhalb der Staatsgrenzen** zu Lande befindlichen Gewässer sowie diejenigen Teile des Meeres, die sich **zwischen dem Festland und der Basislinie** befinden, die zur Abgrenzung des Küstenmeeres gezogen wird (zur Basislinie Näheres sogleich). Hierzu zählen v. a. Häfen und Flussmündungen.

4 Vertiefend zu dieser Entwicklung *S. Shackelford*, Was Selden Right? The Expansion of Closed Seas and its Consequences, StanfordJIL 47 (2011), 1 (9 ff).

5 Zuletzt UN-Generalversammlung, A/RES/73/124 v. 31.12.2018, Oceans and the law of the sea. Die Grundlage liefern die Jahresberichte aus dem Office of Legal Affairs des Generalsekretariats, zuletzt UN-Dok. A/74/70 v. 25.3.2019, zu deren Bewertung die Generalversammlung 1999 den United Nations Open-ended Informal Consultative Process on Oceans and the Law of the Sea eingerichtet hat.

Buchten, deren Küsten nur zu einem einzigen Staat gehören[6], zählen bis zu einer Weite von 24 Seemeilen (1 Seemeile entspricht 1,852 km) zu den Eigengewässern (Art. 10 Abs. 4 und 5 SRÜ), ausgenommen sind „historische Buchten", d. h. Buchten, die aus historischen Gründen als Teil des Staatsgebietes angesehen werden, wie z. B. die Hudson Bay (Kanada). Versuche Libyens, die Große Syrte als historische Bucht für Libyen zu reklamieren, sind auf den Widerstand anderer Staaten, namentlich der USA, gestoßen. Auch künstliche Wasserstraßen **(Kanäle)** sind Bestandteil der Eigengewässer, außer im Falle einer Internationalisierung durch völkerrechtlichen Vertrag (z. B. Nord-Ostsee-Kanal von 1919-1936: Rn. 342).

Eigengewässer sind **Bestandteil des Staatsgebietes**. Der (Küsten-)Staat genießt volle territoriale Souveränität und Gebietshoheit. Letztere erstreckt sich insbesondere auch auf fremde Handelsschiffe in seinen **Häfen**, wird aber nicht ausgeübt, solange die Ordnung im Hafen *(peace of the port)* respektiert wird. Der „Hafenfrieden" wird gestört durch Vorkommnisse, die sich auf Rechtsgüter des Hafenstaates auswirken (z. B. Verunreinigung der Gewässer) oder schwere Straftaten an Bord des Schiffes; hier besitzt der Küstenstaat die vorrangige Jurisdiktion. Fremde Staatsschiffe genießen hingegen Immunität. **808**

Übersicht: Meereszonen

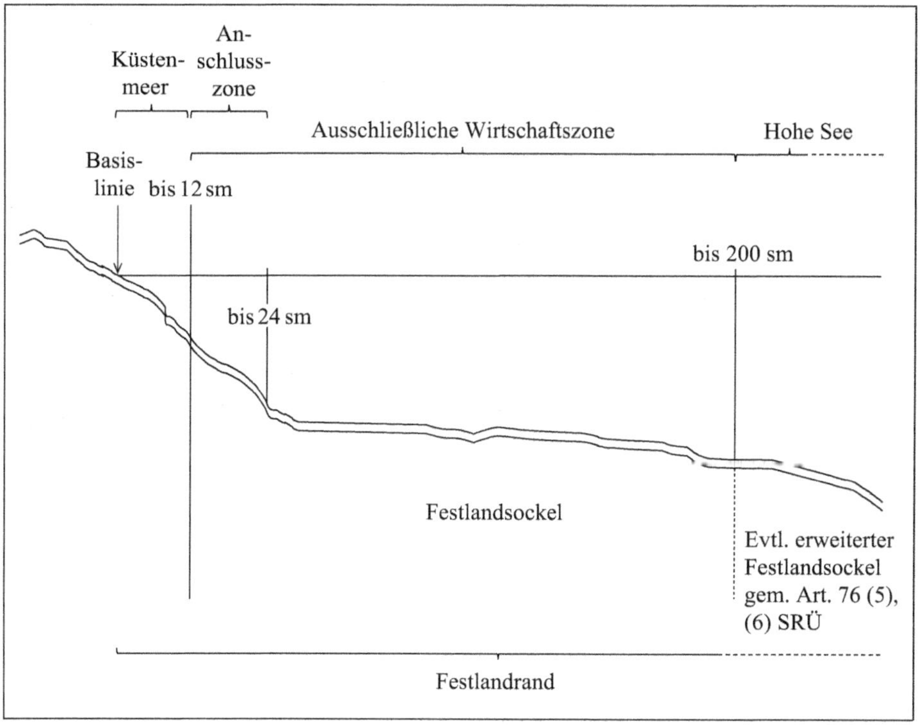

6 Zum seltenen Fall plurinationaler Buchten IGH, Urteil v. 11.9.1992, Land, Island and Maritime Frontier Dispute (El Salvador/Honduras: Nicaragua intervening), ICJ Rep. 1992, 350 (Golf von Fonseca).

2. Küstenmeer und Anschlusszone (Art. 2-33 SRÜ)

a) Abmessungen

809 Die Breite des Küstenmeers wurde früher durch die Reichweite der Verteidigungsgeschütze bestimmt. Heute wäre dies verständlicherweise kein probates Mittel mehr. Nach Art. 3 SRÜ, der heute Gewohnheitsrecht reflektiert, darf das Küstenmeer **bis zu 12 Seemeilen** breit sein. Die Messung beginnt landwärts an der Niedrigwasserlinie der Küste (sog. **normale Basislinie**, Art. 5 SRÜ).[7] Jedoch gestattet Art. 7 SRÜ das Ziehen **gerader Basislinien** bei Zerklüftungen, tiefen Einbuchtungen und der Küste unmittelbar vorgelagerten Inselketten; erhebliche Abweichungen von der allgemeinen Richtung der Küste sind nicht gestattet. Die landwärts dieser Basislinien liegenden Gewässer zählen dann zu den Binnengewässern des Küstenstaates. In ähnlicher Weise werden auch **Archipelstaaten** begünstigt (Archipelbasislinien: Art. 47 SRÜ); allerdings unterliegen die Archipelgewässer, obgleich sie als Binnengewässer gelten, einem besonderen Rechtsregime (v. a. Recht der Durchfahrt, Art. 52 f SRÜ). Bei gegenüberliegenden oder angrenzenden Küsten ist, sofern keine vertragliche Regelung existiert, regelmäßig die Mittellinie (**Äquidistanzlinie**) maßgeblich (Art. 15 SRÜ).[8] Der Küstenstaat ist nach Art. 16 SRÜ verpflichtet, die Festlegung der Basislinien in eine **Seekarte** einzutragen, die ordnungsgemäß zu publizieren und beim UN-Generalsekretär zu hinterlegen ist.

b) Rechtsstatus des Küstenmeers

810 Das Küstenmeer ist **Teil des Staatsgebietes** und unterliegt der territorialen Souveränität und Gebietshoheit des Küstenstaates. Diese Hoheitsrechte erstrecken sich auch auf den Meeresboden unterhalb und die Luftsäule oberhalb des Küstenmeeres. Für das Verhältnis zwischen der Jurisdiktion des Flaggenstaates und der des Küstenstaates gilt als Faustregel, dass die Jurisdiktion des Flaggenstaates fortdauert, aber eingeschränkt wird, während die Jurisdiktion des Küstenstaates zwar umfassend, aber völkerrechtlich begrenzt ist. So fallen Fragen der inneren Disziplin an Bord regelmäßig in die Jurisdiktion des Flaggen-, nicht des Küstenstaates.

811 Begrenzt wird die Gebietshoheit des Küstenstaates v. a. durch das Recht der **friedlichen Durchfahrt** (Art. 17 ff SRÜ). Dieses gestattet die Durchfahrt durch das Küstenmeer sowie die freie Zu- und Abfahrt zu und von den Eigengewässern des Küstenstaates. Den Begriff der Friedlichkeit definiert Art. 19 SRÜ: Das durchfahrende Schiff muss alles unterlassen, was sich auf das Gebiet des Küstenstaates nachteilig auswirken könnte, v. a. Gewaltanwendungen, militärische Manöver, Schmuggel, (ge-

---

7 Zur Fixierung der Basislinien im Interesse von Überflutung bedrohter Inselstaaten eingehend *E. Blitza*, Auswirkungen des Meeresspiegelanstiegs auf maritime Grenzen, 2019. Ferner *V. Blanchette-Séguin*, Preserving Territorial Status Quo: Grotian Law of Nature, Baselines and Rising Sea Level, NYUJILP 50 (2017), 227; *D. Vidas/D. Freestone/J. McAdam* (Hg.), International Law and Sea Level Rise: Report of the ILA Committee on International Law and Sea Level Rise, 2019; *D. Guilfoyle*, Canute's Kingdoms: Can small island states legislate against their own disappearance?, EJIL Talk! (20.2.2019).

8 Der Streit über die seitliche Abgrenzung des Küstenmeers in der Ems-Dollart-Mündungsregion zwischen Deutschland und den Niederlanden hatte sich im Zuge von Genehmigungen für Offshore-Windparks ab 2011 verschärft. Er wurde pragmatisch gelöst (Abgrenzung der Verwaltungszuständigkeiten ohne Festlegung der Staatsgrenzen), vgl. Vertrag vom 24.10.2014 über die Nutzung und Verwaltung des Küstenmeers zwischen 3 und 12 Seemeilen, BGBl. 2016 II 602. Hierzu *S. tho Pesch*, Wer braucht schon Grenzen: Pragmatische Lösungen im deutsch-niederländischen Küstenmeerstreit, www.juwiss.de (1.3.2016).

gen den Küstenstaat gerichtete) Spionage, Umweltverschmutzung, Fischerei oder Forschungs- und Vermessungsarbeiten. Der Küstenstaat darf Vorschriften zur Aufrechterhaltung des Friedens, der Sicherheit und der Ordnung in seinen Küstengewässern erlassen (Art. 21 SRÜ), dies aber nicht zu einer Aushöhlung des Rechts missbrauchen. Nicht völlig geklärt sind die Bedingungen der friedlichen Durchfahrt für Schiffe mit Nuklearantrieb (hierzu Art. 23 SRÜ).[9] Das Recht der friedlichen Durchfahrt gibt **kein Recht auf Überflug** durch den Luftraum über dem Küstenmeer. Anders ist dies bei Meerengen, die der internationalen Schifffahrt zwischen Teilen der Hohen See dienen (Art. 38 SRÜ).

c) Anschlusszone

Die Anschlusszone *(contiguous zone)* erstreckt sich seewärts **bis zu 24 Seemeilen** ab **812**
der Basislinie. Die Anschlusszone ist nicht Teil des Staatsgebietes des Küstenstaates, sondern eine dem Küstenmeer vorgelagerte **„Schutzzone"**, deren Rechtsstatus sich mit dem der Ausschließlichen Wirtschaftszone (zu dieser sogleich) überlagert. Sie dient der Sicherung küstenstaatlicher Zoll-, Steuer-, Einwanderungs- und Gesundheitsvorschriften. Zu diesem Zweck sind dem Küstenstaat „erforderliche Kontrollrechte" (Art. 33 SRÜ) zur Verhütung sowie zur Verfolgung von Rechtsverstößen in seinen Hoheitsgewässern eingeräumt. **Weitere Sonderzonen** (insbesondere Flugüberwachungszonen, sog. *Air Defence Identification Zones*) können nicht auf das abschließend geregelte Konzept der Anschlusszone gestützt werden. Ihre Vereinbarkeit mit dem Völkerrecht ist umstritten; unzulässig ist es jedenfalls, die Beachtung solcher Sicherheitszonen mit Zwangsmitteln durchzusetzen.[10]

Fall: Unerwünschter Besuch Ein Schiff der Flüchtlingsorganisation X nimmt im Mittel- **813**
meer schiffbrüchige afrikanische Flüchtlinge auf. Es nimmt Kurs auf Sizilien, wird aber von der italienischen Küstenwacht 20 Seemeilen vor der Küste auf Grundlage der Einwanderungsgesetze angehalten. Der Kapitän beharrt darauf, dass er das Recht habe weiterzufahren. Nach tagelangen Verhandlungen willigen die Behörden ein und das Schiff darf den nächstgelegenen Hafen anlaufen. Als das Schiff im Hafen festmacht, beantragen die Flüchtlinge gegenüber einem Beamten der Einwanderungsbehörde, der an Bord gekommen ist, Asyl. Dieser weist den Antrag zurück, weil ein solcher nur auf italienischem Staatsgebiet gestellt werden könne. Wie ist die Rechtslage nach dem SRÜ?

Lösungshinweise: Zur Aufnahme der Flüchtlinge in Seenot ist der Kapitän von X nach Art. 98 SRÜ nicht nur berechtigt, sondern sogar verpflichtet.[11] Das Schiff wird 20 Seemei-

---

9 Zu Kriegsschiffen Rn. 840.

10 *J. A. Roach*, Air Defence Identification Zones, MPEPIL (3/2017). Näher auch *P. Dutton*, *Caelum Liberum:* Air Defense Identification Zones Outside Sovereign Airspace, AJIL 103 (2009), 691; *J. Odom*, A 'Rules-based Approach' to Airspace Defense, RBDI 2014, 65.

11 Diese (auch gewohnheitsrechtlich etablierte: Rn. 822) Pflicht wird näher ausgestaltet in der International Convention for the Safety of Life at Sea (SOLAS, 1974) und der Search and Rescue Convention (SAR, 1979). Zum Konflikt zwischen privater Seenotrettung und EU-Migrationspolitik im Mittelmeer *N. Matz-Lück*, Seenotrettung als völkerrechtliche Pflicht, verfassungsblog.de (18.8.2018); *E. Koka/ D. Veshi*, Irregular Migration by Sea: Interception and Rescue Interventions in Light of International Law and the EU Sea Borders Regulation, EJML 21 (2019), 26. Speziell zum Fall des deutschen Rettungsschiffs „Aquarius" *M. Fink/K. Gombeer*, The Aquarius incident: navigating the turbulent waters of international law, und *E. Papastavridis*, The Aquarius Incident and the Law of the Sea: Is Italy in Violation of the Relevant Rules?, EJIL Talk! (14.6. bzw. 27.6.2018).

len vor der sizilianischen Küste und damit in der Anschlusszone angehalten. Das Anhalten verfolgt den legitimen Zweck, einen Verstoß gegen die italienischen Einreisegesetze zu verhindern (Art. 33 Abs. 1 lit. a SRÜ). Die Weiterfahrt durch das Küstenmeer wäre nur zulässig, wenn es sich um eine friedliche Durchfahrt handeln würde (Art. 17 SRÜ). Gemäß Art. 19 Abs. 2 lit. g gilt das „Entladen" von Personen entgegen den küstenstaatlichen Einreisegesetzen nicht als friedliche Durchfahrt. X hat also zunächst kein Recht auf Durchfahrt, erhält dieses aber durch die Einwilligung der Behörden. Mit dem Einfahren in das Küstenmeer befindet sich das Schiff auf italienischem Staatsgebiet, so dass der Einwand des Beamten nicht greift, man befinde sich an Bord des Schiffes nicht in Italien.

3. Zonen mit küstenstaatlichen Nutzungsvorrechten

a) Ausschließliche Wirtschaftszone (AWZ)

814 Die AWZ (oder EEZ: *Exclusive Economic Zone*) hat ihre Vorläufer in Ausschließlichen **Fischereizonen**, die Küstenstaaten ab Mitte des 20. Jahrhunderts für sich reklamierten, um ihre Fischgründe über das Küstenmeer hinaus auszudehnen. Teilweise wurde von einigen Staaten zu diesem Zweck auch ein breiteres Küstenmeer beansprucht (z. B. Somalia: 200 Seemeilen). Das SRÜ gestattet nunmehr die Beanspruchung einer AWZ von **bis zu 200 Seemeilen**, gerechnet ab der Basislinie (Art. 57). Wegen der Notwendigkeit, die Breite im Rahmen des Zulässigen festzulegen, und im Umkehrschluss aus Art. 77 Abs. 3 SRÜ ist die Existenz einer AWZ von einer **konstitutiven Erklärung** des Küstenstaates abhängig.

815 Die AWZ ist nach dem SRÜ eine Meereszone mit **eigenem völkerrechtlichen Status**, in der der Küstenstaat **exklusive Rechte für bestimmte Nutzungsformen** besitzt, nämlich „zum Zweck der Erforschung und Ausbeutung, Erhaltung und Bewirtschaftung der lebenden und nichtlebenden natürlichen Ressourcen der Gewässer über dem Meeresboden, des Meeresbodens und seines Untergrunds sowie hinsichtlich anderer Tätigkeiten zur wirtschaftlichen Erforschung und Ausbeutung der Zone wie der Energieerzeugung aus Wasser, Strömung und Wind" (Art. 56 Abs. 1 lit. a SRÜ). Der Küstenstaat legt für seine AWZ u. a. Fangquoten fest und erlässt Bestimmungen zum Schutz der Meeresumwelt (Art. 62 ff SRÜ). Die Bewirtschaftung erfolgt oft kooperativ über **Regionale Fischereiorganisationen** (*Regional Fisheries Management Organisations*, RFMO). Problematisch sind Abkommen, die einseitig auf Zugang zu den Ressourcen ausgerichtet sind und Nachhaltigkeit sowie Belange der lokalen Bevölkerung nicht ausreichend berücksichtigen.[12] Sind Schiffen aus anderen Staaten vertraglich Fischereirechte eingeräumt, so hat der Flaggenstaat dafür Sorge zu tragen, dass

12 Allgemein *K. Bangert*, Fisheries Agreements, MPEPIL (01/2018). In der Kritik stehen namentlich die Fischereipartnerschaftsabkommen der EU. Dazu *H. Zimmermann*, Balancing Sustainability and Commerce in International Negotiation: The EU and its Fisheries Partnership Agreements, Journal of European Public Policy 24 (2017), 135. Auf besondere Kritik stieß das Abkommen mit Marokko, weil dieses den Fischfang vor der Küste der Westsahara (zum Status siehe Anhang, Nr. 16) einschloss. Der EuGH hat die Anwendbarkeit des FPA auf die Westsahara mangels ausdrücklicher Erstreckung und wegen Nichteinhaltung bestimmter Maßstäbe für die Ressourcennutzung in nicht selbstregierten Gebieten verneint: Urteil v. 27.2.2018, C-266/16 (Western Sahara Campaign UK). Ob das revidierte FPA mit Marokko (ABl. EU L 77/8 v. 20.3.2019) mit diesen Maßstäben im Einklang steht, wird man bezweifeln müssen.

Schiffe unter seiner Flagge sich nicht an IUU-Fischerei *(illegal, unreported, unregulated)* beteiligen und Erhaltungsmaßnahmen des Küstenstaates beachten. Verstöße werden zwar dem Flaggenstaat nicht zugerechnet, er muss aber gegen sie vorgehen.[13]

Soweit der Küstenstaat nach den Art. 55 ff SRÜ keine Sonderrechte besitzt, finden auf die AWZ die **Regeln über die Hohe See** Anwendung (Art. 58 SRÜ). Unberührt[14] bleiben daher insbesondere die Rechte aller Staaten auf Schifffahrt, das Legen von Kabeln und Rohrleitungen sowie auf Überflug. Wirtschaftliche Nutzungen hierüber hinaus bedürfen der Zustimmung des Küstenstaates, wobei dieser traditionelle Nutzungsrechte sowie die Interessen von *land-locked* und *geographically disadvantaged states* bevorzugt zu berücksichtigen hat (Art. 69 f, Ausnahme: Art. 71 SRÜ). Auch hinsichtlich der Meeresforschung und der Errichtung von Anlagen und künstlichen Inseln hat der Küstenstaat alleinige Rechte (Art. 60 SRÜ). Der Küstenstaat ist berechtigt, seine Vorschriften in Bezug auf die AWZ mit hoheitlichen Maßnahmen **durchzusetzen** (Beschlagnahme, Geldstrafe usw.), darf aber keine Gewalt anwenden.[15] 816

Fall: M/V Saiga (ISGH 1999)[16] Die M/V Saiga war ein in Saint Vincent und den Grenadinen registrierter Öltanker, der im Eigentum einer zypriotischen Gesellschaft stand und von einer schottischen Gesellschaft betrieben wurde. Er versorgte in der AWZ von Guinea Fischkutter mit Treibstoff (sog. *offshore-bunkering*). Das schwer beladene Schiff wurde am 28. Oktober 1997 südlich der AWZ von Guinea von einem guineischen Patrouillenboot verfolgt und dann auf Hoher See ohne Warnung beschossen. Anschließend wurde die Saiga festgesetzt, ihre Besatzung verhaftet und nach Guinea gebracht. Dort wurde der Kapitän der Saiga wegen Zollhinterziehung vor Gericht gestellt und zu einer Geldstrafe verurteilt.

In dem Hauptsacheverfahren – zuvor war die M/V Saiga gegen Kaution durch den Internationalen Seegerichtshof (ISGH) freigegeben worden – ging es u. a. darum, ob die Zollvorschriften von Guinea auch in seiner AWZ gelten und ob diese Vorschriften daher gegenüber der M/V Saiga durchgesetzt werden durften. Der ISGH verneinte dies: Die Zollgesetzgebung des Küstenstaates ist allein im Küstenmeer anwendbar; gewisse Sicherungsrechte „im Vorfeld" gewährt Art. 33 SRÜ für die Anschlusszone. Für die AWZ fehlt es jedoch an einer Rechtsgrundlage für die Anwendung oder den Schutz küstenstaatlicher Zollvorschriften.

b) Festlandsockel

Der Festlandsockel (Kontinentalschelf) umfasst die natürliche Fortsetzung der Landmasse unterhalb der Meeressäule (Meeresgrund und -untergrund) jenseits des Küstenmeeres. Der Festlandsockel ist als natürliche Fortsetzung des Festlandes (Gedanke der Kontiguität) zwar **nicht Bestandteil des Staatsgebiets** des Küstenstaates; dieser übt aber, ohne dass es einer besonderen Erklärung oder tatsächlicher Inbesitznahme bedürfte (Art. 77 Abs. 3 SRÜ), über den Festlandsockel „**souveräne Rechte** zum Zweck seiner Erforschung und der Ausbeutung seiner natürlichen Ressourcen" aus 817

13 Dazu eingehend ISGH, Gutachten v. 2.4.2015, Case No. 21.

14 Die Pflichten des Küstenstaates zum Schutz der Meeresumwelt dürften sich auf praktisch alle diese Nutzungen auswirken; küstenstaatliche Maßnahmen müssen sich allerdings auch an diesem Ziel orientieren, wenn sie die Meeresfreiheiten beschränken.

15 Zum Recht auf Nacheile Rn. 834–835.

16 ISGH, M/V „Saiga" (No. 2) Case (Saint Vincent and the Grenadines v. Guinea), Urteil v. 1.7.1999, ILR 120 (1999), 143; siehe Anhang, Nr. 34 In Anlehnung an diesen Fall auch *A. v. Arnauld*, Klausurenkurs im Völkerrecht, 3. Aufl. 2018, Fall 11.

(Art. 77 Abs. 1 SRÜ). Hierzu gehören insbesondere das Recht der Meeresbodenfischerei *(sedentary fisheries)* sowie der Ausbeutung von Bodenschätzen. Während alle Staaten das Recht besitzen, auf dem Festlandsockel eines anderen Staates unterseeische Kabel und Rohrleitungen zu verlegen (Art. 79 SRÜ, zu beachten sind dort näher bestimmte Koordinationspflichten), ist allein der Küstenstaat zur Errichtung von Anlagen, künstlichen Inseln und Bauwerken (v. a. Bohrinseln) berechtigt (Art. 80 SRÜ). Die Ausübung der Schelfrechte darf die Schifffahrt sowie die sonstigen Rechte und Freiheiten anderer Staaten nach dem SRÜ weder beeinträchtigen noch in ungerechtfertigter Weise behindern (Art. 78 Abs. 2 SRÜ). Das Rechtsregime des Festlandsockels bezieht sich nur auf **Meeresgrund und Meeresuntergrund** und lässt den Status der darüber liegenden Wasser- und Luftsäule unberührt (Art. 78 Abs. 1 SRÜ).

818 Der Festlandsockel folgt der Verlängerung des Landgebietes. Er überschneidet sich teilweise mit dem natürlichen Festlandrand. Der erste Teil des Festlandrandes unterliegt dem Rechtsregime des Küstenmeeres; ab der äußeren Grenze des Küstenmeeres beginnt der Festlandsockel. Dieser endet regelmäßig dort, wo auch der natürliche Festlandrand endet; allerdings sieht das SRÜ im Interesse geographisch benachteiligter Staaten vor, dass das Festlandsockelregime unabhängig von der Existenz eines Festlandrandes für den Meeresgrund und -untergrund bis zu 200 Seemeilen von der Basislinie an gerechnet gilt. Darüber hinaus sind weitere Abgrenzungskriterien vorgesehen. Die **seewärtigen Grenzen** des Festlandsockels werden danach gem. Art. 76 SRÜ bestimmt durch

- eine Ausdehnung von mindestens 200 Seemeilen *oder*
- das Ende des natürlichen Festlandrandes *oder*
- eine maximale Ausdehnung von 350 Seemeilen ab Basislinie von 100 Seemeilen ab der Linie, wo eine Wassertiefe von 2500 Metern erreicht ist.[17]

Im Wettlauf um Ressourcen beanspruchen immer mehr Küstenstaaten Festlandsockelrechte jenseits von 200 Seemeilen. Der ISGH hat im Fall Bangladesch/Myanmar erstmals küstenstaatliche Ansprüche jenseits der 200-Seemeilen-Grenze gegeneinander abgegrenzt *(delimitation)*, vorbehaltlich Rechte dritter Staaten und einer Empfehlung der Festlandsockelkommission zur seewärtigen Ausdehnung des Festlandsockels *(delineation)*.[18] Im Streit zwischen Nicaragua und Kolumbien hat der IGH diese Unterscheidung aufgegriffen. Um eine laterale Abgrenzung vornehmen zu können, genüge es, dass Nicaragua bei der Kommission einen vollständigen Antrag eingereicht und damit den Anspruch auf einen Festlandsockel jenseits der 200 Semeilen plausibilisiert habe; eine Empfehlung der Kommission sei nur für die seewärtige Abgrenzung *(delineation)* erforderlich.[19]

---

17 Eine weitere Sonderregelung sieht Art. 76 Abs. 6 für unterseeische Bergrücken *(submarine ridges)* vor. Hier endet der Festlandsockel unabhängig von der Wassertiefe bei maximal 350 Seemeilen.

18 ISGH, Urteil v. 14.3.2012, Dispute Concerning Delimitation of the Maritime Boundary between Bangladesh and Myanmar in the Bay of Bengal (Bangladesh v. Myanmar), Case no. 16, §§ 341 ff. Dazu *D. Anderson*, Delimitation of the Maritime Boundary in the Bay of Bengal (Bangladesh/Myanmar), AJIL 106 (2012), 817; *A. Oude-Elferink*, ITLOS's Approach to the Delimitation of the Continental Shelf beyond 200 Nautical Miles in the Bangladesh/Myanmar Case, FS Vukas, 2015, 230. Zum Thema allgemein u. a. *B. Magnússon*, The Continental Shelf Beyond 200 Nautical Miles, 2015; *J. Mossop*, The Continental Shelf Beyond 200 Nautical Miles, 2017; *L. N. Nguyen*, UNCLOS Tribunals and the Development of the Outer Continental Shelf Regime, ICLQ 67 (2018), 425.

19 IGH, Urteil v. 17.3.2016, Question of the Delimitation of the Continental Shelf between Nicaragua and Colombia beyond 200 nautical miles from the Nicaraguan Coast (Nicaragua v. Colombia), Preliminary Objections, §§ 105 ff.

Fall: In fremden Gründen Vor der Küste von Byrillien gibt es reiche Vorkommen an schmackhaften Krebsen und Fischen, die wegen des flachen Wassers leicht zu fischen sind. Dies nutzt die „Aurora", ein großes Fischereischiff, das unter der Flagge von Arinien fährt. Die „Aurora" fischt 100 Seemeilen vor der byrillischen Küste nach Krebsen und Muscheln. Ein Patrouillenboot der Küstenwache Byrilliens fordert den Kapitän der „Aurora" unter Hinweis auf die byrillischen Fischereigesetze auf, die Aktivitäten einzustellen, die Schiffspapiere vorzulegen und ihm in den nächsten Hafen zu folgen. Der Kapitän der „Aurora" weigert sich, weil Byrillien keine AWZ erklärt hat. Wie ist die Rechtslage? **819**

Lösungshinweise: Gemäß Art. 57 SRÜ dürfen Staaten eine AWZ von bis zu 200 Seemeilen Breite beanspruchen. Hierfür ist jedoch eine Erklärung des Küstenstaates erforderlich. Da Byrillien keine AWZ erklärt hat, besitzt es auch keine Rechte nach den Art. 55 ff SRÜ. Ohne Erklärung einer AWZ handelt es sich bei dem Gebiet um Hohe See, in der alle Staaten das Recht der Fischerei genießen, das durch Schiffe unter ihrer Flagge ausgeübt werden kann (Art. 116 SRÜ). Als Schiff unter der Flagge eines Staates ist die „Aurora" zur Hochseefischerei berechtigt. Krebse und Muscheln leben jedoch am Boden. Der Meeresboden und Meeresuntergrund gehört – auch ohne Erklärung (Art. 77 Abs. 3 SRÜ) – zum Festlandsockel des Küstenstaates, der eine Mindestausdehnung von 200 Seemeilen hat (Art. 76 Abs. 1 SRÜ). Nach Art. 77 Abs. 4 SRÜ gehört zu den Schelfrechten auch die Ausbeutung der „zu den seßhaften Arten gehörenden Lebewesen". Dies trifft jedenfalls auf Muscheln zu. Bei Krebsen, die sich zwar regelmäßig „in ständigem körperlichen Kontakt mit dem Meeresboden oder seinem Untergrund fortbewegen", sich aber vorübergehend vom Boden lösen können, ist die Einordnung umstritten. Zumindest die Muschelfischerei durch die „Aurora" verletzt die Rechte Byrilliens. Das SRÜ regelt nicht ausdrücklich die Rechte des Küstenstaates gegenüber einem Schiff, das seine Schelfrechte verletzt. Nach allgemeinen Grundsätzen (vgl. Art. 73 Abs. 1 SRÜ für die AWZ) ist er zum Anhalten, zur Überprüfung und zum Festhalten berechtigt. Die Aufforderung gegenüber der „Aurora" ist hiervon gedeckt und somit rechtmäßig.

Schwierigkeiten bereitet vielfach die **Abgrenzung** der Festlandsockel bei Nachbarstaaten bzw. bei Staaten mit gegenüberliegenden Küsten (besondere Probleme in der Nordsee). Diese ist gemäß Art. 83 Abs. 1 SRÜ durch Übereinkunft unter Beachtung der Billigkeit vorzunehmen. Das SRÜ enthält hierfür keine inhaltlichen Vorgaben. Im Unterschied dazu bestimmt die Festlandsockel-Konvention von 1958, die Abgrenzung im Zweifel nach der Äquidistanzlinie vorzunehmen. **820**

Fall: Festlandsockel (IGH 1969)[20] Die Bundesrepublik Deutschland stritt mit Dänemark und den Niederlanden vor dem IGH um die Abgrenzung ihrer aneinandergrenzenden Festlandsockel in der Nordsee. Art. 6 der Genfer Konvention über den Festlandsockel von 1958 sah hierfür die Anwendung des Äquidistanzprinzips vor. Die Bundesrepublik war nicht Partei der Genfer Konvention und somit nicht an sie gebunden, Dänemark und die Niederlande behaupteten jedoch, die Regel in Art. 6 habe sich seit 1958 zu allumfassend geltendem Völkergewohnheitsrecht entwickelt.

Der IGH stellte fest, dass die Staatenpraxis nicht ausreichend war, damit Art. 6 zu Völkergewohnheitsrecht erstarken konnte. Er forderte die Streitparteien auf, eine billige und gerechte Aufteilung auszuhandeln.

20 IGH, Urteil v. 20.2.1969, North Sea Continental Shelf Cases (Federal Republic of Germany v. Denmark and Netherlands), ICJ Rep. 1969, 3, §§ 70 ff; siehe Anhang, Nr. 12.

4. Hohe See

a) Die Freiheit der Hohen See

821 Die Hohe See als *res communis omnium* kann **nicht okkupiert** werden (Art. 89 SRÜ) und steht allen Staaten (auch Binnenstaaten) gleichermaßen zur Nutzung offen (Art. 87 Abs. 1 S. 1 SRÜ). Gewohnheitsrechtlich gewachsen sind die sog. **Meeresfreiheiten** (vgl. Art. 87 Abs. 1 S. 3 SRÜ), die allerdings keinen abschließenden Katalog darstellen:

- Freiheit der Schifffahrt
- Freiheit des Überflugs
- Freiheit der Fischerei
- Freiheit der Verlegung unterseeischer Kabel und Rohrleitungen
- Freiheit der Errichtung von künstlichen Inseln und Anlagen
- Freiheit der wissenschaftlichen Forschung

Gestattet sind darüber hinaus auch **militärische Übungen** zu Friedenszeiten. Dabei ist jedoch dem Grundsatz des Art. 88 SRÜ Rechnung zu tragen, wonach die Hohe See friedlichen Zwecken vorbehalten bleiben soll (sowie Art. 301 SRÜ, der das Gewaltverbot des Art. 2 Nr. 4 UNCh wiederholt). Problematisch ist daher die Absperrung großer Gebiete der Hohen See als Sicherheits- und Gefahrenzonen, etwa im Rahmen von Nuklearversuchen, jedenfalls sofern diese nicht lediglich zeitweise erfolgt.

Bei der Ausübung der Meeresfreiheiten ist **Rücksicht** auf die anderen Nutzer zu nehmen (Art. 87 Abs. 2 SRÜ). Allgemeine Vorrangregelungen für bestimmte Nutzungsformen oder ein allgemeines Prioritätsprinzip existiert nicht. Dieses wäre mit der souveränen Gleichheit der Staaten nicht vereinbar.

822 Die Meeresfreiheiten werden überwiegend nicht durch Staatsschiffe, sondern durch **private Schiffe** ausgeübt. Die Regelungen begünstigen damit Privatpersonen, die durch die Verleihung einer Flagge von dem Flaggenstaat das Recht zur Nutzung der Meeresfreiheiten erhalten. Der Flaggenstaat wiederum übernimmt die Aufsichtspflicht über die Schiffe, die seine Flagge führen.[21] Eine besondere Regelungspflicht enthält Art. 98 SRÜ: Dieser verpflichtet jeden Staat, den Kapitän eines unter seiner Flagge fahrenden Schiffes (gleich ob privat oder staatlich) zur **Hilfeleistung in Seenot** anzuhalten, sofern dieser hierzu ohne ernste Gefährdung des Schiffes, der Besatzung oder der Fahrgäste in der Lage ist. Die Pflicht zur Hilfeleistung gehört als Ausdruck der Solidarität zwischen Seefahrern zum festen gewohnheitsrechtlichen Bestand des Seevölkerrechts. Sie folgt aus elementaren Erwägungen der Menschlichkeit und ist nicht auf die Hohe See beschränkt.

823 Das Rechtsregime der Hohen See war lange von der Überzeugung geprägt, dass die **natürlichen Ressourcen** unerschöpflich seien. Mit der Einsicht in die Endlichkeit der Meeresressourcen kommt Maßnahmen zur Bewirtschaftung insbesondere der Fischbestände und der Erhaltung der natürlichen Umwelt eine große Bedeutung zu. Das Seerecht wird heute weniger von der Nutzungsfreiheit als von Bewirtschaftung und Bewahrung bestimmt. Hinsichtlich der **Bewirtschaftung** der lebenden Ressour-

21 Zum Rechtsstatus der Schiffe Rn. 837–839.

cen (Art. 116-120 SRÜ) verpflichtet das SRÜ die Vertragsstaaten insbesondere zum Abschluss gesonderter Abkommen (vgl. das Durchführungsübereinkommen vom 4.8.1995, sog. *Fish Stocks Agreement*, in Kraft seit 2001). Für den **Umweltschutz** (dazu auch Rn. 903) enthält das SRÜ, nicht nur für die Hohe See, z. T. detaillierte Vorschriften (Teil XII), die durch spezielle Verträge ergänzt werden (z. B. mehrere Abkommen zur Ölverschmutzung).

Zunehmend gehen RFMO (Rn. 815) dazu über, nicht nur in den AWZ ihrer Mitglieder, sondern auch auf der Hohen See **Meeresschutzzonen** (*Marine Protected Areas*, MPAs) einzurichten. Zwar unterliegen alle Staaten gemäß Art. 192, 194 Abs. 5 und Art. 197 SRÜ Kooperationspflichten zum Schutz der Meeresumwelt und gemäß Art. 117 und 118 SRÜ bezüglich der Erhaltung und Bewirtschaftung lebender Ressourcen; dies gibt aber nicht einer Gruppe von Staaten das Recht, bestimmte (!) Schutzmaßnahmen vertraglich zu vereinbaren und dritten Staaten entgegenzuhalten.[22] In Beratung ist derzeit ein der Erhaltung der Biodiversität in Bereichen jenseits staatlicher Jurisdiktion gewidmetes Abkommen zur Durchführung des SRÜ.[23]

b) Hoheitsrechte auf Hoher See

aa) Überblick. Zwar kennt das Seevölkerrecht keine Hoheitsrechte *über* die Hohe See, wohl aber Hoheitsrechte *auf* Hoher See. An erster Stelle ist hier die **Flaggenhoheit** zu nennen, die gemäß Art. 92 SRÜ grundsätzlich die ausschließliche Hoheitsgewalt des Flaggenstaates über das Schiff und alle Vorkommnisse an Bord begründet. Hierüber hinaus verleiht das Völkerrecht den Staaten bestimmte Hoheitsrechte auch gegenüber fremden oder flaggenlosen Schiffen. Solche **„Polizeirechte“** sind eine notwendige Ergänzung des Konzepts der Freiheit der Hohen See: Damit diese kein rechtsfreier Raum wird, erhält jeder Staat das Recht, gegen Personen und Schiffe vorzugehen, die als eine gemeine Gefahr betrachtet werden. *Locus classicus* dieser Polizeibefugnisse aller Staaten ist die Bekämpfung der Piraterie (bb). Hinzu treten Maßnahmen u. a. zur Bekämpfung des Sklaven- und Drogenhandels (cc). Gewissermaßen in Verlängerung seiner Vorrechte in Küstenmeer, Anschlusszone und AWZ darf schließlich der Küstenstaat im Rahmen der **Nacheile** Hoheitsgewalt gegen ein Schiff auf Hoher See ausüben, um Verstöße gegen sein eigenes Recht zu ahnden (dd). **824**

Über diese ausdrücklich im SRÜ geregelten und weitgehend gewohnheitsrechtlich anerkannten Fälle hinaus ist die Ausübung von Hoheitsrechten auf Hoher See nicht gestattet. Insbesondere ein allgemeines **Recht auf Selbstschutz** wäre (außer im Falle der Selbstverteidigung nach Art. 51 UNCh) mit dem Gewaltverbot aus Art. 2 Nr. 4 UNCh **unvereinbar**. Sonderregeln gelten im bewaffneten Konflikt (Rn. 1262–1271). **825**

bb) Bekämpfung der Seeräuberei (Art. 100-107 SRÜ). Mit der Seeräuberei befasst sich das SRÜ ausführlich in den Art. 100-107, hinzu kommen noch das Anhalte- und **826**

---

22 Statt vieler *J. Fuchs/N. Matz-Lück*, Die Ausweisung mariner Schutzgebiete in hoheitsfreien Räumen am Beispiel des OSPAR-Abkommens, ZUR 2012, 532; *Y. Tanaka*, The International Law of the Sea, 2. Aufl. 2015, 350 ff. Zum Problem von Statusverträgen und der Pacta-tertiis-Regel allgemein siehe Rn. 213.

23 Vgl. A/RES/72/249 v. 24.12.2017. Dazu *P. Ricard*, Marine Biodiversity Beyond National Jurisdiction, Maritime Safety and Security Law Journal 4 (2018/19), 84. Eingehend zum Thema *F. Wacht*, Mariner Umweltschutz durch Meeresschutzgebiete im jurisdiktionsfreien Raum der Hohen See, 2018; *D. Freestone* (Hg.), Conserving Biodiversity in Areas beyond National Jurisdiction, 2019.

Betretungsrecht aus Art. 110 und die Pflicht, zumutbare (!) Hilfe in Notfällen zu leisten, aus Art. 98 SRÜ.[24] Dennoch sind die Regeln lückenhaft. Dies liegt an der **Definition** der Seeräuberei in Art. 101 SRÜ, die verschiedene Fälle von Gewalt und Freiheitsberaubung auf See ausschließt:

- **In örtlicher Hinsicht** *(ratione loci)*: Als Seeräuberei gelten gemäß Art. 101 SRÜ nur Taten **auf Hoher See**; Art. 58 erweitert den Geltungsbereich der Regeln auf die AWZ. In seinem Küstenmeer ist ein Staat nur mittelbar zur Pirateriebekämpfung verpflichtet: Die größtmögliche Zusammenarbeit bei der Bekämpfung der Piraterie i. e. S. (Art. 100 SRÜ) umfasst eine Pflicht dafür zu sorgen, dass die eigenen Gewässern nicht als Rückzugsgebiet von Piraten genutzt werden; hinzu tritt die allgemeine Pflicht des Staates, im Rahmen des Möglichen Übergriffe auf Fremde zu verhüten, die sich berechtigterweise (Recht auf friedliche Durchfahrt!) in ihrem Hoheitsgebiet aufhalten (Rn. 409). Ein Verstoß gegen diese Pflichten berechtigt ohne ein Mandat nach Kapitel VII UNCh andere Staaten allerdings nicht zur „Selbstvornahme".

Für die multinationalen Operationen gegen Piraten in den Küstengewässern Somalias ab 2008 liegt eine doppelte Rechtsgrundlage vor: Die Übergangs-Bundesregierung Somalias hatte um Hilfe gebeten (Einladung); zudem hat der Sicherheitsrat, unter Kapitel VII UNCh handelnd, die mit der Übergangsregierung kooperierenden Staaten zu entsprechenden Aktivitäten in den somalischen Gewässern ermächtigt (zuerst Res. 1816 v. 2. Juni 2008).

- **In sachlicher Hinsicht** *(ratione materiae)*: Der Sache nach sind als Seeräuberei nur Gewalttaten, Freiheitsberaubungen und Plünderungen definiert, die **„zu privaten Zwecken"** *(private ends, fins privées)* und **von einem Schiff gegen ein anderes Schiff** verübt werden (sog. *two-ship requirement*). Damit sind seeräuberische Straftaten aus politischen Gründen („maritimer Terrorismus") nach h. M. ebenso wenig erfasst wie der Fall, dass sich vermeintlich friedliche Passagiere eines Schiffes bemächtigen.
- **In persönlicher Hinsicht** *(ratione personae)*: Das SRÜ befasst sich nur mit **Befugnissen von Staaten**, nicht mit denjenigen Privater. Das Notwehrrecht gegen Angriffe von Piraten hat allerdings den Status eines allgemeinen Rechtsgrundsatzes im Sinne von Art. 38 Abs. 1 lit. c IGH-Statut. Fragen wirft die zunehmend praktizierte Bewaffnung privater Handelsschiffe auf. Deren Grenzen ergeben sich zunächst aus dem Waffenrecht des Flaggenstaates. Man wird aber auch einem Küstenstaat nicht verwehren können, die Durchfahrt schwimmender Waffenarsenale in seinen Gewässern zu unterbinden – obgleich dieser Fall nicht unter die in Art. 19 Abs. 2 SRÜ ausdrücklich definierten „unfriedlichen" Durchfahrten fällt.[25]

827 Bei begründetem Piraterieverdacht darf ein Schiff gemäß Art. 110 SRÜ **angehalten** und zur Überprüfung des Verdachts **betreten** werden *(boarding)*. Erweist sich der Verdacht als unbegründet und lagen auch objektiv keine Verdachtsgründe vor, sind dem Schiff Verluste und Schäden zu ersetzen (Art. 110 Abs. 3 SRÜ). Das Boarding-Recht steht nur Kriegsschiffen (und sonstigen Staatsschiffen, vgl. Art. 107 SRÜ) zu und besteht nicht gegenüber Kriegs- und Staatsschiffen eines anderen Staates

24 Statt vieler *P. Koutrakos/A. Skordas* (Hg.), The Law and Practice of Piracy at Sea, 2014.

25 A.A. *D. König/T. R. Salomon*, Private Sicherheitsdienste im Einsatz gegen Piraten – Feuer mit Feuer bekämpfen?, RWiss 2 (2011), 303 (310 ff).

(Art. 110 Abs. 1 SRÜ). Zu seiner Durchsetzung darf notfalls Gewalt angewendet werden, dies aber nur als letztes Mittel und unter Beachtung des Grundsatzes der Verhältnismäßigkeit.

Das sog. **Interdiktionsrecht** aus Art. 105 SRÜ greift gegenüber „Seeräuberschiffen". **828** Anders als bei Art. 110 SRÜ genügt hier nicht bloß der Verdacht; vielmehr muss der Kapitän überzeugt sein, es mit Seeräubern zu tun zu haben. Dass die subjektive Sicht des Kapitäns ausschlaggebend ist, macht Art. 106 SRÜ deutlich, der eine Schadensersatzpflicht für ein Aufbringen ohne hinreichenden Grund bestimmt. Ein Schiff **aufzubringen** bedeutet, es unter seine Befehlsgewalt zu bringen, erforderlichenfalls unter Einsatz von bewaffneter Gewalt.

Über das Recht zum Aufbringen hinaus ermächtigt Art. 105 SRÜ vor Ort zur **Festnahme** der Personen an Bord des Schiffes und zur **Beschlagnahme** der an Bord befindlichen Vermögenswerte sowie nachgelagert zur **gerichtlichen Entscheidung** über das weitere rechtliche Schicksal von Personen, Schiff und Ladung. Art. 105 SRÜ enthält eine Ermächtigung, keine Verpflichtung. Gefangen genommene Piraten dürfen – unter Beachtung der Menschenrechte[26] – zur Strafverfolgung auch an andere Staaten überstellt werden. Zum Aufbringen, zur Festnahme und Beschlagnahme sind gemäß Art. 107 SRÜ nur Schiffe oder Luftfahrzeuge befugt, die **erkennbar in Ausübung staatlicher Befugnisse** handeln (v. a. Kriegsschiffe). Nur dann weiß die Besatzung des aufzubringenden Schiffs, dass sie es nicht ihrerseits mit einem seeräuberischen Angriff zu tun hat. **829**

Das traditionelle **Weltrechtsprinzip** über Akte der Piraterie passt nur noch schlecht in das heutige Völkerrecht: Universelle Jurisdiktion besteht heute bei Menschlichkeitsverbrechen, folgt also rechtsethischen Motiven; beim „Seestraßenraub" ist sie dagegen eher pragmatisch begründet, um Straftaten außerhalb staatlicher Hoheitsgebiete verfolgbar zu machen.[27] Auch bedeutete die Strafhoheit früher meist, Piraten noch an Ort und Stelle „kurzen Prozess" zu machen. Dem stehen heute natürlich menschenrechtliche Verpflichtungen entgegen. Die Durchführung von Pirateriеprozessen am anderen Ende der Welt ist aufwendig und erschwert sowohl Anklage als auch Verteidigung. Auch die Straf- und Haftzwecke lassen sich allenfalls unvollkommen verwirklichen (Generalprävention, Spezialprävention und Resozialisierung).[28] Da zugleich ein **830**

---

26 *A. v. Arnauld*, Die moderne Piraterie und das Völkerrecht, AVR 47 (2009), 454 (471 ff); *A. Fischer-Lescano*, Piracy and Human Rights, GYIL 52 (2009), 525; *ders./L. Kreck*, Piraterie und Menschenrechte, AVR 47 (2009), 481; *R. Esser/S. Fischer*, Menschenrechtliche Implikationen der Festnahme von Piraterieverdächtigen, JR 2010, 513; *D. Guilfoyle*, Counter-Piracy Law Enforcement and Human Rights, ICLQ 59 (2010), 141; *C. Walter/A. v. Ungern-Sternberg*, Piratenbekämpfung vor Somalia, DÖV 2012, 861; *S. P. Bodini*, Fighting Maritime Piracy under the European Convention on Human Rights, EJIL 22 (2013), 829; *A. Petrig*, Human Rights and Law Enforcement at Sea, 2014.

27 Vgl. *K. F. Gärditz*, Weltrechtspflege, 2006, 218. Zur Kritik am Weltrechtsprinzip für Piraterie *J. Goodwin*, Universal Jurisdiction and the Pirate: Time for an Old Couple to Part, VJTL 39 (2006), 973; *R. Wolfrum*, Piraterie: effizienter Einsatz des Weltrechtsprinzips oder internationale Gerichtsbarkeit?, FS Samson, 2010, 219. Zu anderen möglichen Rechtsgrundlagen *A. Odeke*, An Examination of the Bases for Criminal Jurisdiction over Pirates Under International Law, TulaneJICL 22 (2014), 305.

28 Vgl. die Kritik am Prozess gegen zehn somalische Piraten vor dem LG Hamburg (Az. 603 KLs 17/10), der mit Urteil v. 19.10.2012 abgeschlossen wurde. Dazu *E. Brandt*, Verfahren der Seepiraterie in Deutschland, in: Safferling/Kirsch (Hg.), Völkerstrafrechtspolitik, 2014, 279 (289 ff); *J. Müller*, The Hamburg Piracy Trial, GYIL 56 (2013), 585. Allerdings lagen in dem dort verhandelten Fall des Überfalls auf die „MS Taipan" mit dem Flaggenprinzip und dem passiven Personalitätsprinzip (vgl. Rn. 1310, 1312) weitere Anknüpfungspunkte für eine Jurisdiktion vor.

faires Verfahren sicherzustellen ist, sprechen gute Gründe für internationalisierte Strafgerichte in der Region, die aus lokalen und internationalen Richtern zusammengesetzt sind.

831 **Fall: Unter Piratenflagge** Im Januar 2008 wird ein japanischer Öltanker 30 Seemeilen vor der Küste Somalias von Piraten angegriffen. Auf einen Notruf hin kommt die deutsche Fregatte „Emden", die sich in der Nähe aufhält, zu Hilfe. Sie hält das flüchtende Piratenschiff an, beschlagnahmt es und verhaftet die Mitglieder der Besatzung. Anschließend übergibt sie diese an die Behörden Kenias, das sich zur Durchführung der Strafverfolgung bereit erklärt hat. Sind die Maßnahmen der „Emden" völkerrechtsgemäß? Wie wäre es, wenn sich der Vorfall 6 Seemeilen vor der somalischen Küste abgespielt hätte?

Lösungshinweise: Der Vorfall spielt sich in der AWZ von Somalia ab. Zwar beansprucht Somalia ein Küstenmeer von 200 Seemeilen Breite, eine Ausdehnung über 12 Seemeilen hinaus ist aber gewohnheitsrechtlich nicht anerkannt; die Erklärung Somalias zum Küstenmeer kann als Erklärung einer AWZ umgedeutet werden. Hier gilt gemäß Art. 58 Abs. 2 SRÜ das Rechtsregime der Hohen See, soweit dieses nicht mit den Sonderregeln zur AWZ unvereinbar ist. Die Bekämpfung der Piraterie steht nicht im Widerspruch zu den Rechten des Küstenstaates aus der AWZ, die sich auf ökonomische Nutzungen und damit verbundene Fragen beziehen. Damit sind die Art. 100 ff SRÜ anwendbar. Gemäß Art. 105 SRÜ darf jeder Staat – also auch Deutschland – Seeräuberschiffe aufbringen. Berechtigt sind nach Art. 107 SRÜ v. a. Kriegsschiffe und damit auch die „Emden". Deren Maßnahmen gegenüber dem Seeräuberschiff (Aufbringen, Beschlagnahme, Festnahme der Besatzung) sind von Art. 105 SRÜ gedeckt. Aus Art. 105 S. 2 SRÜ folgt das Recht, nicht aber die Pflicht des aufbringenden Staates, die Strafverfolgung selbst zu übernehmen. Bei Piraten ist seit langem das Weltrechtsprinzip anerkannt, d. h. jeder Staat – auch Kenia – darf Piraten durch seine Gerichte aburteilen lassen. Die Überstellung steht allerdings unter dem Vorbehalt, dass Kenia sich verlässlich verpflichten muss, grundlegende Menschenrechte der Piraten, einschließlich des Rechts auf ein faires Verfahren, zu gewährleisten.

Abwandlung: Der Vorfall ereignet sich im Küstenmeer von Somalia. Das Küstenmeer ist Teil des somalischen Staatsgebietes (vgl. Art. 2 SRÜ); Art. 105 SRÜ ist hier unanwendbar. Auch ein *failed state* hat Anspruch auf Achtung seiner Gebietshoheit, so dass eigenmächtige Polizeiaktionen anderer Staaten unzulässig sind. Auch dass Somalia mangels handlungsfähiger Regierung seiner fremdenrechtlichen Schutzpflicht für Schiffe auf seinem Hoheitsgebiet nicht nachkommt, ändert nichts. Sofern eine Einwilligung Somalias fehlt, kommt als Rechtsgrundlage nur eine Resolution des Sicherheitsrates nach Kapitel VII UNCh in Betracht. Im Februar 2008 lag eine solche Resolution noch nicht vor, so dass die spezifisch polizeilichen Maßnahmen in rechtswidriger Weise ergriffen wurden. Die Abwehr des Piratenangriffs jedoch ist als Ausdruck der gewohnheitsrechtlichen Nothilfepflicht (vgl. für die Hohe See Art. 98 SRÜ) rechtmäßig.

832 **cc) Weitere „Polizeibefugnisse".** So weitreichende Befugnisse wie gegenüber Seeräuberschiffen haben Staatsschiffe auf Hoher See in anderen im SRÜ geregelten Fällen nicht:

- Am weitesten gehen sie noch gegenüber Betreibern nicht genehmigter Rundfunksendern (**„Piratensendern"**, *Offshore Radio*).[29] Zu deren Bekämpfung arbeiten die Staaten international zusammen (Art. 109 Abs. 1 SRÜ); bei begründetem Verdacht besteht ein Boarding-Recht (Art. 110 Abs. 1 lit. c SRÜ). Besonders betroffene Staaten haben das Recht zur Festnahme, Beschlagnahme und gerichtlichen Verfolgung (Art. 109 Abs. 3 und 4 SRÜ).

29 *K. Tiroch*, Pirate Broadcasting, MPEPIL (3/2010).

- Ein *Boarding*-Recht besteht ferner bei Schiffen, die verdächtig sind, **Sklavenhandel** zu betreiben sowie bei **flaggenlosen Schiffen**. Wegen der zentralen Aufsichts- und Garantiefunktion des Flaggenstaates (Näheres sogleich) stellen letztere eine Gefahr für die Sicherheit der Seeschifffahrt dar.
- Gewohnheitsrechtlich begründet ist ein Recht, Schiffe anzuhalten, die verdächtig sind, **Seekabel** beschädigt zu haben. Dieses Anhalterecht dient nur der Identitätsfeststellung; die gerichtliche Verfolgung obliegt dem Flaggen- bzw. Heimatstaat. Art. 113 f SRÜ verpflichten diese Staaten, die Beschädigung von Seekabeln strafrechtlich zu ahnden und zivilrechtliche Schadensersatzansprüche zu regeln.
- Bei der Bekämpfung des **illegalen Drogenhandels** arbeiten die Staaten international zusammen, Eingriffsbefugnisse gegenüber einem verdächtigen Schiff bedürfen aber einer Einwilligung des Flaggenstaates (Art. 108 SRÜ).
- Der **Schutz der Meeresumwelt** obliegt auf Hoher See weitestgehend dem Flaggenstaat. Teil XII des SRÜ erlegt diesem Regelungs- und Überwachungspflichten auf. Auch die Durchsetzung und Ahndung von Verstößen ist primär Sache des Flaggenstaates; allerdings hat ein Hafenstaat gemäß Art. 218 SRÜ das Recht, Meeresumweltverschmutzungen durch Schiffe unter fremder Flagge auch außerhalb seiner eigenen Gewässer zu untersuchen und gegebenenfalls ein Verfahren einzuleiten.

Akte des **maritimen Terrorismus**, die – wie erwähnt – nach Art. 101 SRÜ nicht als „Seeräuberei" gelten, werden von der **SUA-Konvention** (Übereinkommen zur Bekämpfung widerrechtlicher Handlungen gegen die Sicherheit der Seeschifffahrt) erfasst, die 1988 in Reaktion auf die Entführung des Kreuzfahrtschiffs „Achille Lauro" durch palästinensische Terroristen abgeschlossen wurde.[30] Sie erfasst alle Arten maritimer Gewalt unabhängig von ihren Motiven, verpflichtet aber nur zur Bestrafung und gibt keine „Polizeirechte". Ein Boarding-Recht wird mit dem SUA-Protokoll von 2005 gewährt, das am 28. Juli 2010 in Kraft getreten ist. Deutschland hat es im Januar 2016 ratifiziert. Ob bei Verdacht, dass ein Schiff **Massenvernichtungswaffen** transportiert, ein Boarding-Recht zudem aus der Resolution 1540 des UN-Sicherheitsrates v. 28. April 2004 folgt, ist zweifelhaft. Hierzu wäre wegen des Zwangscharakters der Maßnahme (die den Einsatz von Gewalt einschließt) eine ausdrückliche Ermächtigung erforderlich, die aber in der Resolution nicht enthalten ist.[31] **833**

dd) Das Recht der Nacheile (Art. 111 SRÜ). Gewohnheitsrechtlich seit langem etabliert und in Art. 111 SRÜ eingehend geregelt ist das Recht des Küstenstaates auf Nacheile *(hot pursuit)*.[32] Dieses setzt eine **Nacheilesituation** voraus: **834**

- Verletzung küstenstaatlicher Gesetze und Vorschriften durch das verfolgte Schiff („guter Grund zur Annahme") *und*

---

30 BGBl. 1990 II 496; ILM 27 (1988), 672.

31 *B. Patel*, Security Council Resolution 1540 and Non-Proliferation of Weapons of Mass Destruction, AfricanYIL 11 (2003), 301; *S. E. Logan*, The Proliferation Security Initiative, JTLP 14 (2005), 253; *M. A. Fitzgerald*, Seizing Weapons of Mass Destruction from Foreign-flagged Ships on the High Seas under Article 51 of the UN Charter, VJIL 49 (2009), 473. – Zum maritimen Terrorismus *T. Mensah*, Suppression of Terrorism at Sea, FS T. Eitel, 2003, 627; *R. Wolfrum*, Fighting Terrorism at Sea, ebd., 649; *D. König*, Der Einsatz von Seestreitkräften zur Verhinderung von Terrorismus und Verbreitung von Massenvernichtungswaffen sowie zur Bekämpfung der Piraterie, BDGVR 44 (2010), 203.

32 Dazu vertiefend *S. Rindfleisch*, Das Recht der Nacheile zur See, 2001; *N. Poulantzas*, The Right of Hot Pursuit in International Law, 2. Aufl. 2002; *S. Wollenberg*, Die Nacheile zur See – eine dogmatische Betrachtung, AVR 42 (2004), 217. Überblick m. w. N. bei *H. Caminos*, Hot Pursuit, MPEPIL (3/2013). Siehe auch *A. v. Arnauld*, Klausurenkurs im Völkerrecht, 3. Aufl. 2018, Fall 11.

- Beginn der Verfolgung innerhalb der Eigengewässer, der Archipelgewässer, des Küstenmeeres bzw. der AWZ *und*
- keine zwischenzeitliche Unterbrechung der Verfolgung.

Hinter dem Recht zur Nacheile steht ebenfalls der Gedanke, dass die Hohe See kein Rückzugsraum für Kriminelle sein soll. Anders als in den zuvor behandelten Fällen von Hoheitsrechten auf Hoher See geht es aber nicht um die Durchsetzung internationalen Rechts, sondern um die **Durchsetzung küstenstaatlicher Vorschriften**. Die Gebietshoheit des Küstenstaates über fremde Schiffe in seinen eigenen Hoheitsgewässern wird gegenüber einem flüchtigen Rechtsbrecher also gewissermaßen ins offene Meer hinaus verlängert.

835 Die Nacheile berechtigt zur Verfolgung eines Schiffes **auf Hoher See**, nicht jedoch bis in die Küstengewässer eines anderen Staates hinein. Der nacheilende Staat ist berechtigt, das verfolgte Schiff **anzuhalten** und darf dabei auch Waffengewalt anwenden. Der nacheilende Staat ist zu einem **gestuften Vorgehen** verpflichtet: Zuerst ist das Schiff mittels Licht- oder Tonsignalen zum Anhalten bzw. Beidrehen aufzufordern, sodann sind Warnschüsse (z. B. Schüsse über den Bug) abzugeben. Nur als *ultima ratio* darf das Schiff tatsächlich beschossen werden. Das Recht der Nacheile darf gem. Art. 111 Abs. 5 SRÜ nur von Schiffen und Luftfahrzeugen ausgeübt werden, die im Staatsdienst stehen und als solche erkennbar und befugt sind. Schäden und Verluste, die durch eine unrechtmäßige Nacheile entstehen, sind dem Schiff zu ersetzen (Art. 111 Abs. 8 SRÜ).

Fälle: I'm Alone/Red Crusader (Schiedsgerichte 1935, 1962)[33] Die Besatzung der „I'm Alone", eines in Kanada registrierten Schiffs, wollte im März 1929 Alkohol in die USA schmuggeln. Nach einer Verfolgung wurde die „I'm Alone" von einem Boot der US-Küstenwache auf Hoher See im Golf von Mexiko versenkt.

In der Nacht des 29. Mai 1961 wurde der britische Kutter „Red Crusader" in der Nähe der dänischen Färöer-Inseln wegen des Verdachts der Verletzung von Fischfangrechten von einer dänischen Fregatte angehalten. Zwei Soldaten gingen an Bord und forderten den Kapitän auf, der Fregatte in den Hafen zu folgen. Die Soldaten wurden von der Besatzung überwältigt und eingesperrt; die „Red Crusader" fuhr auf die Hohe See zu. Das Schiff wurde daraufhin von der dänischen Fregatte beschossen und schwer beschädigt.

In beiden Fällen beauftragten die beteiligten Regierungen Schiedsgerichte, um die Rechtmäßigkeit des Verhaltens aller Beteiligten feststellen zu lassen. Diese kamen in beiden Fällen zu dem Ergebnis, dass die Gewaltanwendung unverhältnismäßig und völkerrechtswidrig gewesen war und betonten eine Pflicht zu gestuftem Vorgehen.

Fall: M/V Saiga (ISGH 1999)[34] Im Saiga-Fall stritten die Parteien auch über die Rechtmäßigkeit der Aufbringung und Festsetzung des Öltankers (zum Sachverhalt s. o.).

Der ISGH stellte eine mehrfache Verletzung von Art. 111 SRÜ fest. Zum einen sei kein guter Grund nach Art. 111 Abs. 1 SRÜ für die Annahme vorhanden gewesen, die Saiga habe

33 Abgedruckt in AJIL 29 (1935), 326 (I'm Alone) bzw. ILR 35 (1967), 485 (Red Crusader). Dazu *H. Caminos*, I'm Alone, The, MPEPIL (1/2007); *X. Hinrichs Oyarce*, Red Crusader Incident (1961), MPEPIL (6/2007); *A. Norris*, Rum Row: The Sinking of the Rum Runner I'M ALONE, Tulane JICL 24 (2015), 1; *R. McLaughlin*, Revisiting the Red Crusader Incident, AYIL 35 (2017), 91.

34 Dazu schon Rn. 816.

guineische Gesetze verletzt (s. o. zur Unanwendbarkeit der Zollgesetze in der AWZ). Ebenso war nicht erwiesen, dass zuvor ein Sicht- oder Schallsignal nach Art. 111 Abs. 4 SRÜ zum Stoppen abgegeben worden war. Schließlich hielt der ISGH den Einsatz von Waffengewalt für unverhältnismäßig. Der Schuss wurde ohne vorherigen Warnschuss direkt gegen die Saiga gerichtet und war unnötig riskant, da es sich bei der Saiga um einen voll beladenen Öltanker handelte.

III. Rechtsstellung von Schiffen und Anlagen

1. Die Flaggenhoheit

Schiffe wurden früher bisweilen als „schwimmendes Territorium“ (**territoire flottant**) bezeichnet. Dies ist zumindest missverständlich, da Schiffe **nicht zum Staatsgebiet** ihres Heimatstaates gehören (sonst wäre z. B. das Überfliegen von Schiffen auf Hoher See verboten). Das Band, das das Schiff an einen Staat bindet, ist kein territoriales, sondern ist der Personalhoheit über natürliche und juristische Personen vergleichbar. **836**

Über die Staatszugehörigkeit von Schiffen entscheidet die **Flagge**. Die Flaggenverleihung ist Zeichen dafür, dass ein Schiff im Register des Flaggenstaates geführt wird. Sie ermächtigt das Schiff zur Ausübung der Meeresfreiheiten (**Berechtigungsfunktion**). Zudem unterwirft sie das Schiff der Hoheitsgewalt des Flaggenstaates, der die Aufsicht über die „verwaltungsmäßigen, technischen und sozialen Angelegenheiten“ hat (Art. 94 Abs. 1 SRÜ) und Sicherheitsvorschriften für den Betrieb des Schiffes und für die Besatzung erlässt (Art. 94 Abs. 2 SRÜ) (**Kontrollfunktion**). Jedes Schiff darf nur eine Flagge führen. Ein Schiff, das unter mehreren Flaggen fährt, wird wie ein staatenloses Schiff behandelt (Art. 92 Abs. 2 SRÜ). Die einheitliche Flagge ermöglicht eine einheitliche nationale Zurechung (**Zurechnungsfunktion**). Dies erleichtert die Geltendmachung von Ansprüchen durch oder gegen das Schiff. In der modernen Seeschifffahrt sind eine multinationale Zusammensetzung der Schiffsbesatzung und eine Vielfalt der nationalen Interessen, die mit der Ladung verknüpft sind, die Regel. **837**

Der Flaggenstaat legt selbst die Bedingungen fest, zu denen er Schiffen das Recht zur Flaggenführung verleiht (Art. 91 Abs. 1 SRÜ). Dies hat zu einem Anwachsen der Handelsflotten von sog. **Billigflaggen** (*flags of convenience*) geführt. Zwar ist zwischen Schiff und Flaggenstaat eine „echte Verbindung“ (*genuine link*) erforderlich (Art. 91 Abs. 1 S. 3 SRÜ); die Regelung bezweckt aber keine Einschränkung des staatlichen Spielraums bei Festlegung der Verleihungsvoraussetzungen, sondern soll sicherstellen, dass die Verbindung zwischen Schiff und Staat nach Verleihung eng genug ist, die wirksame Wahrnehmung der Aufsichtsrechte durch den Flaggenstaat zu garantieren (so der ISGH im Saiga-Fall). Als Reaktion auf die Abwanderung zu den Billigflaggen sind mehrere Staaten (darunter 1989 Deutschland) dazu übergegangen, sog. **Zweitregister** einzuführen, die v. a. niedrigere soziale Standards (Löhne und Arbeitsbedingungen) für eine Eintragung verlangen. **838**

Umstritten ist, **wer** nach einer Flaggenverleihung **die Meeresfreiheiten nutzt**. Es liegt nahe, in der Flaggenverleihung die Ermächtigung des Schiffes zu sehen, die **839**

Freiheiten **selbst und im eigenen Namen** zu nutzen. Bei Verletzung durch einen anderen Staat (z. B. durch unberechtigtes Festsetzen) muss vom Schiffseigner der innerstaatliche Rechtsweg im verletzenden Staat erschöpft werden, bevor der Flaggenstaat sich im Wege des diplomatischen Schutzes der Angelegenheit annehmen darf. Hierfür spricht, dass im SRÜ an verschiedenen Stellen davon die Rede ist, dass Schäden „dem Schiff" zu ersetzen sind (Art. 110 Abs. 3, Art. 111 Abs. 8), dass Art. 116 davon spricht, dass die Staatsangehörigen „Fischerei […] ausüben können", und dass Art. 295 die internationale Streitbeilegung an die vorherige Erschöpfung des innerstaatlichen Rechtswegs knüpft.[35] Demgegenüber war der ISGH im Saiga-Fall der Ansicht, dass private Schiffe die Meeresfreiheiten mit der Flaggenverleihung **(auch) im Namen des Flaggenstaates** nutzen. In einer Verletzung durch einen anderen Staat liegt damit immer auch zugleich ein völkerrechtliches Delikt gegenüber dem Flaggenstaat selbst, der ohne Erschöpfung des Rechtswegs im Verletzerstaat tätig werden darf. Dies gilt allerdings **nur für die Meeresfreiheiten** als solche, nicht z. B. für den Schutz der Ladung vor Beschlagnahme. Hier geht es unzweifelhaft um private Rechte des Schiffseigners bzw. des Versenders.

Soweit der Flaggenstaat diplomatischen Schutz für das Schiff ausübt, erstreckt sich das Schutzrecht auch auf die Besatzung und die gesamte Ladung – ungeachtet der Schutzrechte anderer Staaten. Nur so ist unter den Bedingungen des modernen Seetransportwesens, das gekennzeichnet ist durch eine „sich ständig ändernde und multinationale Zusammensetzung der Besatzung eines Schiffes und die Vielfalt der Interessen, die mit der Ladung an Bord eines einzigen Schiffes verknüpft sein können", Rechtssicherheit zu gewährleisten.[36]

2. Kriegsschiffe

840 Auch Kriegsschiffe gehören nicht zum Gebiet ihres Heimatstaats, sind aber als **„Außenpositionen des Staates"** besonders gegen Angriffe geschützt: Angriffe auf Kriegsschiffe werden als Angriff auf das Territorium des Staates gewertet und berechtigen zur Selbstverteidigung.[37] Seerechtlich können Kriegsschiffe (zum Begriff Art. 29 SRÜ) die Freiheit der **Hohen See** nutzen wie andere Schiffe auch.[38] Sie sind hier außerdem befugt, die staatlichen Hoheitsrechte gegenüber Piraten, Sklavenhändlern usw. sowie das Recht der Nacheile auszuüben.[39] Im **Küstenmeer fremder Staaten** genießen auch sie das Recht der friedlichen Durchfahrt; U-Boote müssen aufgetaucht fahren und ihre Flagge zeigen (Art. 20 SRÜ). Umstritten ist, ob Kriegsschiffe in Friedenszeiten eine Genehmigung des Küstenstaates benötigen. Für den Fall von Meerengen hat der IGH dies im *Korfu-Kanal-Fall* verneint.[40] Kriegsschiffe müssen sich wie andere Schiffe auch an die Vorschriften des Küstenstaates halten. Da sie anders als private Handelsschiffe Immunität genießen (vgl. Art. 32 SRÜ), darf der Küstenstaat sie bei

35 *R. Wolfrum*, in: ISGH, M/V „Saiga" (No. 2) Case (Saint Vincent and the Grenadines v. Guinea), Urteil v. 1.7.1999, ILR 120 (1999), 143, Sondervotum, §§ 46 ff. Zu dem Streit auch *A. v. Arnauld*, Klausurenkurs im Völkerrecht, 3. Aufl. 2018, Fall 11.

36 ISGH, M/V „Saiga" (No. 2) Case (Saint Vincent and the Grenadines v. Guinea), Urteil v. 1.7.1999, ILR 120 (1999), 143, § 107; siehe Anhang, Nr. 34.

37 Vgl. Art. 3 lit. d Aggressionsdefinition Rn. 1085.

38 Zur Zulässigkeit militärischer Übungen in Friedenszeiten Rn. 821.

39 Zur Umwandlung von Fischerbooten in militärische Hilfsschiffe durch China *R. McLaughlin*, The Legal Status and Characterisation of Maritime Militia Vessels, EJIL Talk! (18.6.2019).

40 IGH, Urteil v. 9.4.1949, Corfu Channel, ICJ Rep. 1949, 4, 28; siehe Anhang, Nr. 5.

Verstößen gegen seine Gesetze nur zum sofortigen Verlassen des Küstenmeers auffordern, aber keine Hoheitsgewalt über das fremde Kriegsschiff ausüben (Art. 30 SRÜ). **Eigengewässer** eines anderen Staates darf ein Kriegsschiff nur mit dessen Zustimmung bzw. auf Grundlage besonderer Verträge befahren. Es ist auch hier seiner Immunität wegen von der Zwangsgewalt des Küstenstaates ausgenommen.[41]

Schon aus diesem Grunde waren (jenseits eines bewaffneten Konflikts) der Beschuss und die Verhaftung der Besatzung dreier ukrainischer Marineschiffe durch Russland in der **Straße von Kertsch** am 25. November 2018 völkerrechtswidrig. Hinzu kommen der umstrittene Status der Straße (Russland bestreitet den Charakter als internationale Wasserstraße und stützt sich auf ein bilaterales Abkommen von 2003) und dass die exklusive russische Kontrolle über den Zugang auf der völkerrechtswidrigen Annexion der Krim beruht.[42] Die Ukraine hat ein Schiedsgericht zu dem Vorfall angerufen; der ISGH hat im Mai 2019 per einstweiliger Anordnung die Freigabe der Schiffe und die Freilassung der Besatzung angeordnet.[43]

3. Künstliche Inseln, Anlagen und Bauwerke

Künstliche Inseln etc. (z. B. Bohrinseln) dürfen in der Hohen See unter Beachtung der **841**
anderen Nutzungsinteressen von jedem Staat, in der AWZ, dem Bereich des Festlandsockels und im Küstenmeer nur durch den Küstenstaat bzw. mit seiner Genehmigung errichtet werden. Sie sind **nicht Teil des Staatsgebiets** des betreibenden Staates (bzw. des Heimatstaates des privaten Betreibers) und verfügen auch nicht über ein eigenes Küstenmeer. Allerdings gestattet das SRÜ, künstliche Inseln usw. mit einer **Schutzzone** von bis zu 500 Metern Durchmesser zu umgeben (Art. 60 Abs. 4, Art. 80 SRÜ).[44]

Fall: Arctic Sunrise (ISGH 2013, PCA 2015)[45] Am 18. September 2013 wurden zwei Greenpeace-Aktivisten bei dem Versuch, eine Ölbohrplattform in der russischen AWZ zu entern, von der Küstenwache festgenommen. Ihren Mitstreitern gelang es, mit ihren Schlauchbooten zum Mutterschiff, der unter niederländischer Flagge fahrenden „Arctic Sunrise", zurückzukehren. Ein Boot der Küstenwacht nahm die Verfolgung auf, drehte aber später bei. Am nächsten Tag brachten bewaffnete Sicherheitskräfte die „Arctic Sunrise" un-

41 So in Anwendung des allgemeinen Immunitätsgrundsatzes auch auf die Binnengewässer (Hafen von Tema, Ghana) der ISGH, Anordnung v. 15.12.2012, Case No. 20: The "ARA Libertad" (Argentina v. Ghana). Umstritten war im Verfahren auch, ob die Jurisdiktion des Gerichtshofs auf Immunitätsregeln gestützt werden kann, die sich nicht explizit im SRÜ finden. Vertiefend zum Fall *V. Cogliati-Bantz*, Immune or Not? Warships in foreign internal waters and the UN Convention on the Law of the Sea, DurhamLR 4 (2013), 1; *J. Kraska*, The "ARA Libertad" (Argentina v. Ghana), AJIL 107 (2013), 404.

42 Zum rechtlichen Hintergrund *D. Koval/V. Schatz*, Ukraine v. Russia: Passage through Kerch Strait and the Sea of Azov, voelkerrechtsblog.org, 3 Teile (12.-15.1.2018).

43 ISGH, Case No. 26, einstweilige Anordnung v. 25.5.2019. Dazu *V. Schatz*, Ukrainische Matrosen bald auf der Heimreise?, voelkerrechtsblog.org (28.5.2019). Zur umstrittenen Frage, ob es sich um eine „Militäroperation" handelte, für die Russland die friedliche Streitbeilegung gem. Art. 298 SRÜ ausgeschlossen hat, *Y. Ishii*, The Distinction between Military and Law Enforcement Activities, EJIL Talk! (31.5.2019).

44 Näher *S. tho Pesch*, Coastal State Jurisdiction around Installations: Safety-Zones in the Law of the Sea, IJMCL 30 (2015), 512.

45 ISGH, einstweilige Anordnung v. 22.11.2013, Arctic Sunrise (Netherlands v. Russia), Case no. 22; PCA, Arctic Sunrise Arbitration (Netherlands v. Russia), Case no. 2014-02, Schiedssprüche v. 26.11.2014 (Jurisdiction) und 14.8.2015 (Merits). Dazu *J. Harrison*, The Arctic Sunrise Arbitration (Netherlands v. Russia), IJMCL 31 (2016), 145; *J. Mossop*, Protests Against Oil Exploration at Sea: Lessons from the Arctic Sunrise Arbitration, IJMCL 31 (2016), 60.

ter ihre Kontrolle, beschlagnahmten das Schiff und verhafteten die Mannschaft. Die Niederlande leiteten unter Anhang VII zum SRÜ ein Schiedsverfahren ein und stellten parallel dazu beim ISGH einen Antrag nach Art. 290 Abs. 5 SRÜ auf Erlass einer einstweiligen Anordnung, Schiff und Mannschaft freizugeben. Russland erklärte unter Berufung auf einen bei Ratifikation des SRÜ erklärten Vorbehalt, die beiden Verfahren nicht zu akzeptieren.

Entscheidung des ISGH (2013) Der ISGH legte zunächst den russischen Vorbehalt eng aus und bejahte die Anwendbarkeit der einschlägigen Bestimmungen zur friedlichen Streitbeilegung. Sodann prüfte er inzident die Zuständigkeit des Schiedsgerichts im Hauptsacheverfahren als Voraussetzung für den Erlass einer einstweiligen Anordnung und ordnete schließlich die Freigabe von Schiff und Mannschaft gegen eine Kaution von 3,6 Mio. € bis spätestens zum 2. Dezember 2013 an. Russland hat, demonstrativ unbeeindruckt von der Anordnung, bis Ende 2013 die Mitglieder der Mannschaft freigelassen und im Juni 2014 das Schiff freigegeben.

Schiedsspruch (Merits, 2015) 1. Aus der Einräumung ausschließlicher Hoheitsbefugnisse über Anlagen und aus der Funktion der Schutzzone folgt ein Recht, gegen Personen vorzugehen, die in die Zone eindringen und den Betrieb der Anlage gefährden (§ 229). 2.a) Dieses Recht darf außerhalb der Schutzzone nur mit Einwilligung des Flaggenstaates oder im Rahmen einer Nacheile zwangsweise durchgesetzt werden (§ 244). 2.b) Zwar kann wegen des geringen Umfangs der Schutzzone bei engem räumlichen und zeitlichen Zusammenhang von einer Nacheilesituation ausgegangen werden, selbst wenn das erste Signal kurz nach Verlassen der Zone abgesetzt wird (§ 267); hier wurde die Nacheile aber unterbrochen. 3. Es ist nicht ersichtlich, dass die „Arctic Sunrise" und ihre Besatzung Gesetze zum Ressourcen- oder Umweltschutz verletzt hätten (vgl. Art. 73 Abs. 1, 220 Abs. 6, 221 Abs. 1 SRÜ) oder dass eine solche Verletzung unmittelbar bevorstand. 4. Der Küstenstaat darf Maßnahmen zur Abwehr terroristischer Anschläge ergreifen (§ 314); auch hierfür lagen aber keine Anzeichen vor. 5.a) Der Küstenstaat darf auch gegen Beeinträchtigungen seiner souveränen Rechte in der AWZ vorgehen; diese Maßnahmen müssen aber gemäß Art. 78 Abs. 2 die Rechte anderer Staaten achten (§ 331). 5.b) Im Lichte einschlägiger Menschenrechtsgarantien (IPBPR, AEMR, EMRK) interpretiert, fällt die Durchführung von Protestaktionen auf See unter die Freiheit der Schifffahrt (§ 227). 5.c) Küstenstaatliche Maßnahmen gegen Protestaktionen sind nur zulässig, sofern sie erforderlich sind, um (i) Verstöße gegen SRÜ-konforme Gesetze, (ii) drohende Personen- oder Sachschäden, (iii) Umweltschäden oder (iv) Verzögerung oder Unterbrechung notwendiger Operationen abzuwehren (§ 327). 5.d) Zum Zeitpunkt des Aufbringens war die Protestaktion beendet, so dass keinerlei Gefährdung von ihr ausging. 6. Russland hat durch das Vorgehen gegen die „Arctic Sunrise" und ihre Besatzung Rechte der Niederlande aus Art. 56 Abs. 2, Art. 58 Abs. 1 und 2, Art. 87 Abs. 1 lit. a und Art. 92 Abs. 1 SRÜ verletzt. 7. Die Nichtbefolgung der einstweiligen Anordnung des ISGH verstieß gegen Art. 290 Abs. 6 und Art. 296 Abs. 1 SRÜ.

842 Anders sieht es bei **natürlichen Inseln** aus. Sind diese der Küste vorgelagert, können sie bei der Ziehung der Basislinien berücksichtigt werden (Rn. 809). Ozeanische Inseln (Sonderregeln für Archipele: Rn. 809) verfügen gemäß Art. 121 Abs. 2 SRÜ über ein eigenes Küstenmeer, Anschlusszone und AWZ. Handelt es sich um Felsen, die unbewohnbar sind „oder ein wirtschaftliches Eigenleben nicht zulassen", sieht Art. 121 Abs. 3 immerhin noch ein Küstenmeer von bis zu 12 Seemeilen vor. Inseln sind daher von strategischem Interesse für eine Ausweitung maritimer Zonen und von Souveränitätsansprüchen.[46]

---

46 Überblick bei *H. Dipla*, Islands, MPEPIL (06/2008). Vertiefend *S. Murphy*, International Law Relating to Islands, RdC 386 (2017), 9.

Im Streit um das **Südchinesischen Meer** beruft sich die Volksrepublik China für seine Ansprüche teils auf Inseln, die jeweils über eigene AWZ verfügen sollen, sowie auf eine Neun-Punkte-Linie *(nine-dash line)*, die historische Ansprüche legitimieren soll.[47] Ein auf Antrag der Philippinen nach Anhang VII zum SRÜ eingesetztes **Schiedsgericht** hat die Ansprüche am 12. Juli 2016 zurückgewiesen:[48] 1. Selbst wenn es historische Rechte gegeben haben sollte, wären diese durch das AWZ-Regime des SRÜ beseitigt worden. 2. Die fraglichen *maritime features* sind weder Inseln noch Felsen i. S. v. Art. 121 SRÜ, sondern bloße Niedrigwassererhebungen *(low tide elevations)* ohne Küstenmeer und AWZ. 3. Die Aufschüttung künstlicher Inseln und Errichtung militärischer Anlagen verletzt die AWZ-Rechte der Philippinen. 4. Das chinesische Verhalten stellt Rechtsmissbrauch i. S. v. Art. 300 SRÜ dar. China, das an dem Verfahren nicht teilgenommen hat, weigert sich den Schiedsspruch anzuerkennen.

IV. Internationale Streitbeilegung im Seerecht

1. Institutionen der Streitbeilegung im Seevölkerrecht

Das SRÜ sieht ein komplexes System der friedlichen Streitbeilegung vor, das Elemente der Gerichtsbarkeit und Schiedsgerichtsbarkeit verbindet.[49] Die Vertragsstaaten haben zur Erfüllung ihrer Pflicht, Streitigkeiten friedlich beizulegen (Art. 279 SRÜ) die **Wahl zwischen verschiedenen Mitteln** der Streitbeilegung (Art. 280 SRÜ). Als „obligatorische Mittel der verbindlichen Streitbeilegung" sieht Art. 287 SRÜ den IGH, den ISGH sowie allgemeine oder besondere Schiedsgerichte vor. Zahlreiche Staaten, u. a. Deutschland, haben erklärt, den ISGH als vorrangiges Instrument der Streitbeilegung zu wählen. Dennoch liegt es weitgehend in der Hand der Staaten, ob eines dieser Gerichte oder Schiedsgerichte tätig wird: **843**

- Der obligatorischen Gerichtsbarkeit des ISGH unterliegen nur bestimmte, gesondert aufgeführte Streitigkeiten und Verfahren: Art. 297, 290 (wichtig!) und 292 SRÜ (sowie Art. 187 SRÜ für die Meeresbodenkammer).
- Die Staaten können durch einseitige Erklärung die Zuständigkeit der im SRÜ vorgesehenen Gerichte bzw. Schiedsgerichte für bestimmte Arten von Streitigkeiten ausschließen (Art. 298 SRÜ).
- Die Streitparteien können vertraglich abweichende Mittel der friedlichen Streitbeilegung wählen und in diesen (vorbehaltlich Art. 297 SRÜ) bestimmte Mittel der friedlichen Streitbeilegung ausschließen (vgl. Art. 281 SRÜ).

Haben sich die Streitparteien nicht demselben Verfahren unterworfen und fehlt es an einer gesonderten Vereinbarung, so kann nur ein Verfahren vor einem allgemeinen Schiedsgericht, wie es in Anlage VII zum SRÜ vorgesehen ist, durchgeführt werden, Art. 287 Abs. 5 SRÜ.

47 Dazu u. a. *Z. Keyouan*, China and the South China Sea Conundrum, GYIL 56 (2013), 11; *T. McDorman*, The South China Sea, GYIL 56 (2013), 33. Zu Kontext und Hintergründen *R. Beckman* u. a. (Hg.), Beyond Territorial Disputes in the South China Sea, 2013.

48 PCA, South China Sea Arbitration (Philippinen/VR China), Case No. 2013-19, Schiedsspruch v. 12.7.2016. Umfassend dazu *S. Jayakumar* u. a. (Hg.), The South China Sea Arbitration, 2018; *Y. Tanaka*, The South China Sea Arbitration, 2019. Zu Unterschieden zwischen westlichen und chinesischen Perspektiven *A. Roberts*, Crimea and the South China Sea, in: dies. u. a. (Hg.), Comparative International Law, 2018, 111. Zur chinesischen Sicht *S. Talmon/B. B. Jia* (Hg.), The South China Sea Arbitration: A Chinese Perspective, 2014.

49 Überblick bei *P. C. Rao*, Law of the Sea, Settlement of Disputes, MPEPIL (12/2005).

2. Der Internationale Seegerichtshof (ISGH)

844 Der ISGH mit Sitz in Hamburg (siehe Art. 1 Abs. 2 ISGH-Statut = Anlage VI zum SRÜ) setzt sich aus **21 Richtern** zusammen, die auf neun Jahre von der UN-Generalversammlung gewählt werden. Die Wiederwahl ist möglich. Die Richter müssen gemäß Art. 2 Abs. 1 ISGH-Statut „wegen ihrer Unparteilichkeit und Ehrenhaftigkeit höchstes Ansehen genießen und anerkannte fachliche Eignung auf dem Gebiet des Seerechts besitzen". Gemäß Art. 2 Abs. 2 ISGH-Statut ist bei der Auswahl auf die Vertretung der hauptsächlichen Rechtssysteme der Welt sowie auf eine gerechte geographische Verteilung zu achten (Festlegung durch die UN-Generalversammlung, vgl. Art. 3 Abs. 2 ISGH-Statut). Für besondere Sachgebiete kann der ISGH **Kammern** aus mindestens drei Richtern bilden (Art. 15 ISGH-Statut). Vorgeschrieben ist allein die Meeresbodenkammer (Art. 14 ISGH-Statut), die aus 11 Richtern besteht.

845 Die **Zuständigkeiten** des Gerichtshofs erschließen sich im Kontext des komplexen Streitbeilegungsregimes des SRÜ. Eine Sonderrolle spielt die Meeresbodenkammer, die nicht nur Streitfälle entscheiden, sondern auf Anforderung der (Meeresboden-) Versammlung oder des Rates auch Rechtsgutachten erstatten kann (Art. 191 SRÜ).[50]

Art. 138 der vom ISGH selbst erlassenen Verfahrensordnung sieht vor, dass auch die gesamte Richterbank auf Antrag **Gutachten** erstatten darf. Der Gerichtshof hat im April 2015 hierin eine zulässige Umsetzung von Art. 21 seines Statuts (Anhang VI zum SRÜ) gesehen, der neben „Streitigkeiten" *(disputes)* auch sonstige „Angelegenheiten" *(matters)* erwähne, zu denen Rechtsgutachten rechneten. Die Erstattung von Gutachten ist danach zulässig, wenn ein internationales Abkommen, das mit den Zielen des SRÜ in Verbindung steht (im Fall der Gründungsvertrag einer RFMO, vgl. Rn. 815), dies vorsieht und wenn das unter diesem Abkommen zuständige Organ dem ISGH eine Rechtsfrage unterbreitet.[51]

Seit seiner Errichtung im Jahr 1996 sind dem ISGH 27 Fälle unterbreitet worden (Stand: Juni 2019). Diese betrafen zunächst überwiegend den Erlass vorläufiger Maßnahmen (Art. 290 SRÜ) und Verfahren zur sofortigen Freigabe von Schiffen und Besatzungen (Art. 292 SRÜ). Diese Freigabeverfahren bieten den Vorzug, Schiff und Mannschaft gegen Hinterlegung von Sicherheiten ohne größeren Zeitverlust wieder einsetzen zu können und hierdurch wirtschaftliche Verluste zu minimieren. Mit dem Gutachten der Meeresbodenkammer (2011), der Abgrenzung der Meeresgewässer zwischen Bangladesch und Myanmar (2012) und Aufsehen erregenden einstweiligen Anordnungen in den Fällen „ARA Libertad" (2012), „Arctic Sunrise" (2013) und „Enrica Lexie" (2015) hat der Gerichtshof an Statur gewonnen, wenn auch seerechtliche Fälle immer noch häufig dem **IGH** unterbreitet werden. Ein Baufehler im SRÜ bleibt das „diversifizierte" Streitbeilegungssystem, bei dem der ISGH nicht im Zentrum steht. Folgen sind die bleibende Bedeutung der Schiedsgerichts-

50 Vgl. ISGH (Meeresbodenkammer), Gutachten v. 1.2.2011, Responsibilities and Obligations of States Sponsoring Persons and Entities with Respect to Activities in the Area, Case no. 17. Dazu *Y. Tanaka*, Obligations and Liability of Sponsoring States Concerning Activities in the Area: Reflections on the ITLOS Advisory Opinion of 1 February 2011, NILR 60 (2013), 205.

51 ISGH, Gutachten v. 2.4.2015, Case No. 21, §§ 52 ff, 60. Dazu *Y. Tanaka*, Reflections on the Advisory Opinion of ITLOS as a Full Court, LPICT 14 (2015), 318; *M. Lando*, The Advisory Jurisdiction of the International Tribunal for the Law of the Sea, LJIL 29 (2016), 441; *T. Ruys/A. Soete*, 'Creeping' Advisory Jurisdiction of International Courts and Tribunals?, LJIL 29 (2016), 155.

barkeit im Seerecht ebenso wie die künstliche prozessuale Aufspaltung einheitlicher Sachverhalte.[52]

C. Staatengemeinschaftsräume

I. Überblick

Gemeinsames Charakteristikum der Staatengemeinschaftsräume ist, dass sie **souveränitätsfrei** sind: sie „gehören" keinem Staat. Ihre **Nutzung** steht im Prinzip allen gleichermaßen offen, wobei sich das Verständnis von Gleichheit in den letzten Jahrzehnten gewandelt hat (dazu sogleich). *Locus classicus* der Staatengemeinschaftsräume ist die Hohe See. Hinzugekommen sind in der zweiten Hälfte des 20. Jahrhunderts Antarktis (1959), Weltraum (1963) und Tiefseeboden (1982). **846**

Das klassische Regulierungsmodell hinsichtlich der Nutzung von Gemeinschaftsräumen ist das vom liberalen Freiheitsgedanken geprägte **Prioritätsprinzip**: Da theoretisch jeder der erste Nutzer sein kann, wird hierdurch der Gleichheit der Staaten in der Staatengemeinschaft Rechnung getragen. Tatsächlich allerdings wird hier nur formal Gleichheit verwirklicht: Bevorzugt werden Staaten, die als erste in der Lage sind, Nutzungen zu etablieren. In jüngeren Jahren wird daher verstärkt der Gedanke der **fairen und angemessenen Nutzung** *(fair and equitable use)* herangezogen. So verlangt Art. 87 Abs. 2 SRÜ eine Ausübung der Hochseefreiheiten „unter gebührender Berücksichtigung der Interessen anderer Staaten an der Ausübung der Freiheit der Hohen See". Während hier das formale Gleichheitsdenken der Idee substanzieller Gleichberechtigung weicht, geht ein Gleichstellungsdenken noch einen Schritt weiter: Um Entwicklungsländern künftig die Teilhabe zu ermöglichen, können **Vorzugsrechte für Entwicklungsländer** eingeräumt werden (v. a. Technologietransfer). Am weitesten geht hier das Tiefseebodenregime, das diese Vorzugsrechte sogar durch Einrichtung eigener Internationaler Organisationen sichert.[53] **847**

II. Der Tiefseeboden

Über den Tiefseeboden („Das Gebiet": *The Area)* hat gemäß Art. 137 Abs. 1 SRÜ kein Staat Souveränität oder auch nur souveräne Rechte. Zudem ist in Art. 141 SRÜ eine militärische Nutzung ausgeschlossen. Der Tiefseeboden wird in Teil XI des SRÜ als **„gemeinsames Erbe der Menschheit"** *(common heritage of mankind)* bezeichnet **848**

52 Wo nach Anlage VII zum SRÜ Schiedsgerichte zuständig sind (Rn. 843), bleibt der ISGH gem. Art. 290 SRÜ für einstweilige Anordnungen zuständig (so z. B. in den Fällen „ARA Libertad", „Arctic Sunrise", „Enrica Lexie", Straße von Kertsch). Die Abgrenzung der Meeresgewässer im Golf von Bengalen wiederum wurde im Verhältnis Bangladesch/Myanmar 2012 vom ISGH vorgenommen, im Verhältnis Bangladesch/Indien dagegen von 2014 einem Schiedsgericht.

53 Vgl. die parallele Diskussion zu den Dimensionen der Gleichheit bei den Menschenrechten und im Minderheitenschutz Rn. 737–738, 781–783.

(Art. 136).[54] Im Vergleich zum Konzept der *res communis* bedeutet dies, dass die Freiheit der Nutzung stärker als im Fall der Hohen See durch die Idee der Bewirtschaftung und der gerechten Aufteilung der mineralischen Ressourcen überlagert wird. Derzeit ist eine Förderung der mineralischen Bodenschätze im „Gebiet" (v. a. polymetallischen Knollen) aus technischen Gründen noch unrentabel; erste Lizenzen dienen primär der Erforschung der Vorkommen.

849 Zur Bewirtschaftung errichtet das SRÜ ein Lizenzsystem, das von der **Internationalen Meeresbodenbehörde** *(International Seabed Authority)* in Kingston (Jamaika) verwaltet wird. Diese erteilt Lizenzen zur Erforschung und Förderung der mineralischen Bodenschätze (Art. 137 Abs. 2 SRÜ). Die Durchführung erfolgt entweder durch die von der Behörde ermächtigten Staaten oder durch **„das Unternehmen"** *(The Enterprise)*, das als eigenständige Internationale Organisation den operativen Arm der Behörde bildet.

850 Das SRÜ sieht in Teil XI weitreichende **Einschränkungen marktwirtschaftlicher Prinzipien** zu Gunsten einer Beteiligung der Entwicklungsländer an den technologischen Fortschritten und den Gewinnen aus dem Tiefseebodenbergbau vor. Der anhaltende Widerstand der Industriestaaten stand einem Inkrafttreten des SRÜ lange Zeit entgegen. Durch das **Durchführungsabkommen von 1994** (DFÜ) wurden viele Regelungen abgeändert, so dass die erforderlichen Ratifikationen erfolgen konnten. Zwar geht das DFÜ nach seinem Art. 2 Abs. 1 im Kollisionsfall Teil XI SRÜ vor; allerdings sind nicht alle Vertragsstaaten des SRÜ auch Partei des DFÜ.

III. Weltraum

851 Der Weltraum beginnt **jenseits des Luftraums** 80-120 km über der Erdoberfläche (die genaue Grenze ist umstritten[55]) und umfasst das Universum einschließlich des Mondes und der anderen Himmelskörper. Sein Rechtsstatus wird im **Weltraumvertrag** von 1967 (WRV) geregelt.[56] Dieser beruht im Kern auf Grundsätzen, die im Anschluss an die Resolution 1962 (XVIII) der UN-Generalversammlung von 1963 schnell zu Gewohnheitsrecht wurden (die Diskussion über „instant custom" hat hier ihren Ursprung: Rn. 262). Der WRV wird flankiert von vier weiteren Abkommen, die ebenfalls durch das *United Nations Committee on the Peaceful Uses of Outer Space* entwickelt wurden: das Weltraumrettungsabkommen von 1968, das Weltraumhaftungsabkommen von 1972, das Weltraumregistrierungsabkommen von 1975 und den Mondvertrag 1979.

852 Art. II WRV bestimmt ein **Aneignungsverbot** durch rechtliche oder faktische Okkupation. Nach Art. I WRV sollen **Erforschung und Nutzung** des Weltraums im Interesse der gesamten Menschheit erfolgen, was allerdings im WRV nur in Form „wei-

54 Das Konzept wurde erstmals von dem maltesischen Diplomaten *Arvid Pardo* am 17.8.1967 in einem Memorandum für die UN-Generalversammlung (UN-Dok. A/6695) formuliert und ging ein in die Prinzipienerklärung der Generalversammlung zum Meeresboden, A/RES/2749 v. 12.12.1970, § 1. Zum Zukunftspotenzial *M. F. Millicay*, The Common Heritage of Mankind, FS Caminos, 2015, 272.

55 Eingehend *T. Gangale*, How High the Sky?, 2018.

56 UNTS 610, 205; BGBl. 1969 II 1969.

cher" Pflichten zur internationaler Kooperation und Hilfeleistung (Art. I:3, IX:1) ausgestaltet ist. Ein dem Tiefseebodenregime vergleichbares Gleichberechtigungs- und Gleichstellungsregime existiert nicht. Lediglich für die Zuteilung von **Satellitenpositionen** im geostationären Orbit gibt es Ansätze einer internationalen Verwaltung: Die Zuteilung erfolgt durch die Internationale Fernmeldeunion (*International Telecommunication Union*, ITU), Art. 1 Abs. 2 lit. a ITU-Verfassung. Detaillierte Vorschriften regeln die **Haftung für Weltraumschäden** (Art. VI, VII WRV sowie das Weltraumhaftungsabkommen von 1972).

Als erste Staaten weltweit haben die USA und Luxemburg Gesetze zur Lizenzierung des **Rohstoffabbaus auf dem Mond** erlassen. Art. 4 und 11 des Mondvertrages von 1979 erklären den Mond zum gemeinsamen Erbe der Menschheit und gestatten die wirtschaftliche Nutzung nur zum Nutzen und unter wirtschaftlicher Beteiligung aller Staaten. Zentrale völkerrechtliche Frage ist, ob diese Regeln aus dem kaum ratifizierten Mondvertrag auch in den weithin ratifizierten Weltraumvertrag hineingelesen werden können (v. a. Art. I: wirtschaftliche Nutzung als „Sache der gesamten Menschheit", Art. II: Aneignungsverbot).[57]

Nach Art. IV WRV ist der Weltraum **demilitarisiert**, wenn auch nicht umfassend. **853**
Nicht erfasst sind militärische Nutzungen, die weder himmelskörpergestützt sind noch gegen Abs. 1 verstoßen. Zulässig ist namentlich die Fernerkundung durch Satelliten zu militärischen Zwecken. Auch Raketen, die auf ihrem Flug den Weltraum durchqueren, ohne eine vollständige Erdumrundung zu vollziehen („in eine Erdumlaufbahn zu bringen", „in orbit around the earth"), sind nicht verboten. Umstritten ist ferner, ob „friedlich" in Abs. 2 Satz 1 „nichtmilitärisch" oder „nichtaggressiv" bedeutet. Mittelbare Beschränkungen der militärischen Nutzung des Weltraums enthalten u. a. Abkommen zur nuklearen Abrüstung und Rüstungsbegrenzung und die ENMOD-Konvention, die umweltverändernde Waffensysteme auch im Weltraum verbietet (Rn. 1259–1260).

IV. Antarktis

Die Antarktis ist gemäß Art. VI des **Antarktisvertrags** von 1959 (AV)[58] „das Gebiet **854**
südlich von 60° südlicher Breite einschließlich aller Eisbänke; jedoch lässt dieser Vertrag die Rechte oder die Ausübung der Rechte eines Staates nach dem Völkerrecht in bezug auf die Hohe See in jenem Gebiet unberührt". Bezüglich der größten Teile der Antarktis bestehen Souveränitätsansprüche von sieben Staaten (**claimants**: Chile, Argentinien, Australien, Neuseeland, Frankreich, Großbritannien und Norwegen), die wegen fehlender Beherrschbarkeit derzeit faktisch nicht durchsetzbar sind und von den anderen Vertragsstaaten des AV nicht anerkannt werden: Aus Sicht der **non-claimants** (darunter Deutschland) handelt es sich um einen nicht aneignungsfähigen Staatengemeinschaftsraum.

57 Dazu *L. Gradoni*, What on Earth is Happening to Space Law?, EJIL Talk! (31.7.2018); *R. Jakhu/ J. Pelton/Y. O. M. Nyampong* (Hg.), Space Mining and Its Regulation, 2017; *J. Wouters/P. De Man/ R. Hansen* (Hg.), Commercial Uses of Space and Space Tourism, 2017; *F. Schilling*, Fishing in Outer Space: The Luxembourgish Interpretation of the Appropriation of in-situ Resources, ZLW 68 (2019), 248.

58 UNTS 402, 71; BGBl. 1978 II 1517.

855 Der AV bezweckt eine **Regelung der Nutzungsfragen unter Hintanstellung des Souveränitätsstreits**. In Art. IV AV erhalten alle Seiten ihre Rechtsansichten ausdrücklich aufrecht; zudem müssen alle Normen des **„Antarktischen Systems"** mit den Positionen sowohl der *claimants* als auch der *non-claimants* vereinbar sein. An diesem System sind nur rund 45 Staaten beteiligt, die jedoch mehr als drei Viertel der Weltbevölkerung stellen. Bei den regelmäßigen Konsultationen sind außer den 12 Gründungsmitgliedern nur diejenigen Vertragsstaaten stimmberechtigt, die reale Forschungsaktivitäten entfalten (Art. IX:2 AV).

856 Die Nutzung der Antarktis ist primär auf **wissenschaftliche Forschung** beschränkt (Art. II, III AV). Das Madrider Umweltprotokoll von 1991 verbietet den Bergbau in der Antarktis (noch nicht in Kraft getreten ist der Haftungs-Annex von 2005, Stand: Juni 2019); allerdings haben in jüngerer Zeit verschiedene Staaten Bergbauinteressen zu erkennen gegeben. Ausdrücklich ausgeschlossen ist jede unfriedliche oder militärische Nutzung (Art. I:1), ebenso die Herbeiführung von Kernexplosionen oder die Lagerung radioaktiver Abfälle (Art. V:1 AV).

857 Die **Arktis** kennt demgegenüber keinen vergleichbaren Grad an „Vergemeinschaftung". Hier stehen die Nutzungsrechte weitgehend den Anrainerstaaten als souveräne Rechte über die allgemeinen Regeln des Seevölkerrechts zu: Anschlusszone, AWZ, Festlandsockel (vgl. allerdings Art. 234 SRÜ als Sonderregelung). Dem Interessenausgleich zwischen Anrainerstaaaten und indigener Bevölkerung dient der **Arktische Rat**, eine intergouvernementale Organisation, in der Indigenenverbände den Status „Ständiger Teilnehmer" besitzen. Seit einigen Jahren zeichnet sich ein Wettlauf der Anrainerstaaten um die Bodenschätze unter der Arktis ab, der wegen Unklarheiten bei der Abgrenzung der Festlandsockel einiges Konfliktpotenzial birgt.[59] Im August 2015 hat Russland bei der Festlandsockelkommission einen überarbeiteten Antrag eingereicht, in dem es eine Unterwasserfläche von 1,2 Millionen Quadratkilometern einschließlich des geographischen Nordpols beansprucht.[60]

V. Zusammenschau

858 In der Zusammenschau werden Gemeinsamkeiten, aber auch Unterschiede bei der rechtlichen Behandlung der verschiedenen Staatengemeinschaftsräume erkennbar:

Souveränität: Alle Verträge schließen souveräne Rechte einzelner Staaten an *global commons* aus. Eine Ausnahme bildet allein der Antarktisvertrag, der die umstrittene Frage der Gebietsansprüche einstweilen „auf Eis" legt.

Nutzungsrechte: Die Nutzung ist grundsätzlich frei; nur beim Tiefseeboden ist ein Lizenzierungssystem für die Gewinnung mineralischer Ressourcen vorgesehen, das

59 Dazu u. a. *B. Kunoy*, A New Arctic Conquest: The Arctic Outer Continental Margin, NorJIL 76 (2007), 465; *S. Holmes*, Breaking the Ice: Emerging Legal Issues in Arctic Sovereignty, ChiJIL 9 (2008), 323; *A. Proelss/T. Müller*, The Legal Regime of the Arctic Ocean, ZaöRV 68 (2008), 651 (661 ff); *N. Matz-Lück*, Planting the Flag in Arctic Waters: Russia's Claim to the North Pole, GoJIL 1 (2009), 235; *I. Dahl*, Maritime Delimitation in the Arctic, IJMCL 30 (2015), 120. Zu Gebietsansprüchen dort auch Rn. 79.

60 Dazu *V. V. Gavrilov*, The LOSC and the Delimitation of the Continental Shelf in the Arctic Ocean, IJMCL 31 (2016), 1; *Ø. Jensen*, Russia's Revised Arctic Seabed Submission, ODIL 47 (2016), 72.

von dieser Freiheit kaum etwas übrig lässt (bei nicht mineralischen Ressourcen, z. B. Erdöl oder Gas, greift das System nicht; hier bleibt es bei der grundsätzlichen Freiheit). Besondere Erwähnung findet regelmäßig die freie und ungehinderte wissenschaftliche Erforschung der betreffenden Räume;[61] ökonomische Nutzungen werden erst thematisiert, wenn diese in den Bereich des Möglichen kommen. Alle Abkommen schließen militärische Nutzungen (teils umfassend, teils bezogen auf bestimmte Nutzungen) aus.

Nutzungsregeln: Alle Vertragsregime sehen die Erforschung und Nutzung als „Sache der gesamten Menschheit". Charakteristisch sind daher Kooperationspflichten, wie sie v. a. im Bereich des Transfers von Wissen und Technologien zum Ausdruck kommen; das Recht des Tiefseebodens führt darüber hinaus auch besondere Vorzugsrechte für Entwicklungsländer ein. Ausdruck v. a. von Generationengerechtigkeit ist die Verpflichtung auf eine (umwelt-)schonende und Nachhaltigkeit sichernde Nutzung (z. B. Verbot von Verschmutzungen).

Institutionelles: Nur das Tiefseebodenregime arbeitet mit einer internationalen Verwaltung im eigentlichen Sinne, die eine regelrechte Bewirtschaftung errichtet (hier ist daher auch von einem „internationalisierten" Gemeinschaftsraum die Rede); allenfalls bei der Tätigkeit der ITU ist im Weltraumrecht eine vergleichbare Internationalisierung zu beobachten. I. Ü. kennen die älteren Vertragsregime der Antarktis (1959) und des Weltraums (1967) nur relativ schwache und flexible Institutionen.

D. Cyberspace und Völkerrecht

I. Cyberspace und Raum

Der Cyberspace stellt das raumbezogene Denken im Völkerrecht vor **neue Herausforderungen**. Zwar lassen sich die einzelnen Elemente von Kommunikation über das *World Wide Web* „verorten": der Autor von Netzkommunikation befindet sich wie der Empfänger in aller Regel auf dem Hoheitsgebiet eines Staates; der Server lässt sich physisch lokalisieren; *Service* und *Content Provider* sind inkorporierte Unternehmen, die nach den Grundsätzen der Staatszugehörigkeit juristischer Personen der Hoheitsgewalt eines Staates unterstehen. Viele dieser Anbindungen sind aber beliebig und treffen nicht das „Eigentliche" einer „delokalisierten" Kommunikation. Die **dezentrale Vernetzung** bewirkt, dass Ursprung einer Handlung und der Effekt dieser Handlung ohne zeitlichen Zwischenschritt weit auseinander und in verschiedenen Staaten der ganzen Welt liegen können. Der virtuelle Raum des Cyberspace und der geographische Raum des Staates überlappen sich, passen aber nicht aufeinander. 859

61 Vgl. zur Abgrenzung wissenschaftlicher und kommerzieller Zwecke, *mutatis mutandis*, IGH, Urteil v. 31.3.2014, Whaling in the Antarctic (Australia v. Japan, New Zealand intervening), §§ 70-97. Das dort maßgebliche vertragliche Schutzregime für Wale lässt sich zumindest funktional dem Common-heritage-Regime vergleichen, vgl. *E. Mann Borgese*, The Common Heritage of Mankind: From Non-living to Living Resources and Beyond, FS Oda, 2007, 1313. Zum Urteil *R. Caddell*, Antarctic Research Whaling and the International Court of Justice, JEnvL 26 (2014), 331; Schwerpunkt in AYIL 32 (2014), 87 und JYIL 58 (2015); *M. Fitzmaurice*, Whaling and International Law, 2018.

860 Das Bild vom virtuellen Raum hat eine Anziehungskraft, die leicht vergessen macht, dass viele Rechtsprobleme, die im Internet auftauchen, nicht *per se* neu sind. Eine Besonderheit ist aber die **Ubiquität des Internet**: Über das Internet ist zur selben Zeit nahezu jeder Ort der Welt innerhalb allerkürzester Zeit erreichbar. Dies bringt auch die staatlichen Rechtsordnungen in einen Kontakt, dessen Umfang und Intensität eine neue Qualität besitzt. Internetkommunikation hat das Potenzial, **Jurisdiktionskonflikte** aufs Äußerste zuzuspitzen. Aus staatlicher Sicht stellt sich die Frage, wie die eigenen **Regelungsansprüche** erhalten und durchgesetzt werden können, z. B. wenn jemand von Australien aus NS-Propaganda im Internet verbreitet, die jederzeit in Deutschland abrufbar ist,[62] oder wenn unter Verstoß gegen US-amerikanische Copyright-Bestimmungen urheberrechtlich geschütztes Material von einem im Ausland inkorporierten Unternehmen auf im Ausland stationierten Servern auch in den USA zum Download angeboten wird.[63] Aus Sicht des Nutzers sind die konkurrierenden Regelungsansprüche mit **Rechtsunsicherheit** verbunden: Er muss befürchten, mit seinen überall empfangbaren Kommunikationsakten irgendwo in der Welt gegen geltendes Recht zu verstoßen oder kommt bei Online-Transaktionen mit Rechtsordnungen in Kontakt, bei denen er z. B. seine Rechte als Verbraucher nicht kennt.

II. Regelungsansätze

1. Internetanarchie und Selbstorganisation

861 Ansätze, die das Internet als herrschaftsfreien, sich selbst organisierenden Raum konzipieren,[64] dürften heute als idealistische Überhöhung des neuen Mediums erkannt sein. Ausgeblendet wird hier, dass sich hinter der scheinbaren Regellosigkeit **reale Machtstrukturen** verbergen: Über den Code (das *Internet Protocol*), die Vergabe von IP-Adressen und Domain-Namen steuert die ICANN *(Internet Corporation for Assigned Names and Numbers)*, eine privatrechtliche Stiftung kalifornischen Rechts, die Internetkommunikation, über die Programmierung definieren *Internet Service Provider* deren „Matrix"[65]. Das Modell eines selbstorganisierten Systems muss zudem an der **Heterogenität der Nutzer** und ihrer Interessen ebenso scheitern wie an **fehlenden Durchsetzungsmöglichkeiten** seiner Regeln: Selbst wenn die Mehrheit der „Netzbürger" *(netizens)* gegen *phishing* (das Abfragen von Passwörtern über gefälschte Internet-Seiten) und Kinderpornographie sein sollte, wird sie über Verhaltenskodizes solche Missbräuche nicht eindämmen können. Die Beispiele verdeutlichen zugleich, dass das Internet keine isolierte virtuelle Welt darstellt, sondern **reale Wirkungen in der realen Welt** hat. Diese Wirkungen bedürfen rechtlicher Regelung.

62 Dazu BGHSt 46, 212 (Töben-Fall).

63 Vgl. z. B. U.S. District Court for the Western District of Pennsylvania, Entscheidung v. 8.2.2000, Twentieth Century Fox v. iCraveTV, 53 U.S. P.Q. 2d (BNA) 1831 (W.D. Pa. 2000).

64 *J. P. Barlow*, A Cyberspace Independence Declaration (1996), https://projects.eff.org/barlow/Declaration-Final.html.

65 Vgl. *A. & L. Wachowski*, The Matrix, 1999 (Spielfilm). Weniger filmreif, aber einflussreich für die Debatte *L. Lessig*, Code: version 2.0, 2. Aufl. 2006.

2. Zugangssperren und Filter

Gewissermaßen das ideologische Gegenstück bilden Ansätze, die über eigene Netze, technische Zugangssperren, Geotargeting und Filterprogramme **Staatsgrenzen** elektronisch im Netz **abbilden** wollen. Eine Reihe von Staaten, darunter die Volksrepublik China, kontrolliert die Zugänge zum Internet auf technischem Wege und verhindert so, dass die eigene Bevölkerung in Kontakt mit Webinhalten kommt, die staatlicherseits als unerwünscht angesehen sind. Auch das TGI Paris hat im *Yahoo*-Fall den Einsatz solcher Sperren gefordert. Derartige Restriktionen mögen in Einzelfällen nachvollziehbar sein, sind aber im Ganzen betrachtet mit Blick auf die **Informationsfreiheit** bedenklich. Hinzu kommt, dass Zugangssperren umgehbar und damit nur begrenzt effektiv sind. Filterprogramme schließen in der Regel zu viele Informationen ein und behindern die freie Kommunikation stärker als intendiert. Dennoch werden sie als Bausteine in einem „polyzentrischen" Ansatz der Internetregulierung[66] auch weiter eine Rolle spielen. 862

Fall: Yahoo! (TGI Paris 2000 u. a.)[67] Auf der Internetseite des amerikanischen Unternehmens *Yahoo! Inc.* war es möglich, Nazi-Memorabilia zu ersteigern. Die *Ligue Internationale contre le Racisme et l'Antisémitisme* (LICRA) und die *Union des Etudiants Juifs de France* (UEJF) beantragten eine Verfügung beim *Tribunal de Grande Instance de Paris* (TGI Paris). *Yahoo! Inc.* sollte die Verbreitung der Seite in Frankreich verboten werden, weil die Darstellung von Nazi-Objekten in Frankreich strafbar ist. Im Verfahren hatte das Gericht über seine eigene Zuständigkeit, die Anwendbarkeit französischen Rechts und mögliche Rechtsfolgen für *Yahoo!* zu entscheiden.

Das TGI bejahte seine Zuständigkeit wie auch die Anwendbarkeit französischen Rechts, weil Erfolgsort der rechtswidrigen Handlung (auch) Frankreich sei: Die Gegenstände würden auch in Frankreich präsentiert; auch sei eine Teilnahme an der Auktion von Frankreich aus möglich. Am 22. Mai 2000 ordnete das TGI unter Androhung eines Zwangsgelds von 100.000 € pro Tag einstweilig an, das Unternehmen habe alle Maßnahmen zu ergreifen, um zu verhindern, dass französische Internetnutzer auf Nazi-Inhalte zugreifen können, setzte aber die Vollstreckung der Entscheidung zunächst aus. Nachdem Gutachter die technische Umsetzbarkeit der Entscheidung bejahten, gab das TGI dem Unternehmen im November auf, innerhalb von drei Monaten französischen Nutzern den Zugriff auf die umstrittenen Inhalte zu verwehren. Daraufhin nahm *Yahoo!* Versteigerungen von Nazi-Memorabilia generell aus dem Netz, wohl aus Angst vor Gefährdung seiner französischen Beteiligungen.

Mit einer Klage vor kalifornischen Gerichten bemühte sich *Yahoo!* anschließend, die Nichtvollstreckbarkeit der französischen Entscheidung in den USA feststellen zu lassen. Der *District Court* bejahte zunächst seine Zuständigkeit und erklärte sodann am 7. November 2001 die Vollstreckung der Entscheidung des TGI Paris in Kalifornien für unvereinbar mit dem verfassungsrechtlich verbürgten Recht auf freie Meinungsäußerung. Das Berufungsgericht *(Ninth Circuit Court of Appeals)* verneinte am 23.August 2004 mehrheitlich die Zuständig-

66 *S. Shackelford/A. Craig*, Beyond the New "Digital Divide": Analyzing the Evolving Role of National Governments in Internet Governance and Enhancing Cybersecurity, StanfordJIL 50 (2014), 119 (184).

67 TGI Paris, Beschluss v. 22.5.2000 sowie Beschluss v. 20.11.2000, MMR 2001, 309; U.S. District Court for the Northern District of California, Entscheidung v. 7.11.2001, MMR 2002, 26; U.S. Ninth Circuit Court of Appeals, Entscheidung v. 23.8.2004, 379 F.3d 1120, 1126 und v. 12.1.2006, 433 F.3d 1199, 1201. Zu den Verfahren im Überblick *M. Arcari*, Menzel/Pierlings/Hoffmann (Hg.), Völkerrechtsprechung, 2005, Nr. 50; *K. Meehan*, The Continuing Conundrum of International Internet Jurisdiction, BCICLR 31 (2008), 345 (349 ff).

keit US-amerikanischer Gerichte nach den Regeln des US-amerikanischen Kollisionsrechts und merkte an, dass *Yahoo!* nicht erwarten könne, den geschäftlichen Nutzen aus der Verbreitung seiner Inhalte in Frankreich zu ziehen, um sich zugleich mit Hilfe der US-Verfassung gegen das französische Strafrecht zu schirmen. In einer weiteren En-banc-Entscheidung (d. h. nach Anhörung durch das Plenum der Berufungsrichter) vom 12. Januar 2006 bestätigte der *Ninth Circuit* die Entscheidung im Ergebnis, war aber hinsichtlich der Gründe uneins.

3. Internationale Harmonisierung

863 Dass unilaterale Regelungsansätze das Problem kollidierender Rechtsordnungen verschärfen, dürfte kaum bestreitbar sein. Daher liegt es nahe, nach multilateralen Lösungen zu suchen. Viele Vorschläge hierzu dürften überambitioniert sein. Sofern das Internet als **„gemeinsames Erbe der Menschheit"** konzipiert wird, steht der Reiz des Metaphorischen einer adäquaten Problemlösung im Wege. Abgesehen von den fehlenden einheitlichen Konturen des Konzepts selbst (Rn. 858) stellt sich die Frage nach den Befugnissen einer Regulierungsbehörde, die selbst zur Freiheitsbedrohung werden könnte. Eine **Harmonisierung materieller Standards** stößt an unterschiedliche Vorstellungen, wie bereits innerhalb „westlicher" Systeme die unterschiedliche Haltung zu *hate speech* in Deutschland und Frankreich einerseits sowie den USA mit ihrem sehr weiten Verständnis der Meinungsfreiheit im ersten Zusatzartikel der Verfassung *(First Amendment)* andererseits zeigt – oder der Dissens zwischen den USA und der EU über ein „Recht auf Vergessen". Umso größer sind die Differenzen zwischen von Grund auf verschiedenen Rechtskulturen. Als mögliches Regelungsmodell könnte eine **Rahmenkonvention für das Internet** Realisierungschancen haben, wie sie in dem von der UN-Generalversammlung mandatierten *Internet Governance Forum* (IGF) diskutiert wird.[68] In jedem Fall sind öffentliche und private Akteure in die Internetgovernance einzubinden, um die Flexibilität und das Innovationspotenzial des Mediums zu erhalten, es aber zugleich auch vor staatlichen wie privaten Vermachtungsprozessen zu bewahren.

4. Kollisionsrechtliche Ansätze

864 Die Praxis zeigt, dass Staaten nicht bereit sind, ihre Regelungsansprüche im Angesicht des *World Wide Web* aufzugeben.[69] Die traditionellen Anknüpfungspunkte für die *jurisdiction to prescribe* (Rn. 347) passen vom Ansatz her auch für internetbezogene Sachverhalte.[70] Das **Territorialitätsprinzip** ermöglicht es Staaten, auf Personen zuzugreifen, die z. B. auf ihrem Territorium strafbare Inhalte ins Netz stellen oder illegale Dateien herunterladen; auch über die Ansässigkeit von Kommunikationsmittlern (*Internet Service Provider*, Website-Betreiber usw.) kann ein regulatorischer Zu-

68 Dazu *J. Kulesza*, Towards an Internet Framework Convention: The State of Play, HYIL 26 (2013), 84.

69 Eingehend *S. Shackelford/A. Craig*, Beyond the New "Digital Divide": Analyzing the Evolving Role of National Governments in Internet Governance and Enhancing Cybersecurity, StanfordJIL 50 (2014), 119.

70 Instruktiv *D. J. Svantesson*, A New Jurisprudential Framework for Jurisdiction, AJIL Unbound 109 (2015), 69 mit Kommentaren von *H. Muir Watt*, ebd., 75 und *C. Ryngaert*, ebd. 81.

griff erfolgen. Allerdings müssen die **persönlichen Verantwortungsbereiche** adäquat bestimmt werden – hieran mangelte es in der Entscheidung des AG München im *Compuserve*-Fall. Für das **aktive Personalitätsprinzip** gilt im Grundsatz dasselbe.

Fall: Compuserve (AG München 1998, LG München 1999)[71] Auf dem News-Server des Service-Providers *Compuserve USA* wurde in Foren gezielt auf kinder- und tierpornographische Darstellungen verwiesen. Auch deutsche Kunden von *Compuserve*, die über das deutsche Tochterunternehmen durch einen Einwahlknoten sowie eine konzerninterne Standleitung mit dem amerikanischen Mutterunternehmen verbunden wurden, hatten auf diese Foren Zugriff.

Das AG München verurteilte den Geschäftsführer von *Compuserve Deutschland, Felix Somm*, wegen Verbreitung pornographischer Schriften in Mittäterschaft mit *Compuserve USA* zu einer Freiheitsstrafe von zwei Jahren auf Bewährung. Das Gericht stützte sich darauf, dass *Compuserve USA* die Sperrung der Inhalte technisch möglich war und das deutsche Tochterunternehmen den Zugang zu *Compuserve USA* aufrecht erhielt. Das Urteil überraschte Verteidigung und Staatsanwaltschaft, die beide auf Freispruch plädierten und stieß auf Ablehnung in der Rechtswissenschaft und bei Internetnutzern weltweit.

Das LG München sprach *Somm* in zweiter Instanz frei, weil er gegenüber dem Mutterunternehmen keinen Einfluss auf die Sperrung oder Löschung der pornographischen Inhalte hatte, aber darum gebeten hatte. Ihm sei nicht der Vorwurf zu machen, die Sperrung oder Löschung der Inhalte unterlassen zu haben. Außerdem leite *Compuserve Deutschland* fremde Inhalte nur weiter bzw. eröffne Zugang zu ihnen, ohne auf sie Einfluss nehmen zu können.

Der **Modifikation** bedürfen allerdings diejenigen Anknüpfungskriterien, die in be- **865**
sonderem Maße „ubiquitätsanfällig" sind, d. h. schon bei nur geringem Kontakt eine Regelungszuständigkeit begründen können. Dies betrifft v. a. das **Wirkungsprinzip** und das **Schutzprinzip**. Wegen der Ubiquität des Internet wirkt sich jeder öffentliche Kommunikationsakt im Netz überall in der Welt aus. Wollte man hieraus eine Regelungszuständigkeit jedes Staates der Erde ableiten, wäre dies aus Sicht der Kommunikationsfreiheit ein *race to the bottom*: Der rechtstreue Nutzer würde sich an der restriktivsten Rechtsordnung von allen orientieren und zusätzliche Restriktionen aus anderen Rechtsordnungen hinzunehmen müssen. Die Alternative, auf eine potenziell universell wirkende Kommunikation zu verzichten, wäre das Ende des Internet.

Eine Problemstrukturierung ermöglicht der sog. **Zippo-Test**, der von US-amerikani- **866**
schen Gerichten zur Feststellung eines Minimalkontakts *(minimum contact)* mit der heimischen Rechtsordnung angewandt wird:[72] Ein solcher Kontakt liegt immer vor bei kommerziellen Angeboten im Netz, die auf eine Anbahnung von Geschäftsbeziehungen zielen (z. B. Online-Shops); bei anderen interaktiven Websites hängt der Minimalkontakt vom Grad der Interaktivität ab; grundsätzlich kein hinreichender Kontakt soll bei passiven Websites vorliegen, die nur der Bereitstellung von Informationen ohne Interaktivität dienen. Auch hier aber kann ein legitimes Regelungsinteresse

71 AG München, Urteil v. 28.5.1998, NJW 1998, 2836; LG München, Urteil v. 17.11.1999, NJW 2000, 1051.

72 Erstmals U.S. District Court for the Western District of Pennsylvania, Entscheidung v. 16.1.1997, Zippo Manufacturing Co. v. Zippo Dot Com Inc., 952 F.Supp. 1119, 1124 (W.D. Pa. 1997). Näher zur einschlägigen Rechtsprechung US-amerikanischer Gerichte *M. Rau*, „Minimum Contacts" und „Personal Jurisdiction" über auswärtige Gesellschaften im Cyberspace, RIW 2000, 761.

von Staaten bestehen, für das vielfach auf das Kriterium der **Gerichtetheit der Kommunikation** abgestellt wird: Über die Sprache, Werbebanner und Ähnliches kann ermittelt werden, an wen die Information sich richtet (z. B. Neonazi-Website in deutscher Sprache). Im Übrigen sollte es eines **qualifizierten Kontakts** zur jeweiligen Rechtsordnung bedürfen. Außerdem sollte stets eine Prüfung vorgenommen werden, ob die Begründung der eigenen Regelungs- und Rechtsprechungshoheit mit Blick auf **konkurrierende Jurisdiktionsansprüche** anderer Staaten und **Besonderheiten eines ubiquitären Kommunikationsmediums** angemessen ist.[73]

867 Territorial beschränkt bleibt die **Durchsetzungshoheit** *(jurisdiction to enforce)*, weil ohne vertragliche Abrede kein Staat verpflichtet ist, Gesetze eines anderen Staates auf seinem eigenen Territorium zu vollziehen oder fremde Urteile zu vollstrecken (Rn. 345–346). Allerdings können gegenüber privaten Anbietern (im Rahmen des wirtschaftsvölkerrechtlich Zulässigen) Marktzugangssperren der Durchsetzung der eigenen Regeln dienen.[74] Die Schwierigkeiten auf der Anerkennungs- und Durchsetzungsebene verdeutlicht das Nachspiel des *Yahoo*-Falls in den USA. Die Regelungsansprüche der Staaten können ihrerseits so lange virtuell bleiben, bis sich die verantwortliche Person ihrem Zugriff aussetzt, indem sie das Gebiet des betreffenden Staates betritt. Eine **Anerkennung von Entscheidungen** dürfte umso größere Chancen haben, je größer der Kontakt zu der fraglichen Rechtsordnung ist und je „kollisionsärmer“ die Anknüpfungskriterien gehandhabt werden. Auch hier freilich bleibt stets der **Vorbehalt des ordre public**, mit dem Staaten in kollisionsrechtlichen Fällen einer Anerkennung ausländischer Entscheidungen, die zunächst an formale Zuständigkeitskriterien anknüpft, aus inhaltlichen Gründen eine Grenze setzen können.

III. Aktuelle Felder des „Internet-Völkerrechts"

868 Weltweiter Handel über das Internet zwischen natürlichen Personen und Unternehmen schafft juristische Probleme. So muss bei Konflikten zwischen Vertragspartnern entschieden werden, welches nationale Recht auf grenzüberschreitende private Verträge anwendbar ist, eine Aufgabe, die das Internationale Privatrecht seit langem im grenzüberschreitenden Handel mit Waren und Dienstleistungen erfüllt. Im Bereich des **E-Commerce** zielen v. a. Aktivitäten der WTO auf eine Deregulierung und Zugänglichkeit der Märkte. Ihre Tätigkeit erfasst sowohl den Handel mit Waren und Dienstleistungen über das Internet wie den Handel mit Internetdienstleistungen (z. B. Providerdienste). Weiter gehen die Regelungsbefugnisse der EU. Anders als bei der WTO ist hier nicht nur eine negative Regulierung (d. h. durch Abbau von Handelshemmnissen) möglich, sondern auch eine aktive Regulierung durch für alle EU-Mitgliedstaaten verbindliches Sekundärrecht. Die EU hat kaum Kompetenzen für Netzinhalte (vgl. aber Art. 83 Abs. 1 AEUV), sondern primär für *E-Commerce* und infrastrukturelle Fragen (z. B. Internetdienste, Fernabsatz, elektronische Signaturen usw.). Im Bereich der Regelungsangebote verbleibt ein Modellgesetz, das die UNCITRAL (= *United Nations Commission on International Trade Law*) 1996 (revidiert 1998) entworfen hat. Das UN-Übereinkommen über den Einsatz elektronischer Kommunikation in internationalen Verträgen (UNECIC) von 2005 ist am 1. März 2013 in Kraft getreten, hat aber erst elf Vertragsparteien (Stand: Juni 2019).

73 Vgl. als Ansatzpunkt auch hier die Abwägungskriterien nach dem Third Restatement Rn. 349.

74 Dazu insbesondere *D. J. Svantesson*, The Extraterritoriality of EU Data Privacy Law, StanfordJIL 50 (2014), 53 (98 ff).

Im Internet kommt es ständig zu Verletzungen von **Urheberrechten** (z. B. durch Musiktauschbörsen, unbefugte Verwendung von Texten oder Bildern usw.). Die Durchsetzung erfolgt hier in aller Regel dezentral über staatliche Gerichte. WTO und WIPO (Weltorganisation für geistiges Eigentum, *World Intellectual Property Organization*) sind in diesen Bereichen aktiv, um einheitliche Standards zu entwickeln.

Das Ideal des freien Meinungsaustauschs im Internet stößt auf unterschiedliche Vorstellungen **869** über die **Grenzen der Meinungsäußerungsfreiheit**. Vor allem das weite amerikanische Verständnis kollidiert mit europäischen Vorstellungen über gewisse moralische und rechtliche Grenzen. Nicht festgelegt ist auch, wo der richtige Ort ist, solche Streitigkeiten auszutragen. Wie dargelegt, orientiert sich die Praxis an einem kollisionsrechtlichen Ansatz. Zumindest im europäischen Rahmen könnten Harmonisierungen über gemeinsame menschenrechtliche Standards (EMRK, EU-Grundrechte) erfolgen.[75] Diskutiert wird auch, ob es ein **Menschenrecht auf Internetzugang** gibt. Die Menschenrechte der 1. Dimension sind in erster Linie auf Freiheit von Eingriffen ausgerichtet; allerdings kann von seiner Meinungsfreiheit und Informationsfreiheit im Internet nur Gebrauch machen, wer Zugang zu diesem Medium hat (hier schließt eine Diskussion über reale, nicht bloß formale Freiheit an, die das freiheitsrechtliche Pendant zur Diskussion über formale oder materielle Gleichheit ist; zu dieser Diskussion Rn. 737–738).[76] Weiter gehen die Menschenrechte der 2. Dimension: In Art. 15 IPWSKR wird das individuelle Recht anerkannt, die Früchte des technischen Fortschritts genießen zu dürfen. Dieses Recht begründet aber (jenseits eines Kernbereichs) keine durchsetzbaren Ansprüche. Außerdem berücksichtigen soziale Menschenrechtspakte die besondere Situation der Entwicklungsländer, die nicht über die nötigen Ressourcen verfügen. Die Diskussion über eine Überwindung der sog. **digitalen Kluft** *(digital divide)* zwischen Industriestaaten und Entwicklungsländern wird im größeren Kontext der Debatte über ein Recht auf Entwicklung geführt (Rn. 922).

In menschenrechtlicher Hinsicht ist auch der Schutz von **Privatheit und informationeller Selbstbestimmung** ein drängendes Thema. Diese ist sowohl durch private Diensteanbieter als auch durch Staaten bedroht, wobei die für das Internet typische Ubiquität und Virtualität das Zugriffspotenzial ins Globale steigert. Unter dem Eindruck der 2013 bekannt gewordenen massiven Überwachung der Netzkommunikation durch die *National Security Agency* der USA hat die UN-Generalversammlung am 18. Dezember 2013 eine Resolution zum „Recht auf Privatheit im digitalen Zeitalter“ verabschiedet, auf dessen Grundlage das OHCHR im Juni 2014 dem Menschenrechtsrat einen ersten Bericht vorgelegt hat.[77] Darin werden die Staaten u. a. zur Überprüfung und Anpassung ihrer Gesetze, zur verbesserten Transparenz und zur Einrichtung unabhängiger Kontrollen aufgefordert. Auch andere internationale und regionale Menschenrechtsinstutionen wie der EGMR oder der UN-Menschenrechtsrat wirken an der Entwicklung eines transnationalen Rechts auf eine digitale Privatsphäre mit. Eine Vorreiterrolle nimmt hier die EU ein, deren Datenschutzrecht[78] für viele Staaten Vorbildwirkung hat.[79]

75 Siehe aber auch den vom UNHCHR initiierten Rabat Plan of Action on the prohibition of advocacy of national, racial or religious hatred that constitutes incitement to discrimination, hostility or violence v. 5.10.2012. Dazu *S. Parmar*, The Rabat Plan of Action: A Critical Turning Point in International Law on "Hate Speech", EHRLR 2014, 21.

76 Vgl. UN-Menschenrechtsrat, The promotion, protection and enjoyment of human rights on the Internet, Resolution v. 29.6.2012, A/HRC/20/L.13, §§ 2 f. Vgl. auch UN-Dok. A/70/125, v. 16.12.2015: Ergebnisse der hochangigen Tagung der UN-Generalversammlung zur Umsetzung der Ergebnisse des Weltgipfels über die Informationsgesellschaft.

77 UN-Generalversammlung, The right to privacy in the digital age, A/RES/68/167 v. 18.12.2013; UNHCHR, The right to privacy in the digital age: Report of the Office of the United Nations High Commissioner for Human Rights, A/HRC/27/37 v. 30.6.2014.

78 Nunmehr Datenschutz-Grundverordnung, Verordnung (EU) 2016/679 v. 27.4.2016, ABl. L 119/1.

79 Vertiefend und m. w. N. *A. v. Arnauld*, Freiheit und Regulierung in der Cyberwelt: Transnationaler Schutz der Privatsphäre aus Sicht des Völkerrechts, BDGVR 47 (2016), 1.

870 Auch **Kriminelle** bedienen sich des Internet, zum Verbreiten strafbarer Inhalte (z. B. Kinderpornographie), für Betrug (z. B. *phishing*) oder das Eindringen in Computersysteme *(hacking)*. Hier gibt es bereits verschiedene Ansätze völkerrechtlicher Regelung, darunter insbesondere das Übereinkommen über Computerkriminalität *(Cybercrime Convention)* des Europarates von 2001, das die Vertragsparteien verpflichtet, näher bestimmte Taten gegen die Vertraulichkeit, Unversehrtheit und Verfügbarkeit von Computerdaten und -systemen, computerbezogene Taten, Kinderpornographie und Taten in Zusammenhang mit Verletzungen des Urheberrechts und verwandter Schutzrechte unter Strafe zu stellen.

Gegen Staaten gerichtete **Internetangriffe** sind ebenfalls keine Utopie mehr. Wo diese „netzintern" bleiben (z. B. die Blockade estnischer Regierungswebsites 2007 durch „Cyberangriffe", die Estland Russland anlastete) kommt ein Verstoß gegen das Interventionsverbot in Betracht (Rn. 362), ebenso bei Manipulation politischer Prozesse im Zielstaat.[80] Denkbar ist aber auch, dass mittels einer Computermanipulation physische Schäden auf dem Gebiet eines anderen Staates verursacht werden. So ist es z. B. nicht ausgeschlossen, mittels einer „ferngesteuerten" Fehlfunktion Störfälle in Anlagen zu erzeugen, die gefährliche Kräfte enthalten (z. B. Kernkraftwerke). Deren Wirkungen können denen konventioneller oder sogar atomarer Angriffe durchaus vergleichbar sein. Die USA haben zu erkennen gegeben, dass sie auf Cyberattacken gegebenenfalls auch mit militärischen Mitteln reagieren werden.[81] Hier stellt sich die Frage, wann ein solcher Angriff als „bewaffneter Angriff" zu werten ist, der gemäß Art. 51 UNCh das Recht zur Selbstverteidigung auslöst (Rn. 1086). Bei Cyberattacken Privater **(Cyberterrorismus)** wiederum stellen sich Zurechnungsprobleme und Fragen nach den legalen Reaktionsmöglichkeiten in ähnlicher Weise wie bei „konventionellen" Terrorakten (Rn. 1117–1127).

Vertiefende Literaturangaben zu § 10 siehe: www.cfmueller.de/voelkerrecht
www.wsi.uni-kiel.de

Ausbildungsfälle zu § 10: *K. Geck/H. Reinhard*, Der Streit um die Fischereischutzzone, JuS 1976, 110; *V. Schatz/L. Heuschen*, Neptune's Navy, ZJS 2017, 67.

Kontrollfragen:

- Inwiefern stellt sich das heutige Seevölkerrecht als Kombination der historischen Konzeptionen des *mare liberum* („offenes Meer") und des *mare clausum* („geschlossenes Meer") dar? **Rn. 805**
- Welchen Rechtsstatus besitzen die Eigengewässer eines Staates, welchen das Küstenmeer? **Rn. 808, 810–811**
- Gibt es ein Recht auf Überflug über das Küstenmeer fremder Staaten? **Rn. 811**
- Was ist die sog. Anschlusszone? **Rn. 812**
- Welche Rechte besitzt der Küstenstaat in der Ausschließlichen Wirtschaftszone und welche in Bezug auf den Festlandsockel? Sind diese Rechte von einer ausdrücklichen Inanspruchnahme abhängig? **Rn. 815–817, 814, 817**
- Welches sind die sog. Meeresfreiheiten? **Rn. 821**
- Inwieweit steht die Hohe See militärischen Nutzungen offen? **Rn. 821, 1202, 1262**
- Erfassen die Art. 100 ff SRÜ Küstenpiraterie und Akte des maritimen Terrorismus? **Rn. 826, 833**

80 *A. v. Arnauld*, Klausurenkurs im Völkerrecht, 3. Aufl. 2018, Fall 6.

81 Vgl. National Cyber Strategy of the United States of America, September 2018, 20 f.

- Welche Hoheitsrechte haben Staatsschiffe gegenüber Seeräubern auf Hoher See? **Rn. 827–829**
- Welche Voraussetzungen hat das Recht auf Nacheile zur See (Art. 111 SRÜ)? Was darf das nacheilende Schiff tun? **Rn. 834–835**
- Was sind die Funktionen und was die Wirkungen der Flaggenverleihung? **Rn. 837, 839**
- Welche Bedeutung haben Inseln für die Zuordnung von Meereszonen zu Staaten? **Rn. 842, 809**
- Grenzen sie die Konzeptionen der *res nullius* („niemandes Eigentum"), der *res communis omnium* („Gemeineigentum aller") und des *common heritage of mankind* („gemeinsames Erbe der Menschheit") voneinander ab! **Rn. 802**
- Worin ähneln und worin unterscheiden sich die Rechtsregime von Tiefseeboden, Weltraum und Antarktis hinsichtlich Souveränität, Nutzungen und Institutionen? **Rn. 858**
- Vor welche Herausforderungen stellt der Cyberspace das raumbezogene Völkerrecht? **Rn. 859–860**
- An welchen Grundsätzen kann sich eine kollisionsrechtliche Lösung staatlicher Regelungsansprüche in Internetfragen orientieren? **Rn. 864–867**

§ 11 Umwelt, Entwicklung, Kultur

Einführende Literatur: *U. Beyerlin*, Sustainable Development, MPEPIL (10/2013); *ders.*, Umweltvölkerrecht, FS P. Kirchhof, Bd. 1, 2013, 1127; *A. Epiney*, Zur Einführung – Umweltvölkerrecht, JuS 2003, 1066; *dies.*, „Gerechtigkeit" im Umweltvölkerrecht, APuZ 24/2007, 31; *K. F. Gärditz*, Einführung in das Klimaschutzrecht, JuS 2008, 324; *S. Hobe*, Grundstrukturen des internationalen Umweltrechts, JA 1997, 160; *E.-R. Hönes*, Der völkerrechtliche Kulturgüter- und Welterbeschutz, VR 2007, 293; *A. Mahiou*, Development, International Law of, MPEPIL (3/2013); *G. Odendahl*, Grundlagen des Entwicklungsvölkerrechts, JA 1998, 163; *K.-A. Schwarz*, Einführung in das Umweltvölkerrecht, JA 2004, 171.

Lehr- und Handbücher: Umwelt: *S. Alam* u. a. (Hg.), Routledge Handbook of International Environmental Law, 2013; *S. Bell/D. McGillivray/O. Pedersen*, Environmental Law, 9. Aufl. 2017; *U. Beyerlin/T. Marauhn*, International Environmental Law, 2. Aufl. 2016; *P. Birnie/A. Boyle/C. Redgwell*, International Law and the Environment, 4. Aufl. 2020 (i.V.); *D. Bodansky/J. Brunnée/E. Hey* (Hg.), The Oxford Handbook of International Environmental Law, 2007; *D. Bodansky/J. Brunnée/L. L. Rajamani*, International Climate Change Law, 2017; *C. Carlarne/K. Gray/R. Tarasofsky* (Hg.), The Oxford Handbook on International Climate Change Law, 2016; *P.-M. Dupuy/J. Viñuales*, International Environmental Law, 2. Aufl. 2018; *A. Epiney/M. Scheyli*, Umweltvölkerrecht, 2000; *M. Faure* (Hg.), Elgar Encyclopedia of Environmental Law, 2018; *E. Fisher/B. Lange/E. Scotford*, Environmental Law: Text, Cases, and Materials, 2. Aufl. 2019; *M. Fitzmaurice/D. Ong/P. Merkouris* (Hg.), Research Handbook on International Environmental Law, 2010; *M. Fitzmaurice/A. Tanzi/A. Papantoniou* (Hg.), Multilateral Environmental Treaties, 2017; *L. Guruswamy*, International Environmental Law in a Nutshell, 2017; *I. Härtel*, Einführung in das Klimaschutzrecht, 2020 (i.V.); *E. Hey*, Advanced Introduction to International Environmental Law, 2016; *A. Kiss/D. Shelton*, International Environmental Law, 3. Aufl. 2004; *dies.*, Guide to International Environmental Law, 2007; *T. Koivurova*, Introduction to International Environmental Law, 2014; *B. Mayer*, The International Law on Climate Change, 2018; *A. Proelß* (Hg.), Internationales Umweltrecht, 2017; *P. Sands/J. Peel*, Principles of International Environmental Law, 4. Aufl. 2018; *J. Verschuuren* (Hg.), Research

Handbook On Climate Change Adaptation Law, 2013; *C. Viale*, Lexicon of Environmental Law, 2013. **Entwicklung:** *P. Dann/S. Kadelbach/M. Kaltenborn* (Hg.), Entwicklung und Recht: Eine systematische Einführung, 2014; *P. Minnerop/R. Wolfrum/F. Lachenmann* (Hg.), International Development Law, 2019. **Kultur:** *M. Anton* (Hg.), Handbuch Kulturgüterschutz und Kunstrestitutionsrecht, 2. Aufl. 2019; *J. Blake*, International Cultural Heritage Law, 2015; *C. Waelde* u. a. (Hg.), Research Handbook on Contemporary Intangible Cultural Heritage, 2018.

Kommentare: *L. Boisson de Chazournes* u. a. (Hg.), The UN Convention on the Law of the Non-Navigational Uses of International Watercourses, 2019; *D. Klein* u. a. (Hg.), The Paris Agreement on Climate Change, 2017; *J. Viñuales* (Hg.), The Rio Declaration on Environment and Development, 2015; *J. Blake*, Commentary on the 2003 UNESCO Convention on the Safeguarding of the Intangible Cultural Heritage, 2006; *F. Francioni/F. Lenzerini* (Hg.), The 1972 World Heritage Convention, 2008; *R. O'Keefe*, Commentary on the UNESCO 1970 Convention on the Means of Prohibiting and Preventing the Illicit Import, Export and Transfer of Ownership of Cultural Property, 2. Aufl. 2007; *S. v. Schorlemer/P. T. Stoll* (Hg.), The UNESCO Convention on the Protection and Promotion of the Diversity of Cultural Expressions, 2012.

A. Das Verhältnis von Umwelt- und Entwicklungsvölkerrecht

871 Auf den ersten Blick mögen Umwelt- und Entwicklungspolitik wenige Gemeinsamkeiten haben; im Völkerrecht aber werden beide schon seit längerem zusammengedacht. Der **„Erdgipfel von Rio"** 1992, korrekt: die *United Nations Conference on Environment and Development* (UNCED), ist ein wichtiger gemeinsamer Bezugspunkt. Die Zusammenführung der beiden Politikfelder war seinerzeit das Ergebnis eines **Kompromisses** zwischen den Staaten des Nordens und des Südens: Für die einen stellte sich zunehmend die Frage nach Schutz und Erhaltung der natürlichen Umwelt, für die anderen stand das Bedürfnis nach ökonomischer und sozialer Entwicklung im Mittelpunkt.

Der Rio-Nachfolgeprozess hat sich u. a. auf dem UN-Millenniumsgipfel 2000 in der Proklamation der Millenniums-Entwicklungsziele (*Millennium Development Goals*, MDG) und dem Weltgipfel von Johannesburg (2002) niedergeschlagen. Nachdem der Prozess ins Stocken geraten schien und insbesondere den MDG wenig Erfolg bescheinigt wurde, wurde auf der Rio+20-Konferenz 2012 eine offene Arbeitsgruppe eingesetzt, die in einem breit angelegten Konsultationsprozess neue Ziele erarbeiten sollte. Die 17 **Sustainable Development Goals** (SDG) wurden als Bestandteil des „Post-2015-Prozesses" und der neuen „Agenda 2030" im September 2015 auf dem UN-Weltgipfel in New York verabschiedet.[1] Ob das neue (rechtlich ebenfalls unverbindliche) Dokument den stagnierenden Prozess wiederbeleben und unterschiedliche Positionen überbrücken kann, bleibt abzuwarten.

872 Dies deutet an, dass das Verhältnis zwischen Umwelt- und Entwicklungsaspekten nicht frei von Spannungen ist. Ablesen lässt sich dies am Prinzip der **„nachhaltigen Entwicklung"** *(sustainable development)*, das die Zusammenführung von Ökologie

1 UN-Generalversammlung, Transforming our world: the 2030 Agenda for Sustainable Development, A/RES/70/1 v. 25.9.2015, §§ 54 ff.

und ökonomischer Entwicklung begrifflich und konzeptionell leisten soll.[2] Da der Umweltschutz und der Wunsch nach wirtschaftlicher Entwicklung in Widerspruch zueinander geraten können, ist es schwer, den genauen Inhalt des Grundsatzes zu bestimmen. Es ist kein Zufall, dass der IGH im Gabčíkovo-Urteil aus diesem „Konzept" in erster Linie Verhandlungspflichten der Streitparteien abgeleitet hat.[3]

Das Prinzip der nachhaltigen Entwicklung verpflichtet letztlich zu **praktischer Konkordanz** zwischen Ökologie und wirtschaftlicher sowie sozialer Entwicklung. Dass hieraus primär **Verfahrenspflichten** folgen, liegt am schwach organisierten Charakter des Völkerrechts (Rn. 43): Wie der angemessene Ausgleich herzustellen ist, kann keine übergeordnete Instanz vorgeben, sondern muss von den Beteiligten selbst ausgehandelt werden.[4] Daher ist der IGH nur bei einem deutlichen Missverhältnis gewillt, Verstöße gegen materielle Pflichten anzunehmen.[5] In einer Reihe von **umweltvölkerrechtlichen Abkommen** wird die praktische Konkordanz mit den Entwicklungsbedürfnissen auf zwei Wegen hergestellt:

- Entwicklungsländer sind zwar demselben Umweltschutzziel verpflichtet; ihnen werden im Vertrag aber geringere Auflagen gemacht, um ihrer besonderen Situation gerecht zu werden. Dass aus solchen vertraglichen Regeln zu **„gemeinsamen, aber unterschiedlichen Verantwortlichkeiten"** (*common, but different responsibilities:* z. B. Art. 3 Nr. 1 UN-Klima-Rahmenkonvention) bereits Gewohnheitsrecht zu Gunsten der Entwicklungsländer geworden ist, wird derzeit noch überwiegend abgelehnt. Da es sich um eine Regelung mit „grundlegendem normbildenden Charakter" handelt (Rn. 260), ist eine solche Entwicklung aber zumindest möglich – zumal sich im Bereich der sozialen Menschenrechte vergleichbare Differenzierungen finden.
- Entwicklungsländer sollen selbst in die Lage versetzt werden, höhere Umweltstandards zu erreichen. Daher spielen Pflichten zum **Forschungs- und Technologietransfer** von Nord nach Süd gerade im Bereich des Umweltschutzes eine wichtige Rolle (z. B. Art. 4 UN-Klima-Rahmenkonvention, Art. 10 Kyoto-Protokoll). Gewohnheitsrecht erwächst aus diesen Vertragsklauseln allerdings nicht.

Es griffe zu kurz, das Verhältnis zwischen Umwelt- und Entwicklungspolitik nur ne- **873**
gativ zu bestimmen. Zusammengehalten werden sie von einem **Gemeinschaftsdenken** – Rücksichtnahme, Kooperation und Solidarität in einer gemeinsamen Welt (hier fällt oft das Schlagwort von der „Einen Welt") – und der Idee der **Nachhaltigkeit**, die eine Verantwortung gegenüber künftigen Generationen ins Spiel bringt, ökologisch wie ökonomisch. Damit sind Umwelt- wie Entwicklungsvölkerrecht Ausdruck einer stärker auf **Kooperation** statt auf bloße Koordination ausgerichteten internationalen

2 Vgl. IGH, Urteil v. 25.9.1997, Gabčíkovo-Nagymaros, ICJ Rep. 1997, 7, § 140 (siehe Anhang, Nr. 22): „This need to reconcile economic development with protection of the environment is aptly expressed in the concept of sustainable development." Zu dieser „holistischen Lesart" des Prinzips (und einer konkurrierenden „umweltspezifischen Lesart") m. w. N. *T. Marauhn*, Umwelt und Entwicklung, in: Dann/Kadelbach/Kaltenborn (Hg.), Entwicklung und Recht, 2014, 433 (456 ff).

3 IGH, a.a.O.

4 Zu dieser Verknüpfung auch *R. Bratspies*, Rethinking Decisionmaking in International Environmental Law: A Process-Oriented Inquiry into Sustainable Development, YaleJIL 32 (2007), 363.

5 Vgl. IGH, Urteil v. 20.4.2010, Pulp Mills on the River Uruguay (Argentina v. Uruguay), ICJ Rep. 2010, 14, § 177: „[…] if the interests of the other riparian State […] were not taken into account."

Ordnung.[6] Dies hilft zu erklären, warum es bei dem Versuch, Umwelt- und Entwicklungsaspekte rechtlich verbindlich zu stärken, immer wieder zu Rückschlägen kommt: Die **nationalen Interessen** und Souveränitätsvorbehalte der Staaten stehen Fortschritten oft im Wege.[7] Nicht selten ergeben sich auch Zielkonflikte mit dem Liberalisierungsziel im Weltwirtschaftsrecht.

874 Sowohl im Umwelt- als auch im Entwicklungsvölkerrecht spielt daher **soft law** eine große Rolle bei der Koordinierung der Politiken wie bei der nachfolgenden Rechtsentwicklung; ob ein zunächst in rechtlich unverbindlichen Abschlusserklärungen und Resolutionen formuliertes Prinzip bereits zu **Gewohnheitsrecht** geworden ist, ist Gegenstand intensiver Debatten, hinter denen letztlich die politischen Spannungen zwischen nationaler Souveränität und Gemeinschaftsdenken stehen. Wo es zum Abschluss von Verträgen kommt, bevorzugen Staaten in beiden Rechtsgebieten **konkrete vertragliche Abreden** statt allgemeiner und globaler Ansätze. So lässt sich für den Staat besser kontrollieren, in welchem Ausmaß er sich einem internationalen Rechtsregime unterwirft.

B. Umweltvölkerrecht

I. Überblick

1. Umwelt und Raum

875 Das Umweltvölkerrecht steht in seinen Ursprüngen in enger Verbindung zum Raumdenken. Eine seiner Hauptwurzeln ist das **völkerrechtliche Nachbarrecht**. Dass Staaten dem Staatsgebiet ihrer Nachbarn keine erheblichen Umweltschäden zufügen dürfen oder dass gemeinsame genutzte Ressourcen (namentlich Binnengewässer) in einer fairen und angemessenen Weise aufgeteilt werden müssen, ist noch stark von den Grundsätzen der **Gebietshoheit und der territorialen Integrität** geprägt.

876 Das Umweltvölkerrecht hat in den letzten Jahrzehnten einen Prozess der **„Entterritorialisierung“** erfahren:[8] Zunächst führte die Erkenntnis, dass über die Luft als Medium Umweltverschmutzungen weiträumig verbreitet werden können, dazu, das Konzept der Nachbarschaft zu erweitern; der Reaktorunfall von Tschernobyl 1986 trug hierzu ebenfalls bei. Auch bei einem **erweiterten Nachbarschaftsverständnis** bleibt der Raumbezug aber prinzipiell erhalten; schließlich treten die Schäden auf dem Gebiet eines anderen Staates ein, wenn auch eines nicht unmittelbar benachbarten. Erweitert wurde das Nachbarrecht auch dadurch, dass nicht nur Schäden auf fremdem Staatsgebiet, sondern auch in Gebieten außerhalb staatlicher Souveränität (**Staatengemeinschaftsräume**) erfasst sind. Eine weitgehende Lösung von Raumkonzepten

6 Zu dieser Entwicklung Rn. 29.

7 Vgl. UNEP, Environmental Rule of Law: First Global Report, 2019.

8 Vgl. *M. Vogelsang*, Vom Nachbarrecht zum Umweltrecht – der Wandel des Umweltvölkerrechts, UPR 1992, 419; *N. Matz*, Wege zur Koordinierung völkerrechtlicher Verträge, 2005, 59 ff. Als Prinzip bei *T. Cottier* u. a., The Principle of Common Concern and Climate Change, AVR 52 (2014), 293.

im Umweltschutz allerdings bewirkte die „Entdeckung“ entterritorialisierter **Schutzgüter von globaler Bedeutung**: der Luft selbst, der Ozonschicht, des Klimas.

Gerade der Schutz dieser globalen Güter macht es unausweichlich, **weltweite Standards** zu vereinbaren. Dies geht mit Auflagen für die Wirtschaft einher, zu denen aus nationalen ökonomischen Interessen nicht alle Staaten bereit sind. Gelang z. B. beim Klimaschutz mit dem Kyoto-Protokoll 1997 ein wichtiger Durchbruch, blieb doch als gravierendes Manko, dass die USA innenpolitischer Widerstände wegen das Protokoll nie ratifizierten. Auf der Kopenhagener Klimaschutzkonferenz 2009 scheiterte der Versuch, überhaupt verbindliche Ziele und Maßnahmen zu beschließen. Der lange Jahre stockende Post-Kyoto-Prozess hat im Dezember 2015 in Paris vorläufig einen erfolgreichen Abschluss gefunden (Rn. 907). **877**

2. Entwicklung des Umweltvölkerrechts

Am Anfang des Umweltvölkerrechts im eigentlichen Sinne steht die Weltumweltkonferenz von **Stockholm 1972**. Die rechtlich nicht verbindliche Abschlusserklärung enthält viele Prinzipien, die in der Folgezeit Eingang in Umweltabkommen gefunden haben. Unmittelbare Folge der Konferenz war die Gründung des **Umweltprogramms der Vereinten Nationen (UNEP)** sowie der Abschluss einer Reihe sektoraler Abkommen zum Umwelt- und Artenschutz. **878**

In der Folgezeit mehrten sich Forderungen nach einem umfassenden Ansatz in der Umweltpolitik, der auch die **Entwicklungsdimension** einbezieht.[9] Auch das sich durchsetzende Bewusstsein um die **Endlichkeit der natürlichen Ressourcen** (eingeleitet durch die Studie des *Club of Rome* „Grenzen des Wachstums“ von 1972) forderte nach einem ganzheitlichen Ansatz. Diesen fand die UN-Weltkommission über Umwelt und Entwicklung in ihrem sog. **Brundtland-Bericht** von 1987 in dem schon vorgestellten Konzept einer nachhaltigen Entwicklung. Der **Erdgipfel von Rio 1992** schrieb die Stockholm-Prinzipien im Lichte der Idee der Nachhaltigkeit und unter Einbeziehung des Entwicklungsaspekts fort. Die Rio-Grundsätze sind noch heute ein wichtiger Referenzpunkt für das Umweltvölkerrecht, obgleich umstritten ist, welche Grundsätze bereits Gewohnheitsrecht darstellen. Auch die Konferenz von Rio inspirierte den Abschluss weiterer wichtiger Abkommen, darunter des UN-Rahmenübereinkommens über Klimaänderungen sowie des UN-Übereinkommens über die biologische Vielfalt. Seitdem sind in der globalen Umweltpolitik eher Teilerfolge zu verzeichnen als große Durchbrüche.

Der sog. **Rio-Folgeprozess** dient seit 1992 einer Operationalisierung der Rio-Prinzipien, mit durchwachsenen Erfolgen. Der Weltgipfel für nachhaltige Entwicklung in Johannesburg 2002 brachte nicht die angestrebte Verbindlichkeit, sondern lediglich eine weitere unverbindliche Abschlusserklärung. Größere Fortschritte scheinen weiterhin sektorale Ansätze zu versprechen. Die Suche nach umfassenden, ganzheitlichen Prinzipien für nachhaltige Entwicklung und Umweltschutz auf Weltgipfeln dient eher einer Art ideeller Standortbestimmung, die allerdings ihrerseits die Beratungen zu Einzelfragen des Umweltschutzes beeinflussen kann. Dass das Völkerrecht auf diesem Wege mit dem rasanten Wandel der Umweltbedingungen Schritt halten kann, steht zu bezweifeln.[10] Ob neue Impulse von einem stärker **menschenrechtsorientierten Umweltschutzverständnis** (Rn. 910) ausgehen kann, wird abzuwarten sein.

---

9 Nicht zuletzt wegen kolonialer Hintergründe des Umweltvölkerrechts, vgl. *S. Boysen*, Die postkoloniale Konstellation: Natürliche Ressourcen und das Völkerrecht der Moderne, 2019 (i.V.).

10 Näher *N. Craik* u. a. (Hg.), Global Environmental Change and Innovation in International Law, 2018. Siehe auch *L. Kotzé*, Global Environmental Constitutionalism in the Anthropocene, 2016; *ders.* (Hg.), Environmental Law and Governance for the Anthropocene, 2017; *ders./W. Muzangaza*, Constitutional international environmental law for the Anthropocene?, RECIEL 27 (2018), 278.

3. Quellen des Umweltvölkerrechts

879 Im Umweltvölkerrecht spielt das **Vertragsrecht** eine wichtige Rolle.[11] Zahlreiche multilaterale (und auch regionale) Abkommen, von denen viele unter dem Dach der UNO und ihres Umweltprogramms UNEP zustande gekommen sind, befassen sich mit dem Schutz der Umwelt unter verschiedensten Aspekten. Charakteristisch für das Umweltrecht sind **Rahmenabkommen**, die später durch **Protokolle** ergänzt und ausgefüllt werden (z. B. Rahmenübereinkommen über Klimaänderungen von 1992 mit Kyoto-Protokoll von 1997). Dieses Regelungsmuster erleichtert es, die Rechtslage neuen wissenschaftlichen Erkenntnissen und veränderten Realbedingungen anzupassen.[12] Insbesondere wenn das Änderungsverfahren für das Protokoll gegenüber Änderungen des Grundabkommens vereinfacht ist, kann es auch einen Beitrag dazu leisten, durch schrittweises Vorgehen nationale Widerstände leichter zu überwinden.[13]

880 Kennzeichnend für das Umweltvölkerrecht ist, wie erwähnt, die wichtige Rolle, die das **soft law** spielt. Dokumente des *soft law* sind zwar mangels Rechtsverbindlichkeit keine Völkerrechtsquelle; die **Grundsätze von Stockholm (1972) und von Rio (1992)** haben aber in nicht zu unterschätzender Weise zur Herausbildung des heutigen Umweltvölkerrechts beigetragen.[14] Auf die dort verkündeten Prinzipien wurde beim Abschluss völkerrechtlicher Verträge häufig zurückgegriffen, so dass ihnen auf diesem Weg Rechtsgeltung zugewachsen ist. Welche dieser Grundsätze bereits gewohnheitsrechtliche Geltung beanspruchen können, ist allerdings umstritten. Das schwierig zu klärende Verhältnis von Vertragsrecht, *soft law* und Gewohnheitsrecht ist kennzeichnend für das Umweltvölkerrecht: Ein Gutteil der Rechtsquellendiskussion im modernen Völkerrecht spielt sich im Umweltrecht ab.

881 Die für die internationale Umweltpolitik charakteristische Mischung aus rechtlichen und außerrechtlichen „weichen" Mechanismen wird heute interdisziplinär unter dem Begriff der **Umweltgovernance** diskutiert.[15] Kennzeichnend für diese ist ein Zusammenspiel von Akteuren (Internationale Organisationen, Staaten, Privatwirtschaft, NGO), von Standards (Umweltvölkerrecht, internationales *soft law*, private Standards) und deren Durchsetzung (v. a. *Compliance*-Mechanismen [Rn. 457] und Haf-

---

11 Vgl. *K. Scott*, The Dynamic Evolution of International Environmental Law, VUWLR 49 (2018), 607.

12 Näher dazu *J. Viñuales*, Legal Techniques for Dealing with Scientific Uncertainty in Environmental Law, VJTL 43 (2010), 437.

13 Zu diesem Regelungsmodell Rn. 235. Näher *F. Germelmann*, Moderne Rechtssetzungsformen im Umweltvölkerrecht, AVR 52 (2014), 325, der hierin Formen der Sekundärrechtsetzung erblickt.

14 *D. Shelton*, Stockholm Declaration (1972) and Rio Declaration (1992), MPEPIL (7/2008). Eingehend *J. Friedrich*, International Environmental "soft law", 2013. Auch private Regelwerke spielen zunehmend eine größere Rolle, vgl. *D. Ong*, From 'International' to 'Transnational' Environmental Law? A Legal Assessment of the Contribution of the 'Equator Principles' to International Environmental Law, NorJIL 79 (2010), 35.

15 Statt vieler *G. Winter* (Hg.), Multilevel Governance of Global Environmental Change, 2006. Zu Wegen der Durchsetzung *R. Wolfrum*, Means of Compliance with and Enforcement of International Environmental Law, RdC 272 (1998), 23; *U. Beyerlin/P. T. Stoll/R. Wolfrum* (Hg.), Ensuring Compliance with Multilateral Environmental Agreements, 2006; *T. Treves* u. a. (Hg.), Non-Compliance Procedures and Mechanisms and the Effectiveness of International Environmental Agreements, 2009; *A. Cardesa-Salzmann*, Constitutionalising Secondary Rules in Global Environmental Regimes, JEnvL 24 (2012), 103; *E. Morgera*, Bilateralism at the Service of Community Interests? Non-Judicial Enforcement of Global Public Goods in the Context of Global Environmental Law, EJIL 23 (2012), 743 (753 ff).

tungsregime als Besonderheiten) sowie von Finanzierungsmechanismen zur Unterstützung von Entwicklungsländern. Insbesondere in den Durchsetzungsmechanismen liegt ein wichtiger Vorzug gegenüber der noch immer schwächer verrechtlichten Entwicklungspolitik.

II. Völkerrechtliches Nachbarrecht als Ausgangspunkt

1. Verbot erheblicher grenzüberschreitender Umweltbeeinträchtigungen

Nach der sog. **Harmon-Doktrin** (USA 1898) sollte kraft seiner Souveränität jeder Staat frei darüber entscheiden können, welche Maßnahmen er auf seinem Staatsgebiet vornehmen oder dulden will, ungeachtet der Auswirkungen auf das Staatsgebiet des Nachbarstaates. Dieses „souveräne Recht auf Rücksichtslosigkeit“[16], das die Gebietshoheit des einen Staates gegenüber der territorialen Integrität des anderen einseitig bevorzugt, hat sich völkerrechtlich nicht durchsetzen können. Dies liegt nicht zuletzt daran, dass jeder Staat auch Opfer der Handlungen seines Nachbarstaates werden kann. Vielmehr muss zwischen den Rechten beider Staaten ein angemessener Ausgleich gefunden werden. **882**

Ein Staat ist für Umweltschäden, die von seinem Staatsgebiet ausgehen und auf dem Territorium eines anderen Staates eintreten, völkerrechtlich verantwortlich. Schon 1941 wurde im Trail-Smelter-Schiedsspruch die **Verursachung erheblicher und außergewöhnlicher Schäden** auf dem Gebiet eines benachbarten Staates als völkerrechtliches Delikt eingestuft. **883**

Fall: Trail Smelter (Schiedsgericht 1941)[17] Die im kanadischen Ort Trail ansässige privat betriebene Metallschmelze hatte durch Schadstoffemissionen im benachbarten US-Bundesstaat Washington erhebliche Schäden verursacht.

Das von den USA und Kanada eingesetzte Schiedsgericht entschied am 11. März 1941, dass Kanada für die Schäden verantwortlich sei und dass weitere Emissionen zu unterbinden seien. Kein Staat habe das Recht, „to use or permit the use of its territory in such a manner as to cause injury [...] in or to the territory of another [...], when the case is of serious consequences [...]“.

Dieser deliktischen Verantwortlichkeit liegt eine (Primär-)Pflicht voraus, derartige Schädigungen von vornherein **zu unterlassen** und – die Schmelze in Trail war privat betrieben – Beeinträchtigungen durch Private **zu unterbinden**. Den Staat trifft im Rahmen der angemessenen Sorgfalt *(due diligence*, siehe Rn. 409) eine Aufsichtspflicht. Solches folgt aus dem allgemeinen Rechtsgrundsatz *sic utere tuo ut alienum non laedas* („gehe mit deinen Dingen so um, dass du den anderen nicht schädigst“). Dass dies auch eine Pflicht zur aktiven **Schadensvorbeugung** impliziert, hat der IGH ausdrücklich festgestellt.[18] Was diese Pflicht dem Staat konkret abverlangt, lässt sich

16 *P. Kunig*, Das Völkerrecht als Recht der Weltbevölkerung, AVR 41 (2003), 327 (330).

17 RIAA III, 1905, 1938: www.legal.un.org/riaa/cases/vol_III/1905-1982.pdf; Anhang, Nr. 37.

18 IGH, Gutachten v. 8.7.1996, Legality of the Threat or Use of Nuclear Weapons, ICJ Rep. 1996, 226, § 29; siehe Anhang, Nr. 21; Urteil v. 20.4.2010, Pulp Mills on the River Uruguay (Argentina v. Uruguay), ICJ Rep. 2010, 14, § 101. Vgl. auch *J. Brunnée*, Sic utere tuo ut alienum non laedas, MPEPIL (3/2010).

allerdings nur im Einzelfall sagen. Bestimmt man die Sorgfaltspflichten dynamisch und unter Einbeziehung neuer wissenschaftlicher oder technologischer Standards,[19] können auf diesem Wege **Standards des soft law** über das „Einfallstor" der *due diligence* **in Rechtspflichten transformiert** werden. Führt ein Verstoß gegen die ihm obliegenden völkerrechtlichen Verpflichtungen zu **Umweltschäden** auf dem Territorium eines anderen Staates, so hat ein Staat hierfür nach den allgemeinen Regeln der Staatenverantwortlichkeit (Rn. 432–438) **Wiedergutmachung** zu leisten.[20]

884 Die **gewohnheitsrechtliche Geltung** des Verbots erheblicher grenzüberschreitender Umweltbeeinträchtigungen wird kaum mehr bestritten. In der für sich genommen rechtlich unverbindlichen Stockholmer Erklärung von 1972 bestimmt Prinzip 21:

States have, in accordance with the Charter of the United Nations and the principles of international law, the sovereign right to exploit their own resources pursuant to their own environmental policies, and the responsibility to ensure that activities within their jurisdiction or control do not cause damage to the environment of other States or of areas beyond the limits of national jurisdiction.

Hier ist die Beschränkung auf **„erhebliche" Schäden** aufgegeben; ob dies dem heutigen Stand des Gewohnheitsrechts entspricht, ist allerdings zweifelhaft. Anders steht es mit der Erweiterung auf **Gebiete jenseits staatlicher Hoheitsgewalt**. Diese Verantwortung auch gegenüber Staatengemeinschaftsräumen ist Ausdruck einer gewohnheitsrechtlich bestehenden Pflicht jedes Staates.

2. Angemessene und vernünftige Nutzung geteilter natürlicher Ressourcen

885 Aus der Gebietshoheit folgt das Recht eines jeden Staates, diejenigen natürlichen Ressourcen zu nutzen, die sich auf seinem Territorium befinden. Bei **Ressourcen auf dem Gebiet mehrerer Staaten** (z. B. grenzüberschreitende Flüsse), muss erneut sichergestellt werden, dass nicht die Nutzung der souveränen Rechte des einen Staates zu Lasten der Rechte seiner Nachbarn geht. Dies stellt das **Gebot der angemessenen und vernünftigen Nutzung** geteilter natürlicher Ressourcen sicher. Es entstammt dem Recht der Binnengewässer (Flüsse, Seen), ist aber wegen seiner Verankerung in grundlegenden Prinzipien des Nachbarschaftsrechts übertragbar auf andere Ressourcen wie z. B. Wälder oder Bodenschätze (umstritten!).

886 Aus dem Gebot der angemessenen und vernünftigen Nutzung geteilter Ressourcen wurden im Lac-Lanoux-Schiedsspruch vor allem prozedurale Pflichten, nämlich die Verpflichtung zu vorheriger **Information und Konsultation** des betroffenen Nachbarstaates abgeleitet.[21]

19 Überzeugend ISGH, Meeresbodenkammer, Gutachten v. 1.2.2011, Case no. 17, § 117. Vgl. auch *Y. Tanaka*, Reflections on Time Elements in the International Law of the Environment, ZaöRV 73 (2013), 139 (161 ff).

20 IGH, Urteil v. 2.2.2018, Certain Activities Carried Out by Nicaragua in the Border Area (Costa Rica v. Nicaragua), §§ 29 ff, 39 ff. Dazu *D. Desierto*, Environmental Damages, Environmental Reparations, and the Right to a Healthy Environment, EJIL Talk! (14.2.2018).

21 Dazu auch *A. v. Arnauld*, Klausurenkurs im Völkerrecht, 3. Aufl. 2018, Fall 12.

Fall: Lac Lanoux (Schiedsgericht 1957)[22] Frankreich beabsichtigte, zur Elektrizitätsgewinnung das Wasser des Flusses Font-Vive umzuleiten. Dieser verbindet den französischen Lac Lanoux in den Pyrenäen mit dem französisch-spanischen Grenzfluss Carol. Die Pläne führten zu einem Streit mit Spanien, der 1957 von einem Schiedsgericht entschieden wurde.

Dieses erklärte die französischen Pläne für vereinbar mit dem französisch-spanischen Nachbarschaftsvertrag und machte dabei einige allgemeine Ausführungen zum „Geist der Nachbarschaft". Da Frankreich das Wasser des Font-Vive wieder in den Carol zurückleiten wolle und auch keine erhebliche Veränderung der Wassereigenschaften drohe, sei das Gebot einer billigen Mitnutzung nicht verletzt; unerhebliche Einwirkungen seien dagegen hinzunehmen. Zudem habe Frankreich die Pflicht zur Kooperation mit Spanien beachtet, indem es Spanien informiert und konsultiert habe.

Was in inhaltlicher Hinsicht eine **„angemessene und vernünftige"** Nutzung ist, lässt **887** sich nur im Einzelfall feststellen. Als relevante Faktoren benennt die ILA in Art. 13 Abs. 2 ihrer **Berlin Rules on Water Resources** (2004) u. a.:[23] natürliche Gegebenheiten (geographische, hydrographische, klimatische, ökologische usw.); soziale und wirtschaftliche Bedürfnisse der betroffenen Staaten; die Zahl der Menschen, die auf die Ressource angewiesen sind; die Auswirkungen auf die betroffenen Staaten, namentlich in ökologischer Hinsicht; mögliche Alternativen. Ähnliche Kriterien legt für die Vertragsstaaten Art. 6 Abs. 1 des **UN-Übereinkommens über das Recht der nichtschifffahrtlichen Nutzung internationaler Wasserläufe** von 1997 fest.[24] Generell gilt, dass der Oberlieger eines Flusses den Unterlieger nicht von der Wasserzufuhr abschneiden darf (z. B. durch Umleitung oder Stauung) und dass übermäßige Verschmutzungen zu vermeiden sind.

Fall: Gabčíkovo-Nagymaros (IGH 1997)[25] Ungarn und die Tschechoslowakei schlossen 1977 einen Vertrag über den Bau eines gemeinsamen Staudammsystems zur Energieerzeugung, Flusskontrolle und Verbesserung der Schiffbarkeit der Donau. 1989 suspendierte Ungarn den Vertrag und stellte die Arbeiten an dem Projekt ein, mit der Begründung, dass es schwere Umweltrisiken berge und die Wasserversorgung von Budapest gefährde. Die Slowakei (als Nachfolgerin der Tschechoslowakei) wies diese Begründung zurück und verlangte von Ungarn Vertragserfüllung. Schließlich entwickelte die Slowakei ein Alternativprojekt („Variante C"), bei dem 80-90% des Wassers umgeleitet und nach Nutzung in das Flussbett zurückgeleitet wurde. Durch eine Reduktion der Fließgeschwindigkeit trockneten Seitenarme und Wasserläufe im Feuchtland um das ungarische Szigetköz aus. Beide Staaten unterbreiteten ihren Streit schließlich dem IGH.

In seinem Urteil setzte sich der IGH v. a. eingehend mit der Fortgeltung des Vertrags auseinander; die Kündigung des Vertrages durch Ungarn sei unwirksam gewesen und könne auch nicht als Notstandsmaßnahme gerechtfertigt werden – eine solche sei bei langsam wirkenden Umweltfolgen regelmäßig ausgeschlossen. Allerdings habe die Slowakei sich durch

22 RIAA XII, 281, 303; siehe Anhang, Nr. 38.

23 Zu finden über http://www.internationalwaterlaw.org/documents/intldocs/. Die „Berlin Rules" sind an die Stelle der „Helsinki Rules" der ILA von 1966 getreten und erheben den Anspruch, das geltende Gewohnheitsrecht wiederzugeben.

24 BGBl. 2006 II 742; ILM 36 (1997), 700. In Kraft seit dem 17.8.2014. Dazu *S. McCaffrey*, The Law of International Watercourses: Non-navigational Uses, 3. Aufl. 2019; *L. Caflisch*, The Contemporary Law of International Watercourses: Some Aspects and Problems, UN-AVL (2/2018).

25 Vgl. IGH, Urteil v. 25.9.1997, Gabčíkovo-Nagymaros, ICJ Rep. 1997, 7, v. a. §§ 78, 85 f; siehe Anhang, Nr. 22.

die Umleitung von 80-90% des Wassers der Donau dieses in unangemessenem Maße angeeignet; auch seien die ökologischen Auswirkungen des Projekts auf das Feuchtgebiet von Szigetköz erheblich. Dass Ungarn im Rahmen des gemeinsamen Projekts einer Wassernutzung in ähnlichem Umfang zugestimmt habe, sei ohne Belang, da Ungarn durch das gemeinsame Projekt auch Vorteile gehabt hätte, die nun entfielen. Diese Verstöße gegen das Recht Ungarns auf angemessene und vernünftige Nutzung der Donau könnten auch nicht als Gegenmaßnahme gegen die rechtswidrige Kündigung des Vertrages durch Ungarn gerechtfertigt werden, weil sie außer Verhältnis zu dem Rechtsbruch Ungarns stünden. Im Ergebnis forderte der IGH beide Seiten auf, in umfassende Verhandlungen über eine Streitbeilegung zu treten und dabei auch die erheblichen Fortentwicklungen des Umweltvölkerrechts in den Jahrzehnten seit Vertragsschluss zu berücksichtigen.

888 Während es im ursprünglichen Nachbarrecht nur um die faire Aufteilung der Ressourcen ging und der **Schutz vor Verschmutzung** allein die Nutzungsrechte des Unterliegers im Blick hatte, ist im heutigen gewohnheitsrechtlichen Nutzungsregime auch der Gedanke der **Nachhaltigkeit** unter ökologischen Gesichtspunkten verankert (vgl. Art. 12 Abs. 2, Art. 13 Abs. 2 lit. h und i der „Berlin Rules").

III. Grundprinzipien des Umweltvölkerrechts

889 Neben den beiden soeben genannten Grundsätzen kennt das Umweltvölkerrecht mehrere Prinzipien, die regelmäßig in internationalen Abkommen vereinbart werden und sich auch in einschlägigen Dokumenten des *soft law* finden.[26] Welche dieser Prinzipien bereits **gewohnheitsrechtlich gelten** und welche nur kraft besonderer vertraglicher Vereinbarung, ist in praktisch jedem Fall **umstritten**. Selbst wenn ein solcher Grundsatz gewohnheitsrechtlich verankert ist, ist er in aller Regel **inhaltlich so allgemein** gehalten, dass es nicht immer leicht fällt, ihm konkrete Verpflichtungen der Staaten zu entnehmen. Lösungen müssen sich hier stets am Einzelfall orientieren und Maßstäbe in einer Mischung von induktivem und deduktivem Vorgehen gewonnen werden (Rn. 298–301).

1. Nachhaltigkeit

890 Der Gedanke der Nachhaltigkeit findet sich heute in nahezu jedem umweltvölkerrechtlichen Abkommen und jeder Resolution. Er ist als Bestandteil des übergreifenden Konzepts der „nachhaltigen Entwicklung" anerkannt und verpflichtet als spezifisch umweltrechtlicher Grundsatz zu einem Vorgehen, das die **Interessen künftiger Generationen** an einer sauberen Umwelt und ausreichenden Ressourcen berücksichtigt. Die territorial gedachte Rücksichtnahme auf die Rechte und Interessen des Nachbarn im völkerrechtlichen Nachbarrecht wird hier gewissermaßen zeitlich umgedeutet – als eine Art „Nachbarschaft" zu den künftigen Generationen. Der Nachhaltigkeitsgrundsatz ist eher ein **Korrektiv im Rahmen der Ausübung souveräner Nutzungsrechte**, er gebietet oder verbietet aber nicht bestimmte Nutzungen als solche. Dies

26 Vgl. allgemein *J. Monien*, Prinzipien als Wegbereiter eines globalen Umweltrechts?, 2014; *A. Proelß*, Prinzipien des internationalen Umweltrechts, in: ders. (Hg.), Internationales Umweltrecht, 2017, 96 ff.

zeigt sich insbesondere an der Energiepolitik, in deren Gestaltung die Staaten noch immer weitgehende souveräne Freiheit für sich in Anspruch nehmen. Eine Pflicht zu erneuerbaren Energien ist dem Völkerrecht (noch?) fremd.

2. Informations- und Konsultationspflichten

Von erheblicher Bedeutung im Umweltvölkerrecht sind Informations- und Konsultationspflichten. 891 Kaum mehr Streit dürfte heute darüber bestehen, dass ein Staat andere möglicherweise betroffene Staaten zu unterrichten hat, wenn es auf seinem Staatsgebiet zu **Unfällen oder Störfällen** kommt, von denen erhebliche Beeinträchtigungen auf die Umwelt von Nachbarstaaten ausgehen kann. Dies war von der UdSSR unmittelbar nach der Nuklearkatastrophe von Tschernobyl 1986 zwar noch bestritten worden, folgt aber letztlich aus der Pflicht des Schädigers zur Schadensminimierung. Vertraglichen Ausdruck hat diese gewohnheitsrechtliche Verpflichtung v. a. im Übereinkommen über die frühzeitige Benachrichtigung bei nuklearen Unfällen v. 26. September 1986 gefunden.[27] Eine solche Pflicht zur Information besteht nicht nur bei technischen Störfällen, sondern auch bei Naturkatastrophen, die Schäden für andere Staaten haben können (vgl. Rio-Grundsatz Nr. 18).[28]

Informations- und Konsultationspflichten bestehen aber auch bereits **im Stadium der** 892 **Planung** umweltrelevanter Projekte. So heißt es in Grundsatz 19 der Rio-Erklärung:

Die Staaten unterrichten möglicherweise betroffene Staaten über Tätigkeiten, die wesentliche nachteilige grenzüberschreitende Auswirkungen haben können, im voraus und rechtzeitig, stellen ihnen sachdienliche Informationen zur Verfügung und konsultieren sie frühzeitig und in redlicher Absicht.

Staaten sind natürlich nicht zu Information und Konsultation „ins Blaue hinein" verpflichtet, sondern nur, wenn sie **auf Grund einer Prüfung** zu dem Ergebnis gelangen, dass ein Vorhaben erhebliche grenzüberschreitende Auswirkungen haben kann. Dass eine solche **Umweltverträglichkeitsprüfung** *(environmental impact assessment)* vor Genehmigung umweltrelevanter Vorhaben durchzuführen ist, ist mittlerweile ebenfalls gewohnheitsrechtlich verankert.[29] Die konkreten Anforderungen an eine solche Prüfung gibt das Völkergewohnheitsrecht nicht vor,[30] sie muss aber Ziel und Zweck (Identifikation und Einschätzung möglicher grenzüberschreitender Umweltrisiken) erfüllen können.

---

27 BGBl. 1989 II 435; ILM 25 (1986), 1370.

28 Näher *A. v. Arnauld*, Völkerrechtliche Informationspflichten bei Naturkatastrophen, AVR 43 (2005), 279. Allgemein auch *D. Partan*, The "Duty to Inform" in International Environmental Law, BUILJ 6 (1988), 43.

29 Vgl. Art. 7 ILC Draft 2001; IGH, Urteil v. 20.4.2010, Pulp Mills on the River Uruguay (Argentina v. Uruguay), ICJ Rep. 2010, 14, §§ 204 f; Urteil v. 16.12.2015, Certain Activities carried out by Nicaragua in the Border Area (Costa Rica v. Nicaragua), §§ 101, 112. Für eine Erstreckung auf Staatengemeinschaftsräume ISGH, Meeresbodenkammer, Gutachten v. 1.2.2011, Case no. 17, § 148. Vgl. auch ILC, Protection of the atmosphere, Draft guideline 4, A/CN.4/L.875 v. 10.6.2016. Näher *A. Epiney*, Environmental Impact Assessment, MPEPIL (1/2009).

30 Evtl. aber das Vertragsrecht. Vgl. dazu z. B. das Espoo-Übereinkommen über Umweltverträglichkeitsprüfungen im grenzüberschreitenden Rahmen v. 25.2.1991, BGBl. 2002 II 1406; ILM 30 (1991), 802. Evaluation verschiedener Modelle bei *C. Kersten*, Rethinking Transboundary Environmental Impact Assessment, YaleJIL 34 (2009), 173.

893 Gelangt ein Staat nach einer derartigen Prüfung zu der Erkenntnis, dass ein Vorhaben erhebliche ökologische Auswirkungen auf andere Staaten haben könnte, ist er auch ohne Vertrag verpflichtet, diese zu informieren und zu konsultieren.[31] **Informationspflichten** zwischen Nachbarstaaten bei Vorhaben, die erhebliche grenzüberschreitende Umweltbeeinträchtigungen verursachen können, sind vielfältig vertraglich vereinbart worden und können auf umfangreiche Staatenpraxis bauen.[32] Hinzu treten zahlreiche Dokumente des *soft law*, namentlich das Prinzip 19 der Erklärung von Rio (1992) sowie Art. 8 der *Draft Articles on Prevention of transboundary harm from hazardous activities* der ILC aus dem Jahre 2001, die 2007 von der UN-Generalversammlung den Mitgliedstaaten der UNO zur Beachtung empfohlen wurden.[33] Die Informationspflicht ist eng verknüpft mit der gewohnheitsrechtlichen Vorbeugepflicht (Rn. 883–884):[34] Der Pflicht, grenzüberschreitenden Umweltschäden so weit als möglich vorzubeugen, ist eine Pflicht immanent, potentiell betroffene Staaten in die Lage zu versetzen, selbst Vorkehrungen zu treffen; hierfür sind Informationen unerlässlich. Die im Rio-Prinzip 19 und Art. 9 der ILC-Artikel postulierten **Konsultationspflichten** sind im Völkerrecht nicht in dem gleichen Maße verankert wie die Informationspflichten.[35] Eine Pflicht, Nachbarstaaten Konsultationen anzubieten, wird man abgesehen von gemeinsamen Ressourcen (Rn. 886) und von hochgefährlichen Aktivitäten im Grenzbereich (Rn. 901) wohl nur regional in Europa als gewohnheitsrechtlich etabliert ansehen können.[36] Im Übrigen dürfte jedoch in der Verweigerung von Konsultationen regelmäßig ein Verstoß gegen das Prinzip der guten Nachbarschaft (vgl. u. a. Präambel und Art. 74 UNCh) liegen, wenn der Nachbarstaat solche verlangt. Die Konsultation hat vor der endgültigen Entscheidung stattzufinden, damit sie noch Einfluss auf das Ergebnis haben kann. Einen Anspruch auf Berücksichtigung seiner Kommentare und Einwände hat der andere Staat nicht; es besteht lediglich eine Pflicht zur redlichen Verhandlung und angemessenen Berücksichtigung der jeweiligen Interessen.

3. Vorsorgeprinzip

894 Das Vorsorgeprinzip *(precautionary principle)* entstammt ursprünglich dem deutschen Umweltrecht und fand international erstmalig Erwähnung in Art. XVI:1 der Ministererklärung der Nordseeschutzkonferenz von 1987.[37] Es ergänzt die Pflicht zur

---

31 Dazu auch *A. v. Arnauld*, Klausurenkurs im Völkerrecht, 3. Aufl. 2018, Fall 12.

32 *D. Rauschning*, Allgemeine Völkerrechtsregeln zum Schutz gegen grenzüberschreitende Umweltbeeinträchtigungen, FS Schlochauer, 1981, 557 (571 ff); *A. Epiney*, Zur Einführung – Umweltvölkerrecht, JuS 2003, 1066 (1070) m. w. N. Siehe ferner z. B. Art. 17 Abs. 4 des Übereinkommens über nukleare Sicherheit vom 20.9.1994 (BGBl. 1997 II S. 131).

33 ILC Articles on the Prevention of Transboundary Harm from Hazardous Activities (2001), von der UN-Generalversammlung angenommen am 6.12.2007, A/RES/62/68.

34 IGH, Urteil v. 20.4.2010, Pulp Mills on the River Uruguay (Argentina v. Uruguay), ICJ Rep. 2010, 14, §§ 101 f. Noch skeptisch *P. Kunig*, Nachbarrechtliche Staatenverpflichtungen bei Gefährdungen und Schädigungen der Umwelt, BDGV 32 (1992), 9 (25).

35 *A. Verdross/B. Simma*, Universelles Völkerrecht, 3. Aufl. 1984, § 1031, und *D. Rauschning*, Allgemeine Völkerrechtsregeln zum Schutz gegen grenzüberschreitende Umweltbeeinträchtigungen, FS Schlochauer, 1981, 557 (571).

36 *U. Beyerlin*, Umweltvölkerrecht, 2000, Rn. 122.

37 Vertiefend *H. Hohmann*, The Precautionary Legal Duties and Principles of Modern International Environmental Law, 1994; *C. Erben*, Das Vorsorgegebot im Völkerrecht, 2005. Überblick m. w. N. bei *M. Schröder*, Precautionary Approach/Principle, MPEPIL (2/2014).

Vorbeugung (Rn. 883), die sich auf Schadensfälle bezieht, die bei Fehlfunktionen gefährlicher Anlagen folgen können. Im Unterschied hierzu erfasst das Vorsorgeprinzip auch Fälle, in denen der Eintritt eines Schadens nicht unbedingt wahrscheinlich, aber möglich ist. Es ist nicht der Gefahrenabwehr verpflichtet, sondern der **Risikoprävention**. Es zieht die Konsequenzen daraus, dass vermehrt riskante Verfahren und Technologien zum Einsatz kommen, bei denen nicht absehbar ist, ob sie zu Schäden führen werden oder nicht. Der **Mangel an wissenschaftlicher Gewissheit** möglicher Gefahren soll nicht zum Verzicht auf Schutzvorkehrungen führen. Technische Standards, Organisation und Verfahren müssen so gestaltet sein, dass der Eintritt eines denkbaren Schadensfalls nach Möglichkeit ausgeschlossen ist.[38]

Das Vorsorgeprinzip hat Eingang in internationale Verträge (z. B. Art. 3 Nr. 3 UN- **895**
Klima-Rahmenkonvention) und das *soft law* gefunden, namentlich in Rio-Grundsatz Nr. 15:

Zum Schutz der Umwelt wenden die Staaten im Rahmen ihrer Möglichkeiten weitgehend den Vorsorgegrundsatz an. Drohen schwerwiegende oder unumkehrbare Schäden, so darf ein Mangel an vollständiger wissenschaftlicher Gewissheit kein Grund dafür sein, kostenwirksame Maßnahmen zur Vermeidung von Umweltverschlechterungen aufzuschieben.

Ob das Vorsorgeprinzip bereits **gewohnheitsrechtlich** gilt, gehört zu einem der beliebtesten Streitpunkte des Umweltvölkerrechts. Manche Dokumente sprechen nicht von einem (rechtlichen) „Prinzip", sondern lediglich von einem (politischen) „Ansatz" *(approach)*. Im Gabčíkovo-Urteil hat sich der IGH einer Stellungnahme enthalten, weil beide Seiten das Prinzip im Gerichtsverfahren anerkannt hatten.[39] Angesichts der Frequenz, mit der der Vorsorgegedanke in internationale Dokumente Eingang gefunden hat und angesichts seiner engen Verbindung zum Vorbeugeprinzip, das ohne Zweifel Gewohnheitsrecht darstellt,[40] erscheinen solche Dispute letztlich als Spiegelfechtereien.[41]

Unklarheit besteht allerdings hinsichtlich der konkreten Inhalte des Vorsorgeprinzips. **896**
Zwar verlangt es eine dynamische Anpassung an den jeweiligen Stand von Wissenschaft und Technik. Umstritten ist aber, ob es den **BAT-Standard** *(Best Available Techniques)* einschließt, der zur Verwendung der jeweils besten verfügbaren Technologie verpflichtet, um Risiken aus gefährlichen Industrien zu minimieren. Gerade mit Blick auf die besondere Situation der Entwicklungsländer darf man hier skeptisch sein. Ob aus dem Vorsorgegedanken eine **Beweislastumkehr** folgt, wonach derjenige, der eine potenziell riskante Technik einsetzt, beweisen muss, dass diese ungefährlich ist, wird man im Anschluss an den IGH im Pulp-Mill-Fall ebenfalls bezweifeln dürfen.[42]

38 Zu Besonderheiten bei hochgefährlichen Aktivitäten siehe Rn. 899–902.
39 Vgl. IGH, Urteil v. 25.9.1997, Gabčíkovo-Nagymaros, ICJ Rep. 1997, 7, § 113; siehe Anhang, Nr. 22.
40 Zu diesem Zusammenhang ISGH, Meeresbodenkammer, Gutachten v. 1.2.2011, Case no. 17, § 131.
41 Vgl. *P.-M. Dupuy*, in: Bodansky/Brunnée/Hey (Hg.), The Oxford Handbook of International Environmental Law, 2008, 450 (462).
42 IGH, Urteil v. 20.4.2010, Pulp Mills on the River Uruguay (Argentina v. Uruguay), ICJ Rep. 2010, 14, § 164.

4. Verursacherprinzip

897 Einige Abkommen verpflichten die Vertragsstaaten, die Kosten einer Umweltverschmutzung auf den Verschmutzer abzuwälzen, um Anreize zu umweltschonendem Verhalten zu setzen.[43] Dieses Verursacherprinzip *(polluter pays principle)* formuliert allgemein Rio-Grundsatz Nr. 16:

Die nationalen Behörden sollten bestrebt sein, die Internalisierung von Umweltkosten und den Einsatz wirtschaftlicher Instrumente zu fördern, wobei sie unter gebührender Berücksichtigung des öffentlichen Interesses und unter Vermeidung von Verzerrungen im Welthandel und bei den internationalen Investitionen den Ansatz verfolgen sollten, dass grundsätzlich der Verursacher die Kosten der Verschmutzung zu tragen hat.

Eine solche **Inpflichtnahme Privater** kann allenfalls auf Umwegen in das Völkergewohnheitsrecht gelangen: Eine unmittelbare Haftung Privater scheitert an deren fortbestehenden Mediatisierung durch den Staat, für eine völkerrechtlich begründete Regelungspflicht der Staaten fehlt es an vertragsunabhängiger Praxis und *opinio iuris.* Allerdings kann in einem Regelungsversagen des Staates u. U. ein Verstoß gegen die Pflicht liegen, mit angemessener Sorgfalt Schadensvorbeugung zu betreiben (Rn. 883).

5. Transparenzprinzip

898 Angesichts seiner politischen und gesellschaftlichen Voraussetzungen noch kein Gewohnheitsrecht stellt das Transparenzprinzip dar. Dieses umfasst in Übereinstimmung mit den CSD-Prinzipien[44] die Grundsätze der **Beteiligung und der Information der Öffentlichkeit** (Grundsätze Nr. 13 und 14) an umweltrelevanten Vorhaben. Die Grundsätze haben vertraglichen Niederschlag v. a. in der **Aarhus-Konvention** vom 25. Juni 1998 gefunden, die unter dem Dach der UN-Wirtschaftskommission für Europa (UNECE) abgeschlossen wurde.[45] Die Aarhus-Konvention beruht auf drei Säulen:

- **Zugang zu Informationen** (Art. 4): Auf Antrag müssen Behörden der Öffentlichkeit Umweltinformationen zur Verfügung stellen.
- **Beteiligung der Öffentlichkeit** an Entscheidungsverfahren (Art. 6-8): Die Zulassung bestimmter Vorhaben mit erheblichen Umweltauswirkungen (v. a. Industrieanlagen und Infrastrukturmaßnahmen) bedarf der Öffentlichkeitsbeteiligung.
- **Zugang zu Gerichten** in Umweltangelegenheiten (Art. 9): Informations- und Beteiligungsrechte sind durch Klagerechte von Privatpersonen und Umweltschutzverbänden zu sichern.

---

43 Vgl. auch ILC, Principles on the Allocation of Loss in the Case of Transboundary Harm Arising out of Hazardous Activities (2001), von der UN-Generalversammlung angenommen am 4.12.2006, GA/RES/61/36.

44 UN, CSD (Commission for Sustainable Development), Report of the Expert Group Meeting on Identification of Principles of International Law for Sustainable Development, Geneva, Switzerland v. 28.9.1995, E/CN.17/1996, Background Paper 3.

45 Übereinkommen über den Zugang zu Informationen, die Öffentlichkeitsbeteiligung an Entscheidungsverfahren und den Zugang zu Gerichten in Umweltangelegenheiten, BGBl. 2006 II 1251; ABl. EU 2005, L 124, 4.

Die Konvention ist als sog. gemischtes Abkommen von der EU (damals noch der EG) und ihren Mitgliedstaaten gemeinsam ratifiziert worden und ist somit zu einer bedeutsamen **Grundlage des EU-Umweltrechts** geworden.

Fall: Pulp Mills (IGH 2010)[46] Im Jahr 2003 erteilte Uruguay eine Genehmigung für den Bau zweier Zellulosefabriken am Ufer des Uruguay-Flusses, der die Grenze zu Argentinien bildet. Die Rechte und Pflichten beider Parteien in Bezug auf den Fluss sind in einem Statut von 1975 geregelt, das zum Ziel hat, die „optimale und vernünftige Nutzung" des Flusses sicherzustellen. Das Statut schreibt u. a. vor, über Vorhaben, die sich auf den Uruguay-Fluss bzw. das Gebiet des jeweils anderen Staates auswirken können, eine eigens hierfür errichtete Kommission (CARU) zu unterrichten. Eine solche Unterrichtung hatte Uruguay vor Erteilung der Genehmigungen nicht vorgenommen. Argentinien sah hierin einen Verstoß sowohl gegen Verfahrenspflichten als auch gegen inhaltliche Umweltschutzpflichten aus dem Übereinkommen. Mit seinem Antrag auf Erlass einer einstweiligen Anordnung zum Stopp des Baus der Mühlen blieb Argentinien 2006 vor dem IGH erfolglos. Im Hauptsacheverfahren ging es um die Klärung der Rechtslage.

Der IGH stellte im Ergebnis fest, dass Uruguay gegen seine prozeduralen Verpflichtungen verstoßen habe, dass aber die von Argentinien vorgebrachten Beweise nicht ausreichten, Verstöße gegen materielle Umweltschutzpflichten zu belegen. Daher lehnte es der IGH ab, Uruguay den Abriss der bloß „formell rechtswidrig" errichteten Anlage (nur eine wurde tatsächlich gebaut) aufzugeben und sah ausreichende Genugtuung für Argentinien in der Feststellung des Verstoßes. In seinem Urteil stellte der IGH zwar vor allem auf das Statut von 1975 ab, machte aber einige Ausführungen, die auch für das gewohnheitsrechtliche Umweltvölkerrecht von Belang sind:

Zunächst stellt der IGH die Verbindung von prozeduralen und materiellen Pflichten heraus: Materielle Pflichten im Umweltvölkerrecht seien im Unterschied zu Verfahrenspflichten oft unbestimmt formuliert; die Konsultationsverfahren dienten der kooperativen Konkretisierung dessen, was eine „optimale und vernünftige" Nutzung sei. Die Verbindung zwischen beiden Arten von Pflichten sei aber nicht so eng, dass die Verletzung der einen automatisch eine Verletzung der anderen Pflicht bedeute.

Die Pflicht zur Information beschreibt der IGH als erste Stufe einer Kooperation, die ihrerseits notwendig sei, um die umweltrechtlichen Vorbeugepflichten erfüllen zu können. Damit deutet er den gewohnheitsrechtlichen Vorbeugegrundsatz kooperativ und bejaht zugleich die gewohnheitsrechtliche Geltung von Informations- und Konsultationspflichten. Information und Konsultation müssten, um ihren Sinn erfüllen zu können, vor Erteilung der Genehmigung erfolgen. Ebenfalls auf den Vorbeugegrundsatz führt der Gerichtshof die Pflicht zurück, vor Genehmigung eines Vorhabens eine Umweltverträglichkeitsprüfung durchzuführen, der er ausdrücklich gewohnheitsrechtliche Geltung attestiert. Deren Ausgestaltung obliege dem nationalen Recht der Staaten, müsse aber jedenfalls auch Alternativstandorte berücksichtigen. Eine Pflicht zur Öffentlichkeitsbeteiligung bei umweltrelevanten Projekten konnte der IGH dem Statut nicht entnehmen; man wird diese Feststellung auf das Gewohnheitsrecht übertragen dürfen.

In materieller Hinsicht verlangt der IGH für eine „optimale und vernünftige Nutzung" geteilter Ressourcen eine Abwägung zwischen den ökonomischen Interessen der Anrainerstaaten einerseits und Umweltschutzbelangen andererseits. Hierin liegt die Anerkennung,

46 IGH, Urteil v. 20.4.2010, Pulp Mills on the River Uruguay (Argentina v. Uruguay), ICJ Rep. 2010, 14. Dazu *Y. Kerbrat*, La Cour internationale de Justice face aux enjeux de protection de l'environnement, RGDIP 115 (2011), 39.

dass es im Recht der grenzüberschreitenden Ressourcen nicht mehr länger nur um eine angemessene Aufteilung, sondern auch um ökologische Belange geht.

IV. Hochgefährliche Aktivitäten

899 Seit längerem wird im internationalen Umweltrecht diskutiert, ob für hochgefährliche Aktivitäten *(ultra-hazardous activities)* besondere Regeln gelten müssen. Die Vorschläge setzen dabei auf verschiedenen Ebenen an: bei der Frage der Zulässigkeit solcher Aktivitäten überhaupt, bei verschärften Verfahrenspflichten und auf Ebene der Haftung für eingetretene Schäden. Die Diskussion hat sich vor allem am Betrieb von **Atomkraftwerken** (AKW) entzündet, deren Risiken – wie die Katastrophen von Tschernobyl (1986) und Fukushima (2011) gezeigt haben – nicht vollständig beherrschbar sind.

Die **Zulässigkeit** von AKW steht außer Frage: Ungeachtet des deutschen „Ausstiegs" lässt die Staatenpraxis klar erkennen, dass die friedliche Nutzung von Kernenergie keinen Verstoß gegen Völkergewohnheitsrecht darstellt: Weltweit existieren zahlreiche Atomkraftwerke, der Nichtverbreitungs-Vertrag spricht in Art. IV:1 sogar vom „unveräußerlichen Recht" der Staaten auf eine solche Nutzung (Rn. 1157).

900 Vertreten wird jedoch, dass hochgefährliche und riskante Aktivitäten **im Grenzgebiet zu anderen Staaten** unzulässig sein sollen.[47] Argumentiert wird hier mit einer Fortentwicklung der Grundsätze im Trail-Smelter-Fall: Das nicht beherrschbare Restrisiko müsse angesichts der Größe der möglichen Schäden zur Rechtswidrigkeit des Betriebs solcher Anlagen im Grenzgebiet generell führen. Tatsächlich lassen sich Fälle anführen, in denen geschädigte Staaten den Betrieb gefährlicher Anlagen in ihren Nachbarstaaten als rechtswidrig bezeichnet haben (so etwa die Schweiz 1948 nach der Explosion einer grenznahen italienischen Schießpulverfabrik). Diese Fälle bleiben jedoch vereinzelt. Der nach anfänglichen Protesten weitgehend unbeanstandete Betrieb mehrerer grenznaher AKW (z. B. Cattenom und Fessenheim/Frankreich, Temelín/Tschechien, Krsko/Slowenien, Tihange/Belgien) zeigt, dass ein gewohnheitsrechtliches Verbot auch insoweit nicht existiert. Es würde im Übrigen auch Kleinstaaten benachteiligen, bei denen jeder Standort grenznah wäre.

901 Allerdings wird man davon ausgehen können, dass für hochgefährliche Aktivitäten **gesteigerte Verfahrenspflichten** gelten. Hierfür bedarf es keiner Sonderregelungen. Die relevanten Grundsätze – Information und Konsultation, Umweltverträglichkeitsprüfung, Vorsorge – sind stets auf den konkreten Einzelfall hin anzuwenden und verlangen abhängig vom Grad des Risikos nach gründlicherer Prüfung, intensiverer Kommunikation und strengeren Vorkehrungen.[48]

47 *A. Randelzhofer/B. Simma*, Das Kernkraftwerk an der Grenze, FS Berber, 1973, 389. Zum Thema auch *M. Kloepfer/C. Kohler*, Kernkraftwerk und Staatsgrenze, 1981; *M. Kloepfer*, International-rechtliche Probleme grenznaher Kernkraftwerke, AVR 25 (1987), 277; *W. Hummer*, Temelín: Das Kernkraftwerk an der Grenze, ZÖR 63 (2008), 501. Siehe auch *A. v. Arnauld*, Klausurenkurs im Völkerrecht, 3. Aufl. 2018, Fall 12.

48 Vgl. ISGH, Meeresbodenkammer, Gutachten v. 1.2.2011, Case no. 17, § 117.

Diskutiert wird auch eine völkerrechtliche **Gefährdungshaftung**, um Schäden durch 902
riskante Technologien wenigstens auf der haftungsrechtlichen Sekundärebene auffangen zu können: Der Betrieb gefährlicher Anlagen bleibt zwar legal; bei Realisierung des „Restrisikos" soll aber der Betreiber (oder auf völkerrechtlicher Ebene der Staat) für eintretende Schäden haften.[49] Eine solche Gefährdungshaftung findet sich gelegentlich in völkerrechtlichen Verträgen, meist aber als Verpflichtung, die privaten Betreiber haftbar zu machen, seltener als originär staatliche Haftung. Die ILC hat in ihren Prinzipien zur Haftung für grenzüberschreitende Schäden aus gefährlichen Aktivitäten ebenfalls nur eine Pflicht formuliert, die Entschädigung unabhängig von einem Verschulden sicherzustellen[50] – auch hier genügt eine Verpflichtung Privater. Schon dass eine solche Sicherstellungspflicht gewohnheitsrechtlich gilt (Rn. 897), wird man bezweifeln müssen (die ILC betrachtet diesen Grundsatz in ihrem Kommentar als Beitrag zum *progressive development of international law*); erst recht ist derzeit nicht erkennbar, dass sich Staaten verpflichtet sehen, ungeachtet vertraglicher Bindungen auch für Schäden einzustehen, die aus ihren rechtmäßigen Handlungen resultieren. Eine solche Haftung mag rechtspolitisch wünschenswert sein, entspricht aber nicht geltendem Völkergewohnheitsrecht.

V. Bereichsspezifische Regelungen

1. Überblick

Während die oben vorgestellten Prinzipien den Anspruch erheben, das gesamte Um- 903
weltvölkerrecht zu betreffen, fehlt ein solch umfassender Ansatz im relevanten Vertragsrecht bis heute weitgehend. Die UN-Generalversammlung hat sich daher zur Schließung von Schutzlücken für einen **„Globalen Pakt für die Umwelt"** ausgesprochen und eine Arbeitsgruppe mit dessen Ausarbeitung betraut.[51] Derzeit legen umweltvölkerrechtliche Abkommen noch ganz überwiegend spezifische Pflichten in Bezug auf bestimmte Bereiche des Umwelt- und Naturschutzes fest. Wichtige Regelungen des Umweltvölkerrechts betreffen:

– **Binnengewässer:** Hier gibt es besonders zahlreiche Regelungen, v. a. auf regionaler und bilateraler Ebene. Neben dem bereits erwähnten UN-Übereinkommen über das Recht der nichtschifffahrtlichen Nutzung internationaler Wasserläufe von 1997 zu nennen sind noch das Helsinki-Übereinkommen zum Schutz und zur Nutzung grenzüberschreitender Wasserläufe und internationaler Seen[52] sowie Abkommen bezüglich bestimmter Flüsse (z. B. Donau, Elbe, Rhein).

49 *R. Harndt*, Völkerrechtliche Haftung für die schädlichen Folgen nicht verbotenen Verhaltens, 1993; *P. Kunig*, Völkerrecht und Risiko, Jura 1996, 593; *A. Kiss/D. Shelton*, Strict Liability in International Environmental Law, FS Mensah, 2007, 1131.

50 ILC, Principles on the Allocation of Loss in the Case of Transboundary Harm Arising out of Hazardous Activities (2001), Prinzip 3.

51 A/RES/72/277 v. 10.5.2018. Dazu Bericht des UN-Generalsekretärs A/73/419 v. 30.11.2018; *M. Young*, Global Pact for the Environment: Defragging international law?, EJIL Talk! (29.8.2018); *F. Quilleré-Majzoub*, La protection internationale de l'environnement par le droit: en marche vers un pacte mondial?, RDIDC 95 (2018), 113; *Y. Aguila/J. Viñuales*, A Global Pact for the Environment: Conceptual foundations, RECIEL 28 (2019), 1.

52 BGBl. 1994 II 2334; ILM 31 (1992), 1312.

- **Meeresumwelt:** Umfangreiche Regelungen zum Schutz der Meeresumwelt trifft Teil XII SRÜ. Hinzu treten zahlreiche globale und regionale Abkommen. Unter den globalen Abkommen ist besonders das Internationale Übereinkommen zur Verhütung der Meeresverschmutzung durch Schiffe v. 2. November 1973 (sog. MARPOL-Konvention mit Protokoll von 1978)[53], unter den regionalen Abkommen das Übereinkommen zum Schutz der Meeresumwelt des Nordost-Atlantiks v. 22. September 1992 (sog. OSPAR-Konvention, nach den Vorläufer-Abkommen von Oslo und Paris)[54] zu nennen.
- **Luft und Atmosphäre:** Bedeutsam ist v. a. das Übereinkommen über weiträumige grenzüberschreitende Luftverunreinigung v. 13. November 1979[55] mit seinen zahlreichen Protokollen, die der quantitativen Reduktion schädlicher Emissionen dienen.
- **Ozonschicht:** Zentrales Vertragsdokument ist das Wiener Übereinkommen zum Schutz der Ozonschicht v. 22. März 1985[56] mit dem Protokoll von Montreal v. 16. September 1987[57], das u. a. das Verbot bzw. die Reduktion von schädlichen Substanzen (v. a. FCKW) regelt.
- **Artenschutz:** Spezielle Artenschutzübereinkommen existieren schon seit Ende des 19. Jahrhunderts (z. B. Lachse im Rhein 1885, wildlebende Tiere Afrikas 1900). Das Washingtoner Übereinkommen von 1973 über den internationalen Handel mit gefährdeten Arten freilebender Tiere und Pflanzen (CITES)[58] dient der Beschränkung bzw. dem Verbot des Handels mit Tieren, die je nach Grad der Gefährdung abgestuften Schutz genießen. Einen umfassenden Ansatz verfolgt das Übereinkommen über die biologische Vielfalt (sog. Biodiversitäts-Konvention) v. 5. Juni 1992[59], das am Schutz der Lebensräume ansetzte und die genetische Vielfalt schützt. Zusatzprotokolle (Cartagena 2000, Nagoya 2010) befassen sich mit gentechnisch veränderten Organismen, Zugang zu genetischen Ressourcen und Biopiraterie. Die Situation der Entwicklungsländer findet in Konvention und Protokollen besondere Berücksichtigung.
- **Abfälle und Schadstoffe:** Das Basler Übereinkommen über die grenzüberschreitende Verbringung gefährlicher Abfälle und ihrer Entsorgung v. 22. März 1989[60] formuliert Anforderungen an Genehmigungsverfahren und legt das Prinzip des *prior informed consent* fest, d. h. der Staat der Ein- oder Durchfuhr muss über die Art der Abfälle informiert sein und der Ein- bzw. Durchfuhr zugestimmt haben.

2. Insbesondere: Klimaschutz

904 Der Klimawandel gehört seit dem Ende des 20. Jahrhunderts zu den zentralen Themen im Umweltvölkerecht. Die Folgen der seit langem zu beobachtende globale Erwärmung **(„Treibhauseffekt")** sind kaum mit Gewissheit vorherzusagen; gerechnet wird aber mit einer **Ausweitung von Wüstenzonen**, v. a. in Afrika, und einem **Anstieg der Meeresspiegel**, der Überschwemmungen von Küstenregionen und den physischen Untergang von Inselstaaten (dazu auch Rn. 73) zur Folge haben könnte. Eine Hauptschuld für den Klimawandel wird den sog. **Treibhausgasen** zugeschrieben. Deren Reduktion steht im Mittelpunkt des völkerrechtlichen Klimaschutzes.

53 BGBl. 1982 II 4; ILM 17 (1978), 546.
54 BGBl 1994 II 1360; ILM 32 (1993), 1069.
55 BGBl. 1982 II 374; ILM 18 (1979), 1442.
56 BGBl. 1988 II 902; ILM 26 (1987), 1529.
57 Neubekanntmachung mit allen Änderungen in BGBl. 2003 II 345.
58 BGBl. 1975 II 773; ILM 12 (1973), 1088.
59 BGBl. 1993 II 1741; ILM 31 (1992), 818.
60 BGBl. 1994 II 2704; ILM 28 (1989), 657.

Das **UN-Rahmenübereinkommen über Klimaänderungen** von 1992[61] formuliert in Art. 2 als „Endziel", „die Stabilisierung der Treibhausgaskonzentrationen in der Atmosphäre auf einem Niveau zu erreichen, auf dem eine gefährliche anthropogene Störung des Klimasystems verhindert wird". Eine schrittweise Reduktion der Treibhausgase nimmt Rücksicht auf die Nahrungsmittelerzeugung und die wirtschaftliche Entwicklung. Die **„Führung"** (d. h. die Hauptverantwortung und der Großteil der finanziellen Lasten) bei der Bekämpfung des Klimawandels liegt gemäß Art. 3 im Rahmen des Konzepts „gemeinsamer, aber unterschiedlicher Verantwortlichkeiten" bei den **entwickelten Staaten** (näher Art. 4 Abs. 2-5). Dass über Ursachen und Folgen des Klimawandels keine abschließende Klarheit besteht, wird durch die Wahl eines **Rahmenübereinkommens** als Regelungsmuster, durch Festlegung des **Vorsorgeprinzips** (Art. 3 Nr. 3) und durch Verpflichtung zu weiterer **Forschung und Forschungskooperation** (Art. 4 Abs. 1 lit. g, Art. 5) rechtlich abgebildet. Art. 6 verpflichtet die Staaten dazu, ihre Bevölkerung über den Klimawandel **aufzuklären**. **905**

Als Meilenstein der Klimapolitik erschien das **Kyoto-Protokoll** v. 11. Dezember 1997[62], das die Verpflichtungen aus dem Rahmenübereinkommen auf sechs „Treibhausgase" sowie bestimmte Sektoren/Gruppen von Quellen **konkretisierte** und staatenspezifische Reduktionssätze und Zeiträume vorschrieb. **Anreize zum Technologietransfer** wurden durch die *Joint Implementation* (Art. 6) und den *Clean Development Mechanism* (Art. 12) gesetzt, indem entwickelte Staaten die Möglichkeit erhielten, sich Emissionsreduktionen, die sie in anderen Ländern vornehmen würden, gutschreiben zu lassen. Beim **Emissionshandel** (Art. 17) konnten Staaten, die ihre Emissionen über Soll reduzieren, ihr überschüssiges Emissionsguthaben an andere Länder verkaufen. Vor allem wegen der Berechnungsgrundlage für Emissionsrechte und der großzügigen Ausgabe von Verschmutzungslizenzen stand der Zertifikatehandel in der Kritik. Hinzu kam, dass mit den USA und China die weltweit größten Treibhausgasemittenten nicht zur Reduktion verpflichtet waren (mangels Ratifikation bzw. wegen Einordnung als Schwellenland). Mehrere Staaten kündigten das Protokoll (2011: Kanada, 2012: Russland, Japan, Neuseeland). An der in Doha 2012 vereinbarten zweiten Verpflichtungsphase bis 2020 (**„Kyoto II"**) nehmen nur noch Staaten teil, die insgesamt für weniger als 15% des jährlichen globalen CO2-Ausstoßes verantwortlich sind. **906**

Nach mehreren Anläufen gelang im Dezember 2015 der Durchbruch mit dem **Pariser Abkommen**.[63] Darin bekennen sich die Vertragsstaaten zu einer Begrenzung der Erderwärmung auf deutlich unter 2% des vorindustriellen Niveaus (Art. 2 Abs. 1 lit. a). Alle Staaten sollen den Scheitelpunkt der Treibhausgasemissionen so rasch wie möglich erreichen, d. h. auch die Entwicklungs- und Schwellenländer sind in der Pflicht. Im Mittelpunkt stehen keine festen Reduktionswerte, sondern der „nationale Klimaschutzbeitrag" (*nationally determined contribution*, NDC), Art. 4. Die entwickelten Staaten sollen Entwicklungsländer finanziell unterstützen (Art. 9), ein *Technology* **907**

61 BGBl. 1993 II 1784; ILM 31 (1992), 849.

62 BGBl. 2002 II 967; ILM 37 (1998), 32. Dazu u. a. *W. Durner*, The Implementation of the Climate Change Convention, AVR 37 (1999), 357; *J. Brunnée*, The Kyoto Protocol: Testing Ground for Compliance Theories?, ZaöRV 63 (2003), 255.

63 UN-Dok. FCCC/CP/2015/L.9/Rev.1 v. 12.12.2015. Dazu *A. Savaresi*, The Paris Agreement: a new beginning?, JENRL 34 (2016), 16; *A.-M. Böhringer*, Das neue Pariser Klimaübereinkommen: Eine Kompromisslösung mit Symbolkraft und Verhaltenssteuerungspotential, ZaöRV 76 (2016), 753; *J. Viñuales*, The Paris Agreement on Climate Change: Less is More, GYIL 59 (2016), 11; *C. Franzius*, Das Paris-Abkommen zum Klimaschutz als umweltvölkerrechtlicher Paradigmenwechsel, EurUP 2017, 166.

Mechanism soll die Weitergabe umweltschützender Technologien fördern (Art. 10). Das Abkommen ist als ein ergänzendes Dokument zum UN-Rahmenübereinkommen konzipiert, um den USA die Mitgliedschaft ohne Blockade im Senat zu ermöglichen. Es handelt sich allerdings um einen echten völkerrechtlichen Vertrag zur Ausgestaltung des Rahmenübereinkommens. Es ist am 4. November 2016 in Kraft getreten. Ein Ende 2018 vereinbartes **Regelbuch** *(Rulebook)* legt Verfahrens- und Transparenzregeln fest, um die nationale Implementierung zu gewährleisten.[64]

908 Schwierige Fragen wirft beim Klimawandel die **Staatenverantwortlichkeit** auf. Im Mittelpunkt stehen dabei **Zurechnung** und **Kausalität**. Die meisten Treibhausgase werden nicht von staatlichen Organen, sondern von Privaten freigesetzt, so dass die Emissionen selbst dem Staat nicht zugerechnet werden können. Noch schwieriger als die Kausalität zwischen unterlassener staatlicher Vorsorge und Emissionsschäden ist der Beitrag einzelner Emissionen zur Gesamtbelastung nachzuweisen. Hier muss man sich mit Quoten am weltweiten CO2-Austoß behelfen, will man das Recht der Staatenverantwortlichkeit zur Durchsetzung von Klimapolitik aktivieren.[65] Die *Legal Principles Relating to Climate Change*, die 2014 von der ILA verabschiedet wurden, klammern die Frage aus und setzen stattdessen auf fest etablierte Grundsätze, im Mittelpunkt die Schadensvorbeugung durch das Vorsorgeprinzip (Art. 7).[66] Ambitionierter (aber damit auch dem geltenden Völkerrecht voraus) sind die von einer Expertengruppe 2015 vorgestellten *Oslo Principles on Global Climate Change Obligations*. Diese formulieren neben Staatenpflichten auch Verpflichtungen von Unternehmen, vor allem aber konkretisieren sie Maßnahmen, die im Rahmen des Vorsorgeprinzips zu treffen sein sollten. Je konkreter die Pflichten formuliert sind, desto eher gelingt es, sie gerichtlich einzuklagen (dazu Oslo-Prinzip Nr. 25).[67]

Erfolgreich war 2018 die Klage einer NGO gegen den niederländischen Staat auf Reduktion der CO2-Emissionen bis 2020 auf 25%. Das Gericht hielt zwar das Kyoto-Protokoll und das umweltvölkerrechtliche Schädigungsverbot für nicht individuell einklagbar, zog diese aber, wie auch Art. 2 und 8 EMRK zur Auslegung des nationalen Rechts heran.[68]

---

64 *J. Saurer*, Verfahrensregeln im internationalen Klimaschutzrecht, NuR 2019, 145.

65 Dazu *W. Frank*, Klimahaftung und Kausalität, ZUR 2012, 449; *ders.*, Zur Kausalitätsproblematik und Risikozurechnung bei Klimaschäden im Zusammenhang mit Entschädigungs- und Schutzansprüchen gemäß Völkerumweltrecht, BRJ 2015, 42; *B. Ohdedar*, Loss and Damage from the Impacts of Climate Change, NorJIL 85 (2016), 1; *B. Mayer*, Climate Change Reparations and the Law and Practice of State Responsibility, AsianJIL 7 (2017), 185. Vgl. ferner *F. Kehrer*, Staatenverantwortlichkeit und Meeresspiegelanstieg, 2009.

66 ILA, Resolution 2/2014 v. 11.4.2014. Dazu *W. Frank/C. Schwarte*, Klimawandel und Völkerrecht – Anmerkungen zu den „Legal Principles Relating to Climate Change" der International Law Association, ZUR 2014, 643.

67 *W. Frank*, Anmerkungen zu den „Oslo Principles on Global Climate Change Obligations", NVwZ 2015, 1499.

68 Gerechtshof Den Haag, Urteil v. 9.10.2018, Urgenda Foundation/Niederlande, ECLI:NL:GHDHA: 2018:2610. Dazu *I. Leijten*, The Dutch Climate Case Judgment: Human Rights Potential and Constitutional Unease, verfassungsblog.de (19.10.2018); *J. Fahner*, Climate Change before the Courts: Urgenda Ruling Redraws the Boundary between Law and Politics, EJIL Talk! (16.11.2018). Zu weiteren Verfahren der *climate change litigation* siehe die Datenbank der Columbia Law School: http://climatecasechart.com.

3. Umweltschutz als Querschnittsaufgabe

Umweltschutz kann nicht isoliert betrachtet werden; er ist eine quer durch alle Bereiche der Politik zu beachtende **„Querschnittsaufgabe“**.[69] Dies schlägt sich rechtlich in Gestalt von Umweltschutzklauseln in Abkommen aus anderen Gebieten des Völkerrechts nieder. So gestattet das GATT in Art. XX lit. b und g Beschränkungen des freien **Warenhandels** aus Gründen des Umwelt- und Naturschutzes (Rn. 978–979); Art. 55 ZP I zu den Genfer Rotkreuz-Abkommen enthält Vorgaben zum Schutz der natürlichen Umwelt im **bewaffneten Konflikt** (Rn. 1259); auf die enge Verbundenheit von Umweltschutz und **Entwicklung** im Konzept der „nachhaltigen Entwicklung“ wurde zu Beginn dieses Kapitels bereits verwiesen. **909**

Immer stärker betont werden auch Verbindungen zwischen Umweltschutz und **Menschenrechten**.[70] Ein „Menschenrecht auf eine saubere Umwelt“[71] ist derzeit nur regional anerkannt (vgl. Art. 24 Banjul-Charta, Art. 38 der Arabischen Charta).[72] Enge Verbindungen bestehen aber zum Recht auf Leben und körperliche Unversehrtheit (Art. 2 EMRK, Art. 6 IPBPR), zum Recht auf einen angemessenen Lebensstandard und zum Recht auf Gesundheit (Art. 11, 12 IPWSKR). Der EGMR hat Umweltschutzbelange v. a. mit dem Recht auf Privatleben (Art. 8 EMRK) verbunden (Rn. 694). Solche Ansätze können in spezifischen Einzelfällen weiterhelfen, taugen aber bislang schon wegen des schwierigen Nachweises der Kausalität kaum zur Verwirklichung weitergehender Umweltschutzanliegen. Einen anderen individualrechtlichen Ansatz verfolgt die Aarhus-Konvention mit Rechten auf Information, Öffentlichkeitsbeteiligung und Zugang zu Gerichten (Rn. 898). **910**

---

69 Vgl. *P.-M. Dupuy/J. Viñuales*, International Environmental Law, 2. Aufl. 2018, 355 ff: „Perspektive“.

70 Dazu OHCHR/UNEP, Joint Report: Human Rights and the Environment: Rio+20, Juni 2012: http://hdl.handle.net/20.500.11822/9970. Der UN-Menschenrechtsrat hat 2012 das Amt eines Sonderberichterstatters für Menschenrechte und Umwelt eingerichtet. Literatur: *R. Schmidt Radefeldt*, Ökologische Menschenrechte, 2000; *U. Beyerlin*, Umweltschutz und Menschenrechte, ZaöRV 65 (2005), 525; *P. & G. Kirchschläger* (Hg.), Menschenrechte und Umwelt, 2008; *A. Boyle*, Environment and Human Rights, MPEPIL (4/2009); *ders.*, Human Rights and the Environment, EJIL 23 (2012), 613; *F. Francioni*, International Human Rights in an Environmental Horizon, EJIL 21 (2010), 41; *M. Schröder*, Die Wirkkraft der Menschenrechte im Klimawandel unter besonderer Berücksichtigung des Pariser Übereinkommens vom 12. Dezember 2015, EurUP 2018, 86; *S. Atapattu/A. Schapper*, Human Rights and the Environment, 2019.

71 *M. Fitzmaurice/J. Marshall*, The Human Right to a Clean Environment: Phantom or Reality?, NorJIL 76 (2007), 103; *J. Knox/R. Pejan* (Hg.), The Human Right to a Healthy Environment, 2018; *G. Handl*, The Human Right to a Clean Environment and Rights of Nature, und *L. E. Rodriguez Rivera*, The Right to Environment: A *New*, Internationally Recognized, Human Right, in: v. Arnauld/von der Decken/Susi (Hg.), The Cambridge Handbook of New Human Rights, 2020 (i. V.).

72 Zur Anerkennung im interamerikanischen System IAGMR, Gutachten v. 15.11.2017, OC-23/17. Dazu *G. Vega-Barbosa/L. Aboagye*, Human Rights and the Protection of the Environment: The Advisory Opinion of the Inter-American Court of Human Rights, EJIL Talk! (26.2.2018).

C. Entwicklungsvölkerrecht

I. Überblick

911 Während das Entwicklungsvölkerrecht in der deutschsprachigen und angelsächsischen Völkerrechtswissenschaft eher eine Randexistenz führt, sehen im französischsprachigen Schrifttum viele in ihm den Ausdruck eines neuen, „post-westfälischen" Völkerrechts.[73] Gewiss ist das Entwicklungsvölkerrecht ein wichtiges Beispiel für das **kooperative Denken**, das im Völkerrecht nach 1945 stärker in den Vordergrund getreten ist (Rn. 29). Dass das Prinzip der souveränen Gleichheit heute schon im Sinne materieller Gleichheit gedeutet würde, wonach zum Ausgleich unterschiedlicher Startbedingungen der Schwache weniger Pflichten und mehr Ansprüche besitzt als der Starke, wird man indes noch nicht sagen können. Die **Vorzugsbehandlung** von Entwicklungsländern im Welthandelsrecht und die **„gemeinsamen, aber unterschiedlichen Verpflichtungen"** im Umwelt- und Sozialbereich mögen moralischen Imperativen folgen, bedürfen aber nach wie vor **vertraglicher Vereinbarung** auf Basis formaler Rechtsgleichheit (Rn. 872). Außerdem ist die Sonderstellung der Entwicklungsländer auf diejenigen Gebiete des Völkerrechts beschränkt, in denen es auf wirtschaftliche Leistungsfähigkeit ankommt. In anderen Bereichen, z. B. im Friedenssicherungsrecht, im Humanitären Völkerrecht oder bei den bürgerlichen und politischen Rechten, gibt es keine unterschiedlichen Pflichten.

912 Das Entwicklungsvölkerrecht ist von einer **Dominanz des soft law** geprägt.[74] Hierfür dürfte zum einen die fehlende Bereitschaft der entwickelten Staaten zur Übernahme verbindlicher Förderpflichten verantwortlich sein, zum anderen die klare Mehrheit, die die Entwicklungsländer in der Generalversammlung der Vereinten Nationen besitzen. Der gegenläufigen Interessen dieser beiden Staatengruppen wegen gibt es in diesem Bereich **kaum Gewohnheitsrecht**. Spezifisches **Vertragsrecht** ist meist bilateraler Natur, i. Ü. überwiegt der Charakter der Entwicklungspolitik als einer Querschnittsaufgabe, die v. a. im Rahmen von Wirtschafts-, Umwelt- und Sozialpolitik zu beachten ist und über **Sonderklauseln** Eingang in die jeweiligen Vertragswerke findet. Hieraus resultieren auch die Zweifel, ob das Entwicklungsvölkerrecht überhaupt ein eigenständiges Rechtsgebiet ist. Große Bedeutung für die Entwicklungspolitik hat schließlich auch das **institutionelle Völkerrecht**: Namentlich Weltbank und IWF unterstützen mit Krediten Entwicklungsprojekte und wirken zugleich mit ihren Förderrichtlinien auf innerstaatliche Reformen hin. Beide Institutionen operieren weitgehend autonom bei der Festlegung von Förderbedingungen und Verfahren, die in den Gründungsabkommen kaum geregelt sind.[75]

---

73 Instruktiv *M. Kaltenborn*, Entwicklungs- und Schwellenländer in der Völkerrechtsgemeinschaft, AVR 46 (2008), 205 (205 ff).

74 Vgl. Rn. 871 zu den *Millennium Development Goals* und den *Sustainable Development Goals*. Siehe außerdem den sog. Monterrey-Prozess zur Entwicklungsfinanzierung, zuletzt die Aktionsagenda von Addis Abeba, A/RES/69/313 v. 27.7.2015.

75 *P. Dann/M. Riegner*, Globales Entwicklungsverwaltungsrecht, in: Dann/Kadelbach/Kaltenborn (Hg.), Entwicklung und Recht, 2014, 723 (728 ff). Speziell zur Weltbank *S. Killinger*, The World Bank's Non-Political Mandate, 2003.

II. Recht auf Entwicklung

Die **Gründe für die Unterentwicklung** in der Mehrheit der Staaten der Erde sind vielfältig. Teils sind es ungünstige geographische oder klimatische Bedingungen, teils ein Mangel an bestimmten Ressourcen, die bei der Entwicklung hemmen; teils sind es „hausgemachte“ politische und soziale Probleme. Zu einem großen Teil ist die weltweite Unterentwicklung aber auch Folge einer Ingerenz (d. h. einer Einmischung) der Industriestaaten. Namentlich sind hier Folgen des Kolonialismus (v. a. in Afrika) zu nennen. Auch die Erschließung von Rohstoffquellen und neuen Absatzmärkten in Entwicklungsländern hat vielfach zu Schieflagen in der Entwicklung geführt. Freilich ist vor Pauschalierungen zu warnen: „Die“ Entwicklungsländer (zu Zeiten der Blockkonfrontation sprach man ähnlich pauschal von den Staaten der „Dritten Welt“) sind eine Gruppe höchst verschiedener Staaten, die nur eint, dass sie v. a. im Vergleich zu den Industriestaaten wirtschaftlich schwächer sind. 913

Ebenso vielfältig sind die **Gründe für Entwicklungshilfe**. Von Seiten der Entwicklungsländer selbst wird oft der Ingerenzgedanke stark gemacht, weil er die Industriestaaten des „Nordens“ zumindest moralisch in die Pflicht nimmt. Eine wichtige Rolle spielt aber auch der Gedanke der Solidarität (Rn. 303), der letztlich menschenrechtlich begründet ist:[76] Wenn jeder frei und gleich an Würde und Rechten geboren ist (vgl. Art. 1 AEMR), ist es eine elementare Erwägung der (Mit-)Menschlichkeit, dem zu helfen, der Hilfe braucht. In den letzten Jahren ist schließlich eine immer stärkere „Versicherheitlichung“ *(securitization)* auch der Entwicklungspolitik zu beobachten: Unterentwickelte Staaten werden als instabil, als potenzielle Friedensbedrohung, als Ursache für Migration usw. betrachtet. Positiv hieran ist die Einsicht, dass Entwicklungshilfe nicht allein ein altruistischer Akt ist, sondern dem Helfenden selbst nützt, negativ dagegen eine instrumentelle Sichtweise, die dazu neigt, humanitäre Erwägungen auszublenden. 914

Das Ziel einer Entwicklung der ärmeren Regionen der Welt ist unumstritten. Einem **Recht auf Entwicklung** aber haben sich die entwickelten Staaten des globalen „Nordens“ lange Zeit widersetzt. Nach der weitgehenden Dekolonisierung in den 1960er Jahren waren die 1970er geprägt vom Kampf der „newly independent states“ für eine **Neue Weltwirtschaftsordnung** (*New International Economic Order*, NIEO), die für die Entwicklungsländer v. a. günstigere Bedingungen im Welthandel und in der Fischerei- und Rohstoffpolitik sowie höhere Entwicklungshilfe und eine Änderung des globalen Finanzregimes bringen sollte.[77] Flankiert wurden diese Ziele in der Völkerrechtswissenschaft durch die **Third World Approaches to International Law** (TWAIL).[78] Die durch ihre Unabhängigkeit gewonnene Mehrheit in der UN-Generalversammlung nutzten die Entwicklungsländer zum Beschluss teils kontroverser Resolutionen. Den 915

76 Vgl. *M. Kotzur*, Soziales Völkerrecht für eine solidarische Völkergemeinschaft, JZ 2008, 265.

77 Vgl. Declaration on the Establishment of a New International Economic Order, A/RES/S-6/3201 v. 1.5.1974. Näher *G. Sacerdoti*, New International Economic Order (NIEO), MPEPIL (6/2014); *J. v. Bernstorff*, Das Recht auf Entwicklung, in: Dann/Kadelbach/Kaltenborn (Hg.), Entwicklung und Recht, 2014, 71 (88 ff); *D. Whelan*, "Under the Aegis of Man": The Right to Development and the Origins of the New International Economic Order, Humanity 6 (2015), 93.

78 *J. Thuo Gathii*, TWAIL: A Brief History of its Origins, its Decentralized Network, and a Tentative Bibliography, in: Toufayan/Tourme-Jouannet/Ruiz Fabri (Hg.), Droit international et nouvelles approches sur le tiers-monde, 2013, 323. Vertiefend *S. Pahuja*, Decolonising International Law, 2011.

Abschluss der Phase der heißen Auseinandersetzungen um die NIEO markiert die Resolution zum Recht auf Entwicklung, die 1986 immerhin bei nur einer Gegenstimme (USA) und acht Enthaltungen angenommen wurde.[79] Für sich genommen nicht rechtsverbindlich, wurden die Resolution und das mit ihr proklamierte Recht in der Folgezeit vielfach durch weitere Resolutionen bestätigt, namentlich im Abschlussdokument der Weltmenschenrechtskonferenz in Wien 1993. Vertragliche Anerkennung hat das Recht im regionalen Rahmen in Art. 22 Banjul-Charta gefunden. Die **gewohnheitsrechtliche Geltung** eines Rechts auf Entwicklung war lange umstritten; heute wird man sie – ähnlich wie im Fall der (anderen) Menschenrechte – bejahen können.

916 Unklar bleibt indes der **Inhalt** eines solchen Rechts. Es wird gemeinhin als ein **Menschenrecht der dritten Dimension**, also als Kollektivrecht, nicht als Individualrecht, verstanden. Als Menschenrecht ist es aber kein Staatenrecht, so dass seine **Träger nicht die Entwicklungsländer** sind, sondern ihre Bevölkerungen. Dies ist deshalb wichtig, weil damit Adressaten nicht allein die Staaten des „Nordens“ sind, sondern auch die Entwicklungsländer selbst. Das Recht auf Entwicklung fordert nicht nur finanzielle Transferleistungen zwischen Staaten mit unterschiedlicher Wirtschaftskraft, sondern zielt auf Kooperation, auf **Entwicklungszusammenarbeit**. Die Entwicklungsländer müssen ihrerseits die notwendigen Schritte unternehmen, um eine Entwicklung ihrer Bevölkerung zu ermöglichen. Hierzu zählt insbesondere eine wirksame Bekämpfung der Korruption, die in vielen Fällen dazu führt, dass Finanzhilfen nicht ihr Ziel erreichen.[80]

917 Das Recht auf Entwicklung **lässt sich nicht quantifizieren**. Die schon lange versprochene (und nie auch nur annähernd erreichte) Quote der Entwicklungshilfe (ODA = *Official Development Assistance*) von 0,7% des Bruttonationaleinkommens entwickelter Staaten[81] ist nicht rechtsverbindlich. **Inhaltlich gibt das Recht auf Entwicklung ein Ziel vor**, keinen Maßstab. Ein generelles spürbares Zurückfahren der Entwicklungshilfe ohne äußeren Anlass (z. B. im Zuge einer Wirtschaftskrise) kann gegen das Recht auf Entwicklung verstoßen; ein Abwehrrecht gegen Kürzungen von Entwicklungshilfe im Einzelfall jedoch gibt es nicht (es sei denn, diese verstoßen gegen besondere vertragliche Verpflichtungen). Ebenso wenig verleiht es konkrete Ansprüche gegen entwickelte Staaten.

III. Materielles Entwicklungsvölkerrecht

1. Allgemeine Grundsätze

918 Allgemeine Grundsätze sind im Entwicklungsvölkerrecht weit **weniger ausgeprägt** als im Umweltvölkerrecht. Eine **gewohnheitsrechtliche Verfestigung** ist hier **wohl noch nicht** eingetreten. Dies gilt namentlich für die **Vorzugsbehandlung** *(preferenti-*

79 A/RES/41/128 v. 4.12.1986. Zur Genese *R. Leemann*, Entwicklung als Selbstbestimmung: Die menschenrechtliche Formulierung von Selbstbestimmung und Entwicklung in der UNO, 1945-1986, 2013. Aktuelle Bestandsaufnahme bei *K. Arts/T. Atabongawung*, The Right to Development in International Law: New Momentum Thirty Years Down the Line?, NILR 63 (2016), 221.

80 Näher *A. van Aaken*, Korruption und Entwicklung, in: Dann/Kadelbach/Kaltenborn (Hg.), Entwicklung und Recht, 2014, 619.

81 GA Res. 2626 (XXV) v. 24.10.1970, § 43.

al treatment) im Weltwirtschaftsrecht und die **gemeinsamen, aber unterschiedlichen Verantwortlichkeiten** im Umwelt- und Sozialrecht. Es gilt aber auch hinsichtlich verschiedener Grundsätze, die 1974 von der UN-Generalversammlung gegen die Stimmen der Industriestaaten in der Charta der wirtschaftlichen Rechte und Pflichten der Staaten beschlossen wurden.[82] Während die **permanente Souveränität über die natürlichen Ressourcen** (Art. 2)[83] als Grundsatz im Gewohnheitsrecht verankert ist, gilt dies nicht für den hierauf gestützten Versuch der Entwicklungsländer, ausländische Investoren ohne volle Entschädigung zu enteignen (Rn. 991).

Ebenfalls keine gewohnheitsrechtliche Geltung hat ein anderes Prinzip, das inzwischen zu einem etablierten Bestandteil von vertraglicher bzw. institutioneller Entwicklungszusammenarbeit geworden ist: die Verpflichtung der Entwicklungsländer auf **„gutes Regieren" (Good Governance)** als Bedingung für Hilfe und Unterstützung (sog. **Konditionalität**). Dieser Grundsatz fand sich erstmals in den Förderrichtlinien der Weltbank und ist in der Folge in die meisten Verträge aus dem Bereich der Entwicklungszusammenarbeit aufgenommen worden. Die **Inhalte dieses Konzepts** variieren.[84] Wiederkehrende Forderungen, die von den Geldgebern gegenüber Entwicklungsländern erhoben werden betreffen: 919

- Korruptionsbekämpfung, Transparenz und Verantwortlichkeit der Verwaltung
- Rechtssicherheit und Rechtsstaatlichkeit bzw. *rule of law*[85]
- Achtung der Menschenrechte
- Partizipation der Bevölkerung
- Etablierung einer Marktwirtschaft

Vor allem das Verlangen nach Liberalisierung der Binnenmärkte ist wiederholt als Einmischung in das Recht jedes Staates, sein eigenes wirtschaftliches System zu wählen, und als Ausdruck neoliberaler Ideologie kritisiert worden.[86]

---

82 GA Res. 3281 (XXIX) v. 12.12.1974. Dazu *M. Virally*, La Charte des droits et devoirs économiques des Etats, AFDI 20 (1974), 57; *C. Tomuschat*, Die Charta der wirtschaftlichen Rechte und Pflichten der Staaten, ZaöRV 36 (1976), 444; *K. Boon*, Charter of Economic Rights and Duties of States (1974), MPEPIL (2/2013).

83 Zum Kampf um Ressourcengerechtigkeit *I. Feichtner*, Der Kampf um Rohstoffe im Völkerrecht, VRÜ 49 (2016), 3. Näher *M. Bungenberg/S. Hobe* (Hg.), Permanent Sovereignty over Natural Resources, 2015.

84 Statt vieler *E. Brown Weiss/A. Sornajarah*, Good Governance, MPEPIL (6/2013); *M. Kötter*, Good Governance, in: Dann/Kadelbach/Kaltenborn (Hg.), Entwicklung und Recht, 2014, 553.

85 Zu abweichenden Modellen von Rechtsstaatlichkeit und *rule of law S. Chesterman*, Rule of Law, MPEPIL (7/2007); vertiefend *S. Martini*, Die Pluralität von Rule-of-Law-Konzeptionen in Europa und das Prinzip einer europäischen Rule of Law, in: Kötter/Schuppert (Hg.), Normative Pluralität ordnen, 2009, 303.

86 Zu dieser Kritik *M. Wolff*, Failure of International Monetary Fund & World Bank to Achieve Integral Development, SyracuseJILC 41 (2013), 71. Ferner *K. Meessen*, IMF Conditionality and State Sovereignty, in: Dicke (Hg.), Foreign Debts in the Present and a New International Economic Order, 1986, 117; *W. Meng*, Conditionality of IMF and World Bank Loans: Tutelage over Sovereign States?, VRÜ 21 (1988), 263; *P. Lucke*, Internationaler Währungsfonds, 1997, 145 ff; *C. Pinelli*, Conditionality, MPEPIL (11/2013).

2. Vertragliche Entwicklungszusammenarbeit

920 Die vertragliche Entwicklungszusammenarbeit erfolgt **meist bilateral**. Einen anderen Ansatz verfolgte die EU im **Lomé-Prozess**: Hier wurden Entwicklungshilfeabkommen (Lomé-Abkommen) mit der Gruppe der 79 sog. AKP-Staaten (AKP = Afrika, Karibik, Pazifik; es handelte sich dabei überwiegend um frühere britische und französische Kolonien) insgesamt geschlossen. Wegen der WTO-rechtlich problematischen Vorzugsbehandlung der AKP-Staaten gegenüber anderen Entwicklungsländern wurde das neue sog. **Cotonou-Abkommen** der EU[87] als Rahmenabkommen konzipiert, das in Art. 37 den Abschluss von Wirtschaftspartnerschaftsabkommen (*Economic Partnership Agreements*, EPA) mit einzelnen AKP-Staaten vorsieht, um jeweils spezifische Regeln festzulegen.[88]

921 Kennzeichnend für die „neue Generation" von Entwicklungsabkommen ist die Betonung von **Partnerschaft und Dialog** (vgl. Art. 2 Cotonou-Abkommen). Charakteristisch ist aber auch die **Aufnahme von Elementen der Good Governance** in den Vertrag. So heißt es z. B. in Art. 9 Abs. 2 UAbs. 4 Cotonou-Abkommen:

Die Achtung der Menschenrechte, die demokratischen Grundsätze und das Rechtsstaatsprinzip, auf denen die AKP-EU-Partnerschaft beruht und von denen sich die Vertragsparteien in ihrer Innen- und Außenpolitik leiten lassen, sind wesentliche Elemente dieses Abkommens.

Konditionalität wird hier hergestellt, indem Prinzipien „guten Regierens" zu wesentlichen Vertragsbestandteilen erklärt werden. Dies ermöglicht im Falle eines Verstoßes als *ultima ratio* die Kündigung des Vertrages (vgl. Art. 60 WVK, Rn. 245). Da ein Verstoß gegen eine progressiv zu erfüllende Pflicht schwer feststellbar ist, handelt es sich eher um ein politisches Druckmittel, mit dem der Dialog erzwungen werden kann. Wie auch im Umweltrecht ist es erforderlich, die unbestimmt formulierten materiellen Bestimmungen im partnerschaftlichen Dialog zu konkretisieren.

3. Entwicklung als Querschnittsaufgabe

922 Der Sonderstatus der Entwicklungsländer schlägt sich v. a. in Vertragsklauseln außerhalb der eigentlichen Entwicklungszusammenarbeit nieder, die Vorzugsrechte oder geringere Belastungen im Vergleich zu den entwickelten Vertragspartnern vorsehen. Im **Welthandelsrecht** zählen hierzu u. a. Befreiungen von der Gegenseitigkeit von Zollzugeständnissen (Teil IV GATT, 1965 nachträglich eingefügt) und das *Generalized System of Preferences* (Rn. 938, 977). Die 2001 gestartete und immer wieder sto-

87 Partnerschaftsabkommen zwischen den Mitgliedern der Gruppe der Staaten in Afrika, im Karibischen Raum und im Pazifischen Ozean einerseits und der Europäischen Gemeinschaft und ihren Mitgliedstaaten andererseits v. 23.6.2000, ABl. EG 2000 L 317/3; zuletzt geändert durch Abkommen v. 4.11.2010, ABl. EU 2010 L 287/3. Dazu *P. Hilpold*, Konditionalität in den Beziehungen zwischen der EU und den AKP-Staaten, ZEuS 5 (2002), 239; *ders.*, EU Development Cooperation at a Crossroads, EFAR 7 (2002), 53; *D. Kuon*, Good Governance im europäischen Entwicklungsrecht, 2010; *A. v. Arnauld*, Das System der Europäischen Außenbeziehungen, in: ders. (Hg.), Europäische Außenbeziehungen, 2014, § 1, Rn. 73 ff.

88 Dazu *A. Zimmermann*, Die neuen Wirtschaftspartnerschaftsabkommen der EU, EuZW 2009, 1; *K. Schmalenbach*, Assoziierung und Erweiterung, in: v. Arnauld (Hg.), Europäische Außenbeziehungen, 2014, § 6, Rn. 29 ff.

ckende Doha-Runde des GATT, die zu einer Verbesserung der Situation der Entwicklungsländer im Welthandel (u. a. durch Reduktion der Agrarsubventionen in der EU) führen soll, zeigt jedoch, dass die Versöhnung von Weltwirtschaft und Entwicklung nach wie vor eine schwierige Aufgabe ist. Im **Umweltvölkerrecht** sind es der erwähnte Grundsatz der gemeinsamen, aber unterschiedlichen Verantwortung und der Wissens- und Technologietransfer, die in verschiedenen multilateralen Abkommen das Konzept nachhaltiger Entwicklung mit Leben füllen. Zum Technologietransfer sind entwickelte Staaten in anderen Feldern weniger bereit, wie das **Tiefseebodenregime** zeigt: Hier mussten mit dem Durchführungsübereinkommen in Teil XI erst die Transferpflichten beseitigt werden, um die Ratifikation des SRÜ durch diese Staaten zu sichern. Geblieben ist freilich, dass die Einnahmen der Tiefseebodenbehörde aus den Konzessionen v. a. den Entwicklungsländern zu Gute kommen sollen. Die besondere Situation der Entwicklungsländer wird schließlich auch im Rahmen **wirtschaftlicher und sozialer Menschenrechte** berücksichtigt. So ist nach Art. 2 Abs. 1 IPWSKR jeder Staat zur Verwirklichung der Paktrechte „unter Ausschöpfung aller *seiner* Möglichkeiten" verpflichtet; auch dürfen Entwicklungsländer die im Pakt garantierten wirtschaftlichen Rechte gemäß Art. 2 Abs. 3 IPWSKR ihren eigenen Staatsangehörigen vorbehalten; Art. 14 des Fakultativprotokolls zum IPWSKR gestaltet erstmals die Pflicht zur Kooperation und Unterstützung ökonomisch schwacher Staaten näher aus. In die Diskussion über ein „Recht auf Internetzugang" als mögliches neues Menschenrecht in der Informationsgesellschaft (Rn. 868/869) kommt eine entwicklungspolitische Dimension mit der Forderung nach Überwindung der „digitalen Kluft" *(digital divide)*.[89]

IV. Akteure und Institutionen

Neben den an anderer Stelle erwähnten **internationalen Finanzinstitutionen** Weltbank und IWF (Rn. 1015–1024) ist eine beträchtliche Zahl **Internationaler Organisationen** mit Fragen der Entwicklungszusammenarbeit befasst. Die Vereinten Nationen sind vor allem über ihr Entwicklungsprogramm (UNDP), das Welternährungsprogramm (WFP) und das Kinderhilfswerk UNICEF engagiert.[90] Einen entwicklungspolitischen Schwerpunkt hat auch die Organisation für wirtschaftliche Zusammenarbeit und Entwicklung (OECD). Hinzu treten **staatliche Organisationen** auf nationaler Ebene, in Deutschland z. B. die Deutsche Gesellschaft für Internationale Zusammenarbeit (GIZ), die 2011 gegründet wurde, um die Kompetenzen des Deutschen Entwicklungsdienst (DED), der Gesellschaft für technische Zusammenarbeit (GTZ) und der Internationalen Weiterbildung und Entwicklung gGmbH (InWEnt) zu bündeln,[91] und das Technische Hilfswerk (THW). Eine zentrale Rolle spielen schließlich zahlreiche **NGO und private Helfer**,[92] die weltweit Entwicklungshilfe vor Ort **923**

89 Dazu *J. Lehmann*, Die Überwindung des digitalen Grabens, AVR 47 (2009), 399; *J. Neumann*, „Bridging the digital divide", 2012.

90 Überblick über das UN Development System im Bericht des Generalsekretärs, A/73/63 v. 19.1.2018.

91 Näher zu der damit bezweckten Kohärenz *M. Kaltenborn/L. Lübben*, Kohärenz und Kooperation im Organisationsrecht der Entwicklungszusammenarbeit, Die Verwaltung 47 (2014), 125.

92 Dazu vertiefend *H. Metcalf Little*, The Role of Private Assistance in International Development, NYUJILP 42 (2010), 1091.

leisten und die als integraler Bestandteil eines übergreifenden Entwicklungsansatzes u. a. auch in Art. 2 Cotonou-Abkommen ausdrücklich anerkannt sind.

D. Kulturvölkerrecht

924 Wie Umwelt und Entwicklung galt auch die Kultur lange als ein „weicher" Bereich der Außenpolitik, dem nur geringe Aufmerksamkeit geschenkt wurde. Dem Internationalen Wirtschaftsrecht ähnlich präsentiert es sich heute als **„transnationales Recht"**[93] *par excellence*, mit einer charakteristischen Verschränkung von Völkerrecht und nationalem Recht (z. B. Regeln gegen Abwanderung von Kulturgütern), öffentlichem Recht und Zivilrecht (z. B. UNIDROIT-Konvention), *hard law* und *soft law* (z. B. Regeln über den Leihverkehr zwischen Museen). Eine zentrale Rolle bei der Entwicklung völkerrechtlicher Normen spielt die **UNESCO**, die sich als selbstständige Sonderorganisation der UNO der internationalen Kooperation in den Bereichen Erziehung, Wissenschaft und Kultur widmet.

925 Seiner Entwicklung „von den Rändern" des Völkerrechts her geschuldet, präsentiert sich das Kulturvölkerrecht, erneut analog zum Umwelt- und Entwicklungsrecht, als eine **Querschnittsmaterie**, die in andere völkerrechtliche Teilordnungen hineinragt. Hieraus resultiert, dass der Begriff der „Kultur" jeweils bereichsspezifisch zu bestimmen ist bzw. in den verschiedenen Rechtsgebieten über je eigene „Stellvertreterbegriffe" („proxies"), wie „Kulturgut", „Denkmäler", „Werke der Kunst und Wissenschaft", „Kulturerbe" usw. verfügt.

926 Am Anfang des internationalen Kulturgüterrechts steht der **Schutz vor Zerstörung**, namentlich in bewaffneten Konflikten. Bereits die Haager Landkriegsordnung von 1907 enthält Regelungen zum Schutz von Kulturgut vor Zerstörung durch Beschuss (Art. 27) und Plünderung (Art. 56). Eine wichtige weitere Etappe stellte 1935 der Roerich-Pakt über den Schutz von künstlerischen und wissenschaftlichen Einrichtungen und Denkmälern im Falle eines Krieges dar. Neben den Zusatzprotokollen von 1977 zu den Rotkreuz-Konventionen kommt heute v. a. dem Haager Abkommen zum Schutz von Kulturgut in bewaffneten Konflikten von 1954 zentrale Bedeutung zu (Rn. 1256–1257).

927 Die Grenzen zwischen Raub- und Beutekunst und der Organisierten Kriminalität sind fließend. Abgesehen von den Plünderungs- und Beschlagnahmeverboten des HVR dient vor allem das Übereinkommen gegen illegalen Handel mit Kulturgut von 1970[94] zum **Schutz vor rechtswidrigem Gütertransfer**. Die Konvention soll zum einen den Handel mit Kulturgütern unterbinden, die im Widerspruch zum nationalen Recht einer Vertragspartei ausgeführt wurden, zum anderen den illegalen Transfer rückgängig machen. Privatrechtlich ergänzt wird diese Konvention durch die UNIDROIT-

93 Zum Konzept klassisch *P. Jessup*, Transnational Law, 1956.

94 ILM 10 (1971), 289. Für Deutschland in Kraft seit 1.2.2007, BGBl. 2007 II 626. Dazu *A. Halsdorfer*, Privat- und kollisionsrechtliche Folgen der Verletzung von Kulturgüterschutznormen auf der Grundlage des UNESCO-Kulturgutübereinkommens 1970, 2008; *E. C. Pieler*, Internationaler Kulturgüterschutz und die UNESCO -Konvention von 1970, 2009; Schweizerische UNESCO-Kommission (Hg.), Die UNESCO-Konvention 1970 und ihre Anwendung, 2011.

Konvention über gestohlene oder rechtswidrig ausgeführte Kulturgüter, die unmittelbar an den Eigentümer illegal verbrachter Güter adressierte Pflichten enthält.[95] Da die 1970er-Konvention von sich aus keine Rückwirkung beanspruchen kann, muss zur Abwicklung historischer Fälle von Raubkunst auf das zur jeweiligen Zeit geltende Recht zurückgegriffen werden. Dieses erkannte freilich bis zum Ende des 19. Jahrhunderts Beuterechte weitgehend an;[96] anders steht es mit den im Zweiten Weltkrieg v. a. von Deutschland und der Sowjetunion entwendeten Kunstwerken.[97] Da ein Verbot der Ein- und Ausfuhr von Kulturgütern den freien Warenhandel beschränkt, sieht Art. XX lit. f GATT eine – allerdings begrenzte – Ausnahme für den Schutz von Kulturgut vor Abwanderung ins Ausland vor.[98]

Nicht zufällig entwickelte sich parallel zum Bewahrungsgedanken im Umweltrecht in den frühen 1970er Jahren auch der Gedanke der **Bewahrung des kulturellen Erbes**.[99] Im Mittelpunkt steht das UNESCO-Übereinkommen zum **Schutz des Welterbes** von 1972.[100] Es beruht auf der „Erwägung, dass Teile des Kultur- oder Naturerbes von außergewöhnlicher Bedeutung sind und daher als Bestandteil des Welterbes der ganzen Menschheit erhalten werden müssen" (Präambel). Um Mitgliedstaaten zum Schutz anzuhalten, setzt die UNESCO auf ein Anreizmodell: Auf Antrag können Kultur- oder Naturdenkmäler in eine Liste aufgenommen werden. Dabei prüft das Welterbe-Komitee nicht nur die Schutzwürdigkeit und den Erhaltungszustand, sondern verlangt auch einen überzeugenden Erhaltungsplan. Welterbestätten in Deutschland sind z. B. der Aachener Dom, die Altstädte von Lübeck, Bamberg und Quedlinburg, die Zeche Zollverein in Essen, die Berliner Museumsinsel und die Hamburger Speicherstadt. Die Vertragspflichten sind eher „weich" gefasst. Als Sanktion kann das Komitee gefährdetes Kulturgut auf eine „Rote Liste" setzen oder – wie im Fall des Dresdner Elbtals wegen des Baus der Waldschlösschenbrücke (Rn. 513) – die Streichung aus der Welterbeliste vornehmen. 928

Dem Schutz von im Meer versunkenen Kulturzeugnissen (historische Wracks, untergegangene Stätten usw.) dient das Übereinkommen zum **Schutz des Kulturerbes unter Wasser** von

95 ILM 34 (1995) 1322; von Deutschland nicht ratifiziert. Näher *B. Thorn*, Internationaler Kulturgüterschutz nach der UNIDROIT-Konvention, 2005; *A. Hachmeister*, Gestohlene und unrechtmäßig verbrachte Kulturgüter im Kaufrecht: nationales, internationales und Einheitskaufrecht, 2012.

96 Vgl. *W. Sandholtz*, Prohibiting Plunder: How Norms Change, 2007.

97 Zur sog. Beutekunst *S. Schoen*, Der rechtliche Status von Beutekunst, 2004; *E. Syssoeva*, Kunst im Krieg, 2004; *H. Hartung*, Kunstraub in Krieg und Verfolgung, 2005; *C. Jenschke*, Der völkerrechtliche Rückgabeanspruch auf in Kriegszeiten widerrechtlich verbrachte Kulturgüter, 2005; *C. Schaffrath*, Die Rückführung unrechtmäßig nach Deutschland verbrachten Kulturguts an den Ursprungsstaat, 2007; *B. Schönenberger*, Restitution von Kulturgut, 2009; *J. Schoeps/A.-D. Ludewig*, Eine Debatte ohne Ende? Raubkunst und Restitution im deutschsprachigen Raum, 2014.

98 *A. Froehlich*, Das Verhältnis von Kultur und WTO, in: Hilf/Niebsch (Hg.), Perspektiven des internationalen Wirtschaftsrechts, 2008, 97; *M. A. Schnelle*, Der Abwanderungsschutz von Kulturgütern im Lichte der Freihandelsordnungen von AEUV und GATT, 2016.

99 Vgl. Parallelisierung bei *G. Nolte*, Kulturelle Vielfalt als Herausforderung für das Völkerrecht, BDGVR 43 (2008), 1. Kritische Rekonstruktion bei *D. Gillman*, The Idea of Cultural Heritage, 2010.

100 BGBl. 1977 II 213; ILM 11 (1972) 1358. Dazu *J. Blake*, International Cultural Heritage Law, 2015. Speziell zu Deutschland *C. Steinbrück*, Die Umsetzung des UNESCO-Kulturgutübereinkommens in der Bundesrepublik Deutschland, 2012; *P. Seifert*, Das UNESCO-Übereinkommen zum Schutz des Kultur- und Naturerbes der Welt und die Rechtsordnung der Bundesrepublik Deutschland, 2016. Zur Schweiz *M. Gredig*, Der Schutz des UNESCO-Welterbes in der Schweiz, 2014.

2001. Dieses überträgt die an Land geltenden Regeln und versucht, ergänzend zu Art. 303 SRÜ, durch Offenhalten der Frage von Eigentum und Hoheitsrechten Erhaltung und Erforschung solcher Kulturgüter so weit als möglich sicherzustellen.[101]

929 Die Vereinbarung eines erweiterten Kulturbegriffs auf der UNESCO-Konferenz „Mondacult" in Mexiko (1982) ebnete den Weg für das 2003 verabschiedete Übereinkommen zur **Erhaltung des immateriellen Kulturerbes**,[102] das gemäß Art. 2 Abs. 2 mündlich überlieferte Traditionen und Ausdrucksformen, darstellende Künste, gesellschaftliche Bräuche, Rituale und Feste, Wissen und Bräuche in Bezug auf die Natur und das Universum sowie traditionelle Handwerkstechniken erfasst. Das Anreizmodell ist avancierter als bei der Konvention von 1972: Drei Listen differenzieren zwischen repräsentativen Ausdrucksformen aus allen Weltregionen, dringend erhaltungsbedürftigen bedrohten Formen und einem Register guter Praxisbeispiele. Nicht auf die Bewahrungswürdigkeit einzelner Kulturgüter, sondern auf die Vielfalt des kulturellen Lebens zielt das 2005 verabschiedete Übereinkommen über den Schutz und die Förderung der **Vielfalt kultureller Ausdrucksformen**.[103] Dieses sollte in erster Linie der staatlichen Kulturförderung eine völkerrechtliche Basis verleihen, um sie gegen handelsrechtliche Imperative zu verteidigen.[104]

930 Ergänzt werden diese Regelungen durch **kulturelle Menschenrechte** und die kulturelle Dimension bürgerlicher und politischer Rechte. Schon die Allgemeine Erklärung der Menschenrechte proklamierte neben der Meinungs- und Informationsfreiheit in Art. 19 (die auch die Kunstfreiheit schützt) in Art. 27 das Recht jedes Menschen „am kulturellen Leben der Gemeinschaft frei teilzunehmen" und „sich der Künste zu erfreuen". Diese Rechte finden sich in Art. 9 IPBPR und Art. 15 IPWSKR näher ausgestaltet. Besondere Relevanz kommt dem Menschenrechtsschutz für **Minderheiten** zu. Deren Recht auf Pflege des eigenen kulturellen Lebens ist in Art. 27 IPBPR und Art. 3 CRC universell geschützt. Hinzu treten regionale Verträge (z. B. Europäische Charta zum Schutz von Minderheitensprachen) sowie völkerrechtliche Dokumente zum Schutz indigener Völker und ihrer Kultur.[105]

---

101 ILM 41 (2002) 37; *N. C. Pallas*, Maritimer Kulturgüterschutz, 2004; *I. Vinson*, Underwater Cultural Heritage, 2009; *S. Dromgoole*, Underwater Cultural Heritage and International Law, 2013; *T. Scovazzi*, Underwater Cultural Heritage as an International Common Good, in: Lenzerini/Vrdoljak (Hg.), International Law for Common Goods, 2014, 215; *V. Vadi*, Underwater Cultural Heritage and the Market, in: Vadi/Schneider (Hg.), Art, Cultural Heritage and the Market, 2014, 221. Vgl. dazu auch IDI, The Legal Regime of Wrecks of Warships and Other State-owned Ships in International Law, Resolution v. 29.8.2015.

102 BGBl. 2013 II 1009; 2368 UNTS 1. Dazu *K. Odendahl*, Die Bewahrung des immateriellen Kulturerbes als neues Thema des Völkerrechts, SZIER 15 (2005), 445; *L. Lixinski*, Intangible Cultural Heritage in International Law, 2013; *P. L. Petrillo* (Hg.), The Legal Protection of the Intangible Cultural Heritage: A Comparative Perspective, 2019.

103 BGBl. 2007 II 234; 2440 UNTS. Dazu *S. Schorlemer*, Kulturpolitik im Völkerrecht verankert, VN 2005, 217. Näher *H. Ruiz Fabri* (Hg.), La Convention de l'Unesco sur la protection et la promotion de la diversité des expressions culturelles, 2010; *S. Uibeleisen*, Kulturschutz und Handelsliberalisierung, 2012; *L. Richieri Hanania* (Hg.), Cultural Diversity in International Law, 2014.

104 *F. Sucker*, Der Schutz und die Förderung kultureller Vielfalt im Welthandelsrecht, 2018.

105 Näher *K. Kuprecht*, Human Rights Aspects of Indigenous Cultural Property Repatriation, FS K. Siehr, 2010, 191; *C. Thies*, Kulturelle Vielfalt als Legitimitätselement der internationalen Gemeinschaft, 2013, 183 ff; *S. Wiessner*, The Cultural Dimension of the Rights of Indigenous Peoples, in: Lenzerini/Vrdoljak (Hg.), International Law for Common Goods, 2014, 175.

Vertiefende Literaturangaben zu § 11 siehe: www.cfmueller.de/voelkerrecht
www.wsi.uni-kiel.de

Ausbildungsfälle zu § 11: *W. Erbguth/S. Schlacke*, Der praktische Fall – Umweltvölkerrecht, VR 2008, 164; *C. Koenig*, Ausländische Militärintervention zur Eindämmung einer grenzüberschreitenden Nuklearkatastrophe, Jura 1988, 139; *G. Odendahl*, Frankreichs Nuklearversuche im Südpazifik, JuS 1997, 633; *B. Rudolf/F. Bühring*, Streit am Rio Contaminación, Jura 2008, 389; *R. Schmidt/H. Müller*, Grundfälle zum Umweltrecht, JuS 1986, 619; *R. Schmidt-Radefeldt*, Umweltverschmutzung in Lappland, JuS 1999, 994.

Kontrollfragen:

- Was besagt das Prinzip der „nachhaltigen Entwicklung" *(sustainable development)*? **Rn. 872**
- Welche rechtsquellenbezogenen Eigenarten haben Umweltvölkerrecht und Entwicklungsvölkerrecht? **Rn. 874, 879–881, 912**
- Worin kommt ein Trend zur „Entterritorialisierung" im internationalen Umweltrecht zum Ausdruck? **Rn. 875–876**
- Was besagt die sog. Harmon-Doktrin und welches ist ihr völkerrechtlicher Status? **Rn. 882**
- Welche gewohnheitsrechtlichen Grundsätze prägen das völkerrechtliche Nachbarrecht? **Rn. 883–888**
- Nennen Sie Grundprinzipien des heutigen Umweltvölkerrechts! **Rn. 890–898**
- Gilt das Vorsorgeprinzip *(precautionary principle)* gewohnheitsrechtlich? **Rn. 895**
- Welches sind die drei Säulen der Aarhus-Konvention? **Rn. 898**
- Sind hochgefährliche Aktivitäten, namentlich im Grenzgebiet, völkerrechtlich zulässig? **Rn. 899–901**
- Kennt das Völkerrecht eine Gefährdungshaftung für Schäden durch gefährliche, aber rechtmäßige Aktivitäten? **Rn. 902**
- Gibt es ein „Recht auf Entwicklung"? **Rn. 915–917**
- Welche Rolle spielt die sog. Konditionalität im Entwicklungsvölkerrecht und wie wird sie rechtlich gesichert? **Rn. 919, 921**
- Inwiefern kann man das Recht des Kulturgüterschutzes als „transnationales Recht" bezeichnen? Nennen Sie Beispiele! **Rn. 924, 926–930**

§ 12 Wirtschaftsvölkerrecht

Einführende Literatur: *A. Fisahn/R. Ciftci*, Rechtliche und politische Probleme von Freihandelsabkommen am Beispiel von CETA, AL 2015, 177; *J. Griebel*, Investitionsrecht, Internationales, in: Schöbener (Hg.), Völkerrecht, 2014, 243; *M. Herdegen,* International Economic Law, MPEPIL (6/2014); *S. Heselhaus*, Die Welthandelsorganisation, JA 1999, 76; *E.-U. Petersmann*, World Trade, Principles, MPEPIL (5/2010); *H. Ruiz Fabri*, Regulating trade, investment and money, in: Crawford/Koskenniemi (Hg.), The Cambridge Companion to International Law, 2012, 352; *R. Schäfer*, Einführung in das internationale Investitionsschutzrecht, JuS 2016, 795; *J. P. Terhechte*, Einführung in das Wirtschaftsvölkerrecht, 2 Teile, JuS 2004, 959, 1054; *M. Will*, Weltbank, in: Schöbener (Hg.), Völkerrecht, 2014, 565.

Lehr- und Handbücher: *D. Bethlehem* u. a. (Hg.), The Oxford Handbook of International Trade Law, 2009; *M. Bungenberg* u. a. (Hg.), International Investment Law: A Handbook, 2015; *I. Carr/P. Stone*, International Trade Law, 6. Aufl. 2017; *D. Collins*, An Introduction to International Investment Law, 2016; *T. Cottier/M. Oesch*, International Trade Regulation, 2005; *R. Dolzer/C. Schreuer*, Principles of International Investment Law, 2. Aufl. 2012; *J. Griebel*, Internationales Investitionsrecht, 2008; *A. Guzmán/A. Sykes* (Hg.), Research Handbook in International Economic Law, 2007; *H. Hauser/K.-U. Schanz*, Das neue GATT, 3. Aufl. 2004; *A. Heinemann/A. Schnyder*, Internationales Wirtschaftsrecht in a nutshell, 2017; *M. Herdegen*, Internationales Wirtschaftsrecht, 11. Aufl. 2017; *C. Herrmann/C. Dornacher*, International and European Monetary Law: An Introduction, 2017; *C. Herrmann/W. Weiß/C. Ohler*, Welthandelsrecht, 2. Aufl. 2007; *M. Hilf/S. Oeter* (Hg.), WTO-Recht, 3. Aufl. 2019; *A. K. Koul*, Guide to the WTO and GATT, 2018; *M. Krajewski*, Wirtschaftsvölkerrecht, 4. Aufl. 2017; *S. Lester/B. Mercurio/A. Davies*, World Trade Law, 3. Aufl. 2018; *C. L. Lim/J. Ho/ M. Paparinskis* (Hg.), International Investment Law and Arbitration, 2018; *A. F. Lowenfeld*, International Economic Law, 2. Aufl. 2008; *M. Matsushita* u. a., The World Trade Organization: Law, Practice, and Policy, 3. Aufl. 2015; *P. Muchlinski/F. Ortino/C. Schreuer* (Hg.), The Oxford Handbook of International Investment Law, 2008; *A. Narlikar* u. a. (Hg.), The Oxford Handbook on the World Trade Organization, 2012; *C. Pitschas/J. Neumann/C. Herrmann*, WTO-Recht in Fällen, 3. Aufl. 2019; *H.-J. Prieß/G. Berrisch* (Hg.), WTO-Handbuch, 2003; *A. Qureshi/A. Ziegler*, International Economic Law, 4. Aufl. 2019; *J. Salacuse*, The Law of Investment Treaties, 2. Aufl. 2015;*M. Sornarajah*, The International Law on Foreign Investment, 4. Aufl. 2017; *P.-T. Stoll/F. Schorkopf*, WTO: Welthandelsordnung und Welthandelsrecht, 2002 (englisch 2006); *C. Tietje* (Hg.), Internationales Wirtschaftsrecht, 2. Aufl. 2015; *M. Trebilcock/ R. Howse/A. Elisason*, The Regulation of International Trade, 4. Aufl. 2013; *P. Van den Bossche/W. Zdouc*, The Law and Policy of the World Trade Organization, 4. Aufl. 2017; *K. Yannaca-Small* (Hg.), Arbitration Under International Investment Agreements, 2. Aufl. 2018.

Kommentare: *R. D. Bishop/J. Crawford/M. Reisman*, Foreign Investment Disputes: Cases, Materials and Commentary, 2. Aufl. 2014; *C. Brown* (Hg.), Commentaries on Selected Model Investment Treaties, 2013; *J. Fouret/R. Gerbay/G. Alvarez* (Hg.), The ICSID Convention, Regulations and Rules, 2019; *P. Mavroidis*, The General Agreement on Tariffs and Trade, 2005; *W. Müller*, WTO Agreement on Subsidies and Countervailing Measures, 2017; *C. Rose/M. Kubiciel/O. Landwehr* (Hg.), The United Nations Convention Against Corruption, 2019; *C. Schreuer*, The ICSID Convention, 2. Aufl. 2009; *R. Wolff* (Hg.), New York Convention on the Recognition and Enforcement of Foreign Arbitral Awards, 2. Aufl. 2019; *R. Wolfrum/P.-T. Stoll* (Hg.), Max Planck Commentaries on World Trade Law, Vol. 1-7, 2006-2008.

A. Wirtschaftliche Kooperation und Völkerrecht

I. Das internationale Wirtschaftsrecht

931 Im Bereich des internationalen Wirtschaftsrechts **überlagern** sich mehr als in praktisch jedem anderen Rechtsgebiet **verschiedene Rechtsordnungen**. Auch das Wirtschaftsvölkerrecht ist also „transnationales" Recht (vgl. Rn. 924). Zu unterscheiden sind zum einen die nationale und internationale Ebene sowie die Bereiche des Privatrechts und des öffentlichen Rechts.

932 Auf **nationaler Ebene** ist öffentlichrechtlich der Bereich des **Zoll- und Außenwirtschaftsrechts** betroffen (der für die Mitgliedstaaten der EU bereits vollständig „ver-

gemeinschaftet" ist). Typische Steuerungsinstrumente sind Zölle, Subventionen, Ein- und Ausfuhrbeschränkungen. Privatrechtliche Beziehungen regelt das **Internationale Privatrecht**, d. h. das (missverständlich „international" genannte) nationale Kollisionsrecht, das vorgibt, welches nationale Recht bei grenzüberschreitenden privaten Wirtschaftsbeziehungen zur Anwendung kommt und inwieweit sich die Gerichte eines Staates in den Dienst der Durchsetzung des Rechts eines anderen stellen (vgl. Rn. 346).

Auf **internationaler Ebene** gibt es im privatrechtlichen Sektor Ansätze eines **Einheitsprivatrechts**, das der Vereinheitlichung der nationalen rechtlichen Regeln über 933
private Vertragsbeziehungen dient (z. B. UN-Kaufrecht, das selbst nicht verbindlich ist, sondern als Angebot für die Regelung transnationaler Wirtschaftsbeziehungen zwischen privaten Unternehmen dient). Während dieses „Einheitsprivatrecht" letztlich auf völkerrechtlicher Basis beruht und von Staaten international vereinbart wird, beruht die sog. (neue[1]) **lex mercatoria** auf privater Rechtsetzung: Hierzu zählen private, v. a. von internationalen Wirtschaftsverbänden erarbeitete Standards, Kodizes und Regeln, die zwar von sich aus keine Verbindlichkeit beanspruchen können, jedoch von den Beteiligten des Wirtschaftsverkehrs als „internationale AGB" (Allgemeine Geschäftsbedingungen) in ihre Verträge aufgenommen werden. Über die Einbeziehung durch die privaten Parteien erlangen sie Geltung für den jeweiligen Vertrag (z. B. Incoterms 2010 der *International Chamber of Commerce*).

Das **Wirtschaftsvölkerrecht** im engeren Sinne umfasst den **internationalen Wirtschaftsverkehr in seiner öffentlich-rechtlichen Dimension**, d. h. die Beziehungen 934
zwischen Staaten sowie zwischen Staaten und Privatrechtssubjekten. Es legt den völkerrechtlichen Rahmen für die grenzüberschreitenden Wirtschaftsbeziehungen fest. Dabei vereinbaren – sieht man vom Sonderfall des Staatshandels ab – die Staaten Regeln, die privaten Unternehmen zu Gute kommen sollen, die ihre Staatszugehörigkeit besitzen.

Zu den **Kernmaterien** des Wirtschaftsvölkerrechts gehören:

- **Welthandelsrecht:** betrifft den grenzüberschreitenden Handel mit Waren und Dienstleistungen und ist vom Prinzip der freien Zirkulation der Güter und Dienstleistungen geprägt. Das Welthandelsrecht weist starke multilaterale Rechtsstrukturen auf, v. a. über das Recht der WTO, aber auch über regionale Organisationen wie EU, NAFTA (USMCA) usw.
- **Internationales Investitionsschutzrecht:** betrifft den Schutz von Auslandsinvestitionen privater Investoren vor Enteignungen oder vergleichbaren Maßnahmen im Zielstaat der Investition und regelt z. B. Entschädigungsfragen. Eine Besonderheit sind schiedsgerichtliche Verfahren, in denen der private Investor seine Ansprüche gegen den (Ziel-)Staat nicht vor dessen eigenen Gerichten durchzusetzen braucht, sondern unmittelbar auf völkerrechtlicher Ebene über ein Schiedsgericht durchsetzen kann. Das Investitionsschutzrecht ist vertraglich v. a. bilateral geregelt.
- **Internationales Währungs- und Finanzrecht:** verfolgt die Ziele von Währungsstabilität (früher: feste Wechselkurse, jetzt: Krisenmanagement) und Währungskonvertibilität; Mittel

1 Die *lex mercatoria* war ursprünglich das im Mittelalter geltende Recht der Kaufleute, das sich aus Handelsbräuchen und unabhängig von „staatlicher" Gesetzgebung entwickelt hatte. Zur „neuen" lex mercatoria u. a. *A. Röthel*, Lex mercatoria, lex sportiva, lex technica – Private Rechtsetzung jenseits des Nationalstaates?, JZ 2007, 755; *G. Weick*, Incoterms 2010 – Ein Beispiel für die „neue lex mercatoria", ZJS 2012, 584. Eingehend *O. Toth*, The Lex Mercatoria in Theory and Practice, 2017.

hierfür sind v. a. Kredite des Internationalen Währungsfonds (IWF), aber auch der Bank für Internationalen Zahlungsausgleich (BIZ). Finanzpolitisch geht es u. a. um internationale Regeln für die Bankenaufsicht (Leitlinien des Basler Ausschusses für Bankenaufsicht).

– **Internationales Steuerrecht:** betrifft v. a. die Behebung von Konflikten zwischen der territorialen und der personellen Steuerhoheit der Staaten. Ausdruck der territorialen Steuerhoheit ist u. a. das Quellenprinzip (wonach die Herkunft der Einkünfte das Recht der Besteuerung gibt), wogegen sich die personelle Steuerhoheit v. a. im sog. Welteinkommensprinzip niederschlägt, das auch Auslandstransaktionen der eigenen Staatsangehörigen erfasst, sowie im Wohnsitzprinzip. Zur Vermeidung von ökonomisch schädlicher Doppelbesteuerung schließen Staaten in der Regel im bilateralen Verhältnis Doppelbesteuerungsabkommen. Deutschland hat solche Abkommen mit über 100 Staaten geschlossen.

II. Zwischen Souveränität und ökonomischer Verflechtung

935 Welche Wirtschaftsbeziehungen er mit anderen Staaten oder mit ausländischen Wirtschaftsunternehmen unterhalten möchte, kann ein Staat frei entscheiden. Aus der staatlichen Souveränität folgt, dass es nach allgemeinem Völkerrecht **keine Pflicht zur Marktöffnung** gibt.[2] Wirtschaftliche Abschottung und Protektionismus sind ebenso Ausdruck souveräner Staatlichkeit wie die freiwillige Übernahme völkerrechtlicher Verpflichtungen auf ökonomischem Gebiet.

936 Das Wirtschaftsvölkerrecht ist geprägt von dem Spannungsverhältnis zwischen dem Interesse der Staaten an einem **Schutz ihrer Volkswirtschaften** einerseits und dem Wunsch (und Bedürfnis) nach **Partizipation an der Weltwirtschaft** andererseits. Alle Staaten der Erde unterhalten Wirtschaftsbeziehungen zu anderen Staaten; in der hieraus entstehenden internationalen Verflechtung der Märkte steckt einer der wichtigsten Impulse der sog. **Globalisierung**.[3] Diese Verflechtung zieht wiederum ein Bedürfnis nach gewissen Grundregeln (z. B. Konvertibilität von Währungen, marktwirtschaftliche Grundprinzipien usw.) und übergeordneter Koordination nach sich, was zu einer **zunehmenden Verrechtlichung** führt, sei es im Rahmen der WTO (= *World Trade Organisation*, Welthandelsorganisation) mit ihren derzeit 164 Mitgliedern (Stand: Juni 2019), sei es im Rahmen von sog. regionalen Handels- und Investitionsabkommen (dazu Rn. 951).

937 Diese Prozesse lassen sich schwerlich rückgängig machen, wie es aus Sicht einiger Globalisierungskritiker erträumt wird, wie es aber auch der **„neue Merkantilismus“** der US-Regierung unter Präsident *Trump* oder das Lager „harter“ Brexiteers im Vereinigten Königreich verspricht. Nicht nur, dass eine **Abschottung** heimischer Märkte gerade untere Einkommensschichten von Gütern und Dienstleistungen ausschließen würde; die globalisierte Weltwirtschaft ist durch **grenzüberschreitende Arbeitsteilung** geprägt. Die meisten Unternehmen sind Glieder globaler Fertigungsketten und werden von einer Politik der Abschottung existenziell betroffen. Ohne den Umbau

---

2 Differenzierend *F. Boor/K. Nowrot*, Von Wirtschaftssanktionen und Energieversorgungssicherheit, FW 89/1-2 (2014), 211 (215 ff).

3 Zu diesem schillernden Begriff u. a. *U. Beck*, Was ist Globalisierung?, 1997; *C. F. v. Weizsäcker*, Logik der Globalisierung, 3. Aufl. 2003.

ganzer Volkswirtschaften kann eine solche Politik nicht aufgehen, und auch das nur, wenn man auf den Import von Rohstoffen aus anderen Ländern verzichten kann.[4]

Durch Öffnung der Volkswirtschaften gegenüber der Weltwirtschaft geraten auch andere Politikfelder unter Anpassungsdruck. Zunehmend kommt es zu **Konflikten** zwischen den auf Marktrationalität zielenden Anforderungen eines dynamischen und globalisierten **ökonomischen Sektors und anderen Sektoren**, etwa der sozialen Sicherung, dem Umweltschutz usw. Um hier gesamtgesellschaftliche Schieflagen zu vermeiden, müssen auch diese Bereiche verstärkt „globalisiert" – aus rechtlicher Sicht: völkerrechtlich geregelt – werden. Es entsteht **Harmonisierungsdruck**. In der völkerrechtlichen Diskussion stehen sich hier die Diagnosen einer Fragmentierung sowie einer Konstitutionalisierung des Völkerrechts gegenüber (Rn. 33). Im Welthandelsrecht geht es daher schon lange nicht mehr um freien Handel versus Protektionismus. Vielmehr geht es um die **Abstimmung handelspolitischer Regime** aufeinander, um grenzüberschreitende Wirtschaftsbeziehungen zu erleichtern, ohne berechtigte Gemeinschaftsinteressen zu gefährden. Der Streit geht also nicht mehr darüber, ob, sondern **welche Regeln für globalisierte Märkte** gelten sollen. Denn das heutige Wirtschaftsvölkerrecht muss als komplexes Regelsystem auch andere als bloß ökonomische Ziele einbeziehen. **938**

Eng sind vor allem die **Verbindungslinien zur Entwicklungs- und Umweltpolitik**. **939** Entwicklung wird nicht nur als Produkt, sondern auch als Bedingung internationaler Wirtschaftsbeziehungen begriffen. Dieser Gedanke findet seine Ausprägung v. a. in Präferenzsystemen und in Ausnahmeregelungen für Entwicklungsländer im Weltwirtschaftsrecht (vgl. z. B. sog. *enabling clause* im GATT). Auch die Harmonisierung ökonomischer und umweltpolitischer Ziele findet zunehmend Niederschlag im Wirtschaftsvölkerrecht (vgl. z. B. Art. XX lit. g GATT, SPS-Abkommen). Die Ergänzung des materiellen Wirtschaftsvölkerrechts wie auch der Internationalen Wirtschaftsorganisationen, namentlich der WTO, um andere als im engeren Sinne ökonomische Ziele führt zwar vermehrt zu **internen Zielkonflikten** (wann verdienen ökonomische, wann entwicklungs- oder umweltpolitische Ziele den Vorrang?), verhindert aber, dass der ökonomische Sektor andere Bedürfnisse von Staaten und Menschen überrollt und damit zum Opfer seiner eigenen Dynamik wird.

III. Prinzipien und Standards im Wirtschaftsvölkerrecht

Das Bedürfnis nach gewissen einheitlichen Grundregeln schlägt sich in bestimmten **940** Standards und Prinzipen nieder, die üblicherweise Kernelemente wirtschaftsvölkerrechtlicher Abkommen bilden. Da eine allgemeine Pflicht zur Marktöffnung nicht besteht, handelt es sich aber nicht um gewohnheitsrechtlich gültige Standards; es geht vielmehr um „Module", die der vertraglichen Vereinbarung bedürfen, um rechtliche Geltung zu erlangen.

4 *C. I. Nagy*, World Trade, Imperial Fantasies and Protectionism, IJGLS 26 (2019), 87.

1. Nichtdiskriminierung

941 Da sich im internationalen Wirtschaftsverkehr der freie Zugang zum Binnenmarkt eines Staates oft nur schwer im Verhandlungswege durchsetzen lässt, bauen die meisten Abkommen stattdessen auf einen **gleichen Zugang** (Nichtdiskriminierung). Dies bedeutet zunächst, dass Staaten sich verpflichten, einen Staat nicht gegenüber anderen Staaten zu benachteiligen: Wenn einem ausländischen Staat Zugang zum Binnenmarkt gewährt wird, wird der Zugang zu den gleichen Bedingungen auch allen anderen Vertragspartnern gewährt. Dabei sind die günstigsten Bedingungen ausschlaggebend, die einem anderen Staat eingeräumt werden (sog. **Meistbegünstigungsgrundsatz**).[5] Ausnahmen sind hier v. a. zu Gunsten von Entwicklungsländern oder von regionalen Organisationen der Wirtschaftsintegration (z. B. EU) nötig.

942 Weiter noch geht der Grundsatz der **Inländerbehandlung** (oder auch Inländergleichbehandlung): Soweit Staaten ihren Binnenmarkt öffnen, verpflichten sie sich danach, ausländische Waren, Dienstleistungen, Investitionen usw. nach den gleichen Regeln zu behandeln wie inländische. Die Gleichbehandlung findet hier also nicht nur im Verhältnis zu anderen Staaten, sondern auch zu inländischen Anbietern, Investoren usw. statt. Während sich dieser Grundsatz im gewohnheitsrechtlichen Fremdenrecht nicht hat durchsetzen können,[6] spielt er im vertraglichen Wirtschaftsvölkerrecht eine wichtige Rolle. Um in Staaten mit prekären Rahmenbedingungen für einheimische Wirtschaftstreibende zu verhindern, dass es zu einer „gleich schlechten" Behandlung ausländischer Wirtschaftsteilnehmer kommt, bedarf es flankierend der Regelung bestimmter ausdrücklicher Rechtsgarantien z. B. bei Enteignung (namentlich im Investitionsrecht) sowie der Vereinbarung von Reziprozität.

943 Bei Diskriminierungen unterscheidet man **offene (formale, de jure)** und **verdeckte (faktische, de facto)** Diskriminierungen. Im ersten Fall knüpft eine Regelung offen an die Herkunft einer Person, Ware usw. an und behandelt diese anders als eine Person, Ware usw. anderer Herkunft (aus dem Inland oder aus anderen ausländischen Staaten). Im zweiten Fall wird an formal herkunftsneutrale Kriterien angeknüpft; die Regelung wirkt sich aber typischerweise je nach Herkunft unterschiedlich aus.

Beispiel: Untersagt der Gesetzgeber jegliche Werbung für Alkohol, stellt dies eine verdeckte Diskriminierung ausländischer Produzenten dar, weil heimische Produkte den Kunden typischerweise besser bekannt sind und so ihren Wettbewerbsvorteil bewahren können. Eine offene Diskriminierung läge vor, wenn nur die Werbung für ausländische Alkoholika untersagt wäre.

2. Abbau von Beschränkungen

944 Während im EU-Binnenmarkt die Grundfreiheiten ein umfassendes Verbot von Beschränkungen des Wirtschaftsverkehrs errichten, ist das internationale Wirtschaftsrecht noch nicht so weit. Hier liegt der Fokus auf einem Abbau von Beschränkungen. Diese können die Gestalt von **Zöllen oder nichttarifären Hemmnissen** annehmen.

5 Allgemein dazu *M. Hilf/R. Geiß*, Most-Favoured-Nation Clause, MPEPIL (7/2014); *I. Gätzschmann*, Die Meistbegünstigungsklausel in der WTO und im völkerrechtlichen Investitionsschutz, StudZR 2009, 241.

6 Zur sog. *Calvo*-Doktrin Rn. 594.

Zu den nichttarifären Hemmnissen gehören Abgaben (die nicht Zölle sind) und Vorschriften. Solche Vorschriften wiederum können mengenmäßige Beschränkungen (Verbote oder Quoten) oder Behinderungen (z. B. durch Zertifikate, Verfahren, Vertriebsbeschränkungen) errichten.

Übersicht: Beschränkungen des Wirtschaftsverkehrs

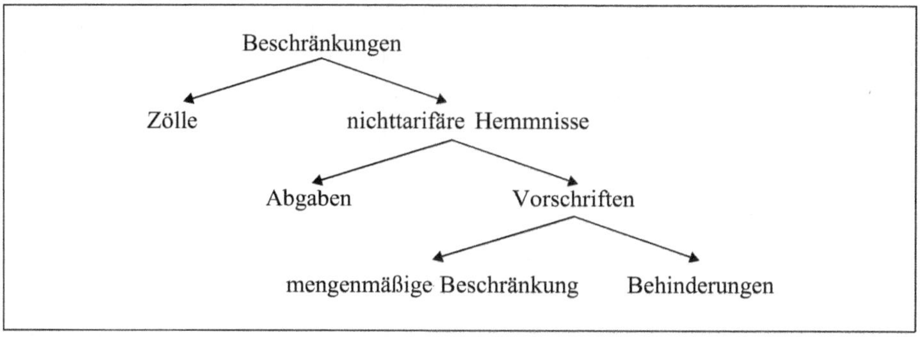

Beschränkungsverbote zielen auf **Freiheit des Marktes**, während **Diskriminierungsverbote** auf **Gleichheit der Marktbedingungen** zielen. Bei einer Wirtschaftsordnung, der die Idee eines freien Marktes zu Grunde liegt, führen beide Verbotstypen in den meisten Fällen jedenfalls dann zu denselben Ergebnissen, wenn die Diskriminierungsverbote auch verdeckte Diskriminierungen erfassen. Das Beschränkungsverbot geht aber weiter, indem es auch nichtdiskriminierende Beschränkungen erfasst. Da das internationale Wirtschaftsrecht die Förderung des grenzüberschreitenden Wirtschaftsverkehrs bezweckt, kann dies eine Schlechterstellung der einheimischen Gewerbetreibenden bedeuten, die sich auf ein völkerrechtliches Beschränkungsverbot nicht berufen können **(Inländerdiskriminierung)**. 945

Beispiel: Das Verbot von Alkoholwerbung stellt nicht nur eine verdeckte Diskriminierung der ausländischen Produzenten dar (s. o.), sondern beschränkt auch deren Absatzmöglichkeiten. Diskriminierungs- und Beschränkungsverbot führen zum selben Ergebnis. Keine Diskriminierung liegt im Verbot des Verkaufs von Alkohol an Minderjährige, das einheimische wie ausländische Produzenten gleichermaßen betrifft. Allerdings beschränkt dieses Verbot den grenzüberschreitenden Absatz ausländischer Alkoholika und muss am Maßstab eines Beschränkungsverbotes gerechtfertigt werden. Wäre (theoretisch) aus Gründen der Verhältnismäßigkeit das Verbot zu lockern, müsste diese Lockerung aus Sicht des Völkerrechts nicht notwendigerweise auch einheimischen Produzenten zugute kommen.

3. Reziprozität und Fairness

Die Öffnung des Binnenmarkts für ausländische Wirtschaftsinteressen ist ein **wichtiger Verhandlungsgegenstand** auf internationaler Ebene. Würde Staat A seinen Markt für Staat B in stärkerem Maße öffnen als umgekehrt Staat B für Staat A, brächte dies für Staat A einen erheblichen Nachteil, da potenzielle **Anreize für eine weitere Marktöffnung** durch Staat B aus der Hand gegeben werden. Das Wirtschaftsvölkerrecht ist daher von der Reziprozität der Verpflichtungen geprägt. So sieht z. B. das Dienstleistungshandelsrecht der WTO eine Öffnung bestimmter Dienstleistungssek- 946 toren für ausländische Dienstleister nur auf Basis der Gegenseitigkeit vor. Auch im Investitionsschutzrecht spielt die Symmetrie der Verpflichtungen eine wichtige Rolle: Die reine Inländerbehandlung kann hier nicht verhindern, dass in Staat B die inländischen Rahmenbedingungen für Investitionen u. U. deutlich schlechter sind als in Staat A. Die Reziprozität der Verpflichtungen kann hier verhindern, dass Staat A sich Investoren aus Staat B effektiv weiter öffnet, als Staat B dies für Investoren aus A tut.

947 Der Reziprozitätsgedanke ist letztlich Ausdruck eines fairen Verhältnisses von Geben und Nehmen. Darüber hinaus enthalten wirtschaftsvölkerrechtliche Verträge oft **besondere Fairnessklauseln**, die die Vertragsparteien zu „billigem", „gerechtem", „fairem" Umgang miteinander verpflichten. Dabei handelt es sich im Ergebnis um spezielle Ausprägungen des allgemeinen Grundsatzes, dass auch im Völkerecht vertragliche Pflichten nach Treu und Glauben zu erfüllen sind (vgl. Art. 26 WVK).[7]

B. Welthandelsrecht

I. Entwicklung des Welthandelssystems

948 Die Regelung bilateraler Handelsbeziehungen durch Verträge reicht **bis in die Antike** zurück. Von dort bis zur rechtlichen Ordnung des Welthandels im Rahmen der WTO ist ein weiter Weg. Impulse gaben vor allem die Weltwirtschaftskrise der 1920er und 1930er Jahre sowie die Schrecken des Zweiten Weltkrieges. Das **GATT** (*General Agreement on Tariffs and Trade* = Allgemeines Zoll- und Handelsabkommen) wurde 1947 geschlossen und trat (vorläufig) am 1. Januar 1948 in Kraft. Ursprünglich sollte es das materielle Recht für die ITO *(International Trade Organisation)* enthalten; das ITO-Abkommen („Havanna-Charta") – das wegen der beschränkten Vollmacht der US-Regierung getrennt verhandelt werden musste – scheiterte jedoch. Hierdurch fehlten dem GATT ausreichende organisatorische Strukturen.

In der Folgezeit war umstritten, ob das GATT 1947 nach der Implied-powers-Lehre (Rn. 124–125) als eine De-facto-IO Völkerrechtspersönlichkeit genoss. Die h. M. bejahte dies und unterschied zwischen den Vertragsparteien als „Herren der Verträge" und der Versammlung der VERTRAGSPARTEIEN (in Großbuchstaben) als einzigem Organ des GATT. Mit Gründung der WTO hat sich der Streit erledigt.

949 Das GATT ist geprägt durch seine mehrjährigen **Verhandlungsrunden** (v. a. Tokio 1973-1979, Uruguay 1986-1994, Doha ab 2001), in denen es um eine Fortentwicklung des Welthandelsrechts ging. In der **Tokio-Runde** wurden optionale Zusatzabkommen ausgehandelt, an denen sich die Mitgliedstaaten nach Belieben beteiligen konnten (**„GATT à la carte"**). Der entscheidende Durchbruch gelang in der **Uruguay-Runde**, in deren Schlussakte von 1994 die **Gründung der WTO** *(World Trade Organisation)* vereinbart wurde (Übereinkommen von Marrakesch). Damit wurde das GATT 1947 in die Ordnung einer neuen Internationalen Organisation eingefügt und erhielt so das organisatorische Gerüst, das ihm seit dem Scheitern der ITO fehlte.

7 Vgl. dazu *K. Vandevelde*, A Unified Theory of Fair and Equitable Treatment, NYUJILP 43 (2010), 43.

Die Rechtsordnung der WTO ist seitdem an die Stelle der alten GATT-Ordnung getreten, wobei das GATT 1947 integraler Bestandteil der WTO-Ordnung ist.[8]

Die mehrfach ausgesetzte und wieder aufgenommene **Doha-Runde** sollte nach dem spektakulären Scheitern der Ministerkonferenz von Seattle 1999 die Bedürfnisse der Entwicklungsländer stärker in das System der WTO integrieren *(Doha Development Agenda).* Im Mittelpunkt standen Subventionen für landwirtschaftliche Produkte v. a. aus der EU, die den Marktzugang für Agrarprodukte aus Entwicklungsländern erschweren. Einen ersten wichtigen Fortschritt brachte im Dezember 2013 die Welthandelskonferenz in Bali, auf der in mehreren Einzelvereinbarungen u. a. ein Bürokratieabbau im Zollverkehr, Abbau von Handelshemmnissen für Entwicklungsländer und ein Abbau von Agrarsubventionen vereinbart wurden. Das in Bali beschlossene Abkommen zur Handelserleichterung (*Trade Facilitation Agreement*, TFA) ist am 22. Februar 2017 in Kraft getreten. Ein weiterer Erfolg gelang im Dezember 2015 in Nairobi mit einem Beschlussbündel, das u. a. die fast vollständige Abschaffung von Exportsubventionen (und Subventionssurrogaten) für Agrarprodukte vorsieht (für entwickelte Länder sofort, für Entwicklungsländer mit Übergangsfristen) sowie verschiedene Sonderrregelungen (u. a. zum Baumwoll- und zum Dienstleistungshandel) für die am wenigsten entwickelten Staaten.[9] 2017 konnte in Buenos Aires noch ein Arbeitsprogramm zum Abbau von Fischereisubventionen vereinbart werden; im Übrigen bleibt eine gemischte Bilanz. Viele sehen die Doha-Runde trotz der Achtungserfolge der letzten Jahre erneut am Ende. **950**

Das multilaterale System der WTO steht von zwei Seiten unter Druck: durch die unilaterale Sanktionspolitik der USA unter Präsident *Trump* einerseits (vgl. Rn. 936) und durch den Trend zur **Bilateralisierung** andererseits. Namentlich die EU gehört zu den Vorreitern des Abschlusses neuer bilateraler (und plurilateraler) Wirtschafsabkommen.[10] Indem Art. XXIV Freihandelszonen v. a. dem Grundsatz der Meistbegünstigung entzieht, eröffnet das GATT selbst die Möglichkeit, eigenständige Regime zu schaffen. Die dahinter stehende Erwartung, dass von regionaler (nicht so sehr von bilateraler) Wirtschaftsintegration positive Impulse für den globalen Handel ausgehen, ist längst der Sorge gewichen, dass der Welthandel eine interne Fragmentierung erfährt. Im Sutherland-Bericht zur WTO-Reform (2004) heisst es hierzu: „[W]hat has been termed the 'spaghetti bowl' of customs unions, common markets, regional and bilateral free trade areas, preferences and an endless assortment of mis- **951**

8 Vertiefend *W. Hummer/F. Weiss*, Vom GATT '47 zur WTO '94, 1997; *R. Howse*, The World Trade Organization 20 Years On: Global Governance by Judiciary, EJIL 27 (2016), 9. Aus der Perspektive von Entwicklungsländern *A. Qureshi*, Reflections on the Global Trading Order Twenty Years After Marrakesh, EYIEL 5 (2014), 93.

9 Zum „Nairobi Package" https://www.wto.org/english/news_e/news15_e/mc10_19dec15_e.htm.

10 Dazu zuletzt u. a. *M. Trebilcock/R. Howse/A. Eliason*, The Regulation of International Trade, 4. Aufl. 2013, 83 ff; *W. Weiß*, Vertragliche Handelspolitik der EU, in: v. Arnauld (Hg.), Europäische Außenbeziehungen, 2014, § 10, Rn. 65 ff; *B. Hoekmann/P. C. Mavroidis*, WTO 'à la carte' or 'menu du jour'? Assessing the Case for More Plurilateral Agreements, EJIL 26 (2015), 319; *P. Apaza Lanyi/A. Steinbach*, Promoting Coherence Between PTAs and the WTO Through Systemic Integration, JIEL 20 (2017), 61; *T. Rensmann* (Hg.), Mega-Regional Trade Agreements, 2017; *R. Howse/J. Langille*, Spheres of Commerce: The WTO Legal System and Regional Trading Blocs – A Reconsideration, GeorgiaJICL 46 (2018), 649; *N. Diebold/A.-C. Tanner*, WTO-Recht und regionale Integration, SRIEL 29 (2019), 173.

cellaneous trade deals has almost reached the point where MFN [Most-Favoured Nation] treatment is exceptional treatment."[11] Dass die Sorge real ist, verdeutlicht die Abschlusserklärung der Ministerkonferenz von Nairobi 2015: „We reaffirm the need to ensure that Regional Trade Agreements (RTAs) remain complementary to, not a substitute for, the multilateral trading system."

II. Struktur des WTO-Übereinkommens

952 Das WTO-Übereinkommen enthält selbst lediglich institutionell-organisatorische Regeln über Gründung und Aufbau der WTO, während das materielle Weltwirtschaftsrecht und andere institutionelle Fragen in Anhängen zum Abkommen geregelt sind. Diese **Anhänge** sind Bestandteil des WTO-Übereinkommens, Art. II:2 WTO-Übereinkommen. Diese Struktur beseitigt das frühere „GATT à la carte". Für alle WTO-Mitglieder verbindlich sind die multilateralen Abkommen in Anlagen 1-3; zwei plurilaterale Handelsabkommen in Anlage 4 sind optional.

Anlage 1 enthält das gesamte materielle WTO-Recht. Es ist in Anlagen 1A bis 1C unterteilt, die verschiedenen Sektoren des Wirtschaftsverkehrs gewidmet sind:

- **Anlage 1A: Abkommen über den Warenhandel:** enthält v. a. das GATT 1994, das sich zusammensetzt aus dem GATT 1947 (1965 ergänzt um Teil IV), Protokollen und Beschlüssen zum GATT 1947 (**„GATT acquis"**) und mehreren Interpretationsabkommen; daneben 12 weitere Übereinkommen zum Warenhandel, u. a. das Übereinkommen über die Landwirtschaft, das Übereinkommen über die Anwendung gesundheitspolizeilicher und pflanzenschutzrechtlicher Maßnahmen (SPS), das Übereinkommen über technische Handelshemmnisse (TBT).
- **Anlage 1B: Abkommen über den Dienstleistungsverkehr:** GATS (= *General Agreement on Trade in Services*).
- **Anlage 1C: Abkommen über geistiges Eigentum:** TRIPS (= *Agreement on Trade-Related Aspects of Intellectual Property Rights*).

Anlagen 2 und 3 sind institutioneller Natur: Sie enthalten das DSU (= *Dispute Settlement Understanding*, Streitbeilegungsübereinkommen) in Anlage 2 sowie den Mechanismus zur Überprüfung der Handelspolitik, TPRM (= *Trade Policy Review Mechanism*) in Anlage 3.

953 Das **institutionelle Dach** der WTO bilden somit das eigentliche WTO-Übereinkommen sowie die Anlagen 2 und 3. Das **materielle Recht** ist in der Anlage 1 in die drei Säulen Handel (GATT und ergänzende Beschlüsse und Abkommen), Dienstleistungen (GATS) und geistiges Eigentum (TRIPS) unterteilt. Nach Art. XVI:3 WTO-Übereinkommen genießt im Kollisionsfall das **WTO-Übereinkommen Vorrang** gegenüber den Abkommen in den Anlagen 1-3. Hierdurch soll institutionelle Einheitlichkeit gewahrt und v. a. das GATT 1947 reibungslos in die Ordnung der WTO integriert werden.

11 *P. Sutherland* u. a., The Future of the WTO: Addressing institutional challenges in the new millennium, Bericht des Beirats des Generalsekretärs *S. Panitchpakdi*, 2004, § 60.

III. Institutionelles WTO-Recht

Die WTO ist eine **Internationale Organisation** mit eigener Rechtspersönlichkeit. Ihr Sitz ist in Genf. Zur UNO unterhält sie enge Kontakte, ist aber nicht in das UN-System integriert. Neben ihren Mitgliedstaaten ist auch die EU selbst Mitglied der WTO. Für neue Mitglieder erfolgt der Beitritt auf Grundlage eines **Beitrittsabkommens**, die in der Praxis mit sog. *working parties* ausgehandelt werden. Über die Aufnahme entscheidet sodann die Ministerkonferenz mit Zwei-Drittel-Mehrheit. Nachdem bereits 2001 die Volksrepublik China Mitglied geworden war, nahm die Ministerkonferenz 2011 mit der Billigung des Beitritts der Russischen Föderation die zweite bedeutende Erweiterung der WTO seit dem Jahr 2000 vor. **954**

Das höchste Organ der WTO ist die **Ministerkonferenz**. Sie tritt mindestens alle 2 Jahre zusammen. Ihre Aufgaben sind die politische Koordination, Ernennung des Generaldirektors, Entscheidung über Aufnahme neuer Mitglieder sowie die verbindliche Auslegung des WTO-Übereinkommens inklusive der Anlagen 1-3 (Art. IX:2). **955**

Zentrales Organ ist der **Allgemeine Rat**. Er tagt in der Regel einmal im Monat, nimmt die Aufgaben der Ministerkonferenz zwischen den Tagungen wahr und hat (fast) alle von deren Kompetenzen, inklusive der Befugnis zur verbindlichen Vertragsinterpretation. Er setzt sich aus einem Vertreter je Mitgliedstaat zusammen (in der Regel im Botschafterrang). Erforderlichenfalls tagt er gem. Anlage 2 als **Streitschlichtungsorgan** (DSB = *Dispute Settlement Body*) oder gem. Anlage 3 als **Organ zur Überwachung der Handelspolitik** (TPRB = *Trade Policy Review Body*).

Die weiteren Organe der WTO sind:

- **Spezielle Räte** für die drei Säulen: Rat für Welthandel, GATS und TRIPS. Es handelt sich um spezialisierte Organe unter Leitung des Allgemeinen Rats.
- **Ausschüsse und Arbeitsgruppen** zur Beratung der anderen Organe; z. B. Ausschüsse zu Handel und Entwicklung oder Handel und Umwelt.
- Das **WTO-Sekretariat** unterstützt die anderen Organe in technischer und organisatorischer Hinsicht, bereitet Verhandlungen vor usw. Es hat über 600 Mitarbeiter (geleitet vom Generaldirektor), verfügt aber über keine inhaltlichen Entscheidungsbefugnisse.
- Der **Generaldirektor** besitzt vereinzelte Kompetenzen (v. a. bei Streitschlichtung); der Einfluss in Verhandlungen ist weitgehend von der Person des Generaldirektors abhängig.

Die Beschlussfassung erfolgt **regelmäßig im Konsens** (vgl. Art. IX:1 WTO-Übereinkommen), d. h. keines der anwesenden Mitglieder darf förmlichen Einspruch erheben. Kann kein Konsens erzielt werden, sieht das Übereinkommen Abstimmung vor. In der Praxis werden nahezu alle Entscheidungen im Konsens getroffen. Dass nur die anwesenden Mitglieder entscheiden, benachteiligt indirekt Staaten, die sich keine personalstarke Delegation bei der WTO leisten können. **956**

IV. Streitbeilegung

957 Das Streitbeilegungssystem gilt als zentraler Baustein des WTO-Systems und ist von **großer praktischer Bedeutung** (584 Streitfälle seit 1995; Stand: Juni 2019).[12] Seine Rechtsgrundlage findet es im DSU (Anlage 2 zum WTO-Übereinkommen), das alle Mitglieder der WTO **verbindlich** der Streitentscheidungskompetenz der WTO-Organe unterwirft. Auch wenn das Verfahren nach dem DSU nur gerichts*ähnlich* ist, führt es eine effiziente obligatorische Streitentscheidung in das Wirtschaftsvölkerrecht ein.

958 Streitparteien können **nur WTO-Mitglieder** sein, nicht die WTO selbst oder Privatpersonen. Interessen von Wirtschaftsunternehmen werden von deren Heimatstaaten wahrgenommen (**Mediatisierung**). Ziel der Streitbeilegung ist die Einigung der Streitparteien, nicht so sehr die Durchsetzung des Rechts. Dies kommt u. a. darin zum Ausdruck, dass zur Einleitung des Verfahrens bereits potentielle Exportinteressen genügen (und nicht ein eigenes Recht als verletzt gerügt werden muss), und dass immer wieder Fristen für Verhandlungen der Parteien eingeräumt sind (**Vorrang der gütlichen Einigung**).

Fall: EU-Bananenmarkt (Appellate Body 1997)[13] Mehrere Staaten, darunter die USA, beantragten die Einsetzung eines Panels, weil sie in den Präferenzregelungen der EG für Bananenimporte aus den AKP-Staaten einen Verstoß gegen das GATT sahen. Die EG hielt den Antrag der USA für unzulässig, da die USA selbst kaum einheimische Bananen produzierten und jedenfalls bislang keine dieser Bananen in die EG geliefert hätten.

Der *Appellate Body* verwies darauf, dass das DSU für die Antragsbefugnis kein rechtliches Interesse *(legal interest)* voraussetze; eine allgemeine Regel des Völkerrechts (diese könnte für die Auslegung des DSU relevant werden, vgl. Art. 31 Abs. 3 lit. c WVK), wonach ein solches rechtliches Interesse erforderlich sei, sei nicht ersichtlich bzw. habe keine Wirkung auf das Verfahren nach dem DSU. Danach genügten schon potentielle Handelsinteressen, die die USA wegen ihrer Bananenproduktion auf Hawaii geltend machen könnten.

959 **Organe** der WTO-Streitbeilegung sind:

- **Streitbeilegungsorgan (DSB):** Personell identisch mit dem Allgemeinen Rat der WTO. Es ist das oberste Organ der Streitbeilegung, setzt Panels ein und ernennt die Mitglieder des *Appellate Body*. Es nimmt formal die Berichte von *Panel* und *Appellate Body* an und überwacht deren Umsetzung.
- **Panels:** Sie werden für jeden Streitfall gesondert *ad hoc* eingesetzt. Es handelt sich um Schiedsgerichte aus drei Personen, die von den Streitparteien aus einer Liste „hochqualifizierter Einzelpersonen“ (vgl. Art. 8 Abs. 1 DSU) ausgewählt werden können.
- **Berufungsgremium (Appellate Body):** Ständiges unabhängiges Organ zur Überprüfung der Panel-Berichte. Es prüft nur auf Rechtsfehler. Der *Appellate Body* besteht aus sieben Mitgliedern, trifft aber Entscheidungen meist in Kammern à drei Mitgliedern. Derzeit blockieren die USA die Nachbesetzungen. Seit Oktober

12 Zur Statistik *G. Vidigal*, WTO: The First 500 Disputes and the Last 100 Disputes, EJIL: Talk! (11.11.2015).

13 WTO, Appellate Body, Bericht v. 25.9.1997, European Communities – Regime for the Importation, Sale and Distribution of Bananas (EC – Bananas III), WT/DS27/AB/R, §§ 132 ff.

2018 sind nur noch drei Mitglieder im Amt; Ende 2019 droht auch *de jure* die Arbeitsunfähigkeit.

Zum **Verfahren**: Zunächst ist gem. Art. 4 DSU in **Konsultationen** eine Einigung zu suchen. Bleiben diese erfolglos, wird ein **Panel eingesetzt**. Das Panel hört die Beteiligten an und beschließt einen **Bericht** über den Sachverhalt und die Rechtslage, der formal noch der **Annahme durch den DSB** bedarf. Vor der Annahme durch den DSB kann die unterlegene Partei die Überprüfung des Berichts durch den *Appellate Body* verlangen. Auch dessen Bericht muss vom DSB angenommen werden, um völkerrechtlich verbindlich zu werden. Der *Appellate Body* hat im Laufe der Zeit das Verfahren immer **transparenter und inklusiver** ausgestaltet: Im Regelfall verhandelt er öffentlich[14] und lässt außerdem sog. *Amicus-curiae*-Schriftsätze zu, in denen Experten oder NGOs auf eigene Initiative zu den Fragen und Problemen eines Falles Stellung nehmen können.[15] Auf diese Weise können insbesondere auch nichtökonomische Gesichtspunkte geltend gemacht werden (wie z. B. umweltrechtliche oder menschenrechtliche Aspekte). Einige Panels folgen diesem Vorbild. In der Doha-Runde wird in einer Arbeitsgruppe zum DSU darüber verhandelt, wie dieser Weg weiter institutionalisiert und ausgebaut werden kann. **960**

Zentrale Bedeutung für die Effizienz des WTO-Streitentscheidungsverfahren hat das Prinzip des sog. **negativen Konsenses**: Entscheidungen über die Einsetzung eines Panels, die Annahme eines Panel- oder Appellate-Body-Berichts durch den DSB sowie die Genehmigung von Sanktionen bedürfen nicht der Zustimmung aller Mitglieder des DSB, sondern können umgekehrt nur im Konsens abgelehnt werden.

Stellen Panel bzw. *Appellate Body* einen Rechtsverstoß fest, ist der Verletzer verpflichtet, die fragliche **Maßnahme zurückzunehmen**. Ist dies nicht sogleich möglich, hat die obsiegende Partei Anspruch auf **Kompensation**. Kommt der Verletzer seinen Pflichten nicht oder nicht ausreichend nach, darf der obsiegende Staat bilateral Zugeständnisse aussetzen (**„Handelssanktionen“**). Im Unterschied zu den Gegenmaßnahmen (Repressalien) im allgemeinen Völkerrecht ist hierfür jedoch die Genehmigung der Sanktionen in Art und Umfang durch den DSB erforderlich, um Missbrauch auszuschließen.[16] Entsteht Streit über die ordnungsgemäße Umsetzung einer Entscheidung, kann ein sog. *compliance panel* eingesetzt werden.

---

14 Erstmals auf Panel-Ebene in US and Canada – Continued Suspension of Obligations, Communication from the Chairman of the Panels v. 1.8.2005, WT/DS321/8; auf Berufungsebene WTO, Appellate Body, Bericht v. 31.1.2008, US – Continued Suspension of Obligations in the EC – Hormones Dispute, WT/DS320/AB/R, Procedural Ruling, Annex IV. Vertiefend *L. Ehring*, Public Access to Dispute Settlement Hearings in the World Trade Organization, JIEL 11 (2008), 1021; *A. Alvarez Jiménez*, Public Hearings at the WTO Appellate Body: The Next Step, ICLQ 59 (2010), 1079.

15 Grundlegend WTO, Appellate Body, Bericht v. 6.11.1998, US – Import Prohibition of Certain Shrimp and Shrimp Products (Shrimp/Turtle), WT/DS58/AB/R, ILM 38 (1999), 118, §§ 104 ff. Detailliert im Bericht v. 12.3.2001, European Communities – Measures Affecting Asbestos and Asbestos-Containing Products, WT/DS135/AB/R, § 52. Näher *M. Orellana*, WTO and Civil Society, in: Bethlehem u. a. (Hg.), The Oxford Handbook of International Trade Law, 2009, 671, 688 ff; *S. Segger*, Der Amicus Curiae im Internationalen Wirtschaftsrecht, 2017; *A. Wiik*, Amicus Curiae before International Courts and Tribunals, 2018.

16 Vertiefend zu den Folgen von Rechtsverstößen im WTO-System *R. Y. Simo*, The Law of International Responsibility: The Case of the WTO as a '*Lex Specialis*' or the Fallacy of a 'Self-contained' Regime, AfricanJIL 22 (2014), 184; *G. Vidigal*, Targeting Compliance: Prospective Remedies in International Law, JIDS 6 (2015), 462.

Übersicht: WTO-Streitbeilegung

Konsultationen;
wenn ergebnislos

↓

Antrag auf Einsetzung eines Panels
Einsetzung des Panels durch DSB

↓

Bericht des Panels

↙ ↘

Annahme durch DSB (negativer Konsens) | Antrag auf Überprüfung durch Appellate Body

↓

Bericht des Appellate Body

↓

Annahme durch DSB
(negativer Konsens)

V. Der Warenhandel (GATT)

1. Grundprinzipien

a) Nichtdiskriminierung

961 Der Grundsatz der Nichtdiskriminierung prägt sich im Prinzip der **Meistbegünstigung** (Art. I) und im Grundsatz der **Inländerbehandlung** (Art. III) aus. Im ersten Fall werden Waren aus einem WTO-Mitgliedstaat mit Waren aus anderen Staaten, im zweiten Fall mit inländischen Waren verglichen. Als **Herkunftsland** gilt in der Regel das Land, in dem die letzte wesentliche Veränderung der Ware erfolgt ist. Sowohl Art. I als auch Art. III GATT schützen nicht nur vor formaler, sondern auch vor **faktischer Diskriminierung**.

962 (1) Der **Meistbegünstigungsgrundsatz** verpflichtet WTO-Mitglieder, Waren aus jedem Mitgliedstaat dieselben Konditionen einzuräumen wie Waren aus anderen Staaten. Dies gilt jedoch nur für **„gleichartige" Waren**. Hierfür kommt es auf physikalische Eigenschaften sowie Qualität und Natur der Produkte einerseits (produktbezogene Kriterien), (End-)Verwendungszwecke sowie Gewohnheiten der Verbraucher andererseits (marktbezogene Kriterien) an.[17] Sofern sie sich nicht auf die Beschaffen-

17 WTO, Appellate Body, Bericht v. 21.12.2011, Philippines – Taxes on Distilled Spirits, WT/DS403/AB/R, §§ 125, 168, 218. Dazu *D. Neven/J. Trachtman*, Philippines – Taxes on Distilled Spirits: Like Products and Market Definition, WTR 12 (2013), 297.

heit des Produkts auswirken, spielen für die Feststellung der Gleichartigkeit nach h. M. Herstellungsmethoden (*Process and Production Methods*, PPM) – v. a. Umwelt- und Sozialstandards – keine Rolle. Regelungen, die an PPM ansetzen, diskriminieren typischerweise faktisch, weil die Produktion regelmäßig unter den im Ursprungsland geltenden Bedingungen erfolgt und universelle Produktionsstandards praktisch nicht existieren. Sie müssen daher als Ausnahme gerechtfertigt werden (v. a. nach Art. XX GATT).[18]

Ausgenommen vom Grundsatz der Meistbegünstigung sind gem. Art. XXIV:4-10 **Zollunionen und Freihandelszonen** (dazu Rn. 951; sonst müssten die internen Handelpräferenzen allen Staaten eingeräumt werden, was die Bildung solcher wirtschaftlicher Integrationsräume *ad absurdum* führte) sowie gemäß der 1979 in Tokio beschlossenen sog. **Enabling Clause** Präferenzregelungen für Entwicklungsländer.[19]

Fall: Made in Andinia[20] Zur Stärkung der heimischen Elektronikindustrie gewährt Andinien Elektronikprodukten aus dem Ausland Zollvergünstigungen, wenn der Hersteller in Andinien eine Niederlassung unterhält und mindestens 10% des Produkts in Andinien gefertigt wurden. Boralien protestiert, weil boralische Produzenten im Gegensatz zu solchen aus Cerisien bislang in Andinien keine Niederlassungen unterhalten. Liegt eine Diskriminierung vor? Wie ist die Rechtslage, wenn cerisische Unternehmen deswegen in Andinien präsent sind, weil die andinische Regierung die Ansiedlung von Unternehmen aus dem technologiestarken Cerisien besonders fördert?

Die Regelung könnte gegen Art. I:1 GATT verstoßen. Es handelt sich um eine Maßnahme in Bezug auf Zölle, die Waren aus einem anderen Staat (Cerisien) einen Vorteil gewährt (Zollvergünstigungen). Bei Elektronikprodukten aus Cerisien und solchen aus Boralien handelt es sich um gleichartige, miteinander im Wettbewerb stehende Waren. Für diese müssen nach Art. I:1 GATT die gleichen Bedingungen gelten. Die andinische Regelung (sog. *local performance* und *local content requirements*) unterscheidet nicht nach der Herkunft der Waren, diskriminiert also nicht offen. Eine verdeckte (oder faktische) Diskriminierung könnte darin liegen, dass derzeit v. a. Hersteller aus Cerisien in den Genuss der Vergünstigungen kommen. Allerdings könnten boralische Produzenten durch Gründung eigener Niederlassungen in Andinien „gleichziehen". Eine Diskriminierung liegt daher nicht vor.

Im Unterschied zum Ausgangsfall liegt es in der Abwandlung nicht allein an Entscheidungen der Produzenten, ob sie in den Genuss der Zollvergünstigungen kommen. Mit ihrer selektiven Ansiedlungspolitik gewährt die andinische Regierung mittelbar Vorteile „für" Elektronikprodukte aus Cerisien (vgl. den Wortlaut von Art. I:1 GATT: „advantage [...] granted [...] to any product"), die boralischen Produkten nicht zu Gute kommen. Andinien müsste daher die Vorteile (Zollvergünstigungen oder Ansiedlungshilfen) auf Boralien ausdehnen oder aber die diskriminierenden Regelungen abschaffen.

18 Eingehend *C. Conrad*, Processes and Production Methods (PPMs) in WTO Law, 2011. Siehe auch *A. v. Arnauld*, Klausurenkurs im Völkerrecht, 3. Aufl. 2018, Fall 13.

19 Siehe *W. Benedek*, Die Entwicklungsländer in der WTO, ZEuS 3 (2000), 41; *S. Steiner*, Entwicklungsländer in der WTO, VRÜ 41 (2008), 336; *M. R. Islam/S. Alam*, Preferential Trade Agreements and the Scope of GATT Article XXIV, GATS Article V and the Enabling Clause, NILR 56 (2009), 1. Allgemein *S. Rolland*, Development at the WTO, 2012; *M. Krajewski*, Handel und Entwicklung, in: Dann/Kadelbach/Kaltenborn (Hg.), Entwicklung und Recht, 2014, 247.

20 In Anlehnung an WTO, Appellate Body, Bericht v. 19.6.2000, Canada – Certain Measures Affecting the Automotive Industry (Canada – Autos), WT/DS142/AB/R. Dort lag der Zollbefreiung ausländischer Automobile ein bilateraler Vertrag zwischen Kanada und den USA zu Grunde.

963 (2) Der Grundsatz der **Inländerbehandlung** verbietet, Waren aus anderen WTO-Mitgliedstaaten gegenüber einheimischen Produkten zu diskriminieren. Bedeutsam ist dieser Grundsatz v. a. bei der Abwehr höherer Besteuerung ausländischer Produkte (Art. III:2 GATT), ebenso erfasst sind aber auch nichtfiskalische staatliche (nicht: private!) Maßnahmen und Regelungen (z. B. Vertriebsbeschränkungen). Auch hier ist erforderlich, dass die Waren **„gleichartig"** sind. Bei der Feststellung der Gleichartigkeit ist erneut auf produkt- wie auf marktbezogene Eigenheiten zu achten. Eine Steuer oder Abgabe, die mit Art. III:2 S. 1 GATT im Einklang steht, kann gemäß Art. III:2 S. 2 i. V. m. Anlage I zum GATT gleichwohl rechtswidrig sein, wenn sie ausländische Waren trifft, die zwar nicht gleichartig sind, aber mit einheimischen Erzeugnissen immerhin unmittelbar konkurrieren oder diese substituieren können (z. B. verschiedene Energieträger) und diese mit protektionistischer Zielsetzung spürbar diskriminieren.

Fall: Japanische Alkoholsteuern (Panel, Appellate Body 1996)[21] Das japanische Steuerrecht sah niedrige Steuern auf Shochu vor, ein einheimisches alkoholisches Getränk mit zwischen 25% und 40% Alkoholgehalt, das aus Gerste, Süßkartoffel, Zuckerrohr oder Reis gewonnen wird. Andere alkoholische Getränke, darunter Wodka (aus Getreide gewonnen, Alkoholgehalt von 37% bis 80%), waren dagegen hohen Steuern unterworfen. Das Steuergesetz unterschied nicht nach der Herkunft der Produkte; allerdings gab es in Japan fast keine einheimische Produktion der höher besteuerten Alkoholika. Mehrere Staaten, darunter Kanada, sahen hierin einen Verstoß gegen Art. III:2 GATT.

Unzweifelhaft war der Anwendungsbereich des Art. III:2 GATT eröffnet, da es um die Belastung von Produkten durch Steuern ging. Eine zentrale Frage war, ob es sich bei Shochu und Wodka um „gleichartige Erzeugnisse" handelt. Dies bejahten Panel und *Appellate Body*: Die Gleichartigkeit sei jeweils von Fall zu Fall produkt- und marktspezifisch zu ermitteln. Wodka und Shochu seien beides klare/farblose Spirituosen, die aus ähnlichen Rohstoffen gewonnen würden. Dass Wodka in der Regel alkoholhaltiger sei, sei irrelevant, da diese Alkoholika oft verdünnt getrunken würden. Auch in ihrem Endverbrauch seien sie praktisch identisch. Eine Diskriminierung der ausländischen Produkte wurde bejaht, weil die höheren Steuersätze Waren beträfen, die typischerweise und fast ausschließlich aus dem Ausland importiert würden, während Shochu aus einheimischer Produktion stamme.

b) Abbau von Handelsschranken

964 Dem Abbau von Handelsschranken dienen die Reduzierung der Zölle (Art. II) sowie das Verbot mengenmäßiger Marktzugangsbeschränkungen (Art. XI).

965 (1) **Zollobergrenzen** werden für jeden Mitgliedstaat gesondert auf Basis sog. Zollzugeständnisse festgelegt. Dabei gilt strikte Reziprozität (Ausnahmen für Entwicklungsländer in Art. XVIII GATT). Die Zollzugeständnisse werden in Listen festgehalten, die Vertragsinhalt sind. Bei der Berechnung von Zöllen kommt es auf die Klassifizierung der betreffenden Ware und auf die Berechnung ihres Werts an. Um die Gefahr verdeckter Diskriminierungen durch die Klassifizierung zu verringern, ist 1987 das *Harmonized Commodity Description and Coding System* in Kraft getreten.

21 WTO, Appellate Body, Bericht v. 1.11.1996, Japan – Taxes on Alcoholic Beverages (II), WT/DS10/AB/R, WT/DS11/AB/R, WT/DS8/AB/R.

Zur Festlegung des Warenwerts finden sich nähere Bestimmungen in Art. VII GATT und einem Durchführungsabkommen.

(2) Das Verbot **mengenmäßiger Zugangsbeschränkungen** dient der Absicherung des *„tariffs-only“*-Grundsatzes: Es soll sichergestellt werden, dass die Reduktion der Zölle nicht durch Maßnahmen vergleichbarer Wirkung ausgehöhlt wird. Zölle sind transparente und berechenbare Handelshemmnisse, die leichter zu harmonisieren sind als nichtfiskalische Maßnahmen der Staaten. Zudem dienen Zölle der Steigerung der staatlichen Einnahmen, während mengenmäßige Beschränkungen meist allein protektionistische Ziele verfolgen. **966**

Schwierigkeiten kann die **Abgrenzung zwischen Art. XI:1 und Art. III:4 GATT** bereiten.[22] In beiden Fällen geht es um nichtfiskalische Maßnahmen, die den Handel mit Importware behindern. Die Abgrenzung ist wichtig, weil Art. XI:1 jede Beschränkung erfasst, während Art. III:4 nur solche Markthindernisse verbietet, die inländische und ausländische Erzeugnisse unterschiedlich behandeln bzw. betreffen. Nahe läge es, Art. XI:1 auf alle Maßnahmen anzuwenden, die bereits die Einfuhr von Waren behindern, und Art. III:4 auf alle Regelungen, die sich auf bereits importierte, d. h. im Binnenmarkt befindliche Waren beziehen; indes sagt die Anmerkung zu Art. III, dass Maßnahmen nach Art. III **auch an der Grenze durchgesetzt** werden können. Ein Einfuhrverbot z. B. kann demnach sowohl unter Art. XI:1 als auch unter Art. III:4 fallen – je nachdem, ob es das Verbot speziell des Imports bezweckt (also die **Maßnahme *wegen* des Grenzübertritts** erfolgt und „Sonderrecht“ für Importe darstellt) oder ob es ein generelles Vertriebsverbot im Binnenmarkt schon an der Grenze durchsetzen soll (also die **Maßnahme *anlässlich* des Grenzübertritts** erfolgt). **967**

Fall: Streit um den Öko-Kaffee In Astarien erringt die ökologische Partei „Unsere Welt“ den Wahlsieg. Schon nach wenigen Wochen werden mehrere Reformgesetze verabschiedet. Eines davon untersagt in Astarien den Verkauf und Import von Produkten, die nicht unter ökologisch vertretbaren Bedingungen hergestellt wurden. Betroffen von der Neuregelung ist v. a. Kaffee aus dem benachbarten Bromarien. Im Unterschied zu den astarischen Kaffeeproduzenten, von denen rund 70% schon seit Jahren ökologisch bewussten Kaffeeanbau praktizieren, erfüllen die bromarischen Pflanz- und Erntebedingungen die gesetzlichen Kriterien Astariens nicht. Liegt in dem Gesetz eine Diskriminierung gegenüber astarischen Kaffeeproduzenten oder eine Beschränkung des Handels zwischen Astarien und Bromarien? **968**

Lösungshinweise: Zunächst ist zu prüfen, ob Art. III:4 oder Art. XI:1 GATT den *Maßstab* bildet. Entscheidend ist, ob eine Maßnahme „anlässlich“ oder „wegen“ des Grenzübertritts vorliegt. Das Importverbot setzt an der Grenze ein in Astarien generell geltendes Verkaufsverbot durch und schafft kein Sonderrecht gegen Importwaren; im Mittelpunkt der Überprüfung muss das Verkaufsverbot stehen, nicht die Abweisung der Ware an der Grenze. Den Maßstab für diese Prüfung liefert Art. III:4 GATT. *Gleichartige Waren:* Bei Kaffee aus Bromarien und Kaffee aus Astarien handelt es sich um Waren, die unmittelbar auf dem Markt miteinander konkurrieren und hinsichtlich ihrer Beschaffenheit und Verwendbarkeit gleich sind. Produktionsmethoden bleiben für die Feststellung der Gleichartigkeit der Waren außer Betracht. *Diskriminierung:* Zwar differenziert das allgemeine Verbot nicht nach

22 Dazu näher *A. v. Arnauld*, Klausurenkurs im Völkerrecht, 3. Aufl. 2018, Fall 13.

der Herkunft der Waren. Allerdings werden in Astarien bereits 70% des Kaffees ökologisch bewusst angebaut, während ein solcher Anbau in Bromarien nicht existiert. Damit werden bromarische Kaffeeimporte gegenüber dem inländischen Kaffee faktisch benachteiligt. Es liegt eine nach Art. III:4 GATT untersagte Diskriminierung vor, die der Rechtfertigung bedarf (hier nicht zu prüfen).

2. Allgemeine Ausnahmen

969 Da zwischen der Handelsliberalisierung und anderen Zielen, die ein Staat legitimer Weise verfolgen darf, ein Ausgleich geschaffen werden muss, gelten die Grundsätze des GATT nicht ausnahmslos. Die Staaten dürfen anerkannte Gemeinschaftsgüter schützen, auch wenn dies dem Ziel der Handelsliberalisierung zuwiderläuft.

a) Art. XX GATT

970 Die praktisch **wichtigste Ausnahmeregelung** ist Art. XX GATT. Bei Prüfung nationaler Schutzmaßnahmen an Art. XX GATT wenden die WTO-Organe einen **Zwei-Stufen-Test** *(two-tier test)* an:

Übersicht:

1. Wird ein legitimes Ziel verfolgt?
   a) Verfolgt die Maßnahme ein Ziel aus Art. XX lit. a – j?
   b) Ist die Maßnahme „notwendig“ (bei lit. a, b, d) oder ergeht sie „in Bezug auf“ (bei lit. c, e-g)[23]?
2. Sind die Bedingungen des *chapeau* (des Einführungssatzes zu Art. XX) beachtet?
   – d. h. die Anwendung der Maßnahme darf nicht
   – zu einer willkürlichen *oder*[24]
   – zu einer ungerechtfertigten Diskriminierung führen *oder*
   – eine verschleierte Handelsbeschränkung darstellen.

971 Von den **Schutzgütern** der Buchstaben a-j sind v. a. lit. b (Gesundheit) und lit. g (Umweltschutz) praktisch besonders bedeutsam. Konkretisierende Sonderregeln bezüglich staatlicher Maßnahmen zum Schutz des Lebens oder der Gesundheit von Menschen, Tieren oder Pflanzen enthält das SPS-Abkommen (= Übereinkommen über die Anwendung gesundheitspolizeilicher und pflanzenschutzrechtlicher Maßnahmen; Teil von Anlage 1A zum WTO-Abkommen); erforderlich ist danach eine rationale Risikobewertung auf Basis wissenschaftlicher Erkenntnisse und es gibt Anreize für eine Orientierung an internationalen Standards.

972 Die **Notwendigkeit** einer Maßnahme ist nur gegeben, wenn sie das mildeste Mittel darstellt, das den Schutzzweck gleichermaßen fördert; allerdings müssen mögliche mildere Mittel dem Staat vernünftigerweise zu Gebote stehen (sog. *reasonably avai-*

23 Die hier zugrunde gelegte Schweizer Übersetzung ist enger am verbindlichen Wortlaut als die amtliche Übersetzung aus Deutschland.
24 Die amtliche deutsche Übersetzung lautet unzutreffender Weise „und“.

lable measures), wobei höhere Verwaltungskosten grundsätzlich zumutbar sind – die Schwelle für den Mitgliedstaat soll nicht zu niedrig angesetzt werden. Umstritten ist, ob im Lichte des *chapeau* interpretiert, stets eine **Abwägung** zwischen der Bedeutung des Schutzguts und dem Ausmaß der Handelsbeschränkung stattfinden muss. Zum Teil wird unter Hinweis auf den differenzierten Wortlaut, demzufolge eine Maßnahme in einigen Fällen „notwendig" *(necessary)* sein muss, in anderen bloß „in Bezug auf" *(relating to)* ein Schutzgut ergehen muss, den Mitgliedstaaten jedenfalls im zweiten Fall ein größerer Spielraum zugestanden.

Der **chapeau** dient der **Sicherung gegen Rechtsmissbrauch** und schützt die betrof- **973** fenen Handelspartner vor verdecktem Protektionismus.[25] Dabei differenzieren die WTO-Streitbeilegungsgremien nicht strikt zwischen den verschiedenen Tatbestandsvarianten. Als Ausprägung des allgemeinen Rechtsgrundsatzes von Treu und Glauben verpflichtet der *chapeau* von Art. XX GATT gegebenenfalls zu **Konsultationen** mit allen betroffenen Staaten, um die Auswirkungen der Handelsbeschränkung möglichst gering zu halten.

Neben Art. XX ist auch **Art. XXI GATT** praktisch bedeutsam. der Ausnahmen zur **974** Wahrung der **nationalen Sicherheit** (z. B. beim Handel mit spaltbaren Stoffen oder Waffen oder in Kriegszeiten) und aufgrund von **Verpflichtungen aus der UNCh** (v. a. Sanktionen des Sicherheitsrates) gestattet (vergleichbare Regelungen finden sich in Art. XIVbis GATS und Art. 73 TRIPS). Besondere Relevanz als Grundlage unilateraler Wirtschaftssanktionen (z. B. durch die EU und die USA gegen Russland seit 2014[26]) hat Art. XXI lit. b (iii). Danach kann eine Vertragspartei Maßnahmen treffen, „die nach ihrer Auffassung zum Schutz ihrer wesentlichen Sicherheitsinteressen" bei „ernsten Krisen in den internationalen Beziehungen" „notwendig sind". Trotz des Verweises auf die Auffassung der Vertragspartei ist die Klausel keine „self-judging clause"; die Frage, ob eine „ernste Krise" vorliegt, können Panel und *Appellate Body* anhand objektiver Kriterien überprüfen.[27] Indem Art. XXI lit. b (iii) nicht darauf abstellt, wer für die Krise verantwortlich ist, hat die Vorschrift einen weiteren Anwendungsbereich als die Gegenmaßnahme nach allgemeinem Völkerrecht, die einen Rechtsverstoß voraussetzt (Rn. 421).

25 Näher und in kritischer Auseinandersetzung mit der jüngeren Spruchpraxis *L. Bartels*, The Chapeau of the General Exceptions in the WTO GATT and GATS Agreements: a Reconstruction, AJIL 109 (2015), 95.

26 *F. Boor/K. Nowrot*, Von Wirtschaftssanktionen und Energieversorgungssicherheit, FW 89/1-2 (2014), 211 (219 ff).

27 So erstmals WTO, Panel, Bericht v. 5.4.2019, Russia – Measures concerning traffic in tranit, WT/DS512/R, §§ 7.53 ff. Dazu *D. Desierto*, The Reviewability of the Security Exception in GATT Article XXI in Russia – Traffic in Transit, und *I Bogdanova*, The WTO Panel Ruling on the National Security Exception: Has the Panel 'Cut' the Baby in Half?, EJIL Talk! (9.4. bzw. 12.4.2018). Im konkreten Fall wurde eine ernste Krise zwischen Russland und der Ukraine bejaht. Derzeit sind mehrere Verfahren anhängig, in denen Art. XXI ebenfalls eine Rolle spielt: zu den Verfahren Qatars gegen das Embargo anderer arabischer Staaten *J. Fahner*, Qatar under Siege: Chances for an Article XXI Case?, EJIL Talk! (9.1.2018); zum Streit zwischen China und den USA über Stahlzölle *R. Janik*, Im ‚Handelskrieg' schweigen die Gesetze, voelkerrechtsblog.org (15.10.2018) und *A. Buser*, Justiciability of Security Exceptions in the US Steel (and other) Disputes, EJIL Talk! (20.11.2018); zum Streit um US-Sanktionen gegen Venezuela *I. Bogdanova*, WTO Dispute on the US Human Rights Sanctions is Looming on the Horizon, EJIL Talk! (31.1.2019).

b) Handelspolitische Schutzmaßnahmen

975 Im Unterschied zu den allgemeinen Ausnahmen in Art. XX GATT haben **handelspolitische Schutzmaßnahmen** nicht bloß handelsbeschränkende Auswirkungen, sondern *bezwecken* eine Beschränkung des freien Handels. Diese Schutzmaßnahmen sind Gegenstand dreier multilateraler Abkommen in Anlage 1 zum WTO-Abkommen. Sie betreffen:

(1) Antidumpingzölle
(2) Ausgleichsabgaben für subventionierte Importwaren
(3) außergewöhnliche Schutzmaßnahmen wegen plötzlichen Importanstiegs

Gemeinsame Voraussetzung bei all diesen Schutzmaßnahmen ist eine tatsächliche – bei (2) und (3) auch eine bloß drohende – **Schädigung eines inländischen Wirtschaftszweiges** sowie die Feststellung dessen in einem ordnungsgemäßen Verfahren. Während (1) und (2) auf einen Ausgleich des durch Dumping oder Subventionierung erlangten wettbewerbswidrigen Vorteils zielen und so in Art und Umfang begrenzt sind, verfolgen Maßnahmen im Sinne von (3) protektionistische Ziele, um außergewöhnliche Schäden für die heimische Wirtschaft abzuwenden. Sie müssen v. a. erforderlich und nicht diskriminierend sein und sind auf höchstens acht Jahre zu befristen.

c) Aussetzung von Zugeständnissen

976 Gezielte Beschränkungen des freien Handels sind bilateral auch im Rahmen einer **Aussetzung von Zugeständnissen nach dem DSU** möglich (Rn. 960).

3. Waiver

977 Während die o. g. Maßnahmen punktueller Natur sind, gestattet Art. IX:3 WTO-Übereinkommen auch, Mitgliedstaaten vorübergehend **von einem Teil ihrer Verpflichtungen freizustellen** (sog. *waiver*). Hierfür ist – sofern der Beschluss nicht im Konsens ergeht – eine **Dreiviertelmehrheit im Allgemeinen Rat** erforderlich (nach Art. XXV:5 Satz 1 GATT Zweidrittelmehrheit, allerdings hat das WTO-Übereinkommen Vorrang). Von dieser Möglichkeit wird namentlich zu Gunsten von **Entwicklungsländern** Gebrauch gemacht. Noch auf Grundlage des GATT 1947 wurde z. B. das GSP *(Generalized System of Preferences)* beschlossen, das allgemeine Vergünstigungen für Entwicklungsländer enthält. Vom *waiver* zu unterscheiden sind **Sonderkonditionen**, die mit einem Neumitglied bei seinem Beitritt ausgehandelt werden. Diese legen z. T. spezifische, von den allgemeinen Verpflichtungen abweichende Vertragspflichten gewissermaßen *a priori* fest.

4. Insbesondere: Handel und Umwelt

978 Im Rahmen von Art. III GATT (Inländerbehandlung) dürfen **Produktionsmethoden** keine Rolle spielen, d. h. ob ein Produkt umweltschonend hergestellt wurde oder nicht, ändert nichts an der „Gleichartigkeit" der Produkte (Rn. 962). Will ein Staat hier differenzieren, muss er seine Regelung als Ausnahme nach Art. XX GATT (bzw. nach dem SPS) rechtfertigen. Als „exhaustible natural resources" im Sinne von **Art. XX lit. g GATT** erkennen die WTO-Organe über den engen Wortlaut hinaus

den Schutz von Tieren und Pflanzen sowie von anderen endlichen Umweltgütern (Wasser, Luft, Boden usw.) an.

Umstritten ist, ob Staaten nur Schutzmaßnahmen in Bezug auf ihr eigenes Hoheitsgebiet (einschließlich der Ausschließlichen Wirtschaftszone, in der sie zum Schutz verpflichtet sind, vgl. Art. 61 ff SRÜ) treffen dürfen oder ob sie auch Handelsbeschränkungen ergreifen dürfen, um **extraterritorial Umwelt- und Artenschutz**[28] zu betreiben. Es widerspräche der Einsicht in die wechselseitige Abhängigkeit der Ökosysteme, wollte man allzu strikt am Territorialbezug festhalten. Das Umweltvölkerrecht hat sich in den letzten Jahrzehnten vom Nachbarrecht gelöst und bezieht globale Entwicklungen ein (Rn. 876). Daher ist ein legitimes Erhaltungsinteresse von Staaten auch hinsichtlich der Hohen See und anderer Räume, die keiner staatlichen Hoheitsgewalt unterstehen, anzuerkennen. Anders beim Umwelt- und Artenschutz in den Hoheitsgebieten fremder Staaten: Hier ist ein exterritorial betriebener Schutz so lange eine unzulässige Einmischung in deren Angelegenheiten, wie es nicht um die Durchsetzung gemeinsamer Umweltschutzstandards geht.[29] **979**

Fall: Rettet die Meeresschildkröten![30] Meeresschildkröten, die in Krabbenschwärmen mitschwimmen, verfangen sich häufig in den Netzen der Fischer und verenden. Einige Staaten sind dazu übergegangen, Netze vorzuschreiben, die über Ausstiegsklappen (*Turtle Excluder Devices* = TED) für Schildkröten verfügen. Die USA verabschieden ein bußgeldbewehrtes Verbot des Krabbenfangs ohne TED und führen für Importe ein Zertifizierungssystem ein: Nur Unternehmen aus zertifizierten Staaten, die TED oder vergleichbare Schutzvorkehrungen verlangen, erhalten eine Importlizenz. Mit Exportstaaten Lateinamerikas vereinbaren die USA technische Unterstützung bei der Umstellung der Fangmethoden. Mehrere asiatische Staaten, die von dem Importverbot betroffen sind, halten die US-Regelung für GATT-widrig. Die USA dagegen berufen sich auf den Schutz der bedrohten Meeresschildkröte, deren Population in den letzten Jahrzehnten dramatisch zurückgegangen ist. Wie ist die Rechtslage? Ist es von Bedeutung, ob die Meeresschildkröte als weit wandernde Tierart auch in Gewässern heimisch ist, die unter US-amerikanischer Hoheit stehen? **980**

I. Verstoß gegen Art. I:1 GATT: Das US-Importregime für Krabben ist eine nicht-fiskalische Maßnahme, die Krabbenimporten aus zertifizierten Staaten einen Vorteil gewährt. Krabben aus diesen Staaten und Krabben aus anderen Staaten unterscheiden sich in ihrer Beschaffenheit nicht und stehen auf dem Markt miteinander im Wettbewerb, sind also gleichartig. Auf die unterschiedlichen Fangmethoden kommt es nicht an. Da nur Krabben

---

28 Der Tierschutz, d. h. der Schutz von Tieren vor Qualen kann auf Art. XX lit. a gestützt werden: WTO, Appellate Body, Bericht v. 22.5.2014, EC – Measures Prohibiting the Importation and Marketing of Seal Products, WT/DS401/AB/R. Hierzu *C. Hemler/D. Ruddigkeit*, Tierschutz vs. Freihandel, www.juwiss.de/85-2014/.

29 Wohl offen gelassen in WTO, Appellate Body, Bericht v. 16.5.2012, US – Measures Concerning the Importation, Marketing and Sale of Tuna and Tuna Products (US-Tuna II), WT/DS381/AB/R, § 337 (am Maßstab des TBT entschieden). Vertiefend zu Umweltschutz und GATT/WTO *G. Hufbauer/M. Fickling*, Trade and Environment, in: Narlikar u. a. (Hg.), The Oxford Handbook on the World Trade Organization, 2012, 719. Die ILA hat 2014 eine Study Group „Sustainable Development and the Green Economy in International Trade Law“ eingerichtet.

30 Nach WTO, Appellate Body, Bericht v. 6.11.1998, US – Import Prohibition of Certain Shrimp and Shrimp Products (Shrimp/Turtle), WT/DS58/AB/R, ILM 38 (1999), 118. Dazu u. a. *M. Arcari*, in: Menzel/Pierlings/Hoffmann (Hg.), Völkerrechtsprechung, 2005, Nr. 128; *M. Oesch*, US – Shrimp Case, MPEPIL (4/2014) (auch zu der nachfolgenden Umsetzung durch die USA).

aus zertifizierten Staaten importiert werden dürfen, liegt ein Verstoß gegen den Grundsatz der Meistbegünstigung vor.

II. Verstoß gegen Art. III:4 oder Art. XI:1 GATT: Die Regelung ist Teil einer allgemeinen Politik gegen TED-freien Krabbenfang; dies spricht dafür, dass ein allgemein geltendes Gesetz nur *anlässlich* der Einfuhr vollzogen wird. Allerdings müsste hierzu der US-Markt für TED-frei gefangene Krabben generell verschlossen sein. Ein solches Vertriebsverbot gibt es jedoch nicht. US-Krabbenfischer werden, wenn sie ohne TED fischen, zwar mit einem Bußgeld belegt, dürfen aber ihre Krabben weiterhin verkaufen. Damit ist das Einfuhrverbot Sonderrecht für Importwaren, das an Art. XI:1 GATT zu messen ist. Das Importverbot für Krabben aus „Nicht-TED-Staaten" stellt eine nicht-tarifäre Beschränkung des grenzüberschreitenden Handels dar und verstößt gegen Art. XI:1 GATT.

III. Rechtfertigung der Verstöße nach Art. XX GATT:

1. Verfolgung eines legitimen Ziels. *a) Schutzgut:* Maßnahmen zum Schutz des Lebens und der Gesundheit von Tieren (lit. b) dienen der Tiergesundheit (z. B. Seuchenschutz) oder dem Schutz einzelner Tiere, nicht dem Artenschutz. Dieser fällt unter lit. g. Zu den „natürlichen Hilfsquellen, bei denen die Gefahr der Erschöpfung besteht" rechnen die WTO-Organe auch Lebewesen. Sofern es um den Schutz von Schildkrötenbeständen in den US-Hoheitsgewässern und in der Ausschließlichen Wirtschaftszone der USA geht, kann sie auf lit. g gestützt werden. Ob Staaten auch zu exterritorialem Umwelt- und Artenschutz berechtigt sind, ist umstritten. Angesichts der wechselseitigen Abhängigkeit der Ökosysteme und des globalen Ansatzes im modernen Umweltvölkerrecht kann man ein legitimes Erhaltungsinteresse der USA auch für Schildkröten bejahen, die in internationalen Gewässern leben. Nur bei Schildkröten, die ausschließlich in fremden Hoheitsgewässern leben, ist ein Schutzrecht zu verneinen, solange nicht gemeinsame Standards verletzt sind. *b) Verhältnismäßigkeit:* Um zu verhindern, dass der US-Markt als Abnehmer für TED-los gefangene Krabben die falschen Anreize setzt, ist kein milderes Mittel zu erkennen, das denselben Effekt hätte. Angesichts der drastisch zurückgegangenen Population erscheint das Vorgehen der USA auch angemessen, die Umstellung der Fangmethoden nicht unzumutbar. Der Sachverhalt macht hier keine näheren Angaben.

2. Chapeau: Die inländische Bußgeldregelung spricht gegen verdeckte Protektionsabsichten der USA. Die Differenzierung zwischen Importen aus zertifizierten und nicht zertifizierten Staaten ist mit Blick auf das Ziel des Artenschutzes nicht willkürlich. Aus dem *chapeau* als Ausdruck des Grundsatzes von Treu und Glauben folgen aber auch Verfahrenspflichten: Mit ihrer Regelung üben die USA Druck auf andere Staaten aus, sich ihren Fangstandards anzupassen. Dies bedarf vorheriger Konsultation, die zwar mit lateinamerikanischen Staaten stattgefunden hat, nicht aber mit anderen betroffenen Krabbenexporteuren.

Die Regelung ist daher nicht gerechtfertigt verstößt gegen Art. I:1 und Art. XI:1 GATT.

5. Insbesondere: Handel und Menschenrechte

981 Während der Umweltschutz immerhin über Art. XX lit. g GATT innerhalb des GATT Berücksichtigung finden kann, öffnet sich das Recht der WTO dem Menschenrechtsschutz kaum. Mit zunehmender Dynamik des WTO-Systems wird es aber notwendig, **Zielkonflikte auch zwischen Wirtschaft und Menschenrechten** innerhalb des WTO-Systems zu lösen, um Widerstände gegen das Welthandelssystem zu verringern. Da es an einer allgemeinen Normenhierarchie im Völkerrecht fehlt (Rn. 283–287, auch zu Ausnahmen), sind die Verpflichtungen nach dem WTO-Übereinkommen und den Menschenrechtspakten formal gleichrangig. Dies kann zu Normkonflikten führen, die sich nicht leicht auflösen lassen.

Jenseits von **Sanktionen** des UN-Sicherheitsrates, die über Art. XXI lit. c GATT Handelsbeschränkungen und Diskriminierungen rechtfertigen können, bestehen – angesichts der Irrelevanz von Produktionsmethoden für die Schutzwirkung des GATT (Rn. 962) – innerhalb des WTO-Systems kaum Möglichkeiten, unilaterale Handelssanktionen gegen Staaten zu verhängen, die Menschenrechte verletzen. Versuche, z. B. an Art. XX lit. a und b oder Art. XXI lit. b (iii) GATT anzusetzen, decken sich zumindest nicht mit dem ursprünglichen Sinn dieser Regelungen und werden vielfach abgelehnt. Gleichwohl ist der Weg über eine Systemkollisionen vermeidende, **harmonisierende Auslegung** der allgemeinen Ausnahmen der Art. XX, XXI GATT praktisch alternativlos. Rechtsmethodisch lässt sich dies über **Art. 31 Abs. 3 lit. c WVK** begründen, der für die Interpretation völkerrechtlicher Verträge auf „jede(n) in den Beziehungen zwischen den Vertragsparteien anwendbare(n) einschlägige(n) Völkerrechtssatz" verweist. Hierzu zählen auch universelle Menschenrechtsstandards, die vorzugsweise als Teil der „öffentlichen Sittlichkeit" im Sinne von Art. XX lit. a GATT zu qualifizieren sind.[31] 982

VI. Dienstleistungshandel (GATS)

Das GATS erfasst alle Maßnahmen von Mitgliedern (einschließlich Selbstregulierung durch Verbände: Art. I:3 lit. a), welche die Erbringung von **Dienstleistungen** berühren („affecting"), Art. I:1. Ausgenommen sind Dienstleistungen, die hoheitlich erbracht werden (Art. I:3 lit. b, c). Je nach Art des grenzüberschreitenden Bezugs unterscheidet Art. I:2 **vier Modi (modes)** der Dienstleistungserbringung: 983

- **Mode 1:** Dienstleistung wird in einem anderen Mitgliedstaat erbracht, ohne dass es zum Grenzübertritt von Erbringer oder Empfänger kommt (z. B. telefonische Beratung, Online-Banking).
- **Mode 2:** Dienstleistungsempfänger begibt sich zum Leistungserbringer (z. B. Krankenhausbehandlung im Ausland).
- **Mode 3:** Dienstleistung wird über eine Niederlassung in einem anderen Mitgliedstaat erbracht (hierdurch mittelbar Schutz ausländischer Direktinvestitionen).
- **Mode 4:** Dienstleistungserbringer begibt sich zum Leistungsempfänger (z. B. grenzüberschreitender Krankenbesuch).

Die Vertragsparteien können in **Listen (schedules)** angeben, für welche Dienstleistungssektoren und welche Tätigkeiten sie ihren Markt nach den **spezifischen Verpflichtungen** (= Teil III) des GATS öffnen wollen. Dabei herrscht **strikte Reziprozität**, d. h. die Marktöffnung erfolgt nur gegenüber denjenigen Vertragsstaaten, die ebenfalls für den jeweiligen Sektor die spezifischen Verpflichtungen nach Teil III GATS übernommen haben. Die Vertragsstaaten sind verpflichtet, über weitere Liberalisierungen zu verhandeln (Art. XIX: *pactum de negotiando*). 984

Das GATS differenziert zwischen ungebundenen Bereichen und solchen, in denen Zugeständnisse gemacht wurden. In **ungebundenen Bereichen** gelten nur der **allge-** 985

31 Aus der umfangreichen Literatur *D. Brown*, Labour Standards and Human Rights, in: Narlikar u. a. (Hg.), The Oxford Handbook on the World Trade Organization, 2012, 697. Siehe auch *A. v. Arnauld*, Klausurenkurs im Völkerrecht, 3. Aufl. 2018, Fall 13.

meine Meistbegünstigungsgrundsatz, Art. II (kann in Listen eingeschränkt werden, vgl. Anhang zu Art. II) und die Pflicht zur Transparenz, Art. III. Für **gebundene Bereiche** treten die **Inländerbehandlung** (ergänzt um die Pflicht zur Herstellung fairer Wettbewerbsbedingungen) und das **Verbot mengenmäßiger Beschränkungen** hinzu (Art. XVI, XVII). Qualifikations- und Genehmigungserfordernisse sowie technische Standards dürfen keine unnötigen Handelshemmnisse errichten. Ausnahmen (vgl. Art. XIV, XIVbis) sind weitgehend an das GATT angelehnt. Die Streitbeilegung erfolgt über den Streitschlichtungsmechanismus der WTO.

VII. Handelsbezogene Aspekte geistigen Eigentums (TRIPS)

986 Anders als GATT und GATS zielt das TRIPS nicht auf Liberalisierung des Handels, sondern dient dem **Schutz geistigen Eigentums** im Rahmen des Welthandels. Der Schutz der Immaterialgüterrechte dient als Anreiz für Investitionen und soll zugleich den Rechteinhabern die Früchte ihrer Kreativität sichern. Das TRIPS erfasst geistiges Eigentum umfassend: von Patent- und Urheberrechten über Leistungsschutzrechte bis hin zu Computerprogrammen und Geschäftsgeheimnissen (vgl. Art. 1 II; Erweiterung in Art. 2 und 9 auf bestimmte WIPO-Übereinkommen, die so in das WTO-System einbezogen werden). Geschützt ist das geistige Eigentum von Schutzrechtsinhabern **aus WTO-Mitgliedstaaten**; der rechtliche Schutz richtet sich nach dem Recht des Landes, in dem die Schutzrechte geltend gemacht bzw. eingetragen werden **(Schutzland- oder Territorialitätsprinzip)**. Die Staaten sind in der Gestaltung ihres Rechts nicht frei. Art. 3 und 4 TRIPS verpflichten zu **Meistbegünstigung** und **Inländerbehandlung**; wichtiger als diese beiden Diskriminierungsverbote sind die **Mindeststandards** in den Art. 9-40 TRIPS (z. B. automatischer Erwerb von Urheberrechten, Mindestschutzdauer von 50 Jahren ab Tod des Urhebers), über die die Mitgliedstaaten hinausgehen dürfen, soweit dies mit dem TRIPS vereinbar ist (Art. 1 I S. 2). Umfangreiche **Übergangsregelungen** sollen besonderen Bedürfnissen Rechnung tragen. Das TRIPS enthält keine allgemeine Schrankenklausel. Kollidierende Interessen sind daher im Rahmen der Vertragsauslegung zu berücksichtigen (z. B. ob im Sinne von Art. 20 die Erschwerung der Benutzung einer Marke „ungerechtfertigt" ist).[32]

987 Ein langwieriger Streit zwischen Industriestaaten und Entwicklungsländern gilt dem Schutz von **AIDS-Medikamenten** durch das TRIPS. Um Kosten für die Bekämpfung der sich in Afrika epidemisch ausbreitenden Krankheit zu senken, sind die meisten afrikanische Staaten auf die Einfuhr billiger Präparate angewiesen, was die Heimatstaaten der Lizenzinhaber unter Hinweis auf die Forschungskosten ablehnen. Die eng definierten Ausnahmen in Art. 30 f TRIPS greifen praktisch nicht, so dass nur der Weg über einen *waiver* bleibt, der 2003 beschlossen und 2009 verlängert wurde. Ein neuer Art. 31bis wurde 2005 beschlossen und ist für die ratifizierenden Staaten am 23. Januar 2017 in Kraft getreten.[33]

32 WTO, Panel, Berichte v. 28.6.2018, Australia — Plain Packaging, WT/DS435/R u. a. Dazu *H. Asmelash/E. Stoppioni*, Balancing between Trade and Public Health Concerns: The Latest Step in the Plain Packaging Saga, EJIL Talk! (8.8.2018).

33 Dazu *C. Herrmann*, TRIPS, Patentschutz für Medikamente und staatliche Gesundheitspolitik: Hinreichende Flexibilität?, EuZW 2002, 37; *R. Kampf*, Patents versus Patients?, AVR 40 (2002), 90; *P. Rott*, TRIPS-Abkommen, Menschenrechte, Sozialpolitik und Entwicklungsländer, GRUR Int 2003, 103; *K. Gamharter*, Access to Affordable Medicines, 2004; *F. Abbott*, The WTO Medicines Decision, AJIL 99 (2005), 317; *ders./J. Reichman*, The Doha Round's Public Health Legacy, JIEL 10 (2007),

C. Internationales Investitionsrecht

I. Grundkonstellationen bei Auslandsinvestitionen

Das internationale Investitionsrecht befasst sich mit dem Schutz ausländischer Investitionen. Man kann hier v. a. **zwei Grundformen** unterscheiden: 988

- **Direktinvestitionen** dienen dazu, Einfluss auf die Tätigkeit von Unternehmen im Zielstaat zu gewinnen – durch Aufbau *(greenfield investment)* oder Übernahme von Produktionsstätten *(merger & acquisition)*, v. a. durch Anteilserwerb bei Kapitalgesellschaften. Es geht meist um längerfristige wirtschaftliche Interessen.
- **Portfolioinvestitionen** dienen der Gewinnerzielung durch finanzielle Beteiligung an ausländischen Unternehmen; meist geht es um kurzfristige ökonomische Interessen.

Das Investitionsrecht ist gekennzeichnet durch die teils parallelen, teils kollidierenden **Interessen dreier Beteiligter**: Gaststaat, Unternehmen, Heimatstaat des Unternehmens. Während der **Gaststaat** Investoren anwerben möchte, ohne zu weitgehend auf sein Recht zur Wirtschaftsregulierung zu verzichten, möchte der **ausländische Investor** seine Investition gegen Enteignung oder Entwertung jeder Art geschützt wissen und möglichst gute Bedingungen auf dem Zielmarkt haben; der **Heimatstaat des Investors** ist wiederum daran interessiert, seinen Unternehmen Schutz auch im Ausland zu garantieren. 989

Die Beziehungen zwischen Gaststaat und Heimatstaat des Investors werden vom **Völkerrecht** bestimmt, die zwischen dem Investor und den beiden Staaten – grundsätzlich – von dem jeweiligen **nationalen Recht**. Allerdings schuldet der Gaststaat dem Investor gewohnheitsrechtlich oder vertragsrechtlich eine bestimmte Behandlung; bei Verstößen kann der Heimatstaat für den Investor **diplomatischen Schutz** gegenüber dem Gaststaat ausüben (Rn. 596–606). Diese Mediatisierung der privaten natürlichen oder juristischen Person wird im Investitionsrecht teilweise durchbrochen: So gibt es z. T. Verträge zwischen Investor und Gaststaat (**Investor-Staat-Verträge**), bei denen umstritten ist, ob diese nur dem Recht des Gaststaates oder zumindest teilweise dem Völkerrecht unterstehen (Rn. 993); zudem ermöglichen zwischenstaatliche **Investitionsschutzverträge** oft die unmittelbare Rechtsdurchsetzung im Verhältnis Investor – Gaststaat vor internationalen Schiedsgerichten (Rn. 995–996). 990

II. Rechtsquellen des Investitionsrechts[34]

1. Gewohnheitsrecht

Gewohnheitsrechtlich sind Auslandsinvestitionen nur im Rahmen des **Fremdenrechts** geschützt (Rn. 594–595):[35] Der ausländische Investor hat nach dem fremdenrechtlichen Mindeststandard das Recht auf Anerkennung der Rechtsfähigkeit und auf 991

921; *C. v. Kraack*, TRIPS oder Patentschutz weltweit, 2006; *H. Hestermeyer*, Human Rights and the WTO: The Case of Patents and Access to Medicines, 2007; *H. Yamane*, Interpreting TRIPS: Globalisation of Intellectual Property Rights and Access to Medicines, 2011.

34 Eingehend *J. Salacuse*, The Three Laws of International Investment: National, Contractual, and International Frameworks for Foreign Capital, 2013.

35 Vertiefend *A. v. Arnauld*, Klausurenkurs im Völkerrecht, 3. Aufl. 2018, Fall 9.

Zugang zu Gerichten; hinzu tritt, dass **Enteignungen** nur unter bestimmten Voraussetzungen und nur gegen Entschädigung zulässig sind. Nach Gewohnheitsrecht müssen Enteignungen

- zum Wohle der Allgemeinheit erfolgen, sie dürfen
- weder diskriminieren noch
- gegen vertragliche Verpflichtungen (z. B. Investitionsverträge) verstoßen und
- sind nur gegen Entschädigung zulässig.

Umstritten ist, welchen Umfang die **Entschädigung** haben muss. Nach der **Hull-Formel** (benannt nach dem früheren US-Außenminister *Cordell Hull*, der diese 1938 prägte), an der die Industriestaaten festhalten, muss diese prompt, „adäquat" und effektiv *(prompt, adequate and effective)* sein. Prompt bedeutet, dem Betroffenen Mittel zur Verfügung zu stellen, die er sofort in seine wirtschaftlichen Planungen einstellen kann. Unter „adäquater" Entschädigung wird voller Wertersatz verstanden. An der Effektivität fehlt es z. B., wenn die Entschädigung in Papieren und Anleihen von zweifelhafter Qualität erfolgt. Demgegenüber gehen Entwicklungs- und Schwellenländer wie auch die UN-Generalversammlung[36] überwiegend nur von einer **„angemessenen" Entschädigung** aus. In der Praxis wird der Umfang der Entschädigung meist in Investitionsschutzabkommen geklärt (Rn. 1002).

Ohne besondere Vereinbarung sind Staaten allerdings nicht verpflichtet, selbst solche Enteignungen, die nach diesen Grundsätzen völkerrechtskonform sind, vor ihren eigenen Gerichten als gültig zu behandeln (Rn. 345–346). Nicht akzeptiert z. B. wird von den meisten Staaten eine Enteignung von Vermögen, das nicht im enteignenden Staat belegen ist. Eine solche ist v. a. im Rahmen sog. **indirekter Enteignung** möglich, wo die Anteile der Gesellschafter enteignet werden, um sodann auf das Auslandsvermögen der Gesellschaft zuzugreifen. Der BGH hat hier die Figur der Rest- oder Spaltgesellschaft entwickelt, wonach das im Inland belegene Vermögen der im Ausland enteigneten Gesellschaft einer fingierten Spaltgesellschaft gehört.[37]

992 Will der Investor gegen eine Maßnahme des Gaststaates vorgehen, muss er zunächst vor dessen Gerichten klagen. Nachteil ist, dass primär das innerstaatliche Recht des Aufnahmestaates Anwendung findet und eine ordnungsgemäße und unabhängige Gerichtsbarkeit nicht in allen Staaten existiert. Nach **Erschöpfung des innerstaatlichen Rechtswegs** kann der Investor seinen Heimatstaat um **diplomatischen Schutz** bitten. Hierauf hat er allerdings keinen Anspruch (das Recht seines Heimatstaates kann theoretisch anderes vorsehen). Außerdem kann sich hier das **Problem der Staatszugehörigkeit** juristischer Personen stellen: Wurde die Investition über ein Unternehmen getätigt, das nach dem Recht des Gaststaates gegründet wurde und auch dort seinen Sitz hat, ist rechtlich betrachtet der „Gaststaat" selbst der Heimatstaat des Unternehmens. Gewohnheitsrechtlich kommt der Rückgriff auf die Kontrolltheorie nur in Ausnahmefällen in Betracht (Rn. 599–605). Der Investor hat dann auf internationaler Ebene

---

36 Siehe insbesondere die Charta der wirtschaftlichen Rechte und Pflichten der Staaten v. 12.12.1974, GA Res. 3281 (XXIX), die allerdings gegen die Stimmen der Industriestaaten beschlossen wurde. Dazu *B. Weston*, The Charter of Economic Rights and Duties of States and the Deprivation of Foreign-Owned Wealth, AJIL 75 (1981), 437.

37 Zur Abgrenzung von der sog. Restgesellschaft BGHZ 33, 195, 199. Dazu *M. Lederer*, Die internationale Enteignung von Mitgliedschaftsrechten, 1989; *M. Herdegen*, Die extraterritoriale Wirkung der Enteignung von Mitgliedschaftsrechten an Gesellschaften in der Bundesrepublik Deutschland, ZGR 1991, 547; *D. H. Deren*, Internationales Enteignungsrecht, 2015, 286 ff.

u. U. niemanden, der ihn gegenüber dem staatlichen Zugriff schützen kann. Um diese Situation zu ändern, müssen Verträge geschlossen werden.

2. Verträge

a) Investor-Staat-Verträge

Um die Situation des Investors zu verbessern, enthalten v. a. bei großen Infrastrukturprojekten Verträge zwischen Gaststaat und Investor teilweise eine sog. **Stabilisierungsklausel.**[38] Mit dieser verpflichtet sich der Gaststaat, auf nachteilige Veränderungen der Investitionsbedingungen zu verzichten. Umstritten ist die **Rechtsnatur** solcher Verträge: Unterliegen sie nur dem Recht des Gaststaates (dann ist die Stabilisierungsklausel wenig wert) oder dem Völkerrecht (obwohl private Wirtschaftsunternehmen keine Völkerrechtssubjekte sind[39])? Nach wohl h. M. handelt es sich um **„internationalisierte" Verträge**, die vom Gaststaat nicht nach Belieben geändert werden können (hierauf zielen auch gebräuchliche „Internationalisierungsklauseln" in solchen Verträgen).[40] Eine vollständige „Waffengleichheit" zwischen Investor und Zielstaat kann jedoch auf diese Weise nicht hergestellt werden. Dies unterstreicht die Bedeutung zwischenstaatlicher Verträge im Bereich des Investitionsschutzes. 993

b) Multilaterale Abkommen

Versuche, einen umfassenden multilateralen Vertrag zum Investitionsschutz zu verabreden, sind im Rahmen der OECD wie auch der WTO gescheitert.[41] Einige multilaterale Verträge enthalten aber **punktuelle Bestimmungen** den Schutz von Auslandsinvestitionen betreffend: 994

WTO-System:

- **TRIMS-Abkommen:** betrifft spezielle (waren-)„handelsbezogene Investitionsmaßnahmen" *(= Trade Related Investment Measures)* wie *local content* und *local performance requirements* und hat damit nur einen sehr begrenzten Anwendungsbereich.
- **GATS:** erfasst auch grenzüberschreitende Dienstleistungen, die ein ausländischer Unternehmer durch kommerzielle Niederlassung im Inland erbringt („Mode 3"); soweit für einen bestimmten Dienstleistungssektor spezifische Verpflichtungen nach Teil III übernommen wurden, werden damit Marktzugang und Schutz vor Diskriminierung auch auf Direktinvestitionen erstreckt; es gibt allerdings keinen spezifischen Schutz gegen Enteignungen.

Weltbank-System:

- **ICSID-Übereinkommen:** Das ICSID *(= International Center for the Settlement of Disputes)* ist ein Forum für die Beilegung von Streitigkeiten zwischen Investor und Staat; für eine schiedsgerichtliche Beilegung von Streitigkeiten können die Streitparteien auf die Ressour-

38 Näher *C. Titi*, Les clauses de stabilisation dans les contrats d'investissement, JDI 2014, 541; *A. Umirdinov*, The End of Hibernation of Stabilization Clause in Investment Arbitration, DenverJILP 43 (2015), 455.

39 IGH, Anglo-Iranian Oil Company, ICJ Rep. 1952, 93, 111 ff, *O. Dörr*, Kompendium völkerrechtlicher Rechtsprechung, 2. Aufl. 2014, Nr. 14. Vgl. auch Rn. 632–633.

40 Vertiefend zur Diskussion zuletzt *T. R. Braun*, Ausprägungen der Globalisierung: Der Investor als partielles Subjekt im Internationalen Investitionsrecht, 2012. M. w. N. auch *I. Marboe/A. Reinisch*, Contracts between States and Foreign Private Law Persons, MPEPIL (5/2011).

41 *J. Karl*, Das Multilaterale Investitionsabkommen, RIW 1998, 432; *P. Muchlinksky*, The Rise and Fall of the Multilateral Agreement on Investment: Where Now?, IntLawyer 34 (2000), 1033.

cen (Liste von Schiedsrichtern, Verfahrensregeln usw.) des ICSID zurückgreifen (ähnlich dem Ständigen Schiedshof für zwischenstaatliche Streitigkeiten).[42]

- **MIGA** *(= Multilateral Investment Guarantee Agency)*: versichert Investitionen in Entwicklungsländern gegen nichtkommerzielle Risiken.

Im Rahmen der **OECD** existieren verschiedene für die Mitglieder verbindliche Beschlüsse (Kodizes) des Ministerrats, die zum Abbau von Marktzugangshindernissen verpflichten (ähnlich dem GATS).

Regionale Vertragswerke enthalten z. T. weiter reichende Bestimmungen über den Schutz von Auslandsinvestitionen, z. B. USA-DR-CAFTA, Mercosur (Protokoll von Colonia 1994), ASEAN (u. a. Rahmenabkommen über Investitionen). Im **EU-Binnenmarkt** genießen ausländische Investitionen umfassenden Schutz; die Freiheit des Kapitalverkehrs schützt ausdrücklich auch Investitionen aus Drittstaaten (Art. 63 AEUV). Wichtige Investitionsschutzbestimmungen enthält für den Energiesektor auch der **Energiecharta-Vertrag** (1994).[43]

c) Bilaterale Investitionsabkommen

995 Größte Relevanz haben Bilaterale Investitionsabkommen (= *Bilateral Investment Treaties*, BIT), die seit Mitte des 20. Jahrhunderts (erstmals 1959 zwischen der Bundesrepublik Deutschland und Pakistan) zunehmend abgeschlossen worden sind.[44] Weltweit sind über 2350 solcher Verträge in Kraft, davon 128 mit der Bundesrepublik Deutschland (Stand: Juni 2019). Zu typischen Inhalten Rn. 999–1010.[45]

996 BIT bieten dem Investor eine Reihe **Vorteilen**:

- **weiter Investitionsbegriff:** Neben Direktinvestitionen sind regelmäßig auch Portfolioinvestitionen geschützt (anders als im Gewohnheitsrecht).
- **erweiterter Enteignungsbegriff:** BIT können ausdrücklich auch gegen mittelbare Enteignungen und schleichende Entwertungen des Eigentums schützen, was gewohnheitsrechtlich umstritten ist.
- **Entschädigung:** Zumindest BIT von Industriestaaten legen Entschädigungen im Sinne der Hull-Formel fest.

---

42 Dazu *C. Schreuer*, International Centre for Settlement of Investment Disputes (ICSID), MPEPIL (5/2013); *M. Will*, International Centre for Settlement of Investment Disputes, in: Schöbener (Hg.), Völkerrecht, 2014, 194. Zur Spruchpraxis umfassend *R. Happ/N. Rubins*, Digest of ICSID Awards and Decisions, 2 Bde. (1974-2002: 2013; 2003-2007: 2009); Kurzfassung neuerer Schiedssprüche bei *J. Fouret/D. Khayat*, International Centre for Settlement of Investment Disputes (ICSID) Case Law Review, LPICT 15 (2016), 555.

43 Unter diesem Vertrag ist auch das Verfahren wegen des deutschen Ausstiegs aus der Kernenergie anhängig: Vattenfall AB and others v. Federal Republic of Germany, ICSID No. ARB/12/12. Dazu *D. Reinhardt*, Vattenfall vs. Deutschland (II) und das Internationale Investitionsschutzregime in der Kritik, KJ 2014, 86; *M. Krajewski*, Umweltschutz und internationales Investitionsschutzrecht am Beispiel der Vattenfall-Klagen und des Transatlantischen Handels- und Investitionsschutzabkommens (TTIP), ZUR 2015, 396.

44 Vertiefend IDI, Legal Aspects of Recourse to Arbitration by an Investor against the Authorities of the Host State under Inter-State Treaties (Berichterstatter *A. Giardina*), Bericht v. 13.9.2013. Dazu *P. Acconci*, The 'Unexpected' Development-Friendly Definition of Investment in the 2013 Resolution of the *Institut de Droit International*, ItalYIL 23 (2013), 69.

45 Siehe beispielhaft Mustervertrag des Bundeswirtschaftsministeriums von 2009, im Internet abrufbar über http://www.iilcc.uni-koeln.de/fileadmin/institute/iilcc/Dokumente/matrechtinvest/VIS_Mustervertrag.pdf. Dazu auch *J. Griebel*, Einführung in den Deutschen Mustervertrag über die Förderung und den gegenseitigen Schutz von Kapitalanlagen von 2009, IPRax 2010, 414.

- **Rechtsschutz:** Der Investor erhält das Recht, gegen Maßnahmen des Gaststaates ohne Erschöpfung des innerstaatlichen Rechtswegs und ohne Vermittlung seines Heimatstaates im eigenen Namen ein internationales Schiedsgericht anzurufen. Hierzu wie zur Durchsetzung der Ansprüche Rn. 1011–1013.

Rechtsfragen hat zuletzt das Schicksal von Investitionsabkommen der EU bzw. ihrer Mitglied- **997** staaten aufgeworfen. Der **Vertrag von Lissabon** hat der EU die ausschließliche Zuständigkeit für Direktinvestitionen aus Drittstaaten übertragen; insoweit sind die Mitgliedstaaten unzuständig geworden. Sie behalten hingegen Kompetenzen v. a. bei Portfolioinvestitionen (Abgrenzung nach dem tatsächlichen Kontrollerwerb; Richtgröße: Beteiligung von bis zu 10%). Dies erfordert in Zukunft den Abschluss von Investitionsabkommen als **gemischte Verträge**;[46] die EU-Kommission plant den Entwurf eines EU-Mustervertrags. Für die noch bestehenden BIT der Mitgliedstaaten ist für eine Übergangszeit eine Lösung nach Maßgabe des Prinzip der loyalen Zusammenarbeit (Art. 4 Abs. 3 EUV) zu suchen.[47] Die **zwischen EU-Mitgliedstaaten** bestehenden BIT verstoßen nach dem *Achmea*-Urteil des EuGH gegen die Vorschriften zum Binnenmarkt.[48]

3. Bindungen des Investors

Der Investor selbst hat sich an die **Gesetze des Gaststaates** zu halten (vorbehaltlich **998** besonderer Abreden in Abkommen mit dem Gaststaat). Daneben sehen verschiedene internationale **Verhaltenskodizes** (z. B. OECD-Kodex, UNCTAD-Kodex, *Global Compact*) rechtlich unverbindliche Verhaltensregeln für ausländische Investoren vor, die u. a. die Beachtung von Menschenrechten und Arbeitsstandards betreffen. Die Regelungsgewalt des Heimatstaates für ausländische Sachverhalte findet ihre Grenzen in der Souveränität anderer Staaten. Gleichwohl gibt es hier Ansatzmöglichkeiten (konditionierte Vergabe von Investitionsgarantien oder Subventionen, gewerberechtliche Eingriffsnormen usw.), um das Verhalten heimischer Unternehmen im Ausland zu beeinflussen (näher Rn 631–633).

46 EuGH, Gutachten 2/15 v. 16.5.2017 zum Freihandelsabkommen mit Singapur als dem ersten der EU-Handelsabkommen der „neuen Generation", das dem EuGH vorgelegt wurde. Zu diesem Typus *C. Titi*, International Investment Law and the European Union: Towards a New Generation of International Investment Agreements, EJIL 26 (2015), 639; *J. Bäumler*, Should we tame it, cage it or kill it? Past criticism, present developments and future imperatives for foreign investment protection in light of the IPA-SA, TPP and CETA, AVR 54 (2016), 261.

47 Gestattung der Aufrechterhaltung von BIT der Mitgliedstaaten in VO (EU) Nr. 1219/2012 v. 12.12.2012, ABl. L 351/40. Näher *J. Terhechte*, Art. 351 AEUV, das Loyalitätsgebot und die Zukunft mitgliedstaatlicher Investitionsschutzverträge nach Lissabon, EuR 2010, 517; *M. Bungenberg/A. Reinisch/C. Tietje* (Hg.), EU and Investment Agreements, 2013. Zu den finanziellen Folgen siehe Verordnung (EU) Nr. 912/2014 v. 23.7.2014 zur Schaffung der Rahmenbedingungen für die Regelung der finanziellen Verantwortung bei Investor-Staat-Streitigkeiten vor Schiedsgerichten, welche durch internationale Übereinkünfte eingesetzt wurden, bei denen die Europäische Union Vertragspartei ist, ABl. L 257/121.

48 EuGH, Urteil v. 6.3.2018, C-284/16 (Achmea).

III. Materielle Regelungen in Investitionsabkommen

1. Investition/Investor

999 Als „Investitionen" werden jedenfalls Direktinvestitionen, meist auch Portfolioinvestitionen geschützt. Der Begriff ist in einigen Abkommen **weit gefasst** und umfasst über diese beiden Grundformen hinaus geistiges Eigentum, Lizenzrechte und öffentlich-rechtliche Konzessionen (vgl. z. B. Art. 1 Nr. 1 des deutschen Muster-BIT).[49]

1000 Geschützt sind ausländische Investoren nach ihrer Staatszugehörigkeit. Überwiegend sind auch sog. **indirekte (Auslands-)Investitionen** geschützt, d. h. Investitionen von inländischen Unternehmen, die unter ausländischem Einfluss stehen. Art. 1 Nr. 1 S. 3 des deutschen Muster-BIT beschränkt den Schutz auf solche indirekten Investitionen, „die der Investor über eine in dem anderen Vertragsstaat belegene Gesellschaft durchführt".

Beispiel: Das nach dem Recht von A gegründete und dort ansässige Unternehmen X steht im Eigentum eines Unternehmens aus B. Kommt es zum Streit zwischen X und dem Staat A, kann X auf Basis des BIT zwischen A und B die Einsetzung eines Schiedsgerichts verlangen.[50]

1001 Spezielle Fragen werfen Direktinvestitionen durch sog. **Staatsfonds** auf, die im Eigentum ausländischer Staaten stehen. Hier besteht die Sorge, dass die Investition nicht allein unternehmerische Ziele verfolgt, sondern anderen Staaten Möglichkeiten eröffnen könnte, auf Umwegen politischen Druck auf den Gaststaat der Investition auszuüben.[51]

2. Enteignungen

1002 Der Schutz vor Enteignungen stand historisch am Anfang des internationalen Investitionsschutzes. **Enteignung** ist der formale Entzug der Verfügungsgewalt über das Eigentum durch staatlichen Hoheitsakt (z. B. Enteignung eines Grundstücks für den Straßenbau durch Gesetz oder Verwaltungsakt). Von **Verstaatlichung** spricht man, wenn ein kompletter Wirtschaftszweig in Staatseigentum überführt wird. Enteignungen sind nach gängiger Vertragslage grundsätzlich nur gestattet, wenn sie einem öffentlichen Interesse dienen, nicht diskriminierend sind, dem Investor ein rechtsstaatliches Verfahren zur Verfügung steht, um gegen die Enteignung vorzugehen, und eine Entschädigung („unverzüglich, adäquat und effektiv") geleistet wird (z. B. Art. 4 Abs. 2 des deutschen Muster-BIT).[52] Die Spruchpraxis verschiedener Schiedsgerichte hat den Begriff der Enteignung vom formalen Entzug von Eigentumspositionen auch auf **„schleichende Enteignungen"** *(creeping expropriation)* erstreckt.

1003 Erfasst sind regelmäßig auch **De-facto-Enteignungen**; meist ist von „enteignungsähnlichen Maßnahmen" *(measures tantamount to expropriation)* die Rede (vgl. Art. 4

49 Dazu *M. Sattorova*, Defining Investment Under the ICSID Convention and BITs, AsianJIL 2 (2012), 267. Umfassend UNCTAD (2011): http://unctad.org/en/pages/PublicationArchive.aspx?publicationid=354.

50 Vgl. Siemens AG v. Argentinien, ICSID Case No. ARB/02/8, Decision on Jurisdiction v. 3.8.2004.

51 Dazu aus jüngerer Zeit *K. Sauvant* u. a., Sovereign Investment, 2012; *M. Preisser*, Sovereign Wealth Funds: Entwicklung eines umfassenden Konzepts für die Regulierung von Staatsfonds, 2013; *F. Bassan* (Hg.), Research Handbook on Sovereign Wealth Funds and International Investment Law, 2015.

52 Zu den gewohnheitsrechtlichen Zulässigkeitsvoraussetzungen für Enteignungen Rn. 991.

Abs. 2 des deutschen Muster-BIT). Dabei kann es sich um unterschiedlichste Maßnahmen handeln, die von faktischem Entzug des Eigentums (z. B. staatlicher Verwaltung des Eigentums) bis hin zu allgemeinen Regelungen des nationalen Verwaltungsrechts reichen können, die den Wert der Investition mindern (z. B. Erklärung von bisherigem Bauland zum Naturschutzgebiet usw.). Bei extensiver Interpretation droht eine empfindliche Einschränkung staatlicher Handlungsoptionen und die Gefahr erheblicher Entschädigungszahlungen an den privaten Investor. Im Rahmen der Kritik am etablierten System des Investitionsschutzes wird daher das staatliche „right to regulate" wieder stärker betont.[53] Die **Schiedspraxis** ist uneinheitlich. Teils wird die Abgrenzung allein nach der Eingriffstiefe vorgenommen: Entwertungen des Eigentums, die irreversibel oder zumindest von langer Dauer sind, sind danach als Enteignungen entschädigungspflichtig *(sole effects doctrine)*. Überwiegend jedoch wird zwischen einer Enteignung und einer entschädigungslosen Regulierung nach dem Maßstab der **Verhältnismäßigkeit** unterschieden: Eine staatliche Maßnahme, die ein soziales Ziel *(social purpose)* verfolgt bzw. dem Allgemeinwohl *(general welfare)* dient, ist eine bloße Regulierung, wenn sie mit Blick auf die indirekten Folgen für ausländische Investitionen verhältnismäßig erscheint und nicht diskriminierend ist.[54] Während Deutschland in seinen BITs das „right to regulate" nicht besonders verankert hat, findet es in den Entwürfen der EU-Kommission deutliche Berücksichtigung. Neben einer detaillierten Definition der „Enteignung" findet sich in allen Entwürfen praktisch wortgleich der Passus:

The Parties reaffirm the right to regulate within their territories to achieve legitimate policy objectives, such as the protection of public health, safety, environment or public morals, social or consumer protection or promotion and protection of cultural diversity.[55]

Fall: Kraftwerk im Streit Das Unternehmen *Energica* aus Albonien will in Hamburg ein Kohlekraftwerk errichten. Das Projekt löst Proteste bei Umweltverbänden und in der Bevölkerung aus. Der Hamburger Senat gestattet gleichwohl Ende 2007 noch vor Erteilung der endgültigen Baugenehmigung auf Grundlage der vorliegenden Pläne den vorzeitigen Baubeginn. Die 2008 neu ins Amt gekommene Umweltsenatorin hat erhebliche Bedenken wegen des hohen CO2-Ausstoßes und einer Erwärmung des Elbwassers. Sie erteilt Ende 2008 die Baugenehmigung unter strengen Auflagen. Die Umsetzung dieser Auflagen macht größere Änderungen in der bisherigen Planung notwendig. Das Unternehmen beziffert die Mehrkosten auf 1,4 Milliarden Euro, die es als Entschädigung verlangt. Es beantragt auf 1004

53 Eingehend *A. Titi*, The Right to Regulate in International Investment Law, 2014; *P. Martínez-Fraga/C. R. Reetz*, Public Purpose in International Law, 2015.

54 In diesem Sinne z. B. UNCTAD, Expropriation, UNCTAD/DIAE/IA/2011/7, 7 ff. Aus der neueren Literatur u. a. *R. Dolzer/C. Schreuer*, Principles of International Investment Law, 2. Aufl. 2012, 101 ff; *A. Ruzza*, Expropriation and Nationalization, MPEPIL (7/2017), Rn. 22 f; *C. Zielonka*, Der Ausgleich zwischen Investorenschutz- und Regulierungsinteressen in internationalen Investitionsschutzabkommen, 2017; *K. Yannaca-Small*, Indirect Expropriation and the Right to regulate, in: dies. (Hg.), Arbitration Under International Investment Agreements, 2. Aufl. 2018, 562. Umfassend *B. Hoops* u. a. (Hg.), Rethinking Expropriation Law, 3 Bde., 2016.

55 Hier Art. 2.2 Abs. 1 des Freihandelsabkommens mit Vietnam. Siehe auch Art. 8.9 Abs. 1 CETA-Entwurf. Zum Regelungsansatz der EU-Kommission *C. Henckels*, Protecting Regulatory Autonomy through Greater Precision in Investment Treaties: The TPP, CETA and TTIP, JIEL 19 (2016), 27; *S. Schill*, Investitionsschutz in EU-Freihandelsabkommen: Erosion gesetzgeberischer Gestaltungsmacht?, ZaöRV 78 (2018), 33.

Grundlage des deutsch-albonischen BIT (entspricht dem deutschen Muster-BIT) die Einsetzung eines ICSID-Schiedsgerichts. Wie wird dieses in der Sache entscheiden?

Lösungshinweise: Ein Entschädigungsanspruch ergibt sich nach Art. 4 Abs. 2 des BIT bei Enteignung einer Kapitalanlage des Investors (hier *Energica*). *„Kapitalanlagen"* sind gemäß Art. 1 Nr. 1 lit. f auch „öffentlich-rechtliche Konzessionen". Ob auch die Genehmigung eines vorzeitigen Baubeginns hierunter fällt, kann offen bleiben, weil Art. 1 Nr. 1 umfassend „Vermögenswerte jeder Art" schützt und nur Regelbeispiele anführt. Die Genehmigung von 2007 hatte für *Energica* Vermögenswert, indem sie dem Unternehmen eine Rechtsposition verschaffte, auf Grundlage der bisherigen Planungen mit dem Bau zu beginnen. Ebenfalls als Kapitalanlage sind die schon errichteten baulichen Anlagen anzusehen, die ebenfalls vor Entwertung geschützt sind.

Art. 4 Abs. 2 des BIT erfasst nicht nur *Enteignungen* i. e. S., sondern auch „Maßnahmen [...], die in ihren Auswirkungen einer Enteignung oder Verstaatlichung gleichkommen". Greift das Schiedsgericht hier auf die *sole effects doctrine* zurück, wonach allein die Schwere der Folgen für das Unternehmen entscheidet, müsste man angesichts der von *Energica* vorgetragenen Mehrkosten wohl eine De-facto-Enteignung annehmen. Das Unternehmen hätte dann ungeachtet der politischen Ziele, die der Senat mit den Auflagen verfolgt, einen Anspruch auf Entschädigung. Anders wäre es, wenn das Schiedsgericht eine Abwägung zwischen dem Gemeinwohl und den Folgen für *Energica* vornähme. Hier dürften die umweltpolitischen Ziele des Senats berücksichtigt werden. Sofern die Auflagen tatsächlich Umweltschutzanliegen verfolgen und nicht in diskriminierender Weise einen unpopulären Investor abschrecken sollen, dürften *Energica* auch Umplanungen zugemutet werden. Das Vertrauen des Unternehmens in die erste Genehmigung ist zwar grundsätzlich schützenswert; es war jedoch von vornherein bekannt, dass die eigentliche Baugenehmigung noch ausstand. Dass diese, angesichts der öffentlichen Proteste, Auflagen enthalten würde, dürfte ebenfalls absehbar gewesen sein. Generell ist Zurückhaltung bei der Annahme von De-facto-Enteignungen anzuraten, um nicht durch einseitige Betonung des Investitionsschutzes legitime staatliche Regulierungsinteressen auszuhebeln. Mangels konkreter Angaben kann hier nicht abschließend festgestellt werden, ob evtl. bestimmte Auflagen unangemessen sind und eine Entschädigungspflicht auslösen.

3. Nichtdiskriminierung

1005 Auch in Investitionsabkommen finden sich die Grundsätze der Meistbegünstigung und der Inländerbehandlung. Für diese gilt im Wesentlichen dasselbe wie für das GATT. Allerdings sehen die meisten Investitionsschutzabkommen **keine** Art. XX GATT vergleichbaren **Ausnahmeklauseln** vor. Daher wird üblicherweise schon eine „weniger günstige" Behandlung (= Diskriminierung) verneint, wenn die staatliche Maßnahme einem anerkannten Schutzzweck dient **(Tatbestandsreduktion)**.

1006 Vor ein strukturelles Problem stellt der **Meistbegünstigungsgrundsatz**: Da Investitionsschutz überwiegend bilateral verabredet wird, kann bei strikter Anwendung des Grundsatzes ein Investor aus Staat C auf Grund des BIT zwischen Staat A und C verlangen, genauso behandelt zu werden wie ein Investor aus Staat B, wenn das BIT zwischen A und B insoweit günstigere Konditionen enthält. Durch diese Möglichkeit des „Rosinenpickens" wird Druck auf eine Harmonisierung der BIT auf dem „investorfreundlichsten" Niveau erzeugt. Zwar findet der Meistbegünstigungsgrundsatz nur bei vergleichbaren Situationen Anwendung; die Spruchpraxis zu dieser Einschränkung ist aber erneut uneinheitlich.[56] Wenig Hilfe bieten die Schlussfolgerungen der ILC zum Thema, die letztlich auf die Auslegung des jeweiligen Vertrages abstellen und eine klare Regelung anmahnen.[57] Für Organisationen **regionaler Wirtschaftsintegration** enthalten fast alle Investitionsabkommen Ausnahmeklauseln zur Meistbegünstigung (z. B. Art. 3 Abs. 3 des deutschen Muster-BIT). Ansonsten müsste z. B. der EU-Binnenmarkt auf alle Vertragsstaaten außerhalb der EU ausgedehnt werden.

4. Marktzugang

Die meisten Investitionsabkommen beziehen sich auf Investoren, die bereits Zugang **1007**
zum Markt erhalten haben. Bezüglich der Marktöffnung finden sich dagegen z. T. bloß Verpflichtungen zur Verhandlung über weitere Liberalisierungen *(pactum de negotiando)* oder eine Verpflichtung zur Förderung von Auslandsinvestitionen „nach Möglichkeit" und einer Zulassung in Übereinstimmung mit den nationalen Rechtsvorschriften (so Art. 2 Abs. 1 des deutschen Muster-BIT). Die derzeit von der EU ausgehandelten Handels- und Investitionsabkommen enthalten wie andere neuere BIT v. a. der USA, Kanadas, Australiens, Neuseelands und Japans dagegen echte Marktöffnungsverpflichtungen.[58]

5. Weitere Prinzipien

Üblicher Inhalt von Investitionsabkommen ist eine Klausel, die zu einer **„gerechten** **1008**
und billigen Behandlung" (*fair and equitable treatment*, FET) des Investors verpflichtet (z. B. Art. 2 Abs. 2 des deutschen Muster-BIT). Hinter dieser Generalklausel verbergen sich v. a. Gedanken von Rechtssicherheit und Vertrauensschutz. Der Gaststaat verstößt hiergegen z. B., wenn er in unvorhersehbarer Weise die Investitionsbedingungen verschlechtert.[59] Der Grundsatz trägt (anders als die Diskriminierungsverbote) zu einer Individualisierung des Investitionsschutzes bei und hat in Investitionsstreitigkeiten inzwischen eine große Bedeutung erlangt. Einige BITs stellen daher klar, dass lediglich eine *procedural fairness* in einem sehr basalen Sinne gemeint sein

56 Näher zuletzt *T. Cole*, The Boundaries of Most Favored Nation Treatment in International Investment Law, MichJIL 33 (2012), 537; *M. Hilf/R. Geiß*, Most-Favoured-Nation Clause, MPEPIL (7/2014); *S. Batifort/J. B. Heath*, The New Debate on the Interpretation of MFN Clauses in Investment Treaties: Putting the Brakes on Multilateralization, AJIL 111 (2018), 873.

57 ILC, Summary Conclusions on Most-Favoured-Nation clause, ILC Report, A/70/10 v. 23.7.2015, §§ 32 ff; Final Report of the Study Group on the Most-Favoured-Nation clause, A/CN.4/L.852.

58 Vgl. zum GATS Rn. 984.

59 *C. Schreuer*, Investments, International Protection, MPEPIL (06/2013), Rn. 51 f. Vertiefend zuletzt *R. Kläger*, "Fair and Equitable Treatment" in International Investment Law, 2011; *M. Paparinskis*, The International Minimum Standard and Fair and Equitable Treatment, 2013; *A. Schernbeck*, Der Fair and Equitable Treatment Standard in internationalen Investitionsschutzabkommen, 2013; *E. De Brabandere*, States' Reassertion of Control over International Investment Law, in: Kulick (Hg.), Reassertion of Control over the Investment Treaty Regime, 2017, 285; *F. Ortino*, The Obligation of Regulatory Stability in the Fair and Equitable Treatment Standard, JIEL 21 (2018), 845. Siehe auch UNCTAD, Fair and Equitable Treatment, UNCTAD/DIAE/IA/2011/5. Zur gewohnheitsrechtlichen Geltung dieses Standards *A. Orakhelashvili*, The Normative Basis of "Fair and Equitable Treatment", AVR 46 (2008), 74 (ablehnend) und *F. Orrego Vicuña*, Customary International Law in Action: from the International Minimum Standard to Fair and Equitable Treatment, FS Wolfrum, Bd. 1, 2012, 181 (bejahend).

soll. Auch die EU bemüht sich in ihren Entwürfen um eine Begrenzung der Reichweite dieser Klauseln.[60]

1009 Investitionsabkommen garantieren regelmäßig auch **Transferfreiheit**, d. h. Kapitalerträge können vom Investor frei transferiert werden (vgl. Art. 5 des deutschen Muster-BIT); dem Gaststaat wird dadurch die Möglichkeit genommen, Re-Investitionen im Inland zu erzwingen. Einschränkungen sind regelmäßig nur aus nicht-wirtschaftspolitischen Gründen (z. B. Gläubigerschutz) zulässig.

1010 Eine bedeutsame Besonderheit sind schließlich sog. **Schirmklauseln** *(umbrella clauses)*, wonach sich ein Vertragsstaat verpflichtet, jede andere Verpflichtung einzuhalten, die er in Bezug auf Kapitalanlagen von Investoren des anderen Vertragsstaates übernommen hat (vgl. Art. 7 Abs. 2 des deutschen Muster-BIT). Durch diesen Verweis auf andere Investitionsschutzabkommen werden insbesondere Investor-Staat-Verträge in die Schutzwirkung des zwischenstaatlichen Vertrages einbezogen. Dies ist für die Streitbeilegung wichtig, weil die Unterwerfung des Gaststaates unter ein Schiedsgericht, das vom Investor direkt angerufen werden kann, über die *umbrella clause* auf alle einschlägigen Vertragspflichten erstreckt werden kann.[61]

IV. Durchsetzung von Investitionsrecht

1011 Ohne besondere vertragliche Regelung kann der Investor seine Rechte gegenüber dem Gaststaat nur vor dessen Gerichten durchsetzen. BITs enthalten heute aber regelmäßig das Recht des Investors, alternativ ein internationales Schiedsgericht anzurufen (**Investor-Staat-Schiedsverfahren**, *Investor State Dispute Settlement*, **ISDS**). Investor und Gaststaat begegnen sich so „auf Augenhöhe"; die traditionelle Mediatisierung Privater im Völkerrecht (Rn. 49) ist hier überwunden. Die Investitionsschutzverträge bestimmen auch, nach welchen Regeln das Schiedsverfahren ablaufen soll. **ICSID-Schiedssprüche** müssen im Gaststaat wie rechtskräftige innerstaatliche Urteile vollstreckt werden; einen Vorbehalt des *ordre public* oder anderweitige Einspruchsmöglichkeiten gibt es nicht. Zahlt der Gaststaat nicht, riskiert er Nachteile bei der Vergabe von Weltbank-Krediten. Weniger günstig ist die Durchsetzung außerhalb des ICSID-Systems (z. B. nach den **UNCITRAL-Regeln**): Hier greift die New Yorker Konvention über die Anerkennung und Vollstreckung ausländischer Schiedssprüche von 1958, die mehrere Gründe (u. a. den *ordre public*) kennt, aus denen der unterlegene Staat die Vollstreckung eines Schiedsspruchs ablehnen darf.

60 Vgl. Art. 2.5 FTA EU/Vietnam (bei schweren Verfahrensverstößen, Zusicherung oder besonderer Vereinbarung). Vgl. auch *Philip Morris u. a. v. Uruguay*, ICSID Case No. ARB/10/7, §§ 320 ff): Kein Verstoß gegen den FET-Standard bei Verschärfung der Tabakgesetze.

61 Näher *Y. Shany*, Contract Claims vs. Treaty Claims, AJIL 99 (2005), 835; *A. Weissenfels*, Independent BIT Standard or Mere Affirmative Commitment? The Umbrella Clause Interpreted, ARIEL 10 (2005), 95; *R. Dolzer*, Schirmklauseln in Investitionsschutzverträgen, in: FS Tomuschat, 2006, 281; *J. Potts*, Stabilizing the Role of Umbrella Clauses in Bilateral Investment Treaties, VJIL 51 (2011), 1005; *J. O. Jensen*, Die Auslegung von Investitionsschutzabkommen am Beispiel der „umbrella clause", RIW 2016, 277; *K. Yannaca-Small*, The Umbrella Clause: Is the Umbrella Closing?, in: dies. (Hg.), Arbitration Under International Investment Agreements, 2. Aufl. 2018, 395.

Während ISDS lange Zeit von der Öffentlichkeit unbemerkt praktiziert wurde, ist im Zuge der Debatte über das gescheiterte Freihandelsabkommen der EU mit den USA (TTIP) scharfe **Kritik** geübt worden. Diese gründet sich v. a. auf folgende Punkte:[62] **1012**

- ISDS schaffe eine **Paralleljustiz** einseitig zu Gunsten ausländischer Investoren. Seinem Ursprung nach sollte ISDS mögliche Rechtsschutzdefizite in Staaten ohne funktionierende oder unabhängige Justiz kompensieren. Zwischen Rechtsstaaten der OECD-Welt besteht in der Tat kein durchgreifender Grund für einen zweigleisigen Rechtsschutz.
- Den Schiedsrichtern fehle es an **Legitimation**; sie bildeten eine kleine Kaste von Experten, die eine einseitige ökonomische Grundhaltung zur „epistemischen Gemeinschaft" forme. Dieser Vorwurf mag im Einzelfall ungerechtferigt sein;[63] problematisch ist aber, dass die lukrative Chance auf Wiederbestellung von der Behandlung früherer Fälle abhängt.
- Die im Regelfall nicht öffentlichen Schiedsverfahren seien instransparente **Geheimjustiz**. Auf diesen Vorwurf wurde mit den UNCITRAL-Transparenzregeln reagiert.[64] Diese sehen öffentliche Registrierung von Verfahren (Art. 2), Veröffentlichung von Schriftsätzen und Schiedssprüchen (Art. 3), öffentliche Verhandlungen (Art. 6) und Möglichkeiten der Beteiligung für die Zivilgesellschaft (Art. 4) vor. Die Mauritius-Konvention[65] überträgt diese Regeln auch auf Verfahren außerhalb der UNCITRAL.
- Schiedssprüche seien **nicht revidierbar**. Dies trifft auf Schiedsverfahren nach dem ICSID bedingt zu; Art. 50 Abs. 1 lit. c lässt die Revision nur bei neuen Tatsachen und die Annullierung nur bei schweren Verfahrensverstößen zu. Weiter sind die Möglichkeiten z. B. unter den UNCITRAL-Regeln.[66]

Vor dem Hintergrund öffentlicher Kritik an ISDS sehen die jüngsten Vorschläge der EU-Kommission für die Handels- und Investitionsabkommen mit Kanada (CETA, vorläufig in Kraft seit dem 21. September 2017), und Vietnam (sowie das einstweilen gescheiterte TTIP-Abkommen mit den USA) **ständige Tribunale** vor. Diese sollen mit von den Vertragsstaaten bestimmten Richtern besetzt sein, aus denen die Streit- **1013**

62 Im Überblick *A. Fisahn/R. Ciftci*, Rechtliche und politische Probleme von Freihandelsabkommen am Beispiel von CETA, Ad Legendum 2015, 177. Vertiefend *S. Buszewski/S. Martini/H. Rathke* (Hg.), Freihandel vs. Demokratie: Grundsätze transnationaler Legitimation, 2016. Zum 2018 angestoßenen ISDS-Reformprozess der UNCITRAL *M. Langford/A. Roberts*, UNCITRAL and ISDS Reforms: Hastening slowly, EJIL Talk! (29.4.2019).

63 Siehe aber *J. Pauwelyn*, The Rule of Law without the Rule of Lawyers? Why Investment Arbitrators are from Mars, Trade Adjudicators from Venus, AJIL 109 (2015), 761.

64 UNCITRAL Rules on Transparency in Treaty-based Investor-State Arbitration, A/RES/68/109 v. 16.12.2013.

65 United Nations Convention on Transparency in Treaty-based Investor-State Arbitration („Mauritius Convention on Transparency") v. 10.12.2014, in Kraft seit dem 18.10.2017. Anders als die Schweiz hat Deutschland unterzeichnet, aber noch nicht ratifiziert.

66 Vgl. Art. 36 UNCITRAL Model Law on International Commercial Arbitration. Aufsehen hat das Urteil v. 20.4.2016 erregt, mit dem die Rechtsbank Den Haag sechs Schiedssprüche gegen Russland im Streit um die Zerschlagung des Yukos-Konzerns aufgehoben hat. Seine Befugnis zur Überprüfung hat das Gericht auf die niederländische Zivilprozessordnung gestützt, die UNCITRAL-Regeln umgesetzt hat. In der Sache ging es um die Grenzen der vorläufigen Anwendbarkeit des Energiecharta-Vertrages, den Russland nur unterzeichnet, aber nicht ratifiziert hatte (vgl. Rn. 206). Das Urteil ist am 25.9.2018 bestätigt worden: ECLI:NL:GHDHA:2018:3437. Zu diesem und weiteren Yukos-Verfahren https://www.italaw.com/cases/1175.

parteien auswählen und die einem Kodex zur Sicherung ihrer Unabhängigkeit und Unparteilichkeit unterliegen. Ein **ständiges Berufungsgericht** *(Appellate Tribunal)* soll als reguläre zweite Instanz dienen.[67] Die EU-Kommission sieht hierin erste Schritte auf dem Weg zu einem ständigen internationalen Investitionsschiedshof.[68] Bei aller berechtigten Kritik stellen die Vorschläge nichts weniger als einen Paradigmenwechsel und einen beträchtlichen Fortschritt gegenüber dem Status quo dar.[69] In einem für viele Beobachter überraschenden Gutachten hat der EuGH das im CETA vorgesehene ISDS-System als grundsätzlich vereinbar mit dem Unionsrecht erachtet und nähere Voraussetzungen formuliert um zu verhindern, dass die EU-Verfassungsgrundsätze verletzt werden oder eine Paralleljustiz entsteht, die die Einheit des Unionsrechts gefährdet.[70]

D. Internationales Währungs- und Finanzrecht

I. Entwicklung des internationalen Währungsrechts

1014 Das internationale Währungsrecht als noch junger Zweig des Weltwirtschaftsrechts verdankt entscheidende Impulse der Wirtschafts- und Währungskrise der 1920er und 1930er Jahre. Im Abkommen von **Bretton Woods** wurde im Juli 1944 ein **System von festen Wechselkursen und Währungskonvertibilität** beschlossen, in dem ein an den Goldwert gebundener US-Dollar als Leitwährung fungierte. Zudem wurden in Bretton Woods **zwei Institutionen zur Kreditvergabe** gegründet: die Weltbank, deren Kredite Wiederaufbau und Entwicklung nach dem Weltkrieg stützen sollten, und der Internationale Währungsfonds (IWF, *International Monetary Fund*), der Kredite für die Bewältigung von Zahlungsbilanzschwierigkeiten vergab. Das Bretton-Woods-System sah somit eine koordinierte politische Steuerung der Währungspolitik auf internationaler Ebene vor, bei dem der IWF die steuernde Zentralinstanz war.[71]

Das Bretton-Woods-System erlebte einen **Niedergang** im Laufe der 1960er und 1970er Jahre u. a. durch Druck auf den US-Dollar (einseitige Aufkündigung der Goldparität 1971) und die Ölkrise 1973. Das System fester Wechselkurse wurde schließlich 1976 durch Änderung des IWF-Übereinkommens abgeschafft (in Kraft 1978). Ab Anfang der 1980er Jahre fand in der Folge eine **weitgehende Liberalisierung** der internationalen Währungspolitik statt; ökonomische (Markt-)Steuerung trat weitgehend an die Stelle politischer Steuerung. Damit veränderten sich auch die Aufgaben des IWF: Dieser hat sich zunehmend auf punktuelle Interventionen in Verschuldungskrisen sowie – in Parallelität zur Weltbank – auf Kreditvergabe an Entwicklungsländer verlegt.

Die internationale Koordination der Währungspolitik läuft seitdem eher in **informellen Foren** ab.[72] Hier ist insbesondere das Forum für Finanzstabilität zu erwähnen, das auf Beschluss der

---

67 Siehe z. B. Art. 8.27 ff CETA-Entwurf, http://trade.ec.europa.eu/doclib/html/152806.htm.

68 EU-Kommission, Investment in TTIP and beyond – the path for reform, Konzeptpapier v. 12.5.2015, 11 f.

69 Vgl. *R. Quick*, Warum wir ISDS in TTIP brauchen, ZEuS 18 (2015), 277.

70 EuGH, Gutachten 1/17 v. 30.4.2019. Dazu *M. Bungenberg/C. Titi*, CETA Opinion – Setting Conditions for the Future of ISDS, EJIL Talk! (5.6.2019).

71 Vgl. *A. Lowenfeld*, Bretton Woods Conference (1944), MPEPIL (3/2013).

72 Für einen Überblick IWF, Factsheet, A Guide To Committees, Groups, And Clubs (8.3.2019): http://www.imf.org/external/np/exr/facts/groups.htm.

G20 (einem weiteren informellen Gremium[73]) 2009 in das **Financial Stability Board** (FSB) umgewandelt wurde.[74] Mitglieder sind u.a Finanzminister, Zentralbanken und Finanzaufsichtsbehörden der G20 und der EU, IWF, Weltbank, OECD, BIZ, Basler Ausschuss. Trotz seiner differenzierten Organstruktur besitzt das FSB keine Rechtspersönlichkeit. Aufgaben sind die Analyse der Schwachstellen im internationalen Finanzsystem in Zusammenarbeit mit den internationalen Finanzinstitutionen (v. a. Frühwarnsystem gemeinsam mit dem IWF) sowie die Koordination der nationalen Regulierung und internationalen Standardsetzung. Die Einhaltung der Standards wird überwacht (*peer-review* u. a.). Hierdurch und durch seine Zusammensetzung erlangen die Beschlüsse des FSB faktische Wirksamkeit (trotz Art. 23 der Charta idF von 2012: „This Charter is not intended to create any legal rights or obligations."), was ernste Fragen nach Legitimation und Verantwortlichkeit aufwirft.[75]

Durch die weitgehende Liberalisierung des Währungssystems und den Verzicht auf politische Steuerung ist das Risiko starker Kursschwankungen und Währungskrisen und von gezielten Spekulationsangriffen auf Währungen gestiegen. Die **Finanzkrise** 2007-08 hat dies noch einmal deutlich vor Augen geführt. Vorschläge für eine neue Finanzarchitektur sahen daher die **Rückkehr zu einer stärkeren internationalen Regulierung** der Finanzmärkte vor. Ob das Bretton-Woods-System zumindest in Ansätzen eine Renaissance erleben wird, ist allerdings eher zweifelhaft.[76] Der Übergang von der Bankenkrise zur (damit verbundenen) Staatsschuldenkrise dürfte den Impuls zur Regulierung des Einflusses der privaten Finanzinstitutionen und ihrer Verquickung mit den öffentlichen Institutionen nachhaltig gedämpft haben.

II. Der Internationale Währungsfonds (IWF)

1. Institutionelle Fragen

Der IWF ist eine **Internationale Organisation** mit eigener Rechtspersönlichkeit und 1015
durch Vertrag als Sonderorganisation an die UNO gebunden, die jedoch keinen Einfluss auf die Politik des IWF besitzt. Dem IWF gehören derzeit 189 Staaten an (Stand: Juni 2019). Der Umfang der Rechte und Pflichten der IWF-Mitglieder richtet sich nach **Quoten**, die ihrerseits nach der volkswirtschaftlichen Performanz der Mitgliedstaaten festgelegt werden. Entsprechend ihrer Quote müssen die Staaten in den IWF einzahlen. Als Bezugsgröße dienen dabei seit Ablösung des US-Dollar als Leitwährung in den 1970er Jahren sog. **Sonderziehungsrechte** *(Special Drawing Rights)*,

73 Für einen Status als Völkerrechtssubjekt indes *C. Tietje*, Architektur der Weltfinanzordnung, BDGVR 45 (2012), 243.

74 Dazu *D. Ruddigkeit*, Das Financial Stability Board in der internationalen Finanzarchitektur, 2011; *W. Arner/M. Taylor*, The Financial Stability Board and the Future of International Financial Regulation, in: Buckley/Avgouleas/Arner (Hg.), Reconceptualising Global Finance and Its Regulation, 2016, 51.

75 *F. Weiss*, Finanzkrise und internationales öffentliches Recht, BDGVR 45 (2012), 335; *J. Wouters/ J. Odermatt*, Comparing the 'Four Pillars' of Global Economic Governance, JIEL 17 (2014), 49; *C. Brummer*, Soft Law and the Global Financial System, 2. Aufl. 2015. Vgl. auch kritisch zu hiermit verbundenen Prozessen *A. v. Bogdandy/M. Goldmann*, Die Restrukturierung von Staatsschulden als Ausübung internationaler öffentlicher Gewalt, ZaöRV 73 (2013), 61; *M. Zobl/D. Thürer/A. Kern*, Die Legitimation der G-20: Kritik aus völkerrechtlicher Sicht, AVR 51 (2013), 143.

76 Zur Weltfinanzkrise und Völkerrecht vgl. das Sonderheft des GoJIL 2 (2010), Heft 1: Strategies for Solving Global Crises – The Financial Crisis and Beyond; *C. Walter*, Debt Crises, MPEPIL (07/ 2014).

eine Art künstlicher Währung, die sich aus einem Korb verschiedener Währungen (US-Dollar, Euro, Yen, Britisches Pfund, seit 2016 auch Renminbi) zusammensetzt.

1016 Der IWF hat drei Hauptorgane: den Gouverneursrat, das Exekutivdirektorium und den Geschäftsführenden Direktor. Der **Gouverneursrat** setzt sich aus einem Gouverneur je Mitgliedstaat (meist der Notenbankchef oder der Finanzminister) zusammen. Er ist das höchste Beschlussgremium (Delegation auf das Exekutivdirektorium ist in weitem Umfang möglich und üblich) und tagt einmal jährlich. Er fasst seine Beschlüsse in der Regel mit einfacher Mehrheit; bei bestimmten Entscheidungen ist eine qualifizierte Mehrheit von 85% erforderlich. Bei Abstimmungen werden die Stimmen der Mitgliedstaaten gemäß ihrer Quote gewichtet. Dies sichert den beherrschenden Einfluss der Industrieländer, die derzeit über einen Stimmenanteil von über 50% verfügen. Dem Gouverneursrat stehen zwei **beratende Ausschüsse** zur Seite: Das *International Monetary and Financial Committee* (IMFC), das für Grundfragen und Krisenmanagement zuständig ist, und das *Development Committee* (DC), das gemeinsam mit Vertretern der Weltbank in Fragen der Entwicklungshilfe berät. Das IMFC setzt sich aus 24 Gouverneuren zusammen, die entsprechend den Regeln zum Exekutivdirektorium bestimmt werden (dazu sogleich).

1017 Das **Exekutivdirektorium** ist mit der Geschäftsführung des IWF betraut und nimmt auch vom Gouverneursrat delegierte Aufgaben wahr. Ihm obliegt zudem die Auslegung des IWF-Übereinkommens (IWFÜ) (auf Antrag eines Mitglieds findet eine Überprüfung dieser Interpretation durch einen Auslegungsausschuss statt, der für den Gouverneursrat entscheidet, sofern dieser nicht mit 85% der Stimmen widerspricht). Das Direktorium tagt regelmäßig (mehrfach in der Woche). Es besteht seit Januar 2016 aus 24 (Soll-Zahl 20) ernannten bzw. gewählten Direktoren (der Geschäftsführende Direktor gehört dem Gremium mit beratender Stimme an). Diese repräsentieren die fünf Staaten mit den höchsten Quoten (USA, Japan, China, Deutschland, Vereinigtes Königreich), Frankreich, Russland, Saudi-Arabien sowie 16 Vertreter regionaler Staatengruppen. Auch das Direktorium fasst seine Beschlüsse in der Regeln mit einfacher Mehrheit (sonst 85%), wobei erneut die Stimmen gewichtet werden: Jeder Direktor verfügt über die Stimmanteile des Staates bzw. der Staaten, den bzw. die er repräsentiert. Trotz dieses Prinzips der Staatenrepräsentation sind die Direktoren *de facto* relativ unabhängig (Bezahlung durch IWF, ständige Präsenz am Sitz in Washington D.C.).

1018 Der **Geschäftsführende Direktor** wird durch das Exekutivdirektorium gewählt. Nach informeller, zunehmend politisch in Frage gestellter Absprache mit den USA ist dies stets ein Europäer (ab Ende 2019 voraussichtlich *Kristalina Georgiewa*, Bulgarien; die Weltbank wird im Gegenzug von einem US-Amerikaner geleitet). Dem Geschäftsführenden Direktor obliegt die Führung der administrativen Geschäfte an der Spitze des – gegenüber den Heimatstaaten weisungsunabhängigen – Mitarbeiterstabes. Außerdem führt er den Vorsitz im Exekutivdirektorium mit beratender Stimme; bei Stimmengleichheit gibt die Stimme des Geschäftsführenden Direktors den Ausschlag.

2. Aufgaben des IWF

a) Kreditvergabe

Der IWF vergibt Kredite an Staaten, die **Zahlungsbilanzprobleme** haben, sowie an **Entwicklungsländer**. Er setzt dabei verschiedene **Kreditinstrumente** ein:[77] 1019

- *Stand-By Arrangements* (SBA): zur Überbrückung kurzfristiger Zahlungsbilanzprobleme; Laufzeit max. 36 Monate (regelmäßig 12-24 Monate), Rückzahlung binnen 3¼-5 Jahren
- *Extended Fund Facilities* (EFF): bei strukturellen Zahlungsbilanzproblemen
- *Rapid Financing Instruments* (RFI): zur Unterstützung von Entwicklungsländern bei drängenden äußeren Problemen wie Bürgerkriegen, Naturkatastrophen u. a. (auch *Catastrophic Containment and Relief Trust*, CCR)
- *Poverty Reduction and Growth Trust* (PRGT): zur Unterstützung ärmerer Entwicklungsländer; Zinssatz von derzeit 0%, in der Regel längere Laufzeit; 2009 neu differenziert nach Dringlichkeit der Hilfe in *Extended Credit Facility* (ECF), *Standby Credit Facility* (SCF) und *Rapid Credit Facility* (RCF)

Vor dem Hintergrund der jüngsten Währungskrisen hat der IWF 2010 neue Kreditinstrumente zur **Krisenprävention** in ökonomisch starken Staaten geschaffen:

- *Flexible Credit Line* (FCL): Unterstützung „sehr starker" Volkswirtschaften bei der Krisenprävention
- *Precautionary and Liquidity Line* (PLL): Unterstützung „starker" Volkswirtschaften bei der Krisenprävention

Die maximale Höhe des jeweiligen Kredits orientiert sich am Kreditinstrument sowie an der Quote des Kreditnehmers (z. B. EFF max. 200% jährlich). In der Regel bewegen sich die bewilligten Kredite deutlich unter 100%; die besondere Bedeutung der IWF-Kredite liegt darin, dass sie in der Regel Voraussetzung für Kredite privater Institute sind.

Kriterien für die Vergabe der Kredite (das IWFÜ spricht unkonventionellerweise von einem „Kauf" von Fondsmitteln) lassen sich dem IWFÜ praktisch nicht entnehmen. Diese hat der IWF in **„Geschäftsgrundsätzen"** festzulegen, die gemäß Art. V Abschn. 3 lit. a darauf auszurichten sind, „dass sie den Mitgliedern bei der […] Lösung ihrer Zahlungsbilanzprobleme helfen und ausreichende Sicherungen dafür schaffen, dass die allgemeinen Fondsmittel nur zeitweise in Anspruch genommen werden". Gemäß seinen Geschäftsgrundsätzen vergibt der IWF die Kredite nur auf Basis eines sog. **letter of intent**, in dem sich der betreffende Staat zu konkreten wirtschaftspolitischen Reformen verpflichtet; bei PRGF-Krediten muss der antragstellende Staat ein Strategiepapier zur Armutsbekämpfung vorlegen, um einen Kredit zu erhalten. Zwar sind die Zusagen in den *letters of intent* und den Strategiepapieren **nicht rechtsverbindlich** (IWF und h. L. sehen hierin unverbindliche einseitige Akte, keinen Kreditvertrag), über einen Stopp des Kredits jedoch kann **erheblicher Druck** auf die wirtschaftspolitische Souveränität des Kreditnehmers ausgeübt werden. 1020

b) Politiküberwachung

Das zweite hauptsächliche Aufgabenfeld des IWF ist die **Überwachung der Wirtschafts- und Währungspolitik** der Mitgliedstaaten (vgl. Art. IV Abschn. 3 lit. a i. V. 1021

77 Näherer Überblick unter https://www.imf.org/en/About/Factsheets/IMF-Lending.

mit Abschn. 1 IWFÜ). Hierfür erstellt das Exekutivdirektorium in regelmäßigen Abständen Berichte über jedes Mitglied. Dabei legt der IWF sein Mandat weit aus und bewertet regelmäßig die **gesamte Wirtschafts- und Sozialpolitik** der Mitglieder. Hier wie bei den Bedingungen für die Kreditvergabe ist wiederholt kritisiert worden, der IWF verfolge eine einseitig monetaristische und neoliberale Wirtschaftspolitik.

3. Pflichten der Mitgliedstaaten

1022 Die Mitgliedstaaten haben drei Hauptpflichten:

- **Einzahlung in den Fonds** gemäß der eigenen Quote;
- **Zusammenarbeit in Bezug auf Wechselkurse:** Förderung eines stabilen Systems; die Staaten haben hier weites Ermessen, sollten aber Manipulationen (v. a. Abwertungen) möglichst vermeiden; Überwachung durch den IWF;
- **Pflichten in Bezug auf Devisenbeschränkungen** (dazu sogleich).

1023 Gemäß Art. VIII IWFÜ sind die Mitgliedstaaten frei, Devisenbeschränkungen für den *Kapitalverkehr* (Geldanlagen, Investitionen) einzuführen; dagegen dürfen Beschränkungen für den *Zahlungsverkehr* (Finanztransfer als Gegenleistung) nur mit Zustimmung des IWF erlassen werden (Ausnahme in Art. XIV Abschn. 2 für „Altfälle"). Art. VIII Abschnitt 2 lit. b Satz 1 verpflichtet die Mitgliedstaaten, mit dem IWFÜ vereinbare Devisenbeschränkungen zu akzeptieren, indem sie Verträge, die gegen solche Beschränkungen verstoßen, vor ihren Gerichten für nicht einklagbar erklären:

Art. VIII Abschnitt 2 IWFÜ:

a) Vorbehaltlich des Artikels VII Abschnitt 3 Buchstabe b und des Artikels XIV Abschnitt 2 darf ein Mitglied nicht ohne Zustimmung des Fonds Zahlungen und Übertragungen für laufende internationale Geschäfte Beschränkungen unterwerfen.

b) Aus Devisenkontrakten, welche die Währung eines Mitglieds berühren und den von diesem Mitglied in Übereinstimmung mit diesem Übereinkommen aufrechterhaltenen oder eingeführten Devisenkontrollbestimmungen zuwiderlaufen, kann in den Hoheitsgebieten der Mitglieder nicht geklagt werden. […]

Umstritten ist, ob sich der Ausschluss der Klagbarkeit auf alle zulässigen Devisenbeschränkungen bezieht oder nur auf solche für den Zahlungsverkehr. Für die erstgenannte Sicht spricht die einheitliche Behandlung von Devisenbeschränkungen. Der BGH hat sich aus systematischen und teleologischen Gründen der zweiten Sicht angeschlossen. Dies hat zur Folge, dass die souveräne Entscheidung eines Staates, den Kapitalverkehr bestimmten Devisenbeschränkungen zu unterwerfen, vor den Gerichten eines anderen Staates nicht notwendigerweise zu respektieren ist.

Fall: Devisenbeschränkungen (BGH 1993)[78] Eine bulgarische Bank war Kommanditistin einer deutschen Kommanditgesellschaft (KG) und hatte sich in der Gesellschafterversamm-

78 BGH, NJW 1994, 390. Dazu auch vertiefend *C. Ebenroth/A. Müller*, Der Einfluss ausländischen Devisenrechts auf zivilrechtliche Leistungspflichten unter besonderer Berücksichtigung des IWF-Abkommens, RIW 1994, 269; *W. Ebke*, Das Internationale Devisenrecht im Spannungsfeld völkerrechtlicher Vorgaben, nationaler Interessen und parteiautonomer Gestaltungsfähigkeit, ZVglRWiss 100 (2001), 365.

lung 1990 zur Erhöhung ihrer Einlage um 6,8 Millionen DM verpflichtet. Als die KG 1991 in Konkurs fiel, hatte die Bank den zugesagten Betrag noch nicht überwiesen. Auf Klage des Konkursverwalters wurde die Bank von LG und OLG Hamburg zur Einzahlung des Erhöhungsbetrages verurteilt. In ihrer Revision rügte die Bank die Klage als unzulässig: Die Transaktion habe gegen bulgarische Devisenbestimmungen verstoßen und sei daher gemäß Art. VIII IWFÜ vor deutschen Gerichten nicht klagbar.

Der BGH verwarf die Revision als unbegründet. Art. VIII Abschnitt 2 lit. b IWFÜ schließe die Klagbarkeit allein für Devisenkontrakte im Zahlungsverkehr aus, nicht für solche im Kapitalverkehr, wozu die streitgegenständliche Einlage rechnete. Dies folge aus dem engen Zusammenhang von lit. b mit lit. a sowie der Überschrift des Abschnittes 2 von Art. VIII IWFÜ („Vermeidung von Beschränkungen laufender *Zahlungen*"). Das IWFÜ differenziere durchgängig zwischen dem Kapital- und dem Zahlungsverkehr, weswegen Wortlaut und Systematik besondere Bedeutung zukäme. Auch teleologische Argumente sprächen für eine solche Interpretation: Der Kapitalverkehr sei im Bretton-Woods-System weitgehend ausgeklammert worden, um den Staaten hier souveräne Freiheit zu belassen. Im Kapitalverkehr könne es daher „auch willkürlich[e], unter Umständen sogar konfiskatorisch[e] Devisenkontrollbestimmungen" geben, auf die sich der Ausschluss der Klagbarkeit in Art. VIII Abschnitt 2 lit. b IWFÜ nicht erstrecken könne. Der Ausschluss privilegiere vielmehr Devisenbeschränkungen im Zahlungsverkehr, die vom IWF geprüft und genehmigt worden seien.

III. Weltbank

Die Weltbank ist Sonderorganisation der UNO und eigenständige **Internationale Organisation** mit Sitz in Washington D.C. Die **Weltbank-Gruppe** umfasst mehrere Unterorganisationen (Weltbank, Internationale Entwicklungsorganisation: IDA, Internationale Finanz-Corporation: IFC, Multilaterale Investitions-Garantie-Agentur: MIGA, Internationales Zentrum für die Beilegung von Investitionsstreitigkeiten: ICSID). Finanziert wird die Weltbank über Einlagen der Mitgliedstaaten. Ihre **Hauptaufgaben** sind die Finanzierung von Projekten in Entwicklungsländern (Weltbank und IDA), die Förderung ausländischer privater Investitionen und die Regierungsberatung. 1024

IV. Die Bank für Internationalen Zahlungsausgleich

1. Die Bank für Internationalen Zahlungsausgleich (BIZ)

Die Bank für Internationalen Zahlungsausgleich (BIZ, *Bank for International Settlements*) ist eine **Aktiengesellschaft und zugleich eine Internationale Organisation**. Ihr Sitz ist Basel. Gegründet wurde sie 1930, um die deutschen Reparationszahlungen nach dem Ersten Weltkrieg treuhänderisch zu verwalten und zugleich die Zahlungsfähigkeit Deutschlands zu fördern. Nach Einstellung der Reparationszahlungen durch das Deutsche Reich wuchs ihr die Funktion einer **„Bank der Zentralbanken"** zu. Ihre heutigen Aufgaben bestehen in 1025

- der Förderung der Kooperation der Zentralbanken,
- der Verwaltung von Gold- und Währungsreserven von Zentralbanken und Internationalen Organisationen,

- der Vergabe kurzfristiger Kredite an Zentralbanken und
- der treuhänderischen Übernahme internationaler Zahlungsgeschäfte.

Aufbau, Aufgaben und Befugnisse ergeben sich aus den **Statuten der BIZ**, auf die Schweizer Recht nicht anwendbar ist. Das Stammkapital beträgt drei Milliarden „Sonderziehungsrechte" (siehe IWF, ca. 4,5 Milliarden US-Dollar). Nur Zentralbanken oder besonders ermächtigte Finanzinstitute können Anteile erwerben (Art. 15 BIZ-Statut). Derzeit gehören der BIZ 60 Zentralbanken als Mitglieder/Aktionäre an, die 95% des weltweiten BIP repräsentieren, darunter die Europäische Zentralbank (Stand: Juni 2019).

1026 Die BIZ hat drei Hauptorgane:

- **Generalversammlung:** Sie entspricht der Hauptversammlung und tagt einmal im Jahr. Aufgaben: Entgegennahme des Jahresberichts, Entlastung der Geschäftsleitung, Beschlüsse über Statutenänderung, Kapitalerhöhung, Liquidation usw. Die Stimmgewichtung bei Abstimmungen entspricht dem Aktienbesitz.
- **Verwaltungsrat:** Er bestimmt die strategische Ausrichtung und Grundsätze der Geschäftspolitik, ernennt den Generaldirektor und überwacht die Geschäftsleitung (Funktion eines Aufsichtsrats). Er tagt mindestens alle 2 Monate. Bei der Zusammensetzung kommt den Gründungsstaaten (Belgien, Deutschland, Frankreich, Italien, USA und Vereinigtes Königreich) eine Schlüsselstellung zu: Ihre Zentralbankpräsidenten sind Mitglieder *ex officio*, ernennen je eine weitere Person aus dem Finanz- und Wirtschaftsleben ihres Heimatstaates als sog. berufene Mitglieder und wählen aus dem Kreis der übrigen Zentralbankpräsidenten bis zu neun weitere Mitglieder.
- **Geschäftsleitung:** Sie besteht aus dem Generaldirektor (CEO), seinem Stellvertreter und den Fachdirektoren. Ihr obliegt die Durchführung der Geschäftspolitik (Funktion eines Vorstands). Gegenüber dem Verwaltungsrat ist sie rechenschaftspflichtig.

1027 Die BIZ unterstützt personell und institutionell verschiedene **Ausschüsse**, die nicht selbst Organe der BIZ sind, darunter den Ausschuss für das weltweite Finanzsystem, den Ausschuss für Zahlungsverkehrs- und Abrechnungssysteme und den Basler Ausschuss für Bankenaufsicht (siehe sogleich).

2. Basler Ausschuss für Bankenaufsicht

1028 Der **„Basler Ausschuss"** wurde 1974 gegründet und setzte sich bis 2008 aus den Präsidenten der Zentralbanken und Finanzaufsichtsbehörden der G10 sowie von Luxemburg, der Schweiz und Spanien zusammen. 2009 wurde er um 14 Mitglieder erweitert, darunter erstmals auch Nicht-OECD-Staaten. Der Ausschuss beschließt **Leitlinien** für die Verbesserung der **Aufsicht über private Geschäftsbanken**:

- Die Leitlinien zur Aufsicht über internationale tätige Banken (**„Basler Konkordat"**) regeln Zuständigkeitsfragen bei Mutter- und Tochterunternehmen, um eine lückenlose Kontrolle zu garantieren.
- Die Leitlinien zur Mindestkapitalausstattung ausländischer Banken (**„Basler Akkord"**) von 1988, bis 2005 grundlegend überarbeitet („Basel II"), fordern eine Abstimmung der Kapitalausstattung mit den tatsächlichen Risiken, effektive Auf-

sicht und Risikomanagement und legen Publizitätspflichten fest. In Reaktion auf die Krise auf den Kapital- und Finanzmärkten wurden weitere Verschärfungen der Leitlinien beschlossen („Basel III"), darunter eine Erhöhung der Eigenkapital- und der Kernkapitalquote der Geschäftsbanken und die Einführung von Kapitalpuffern zur Risikoabsicherung.[79] Im Dezember 2017 folgte ein Leitlinienpaket zur Risikoberechnung („Basel IV").

Die Leitlinien des „Basler Ausschusses" – der keine Internationale Organisation ist, **1029**
sondern ein informelles Gremium – sind **nicht rechtsverbindlich**, werden aber gleichwohl in den beteiligten Staaten befolgt; der internationalen Wettbewerbsfähigkeit wegen orientieren sich auch Nichtmitglieder an ihnen. Rechtliche Verbindlichkeit können die Leitlinien auf nationaler Ebene erlangen, wenn sie Eingang in die innerstaatlichen gesetzlichen Bestimmungen zum Bankenwesen finden.[80]

Vertiefende Literaturangaben zu § 12 siehe: www.cfmueller.de/voelkerrecht
www.wsi.uni-kiel.de

Ausbildungsfälle zu § 12: *T. Holterhus/H. Gött*, Freihandel und Investitionen auf fremden Märkten, Jura 2016, 176; *K. Schadtle*, EuGH oder DSB: Wer die Wahl hat, hat die Qual!, JA 2009, 439; *R. Streinz*, Fall aus dem Bereich des internationalen Wirtschaftsrechts, Jura 1987, 310; *A. Wohlgemuth*, Das Schahvermögen in Deutschland, JuS 1981, 519.

Kontrollfragen:

- ▸ Wodurch erzeugt die Globalisierung der Weltwirtschaft rechtlichen Harmonisierungsdruck? **Rn. 936–939**
- ▸ Welche Prinzipien und Standards prägen das Wirtschaftsvölkerrecht? **Rn. 941–947**
- ▸ Was war das „GATT *à la carte*", wodurch wurde es überwunden und auf welchem Wege kehrt es derzeit zurück? **Rn. 949, 933–952**
- ▸ Worin ähnelt die WTO-Streitbeilegung einem gerichtlichen Verfahren und worin liegen Unterschiede? **Rn. 957–960**
- ▸ Was ist der sog. negative Konsens bei der WTO-Streitbeilegung und welche Bedeutung hat er? **Rn. 960**
- ▸ Wann sind Waren „gleichartig" im Sinne des GATT? **Rn. 963**
- ▸ Warum müssen Zollunionen und Freihandelszonen ausdrücklich vom Grundsatz der Meistbegünstigung (Art. I:1 GATT) ausgenommen werden? **Rn. 962**
- ▸ Wonach entscheidet sich, ob nichtfiskalische Maßnahmen an der Grenze (z. B. Einfuhrverbote) an Art. III:4 oder Art. XI:1 GATT zu messen sind? **Rn. 967**
- ▸ Was ist im Rahmen des Zwei-Stufen-Tests bei Art. XX GATT zu prüfen? **Rn. 970**
- ▸ Welche Arten handelspolitischer Schutzmaßnahmen gestattet das GATT ausnahmsweise? **Rn. 975**

---

79 Zu Basel II: *T. Volkenner/K.-F. Walter*, Die Endfassung der Neuen Baseler Eigenkapitalvereinbarung (Basel II), DStR 2004, 1399; *H. Mielk*, Die Umsetzung von Basel II in deutsches Recht, WM 2006, 621. Zu Basel III: *F. Schäfer*, Eigenkapital im Bankaufsichtsrecht und Basel III, ZHR 2011, 319. Zu Basel IV: *I. Bethge*, Basel-IV-Umsetzung mit Augenmaß, ZfgK 2019, 14.

80 Vgl. Verordnung (EU) Nr. 575/2013 über Aufsichtsanforderungen an Kreditinstitute und Wertpapierfirmen (CRR), ABl. EU 2013, 176/1 und Richtlinie 2013/36/EU über den Zugang zur Tätigkeit von Kreditinstituten und die Beaufsichtigung von Kreditinstituten und Wertpapierfirmen (CRD IV), ABl. EU 2013 L 176/338.

- Welche Funktion hat ein sog. *waiver* im Recht der WTO? **Rn. 977**
- Können Handelsbeschränkungen auch mit dem Ziel extraterritorialen Umwelt- und Artenschutzes gerechtfertigt werden? **Rn. 979**
- Wie sind GATT-Verpflichtungen mit menschenrechtlichen Standards in Einklang zu bringen? **Rn. 982**
- Welche Modi der Erbringung von Dienstleistungen unterscheidet das GATS? **Rn. 983**
- Worin kommt die strikte Reziprozität der GATS-Verpflichtungen zum Ausdruck? **Rn. 984–985**
- Welches sind die gewohnheitsrechtlichen Regeln zur Enteignung ausländischer Investoren? **Rn. 991**
- Welche Vorteile bieten bilaterale Investitionsschutzabkommen (BIT)? **Rn. 996**
- Was ist die Rechtsnatur von Investor-Staat-Verträgen? **Rn. 993**
- Wann liegt in einer staatlichen Regulierung eine nach BIT entschädigungspflichtige enteignungsähnliche Maßnahme *(measure tantamount to expropriation)*? **Rn. 1003**
- Worin liegt die besondere Bedeutung sog. Schirmklauseln *(umbrella clauses)* in BIT? **Rn. 1010**
- Was ist von der Kritik an der Investor-Staat-Schiedsgerichtsbarkeit zu halten? **Rn. 1011–1013**
- Welche Aufgaben hat der IWF? **Rn. 1019, 1021**
- Was sind Funktion und Rechtsnatur der sog. *letters of intent*? **Rn. 1020**
- Welche Pflichten erlegt das IWFÜ den Mitgliedstaaten für den Devisenverkehr auf? **Rn. 1023**
- Welche Rolle spielt der Basler Ausschuss für Bankenaufsicht in der informellen internationalen Finanzarchitektur? **Rn. 1028–1029**

Teil III

Friedenssicherungs- und Konfliktrecht

§ 13 Recht der Friedenssicherung

Einführende Literatur: *O. Dörr*, Gewalt und Gewaltverbot im modernen Völkerrecht, APuZ B43/2004, 14; *M. Eisele*, Im Auftrag des Sicherheitsrates: Friedensmissionen der Vereinten Nationen, VN 1998, 1; *P. Hilpold* Gewaltverbot und Selbstverteidigung – Zwei Eckpfeiler des Völkerrechts auf dem Prüfstand, JA 2006, 234; *P. Kunig*, Das völkerrechtliche Gewaltverbot, Jura 1998, 664; *K. Schadtle*, Das völkerrechtliche Gewaltverbot und seine Ausnahmen, Jura 2009, 686; *S. Sattler*, Einführung in das Sanktionsrecht, JuS 2019, 18; *B. Schöbener*, Gewaltverbot, universelles, in: ders. (Hg.), Völkerrecht, 2014, 126.

Lehr- und Handbücher: *C. Bailliet* (Hg.), Research Handbook on International Law and Peace, 2019; *A. Bellamy/T. Dunne* (Hg.), The Oxford Handbook of the Responsibility to Protect, 2016; *S. Casey-Maslen/T. Vestner*, A Guide to International Disarmament Law, 2019; *D. Chandler/T. Sisk* (Hg.), Routledge Handbook of International Statebuilding, 2013; *B. Conforti/C. Focarelli*, The Law and Practice of the United Nations, 5. Aufl. 2016; *O. Corten*, The Law Against War: The Prohibition on the Use of Force in Contemporary International Law, 2010; *Y. Dinstein*, War, Aggression and Self-Defence, 6. Aufl. 2017; *D. Fleck* (Hg.), The Handbook of the Law of Visiting Forces, 2. Aufl. 2018; *T. Gill/D. Fleck* (Hg.), The Handbook of the International Law of Military Operations, 2. Aufl. 2015; *M. Gillis* (Hg.), Disarmament: A Basic Guide, 3. Aufl. 2012; *C. Gray*, International Law and the Use of Force, 4. Aufl. 2018; *C. Henderson*, The Use of Force and International Law, 2018; *L. van den Herik* (Hg.), Research Handbook on UN Sanctions and International Law, 2017; *W. Knight/F. Egerton* (Hg.), Routledge Handbook of the Responsibility to Protect, 2012; *R. Kolb*, International Law on the Maintenance of Peace: Jus Contra Bellum, 2018; *J. Koops* (Hg.), The Oxford Handbook of United Nations Peacekeeping Operations, 2015; *G. Lennon/C. Walker* (Hg), Routledge Handbook of Law and Terrorism, 2015; *R. McGinty* (Hg.), Routledge Handbook of Peacebuilding, 2013; *H. Pant* (Hg.), Handbook of Nuclear Proliferation, 2012; *T. Ruys/O. Corten/A. Hofer* (Hg.), The Use of Force in International Law: A Case-Based Approach, 2018; *B. Saul* (Hg.), Research Handbook On International Law And Terrorism, 2014; *N. Tsagourias/R. Buchan* (Hg.), Research Handbook on International Law and Cyberspace, 2015; *N. Tsagourias/N. White*, Collective Security. Theory, Law and Practice, 2016; *M. Weller* (Hg.), The Oxford Handbook on the Use of Force, 2015; *N. White*, Advanced Introduction to International Conflict and Security Law, 2014; *N. White/C. Henderson* (Hg.), Research Handbook on International Conflict and Security Law, 2013.

Kommentare: *S. Casey-Maslen* (Hg.), The Treaty on the Prohibition of Nuclear Weapons, 2019; *ders.* u. a. (Hg.), The Arms Trade Treaty, 2016; *J.-P. Cot/A. Pellet/M. Forteau* (Hg.), La Charte des Nations Unies, 2 Bände, 3. Aufl. 2005; *S. Maslen* (Hg.), Commentaries on Arms Control Treaties, Vol. 1, 2005; *B. Simma* u. a. (Hg.), The Charter of the United Nations, 3. Aufl. 2012.

A. Das Gewaltverbot im Völkerrecht

I. Historische Entwicklung

1030 Das heutige völkerrechtliche Gewaltverbot ist eine noch junge Errungenschaft. In der Antike und im Mittelalter dominierte die Lehre vom **gerechten Krieg (bellum iustum)**. Vor allem die mittelalterliche Scholastik setzte sich intensiv mit einer moraltheologischen Begründung des Krieges auseinander. In ihren Grundsätzen wurzelt das Völkerrecht, das sich erst mit Anbrechen der Neuzeit von der Theologie emanzipierte. Ein Recht zur Kriegführung *(ius ad bellum)* besaß nach *Thomas von Aquin* (1225-1274) derjenige, der für eine gerechte Sache *(ex iusta causa)* und in der rechten Gesinnung *(recta intentio)* kämpfte. In der Spätscholastik, v. a. durch *Domingo Soto* (1494-1560), wurde diese Lehre verfeinert. Als **Bedingungen** eines gerechten Krieges galten danach:

- *iusta causa:* gerechte Sache
- *intentio recta:* rechte Gesinnung
- *ultima ratio:* Kriegführung als letztes Mittel
- *iustus finis:* Hoffnung, einen gerechten Frieden zu erreichen
- *mandatum* oder *legitima auctoritas*: legitime Autorität

1031 Als zentrales Problem wurde früh erkannt, dass aus subjektiver Sicht schwer zu bestimmen ist, wer objektiv im Recht ist. Nach *Francisco de Vitoria* (1480-1546) sollte daher die Absicht genügen, für eine gerechte Sache zu streiten: Wer in der irrigen Annahme, im Recht zu sein, Krieg führte, durfte zwar besiegt, nicht aber bestraft werden, weil er schuldlos handelte. Diese **Subjektivierung des Kriegsgrundes** hatte zur Konsequenz, dass sowohl Angreifer als auch Angegriffener gleichermaßen einen gerechten Krieg führen konnten; darüber, wer für die gerechte Sache eingetreten war, entschied letztlich der Sieger.

1032 Dieses Paradox des *bellum iustum ex utraque parte*, des beiderseits gerechten Krieges, führte schließlich v. a. den in Oxford lehrenden *Alberico Gentili* (1552–1608) dazu, die *auctoritas* in den Mittelpunkt des Rechts zum Kriege zu rücken. Diese **legitimierende Autorität** konnte aber nicht länger in einem einzigen Punkt ruhen, weil die mittelalterliche Einheit des christlichen Abendlandes zu existieren aufgehört hatte. Mit Aufkommen der Fürstensouveränität, wie sie im Absolutismus zu voller Entfaltung kam, wurde deshalb als gerechter Krieg der Zweikampf zwischen Fürsten angesehen, das Recht zur Kriegführung aus der **fürstlichen Souveränität** abgeleitet. Mehr als die souveräne Entscheidung des Fürsten (später des Staates) war nicht notwendig, um einen Krieg zu einem „gerechten" zu machen.

1033 Mit Übergang vom 18. zum 19. Jahrhundert setzte sich die Lehre der **Indifferenz des Völkerrechts** gegenüber dem Krieg durch: Es wurde zwar kein Recht zum Krieg anerkannt; er war aber auch nicht verboten. Letztlich verblieb er in der Sphäre des Nur-Politischen. In seinem Entwurf „Zum ewigen Frieden" (1795) versuchte *Immanuel Kant*, diesen Widerspruch zu überwinden, indem er die freiwillige Vereinigung der Menschen unter dem Rechtsgesetz (Rn. 608–609) von der staatlichen auf die zwischenstaatliche Ebene übertrug: Die freiwillige Unterwerfung der Staaten unter ein universelles Völkerrecht müsse in einen Friedensbund *(foedus pacificum)* münden, der die Beendigung aller Kriege im gemeinsamen Zusammenwirken zum Ziel habe (Rn. 132). Mit diesem Entwurf war *Kant* seiner Zeit weit voraus, die weithin an der Indifferenzthese festhielt und rechtliche Beschränkungen des Rechts zur Kriegführung kaum kannte.

Die Selbstverständlichkeit, mit der im 19. und frühen 20. Jahrhundert der Krieg als **1034**
Mittel der Streiterledigung zwischen Staaten angesehen wurde, illustriert der berühmte Satz des preußischen Generals und Militärtheoretikers *Carl von Clausewitz* (1780–1831) vom Krieg als „bloße **Fortsetzung der Politik mit anderen Mitteln**". Der Krieg werde in Verfolgung eines politischen Zwecks geführt mit dem Ziel, „den Gegner zur Erfüllung unseres Willens zu zwingen".[1] Das vielfach behauptete **freie Recht zum Kriege** allerdings gab es so **nicht**.[2] Friedensverträge und das zwischenstaatliche Interventionsverbot z. B. verlangten nach der Rechtfertigung des Gangs zu den Waffen; nur gegenüber dem ordnungsgemäß erklärten Krieg blieb das Völkerrecht indifferent. Gegen diese Indifferenz regte sich Widerstand in der erstarkenden **Friedensbewegung** (führende Persönlichkeiten waren u. a. *Richard Cobden*, *Frédéric Passy*, *Henry Dunant*, *Alfred Hermann Fried* und *Bertha von Suttner*) und aus Völkerrechtlerkreisen: Das 1873 gegründete **Institut de Droit International** (Gründungsmitglieder waren u. a. *Gustave Rolin-Jaequemyns* und *Johann Caspar Bluntschli*) sah seine Hauptaufgabe in der Förderung von Frieden durch (internationales) Recht. Politische Widerstände machten es allerdings zunächst nur möglich, mit rechtlichen Begrenzungen statt am Ob des Krieges am Wie der Kriegführung anzusetzen. Mitte des 19. Jahrhunderts nahmen Bestrebungen ihren Ausgang, das **Kriegsrecht** (*ius in bello*; Begriff Rn. 1160) zu kodifizieren und fortzuentwickeln, um wenigstens das Leiden im Krieg zu lindern. Flankierend war man bestrebt, die Mittel friedlicher Streitbeilegung zu stärken (vgl. v. a. Haager Friedenskonferenzen 1899 und 1907).[3] Einen Fortschritt in der Begrenzung des „Rechts zum Krieg" brachte auf der 2. Haager Konferenz 1907 die sog. **Drago-Porter-Konvention**, das II. Haager Abkommen, betreffend die Beschränkung der Anwendung von Gewalt bei der Eintreibung von Vertragsschulden. Allerdings wurde nicht der Krieg als solcher geächtet, sondern nur die Kriegführung für bestimmte Zwecke.[4]

Unter den Eindrücken des Ersten Weltkriegs gelangen mit der **Satzung des Völker-** **1035**
bundes von 1919 wichtige Fortschritte; ein allgemeines Kriegsverbot jedoch wurde noch nicht vereinbart. Dass auch in jener Zeit Staaten untereinander Nichtangriffspakte schlossen, verdeutlicht dies. Immerhin wurde aber jeder Krieg zu einer „Angelegenheit des gesamten Bundes" erklärt (Art. 11 Abs. 1), und die Mitgliedstaaten ver-

---

1 *C. v. Clausewitz*, Vom Kriege, 1832/34 (aus dem Nachlass publiziert), 1. Buch, 1. Kapitel, § 24, § 2.

2 Näher *A. Verdebout*, The Contemporary Discourse on the Use of Force in the Nineteenth Century: a Diachronic Critical Analysis, JUFIL 1 (2014), 223; *H. Simon*, The Myth of Liberum Ius ad Bellum: Justifying War in 19th-Century Legal Theory and Political Practice, EJIL 29 (2018), 113.

3 *B. Baker*, Hague Peace Conferences (1899 and 1907), MPEPIL (11/2009). Siehe auch *A. Eyffinger*, A Highly Critical Moment: Role and Record of the 1907 Hague Peace Conference, NILR 54 (2007), 197; *C. Tams*, Die Zweite Haager Konferenz und das Recht der friedlichen Streitbeilegung, FW 82/4 (2007), 119. Zur Entwicklung *S. Hobe/J. Fuhrmann*, Vom *ius in bello* zum *ius contra bellum*: Der Beitrag der Haager Friedenskonferenzen zur Entwicklung des modernen Völkerrechts, FW 82/4 (2007), 97.

4 *W. Benedek*, Drago-Porter Convention (1907), MPEPIL (1/2007).

pflichteten sich zu Verhandlungen, bevor sie zum Krieg schreiten durften (Art. 12 Abs. 1):

Alle Bundesmitglieder kommen überein, eine etwa zwischen ihnen entstehende Streitfrage, die zu einem Bruche führen könnte, entweder der Schiedsgerichtsbarkeit [später ergänzt: oder dem gerichtlichen Verfahren] oder der Prüfung durch den Rat zu unterbreiten. Sie kommen ferner überein, in keinem Falle vor Ablauf von drei Monaten nach dem Spruch der Schiedsrichter [später ergänzt: oder der gerichtlichen Entscheidung] oder dem Berichte des Rates zum Krieg zu schreiten.

Wer gegen diese verfahrensrechtlichen Vorgaben verstieß, konnte mit den in Art. 16 der Satzung vorgesehenen Sanktionen belegt werden. Auf diese Weise errichtete die Völkerbundsatzung ein erstes, wegen der erforderlichen Einstimmigkeit aber noch wenig praxistaugliches, System kollektiver Sicherheit. Einen Durchbruch markierte am 27. August 1928 der **Briand-Kellogg-Pakt** (auch Pariser Pakt, benannt nach den damaligen Außenministern Frankreichs und der USA) dem sich fast alle Staaten (auch das Deutsche Reich[5]) anschlossen.[6] Dessen Art. I lautet:

Die Hohen Vertragschließenden Parteien erklären feierlich im Namen ihrer Völker, dass sie den Krieg als Mittel für die Lösung internationaler Streitfälle verurteilen und auf ihn als Werkzeug nationaler Politik in ihren gegenseitigen Beziehungen verzichten.

Damit war erstmals die Führung eines (Angriffs-)Krieges, gleich zu welchem Zweck, völkerrechtlich verboten. Defizite blieben die Beschränkung auf den Krieg (ob eine Gewaltanwendung als „Krieg" anzusehen war, entschieden die Vertragsparteien selbst) sowie das Fehlen eines Sanktionssystems. Zwar war nach Abschluss des Briand-Kellogg-Paktes unter dem Dach des Völkerbundes mit der Genfer Generalakte vom 26. September 1928 der Versuch unternommen worden, die Pflicht zur friedlichen Streitbeilegung institutionell zu stärken; die Generalakte wurde aber nur von wenigen Staaten unterzeichnet.

1036 Die **Gründung der Vereinten Nationen** stand 1945 ganz unter dem Eindruck der Schrecken des Zweiten Weltkrieges. In der Präambel zur Charta erklären sich die Gründungsstaaten „fest entschlossen, künftige Geschlechter vor der Geißel des Krieges zu bewahren, die zweimal zu unseren Lebzeiten unsagbares Leid über die Menschheit gebracht hat". Art. 2 Nr. 4 UNCh statuierte das erste umfassende Gewaltverbot, das nicht nur den „Krieg" im engeren Sinne, sondern auch andere Formen militärischer Gewalt in den internationalen Beziehungen der Staaten untersagte:

Alle Mitglieder unterlassen in ihren internationalen Beziehungen jede gegen die territoriale Unversehrtheit oder die politische Unabhängigkeit eines Staates gerichtete oder sonst mit den Zielen der Vereinten Nationen unvereinbare Androhung oder Anwendung von Gewalt.

Ausnahmen sieht die UNCh nur bei Maßnahmen, die der Sicherheitsrat auf Grundlage von Kapitel VII beschließt (Art. 42, 53 UNCh), oder bei Selbstverteidigung (Art. 51 UNCh) vor. Um die kollektive Sicherheit zu garantieren, sollte der UN-Sicherheitsrat nach dem Willen der Gründer auch über eigene Truppen verfügen, die

---

5 RGBl. 1929 II 97.
6 Näher *R. Lesaffer*, Kellogg-Briand Pact (1928), MPEPIL (10/2010).

ihm die Mitgliedstaaten auf vertraglicher Grundlage zur Verfügung stellen sollten (vgl. Art. 43 UNCh).

Das System der Vereinten Nationen präsentiert sich in der Charta als ein **foedus pacificum** im Sinne *Immanuel Kants*. Es statuiert ein umfassendes Gewaltverbot, kennt als legitimen Grund unilateraler Gewaltanwendung allein die Selbstverteidigung gegen einen bewaffneten Angriff (so lange, bis der Sicherheitsrat die Verteidigung übernimmt) und errichtet im Übrigen ein Gewaltmonopol des Sicherheitsrates. Damit institutionalisiert es ein umfassendes „Recht gegen den Krieg“ (**ius contra bellum**) und überwindet die problematischen Lehren vom gerechten Krieg und von der Indifferenz des Völkerrechts gegenüber dem Krieg als politischem Instrument. **1037**

II. Das Gewaltverbot des Art. 2 Nr. 4 UNCh

1. Verpflichtete: „Alle Mitglieder“

Das Gewaltverbot des Art. 2 Nr. 4 UNCh bindet alle UN-Mitglieder vertraglich; es hat darüber hinaus **gewohnheitsrechtliche Geltung**[7] und wird zum Kanon des **zwingenden Völkerrechts (ius cogens)** gerechnet.[8] Umstritten ist jedoch, ob das gewohnheitsrechtliche Verbot in allen Punkten deckungsgleich mit Art. 2 Nr. 4 UNCh ist. Weil nahezu alle Staaten der Erde vertraglich an die UN-Charta gebunden sind, kommt es auf diesen Streit praktisch kaum an. Von dieser Frage zu unterscheiden ist die weit relevantere Frage, ob das Gewohnheitsrecht Ausnahmen vom Gewaltverbot kennt, die in der UN-Charta nicht vorgesehen sind (Rn. 1132–1150). **1038**

Unstrittig ist, dass sich das Verbot an **Staaten** richtet; gute Gründe sprechen für eine Erstreckung des gewohnheitsrechtlichen Verbots auf **Internationale Organisationen** (vgl. allgemein Rn. 129–130). Die Einbeziehung **Privater** hingegen, die (meist unausgesprochene) Voraussetzung dafür ist, Selbstverteidigung unmittelbar gegen private Gewaltakteure zu üben, ist nicht unproblematisch. Sie führt zu einer Verwischung der Grenzen zwischen militärischer Reaktion und „polizeilicher“ Rechtsdurchsetzung *(law enforcement)* und dient letztlich der Begründung militärischer Operationen auf dem Gebiet anderer Staaten, die das Gewaltverbot an sich unterbinden will (näher Rn. 1123–1131).

Fall: Nicaragua (IGH 1986)[9] Nicaragua hatte vor dem IGH gegen die USA geklagt wegen der Unterstützung der Contra-Rebellen, die von Honduras aus die linksgerichtete Regierung Nicaraguas bekämpften. Die USA beriefen sich u. a. auf den ihrer Unterwerfungserklärung beigefügten sog. Vandenberg-Vorbehalt (Rn. 475), wonach multilaterale Abkommen vom

7 IGH, Urteil II (Merits) v. 27.6.1986, Military and Paramilitary Activities in and against Nicaragua (Nicaragua v. USA), ICJ Rep. 1986, 14 (im Folgenden: Nicaragua II), §§ 187 ff. Zur Diskussion über die methodische Begründung des IGH *O. Corten*, The Controversies Over the Customary Prohibition on the Use of Force: A Methodological Debate, EJIL 16 (2005), 802. Dazu auch schon Rn. 259.

8 Vgl. z. B. YBILC 1966 II, 248; *S. T. Helmersen*, The Prohibition of the Use of Force as *Jus Cogens*, NILR 61 (2014), 167. Zweifelnd *J. Green*, Questioning the Peremptory Status of the Prohibition of the Use of Force, MichJIL 32 (2011), 215.

9 IGH, Urteil v. 27.6.1986 (Nicaragua II), ICJ Rep. 1986, 14; siehe Anhang, Nr. 18.

IGH nur dann herangezogen werden dürfen, wenn alle betroffenen Vertragsparteien an dem Rechtsstreit vor dem IGH beteiligt sind (im Fall fehlte Honduras).

Der IGH akzeptierte in seinem Urteil den Vorbehalt – mit der Folge, dass die UN-Charta als gerichtlicher Maßstab für das Verhalten der USA ausschied. Von dem Vorbehalt wurden allerdings nicht parallele gewohnheitsrechtliche Pflichten der USA erfasst. Aus diesem Grunde prüfte der IGH die gewohnheitsrechtliche Geltung des Gewaltverbots, die er bejahte. Gewaltverbot und Selbstverteidigungsrecht nach Gewohnheitsrecht sind nach diesem Urteil weitgehend deckungsgleich mit den vertraglichen Regeln der UN-Charta.

2. Der Begriff der „Gewalt"

a) Gewalt und physischer Zwang

1039 Gewalt im Sinne von Art. 2 Nr. 4 UNCh ist die **Anwendung bewaffneter Gewalt**, einschließlich sog. *measures short of war*, v. a. die Bombardierung oder der Beschuss fremden Territoriums, aber auch das Verminen von Häfen.[10] Politische und wirtschaftliche „Gewalt" werden nach ganz h. M. vom Gewaltverbot nicht erfasst, können jedoch, wenn sie mit Zwang einhergehen, gegen das Interventionsverbot verstoßen (Rn. 361–375).

In jedem Verstoß gegen das Gewaltverbot liegt zugleich ein Verstoß gegen das **Interventionsverbot**: Es liegt ein Eingriff in die inneren Angelegenheiten (jedenfalls in die Gebietshoheit) durch Anwendung von Zwang (hier: Gewalt als schärfste Form) vor. Umgekehrt ist nicht jede verbotene Intervention in die inneren Angelegenheiten eines anderen Staates zugleich ein Verstoß gegen das Gewaltverbot.

1040 Der militärische Waffeneinsatz dient als Leitbild für die Bestimmung des Gewaltbegriffs. Der Begriff der „Gewalt" muss aber prinzipiell offen sein für **andere Formen physischer Zwangseinwirkung**, um das Gewaltverbot nicht durch Einsatz alternativer Mittel zu umgehen. Auf der anderen Seite darf das Verbot aber auch nicht durch allzu extensive Interpretation konturenlos werden und zur „kleinen Münze" verkommen. Dies würde seinen zwingenden Charakter gefährden. Bei einer Erweiterung auf nichtmilitärischen physischen Zwang darf nicht allein das Ausmaß der Schäden entscheidend sein; hinzutreten muss auch eine **unwiderstehliche Wirkung** *(vis absoluta)*. Von den kontrovers diskutierten Fällen verstößt daher z. B. die Überschwemmung des Nachbarstaates durch die Sprengung eines Staudamms gegen das Gewaltverbot, sofern sie gegen diesen Staat gerichtet ist, nicht aber das Abschneiden von der Wasserzufuhr oder eine Totalblockade. In den beiden zuletzt genannten Fällen treten die Wirkungen (Austrocknen, Aushungern) allmählich ein, die mit ihnen verbundene Zwangswirkung ist die einer *vis compulsiva* (d. h. einer primär willensbeugenden Kraft). Solche Maßnahmen stellen – schwer zu rechtfertigende – Verstöße gegen das Interventionsverbot (und andere Völkerrechtsregeln) dar, nicht aber nach Art. 2 Nr. 4 UNCh verbotene Gewalt.

1041 Seit einiger Zeit wird diskutiert, wann **computergesteuerte Angriffe** („cyber attacks") als Gewalt im Rechtssinne anzusehen sind. Die Antwort muss differenziert

10 Vgl. IGH, Urteil v. 27.6.1986 (Nicaragua II), ICJ Rep. 1986, 14, § 227. Näher *T. Ruys*, The Meaning of 'Force' and the Boundaries of the Jus ad Bellum, AJIL 108 (2014), 159.

und entlang der eben skizzierten Linie erfolgen: Bloße Hacking-Aktivitäten zur Informationsgewinnung und Cyberspionage liegen klar außerhalb des Gewaltbegriffs.[11] Bleiben bei offensiven Cyberoperationen die Folgen eines solchen Angriffs „netzintern“, z. B. wenn durch sog. Denial-of-service-Angriffe Websites blockiert oder Server zum Absturz gebracht werden, liegt ein Verstoß gegen das Interventionsverbot, regelmäßig aber nicht gegen das Gewaltverbot, vor.[12] Bei unwiderstehlich bewirkten „netzexternen“ physischen Schäden auf fremdem Staatsgebiet besteht dagegen kein Anlass, sie anders zu behandeln als Schäden, die mit konventionelle(re)n Mitteln gezielt verursacht werden. Allerdings wird man das Überschreiten einer Erheblichkeitsschwelle zu verlangen haben. Das 2017 in zweiter Auflage veröffentlichte „Tallinn Manual“[13] nennt als Kriterien zur Orientierung u. a. die Schwere und Unmittelbarkeit der Wirkungen, den militärischen Charakter und die Verwicklung eines Staates in den Angriff.

Fall: Ferngezündet Amurien verdächtigt Biranien, in einem im Bau befindlichen Reaktor illegal Atomwaffen entwickeln zu wollen. Amurischen Militärs gelingt es, sich von ihrem Rechenzentrum aus in die Computersteuerung des Kraftwerks einzuschalten und dieses mittels Fehlfunktionen zur Explosion zu bringen. Da das AKW noch im Bau befindlich war, tritt keine radioaktive Strahlung aus; jedoch kommen 20 Arbeiter und Techniker ums Leben, weitere 50 werden schwer verletzt. Verstößt die Aktion gegen das Gewaltverbot?

Lösungshinweise: „Gewalt“ im Sinne von Art. 2 Nr. 4 UNCh ist in erster Linie militärischer Waffeneinsatz. Hier haben zwar Militärangehörige die Explosion ausgelöst; es kann jedoch für sich genommen kaum ein entscheidender Gesichtspunkt sein, ob ein Zivilist oder ein Soldat im Auftrag Amuriens die Operation durchführt. Die Computermanipulation ist hinsichtlich der Art und Weise des Vorgehens mit einem klassischen Militärschlag nicht vergleichbar. Andererseits ist zu bedenken, dass es sich lediglich um eine andere Bewirkung eines Erfolges handelt, der auch auf konventionellem Wege, etwa durch Bombardierung, hätte erreicht werden können. Das Ziel und die Wirkung sind in beiden Fällen identisch. Die gezielte Bewirkung erheblicher Schäden durch einen – wenn auch „virtuell“ vermittelten – unwiderstehlichen physischen Zwang verstößt hier gegen das Gewaltverbot.

b) Indirekte Gewalt

Als verbotene Gewalt hat der IGH auch **indirekte Gewalt** durch Unterstützung be- 1042
waffneter Gewalt anderer Staaten oder militärisch organisierter nichtstaatlicher Verbände bezeichnet. Dabei reicht nicht jede Unterstützung aus. Nach dem *Nicaragua-*

11 *R. Buchan*, Cyber Espionage and International Law, 2018.

12 *R. Buchan*, Cyber Attacks: Unlawful Uses of Force or Prohibited Interventions?, JCSL 17 (2012), 211. Strittig bei Angriffen auf sog. kritische Infrastruktur, zu denen die USA etwa die New Yorker Börse zählt. Zu dieser bedenklichen Ausweitung auf den Schutz finanzieller Interessen vgl. *M. Schmitt* (Hg.), Tallinn Manual on the International Law applicable to Cyber Operations, 2. Aufl. 2017, Regel 71 Anm. 12; ILA, Final Report on Aggression and the Use of Force (2018), 26.

13 *M. Schmitt* (Hg.), Tallinn Manual on the International Law applicable to Cyber Operations, 2. Aufl. 2017, Regel 69, Anm. 9. Das Tallinn Manual wurde im Auftrag der NATO von einer Expertengruppe erarbeitet. Es ist nicht rechtsverbindlich, soll aber das geltende Völkerrecht abbilden. Zur grundlegend erweiterten Neufassung *E. T. Jensen*, The Tallinn Manual 2.0: Highlights and Insights, GeorgeJIL 48 (2017), 735; *D. Efroy*, A Rule Book on the Shelf? Tallinn Manual 2.0 on Cyberoperations and Subsequent State Practice, AJIL 112 (2018), 583.

Urteil ist die Bewaffnung und Ausrüstung von Rebellen (in jenem Fall der nicaraguanischen „Contra“ durch die USA) ausreichend für einen Verstoß gegen das Gewaltverbot, nicht jedoch die bloße finanzielle Unterstützung. Maßgeblich bleibt eine wertende Gesamtbetrachtung aller Umstände:[14]

In the view of the Court, while the arming and training of the contras can certainly be said to involve the threat or use of force against Nicaragua, this is not necessarily so in respect of all the assistance given by the United States Government. In particular, the Court considers that the mere supply of funds to the contras, while undoubtedly an act of intervention in the internal affairs of Nicaragua [...] does not in itself amount to a use of force.

An sich handelt es sich hier um ein **Problem der Zurechnung** fremder, insbesondere privater Handlungen zum Unterstützerstaat (vgl. hierzu v. a. Art. 8 ASR: Rn. 411–414). Der IGH setzt im *Nicaragua*-Urteil jedoch auf der begrifflichen Ebene an und qualifiziert die Unterstützungshandlung selbst als Form von Gewalt, jedoch nur, wenn vom Unterstützten Gewaltakte verübt werden. Es ist also ein doppelter Test erforderlich:

– Wurde Gewalt ausgeübt (durch die Rebellen etc.)?
– Ist bei wertender Gesamtbetrachtung die Unterstützungsleistung so substantiell, dass sie selbst als Akt von (indirekter) Gewalt zu qualifizieren ist?

Denselben Test führt der IGH bei der sich anschließenden Frage durch, ob ein bewaffneter Angriff vorliegt, der zur Selbstverteidigung berechtigt (Rn. 1088). Ebenso wie ein bewaffneter Angriff eine qualifizierte Form der Gewalt ist, muss auch der Unterstützungsbeitrag gewichtiger sein als bei indirekter Gewalt, um einen indirekten bewaffneten Angriff anzunehmen.

Diese dogmatische Konstruktion bezweckt, dass einem Staat bei bloßer Beihilfe (dazu Rn. 392) nicht ohne Weiteres massive Gewaltakte zugerechnet werden. Hierzu muss auch sein Beitrag zur Tat ein gewisses Maß überschreiten.

1043 Diskutiert wird, inwieweit diese Grundsätze auf die **Unterstützung von Terroristen** übertragen werden können. Terroranschläge überschreiten selbst hinsichtlich Art und Schwere (Bombenanschläge, Flugzeuge als Waffen) oft die Gewaltschwelle. Umstritten ist aber, ob die „Zurechnungsschwelle“ durch den UN-Sicherheitsrat und die Staatenpraxis gesenkt wurde (dazu vertieft Rn. 1120–1122).

c) Konkretisierende Dokumente

1044 Zur Konkretisierung des Gewaltbegriffs werden oft die **Prinzipienerklärung**[15] *(Friendly Relations Declaration)* und die **Aggressionsdefinition** der UN-Generalversammlung[16] herangezogen. Beide können nur Indizien geben: zum einen, weil sie als Resolutionen der Generalversammlung nicht rechtsverbindlich sind; zum anderen, weil sich die dort formulierten Grundsätze inhaltlich zwar mit dem Gewaltverbot überschneiden, mit ihm aber nicht deckungsgleich sind: Die Prinzipienerklärung nennt auch Pflichten im „Vorhof“ des Gewaltverbots. Die Aggressionsdefinition definiert hingegen nicht den Begriff der „Gewalt“ in Art. 2 Nr. 4, sondern den Begriff der „Angriffshandlung“ in Art. 39 UNCh, der primär dazu dient, die multilateralen Befugnisse des UN-Sicherheitsrates abzustecken.

14 IGH, Urteil v. 27.6.1986 (Nicaragua II), ICJ Rep. 1986, 14, § 228; Anhang, Nr. 18.
15 Prinzip 1, GA Res. 2625 (XX) v. 24.10.1970. Zu dieser Resolution auch Rn. 304–307.
16 Art. 3, GA Res. 3314 (XXIX) v. 14.12.1974. Näher Rn. 1085.

3. Ziel der Gewaltanwendung

Dass Art. 2 Nr. 4 UNCh von „gegen die **territoriale Unversehrtheit** oder die **politische Unabhängigkeit** eines Staates gerichtete[r] [...] Gewalt“ spricht, wird z. T. als Argument für eine einschränkende Auslegung angeführt: Militärische Schläge, die sich nicht gegen den Staat richteten, sondern gegen Privatpersonen (v. a. Aufständische oder Terroristen) auf dessen Staatsgebiet, seien von vornherein nicht verboten; sie zielten weder gegen die territoriale Unversehrtheit noch gegen die politische Unabhängigkeit des Aufenthaltsstaates.[17] Art. 2 Nr. 4 UNCh enthält jedoch **keine** solche **Einschränkung**. Der fragliche Zusatz wurde in der Konferenz von Dumbarton Oaks auf Initiative einiger Staaten nachträglich und lediglich als Bekräftigung besonders schwer wiegender Verstöße gegen das Gewaltverbot aufgenommen. Dies verdeutlicht auch der systematische Zusammenhang: Ausdrücklich verboten ist nämlich auch jede „sonst mit den Zielen der Vereinten Nationen unvereinbare [...] Gewalt“. Diese dritte Fallgruppe fungiert als Auffangklausel. Schließlich sprechen teleologische Gründe gegen eine einschränkende Lesart von Art. 2 Nr. 4 UNCh. Nach dem Regelungszweck soll das Ziel der Gewaltanwendung irrelevant sein. Beabsichtigt ist ein umfassendes Gewaltverbot in Abkehr von der Doktrin des *bellum iustum*.[18] 1045

4. Anwendungsbereich: „in ihren internationalen Beziehungen“

Verpflichtet und geschützt sind nach dem zwischenstaatlichen Paradigma *(inter-state paradigm)* des UN-Friedenssicherungssystems nur **Staaten** (sowie stabilisierte De-facto-Regime; Rn. 69). Dies gilt auch für Staaten, deren völkerrechtliche Handlungsfähigkeit schwer beeinträchtigt oder beseitigt ist (*failed* oder *failing states*). Sie bleiben durch das Gewaltverbot geschützt; ihnen fehlt jedoch u. U. die aktive Deliktsfähigkeit (Rn. 386). Verbotene Gewalt setzt regelmäßig eine Verletzung der Gebietshoheit eines Staates voraus. Sie kann aber auch gegen besonders geschützte **Außenpositionen des Staates** gerichtet sein. Art. 3 lit. d der Aggressionsdefinition nennt hier die Land-, See- oder Luftstreitkräfte eines Staates sowie seine zivile See- und Luftflotte („marine and air fleets“); ob darunter auch einzelne zivile Schiffe oder Flugzeuge fallen, ist umstritten.[19] Das Gewaltverbot ist nicht betroffen, wenn ein Staat auf seinem Staatsgebiet seine **Gebietshoheit durchsetzt**, z. B. durch Abschuss eines ausländischen Militärflugzeugs, das unbefugt in seinen Luftraum eingedrungen ist.[20] Hier sind 1046

17 So *D. Bowett*, Self-Defence in International Law, 1958, 152; *G. Dahm*, Das Verbot der Gewaltanwendung nach Art. 2 (4) der UNO-Charta und die Selbsthilfe gegenüber Völkerrechtsverletzungen, die keinen bewaffneten Angriff enthalten, JIR 11 (1962), 48 (49 ff). Vgl. auch *P. L. Robinson*, sep. op., IGH, Urteil v. 16.12.2015, Certain Activities carried out by Nicaragua in the Border Area (Costa Rica v. Nicaragua), §§ 54 ff.

18 *A. Randelzhofer/O. Dörr*, in: Simma (Hg.), The Charter of the United Nations: A Commentary, Bd. 1, 3. Aufl. 2012, Art. 2 (4) Rn. 37 ff; ILA, Final Report on Aggression and the Use of Force (2018), 4 f.

19 Zu diesem Streit *A. Randelzhofer/G. Nolte*, in: Simma (Hg.), The Charter of the United Nations: A Commentary, Bd. 1, 3. Aufl. 2012, Art. 51 Rn. 27.

20 Unentschieden im Fall des Abschusses eines russischen Militärflugzeugs über der Türkei am 24.11.2015 *K. Mačák*, Was the Downing of the Russian Jet by Turkey Illegal?, EJIL: Talk! (26.11.2015). Zum wechselseitigen Abschuss von Militärflugzeugen durch Indien und Pakistan im Februar 2019 *C. Henderson*, Tit-for-Tat-for-Tit: The Indian and Pakistani Airstrikes and the Jus ad Bellum, EJIL Talk! (28.2.2019). Für Zivilflugzeuge bestimmt Art. 3*bis* der Chicago Convention ein Verbot der Anwendung von Waffengewalt.

jedoch menschenrechtliche Bindungen zu beachten, die einen solchen Abschuss nur als letztes Mittel gestatten.

1047 Verboten sind nur Gewaltakte zwischen Staaten, nicht innerhalb eines Staates. Die Anwendung von **Gewalt im Bürgerkrieg** wird daher vom Gewaltverbot nicht erfasst (wohl aber vom humanitären Völkerrecht und den Menschenrechten). Diskutiert wird dagegen die Verwicklung ausländischer Staaten in innerstaatliche Konflikte.[21] Eine Intervention auf Seiten der Aufständischen ist ohne ein Mandat des UN-Sicherheitsrates unzulässig. Hier liegt eine Anwendung zwischenstaatlicher Gewalt vor, solange die bekämpfte Regierung den Staat repräsentiert. Greift ein fremder Staat hingegen auf Seiten der Regierung in den Konflikt ein (sog. **Intervention auf Einladung**), liegt keine Gewaltanwendung zwischen den beiden Staaten vor; Art. 2 Nr. 4 UNCh ist nicht verletzt. Vor allem zur Zeit des Ost-West-Konflikts mit seinen „Stellvertreterkriegen" wurde teilweise der Missbrauchs- und Eskalationsgefahr wegen die Einmischung anderer Staaten in innerstaatliche Konflikte generell als unzulässig angesehen.[22] Eine solche Enthaltsamkeit entspricht nicht der internationalen Praxis. Um Missbräuchen vorzubeugen, sollte allerdings darauf abgestellt werden, ob die um Hilfe ersuchende Regierung international (v. a. durch die UNO) anerkannt ist.[23] Sollte die Einmischung anderer Staaten in einen Bürgerkrieg, gleich auf welcher Seite, eine Friedensbedrohung darstellen, kann der UN-Sicherheitsrat eine solche Bedrohung gemäß Art. 39 UNCh feststellen und mit Sanktionen reagieren.

In jüngerer Zeit hat Russland sein Eingreifen in der Ukraine 2014 u. a. mit einem Ersuchen von Präsident *Janukowitsch* gerechtfertigt. Da dieser zu jenem Zeitpunkt bereits die Macht verloren hatte und außer Landes geflohen war, war seine Einwilligung völkerrechtlich irrelevant.[24] Für sein militärisches Engagement in Syrien dagegen kann Russland sich auf eine wirksame Einladung der amtierenden Regierung unter Präsident *Assad* berufen. Dies betrifft aber nur das Ob des Eingreifens. Die einzelnen Kampfhandlungen müssen sich am humanitären Völkerrecht und Menschenrechten messen lassen. Bedenken wecken derzeit die ausländischen Interventionen in den Bürgerkrieg im Jemen, auch wenn sich der UN-Sicherheitsrat hier zu Anfang des Konflikts auf die Seite des nach Saudi-Arabien geflohenen Präsidenten *Hadi* und gegen die Houthi-Rebellen gestellt hat.[25] Völkerrechtlich unwirksam wäre mangels effektiver Regierungsgewalt und mangels universeller Anerkennung nach derzeitigem Stand der Dinge (Juni

---

21 Dazu u. a. *A. v. Arnauld*, Klausurenkurs im Völkerrecht, 3. Aufl. 2018 Fall 16. Vertiefend *G. Nolte*, Eingreifen auf Einladung, 1999; *ders.*, Intervention by Invitation, MPEPIL (1/2010); *O. Corten*, La rébellion et le droit international, RdC 374 (2015), 53; *G. Fox*, Intervention by Invitation, in: Weller (Hg.), The Oxford Handbook on the Use of Force, 2015, 816. Für eine stärkere Beachtung der Legitimität von Regierungen *N. Dobos*, Insurrection and Intervention, 2011; *E. Lieblich*, International Law and Civil Wars, 2013.

22 Z. B. die (mit knapper Mehrheit beschlossene) Resolution des IDI von 1975: AnnIDI 56 (1975), 544 (546).

23 Zur Anerkennung von Regierungen Rn. 100–102.

24 *R. Allison*, Russian 'deniable' intervention in Ukraine, IntAff 90 (2014), 1255; *H. Krieger*, Ungebetene Gäste: zum Eingreifen auf Einladung in der Ukraine, FW 89/1-2 (2014), 125; *T. Grant*, The Yanukovych Letter: Intervention and Authority to Invite in International Law, IndoJICL 2 (2015), 281; *M. E. O'Connell*, in: Ruys/Corten/Hofer (Hg.), The Use of Force in International Law, 2018, 855.

25 Vgl. Resolution 2216 v. 14.4.2015. Kritisch zur Wirksamkeit der Einladung *T. Ruys/L. Ferro*, Weathering the Storm: Legality and Legal Implications of the Saudi-Led Military Intervention in Yemen, ICLQ 65 (2016), 61; *T. Tzimas*, Legal Evaluation of the Saudi-Led Intervention in Yemen: Consensual Intervention in Cases of Contested Authority and Fragmented States, ZaöRV 78 (2018), 147.

2019) schließlich auch eine US-Militärintervention auf Einladung des selbsternannten Übergangspräsidenten Venezuelas, *Juan Guaidó*.[26]

5. Androhung von Gewalt

Verboten ist nicht nur die Anwendung, sondern auch die Androhung von Gewalt. Der IGH versteht das Androhungsverbot in Parallelität zum Gewaltanwendungsverbot, d. h. verboten ist nur die Drohung mit Gewalt, die **im Falle ihrer Realisierung rechtswidrig** wäre.[27] Droht ein Staat einem potenziellen Aggressor mit robuster Gegenwehr, liegt hierin von vornherein kein Verstoß gegen Art. 2 Nr. 4 UNCh. 1048

Damit ist nur festgestellt, dass eine Drohung mit Gewalt denselben Rechtmäßigkeitsmaßstäben unterliegt wie deren Anwendung, nicht, was eine **Drohung** ausmacht. Bei einem weiten Verständnis müssten sich bereits Rüstung sowie militärische Demonstrationen und Manöver am Verbot messen lassen. Dies dürfte kaum der Praxis und Überzeugung der Staaten entsprechen und könnte sich in der Konsequenz gegen die Akzeptanz des Androhungsverbots insgesamt richten. Eine rechtfertigungsbedürftige Drohung mit Gewalt dürfte daher erst bei einem mehr als nur verbalen und symbolischen Druck anzunehmen sein, z. B. durch Truppenaufmarsch an der Grenze, verbunden mit entsprechender expliziter oder impliziter Androhung von Gewalt.[28]

Gegen Art. 2 Nr. 4 UNCh verstießen danach in jüngerer Zeit die wiederholten nordkoreanischen Raketentests, verbunden mit klaren Drohungen gegenüber Südkorea und den USA, aber auch die Drohung westlicher Staaten gegenüber Syrien im August 2013, im Falle eines Giftgaseinsatzes auch ohne Resolution des UN-Sicherheitsrates militärisch zu intervenieren.[29]

III. Ausnahmen vom Gewaltverbot: Überblick

Gewaltanwendungen sind nach der UN-Charta **nur in zwei Fällen** gestattet: Im Rahmen des Friedenssicherungssystems der UN, d. h. mit einem Mandat des Sicherheitsrates nach Kapitel VII UNCh, und in Selbstverteidigung gegen einen bewaffneten Angriff (Art. 51 UNCh). Die **Feindstaatenklausel** des Art. 107 UNCh ist seit dem Beitritt der ehemaligen Feindstaaten des Zweiten Weltkriegs (v. a. Deutschland, Japan) zur UNO obsolet geworden, weil alle UN-Mitglieder als „friedliebende Staaten" betrachtet werden (vgl. Art. 4 UNCh), die unter dem Schutz des Gewaltverbot stehen. 1049

26 *R. Janik*, Intervention (by Invitiation) in Venezuela?, opiniojuris.org (11.2.2019).

27 IGH, Gutachten v. 8.7.1996 (Nuklearwaffen), ICJ Rep. 1996, 226, § 47; siehe Anhang, Nr. 21.

28 Dazu *A. v. Arnauld*, Klausurenkurs im Völkerrecht, 3. Aufl. 2018, Fall 16. Vgl. IGH, Urteil v. 16.3.2016, Alleged Violations of Sovereign Rights and Maritime Spaces in the Caribbean Sea (Nicaragua v. Colombia), §§ 15, 76; *A. Randelzhofer/O. Dörr*, in: Simma (Hg.), The Charter of the United Nations, Bd. 1, 3. Aufl. 2012, Art. 2 (4), Rn. 42; *M. Wood*, Use of Force, Prohibition of Threat, MPEPIL (6/2013). Näher *R. Sadurska*, Threats of Force, AJIL 82 (1988), 239; *M. Roscini*, Threats of Armed Force and Contemporary International Law, NILR 54 (2007), 229; *H. Hofmeister*, ‚Ceterum censeo Carthaginem esse delendam': Eine Analyse des völkerrechtlichen Gewaltandrohungsverbots, AVR 48 (2010), 248; *J. Green*, The Threat of Force as an Action in Self-defense under International Law, VJTL 44 (2011), 285. Differenziert *D. Kritsiotis*, Close Encounters of a Sovereign Kind, EJIL 20 (2009), 299.

29 *A. Lagerwall*, in: Ruys/Corten/Hofer (Hg.), The Use of Force in International Law, 2018, 828 (839 ff).

1050 Streng genommen ist nur die Selbstverteidigung eine rechtfertigungsbedürftige Ausnahme vom Gewaltverbot. Im Fall von Maßnahmen nach Kapitel VII geht die Gewaltanwendung von den Vereinten Nationen aus, die nicht Adressat des Verbots in Art. 2 Nr. 4 UNCh sind. Tätig wird der Sicherheitsrat als Inhaber des Gewalt(legitimierungs)monopols. Allerdings führt in der Praxis die UNO nicht selbst militärische Sanktionen durch, sondern ermächtigt hierzu die Mitgliedstaaten (näher Rn. 1059–1060). Auch hier liegt also eine Gewaltanwendung durch Staaten vor, die der Rechtfertigung bedarf. Ob eine Ermächtigung vorlag, ist daher ebenfalls auf Ebene der Rechtfertigung zu prüfen (d. h. beim „Ausschluss der Rechtswidrigkeit“[30]).

Übersicht: Prüfung bei Verstößen gegen das Gewaltverbot

1. **Verstoß gegen das Gewaltverbot**
   - Gewalt
   - Zielrichtung der Gewalt: umfassend, keine Einschränkung
   - „in ihren internationalen Beziehungen“ (insbes. keine Einwilligung)
2. **Rechtfertigung**
   a) **Resolution nach Kapitel VII**
      - generelle Zulässigkeit von Ermächtigungen
      - Notwendigkeit einer ausdrücklichen Ermächtigung
      - Vorliegen einer ausdrücklichen Ermächtigung
      - Handeln im Einklang mit der Ermächtigung
   b) **Selbstverteidigung**
      aa) **Selbstverteidigungslage**
         - bewaffneter Angriff
         - gegenwärtig
         - rechtswidrig
      bb) **Adressat der Selbstverteidigung**
         - angreifender Staat
         - nichtstaatlicher Akteur (umstritten)
      cc) **Selbstverteidigungshandlung**
         - individuell oder kollektiv
         - Verhältnismäßigkeit
   c) **Rechtfertigungsgründe außerhalb der UNCh (umstritten)**

1051 Das Gewaltverbot schränkt die außenpolitischen Spielräume der Staaten spürbar ein. Es wundert daher nicht, dass Staaten immer wieder **erweiterte Möglichkeiten zur unilateralen Anwendung von Gewalt** für sich in Anspruch genommen haben. Völkerrechtsdogmatisch setzen solche Versuche auf drei verschiedenen Ebenen an:[31]

– Versuche, das Gewaltverbot restriktiv zu interpretieren: So wird z. B. die humanitäre Intervention teilweise als mit den Zielen der UNO (vgl. Art. 1 Nr. 3 UNCh) vereinbare Gewalt gerechtfertigt **(Tatbestandsebene)**;

30 Vgl. zur Deliktsprüfung allgemein Rn. 384.

31 Vgl. in Anlehnung an den Irak-Krieg 2003 *A. v. Arnauld*, Klausurenkurs im Völkerrecht, 3. Aufl. 2018 Fall 14. Zu einem dahinter liegenden juristisch-methodischen Dissens *A. Bianchi*, The International Regulation of the Use of Force: The Politics of Interpretive Method, LJIL 22 (2009), 651. Einen Mangel an rechtlicher Argumentation kritisiert dagegen *C. Gray*, The Limits of Force, RdC 376 (2014), 93 (113 ff).

- Versuche, die von der UNCh anerkannten Ausnahmen extensiv auszulegen (z. B. implizite Ermächtigung durch den Sicherheitsrat, Umdeutung der Bedrohung durch Massenvernichtungswaffen in einen bewaffneten Angriff) oder – entgegen der Konzeption eines abschließenden Charta-Regimes – gewaltsame Reaktionen auf die Rechtfertigungsgründe des allgemeinen Völkerrechts (Gegenmaßnahme, Notstand: Rn. 421, 428–429) zu stützen (**Rechtfertigungsebene**);
- Versuche, neben den in der UNCh anerkannten Gründen weitere, gewohnheitsrechtliche Interventionstitel zu behaupten: Solche Begründungsansätze werden namentlich zur Rechtfertigung von Evakuierungsoperationen und humanitären Interventionen vorgebracht (**Ebene der Gewohnheitsrechtsentwicklung**).

Nahezu das gesamte Arsenal solcher Argumentationsstrategien wurde von den USA zur Legitimierung des **Irak-Krieges 2003** aufgeboten: implizite Ermächtigung durch den UN-Sicherheitsrat, präventive Selbstverteidigung gegen eine Bedrohung durch Massenvernichtungswaffen, gewohnheitsrechtlich anerkannte Intervention als Reaktion auf schwerste Menschenrechtsverletzungen durch *Saddam Hussein*. Ganz gleich, wie fadenscheinig die vorgebrachten Gründe waren: Sie zeigen, dass selbst die damalige US-Regierung, der man ein problematisches Verhältnis zum Völkerrecht im Allgemeinen und zum Multilateralismus der Vereinten Nationen im Besonderen attestieren muss,[32] die **Kriegsrechtfertigung innerhalb des geltenden Gewaltverbots** gesucht hat.[33] Um die früher in Teilen der US-amerikanischen Völkerrechtswissenschaft populäre These, das Gewaltverbot sei insgesamt gewohnheitsrechtlich abbedungen,[34] ist es zum Glück still geworden. Umso verstörender ist die Haltung der gegenwärtigen US-Regierung, die Militärschläge entweder ohne jedwede völkerrechtliche Rechtfertigung ausführt oder erkennen lässt, dass sie sich in nationaler Egozentrik um die Regeln des *ius contra bellum* nicht schert.[35]

Gewohnheitsrechtliche Entwicklungen im Bereich des Gewaltverbots sind nicht an und für sich ausgeschlossen. Das heißt aber nicht, dass sich ein Verstoß gegen das Gewaltverbot selbst ins Recht setzen kann. Aus einem Rechtsbruch *kann* **neues Gewohnheitsrecht** entstehen, muss es aber nicht.[36] Da das Gewaltverbot dem zwingenden Völkerrecht zugerechnet wird, ist eine einseitige Etablierung neuer Ausnahmetat- **1052**

---

32 Scharfe Kritik von *T. Franck*, What Happens Now? The United Nations After Iraq, AJIL 97 (2003), 607. Vergleichende Analyse bei *G. Nolte*, Die USA und das Völkerrecht, FW 78/2-3 (2003), 119.

33 In einem solchen Verhalten liegt eine Bestätigung der Norm. IGH, Case concerning Military and Paramilitary Activities in and against Nicaragua (Nicaragua v. USA), Urteil II (Merits) v. 27.6.1986, ICJ Rep. 1986, 14, § 186. Ähnlich zur Haltung Russlands in der Ukraine-Krise *O. Corten*, The Russian Intervention in the Ukrainian Crisis: was *jus contra bellum* 'confirmed rather than weakened'?, JUFIL 2 (2015), 17. Kritisch gegenüber „falschen Freunden" des Völkerrechts *R. Kolb*, Deux arguments nocifs pour le droit international public, SZIER 23 (2013), 337.

34 In aufrüttelnder Absicht und kritisch gegenüber einer völkerrechtsvergessenen Realpolitik noch *T. Franck*, Who Killed Article 2 (4)? or: Changing Norms Governing the Use of Force by States, AJIL 64 (1970), 809. Als Advokaten einer solchen „Realpolitik" v. a. *M. Glennon*, Limits of Law, Prerogatives of Power, 2001, 207 f; *J. Yoo*, Point of Attack: Preventive War, International Law, and Global Welfare, 2014. (*John Yoo* ist Ko-Autor der umstrittenen Memoranden für die US-Regierung unter *George W. Bush*, die Folterpraktiken für legal erklärten.)

35 *M. Milanovic*, President Trump admits US strike against Iran would have been illegal, EJIL Talk! (21.6.2019).

36 Vgl. IGH, Urteil v. 27.6.1986 (Nicaragua II), ICJ Rep. 1986, 14, §§ 186, 207; siehe Anhang, Nr. 18. Siehe auch allgemein Rn. 259, 261.

bestände nicht möglich. Neue Ausnahmen vom Gewaltverbot müssen vielmehr **von der Staatengemeinschaft als ganzer getragen** werden (vgl. Art. 53 WVK).[37] Dies garantiert denjenigen Staaten, die eine solche Entwicklung nicht wollen, eine Vetoposition durch Protest.[38] Diejenigen wiederum, die eine neue Interventionsnorm begründen wollen, müssen eine entsprechende **Rechtsüberzeugung zum Ausdruck** bringen. Wo Staaten auf jede Begründung in der Sprache des Rechts verzichten, wird das Mindestmaß unterschritten, das zur Normbildung im Völkerrecht erforderlich ist.[39]

B. Friedenssicherung im System der Vereinten Nationen

1053 Die Vereinten Nationen sind *das* universelle **System kollektiver Sicherheit**. Unter einem System kollektiver Sicherheit versteht man Internationale Organisationen oder andere zwischenstaatliche Bündnisse, die nach Friedenssicherung im Innern streben und Verstöße ihrer Mitglieder gegen diese Friedenspflicht mit Sanktionen ahnden.[40] Demgegenüber sind **Verteidigungsbündnisse** auf Abwehr von außen kommender Angriffe ausgerichtet. Insoweit die UNO für sich in Anspruch nimmt, auch gegenüber Nichtmitgliedern Sanktionen durchzusetzen, präsentiert sie sich zugleich als Verteidigungsbündnis (Rn. 1073–1074). Die Verteilung der Aufgaben und Befugnisse innerhalb des Friedenssicherungssystems ist bereits an anderer Stelle dargestellt worden (Rn. 148–149, 155). Der UN-Sicherheitsrat nimmt seine „Hauptverantwortung für die Wahrung des Friedens und der internationalen Sicherheit" (Art. 24 UNCh) nach Kapitel VI (praktisch wie konzeptionell bedeutsam für das UN-Friedenssicherungssystem: Rn. 441–443) sowie nach Kapitel VII wahr (I.); Kapitel VIII UNCh regelt die Rolle von Regionalorganisationen bei der Friedenssicherung (II.).

I. Maßnahmen nach Kapitel VII

1. Feststellung nach Art. 39 UNCh

1054 Hält er diplomatische Mittel der Streitbeilegung nach Kapitel VI UNCh nicht für ausreichend, so kann der Sicherheitsrat gemäß Art. 39 UNCh feststellen, ob in einem konkreten Fall[41] „eine Bedrohung oder ein Bruch des Friedens oder eine Angriffs-

37 Zu den Voraussetzungen Rn. 290, vgl. aber auch Rn. 253.

38 Aufschlussreich zu den Rechtsbildungsprozessen *J. Brunnée/S. Toope*, Self-Defence Against Non-State Actors: Are Powerful States Willing But Unable to Change International Law?, ICLQ 67 (2018), 263. Differenziert zur Rolle des Schweigens von Staaten *D. Lewis/N. Modirzadeh/G. Blum*, Quantum of Silence: Inaction and Jus ad Bellum, 2019, http://nrs.harvard.edu/urn-3:HUL.InstRepos:40931878.

39 So aus Anlass der Luftschläge der USA und anderer westlicher Staaten gegen Syrien nach Giftgaseinsätzen 2017 und 2018 überzeugend *M. Milanovic*, The Syria Strikes: Still Clearly Illegal, in Erwiderung auf *M. Hakimi*, The Attack on Syria and the Contemporary Jus ad Bellum, beide EJIL Talk! (15.4.2018). Kritisch auch *H. P. Aust/M. Payandeh*, Praxis und Protest im Völkerrecht, JZ 2018, 633; *A. Kulick*, Die humanitäre Repressalie – Rechtsbruch zur Rechtsdurchsetzung?, AVR 56 (2018), 303.

40 Näher *E. de Wet/M. Wood*, Collective Security, MPEPIL (7/2013). Vertiefend *N. Tsagourias/N. White*, Collective Security: Theory, Law and Practice, 2013.

41 Zu den von diesem einzelfallbezogenen Ansatz abweichenden „gesetzesähnlichen" Resolutionen 1373 (2001), 1540 (2004) und 2178 (2014) Rn. 156.

handlung vorliegt". Diese Feststellung eröffnet die Befugnis des Sicherheitsrates, Zwangsmaßnahmen nach Art. 41 und 42 UNCh zu beschließen.[42] Zuvor kann er gemäß Art. 40 UNCh vorläufige, aber ebenfalls verbindliche Maßnahmen treffen (z. B. Aufforderung zur Einstellung des Feuers oder zum Rückzug von Truppen). Bei der Feststellung nach Art. 39 UNCh besitzt der Sicherheitsrat zwar einen weiten, aber keinen unbegrenzten **Ermessensspielraum**. Es kommt letztlich auf die Akzeptanz einer gefestigten Praxis durch die UN-Mitglieder an.[43]

Die praktisch wichtigste Tatbestandsvariante ist die **Bedrohung des Friedens**. Bei **1055**
seiner Entscheidung, ob eine solche vorliegt, hat der Sicherheitsrat sich früher von einem **negativen Friedensbegriff** leiten lassen, der sich auf die Abwesenheit zwischenstaatlicher militärischer Gewalt beschränkte. Mehr und mehr wuchs jedoch die Einsicht, dass auch Situationen innerhalb eines Staates den Frieden in der Region betreffen können, z. B. durch Flüchtlingsströme oder die Gefahr einer Intervention durch Nachbarstaaten.[44] Ging es hier noch um eine Gefährdung des zwischenstaatlichen Friedens durch einen *spill-over* von Gewalt, legte der Sicherheitsrat seinen Beschlüssen zunehmend einen **positiven Friedensbegriff** zu Grunde, der auf die Abwesenheit gesellschaftlicher Strukturen zielt, die potentiell zum bewaffneten Konflikt führen können.[45] Dies steht im Einklang mit der generellen Entwicklung im Völkerrecht, die *black box* des souveränen Staates verstärkt „auszuleuchten" (Rn. 52, 309–315). Auf diese Weise unterliegen auch strukturelle Friedensbedrohungen (z. B. Menschenrechtsverletzungen, humanitäre Katastrophen, Massenvernichtungswaffen, Terrorismus, Söldneraktivitäten) und Situationen innerhalb von Staaten dem Zugriff des Sicherheitsrates.[46] Der UN-Weltgipfel von 2005 hat diese Ausweitung der Sicherheitsratsbefugnisse im Kontext einer Schutzverantwortung *(responsibility to protect)* zumindest für die Verhütung von Völkermord, ethnischen Säuberungen, (Bürger-)Kriegsverbrechen und Verbrechen gegen die Menschlichkeit ausdrücklich gebilligt:[47]

In this context, we are prepared to take collective action, in a timely and decisive manner, through the Security Council, in accordance with the Charter, including Chapter VII, on a case-by-case basis and in cooperation with relevant regional organizations as appropri-

---

42 Kritisch gegenüber der häufigen Praxis des Sicherheitsrates, lediglich „unter Kapitel VII" zu handeln, ohne eine präzise Feststellung nach Art. 39 UNCh zu treffen, *P. Johansson*, The Humdrum Use of Ultimate Authority: Defining and Analysing Chapter VII Resolutions, NorJIL 78 (2009), 309.

43 Vgl. ICTY, Prosecutor v. Dusko Tadić, Entscheidung v. 2.10.1995 (Appeals Chamber), §§ 28, 30; siehe Anhang, Nr. 33.

44 Vgl. z. B. Resolution 688 v. 5.4.1991 zur Lage der Kurden im Irak, Resolution 713 v. 25.9.1991 zum Bürgerkrieg in Jugoslawien.

45 *E. de Wet/M. Wood*, Peace, Threat to, MPEPIL (6/2009). Vertiefend und mit Praxisbeispielen *H. Gading*, Der Schutz grundlegender Menschenrechte durch militärische Maßnahmen des Sicherheitsrates – das Ende staatlicher Souveränität?, 1996, 91 ff; *K. Dicke*, National Interest vs. the Interest of the International Community – A Critical Review of Recent UN Security Council Practice, in: Delbrück (Hg.), New Trends in International Lawmaking, 1997, 145 (150 ff); *A. Schäfer*, Der Begriff „Bedrohung des Friedens" in Artikel 39 der Charta der Vereinten Nationen, 2006, insbes. 263 ff. Zur Frage des Verhältnisses zu einem Bruch des Völkerrechts *S. Wollbrink*, A Violation of International Law as a Necessary Element of a 'Threat to the Peace' under the UN Charter, 2014.

46 Sehr weitgehend Resolution 2177 v. 18.9.2014: Ebola-Pandemie als Friedensbedrohung. Etwas abgeschwächt als Verschärfung einer Friedensbedrohung in Resolution 2439 v. 30.10.2018.

47 A/RES/60/1 v. 24.10.2005, § 139. Zur Schutzverantwortung Rn. 314–315, 1148–1150. Ferner *S. Martini/S. Schadendorf/M. Spörer*, in: v. Arnauld, Klausurenkurs im Völkerrecht, 3. Aufl. 2018, Fall 15.

ate, should peaceful means be inadequate and national authorities are manifestly failing to protect their populations from genocide, war crimes, ethnic cleansing and crimes against humanity.

Daneben behalten „klassische" Friedensbedrohungen, etwa durch zwischenstaatliche Militäroperationen oder durch Proliferation von Massenvernichtungswaffen, natürlich weiter ihre Bedeutung.[48]

1056 Ein **Bruch des Friedens** liegt vor bei bewaffneten Feindseligkeiten, bei denen weder der Aggressor benannt noch ein Akt der Aggression festgestellt ist.[49] Den Begriff der **Angriffshandlung (Aggression)** hat die Generalversammlung mit ihrer Resolution 3314 (XXIX) vom 14. Dezember 1974 näher bestimmt. Der Begriff bezeichnet eine qualifizierte Form der Anwendung von „Gewalt" *(force)* im Sinne von Art. 2 Nr. 4 UNCh.[50] Generell vermeidet es der Sicherheitsrat, eine Handlung als Aggression zu verurteilen. Praktische Bedeutung erlangt die Aggressionsdefinition v. a. außerhalb von Art. 39 UNCh: Sie dient als Anhaltspunkt zur Bestimmung, wann ein nach Art. 51 UNCh zur Selbstverteidigung berechtigender „bewaffneter Angriff" *(armed attack)* vorliegt (Rn. 1085). Auch der Tatbestand des Verbrechens der Aggression in Art. 8*bis* des IStGH-Statuts wird durch Anknüpfung an sie definiert (Rn. 1352).

2. Nichtmilitärische Zwangsmaßnahmen

1057 Es liegt im **Ermessen des Sicherheitsrates**, ob er nach Feststellung gemäß Art. 39 UNCh militärische oder nichtmilitärische Zwangsmaßnahmen verhängt. In der Praxis wählt er (schon, weil ein Konsens der Vetomächte nötig ist) ein gestuftes Vorgehen und macht auch von der Möglichkeit Gebrauch, vor dem Beschluss von Sanktionen gemäß Art. 39 UNCh Empfehlungen zu geben. Nichtmilitärische Maßnahmen nach Art. 41 UNCh sind in der Praxis namentlich **Wirtschaftssanktionen**, vom Waffenembargo (z. B. Liberia, Ruanda, Nordkorea)[51] bis hin zu umfassender Wirtschaftsblockade (vor 1990 gegen Südrhodesien und Südafrika;[52] seitdem weitgehende Embargos z. B. gegen Irak, Libyen, Haiti, Jugoslawien, Sierra Leone). Zur Überwachung der Sanktionen setzt der Sicherheitsrat Sanktionskomitees ein.[53]

1058 Unter Wirtschaftsblockaden, die ein ganzes Land betreffen, hat oft in erster Linie die Zivilbevölkerung zu leiden. Der Sicherheitsrat versucht dies seit einiger Zeit mit sog. **gezielten Sanktionen** *(targeted sanctions)* zu vermeiden, die gegen Einzelpersonen verhängt werden. Meist flankieren diese klassische Wirtschaftssanktionen und sind gegen Mitglieder der Staatsführung und deren Familienangehörige gerichtet;[54] geziel-

48 Vgl. nur Resolution 2397 v. 22.12.2017 (zu Nordkorea).

49 Näher *M. Wood*, Peace, Breach of, MPEPIL (4/2009); *C. Henderson*, The Use of Force and International Law, 2018, 96 f.

50 *Y. Dinstein*, Aggression, MPEPIL (9/2015). Zum Hintergrund UN-AVL (mit Einleitung von *E. Wilmshurst*), http://legal.un.org/avl/ha/da/da.html.

51 Z. B. Resolution 1718 v. 14.10.2006, § 8, Resolution 2397 v. 22.12.2017, §§ 4 ff gegen Nordkorea.

52 U. a. Resolution 232 v. 16.12.1966, § 2, gegen Südrhodesien.

53 Zum Problem, dass UN-Sanktionen oft sehr spät wieder aufgehoben werden, *K. Boon*, Terminating Security Council Sanctions, International Peace Institute Policy Report (April 2014).

54 Vgl. § 8 lit. d der Resolution 1718 v. 14.10.2006 (Nordkorea) oder § 15 i. V. m. Anlage I (Reiseverbot) sowie § 17 i. V. m. Anlage II (Einfrieren von Vermögenswerten) der Resolution 1970 v. 26.2.2011 (Libyen).

te Sanktionen sind aber vor allem ein wichtiger Bestandteil der UN-Politik gegen mutmaßliche Unterstützer des internationalen Terrorismus.[55] Ein noch unbefriedigend gelöstes Problem ist dabei die Durchsetzung der Menschenrechte der von solchen Sanktionen betroffenen verdächtigen Personen gegenüber dem Sicherheitsrat.[56] Solange ein effektiver Rechtsschutz gegenüber dem Sicherheitsrat auf UN-Ebene fehlt, führt an einer Selbstermächtigung mitgliedstaatlicher oder regionaler Gerichte kein Weg vorbei (Rn. 157, 628–630).

3. Militärische Zwangsmaßnahmen

Der Sicherheitsrat darf gemäß Art. 42 UNCh auch militärische Zwangsmaßnahmen verhängen. Nach dem Modell der Charta handelt es sich dabei um UN-geführte Truppen, die auf Ersuchen des Sicherheitsrates der UNO von den Mitgliedstaaten zur Verfügung gestellt werden. Die nach Art. 43 UNCh dafür erforderlichen **Sonderabkommen** sind jedoch nie geschlossen worden. Seit den 1990er Jahren gibt es immerhin *„standby arrangements"* für *Peacekeeping operations*.[57] Die Praxis des Sicherheitsrates geht deshalb dahin, alle oder einzelne UN-Mitglieder **zur Gewaltanwendung zu ermächtigen**. Ermächtigt wird dazu, „alle erforderlichen Mittel" („all necessary means") einzusetzen oder „alle erforderlichen Maßnahmen" („all necessary measures") zu ergreifen. **1059**

Für Diskussionen hat die Resolution 2249 gesorgt, mit der der Sicherheitsrat im November 2015 militärische Operationen gegen den „Islamischen Staat" auf syrischem und irakischem Territorium unterstützt hat. Die Resolution nennt ausdrücklich „alle notwendigen Maßnahmen" „in dem unter der Kontrolle des ISIL [...] stehenden Gebiet in Syrien und Irak", „um terroristische Handlungen zu verhüten und zu unterbinden" und „den sicheren Zufluchtsort zu beseitigen", den sich der IS geschaffen hat. Andererseits fehlt die übliche ausdrückliche Bezugnahme auf Kapitel VII UNCh; der Sicherheitsrat „entscheidet" und „ermächtigt" auch nicht explizit, sondern beschränkt sich darauf, die Mitgliedstaaten „aufzufordern", Maßnahmen „im Einklang mit dem Völkerrecht" zu ergreifen. Man mag dies entweder als Hinweis darauf lesen, wie die militärische Gewalt einzusetzen ist, oder als Hinweis auf einen fehlenden Konsens darüber, ob bzw. auf welcher Rechtsgrundlage zum Einsatz von Gewalt ermächtigt werden sollte.[58]

Diese Abweichung vom Verfahren des Art. 43 UNCh wird heute ganz überwiegend für zulässig gehalten. Die Charta selbst sieht in Art. 42 S. 2 vor, dass militärische **1060**

55 Z. B. S/RES/1390 v. 16.1.2002 gegen mutmaßliche Unterstützer des Terroristennetzwerks *Al-Qaida*, mit Resolution 2253 v. 17.12.2015 auf Unterstützer des „Islamischen Staates" ausgeweitet.

56 Dazu *D. Tladi*, The Security Council, the Al Qaida Sanctions Regime and Due Process, United Nations Lecture Series, UN-AVL, http://legal.un.org/avl/ls/peaceandsecurity.html. Aus der umfangreichen Literatur *E. M. Lotz*, Individualsanktionen des UN-Sicherheitsrats vor dem Hintergrund der Rule of Law, 2014; *S. Scarpelli*, Wirtschaftssanktionen gegen private Personen, 2015; *K. Simonen*, Economic Sanctions Leading to Human Rights Violations, in: A. Marossi/M. Bassett (Hg.), Economic Sanctions under International Law, 2015, 179; *S. G. Zamani/J. Mazaheri*, The Need for International Judicial Review of UN Economic Sanctions, ebd., 219; *D. Hovell*, The Power of Process, 2016. Zu menschenrechtlichen Bindungen der Mitglieder von Sicherheitsrat und Sanktionsausschüssen *S. Buszewski/H. Gött*, Avoiding Kadi: "Pre-emptive Compliance" with Human Rights when Imposing Targeted Sanctions, GYIL 57 (2014), 507. Siehe ferner die Literaturhinweise zu Rn. 628–630.

57 Zu diesen Operationen Rn. 1066–1068.

58 Resolution 2249 v. 20.11.2015. Instruktiv dazu *D. Akande/M. Milanović*, The Constructive Ambiguity of the Security Council's ISIS Resolution, EJIL: Talk! (21.11.2015).

Sanktionsmaßnahmen „Demonstrationen, Blockaden und sonstige Einsätze der Luft-, See- oder Landstreitkräfte von *Mitgliedern der Vereinten Nationen* einschließen" können, und spricht in Art. 48 Abs. 1 davon, dass die Maßnahmen zur Durchführung der Beschlüsse „von allen oder einigen Mitgliedern der Vereinten Nationen getroffen" werden. Letzte verbleibende Zweifel an der Rechtmäßigkeit des Delegationsmodells beseitigt der Grundsatz der *implied powers* (Rn. 124), der zu einer situationsgerechten und dynamischen Interpretation der Befugnisse des Sicherheitsrates verpflichtet.[59] Im Ergebnis wandelt sich das „Gewaltmonopol" des Sicherheitsrates damit in ein **Gewaltlegitimierungsmonopol**.

1061 Bei Ermächtigungen zur Gewaltanwendung muss daher das Heft des Handelns beim Sicherheitsrat verbleiben. Dies verlangt nach klaren und inhaltlich bzw. zeitlich **begrenzten Ermächtigungen** und steht Blankovollmachten entgegen.[60] Es steht auch der teilweise vertretenen Auffassung entgegen, wonach bei Nichtbefolgung von Resolutionen unter Kapitel VII jeder Staat automatisch zur Anwendung von Gewalt gegen den Rechtsbrecher berechtigt ist, unabhängig davon, ob der Sicherheitsrat die Gewaltanwendung sanktioniert hat (Doktrin des **material breach**).

1062 Eine Rückkehr zu nicht autorisierter unilateraler Gewaltanwendung kann – außerhalb von Selbstverteidigung gemäß Art. 51 UNCh – auch nicht mit einer **Blockadesituation** im Sicherheitsrat in Analogie zur Resolution *Uniting for Peace* (Rn. 149) begründet werden. Einmal, weil bei dieser Resolution die Befugnisse innerhalb der UNO und damit innerhalb des kollektiven Systems bleiben; zum anderen, weil selbst die Generalversammlung in einem solchen Fall keine „Maßnahmen" ergreifen, sondern nur Empfehlungen abgeben darf.[61]

1063 **Fall: Auf eigene Faust** Abistan marschiert im Nachbarstaat Bebistan ein und erklärt den Anschluss von Bebistan als neue Provinz. Der UN-Sicherheitsrat stellt einen Bruch des Friedens fest und fordert über zwei Jahre hinweg Abistan mit mehreren Resolutionen unter Kapitel VII zum Rückzug auf. Abistan wird darin mit „ernsthaften Konsequenzen" gedroht. Wegen eines Vetos von zwei ständigen Mitgliedern des Sicherheitsrats scheitern die ständigen Ratsmitglieder Cylien und Dasien mit ihrem Antrag, militärische Maßnahmen gegen Abistan zu beschließen. 30 Monate nach dem Einmarsch in Bebistan schreiten Cylien und Dasien militärisch ein. Sie halten diese Anwendung bewaffneter Gewalt für legitimiert durch die Resolutionen des Sicherheitsrates.

---

59 Zu dieser Anpassungsnotwendigkeit u. a. *T. Franck*, Recourse to Force: State Action Against Threats and Armed Attacks, 2002, 23. Eingehend *L.-A. Sicilianos*, Entre multilatéralisme et unilatéralisme: l'autorisation par le Conseil de sécurité de recourir à la force, RdC 339 (2008), 9.

60 Prinzipiell problematisch daher die Auffassung von *M. Hakimi*, wonach auch informelle, indirekte oder sogar bloß von einigen Mitgliedern des Sicherheitsrates getragene Zustimmung legalisierende Wirkung haben soll: The *Jus Ad Bellum*'s Regulatory Form, AJIL 112 (2018), 151. – Kriterien für die Auslegung solcher Resolutionen bei *E. Papastavridis*, Interpretation of Security Council Resolutions under Chapter VII in the Aftermath of the Iraqi Crisis, ICLQ 56 (2007), 83. Zur Überdehnung von Resolution 687 (1991) bei der Rechtfertigung des Irakkriegs 2003 *E. de Wet*, The Illegality of the Use of Force Against Iraq Subsequent to the Adoption of Resolution 687 (1991), HuV-I 2003, 125. Vgl. auch *A. v. Arnauld*, Klausurenkurs im Völkerrecht, 3. Aufl. 2018, Fall 14; *C. Henderson*, The Use of Force and International Law, 2018, 127 ff.

61 Vgl. *A. v. Arnauld*, Klausurenkurs im Völkerrecht, 3. Aufl. 2018, Fall 14.

Lösungshinweise: Zwar darf der UN-Sicherheitsrat die UN-Mitglieder nach Kapitel VII zur Anwendung militärischer Gewalt ermächtigen (vgl. Art. 42 S. 2, 48 Abs. 1 UNCh und *implied powers*), diese Ermächtigung muss aber klar und eindeutig sein, um ein Unterlaufen des Gewaltlegitimierungsmonopols des Sicherheitsrats zu verhüten. Im vorliegenden Fall beschränkten sich die Resolutionen auf Drohungen, die zudem an Abistan adressiert waren; eine Ermächtigung würde sich an die zu ermächtigenden anderen UN-Mitglieder richten. Die sog. Material-breach-Doktrin geht davon aus, dass bei materiellen Zuwiderhandlungen gegen Resolutionen, die unter Kapitel VII beschlossen wurden, die UN-Mitglieder auch ohne gesonderte Ermächtigung zur Gewaltanwendung befugt seien; dies gelte jedenfalls dann, wenn der Sicherheitsrat blockiert sei. Eine solche Doktrin nimmt dem Sicherheitsrat das Heft des Handelns aus der Hand; dieser muss selbst darüber befinden können, welche Maßnahmen er im Rahmen von Kapitel VII ergreifen will. Auch das Blockade-Argument überzeugt nicht. Zum einen kann nicht nach Belieben einzelner Staaten das Einlegen eines Vetos als Blockade interpretiert werden; zum anderen hat sich zwar die UN-Generalversammlung in der Uniting-for-Peace-Resolution das Recht zugesprochen, bei Blockaden des Sicherheitsrates selbst die Verantwortung nach Kapitel VII zu übernehmen; dabei bleiben aber die Befugnisse innerhalb der UNO und damit innerhalb des kollektiven Systems; zudem darf selbst die Generalversammlung in einem solchen Fall keine „Maßnahmen" ergreifen, sondern nur Empfehlungen abgeben.

4. Weitere Maßnahmen zur Wiederherstellung des Friedens

Über die in Art. 41 und 42 UNCh ausdrücklich aufgeführten Maßnahmen hinaus hat 1064
sich in Reaktion auf neuartige Bedrohungslagen und gewandelte weltpolitische Lagen in der Praxis des Sicherheitsrates eine breite Palette unterschiedlicher Maßnahmen herausgebildet. Üblicherweise werden hier drei Grundformen unterschieden:

- *peace enforcement:* „friedensschaffende" Militäreinsätze nach Art. 42 UNCh,
- *peacekeeping:* friedensstabilisierende Einsätze, v. a. Blauhelme,
- *peacebuilding:* Aufbau friedlicher Strukturen nach einem Konflikt.

Diese Ausweitung der Handlungsoptionen wird überwiegend unter Verweis auf die Implied-powers-Lehre in einer Gesamtschau der Befugnisse des Sicherheitsrates legitimiert. Weil diese Maßnahmen Elemente aus Kapitel VI und Kapitel VII verbinden (sie gehen aber auch über diese hinaus), ist z. T. von **„Kapitel VI½"** die Rede. Näher am Text der Charta ist es freilich, solche Maßnahmen in Art. 41 und/oder Art. 42 UNCh zu verorten. Insbesondere Art. 41 UNCh macht schon in seinem Wortlaut („können […] einschließen") deutlich, dass die dort genannten Maßnahmen nur beispielhaft angeführt sind.[62] Möglich sind insbesondere Beobachtermissionen und friedenserhaltende Maßnahmen, die Übernahme von Regierungsfunktionen in Konfliktgebieten sowie die Errichtung internationaler Strafgerichte. In modernen UN-Missionen werden verschiedene Maßnahmentypen oft kombiniert.[63] Gerade im Bereich des

62 ICTY, Prosecutor v. Dusko Tadić, Entscheidung v. 2.10.1995 (Appeals Chamber), § 35; siehe Anhang, Nr. 33.

63 Vgl. z. B. Resolution 2100 v. 25.4.2013 zur Operation MINUSMA in Mali, Resolution 2149 v. 10.4.2014 zur Operation MINUSCA in der Zentralafrikanischen Republik. Dazu *P. Labuda*, UN Peace Operations: Tracking the Shift from Peacekeeping to Peace Enforcement and State-Building, EJIL: Talk! (2.9.2015).

peacebuilding hat sich das Maßnahmenspektrum in den vergangenen Jahrzehnten bedeutend erweitert. In Ergänzung zum Friedenssicherungsrecht (*ius contra bellum* statt des früheren *ius ad bellum*) und zum Recht im bewaffneten Konflikt *(ius in bello)* wird dieser Rechtskomplex auch unter dem Schlagwort **ius post bellum** („Recht nach dem Krieg") diskutiert.[64]

a) Beobachtermissionen

1065 Beobachtermissionen *(Observer Forces)* werden von den Vereinten Nationen in der Regel zur Beobachtung der Einhaltung von Waffenstillstandsabkommen und anderer friedenssichernder Maßnahmen eingesetzt (z. B. UNDOF, seit 1974, zur Beobachtung des Waffenstillstands zwischen und Israel und Syrien auf den Golanhöhen).

b) Friedenserhaltende Maßnahmen (peacekeeping)

1066 Wie bei den Beobachtermissionen und im Unterschied zu friedenserzwingenden Maßnahmen kommen friedenserhaltende Missionen (*peacekeeping*; **„UN-Blauhelme"**) erst nach Einstellung der Kampfhandlungen zum Einsatz. Ihr Mandat reicht, je nach Einsatz, von der Schaffung und Sicherung von Pufferzonen über die Entwaffnung ehemaliger Kombattanten, die Absicherung humanitärer Hilfe bis hin zur Sicherung von Wahlen. Der Einsatz erfolgt nach Zustimmung der beteiligten Parteien; als Rechtsgrundlage dienen regelmäßig Verträge mit dem Gaststaat (Mission auf Einladung). Gelegentlich hat die UNO Operationen auch ohne Konsens der Parteien durchgeführt.[65]

1067 *Peacekeeping forces* haben in aller Regel **keinen Kampfauftrag**. In den klassischen Operationen („1. Generation") trugen sie Waffen nur zur Selbstverteidigung. In Operationen der „2. Generation" autorisierte der Sicherheitsrat auch zur Anwendung militärischer Gewalt zum Zweck der Durchsetzung der Operationsziele (v. a. UNPROFOR, Jugoslawien, 1992-1995, UNOSOM II, Somalia, 1993-1995). Die Kombination aus Friedenserhaltung und Friedensschaffung in einem kaum befriedeten Umfeld erwies sich jedoch als defizitär, wie v. a. das von Einheiten der „Republika Srpska" verübte Massaker an rund 8000 bosnischen Muslimen in Srebrenica im Juli 1995 zeigte, das praktisch unter den Augen der dort stationierten Blauhelm-Soldaten stattfand.[66] Im August 2000 hat die **Brahimi-Kommission** im Auftrag des UN-Generalsekretärs Empfehlungen gegeben, an denen sich heutige Operationen **(„3. Generation")** orientieren.[67] Zu den zentralen Charakteristika zählen:

---

64 Vgl. Erklärung des Präsidenten des Sicherheitsrates v. 14.1.2015, S/PRST/2015/2. Zum Konzept grundlegend *B. Orend*, Justice After War, Ethics & International Affairs 16 (2002), 43; *ders.*, *Jus Post Bellum:* The Perspective of a Just-War Theorist, LJIL 20 (2007), 571. Aus völkerrechtlicher Perspektive *C. Stahn*, *"Jus ad bellum", "jus in bello"... "jus post bellum"?* – Rethinking the Conception of the Law of Armed Force, EJIL 17 (2006), 921. Eingehend *ders./J. Kleffner* (Hg.), Jus Post Bellum: Towards a Law of Transition From Conflict to Peace, 2008; *ders./J. Easterday/J. Iverson* (Hg.), Jus Post Bellum: Mapping the Normative Foundations, 2014.

65 Vgl. z. B. Resolution 743 v. 21.2.1992 zur Errichtung der UN-Schutztruppen in Bosnien-Herzegowina und Kroatien (UNPROFOR). Überblick bei *M. Bothe*, Peacekeeping Forces, MPEPIL (10/2015).

66 Zu den Nachwirkungen für das Völkerrecht und das UN-Peacekeeping *C. Ryngaert/N. Schrijver*, Lessons Learned from the Srebrenica Massacre, NILR 62 (2015), 219.

67 Vgl. Schreiben des UN-Generalsekretärs v. 21.8.2000, A/55/305 – S/2000/809.

- (möglichst) eindeutiges Mandat;
- sog. robustes Mandat, das nicht nur zur Selbstverteidigung, sondern auch zum Schutz der Mission und zum Schutz der Zivilbevölkerung den Einsatz von Waffengewalt gestattet;
- Ausstattung der Mission mit den zur Durchsetzung des Mandats notwendigen Mitteln *(„all necessary means“)*.

Die Herausforderung bleibt, Missionen zu konzipieren (und die Beteiligung zu generieren), die auf die jeweilige Konflikt- bzw. Postkonfliktsituation zugeschnitten sind und flexibel auf eine sich verändernde Sicherheitslage reagieren können.[68] Dass die Übergänge zwischen friedenserzwingenden Einsätzen und friedenserhaltenden Missionen mit „robustem Mandat“ fließend sind, verdeutlichen die Operationen MONUSCO und MINUSMA, bei denen Blauhelm-Missionen erstmals (und unter Betonung des Ausnahmecharakters) um **Interventionsbrigaden** erweitert wurden.[69] Dabei handelt es sich nicht nur um eine Frage der Klassifizierung von Einsätzen; in einem internationalen bewaffneten Konflikt haben die kämpfenden Einheiten Kombattantenstatus (Rn. 1212) und verlieren den Schutz vor Angriffen, den die Blauhelme als nichtkämpfende Schutztruppen sonst genießen.[70]

Die vom UN-Sicherheitsrat erteilten Mandate beschränken sich regelmäßig auf die **1068**
allgemeinen Rahmenbedingungen der Mission. Die Konkretisierung erfolgt durch weitere völkerrechtliche und nationale Regelungen: *Status of Forces Agreements* (SOFA, Truppenstatut) und *Memoranda of Understanding* (MOU, u. a. bezüglich der Abgrenzung von Kompetenzen) mit dem Stationierungsstaat, *Rules of Engagement* (ROE, gemeinsame Regeln für den konkreten Einsatz, gegebenenfalls mit nationalen Vorbehalten) usw. Hinzu treten die allgemeinen Bindungen an das Humanitäre Völkerrecht und an die Menschenrechte. Das Verhältnis dieser Rechtsquellen zueinander ist in der Praxis nicht immer leicht zu klären.[71] Zusätzliche rechtliche Komplikationen ergeben sich bei einem Einsatz privater Militär- und Sicherheitsunternehmen durch die Vereinten Nationen (Rn. 402).

c) Übernahme von Regierungsfunktionen

In Übereinstimmung mit dem Übergang zu einem positiven Friedensbegriff enthalten **1069**
moderne UN-Missionen in zunehmendem Maß auch zivile Komponenten (Idee des *peacebuilding*). Diese reichen von Hilfe beim Aufbau von Polizei, Verwaltung und

68 Vgl. Bericht des UN-Generalsekretärs zur Zukunft des Peacekeeping v. 2.9.2015, A/70/357 – S/2015/682.

69 Resolution 2098 v. 28.3.2013 (zur Demokratischen Republik Kongo), zuletzt verlängert mit Resolution 2409 v. 27.3.2018; Resolution 2100 v. 25.4.2013 (zu Mali), zuletzt verlängert mit Resolution 2423 v. 28.6.2018.

70 Dazu u. a. *D. Whittle*, Peacekeeping in Conflict: the Intervention Brigade, Monusco, and the Application of International Humanitarian Law, GeorgeJIL 46 (2014/15), 837; *D. Kearney*, The Slippery Slope of UN Peacekeeping: Offensive Peacekeeping in Congo and Beyond, MPYUNL 19 (2015), 100; *N. Tsagourias*, Self-Defence, Protection of Humanitarian Values and the Doctrine of Impartiality and Neutrality in Enforcement Mandates, in: Weller (Hg.), The Oxford Handbook of the Use of Force in International Law, 2015, 398; *S. Papadileris*, Protection of Peacekeepers Resorting to Armed Force – A Current Dilemma, GYIL 61 (2018), 403.

71 Näher dazu *A. v. Arnauld*, Rechtsbindungen im Auslandseinsatz: Elemente einer Kollisionsrechtsordnung für militärische und polizeiliche Auslandseinsätze, JBÖS 2010, Teilbd. 2, 77.

Justiz bis zur teilweisen vorübergehenden Übernahme staatlicher Funktionen durch die UNO. Am weitesten reich(t)en die Mandate in den UN-Operationen UNTAET (1999-2002) und UNMIK (seit 1999[72]), in denen eine weitgehende Übernahme der Regierungs-, Administrativ- und Justizgewalt mandatiert war.[73] Eine teilweise Übernahme von Regierungs- und Administrativgewalt enthielt auch die Resolution zur Mission UNMISET (2002-2005) als Nachfolgemission von UNTAET.[74] Derartige Operationen werfen eine Reihe schwieriger Rechtsfragen auf – begonnen von der Rechtsgrundlage über Fragen der Selbstbestimmung und Demokratie (z. B. Vetorecht der UN-Administration gegenüber Beschlüssen der gewählten Volksvertretungen) und Rechtsstaatlichkeit (Menschenrechtsbindung, fehlende bzw. unzureichende gerichtliche Kontrolle der UN-Administration).[75]

d) Errichtung internationaler Strafgerichte

1070 Neuland betreten hat der Sicherheitsrat auch mit der Einrichtung internationaler Strafgerichte für das ehemalige Jugoslawien (ICTY) und für Ruanda (ICTR).[76] Beide Gerichtshöfe wurden auf Grundlage von Resolutionen nach Kapitel VII errichtet, da der Sicherheitsrat in den massiven Verstößen gegen das humanitäre Völkerrecht eine fortdauernde Bedrohung des Weltfriedens und der internationalen Sicherheit sah, die nur durch strafgerichtliche Klärung und Ahndung beseitigt werden könne.[77] Auch hierin wird ein Begriff des Friedens erkennbar, der auf nachhaltige Sicherung friedensstiftender gesellschaftlicher Strukturen baut.

5. Pflichten der Mitgliedstaaten

1071 Gemäß Art. 2 Nr. 5 UNCh leisten „alle Mitglieder […] den Vereinten Nationen jeglichen Beistand bei jeder Maßnahme, welche die Organisation im Einklang mit dieser Charta ergreift; sie leisten einem Staat, gegen den die Organisation Vorbeugungs- oder Zwangsmaßnahmen ergreift, keinen Beistand". Geben Generalversammlung (nach Art. 11 Abs. 1 und Art. 14 UNCh) oder Sicherheitsrat (nach Art. 39 UNCh) nicht bloß Empfehlungen ab, sondern beschließt der Sicherheitsrat Maßnahmen zur Wiederherstellung oder Aufrechterhaltung des Weltfriedens oder der internationalen Sicherheit (nach Kapitel VII oder „Kapitel VI½"), sind alle Mitgliedstaaten gemäß Art. 43 und 48 UNCh **zur Mitwirkung verpflichtet**. Jedenfalls Beschlüsse des Si-

---

72 UNMIK besteht nach wie vor; die internationale Überwachung des Kosovo wurde aber im September 2012 eingestellt.

73 Resolution 1244 v. 10.6.1999 (UNMIK); Resolution 1272 v. 25.10.1999 (UNTAET).

74 Resolution 1410 v. 17.5.2002.

75 *M. Benzing*, International Administration of Territories, MPEPIL (5/2010). Eingehend *J. Tielsch*, UN-Verwaltung und Menschenrechte, 2006; *S. Wollenberg*, Die Regierung von Konfliktgebieten durch die Vereinten Nationen, 2007; *H. F. Kiderlen*, Von Triest nach Osttimor, 2008; *C. Stahn*, The Law and Practice of International Territorial Administration, 2008; *K. Schmalenbach*, Wiederherstellung von Staatlichkeit nach militärischen Konflikten, BDGVR 44 (2010), 341; *J. Zeh*, Das Übergangsrecht, 2011; *F. Bühring*, Demokratische Friedenskonsolidierung: Zur Erfassung „des" Demokratieprinzips im Recht der Vereinten Nationen am Beispiel der UN-Praxis in Kambodscha und Osttimor, 2014.

76 Resolution 808 v. 22.2.1993 (Jugoslawien) bzw. Resolution 955 v. 8.11.1994 (Ruanda).

77 Exemplarische Herleitung in der Präambel zur Resolution 808 v. 22.2.1993. Kritisch *P. Akhavan*, Are International Criminal Tribunals a Disincentive to Peace? Reconciling Judicial Romanticism with Political Realism, HRQ 31 (2009), 624.

cherheitsrates nach Kapitel VII UNCh (zu weiteren verbindlichen Beschlüssen Rn. 155) sind für alle Mitgliedstaaten verbindlich, Art. 25 UNCh. Sie haben an dem von Art. 103 UNCh statuierten Vorrang der Verpflichtungen aus der Charta vor allen anderen völkerrechtlichen Verpflichtungen Teil.[78]

Hinsichtlich der **Auswahl der Staaten**, die an der Durchsetzung der Resolutionen beteiligt werden, hat der Sicherheitsrat Ermessen (Art. 48 Abs. 1 UNCh). Während sich an Wirtschaftssanktionen alle Mitgliedstaaten beteiligen müssen (sonst sind Embargos oder Blockaden weitgehend wirkungslos), greift der Sicherheitsrat für *peace enforcement*, *peacekeeping* und *peacebuilding* auf Kräfte von Mitgliedstaaten zurück, die ihr Einverständnis erklärt haben. Auf diese Weise kann auch der Situation neutraler UN-Mitglieder Rechnung getragen werden, die bei friedenserzwingenden Maßnahmen gegen einen Staat ihren neutralen Status gefährden könnten.[79] Gemäß Art. 48 Abs. 2 UNCh sind die Mitgliedstaaten verpflichtet, die Resolutionen gegebenenfalls auch über „geeignete internationale Einrichtungen“ durchzuführen, deren Mitglieder sie sind.[80] Da Außenhandel wie Kapitalverkehr in die Kompetenz der EU fallen, führen deren Mitgliedstaaten ökonomische Sanktionen über die EU durch.[81] 1072

6. Verhältnis zu Nichtmitgliedern

Gemäß dem Grundsatz, dass Verträge keine Geltung für oder gegen unbeteiligte Dritte besitzen (*pacta tertiis nec nocent nec prosunt*, vgl. Art. 34 WVK), sind Resolutionen des UN-Sicherheitsrates für Nichtmitglieder der UNO rechtlich unverbindlich. Gleichwohl bestimmt Art. 2 Nr. 6 UNCh, dass die UNO dafür Sorge trägt, „dass Staaten, die nicht Mitglieder der Vereinten Nationen sind, insoweit nach diesen Grundsätzen handeln, als dies zur Wahrung des Weltfriedens und der internationalen Sicherheit erforderlich ist“. Die Praxis des Sicherheitsrates zeigt, dass die UNO für sich in Anspruch nimmt, auch gegenüber Nichtmitgliedstaaten verbindliche Resolutionen zu erlassen. Hierbei sind zwei Konstellationen denkbar: 1073

- Zwangsmaßnahmen richten sich gegen ein Nichtmitglied (z. B. Nordkorea 1950, Jugoslawien 1993);
- Zwangsmaßnahmen richten sich gegen ein Mitglied, das Nichtmitglied soll sich beteiligen (v. a. bei Wirtschaftssanktionen).

Ob dem Sicherheitsrat die Befugnis zukommt, entgegen dem Pacta-tertiis-Grundsatz Nichtmitglieder zu verpflichten, hängt davon ab, ob man die UN-Charta als gewöhnlichen völkerrechtlichen Vertrag oder als eine Art „Weltverfassung“ betrachtet, für 1074

78 Zur Nichtbefolgung von Resolutionen des UN-Sicherheitsrats anhand von Fallstudien *S. Droubi*, Resisting United Nations Security Council Resolutions, 2014.

79 Zur Situation neutraler UN-Mitglieder *J. Ross*, Neutrality and International Sanctions, 1989; *D. Schindler*, Kollektive Sicherheit der Vereinten Nationen und dauernde Neutralität der Schweiz, SZIER 2 (1992), 435; *K. Doehring*, Neutralität und Gewaltverbot, AVR 31 (1993), 193; *H. Türk*, Neutralität und Mitgliedschaft bei den Vereinten Nationen, FS Zemanek, 1994, 439; *A. Schaub*, Neutralität und kollektive Sicherheit, 1995. Siehe auch Rn. 1305.

80 Zum Verhältnis zu Regionalorganisationen Rn. 1075–1078.

81 *U. Brandl*, Die Umsetzung der Sanktionsresolutionen des Sicherheitsrats in der EU, AVR 38 (2000), 376; *K. Osteneck*, Die Umsetzung von UN-Wirtschaftssanktionen durch die Europäische Gemeinschaft, 2004.

die eigene Regeln gelten. Für Nichtmitglieder würde in diesem Fall die objektive Völkerrechtspersönlichkeit der UNO (Rn. 118, 137) zusätzlich um eine objektive Verfahrensherrschaft bei der Wahrung des Weltfriedens und der internationalen Sicherheit ergänzt.

II. Verhältnis zu Regionalorganisationen (Kapitel VIII)

1. Die Rolle der Regionalorganisationen nach der UN-Charta

1075 Die Wahrung des Weltfriedens ist nicht allein Aufgabe der UNO. Die UN-Charta sieht explizit auch für „regionale Abmachungen oder Einrichtungen zur Behandlung derjenigen die Wahrung des Weltfriedens und der internationalen Sicherheit betreffenden Angelegenheiten" (Art. 52 Abs. 1 S. 1 UNCh) eine Rolle vor, beschränkt deren Tätigkeit aber (zunächst) auf Maßnahmen regionaler Art. Zu diesen Regionalorganisationen zählen **Bündnisse kollektiver Sicherheit**. Zu nennen sind insbesondere OSZE, EU[82], OAS, AU und die Arabische Liga. Umstritten ist, ob auch **Bündnisse kollektiver Verteidigung** wie die NATO unter Kapitel VIII der Charta fallen (zur Unterscheidung Rn. 1053). Die Hochrangige Gruppe zur UN-Reform formulierte noch 2004 zurückhaltend, dass solche Bündnisse „gewöhnlich nicht als Regionalorganisationen im Sinne des Kapitels VIII der Charta angesehen werden, jedoch einige vergleichbare Merkmale aufweisen".[83] Die wohl überwiegende Auffassung dürfte allerdings Verteidigungsbündnisse zu den Regionalorganisationen im Sinne der Charta zählen.[84]

1076 Das Verhältnis zwischen UNO und Regionalorganisationen ist in Art. 52-54 UNCh näher bestimmt. Für die **friedliche Streitbeilegung** besteht ein Vorrang der regionalen Ebene. Bevor der Sicherheitsrat befasst wird, soll eine regionale Streitbeilegung versucht werden (Art. 52 Abs. 2 UNCh), wobei der Sicherheitsrat sich einschalten und eine Angelegenheit auch direkt an eine Regionalorganisation überweisen kann (Art. 52 Abs. 3 UNCh).

1077 **Militärische Zwangsmaßnahmen** dürfen Regionalorganisationen nicht aus eigenem Entschluss ergreifen, sondern nur mit Ermächtigung durch den UN-Sicherheitsrat (Art. 53 Abs. 1 UNCh; der Verweis dort auf die Feindstaatenklausel in Art. 107 UNCh ist ebenso obsolet wie diese selbst: Rn. 1049). Art. 4 lit. h der AU-Gründungsakte, der ein Recht der Union vorsieht, bei schwerwiegenden Umständen („grave circumstances"), namentlich Kriegsverbrechen, Völkermord und Verbrechen gegen die Menschlichkeit in einen Mitgliedstaat zu intervenieren, kann wegen des Vorrangs der UN-Charta (Art. 103 UNCh) davon nicht dispensieren; auch die Konstruktion einer quasi im Voraus erteilten Einwilligung vermag ein militärisches Eingreifen gegen die

82 Die Zweifel in BVerfGE 123, 267 (425 f) an deren Einordnung überzeugen angesichts der Praxis nicht mehr. Dazu im Überblick http://eeas.europa.eu/csdp/missions-and-operations/index_en.htm. Aus der Literatur u. a. *C. McCall*, The European Union and Peacebuilding, 2014; *P. Eeckhout/M. Lopez-Escudero* (Hg.), The European Union's External Action in Times of Crisis, 2016.

83 A More Secure World: Our Shared Responsibility, Bericht des High Level Panel on Threats, Challenges, and Change an den UN-Generalskretär v. 1.12.2004, Annex zu A/59/565, § 273.

84 Eingehend *C. Walter*, Vereinte Nationen und Regionalorganisationen, 1996, 50 ff, 124 f.

Regierung eines AU-Mitgliedstaates nicht in eine Intervention auf Einladung (Rn. 1047) zu verwandeln.[85] Die Verhängung **nichtmilitärischer Zwangsmaßnahmen** dagegen bleibt den Regionalorganisationen auch ohne Ermächtigung durch die UNO gestattet. Dies war früher umstritten, entspricht aber der inzwischen etablierten Praxis.[86] Über alle Maßnahmen zur Wahrung des Weltfriedens und der internationalen Sicherheit, die auf Grund regionaler Abmachungen oder Einrichtungen getroffen werden, ist gemäß Art. 54 UNCh der Sicherheitsrat jederzeit und vollständig auf dem Laufenden zu halten.

Art. 53 Abs. 1 UNCh geht von einer **Ermächtigung der Regionalorganisation selbst** aus, während nach Kapitel VII die UN-Mitgliedstaaten Adressaten der Ermächtigung sind. Da diese verpflichtet sind, Zwangsmaßnahmen des UN-Sicherheitsrates gegebenenfalls über geeignete internationale Organisationen (einschließlich Regionalorganisationen im Sinne von Art. 52) durchzuführen (Art. 48 Abs. 2 UNCh), kann die (nach dem Adressaten zu treffende) Abgrenzung zu einer Ermächtigung nach Kapitel VII schwer fallen.

Regionalorganisationen spielen in einem globalen Friedenssicherungssystem eine **1078**
wichtige Rolle:[87] Sie können die UNO entlasten und sind oft näher an den Konfliktursachen und den Konfliktparteien „dran“. Maßnahmen von Regionalorganisationen stoßen daher meist auf größere Akzeptanz als UN-mandatierte „Koalitionen der Willigen“ aus anderen Teilen der Erde. Sie können auch dazu beitragen, Blockaden im Sicherheitsrat zu umgehen. Das gilt nicht nur für nichtmilitärische Sanktionen, sondern in begrenztem Umfang auch für **militärische Interventionen**. Zwar bleibt hier eine Ermächtigung durch den Sicherheitsrat erforderlich (Rn. 1077); die Hochrangige Gruppe zur UN-Reform (2004) hat allerdings „eingeräumt“, dass es „in manchen dringenden Situationen zulässig sein kann, die Genehmigung erst nach dem Beginn solcher Einsätze einzuholen“[88] (dazu noch Rn. 1143). Dass ein ständiges Mitglied des Sicherheitsrates, das ein Veto gegen eine solche Intervention eingelegt hat, ihr im Nachhinein zustimmt, dürfte allerdings selten vorkommen. Gangbarer scheint der Weg, die Anforderungen an die Form der Ermächtigung zu lockern, da (und soweit) bei Zwangsmaßnahmen einer Regionalorganisation gegen eines ihrer Mitglieder ein Missbrauch nicht zu befürchten ist.

So hat im Fall der ECOWAS-Intervention in Gambia im Januar 2017 der Präsident des Sicherheitsrates zuvor „im Namen des Sicherheitsrates“ die Beschlüsse der ECOWAS begrüßt, mit

85 Eingehend *D. Kuwali/F. Viljoen* (Hg.), Africa and the Responsibility to Protect. Article 4(h) of the African Union Constitutive Act, 2013; *I. A. Badmus*, The African Union's Role in Peacekeeping, 2015; *J.-M. Iyi*, Humanitarian Intervention and the AU-ECOWAS Intervention Treaties Under International Law, 2016. – Die Praxis stellt das Primat des Sicherheitsrates (bislang) jedenfalls nicht offen in Frage: Vgl. Bericht des UN-Genetralsekretärs v. 2.9.2015, A/70/357, §§ 47 ff.

86 Vgl. z. B. VO (EU) Nr. 833/2014 des Rates vom 31.7.2014 über restriktive Maßnahmen angesichts der Handlungen Russlands, die die Lage in der Ukraine destabilisieren, ABl. EU L 229/1. Aus der Literatur u. a. *H. C. Schneider*, Wirtschaftssanktionen: Die VN, EG und Bundesrepublik Deutschland als konkurrierende Normgeber beim Erlaß paralleler Wirtschaftssanktionen, 1999; *K. Osteneck*, Die Umsetzung von UN-Wirtschaftssanktionen durch die Europäische Gemeinschaft, 2004, 70 ff; *A. Orakhelashvili*, The Impact of Unilateral EU Economic Sanctions on the UN Collective Security Framework, in: Marossi/Bassett (Hg.), Economic Sanctions under International Law, 2015, 3.

87 Vertiefend *E. de Wet*, Regional Organisations and Arrangements and their Relationship with the United Nations, in: Weller (Hg.), The Oxford Handbook on the Use of Force, 2014, 314.

88 A More Secure World: Our Shared Responsibility, Bericht des High Level Panel on Threats, Challenges, and Change an den UN-Generalskretär v. 1.12.2004, Annex zu A/59/565, § 272.

denen diese angekündigt hatte, „alle notwendigen Maßnahmen“ zur Durchsetzung des Machtwechsels zu ergreifen (dazu bereits Rn. 102). Am Tag der Intervention beschloss der UN-Sicherheitsrat dann eine Resolution, die nochmals ausdrücklich Unterstützung für die ECOWAS und den gewählten Präsidenten *Barrow* zum Ausdruck brachte, ohne die militärische Intervention förmlich zu autorisieren.[89]

2. Insbesondere: Das Verhältnis von UNO und NATO

1079 Die NATO, 1949 durch den Nordatlantikvertrag (NAV) gegründet, ist ausweislich von Art. 5 NAV als **Bündnis kollektiver Selbstverteidigung** konzipiert: Jeder bewaffnete Angriff auf einen Mitgliedstaat wird von den anderen Mitgliedern als Angriff gegen alle angesehen. Die Feststellung des **Bündnisfalles** durch den NATO-Rat löst keine absolute Beistandspflicht aus; vielmehr kann gem. Art. 5 Abs. 1 jeder Vertragsstaat für sich selbst entscheiden, welche Maßnahmen er zu ergreifen gedenkt, von bewaffnetem Beistand bis zu wohlwollender Neutralität. Der **räumliche Aktionskreis** der NATO ist gem. Art. 6 NAV geographisch auf Gebiete „nördlich des Wendekreises des Krebses“ beschränkt.

1080 1992 wurde von den Außenministern und Staats- und Regierungschefs der Mitgliedstaaten diese Beschränkung zu Gunsten von **Out-of-area-Einsätzen** unter dem Dach der Vereinten Nationen oder der KSZE (heute: OSZE) aufgegeben. Auch wurde der Übergang zu einem über die Selbstverteidigung gegen bewaffnete Angriffe hinausgehenden **umfassenden sicherheitspolitischen Konzept** vereinbart. Das **strategische Konzept** vom November 2010 hebt mit leichter Akzentverschiebung die primär regionale Rolle der Allianz hervor und betont die Bedeutung der internationalen Kooperation.[90]

1081 Diese „formlosen“ Vertragsänderungen sind völkerrechtlich wirksam (Rn. 125), müssen jedoch im **Einklang mit der UN-Charta** interpretiert und angewandt werden. Der NAV bringt verschiedentlich zum Ausdruck, dass sich die NATO in das Friedenssicherungssystem der UNO einfügt und den Vorrang der Verpflichtungen aus der UN-Charta nach Art. 103 UNCh respektiert: Gem. Art. 1 NAV verzichten die Vertragsparteien auf jede Anwendung oder Androhung von Gewalt, „die mit den Zielen der Vereinten Nationen nicht vereinbar ist“; das Recht zur kollektiven Selbstverteidigung wird in Art. 5 Abs. 1 NAV von einem bewaffneten Angriff im Sinne des Art. 51 UNCh abhängig gemacht; über alle Militärmaßnahmen ist (im Einklang mit Art. 51 S, 2 UNCh) nach Art. 5 Abs. 2 NAV der Sicherheitsrat unverzüglich zu unterrichten; Art. 7 NAV bestimmt, dass der Vertrag in keiner Weise die Rechte und Pflichten der NATO-Vertragsstaaten aus ihrer UNO-Mitgliedschaft berührt und die vorrangige Verantwortung des Sicherheitsrates für die Erhaltung des Weltfriedens und der internationalen Sicherheit respektiert.

---

89 Resolution 2337 (2017) v. 19.1.2017. Zur völkerrechtlichen Bewertung u. a. *D. N. Kaboré*, ECOWAS's Leadership in the 2016 Gambian Post-Electoral Crisis – Challenging the UNSC's Primacy in Providing for Peace?, AVR 56 (2018), 71; *M. Helal*, in: Ruys/Corten/Hofer (Hg.), The Use of Force in International Law, 2018, 912 sowie Rn. 102 m. w. N.

90 http://www.nato.int/lisbon2010/strategic-concept-2010-eng.pdf. Ein neuer *Enhanced Policy and Action Plan* (Sept. 2014) betont darüber hinaus das Thema *cyber defence*.

C. Individuelle und kollektive Selbstverteidigung

I. Das Selbstverteidigungsrecht im System der UN-Charta

Gemäß **Art. 51 UNCh** (vgl. auch Art. 21 ASR) beeinträchtigt die Charta „im Falle eines bewaffneten Angriffs gegen ein Mitglied der Vereinten Nationen keineswegs das naturgegebene Recht zur individuellen oder kollektiven Selbstverteidigung". Dieses Recht ist jedoch **subsidiär** (nachrangig) gegenüber den Friedenssicherungsbefugnissen des Sicherheitsrates und damit in das UN-Friedenssicherungssystem integriert: Es besteht nur, „bis der Sicherheitsrat die zur Wahrung des Weltfriedens und der internationalen Sicherheit erforderlichen Maßnahmen getroffen hat"; durch Maßnahmen, die den Angriff abwehren oder auf sonstige Weise beenden, kann der Sicherheitsrat die Sache also an sich ziehen, und das Selbstverteidigungsrecht beenden. Zudem ist der Sicherheitsrat über Selbstverteidigungsmaßnahmen sofort **zu unterrichten** (Art. 51 S. 2 UNCh).[91] Nicht jede Resolution unter Kapitel VII beendet das Recht zur Selbstverteidigung. Dieses Recht endet erst, wenn die „erforderlichen Maßnahmen" getroffen sind.[92] Was erforderlich ist, entscheidet der Sicherheitsrat nach seinem Ermessen. Dies ist zwingende Folge des Vorrangs multilateraler Maßnahmen nach der Charta. **1082**

Um die Begrenzungen des Art. 51 UNCh zu umgehen, wird teilweise angeführt, dass die Vorschrift kein Recht auf Selbstverteidigung gebe, sondern lediglich auf ein gewohnheitsrechtlich fundiertes (und wandelbares) Recht verweise, da vom **„naturgegebenen Recht"** *(„inherent right", „droit naturel")* die Rede sei. In der Tat baut Art. 51 UNCh seinem Wortlaut nach auf ein schon zuvor existierendes gewohnheitsrechtliches Selbstverteidigungsrecht. Der IGH hat im Nicaragua-Urteil 1986 zudem darauf verwiesen, dass Art. 51 UNCh nicht alle Einzelheiten eines solchen Rechts regle (z. B. was das Gebot der Verhältnismäßigkeit betrifft) und daher unter Rückgriff auf das Gewohnheitsrecht bestimmt werden müsse.[93] Art. 51 UNCh ist aber kein Blankettverweis ohne eigenen Regelungsgehalt. Er fügt das Selbstverteidigungsrecht in das UN-System ein und erkennt es ausdrücklich nur gegen „bewaffnete Angriffe" an. Der Versuch, „Selbstverteidigung" unter Berufung auf das gewohnheitsrechtliche Selbstverteidigungsrecht auch gegen andere Übergriffe als bewaffnete Angriffe zuzulassen, scheitert für UN-Mitglieder an der vertraglichen Bindung an Art. 51 UNCh. Für das gewohnheitsrechtliche Recht zur Selbstverteidigung hat der IGH im Nicaragua-Urteil i. Ü. festgestellt, dass es ebenfalls nur im Fall eines bewaffneten Angriffs gegeben ist; es geht somit über Art. 51 UNCh nicht hinaus.[94] **1083**

---

91 Zu der (ernüchternden) Praxis *D. Bosco*, Letters from the Front Lines: State Communications to the U.N. Security Council During Conflict, ColJTL 54 (2016), 341 (374 ff). Etwas vorschneller Schluss auf eine geringe normative Bedeutung der Berichtspflicht bei *J. Green*, The Article 51 Reporting Requirement for Self-Defense Actions, VJIL 55 (2015), 563.

92 ILA, Final Report on Aggression and the Use of Force (2018), 10.

93 IGH, Urteil v. 27.6.1986 (Nicaragua II), ICJ Rep. 1986, 14, § 176; siehe Anhang, Nr. 18.

94 IGH, Urteil v. 27.6.1986 (Nicaragua II), ICJ Rep. 1986, 14, §§ 193 ff. Vertiefend *W. Banks/E. Criddle*, Customary Constraints on the Use of Force, LJIL 29 (2016), 67.

II. Selbstverteidigungslage

1084 Das Recht zur Selbstverteidigung setzt eine **Selbstverteidigungslage** voraus, d. h. einen gegenwärtigen rechtswidrigen bewaffneten Angriff gegen das Territorium oder bestimmte Außenpositionen (Rn. 1097) des Staates.[95]

1. Bewaffneter Angriff

1085 Nicht jede Form der Gewaltanwendung, die gegen Art. 2 Nr. 4 UNCh verstößt, ist schon ein **bewaffneter Angriff**. Hierzu bedarf es eines koordinierten militärischen Schlags, der sowohl von seinem Ausmaß *(scale)* als auch von seinen Wirkungen *(effects)* her von erheblichem Gewicht ist.[96] Zur Konkretisierung wird meist die **Aggressionsdefinition** der UN-Generalversammlung[97] herangezogen. Als Angriffshandlungen definiert deren Art. 3 insbesondere:

- Invasion oder Besetzung durch fremde Streitkräfte (lit. a),
- Beschießung oder Bombardierung fremden Gebiets (lit. b),
- Blockade von Häfen und Küsten durch fremde Streitkräfte (lit. c),
- direkter militärischer Angriff auf fremde Streitkräfte (lit. d),
- Einsatz von Streitkräften, die sich zulässigerweise auf fremdem Staatsgebiet befinden, unter Verstoß gegen die Aufenthaltsbedingungen (lit. e),
- Dulden einer Angriffshandlung fremder Streitkräfte vom eigenen Territorium aus (lit. f),
- Entsenden bewaffneter Banden, Freischärler und Söldner, wenn deren Handlungen den genannten Handlungen vergleichbar sind (lit. g).

Zu beachten ist, dass der Begriff der „Angriffshandlung" *(act of aggression)* und der des „bewaffneten Angriffs" *(armed attack)* zwar eng verwandt, aber nicht vollständig deckungsgleich sind. Außerdem betrifft Art. 51 UNCh ein (nach der Charta eng auszulegendes) Recht zur unilateralen Gewaltanwendung, wogegen es in Art. 39 UNCh um die Legitimation multilateraler Sanktionen geht, bei denen das Missbrauchs- und Eskalationspotenzial weit geringer ist. Die Aggressionsdefinition liefert aber jedenfalls starke Indizien für die Auslegung auch von Art. 51 UNCh.

1086 Auch **computergestützte Angriffe** *(cyber attacks)* können bewaffnete Angriffe darstellen, wenn sie mit unwiderstehlicher Wirkung in Ausmaß und Wirkungen erhebliche Schäden verursachen.[98] Hier muss ein Vergleich mit konventionellen Angriffen stattfinden, d. h. es ist zu prüfen, ob die Aktion, wäre sie mit konventionellen Mitteln ausgeführt worden, als bewaffneter Angriff anzusehen wäre. Die allermeisten Vorfälle bleiben unterhalb der Schwelle des Art. 51 UNCh, und selbst oberhalb errichtet die meist schwer zu ermittelnde Urheberschaft dem Selbstverteidigungsrecht faktische

95 Zu Angriffen auf völkerrechtswidrig annektierte Gebiete *A. M. Amoroso*, The Israeli Strikes on Iranian Forces in Syria: a case study on the use of force in defence of annexed territories, EJIL Talk! (8.6.2018).

96 IGH, Urteil v. 27.6.1986 (Nicaragua II), ICJ Rep. 1986, 14, § 195; ILA, Final Report on Aggression and the Use of Force (2018), 5 ff. Eingehend *T. Ruys*, 'Armed Attack' and Article 51 of the UN Charter: Evolutions in Customary Law and Practice, 2010.

97 GA Res. 3314 (XXIX) v. 14.12.1974. Dazu auch Rn. 1044, 1056.

98 Vgl. Tallinn Manual 2.0: Rn. 1041, Regeln 71 ff.

Grenzen. Dabei gilt erst recht, dass rein netzintern bleibende Aktionen (*hacking*, Blockade, Computerabsturz) in aller Regel nicht erfasst sind.[99] Eine Ausnahme mag gelten, wo die militärische Computerinfrastruktur massiv angegriffen und die Kampfkraft in einem sich abzeichnenden bewaffneten Konflikt geschwächt wird.[100]

Unterhalb der Schwelle bewaffneter Angriffe sind Gewaltmaßnahmen im Sinne von Art. 2 Nr. 4 UNCh nach der Rechtsprechung des IGH mit friedlichen Mitteln zu beantworten.[101] Hierzu zählen insbesondere (gewaltfreie) Gegenmaßnahmen (Rn. 421). Nach anderer Auffassung soll bei Gewaltakten, die nicht Ausmaß und Wirkungen eines bewaffneten Angriffs besitzen, ein „kleines Selbstverteidigungsrecht" bzw. eine *forcible countermeasure* den Einsatz militärischer Gewalt unterhalb der Schwelle des Art. 51 UNCh nach Maßgabe strikter Verhältnismäßigkeit legitimieren.[102] Auch wenn die Verpflichtung zur gewaltlosen Reaktion dem von Gewalt betroffenen Staat einiges abverlangt, ist die Eskalationsgefahr („Gewaltspirale") zu bedenken, die in der Praxis von einem Reaktionsmodell mit „gleitenden Skalen" ausgeht. **1087**

Mit Formen **indirekter Aggression** (d. h. der Unterstützung bewaffneter Angriffe anderer) hat sich der IGH im Nicaragua-Fall auseinandergesetzt. Wie bei der Zurechnung von Gewaltakten zum Hintergrundstaat (Rn. 1042) führt der IGH einen doppelten Test durch, d. h. die Aktionen der unterstützten Banden usw. müssen nach Ausmaß und Wirkung einen bewaffneten Angriff darstellen (für die Aktionen der Contra-Rebellen in Nicaragua bejaht); auch die Unterstützungsleistung als solche muss eine höhere Schwelle überschreiten als bei der Zurechnung von Gewalt im Sinne von Art. 2 Nr. 4 UNCh. Erforderlich ist, dass der Staat im Hintergrund die bewaffneten Banden **„entsandt"** hat:[103] **1088**

In particular, it may be considered to be agreed that an armed attack must be understood as including not merely action by regular armed forces across an international border, but also "the sending by or on behalf of a State of armed bands, groups, irregulars or mercenaries, which carry out acts of armed force against another State of such gravity as to amount to" (inter alia) an actual armed attack conducted by regular forces, "or its substantial involvement therein". This description, contained in Article 3, paragraph (g), of the Definition of Aggression annexed to General Assembly resolution 3314 (XXIX), may be taken to reflect customary international law.

99 Vor Übertreibungen warnt daher mit Recht *T. Plate*, Völkerrechtliche Fragen bei Gefahrenabwehrmaßnahmen gegen Cyber-Angriffe, ZRP 2011, 200 (201 f). Siehe auch *T. Rid*, Cyber War Will Not Take Place, 2013.

100 Vgl. ILA, Final Report on Aggression and the Use of Force (2018), 25. Zu Computerangriffen als Gewalt i. S. v. Art. 2 Nr. 4 UNCh siehe Rn. 1041. Zum Selbstverteidigungsrecht *M. Hoisington*, Cyberwarfare and the Use of Force Giving Rise to the Right of Self-Defense, BCICLR 32 (2009), 439; *M. Roscini*, World Wide Warfare – Jus ad bellum and the Use of Cyber Force, MPUNYB 14 (2010), 85; *ders.*, Cyber Operations and the Use of Force in International Law, 2014, 69 ff; *P. R. Dev*, "Use of Force" and "Armed Attack" Thresholds in Cyber Conflict, TexasILJ 50 (2015), 379; *J.-C. Woltag*, Cyber Warfare, MPEPIL (8/2015). Generell kritisch *S. Hobe*, Einführung in das Völkerrecht, 10. Aufl. 2014, 298 (nicht „bewaffnet").

101 IGH, Urteil v. 27.6.1986 (Nicaragua II), ICJ Rep. 1986, 14, §§ 191, 195; Urteil v. 6.11.2003 (Oil Platforms; Iran *v.* United States of America), ICJ Rep. 2003, 161, § 51, *O. Dörr*, Kompendium völkerrechtlicher Rechtsprechung, 2. Aufl. 2014, Nr. 38.

102 Sondervotum *B. Simma* zum Urteil v. 6.11.2003 (Oil Platforms; Iran *v.* United States of America), ICJ Rep. 2003, 161, 324, §§ 12 ff. Zustimmend *M. Kowalski*, Original Sin Reaffirmed, PolYIL 36 (2016), 37.

103 IGH, Urteil v. 27.6.1986 (Nicaragua II), ICJ Rep. 1986, 14, § 195; siehe Anhang, Nr. 18.

1089 Für ein **„Entsenden“** reicht eine bloße Verwicklung in die Aktionen, die Finanzierung und Ausrüstung der Rebellen oder deren Unterbringung nicht aus; vielmehr müssen diese als **„verlängerter Arm“** des Staates im Hintergrund erscheinen, der die **Tatherrschaft** über die Aktionen der privaten Täter innehat (weiter gefasst ist die **„substanzielle Verwicklung“**). Im Nicaragua-Fall hat der IGH dies hinsichtlich der Unterstützung der Contra-Rebellen durch die USA verneint und dabei die folgende Abstufung vorgenommen (immer vorausgesetzt, die Aktionen der unterstützten Gruppen sind selbst schwer genug, um einen bewaffneten Angriff darstellen zu können):

- Finanzierung bewaffneter Gruppen: Verstoß gegen das Interventionsverbot
- Ausbildung, Ausrüstung mit Waffen usw.: Verstoß gegen das Gewaltverbot
- Entsenden, Steuerung oder Kontrolle: bewaffneter Angriff

Die Frage der Verwicklung von Staaten in private Gewaltaktionen spielt heute vor allem im Zusammenhang mit international operierenden Terroristen eine Rolle (Rn. 1120–1122). Ein weiteres Anwendungsfeld sind indirekte Cyberangriffe, die zwar weitgehend ähnlichen Regeln folgen dürften, bei denen aber eine gesteigerte Schwierigkeit besteht, die Urheber zu identifizieren.[104]

2. Rechtswidrigkeit

1090 Rechtswidrig ist der Angriff, wenn er nicht seinerseits eine völkerrechtlich gerechtfertigte Gewaltanwendung darstellt. Es gibt keine rechtmäßige Selbstverteidigung gegen einen Staat, der in Selbstverteidigung oder auf Grundlage eines Mandats nach Kapitel VII der UN-Charta handelt.[105]

3. Gegenwärtigkeit des Angriffs

1091 Wie das strafrechtliche Notwehrrecht auch ist Selbstverteidigung nur gegen einen gegenwärtig **noch andauernden Angriff** erlaubt. Das folgt aus der Zielrichtung des Selbstverteidigungsrechts. Dieses dient der Reaktion auf einen Angriff und gibt kein Recht zur Eröffnung eines Konflikts, und es dient der Angriffsabwehr, nicht der Bestrafung oder Vergeltung.[106] Aus diesem Grunde muss der abzuwehrende Angriff schon begonnen haben, und er darf noch nicht abgeschlossen sein.

1092 Trifft ein Angriff einen Staat unvorbereitet, wird man dem Angegriffenen angemessene Zeit für die **Vorbereitung eines Gegenschlages** zugestehen müssen. Hier kommt es auf die Art des Konflikts und die Umstände des Einzelfalles an. Auch bei der Frage, ob der Angriff nach einem ersten Schlag **noch fortdauert**, wird man differenzie-

104 Näher *H. Krieger*, Krieg gegen Anonymous: Völkerrechtliche Regelungsmöglichkeiten bei unsicherer Zurechnung im Cyberwar, AVR 50 (2012), 1; *N. Tsagourias*, Cyber Attacks, Self-Defence and the Problem of Attribution, JCSL 17 (2012), 229; *M. Roscini*, Evidencing Issues in International Disputes Related to State Responsibility for Cyber Operations, TexasILJ 50 (2015), 233.

105 Differenzierend *I. Bantekas*, The Permissibility of Defiance and Self-Defence Against Chapter VII Authorisations: When and Why, ARIEL 12 (2007), 3.

106 ILA, Final Report on Aggression and the Use of Force (2018), 3. Zur Vergeltungsrhetorik in Tweets von US-Präsident *Trump* kritisch *M. Milanovic*, President Trump admits US strike against Iran would have been illegal, EJIL Talk! (21.6.2019).

ren müssen: Bei dem konventionellen Angriff eines Staates auf einen anderen wird man regelmäßig annehmen können, dass es um die Eröffnung eines bewaffneten Konflikts geht. Liegen nicht deutliche Anzeichen dafür vor, dass es sich um eine vereinzelte Provokation handelt, wird man dem Angegriffenen nicht zumuten dürfen abzuwarten, ob noch ein zweiter Schlag folgen wird.[107] Schwieriger zu beurteilen ist die Lage, wenn mehrere vereinzelte Schläge Teil der Strategie des Gegners sind. Da eine solche Nadelstichtaktik typisch für Aktionen von Terroristen oder anderen bewaffneten Gruppen ist, wird hierauf im Zusammenhang mit der Terrorismusbekämpfung einzugehen sein (Rn. 1117–1119).

Bei der Frage, ob der **Angriff schon begonnen** hat, ist der zentrale Streitpunkt, inner- **1093**
halb welcher Grenzen eine **antizipatorische Selbstverteidigung** *(anticipatory self-defence)* zulässig ist. Der Wortlaut von Art. 51 UNCh scheint diese völlig auszuschließen *(„if an armed attack occurs")*. Dennoch sieht es die h. M. als unzumutbar an, dass ein Staat abwarten soll, bis er angegriffen wird, wenn der Gegner bereits zum Angriff ansetzt. Teils wird hier auf das gewohnheitsrechtliche Selbstverteidigungsrecht zurückgegriffen, teils wird Art. 51 UNCh so ausgelegt, dass das Selbstverteidigungsrecht schon dann besteht, wenn ein bewaffneter Angriff unmittelbar bevorsteht.[108] Ein solches Recht kann wegen der Missbrauchsgefahr jedoch nur in sehr engen Grenzen anerkannt werden. Zur Bestimmung dieser Grenzen wird meist auf die Formulierung des US-Außenministers *Daniel Webster* im Caroline-Fall zurückgegriffen (sog. **Webster-Formel**), wonach der Staat, der sich auf Selbstverteidigung beruft, nachweisen muss, dass der Angriff unmittelbar bevorstand, überwältigend war und dass keine Wahl der Mittel und keine Zeit für weitere Beratungen blieb:

It will be for that government to show a necessity of self-defence, instant, overwhelming, leaving no choice of means, and no moment for deliberation.

Fall: Caroline (1837)[109] Im Jahre 1837 bekämpften britische Truppen eine Rebellion in ihrer damaligen Kolonie Kanada. US-Bürger organisierten – ohne von ihrer Regierung direkt unterstützt zu werden – eine Privatmiliz, die mit dem Flussdampfer *Caroline* nach Kanada gebracht werden sollte. Noch auf der amerikanischen Seite des Niagaraflusses wurde die *Caroline* von britischen Soldaten erobert und zerstört. Die Verwicklung Großbritanniens wurde anlässlich des Strafverfahrens gegen einen der damals beteiligten Soldaten bekannt, der 1841 in New York festgenommen worden war. Die USA protestierten gegen die Missachtung ihrer Gebietshoheit (ein Gewaltverbot existierte Mitte des 19. Jahrhunderts noch nicht). Der Streit wurde in einem Briefwechsel zwischen den beiden Regierungen beigelegt. In einem Brief v. 24. April 1841 an den britischen Botschafter findet sich die berühmte Webster-Formel, die von der britischen Regierung akzeptiert wurde.

107 ILA, Final Report on Aggression and the Use of Force (2018), 11.

108 Zum Konzept der „imminence" *E. Wilmshurst*, Principles of International Law on the Use of Force by States in Self-Defence, ILP WP 05/01, Chatham House (10/2005), Nr. 4. Kritisch zur Praxis *C. Gray*, The Limits of Force, RdC 376 (2014), 93 (114): Leitend sei eher ein „window of opportunity".

109 Vgl. http://avalon.law.yale.edu/19th_century/br-1842d.asp. Dazu *C. Greenwood*, Caroline, The, MPEPIL (4/2009); *C. Kreß/B. Schiffbauer*, Erst versenkt, dann zu Völkerrecht erhoben, JA 2009, 611.

Gestattet sind danach allenfalls **Abfangschläge** gegen unmittelbar bevorstehende schwere bewaffnete Angriffe. Im Sechs-Tage-Krieg 1967 haben zahlreiche (aber beileibe nicht alle) Staaten ein Recht Israels zur präventiven Selbstverteidigung gegen die startbereite ägyptische Luftwaffe bekräftigt; der israelische Luftschlag gegen den im Bau befindlichen irakischen Atomreaktor Ossirac 1981 wurde dagegen vom UN-Sicherheitsrat als Verstoß gegen das Gewaltverbot verurteilt.[110] Die **Beweislast** für die Voraussetzungen präventiver Selbstverteidigung trägt der Staat, der sich auf das Selbstverteidigungsrecht beruft, um seinen Erstschlag zu legitimieren. Da das Selbstverteidigungsrecht in das UN-Friedenssicherungssystem eingebettet ist, ist der Sicherheitsrat nicht nur unverzüglich zu unterrichten (so ausdrücklich Art. 51 UNCh); es ist ihm gegenüber auch die Lage anhand von Tatsachen nachvollziehbar darzulegen.

1094 Erweiterte Möglichkeiten zum militärischen Erstschlag beanspruchte die sog. **Bush-Doktrin** (*National Security Strategy* der USA vom 20. September 2002).[111] **Vorbeugende Militäreinsätze** *(preemptive strikes)* sollten danach nicht erst auf unmittelbar bevorstehende Angriffe reagieren, sondern bereits Bedrohungslagen beseitigen. Insbesondere sollte die bloße Existenz von Massenvernichtungswaffen genügen, um einen Angriff zu legitimieren, ohne dass es konkreter Einsatzabsichten bedürfe. Die Größe einer möglichen Gefahr sollte die Schwelle zum Erstschlag reduzieren. In einer revidierten Fassung von 2006 wurde zwar der Vorrang der Diplomatie vor militärischen Mitteln ergänzt, der Anspruch auf vorbeugende Militärschläge aber nicht aufgegeben. Eine solche Doktrin dehnt den bewaffneten Angriff im Sinne einer Bedrohung für den Frieden aus und beansprucht unilaterale Eingriffsbefugnisse in Bereichen, die nach der UN-Charta dem Sicherheitsrat zugewiesen sind (Art. 24, 39 UNCh). Sie ist international auf Widerstand gestoßen und reflektiert nicht das geltende Völkerrecht.[112] Mit ihr ist zudem eine erhebliche Missbrauchsgefahr verbunden.

Hinweis: Die Terminologie kann verwirren: Bei der Webster-Formel geht es um Abfangschläge, die bei einer extensiven Interpretation noch als Selbstverteidigung gegen einen bewaffneten Angriff bezeichnet werden könnten. Die Diskussion hierüber wurde im Völkerrecht lange unter dem Schlagwort der „präventiven" Selbstverteidigung geführt. Die Bush-Doktrin geht hierüber weit hinaus, verwendet aber den Begriff der „Präemption", der vom Wortsinn her enger ist als derjenige der „Prävention". Z. T. werden daher die Begriffe auch genau andersherum – und eigentlich zutreffend – verwendet: „Präemption" für Abfangschläge, „Prävention" für das Ausschalten von Bedrohungen im Vorfeld möglicher Angriffe. Auch der Begriff der „anticipatory self-defence" ist von der Bush-Doktrin in Anspruch genommen worden.

In der Sicherheitsstrategie vom Mai 2010 hatte die US-Regierung unter Präsident *Obama* die Bush-Doktrin weitgehend aufgegeben.[113] Nicht zuletzt mit Blick auf das

110 Resolution 487 v. 19.6.1981. Zur Diskussion um mögliche israelische Luftschläge gegen iranische Atomreaktoren 2014 *J. Paust*, Armed Attacks and Imputation: Would a Nuclear Weaponized Iran Trigger Permissible Israeli and U.S. Measures of Self-defense?, GeorgeJIL 45 (2013/14), 411; *A. Sarvarian*, The Lawfulness of a Use of Force Upon Nuclear Facilities in Self-defence, JUFIL 1 (2014), 247; *P. Terry*, Nuclear Non-proliferation and "Preventive Self-defence", CYIL 51 (2013), 165.

111 Vgl. dazu u. a. *A. v. Arnauld*, Klausurenkurs im Völkerrecht, 3. Aufl. 2018, Fall 14.

112 Klare Ablehnung in: A More Secure World: Our Shared Responsibility, Bericht des High Level Panel on Threats, Challenges, and Change an den UN-Generalskretär v. 1.12.2004, Annex zu A/59/565, §§ 189 ff.

113 Zur Obama-Strategie *V. Pfisterer*, Die nationale Sicherheitsstrategie der Vereinigten Staaten von Mai 2010 – ein Bericht, ZaöRV 70 (2010), 735.

nordkoreanische Raketenprogramm scheint sich die von Präsident *Trump* geführte US-Regierung der unter *Bush* eingenommenen Position anzunähern, ohne diese als Doktrin zu formulieren. Auch die britische Regierung lässt in jüngster Zeit Sympathien für ein erweitertes Verständnis der „imminence" erkennen.[114]

III. Selbstverteidigungshandlung

Das Recht aus Art. 51 UNCh umfasst die **individuelle** (= durch den angegriffenen Staat selbst) wie die **kollektive** (= durch Unterstützung anderer Staaten, als Verteidigungsbündnis oder *ad hoc*) Selbstverteidigung. 1095

Aus der Zielrichtung des Selbstverteidigungsrechts folgt auch, dass das Recht nur die zur Abwehr erforderlichen Maßnahmen gestattet. Der IGH hat in seinem Atomwaffen-Gutachten den Grundsatz der **Verhältnismäßigkeit** für das Selbstverteidigungsrecht bekräftigt.[115] Dieser umfasst v. a. zwei Aspekte: 1096

- die Verteidigungsmittel müssen für den Angriff **erforderlich** sein, d. h. es darf kein milderes, gleich wirksames Mittel geben;
- Umfang und Auswirkungen des Gegenschlags dürfen **nicht außer Verhältnis** zum Erstschlag stehen.

Was erforderlich und angemessen ist, bestimmt sich objektiv nach rechtlichen Maßstäben. Die handelnden Staaten besitzen **keinen politischen Ermessensspielraum**.[116] Kriterien sind u. a. Art und Intensität des Angriffs, Bewaffnung, Ausrüstung und Art der Kampfführung des Angreifers, geopolitische Rahmenbedingungen (z. B. Beteiligung von Drittstaaten), eigene Schadensbilanz, zu erwartende Schäden beim Angreifer. Es gibt aber **keine strikte Symmetrie** zwischen Angriff und Reaktion.[117] Die Selbstverteidigung darf darauf zielen, den Angriff effektiv und endgültig zu beenden und muss auch nicht auf demselben waffentechnischen Niveau wie der Angriff erfolgen. Bei räumlich abgegrenzten Schlägen umfasst die Selbstverteidigung nur eine Abwehr in demselben räumlich begrenzten Rahmen. 1097

Fall: Unter Beschuss Kriegsschiffe der astarischen Marine eröffnen auf Hoher See das Feuer auf einen bromarischen Zerstörer. Daraufhin fliegt die bromarische Luftwaffe Angriffe auf die Hauptstadt Astariens und zerstört das Marineministerium. Handelt Bromarien im Einklang mit dem Völkerrecht?

Lösungshinweise: Der Angriff auf den Zerstörer ist als bewaffneter Angriff auf Bromarien im Sinne von Art. 51 UNCh zu werten (vgl. Art. 3 lit. d der Aggressionsdefinition). Bromarien ist daher zur Selbstverteidigung berechtigt. Es fragt sich aber, ob der Luftschlag zur Abwehr des Angriffs erforderlich war. Der Angriff fand auf Hoher See in einem abgegrenzten räumlichen Gebiet statt und war nicht Teil einer astarischen Großoffensive. Erforderlich

114 *M. Hakimi*, North Korea and the Law on Anticipatory Self-Defense, EJIL Talk! (28.3.2017), die etwas vorschnell das Recht hier „im Fluss" sieht. Zur Notwendigkeit eines breiten Staatenkonsenses zur Fortentwicklung des *ius contra bellum* siehe Rn. 1052.

115 IGH, Gutachten v. 8.7.1996 (Nuklearwaffen), ICJ Rep. 1996, 226, § 41; siehe Anhang, Nr. 21.

116 IGH, Urteil v. 6.11.2003 (Oil Platforms; Iran v. United States of America), ICJ Rep. 2003, 161, § 73.

117 ILA, Final Report on Aggression and the Use of Force (2018), 12.

wäre daher gewesen, unmittelbar gegen die astarischen Kriegsschiffe vorzugehen. Die Bombardierung der Hauptstadt ist ein unverhältnismäßiger Akt der Selbstverteidigung. Bromarien handelt rechtswidrig.

1098 Regelmäßig unvereinbar mit dem Verhältnismäßigkeitsgebot ist die Selbstverteidigung mit dem Ziel, die Regierung des Angreiferstaates zu stürzen (**regime change**), wie es die USA und ihre Verbündeten im Afghanistan-Krieg 2001 und im Irak-Krieg 2003 verfolgt haben. Oft dürfte es schon an der Erforderlichkeit einer solchen Maßnahme fehlen; im Rahmen der Angemessenheit ist der massive Eingriff in die innere Souveränität des betroffenen Staates zu berücksichtigen. Führt die feindliche Regierung einen auf Vernichtung des Gegners ausgerichteten „totalen Krieg" (wie z. B. Deutschland im Zweiten Weltkrieg), wird man eine Ausnahme von der Regel annehmen dürfen. Sollte der Sicherheitsrat es als Bedrohung für den Frieden im Sinne von Art. 39 UNCh ansehen, wenn die Regierung eines Staates länger im Amt bleibt, dürfte er auf Grundlage von Kapitel VII zum Sturz dieser Regierung legitimieren. Dies muss aber explizit geschehen.[118] Mit der Resolution 1973 (2011) z. B. hatte der Sicherheitsrat zwar das *Gaddafi*-Regime in Libyen politisch delegitimiert und mit (auch persönlich wirksamen) Sanktionen bedacht; einen *regime change* deckte diese Resolution allerdings nicht (Rn. 102).[119]

1099 Unverhältnismäßig ist wegen der erheblichen Auswirkungen regelmäßig der **nukleare Erstschlag** in Reaktion auf einen mit konventionellen Waffen geführten Angriff. Ein generelles Verbot des Einsatzes von Atomwaffen kennt das Völkerrecht jedoch nicht. Der IGH hat in seinem Gutachten von 1996 den Einsatz von Atomwaffen in Fällen extremer Bedrohung zur Selbsterhaltung des angegriffenen Staates für jedenfalls nicht völkerrechtlich verboten gehalten.[120]

D. Herausforderungen für das UN-Friedenssicherungssystem

I. Anpassungen des Systems: Anforderungen und Widerstände

1. Institutionelle Schwächen

1100 Ein zentrales Problem des UN-Friedenssicherungssystems ist praktisch seit Anbeginn das **Entscheidungsverfahren im Sicherheitsrat**. Das Vetorecht der fünf ständigen Mitglieder ist wiederholt als Blockadeinstrument einer einzelnen Vetomacht eingesetzt worden. Zwar ist das Gremium nicht jedes Mal als blockiert anzusehen, wenn

118 Vgl. *S. Wheatley*, The Security Council, Democratic Legitimacy and Regime Change in Iraq, EJIL 17 (2006), 531.

119 Vergleichende Fallstudie bei *H. Woolaver*, Pro-democratic Intervention in Africa and the 'Arab Spring', AfricanJIL 22 (2014), 161.

120 IGH, Gutachten v. 8.7.1996 (Nuklearwaffen), ICJ Rep. 1996, 226, § 105; siehe Anhang, Nr. 21. In diesem Punkt erging das Gutachten mit 7:7 Stimmen, den Ausschlag gab die Stimme des Präsidenten. Die unterlegenen sieben Richter hielten den Einsatz von Kernwaffen ausnahmslos für völkerrechtswidrig.

ein Antrag an einem Veto scheitert; zu Recht wird jedoch als Systemschwäche erkannt, dass der Sicherheitsrat sich gegenüber schwersten Menschenrechtsverletzungen während der Bürgerkriege in Ruanda (1994) und Jugoslawien (1997-1999), im Darfur-Konflikt (seit 2003) und in dem seit 2011 andauernden syrischen Bürgerkrieg nicht auf eine einheitliche und konsequente Haltung verständigen konnte (die nicht notwendigerweise in militärischem Eingreifen bestehen muss!)[121]. Das Vetorecht hat einen guten Grund, wenn es sicherstellt, dass Maßnahmen des Sicherheitsrates breite Akzeptanz in der Welt genießen. Dies aber setzt eine repräsentative Zusammensetzung des Gremiums voraus, die derzeit nicht gewährleistet ist.[122]

Dass der Sicherheitsrat seine Rolle als Hüter des Weltfriedens und der internationalen Sicherheit nicht so wahrnimmt, wie von der Charta vorgesehen, hat zu Verschiebungen im UN-Friedenssicherungssystem geführt. Das **Selbstverteidigungsrecht**, das nach der Charta formal subsidiär ist und eigentlich nur die ersten Selbstverteidigungshandlungen erfassen sollte, bis die UNO mit ihren Truppen zur Hilfe eilt, ist heute der **Regelfall** einer Reaktion auf zwischenstaatliche Gewalt.[123] Die Zurückdrängung unilateraler Gewalt ist also nur unvollkommen gelungen. Hinzu kommt, dass die spürbaren Einschränkungen des Rechts zur unilateralen Gewaltanwendung durch Art. 2 Nr. 4 UNCh von Staaten eher als unangemessen empfunden werden, wenn die multilateralen Mechanismen zur Krisenbewältigung nicht oder nur unzureichend funktionieren. Hieraus resultiert Druck, das Verbot restriktiver zu interpretieren oder Ausnahmen auszuweiten. 1101

Die berechtigte Kritik darf aber auch nicht Erfolge und die **beachtlichen Anpassungsleistungen** des UN-Systems außer Acht lassen. Der Sicherheitsrat hat in den Jahren nach 1990 immer wieder Handlungsfähigkeit auch in Krisen unter Beweis gestellt. Der Übergang zu einem positiven Friedensbegriff bringt Konfliktursachen in den Zugriffsbereich der UNO. Vor allem im Bereich von *peacekeeping*, *peacebuilding* und Gewaltprävention ist eine Ausweitung des Instrumentariums zu verzeichnen. Dies ermöglicht problemorientierte Lösungen. Dennoch bleiben Defizite, die abzustellen nicht leicht fällt. Eine Änderung der UNCh ist kaum zu erwarten, v. a. wenn sie das Vetorecht betreffen sollte. Als Königsweg mag eine stärkere Einbeziehung von **Regionalorganisationen** erscheinen; hier bleibt aber die Anbindung an den Sicherheitsrat erhalten. Ob diese ohne Vertragsänderung gelockert werden kann (z. B. durch eine in Inhalt, Zweck und Ausmaß bestimmte generelle Delegation der Sanktionsbefugnisse unter Widerrufsvorbehalt), wird man abwarten müssen. 1102

121 Positiver die Einschätzung von *C. Stahn*, Between Law-breaking and Law-making: Syria, Humanitarian Intervention and "What the Law Ought to Be", JCSL 19 (2014), 25, zu Syrien: Hier habe die Drohung der USA mit einem unilateralen Vorgehen Einigkeit über die Vernichtung der syrischen C-Waffen erzielt (vgl. Res. 2118 v. 27.9.2013).

122 Vgl. *J. Katz Cogan*, Representation and Power in International Organization: The Operational Constitution and Its Critics, AJIL 103 (2009), 209. Zu den Reformüberlegungen Rn. 163–165.

123 Vertiefend *S. Graf v. Kielmansegg*, An der Nahtstelle der Friedensordnung: Bedeutung und Grenzen des Selbstverteidigungsrechts im System kollektiver Sicherheit, AVR 50 (2012), 285.

2. UN-System und sich wandelnde Konfliktarten

1103 Das UN-Friedenssicherungssystem mit seinen drei Komponenten – Gewaltverbot, Selbstverteidigung, kollektive Zwangsmaßnahmen nach Kapitel VII – geht vom Typus des **konventionellen zwischenstaatlichen bewaffneten Konflikts** aus. Dieser entspricht immer weniger den Konflikten seit 1945. Veränderungen betreffen insbesondere:

- **Massenvernichtungswaffen:** Das erhebliche Zerstörungspotential von A-, B- und C-Waffen verlangt nach Handeln im Vorfeld, um Bedrohungen frühzeitig auszuschalten, was Anliegen der Bush-Doktrin war;[124]
- **asymmetrische Konflikte** zwischen privaten Gruppen und Staaten bereiten Schwierigkeiten bei der Anpassung an das bzw. der Abgrenzung zum Selbstverteidigungsrecht;[125]
- **interne Konflikte**, meist hervorgerufen durch ethnische oder religiöse Spannungen, fordern die im Westfälischen System kategorische Unterscheidung von externem und internem Konflikt heraus und werfen die Frage nach zulässigen Interventionen auf;[126]
- **neue Konfliktursachen:** Der Zugang zu Rohstoffen, zu Energiequellen und – verschärft durch den Klimawandel – zu Wasser wird zur Ursache von Konflikten werden; der Klimawandel wird zudem eine verstärkte Migration zur Folge haben, die ihrerseits Konflikte auslösen kann.[127]

1104 Solchen Entwicklungen muss man differenziert und mit Augenmaß begegnen. Dass all diese Phänomene zusammenhängen, darf nicht zu einer pauschalen **„Verrechnung" von Sicherheitsrisiken** führen. Ein nicht ungefährlicher Trend lässt sich an Sicherheitsstrategien ablesen, die Politikbereiche wie Migration, Entwicklung, Energieversorgung oder Klimawandel in ein Konzept „vernetzter Sicherheit" einfügen, das auch militärische Lösungen einschließt. Auf eine diffuse Bedrohung wird mit diffusen Konzepten reagiert.[128] Hier ist es am Recht, namentlich am Völkerrecht, auf einer **Differenzierung der Maßstäbe und Mittel** zu beharren. Fragt man sich, wie der Einsatz bewaffneter Gewalt zur Unterbindung von Migration, zur Bekämpfung des Klimawandels oder zur Sicherung der nationalen Energieversorgung konkret aussehen soll, zeigt sich schnell das Problematische solcher rhetorischer Figuren.

1105 Die Schwierigkeit besteht darin, den **legitimen Selbsterhaltungsinteressen** der Staaten Rechnung zu tragen, ohne das Gewaltverbot auszuhöhlen: Der Rückfall in die Zeit vor dem Gewaltverbot hätte verheerende Folgen. Aus diesem Grunde ist eine

---

124 Zur Bush-Doktrin Rn. 1094, zu multilateralen Ansätzen Rn. 1154–1159.

125 Vgl. insbesondere Rn. 1117–1131 zum Terrorismus.

126 Zur sog. humanitären Intervention Rn. 1136–1150.

127 Vgl. *S. M. Christiansen*, Climate Conflicts, 2015; *D. Dam-de Jong*, International Law and Governance of Natural Resources in Conflict and Post-Conflict Situations, 2015. Zur strategischen Kontrolle über die Wasserversorgung als Kampfstrategie des „Islamischen Staates" *T. v. Lossow*, Der Kampf um die Dämme: Die Kontrolle des Wassers in Syrien und im Irak, ZeFKo 5 (2016), 96.

128 Siehe z. B. Europäischer Rat, Ein sichereres Europa in einer besseren Welt: Europäische Sicherheitsstrategie v. 12.12.2003. Kritisch gegenüber solchen Tendenzen *S. Jaberg*, Wehe, wehe, wehe, wenn ich auf das Ende sehe…: Zur Begründung eines friedenswissenschaftlichen Standpunkts zum Norm-Empirie-Problem bei Auslandseinsätzen der Bundeswehr, in: Jaberg u. a. (Hg.), Auslandseinsätze der Bundeswehr, 2009, 295.

Veränderung der Reaktionsmöglichkeiten so weit wie irgend möglich **im Rahmen der UN-Charta** als einer lebendigen Verfassung *(living constitution)* der Weltgemeinschaft zu suchen. Unilaterale Gewaltanwendungen ohne Rückendeckung der UNO bergen stets Missbrauchsgefahr. Auch dort, wo sie im Einzelfall Zustimmung verdienen oder zu verdienen scheinen (z. B. humanitäre Interventionen), ist kritisch nach der **Generalisierbarkeit** zu fragen, d. h. danach, ob das Beispiel Schule machen sollte. Auf Basis der souveränen Gleichheit der Staaten muss eine neue Völkerrechtsregel, sollte sie entstehen, für und gegen jeden Staat der Erde gelten.[129] Außerdem ist das angelsächsische Rechtssprichwort zu bedenken: *hard cases make bad law* – schwierige Grenzfälle eignen sich schlecht als Basis für eine neue allgemeine Regel. Dies gilt auch für das Völkerrecht.

Das Völkerrecht wird auf neuartige Bedrohungen gewiss reagieren müssen; es sollte **1106** aber nicht vorschnell abgetan werden, um vermeintlichen Geboten der Stunde zu gehorchen. Angesichts des zentralen Stellenwerts des Gewaltverbots für die Völkerrechtsordnung nach 1945 müssen Ausweitungen des Rechts zu einzelstaatlicher Gewaltanwendung auf **breiten internationalen Konsens** gestützt sein und dürfen auf keinen nennenswerten Protest stoßen. Dies entspricht dem Charakter des Gewaltverbots als zwingendes Völkerrecht *(ius cogens)* (Rn. 1052). Bedenklich sind Vorschläge, die in „Grauzonen" von einer „geminderten Rechtswidrigkeit" ausgehen, um einen Staat und seine Staatsorgane von den Rechtsfolgen ihres Handelns zu entlasten.[130] Die Rede von „Grauzonen" bedeutet meist nur, dass ein Handeln zwar illegal ist, man sich aber wünschte, es wäre legal. Den Rechtsbrecher aus seiner Verantwortung zu entlassen – so untadelig die Motive im Einzelfall auch sein mögen – übersieht die Notwendigkeit von Tabugrenzen im Recht: Ohne sie führt der Weg auf abschüssige Bahn.[131]

Eine wiederkehrende Schwierigkeit, die auch Ursache zahlreicher Meinungsverschie- **1107** denheiten ist, liegt in der Unbestimmtheit und **Deutungsoffenheit der internationalen Praxis**. So erkennt etwa der UN-Sicherheitsrat aus Anlass eines schweren Terroranschlags im konkreten Fall das Recht des betroffenen Staates zur Selbstverteidigung an, lässt aber offen, unter welchen Voraussetzungen ein solches Recht existieren kann, gegen wen es gerichtet ist (gegen die Terroristen oder einen Unterstützerstaat?), ob der Gegenschlag auf einen schweren Anschlag reagieren darf oder der Verhütung konkret bevorstehender weiterer Anschläge dienen muss, usw.[132] Auch die Aktionen und Reaktionen von Staaten lassen nicht immer eine klare Rechtsauffassung erkennen. Aufgabe der Völkerrechtswissenschaft ist es hier, Ereignisse und Erklärungen in ein stimmiges Verhältnis zur UN-Charta zu bringen und Konkretisierungen und Fortbildungen des Völkerrechts von Rechtsbrüchen zu trennen.

129 Die Proliferation von Waffen mit hoher Zerstörungswirkung entkräftet auch das Argument, wonach ohnehin nur wenige Staaten zur Durchführung größerer Militäroperationen in der Lage seien.

130 So *M. Herdegen*, Völkerrecht, 17. Aufl. 2018, § 34 Rn. 4.

131 Lesenswert dazu, am Beispiel der Menschenwürdegarantie, *R. Poscher*, „Die Würde des Menschen ist unantastbar", JZ 2004, 756.

132 Vgl. Resolution 1368 v. 12.9.2001. Zu Mehrdeutigkeiten der Resolution 2249 v. 20.11.2015 siehe Rn. 1059.

II. Internationaler Terrorismus

1. Terrorismus und Völkerrecht

a) Terrorismus und der „Krieg gegen den Terror"

1108 Neue Formen des grenzüberschreitenden Terrorismus stellen internationale Politik und Völkerrecht vor neue Herausforderungen. Bei allem Verständnis für das Bedürfnis nach Sicherheit – zu warnen ist vor dem Irrglauben, „Sicherheit" in einem umfassenden Sinne könne es überhaupt geben; es kann immer nur um eine Beseitigung konkreter Gefahren und um die Minimierung bekannter Risiken gehen. Zu warnen ist auch vor undifferenzierten Bedrohungsszenarien und Sicherheitskonzepten. Zwischen den verschiedenen **Erscheinungsformen des Terrorismus** bestehen z. T. erhebliche Unterschiede, denkt man nur an die Anschläge von New York und Washington 2001, die beinahe alltäglichen Selbstmordattentate im Irak oder in Afghanistan, militärische Operationen der Terrormilizen „Islamischer Staat" und „Boko Haram" oder neue Formen des „Cyber-Terrorismus". Wieder andere Erscheinungsformen finden sich im nationalen Terrorismus (der seinerseits ebenfalls häufig international vernetzt ist). Die allzu markige Rede vom **„Krieg" gegen „den" Terrorismus** verschleiert also mehr, als dass sie verdeutlicht.

1109 Dementsprechend bereitet eine international konsensfähige und verbindliche **Definition des Terrorismus** seit langer Zeit Schwierigkeiten.[133] Im Kern steht das landläufig bekannte Problem, dass für den einen Terrorist ist, wer für den anderen Freiheitskämpfer ist. Seit 2000 befasst sich auf UN-Ebene ein Ad-hoc-Komitee mit dem Entwurf einer umfassenden Terrorismus-Konvention *(Comprehensive Convention on International Terrorism)*. Der erste (heftig umstrittene) Entwurf von 2002, versucht in Art. 2 folgende Begriffsbestimmung:[134]

(1) Any person commits an offence within the meaning of this Convention if that person, by any means, unlawfully and intentionally, causes:

(a) Death or serious bodily injury to any person; or

(b) Serious damage to public or private property, including a place of public use, a State or government facility, a public transportation system, an infrastructure facility or the environment; or

(c) Damage to property, places, facilities, or systems referred to in paragraph 1 (b) of this article, resulting or likely to result in major economic loss,

when the purpose of the conduct, by its nature or context, is to intimidate a population, or to compel a Government or an international organization to do or abstain from doing an act.

---

133 Statt vieler und m. w. N. *R. Grozdanova*, "Terrorism": Too Elusive a Term for an International Legal Definition?, NILR 61 (2014), 305; *A. Greene*, Defining Terrorism: One Size Fits All?, ICLQ 66 (2017), 411; *B. Saul*, Defining Terrorism: A Conceptual Minefield, in: Chenoweth u. a. (Hg.), The Oxford Handbook on Terrorism, 2019, 34.

134 Annex II zu UN-Dok. A/57/37; ähnlich, beschränkt auf Straftaten gegen Personen, S/RES/1566 v. 8.10.2004. Die UN-Generalversammlung hat die Einsetzung einer Arbeitsgruppe empfohlen, um in die festgefahrene Diskussion Bewegung zu bringen: A/RES/72/123 v. 18.12.2017, § 25.

Diese Definition orientiert sich allein an den Mitteln der Terroristen. Dies stößt auf Kritik einiger Staaten, die verlangen, dass nach den Motiven der Gewaltanwendung differenziert werden müsse, um (aus ihrer Sicht) Widerstands- und Freiheitskämpfer vom Begriff des Terrorismus auszunehmen.[135] In einer Erklärung vom 11. Januar 2002 betonten Gelehrte der Islamischen Weltliga *(Muslim World League)* die Unterscheidung von Terrorismus (arabisch: *irhab*) und *jihad* als „das Bestreben zur Beendigung von Ungerechtigkeit, zur Herstellung von Recht und zur Sicherung von Frieden" und definierten Terrorismus als „jede ungerechtfertigte Aggression gegen menschliche Wesen, ausgeführt von Individuen, Gruppen oder Staaten".[136] Nach einer solchen Definition soll die Besatzungspolitik Israels terroristisch sein und den Palästinensern das Recht zum legitimen Widerstand zustehen. Das weithin ratifizierte (188 Staaten; Stand: Juni 2019) Terrorismusfinanzierungs-Übereinkommen von 1999 nimmt in Art. 2 Abs. 1 lit. b eine zweckneutrale Definition vor, gegen die mehrere Staaten jedoch Vorbehalte eingelegt haben.

Angemessener ist der Weg einer solchen **zweckneutralen Definition**: Es ist das Mittel, Angst und Schrecken unter der unbeteiligten Bevölkerung zu verbreiten, das Ächtung verdient. Auch führt jeder Versuch, „gerechte" Anschläge zu legitimieren, in das Dilemma der *iusta causa* in der Doktrin gerechter Kriege. Die **Motive** spielen aber eine Rolle für die Frage der **angemessenen Reaktion**. Die richtige Therapie setzt voraus, dass man gegen die Ursachen vorgeht und sich nicht allein anhand pauschal benannter Symptome orientiert. Auch wenn Gegengewalt in bestimmten Situationen unumgänglich sein kann: Ein allgemeiner *„war on terrorism"* wird die Probleme nicht lösen können.[137] **1110**

b) Völkerrechtliche Verträge gegen internationalen Terrorismus

Bei Anschlägen von Terroristen handelt es sich in aller Regel um **private Gewaltakte**. Sofern diese keinem Staat nach den Grundsätzen der indirekten Gewalt bzw. der indirekten Aggression zugerechnet werden können, greift der Gedanke der Mediatisierung des Einzelmenschen: Um dessen Taten unterbinden bzw. bestrafen zu können, werden die Staaten völkerrechtlich in die Pflicht genommen. Der Terrorist selbst ist nach traditionellem Verständnis nicht Adressat völkerrechtlicher Regelungen (siehe aber Rn. 1123–1125). **1111**

Diesem Muster des **„Überwachens und Strafens"** folgen die meisten Konventionen zur Bekämpfung terroristischer Anschläge, z. B. das Abkommen von Tokio über strafbare und bestimmte andere an Bord von Luftfahrzeugen begangene Handlungen (1963), die Diplomatenschutzkonvention (1973), das Internationale Übereinkommen gegen Geiselnahme (1979), das Übereinkommen über terroristische Bombenattentate

135 Vgl. z. B. Kuala Lumpur Declaration On International Terrorism der Außenminister der Konferenz Islamischer Staaten v. 1.4.2002, Annex II zu A/56/911-S/2002/362.

136 Dazu m. w. N. *H. Mattes*, Die politischen Auswirkungen des „11. September" in Nordafrika, Nord-Süd aktuell 15 (2002), 85 (90). Siehe auch *M. C. Bassiouni*, Evolving Approaches to Jihad: From Self-defense to Revolutionary and Regime-Change Political Violence, ChiJIL 8 (2007), 119; *Ö. Bakircioglu*, A Socio-Legal Analysis of the Concept of Jihad, ICLQ 59 (2010), 413.

137 Vgl. auch *G. De Kerchove/C. Höhn*, Counter-Terrorism and International Law Since 9/11, Including in the EU-US Context, YIHL 16 (2013), 267. Siehe auch Rn. 1131.

(1997), das Internationale Übereinkommen gegen die Finanzierung des Terrorismus (1999), das Internationale Übereinkommen gegen Akte des nuklearen Terrorismus (2005); auf Ebene des Europarates zu nennen ist das Übereinkommen zur Verhütung des Terrorismus von 2005.[138] Insbesondere die neueren Konventionen erlegen den Vertragsstaaten hinsichtlich der Verhütung weiter gehende Pflichten auf, als dies nach allgemeinem Gewohnheitsrecht im Rahmen der *due diligence* (Rn. 409) der Fall wäre. Typisch ist dabei der **sektorale Ansatz**, der bestimmte Tatumstände oder Ziele herausgreift und so das Problem der Konsensbildung hinsichtlich einer allgemeinen Definition umgeht (zum Terrorismusfinanzierungs-Übereinkommen Rn. 1109).

2. Vereinte Nationen und internationaler Terrorismus

1112 Die Aktivitäten der UNO gegen Akte des internationalen Terrorismus lassen sich in mehrere Phasen einteilen.[139] In einer ersten Phase (1970-1990) nahm sich v. a. die Generalversammlung des Themas an. Schwerpunkte waren das Spannungsverhältnis zwischen Terrorismus und Befreiungsbewegungen sowie der staatszentierte Terrorismus. Ab 1990 schaltete sich der Sicherheitsrat vermehrt unter Kapitel VII UNCh handelnd ein, insbesondere gegen Libyen als Unterstützerstaat. Während der Sicherheitsrat in seiner Praxis selektiv verfuhr, bemühte sich die Generalversammlung um einen umfassenderen Ansatz, der v. a. in seinen Erklärungen zur Beseitigung des internationalen Terrorismus von 1994 und 1996 zum Ausdruck kam.[140] Daneben förderte die Generalversammlung die Ausarbeitung neuer sektoraler Verträge gegen Terrorakte.

1113 Die Terroranschläge vom 11. September 2001 rückten das Taliban-Regime in Afghanistan und das von diesem unterstützte Terrornetzwerk Al-Qaida in den Fokus des Sicherheitsrates.[141] Seitdem hat der Sicherheitsrat wiederholt zum Ausdruck gebracht, dass er in bestimmten Formen des internationalen Terrorismus eine **Bedrohung für den Weltfrieden und die internationale Sicherheit** sieht.[142] Dass Ursache dieser Bedrohung nicht (jedenfalls nicht primär) das Verhalten eines Staates ist, sondern das von Privatpersonen, verändert die Reaktionen der UNO. Im Bereich nichtmilitärischer Sanktionen verhängt der UN-Sicherheitsrat zunehmend gezielte Sanktionen *(targeted sanctions)*, um v. a. Gelder von Privatpersonen oder Unternehmen einzufrieren, die im Verdacht stehen, Terroristen zu finanzieren (Rn. 1058).

1114 Unmittelbar nach den Anschlägen vom 11. September 2001 hat der Sicherheitsrat in den Res. 1368 (2001) und 1373 (2001) anerkannt, dass den USA wegen der Anschläge das **Recht zur Selbstverteidigung** zustehe, was international auf Zustimmung stieß; auch der NATO-Rat hat in Übereinstimmung damit den Bündnisfall festgestellt. Damit ist geklärt, dass Anschläge von solcher Art das Selbstverteidigungsrecht auslösen können, aber noch nicht, gegen wen Selbstverteidigung geübt werden kann (Rn. 1120–1128).

---

138 BGBl. 2011 II 300.

139 Zum Folgenden *S. Schmahl*, Maßnahmen der UNO zur Bekämpfung des internationalen Terrorismus, in: Odendahl (Hg.), Die Bekämpfung des Terrorismus mit Mitteln des Völker- und Europarechts, 2017, 109.

140 A/RES/49/60 v. 9.12.1994, A/RES/51/210 v. 17.12.1996. Dazu UN-AVL (Einführung vn *R. Perera*): http://legal.un.org/avl/ha/dot/dot.html.

141 Vgl. zuvor bereits Resolution 1267 v. 15.10.1999, Resolution 1333 v. 19.12.2000.

142 Deutlich auch in Resolution 2249 v. 20.11.2015 gegen die Terrormiliz „Islamischer Staat“.

Von einer solchen Anerkennung gehen selbst keine Rechtswirkungen aus. Das Recht auf Selbstverteidigung ist als „naturgegebenes" Recht nicht von einer Verleihung durch den Sicherheitsrat abhängig; umgekehrt kann der Sicherheitsrat auch nicht von den Voraussetzungen der Selbstverteidigung dispensieren. Liegen deren Voraussetzungen nicht vor, bedarf es einer ausdrücklichen Ermächtigung durch den Sicherheitsrat unter Kapitel VII, um militärische Gegenschläge zu legitimieren.[143] Eine Lockerung der Voraussetzungen für Selbstverteidigungshandlungen gelingt nicht über den Sicherheitsrat, sondern nur über die internationale Gemeinschaft als Ganze (Rn. 1052).

Mit der **Resolution 1373 (2001)** hat der Sicherheitsrat am 28. September 2001 die UN-Mitglieder außerdem zur Zusammenarbeit in der Terrorbekämpfung aufgefordert **1115**
und in § 2 die diesbezüglichen Pflichten aller Staaten – in Anlehnung an die sektoralen Konventionen – konkretisiert.[144] Dazu zählen das Verbot der Unterstützung (lit. a) und Beherbergung (lit. c) von Terroristen, die Verhütung (im Rahmen des Möglichen, lit. b, d, g) und Verfolgung (lit. e) terroristischer Anschläge sowie die Zusammenarbeit mit anderen Staaten bei der Terrorismusbekämpfung (lit. b, f). Eine eigene Definition enthält die Resolution nicht. Mit **Resolution 2178 (2014)** hat der Sicherheitsrat diese Staatenpflichten bekräftigt und auf das Phänomen des „Terror-Tourismus" (**Foreign Terrorist Fighters**, FTF) hin konkretisiert.[145]

In jüngerer Zeit ist die Politik der Terrorismusbekämpfung in der UNO von einem **1116**
Bestreben um Kohärenz und menschenrechtliche Bindung geprägt; treibende Kräfte sind hier die Generalversammlung und das Generalsekretariat. Grundlage ist die bereits 2006 von der Generalversammlung beschlossene **UN Global Counter-Terrorism Strategy**.[146] Deren vier Säulen widmen sich: (1) Ursachen und Bedingungen der Ausbreitung von Terrorismus; (2) Maßnahmen zur Vorbeugung und Bekämpfung; (3) Aufbau staatlicher und internationaler Kapazitäten; (4) Einhaltung menschenrechtlicher und rechtsstaatlicher Grundsätze bei der Terrorismusbekämpfung.

Die institutionelle Struktur ist komplex: Neben dem *Counter-Terrorism Committee* (2001 vom Sicherheitsrat eingesetzt) stehen die *Counter-Terrorism Implementation Task Force* (2005), das *UN Counter Terrorism Centre* (2012) und das *Office of Counter-Terrorism* (2017, alle beim Generalsekretariat) sowie der UN-Sonderberichterstatter zur Förderung und zum Schutz der Menschenrechte und Grundfreiheiten im Kampf gegen den Terrorismus (2005, beim Menschenrechtsrat).

3. Terrorismus und Selbstverteidigung

a) Vorliegen eines gegenwärtigen bewaffneten Angriffs

Dass Terroranschläge ohne weiteres von **Inhalt und Ausmaß** her als bewaffnete An- **1117**
griffe gelten können, haben Anschläge wie die von New York und Washington 2001 oder von Madrid 2004 vor Augen geführt. Oft werden terroristische Attentate aber

143 Vgl. *P. Starski*, "Legitimized Self-Defense" – Quo Vadis Security Council?, EJIL: Talk! (10.12.2015).

144 Zum Streit über die Bindungswirkung dieser Resolution Rn. 156.

145 Resolution 2178 v. 24.9.2014. Auch diese Resolution meidet eine Definition des „Terrorismus".

146 A/RES/60/288 v. 8.9.2006. Nähere Informationen unter http://www.un.org/en/counterterrorism/index.shtml.

unterhalb der Schwelle des bewaffneten Angriffs bleiben. Hier stellt sich die Frage, ob mehrere solcher Anschläge zu einem einzigen bewaffneten Angriff zusammengerechnet werden können. Israel hat in den 1980er Jahren versucht, sein Vorgehen gegen die PLO auf diese Weise zu rechtfertigen (über eine *accumulation of events*). Der UN-Sicherheitsrat hat es aber mehrfach abgelehnt, in den wiederholten Attentaten der PLO einen bewaffneten Angriff im Rechtssinne zu sehen, gegen den Israel das Recht der Selbstverteidigung hätte.[147]

1118 Eine solche Nadelstichtaktik ist aber auch unter dem Gesichtspunkt der **Gegenwärtigkeit des Angriffs** schwierig in das herkömmliche Konzept der Selbstverteidigung einzupassen. Für Terroranschläge als Kampfform in einem asymmetrischen Konflikt ist es gerade typisch, dass sie punktuell, „aus dem Nichts heraus" erfolgen – und danach beendet sind. Sie sind nicht Vorboten einer nachfolgenden Offensive. Verklammert man die einzelnen Schläge nicht zu einem noch andauernden Gesamtangriff, bleibt nur die Rechtfertigung nach den engen Maßstäben der **präventiven Selbstverteidigung**: Hier muss nachgewiesen werden, dass ein neuerlicher Anschlag unmittelbar bevorsteht und nicht auf andere Weise abgewehrt werden kann – oder man lockert für die Bekämpfung von Terroristen die Voraussetzungen antizipatorischer Selbstverteidigung.

1119 Den Weg über eine Verklammerung versucht die Doktrin des **„consistent pattern of violent terrorist action"**.[148] Ob die tendenziell größere Bereitschaft der internationalen Gemeinschaft, bei Anschlägen, die sich nicht aus einer Besatzungssituation heraus ergeben,[149] ein Selbstverteidigungsrecht zuzulassen, als Bestätigung dieses Ansatzes zu deuten ist, lässt sich nicht mit Bestimmtheit sagen. Für eine solche Verknüpfung einzelner Aktionen spricht, dass nur so das Selbstverteidigungsrecht an die Eigenart terroristischer Strategien angepasst werden kann, dagegen, dass hierdurch der Charakter des Selbstverteidigungsrechts verändert wird. Jedenfalls wird man **konkrete Nachweise** verlangen müssen, dass bestimmte Aktionen zusammenhängen und weitere Gefahr droht. Wer darauf verzichtet[150], plädiert für einen zeitlich wie räumlich entgrenzten Verteidigungszustand, weil immer irgendwo auf der Welt irgendein Terrorist irgendeinen Anschlag plant. Die 2001 von US-Präsident Bush ausgerufene Operation „Enduring Freedom" hat dies vor Augen geführt;[151] ihre offizielle Beendi-

147 Resolution 490 v. 21.7.1981; Resolution 501 v. 25.2.1982; Resolution 509 v. 6.6.1982.

148 Dazu jüngst *C. Dau*, Die völkerrechtliche Zulässigkeit von Selbstverteidigung gegen nichtstaatliche Akteure, 2018, 106 ff, 177 ff. Kritisch *C. Meiser/C. v. Buttlar*, Militärische Terrorismusbekämpfung unter dem Regime der UN-Charta, 2005, 76 ff.

149 Hiernach differenziert der IGH, Gutachten v. 9.7.2004 (Legal Consequences of the Construction of a Wall in the Occupied Palestinian Territory), ICJ Rep. 2004, 136, § 139; siehe Anhang, Nr. 26.

150 So *D. Bethlehem*, Self-Defense Against an Imminent or Actual Armed Attack by Nonstate Actors, AJIL 106 (2012), 769 (776), in Nr. 8 seiner 16 Prinzipien: „The absence of specific evidence of where an attack will take place, or of the precise nature of an attack does not preclude a conclusion that an armed attack is imminent […]." Kritisch *D. Akande/T. Liefländer*, Clarifying Necessity, Imminence, and Proportionality in the Law of Self-Defense, AJIL 107 (2013), 563. Zur weiteren Kritik an *Bethlehems* Prinzipienkatalog vgl. AJIL 107 (2013), 378 ff und 563 ff.

151 *C. Gray*, International Law and the Use of Force, 4. Aufl. 2018, 231 ff; *dies.*, The Limits of Force, RdC 376 (2014), 93 (115) („war of revenge"); *C. Tams*, The Use of Force against Terrorists, EJIL 20 (2009), 359 (390); *C. Schaller*, Operation Enduring Freedom und das Recht auf Selbstverteidigung gegen Terroristen, FW 86/3-4 (2011), 111 (132); *J. Thimm*, Vom Ausnahmezustand zum Normalzustand: Die USA im Kampf gegen den Terrorismus, SWP-Studie 2018/S16 (8/2018).

gung im Dezember 2014 hat freilich nicht zu einem Ende der gezielten Tötungen mittels Drohnenangriffen (dazu Rn. 1224–1228) geführt, die von der US-Regierung noch immer auf ein Selbstverteidigungsrecht gestützt werden.[152]

Bei der Bekämpfung des **„Islamischen Staates"** in den von ihm eroberten Territorien gilt bzw. galt eine vergleichbare Gefahr der Entgrenzung zwar nicht. Gleichwohl kann man aus der Feststellung des Sicherheitsrates in Resolution 2249 (2015), wonach der IS die Fähigkeit wie auch die Absicht habe, weitere Anschläge zu verüben, keinen Freibrief für Selbstverteidigungsaktionen ableiten.[153] Hier ist erneut daran zu erinnern, dass der Sicherheitsrat nicht von den Voraussetzungen des Selbstverteidigungsrechts dispensieren kann (Rn. 1114). Kann ein Staat aber plausibel machen, dass er Zielscheibe zu erwartender Anschläge ist, wird er in einem solchen Fall bessere Chancen darauf haben, dass der Sicherheitsrat (dem gemäß Art. 51 UNCh Bericht zu erstatten ist) den Gegenschlägen nicht Einhalt gebieten wird.

b) Adressat der Selbstverteidigungshandlung

aa) Selbstverteidigung gegen Unterstützerstaaten. Adressat der Selbstverteidi- **1120**
gungsmaßnahmen ist der **Urheber des bewaffneten Angriffs**. Folgt man einem traditionellen Ansatz, muss wegen der grundsätzlich fortgeltenden **Mediatisierung des Einzelmenschen** im Völkerrecht der bewaffnete Angriff einem Staat zugerechnet werden können, der dann im Sinne des Völkerrechts als Urheber gilt. In seinem Mauer-Gutachten hat der IGH noch einmal die Notwendigkeit einer solchen Zurechnung betont, um eine Selbstverteidigungslage zu begründen,[154] 2005 dann im Fall D.R. Kongo/Uganda aber die Frage unentschieden gelassen, „whether and under what conditions contemporary international law provides for a right of self-defence against large-scale attacks by irregular forces".[155]

Die Selbstverteidigung gegen Unterstützerstaaten folgt im Ansatz den bekannten Re- **1121**
geln der Einordnung privater Gewaltanwendungen und Aggressionen als „indirekte Gewalt" bzw. „indirekte Aggression", wie sie der IGH im **Nicaragua-Urteil** von 1986 entwickelt hat (Rn. 1088–1089). Bei aller Nähe zwischen der afghanischen Taliban-Regierung und Al-Qaida liegen jedoch bis heute keine Hinweise vor, die es rechtfertigen könnten anzunehmen, dass die Attentäter des 11. September 2001 von den Taliban im Sinne dieser Rechtsprechung „entsandt" wurden; verglichen mit der Position des IGH im Nicaragua-Urteil ließ sich der – von breiter internationaler Zustimmung getragene – **Afghanistan-Krieg 2001** nur mit einiger Mühe als Selbstverteidigung rechtfertigen. Allerdings hat der IGH in seinem Urteil die Möglichkeit einer Zurechnung auch eröffnet, wenn in einer Gesamtschau eine **„substanzielle Verwicklung"** *(substantial involvement)* eines Staates in einen bestimmten Anschlag vor-

152 Vgl. die Kritik bei *C. Gray*, The Limits of Force, RdC 376 (2014), 93 (114, 123 ff).

153 So auch *M. Weller*, Permanent Imminence of Armed Attacks: Resolution 2249 (2015) and the Right to Self Defence Against Designated Terrorist Groups, EJIL: Talk! (25.11.2015). Vertiefend *O. Corten*, in: Ruys/Corten/Hofer (Hg.), The Use of Force in International Law, 2018, 873.

154 IGH, Gutachten v. 9.7.2004 (Legal Consequences of the Construction of a Wall in the Occupied Palestinian Territory), ICJ Rep. 2004, 136, § 139; siehe Anhang, Nr. 26. Mit insoweit abw. Voten der Richter *Higgins*, *Kooijmans* und *Simma*. Dazu auch *I. Canor*, When *Jus ad Bellum* Meets *Jus in Bello*: The Occupier's Right of Self-Defence against Terrorism Stemming from Occupied Territories, LJIL 19 (2006), 129.

155 IGH, Urteil v. 19.12.2005 (Armed Activities on the Territory of the Congo: D.R. Congo v. Uganda), ICJ Rep. 2005, 168, § 147; siehe Anhang, Nr. 27.

liegt.[156] Diese könnte, so ließe sich der Fall Afghanistan deuten, dann vorliegen, wenn ein Staat Terroristen auf seinem Territorium unterstützt (Ausbildung, Bewaffnung) und politisch eng mit ihnen verbunden ist. Die bisweilen propagierte Formel *„aiding and abetting"* („helfen und unterstützen", entspricht im US-amerikanischen Strafrecht der Beihilfe zu einer fremden Tat), die in der Diskussion z. T. verwendet wird, ist allerdings zu unspezifisch, um diese qualifizierte Form der Unterstützung zu kennzeichnen. Sie bezeichnet eine niedrigere Zurechnungsschwelle.

1122 Noch weiter gehen Auffassungen, die die bloße Gewährung eines **„sicheren Hafens"** *(safe haven, safe harbour)* für ausreichend erachten, Militärschläge gegen den betreffenden Staat zu legitimieren.[157] Diese sog. Harbouring-Doktrin findet im Völkerrecht keine Stütze.[158] Zwar untersagt Nr. 2 lit. c der Resolution 1373 (2001) ausdrücklich, Terroristen Unterschlupf zu gewähren; Verstöße gegen diese Pflicht schaffen jedoch ein eigenständiges Unrecht. Hier kann nichts anderes gelten, als bei einem Verstoß gegen die Pflicht in Nr. 2 lit. f der Resolution zur effektiven Kooperation in der Strafverfolgung, der ebenfalls nicht zum Einsatz von Waffengewalt gegen einen Staat berechtigen würde. Über die Frage der Zuordnung der Terrorakte selbst, in vollständiger Lösung von der bis dahin maßgeblichen Nicaragua-Rechtsprechung, ist Resolution 1373 nichts zu entnehmen. Gewichtiger ist der Hinweis auf Art. 3 lit. f der Aggressionsdefinition, wonach es als Angriffshandlung gilt, wenn ein Staat einem anderen Staat sein Territorium für den Angriff auf einen dritten Staat zur Verfügung stellt. Hier aber ist lediglich von anderen Staaten die Rede, nicht – wie in Art. 3 lit. g – von der Unterstützung privater Gewaltakte. Die Übertragung der Regel auf die Anwendung privater Gewalt könnte nur im Wege einer Analogie gelingen, die im Völkerrecht besonders rechtfertigungsbedürftig ist (Rn. 295). Hinzu kommt, dass es hier um die Rechtfertigung unilateraler Gewaltanwendung geht, während die Aggressionsdefinition sich auf die Ausübung von Sicherheitsratsbefugnissen bezieht (Rn. 1085). Erst recht abzulehnen ist es, in terroristischen Anschlägen bereits dann einen bewaffneten Angriff des Aufenthaltsstaates zu sehen, wenn dieser unfähig ist, gegen Terroristen auf seinem Staatsgebiet vorzugehen.

1123 **bb) Selbstverteidigung gegen Terroristen?** Der Wortlaut von Art. 51 UNCh erwähnt nicht, wer Urheber eines bewaffneten Angriffs zu sein hat, der das Selbstverteidigungsrecht auslöst. Dass sich der Selbstverteidigungsschlag auch **gegen Terroristen oder terroristische Organisationen selbst richten** könne, ohne dass es auf die Zurechnung der Anschläge zu einem Staat ankomme, wird zunehmend vertre-

---

156 IGH, Urteil v. 27.6.1986 (Nicaragua II), ICJ Rep. 1986, 14, § 195; siehe Anhang, Nr. 18. Vgl. im Ansatz auch *J. Paust*, Armed Attacks and Imputation: Would a Nuclear Weaponized Iran Trigger Permissible Israeli and U.S. Measures of Self-Defense?, GeorgeJIL 45 (2014), 422 (424 ff), der jedoch eine Gesamtbilanz (öffentliche Drohungen, ständige Komplizenschaft in terroristischen Angriffen, illegale Produktion von Kernwaffen) an die Stelle eines konkreten bewaffneten Angriffs als Auslöser des Rechts auf Selbstverteidigung setzt (439 f).

157 Diese unter Präsident *George W. Bush* entwickelte Doktrin wurde unter Präsident *Obama* nicht aufgegeben: *C. Henderson*, The Persistent Advocate and the Use of Force, 2010, 203 ff. Funktional scheint aber der Standard des „unwilling or unable" an ihren Platz getreten zu sein (dazu Rn. 1125).

158 A. A. *C. Dau*, Die völkerrechtliche Zulässigkeit von Selbstverteidigung gegen nichtstaatliche Akteure, 2018, 160 ff.

ten;[159] auch die internationale Praxis tendiert in diese Richtung.[160] Unproblematisch ist das nicht: Ein solcher Ansatz entfernt sich vom klassischen zwischenstaatlichen Völkerrecht und wirft eine Reihe von Rechtsfragen auf.[161]

Klärungsbedürftig ist zunächst das **Rechtsverhältnis zwischen Angreifer und Verteidiger**. Das zwischenstaatliche Selbstverteidigungsrecht operiert auf der Basis einander gleicher Rechtssubjekte. Zwischen Privaten und einem Staat besteht aber – auch rechtlich – eine Asymmetrie: Terrorverdächtige bleiben als Menschen durch Menschenrechte geschützt; von der Pflicht zu deren Beachtung dürfte ein Selbstverteidigungsrecht nicht entbinden. Eine schlichte Erweiterung des Rechts aus Art. 51 UNCh auf nichtstaatliche Organisationen kommt daher nicht in Betracht. Dass Tötungen als Reaktion auf Angriffe Privater aus dem Recht des bewaffneten Konflikts („Kriegsrecht") bekannt sind, ist – anders als teilweise behauptet – ohne Bedeutung für die Beurteilung am Maßstab des Gewaltverbots. Die Regeln des *ius in bello* über die Tötung von Menschen sind auf das *ius contra bellum* nicht übertragbar. Bei Art. 51 UNCh geht es um die Legitimation von Gewaltanwendung, beim Recht des bewaffneten Konflikts hingegen um die Humanisierung von Kampfhandlungen unabhängig von der Frage, wer berechtigterweise und wer unberechtigterweise Gewalt im Sinne von Art. 2 UNCh angewandt hat. Das *ius in bello* gibt im Übrigen auch kein Recht Zivilisten, die unmittelbar an Feindseligkeiten teilnehmen, zu töten, sondern verbietet deren Tötung lediglich nicht. Es nimmt die Gewalt als Faktum hin, die das Friedenssicherungsrecht noch zu verhindern versucht (Rn. 1161). Bedenklich ist schließlich auch der Ansatz, Terrororganisationen als Kollektiv zu Völkerrechtssubjekten zu erklären, die dann wie staatliche Angreifer bekämpft werden können.[162] Hier wird durch einen juristischen Kunstgriff eine Symmetrie zwischen Angreifer und Verteidiger erzeugt. Eine nicht staatlich gebundene Gruppe von Menschen allein zum Zwecke ihrer Bekämpfung zum Völkerrechtssubjekt zu erklären, schafft einen recht- und ortlosen Feind, der jederzeit und überall auf der Welt bekämpft werden darf und verändert so den Ausnahmecharakter des Selbstverteidigungsrechts. 1124

Klärungsbedürftig ist aber auch das **Rechtsverhältnis zwischen Verteidiger und Aufenthaltsstaat**. Da sich Terroristen in aller Regel auf dem Staatsgebiet eines anderen Staates aufhalten, bedarf es eines Eingriffstitels gegenüber dem Aufenthaltsstaat, 1125

---

159 *C. Kreß*, Gewaltverbot und Selbstverteidigungsrecht nach der Satzung der Vereinten Nationen bei staatlicher Verwicklung in Gewaltakte Privater, 1995, 274 ff; *ders.*, Major Post-Westphalian Shifts and Some Important Neo-Westphalian Hesitations in the State Practice on the International Law on the Use of Force, JUFIL 1 (2014), 11; *T. Franck*, Terrorism and the Right to Self-Defense, AJIL 95 (2001), 839 (840); *C. Greenwood*, International Law and the "War Against Terrorism", IntAff 78 (2002), 301 (307); *M. Schmitt*, Responding to Transnational Terrorism under the Jus ad Bellum, FS Dinstein, 2007, 157 (167 f); *D. Bethlehem*, Self-Defense Against an Imminent or Actual Armed Attack by Nonstate Actors, AJIL 106 (2012), 769 (Prinzip 1).

160 Dazu *A. Peters*, Security Council Resolution 2178 (2014): The "Foreign Terrorist Fighter" as an International Legal Person, EJIL: Talk!, 2 Teile (20.11.2014); ILA, Final Report on Aggression and the Use of Force (2018), 14 f.

161 Mit guten Gründen kritisch *A. de Hoogh*, Restrictivist Reasoning on the *Ratione Personae* Dimension of Armed Attacks in the Post 9/11 World, LJIL 29 (2016), 19. Scharfe (und berechtigte) Kritik bei *J. v. Bernstorff*, Drone Strikes, Terrorism and the Zombie: On the Construction of an Administrative Law of Transnational Executions, ESIL Reflections 5 (2016), Nr. 7 (11.7.2016).

162 Vgl. etwa *M. Krajewski*, Selbstverteidigung gegen bewaffnete Angriffe nicht-staatlicher Organisationen, AVR 40 (2002), 183 (197 ff).

um bewaffnete Aktionen auf seinem Territorium zu legitimieren. Nicht überzeugend ist es, in gezielten militärischen Schlägen gegen Terroristen keinen Einsatz von Gewalt gegen den Aufenthaltsstaat zu sehen: Der Zusatz „gegen die territoriale Unversehrtheit [...] gerichtet" (Art. 2 Nr. 4 UNCh) bedeutet keine Einschränkung des umfassenden Gewaltverbots, und die gewaltsame Verletzung fremder Gebietshoheit ist auch Gewalt in den „internationalen Beziehungen" (ebd.) der beteiligten Staaten (Rn. 1045–1046). Daher muss auf Rechtfertigungsebene eine Pflicht des Aufenthaltsstaates begründet werden, militärische Operationen anderer Staaten auf seinem Territorium zu dulden[163] – und zwar jenseits der anerkannten Ausnahmen vom Gewaltverbot: Selbstverteidigung ist ihrem Sinn und Zweck nach gegen den Angreifer gerichtet und legitimiert nicht Übergriffe in Rechtsgüter Dritter.[164]

Ansetzen ließe sich dogmatisch am **Notstand** (*necessity:* Rn. 428–429), aber nur, wenn man diesen, wie in der Vor-Charta-Ära, auf die Rechtfertigung gewaltsamer Maßnahmen erweitert. Soweit eine Zurechnung zum Aufenthaltsstaat ausscheidet (Rn. 1121–1122), wird dessen Pflicht, Operationen auf seinem Territorium zu dulden, teils aber auch aus Tatbeteiligung *(complicity)*, teils aus der Verletzung von Due-diligence-Pflichten (Rn. 409) hergeleitet. Beide Begründungsstränge vermengt auf höchst problematische Weise, wer extraterritoriale militärische Aktionen damit legitimiert, dass der Aufenthaltsstaat unwillig oder unfähig **(unwilling or unable)** sei, gegen Terroristen vorzugehen.[165] Ist ein Staat willig, fehlen ihm aber die Mittel für ein effektives Einschreiten, gibt dies anderen Staaten kein Recht zur „Selbstvornahme"; sie müssen sich um Einwilligung des Aufenthaltsstaates bemühen. Unwilligkeit und Unfähigkeit zusammenzufassen, soll mit dem Verzicht auf eine Festlegung im Tatsächlichen auf allzu pragmatische Weise die Nachweispflicht umgehen, die bei einer Zurechnungslösung bestünde.[166]

1126 **cc) Staatenpraxis.** Unabhängig von der dogmatischen Konstruktion zeigt sich die **Staatenpraxis zurückhaltend** bei der Anerkennung eines Rechts zur Bekämpfung von Aufständischen oder von Terroristen auf fremdem Staatsgebiet. Aktionen der Türkei gegen Kurden im Nordirak nach 2003 und Luftschläge Kolumbiens gegen Lager der FARC-Rebellen in Ecuador 2008 und 2010 sind international auf zum

163 ILA, Final Report on Aggression and the Use of Force (2018), 15 f.

164 So aber *F. Paddeu*, Use of Force against Non-State Actors and the Circumstance Precluding Wrongfulness of Self-Defence, LJIL 30 (2017), 93; *J. Finke*, Selbstverteidigungsrecht gegen nichtstaatliche Akteure: Zugleich ein Beitrag zur deutschen Beteiligung am militärischen Vorgehen gegen den Islamischen Staat, AVR 55 (2017), 1 (32 ff). Gegen eine solche Verdopplung der rechtfertigenden Wirkung *N. Tsagourias*, Self-Defence against Non-state Actors: The Interaction between Self-Defence as a Primary Rule and Self-Defence as a Secondary Rule, LJIL 29 (2016), 801.

165 *D. Bethlehem*, Self-Defense Against an Imminent or Actual Armed Attack by Nonstate Actors, AJIL 106 (2012), 769 (Prinzipien 11-12); *A. Deeks*, "Unwilling or Unable": Toward a Normative Framework for Extraterritorial Self-Defense, VirginiaJIL 52 (2012), 483, die aber eine strengere Handhabung in der Praxis fordert. Aufgegriffen im Brief des Ständigen Vertreters der USA bei den Vereinten Nationen an die UNO v. 23.9.2014, UN-Dok. S/2014/695.

166 Ebenfalls kritisch *D. Tladi*, The Nonconsenting Innocent State: The Problem with Bethlehem's Principle 12, AJIL 107 (2013), 570; *P. Starski*, Right to Self-Defense, Attribution and the Non-State Actor – Birth of the "Unable or Unwilling" Standard?, ZaöRV 75 (2015), 455; *O. Corten*, The 'Unwilling or Unable' Test: Has it Been, and Could it be, Accepted?, LJIL 29 (2016), 777; *M. Lehto*, The Fight against ISIS in Syria: Comments on the Recent Discussion of the Right of Self-defence against Non-state Actors, NorJIL 87 (2018), 1.

Teil heftige Proteste gestoßen. Im Fall der Türkei kam Kritik selbst aus den USA, die von 2003-2004 als Besatzungsmacht für den Irak Verantwortung trugen. Eine Rechtsüberzeugung der Staatengemeinschaft, die einen Wandel des Völkerrechts hin zu einem Selbstverteidigungsrecht auf fremdem Territorium generell tragen könnte, ist noch immer nicht erkennbar. Auch aus dem außenpolitisch motivierten Schweigen westlicher Staaten auf die – angebliche – Antiterror-Operation „Olivenzweig", die die Türkei seit Januar 2018 in Afrin (Nordsyrien) durchführt, lässt sich keine Rechtsänderung ableiten.[167]

Anders stellt sich die Lage dar, wenn eine nichtstaatliche Gruppe die **Kontrolle über Teile des Territoriums** eines Staates ausübt und von diesem aus andere Staaten angreift.[168] Liegen die Voraussetzungen eines **De-facto-Regimes** vor, ist also die Gebietsherrschaft umstritten, aber nicht länger umkämpft, wird dieses durch das Gewaltverbot ohnehin unmittelbar selbst geschützt und verpflichtet (Rn. 69, 1046). Die internationale Praxis scheint aber auch militärische Einsätze gegen nichtstaatliche Gruppen zu akzeptieren, die sich bei weitgehendem Kontrollverlust des Territorialstaates v. a. im Bereich der inneren Sicherheit[169] auf dessen Staatsgebiet festgesetzt haben. So wird das Recht Israels zur Selbstverteidigung gegen Raketenbeschuss durch die Hisbollah vom Südlibanon aus nicht ernsthaft in Frage gestellt.[170] Auch die Haltung des UN-Sicherheitsrats zum Selbstverteidigungsrecht gegen Stellungen der Terrormiliz „Islamischer Staat" auf dem Staatsgebiet Syriens stützt diese Interpretation (dazu näher Rn. 1128). Die eigenmächtige Gewaltanwendung ist aber auch gegen ein solches **„Quasi-de-facto-Regime"** nur im äußersten Notfall gestattet. Erster Ansatzpunkt ist die Regierung des Aufenthaltsstaates: Zwar wird diese (anders als in Fällen, in denen der Aufenthaltsstaat die Gruppe auf seinem Staatsgebiet duldet) Schwierigkeiten haben, das Gebiet und damit die Angreifer wieder unter ihre Kontrolle zu bringen; sie kann aber infolge politischen Drucks (bis hin zu Gegenmaßnahmen) möglicherweise dazu bewogen werden, der Operation ihre Zustimmung zu erteilen und damit die rechtlichen Hürden für eine Intervention zu beseitigen. **1127**

Etwas verworren zeigen sich die Rechtsgrundlagen für den Einsatz westlicher Staaten gegen die Terrormiliz **„Islamischer Staat"**.[171] Während die inzwischen beendeten Operationen im **1128**

167 Dazu *A. Peters*, The Turkish Operation in Afrin (Syria) and the Silence of the Lambs, EJIL Talk! (30.1.2018). Kritisch zur Haltung der Bundesregierung *S. Talmon*, Difficulties in assessing the illegality of the Turkish intervention in Syria, GPIL (26.1.2018).

168 *T. Ruys*, Crossing the Thin Blue Line: An Inquiry into Israel's Recourse to Self-Defense Against Hezbollah, StanfordJIL 43 (2007), 265. So auch *M. Herdegen*, Völkerrecht, 17. Aufl. 2018, § 34 Rn. 16.

169 In diese Richtung Sondervoten der Richter *Koojmans* und *Simma* zu IGH, Urteil v. 19.12.2005 (Armed Activities on the Territory of the Congo: D.R. Congo v. Uganda), ICJ Rep. 2005, 168, 306, § 30 bzw. 334, § 12.

170 Vgl. Präambel der Resolution 1701 (2006) v. 11.8.2006, wo der Sicherheitsrat ausdrücklich von einem „Angriff der Hisbollah auf Israel am 12. Juli 2006" spricht. Kritik richtete sich seinerzeit primär gegen das Ausmaß der israelischen Reaktion. Vgl. dazu statt vieler *A. Zimmermann*, Der Libanon-Krieg des Jahres 2006 im Spannungsverhältnis zwischen Recht auf Selbstverteidigung und Grundsatz der Verhältnismäßigkeit, HuV-I 2007, 200.

171 Zum Thema u. a. *C. Henderson*, The Use of Force and Islamic State, JUFIL 1 (2014), 209; *ders.*, The Use of Force and International Law, 2018, 327 ff; *I. Stegmiller*, The Right of Self-Defence under Article 51 of the UN Charter against the Islamic State in Iraq and the Levant, FW 90 (2015), 245; *K. Bannelier-Christakis*, Military Interventions against ISIL in Iraq, Syria and Libya, and the Legal Basis of Consent, LJIL 29 (2016), 743.

Irak durch Einladung der Regierung gedeckt waren, fehlt eine solche Einladung im Fall Syriens. Die intervenierenden Staaten berufen sich hier auf Selbstverteidigung. Der Irak war unzweifelhaft Opfer eines bewaffneten Angriffs, gegen den ihm das Recht auf Selbstverteidigung zustand – auch im Verein mit anderen Staaten. Bei Frankreich wäre der Nachweis eines fortdauernden Angriffs zu führen (vgl. Rn. 1118–1119). Es bleibt das Problem, dass die Selbstverteidigung in einem Staat geübt werden soll, dem die Untaten des IS nicht zugerechnet werden können. Dafür dass der IS in Syrien ein „Quasi-de-facto-Regime" errichtet hat bzw. hatte, spricht manches. Das gestattete aber nicht ohne weiteres Selbstverteidigungsakte auf dem Territorium Syriens. Vorrangig wäre die Einwilligung der syrischen Regierung zu suchen gewesen. Dass man eine Regierung nicht als legitim anerkennt, kann jedenfalls so lange kein Argument sein, wie diese Regierung nicht international geächtet ist (vgl. Rn. 100–102). Umgekehrt war die syrische Regierung in der Pflicht (vgl. Resolution 1373, Nr. 3 lit. c), gegebenenfalls internationale Hilfe im Kampf gegen den IS in Anspruch zu nehmen und durfte eine Einwilligung nicht treuwidrig verweigern. Nur in einem solchen Fall käme ein Selbstverteidigungseinsatz als *ultima ratio* in Betracht. Ansonsten kommt es darauf an, ob der UN-Sicherheitsrat unabhängig vom Vorliegen einer Selbstverteidigungslage unter Kapitel VII zu einem bewaffneten Einsatz auf fremdem Staatsgebiet ermächtigt hat (vgl. dazu Rn. 1059). Eine „Fast-Ermächtigung" und eine „Beinahe-Selbstverteidigungslage" allerdings ergeben auch gemeinsam noch keine rechtliche Grundlage.[172] Nach einem vollständigen Sieg über den IS wird die fortdauernde Präsenz westlicher Truppen in Syrien erst recht fragwürdig.

c) Grenzen des Selbstverteidigungsrechts

1129 Gleich, ob man ein Recht auf Selbstverteidigung unmittelbar gegen Terroristen oder gegen einen Unterstützerstaat anerkennt, ist eine strikte Beachtung des **Verhältnismäßigkeitsprinzips** notwendig, um Missbrauch und eine Eskalation der Gewalt zu verhindern. Maßnahmen haben sich an den bereits erfolgten Anschlägen zu orientieren und können nicht auf vermutete künftige Attacken gestützt werden. Im Mittelpunkt muss die Ausschaltung der Terroristen stehen. In Art und Umfang erhalten die Maßnahmen so in vielen Fällen den Charakter einer „Polizeioperation". Über die unmittelbare Bekämpfung der Terroristen hinausgehende Maßnahmen können ohnehin nur gerechtfertigt werden, wenn die Anschläge nach den Nicaragua- und Afghanistan-Kriterien dem Aufenthaltsstaat zuzurechnen sind und dieser daher selbst im Rechtssinne Angreifer ist.

1130 **Fall: Im Kampf gegen den Terror** Ampulien ist wiederholt Opfer von Selbstmordattentätern der X-Organisation geworden. Diese unterhält ein Ausbildungslager in Borrelien, 20 km von der ampulischen Grenze entfernt. Nach einem Attentat, bei dem über 100 Menschen getötet bzw. schwer verletzt wurden, bombardiert die ampulische Luftwaffe das Lager. Hierbei werden alle Lagerbewohner getötet und das Lager zerstört. Völkerrechtsgemäß?

Abwandlung: Ampulien setzt Luft- und Bodentruppen ein mit dem erklärten Ziel, die Regierung Borreliens zu stürzen, weil diese sich durch Gewährung von Unterschlupf als Unterstützerin des Terrorismus erwiesen habe. Wie ist der Einsatz völkerrechtlich zu bewerten?

172 Kritik an der Stichhaltigkeit der Begründungen auch bei *O. Corten*, L'argumentation des États européens pour justifier une intervention militaire contre l'«État Islamique» en Syrie: vers une reconfiguration de la notion de légitime défense?, RBDI 49 (2016), 31; *M. Payandeh/H. Sauer*, Die Beteiligung der Bundeswehr am Antiterroreinsatz in Syrien, ZRP 2016, 34; *H. P. Aust/M. Payandeh*, German Practice With Regard to the Use of Force in Syria, GYIL 61 (2018), 451. Sehr kritisch gegenüber der westlichen Einmischung *C. Gray*, The Limits of Force, RdC 376 (2014), 93 (166 ff).

Lösungshinweise: *1. Verstoß gegen Art. 2 Nr. 4 UNCh:* Es handelt sich um die Anwendung militärischer Gewalt. Diese findet auch im Verhältnis zwischen Ampulien und Borrelien statt, da borrelisches Territorium betroffen ist. Dass die Maßnahme gezielt gegen die X-Organisation gerichtet war, ändert hieran nichts.

2. Selbstverteidigung: a) gegenwärtiger bewaffneter Angriff: Der Anschlag mit mehr als 100 Opfern kann nach Ausmaß und Wirkung als bewaffneter Angriff gelten. Allerdings ist der Angriff vorüber und damit möglicherweise nicht mehr „gegenwärtig". Art. 51 UNCh gibt kein Recht auf Vergeltung. Für Terroristen ist es gerade charakteristisch, dass sie unerwartet zuschlagen und dass zwischen den einzelnen Schlägen größere Pausen liegen als bei konventionellen zwischenstaatlichen Konflikten. Ob man hier die Voraussetzungen einer präventiven Selbstverteidigung mit Blick auf künftige Anschläge lockern oder die einzelnen schon geschehenen Taten zuzüglich zu erwartender Anschläge zu einem *ongoing conflict* verklammern darf, kann offenbleiben. Nach dem 11.9.2001 hat der UN-Sicherheitsrat jedenfalls ein Recht auf Selbstverteidigung nach schweren Terroranschlägen anerkannt. Laut Sachverhalt ist Ampulien wiederholt von Attentaten der X-Organisation heimgesucht worden. Dies deutet auf eine Gefahr künftiger Anschläge hin. Allerdings wären für eine abschließende Würdigung nähere Angaben zur realen Gefahr weiterer Anschläge nötig.

b) Adressat der Selbstverteidigungsmaßnahme: Der bewaffnete Angriff müsste Borrelien zurechenbar sein. Der IGH hat im Nicaragua-Urteil eine hohe Hürde für die Zurechnung bewaffneter Angriffe errichtet (Entsenden, Kontrolle, vgl. Art. 3 lit. g Aggressionsdefinition, Art. 8 ASR); diese ist nach wohl h. M. nach dem 11.9.2001 bei weitreichender Unterstützung und enger Verbindung zu den Terroristen bzw. Rebellen gesenkt worden. Von einer solchen qualifizierten Unterstützung der X-Organisation ist im Sachverhalt aber nicht die Rede. Die Gewährung eines „sicheren Hafens" allein genügt für eine Zurechnung nicht. Zwar wird z. T. vertreten, dass Selbstverteidigungsschläge sich auch unmittelbar gegen nichtstaatliche Gruppen richten könnten; es fehlt aber an einem Nachweis, warum der Aufenthaltsstaat (hier Borrelien) solche Schläge auf seinem Territorium nach Völkerrecht dulden muss. Dass die bloße Existenz von Lagern auf dem Staatsgebiet eine solche Duldungspflicht des Aufenthaltsstaates auslöst, ist in der Staatenpraxis nicht anerkannt (vgl. Proteste in den Fällen Türkei/Irak, Kolumbien/Ecuador). Die Aktion ist völkerrechtswidrig. Ampulien müsste die borrelische Regierung auffordern, gegen die X vorzugehen, und hierzu Mittel der friedlichen Streitbeilegung (z. B. Einschaltung der UNO) einsetzen. Da Borrelien gegen seine Pflicht verstößt, Terroristen keinen Unterschlupf zu gewähren, dürfte Ampulien auch Gegenmaßnahmen ergreifen.

Abwandlung: Wie im Ausgangsfall festgestellt, ist Ampulien schon dem Grunde nach nicht zur Selbstverteidigung berechtigt. Hinzu kommen Bedenken bezüglich der Verhältnismäßigkeit. Selbst wenn ein Recht nach Art. 51 UNCh bestünde, müsste sich der Angriff auf das Lager der X-Organisation beschränken, da Borrelien über die Gewährung von Zuflucht hinaus nicht in die Aktivitäten der X involviert ist. Selbst bei einer weitergehenden Verwicklung wäre ein *regime change* als massiver Eingriff in das Recht auf innere Selbstbestimmung über Art. 51 UNCh allenfalls in extremen Ausnahmefällen zu rechtfertigen.

Bei alledem darf nicht übersehen werden, dass die **militärische Bekämpfung** von Terroristen ein **Ausnahmefall** bleiben sollte. Eine Überdehnung des Selbstverteidigungsrechts löst die Probleme nicht, sondern erodiert neben der Souveränität betroffener Staaten auch den Respekt vor Menschenrechten. Bekämpfung von Terroristen ist zuallererst eine Aufgabe der Strafverfolgungsbehörden und sollte grenzüberschreitend so weit als möglich im zwischenstaatlichen Einvernehmen erfolgen.[173] **1131**

173 Vgl. den Appell von rund 250 Professorinnen und Professoren des Völkerrechts gegen die missbräuchliche Berufung auf das Selbstverteidigungsrecht gegenüber Terroristen, RBDI 49 (2016), 7.

Modelle der Terrorismusbekämpfung

	Rechtsdurchsetzung	**Kampf**
Staatsorgan	Polizei	Militär
Gegner	Krimineller	Feind
Ziel	Strafverfolgung	„Neutralisierung" (idR Tötung)
Tatsachengrundlage	Beweise	Geheimdiensterkenntnisse
Rechtsgrundlage	Strafrecht	Selbsterhaltung/Notstand
Rechtsschutz	Menschenrechte	HVR (ggf.), Menschenrechte
Transnationale Dimension	Rechtshilfe	Selbstverteidigung

III. Umstrittene Interventionstitel

1. Evakuierung und Befreiung von Ausländern

1132 Umstritten ist nach wie vor, ob es ein ungeschriebenes Recht der Staaten gibt, **eigene Staatsangehörige oder solche aus „befreundeten" Drittstaaten** mit militärischen Mitteln aus einem anderen Staat zu befreien, wo sie als **Geiseln** gehalten werden oder durch **Bürgerkrieg oder Unruhen** an Leib und Leben bedroht sind (Intervention zum Schutz eigener bzw. fremder Staatsangehöriger, z. T. irreführend auch als „humanitäre Intervention" bezeichnet).

1133 Solche Operationen schließen in aller Regel den Einsatz von Militär auf fremdem Hoheitsgebiet ein und sind verbotene **Gewalt** im Sinne von Art. 2 Nr. 4 UNCh. Mit Errichtung des umfassenden Gewaltverbots 1945 ist ein zuvor möglicherweise bestehendes gewohnheitsrechtliches Interventionsrecht abgelöst worden. Teilweise wird hier eine Rechtfertigung durch Ausdehnung des **Selbstverteidigungsrechts** befürwortet; doch ist die Bedrohung des Lebens einzelner Staatsangehöriger im Ausland einem „bewaffneten Angriff" auf den Staat im herkömmlichen Sinne nicht vergleichbar.[174] Rechtspolitisch bedenklich erschiene zudem das in einer solchen Ausdehnung des Selbstverteidigungsrechts liegende Eskalationspotential. Auch das **Notstandsrecht** scheidet als Rechtsgrundlage aus, da es nicht zur Anwendung von Gewalt berechtigt (vgl. Art. 26 ASR, der Völkergewohnheitsrecht reflektiert).

Dies gilt *a fortiori* für ein angebliches Recht, zum Schutz eigener Staatsbürger, die dauerhaft in einem Nachbarstaat leben, militärisch zu intervenieren. Ein solches „Recht" wurde v. a. von Russland verschiedentlich behauptet, zuletzt im Fall der Krim (2014), und reflektiert eine imperiale Haltung, die im geltenden Völkerrecht keinen Platz hat.

1134 Die **Staatenpraxis** ist zahlreich, v. a. seit den 1990er Jahren hat es eine Vielzahl solcher Evakuierungsoperationen gegeben. Dabei ist es ratsam, zwischen der Befreiung von Geiseln und der Evakuierung von Ausländern aus Krisengebieten zu differenzie-

174 Für bestimmte Fallkonstellationen a. A. ILA, Final Report on Aggression and the Use of Force (2018), 18.

ren. **Geiselbefreiungen** sind von vornherein auf die Anwendung bewaffneter Gewalt auf fremdem Territorium angelegt und greifen intensiver in die Rechte des betroffenen Staates ein. Auf kontroverse Reaktionen stieß die Befreiung israelischer Geiseln im ugandischen Entebbe 1976 durch israelische Einheiten. Wie auch im Fall des gescheiterten Versuchs der USA, die Geiseln in der US-Botschaft in Teheran zu befreien (1980), sympathisierte die Regierung Ugandas unter *Idi Amin* mit den Geiselnehmern, so dass eine Einwilligung der Regierung nicht eingeholt wurde. Die Geiselbefreiung in Mogadischu 1977 durch die GSG 9 erfolgte hingegen im Einvernehmen mit der somalischen Regierung, so dass von vornherein kein Legitimationsproblem bestand. Insgesamt lässt sich noch keine Haltung der Staatengemeinschaft erkennen, eine eigenmächtige gewaltsame Befreiung von Geiseln durch deren Heimatstaat zu akzeptieren.[175] Dieser muss auf die Regierung des Aufenthaltsstaates einwirken, tätig zu werden oder einer ausländischen Befreiungsaktion zuzustimmen. Da der Aufenthaltsstaat verpflichtet ist, nach Möglichkeit für den Schutz der ausländischen Geiseln zu sorgen (Rn. 409), ist auch der Einsatz gewaltloser Gegenmaßnahmen als Druckmittel zulässig, sollte die Regierung sich der Zusammenarbeit verweigern.

Anders dürfte die Rechtslage inzwischen bei der **Evakuierung von Ausländern aus** **1135**
Krisengebieten sein. Hier werden Waffen nur zum Schutz der Beteiligten mitgeführt; auch hat eine solche Operation einen grundsätzlich neutralen Charakter. Auf z. T. massive Kritik stieß zwar die Intervention der USA in Grenada (1983); hier dürfte der Schutz von US-Bürgern im Land aber ohnehin nur Vorwand gewesen sein. Nicht in Frage gestellt wurde dagegen die Befreiung bürgerkriegsbedrohter Ausländer aus Ruanda 1994 oder die Evakuierung ausländischer Staatsangehöriger während der Unruhen in Albanien 1997. Hatte Albanien Italien kurz zuvor ausdrücklich eine solche Aktion gestattet, konnte die Bundesregierung mangels Erreichbarkeit der albanischen Regierung keine Einwilligung für die „Operation Libelle" mehr einholen, erhielt aber im Anschluss deren Genehmigung. Auch die im selben Jahr durchgeführten Evakuierungsoperationen in den Bürgerkriegen in Sierra Leone und der Republik Kongo (Brazzaville) wurden ohne Proteste akzeptiert. Aus jüngerer Zeit ist die Evakuierung von Ausländern aus Libyen zu nennen (März 2011). Die von der britischen und der deutschen Luftwaffe durchgeführte „Operation Pegasus" war zuvor der libyschen Regierung notifiziert worden[176]. Im Juli 2016 hat die Bundeswehr deutsche Staatsbürger und drei verletzte chinesische Blauhelmsoldaten aus dem Südsudan ausgeflogen. Insgesamt besehen dürfte heute ein Recht zur Evakuierung ausländischer Staatsbürger aus Krisengebieten gewohnheitsrechtlich etabliert sein, allerdings unter engen Voraussetzungen: Soweit möglich, ist die Einwilligung der Regierung einzuholen oder diese zumindest zu unterrichten. Ist in dem Staat die Regierungsgewalt zusammengebrochen, ist eine Abstimmung mit den Konfliktparteien zwar nicht geboten, aber ratsam. In jedem Fall muss die Operation neutral erfolgen und sich strikt im Rahmen dessen halten, was zur Befreiung der Staatsbürger unerlässlich ist. Weitere Zwecke dürfen keinesfalls verfolgt werden.

175 A. A. *A. Deeks*, Rescuing the Kidnapped Turks in Iraq, www.lawfareblog.com (15.6.2014), die auch insoweit den praktischen „unwilling or unable"-Standard (Rn. 1125) auf dem Vormarsch sieht.

176 Die Operation erhielt allerdings auch Unterstützung (obgleich keine förmliche Autorisierung) durch den UN-Sicherheitsrat, vgl. das Ersuchen um Kooperation in § 3 der Resolution 1970 v. 26.2.2011.

2. Humanitäre Intervention

a) Das Dilemma humanitärer Interventionen

1136 Besonders kontrovers diskutiert wird die Zulässigkeit sog. humanitärer Interventionen, d. h. von militärischen Interventionen, die **Bewohner eines fremden Staates** vor Menschenrechtsverletzungen **durch deren eigene Staatsgewalt** schützen sollen. Aus Sicht des klassischen Völkerrechts liegt hierin ein Verstoß gegen das tragende Grundprinzip der souveränen Staatlichkeit: Die – hier zudem gewaltsame – Einmischung in die Innenpolitik eines Staates ist eine massive Intervention in den *domaine réservé* dieses Staates und steht im Widerspruch zu der **Trennung von Innen und Außen** im Westfälischen System.

1137 Nun ist diese Trennung in den vergangenen Jahrzehnten **immer mehr in Frage gestellt** worden (Rn. 309–315): Schon der internationale Menschenrechtsschutz betrifft im Gegensatz zum Fremdenrecht auch die Behandlung eigener Staatsangehöriger und „mischt" sich in den Binnenbereich der Staaten ein. Die UNO hat konsequenterweise deutlich gemacht, dass sie die Menschenrechtssituation innerhalb eines Staates als Angelegenheit der internationalen Gemeinschaft sieht und massive innerstaatliche Menschenrechtsverletzungen mehrfach als Bedrohung des Weltfriedens und der internationalen Sicherheit im Sinne von Art. 39 UNCh bezeichnet (z. B. Nordirak, Jugoslawien, Haiti, Somalia, Ruanda, Libyen). Der souveränitätsbewehrte Panzer der Staatlichkeit ist also löchrig geworden.

1138 Kein vernünftiger Zweifel kann daher mehr daran bestehen, dass der **UN-Sicherheitsrat** mit militärischen Maßnahmen nach **Art. 42 UNCh** auf schwere Menschenrechtsverletzungen im Innern eines Staates reagieren darf.[177] Der kontrovers diskutierte Fall der humanitären Intervention i. e. S. bezieht sich auf Gewaltanwendung durch Staaten ohne vorherige Legitimation durch den UN-Sicherheitsrat (sog. **unilaterale humanitäre Intervention**). *De lege lata*, d. h. nach geltendem Recht, wird eine solche Intervention nach wie vor überwiegend für völkerrechtswidrig gehalten.

1139 Das Dilemma der humanitären Intervention wird meist als **Kollision zwischen Fundamentalwerten** der internationalen Gemeinschaft dargestellt. Auf der einen Seite stehen staatliche Souveränität und Gewaltverbot, auf der anderen die universelle Achtung und der Schutz der Menschenrechte. Souveränität und Gewaltverbot sind wichtige Elemente einer Friedensordnung und beugen der missbräuchlichen Berufung auf vorgeblich „gerechte" Kriegsgründe vor.[178] Gleichwohl erscheint es wohl jedem unerträglich, wenn die internationale Gemeinschaft massiven Menschenrechtsverletzungen bis hin zum Völkermord tatenlos zuschaut. So betrachtet, scheint es aus Sicht der Humanität nur eine Antwort zu geben: die Intervention in einem solchen Fall zuzulassen. Eine solche Gegenüberstellung ist im Ansatz gewiss richtig, bedarf aber der Ergänzung: Auch das Gewaltverbot bewirkt einen Schutz von Menschenrechten, nämlich des Lebens und der Unversehrtheit der Opfer militärischer Gewalt – in erster Linie der Zivilbevölkerung. Es geht also um eine **Abwägung zwischen zwei**

177 Siehe nur Resolution 794 v. 3.12.1992 zu Somalia oder Resolution 1973 v. 17.3.2011 zu Libyen.

178 Zur angeblichen humanitären Intervention Russlands in der Ukraine kritisch *M. E. O'Connell*, in: Ruys/Corten/Hofer (Hg.), The Use of Force in International Law, 2018, 855 (866 ff).

Gewaltübeln. Es kann Situationen geben, in denen nur durch den Einsatz militärischer Gewalt schlimmere Gewalt und größeres Unrecht verhütet werden können: Die Völkermorde in Ruanda und Darfur dürften hierfür Beispiele sein.[179] Die Bilanz vergangener Interventionen muss allerdings differenzierter betrachtet werden, als dies oft geschieht.[180]

Diese moralischen und völkerrechtspolitischen Erwägungen sind hier an den Anfang gestellt, weil die Diskussion, selbst im rechtswissenschaftlichen Schrifttum, in besonderem Maße von moralischen und politischen Überzeugungen beeinflusst ist. Stein des Anstoßes für die intensive Behandlung mit diesem Thema war v. a. der **NATO-Einsatz im Kosovo** 1999, weil dort die humanitären Motive der intervenierenden Staatenkoalition nur von wenigen in Frage gestellt wurden. Zuvor hatten Staaten vielfach ihre Aggressionen als angebliche „humanitäre" Interventionen notdürftig bemäntelt, was das Argument nachhaltig in Misskredit gebracht hatte. **1140**

b) Völkerrechtliche Rechtfertigungsansätze de lege lata

Zur Rechtfertigung humanitärer Interventionen nach geltendem Völkerrecht *(de lege lata)* werden verschiedene Ansätze verfolgt:[181] **1141**

Art. 2 Nr. 4 UNCh verbietet seinem Wortlaut nach nur die „mit den Zielen der Vereinten Nationen unvereinbare [...] Anwendung von Gewalt". Zu den Zielen gehören gemäß Art. 1 Nr. 3 UNCh auch die Achtung und Förderung der Menschenrechte. Manche wollen daher den **Tatbestand des Gewaltverbots teleologisch reduzieren**: Der gewaltsame Schutz von Menschenrechten sei von vornherein nicht verboten. Ob Art. 2 Nr. 4 UNCh tatsächlich diesen Vorbehalt zu Gunsten der „weich" gehaltenen Zielnorm des Art. 1 Nr. 3 UNCh impliziert, darf angesichts des Bestrebens, das Recht zum Krieg von „gerechten" Gründen zu lösen, bezweifelt werden. Eine Aufwertung der Menschenrechte durch dynamische Interpretation der Charta ist allerdings nicht ausgeschlossen. **1142**

Den Weg über eine **nachträgliche Ermächtigung durch den Sicherheitsrat** hat die Hochrangige Gruppe zur UN-Reform 2004 als eine mögliche Option angedeutet:[182] **1143**

Für regionale Friedenseinsätze sollte in allen Fällen die Genehmigung des Sicherheitsrats eingeholt werden, wobei eingeräumt wird, dass es in manchen dringenden Situationen zulässig sein kann, die Genehmigung erst nach dem Beginn solcher Einsätze einzuholen [...].

Bis zu der Genehmigung bleibt die Intervention jedoch rechtswidrig. Keine Rolle spielt, ob der Sicherheitsrat zuvor eine Bedrohung des Weltfriedens festgestellt hat: Die Feststellung nach Art. 39 UNCh eröffnet dem Sicherheitsrat die Möglichkeit,

---

179 Zu Darfur *A. Abass*, The United Nations, the African Union and the Darfur Crisis: Of Apology and Utopia, NILR 54 (2007), 415.

180 Dazu *A. Pradetto*, Humanitärer militärischer Interventionismus: Theorie und Praxis, FS Mutz, 2008, 282; *ders.*, Intervention, Regimewechsel, erzwungene Migration: die Fälle Kosovo, Afghanistan und Irak, 2008. Siehe auch *C. Gray*, The Limits of Force, RdC 376 (2014), 93 (154 ff, 176 ff).

181 Überblick bei *A. Randelzhofer/O. Dörr*, in: Simma u. a. (Hg.), The Charter of the United Nations: A Commentary, Bd. 1, 3. Aufl. 2012, Art. 2 (4) Rn. 52 ff.

182 A More Secure World: Our Shared Responsibility, Bericht des High Level Panel on Threats, Challenges, and Change an den UN-Generalskretär v. 1.12.2004, Annex zu A/59/565, § 272 lit. a.

Maßnahmen nach Kapitel VII zu beschließen, legitimiert aber nicht einzelstaatliche Aktionen (siehe Rn. 1061). Außerdem zeigt die Praxis, dass der Sicherheitsrat zwar von ihm nicht genehmigte Interventionen im Nachhinein als *fait accompli* behandelt und sich der Aufgabe des Wiederaufbaus zuwendet, ohne die Intervention zu verurteilen;[183] im Verzicht auf eine Verurteilung liegt aber keine nachträgliche Genehmigung.

1144 Zu weit gehen Versuche, **Angriffe auf Menschen** als bewaffnete Angriffe im Sinne von Art. 51 UNCh zu definieren, die ein **Recht auf kollektive Selbstverteidigung** auslösen könnten. Gewiss trifft zu, dass die Zeit der vollständigen Mediatisierung des Einzelmenschen vorbei ist; das Selbstverteidigungsrecht ist aber ein typisches Instrument des Zwischenstaatenrechts und würde durch eine solche Erweiterung überdehnt. Völkerrechtspolitisch ist auf das erhebliche Missbrauchs- und Eskalationspotential eines solchen Interventionsrechts hinzuweisen.

1145 Ebenfalls zu weit gehen Ansätze, die einen bewaffneten Angriff auf die intervenierenden Staaten selbst konstruieren: Völkermordverbot und Kerngarantien der Menschenrechte (teils wird auch das Selbstbestimmungsrecht der Völker genannt) gälten *erga omnes*. Bei **Verstößen gegen Erga-omnes-Pflichten** seien **alle Staaten angegriffen** und dürften zur **Selbstverteidigung** schreiten. Diese Argumentation überdehnt die Figur von Pflichten *erga omnes*. Der Verstoß gegen eine solche Pflicht macht alle Staaten zu Betroffenen, nicht aber zu Angegriffenen. Wenn schon Zurückhaltung zu beobachten ist, aus Erga-omnes-Pflichten eine Klagebefugnis vor internationalen Gerichten abzuleiten (Rn. 294), ist eine Rechtfertigung militärischer Gewalt auf diesem Wege erst recht zweifelhaft.

1146 Weniger bemüht wirkt im Vergleich zu solchen Konstruktionen der Weg über eine **rechtfertigende Pflichtenkollision**: Gewaltverbot und Menschenrechte seien beides Höchstwerte der internationalen Gemeinschaft. Kollidierten diese, sei für gewöhnlich ein möglichst schonender Ausgleich (praktische Konkordanz) zu suchen. In bestimmten Situationen könne aber die eine Pflicht nur unter Verletzung der anderen erfüllt werden. Praktische Konkordanz könne dann nur noch bedeuten, strenge Voraussetzungen für ein militärisches Eingreifen zum Schutz von Menschenrechten zu fordern. Diese pragmatische Sicht muss sich u. a. mit der Frage auseinandersetzen, ob nach der UN-Charta Gewaltverbot und Menschenrechte tatsächlich denselben Rang bekleiden. Selbst wenn man den Aufstieg der Menschenrechte im Völkerrecht nach 1945 anführt, muss bedacht werden, dass diese nicht allein durch das erstrebte Interventionsrecht geschützt werden, sondern ebenso durch das diesem Recht gegenläufige Gewaltverbot.[184] Hinzu kommt, dass Art. 2 Nr. 4 UNCh ein unbedingtes Verbot statuiert, während menschenrechtliche Schutzpflichten weitgehende Spielräume lassen,

183 Vgl. Resolution 1244 v. 10.6.1999, § 17: „Der Sicherheitsrat [...] begrüßt die in der Europäischen Union und anderen internationalen Organisationen gegenwärtig geleistete Arbeit [...]". Der Passus wurde z. T. als nachträgliche Genehmigung der NATO-Intervention im Kosovokonflikt 1999 gedeutet. Kritisch zu der ambivalenten Rolle, die der Sicherheitsrat in solchen Situationen spielt, *I. Österdahl*, Preach What You Practice: The Security Council and the Legalisation *ex post facto* of the Unilateral Use of Force, NorJIL 74 (2005), 231.

184 Zur Diskussion über ein korrelierendes (Individual-)„Recht auf Frieden" *D. L. Tehindrazanarivelo/ R. Kolb*, Peace, Right to, International Protection, MPEPIL (12/2006). Näher *C. Villán Durán*, The Emerging Right to Peace, 2014; *P. van Krieken*, The Right to Peace, FS Soons, 2015, 304.

die innerhalb des völkerrechtlichen Rahmens und unter grundsätzlicher Achtung der souveränen Jurisdiktion anderer Staaten zu nutzen sind.

All diese Begründungsansätze bleiben theoretisch, wenn sie keinen Rückhalt in der **Staatenpraxis** (sowie in der Praxis der UN-Organe) finden. Die **Staaten** zeigen sich in ihrer Haltung zur Zulässigkeit humanitärerer Interventionen **gespalten**. Namentlich europäische Demokratien gehör(t)en zu den Befürwortern.[185] Auch der frühere UN-Generalsekretär *Kofi Annan* hatte 1999 dazu aufgefordert, über die Zulassung humanitärer Interventionen nachzudenken.[186] Dies hat jedoch scharfe Ablehnung bei der „Gruppe der 77" (die mittlerweile rund 130 Entwicklungs- und Schwellenländer zu ihren Mitgliedern zählt) und China hervorgerufen, die in einer gemeinsamen Erklärung im April 2000 verkündeten:[187] **1147**

We reject the so-called 'right' of humanitarian intervention, which has no legal basis in the United Nations Charter or in the general principles of international law.

Im Handbuch des US-Verteidigungsministerium vom Dezember 2016 heißt es:[188]

Although the United Kingdom and certain other States have argued that intervention for humanitarian reasons may be a legal basis for the resort to force, the United States has not adopted this legal rationale. Consistent with this view, the United States did not adopt this theory as a legal rationale for NATO's military action to address the humanitarian catastrophe in Kosovo in 1999, but rather expressed the view that such action was justified on the basis of a number of factors. Military action for humanitarian reasons may, however, be authorized by the U.N. Security Council.

Angesichts dieser klaren Ablehnung unilateraler humanitärer Interventionen durch eine deutliche Mehrheit der Staaten kann man **nicht** davon ausgehen, dass ein solches Recht zur Intervention – wie auch immer es begründet ist – bereits **Bestandteil des geltenden Völkerrechts** ist. Dass ein Recht zur humanitären Intervention gewohnheitsrechtlich seit dem Kosovokonflikt anerkannt sei, wie teilweise behauptet wird, trifft demzufolge ebenso wenig zu. Vieles spricht daher dafür, den Kosovo-Einsatz mit einer verbreiteten Ansicht als moralisch legitim, aber illegal zu qualifizieren.[189] Auch die erstaunliche Konjunktur des Konzepts der Schutzverantwortung hat an dieser Rechtslage nichts geändert (dazu sogleich).

c) Vorschläge de lege ferenda

Die Diskussion über eine **Schutzverantwortung** *(responsibility to protect)*[190] hat einen wesentlichen Impuls aus dem Dilemma der humanitären Intervention empfan- **1148**

185 Vgl. z. B. Entschließung des Europäischen Parlaments vom 20.4.1994, ABl. EG C 128/225.

186 Jahresbericht an die Generalversammlung v. 20.9.1999, SG/SM/7136 GA/9596.

187 Gruppe der 77, Südgipfel *(South Summit)*, Havanna, 10.-14.4.2000, Gipfelerklärung, § 54. Im Internet unter http://www.g77.org/summit/Declaration_G77Summit.htm.

188 U.S. Department of Defence, Law of War Manual, 2016, 46.

189 So namentlich Independent International Commission on Kosovo, The Kosovo Report: Conflict, International Response, Lessons Learned, 2000, 4. Siehe auch *B. Simma*, NATO, the UN and the Use of Force: Legal Aspects, EJIL 10 (1999), 1; *T. Franck*, Recourse to Force: State Action Against Threats and Armed Attacks, 2002, 170; *S. Talmon*, At Last! Germany Admits Illegality of the Kosovo Intervention, GYIL 57 (2014), 581.

190 Dazu näher Rn. 314–315.

gen. Um den traditionellen Abwehrreflexen zu entgehen, wurde hier jedoch eine **Umkehrung der Perspektive** versucht: Nicht das – im Kern noch immer zwischenstaatlich ansetzende – Recht zur Intervention steht im Mittelpunkt, sondern die Pflicht zum Schutz, die ein Staat gegenüber seiner Bevölkerung hat. Versagt ein Staat bei der Gewährung von Schutz vor schweren Menschenrechtsverletzungen, soll eine subsidiäre Verantwortung *(fall-back responsibility)* der internationalen Gemeinschaft greifen, die **auch militärische Reaktionen** einschließen soll. Nach dem Vorschlag der ICISS sollte die Anwendung militärischer Gewalt nur unter den folgenden **Voraussetzungen** gestattet sein:

- *just cause:* Verhütung schwerster und massenhafter Menschenrechtsverletzungen, v. a. von Völkermord, ethnischen Säuberungen, Verbrechen gegen die Menschlichkeit und systematischen schweren Kriegsverbrechen;
- *right intention:* Hauptzweck ist die Beendigung oder Verhütung menschlichen Leidens;
- *last resort:* nichtmilitärische Lösungen sind untauglich oder aussichtslos;
- *proportional means:* die Mittel müssen verhältnismäßig sein;
- *reasonable prospects:* die Intervention muss die Situation voraussichtlich verbessern;
- *right authority:* in der Regel Legitimation durch den UN-Sicherheitsrat.

1149 Die Anleihen bei der **Doktrin vom gerechten Krieg** *(bellum iustum)* sind unübersehbar – ebenso, dass dessen Probleme unbeantwortet bleiben: Wer legt fest, ob der „gerechte Grund“ gegeben ist, d. h. dass schwerste Menschenrechtsverletzungen vorliegen und der eigentlich zum Schutz verpflichtete Staat versagt? Die UN-Charta weist diese Entscheidung dem Sicherheitsrat zu. Auch die ICISS sah diesen in der Regel und vorrangig verantwortlich, deutete aber ein gewisses Verständnis für eigenmächtige Operationen von Regionalorganisationen an, die vom Sicherheitsrat nachträglich legitimiert werden könnten.

1150 Das Konzept wurde im Rahmen des **UN-Reformprozesses** mehrfach aufgegriffen, dabei aber **spürbar „entschärft“**: Das für die Schutzverantwortung wichtige Abschlussdokument des Weltgipfels von 2005 behält das Interventionsrecht exklusiv dem UN-Sicherheitsrat vor, dessen Ermessen auch nicht durch die übrigen bei der Doktrin des *bellum iustum* entlehnten Kriterien beschränkt wird.[191] Zudem wurde klargestellt, dass der Sicherheitsrat über die angemessene Reaktion von Fall zu Fall entscheide, was einer Verrechtlichung der *fall-back responsibility* entgegenwirkt.[192] In seinen hierauf folgenden Jahresberichten zur „R2P“ hat der UN-Generalsekretär in Übereinstimmung mit der Umstellung von Interventionsphasen auf Verantwortungsstufen („Säulen“) die kooperativen Elemente des Konzepts sowie Prävention und Frühwarnung betont (Rn. 314). Eine Legitimation humanitärer Interventionen außerhalb des UN-Systems wird demnach auf absehbare Zeit auch nicht über die Schutzverantwortung gelingen. Verdeutlicht hat dies noch einmal die **Libyen-Intervention** 2011: Hier hatte zwar der UN-Sicherheitsrat unter Bezugnahme auf die Schutzverantwortung militärische Maßnahmen autorisiert; das Überschreiten des

191 World Summit Outcome v. 24.10.2005. Resolution A/RES/60/1, §§ 138 f.

192 Einen „case-by-case approach“ befürwortend *C. Stahn*, Between Law-breaking and Law-making: Syria, Humanitarian Intervention and 'What the Law Ought to Be', JCSL 19 (2014), 25.

Mandats hat jedoch bei Staaten, die dem Konzept skeptisch gegenüberstehen, die Sorge genährt, dass es als Vehikel eines westlichen Interventionismus' dienen könne.[193] Um künftig in „R2P"-Situationen eine Blockade des Sicherheitsrates zu umgehen, ließen sich allenfalls **Verfahrensmodelle** realisieren, z. B. der Verzicht auf die Ausübung des Vetorechts („Responsibility not to Veto")[194] oder eine stärkere Autonomie für bestimmte Regionalorganisationen durch vom Sicherheitsrat rückholbare generelle Genehmigungen.

In Reaktion auf die „Libyen-Krise der R2P" hat Brasilien das ergänzende Konzept einer **„Responsibility while Protecting"** vorgeschlagen, das strengere Regeln für gewaltsame Interventionen formuliert: Die Autorisierung von Gewalt soll explizit durch den Sicherheitsrat oder die UN-Generalversammlung (Uniting-for-Peace-Verfahren) erfolgen; sie soll *ultima ratio* sein; „Buchstabe und Geist" des Mandates sind strikt zu befolgen; der Sicherheitsrat soll die Umsetzung der Resolution überwachen und Verstöße ahnden.[195]

E. Abrüstung und Rüstungskontrolle

I. Abrüstung und Rüstungskontrolle seit 1945

Abrüstung und Rüstungskontrolle leisten einen wichtigen Beitrag zur Friedenssiche- **1151**
rung und zur Eindämmung von Konfliktfolgen. Dabei versteht man unter **Abrüstung** *(disarmament)* den vollständigen oder teilweisen Abbau von Waffen, Waffenarten, militärischem Personal usw. Die **Rüstungskontrolle** *(arms control)* umfasst demgegenüber die Begrenzung weiterer Aufrüstung durch quantitative oder qualitative Obergrenzen.[196] Flankierend sind **vertrauensbildende Maßnahmen**, v. a. Transparenz durch Informationsaustausch, von großer Bedeutung für das Gelingen von Abrüstung und Rüstungskontrollen.

Nach 1945 stand im Mittelpunkt der Abrüstungsgespräche zwischen den Blöcken zunächst **1152**
noch das Ziel einer allgemeinen und vollständigen nuklearen Abrüstung, was wegen der sicherheits- und verteidigungspolitischen Divergenzen zwischen USA und UdSSR zum Fehlschlag wurde. Ab 1963/64 beschränkten sich die Abrüstungsvereinbarungen auf bestimmte Waffengattungen (B-Waffen-Abkommen, ABM-Vertrag über Raketenabwehrsysteme, beide 1972);

---

193 Dazu m. w. N. *A. v. Arnauld*, Werdende Norm oder politisches Konzept? Zur völkerrechtlichen Einordnung der Responsibility to Protect, in: Staack/Krause (Hg.), Schutzverantwortung in der Debatte, 2015, 55. Siehe auch *C. Gray*, The Limits of Force, RdC 376 (2014), 93 (158 ff); *C. v. Buttlar*, 15 Years Into the "Responsibility to Protect"-Campaign, FS T. Stein, 2015, 65; *K. Oellers-Frahm*, Much Ado About R2P, ebd., 246.

194 Dazu Code of Conduct regarding Security Council action against genocide, crimes against humanity or war crimes (2015), der von über 110 Staaten (u. a. Frankreich und das Vereingte Königreich) unterstützt wird. Vgl. Brief des Ständigen Vertreters Liechtensteins bei der UNO v. 14.9.2015, UN-Dok. A/70/621. Zu dieser und anderen Initiativen www.centerforunreform.org/?q=node/798.

195 Brief des Ständigen Vertreters Brasiliens bei der UNO v. 11.11.2011, UN-Dok. A/66/551.

196 Ein weiterer Ansatz sind Waffenhandelsverbote, welche die Verbreitung bestimmter Waffen eindämmen. Das am 2.4.2013 unterzeichnete Waffenhandelsabkommen *(Arms Trade Treaty)*, BGBl. 2013 II 1426, ist am 24.12.2014 in Kraft getreten. Dazu *M. Brandes*, All's Well That Ends Well or Much Ado About Nothing: A Commentary on the Arms Trade Treaty, GoJIL 5 (2013), 399; *Y. Fukui*, The Arms Trade Treaty, JCSL 20 (2015), 301; *L. Lustgarten*, The Arms Trade Treaty: Achievements, Failings, Future, ICLQ 64 (2015), 569.

dafür rückte die Rüstungsbegrenzung, v. a. bei Nuklearwaffen, zunehmend in den Mittelpunkt (SALT I und II, 1972 bzw. 1979).[197] Die Jahre ab 1979 waren dann von einer Stagnation der Abrüstungsbemühungen gekennzeichnet, die mit gegenseitigem Misstrauen und wechselseitigen Schuldzuweisungen zwischen den Blöcken einherging. Ein wichtiger Stein des Anstoßes war die Modernisierung der sowjetischen Mittelstreckenraketen, die nach und nach durch den neuen Typ „SS 20" ersetzt wurden. Die NATO-Staaten antworteten am 12.12.1979 mit dem sog. **NATO-Doppelbeschluss**. Dieser sah die Ersetzung der in Westeuropa stationierten US-amerikanischen Mittelstreckenraketen durch den neuen Typ „Pershing II" vor, bot aber zugleich dem Warschauer Pakt Verhandlungen über Begrenzungen bei den Raketenarsenalen von UdSSR und USA an. Zu weiteren Verhärtungen der Positionen führte das von US-Präsident *Reagan* 1983 gestartete **SDI-Programm** *(Strategic Defense Initiative)*, das den Aufbau eines weltraumgestützten Abwehrsystems gegen Interkontinentalraketen vorsah.

Die Wahl *Michail Gorbatschows* zum Generalsekretär der KPdSU 1985 leitete eine neue Phase ein, die im Bereich der nuklearen Rüstung zu einem ersten echten Abrüstungsvertrag führte. Dieser **INF-Vertrag** (1987) über die Abschaffung aller bodengestützten Flugkörper kurzer und mittlerer Reichweite (500-5500 km) einschließlich der Trägersysteme, Startrampen usw. stellte einen Durchbruch auch hinsichtlich des vereinbarten Verifikationsverfahrens dar, das Vor-Ort-Besuche der anderen Vertragspartei auf dem eigenen Territorium oder in Stationierungsstaaten vorsah. Ihm folgten die **START-Verträge**, in denen Obergrenzen hinsichtlich der Langstreckensysteme (START I, 1991) bzw. hinsichtlich der Nuklearsprengköpfe (START II, 1993, weitere Reduktion in der SORT-Vereinbarung 2002) festgelegt worden sind.[198] Im Bereich der konventionellen Rüstung ist der **KSE-Vertrag** von 1990 zu nennen, der als Rüstungskontrollvertrag Obergrenzen für die Stationierung von Truppen und schweren konventionellen Waffen wie Militärflugzeugen und Panzern festlegte.[199] Die Neufassung von 1999 sollte den Vertrag an die Überwindung der Blöcke mit dem Ende des Ost-West-Konflikts anpassen. Er wurde zwar von Russland, nicht jedoch von den USA und anderen NATO-Staaten ratifiziert, u. a. weil diese den Abzug russischer Truppen aus Georgien und Moldawien zur Vorbedingung ihrer Ratifikation gemacht hatten.

Die **Osterweiterung der NATO** ab 1999 hatte eine zunehmende Entfremdung zwischen NATO und der Russischen Föderation zur Folge. Hinzu trat 2001 die **Kündigung des ABM-Vertrags** durch US-Präsident *Bush*, mit der der Weg zum Aufbau eines **Raketenabwehrsystems in Mitteleuropa**, das (zumindest offiziell) dem Schutz vor Raketen aus dem Iran dienen sollte, geebnet wurde.[200] Die russische Regierung sah dies als gezielte Provokation, zumal als Anfang 2007 mit Polen und der Tschechischen Republik zwei neue NATO-Mitglieder im Osten Mitteleuropas als Stationierungsorte ausgewählt wurden. In Reaktion hierauf hat der russische Präsident im Dezember 2007 die **Anwendung des KSE-Vertrags** einseitig **ausgesetzt**. Auch lief der START-II-Vertrag 2009 aus, ohne dass ein Nachfolgeabkommen vereinbart worden wäre. Erst ein Einlenken der neuen US-Regierung unter Präsident *Obama* machte im April 2010 den Abschluss des **„Neuen START"** *(New START)* möglich, in dem Russland und die USA eine weitere Reduktion der Nuklearsprengköpfe und Trägersysteme von strategischen Atomwaffen vereinbarten. Nach neuerlichen Spannungen zwischen Russland und den USA vor allem wegen der Ukraine-Krise und des Tests und der Stationierung russischer Raketen ist die Lage zwischen beiden Staaten derzeit erneut durch Konfrontation geprägt. Die USA haben den **INF-Vertrag** am 2. Februar 2019 gekündigt und sind im August 2019 aus dem Vertrag ausgeschieden. Russland ist diesem Schritt gefolgt.

---

197 Dazu *H.-J. Heintze*, Strategic Arms Limitation Talks (SALT), MPEPIL (3/2010).

198 Dazu *W. Heintschel v. Heinegg*, Strategic Offensive Arms, Treaties on Reduction and Limitation (START), MPEPIL (1/2013).

199 Näher *T. Stein*, Conventional Armed Forces in Europe (CFE) Regime, MPEPIL (10/2010).

200 Völkerrechtliche Würdigung bei *W. Heintschel v. Heinegg*, Der Rücktritt der USA vom ABM-Vertrag, FW 76/4 (2001), 417.

1153 Die Aussetzungen und Kündigungen der letzten Jahre machen eine **strukturelle Schwäche** praktisch aller Abrüstungs- und Rüstungskontrollverträge deutlich, nämlich das **kaum limitierte Recht zur Kündigung** durch Verwendung von sog. *self-judging clauses*. Die Verträge sehen regelmäßig nur eine Begründungspflicht und eine Frist bis zum Wirksamwerden der Kündigung vor (vgl. z. B. Art. XIX:2 KSE-Vertrag). Letztere soll die Möglichkeit eröffnen, in Verhandlungen den Konflikt zu bereinigen.

II. Insbesondere: Kernwaffen

1154 Schon die ersten Abwürfe von Atombomben auf Hiroshima und Nagasaki am 6. und 9. August 1945 haben die schreckliche Zerstörungskraft von Nuklearwaffen vor Augen geführt. Das Ziel einer nuklearwaffenfreien Welt, wie es der Baruch-Plan von 1946 verfolgte, erschien aber jahrzehntelang illusorisch wegen des Abschreckungs- und Druckpotentials ebenso wie wegen des mit dem Status einer Atommacht verbundenen Prestiges. Als sich am 5. April 2009 US-Präsident *Obama* in seiner Rede in Prag ausdrücklich zum Fernziel einer nuklearwaffenfreien Welt (**„Global Zero“**) bekannt hat, gab dies Anlass zu verhaltenem Optimismus.[201] Es bleiben freilich erhebliche Hindernisse, nicht nur im Verhältnis zwischen den Atommächten: Die Weiterverbreitung (Proliferation) von Kernwaffen ist kaum vollkommen zu verhindern. Für schwächere Staaten oder für Terroristen sind solche Waffen ein willkommenes Mittel, sich eine starke Position gegenüber militärisch überlegenen Gegnern zu sichern. Selbst wenn es gelingen sollte, sämtliche Kernwaffen vollständig zu vernichten, bliebe das Wissen um die Herstellung solcher Waffen erhalten. Sie könnten also jederzeit von praktisch jedem Staat erneut hergestellt werden.

1155 Auf realpolitischer Ebene ist es daher sinnvoll, dass die Politik der Rüstungsbegrenzung bei Kernwaffen **verschiedene Regelungsansätze** nebeneinander verfolgt:

- („echte“) **Abrüstung**: nur bei einzelnen Waffensystemen (v. a. INF-Vertrag, START II bezüglich Mehrfachsprengköpfen);
- **Rüstungskontrollen** (SALT, START I & II, SORT, New START);
- Schaffung **kernwaffenfreier Zonen** in Lateinamerika, Südpazifik, Südostasien und Afrika (diese gelten auch gegenüber Drittstaaten, vgl. Rn. 213);
- **Stationierungs- und Testverbote** in staatsfreien Räumen (Weltraum, Antarktis, Meeresuntergrund);
- **Begrenzung von Atomtests:** Vertrag über das Verbot von Kernwaffenversuchen in der Atmosphäre, im Weltraum und unter Wasser (1963); der Vertrag über das umfassende Verbot von Atomtest (*Comprehensive Nuclear Test Ban Treaty*, 1996) ist von 168 Staaten ratifiziert, aber noch nicht in Kraft (Stand: Juni 2019)[202];
- **Nichtverbreitung** von Kernwaffen (Vertrag von 1968): dazu sogleich.

---

201 Bekräftigt durch Generalversammlung, Universal Declaration on the Achievement of a Nuclear-Weapon-Free World, A/RES/70/57 v. 7.12.2015. Siehe auch *D. Koplow*, What Would Zero Look Like? A Treaty for the Abolition of Nuclear Weapons, GeorgeJIL 45 (2014), 683.

202 Dazu *D. Jonas*, The Comprehensive Nuclear Test Ban Treaty: Current Legal Status in the United States and the Implications of a Nuclear Test Explosion, NYUJILP 39 (2007), 1007. Zur Möglichkeit vorläufiger Umsetzung *A. Anastassov*, Can the Comprehensive Nuclear-Test-Ban Treaty be Implemented before Entry into Force?, NILR 55 (2008), 73; *D. Koplow*, Nuclear Arms Control by a Pen and a Phone: Effectuating the Comprehensive Test Ban Treaty Without Ratification, GeorgeJIL 46 (2015), 475.

Der **Atomwaffenverbotsvertrag** (*Treaty on the Prohibition of Nuclear Weapons*, TPNW) vom 7. Juli 2017 verbietet in seinem Art. 1 umfassende Entwicklung, Test, Produktion, Erwerb, Lagerung, Transfer, direkte oder indirekte Kontrolle, Stationierung sowie Einsatz von und Drohung mit Atomwaffen. Er wird nach Hinterlegung der 50. Ratifikationsurkunde in Kraft treten, allerdings kaum mehr als symbolische Bedeutung erlangen können. Nicht nur die Nuklearmächte sind den Verhandlungen fern geblieben; auch verbündete Staaten, in denen Nuklearwaffen stationiert sind (wie Deutschland) haben sich gegen das Projekt ausgesprochen.[203]

1156 Der **Nichtverbreitungsvertrag** (*Non Proliferation Treaty*, NPT) von 1968[204] unterscheidet zwei Gruppen von Staaten: Kernwaffenstaaten und Nichtkernwaffenstaaten. Bei Ausarbeitung des Vertrags waren allein die USA, die UdSSR, Großbritannien, Frankreich und China Kernwaffenstaaten, hinzugekommen sind seitdem Indien (1974), Pakistan (1998) und Nordkorea (2005). Israel hat den Besitz von Kernwaffen nie bestätigt, wird aber seit 1979 inoffiziell zu den Atommächten gerechnet. **Nichtkernwaffenstaaten** untersagt Art. II NPT die Herstellung und den Erwerb von Kernwaffen, während den **Kernwaffenstaaten** in Art. I untersagt wird, Kernwaffen weiterzugeben. Art. VI NPT verpflichtet diese Staaten zudem, ernsthafte Abrüstungsverhandlungen zu führen (ein sog. *pactum de negotiando*). Dies ist eine echte Rechtspflicht, wie der IGH in seinem Nuklearwaffen-Gutachten 1996 festgestellt hat:[205]

The legal import of that obligation goes beyond that of a mere obligation of conduct; the obligation involved here is an obligation to achieve a precise result – nuclear disarmament in all its aspects – by adopting a particular course of conduct, namely, the pursuit of negotiations on the matter in good faith.

Eine Verletzung dieser Verpflichtungen rügten die Marshall-Inseln in Klagen, die sie 2014 gegen alle neun Nuklearmächte vor dem IGH erhoben. Mangels Unterwerfung unter die Gerichtsbarkeit des IGH bzw. wegen weitreichender Vorbehalte hatte allein die Klage gegen das Vereinigte Königreich Chancen auf einen (Achtungs-)Erfolg. Sie ist vom IGH aus Zulässigkeitsgründen (zur fragwürdigen Auslegung des Begriffs des „Streits“ Rn. 480) abgewiesen worden.[206]

1157 Da Art. IV NPT das **Recht aller Staaten zur friedlichen Nutzung von Kernenergie** anerkennt, sind Kontrollen in Nichtkernwaffenstaaten unerlässlich. Diese Kontrollen finden gemäß Art. III NPT im Einklang mit Übereinkommen statt, die von den Nichtkernwaffenstaaten mit der Internationalen Atomenergiebehörde (IAEA)[207] bilateral geschlossen werden. Zur Verbesserung der Kontrollen sind seit 1997 Zusatzprotokol-

203 Näher *A. Kunstreich*, Prohibition or Non-Proliferation? Germany's Point of View Concerning the Treaty on the Prohibition of Nuclear Weapons and Effective Nuclear Arms Control and Disarmament, GYIL 60 (2017), 773; *H. Müller*, Der nukleare Verbotsvertrag: ein begrenzter Schritt vorwärts, VN 2018, 214.

204 BGBl. 1974 II 786; ILM 7 (1968), 809.

205 IGH, Gutachten v. 8.7.1996 (Nuklearwaffen), ICJ Rep. 1996, 226, § 99. Bekräftigt durch A/RES/70/56 v. 11.12.2015, § 1. Näher *A. Pietrobon*, Nuclear Powers' Disarmament Obligation under the Treaty on the Non-Proliferation of Nuclear Weapons and the Comprehensive Nuclear Test Ban Treaty, LJIL 27 (2014), 169; *D. Rietiker*, The Meaning of Article VI of the Treaty on the Non-Proliferation of Nuclear Weapons, in: Black-Branch/Fleck (Hg.), Nuclear Non-Proliferation in International Law, Vol. I, 2014, 47.

206 IGH, Urteil v. 5.10.2016, Obligations concerning Negotiations relating to Cessation of the Nuclear Arms Race and to Nuclear Disarmament (Marshall Islands v. United Kingdom), ICJ Rep. 2016, 833.

207 Zur IAEA *J. Rautenbach*, International Atomic Energy Agency (IAEA), MPEPIL (11/2006).

le zu diesen Verifikationsabkommen geschlossen worden, die der IAEA das Recht zu unangemeldeten Besuchen vor Ort einräumen. Der Fall des Iran[208] verdeutlicht die Bedeutung solcher **Verifikationsmechanismen**, weil nur so im Rahmen des Möglichen sichergestellt werden kann, dass nicht unter der Hand die Atomenergieforschung in die Entwicklung von Kernwaffen umschlägt. Die zwischenzeitlich diskutierte Option, die Anreicherung von Uran für iranische Atomkraftwerke in Russland vorzunehmen, könnte zumindest in der Theorie Möglichkeiten eröffnen, Art. II und IV NPT miteinander zu versöhnen. Ansonsten müssen die Kontrollen durch internationalen Druck flankiert werden, um einen Nichtkernwaffenstaat daran zu hindern, sich in den Besitz von Atomwaffen zu bringen. Weder der Vertrag noch die flankierenden bilateralen Abkommen enthalten Regelungen über die Folgen von **Vertragsverletzungen**. Die Reaktionsmöglichkeiten umfassen insbesondere die Erzeugung öffentlichen Drucks durch Publizität, diplomatische Mittel der Streiterledigung, bis hin zu Maßnahmen des Sicherheitsrates nach Kapitel VII der UN-Charta.

Nach langen Verhandlungen gelang im Juli 2015 die Einigung auf eine drastische Beschränkung und internationale Kontrolle des iranischen Nuklearprogramms. Im Gegenzug wurde dem Iran die Aufhebung aller Wirtschaftssanktionen mit Ausnahme des Waffenembargos zugesichert. Dieser **Joint Comprehensive Plan of Action** (JCPOA) wurde durch Resolution des UN-Sicherheitsrates bestätigt, um ihm rechtliche Verbindlichkeit zu verschaffen.[209] Eine Lösung vom JCPOA kommt nur unter Einhaltung des in dieser Resolution vorgesehenen Verfahrens in Frage. Indem die USA sich einseitig aus dem JCPOA zurückgezogen und Sanktionen nicht allein gegen den Iran, sondern auch gegen ausländische Unternehmen, die mit dem Iran direkt oder indirekt Handel treiben (zu sog. Sekundärsanktionen Rn. 350), verhängt hat, hat die *Trump*-Regierung einmal mehr ihre souveräne Missachtung für das Völkerrecht unter Beweis gestellt.[210]

Grundlegende Probleme des NPT verdeutlicht auch der Fall Nordkoreas. Nordkorea hatte das Abkommen 1985 ratifiziert, aber 2003 gekündigt. Art. X Abs. 1 NPT gestattet Kündigungen ohne nennenswerte Hürden. Ein **Nichtverbreitungsregime** ist jedoch zum Scheitern verurteilt, wenn es nicht universell Beachtung findet. Aus diesem Grunde bestreitet die internationale Gemeinschaft Nordkorea das Recht, aus dem NPT-Regime auszuscheren. Dies kann gelingen, wenn man dieses Regime nicht allein auf vertragliche Grundlage stellt, sondern im **universellen Gewohnheitsrecht** verankert. Da es sich um einen Vertrag mit grundlegendem normbildendem Charakter handelt, der von nahezu allen Staaten der Erde ratifiziert worden ist (190 Staaten, ohne Nordkorea; Stand: Juni 2019), und der nur in einem objektiven, d. h. vertragsunabhängigen Regime sein Ziel erfüllen kann, spricht vieles dafür anzunehmen, dass **1158**

208 Näher *A. Pyka*, Das iranische Atomprogramm als Herausforderung für das Regime nuklearer Nichtverbreitung, StudZR 2011, 447; *K. Ghorbanebrahimi*, The Right of the Islamic Republic of Iran to Enrich Uranium, MinnJIL 25 (2016), 217.

209 Resolution 2231 v. 20.7.2015. Dazu *D. Joyner*, Security Council Resolution 2231 and the Joint Comprehensive Plan of Action on Iran's Nuclear Program, EJIL: Talk! (27.7.2015) *ders.*, Iran's Nuclear Program and International Law, 2016; *O. Meier/A. Zamirirad*, Die Atomvereinbarung mit Iran: Folgen für regionale Sicherheit und Nichtverbreitung, SWP-Aktuell 2015/A 70 (8/2015).

210 Der Iran hat im Juli 2018 beim IGH Klage gegen die US-Sanktionen eingereicht. Hierzu wie zum Teilerfolg in der einstweiligen Anordnung v. 3.10.2018 *L. Hill-Cawthorne*, The Iranian Suit against the US Sanctions and the 1955 Treaty of Amity: Brilliant Plan or Aberration?; *ders.*, The ICJ's Provisional Measures Order in Alleged Violations of the 1955 Treaty (Iran v United States), EJIL Talk! (7.9. bzw. 3.10.2018).

eine Kündigung im Ergebnis keine Entpflichtung in materieller Hinsicht zur Folge hat: Die vertragliche Bindung mag enden, es bleibt aber die inhaltsgleiche durch universelles Gewohnheitsrecht.

1159 Mit dem technischen Fortschritt und der politischen Instabilität von Kernwaffenstaaten wie Pakistan ist die Sorge gewachsen, dass es **Terroristen** gelingen könnte, Atomwaffen zu erwerben oder „schmutzige Bomben" zu bauen. Mit seiner Resolution 1540 (2004) hat der UN-Sicherheitsrat alle Mitgliedstaaten verpflichtet, gesetzliche Regelungen und Kontrollen einzuführen, um zu verhindern, dass spaltbares Material in die Hände von Terroristen gelangt.[211] Als ein „Gesetzgebungsakt" des Sicherheitsrates ist die Verbindlichkeit dieser Resolution umstritten (Rn. 156). Ihre Regelungen haben 2005 im Kern Eingang in das Internationale Übereinkommen zur Bekämpfung nuklearterroristischer Handlungen[212] gefunden. Neben den üblichen Verpflichtungen, derartige Akte strafrechtlich zu verfolgen, schreibt das Übereinkommen den Vertragsstaaten verschiedene Sicherungspflichten vor und verpflichtet sie zum Informationsaustausch mit der IAEA.[213]

Vertiefende Literaturangaben zu § 13 siehe: www.cfmueller.de/voelkerrecht
www.wsi.uni-kiel.de

Ausbildungsfälle zu § 13: *D. Dörr/D. Bosch*, Aufmarsch vor dem Irak, JuS 2003, 477; *R. Geiger/D.-E. Khan*, Befriedung Sylvaniens durch die Vereinten Nationen, Jura 1992, 434; *H. Hofmeister*, „Bombige Sache", JA 2008, 119; *S. Kadelbach/C. Hilmes*, Die Militärische Entwaffnung des Staates X, Jura 2005, 628; *D.-E. Khan/O. Landwehr*, Der Diktator in der Todeszelle, Jura 2004, 485; *D. Koppe/A. Schwarz*, Das Krim-Märchen und der Krieg, ZJS 2016, 353; *P. Kunig*, Der Putschversuch auf den Seychellen, Jura 1982, 516; *R. Marxen/H.-J. Prieß/P. Rawert/N. Scharbach/J. Schüßlburner*, Der Zypern-Konflikt, Jura 1983, 374; *H. Reinhard*, Die gewaltsame Geiselbefreiung, JuS 1980, 436; *A. Schwarz*, Frieden für Afrin? Völkerrechtliche Probleme unilateraler Gewalt, ZJS 2018, 434; *S. Weinzierl*, Geiselbefreiung im Ausland, JuS 2004, 602.

Kontrollfragen:

- ► Worin bestand das Dilemma der mittelalterlichen Doktrin vom „gerechten Krieg"? **Rn. 1031–1032**
- ► Grenzen Sie die Begriffe *ius ad bellum* und *ius in bello* voneinander ab! Warum ist es treffender, heute vom *ius contra bellum* zu sprechen? **Rn. 1034, 1037, 1160**
- ► Was sind die wesentlichen Unterschiede zwischen Art. I des Briand-Kellogg-Pakts und Art. 2 Nr. 4 UNCh? **Rn. 1035–1036**
- ► Sind auch nichtmilitärische Formen physischer Zwangseinwirkung nach Art. 2 Nr. 4 UNCh verbotene „Gewalt"? **Rn. 1040–1041**
- ► Ist das Gewaltverbot betroffen, wenn ein Staat seine Gebietshoheit gegen einen Eindringling verteidigt? **Rn. 1046**

---

211 Resolution 1540 v. 28.4.2004.

212 BGBl. 2007 II 1586. Näher *J. Herbach*, The Evolution of Legal Approaches to Controlling Nuclear and Radiological Weapons and Combating the Threat of Nuclear Terrorism, YIHL 17 (2014), 45.

213 Vertiefend *C. Joyner*, Countering Nuclear Terrorism: A Conventional Response, EJIL 18 (2007), 225; *ders.*, Nuclear Terrorism in a Globalizing World: Assessing the Threat and the Emerging Management Regime, StanfordJIL 45 (2009), 203.

- Verstößt die ausländische Einmischung in einen Bürgerkrieg gegen Art. 2 Nr. 4 UNCH? **Rn. 1047**
- Wann ist die Androhung von Gewalt völkerrechtswidrig? **Rn. 1048**
- Welche Ausnahmen vom Gewaltverbot kennt die UN-Charta? **Rn. 1049**
- Was unterscheidet Systeme kollektiver Sicherheit und Verteidigungsbündnisse? **Rn. 1053**
- Wie interpretiert der UN-Sicherheitsrat den Begriff des „Friedens" in Art. 39 UNCh? Welche Auswirkungen hat dies auf das System des Völkerrechts insgesamt? **Rn. 1055**
- Vor welche rechtlichen Probleme stellen sog. gezielte Sanktionen *(targeted sanctions)* des UN-Sicherheitsrates? **Rn. 1058**
- Welche Rechtsfragen wirft die Ermächtigung von UN-Mitgliedstaaten durch den Sicherheitsrat auf, militärische Gewalt einzusetzen? **Rn. 1060–1062**
- Welche Arten von Maßnahmen hat der UN-Sicherheitsrat in den Bereichen *peacekeeping* und *peacebuilding* entwickelt und auf welcher Rechtsgrundlage? **Rn. 1064–1070**
- Welche Pflichten erlegen Beschlüsse des UN-Sicherheitsrates nach Kapitel VII UNCh Mitgliedern und Nichtmitgliedern der Vereinten Nationen auf? **Rn. 1071–1074**
- Ist die NATO eine Regionalorganisation i. S. v. Kapitel VIII UNCh? **Rn. 1075**
- Dürfen Regionalorganisationen autonome Sanktionsbeschlüsse fassen? **Rn. 1077–1078**
- Welche Relevanz hat die Formel vom „naturgegebenen Recht" *(inherent right)* auf Selbstverteidigung in Art. 51 UNCh? **Rn. 1083**
- In welchem Verhältnis steht der „bewaffnete Angriff" (Art. 51 UNCh) zur „Gewalt" (Art. 2 Nr. 4 UNCh)? Was folgt daraus für die Reaktionsmöglichkeiten eines betroffenen Staates? **Rn. 1085, 1087**
- Können Computerangriffe als „bewaffnete Angriffe" zur Selbstverteidigung berechtigen? **Rn. 1086**
- Deckt Art. 51 UNCh auch antizipatorische Selbstverteidigungsschläge? **Rn. 1093–1094**
- Kann der Sturz einer ausländischen Regierung mit den Erfordernissen der Selbstverteidigung begründet werden? **Rn. 1098**
- Gestattet das Recht auf Selbstverteidigung den nuklearen Erstschlag? **Rn. 1099**
- Woran scheitert bis heute eine international konsensfähige Definition des Terrorismus? **Rn. 1109**
- Worin liegen Schwierigkeiten, terroristische Anschläge als bewaffnete Angriffe i. S. v. Art. 51 UNCh zu qualifizieren? **Rn. 1117–1119**
- Wann ist ein Unterstützerstaat für Akte des internationalen Terrorismus verantwortlich? **Rn. 1121–1122**
- Können Terroristen selbst unmittelbar Adressaten eines Rechts auf Selbstverteidigung sein? Welche Rechtsfragen wirft eine solche Konstruktion auf? **Rn. 1123–1125, 1131**
- Muss ein Staat Selbstverteidigungshandlungen eines anderen Staates auf seinem Territorium dulden? **Rn. 1121–1122, 1126–1128**
- Gibt es ein Recht des Heimatstaates auf Geiselbefreiung im Ausland bzw. auf Evakuierung von Ausländern aus einem Bürgerkrieg? **Rn. 1133–1135**
- Gestattet das Völkerrecht die humanitäre Intervention zum Schutz von Menschen vor ihrer eigenen Staatsgewalt ohne Ermächtigung durch den Sicherheitsrat? **Rn. 1138, 1141–1147**
- Worin liegen Schwachstellen des Nichtverbreitungsregimes bei Nuklearwaffen? **Rn. 1157–1159**

§ 14 Recht des bewaffneten Konflikts

Einführende Literatur: *P. Dreist*, Humanitäres Völkerrecht für den internationalen bewaffneten Konflikt, in: Schöbener (Hg.), Völkerrecht, 2014, 153, 160; *ders.*, Humanitäres Völkerrecht für den nicht-internationalen bewaffneten Konflikt, ebd., 168; *H.-P. Gasser*, Humanitarian Law, International, MPEPIL (9/2015); *S. Haake*, Von „Battlefield" bis „Call of Duty": Eine etwas andere Einführung in das Recht bewaffneter Konflikte, ZJS 2017, 413; *S. Martini*, Grundsätze des humanitären Völkerrechts, Ad Legendum 2014, 171; *M. Müller*, Das Humanitäre Völkerrecht, BRJ 2009, 144.

Lehr- und Handbücher: *J. Cerone*, International Humanitarian Law, 2017; *A. Clapham/ P. Gaeta* (Hg.), Oxford Handbook of International Law in Armed Conflict, 2014; *E. Crawford/ A. Pert*, International Humanitarian Law, 2015; *I. Detter*, The Law of War, 3. Aufl. 2013; *Y. Dinstein*, The Conduct of Hostilities under the Law of International Armed Conflict, 3. Aufl. 2016; *ders.*, Non-International Armed Conflicts in International Law, 2014; *D. Djukić/N. Pons* (Hg.), The Companion to International Humanitarian Law, 2018; *D. Fleck* (Hg.), The Handbook of International Humanitarian Law, 3. Aufl. 2013; *ders.*, The Handbook of the Law of Visiting Forces, 2. Aufl. 2018; *H.-P. Gasser/N. Melzer*, Humanitäres Völkerrecht: eine Einführung, 2. Aufl. 2012; *L. Green*, The Contemporary Law of Armed Conflict, 3. Aufl. 2008; *F. Kalshoven/L. Zegveld*, Constraints on the Waging of War: An Introduction to International Humanitarian Law, 4. Aufl. 2011; *R. Kolb*, Advanced Introduction to International Humanitarian Law, 2014; *ders./R. Hyde*, An Introduction to the International Law of Armed Conflicts, 2008; *R. Liivoja/T. McCormack* (Hg.), Routledge Handbook of the Law of Armed Conflict, 2016; *N. Melzer*, International Humanitarian Law: A Comprehensive Introduction, 2016; *M. Sassòli*, International Humanitarian Law, 2019; *ders./A. Bouvier/A. Quintin*, How Does Law Protect in War?, 2 Bde., 3. Aufl. 2011 [Aktualisierungen unter https://casebook.icrc.org/]; *B. Saul/D. Akande* (Hg.), Oxford Guide to International Humanitarian Law, 2019 (i.E.); *G. Solis*, The Law of Armed Conflict, 2. Aufl. 2016; *N. White/C. Henderson* (Hg.), Research Handbook on International Conflict and Security Law, 2013.

Kommentare: *M. Bothe/K. J. Partsch/W. Solf*, New Rules for Victims of Armed Conflicts: Commentary on the Two 1977 Protocols Additional to the Geneva Conventions of 1949, 1982 (revid. Nachdruck 2013); *A. Clapham/P. Gaeta/M. Sassòli* (Hg.), The 1949 Geneva Conventions, 2015; *K. Dörmann* u. a. (Hg.), [ICRC] Commentaries on the Geneva Conventions: I (2016), II (2017) [auch online über https://ihl-databases.icrc.org]; *W. Krutzsch/E. Myjer/ R. Trapp*, The Chemical Weapons Convention, 2014; *G. Nystuen/S. Casey-Maslen* (Hg.), The Convention on Cluster Munitions, 2010; *J. Pictet* (Hg.), The Geneva Conventions of 12 August 1949: [ICRC] Commentary, 4 Bde., 1952-1960 [auch online über https://ihl-databases.icrc.org]; *Y. Sandoz/C. Swinarski/B. Zimmermann* (Hg.), Commentary on the Additional Protocols of 8 June 1977 to the Geneva Protocols of 12 August 1949, 1987.

A. Einführung

I. Begriff und Zweck des Rechts des bewaffneten Konflikts

1160 Das Recht des bewaffneten Konflikts ist das **ius in bello**, das „Recht im Krieg". Im Unterschied zum *ius ad bellum* (heute treffender: *ius contra bellum*), das die Frage regelt, wann militärische Gewalt angewendet werden darf, geht es beim *ius in bello* nicht um das „Ob", sondern das „Wie" der Anwendung militärischer Gewalt. Die Begriffe **„Kriegsrecht"** oder „Kriegsvölkerrecht" sind heute allerdings **überholt**, weil sie lediglich auf den Kriegszustand abstellen, nicht auch auf andere Gewaltkonflikte, für die das heutige Recht des bewaffneten Konflikts ebenfalls Geltung beansprucht.

Krieg und andere bewaffnete Konflikte sind eine „Geißel der Menschheit" (Präambel UN-Charta), zugleich aber auch Realität. Das Recht des bewaffneten Konflikts akzeptiert diese Realität – keineswegs legitimiert es die Anwendung von Gewalt[1] – und **bezweckt**, die Mittel der Kriegführung bzw. der Konfliktaustragung zu beschränken. Dahinter steht vor allem der Gedanke, dass **unnötiges Leid vermieden** werden soll – das Recht des bewaffneten Konflikts ist daher in erster Linie **Humanitäres Völkerrecht** (HVR) (und wird heute oft auch insgesamt so bezeichnet).[2] Zu den **wesentlichen Grundsätzen** des HVR zählen: **1161**

- **Menschlichkeit:**[3] Überflüssiges Leiden ist unter allen Umständen zu vermeiden, die Minimalstandards im gemeinsamen Art. 3 der Genfer Konventionen von 1949 sind unbedingt zu achten.
- **Militärische Notwendigkeit:**[4] Sie wird von den Normen des HVR anerkannt, aber zugleich begrenzt. Es gibt kein Recht zum „totalen" Krieg.
- **Verhältnismäßigkeit:**[5] Das HVR gestattet die Verursachung von Leid und Zerstörung nur, soweit diese nicht außer Verhältnis zum angestrebten militärischen Vorteil steht. Der allgemeine Grundsatz der Verhältnismäßigkeit gewinnt hier den Charakter eines Übermaßverbots.

Als **allgemeinen Mindeststandard**, der unter keinen Umständen unterschritten werden darf, formuliert der **gemeinsame Art. 3 GK I-IV**: **1162**

(1) Im Falle eines bewaffneten Konflikts, der keinen internationalen Charakter aufweist und der auf dem Gebiet einer der Hohen Vertragsparteien entsteht, ist jede der am Konflikt beteiligten Parteien gehalten, wenigstens die folgenden Bestimmungen anzuwenden:

1. Personen, die nicht direkt an den Feindseligkeiten teilnehmen, einschließlich der Mitglieder der bewaffneten Streitkräfte, welche die Waffen gestreckt haben, und der Personen, die infolge Krankheit, Verwundung, Gefangennahme oder irgendeiner anderen Ursache außer Kampf gesetzt wurden, sollen unter allen Umständen mit Menschlichkeit behandelt werden, ohne jede Benachteiligung aus Gründen der Rasse, der Farbe, der Religion oder des Glaubens, des Geschlechts, der Geburt oder des Vermögens oder aus irgendeinem ähnlichen Grunde.

---

1 Als Ergebnis einer Abwägung zwischen militärischen Notwendigkeiten und humanitärem Ziel können einzelne Regeln des HVR zwar als Erlaubnisnormen abgefasst sein; ein „Schädigungsrecht" aber verleiht das HVR nicht. Ob gekämpft werden darf, bewertet es nicht (vgl. Rn. 1169–1171).

2 Kritisch gegenüber der Betonung von Ehre und Ritterlichkeit als Ratio im neuen US-Militärhandbuch *R. VanLandingham*, The Law of War is Not About "Chivalry", justsecurity.org (20.7.2015).

3 *G. Corn*, Humanity, Principle of, MPEPIL (7/2013). Näher auch *T. Meron*, The Humanization of Humanitarian Law, AJIL 94 (2000), 239.

4 *Y. Dinstein*, Military Necessity, MPEPIL (9/2015). Siehe auch *G. Venturini*, Necessity in the Law of Armed Conflict and in International Criminal Law, NYIL 41 (2010), 45; *N. Hayashi*, Contextualizing Military Necessity, EmoryILR 27 (2013), 129.

5 *I. Henderson*, The Contemporary Law of Targeting, 2009, 197 ff; *M. Schmitt*, Military Necessity and Humanity in International Humanitarian Law: Preserving the Delicate Balance, VJIL 50 (2010), 795; *M. Wells-Greco*, Operation 'Cast Lead': Jus in Bello Proportionality, NILR 57 (2010), 397; *E. Cannizzaro*, Proportionality in the Law of Armed Conflict, in: Clapham u. a. (Hg.), Oxford Handbook of International Law in Armed Conflict, 2014, 332.

Zu diesem Zwecke sind und bleiben in bezug auf die oben erwähnten Personen jederzeit und jedenorts verboten:

a. Angriffe auf Leib und Leben, namentlich Mord jeglicher Art, Verstümmelung, grausame Behandlung und Folterung;

b. die Gefangennahme von Geiseln;

c. Beeinträchtigung der persönlichen Würde, namentlich erniedrigende und entwürdigende Behandlung;

d. Verurteilungen und Hinrichtungen ohne vorhergehendes Urteil eines ordnungsmäßig bestellten Gerichtes, das die von den zivilisierten Völkern als unerlässlich anerkannten Rechtsgarantien bietet.

2. Die Verwundeten und Kranken sollen geborgen und gepflegt werden. [...]

Diese Regelung bezieht sich zwar ausdrücklich nur auf den nicht-internationalen Konflikt, ist aber auf den internationalen bewaffneten Konflikt als *minimum yardstick* erst recht übertragbar.[6]

1163 Die Normen des HVR sind im Dialog zwischen Völkerrecht, Diplomatie und Militär entwickelt und weiterentwickelt worden.[7] Sie sind das **Ergebnis eines Kompromisses** zwischen militärischen und humanitären Notwendigkeiten. Daher gelten sie **absolut**; ein Abweichen aus (angeblichen) militärischen Gründen kommt nicht in Betracht. Dies schließt das Bedürfnis nach Weiterentwicklung nicht aus; diese muss aber erneut im Dialog der Beteiligten erfolgen.

1164 Um seinen Zweck zu erfüllen, erlegt das HVR allen am Konflikt aktiv oder passiv beteiligten Personen Rechte und Pflichten auf. Damit hat das HVR eine im Völkerrecht seltene **Doppelnatur**: Verstöße gegen seine Regeln lösen nach den allgemeinen Regeln Staatenverantwortlichkeit aus, sind aber auch Unrecht, das der handelnden Person individuell vorwerfbar und strafbar ist.

Genozid-Fall (IGH 2007)[8] Bosnien-Herzegowina hatte die Republik Serbien und Montenegro als Rechtsnachfolgerin der Bundesrepublik Jugoslawien (FRY) wegen Verstößen gegen die Völkermord-Konvention verklagt. Dabei ging es um Massaker an der bosnisch-muslimischen Bevölkerung, die von Angehörigen der Armee der bosnisch-serbischen „Republika Srpska" (VRS) verübt wurden (u. a. Srebrenica 1995).

Der IGH betonte zunächst die Parallelität von Staatenverantwortlichkeit und Strafrecht, wie sie auch für das HVR typisch ist (das aus formalen Gründen nicht Gegenstand des Verfah-

6 IGH, Urteil v. 27.6.1986 (Nicaragua II), ICJ Rep. 1986, 14, § 218; siehe Anhang, Nr. 18; ICTY, Prosecutor v. Dusko Tadić, Entscheidung v. 2.10.1995 (Appeals Chamber), § 102; siehe Anhang, Nr. 33. Näher zur Bedeutung dieser zentralen Vorschrift *J. Pejić*, The protective scope of Common Article 3: more than meets the eye, IRRC 93 (2011), 189, sowie *C. Droege*, "In truth the leitmotiv": the prohibition of torture and other forms of ill-treatment in international humanitarian law, IRRC 89 (2007), 515.

7 Vor allem zur Rolle des IKRK *F. Bugnion*, The International Committee of the Red Cross and the Development of International Humanitarian Law, ChiJIL 5 (2004), 191; *D. Forsythe*, The ICRC: a unique humanitarian protagonist, IRRC 89 (2007), 63; *S. Ratner*, Law Promotion Beyond Law Talk: The Red Cross, Persuasion, and the Laws of War, EJIL 22 (2011), 459.

8 IGH, Urteil v. 26.2.2007 (Application of the Convention on the Prevention and Punishment of the Crime of Genocide, Bosnien-Herzegowina gegen Serbien und Montenegro), ICJ Rep. 2007, 43; siehe Anhang, Nr. 28.

rens war). Insbesondere könne ein Staat vom IGH wegen ihm zurechenbarer Völkerrechtsverbrechen unabhängig davon verurteilt werden, ob die handelnden Personen zuvor bereits von einem Strafgericht verurteilt wurden (§§ 180-182). Im Ergebnis lehnte der IGH dann eine unmittelbare Verwicklung der FRY in die Massaker ab: Dass Organe der FRY selbst daran beteiligt gewesen wären oder die Einheiten der VRS unter Leitung und Kontrolle Belgrads gehandelt hätten, sei nicht hinreichend belegt worden. Wohl aber hätte die FRY ihren Einfluss auf die Republika Srpska nutzen müssen, um so weit als möglich die Begehung von Völkermordtaten zu verhindern. Auch in der jahrelang mangelhaften Zusammenarbeit mit dem UN-Jugoslawien-Tribunal sah der IGH einen Verstoß gegen die Verpflichtung aus der Völkermord-Konvention, Völkermordtaten zu verhindern und zu bestrafen (§§ 377-450).

Diese Doppelnatur erstreckt sich nicht allein auf die Pflichten, sondern auch auf Verantwortlichkeit und Haftung. Das Recht der Staatenverantwortlichkeit kennt zunächst „kollektivierte" Ansprüche auf Wiedergutmachung im zwischenstaatlichen Verhältnis.[9] Hierneben können **individuelle Entschädigungsansprüche** treten. Für diese indes kommt es (bis zur Herausbildung eines allgemeinen Rechtsgrundsatzes oder von Gewohnheitsrecht durch eine internationale Übung) auf ein **Zusammenspiel zwischen Völkerrecht und nationalem Recht** an. Aus letzterem ergibt sich die Anspruchsgrundlage.[10] Für Deutschland verneinen die Zivilgerichte seit längerem in ständiger Rechtsprechung einen auf Art. 3 HLKO und Art. 91 ZP I gestützten Anspruch von Kriegsopfern auf Entschädigung, weil diese Vorschriften nach derzeitigem Stand des Völkerrechts keine individuellen Rechte begründeten.[11] Ausgeschlossen hat der BGH (entgegen instanzgerichtlichen Entscheidungen) unter Rückgriff auf das traditionelle Verständnis aber auch einen Anspruch aus **Amtshaftung** nach § 839 BGB i. V. m. Art. 34 GG. Eine Erweiterung sei dem Gesetzgeber vorbehalten.[12]

Der humanitäre Gedanke ist im Laufe des 20. Jahrhunderts, v. a. nach 1945, ins Zentrum des Rechts des bewaffneten Konflikts gerückt. Er findet seinen Niederschlag primär im **„Genfer Recht"** (nach den Genfer Rotkreuz-Konventionen, seit 1864). Demgegenüber zielt das **„Haager Recht"** (nach den Haager Abkommen von 1899 und 1907) stärker auf die Herstellung von Fairness zwischen den Konfliktparteien, setzt also weniger am Menschen an als an den am Konflikt beteiligten Staaten (vgl. z. B. Perfidie-Verbot in Art. 23 lit. f HLKO). Diese Gegenüberstellung von Genfer und Haager Recht ist allerdings schablonenhaft, wie neben dem Verweis auf die Genfer Konvention von 1864 in Art. 21 HLKO v. a. die sog. **Martenssche Klausel** zeigt (Präambel zum IV. Haager Abkommen von 1907, Abs. 8):[13] **1165**

---

9 *F. Rosenfeld*, Collective reparation for victims of armed conflict, IRRC 92 (2010), 731.

10 Guter Überblick bei *P. Stöckle*, Victims Caught Between a Rock and a Hard Place: Individual Compensation Claims against Troop-Contributing States, FW 88/3-4 (2013), 119; *C. Tomuschat*, State Responsibility and the Individual Right to Compensation Before National Courts, in: Clapham u. a. (Hg.), Oxford Handbook of International Law in Armed Conflict, 2014, 811. Skeptisch *E. Camins*, Needs or Rights? Exploring the Limitations of Individual Reparations for Violations of International Humanitarian Law, IJTJ 10 (2016), 126.

11 Zum Vorstehenden zuletzt BVerfG, Urteil v. 13.8.2013, 2 BvR 2660/06, EuGRZ 2013, 563. Zuvor BVerfGE 94, 315; BVerfGE 116, 24; BGHZ 155, 297; BGHZ 169, 348. Näher *S. Schmahl*, Amtshaftung für Kriegsschäden, ZaöRV 66 (2006), 699; *A. v. Arnauld*, Damages for the Infringement of Human Rights in Germany, in: Baginska (Hg.), Damages for Violations of Human Rights, 2015, 101.

12 BGHZ 212, 173 mit zust. Anm. von *K. Schmalenbach*, JZ 2017, 425. Kritisch *P. Starski/L. Beinlich*, Der Amtshaftungsanspruch und Auslandseinsätze der Bundeswehr, JöR 66 (2018), 299.

13 Zu dieser eingehend *R. Schircks*, Die Martens'sche Klausel – Rezeption und Rechtsqualität, 2002. Siehe ferner *J. v. Bernstorff*, Martens Clause, MPEPIL (12/2009); *H.-M. Empell*, Die Martens'sche Klausel – grundlegende Norm des humanitären Völkerrechts oder Vorschrift ohne Wert?, HuV-I 2009, 145. Zum weitergehenden Einfluss *T. Rensmann*, Die Humanisierung des Völkerrechts durch

Solange, bis ein vollständigeres Kriegsgesetzbuch festgestellt werden kann, halten es die hohen vertragschließenden Teile für zweckmäßig, festzusetzen, dass in den Fällen, die in den Bestimmungen der von ihnen angenommenen Ordnung nicht einbegriffen sind, die Bevölkerung und die Kriegführenden unter dem Schutze und der Herrschaft der Grundsätze des Völkerrechts bleiben, wie sie sich ergeben aus den unter gesitteten Völkern feststehenden Gebräuchen, aus den Gesetzen der Menschlichkeit und aus den Forderungen des öffentlichen Gewissens.

Das Recht des bewaffneten Konflikts ist heute von einer **Konvergenz des Genfer und des Haager Rechts** unter dem Leitgedanken der Humanität gekennzeichnet: Das I. Zusatzprotokoll von 1977 zu den Genfer Konventionen von 1949 hat das Haager Recht in das Genfer Recht integriert (vgl. z. B. Art. 37 ZP I).[14]

II. Rechtsquellen des Humanitären Völkerrechts

1. Völkerrechtliche Verträge

1166 Hauptquellen des HVR sind die ausschließlich dem Recht des bewaffneten Konflikts gewidmeten umfassenden Abkommen,[15] das

- (IV. Haager) Abkommen betreffend die Gesetze und Gebräuche des Landkriegs von 1907 mit der Haager Landkriegsordnung (HLKO)

sowie die vier Genfer Rotkreuz-Konventionen von 1949:

- I. Genfer Abkommen zur Verbesserung des Loses der Verwundeten und Kranken der bewaffneten Kräfte im Felde (GK I),
- II. Genfer Abkommen zur Verbesserung des Loses der Verwundeten, Kranken und Schiffbrüchigen der bewaffneten Kräfte zur See (GK II),
- III. Genfer Abkommen über die Behandlung der Kriegsgefangenen (GK III),
- IV. Genfer Abkommen zum Schutz der Zivilpersonen in Kriegszeiten (GK IV).

Die Genfer Konventionen werden ergänzt durch drei Zusatzprotokolle:

- das Zusatzprotokoll I von 1977 über den Schutz der Opfer internationaler bewaffneter Konflikte (ZP I),
- das Zusatzprotokoll II von 1977 über den Schutz der Opfer nicht-internationaler bewaffneter Konflikte (ZP II),
- das Zusatzprotokoll III von 2005 über die Annahme eines zusätzlichen Schutzzeichens („Roter Kristall“) (ZP III).

An die vier Genfer Abkommen sind nahezu alle Staaten der Welt vertraglich gebunden (196 Vertragsparteien). Die beiden Zusatzprotokolle von 1977, die das HVR in wichtigen Fragen weiterentwickelt haben, wurden von 174 bzw. 168 Staaten ratifi-

das ius in bello – Von der Martens'schen Klausel zur „Responsibility to Protect“, ZaöRV 68 (2008), 111; *J. Kahn*, “Protection and Empire”: The Martens Clause, State Sovereignty, and Individual Rights, VJIL 56 (2016), 1.

14 Vgl. *F. Bugnion*, Droit de Genève et droit de La Haye, IRRC 83 (2001), 901.

15 Umfassende Zusammenstellung in: Dokumente zum Humanitären Völkerrecht, hg. vom Auswärtigen Amt, Deutschen Roten Kreuz und Bundesministerium der Verteidigung, 3. Aufl. 2016.

ziert (Stand: Juni 2019). Zu den Staaten, die weder das ZP I noch das ZP II ratifiziert haben, gehören namentlich die USA, die Türkei, der Iran und Israel.

Neben diese umfassenden Abkommen treten Abkommen, die sich auf bestimmte Waffen beziehen (Rn. 1241) sowie andere Abkommen, die Regelungen für den bewaffneten Konflikt treffen oder im Zusammenhang mit bewaffneten Konflikten relevant werden können, z. B. die Konvention über Verhütung und Bestrafung des Völkermordes, die Genfer Flüchtlingskonvention, Übereinkommen zum Kulturgüter- und Umweltschutz im bewaffneten Konflikt. Auch Abkommen aus dem Bereich des Völkerstrafrechts erlangen Bedeutung für den bewaffneten Konflikt, soweit sie auf Bestrafung von Kriegsverbrechen zielen.

2. Gewohnheitsrecht

Dass die Regeln der HLKO jenseits einer Vertragsbindung gewohnheitsrechtlich gelten, hat bereits 1945 das Internationale Militärtribunal in Nürnberg festgestellt. Der IGH hat dies in seinem Gutachten über die Legalität von Nuklearwaffen 1996 bestätigt und auch der „großen Mehrheit" der Regeln in den GK I-IV gewohnheitsrechtliche Geltung attestiert.[16] Schließlich hat 2005 das IKRK eine Studie vorgelegt, wonach die meisten Regeln in den ZP I und II ebenfalls als Völkergewohnheitsrecht auch Nichtvertragsparteien binden.[17] Erwartungsgemäß ist diese Auffassung auf Kritik gestoßen.[18] **1167**

III. Verhältnis zu anderen Völkerrechtsmaterien

1. Allgemeines Völkerrecht

Das moderne HVR bildet ein **self-contained regime** (Rn. 421). So kann der Notstand (vgl. Art. 25 ASR) nicht als Rechtfertigungsgrund dienen, da dies mit dem differenzierten Normengefüge des HVR unvereinbar wäre. Die weitgehende Berücksichtigung der militärischen Notwendigkeit im HVR erübrigt den Rückgriff auf das Notstandsargument. Für Gegenmaßnahmen bestimmt bereits Art. 50 Abs. 1 lit. c ASR, dass diese sich nicht gegen Verpflichtungen aus dem HVR richten dürfen. Ferner erhalten u. a. Art. 20, 51 Abs. 6, 52 Abs. 1, Art. 53 lit. c, Art. 54 Abs. 4, Art. 55 Abs. 2 und Art. 56 Abs. 4 ZP I ausdrückliche Repressalienverbote. Eine Verletzung des HVR darf also nicht mit HVR-Verstößen beantwortet werden. Dies entspricht dem humanitären Ansatz, der gerade nicht von zwischenstaatlicher Reziprozität geprägt ist, sondern dem Schutzbedürfnis des Einzelmenschen Rechnung trägt. **1168**

---

16 IGH, Gutachten v. 8.7.1996 (Nuklearwaffen), ICJ Rep. 1996, 226, §§ 80 ff; siehe Anhang, Nr. 21.

17 *J.-M. Henckaerts/L. Doswald-Beck* (Hg.), Customary International Humanitarian Law, 3 Bände, 2005, auch unter http://www.icrc.org/eng/resources/documents/publication/pcustom.htm. Dazu u. a. *J.-M. Henckaerts*, Study on customary international humanitarian law, IRRC 87 (2005), 175; *ders.*, The Importance of Customary International Humanitarian Law Today, HuV-I 2009, 125; *ders.*, Customary International Humanitarian Law: Taking Stock of the ICRC Study, NorJIL 78 (2009), 435; *E. Wilmshurst/S. Breau* (Hg.), Perspectives on the ICRC Study on Customary International Humanitarian Law, 2007; *D. Fleck*, Die IKRK-Gewohnheitsrechtsstudie: polarisierend oder konsensbildend?, HuV-I 2009, 120; *I. Müller*, Follow-up der IKRK-Gewohnheitsrechtsstudie, HuV-I 2009, 131.

18 Gemeinsames Schreiben der Rechtsberater des Außen- und des Verteidigungsministeriums der USA (*J. Bellinger, W. Haynes*) an den Präsidenten des IKRK v. 11.11.2006, ILM 46 (2007), 511, IRRC 89 (2007), 443. Dazu auch Rn. 252.

2. Friedenssicherungsrecht

1169 Das Friedenssicherungsrecht soll vor allem verhüten, dass ein bewaffneter Konflikt überhaupt ausbricht. Nach früher überwiegender Ansicht überschnitten sich *ius contra bellum* und *ius in bello* daher nur punktuell: Allein der Eintritt in den Konflikt (also die Frage nach der „Kriegsschuld") wäre danach am Maßstab des Gewaltverbots zu messen, während die einzelnen Kampfhandlungen am HVR zu messen wären. Da bereits der erste Schuss in einer dem HVR gemäßen Art und Weise abgegeben werden muss, würden sich Friedenssicherungsrecht und HVR nur an dieser Schnittstelle überlappen. Nimmt man das Gewaltverbot jedoch ernst, untersagt es jede Anwendung zwischenstaatlicher Gewalt, die nicht durch Selbstverteidigung (oder durch ein Mandat nach Kapitel VII UNCh) gedeckt ist. Die gewaltsame Reaktion auf einen in Selbstverteidigung geführten Schlag ist ein neuerlicher Verstoß gegen Art. 2 Nr. 4 UNCh, ebenso wie ein im Laufe des Konflikts geführter exzessiver Verteidigungsschlag, der die Grenzen von Art. 51 UNCh überschreitet.[19] *Ius contra bellum* und *ius in bello* gelten also **in zeitlicher Hinsicht parallel**.

1170 Die gleichzeitige Anwendbarkeit von *ius contra bellum* und *ius in bello* ändert nichts daran, dass diese ihren jeweils eigenen Regeln folgen. Beide sind **in sachlicher Hinsicht voneinander unabhängig**. Die Pflicht zur Einhaltung des HVR ist unabhängig davon, ob die Schädigungshandlungen gegen das Gewaltverbot verstoßen oder nicht. Auch derjenige, der in Selbstverteidigung handelt, hat sich an die Regeln des HVR zu halten. Umgekehrt legitimiert das HVR nicht den Einsatz von Gewalt (vgl. Präambel ZP I). Was also vom Friedenssicherungsrecht als rechtmäßig erachtet ist, ist ohne Einfluss auf die rechtliche Beurteilung am Maßstab des HVR – und umgekehrt. Die Doktrin des gerechten Krieges *(bellum iustum)* ist auch im HVR überwunden. Diese **Neutralität des HVR** folgt neben der Reziprozität von Rechten und Pflichten und dem Gedanken der Humanität auch Erwägungen der Praktikabilität. Schließlich ist meist umstritten, wessen Waffengang gerechtfertigt ist. Hiervon soll und darf die Pflicht zur Beachtung des HVR nicht abhängen.

1171 Diese Trennung ist in jüngerer Zeit verschiedentlich in Frage gestellt worden; namentlich Israel hat immer wieder versucht, im Kampf gegen Aufständische in den besetzten Gebieten **Verstöße gegen das HVR** mit **Selbstverteidigung** nach Art. 51 UNCh zu rechtfertigen.[20] Unabhängig von der Frage, ob das Selbstverteidigungsrecht hier tatbestandlich greift,[21] öffnet eine solche Argumentation die Tür zur Doktrin „gerechter" Kriege – und damit zu einer Erosion der Regeln des bewaffneten Konflikts. Das HVR erkennt bei bewaffneten Schädigungshandlungen militärische Notwendigkeiten ausdrücklich an und lässt damit Raum für eine situationsadäquate Reaktion.[22]

---

19 *C. Greenwood*, The relationship between *jus ad bellum* and *jus in bello*, RIS 9 (1983), 221 (223).

20 Aus der Literatur etwa *E. Benvenisti*, Rethinking the Divide Between *Jus ad Bellum* and *Jus in Bello* in Warfare Against Nonstate Actors, YJIL 34 (2009), 541. Differenzierend *R. van Steenberghe*, Proportionality Under *Jus ad Bellum* and *Jus in Bello*, IsrLR 45 (2012), 107.

21 Vom IGH verneint: Gutachten v. 9.7.2004 (Legal Consequences of the Construction of a Wall in the Occupied Palestinian Territory), ICJ Rep. 2004, 136, § 139; siehe Anhang, Nr. 26. Kritisch, weil der IGH sich damit der Frage nach dem Verhältnis von *ius contra bellum* und *ius in bellum* entzieht, *C. Tams*, Light Treatment of a Complex Problem: The Law of Self-Defence in the Wall Case, EJIL 16 (2005), 963.

22 Differenzierte Aufbereitung am Beispiel des 2. Libanon-Krieges bei *A. Zimmermann*, The Second Lebanon War: *Jus ad bellum, jus in bello* and the Issue of Proportionality, MPUNYB 11 (2007), 99.

Verboten sind hier nur übermäßige Schädigungen und Exzesse. Diese Grenzen dadurch aufweichen zu wollen, dass man militärische Notwendigkeit (nach HVR) und Verhältnismäßigkeit (der Selbstverteidigung) miteinander multipliziert, überzeugt nicht und verdreht das humanitäre Anliegen des HVR.[23]

3. Menschenrechte

a) Parallele Geltung

Das Völkerrecht ging **früher** von einer klaren Unterscheidung von Krieg und Frieden 1172 aus: Mit Eintritt in den Kriegszustand war die **Friedensrechtsordnung suspendiert**.[24] Wäre dies noch immer so, würde das HVR in Zeiten des Krieges an die Stelle des Menschenrechtsschutzes treten. Dies wäre **nicht sachgerecht**: Zum einen ist mit dem Wandel vom klassischen Krieg zum modernen bewaffneten Konflikt die Grenzziehung zwischen Krieg und Frieden nicht mehr so klar möglich; zum anderen widerspräche dies der Idee der Menschenrechte selbst: Der Mensch bleibt auch im bewaffneten Konflikt Mensch. Auch das positive Recht stützt diese Deutung: Menschenrechtsabkommen enthalten **besondere Derogationsklauseln** (z. B. Art. 15 EMRK, Art. 4 IPBPR), die gestatten, einzelne Menschenrechtsgarantien in Zeiten des inneren oder äußeren Notstandes – vorübergehend und kontrolliert! – auszusetzen. (Hingegen ist das HVR insgesamt derogationsfest, weil es gerade für diese Fälle gedacht ist.) Der IGH hat im Mauer-Gutachten 2004 bestätigt, dass das HVR den Menschenrechtsschutz nicht verdrängt, sondern ihn **ergänzt** und damit die Gegenansicht zu Recht zurückgewiesen (Näheres sogleich).

b) HVR als speziellere Regelung

HVR und Menschenrechte haben den Schutz des Menschen zum **gemeinsamen Ziel**. 1173 Allerdings ist das HVR auf die menschlichen Bedürfnisse in bestimmten Notsituationen zugeschnitten. Es nimmt seinen Ausgang bei der besonderen Verletzbarkeit des Menschen im bewaffneten Konflikt. Die Regeln des HVR sind daher **spezielle Ausprägungen** des Menschenrechtsschutzes, in denen situationsbedingte Konkretisierungen und Abwägungen schon vorgenommen sind. Sie gehen, so weit sie sachlich reichen, als *leges speciales*, d. h. als speziellere Regeln den allgemeinen menschenrechtlichen Verbürgungen vor, sind aber **in deren Lichte zu interpretieren**.

Mauer in Palästina (IGH 2004)[25] Israel hat 2003 den Bau einer Mauer bzw. eines befestigten Sperrzauns im Westjordanland und in Jerusalem begonnen, der die überwiegend palästinensisch von den überwiegend jüdisch besiedelten Gebieten trennen soll. Die UN-Ge-

---

23 *J. Moussa*, Can *jus ad bellum* override *jus in bello*? Reaffirming the separation of the two bodies of law, IRRC 90 (2008), 963; *I. Österdahl*, Dangerous Liaison? The Disappearing Dichotomy between *Jus ad Bellum* and *in Bello*, NorJIL 78 (2009), 553; *R. Sloane*, The Cost of Conflation: Preserving the Dualism of *Jus ad Bellum* and *Jus in Bello* in the Contemporary Law of War, YJIL 34 (2009), 47.

24 Zur Fortgeltung völkerrechtlicher Verträge in Kriegszeiten Rn. 247.

25 IGH, Gutachten v. 9.7.2004 (Legal Consequences of the Construction of a Wall in the Occupied Palestinian Territory) ICJ Rep. 2004, 136; siehe Anhang, Nr 26. Zum Verhältnis HVR und Menschenrechte siehe auch das Grundsatzurteil der EGMR v. 16.9.2014 Hassan/UK, 29750/09. Dazu Rn. 643, 651, 679, 1292.

neralversammlung beantragte daraufhin beim IGH ein Rechtsgutachten über die völkerrechtliche Zulässigkeit des Mauerbaus und die Rechtsfolgen.

Im Gutachten ging der IGH u. a. auch auf das Verhältnis von HVR und Menschenrechten ein (§§ 102-113). Er verwarf die Idee der Exklusivität der beiden Rechtsregime: Es könne Fragen geben, die ausschließlich dem HVR oder ausschließlich den Menschenrechtspakten unterfielen; ebenso aber gebe es Fälle, die von beiden Rechtsregimen geregelt würden. Dabei sei das HVR grundsätzlich *lex specialis*, die genaue Verhältnisbestimmung sei aber von Fall zu Fall zu klären (§ 106).

1174 Das Verhältnis zwischen HVR und Menschenrechtsschutz ist komplex und in vielen Punkten umstritten. Als eine Art Faustregel lässt sich sagen: Für **Kampfhandlungen** verdrängen die Regeln des HVR den allgemeinen Menschenrechtsschutz weitgehend, weil sie das Recht zur Schädigung des Gegners bereits berücksichtigen und ihnen eine rechtsverbindliche Abwägung zwischen militärischer Notwendigkeit und humanitärem Schutzziel zu Grunde liegt. Der Rückgriff auf Menschenrechte zur Lückenschließung und als Interpretationsrichtschnur wird vor allem **außerhalb von Kampfhandlungen**, d. h. bei der Behandlung von Personen außer Gefecht (*hors de combat*: Verwundete, Gefangene) und im Besatzungsrecht wichtig. Eine große Bedeutung haben die Menschenrechtsgarantien darüber hinaus auch im **nicht-internationalen bewaffneten Konflikt**, wo die Grenze zwischen inneren Unruhen (hier gelten nur die Menschenrechte) und Bürgerkrieg (hier gilt auch das HVR) nicht leicht zu ziehen ist.

4. Völkerstrafrecht

1175 Enge Verbindungen bestehen wegen seiner individiell verpflichtenden Wirkung (Rn. 1164) zwischen dem HVR und dem **Völkerstrafrecht**. Das Völkerstrafrecht unterstellt bestimmte universell geächtete Taten unmittelbar einem völkerrechtlichen Verbot, ohne dass es hierzu der Umsetzung in nationale Strafgesetze bedürfte. Zu diesen Taten, die weltweit geahndet werden können, gehören neben Völkermord und Verbrechen gegen die Menschlichkeit auch (Bürger-)Kriegsverbrechen (vgl. Art. 8 IStGH-Statut). Indem es nationale und internationale Strafgerichtsbarkeit aktivieren kann, ist das Völkerstrafrecht ein wichtiges Instrument zur Durchsetzung des HVR.

IV. Durchsetzung des Humanitären Völkerrechts

1176 Art. 1 GK I-IV verpflichtet alle Staaten, die Regeln des HVR einzuhalten und ihre Einhaltung sicherzustellen (**respect and ensure**).[26] Hieraus folgen vier Hauptpflichten der Staaten:

---

26 Zur Durchsetzung des Völkerrechts allgemein § 6 A. Speziell zum HVR *K. Dörmann/J. Serralvo*, Common Article 1 to the Geneva Conventions and the obligation to prevent international humanitarian law violations, IRRC 96 (2014), 707; *R. Geiß*, Common Article 1 of the Geneva Conventions, in: Krieger (Hg.), Inducing Compliance with International Humanitarian Law, 2015, 417; *G. Zyberi*, Enforcement of International Humanitarian Law, in: Oberleitner (Hg.), Human Rights Institutions, Tribunals and Courts, 2018, 377. Der mehrjährige Konsultationsprozess des IKRK zur Durchsetzung des HVR ist Anfang 2019 ohne nennenswerte Fortschritte abgebrochen worden. Dazu *S. Poulopoulo*, Strengthening Compliance with IHL: Back to Square One, EJIL Talk! (14.2.2019).

(1) Sie müssen schon **zu Friedenszeiten Vorkehrungen** treffen, um die Einhaltung des HVR im Konfliktfall sicherzustellen. So ist bei der Entwicklung und Beschaffung neuer Waffensysteme deren Vereinbarkeit mit Art. 36 ZP I zu prüfen; Schutzzeichen sind an den geschützten Objekten anzubringen; zudem ist bei Planungen die Lage geschützter Objekte zu beachten, die sich nicht in unmittelbarer Nähe zu militärischen Zielen befinden dürfen. **1177**

(2) Im bewaffneten Konflikt sind sie zur **Achtung des HVR** verpflichtet. Um die Beachtung sicherzustellen, verpflichten Art. 127 GK III, Art. 144 GK IV und Art. 83 ZP I (vgl. auch Art. 19 ZP II) die Parteien, den Wortlaut der Abkommen zu verbreiten und in ihre militärischen und zivilen Ausbildungsprogramme aufzunehmen. Die Regeln des HVR müssen bei der Abfassung von Militärhandbüchern, Einsatzregeln *(rules of engagement)* und Taschenkarten – die alle Soldaten über die wichtigsten Einsatzregeln, v. a. zur Anwendung von Gewalt, belehren – beachtet werden.[27] Art. 82 ZP I verpflichtet zudem dazu, die Verfügbarkeit von **Rechtsberatern** zur Beratung von militärischen Kommandanten sicherzustellen. **1178**

(3) In bewaffneten Konflikten zwischen anderen Staaten ist **auf die Einhaltung des HVR hinzuwirken**. Drittstaaten dürfen sich nicht an Verstößen gegen das HVR beteiligen oder zu ihnen ermuntern. Sie müssen vielmehr die zur Verfügung stehenden Mittel der friedlichen Streitbeilegung nutzen, um auf eine Einhaltung des HVR durch die Konfliktparteien hinzuwirken. Da die Regeln des HVR *erga omnes* gelten, dürfen am Konflikt unbeteiligte Staaten auch **Gegenmaßnahmen** ergreifen. Zwar ist das HVR selbst durch weitreichende Repressalienverbote gekennzeichnet; diese beziehen sich aber nur auf durch das HVR geschützte Personen und Güter. Die Aussetzung z. B. eines Luftverkehrsabkommens wegen schwerer Kriegsverbrechen ist hierdurch nicht ausgeschlossen. Die Pflicht aus Art. 1 GK I-IV ist umfassend formuliert und erstreckt sich auch auf das Verhältnis zu **nichtstaatlichen Akteuren**. Die Staaten müssen daher konkrete Maßnahmen ergreifen, um im Rahmen des Möglichen und Zumutbaren (zur sog. *due diligence* allgemein Rn. 409) sicherzustellen, dass Private in ihrem Hoheits- und Einflussbereich das HVR einhalten.[28] **1179**

(4) Alle Staaten müssen bei der **Bestrafung von Kriegs- und Bürgerkriegsverbrechen** mitwirken: Schwere Verstöße gegen das HVR (dazu Art. 49 f GK I, Art. 50 f GK II, Art. 129 f GK III, Art. 146 f GK IV und Art. 11, 85 f ZP I sowie Art. 8 IStGH-Statut) müssen nach nationalem Recht strafbar sein. Die Staaten sind verpflichtet, Täter, die sich in ihrem Einflussbereich befinden, zu verfolgen oder an einen Staat auszuliefern, der zur Strafverfolgung bereit ist. Für schwere Verstöße gegen das HVR **1180**

27 Zur Diskussion über das US-Militärhandbuch vom Juni 2015, welches das Handbuch von 1956 abgelöst hat, siehe *C. Dunlap*, The DoD Law of War Manual and its Critics: Some Observations, IntLS 62 (2016), 85; *D. Glazier* u. a., Failing Our Troops: A Critical Assessment of the Department of Defense Law of War Manual, YaleJIL 42 (2017), 215; *J. Paust*, Errors and Misconceptions in the 2015 Department Of Defense Law of War Manual, MinnJIL 26 (2017), 303. Das Handbuch ist in Reaktion auf Kritik u. a. an den Regeln zu Journalisten im Dezember 2016 in überarbeiteter Form erschienen.

28 So überzeugend *J.-M. Henckaerts*, in: Dörmann u. a. (Hg.), [ICRC] Commentary on the First Geneva Convention, 2016, Art. 1, Rn. 150 ff, 164 ff. Siehe auch *K. Dörmann/J. Serralvo*, Common Article 1 to the Geneva Conventions and the obligation to prevent international humanitarian law violations, IRRC 96 (2014), 707; *O. Hathaway* u. a., Ensuring Responsibility: Common Article 1 and State Responsibility for Non-State Actors, TexasLR 95 (2017), 539.

gilt das **Weltrechtsprinzip**, d. h. sie können von jedem Staat der Welt unabhängig vom Tatort oder von der Staatsangehörigkeit des Täters verfolgt werden. Neben die staatlichen Gerichte sind nach 1945 **internationale Gerichte** (v. a. ICTY, ICTR, IStGH) getreten. Bei der Pflicht zur Zusammenarbeit ist zu differenzieren: Der IStGH beruht auf einem Vertrag, so dass grundsätzlich nur Vertragsparteien zur Zusammenarbeit verpflichtet sind. Demgegenüber beruhten ICTY und ICTR auf Resolutionen des UN-Sicherheitsrates nach Kapitel VII; zur Zusammenarbeit waren daher alle UN-Mitglieder gemäß Art. 25 und Art. 48 Abs. 1 UNCh verpflichtet.

1181 Bei Verletzungen des HVR kommt einer **unabhängigen Klärung der Fakten** eine zentrale Rolle zu.[29] Bereits 1991 wurde auf Grundlage von Art. 90 ZP I die Internationale Ermittlungskommission (*International Humanitarian Fact-Finding Commission*, IHFFC) errichtet, deren Zuständigkeit von derzeit 77 Staaten anerkannt wird (Stand: Juni 2019). Sie hat 2017 ihre erste Mission begonnen.[30] Daneben haben die UN-Generalversammlung und der Menschenrechtsrat in jüngerer Zeit vermehrt Ad-hoc-Kommissionen für bestimmte Konflikte eingesetzt.[31]

V. Historischer Abriss

1. Ideengeschichtliche Grundlagen

1182 Der Grundgedanke, dass Krieg nicht schrankenlos geführt werden darf, zieht sich seit alters her durch die Geschichte. Die beiden hauptsächlichen Beweggründe sind **Reziprozität und Humanität**: Wer den Gegner schont, kann damit rechnen, selbst Schonung zu erfahren, und nicht Opfer von Vergeltung zu werden (Reziprozität).[32] Daneben tritt eine religiös-sittlich bzw. ethisch-moralisch geprägte Vorstellung des menschlichen Umgangs miteinander (Humanität).

1183 Ein durchgängiges Problem ist, dass die Ethik des Krieges in aller Regel als eine **„Ethik unter Gleichen"** begriffen wurde. Nur wer als grundsätzlich gleichberechtigt (oder als schutzbedürftig und schutzwürdig) galt, konnte auf Rücksichtnahme durch den Gegner rechnen. Deutlich war dies in der Römischen Epoche mit ihrer scharfen Trennung von „innen" und „außen", von Bürgerrecht *(ius civile)* und „Völkerrecht" *(ius gentium)*. Auch die Ideale der Ritterlichkeit im europäischen Mittelalter oder das

29 Dazu OHCHR, Commissions of Inquiry and Fact-finding Missions on International Human Rights and Humanitarian Law: Guidance and Practice, HR/PUB/14/7, 2015; OHCHR, Who's Responsible? Attributing Individual Responsibility for Violations of International Human Rights and Humanitarian Law in United Nations Commissions of Inquiry, Fact-finding Missions and Other Investigations, HR/PUB/18/3, 2018; *P. Alston/S. Knuckey* (Hg.), The Transformation of Human Rights Fact-finding, 2016; *R. Grace/C. Bruderlein* (Hg.), HPCR Practitioner's Handbook on Monitoring, Reporting, and Fact-finding, 2017.

30 Dazu *C. Azzarello/M. Niederhauser*, The Independent Humanitarian Fact-Finding Commission: Has the 'Sleeping Beauty' Awoken?, blogs.icrc.org (9.1.2018).

31 Z. B. A/RES/71/248 v. 21.12.2016: International Independent Investigative Mechanism (IIIM) für Syrien; A/HRC/RES/34/22 v. 24.3.2017: Ongoing Independent Mechanism (OIM) für Myanmar; A/HRC/RES/36/31 v. 29.9.2017: Group of Eminent Experts (GEE) für den Jemen.

32 Näher *J. de Preux*, The Geneva Conventions and Reciprocity, IRRC 67 (1985), 25; *R. Provost*, Reciprocity in Human Rights and Humanitarian Law, BYIL 65 (1994), 383; *S. Watts*, Reciprocity and the Law of War, HarvILJ 50 (2009), 365.

bushido der japanischen Samurai galten prinzipiell nur unter Gleichen.[33] Die Greueltaten, die während der Kreuzzüge von christlicher Seite verübt wurden, zeigen ebenso wie die Massaker an den Indios im Zuge der *Conquista* oder der Kolonialkriege gegen afrikanische Völker, was es bedeutet, Humanität allein auf „Seinesgleichen" zu beschränken und „niederes Volk", „Ungläubige" oder „Unzivilisierte" auszuschließen.

Verstärkt wurde dieser Exklusionsakt im christlichen Mittelalter durch die **Doktrin des gerechten Krieges** (*bellum iustum*, dazu Rn. 1030). Diese betraf zwar das Recht zum Krieg *(ius ad bellum)*, hatte aber auch Auswirkungen auf das *ius in bello*: Wenn man selbst für die gerechte Sache kämpft, dann kämpft der Feind einen ungerechten Krieg und darf mit allen Mitteln bekämpft werden:[34] 1184

Frei von Schuld sind nicht nur Verwundungen, die den Kämpfenden zugefügt, sondern auch diejenigen, die den anderen Bürgern des Staates beigebracht werden, gegen den man Krieg führt. [...] Man ist nicht verpflichtet festzustellen, ob einige Bürger schuldig und andere unschuldig sind, weil der gesamte Staat als Feind anzusehen ist, und es ist aus diesem Grund, dass der gesamte Staat verdammt und verwüstet wird.

Dass dies nicht bloß Geisteshaltungen vergangener Epochen sind, haben der deutsche Vernichtungsfeldzug im Osten während des Zweiten Weltkriegs oder die Bürgerkriegsverbrechen auf dem Balkan und in Ruanda in den 1990er Jahren vor Augen geführt. Auch hier erleichterte die Weigerung, sich selbst im Anderen zu erkennen, d. h. den Feind als Mitmenschen zu erkennen, die Begehung schwerster Verbrechen. Dies dürfte auch manche Exzesse im Rahmen des „Kriegs gegen den Terror" erklären oder die Greueltaten der Terrormiliz „Islamischer Staat" (IS) im Irak und in Syrien.

Eine **„Temperierung des Krieges"** *(temperamenta belli)* unternahm v. a. *Hugo Grotius* mit seinem Hauptwerk „De iure belli ac pacis" (1625). Indem der Krieg als **Mittel der Politik** und nicht als Vollzug göttlichen Willens erkannt wurde, war es möglich geworden, ihn an Eigengesetzlichkeit und Notwendigkeit zu messen – unabhängig von der Frage nach dem Kriegsgrund. Ein solches instrumentelles Verständnis ermöglichte es auch, den **totalen Feindbegriff aufzugeben**: Der Andere ist nicht *per se* Feind, sondern nur solange er für einen feindlichen Staat kämpft. Wer Zivilist ist oder Kämpfer „außer Gefecht" *(hors de combat)*, hört auf, Feind zu sein und darf nicht länger bekämpft werden:[35] 1185

Der Krieg ist demnach kein Verhältnis eines Menschen zum andern, sondern das Verhältnis eines Staates zum andern, bei dem die einzelnen nur zufällig Feinde sind, und zwar nicht als Menschen, ja nicht einmal als Bürger, sondern als Soldaten, nicht als Glieder des Vaterlandes, sondern als seine Verteidiger. [...] Da der Zweck des Krieges die Vernichtung des feindlichen Staates ist, so hat man das Recht, die Verteidiger desselben zu töten, solange sie die Waffen in der Hand haben; sobald sie sie jedoch niederlegen und sich ergeben, so werden sie, weil sie aufhören Feinde oder Werkzeuge des Feindes zu sein, wieder nur Menschen, und man hat kein Recht mehr auf ihr Leben.

---

33 *G. Draper*, The Interaction of Christianity and Chivalry in the historical development of the Law of War, IRRC 46 (1965), 3.

34 *Thomas Cajetan* (1469-1534), aus der Kommentierung der „Summa Theologica" des *Thomas von Aquin*, nach *J. Pictet*, Development and Principles of International Humanitarian Law, 1985, 15 (Übers. d. Verf.).

35 *J.-J. Rousseau*, Vom Gesellschaftsvertrag (1762), I. Buch, § 4 (Übersetzung von H. Denhardt, 1880).

2. Neuzeitliche Entwicklungen im Recht des bewaffneten Konflikts

1186 Realgeschichtlich lässt sich erkennen, wie der Wandel in den Techniken sich auf die Regeln der Kriegführung auswirkt. Am Beginn der Neuzeit steht die Entwicklung von **Feuerwaffen.** Diese ermöglichten weit effizienter als Bogenschützen, den Feind über Distanz zu töten und stellten so die herkömmlichen Regeln des ritterlichen Kampfes Mann gegen Mann in Frage. Mit dieser Veränderung des Kampfcharakters einher ging eine **Professionalisierung des Krieges** in Gestalt von Söldnern, die an die Stelle der Ritter und ihrer Vasallen traten und sich vornehmlich durch Kriegsbeute finanzierten. Das rechtliche Verständnis jener Epoche passte sich den Veränderungen an. Einen wichtigen Einschnitt markierten die Militärreformen des Absolutismus, die **stehende Heere** mit regelmäßigem Sold und innerer Disziplin einführten. Dies begünstigte die Entwicklung kriegsrechtlicher Regeln. Auch wenn im 18. Jahrhundert in Europa z. T. recht fortschrittliche Regeln existierten, waren diese noch partikular und wenig einheitlich. Das Kriegsrecht der Zeit folgte aus einem noch schwach ausgeprägten Gewohnheitsrecht sowie Ad-hoc-Vereinbarungen zwischen den kriegführenden Parteien (sog. **Kartelle** und **Kapitulationen**).

1187 Das moderne HVR ist in Reaktion auf die **Massenkriege** des 19. und 20. Jahrhunderts entstanden. Die Aufstellung großer Wehrpflichtigenarmeen (nach dem Vorbild der ersten *levée en masse* der französischen Revolutionsregierung 1793) und die damit einhergehende Entprofessionalisierung begünstigten im Verein mit Fortschritten in der Waffentechnik neuartige (Menschen-)Materialschlachten. Eindrücke vom Schlachtfeld in Solferino während des Zweiten Italienischen Unabhängigkeitskriegs veranlassten den Genfer Kaufmann *Henry Dunant* 1862 zur Publikation der „Erinnerungen an Solferino", in denen er zwei Forderungen erhob: die Gründung privater Organisationen in allen Staaten, die in Friedenszeiten Vorsorge und Ausbildung für humanitäre Hilfe im Krieg fördern sollten, sowie ein internationales multilaterales Abkommen als Rechtsgrundlage für das humanitäre Recht im Krieg. Die erste Forderung mündete in die Gründung des **Internationalen Komitees vom Roten Kreuz** und nachfolgend einer Vielzahl von nationalen Rotkreuz- (und Rothalbmonds-)Gesellschaften, die zweite in die **Genfer Konvention vom 22. August 1864** zur Verbesserung des Loses der Verwundeten der Heere im Felde. Die Konvention wurde 1906, 1929 und 1949 unter dem Eindruck der Erfahrungen mehrerer (Welt-)Kriege überarbeitet. 1929 kam ergänzend eine Konvention zum Schutz von Kriegsgefangenen hinzu (seit 1949 GK III), 1949 eine Konvention zum Schutz der Schiffbrüchigen und Verwundeten im Seekrieg (GK II) und eine Konvention zum Schutz der Zivilbevölkerung (GK IV). Die Konventionen von 1949 erweiterten den Anwendungsbereich zudem vom (erklärten) Krieg auf alle internationalen bewaffneten Konflikte und stellten mit dem gemeinsamen Art. 3 erstmals Grundregeln für den nicht-internationalen bewaffneten Konflikt auf.

1188 Die 1864er-Konvention gab den Anstoß für weitere kriegsrechtliche Abkommen. Den Anfang machte 1868 die **Erklärung von Sankt Petersburg** über den Einsatz von Explosivgeschossen, die zwei heute noch zentrale Grundsätze festschrieb: dass Gewalt im Krieg nur gegen militärische Ziele eingesetzt werden darf und dass der Einsatz von Waffen, die unnötiges Leiden verursachen, nicht mit militärischen Notwendigkeiten gerechtfertigt werden kann. Wichtig wurden vor allem die auf russische bzw. US-amerikanische Initiative zurückgehenden **Haager Abkommen** von 1899 und 1907. Besonders bedeutend ist das IV. Haager Abkommen betreffend die Gesetze und Gebräuche des Landkrieges von 1907, in dessen Anhang sich das Reglement, die sog. **Haager Landkriegsordnung**, befindet, die noch heute gilt und zu universellem Völkergewohnheitsrecht erstarkt ist.

1189 Die Zunahme von **Befreiungskriegen und Bürgerkriegen** in den Jahrzehnten nach 1945 machte eine Anpassung des HVR an die Veränderung der Kampfführung erforderlich. Die beiden **Zusatzprotokolle von 1977** nahmen hier wichtige Anpassungen vor und formulierten mit dem ZP II erstmals detailliertere Regeln für den nicht-internationalen bewaffneten Konflikt.[36] Seit den 1990er Jahren hat das HVR durch die Rechtsprechung der vom UN-Sicherheitsrat eingesetzten **Internationalen Straftribunale** für das ehemalige Jugoslawien (ICTY) und für Ruanda (ICTR) erheblich an praktischer Bewährung gewonnen und wurde dabei bedeutend weiterentwickelt, etwa in Bezug auf die Einebnung der Unterschiede des Rechts für internationale und nicht-internationale bewaffnete Konflikte (Rn. 1196).

3. Aktuelle Herausforderungen

„If international law is, in some ways, at the vanishing point of law, the law of war is, 1190
perhaps even more conspicuously, at the vanishing point of international law."[37] Diese ernüchternde Feststellung des britischen Völkerrechtlers *Hersch Lauterpacht* gilt vor allem in **asymmetrischen Konflikten**, in denen staatliche oder multinationale Verbände privaten Gewaltakteuren gegenüberstehen. Letztere gleichen ihre Nachteile bei den Mitteln des Kampfes oft durch problematische Kampfmethoden aus: Nadelstichtaktik, verdeckte Operationen und Abtauchen in der friedlichen Zivilbevölkerung. Die Rede von den „neuen Kriegen"[38] verschleiert, dass Partisanenkrieg und Guerillataktik seit längerem Gegenstand von Regelungen der GK IV und des ZP I sind; im nicht-internationalen bewaffneten Konflikt bekämpfen sogar typischerweise ungleiche Gegner einander. Dennoch drängt die stetige Zunahme solcher Konflikttypen dazu, das im Vergleich zum zwischenstaatlichen Konflikt weniger stark ausgeformte Recht des nicht-internationalen Konflikts weiterzuentwickeln und insbesondere die **Bindungen nichtstaatlicher Akteure** an das HVR zu effektivieren.[39] An Grenzen stößt dieses Bemühen allerdings, wenn eine nichtstaatliche Konfliktpartei z. B. durch Angriffe auf Krankenhäuser oder die Zerstörung und Plünderung von Kulturstätten ganz gezielt gegen das HVR verstößt[40] oder noch nicht einmal die Minimalanforderungen des Unterscheidungsgebots (Rn. 1219) beachtet. Wo Einsicht und Läuterung sich nicht einstellen, bleiben letztlich nur militärische Bezwingung und strafrechtliche Ahndung.

Auch **neue Technologien** stellen z. T. fundamentale Anfragen an das HVR. Wie eine 1191
zunehmend **virtualisierte Kriegführung** mit den Grundsätzen der Humanität in Einklang gebracht werden kann, wirft viele Fragen auf. Wo Kampfdrohnen oder sogar automatische Waffensysteme zum Einsatz gebracht werden, droht eine Zuspitzung

36 Zur Zurückdrängung der staatlichen Souveränität im modernen HVR *R. Bartels*, The Relationship between International Humanitarian Law and the Notion of State Sovereignty, JCSL 23 (2018), 461.

37 *H. Lauterpacht*, The Problem of the Revision of the Law of War, BYIL 29 (1952), 360 (382).

38 Diskussionsprägend *H. Münkler*, Die neuen Kriege, 6. Aufl. 2015; *ders.*, Der Wandel des Krieges, 2006. Kritische Debatte dazu in FW 81 (2006), Heft 2.

39 *H.-J. Heintze/C. Lülf*, Non-State Actors Under International Humanitarian Law, in: Noortmann/Reinisch/Ryngaert (Hg.), Non-State Actors in International Law, 2015, 97; *D. Murray*, How International Humanitarian Law Treaties Bind Non-State Armed Groups, JCSL 20 (2015), 101; *S. Sivakumaran*, Implementing Humanitarian Norms through Non-State Armed Groups, in: Krieger (Hg.), Inducing Compliance with International Humanitarian Law, 2015, 125; *M. Sassòli*, Die Anwendbarkeit des humanitären Völkerrechts auf Aufständische und bewaffnete Gruppen: Status und Durchsetzung, in: Matz-Lück (Hg.), Der Status von Gruppen im Völkerrecht, 2016, 119; *H. Jo*, Compliance with International Humanitarian Law by Non-State Armed Groups: How Can It Be Improved?, YIHL 19 (2016), 63; *T. Rodenhäuser*, Organizing Rebellion, 2018, 19 ff.

40 Zu Strategien des „Islamischen Staates" *M. Heisler/E. Baker/D. McKay*, Attacks on Health Care in Syria – Normalizing Violations of Medical Neutrality?, New England Journal of Medicine 373 (2015), 2489; *M. Fuchs*, „Militarisierung der Kultur" und das Völkerrecht, DÖV 2016, 141.

der Asymmetrie, die eine Erosion des HVR auf beiden Seiten auslösen könnte (Rn. 1243–1244). Auch die zunehmende Verlagerung von Konflikten in Computernetzwerke **(Cyberangriffe)** fordert eine Neuvermessung des HVR. Zwar lassen sich die meisten Fragen – vom Beginn eines bewaffneten Konflikts über die Kennzeichnungspflicht bis hin zur Unterscheidung zwischen verbotener Heimtücke und erlaubter Kriegslist – durch Anwendung der etablierten Grundsätze zufriedenstellend beantworten; insbesondere aber die verschwimmenden Grenzen zwischen Kombattanten und Zivilpersonen sowie zwischen militärischer und ziviler Infrastruktur erfordern eine Anpassung an die Besonderheiten von Cyberoperationen.[41]

1192 Auch gegenüber einer zunehmend **hybriden Kriegsführung** muss das HVR seine Geltung behaupten.[42] Hinter dem schillernden Begriff verbirgt sich eine Kombination offener und verdeckter, direkter und indirekter Operationen, von Propaganda und Desinformation. Als Beispiel wird v. a. das russische Vorgehen in der Ukraine genannt, das auf Operationen der Streitkräfte (mit und ohne Kennzeichnung), Unterstützung von Rebellen, klassische militärische Aktionen sowie Cyberangriffe setzte und von Propaganda und gezielter Falschinformation im Inland wie im Ausland flankiert wurde. Auch hier gilt es, sich von modischen Schlagwörtern nicht beirren zu lassen. Keines der genannten Instrumente ist neu. „Die veränderte Qualität liegt vielmehr in ihrer Kombination und der Orchestrierung im Einsatz der Mittel.“[43] Dies wird bei der Entwicklung einer Gegenstrategie zu berücksichtigen sein und mittelbar über den Grundsatz der militärischen Notwendigkeit auch in das HVR einstrahlen. Das Recht aber drängt zu einer differenzierten Bewertung der einzelnen Instrumente, für die es die etablierten Regeln bereit hält.

1193 Um glaubwürdig zu sein und beachtet zu werden, muss das Recht den **Realitäten heutiger bewaffneter Konflikte Rechnung tragen**. Das HVR hat historisch unter Beweis gestellt, dass es Wandlungen einzufangen vermag, seien sie politischer, militärischer oder technischer Natur. Es wird sich auch den aktuellen Herausforderungen gewachsen zeigen.[44] Über der Suche nach Lösungen darf aber der humanitäre Grundgedanke nicht aus dem Blick geraten. Dies bedeutet, vermeintliche militärische Notwendigkeiten im wohlverstandenen Interesse aller am Konflikt Beteiligten immer wieder kritisch zu hinterfragen. Oft können hier **Interpretationsrichtlinien**, die vom IKRK in Zusammenarbeit mit Völkerrechts- und Militärexperten aus aller Welt aus-

---

41 Ebenso Deutscher Bundestag, Wissenschaftliche Dienste, Anwendbarkeit des humanitären Völkerrechts auf Computernetzwerkoperationen und digitale Kriegsführung (Cyber Warfare), WD 2 – 3000 – 038/15, v. 24.2.2015, 17. Einen Versuch der Übertragung der etablierten Regeln des HVR auf Cyberoperationen unternimmt das Tallinn Manual 2.0 (2017), dazu bereits Rn. 1041. Siehe ferner *L. Giesel/L. Olejnik* (Hg.), The Potential Human Costs of Cyber Operations: ICRC Report, 2019.

42 Dazu *P. Thielbörger/R. Ramsahye*, Hybrid Warfare: Zwischen Cyber-Attacken und Manipulation von Informationen, FW 90/1-2 (2015), 81; *P. Hector*, Hybride Kriegsführung: Eine neue Herausforderung?, ZaöRV 76 (2016), 513; *W. Schreiber*, Der neue unsichtbare Krieg? Zum Begriff der „hybriden“ Kriegführung, APuZ 35-36/2016, 11; *F. Wassermann*, Chimäre statt Chamäleon: Probleme der begrifflichen Zähmung des hybriden Krieges, S+F 34 (2016), 104; *I. Kraft*, Hybrider Krieg – zu Konjunktur, Dynamik und Funktion eines Konzepts, ZFAS 11 (2018), 305.

43 *O. Tamminga*, Hybride Kriegsführung: Zur Einordnung einer aktuellen Erscheinungsform des Krieges, SWP-Aktuell, März 2015, 3.

44 Guter Überblick über diese Herausforderungen bei *E. T. Jensen*, The Future of the Law of Armed Conflict: Ostriches, Butterflies, and Nanorobots, MichJIL 35 (2014), 253. Vertiefend *W. Williams/C. Ford* (Hg.), Complex Battlespaces, 2019.

gearbeitet werden, ein besserer Ansatz sein als der Ruf nach neuen Verträgen, die kaum auf universelle Ratifikation rechnen können.[45]

B. Der bewaffnete Konflikt

Die Anwendung des Haager Rechts war an den Kriegszustand zwischen zwei oder mehreren Staaten geknüpft, dessen Beginn das III. Haager Abkommen über den Beginn der Feindseligkeiten vom 18. Oktober 1907 noch an eine formelle Kriegserklärung geknüpft hatte. Kriegserklärungen spielen heute praktisch jedoch keine Rolle mehr. Auch der materielle Kriegsbegriff, der auf die Absicht abzielte, einen Gegner mit militärischer Gewalt zu überwältigen, kann nicht als Kriterium dienen: Er überlässt es letztlich dem Gewalt anwendenden Staat, über die Geltung des HVR zu entscheiden. Heute ist die Anwendung der Haager Abkommen ebenso wie die der Genfer Abkommen und ihrer Zusatzprotokolle an das tatsächliche Vorliegen eines **bewaffneten Konflikts** geknüpft (vgl. Art. 2 Abs. 1 GK I-IV).[46] 1194

Das HVR unterscheidet **zwei Typen bewaffneter Konflikte: internationale und nicht-internationale**. Im internationalen Konflikt stehen sich die Truppen zweier oder mehrerer Staaten gegenüber, während im nicht-internationalen bewaffneten Konflikt die Regierung gegen aufständische Gruppen kämpft oder zwei oder mehrere nichtstaatliche Gruppen sich gegenseitig bekämpfen. Die Unterscheidung ist – zumindest im Ausgangspunkt – wichtig, weil der internationale bewaffnete Konflikt stärker reguliert ist als der nicht-internationale. Für den internationalen bewaffneten Konflikt gelten v. a. HLKO, GK I-IV, ZP I sowie das einschlägige Gewohnheitsrecht; der nicht-internationale bewaffnete Konflikt unterliegt nur dem gemeinsamen Art. 3 GK I-IV, dem ZP II und dem einschlägigen Gewohnheitsrecht. Aus humanitärer Sicht leuchtet diese Differenzierung nicht ein:[47] 1195

Why protect civilians from belligerent violence, or ban rape, torture or the wanton destruction of hospitals, churches, museums or private property, as well as proscribe weapons causing unnecessary suffering when two sovereign States are engaged in war, and yet refrain from enacting the same bans or providing the same protection when armed violence has erupted "only" within the territory of a sovereign State? If international law, while of course duly safeguarding the legitimate interests of States, must gradually turn to the protection of human beings, it is only natural that the aforementioned dichotomy should gradually lose its weight.

1977 hat sich jedoch das staatliche Interesse an größeren Handlungsspielräumen durchgesetzt; ein an das ZP I angelehnter Entwurf des ZP II ist seinerzeit gescheitert. 1196

45 *K. Dörmann*, The Role of Nonstate Entities in Developing and Promoting International Humanitarian Law, VJTL 51 (2018), 713; *S. Sivakumaran*, Making and Shaping the Law of Armed Conflict, CLP 71 (2018), 119.

46 Eine Klassifizierung bewaffneter Konflikte weltweit nimmt seit 2007 die Genfer Akademie für Humanitäres Völkerrecht und Menschenrechte im Rahmen ihres Projekts „Rule of Law in Armed Conflicts" (RULAC) vor: www.rulac.org.

47 ICTY, Prosecutor v. Dusko Tadić, Entscheidung v. 2.10.1995 (Appeals Chamber), § 97; siehe Anhang, Nr. 33.

So gibt es den Kombattantenstatus, Kriegsgefangene oder Vorschriften für die Besatzung nur nach dem Recht des internationalen bewaffneten Konflikts; im nicht-internationalen bewaffneten Konflikt werden aber vergleichbare Schutzbedürfnisse in anderen rechtlichen Instituten abgebildet. Eine erhebliche Bedeutung für die Präzisierung und Fortentwicklung des Rechts des nicht-internationalen bewaffneten Konflikts hat die Spruchpraxis der Internationalen Strafgerichte für Jugoslawien und Ruanda gewonnen. In den letzten Jahren lässt sich eine **Annäherung beider Rechtsmaterien** beobachten, wie namentlich das Urteil der Berufungskammer des ICTY im Tadić-Fall[48] und die Gewohnheitsrechtsstudie des IKRK (Rn. 1167) belegen. Auch das deutsche VStGB unterscheidet in den §§ 3-7 nicht mehr zwischen Kriegs- und Bürgerkriegsverbrechen. Da es v. a. hinsichtlich des Anwendungsbereichs der Rechtsregime nach wie vor Unterschiede gibt, werden beide Konflikttypen im Folgenden dennoch getrennt vorgestellt.

I. Der internationale bewaffnete Konflikt

1. Sachlicher Anwendungsbereich

1197 Ein bewaffneter Konflikt liegt vor, wenn eine Konfliktpartei gegen eine andere eine **Waffe einsetzt**. Der Einsatz muss nach den Grundsätzen der völkerrechtlichen Verantwortlichkeit zurechenbar sein (vertiefend Rn. 398–417). Der Begriff der Waffe umfasst alle technischen Instrumente, die geeignet sind, den Gegner zu schädigen. Erfasst sind damit alle konventionellen und nicht-konventionellen Kampfmittel, die sich physisch auf den Gegner auswirken. Dazu zählen auch elektrisch oder elektromagnetisch einwirkende Mittel wie Strahlenwaffen oder die Störung gegnerischer Verteidigungs- oder Energiesteuerungsanlagen durch Eindringen in Computersysteme. Während nach h. M. für das Vorliegen eines zur Selbstverteidigung nach Art. 51 UNCh berechtigenden Angriffs (also nach dem *ius contra bellum*) eine gewisse Intensität der Gewaltanwendung notwendig ist, kann dies aus funktionalen Schutzerwägungen heraus nicht für die Anwendung des HVR im internationalen bewaffneten Konflikt gelten. Hierfür genügt schon ein einziger Schuss. Kriegsopfer und Schäden sind nicht erforderlich, geben aber ein wichtiges Indiz.

Isolierte **Cyberoperationen** dürften in der Regel nur dann einen bewaffneten Konflikt auslösen, wenn sie kinetische Wirkungen von hinreichender Schwere (Zerstörung, Verwundung, Tötung) besitzen. Anders sieht dies bei Cyberoperationen im Zusammenhang mit einem bestehenden bewaffneten Konflikt aus. Umstritten ist, ob es für diesen Zusammenhang genügt, dass die Operation von einer Konfliktpartei gegen eine andere gerichtet ist oder ob sie einen Beitrag zur Förderung der militärischen Ziele leisten muss.[49]

---

48 ICTY, Prosecutor v. Dusko Tadić, Entscheidung v. 2.10.1995 (Appeals Chamber), §§ 96 ff; siehe Anhang, Nr. 33.

49 Vgl. *M. Schmitt* (Hg.), Tallinn Manual 2.0 on the International Law applicable to Cyber Operations, 2017, Regel 80. Näher *G. Brown*, International Law Applies to Cyber Warfare! Now What?, SouthwesternLR 46 (2017), 355; *M. Schmitt*, Peacetime Cyber Responses and Wartime Cyber Operations Under International Law: An Analytical Vade Mecum, HarvNSJ 8 (2017), 239; *J. Dornbusch*, Das Kampfführungsrecht im internationalen Cyberkrieg, 2018.

Die Waffengewalt muss sich gegen den völkerrechtlich geschützten Bereich des Gegners richten, also bei Staaten **in der Regel**, aber nicht zwingend, **gegen das Territorium** oder gegen ein Kriegsschiff auf Hoher See. Nicht erfasst wäre etwa der Angriff auf ein ziviles, unter der Flagge des Gegners fahrendes Schiff. **1198**

Für das Vorliegen eines bewaffneten Konflikts ist **unerheblich**, ob der Angegriffene Gegenwehr leistet (Art. 2 Abs. 2 GK I-IV). Außerdem kommt es allein auf die **objektiven Umstände** an. Die Auffassung der Konfliktparteien ist gemäß Art. 2 Abs. 1 letzter Halbsatz GK I-IV nicht ausschlaggebend. **1199**

2. Zeitlicher Anwendungsbereich

Sobald sich im Zusammenhang mit einem bewaffneten Konflikt humanitäre Fragen stellen, ist das HVR zu beachten.[50] Der zeitliche Anwendungsbereich bestimmt sich **funktional, orientiert an konkreten Problemen**. Schon der „erste Schuss“ unterliegt dem HVR und darf nicht etwa unter Anwendung verbotener Mittel erfolgen. Friedenssicherungsrecht *(ius contra bellum)* und das Recht des bewaffneten Konflikts *(ius in bello)* überlagern sich in ihrem Anwendungsbereich; allerdings können die Maßstäbe, abhängig von der Zielrichtung des jeweiligen Rechtsregimes differieren (Rn. 1169–1170). **1200**

Die **Beendigung** eines bewaffneten Konflikts ist **differenziert** zu betrachten.[51] Auch hier sind funktionale, d. h. auf die Funktion des jeweiligen Rechtsregimes abstellende Lösungsansätze zu wählen. Im Regelfall ist auf eine eindeutige Einstellung der bewaffneten Schädigungshandlungen abzustellen. Für Kriegsgefangene bleibt das HVR solange anwendbar, wie die Gefangenschaft andauert. Die Anwendung des Besatzungsrechts endet erst mit der vollständigen Beendigung der Besatzung. Allerdings bestimmt Art. 6 Abs. 3 GK IV, dass ein Jahr nach allgemeiner Einstellung der Kampfhandlungen nur noch bestimmte Kernvorschriften der Konvention gelten (Rn. 1294). **1201**

3. Örtlicher Anwendungsbereich

Der örtliche Anwendungsbereich ist ebenfalls nach funktionalen Schutzerwägungen zu bestimmen und daher grundsätzlich weit zu fassen. Er macht nicht an Staatsgrenzen oder natürlichen Grenzen halt: Auch die Hohe See und ausschließliche Wirtschaftszonen sind Kriegsgebiet und damit in den Anwendungsbereich des HVR einbezogen. Das Neutralitätsrecht (§ 14 G.) schließlich soll die Konfliktparteien gerade auf dem Territorium des neutralen Staates verpflichten.[52] **1202**

50 Näher *J. Grignon*, The Beginning of Application of International Humanitarian Law, IRRC 96 (2014), 139; *M. Sassòli*, International Humanitarian Law, Kap. 6.4; *E. Crawford*, The Temporal and Geographic Reach of International Humanitarian Law, in: Saul/Akande (Hg.), Oxford Guide to International Humanitarian Law, 2019 (i.E.).

51 Hierzu *M. Milanović*, The End of Application of International Humanitarian Law, IRRC 96 (2014), 163.

52 Für Cyber-Operationen *M. Schmitt* (Hg.), Tallinn Manual 2.0 on the International Law appicable to Cyber Operations, 2017, Regel 81 Anm. 1 „[C]yber operations may be conducted from, on, or with effects in the entire territory of the parties to the conflict, international waters or airspace, and, subject to certain limitations, outer space.“ Zum Neutralitätsrecht Regeln 150–154.

II. Der nicht-internationale bewaffnete Konflikt

1. Abgrenzung zum internationalen bewaffneten Konflikt

1203 Jeder bewaffnete Konflikt, der nicht international ist, ist ein nicht-internationaler bewaffneter Konflikt. Dies mag tautologisch wirken, ist aber von den USA im Zusammenhang mit den Häftlingen von Guantánamo bestritten worden. Da der **„Krieg gegen den Terrorismus"** weder international (weil nicht gegen andere Staaten gerichtet) noch rein intern sei (weil er auf dem Territorium anderer Staaten geführt werde), gebe es eine dritte, ungeregelte Kategorie des Konflikts. Diese Sicht widerspricht nicht nur der eindeutigen Wortwahl (es heißt gerade nicht „national", sondern „nicht-international"), sondern übergeht auch, dass Art. 3 GK I-IV den *minimum yardstick* für alle bewaffneten Konflikte formuliert – wenn selbst für rein interne Konflikte, dann erst recht für solche, bei denen ein Staat auf dem Territorium eines anderen Waffengewalt einsetzt (Rn. 1162).

a) Bewaffnete Befreiungskriege

1204 Art. 1 Abs. 4 ZP I hat eine neue Kategorie des internationalen bewaffneten Konflikts eingeführt: in Ausübung des Selbstbestimmungsrechts der Völker geführte Befreiungskriege gegen Kolonialherrschaft, Fremdbesetzung oder rassistische Regime. Diese Vorschrift ist dem Unabhängigkeitsstreben von Kolonien in den 1950er und 1960er Jahren geschuldet und hatte sich bei der Unterzeichnung des ZP I eigentlich schon überlebt. Um die gegenseitige Anwendbarkeit der Genfer Konventionen und des ZP I zu erreichen, muss die den Befreiungskrieg führende Konfliktpartei eine Unterwerfungserklärung nach Art. 96 Abs. 3 ZP I abgeben. Dies ist bisher nur durch die Palästinensische Befreiungsorganisation PLO erfolgt, was aber ohne Wirkung geblieben ist, da Israel nicht Vertragspartei des ZP I ist und Art. 1 Abs. 4 ZP I auch nicht als Völkergewohnheitsrecht betrachtet werden kann.

b) Fälle mit ausländischer Beteiligung

1205 Greift ein auswärtiger Staat in einen Bürgerkrieg ein, erfolgt die Bestimmung, welche Art von Konflikt vorliegt, grundsätzlich nach dem **Verhältnis der jeweiligen Konfliktparteien zueinander**. Zwischen den Bürgerkriegsparteien handelt es sich um einen nicht-internationalen Konflikt, nicht aber notwendigerweise im Verhältnis zum Intervenienten.[53] Greift der intervenierende Staat auf Seiten der Aufständischen gegen die Regierung ein, führt er Krieg gegen den anderen Staat; es liegt ein internationaler bewaffneter Konflikt vor. Auch die **indirekte Beteiligung** durch Unterstützung Aufständischer unterliegt den Bindungen an das HVR. Hier kommt es auf die Umstände des Einzelfalls an; es gelten spezifische Regeln des HVR und des Völkerstrafrechts, nicht die Regeln des Friedenssicherungsrechts zu indirekter Gewalt (zu jenen Rn. 1042–1043, 1088–1089). So liegt z. B. bereits ein Verstoß gegen das HVR vor, wenn eine ausländische Macht Aufständische zu Verstößen gegen den gemeinsamen Art. 3 GK I-V anstiftet, indem sie ihnen ein Militärhandbuch zur Verfügung stellt,

53 Vgl. IGH, Urteil v. 27.6.1986 (Nicaragua II), ICJ Rep. 1986, 14, § 219; siehe Anhang, Nr. 18. Zur Einordnung eines bewaffneten Konflikts zwischen nichtstaatlichen Gruppen und einer Besatzungsmacht *K. Mačák*, The Ituri Conundrum: Qualifying Conflicts between an Occupying Power and an Autonomous Non-State Actor, EJIL Talk! (15.7.2019).

dessen Regeln im Widerspruch zum HVR stehen.[54] Ausdrücklich bekräftigt Art. 3 ZP II das Recht der Regierung, „mit allen rechtmäßigen Mitteln die öffentliche Ordnung im Staat aufrechtzuerhalten oder wiederherzustellen" und stellt klar, dass das ZP II nicht zur Rechtfertigung einer „wie immer begründeten unmittelbaren oder mittelbaren Intervention in den bewaffneten Konflikt oder in die inneren oder äußeren Angelegenheiten der Hohen Vertragspartei herangezogen werden [darf], in deren Hoheitsgebiet dieser Konflikt stattfindet".

Die Relativität der Rechtsbeziehungen lässt sich am Beispiel des Bürgerkriegs in Syrien demonstrieren: Die westliche Staatenkoalition befindet (bzw. befand) sich im Kampf gegen die Terrormiliz „Islamischer Staat" (der kein Staat im Rechtssinne ist: Rn. 80, 87) in einem nicht-internationalen Konflikt. Weil dieser ohne Einwilligung der syrischen Regierung in Syrien ausgetragen wird, liegt im Verhältnis zu Syrien ein internationaler bewaffneter Konflikt vor.[55] Dass die syrische Regierung keine Gegenwehr leistet, ist unerheblich (Rn. 1199). Soweit Mitglieder der Koalition oppositionelle Gruppen im Bürgerkrieg unterstützen, haben sie ebenfalls das Recht des internationalen bewaffneten Konflikts zu beachten, auch wenn der Unterstützungsbeitrag unterhalb der Schwelle liegen sollte, der nach dem *ius contra bellum* für indirekte Gewalt erforderlich ist (Rn. 1042).[56]

Schwieriger fällt die Einstufung des Konflikts, wo ausländische Staaten auf Initiative der Regierung eingreifen (sog. **Intervention auf Einladung**). Unterhalb der Schwelle des bewaffneten Konflikts handeln die Soldaten in Unterstützung der örtlichen Sicherheitskräfte und sind zur Beachtung der Menschenrechte verpflichtet. Wird die Schwelle des bewaffneten Konflikts überschritten, handelt es sich formal um eine Unterstützung der regulären Streitkräfte im Kampf gegen Aufständische, nicht um einen Krieg gegen den Aufenthaltsstaat selbst. Andererseits mischt sich ein ausländischer Staat in einen internen Konflikt und „internationalisiert" diesen.[57] Selbst wenn man den Konflikt als einen nicht-internationalen einstufen dürfte, spricht daher vieles dafür, die **Regeln für den internationalen bewaffneten Konflikt entsprechend** heranzuziehen, soweit dies möglich und sinnvoll ist (Maßstabs- statt Einstufungslösung). Die insgesamt zu beobachtende Annäherung der Maßstäbe für beide Konfliktformen unterstützt diesen Ansatz. **1206**

c) Einsätze internationaler Organisationen

Bei Einsätzen unter dem Kommando der Vereinten Nationen sowie bei UN-mandatierten Einsätzen steht im Ergebnis außer Frage, dass das Recht des internationalen bewaffneten Konflikts gilt, wenn die Schwelle zum bewaffneten Konflikt überschritten wird. Bei **UN-mandatierten Einsätzen** folgt dies schon daraus, dass es die Staaten sind (und nicht die UNO), die aktiv werden. Verbleibt bei Einsätzen, die organisa- **1207**

54 Vgl. IGH, Urteil v. 27.6.1986 (Nicaragua II), ICJ Rep. 1986, 14, §§ 255 f.

55 A. A. *Y. Dinstein*, The Syrian Armed Conflict and its Singular Characteristics, IsrYHR 46 (2016), 261.

56 Ebenso *V. Koutroulis*, The Fight Against the Islamic State and *Jus in Bello*, LJIL (2016), 827. A. A. *A. A. Haque*, The United States is at War with Syria (according to the ICRC's New Geneva Convention Commentary), EJIL: Talk! (8.4.2016). Zum Thema auch *T. Ruys*, Of Arms, Funding and "Non-lethal Assistance": Issues Surrounding Third-State Intervention in the Syrian Civil War, ChinJIL 13 (2014), 13; *N. Zamir*, The Armed Conflict(s) Against the Islamic State, YIHL 18 (2015), 91.

57 Gegen eine förmliche Klassifikation von Konflikten als „internationalisiert" *K. Mačák*, Internationalized Armed Conflicts in International Law, 2018.

torisch unter dem Dach einer Internationalen Organisation (z. B. UNO, NATO, EU) durchgeführt werden, die **effektive Kontrolle beim Entsendestaat**, bleiben die entsandten Truppen dessen Staatsorgane und somit an das für ihren Heimatstaat geltende HVR gebunden (vgl. Rn. 404–406). Zumindest an das gewohnheitsrechtlich geltende HVR ist auch die **UNO selbst** als Teil der internationalen Gemeinschaft gebunden. 1999 hat UN-Generalsekretär *Annan* erklärt, dass die Vereinten Nationen und alle Truppen in ihrem Dienst stets und unter allen Umständen an das HVR gebunden sind;[58] die Ausbildung im HVR wie auch die Ahndung von Verstößen obliegt allerdings den Truppen stellenden Staaten selbst.[59] Dass für die UNO als „externen" Akteur das Recht des internationalen bewaffneten Konflikts gilt, ist – soweit ersichtlich – unbestritten.

2. Anwendungsbereich

1208 Während ein internationaler bewaffneter Konflikt bereits durch einen einzigen Schuss ausgelöst werden kann, ist bei einem nicht-internationalen Konflikt eine **höhere Gewaltschwelle** zu überwinden. Art. 1 Abs. 2 ZP II macht dies deutlich:

Dieses Protokoll findet nicht auf Fälle innerer Unruhen und Spannungen wie Tumulte, vereinzelt auftretende Gewalttaten und andere ähnliche Handlungen Anwendung, die nicht als bewaffnete Konflikte gelten.

Solche inneren Unruhen dürfen mit polizeilichen Mitteln nach innerstaatlichem Recht bekämpft werden (allerdings unter Beachtung der menschenrechtlichen Verpflichtungen). Wachsen sie sich zu einem bewaffneten Konflikt aus, liegt hierin das Eingeständnis der Regierung des betroffenen Staates, dass ihr die Kontrolle entgleitet. Auch das Vorliegen eines nicht-internationalen bewaffneten Konflikts bemisst sich daher nicht nach der Sicht der Regierung, sondern nach **objektiven Kriterien**. Die Feststellung wird aber durch fließende Übergänge zwischen inneren Unruhen und bewaffnetem Konflikt erschwert. Die Kriterien für das Vorliegen eines nicht-internationalen bewaffneten Konflikts sind:

- Operationen **organisierter Gruppen**, die Gewalt in kollektiven Formen ausüben; sporadisches Handeln Einzelner oder spontane Tumulte genügen nicht, vielmehr muss es zu zeitlich ausgedehnten bewaffneten Gewalthandlungen (**„protracted armed violence"**) kommen.[60]
- **außerordentliche Mittel der Regierung**, weil die Aufrechterhaltung der öffentlichen Sicherheit und Ordnung mit den üblichen Mitteln nicht (mehr) gelingt.

Insbesondere in einem gescheiterten Staat *(failed state)* kann an die Stelle der Konfrontation zwischen Regierung und aufständischen Gruppen auch der Kampf zwischen zwei oder mehreren solcher Gruppen treten.

58 Secretary-General's Bulletin, Observance by United Nations forces of international humanitarian law, 6.8.1999, ST/SGB/1999/13.

59 Siehe das Model Status-of-Forces Agreement for Peace-Keeping Operations, A/45/594, v. 9.10.1990 und das Model Agreement Between the United Nations and Member States Contributing Personnel and Equipment to United Nations Peace-Keeping Operations, A/46/185, v. 23.5.1999.

60 ICTY, Prosecutor v. Tadić, Entscheidung v. 2.10.1995 (Appeals Chamber), § 70; siehe Anhang, Nr. 33.

Während Art. 3 GK I-IV sehr allgemein von einem „bewaffneten Konflikt“ spricht, „der keinen internationalen Charakter aufweist und der auf dem Gebiet einer der Hohen Vertragsparteien entsteht“, fasst Art. 1 ZP II den **Anwendungsbereich des ZP II enger** (allerdings ohne Art. 3 GK I-IV zu verdrängen: das ZP II tritt neben den Mindeststandard). Danach müssen die nicht-staatlichen bewaffneten Gruppen „eine solche Kontrolle über einen Teil des Hoheitsgebiets der Hohen Vertragspartei ausüben, dass sie anhaltende, koordinierte Kampfhandlungen durchführen und dieses Protokoll anzuwenden vermögen“. Man wird an diese territoriale Komponente keine überzogenen Anforderungen stellen dürfen; wichtig ist eine **territoriale Basis** für die Operationen der Gruppe (z. B. ein Rückzugsraum in unzugänglichen Gebirgsregionen). 1209

In **räumlicher Hinsicht** *(ratione loci)* ist es – mit einer im Vordringen befindlichen Ansicht – nicht erforderlich, das „Kriegsrecht“ auf das gesamte Staatsgebiet auszudehnen, wenn nur in Teilen des Landes ein bewaffneter Konflikt herrscht (z. B. zwischen Regierungstruppen und Separatisten in einer Provinz). In den nicht umkämpften Landesteilen entfällt die innere Legitimation für eine stärkere Berücksichtigung militärischer Notwendigkeiten gegenüber den weitergehenden allgemeinen menschenrechtlichen Bindungen des Staates.[61] 1210

C. Kombattanten und Nichtkombattanten

I. Primärstatus und Sekundärstatus

Zentral für das Recht des **internationalen bewaffneten Konflikts** ist die Unterscheidung von Kombattanten und Nichtkombattanten. Jede an einem solchen Konflikt beteiligte bzw. von diesem betroffene Person ist einer der beiden Gruppen zuzuordnen. Der Status als Kombattant oder Nichtkombattant ist entscheidend für den sog. primären Rechtsstatus in den Feindseligkeiten und setzt sich im sog. sekundären Status fort, wenn die Person durch Gefangennahme aus den Feindseligkeiten herausgenommen ist. 1211

Primärstatus: Nur Kombattanten haben das Recht, **bewaffnete Schädigungshandlungen** vorzunehmen (vgl. Art. 43 Abs. 2 ZP I); umgekehrt dürfen auch nur Kombattanten Ziele bewaffneter Schädigungshandlungen der Gegenseite sein (Art. 48 ZP I). Aus Art. 44 Abs. 2 ZP I ergibt sich, dass der Kombattantenstatus nicht durch Verletzung der Regeln des HVR entfällt. Unmittelbar an den Primärstatus geknüpft ist das Recht, **für rechtmäßige Schädigungshandlungen nicht zur Verantwortung gezogen** zu werden (Art. 43 Abs. 2 ZP I, anders natürlich bei Kriegsverbrechen). 1212

61 *C. Tomuschat*, Human Rights and International Humanitarian Law, EJIL 21 (2010), 15 (22); *A. Zimmermann*, Völkerrechtliche Fragen des Einsatzes bewaffneter Drohnen, MRM 2013, 96 (97 f). Auf den Grad an territorialer Kontrolle abstellend auch *M. Sassòli/L. Olson*, The Relationship Between International Humanitarian and Human Rights Law Where It Matters, IRRC 90 (2008), 599 (613 ff); *M. Sassòli*, The International Legal Framework for Stability Operations, IsrYBHR 39 (2009), 177 (206 ff). A. A. (um die Bestrafung von Verbrechen ziviler Bürgerkriegsparteien durch internationale Gerichte zu gewährleisten) ICTY, Prosecutor v. Dusko Tadić, Entscheidung v. 2.10.1995 (Appeals Chamber), § 70.

1213 **Sekundärstatus:** Gerät ein Kombattant in die Hände des Gegners, hat er Anspruch darauf, nach den Regeln der GK III als **Kriegsgefangener** behandelt zu werden (Art. 44 ZP I). Nichtkombattanten haben regelmäßig keinen Anspruch auf Kriegsgefangenenstatus, sondern werden als Zivilisten durch die GK IV bzw. durch den Mindeststatus des Art. 75 ZP I geschützt. Ausnahmsweise genießen bestimmte Gruppen von Nichtkombattanten den Schutz von Kriegsgefangenen, weil sie Angehörige der Streitkräfte sind oder zu deren zivilem Gefolge gehören. Bestehen bei jemandem, der in die Gewalt des Gegners geraten ist, **Zweifel bezüglich seiner Einordnung** als Kombattant oder als Nichtkombattant, wird er gemäß Art. 45 Abs. 1 ZP I (und Art. 5 Abs. 2 GK III) als Kriegsgefangener behandelt, bis ein zuständiges Gericht über seinen Status entschieden hat.

1214 Im **nicht-internationalen bewaffneten Konflikt** sind es Gruppen von Zivilisten, die an den Feindseligkeiten beteiligt sind. Die Differenzierung zwischen Kombattanten und Nichtkombattanten passt hier nicht. Art. 1 Abs. 1 ZP II spricht von „organisierten bewaffneten Gruppen" als Gegnern der Regierungsstreitkräfte (oder als Gegner anderer organisierter bewaffneter Gruppen). Folgerichtig sieht das Recht des nicht-internationalen bewaffneten Konflikts **keine Sonderstellung der Kämpfer** vor:[62] Es erkennt kein Schädigungsrecht der bewaffneten Gruppen an – und schließt dementsprechend auch nicht die strafrechtliche Verfolgung aus; es kennt keinen Kriegsgefangenenstatus. Wer zu den Waffen greift, riskiert, nach dem **Recht des Konfliktstaats** inhaftiert und zur Verantwortung gezogen zu werden. Dass mit der unmittelbaren Verpflichtung auch nichtstaatlicher Konfliktparteien durch das HVR nicht deren Anerkennung als Völkerrechtssubjekt verbunden ist, stellt der gemeinsame Art. 3 GK I-IV in Abs. 4 klar.

II. Kombattanten

1. Allgemeines

1215 Kombattanten sind alle Personen, die sich **unmittelbar an Feindseligkeiten beteiligen dürfen** (Art. 3 HLKO, Art. 43 Abs. 2 ZP I). Maßgeblich ist die Berechtigung, am Einsatz einer Waffe oder eines Waffensystems in unverzichtbarer Funktion teilzunehmen. Zu unterscheiden ist die Teilnahme an den „Feindseligkeiten" von der bloßen Teilnahme an den Kriegsbemühungen (z. B. Arbeiter in Rüstungsbetrieben).

1216 Bei Bestimmung des Kombattantenstatus geht das Völkerrecht vom **Leitbild staatlicher Streitkräfte** aus, hat allerdings im Laufe der Zeit verschiedene **Korrekturen und Ergänzungen** vorgenommen, die der Praxis bewaffneter Konflikte folgen. Der Kombattantenstatus ergibt sich aus einer Gesamtschau von Art. 4 A GK III, Art. 43, 44 ZP I, wobei zu beachten ist, dass die Regeln aus Art. 43 und 44 ZP I Nichtvertragsparteien nur binden, soweit sie als Gewohnheitsrecht gelten können. Art. 4 A GK III regelt eigentlich die Kriegsgefangeneneigenschaft, damit aber zugleich die Kehrseite des Kombattantenstatus.

---

62 Für De-facto-Kombattantenstatus als Anreiz zur Achtung des HVR *T. Ruys*, The Syrian Civil War and the Achilles' Heel of the Law of Non-International Armed Conflict, StanfordJIL 50 (2014), 247.

2. Angehörige der Streitkräfte

Kombattanten sind zunächst die Angehörigen der **bewaffneten Kräfte** einer Konfliktpartei (Art. 4 A Abs. 1 GK III). Hierzu zählt gemäß Art. 43 Abs. 1 ZP I die „Gesamtheit der organisierten bewaffneten Verbände, Gruppen und Einheiten", einschließlich Milizen und Freiwilligenkorps, soweit diese in die Streitkräfte eingegliedert sind. Gestattet ist es, paramilitärische Verbände und bewaffnete Vollzugsorgane in die Streitkräfte aufzunehmen und ihnen Kombattantenstatus zu verleihen (vgl. für den früheren Bundesgrenzschutz in Deutschland § 64 BGS-Gesetz a. F.); dies ist gemäß Art. 43 Abs. 3 ZP I jedoch den anderen Konfliktparteien zu notifizieren. Die bewaffneten Kräfte müssen **1217**

- organisierte Verbände sein,
- einer dem Staat gegenüber verantwortlichen Führung unterstehen und
- ein internes Disziplinarsystem besitzen, das insbesondere die Einhaltung der Regeln des HVR garantiert.

Den Streitkräften gehören auch **Personen ohne Kombattantenstatus** an: **1218**

- alle Personen, die nach innerstaatlichem Recht keinen Kampfauftrag haben (z. B. Richter, Beamte, Angestellte, Arbeiter). Fallen sie in die Hand des Gegners, erhalten sie – trotz des fehlenden Kombattantenstatus – den Status von Kriegsgefangenen (Art. 4 A Nr. 1 GK III).
- medizinisches Personal und Seelsorgepersonal: Sie dürfen nicht gefangengenommen, wohl aber zurückgehalten werden, soweit dies zur Betreuung der Kriegsgefangenen erforderlich ist. Sie genießen dann denselben Schutz wie Kriegsgefangene (Art. 28, 30 GK I; Art. 36, 37 GK II; Art. 33 GK III).

Diese Personengruppen sind zwar Nichtkombattanten; sie haben aber das Recht, sich selbst und andere gegen völkerrechtswidrige Angriffe zu verteidigen, sofern sie nach innerstaatlichem Recht zum Umgang mit der Waffe berechtigt sind (Art. 22 Nr. 1 GK I; Art. 35 Nr. 1 GK II; Art. 13 Abs. 2 lit. a ZP I).

3. Weitere Kombattantengruppen

Der Kombattantenstatus wird auch bestimmten Personen zuerkannt, die nicht zu den Streitkräften gehören. Hier wird die Beachtung der **Unterscheidungspflicht** zu einem zentralen Aspekt: Um während der Feindseligkeiten zu gewährleisten, dass erkennbar ist, wer Kombattant ist (und damit angreifen und angegriffen werden darf), müssen sich Kombattanten von Nichtkombattanten unterscheiden. Bei den Angehörigen der regulären Streitkräfte geschieht dies nach allgemeiner Staatenpraxis durch das Tragen von Uniformen (vgl. Art. 44 Abs. 7 ZP I).[63] Dies gilt auch für die in die Streitkräfte integrierten Milizen und Freiwilligenkorps. **1219**

63 Dies impliziert, dass erkennbar ist, zu welcher Seite im Konflikt ein Kombattant gehört. Erforderlich ist also in aller Regel auch ein Nationalitätenzeichen. A.A. *I. Gillich*, Illegally Evading Attribution? Russia's Use of Unmarked Troops in Crimea and International Humanitarian Law, VJTL 48 (2015), 1191. Noch weiter geht *J. D. Ohlin*, The Combatant's Privilege in Asymmetric and Covert Conflicts, YJIL 40 (2015), 337, der das Kombattantenprivileg für staatliche und nichtstaatliche Akteure gleichermaßen an die Beachtung des Unterscheidungsgebots, des offenen Tragens der Waffen und die Achtung grundlegender Regeln des HVR knüpfen will.

1220 Gemäß Art. 4 A Abs. 2 GK III gehören **Milizen und Freiwilligenkorps** aber nicht nur dann zu den Kombattanten, wenn sie organisatorisch in die Streitkräfte integriert sind, sondern auch schon, wenn sie „zu einer am Konflikt beteiligten Partei gehören". Damit sollten nach den Erfahrungen des Zweiten Weltkriegs Partisanen den Kombattantenstatus erhalten. Diese müssen, um als Kombattanten zu gelten,

- einer verantwortlichen Führung unterstehen,
- ein bleibendes und von weitem erkennbares Zeichen tragen,
- die Waffen offen tragen und
- ihrerseits das Recht des bewaffneten Konflikts achten.

Diese Voraussetzungen dienen einmal dazu, die Unterscheidbarkeit unter den gegebenen Umständen so gut wie möglich zu gewährleisten (Zeichen, offenes Tragen der Waffen); zum anderen kommen diese „irregulären" Milizen und Freiwilligenkorps nur dann in den Genuss des Kombattantenstatus (Schädigungsrecht, Kriegsgefangenenstatus), wenn sie ihrerseits bereit und in der Lage (verantwortliche Führung) sind, das HVR zu beachten.

1221 Art. 44 Abs. 3 S. 2 ZP I hat die Voraussetzungen weiter gelockert, um der **Guerillataktik** gegen eine Besatzungsmacht Rechnung zu tragen. Erforderlich ist für die Unterscheidbarkeit danach nur noch, dass die Art der Feindseligkeiten eine generelle Unterscheidung von der Zivilbevölkerung nicht zulässt und der Kombattant

- während jedes militärischen Einsatzes seine Waffen offen trägt und
- während eines militärischen Aufmarsches vor Beginn eines Angriffs, an dem er teilnehmen soll, seine Waffen so lange offen trägt, wie er für den Gegner sichtbar ist.

Akzeptiert wird damit, dass der Kämpfer „untertaucht", solange er nicht im militärischen Einsatz ist. Diese Vorschrift war und ist besonders umstritten; sie ist ein wesentlicher Grund dafür, warum Staaten wie die USA oder Israel bis heute das ZP I nicht unterzeichnet haben. Daher kann diesen Staaten gegenüber auch **nicht** von einer **gewohnheitsrechtlichen Geltung** ausgegangen werden. Erfüllt der Kämpfer die Voraussetzungen des Art. 44 Abs. 3 nicht, hat er keinen Kombattantenstatus.

Art. 44 ZP I stuft den Schutz weiter ab: Ein Kämpfer, der die Voraussetzungen des Art. 44 Abs. 3 nicht erfüllt, hat zwar keinen Kombattantenstatus und darf daher für seine Teilnahme an den Feindseligkeiten bestraft werden; bei Gefangennahme genießt er aber gem. Art. 44 Abs. 4 ZP I denselben Schutz wie ein Kriegsgefangener. Achtet er selbst das HVR nicht, verwirkt er auch dieses Recht – unabhängig davon, ob er offen oder verdeckt agiert (Art. 44 Abs. 2 ZP I).

1222 Nach Art. 4 A Abs. 6 GK III sind schließlich noch solche Zivilisten Kombattanten, die bei Herannahen des Feindes aus eigenem Antrieb (d. h. ohne verantwortliche Organisation) zur Waffe greifen, um die eindringenden Truppen zu bekämpfen (**„levée en masse"**)[64]. Auch sie müssen Waffen offen tragen und sind zur Beachtung des HVR verpflichtet.

64 Der Begriff der *levée en masse* im Sinne des HVR ist zu unterscheiden von dem historischen Begriff, der letztlich eine Massenaushebung von Truppen durch eine allgemeine Wehrpflicht bezeichnet.

III. Nichtkombattanten

1. Nichtkombattanten

Alle Personen, die nicht Kombattanten sind, sind Nichtkombattanten. Zu ihnen gehören – neben der **Zivilbevölkerung** – auch die erwähnten **nichtkämpfenden Angehörigen der Streitkräfte** sowie das sog. **zivile Gefolge**, d. h. Personen, die den Streitkräften folgen, ohne in diese eingegliedert zu sein (z. B. Kriegsberichterstatter, Mitarbeiter von Einrichtungen zur Betreuung von Soldaten). Obgleich diese Personen weder Kombattanten noch Angehörige der Streitkräfte sind, erlangen sie, wenn sie in die Hand des Gegners fallen, Kriegsgefangenenstatus (Art. 4 A Nr. 4 GK III). 1223

2. Unmittelbar an Feindseligkeiten beteiligte Zivilpersonen

Nichtkombattanten sind völkerrechtlich nicht zu bewaffneten Schädigungshandlungen befugt. Kämpfen sie trotzdem gegen eine feindliche Macht, verlieren Zivilpersonen nach Art. 51 Abs. 3 ZP I (und Art. 4 Abs. 1 S. 1 ZP II) den Schutz vor Schädigung durch den Feind, „sofern und solange sie [...] unmittelbar an Feindseligkeiten teilnehmen". Der in jüngerer Zeit aufgekommene Begriff des **„illegalen Kombattanten"** ist insofern irreführend, als es sich nach wie vor um Nichtkombattanten handelt, nicht um eine dritte Kategorie. Wann eine solche **unmittelbare Teilnahme an Feindseligkeiten** vorliegt, hat das IKRK mit einer Interpretationsleitlinie *(Interpretive Guidance)* zu klären versucht, die 2009 nach mehreren moderierten Expertengesprächen vorgelegt wurde. Diese ist zwar nicht für sich genommen verbindlich, aber bei der Auslegung von Art. 51 Abs. 3 ZP I und Art. 4 Abs. 1 ZP II (zwischen internationalem und nicht-internationalem bewaffneten Konflikt wird nicht differenziert) mit *persuasive authority* ausgestattet.[65] 1224

Darin wird zwischen Mitgliedern organisierter bewaffneter Gruppen und nichtorganisierten Zivilisten unterschieden. **„Nichtorganisierte"** verlieren ihren Schutz, sofern sie (1.) in feindlicher Absicht Aktionen vornehmen, die (2.) unmittelbar kausal die militärischen Operationen oder Fähigkeiten des Gegners schwächen und (3.) eine Schädigungsschwelle überschreiten (wohl nicht der Fall z. B. bei freiwilligen „menschlichen Schutzschilden"); sie verlieren ihren Schutz aber nur für die Dauer des Schädigungsaktes, wozu die Vorbereitungshandlungen, der Transport zum und der Abzug vom Einsatzort rechnen. Hingegen wird bei den **Mitgliedern organisierter bewaffneter Gruppen** eine dauerhafte Kampffunktion *(continuous combat function)* unwiderleglich vermutet. Erst wenn sie sich endgültig von der Gruppe lossagen, erlangen sie ihren Schutz als Zivilisten wieder. Auf diese Weise soll dem „Drehtür-Problem" begegnet werden, d. h. dem beliebig häufigen Eintritt in die und Austritt aus der Kämpferrolle („farmers by day, fighters by night"). Damit hat das IKRK in nicht unproblematischer Weise Neuland betreten, weil diese Mitgliedschaft schwer belegbar (und widerlegbar) ist und ein endgültiger Ausstieg kaum kommuniziert werden kann. Hier öffnet sich ein Einfallstor für die Anerkennung der problematischen 1225

65 http://www.icrc.org/eng/assets/files/other/icrc-002-0990.pdf.

„dritten" Kategorie „illegaler Kombattanten". Zweifelsregelungen können die Sorge vor einem Missbrauch nicht völlig zerstreuen.[66]

1226 Diese Mitglieder organisierter bewaffneter Gruppen stehen im Mittelpunkt der Diskussion über sog. **gezielte Tötungen**.[67] Dabei geht es um die v. a. durch bewaffnete Drohnen (unbemannte Flugzeuge) ausgeführte Tötung einzelner Personen in einem bewaffneten Konflikt außerhalb des eigentlichen Kampfgeschehens. An sich dürfen nur Kombattanten in einem internationalen bewaffneten Konflikt auch außerhalb konkreter Kampfsituationen getötet werden (wobei auch hier aus Gründen der Humanität eine Gefangennahme Vorrang haben sollte, sofern diese nach den Umständen möglich ist). Zivilpersonen dürfen nur bei unmittelbarer Teilnahme an den Feindseligkeiten, und d. h. eigentlich nur „im Gefecht", getötet werden. Dass die IKRK-Leitlinie ein situationsunabhängiges Schädigungsrecht auch gegenüber Zivilpersonen anerkennt, die organisierten bewaffneten Gruppen angehören, bedeutet aber nicht, dass diese „zum Abschuss freigegeben" wären; denn außerhalb der Kampfsituation endet auch die weitgehende Verdrängungswirkung des HVR gegenüber den **Menschenrechten** (Rn. 1174). Gezielte Tötungen sind Eingriffe in das Recht auf Leben. Solche Eingriffe sind auch in einem bewaffneten Konflikt nur zur Abwehr konkreter Gefahren zulässig und dürfen nicht als extralegale Hinrichtung erscheinen oder der Abschreckung dienen.[68] Aus Gründen der Verhältnismäßigkeit darf die gezielte Tötung nur letztes Mittel sein, wenn andere Mittel, namentlich eine Verhaftung, ausscheiden. Zutreffender Ansicht nach kommt es daher v. a. darauf an, ob der Staat **Kontrolle über den Aufenthaltsort** des feindlichen Kämpfers hat.[69] Nur wenn ihm die Kontrolle fehlt, weil das Gebiet vom Gegner gehalten wird oder in einem Teil eines an sich besetzten Gebietes Kämpfe wieder aufflammen, scheidet eine Festnahme aus und kommt die gezielte Tötung als Mittel in Betracht. Untersteht der Aufenthaltsort der Kontrolle eines anderen souveränen Staates, ist zudem dessen Schutz durch das Gewaltverbot zu beachten und regelmäßig nach kooperativen Lösungen zu suchen (Rn. 1125–1131).

66 In diesem Sinne kritisch daher *P. Alston*, Using International Law to Combat Unlawful Targeted Killings, FS Simma, 2011, 1149; *N. Lubell*, What's in a Name? The Categorisation of Individuals under the Laws of Armed Conflict, FW 86/3-4 (2011), 83. Zustimmend hingegen *S. Graf v. Kielmansegg*, Der Zivilist in der Drehtür: Probleme der Statusbildung im humanitären Völkerrecht, JZ 2014, 373.

67 Dazu insbes. Human Rights Council, Study on targeted Killings, Report of the Special Rapporteur on extrajudicial summary or arbitrary excutions, *Philip Alston*, A/HRC/14/24/Add. 6 v. 28.5.2010. Aus der umfangreichen Literatur *N. Melzer*, Targeted Killing in International Law, 2008; *H. Schmitz-Elvenich*, Targeted killing, 2008; *E. Strüwer*, Zum Zusammenspiel von humanitärem Völkerrecht und den Menschenrechten am Beispiel des targeted killing, 2010; *C. O. Finkelstein* (Hg.), Targeted Killings, 2012; *R. Otto*, Targeted Killings and International Law, 2012; *M. F. Höfer*, Gezielte Tötungen, 2013. – Viel diskutiert Supreme Court of Israel, Urteil v. 13.12.2006, HCJ 769/02, Public Committee Against Torture u. a. v. Israel, ILM 46 (2007), 375. Dazu u. a. *H. Keller/M Forowicz*, A Tightrope Walk between Legality and Legitimacy: An Analysis of the Israeli Supreme Court's Judgment on Targeted Killing, LJIL 21 (2008), 185.

68 Vgl. Human Rights Committee, Concluding Observations v. 21.8.2003, CCPR/CO/78/ISR, § 15.

69 Vgl. *M. Sassòli/L. Olson*, The relationship between international humanitarian and human rights law where it matters, IRRC 90 (2008), 599 (613 ff); *M. Sassòli*, The International Legal Framework for Stability Operations, IsrYBHR 39 (2009), 177 (207 f); *A. Zimmermann*, Völkerrechtliche Fragen des Einsatzes bewaffneter Drohnen, MRM 2013, 96 (99 f); *M. Brookman-Byrne*, Drone Use 'Outside Areas of Active Hostilities': An Examination of the Legal Paradigms Governing US Covert Remote Strikes, NILR 64 (2017), 3.

Ob die Tötung des Al-Kaida-Chefs *Osama Bin Laden* durch US-Einheiten am 2. Mai 2011 in einem Wohngebiet in Abottabad (Pakistan) nach diesen Maßstäben rechtmäßig war, hängt von den (offiziell nicht geklärten) Fakten ab. Angesichts des friedlichen Umfeldes außerhalb eines bewaffneten Konflikts wäre eine gezielte Tötung *Bin Ladens* rechtswidrig gewesen. Anders sähe es aus, wenn dieser im Rahmen eines Schusswechsels in Notwehr erschossen worden wäre (siehe auch Rn. 367).[70]

Fall: Gezielter Schuss X gilt als Kopf einer Bewegung, die gewaltsam für die Unabhängigkeit der Provinz Basalia vom Staat Altanien kämpft. Seit mehreren Jahren liefern sich Rebellen und Regierungstruppen in Basalia schwere Kämpfe; Teile der Provinz sind fest in der Hand der Rebellen. Die altanische Regierung hat den Ausnahmezustand über die Provinz verhängt. Als die Regierung von einem privaten Treffen von X mit Familienangehörigen in der Hauptstadt Altaniens, die im friedlichen Norden des Landes liegt, erfährt, entsendet sie eine Spezialeinheit der Armee, die X mit gezielten Schüssen aus einem Gebäude auf der gegenüberliegenden Straßenseite tötet. Verstößt die Tötung von X gegen Völkerrecht? **1227**

Lösungshinweise: Bei der Situation in Basalia handelt es sich um einen *nicht-internationalen bewaffneten Konflikt*: Regierungstruppen und Rebellen liefern sich seit Jahren schwere Kämpfe, die nicht bloß sporadischer Natur sind; die Regierung musste zu außerordentlichen Mitteln (Ausnahmezustand) greifen, um ihre Position zu behaupten. Da die Rebellen über einen territorialen Rückhalt in Teilen der Provinz verfügen, ist auch der Anwendungsbereich des ZP II eröffnet. Zu prüfen ist nun, *welchen rechtlichen Status X hat.* Im nicht-internationalen bewaffneten Konflikt gibt es keinen Kombattantenstatus, weil private Gewaltakteure grundsätzlich kein Recht zum Kampf gegen die eigene Regierung besitzen. X ist also Zivilist. Als solcher genießt er gemäß Art. 4 Abs. 2 lit. b i. V. m. Art. 4 Abs. 1 S. 1 ZP II Schutz vor Angriffen auf sein Leben, sofern er nicht unmittelbar an Feindseligkeiten teilnimmt. Legt man die *unmittelbare Teilnahme an Feindseligkeiten* im Einklang mit der Interpretationsleitlinie des IKRK von 2009 aus, kommt es darauf an, ob X Mitglied einer organisierten bewaffneten Gruppe ist. Die Sezessionsbewegung wird man laut Sachverhalt als eine solche Gruppe einstufen können, als deren „Kopf" wäre X auch ihr Mitglied (auch wenn er laut Sachverhalt nur als Kopf der Gruppe „gilt": Beweisfrage!). Von einem Ausstieg des X aus der Gruppe ist nichts mitgeteilt. Bei X kann demnach eine kontinuierliche Kampffunktion vermutet werden, so dass er – der IKRK-Leitlinie nach – jederzeit angegriffen und getötet werden darf. Dieses Ergebnis ist jedoch bedenklich, wenn die Tötung, wie hier, fernab des Gefechts in einem an sich friedlichen Umfeld erfolgt. X wird so zu einem Vogelfreien, der jederzeit und an jedem Ort getötet werden darf. Zutreffender Ansicht nach muss hier ein *menschenrechtlicher Maßstab* angelegt werden. Ob man in den friedlichen Regionen Altaniens das Vorliegen eines bewaffneten Konflikts generell verneint und das HVR für unanwendbar hält oder ob man abseits der Kampfplätze lediglich von einem Vorrang der Menschenrechte ausgeht, kann dahinstehen. Auch das Recht auf Leben ist nicht absolut gewährleistet; in Notsituationen darf ein Staat, der Aufstände im eigenen Land bekämpft, auch Aufrührer gezielt töten (vgl. z. B. Art. 2 Abs. 2 lit. c EMRK). Eine solche Tötung darf aber nur das letzte Mittel sein, wenn mildere Mittel (namentlich eine Festnahme) ausscheiden. Ob dies der Fall war, lässt sich dem Sachverhalt nicht eindeutig entnehmen. Dass es sich beim Besuch des X um einen privaten Besuch handelte, der zudem in der

70 *K. Ambos/J. Alkatout*, Der Gerechtigkeit einen Dienst erweisen? – Zur völkerrechtlichen Zulässigkeit der Tötung Osama bin Ladens, JZ 2011, 758; *A.P.V. Rogers/D. McGoldrick*, Assassination and Targeted Killing – The Killing of Osama Bin Laden, ICLQ 60 (2011), 778; *B. van Schaack*, The Killing of Osama Bin Laden and Anwar Al-Aulaqi, YIHL 14 (2011), 255; *J. Cerone*, The Legality of the Killing of Osama bin Laden, ASIL Proceedings 107 (2013), 47.

Hauptstadt Altaniens stattfand, in der die Regierung die Kontrolle hat, spricht gegen die Rechtmäßigkeit der Tötung des X.

1228 Gerät ein Nichtkombattant, der unmittelbar an Feindseligkeiten teilgenommen hat, in **Gefangenschaft**, so darf er für seine Gewalthandlungen strafrechtlich verfolgt und verurteilt werden. Für die Gefangenschaft gilt: Gemäß Art. 45 Abs. 3 ZP I ist der Festgenommene, sofern nicht die GK IV eine günstigere Behandlung gebietet, nach dem Mindeststandard des Art. 75 ZP I zu behandeln. Den absoluten Mindeststandard formuliert der gemeinsame Art. 3 GK I-IV. Bis zur Klärung des Status durch ein zuständiges Gericht ist der Gefangene als Kriegsgefangener zu behandeln (Art. 5 Abs. 2 GK III, Art. 45 Abs. 1 ZP I).

Die Behandlung der Häftlinge im US-amerikanischen Lager in **Guantánamo Bay** (Kuba) verstieß gleich in mehrfacher Hinsicht gegen das HVR: Da bei vielen Inhaftierten der Status nicht geklärt war, hätten diese nach Art. 5 Abs. 2 GK III in Zweifelsfällen (deren Vorliegen von den USA bestritten wird) bis zur Vorführung vor ein zuständiges Gericht als Kriegsgefangene behandelt werden müssen. Selbst diejenigen Insassen, die als Zivilisten unmittelbar an Feindseligkeiten beteiligt waren, hätten Anspruch auf den in Art. 75 ZP I garantierten Schutz. An das ZP I sind die USA zwar nicht gebunden; die dort formulierten Mindeststandards gelten jedoch gewohnheitsrechtlich (was die USA bestreiten). Jedenfalls sind die USA verpflichtet, den gemeinsamen Art. 3 GK I-IV zu beachten. Die Behandlung der Häftlinge (Demütigung, Folterung, jahrelange Inhaftierung ohne Gerichtsverfahren) war mit den dort garantierten Mindeststandards unvereinbar.[71]

IV. Private Militärunternehmen

1229 Zunehmend werden in bewaffneten Konflikten Mitarbeiter privater Sicherheits- und Militärunternehmen (*Private Security and Military Companies*, PSMC) eingesetzt. Auf den ersten Blick mag man hierin eine moderne Form des Söldnerwesens erblicken; erforderlich ist aber eine **differenzierte Betrachtung**, die sich an den Tätigkeiten und an der Art der Beziehung zu den staatlichen Streitkräften orientiert.[72] PSMC können verschiedenste Dienstleistungen anbieten, von Logistik über Ausbildung bis hin zu Personen- und Objektschutz und Kampfaufträgen.

1230 Ganz überwiegend dürften Mitarbeiter von PSMC als Mitglieder des **zivilen Gefolges** der staatlichen Streitkräfte im Sinne von Art. 4 A Nr. 4 GK III einzustufen sein. Als solche haben sie keinen Kombattantenstatus, dürfen also nicht unmittelbar an den Feindseligkeiten teilnehmen, werden aber bei Gefangennahme wie Kriegsgefangene behandelt. Einem Staat steht es frei, PSMC-Mitarbeiter (auch für einen konkreten Einsatz) **in seine Streitkräfte einzugliedern** und der militärischen Disziplin zu un-

71 Näher *M. Sassòli/Y. Isser*, Guantanamo, Detainees, MPEPIL (9/2015). Vgl. letztlich U.S. Supreme Court, Hamdan v. Rumsfeld, 548 U.S. 557 (2006); siehe Anhang, Nr. 50.

72 Vertiefend dazu *N. Boldt*, Outsourcing War – Private Military Companies and International Humanitarian Law, GYIL 47 (2004), 502; *L. Cameron*, Private military companies: their status under international humanitarian law and its impact on their regulation, IRRC 88 (2006), 573; *H. Krieger*, Der privatisierte Krieg: Private Militärunternehmen im bewaffneten Konflikt, AVR 44 (2006), 159; *C. Schaller*, Operieren private Sicherheits- und Militärfirmen in einer humanitär-völkerrechtlichen Grauzone?, HUV-I 2006, 51; *M. Saage-Maaß/S. Weber*, „Wer sich in Gefahr begibt, kommt darin um …“ – zum Einsatz privater Sicherheits- und Militärfirmen in bewaffneten Konflikten, HuV-I 2007, 170.

terwerfen. Sie sind dann den regulären Angehörigen der Streitkräfte rechtlich gleichgestellt und haben bei Gefangennahme aus diesem Grunde Anspruch auf Kriegsgefangenenstatus; sofern ihnen der betreffende Staat das Recht verleiht, unmittelbar an Kampfhandlungen teilzunehmen, haben sie auch Kombattantenstatus. Solche Eingliederungen unterbleiben meist, weil PSMC zur Umgehung verfassungsrechtlicher Hürden beim Streitkräfteeinsatz und wegen der erhöhten Flexibilität außerhalb der Organisation der Streitkräfte eingesetzt werden.

Nach Art. 4 A Abs. 2 GK III haben auch **Milizen und Freiwilligenverbände** Kombattantenstatus, die (1) zu einer Konfliktpartei „gehören" und (2) die weiteren dort genannten Voraussetzungen erfüllen. Um zu der Konfliktpartei zu gehören, muss der Verband etc. mit der Konfliktpartei verbunden und ihr verantwortlich sein. Ob hier bei „kämpfenden" PSMC die Verbindung durch Vertragspflichten ausreicht, ist umstritten. Die Einbeziehung passt nicht zu der ursprünglichen Zielrichtung der Vorschrift, die auf Widerstandsgruppen im Zweiten Weltkrieg gemünzt war; hinzu kommt die in der Praxis häufige Staffelung von Subunternehmern, die vertraglich nur ihrem jeweiligen Vertragspartner verpflichtet sind. Bei den weiteren Voraussetzungen ist im Einzelfall zu klären, ob die Kennzeichnungspflicht nach lit. b erfüllt ist. Umstritten ist zudem die Reichweite der Pflicht nach lit. a, namentlich ob diese sich nur auf militärische Befehlsstrukturen bezieht (bei „kämpfenden" PSMC in der Regel vorhanden) oder auch auf ein internes Disziplinarwesen, das bei den meisten PSMC fehlt.

Die genannten Voraussetzungen liegen in der Praxis regelmäßig nicht vor. PSMC **1231**
dürfen dann von Rechts wegen keine Kampfdienste anbieten, und Staaten solche Dienstleistungen nicht in Anspruch nehmen. Sind PSMC-Mitarbeiter dennoch an Kampfhandlungen unmittelbar beteiligt, handeln sie als **Nichtkombattanten** illegal. Damit gelten sie als Zivilisten, die (unberechtigt) unmittelbar an Feindseligkeiten teilnehmen. Rechtlich betrachtet entspricht dies dem Status von Söldnern. Daher ist es im Ergebnis irrelevant, dass Art. 47 ZP I den Söldnerbegriff so eng fasst, dass PSMC-Mitarbeiter praktisch nie unter den Söldnerbegriff fallen werden.

Fall: Bewachungsgewerbe Bitumien ist mit dem Ziel, den Diktator D zu stürzen, in Abistan einmarschiert. Zur Sicherung seiner Lager setzt es Mitarbeiter des privaten Sicherheitsdienstleisters *Ye Services* ein. Eines Tages fährt ein abistanisches Militärfahrzeug mit hoher Geschwindigkeit auf ein bitumisches Lager zu. M, Mitarbeiter von *Ye Services*, und mit der Bewachung des Lagers betraut, eröffnet das Feuer und tötet die abistanischen Soldaten. Völkerrechtsgemäß? Wie wäre es, wenn die Soldaten gezielt auf M geschossen hätten?

Lösungshinweise: Da nicht mitgeteilt wurde, dass M in die bitumischen Truppen eingegliedert ist, ist davon auszugehen, dass er keinen Kombattantenstatus besitzt. Der Vertrag zwischen Bitumien und *Ye Services* führt nicht dazu, dass M zu Bitumien „gehört" im Sinne von Art. 4 A Abs. 2 GK III; die Vorschrift bezieht sich ihrem historischen Sinn nach auf Partisanen und nicht auf PSMC. Als Nichtkombattant ist M nicht zu Schädigungshandlungen berechtigt. Er darf jedoch nach allgemeinen Rechtsgrundsätzen Waffen zur Notwehr bzw. Nothilfe gegen einen rechtswidrigen Angriff einsetzen. Das bitumische Lager stellt jedoch ein militärisches Ziel dar. Wird dieses von feindlichen Kombattanten angegriffen, ist der Angriff nicht rechtswidrig. M steht kein Notwehrrecht zu; die Tötung der Soldaten ist rechtswidrig. Sollten diese gezielt auf M geschossen haben, wäre dies ein rechtswidriger Angriff gegen einen Zivilisten, gegen den sich M in Notwehr verteidigen dürfte, allerdings auch nur im Rahmen der Erforderlichkeit. Will Bitumien sicherstellen, dass seine Lager in effektiver und rechtmäßiger Weise gegen den Feind gesichert werden, darf es die Bewachung nicht Mitarbeitern privater Unternehmen anvertrauen, sondern muss diese den eigenen Streitkräften überlassen.

1232 Einen ersten Versuch, die staatliche Regulierung von PSMC international zu harmonisieren, haben 17 Staaten im September 2008 mit dem **Montreux Document** unternommen.[73] Das Dokument umfasst zwei Teile: Der erste trägt existierende internationale Verpflichtungen aus HVR, Menschenrechten und dem Recht der Staatenverantwortlichkeit bzw. Völkerstrafrecht zusammen (für Vertrags-, Territorial-, Herkunfts- und sonstige Staaten sowie für die PSMC und deren Mitarbeiter).[74] Der zweite Teil listet „gute Praktiken" („good practices") mit dem Ziel auf, dass nur jene PSMC ihre Dienstleistungen in bewaffneten Konflikten anbieten dürfen, die das HVR und die Menschenrechte respektieren. Die nötige Ausbildung, Verfahren und Aufsicht innerhalb der Unternehmen wollen die Unterzeichnerstaaten durch transparente Lizenzerteilung, Aufsichtsmaßnahmen und Haftungsregeln sicherstellen. Dem (nicht rechtsverbindlichen!) Dokument haben sich 38 weitere Staaten sowie EU, OSZE und NATO angeschlossen (Stand: Juni 2019). Ein **International Code of Conduct for Private Security Service Providers** (ICoC) vom November 2010 enthält Selbstverpflichtungen für die unterzeichnenden PSMC.[75]

Übersicht: Kombattanten/Nichtkombattanten

Gruppe	**Schädigungsrecht**	**Status als Kriegsgefangener**	**Strafe für Kampf/ Kriegsverbrechen**
Angehörige der Streitkräfte mit Kampfauftrag	Ja, Art. 43 II ZP I	Ja, Art. 44 I ZP I	Nein/Ja
Angehörige der Streitkräfte ohne Kampfauftrag	Nein	Ja, Art. 4 A Nr. 1 GK III	Ja/Ja
Medizinisches Personal, Seelsorger	Nein	Entsprechend: Art. 28, 30 GK I, Art. 33 GK III	Ja/Ja
Ziviles Gefolge	Nein	Ja, Art. 4 A Nr. 4 GK III	Ja/Ja
„Guerilla"	Ja, Art. 44 III S. 2 ZP I	Ja, Verwirkung gem. Art. 44 II ZP I	Nein/Ja
„Sniper"	Nein	Entsprechend: Art. 44 IV ZP I, Verwirkung s. o.	Ja/Ja
Zivilpersonen	Nein	Nein	Ja/Ja
Söldner	Nein	Nein	Ja/Ja

73 Montreux Document on Pertinent International Legal Obligations and Good Practices for States related to Operations of Private Military and Security Companies during Armed Conflict, http://www.icrc.org/eng/assets/files/other/icrc_002_0996.pdf. Dazu *M.-L. Tougas*, Commentary on Part I of the Montreux Document on Pertinent International Legal Obligations and Good Practices for States Related to Operations of Private Military and Security Companies During Armed Conflict, IRRC 96 (2014), 305.

74 Zu den Aussagen über die Zurechnung zum auftraggebenden Staat Rn. 402.

75 Zum Zusammenspiel dieser Dokumente *N. Van Amstel/T. Rodenhäuser*, The Montreux Document and the International Code of Conduct, 2016.

D. Beschränkung der Kampfhandlungen: Methoden, Mittel und Objekte

Ein wichtiges Element in der Humanisierung der Kriegführung sind Beschränkungen und Verbote, die sich auf **Methoden** (d. h. die Art und Weise, wie Handlungen ausgeführt werden, die an sich nicht verboten sind: II.), **Mittel** (d. h. die eingesetzten Waffen etc.: III.) und **Objekte** (d. h. die Ziele: IV.) von Schädigungshandlungen beziehen. Solche Beschränkungen und Verbote wurden zunächst für den **Landkrieg** vereinbart (v. a. Genfer Konvention von 1864, HLKO von 1907). Für den **Seekrieg** fanden sich zunächst nur vereinzelte Regelungen, die im Laufe der Zeit ausgebaut wurden;[76] erst 1949 konnte mit der GK II ein Abkommen zum Schutz der Verwundeten, Kranken und Schiffbrüchigen im bewaffneten Konflikt zur See vereinbart werden. Eine umfassende Kodifikation der seekriegsrechtlichen Regeln existiert bis heute nicht. Dies erklärt die fortdauernde Bedeutung unverbindlicher Handbücher für das Konfliktrecht zur See (v. a. des Handbuchs von San Remo von 1994). Für den **Luftkrieg** schließlich erwies es sich jahrzehntelang als unmöglich, verbindliche Beschränkungen und Verbote zu vereinbaren. Die Haager Luftkriegsregeln von 1923 sind als Vertrag niemals verbindlich geworden, haben aber die Gewohnheitsrechtsentwicklung beeinflusst. Selbst nach 1945 blieb die Rechtslage weitgehend vom Gewohnheitsrecht bestimmt. Erst die Zusatzprotokolle von 1977 haben Regeln aufgestellt, die für den bewaffneten Konflikt insgesamt gelten. Die folgende Darstellung bezieht sich daher auf die Regelung der Kampfhandlungen allgemein; im Anschluss (V.) wird kurz auf Besonderheiten des See- und Luftkriegsrechts einzugehen sein. 1233

I. Generelle Beschränkungen

Als ein Durchbruch in der historischen Entwicklung des *ius in bello* kann Art. 22 HLKO gelten, wonach die Kriegführenden **kein unbeschränktes Recht in der Wahl** der Mittel haben. Diese Regelung greift Art. 35 Abs. 1 ZP I auf, ausdrücklich ergänzt um die Methoden der Kriegführung. Absätze 2 und 3 von Art. 35 ZP I konkretisieren diese Regel – einmal in Richtung auf das Verbot, Mittel und Methoden zu verwenden, die geeignet sind, überflüssige Verletzungen oder unnötige Leiden zu verursachen (Abs. 2), einmal in Richtung auf das Verbot, Mittel und Methoden zu verwenden, die schwere Schäden an der natürlichen Umwelt verursachen können (Abs. 3). Ergänzend tritt die Verpflichtung in Art. 36 ZP I hinzu, bei Prüfung, Entwicklung, Beschaffung oder Einführung neuer Mittel oder Methoden der Kriegführung die Vereinbarkeit („stets oder unter bestimmten Umständen") mit den Regeln des HVR zu prüfen. Sollte das geltende Völkerrecht Schutzlücken offenbaren, verpflichtet endlich die **Martenssche Klausel**, diese im Sinne humaner Kriegführung zu schließen (Präambel zum IV. Haager Abkommen, heute auch Art. 1 Abs. 2 ZP I).[77] 1234

76 Vertiefend *A. Rindfleisch*, Das Seekriegsrecht und die „Zivilisierung der Menschheit": Debatten zur Zweiten Haager Friedenskonferenz und ihre Folgen, FW 82/4 (2007), 483.

77 Dazu schon Rn. 1165.

1235 Dieses **„Netz" von Generalklauseln** soll verhindern, dass die Modernisierung von Schädigungsmethoden und -mitteln die völkerrechtliche Entwicklung überholt. Es dient zudem als Interpretationsleitlinie und zur Entscheidung von Zweifelsfällen, die im Einsatz oder im Vorfeld eines Einsatzes entstehen können. Im Interesse der Rechtsklarheit sind diese generellen Regelungen im Laufe der Zeit durch eine Vielzahl spezieller Verbote bzw. Beschränkungen ergänzt worden.

II. Verbotene Methoden von Schädigungshandlungen

1236 Seit langem sind heimtückische Schädigungshandlungen gewohnheitsrechtlich als Methode der Kriegführung verboten **(Perfidieverbot)**. Art. 37 ZP I verbietet Heimtücke generell, allerdings nur bei der Tötung, Verwundung oder Gefangennahme des Gegners. Heimtückische Handlungen definiert Art. 37 ZP I allgemein wie folgt:

Handlungen, durch die ein Gegner in der Absicht, sein Vertrauen zu mißbrauchen, verleitet wird, darauf zu vertrauen, dass er nach den Regeln des in bewaffneten Konflikten anwendbaren Völkerrechts Anspruch auf Schutz hat oder verpflichtet ist, Schutz zu gewähren.

Hierzu zählen namentlich der Missbrauch der Parlamentärflagge (Art. 37 lit. a ZP I, Art. 23 lit. f HLKO), das Vortäuschen von Kampfunfähigkeit infolge Verwundung oder Krankheit (Art. 37 lit. b ZP I), das Vortäuschen eines zivilen oder Nichtkombattantenstatus (Art. 37 lit. c ZP I), das Ausnutzen eines andauernden Waffenstillstandes oder einer Kapitulation für Schädigungshandlungen (Art. 35, 36 HLKO).

1237 Unter allen Umständen verboten ist zur Sicherung des Unterscheidungsgrundsatzes der **Missbrauch bestimmter Kennzeichen**: von Abzeichen und Emblemen des Roten Kreuzes und der Vereinten Nationen (Art. 38 ZP I) sowie von Abzeichen und Emblemen neutraler oder unbeteiligter Staaten (Art. 39 Abs. 1 ZP I). Nicht unter allen Umständen verboten, sondern nur „während eines Angriffs oder zu dem Zweck [...], Kriegshandlungen zu decken, zu erleichtern, zu schützen oder zu behindern", ist die Verwendung von Kennzeichen des Gegners (Art. 39 Abs. 2 ZP I). Ansonsten handelt es sich um eine Kriegslist.[78]

1238 **Kriegslisten** sind ausdrücklich nicht verboten (Art. 24 HLKO, 37 Abs. 2 ZP I). Erlaubt sind z. B. gezielte Täuschungen des Gegners, Desinformation usw., da sie den Gegner nicht dazu verleiten, auf den Bestand einer vermeintlichen völkerrechtlichen Schutzsituation zu vertrauen. Kriegslisten verfolgen v. a. das Ziel, den Gegner über die eigene Truppenstärke, Dislozierung der Truppen, Strategie und Taktik zu täuschen.

1239 **Weitere verbotene Methoden** umfassen insbesondere

- den Befehl oder die Drohung, niemanden am Leben zu lassen, oder die Feindseligkeiten in diesem Sinne zu führen [Erklärung, kein Pardon zu geben] (Art. 23 Abs. 1 lit. d HLKO, Art. 40 ZP I);
- die Tötung oder Verwundung eines Gegners *hors de combat* (Art. 23 Abs. 1 lit. c HLKO, Art. 41 ZP I);
- den Zwang gegen Angehörige der Gegenseite, an Kriegsunternehmungen gegen ihr Land teilzunehmen (Art. 23 Abs. 2 HLKO).

78 Zu Besonderheiten im See- und Luftkrieg Rn. 1272.

III. Verbotene Mittel

Das HVR kennt zunächst generelle Regelungen, die Kampfmittel aufgrund ihrer Wirkung verbieten. Hierzu gehört seit der St. Petersburger Erklärung von 1868 das Verbot, Kampfmittel einzusetzen, die **überflüssige Leiden** verursachen (Art. 23 lit. e HLKO, Art. 35 Abs. 2 ZP I). Die Überflüssigkeit von Leiden kann in der Intensität der mit der Schädigungshandlung verbundenen Schmerzen liegen, aber auch in der Fortdauer von Schäden (insbesondere also bei Langzeitschäden) oder in deren Verbreitung. Die Anwendung dieses allgemeinen Grundsatzes, der in vielen Fällen keine zweifelsfreie Grenzziehung erlaubt, wird erleichtert durch spezielle Verbote, die bestimmte Kampfmittel der Art bzw. Gattung nach verbieten. 1240

Spezielle Waffenverbote betreffen z. B. den Einsatz von Gift und Giftgas (Art. 23 lit. a HLKO, Genfer Giftgas-Protokoll von 1925), von bakteriologischen (Übereinkommen von 1972) und chemischen Waffen (Übereinkommen von 1993),[79] von Anti-Personenminen (Übereinkommen von 1997) und von Streubomben (Übereinkommen von 2008).[80] Besondere Bedeutung hat das (Rahmen-)Übereinkommen von 1980 über das Verbot oder die Beschränkung des Einsatzes bestimmter konventioneller Waffen, die übermäßige Leiden verursachen oder unterschiedslos wirken können (CCWC),[81] mit inzwischen fünf Protokollen (zu nicht entdeckbaren Splittern, zum Einsatz von Minen und Sprengfallen, zu Brandwaffen, zu blindmachenden Laserwaffen und zur Beseitigung explosiver Munitionsrückstände). Ein bislang von 85 Staaten (darunter Deutschland, Österreich, Schweiz; zum Vergleich: die Konvention selbst hat 125 Vertragsparteien, Stand: Juni 2019) ratifiziertes Änderungsprotokoll von 2001 weitet den Anwendungsbereich des Übereinkommens auf nicht-internationale bewaffnete Konflikte aus. 1241

Atomwaffen sind nicht *per se* verboten und unterfallen auch keinem der speziellen Waffenverbote; sie wirken jedoch unterschiedslos gegen Kombattanten und Nichtkombattanten gleichermaßen (Art. 51 Abs. 4 ZP I, dazu sogleich) und verursachen überflüssige Leiden. Daher verstößt ihr Einsatz gegen das HVR, wie der IGH in seinem Kernwaffen-Gutachten (1996) festgestellt hat. Der Gerichtshof konnte sich jedoch nicht zu der Feststellung durchringen, dass der Einsatz solcher Waffen stets und unter allen denkbaren Umständen verboten ist.[82] 1242

Ebenfalls nicht *per se* verboten sind **Kampfdrohnen**.[83] Zwar werfen sie ethische Fragen auf: wie z. B. ergibt man sich einer Drohne, wer versorgt die Verwundeten, läuft der Schutz von Kriegsgefangenen leer, wenn Gefangene nicht gemacht werden kön- 1243

79 Zu nicht-letalen Kampfmitteln im Angesicht des absoluten Verbots chemischer Waffen *S. Martini/ S. Schadendorf/M. Spörer*, in: v. Arnauld, Klausurenkurs im Völkerrecht, 3. Aufl. 2018, Fall 15.

80 Zur nuklearen Abrüstung Rn. 1154–1159. Zum Verhältnis von Kampfmittelverboten und Abrüstung *O. Bring*, Regulating Conventional Weapons in the Future – Humanitarian Law or Arms Control?, JPR 24 (1987), 275.

81 BGBl. 1992 II 958; ILM 19 (1980), 1524.

82 IGH, Gutachten v. 8.7.1996 (Nuklearwaffen), ICJ Rep. 1996, 226, §§ 85 f, 95; siehe Anhang, Nr. 21. Zu der vergleichbaren Beurteilung auf Grundlage des *ius contra bellum* Rn. 1099. Auch in diesem Punkt erging das Gutachten mit 7:7 Stimmen, den Ausschlag gab die Stimme des Präsidenten. Die unterlegenen Richter hielten den Einsatz von Kernwaffen ausnahmslos für unvereinbar mit dem HVR.

83 Zu Drohnen und HVR statt vieler *R. Borrmann*, Autonome unbemannte bewaffnete Luftsysteme im Lichte des Rechts des internationalen bewaffneten Konflikts, 2014; *R. Frau* (Hg.), Drohnen und das Recht, 2014; *K. Stumvoll*, Die Drohne: Das unbemannte Luftfahrzeug im Völkerrecht, 2015; *J. D. Ohlin* (Hg.), Research Handbook on Remote Warfare, 2017; *S. Maslen* u. a., Drones and Other Unmanned Weapons Systems under International Law, 2018.

nen? Vergleichbare Fragen stellen sich aber auch bei herkömmlichen Luftangriffen; die Drohnentechnologie ermöglicht hier sogar größere Präzision, weil dem Angriff eine weniger riskante Aufklärung vorangehen kann und der zeitliche Abstand zwischen Aufklärung und Angriff geringer ist. Also kann nicht der Einsatz als solcher, wohl aber die Art und Weise des Drohneneinsatzes gegen das HVR (und gegen Menschenrechte) verstoßen (zum Problem gezielter Tötungen oben Rn. 1226–1227).[84] Das Unbehagen allerdings sitzt tiefer: Wenn eine Konfliktpartei allenfalls Sachschäden riskiert, die andere ihr Leben, ist dies eine extreme Asymmetrie, die am Reziprozitätsgedanken (Rn. 1182) rührt und damit die Achtung der unterlegenen Seite vor dem Recht gefährdet. Wer den Feind nicht im Konfliktgebiet (an)treffen kann, lässt sich leichter dafür gewinnen, den Krieg mittels Terroranschlägen in dessen Heimat zu tragen.

1244 Dieses Unbehagen spitzt sich zu, wo Drohnen nicht mehr durch Menschen ferngesteuert werden, sondern einer Programmierung folgen. Gegen eine solche „Dehumanisierung der Kriegführung“[85] durch **autonome Waffensysteme** bestehen ernste rechtliche Bedenken.[86] Wenn eine Computeroperation darüber entscheidet, ob und wer getroffen wird, verflüchtigt sich die Verantwortung. Man wird sie allenfalls in eingeschränktem Maße beim Programmierer verorten können oder bei demjenigen, der ihn mit den notwendigen rechtlichen und strategischen Basisdaten versorgt. Die Etablierung von persönlicher Verantwortung und (im Falle des Rechtsbruchs) Verantwortlichkeit durchzieht wie ein roter Faden das HVR. Selbst wenn es zutreffen sollte, dass Maschinen seltener Fehler machen als Menschen, ist die Verantwortung für Fehler, die Leben kosten können, ein Dreh- und Angelpunkt des HVR, an dem auch seine Beachtung hängt (vgl. Rn. 1179–1180). Daher sind allenfalls teilautonome Waffensysteme, bei denen eine **substanzielle menschliche Kontrolle** („meaningful human control“) gewährleistet ist, mit dem HVR vereinbar.[87]

IV. Verbotene Ziele und Objekte

1245 Das HVR beschränkt die Kampfhandlungen auch dadurch, dass es unzulässige Ziele definiert. Es geht dabei um den Schutz von Zivilpersonen und zivilen Objekten ebenso wie um den Schutz von Kombattanten *hors de combat*, um den Schutz der Umwelt

84 Guter Überblick bei *K. Schönfeldt*, Bewaffnete Drohnen im Lichte des humanitären Völkerrechts – oder: Stell dir vor, es ist Krieg und keiner geht hin, BRJ 8 (2015), 25.

85 *T. Singer*, Dehumanisierung der Kriegführung, 2019.

86 Wie hier *K. Egeland*, Lethal Autonomous Weapon Systems under International Humanitarian Law, NorJIL 85 (2016), 89. Vgl. außerdem *B. Boothby*, Autonomous Attack – Opportunity or Spectre?, YIHL 16 (2013), 71; *R. Frau*, Automatisierung und Autonomisierung als Völkerrechtsproblem, in: Gramm/Weingärtner (Hg.), Moderne Waffentechnologie, 2015, 85; *D. N. Hammond*, Autonomous Weapons and the Problem of State Accountability, ChiJIL 15 (2015), 652; *N. Bhuta* u. a. (Hg.), Autonomous Weapons Systems, 2016; *M. Wagner*, Die Zukunft der Kriegsführung?, VN 64 (2016), 73; *C. Heyns*, Autonomous weapons in armed conflict and the right to a dignified life: an African perspective, South African JHR 33 (2017), 46. A. A. *T. McFarland*, Factors shaping the legal implications of increasingly autonomous military systems, IRRC 97 (2015), 1331.

87 In diesem Sinne auch CCWC, Report of the Group of Governmental Experts (GGE) on Emerging Technologies in the Area of Lethal Autonomous Weapons Systems v. 23.10.2018, CCW/GGE.1/2018/3. Dazu *T. Chengeta*, What Level of Human Control Over Autonomous Weapon Systems is Required by International Law?, EJIL Talk! (17.5.2018). Allgemein *ders.*, Defining the Emerging Notion of “Meaningful Human Control” in Weapon Systems, NYUJILP 49 (2017), 833.

und von bedeutsamen Kulturgütern. Gerade in diesem Bereich hat das ZP I wichtige Weiterentwicklungen des HVR gebracht. Verstöße gegen diese Verbote sind regelmäßig als (schwere) Kriegsverbrechen strafbar.

1. Schutz von Zivilpersonen und zivilen Objekten

Art. 48 ZP I legt mit dem sog. **Diskriminierungsgrundsatz (Unterscheidungsprinzip)** ein zentrales Prinzip des HVR fest: 1246

Um Schonung und Schutz der Zivilbevölkerung und ziviler Objekte zu gewährleisten, unterscheiden die am Konflikt beteiligten Parteien jederzeit zwischen der Zivilbevölkerung und Kombattanten sowie zwischen zivilen Objekten und militärischen Zielen; sie dürfen daher ihre Kriegshandlungen nur gegen militärische Ziele richten.

Ein „Angriff" (der Begriff erfasst gemäß der Klarstellung in Art. 49 Abs. 1 ZP I auch defensive Kriegshandlungen)[88] darf nur gegen Kombattanten, nicht gegen Angehörige der Zivilbevölkerung gerichtet sein bzw. (bei Angriffen gegen Sachen und Einrichtungen) nur gegen militärische Ziele, nicht gegen zivile Objekte. Dies gilt dem Tallinn Manual (Rn. 1041) zufolge auch für computergesteuerte Operationen, von denen zu erwarten ist, dass sie Leib oder Leben von Personen schädigen oder Gegenstände beschädigen oder zerstören.[89]

Zivilpersonen (als Teil der „Zivilbevölkerung") sind gemäß Art. 50 ZP I alle Personen, die nicht Teil der Streitkräfte (oder einer *levée en masse*) sind; im Zweifel gelten Personen als Zivilisten. Gegen sie dürfen Schädigungshandlungen nur gerichtet werden, wenn und solange sie unmittelbar an Feindseligkeiten teilnehmen (Art. 51 Abs. 3 ZP I); näher Rn. 1224–1226. Ansonsten dürfen weder die Zivilbevölkerung als ganze noch einzelne Zivilpersonen zum Ziel eines Angriffs gemacht werden, Art. 51 Abs. 2 ZP I. 1247

Zivile Objekte sind alle nicht-militärischen Objekte. Militärische Objekte wiederum sind gemäß Art. 52 Abs. 2 ZP I solche, die „wirksam zu militärischen Handlungen beitragen" und deren Inbesitznahme oder Zerstörung „einen eindeutigen militärischen Vorteil darstellt". Dazu zählen auch sog. C^4I-Einrichtungen *(Command, Control, Communication, Computers, Intelligence)*, die von den gegnerischen Streitkräften genutzt werden.[90] Zivile Objekte dürfen nicht angegriffen werden, Art. 52 Abs. 1 ZP I. Im Zweifel spricht eine Vermutung gegen die militärische Bedeutung von Einrich- 1248

88 Nicht erfasst sind dagegen Mittel psychologischer Kriegführung (außer die gezielte Terrorisierung der Zivilbevölkerung: Art. 51 Abs. 2 S. 2 ZP I) und Spionage.

89 Zum Streit, wann eine computergesteuerte Operation „Angriff" ist, *W. Theeuwen*, Cyberspace Operations in International Armed Conflict, HuV-I 2013, 188 (189 f) m. w. N. Selbst für Operationen, die wegen netzintern bleibender Folgen keine „Angriffe" sind, sieht das US-Militärhandbuch vor, dass diese so auszuführen sind, dass unnötige Unannehmlichkeiten („unnecessary inconvenience") für Zivilpersonen vermieden werden: *U.S. Department of Defence*, Law of War Manual, 2016, § 16.5.2.

90 Strittig ist, ob auch Computerdaten erfasst sind. Dafür *H. Harrison Diniss*, The Nature of Objects: Targeting Networks and the Challenge of Defining Cyber Military Objectives, IsrLR 48 (2015), 39 (differenzierend zwischen Inhalts- und Programmdaten); *K. Mačák*, Military Objectives 2.0: The Case for Interpreting Computer Data as Objects under International Humanitarian Law, IsrLR 48 (2015), 55. Dagegen *M. Schmitt*, The Notion of 'Objects' During Cyber Operations: A Riposte in Defence of Interpretive and Applicative Precision, IsrLR 48 (2015), 81.

tungen, die in der Regel zivil genutzt werden (Art. 52 Abs. 3 ZP I). Objekte, die sowohl zivilen als auch militärischen Zwecken dienen (Dual-use-Objekte), z. B. Straßen, Brücken, Eisenbahnschienen, dürfen im Grundsatz ebenfalls angegriffen werden. Allerdings kommt es hier letztlich auf den Einzelfall an.[91]

1249 In der Realität bewaffneter Konflikte lässt sich nicht vermeiden, dass Zivilpersonen und zivile Objekte durch Angriffe, die sich gegen militärische Ziele richten, in Mitleidenschaft gezogen werden. Die Rede von „chirurgischen Schlägen" *(surgical strikes)* versucht dies zu verdecken. Das HVR nimmt sog. zivile **Kollateralschäden** hin, schützt aber die Zivilbevölkerung zugleich vor übermäßigen Opfern, indem es **unterschiedslose Angriffe verbietet** (Art. 51 Abs. 4 ZP I).[92] Als unterschiedslos sind Angriffe definiert,

- die nicht gegen ein bestimmtes militärisches Ziel gerichtet sind (lit. a),
- die sich wegen ihrer Streubreite nicht gegen ein bestimmtes militärisches Ziel richten (lit. b)[93] oder
- in ihren Wirkungen nicht beherrschen lassen (lit. c).

Art. 51 Abs. 5 nennt zwei wichtige Fälle unterschiedsloser Angriffe:

- Verboten sind **Flächenbombardements**, bei denen ein „Bombenteppich" über mehreren deutlich voneinander getrennten militärischen Zielen abgeworfen wird, obwohl sich zwischen diesen Zielen Zivilpersonen befinden (lit. a).
- Als unterschiedslos gelten auch Angriffe, bei denen die zivilen Opfer und Schäden in keinem Verhältnis zum konkreten und unmittelbaren militärischen Vorteil stehen, die also **übermäßige zivile Kollateralschäden** zur Folge haben (lit. b).[94]

1250 Der **Schutz** von Zivilpersonen und zivilen Objekten erfolgt letztlich auf **drei Stufen**: Auf einer ersten Stufe ist zu ermitteln, ob es sich überhaupt um ein **militärisches Ziel** handelt (Art. 52 Abs. 2 ZP I). Ein Objekt muss dazu einen wirksamen Beitrag zu den militärischen Handlungen des Gegners leisten *und* seine Zerstörung einen eindeutigen militärischen Vorteil darstellen (Rn. 1248). Eine Person muss entweder Kombattant sein *oder* sich als Zivilperson unmittelbar an den Feindseligkeiten beteiligen (Rn. 1224–1225). Auf zweiter Stufe untersagt Art. 51 ZP I in Abs. 4 und Abs. 5 **unterschiedslose Angriffe** und begrenzt damit zivile Kollateralschäden beim Angriff auf an sich legal Ziele (Rn. 1249). Schließlich fordert Art. 57 ZP I **Vorkehrungen**;

---

91 Dazu u. a. *H. Shue/D. Wippman*, Limiting Attacks on Dual-use Facilities Performing Indispensable Civilian Functions, CornILJ 35 (2002), 559; ILA, The Conduct of Hostilities and International Humanitarian Law, Final Report (2016), 14 f. Zur militärischen Nutzung ziviler Einrichtungen auch *S. Martini/S. Schadendorf/M. Spörer*, in: v. Arnauld, Klausurenkurs im Völkerrecht, 3. Aufl. 2018, Fall 15.

92 Näher *S. Martini/S. Schadendorf/M. Spörer*, in: v. Arnauld, Klausurenkurs im Völkerrecht, 3. Aufl. 2018, Fall 15.

93 Im Gotovina-Fall hatte die Verfahrenskammer des ICTY die Regel formuliert, wonach bei Angriffen auf dicht besiedelte Gebiete Artilleriebeschuss, der 200 Meter entfernt vom eigentlich anvisierten Ziel einschlage, eine unverhältnismäßige Streubreite indiziere. Die Berufungskammer hat diese Regel als nicht fundiert verworfen: ICTY, Prosecutor v. Gotovina u. a., Urteil v. 16.11.2012 (Appeals Chamber), §§ 58 ff. Dazu *D. Vallentgoed*, The Last Round? A Post-Gotovina Reassessment of the Legality of Using Artillery Against Built-up Areas, JCSL 18 (2013), 25; *R. Ariav*, Hardly the Tadić of Targeting: Missed Opportunities in the ICTY's Gotovina Judgments, IsrLR 48 (2015), 329.

94 *E.-C. Gillard*, Proportionality in the Conduct of Hostilities, Chatham House Research Paper (12/2018). Dazu Joint Symposium EJIL Talk!/justsecurity.org mit Beiträgen von *E. Gillard*, *A. Haque*, *G. Corn*, *L. Hill-Cawthorne* (28./29.1., 1.2. und 4.2.2019).

u. a. ist gemäß Abs. 3 bei der **Zielauswahl** zu prüfen, ob ein vergleichbarer militärischer Vorteil auf schonendere Weise erreicht werden kann.[95]

Vor besonderen Herausforderungen steht dieses Schutzsystem, wo Kampfhandlungen in Städten und dichtbesiedelten Gebieten geführt werden *(urban warfare)*, weil sich hier militärische Ziele und geschützte Personen und Objekte unvermeidlich dicht beieinander befinden.[96]

Gerade die Feststellung, ob ein Angriff übermäßige Kollateralschäden verursachen wird, ist in der konkreten Entscheidungssituation oft schwer zu treffen. Zur subjektiven Bewertung treten **Prognoseunsicherheiten** hinzu. Oft werden – ungeachtet der Pflicht aus Art. 57 Abs. 2 lit. a ZP I, entsprechende Vorkehrungen zu treffen – nicht alle Informationen zur Verfügung stehen. Manche Staaten (z. B. die Schweiz) wollen zur Beurteilung der Rechtmäßigkeit nur die Informationen heranziehen, die zum Zeitpunkt der Entscheidung vorgelegen haben; von der Pflicht, sich im Rahmen des Möglichen zu informieren, entbindet dies aber nicht. Liegt eine Fehleinschätzung vor, kann dies u. U. zur völkerrechtlichen Verantwortlichkeit des Staates führen, während der Handelnde straflos bleibt, weil er nicht schuldhaft gehandelt hat: Im Unterschied zur Strafbarkeit setzt die Staatenverantwortlichkeit kein Verschulden voraus (Rn. 395). **1251**

Fall: Angriff auf Argyrien In einem bewaffneten Konflikt zwischen Argyrien und Bandonien fliegt die bandonische Luftwaffe Angriffe gegen die Hauptstadt Argyriens. Dabei zerstört sie ein Elektrizitätswerk und das Gebäude des staatlichen Rundfunks. Das Elektrizitätswerk versorgt die militärische Kommandozentrale ebenso wie den Großteil der Privathaushalte der Stadt. Da die Anlage am Stadtrand liegt und der Angriff außerhalb der Arbeitszeiten erfolgt, kommt bei der Bombardierung niemand unmittelbar ums Leben. Allerdings sterben im Zentralkrankenhaus der Stadt durch den Ausfall lebenserhaltender Geräte rund 20 Personen; aufgrund eines technischen Defekts war auch die Notstromversorgung im Krankenhaus ausgefallen. Dem staatlichen Rundfunksender wirft Bandonien Kriegspropaganda vor und betrachtet ihn deshalb als Teil des militärischen Apparats. Außerdem wird der Sendemast auf dem Dach des Gebäudes auch für eine Funkfrequenz der argyrischen Streitkräfte genutzt. Durch den nächtlichen Angriff wird das in einem dicht besiedelten Viertel befindliche Gebäude vollständig zerstört. Mehrere Wohnhäuser in der Nachbarschaft werden schwer beschädigt. Insgesamt sterben etwa 70 Zivilisten, weitere 120 werden verletzt. Während der Sendebetrieb für vier Tage unterbrochen bleibt, wird der Funkbetrieb über die gestörte Frequenz etwa 30 Minuten später auf anderem Wege wieder aufgenommen. Sind die Aktionen mit dem HVR vereinbar? **1252**

Lösungshinweise: 1. *Angriff auf das Elektrizitätswerk:* Der Bombenabwurf ist als Gewaltanwendung „Angriff" i. S. v. Art. 49 Abs. 1 ZP I. Angriffe dürfen nur gegen militärische Ziele geführt werden (Art. 52 Abs. 2 ZP I). Das Kraftwerk ist keine militärische Einrich-

95 Vertiefend ILA, The Conduct of Hostilities and International Humanitarian Law: Challenges of 21st Century Warfare, Final Report (2016).

96 Dazu vertiefend „War in cities", IRRC 98 (2016), Nr. 901; *N. Alon*, Operational Challenges in Ground Operations in Urban Areas: An IDF Perspective, VJTL 51 (2018), 737; *I. Anthony*, International Humanitarian Law: ICRC Guidance and Its Application in Urban Warfare, SIPRI Yearbook 2017, 545; *J. van den Boogaard/A. Vermeer*, Precautions in Attack and Urban and Siege Warfare, IYHL 20 (2017), 163; *J. Horowitz*, Precautionary measures in urban warfare: A commander's obligation to obtain information, blogs.icrc.org (10.1.2019); *A. Sari*, Urban Warfare: The Obligations of Defenders, lawfareblog.com (24.1.2019).

tung; außerdem dient es ganz überwiegend der Versorgung der Bevölkerung. Es versorgt aber auch die militärische Kommandozentrale mit Strom und trägt somit wirksam zu militärischen Handlungen Argyriens bei. Durch seine Zerstörung kann Bandonien – wenn auch nur vorübergehend – die argyrische Armeeführung schwächen und einen eindeutigen militärischen Vorteil erzielen. Das Elektrizitätswerk ist also ein militärisches Ziel. Angriffe auf militärische Ziele dürfen aber nicht unterschiedslos erfolgen. Als unterschiedslos gilt ein Angriff gemäß Art. 51 Abs. 5 lit. b ZP I insbesondere, wenn die zivilen Opfer und Schäden in keinem Verhältnis zum konkreten und unmittelbaren militärischen Vorteil stehen. Die Schwächung der Kommandozentrale des Gegners stellt einen wichtigen und unmittelbaren militärischen Vorteil dar, der anderweitige Kriegsanstrengungen begünstigen kann. Bei den 20 Zivilisten ist zu berücksichtigen, dass diese nicht unmittelbar, sondern nur in Folge des Angriffs gestorben sind. Zwar trifft Bandonien eine Pflicht zur Vorsorge, um zivile Kollateralschäden soweit als möglich zu vermeiden (Art. 57 ZP I); durch den nächtlichen Angriff auf die am Stadtrand gelegene Anlage hat sich das bandonische Militär jedoch um eine Minimierung der zivilen Opfer bemüht. Selbst wenn vorhersehbar gewesen sein sollte, dass das Krankenhaus von dem Stromausfall mitbetroffen sein würde, musste Bandonien nicht davon ausgehen, dass dieser den Tod von Patienten zur Folge haben würde, weil solche Einrichtungen gewöhnlicherweise über eine Notstromversorgung verfügen. Dass diese just defekt war, ist Bandonien nicht anzulasten.

2. *Angriff auf den Rundfunksender:* Der Rundfunksender mag mittels propagandistischer Berichterstattung zur Unterstützung der Kampfanstrengungen Argyriens beitragen; es ginge jedoch zu weit, ihn deshalb als militärisches Ziel einzustufen. Wollte man alle Einrichtungen, die zur Solidarisierung der Gesellschaft gegen einen Kriegsgegner beitragen, als potentielle militärische Ziele ansehen, würden selbst Schulen hierunter fallen. Anders sieht es mit der militärischen Mitnutzung des Sendemastes aus. Auch die vom Militär genutzten Kommunikationseinrichtungen des Gegners stellen legitime Ziele dar, deren Zerstörung einen eindeutigen militärischen Vorteil verschafft. Angesichts der geringen militärischen Nutzung und des geringfügigen Vorteils einer kurzzeitigen Frequenzstörung (dass diese nur von kurzer Dauer sein würde, war vorhersehbar) erscheint ein Angriff auf ein dicht besiedeltes Wohnviertel jedoch unverantwortlich. Die entstandenen zivilen Kollateralschäden von fast 200 Personen sind grob unverhältnismäßig. Der Angriff ist unterschiedslos i. S. v. Art. 51 Abs. 5 lit. b ZP I und damit rechtswidrig.

1253 Wichtige weitere Regeln zum Schutz der Zivilbevölkerung sind:

- Art. 51 Abs. 6 und Art. 52 Abs. 1 ZP I **untersagen Repressalien** gegen Zivilpersonen oder zivile Objekte.
- Art. 51 Abs. 7 ZP I, Art. 28 GK IV untersagen es, Zivilisten als **menschliche Schutzschilde** zu missbrauchen. Bei einem Verstoß muss sich der Angreifer am Verhältnismäßigkeitsgrundsatz orientieren. Sollten sich die Zivilisten freiwillig zur Verfügung gestellt haben, ist umstritten, ob sie hierdurch unmittelbar an den Feindseligkeiten teilnehmen (Rn. 1225).[97]
- Art. 54 untersagt in Abs. 1 ZP I das **Aushungern** als Mittel der Kriegführung, in Abs. 2-4 das Angreifen, Zerstören, Entfernen oder Unbrauchbarmachen von **lebensnotwendigen Gütern**.[98] Die Politik der „verbrannten Erde" wird in Abs. 5

97 ILA, The Conduct of Hostilities and International Humanitarian Law: Challenges of 21st Century Warfare, Final Report (2016), 29 f; *S. Martini/S. Schadendorf/M. Spörer*, in: v. Arnauld, Klausurenkurs im Völkerrecht, 3. Aufl. 2018, Fall 15.

98 Bekräftigung in S/RES/2417 (2018) v. 24.5.2018.

auf dem eigenen Hoheitsgebiet gestattet, wenn dies zwingend militärisch erforderlich sein sollte. Art. 54 Abs. 1 verbietet auch **Belagerungen** und **Seeblockaden**, wenn diese die Zivilbevölkerung bewusst von der Versorgung mit lebensnotwendigen Gütern abschneiden.[99]

- Art. 56 ZP I untersagt Angriffe auf **Anlagen oder Einrichtungen, die gefährliche Kräfte enthalten**, nämlich Staudämme, Deiche und Kernkraftwerke, sofern ein solcher Angriff gefährliche Kräfte freisetzen und dadurch schwere Verluste unter der Zivilbevölkerung verursachen kann. Nach Abs. 5 „bemühen" sich die Staaten, in der Nähe solcher Anlagen keine militärischen Ziele anzulegen (außer Verteidigungseinrichtungen für die Anlage selbst).
- Art. 57 und 58 ZP I gebieten, bei jedem Angriff alle praktisch möglichen **Vorsorgemaßnahmen** zu treffen, um Verluste unter der Zivilbevölkerung, die Verwundung von Zivilpersonen und die Beschädigung ziviler Objekte, die dadurch mit verursacht werden könnten, zu vermeiden und in jedem Fall auf ein Mindestmaß zu beschränken.[100] Diese Pflicht bezieht sich sowohl auf die Planungs- als auch auf die Durchführungsphase; gegebenenfalls ist eine laufende Operation abzubrechen.

Aus naheliegenden Gründen enthält das ZP II für den **nicht-internationalen bewaffneten Konflikt** keine Definition des militärischen Ziels; Art. 13 Abs. 2 legt aber fest, dass weder die Zivilbevölkerung als solche noch einzelne Zivilpersonen Ziel von Angriffen werden dürfen. Nach Art. 14 ZP II sind u. a. die für die Zivilbevölkerung lebensnotwendigen Objekte geschützt. Da im nicht-internationalen Konflikt auch die Aufständischen Zivilisten sind, findet hier eine Differenzierung zwischen kämpfenden und nicht-kämpfenden Zivilpersonen statt. Auf die nicht-kämpfenden Personen sind die Regeln des HVR zum Schutz der Zivilbevölkerung im internationalen Konflikt kraft Gewohnheitsrechts entsprechend anwendbar.[101] Schädigungshandlungen dürfen nur gegen Personen gerichtet werden, die unmittelbar an Feindseligkeiten teilnehmen. 1254

2. Schutz von Kombattanten außer Gefecht und Sanitätspersonal

Gegnerische Kombattanten sind u. a. dann keine zulässigen Ziele, wenn sie außer Gefecht sind. Diese Regel ist in Art. 23 lit. c HLKO, Art. 41 ZP I kodifiziert und eng zu verstehen, betrifft also nicht etwa schon ruhende oder schlafende Kombattanten. Art. 18 GK IV Art. 21-22 GK IV, Art. 12-15, 21-31 ZP I, 9-12 ZP II untersagen Angriffe auf Sanitätspersonal und -transporte. 1255

99 Zu Seeblockaden noch Rn. 1270. Zur Diskussion, wann Belagerungen gegen das HVR verstoßen, *G. Gaggioli*, Are Sieges Prohibited under Contemporary IHL?, und *M. Lattimer*, Can Incidental Starvation of Civilians be Lawful under IHL?, EJIL Talk! (30.1. bzw. 26.3.2019).

100 Vertiefend ILA, The Conduct of Hostilities and International Humanitarian Law: Challenges of 21st Century Warfare, Final Report (2016), 36 ff; *S. Martini/S. Schadendorf/M. Spörer*, in: v. Arnauld, Klausurenkurs im Völkerrecht, 3. Aufl. 2018, Fall 15.

101 Siehe v. a. *J.-M. Henckaerts/L. Doswald-Beck* (Hg.), Customary International Humanitarian Law, Vol. I, 2005, Regeln 11 ff.

3. Schutz von Kulturgütern

1256 Der Schutz von Kulturgut vor Schädigungshandlungen findet sich bereits in **Art. 27 HLKO**, der „alle erforderlichen Vorkehrungen“ verlangt, um die der Kunst und der Wissenschaft gewidmeten Gebäude sowie die geschichtlichen Denkmäler „soviel wie möglich zu schonen vorausgesetzt, dass sie nicht gleichzeitig zu einem militärischen Zwecke Verwendung finden“. **Art. 53 ZP I** verbietet es, feindselige Handlungen gegen geschichtliche Denkmäler, Kunstwerke oder Kultstätten zu begehen, die zum kulturellen oder geistigen Erbe der Völker (auch eines einzigen Volkes – umstritten) gehören, solche Objekte zur Unterstützung eines militärischen Einsatzes zu verwenden oder zum Gegenstand von Repressalien zu machen. Soweit Kulturgut zu militärischen Zwecken verwendet wird und seine Zerstörung einen eindeutigen militärischen Vorteil darstellt (vgl. Art. 52 Abs. 2 ZP I), endet der Schutz (z. B. bei Aufstellung einer Flugabwehrkanone auf einem Kirchturm). Eine nahezu identische Regelung trifft Art. 16 ZP II für den nicht-internationalen bewaffneten Konflikt.

1257 Um dem Kulturgüterschutz im bewaffneten Konflikt differenzierter Rechnung zu tragen, wurde 1935 in Washington der **Roerich-Pakt** unterzeichnet, der aber nur von amerikanischen Staaten ratifiziert wurde. An seine Stelle ist 1954 das **Haager Abkommen zum Schutz von Kulturgut in bewaffneten Konflikten** mit seinen Zusatzprotokollen von 1954 und 1999 getreten. In Friedenszeiten verpflichtet es zu Sicherungsmaßnahmen. Bei Ausbruch von Feindseligkeiten sind die geschützten Kulturgüter zu kennzeichnen. Sowohl die eigenen als auch die gegnerischen Kulturgüter sind zu respektieren. Sie dürfen nicht weggenommen werden oder Ziel von Repressalien sein. Kollateralschäden an geschütztem Gut sind so weit als möglich zu vermeiden. Seine gezielte Zerstörung ohne Vorliegen einer militärischen Notwendigkeit ist absolut verboten. Im Übrigen wird nach drei Schutzkategorien unterschieden (allgemeiner Schutz, Sonderschutz, verstärkter Schutz), die sich an der Bedeutung des Kulturgutes orientieren und abgestufte Anforderungen an den Grad der militärischen Notwendigkeit stellen. Die Regeln gelten weitgehend auch im nicht-internationalen Konflikt. Um die Beachtung dieser Regeln zu verbessern, hat die UNESCO 2016 ein Militärhandbuch zum Schutz von Kulturgut in bewaffneten Konflikten herausgegeben.[102]

1258 Während das Haager Regime lediglich die Vertragsstaaten verpflichtet, gilt Art. 53 ZP I gewohnheitsrechtlich und bindet auch **nichtstaatliche Akteure**. Dass dies praktisch relevant ist, hat die gezielte Zerstörung und Plünderung von Kulturdenkmälern durch die Terrormilizen „Boko Haram“ und „Islamischer Staat“ verdeutlicht. Sowohl der UN-Sicherheitsrat als auch die Generalversammlung haben diese Akte scharf verurteilt und sogar als Bedrohung des Weltfriedens eingestuft.[103] 2016 hat der IStGH zum ersten Mal einen Angeklagten verurteilt, dem die Zerstörung von Kulturgut gemäß Art. 8 Abs. 2 lit. e (iv) IStGH-Statut vorgeworfen wurde.[104]

102 *R. O'Keeffe/C. Péron/T. Musayev/G. Ferrari*, Protection of Cultural Property: Military Manual, 2016.

103 Vgl. z. B. S/RES/2199 v. 12.2.2015, §§ 15 ff; S/RES/2227 v. 29.6.2015, § 14 lit. h; S/RES/2249 v. 20.11.2015, § 3; A/RES/69/281 v. 9.6.2015; S/RES/2347 v. 24.3.2017. Dazu *S. v. Schorlemer*, Der Schutz von Kulturerbestätten als Aufgabe der UN-Sicherheitspolitik, VN 2016, 3; *S. Urbinati*, The Evolving Role of the United Nations Security Council and the Protection of Cultural Heritage in the Event of Armed Conflict, QIL, Zoom-in 48 (2018), 1.

104 IStGH, Prosecutor v. Ahmad Al Faqi Al Mahdi, ICC-01/12-01/15. Kritische Würdigung bei *M. Lostal*, The Misplaced Emphasis on the Intangible Dimension of Cultural Heritage in the Al Mahdi Case at the ICC, Inter Gentes 1 (2017), 45; *L. Pratt*, Prosecution for the Destruction of Cultural Property – Significance of the *al Mahdi* Trial, ICLR 18 (2018), 1048.

4. Schutz der natürlichen Umwelt

Der rechtliche Schutz der Umwelt im bewaffneten Konflikt ist noch höchst unvollkommen. Die Art. 55, 35 Abs. 3 ZP I verpflichten zum Schutz der natürlichen Umwelt und verbieten Methoden oder Mittel der Kriegführung, die dazu bestimmt sind oder von denen erwartet werden kann, dass sie **ausgedehnte, lang anhaltende und schwere Schäden** der natürlichen Umwelt verursachen. Diese Voraussetzungen müssen kumulativ vorliegen, was den Anwendungsbereich der Verbotsnorm deutlich reduziert. Der Zusatz in Art. 55 Abs. 1 ZP I, dass „dadurch Gesundheit und Überleben der Bevölkerung" gefährdet sein müssen, macht deutlich, dass nicht der Schutz der Umwelt als solcher im Vordergrund steht, sondern die mittelbare Schädigung der Bevölkerung durch Einwirkungen auf die natürliche Umwelt. Die UN-Völkerrechtskommission diskutiert derzeit eine Fortentwicklung, darunter die Pflicht, vor Angriffen auch die Auswirkungen auf die Umwelt zu bedenken, das Verbot von Repressalien gegen die Natur und die Ausweisung geschützter Zonen.[105] **1259**

Während die eben genannten Vorschriften an den umweltschädigenden Folgen von Kampfhandlungen ansetzen, untersagt die ENMOD-Konvention von 1976 (Übereinkommen über das Verbot der militärischen oder einer sonstigen feindseligen Nutzung umweltverändernder Techniken) die Nutzung **umweltverändernder Techniken**, „die weiträumige, lange andauernde oder [!] schwerwiegende Auswirkungen haben, [...] zu militärischen Zwecken oder in sonstiger feindlicher Absicht als Mittel zur Zerstörung, Schädigung oder Verletzung eines anderen Vertragsstaats" (Art. 1 Abs. 1). Praktische Fälle sind die gezielte Versenkung von Öltankern, Öltanks oder Ölförderplattformen oder der Einsatz von Entlaubungsmitteln (wie durch die USA im Vietnamkrieg 1962-1971: „Agent Orange").[106] **1260**

Die Defizite des heutigen HVR im Bereich des Umweltschutzes liegen auf der Hand: Es verfolgt einen rein anthropozentrischen Ansatz, der Ausnahmen vom Schutz bei militärischer Notwendigkeit anerkennt und jenseits der staatlichen Jurisdiktion keinen Schutz gewährt. Umso wichtiger ist es, die **Fortgeltung umweltvölkerrechtlicher Abkommen** im bewaffneten Konflikt zu klären. Diese wird von der UN-Völkerrechtskommission im Grundsatz bejaht,[107] wird aber zu differenzieren sein. Maßgebliche Aspekte sind, ob der betreffende Vertrag Interessen der Staatengemeinschaft verfolgt (z. B. Klima- oder Meeresschutz) oder bilaterale Interessen (z. B. Nachbarrecht). Zudem wird man im Einzelfall prüfen müssen, ob es immanente Vertragsgrenzen gibt, ob eine ausdrückliche Derogation gestattet ist oder die allgemeinen Regeln zu Suspendierung bzw. Kündigung von Verträgen greifen. Auch die Berufung auf Notstand als Rechtfertigungsgrund ist nicht von vonherein ausgeschlossen.[108] **1261**

---

105 Zuletzt ILC, Protection of the environment in relation to armed conflict, Draft principles, UN-Dok. A/CN.4/L.937 v. 6.6.2019, Draft principles 12 ff. Das IKRK will Ende 2019 neue Leitlinien zum Schutz der Umwelt in bewaffneten Konflikten veröffentlichen.

106 Näher *R. Domínguez-Matés*, New Weaponry Technologies, Environment and Armed Conflicts: The Revival of the Convention on Environmental Modification Techniques of 1976 up to Day, HuV-I 2006, 93.

107 ILC, Draft articles on the effects of armed conflicts on treaties (2011), UN-Dok. A/66/10, lit. g Anhang zu Art. 7, mit Kommentar, §§ 52 ff.

108 Vgl. *S. Vöneky*, Die Fortgeltung des Umweltvölkerrechts in internationalen bewaffneten Konflikten, 2001.

V. Besonderheiten im See- und Luftkrieg

1262 Dass für den See- und Luftkrieg teilweise besondere Regeln existieren, beruht einerseits auf **historischen Entwicklungen** (Rn. 1233), andererseits darauf, dass die **internationalen Gewässer und der Luftraum** über ihnen zum **Kriegsgebiet** gehören. Dies macht Sonderregeln erforderlich, um die Rechte und Interessen neutraler Staaten an der Nutzung der Meere und des internationalen Luftraums mit den Interessen der kriegführenden Parteien zu koordinieren. Im Zentrum der Sonderregeln stehen das Prisenrecht, Angriffe auf Schiffe und Luftfahrzeuge, die Seeblockade und Kriegslisten.

1. Prisenrecht

1263 Der bewaffnete Konflikt lässt die Handelsbeziehungen zwischen den Konfliktparteien und dritten Staaten unberührt. Dies birgt Risiken, weil auch solche Güter an den Gegner geliefert werden können, die in bewaffneten Auseinandersetzungen Verwendung finden können. Diese sog. **Konterbande** unterliegt nach dem sog. Prisenrecht (vom französischen Wort *prise*, d. h. Wegnahme) der Beschlagnahme und Einziehung. Um dies zu gewährleisten, ist es den kriegführenden Staaten gestattet, den **neutralen Handelsverkehr** außerhalb neutralen Gebiets zu Wasser und in der Luft **zu kontrollieren**. Kriegsschiffe und militärische Luftfahrzeuge der Konfliktparteien dürfen daher neutrale Handelsschiffe und zivile Luftfahrzeuge anhalten bzw. abfangen, wenn der begründete Verdacht besteht, dass sie Konterbande transportieren oder in anderer Weise zu den Kriegsanstrengungen des Gegners beitragen; schafft die Durchsicht der Papiere keine Klarheit, ist eine Durchsuchung zulässig (vgl. Nr. 118 i. V. m. 148 bzw. Nr. 125 i. V. m. 153 San Remo Manual [SRM] von 1994[109]). Unter bestimmten Umständen ist der Kommandant auch berechtigt, eine Kursanweisung zu erteilen, um *boarding* bzw. Durchsuchung zu ermöglichen (vgl. Nr. 137-138 des HPCR Manual [HPCR] von 2009[110]). Bestätigt sich der Verdacht, darf das Schiff aufgebracht werden (d. h. Übernahme der Befehlsgewalt). Die Einziehung (d. h. der Übergang der Eigentümerstellung) des Schiffes bzw. Luftfahrzeugs sowie der Konterbande ist nur nach einem prisengerichtlichen Urteil zulässig (vgl. Nr. 142 HPCR).

1264 Wäre nach dem Aufbringen die Verbringung eines Handelsschiffs in einen Hafen mit unzumutbaren Gefahren für das Kriegsschiff verbunden, ist unter engen Voraussetzungen (v. a. Gewährleistung der Sicherheit von Passagieren und Besatzung) ausnahmsweise – und nur als *ultima ratio* – die **Zerstörung** des aufgebrachten Schiffs zulässig (vgl. Nr. 151 SRM; streng zu unterscheiden von der Zerstörung im Rahmen

109 Handbuch im Internet unter https://ihl-databases.icrc.org/ihl/INTRO/560?OpenDocument. Deutsche Übersetzung in: Dokumente zum Humanitären Völkerrecht, hg. vom Auswärtigen Amt, Deutschen Roten Kreuz und Bundesministerium der Verteidigung, 3. Aufl. 2016, Nr. 43. Eine aktualisierte Fassung ist derzeit in Vorbereitung.

110 HPCR Manual on the International Law Applicable to Air and Missile Warfare, 2009. Das Handbuch wurde von Völkerrechtsexperten im Rahmen eines Projekts an der Harvard University verfasst und versteht sich als eine Zusammenstellung der geltenden Regeln des Luftkriegs. Es ist selbst keine rechtsverbindliche Quelle. Eine kommentierte Fassung ist 2013 in Buchform erschienen.

eines militärischen Angriffs: Rn. 1267–1268). Die Zerstörung muss anschließend prisengerichtlich bestätigt werden.

Bei **zivilen Luftfahrzeugen** ist eine Zerstörung nicht gestattet. Hier erfolgt die Aufbringung nicht auf See, sondern regelmäßig durch erzwungene Landung auf einem Flugplatz des kriegführenden Staates (alternativ kann das Luftfahrzeug mit seiner Einwilligung von seinem erklärten Ziel abgelenkt werden). Für zivile Luftfahrzeuge von Feindstaaten soll allerdings eine Zerstörung als *ultima ratio* zulässig sein: Nr. 135 HPCR.

Die Regelungen des Prisenrechts gelten auch gegenüber Handelsschiffen und zivilen Luftfahrzeugen **unter Flagge bzw. Kennzeichen des Gegners** (vgl. Nr. 135 ff, 141 ff SRM). Hier ist das Beschlagnahme- und Einziehungsrecht nicht auf Konterbande beschränkt, sondern erstreckt sich grundsätzlich auf alle Handelsgüter. **1265**

2. Angriffe auf Schiffe und Luftfahrzeuge

Gegnerische Kriegsschiffe dürfen außerhalb neutraler Gewässer jederzeit ohne Vorwarnung angegriffen oder aufgebracht werden, bis sich die Mannschaft ergibt; im Wasser befindliche Rettungsboote dürfen nicht angegriffen werden (Nr. 47 lit. i und j SRM). Die Besatzung hat Anspruch auf Kriegsgefangenenstatus (Art. 47 Londoner Seerechtserklärung von 1909, Art. 4A Nr. 1, 4 GK IIII Art. 44 Abs. 1 ZP I, Nr. 165 SRM). Entsprechendes gilt für Luftfahrzeuge. **Neutrale Kriegsschiffe und -luftfahrzeuge** genießen dagegen umfassende Immunität. **1266**

Gegnerische Handelsschiffe stellen grundsätzlich keine zulässigen militärischen Ziele dar. Ausnahmsweise dürfen sie angegriffen werden, wenn sie (1) einen wirksamen Beitrag zu militärischen Aktionen des Gegners leisten (z. B. als Hilfsschiff, das militärisches Material transportiert oder Feindaufklärung betreibt) oder (2) sich einer Aufforderung anzuhalten widersetzen oder aktiven Widerstand gegen eine Durchsuchung oder Aufbringung leisten; dies ist ohne weiteres anzunehmen bei entsprechender Bewaffnung sowie bei einer Fahrt im Geleit feindlicher Kriegsschiffe oder militärischer Luftfahrzeuge, Nr. 60 SRM. Für **gegnerische zivile Luftfahrzeuge** gelten entsprechende Regeln (vgl. Nr. 63 SRM sowie Nr. 50 i. V. m. Nr. 27 HPCR). **1267**

Neutrale Handelsschiffe und zivile Luftfahrzeuge dürfen ausnahmsweise angegriffen werden, wenn sie (1) wirksam zu militärischen Aktionen des Gegners beitragen, (2) im Geleit feindlicher Kriegsschiffe bzw. militärischer Luftfahrzeuge fahren oder (3) wenn begründeter Verdacht besteht, dass sie Konterbande transportieren oder eine Blockade brechen und (!) sich einer Kontrolle widersetzen oder entziehen. Eine Zerstörung des Schiffes ist nur als letztes Mittel zulässig (Nr. 67, 70 SRM, Nr. 52 i. V. m. Nr. 174 HPCR) und bei neutralen Passagierschiffen gänzlich verboten (Nr. 152 SRM; gewisse Ausnahmen macht Nr. 63 HPCR für neutrale Passagierflugzeuge). **1268**

3. Seeblockade

1269 Mit der Blockade versucht eine kriegführende Partei,[111] gegnerische Küstenstriche oder Häfen vom Schiffsverkehr abzuschneiden. Daher wird nicht zwischen gegnerischen und neutralen Schiffen differenziert. Rechtswirksam ist die Blockade nur, wenn sie **effektiv** ist (Nr. 4 Pariser Seerechtserklärung 1856, Art. 2 Londoner Seerechtserklärung 1909). Durch Einsatz z. B. von Seeminen, Schiffen und Luftfahrzeugen (zur Luftblockade Nr. 147 ff HPCR) muss gewährleistet sein, dass das Durchqueren des Blockadegebietes mit hinreichender Wahrscheinlichkeit entdeckt oder unterbunden werden kann. Die Blockade muss unter Angabe der Dauer und des betroffenen Gebiets dem Gegner sowie allen neutralen Staaten **notifiziert** werden (Art. 8 Londoner Seerechtserklärung 1909). Sie muss **unparteiisch durchgesetzt** werden und darf auch Handelsschiffe unter eigener Flagge nicht bevorzugen (Art. 5 Londoner Seerechtserklärung 1909).

1270 Blockaden sind unzulässig, wenn die **Beeinträchtigung der Zivilbevölkerung** in keinem Verhältnis zu dem erwarteten konkreten und unmittelbaren militärischen Vorteil steht. Die sog. **Hungerblockade** ist verboten (vgl. Art. 54 Abs. 1 ZP I, Nr. 102 lit. a SRM, Nr. 157 HPCR). Außerdem ist der Blockadestaat im Bedarfsfall verpflichtet, **Hilfssendungen** durchzulassen, die der Versorgung der Zivilbevölkerung sowie verwundeter und kranker Angehöriger der gegnerischen Streitkräfte dienen (Nr. 103, 104 SRM, Nr. 158, 159 HPCR). Er darf aber technische Einzelheiten für den Durchlass regeln und kann verlangen, dass die Verteilung der Hilfsgüter unter Aufsicht einer Schutzmacht oder einer unparteilichen Hilfsorganisation erfolgt.

1271 Ein Schiff oder Luftfahrzeug, das eine **Blockade durchbricht**, unterliegt der Aufbringung, solange es durch ein Kriegsschiff oder ein militärisches Luftfahrzeug verfolgt wird. Das Recht zur Aufbringung erlischt mit dem Ende der Nacheilesituation (vgl. Rn. 834). Widersetzt sich das Schiff (Luftfahrzeug) der Aufbringung, darf es angegriffen werden. Das aufgebrachte Schiff (Luftfahrzeug) unterliegt der Einziehung.

4. Kriegslisten

1272 Abweichungen vom Landkrieg bestehen hinsichtlich der verbotenen bzw. erlaubten Täuschungshandlungen (vgl. Verweis in Art. 39 ZP I): Im **Seekrieg** ist die Täuschung des Gegners durch **Verwendung falscher Flaggen und Kennzeichen** (des Gegners oder neutraler Staaten) gewohnheitsrechtlich als Kriegslist erlaubt. Erst bei Eröffnung des Gefechts ist die richtige Flagge zu zeigen. Die (erlaubte) Täuschung kann auch durch Veränderung der Aufbauten oder auf elektronischem Wege mittels eines Transponders oder zivilen Radars erfolgen. Verboten ist der Missbrauch von anerkannten Kennzeichen nach Art. 38 ZP I.

---

111 Umstritten ist, ob das Recht der Seeblockade auch im nicht-internationalen bewaffneten Konflikt gilt. Zu den Rechtsfragen, die die israelische Blockade des Gazastreifens und das Aufbringen der unter türkischer Flagge fahrenden „Mavi Marmara" am 31.5.2010 aufwarfen, *D. Guilfoyle*, The *Mavi Marmara* Incident and Blockade in Armed Conflict, BYIL 81 (2010), 171; *R. Buchan*, The International Law of Naval Blockade and Israel's Interception of the *Mavi Marmara*, NILR 58 (2011), 209; *P.-A. Janssens*, Quid iuris du blocus maritime de Gaza?, ADMO 33 (2015), 103.

Ebenfalls verboten ist im Seekrieg das **Vortäuschen einer Notlage** durch Verwendung anerkannter Notsignale (v. a. „SOS"). Dagegen ist es im **Luftkrieg** gestattet, eine Beschädigung oder Notsituation mit dem Ziel vorzutäuschen, einen (weiteren) Angriff des Gegners abzuwenden. Aus diesem Grunde besteht im Luftkrieg auch umgekehrt keine Pflicht, von einem Angriff auf ein dem Anschein nach beschädigtes gegnerisches Flugzeug abzusehen. Art. 42 Abs. 1 ZP I verbietet nur den Angriff auf jemanden, der mit dem Fallschirm aus einem in Not geratenen Flugzeug abspringt. Dieser darf erst am Boden wieder angegriffen werden, sofern er sich nach der Landung nicht ergibt, Art. 42 Abs. 2 ZP I (vgl. auch Nr. 132 lit. a und b HPCR).

E. Schutz von Kombattanten außer Gefecht

1273 Ein Kombattant, der außer Gefecht ist, stellt für den Gegner keine Bedrohung mehr dar. Ist er verwundet oder schiffbrüchig oder befindet er sich in Gefangenschaft, schuldet ihm der Gegner **Achtung (respect), Schutz (protection) und Fürsorge (care)**, vgl. Art. 10 ZP I. Dies ist die humanitäre Kernidee des Genfer Rechts.

I. Verwundete und Schiffbrüchige

1274 Der Schutz von Verwundeten stand am Anfang des HVR. Um allen Verwundeten, gleich zu welcher Partei sie gehörten, Beistand leisten zu können, musste dem medizinischen Personal Handlungsfreiheit und -sicherheit inmitten des Krieges garantiert werden. Während die Genfer Konvention von 1864 Ärzten, Schwestern, Krankenpflegern und zivilen Assistenten einen neutralen Status einräumte, gestattet Art. 28 GK I heute, Angehörige des medizinischen Personals des Gegners so lange und in dem Umfang **zurückzuhalten**, wie dies **zur Versorgung der Kriegsgefangenen** ihrer eigenen Partei erforderlich ist. Sie sind selbst keine Kriegsgefangenen, genießen aber mindestens dieselben Rechte.

1275 Der Schutz der Verwundeten und Schiffbrüchigen ist in den GK I und II umfassend kodifiziert. Danach sind verwundete, kranke und schiffbrüchige Angehörige anderer Streitkräfte **unverzüglich zu bergen, vor Beraubung und Misshandlung zu schützen und mit der notwendigen Pflege zu versorgen** (Art. 15 Abs. 1 GK I). Die Pflicht zur unverzüglichen Bergung im Seekrieg (Art. 18 Abs. 1 GK II) besteht nach h. M. erst, wenn das zur Bergung verpflichtete Schiff selbst vor Angriffen sicher ist. Wenn immer es die Umstände gestatten, sollen Waffenstillstand, Feuerpause oder örtliche Abmachungen vereinbart werden, um die Bergung, den Austausch und den Abtransport der auf dem Schlachtfeld gebliebenen Verwundeten zu ermöglichen (Art. 15 Abs. 2 GK I); auch die Einrichtung von Sanitätszonen ist möglich (Art. 23 GK I).

1276 Stehende oder bewegliche **Sanitätseinrichtungen sowie das Sanitätspersonal** dürfen unter keinen Umständen angegriffen werden, sondern sind von den am Konflikt beteiligten Parteien jederzeit zu schonen und zu schützen (Art. 19, 21, 24-26 GK I); entsprechenden Schutz genießen Sanitätstransporte (Art. 35 I GK). Das **Seelsorgepersonal** ist dem Sanitätspersonal gleichgestellt. Detailliert regeln die Art. 24-31 ZP I (siehe auch Nr. 75-87 HPCR) den Sanitätstransport auf dem Luftweg, weil hier die Missbrauchsgefahr besonders groß ist.

1277 Der **Missbrauch des Schutzes** zur Schädigung des Feindes beendet den Schutz, allerdings erst nach einer Warnung (Art. 21 GK I, Art. 13 ZP I: dort auch Ausnahmen). Der Waffengebrauch durch Sanitätspersonal ist nur zur Selbstverteidigung und zum Schutz von Verwundeten und Kranken zulässig und führt unter diesen Umständen nicht zum Verlust der Privilegien (Art. 22 Nr. 1 GK I).

Für Einheiten zur sog. **Kampfrettung**, die Soldaten, die hinter den feindlichen Linien eingeschlossen sind, befreien und zugleich medizinisch versorgen sollen,[112] gilt: Das am Einsatz beteiligte Sanitätspersonal genießt den Schutz des HVR, weil mangels Absicht dieser Schutz nicht missbraucht wird. Es darf daher nicht gezielt angegriffen werden. Zugleich verstößt der Einsatz in einer „gemischten" Gruppe gegen die Pflicht aus Art. 19 Abs. 2 GK I, Sanitätseinheiten von militärischen Zielen getrennt zu halten (der Anspruch des verwundeten Soldaten auf Schutz beginnt erst, wenn er „der Gegenpartei in die Hände gefallen" ist, Art. 5 GK I). Die Rettungsoperation darf daher bekämpft werden, auch wenn, als Kollateralschaden, Sanitätspersonal getroffen wird. Vermieden wird dies, wenn (im Einklang mit Art. 19 GK I) der Einsatz mit medizinisch geschulten Kombattanten durchgeführt wird. Nicht in Betracht kommt, allein Sanitätspersonal einzsetzen: Die bewaffnete Befreiung (anders als die bloße Bergung) geht über den nach Art. 22 Nr. 1 GK I zulässigen Waffengebrauch hinaus.

1278 Die Grundsätze des humanen Umgangs mit Verwundeten, Kranken und Schiffbrüchigen gelten auch im **nicht-internationalen bewaffneten Konflikt** kraft Gewohnheitsrechts. Die vertraglichen Regeln sind hier weit weniger detailliert; allerdings sind zahlreiche Regelungen in den GK I und II sowie im ZP I lediglich Konkretisierungen des (für nicht-internationale bewaffnete Konflikte geltenden) Mindeststandards in Art. 3 GK I-IV.

II. Kriegsgefangene

1. Historische Entwicklung

1279 Der Schutz von Kriegsgefangenen ist immer schon in besonderem Maße mit Gegenseitigkeitserwartungen verknüpft gewesen. Mit der Einsicht, dass nur sein Heimatstaat, nicht aber der Soldat als Person „Feind" ist, konnten zudem humanitäre Motive Einzug in das Kriegsrecht halten. Kriegsgefangenschaft dient nicht der Strafe, sondern soll lediglich den Gefangenen **von der Teilnahme an weiteren Kampfhandlungen abhalten**. In diesem Sinne bestimmte der *Lieber Code* von 1863 in Art. 56:

A prisoner of war is subject to no punishment for being a public enemy, nor is any revenge wreaked upon him by the intentional infliction of any suffering, or disgrace, by cruel imprisonment, want of food, by mutilation, death, or any other barbarity.

Das von *Franz (Francis) Lieber* verfasste Regelwerk war zwar nur eine interne Anweisung an die Unionstruppen im US-amerikanischen Bürgerkrieg; es hatte aber großen Einfluss auf die weitere Entwicklung gerade des Kriegsgefangenenrechts. Die erste verbindliche Regelung findet sich in den **Art. 4-20 HLKO**, die bereits die wichtigsten Kernelemente des heute geltenden Rechts enthalten, namentlich,

112 Vgl. dazu *J. Leithäuser*, Schießen Sie nicht auf den Sanitäter, F.A.Z. v. 30.6.2016, 5.

- dass der Kriegsgefangene der **Hoheitsgewalt des gegnerischen Staates** untersteht und nicht der desjenigen Soldaten, der ihn gefangengenommen hat; dies soll die Einhaltung des HVR sichern (vgl. Art. 39 Abs. 1 GK III: Kriegsgefangene sind der direkten Befehlsgewalt eines den regulären bewaffneten Kräften des Gewahrsamsstaates angehörenden verantwortlichen Offiziers zu unterstellen), und
- dass Gefangene **unter allen Umständen menschlich behandelt** werden müssen.

Die **Genfer Konvention von 1929** stellte klar, dass Repressalien gegen Kriegsgefangene verboten sind (heute Art. 13 Abs. 3 GK III) und legalisierte das bereits im Ersten Weltkrieg vom IKRK praktizierte Kontrollsystem durch neutrale Beobachter. Eine umfassende Kodifizierung und Weiterentwicklung des Rechts der Kriegsgefangenen brachte dann die **III. Genfer Konvention von 1949**, die deshalb bisweilen auch als „Charta der Kriegsgefangenen" bezeichnet wird.

2. Geschützter Personenkreis

Den **Status von Kriegsgefangenen** genießen alle Kombattanten sowie bestimmte, 1280
den Streitkräften angeschlossene Gruppen von Nichtkombattanten (nichtkämpfende Teile der Streitkräfte, ziviles Gefolge). Bei Zweifeln über den Status (Art. 5 Abs. 2 GK III) bzw. wenn sie Anspruch auf den Kriegsgefangenenstatus erheben oder zu haben scheinen (Art. 45 Abs. 1 S. 2 ZP I) sind bis zu einer gerichtlichen Klärung alle Gefangenen als Kriegsgefangene zu behandeln. Einen den Kriegsgefangenen **entsprechenden Schutz** genießt das Sanitäts- und Seelsorgepersonal, ohne selbst Kriegsgefangene zu sein.

Der Kriegsgefangenenstatus ist **unverlierbar** und wird auch nicht durch Kriegsver- 1281
brechen verwirkt (Art. 85 GK III). Eine Verwirkung tritt gemäß Art. 44 Abs. 2 ZP I nur bei irregulären Kämpfern ein, die Angriffe nicht offen ausführen. Ihnen steht aber ein den Kriegsgefangenen entsprechender Schutz zu, sofern sie i. Ü. das HVR achten (Art. 44 Abs. 4 ZP I); für ihre Teilnahme an den Feindseligkeiten dürfen sie aber – im Unterschied zu Kriegsgefangenen – bestraft werden. Kriegsgefangene können nach Art. 7 auch **nicht** auf ihre Rechte **verzichten**, um Schutz gegen Druck oder Manipulationen der Gewahrsamsmacht zu garantieren.

3. Beginn und Ende der Kriegsgefangenschaft

Die Kriegsgefangenschaft **beginnt**, sobald eine berechtigte Person in die Hände des 1282
Gegners fällt. Ein Kombattant, der sich ergibt, ist so schnell wie möglich an einen sicheren Ort zu bringen und vor Übergriffen der Bevölkerung zu schützen (Art. 19 f GK III). Nach **Beendigung der aktiven Feindseligkeiten** (früher: nach Friedensschluss bzw. nach einem Waffenstillstand) sind Kriegsgefangene ohne Verzug freizulassen und heimzuschaffen, Art. 118 Abs. 1 GK III. Bei schwerer Krankheit oder Verwundung (hier steht eine Wiederaufnahme des bewaffneten Kampfes nicht zu befürchten) hat die Freilassung unverzüglich zu erfolgen (Art. 109 f GK I). Ein Gefangenenaustausch kann jederzeit vereinbart werden. Die **ungerechtfertigte Verzögerung** der Freilassung von Kriegsgefangenen ist ein Kriegsverbrechen, Art. 85 Abs. 4 lit. b ZP I. Gerechtfertigt ist eine Verzögerung v. a., wenn ein Kriegsgefangener strafrechtlich verfolgt wird bzw. wurde: Er darf dann bis zum Ende des Gerichtsverfah-

rens bzw. bis zum Verbüßen seiner Strafe zurückgehalten werden (Art. 119 Abs. 5 GK III).

4. Behandlung und Rechte der Kriegsgefangenen

1283 Art. 13 GK III statuiert in Satz 1 die Grundregel: „Kriegsgefangene müssen **jederzeit mit Menschlichkeit** behandelt werden.“ Medizinische Experimente an ihnen sind unzulässig (Art. 13 Abs. 1 S. 3); sie haben „unter allen Umständen Anspruch auf Achtung ihrer Person und ihrer Ehre“ (Art. 14) und müssen jederzeit geschützt werden, namentlich vor Gewalttätigkeit oder Einschüchterung, Beleidigungen und öffentlicher Neugier (Art. 13 Abs. 2).[113]

1284 Kriegsgefangene sind nach Art. 17 nur zur Nennung von Namen, Dienstgrad, Geburtsdatum und Matrikelnummer oder einer andern gleichwertigen Angabe verpflichtet und müssen **keine weiteren Aussagen** machen. Für die **Internierung von Kriegsgefangenen** macht die GK III detaillierte Vorgaben. Die Kontrolle der Haftbedingungen obliegt dem IKRK (Art. 126 GK III). Einige wichtige Regeln:

- Die Unterbringung muss hygienisch sein und darf die Gesundheit der Gefangenen nicht gefährden; die Bedingungen müssen mindestens denjenigen für die eigenen Truppen entsprechen, die in der gleichen Gegend untergebracht sind: Art. 25, 29 GK III.
- Kriegsgefangene sind mit einer täglichen Grundration von Nahrungsmitteln zu versorgen, die ausreichend ist, um einen guten Gesundheitszustand zu gewährleisten: Art. 26 GK III.
- Kriegsgefangene sind medizinisch zu versorgen: Art. 29 ff GK III.
- Sitten und Gebräuche der Gefangenen, einschließlich der freien Religionsausübung sind zu beachten: Art. 25 Abs. 1, Art. 34 ff GK III.
- Kriegsgefangenen soll die Gelegenheit eingeräumt werden, sich direkt an ihre Familie und an die in Art. 123 vorgesehene Zentralstelle für Kriegsgefangene zu wenden (Art. 70 GK III). Kriegsgefangene dürfen grundsätzlich Postverkehr unterhalten (Art. 71 GK III).
- Kriegsgefangene dürfen nur unter den Voraussetzungen nach Art. 49-57 GK III zur Arbeit herangezogen werden, was u. a. ein Verbot von gefährlichen und erniedrigenden Arbeiten bewirkt.

1285 Kriegsgefangene unterstehen der **Rechtsordnung und Disziplinargewalt des Gewahrsamstaates**; für sie sind grundsätzlich dieselben Gerichte zuständig wie für Soldaten des Gewahrsamstaates (Einzelheiten in Art. 82-108 GK III). Fluchtversuche dürfen nicht strafrechtlich verfolgt, sondern nur disziplinarrechtlich geahndet werden (Art. 92 GK III, vgl. Art. 91 zur erneuten Gefangennahme nach gelungener Flucht).

1286 **Fall: Krieg der Bilder** Während eines bewaffneten Konflikts zwischen Albynien und Babistan nimmt ein Trupp albynischer Soldaten Mitglieder einer Partisanenbewegung fest, die an der Seite der Armee Babistans kämpft. Da es jüngst vermehrt zu Selbstmordattentaten gekommen ist, bei denen Attentäter Sprengstoff am Leib trugen, befehlen die Soldaten den Festgenommenen, sich auszuziehen. Das albynische Fernsehen zeigt einen Film der Festnahme: Man sieht die Partisanen nackt und mit erhobenen Händen vor den Soldaten stehen,

113 Zur weiteren Konkretisierung im Rahmen des sog. Kopenhagen-Prozesses *B. Oswald/T. Winkler*, The Copenhagen Process: Principles and Guidelines on the Handling of Detainees in International Military Operations, NorJIL 83 (2014), 128.

die mit Maschinenpistolen auf sie zielen. Die Gesichter sind nicht erkennbar. Kurze Zeit später strahlt B-TV, das staatliche Fernsehen von Babistan ein Interview mit dem gefangenen albynischen Soldaten S aus, dessen Name und Dienstgrad genannt werden. S bestätigt vor laufenden Kameras, dass er korrekt behandelt werde und verliest eine vorformulierte Erklärung, wonach Albynien sich aus Babistan zurückzuziehen habe. Eine Anwendung physischen Zwangs ist nicht erkennbar, nach Aussage der babistanischen Regierung hat S der Übertragung zugestimmt. Liegen Verstöße gegen das HVR vor?

Lösungshinweise: 1. *Festnahme der Partisanen:* Die Partisanen sind mit ihrer Festnahme durch die albynischen Soldaten „in Feindeshand gefallen" (vgl. Art. 4 A GK III). Die Partisanen „gehören" zu Babistan im Sinne von Art. 4 A Nr. 2 GK III und dürften als Angehörige einer „Bewegung" auch einer verantwortlichen Führung unterstehen. Ob sie alle der in Art. 4 A Nr. 2 GK III genannten Kriterien erfüllen, kann nicht endgültig beantwortet werden. Bis zur gerichtlichen Klärung ihres Status sind sie jedoch als Kriegsgefangene zu behandeln (Art. 5 Abs. 2 GK III). In dem Befehl, sich nackt auszuziehen, könnte ein Angriff auf die persönliche Ehre der Gefangenen liegen, die „unter allen Umständen" zu achten ist (vgl. Art. 14 GK III). Allerdings bezweckt der Befehl nicht, die Gefangenen zu demütigen, sondern dient dem Selbstschutz der Soldaten. Angesichts der Erfahrungen mit Selbstmordattentaten ist die Maßnahme auch nicht unverhältnismäßig oder willkürlich. Es liegt somit kein Angriff auf die Ehre vor. Die Umstände der Festnahme sind mit dem HVR vereinbar.

2. *Übertragung der Festnahme:* Zwar ist nicht mitgeteilt, dass die albynische Armee in die Herstellung des Films und in dessen Ausstrahlung involviert war; Art. 13 Abs. 2 GK III verpflichtet aber den Staat, Kriegsgefangene jederzeit vor öffentlicher Neugier zu schützen. Zu verhindern ist damit nicht jede Berichterstattung, wohl aber eine solche, die den Einzelnen vorführt. Die Festgenommenen sind nicht an ihren Gesichtern zu erkennen; indem sie unbekleidet gezeigt werden, wird jedoch ihre Intimsphäre der Öffentlichkeit präsentiert. Dies geht über die Erfordernisse einer Kriegsberichterstattung hinaus und setzt die Betroffenen öffentlicher Neugier aus. Zudem ist das Recht der Gefangenen auf Achtung ihrer Ehre (Art. 14 GK III) verletzt, indem sie mindestens in ihren eigenen Augen gedemütigt werden. Schon die Filmaufnahme, erst recht aber die Ausstrahlung im Fernsehen, ist also rechtswidrig.

3. *Präsentation des S:* Als Angehöriger der regulären Streitkräfte von Albynien, der in die Hände Babistans gefallen ist, genießt S den Schutz eines Kriegsgefangenen gemäß Art. 4 A Nr. 1 GK III. Auch S könnte unter Verstoß gegen Art. 13 Abs. 2 GK III öffentlicher Neugier ausgesetzt worden sein. Die bloße Bestätigung einer korrekten Behandlung durch die Gewahrsamsmacht mag man u. U. noch für zulässig erachten können; allerdings ist S bei seiner Präsentation im Fernsehen identifizierbar und wird zudem von Babistan als „Kronzeuge" gegen Albynien eingesetzt. Hierin liegt eine Zurschaustellung, die mit Art. 13 Abs. 2 GK III nicht vereinbar ist. Dass S eingewilligt haben soll, ist ohne Belang. Nach Art. 7 GK III kann der Kriegsgefangene auf seine Rechte nicht verzichten, um ihn vor Druck seitens des Gewahrsamsstaates zu schützen. Die Fernsehübertragung verstößt gegen das HVR. Eine Rechtfertigung als Gegenmaßnahme in Reaktion auf die Bloßstellung der Partisanen im albynischen Fernsehen scheidet von vornherein aus: Art. 13 Abs. 3 GK III verbietet ausdrücklich Vergeltungsmaßnahmen gegenüber Kriegsgefangenen.

5. „Bürgerkriegsgefangene"

1287 Da es im Recht des nicht-internationalen bewaffneten Konflikts keinen Kombattantenstatus gibt, ist ihm das Institut der **Kriegsgefangenschaft unbekannt**. Die militärischen und humanitären Erwägungen gelten aber auch dort (der *Lieber Code* war ein Handbuch für den Bürgerkrieg!).[114] Daher trifft das ZP II besondere Regeln für Personen, „denen aus Gründen im Zusammenhang mit dem bewaffneten Konflikt die Freiheit entzogen ist" und damit für (vermeintliche) Kämpfer. Für **Freiheitsentziehungen** schreibt Art. 5 ZP II in Abs. 1 bestimmte Mindestgarantien vor, die in Abs. 2 aufgeführten Garantien sind nur im Rahmen des Möglichen einzuhalten. Grundlegende **Verfahrensgarantien** regeln Art. 3 Abs. 1 lit. d GK I-IV und Art. 6 Abs. 2-4 ZP II.

1288 Eine behutsame Annäherung an die Rechtslage von Kriegsgefangenen versucht das ZP II auch bei der **Bestrafung für Kampfhandlungen**: Während in einem bewaffneten Konflikt Kombattanten für ihre legalen Schädigungshandlungen nicht verfolgt werden dürfen, unterliegen Kämpfer im nicht-internationalen Konflikt dem Strafrecht des Territorialstaates. Art. 6 Abs. 5 ZP II ruft alle Konfliktparteien dazu auf, nach Ende des Konfliktes möglichst weitgehend **Amnestie** zu gewähren. Dies gilt jedoch nicht für **Bürgerkriegsverbrechen**. Diese können und sollen geahndet werden. Das ZP II bringt dies nicht zum Ausdruck; das ICTY hat aber im Tadić-Fall eine entsprechende Pflicht dem Gewohnheitsrecht entnommen.[115] Die Strafnormen in Art. 8 Abs. 2 lit. c und e IStGH-Statut unterstreichen diese Pflicht zur Strafverfolgung.

F. Schutz von Zivilpersonen im gegnerischen Machtbereich

1289 Der Schutz von Zivilpersonen (zum Begriff Art. 50 Abs. 1, Art. 73, Art. 79 Abs. 1 ZP I) im Machtbereich des Gegners hat erst relativ spät Aufnahme in das *ius in bello* gefunden. Grundzüge des Besatzungsrechts finden sich in Art. 42-56 HLKO; die erste umfassende Regelung jedoch hat die IV. Genfer Konvention von 1949 unternommen, ergänzt durch Art. 68-79 ZP I (für den nicht-internationalen Konflikt: Art. 4-6, 13-18 ZP II). Die GK IV enthält zunächst allgemeine Bestimmungen zum Rechtsstatus von Zivilpersonen im gegnerischen Machtbereich (dazu I.) und regelt dann Besonderheiten zur Lage „feindlicher Ausländer" im Staatsgebiet der gegnerischen Konfliktpartei (Art. 35-46) sowie zum Status der Zivilbevölkerung in besetzten Gebieten (dazu II.). Unabhängig davon, wie und warum sich eine Person in der Hand des Gegners befindet, garantiert außerdem Art. 75 ZP I einen Minimalstandard an Rechten. In der Frage des Umgangs mit gegnerischen Zivilisten ist die Verbindung zum internationalen Menschenrechtsschutz besonders eng. Seit 1999 befasst sich auch der UN-Sicher-

114 Näher *C. Schütz*, Die Ingewahrsamnahme nicht-staatlicher Kämpfer im nicht-internationalen bewaffneten Konflikt, HuV-I 2014, 139; Schwerpunkt in YIHL 16 (2013); *G. Rose* (Hg.), Detention of Non-State Actors Engaged in Hostilities: The Future Law, 2016. Für eine Annäherung der Rechtsregime *E. Crawford*, The Treatment of Combatants and Insurgents under the Law of Armed Conflict, 2010. In diese Richtung auch die Principles and Guidelines (2012) des Copenhagen Process.

115 ICTY, Prosecutor v. Dusko Tadić, Entscheidung v. 2.10.1995 (Appeals Chamber), §§ 128-136; siehe Anhang, Nr. 33.

heitsrat mit der Situation von Zivilpersonen in bewaffneten Konflikten;[116] der UN-Generalsekretär erstattet ihm jährlich Bericht zu diesem Thema.[117]

I. Zivilpersonen im gegnerischen Machtbereich: allgemeine Regeln

Wie Kriegsgefangene auch haben die geschützten Personen nach der **Grundregel in Art. 27 Abs. 1 GK IV** 1290

unter allen Umständen Anspruch auf Achtung ihrer Person, ihrer Ehre, ihrer Familienrechte, ihrer religiösen Überzeugungen und Gepflogenheiten, ihrer Gewohnheiten und Gebräuche. Sie sollen jederzeit mit Menschlichkeit behandelt und namentlich vor Gewalttätigkeit oder Einschüchterung, vor Beleidigungen und der öffentlichen Neugier geschützt werden.

Der Anspruch auf Schonung und Schutz ist **Kehrseite des fehlenden Rechts zur Schädigung des Gegners**. Ein Schädigungsrecht besteht nur bei unmittelbarer Teilnahme von Zivilpersonen an Feindseligkeiten (Rn. 1224–1226) sowie bei der *levée en masse*, d. h. bei spontaner Erhebung der Zivilbevölkerung, um den Gegner an der Eroberung eines Gebiets zu hindern. Der Kombattantenstatus der Beteiligten endet aber mit der Besetzung des betreffenden Gebiets.

Geschützt ist die Zivilbevölkerung vor **Gewaltakten oder Einschüchterungen** durch 1291
die gegnerische Macht (Art. 27 Abs. 1 GK IV). Verboten sind daher namentlich Geiselnahmen (Art. 34 GK IV), Repressalien gegen geschützte Personen oder ihr Eigentum (Art. 33 Abs. 3 GK IV), Kollektivstrafen (Art. 33 Abs. 1 GK IV) und Plünderungen (Art. 33 Abs. 2 GK IV, Art. 24 HLKO). Besonderen Schutz genießen Frauen (Art. 27 Abs. 2 GK IV, Art. 76 ZP I) und Kinder (Art. 24 GK IV, Art. 77 ZP I), Verwundete und Kranke (Art. 16 ff GK IV). Sanitätseinrichtungen und Sanitätspersonal stehen unter dem Schutz des HVR. Unter Vermittlung des IKRK sind humanitäre Hilfsaktionen (Art. 23 GK IV, Art. 70 ZP I) und Familienzusammenführungen (Art. 26 GK IV, Art. 74 ZP I) zuzulassen.

Die gegnerische Macht darf Kontroll- und andere **Sicherheitsmaßnahmen** ergreifen, 1292
„die sich infolge des Kriegszustandes als notwendig erweisen" (Art. 27 Abs. 4 GK IV), wie z. B. Entwaffnungsaktionen, Einrichtung von Kontrollstellen oder Ausgangssperren. In der Beschränkung auf die „notwendigen" Maßnahmen zeigt sich der menschenrechtliche Nexus der GK IV. Zulässig ist auch der **Freiheitsentzug**, sei es repressiv als Straf- oder Untersuchungshaft oder präventiv als Haft zum Schutz der eigenen Truppen (sog. **Internierung**). Die Internierung, die ohne Mitwirkung eines Richters möglich ist, ist besonders missbrauchsanfällig. Hier ist ergänzend zu den Regeln des HVR (Art. 5, 41-43, 78 GK IV, Art. 75 ZP I) auf Menschenrechte zurückzu-

116 Erstmals Res. 1265 (1999) v. 17.9.1999; zuletzt Resolution 2474 (2019) v. 11.6.2019 zu vermissten Personen. Näher UN Office for the Coordination of Humanitarian Affairs (OCHA), Building a Culture of Protection: 20 Years of Security Council Engagement with the Protection of Civilians (Autorin: *L. Arendt*), 2019.

117 Zuletzt S/2019/373 v. 7.5.2019.

greifen. Der EGMR hat in einem Grundsatzurteil Art. 5 EMRK unter Hinweis auf Art. 31 Abs. 3 lit. c WVK im Lichte des HVR ausgelegt. Er verlangt bei Internierungen im bewaffneten Konflikt eine Überprüfung durch eine unabhängige Stelle in einem fairen Verfahren. Kurz nach der Verhaftung „sollte" die erste Überprüfung erfolgen, der in regelmäßigen Abständen weitere Überprüfungen zu folgen haben.[118]

1293 Im **nicht-internationalen bewaffneten Konflikt** ergeben sich die grundlegenden Rechtsgarantien für Personen in der Hand des Gegners (unabhängig davon, ob sie an den Feindseligkeiten teilgenommen haben) aus Art. 3 Abs. 1 Nr. 1 GK I-IV. Konkretisiert wird die Pflicht zur „Menschlichkeit" v. a. in Art. 4 Abs. 2 ZP II, der Gewohnheitsrecht reflektiert.[119]

II. Besatzungsrecht

1. Anwendungsbereich

1294 Die Anwendung des Besatzungsrechts beginnt, wenn eine Konfliktpartei die **tatsächliche Kontrolle** über das Gebiet oder einen Teil des Gebiets einer gegnerischen Konfliktpartei erlangt hat (Art. 42 HLKO). Dies setzt zwar keine vollständige oder widerstandslose Herrschaft, jedoch eine **gewisse Stabilisierung** voraus. Von der bloßen Truppenpräsenz unterscheidet sich die Besatzung nach h. M. dadurch, dass die Hoheitsgewalt des besetzten Staates auf dessen Territorium durch die des besetzenden Staates substituiert wird.[120] Denkbar ist auch die „indirekte" Ausübung von Hoheitsgewalt, wenn Rebellengruppen, die ihrerseits der effektiven Kontrolle eines ausländischen Staates unterstehen, die tatsächliche Kontrolle ausüben.[121] Erforderlich ist eine **Kontrolle auf dem Gebiet**. Eine Totalblockade macht den Belagerer – anders als z. T. im Fall der Blockade des Gaza-Streifens durch Israel zwischen 2007 und 2012 vertreten[122] – auch dann nicht zur Besatzungsmacht, wenn es ihm militärisch möglich wäre, das Gebiet einzunehmen; völkerrechtliche Pflichten folgen insoweit aus den allgemeinen Regeln zum Umgang mit Zivilpersonen (z. B. Verbot des Aushungerns, Art. 54 Abs. 1 ZP I, Zulassung von Hilfsaktionen, Art. 70 ZP I) bzw. aus Menschen-

118 EGMR, Urteil v. 16.9.2014, Hassan/UK, 29750/09, §§ 104 ff. Dazu *M. Lippold*, Between Humanization and Humanitariazation? Detention in Armed Conflict and the European Convention on Human Rights, ZaöRV 76 (2016), 53; *A. v. Arnauld*, An Exercise in Defragmentation: The Grand Chamber Judgment in Hassan v UK, in: Geiß/Krieger (Hg.), Multinational Military Operations: A Legal Pluriverse, 2019 (i.E.).

119 *J.-M. Henckaerts/L. Doswald-Beck* (Hg.), Customary International Law, Vol. I, 2005, Regeln 87 ff.

120 So z. B. IGH, Urteil v. 19.12.2005, Armed Activities on the Territory of the Congo (Democratic Republic of the Congo v. Uganda), ICJ Rep. 2005, 167, § 173; siehe Anhang, Nr. 27. Näher *M. Zwanenburg*, The Law of Occupation Revisited, YIHL 10 (2007), 99 (117 ff). Siehe auch *S. Martini/ S. Schadendorf/M. Spörer*, in: v. Arnauld, Klausurenkurs im Völkerrecht, 3. Aufl. 2018, Fall 15.

121 Vgl. IGH, Urteil v. 19.12.2005, Armed Activities on the Territory of the Congo (Democratic Republic of the Congo v. Uganda), ICJ Rep. 2005, 167, § 177; siehe Anhang, Nr. 27. Näher *A. Gilder*, Bringing Occupation into the 21st Century: The effective implementation of occupation by proxy, UtrechtLR 13 (2017), 60.

122 Siehe *M. Bothe*, De Facto Control of Land or Sea Areas; its Relevance under the Law or Armed Conflict, in Particular Air and Missile Warfare, IsrYBHR 45 (2015), 37 (Besatzung *longa manu*, „langer Hand").

rechten.[123] Die Anwendung des Besatzungsrechts **endet erst mit vollständiger Beendigung** der Besatzung (Art. 3 lit. b ZP I);[124] allerdings bestimmt Art. 6 Abs. 3 GK IV, dass eine Besatzung, die über ein Jahr andauert, nur noch den dort genannten grundlegenden Vorschriften der GK IV unterliegt. Dies spiegelt wider, dass das Völkerrecht die Besetzung eines Staates als bloß temporäres Ereignis begreift, dem (nach dem Vorbild Deutschlands und Japans nach dem Zweiten Weltkrieg) eine Rückübertragung der Hoheitsgewalt zu folgen hat. Schon mit Blick auf das Annexionsverbot und auf das Selbstbestimmungsrecht der Völker überzeugt die Ansicht, die in einer jahrzehntelangen Besetzung ohne ernsthaftes Bemühen um einen (geordneten) Rückzug eine in Kolonisierung umschlagende **illegale Besatzung** sieht.[125]

Umstritten ist, ob zur Vermeidung von Schutzlücken das Besatzungsrecht zumindest analog auf Besatzungen durch UN-Truppen und UN-Territorialverwaltungen anwendbar ist.[126] Das Besatzungsrecht des HVR findet im **nicht-internationalen bewaffneten Konflikt** keine Anwendung. Um die Zivilbevölkerung, die in einem längere Zeit von einer nichtstaatlichen Konfliktpartei kontrollierten Gebiet lebt, zu schützen, wird man über eine entsprechende Anwendung des Besatzungsrechts nachdenken bzw. die Bindung nichtstaatlicher Akteure an Menschenrechte weiter entwickeln müssen. Die Regeln des Art. 3 GK I-IV sowie des ZP II gelten allerdings auch gegenüber einer nichtstaatlichen Konfliktpartei.[127]

2. Status der Besatzungsmacht

Für die Dauer der Besatzung nimmt die Besatzungsmacht in dem besetzten Gebiet **1295**
„treuhänderisch" die Hoheitsgewalt wahr. Aus diesem Grunde erlegt ihr das HVR eine Reihe von Pflichten auf, gesteht ihr aber auch gewisse Rechte zu. Aus dieser Ga-

123 Zur Einordnung der z. T. gewalttätigen Demonstrationen an der Grenze von Gaza zu Israel im Frühjahr 2018 *Y. Shany*, Is Israel Justified In Shooting Protestors On Gaza Border?, www.forward.com (7.4.2018). Kritisch zur Konstruktion eines „law enforcement paradigm" innerhalb des HVR durch den Obersten Gerichtshof Israels, Urteil v. 25.5.2018, Yesh Din/The Chief of the General Staff, HCJ 3003/18, *H. Jöbstl*, Lost Between Law Enforcement and Active Hostilities, EJIL Talk! (4.6.2018). Eingehend zum Nebeneinander von *law enforcement* und HVR in Besatzungssituationen *M. Longobardo*, The Use of Armed Force in Occupied Territory, 2018, 165 ff.

124 Zu dem Fall, dass eine durch die Intervention an die Macht gekommene Regierung die Besatzung durch Einladung beendet, *C. Quidenus*, The Continued Presence of the Multinational Force on Iraqi Request, ARIEL 10 (2005), 147; *A. Roberts*, The End of Occupation: Iraq 2004, ICLQ 54 (2005), 27; *R. Wolfrum*, Iraq – from Belligerent Occupation to Iraqi Exercise of Sovereignty: Foreign Power versus International Community Interference, MPUNYB 9 (2005), 1; *A. Carcano*, End of the Occupation in 2004? The Status of the Multinational Force in Iraq After the Transfer of Sovereignty to the Interim Iraqi Government, JCSL 11 (2006), 60.

125 *O. Ben-Naftali/A. Gross/K. Michaeli*, Illegal Occupation, BerkJIL 23 (2015), 551; *A. Gross*, The Writing on the Wall: Rethinking the International Law of Occupation, 2017; *M. Lynk*, Prolonged Occupation or Illegal Occupant?, EJIL Talk! (16.5.2018); *ders.*, Situation of human rights in the Palestinian territories occupied since 1967, A/73/45717 v. 22.10.2018. Als Plädoyer für ein neues Rechtsregime *de lege ferenda* auch *V. Azarova*, Towards a Counter-Hegemonic Law of Occupation: On the Regulation of Predatory Interstate Acts in Contemporary International Law, YIHL 20 (2017), 113.

126 Dazu *C. Faris*, The Laws of Occupation and Human Rights: Which Framework Should Apply to United Nations Forces?, AusILJ 12 (2005), 57; *G. Fox*, Humanitarian Occupation, 2008, 218 ff; *N. Corso*, A propos de l'applicabilité du droit de l'occupation militaire aux forces des Nations Unies, SZIER 23 (2013), 609.

127 *K. Fortin*, The Application of Human Rights Law to Everyday Civilian Life Under Rebel Control, NILR 63 (2016), 161; *D. Murray*, Human Rights Obligations of Non-State Armed Groups, 2016; *D. Tan*, Filling the Lacuna: *De facto* Regimes and Effective Power in International Human Rights Law, NYUJILP 51 (2019), 435.

rantie von Rechten des Besatzers ist allerdings **nicht** auf eine **Legitimierung** der Besetzung als solche zu schließen. Die Besetzung eines fremden Territoriums ist, wie der bewaffnete Konflikt selbst, eine militärische Tatsache. Ziel des Besatzungsrechts ist vielmehr, diese vorgefundene Situation im humanitären Interesse zu regulieren. Die Besatzung bleibt also **Fremdherrschaft**. Die Besatzungsmacht erwirbt **keine souveränen Rechte** an dem besetzten Gebiet, dessen Rechtsstellung unangetastet bleibt (vgl. Art. 4 ZP I).

1296 Aus der „treuhänderischen" Übernahme der (Fremd-)Herrschaft folgt, dass die **Annexion** des besetzten Gebietes unzulässig ist. (vgl. auch Rn. 80). In der Praxis ist freilich nicht selten zu erleben, dass eine Besatzungsmacht das besetzte Territorium illegalerweise als eigenes behandelt – durch förmliche Erklärung der Annexion oder indem sie z. B. ihr eigenes Recht für anwendbar erklärt (vgl. Rn. 1301)[128] – oder (wie z. B. die Türkei in Nordzypern oder Russland in Transnistrien) ein Marionettenregime in einem scheinselbständigen „Staat" etabliert. Annexionen werden oft auch durch **Bevölkerungspolitik** vorbereitet. Auch deshalb sind **Zwangsumsiedlung und Deportation** verboten; nur die vorübergehende Evakuierung zum Schutz der Bevölkerung oder aus zwingenden militärischen Gründen ist gestattet (Art. 49 GK IV). Die Besatzungsmacht darf eigene Staatsbürger nicht im besetzten Gebiet ansiedeln (**Siedlungsverbot**, Art. 49 Abs. 6 GK IV, nach Art. 85 Abs. 4 lit. a ZP I ein Kriegsverbrechen). Angesichts des Schutzzwecks erstreckt sich dieses Verbot über den Wortlaut („deportieren", „umsiedeln") hinaus auch auf die **freiwillige Ansiedlung**, zumal wenn diese durch staatliche Anreize begünstigt wird.[129]

Da es um zwingende Verbote geht, die *erga omnes* wirken, sind alle Staaten verpflichtet, Maßnahmen zu unterlassen, welche die Aufrechterhaltung des illegalen Zustandes unterstützen.[130] Hierzu wird man auch die ökonomische Unterstützung zu rechnen haben, insbesondere dort, wo jenseits der engen Grenzen des Besatzungsrechts (Rn. 1300) in das Selbstbestimmungsrecht der Bevölkerung besetzter Gebiete über ihre natürlichen Ressourcen (vgl. Art. 1 Abs. 2 IPBPR, Art. 1 Abs. 2 IPWSKR) eingegriffen wird.[131]

---

128 *M. Lynk*, Annexation and the End of the Two-State Solution, Palestine-Israel Journal 24 (2019), https://www.pij.org/journal/97; *R. Shehadeh*, From Jerusalem to the Rest of the West Bank: Israel's Strategies of Annexation, Review of Middle East Studies 2019 (preview), DOI:10.1017/rms.2019.7.

129 IGH, Gutachten v. 9.7.2004 (Legal Consequences of the Construction of a Wall in the Occupied Palestinian Territory), ICJ Rep. 2004, 136, § 120. Siehe auch S/RES/446 v. 22.3.1979; S/RES/2334 v. 23.12.2016, § 1; *Y. Dinstein*, The International Law of Belligerent Occupation, 2. Aufl. 2019, § 736. Der Oberste Gerichtshof Israels vermeidet es, Art. 49 Abs. 6 GK IV anzuwenden und überprüft Maßnahmen zur Förderung des Siedlungsbaus in Palästina vorzugsweise am Eigentumsschutz der HLKO: ebd., §§ 747 ff; *D. Kretzmer*, Settlements in the Supreme Court of Israel, AJIL Unbound 111 (2017), 41. Zur Diskussion über eine völkerstrafrechtliche Ahndung nach dem Beitritt Palästinas zum IStGH-Statut *M. Kearney*, On the Situation in Palestine and the War Crime of Transfer of Civilians Into Occupied Territory, CLF 28 (2017), 1; *H. Jöbstl*, An Unlikely Day in Court? Legal Challenges for the Prosecution of Israeli Settlements under the Rome Statute, IsrLR 51 (2018), 339; *U. Aysev*, Continuing or Settled? Prosecution of Israeli Settlements under Article 8(2)(b)(viii) of the Rome Statute, PalestineYIL 20 (2019), 33.

130 Vgl. S/RES/465 v. 1.3.1980, § 7; S/RES/2334 v. 23.12.2016, § 5.

131 Zum EU-Außenhandel in Bezug auf die Westsahara und das Westjordanland *C. Ryngaert/R. Fransen*, EU extraterritorial obligations with respect to trade with occupied territories, Europe and the World 2 (2018), Nr. 7; *E. Kassoti*, The EU's duty of non-recognition and the territorial scope of trade agreements covering unlawfully acquired territories, Europe and the World 3 (2019), Nr. 5. Zur Rechtmäßigkeit einer Kennzeichnungspflicht für Produkte aus jüdischen Siedlungen in besetzten

Während der Besetzung gelten parallel zu den Pflichten des HVR **menschenrechtliche Verpflichtungen**. Gerade bei lang andauernder Besetzung von Gebieten können die Menschenrechte das Besatzungsrechtsregime des HVR überlagern, das seiner Zielrichtung nach nur auf eine vorübergehende Fremdherrschaft gerichtet ist. Der Besatzer tritt hier mehr und mehr *de facto* (nicht *de jure*) in die Stellung der eigentlichen Staatsgewalt ein. 1297

Verstößt die Besatzungsmacht gegen das Verbot der Ansiedlung eigener Staatsbürger (Rn. 1296), kommt es zu rechtlichen Friktionen: Da Menschenrechte unabhängig von der Nationalität gelten, genießen auch die **Bewohner illegaler Siedlungen** menschenrechtlichen Schutz. Keinesfalls dürfen deren Rechte jedoch zur Aushöhlung des Annexionsverbotes und des Selbstbestimmungsrechts des Volkes unter Besatzung instrumentalisiert werden.[132] Weitere Entrechtung (durch Diskriminierung) droht, wo die Besatzungsmacht – rechtswidrig – ihr eigenes Recht auf ihre illegalen Siedlungen erstreckt, während sie auf die angestammte Bevölkerung – an sich korrekt: Rn. 1301 – das lokale Recht, ergänzt durch Militärerlasse, anwendet.[133]

3. Rechte und Pflichten der Besatzungsmacht

a) Gewährleistung der öffentlichen Sicherheit und Ordnung

Die grundlegende Pflicht der Besatzungsmacht ist gemäß Art. 43 HLKO die **Herstellung und Sicherung der öffentlichen Ordnung** sowie des regelmäßigen Gangs der öffentlichen Angelegenheiten. Damit rückt die Besatzungsmacht in die Stellung der Territorialstaatsgewalt ein und übernimmt die Verantwortung für die öffentliche Sicherheit und Ordnung. 1298

Der Besatzungsmacht obliegt die **Versorgung der Bevölkerung** mit allen zur Verfügung stehenden Nahrungs- und Arzneimitteln, Art. 55 GK IV; gegebenenfalls sind Hilfsaktionen von Dritten zuzulassen. Auch die Gesundheitsversorgung ist zu sichern, Art. 56 GK IV. 1299

Um ihre Pflichten erfüllen zu können, steht der Besatzungsmacht auch das Recht zu, (allein und ausschließlich!) zur Deckung der Besatzungskosten **wirtschaftliche Nutzungen** aus dem besetzten Territorium zu ziehen. Hierzu zählen insbesondere das Recht zur Erhebung von Steuern, Zöllen, Abgaben und Zwangsauflagen gemäß Art. 48, 51 HLKO, das Beuterecht an Staatseigentum, soweit dieses geeignet erscheint, Kriegsunternehmungen zu dienen, Art. 53 HLKO, und die Nießbrauchsverwaltung, Art. 55 HLKO. Verboten sind aber Plünderungen (Art. 47 HLKO) sowie Entzug und Zerstörung von Privateigentum (Art. 46 HLKO, Art. 53 GK IV). 1300

Gebieten EuGH, Schlussanträge von GA *Hogan* v. 13.6.2019, C-363/18, §§ 45 ff, 69 ff. Weitergehend *T. Moerenhout*, The Consequence of the UN Resolution on Israeli Settlements for the EU: Stop Trade with Settlements, EJIL Talk! (4.4.2017). Zweifel bezüglich der Effekte bei *G. Harpaz*, The EU's New Approach To the Two-State Solution in the Israeli-Palestinian Conflict: A Paradigm Shift or PR Exercise?, LJIL 30 (2017), 603.

132 Näher *K. MacAllister*, The Legal Consequences of *Faits Accomplis*: Reconciling Victims' and Settlers' Rights Following Occupation, JIHLS 6 (2015), 17.

133 Zu dieser als „righting" bezeichneten Politik *A. Gross*, The Writing on the Wall, 2017, 338 ff.

b) Achtung der Landesgesetze

1301 Nach Art. 43 HLKO gilt die **Rechtsordnung des besetzten Gebietes** fort, „soweit kein zwingendes Hindernis besteht". Institutionell flankiert wird diese Anordnung durch die Wahrung des Status von Beamten, Behördenmitgliedern und Richtern des besetzten Gebiets gemäß Art. 54 GK IV. Dies unterstreicht den **konservatorischen Charakter** des Besatzungsregimes. Dieser ist vor allem Ausdruck auch des souveränen Rechts jedes Staates, sein eigenes politisches, soziales und ökonomisches System zu wählen.

1302 Art. 64 GK IV sieht jedoch gewisse **Ausnahmen** vor. Nach Abs. 1 darf die Besatzungsmacht Strafgesetze aufheben oder suspendieren, sofern sie der Kriegführung gedient haben, eine Gefahr für die Sicherheit der Besatzungsmacht darstellen oder die Anwendung des HVR behindern; Abs. 2 gestattet der Besatzungsmacht den Erlass von Bestimmungen, die u. a. „unerlässlich sind zur Erfüllung der ihr durch das vorliegende Abkommen auferlegten Verpflichtungen" sowie „zur Aufrechterhaltung einer ordentlichen Verwaltung des Gebietes". Diese Verpflichtungen sind zutreffender Ansicht nach **im Lichte der Menschenrechte auszulegen**. Art. 43 HLKO verpflichtet die Besatzungsmacht nicht, menschenrechtswidrige Zustände zu perpetuieren. Im Kongo/Uganda-Fall hat der IGH die Pflichten Ugandas als Besatzungsmacht folgendermaßen zusammengefasst:[134]

As [occupying power Uganda] was under an obligation, according to Article 43 of the Hague Regulations of 1907, to take all the measures in its power to restore, and ensure, as far as possible, public order and safety in the occupied area, while respecting, unless absolutely prevented, the laws in force in the DRC. This obligation comprised the duty to secure respect for the applicable rules of international human rights law and international humanitarian law, to protect the inhabitants of the occupied territory against acts of violence, and not to tolerate such violence by any third party.

Der treuhänderische Charakter der Besatzung verpflichtet aber, das innere Selbstbestimmungsrecht des Volkes zu respektieren; verboten ist die „‚Aussaat' eines bestimmten politischen, wirtschaftlichen, sozialen oder kulturellen Systems".[135] Ein oktroyierter *regime change* ohne UN-Legitimation ist unzulässig.[136]

4. Rechtsstellung der Zivilpersonen

1303 Auch für Angehörige der Zivilbevölkerung in besetzten Gebieten gelten die Garantien auf Achtung der Person und Würde in Art. 27 Abs. 1 GK IV. Geschützt sind insbesondere auch die religiösen Überzeugungen, die Familienrechte sowie das Privateigentum der Bevölkerung (Art. 46 HLKO). Kollektivstrafen (Art. 50 HLKO) sind ebenso verboten wie der Zwang zu Kriegshandlungen gegen das eigene Land (Art. 44

---

134 IGH, Urteil v. 19.12.2005, Armed Activities on the Territory of the Congo (Democratic Republic of the Congo v. Uganda), ICJ Rep. 2005, 167, § 178; siehe Anhang, Nr. 27.

135 *H.-G. Dederer*, Aktuelle Herausforderungen für das Besatzungsrecht, in: Weingärtner (Hg.), Einsatz der Bundeswehr im Ausland, 2007, 35 (46).

136 Zur Frage der Bindung des Sicherheitsrats an das Besatzungsrecht *R. Kolb*, Occupation in Iraq since 2003 and the powers of the UN Security Council, IRRC 90 (2008), 29.

HLKO). Auch die Möglichkeit der Anordnung von Zwangsarbeit ist stark beschränkt (Art. 51 GK IV).

Die **Strafgewalt** bleibt bei den lokalen Gerichten (Art. 64 Abs. 1 GK IV); Gerichte 1304
der Besatzungsmacht dürfen nur Verstöße von Zivilpersonen gegen Besatzungsrecht ahnden, sofern sie im besetzten Gebiet tagen (Art. 66 i. V. m. Art. 64 Abs. 2 GK IV). Daneben besteht ebenfalls die Möglichkeit zur **Internierung** von Personen (Art. 78 GK IV). Da im Fall der Besetzung die Kontrolle der Besatzungsmacht über das Gebiet stabilisiert ist, spielen hier menschenrechtliche Erwägungen eine noch bedeutsamere Rolle als in anderen Fällen des Gewahrsams. Dies gilt besonders für die von Art. 5 Abs. 2 GK IV eröffnete Möglichkeit der Isolationshaft (Haft *incommunicado*) bei Verdacht der Spionage, Sabotage usw. Das IKRK darf alle Haftanstalten und Internierungslager inspizieren (Art. 143 GK IV).

Mauer in Palästina (IGH 2004)[137] Israel hat 2003 den Bau einer Mauer bzw. eines befestigten Sperrzauns im Westjordanland und in Jerusalem begonnen, der die überwiegend palästinensisch von den überwiegend jüdisch besiedelten Gebieten trennen soll. Die UN-Generalversammlung beantragte daraufhin beim IGH ein Rechtsgutachten über die völkerrechtliche Zulässigkeit des Mauerbaus und die Rechtsfolgen.

Der IGH klärte zunächst, dass Israel im Westjordanland und in Ostjerusalem den Status einer Besatzungsmacht hat und dass Besatzungsrecht und Menschenrechte anwendbar sind (§§ 78, 101). In der Siedlungspolitik Israels sah der IGH einen Verstoß gegen Art. 49 Abs. 6 GK IV; außerdem komme der Mauerbau *de facto* einer völkerrechtswidrigen Annexion der Siedlungen gleich (§§ 120 f). Der Bau der Mauer verstoße zudem gegen Art. 46 und 52 HLKO und Art. 53 GK IV, indem Palästinenser für die Baumaßnahmen enteignet worden seien, ohne dass hierfür eine zwingende militärische Notwendigkeit gegeben sei (§§ 132, 135). Außerdem seien die Eingriffe in das Recht auf Freizügigkeit der Person (Art. 12 IPBPR) und in weitere Menschenrechtsgarantien nicht notwendig zur Gewährleistung der Sicherheit in den besetzten Gebieten (§§ 133 f, 136). Der IGH betonte, dass Israel den Bau der Mauer einzustellen und die bereits errichteten Mauerstücke abzutragen habe. Außerdem habe Israel die Betroffenen zu entschädigen. Wegen des Erga-omnes-Charakters vieler der verletzten Regeln dürfe kein Staat die Errichtung der Mauer als völkerrechtskonform anerkennen (§§ 149-159).

G. Neutralitätsrecht

Staaten können **durch einseitige Erklärung** dauerhaft oder in einem konkreten Kon- 1305
flikt einen neutralen Status erwerben. Die damit verbundenen Rechte und Pflichten sind seit langem gewohnheitsrechtlich etabliert; nähere Ausgestaltungen finden sich im V. und XIII. Haager Abkommen von 1907. Neutralität bedeutet **Nichtteilnahme an einem bewaffneten Konflikt**. Damit sind zwei Grundpflichten verbunden, die auch von den Konfliktparteien zu respektieren sind: das Verbot, sein Hoheitsgebiet einer Konfliktpartei zur Verfügung zu stellen und das Verbot militärischer Unterstüt-

137 IGH, Gutachten vom 9.7.2004 (Legal Consequences of the Construction of a Wall in the Occupied Palestinian Territory), ICJ Rep. 2004, 136; siehe Anhang, Nr. 26.

zung. Eine **UN-Mitgliedschaft** ist mit dauernder Neutralität vereinbar. Bei militärischen Sanktionen ermächtigt der Sicherheitsrat, verpflichtet aber nicht zur Beteiligung (Rn. 1072); Peacekeeping- und Peacebuilding-Operationen vermeiden typischerweise die Parteinahme in einem Konflikt; bei wirtschaftlichen Sanktionen greift der Vorrang aus Art. 103 UNCh.

I. Neutralität des Hoheitsgebietes

1306 Der neutrale Staat darf sein Hoheitsgebiet keiner Konfliktpartei für militärische Aktionen zur Verfügung stellen. Aus Sicht der Konfliktparteien ist dieses unverletzlich (Art. 1 V. Haager Abkommen). Zum **Hoheitsgebiet** zählen das Territorium, die Binnengewässer sowie der Luftraum über diesen Gebieten; im **Küstenmeer** gilt dagegen das Recht der friedlichen Durchfahrt fort (zur vorübergehenden Aussetzung Art. 25 Abs. 3 SRÜ). Unzulässig ist bereits der Überflug über das neutrale Staatsgebiet; für ferngelenkte Flugkörper wird die Abgrenzung zwischen Luftraum und Weltraum (Rn. 75) relevant. Unzulässig ist insbesondere, einer Konfliktpartei den Transit zu gestatten oder zu erlauben, dass eine Partei militärische Basen und Einrichtungen auf dem Hoheitsgebiet unterhält. Der Neutrale darf die widerrechtliche Nutzung seines Hoheitsgebietes auch nicht einfach dulden; vielmehr ist er im Rahmen des Zumutbaren zur **Abwehr der Verletzung** verpflichtet (Art. 5 Abs. 1 V. Haager Abkommen).

1307 Zur **Verteidigung seines Hoheitsgebietes** darf der neutrale Staat seine Küstengewässer und Häfen für Schiffe der Konfliktparteien sperren und das Recht der friedlichen Durchfahrt auch vorübergehend aus Sicherheitsgründen (z. B. eigenes Manöver) aussetzen (Art. 25 Abs. 3 SRÜ). Dabei muss er alle Konfliktparteien gleichbehandeln. Im **Seekrieg** darf der neutrale Staat seine Handelsschiffe durch eigene Kriegsschiffe (oder durch die anderer neutraler Staaten) schützen lassen; auch darf er Minen räumen, soweit dies zur Sicherheit der neutralen Handelsschifffahrt erforderlich ist.

II. Verbot militärischer Unterstützung

1308 Der Neutrale darf keiner Konfliktpartei militärische Unterstützung gewähren. Unzulässig ist primär die **direkte Waffenhilfe**; hierzu zählt allerdings nicht, dass einzelne Staatsangehörige sich als Söldner oder als Mitarbeiter privater Militärunternehmen an dem Konflikt beteiligen. Unzulässig ist auch eine **indirekte Waffenhilfe**. Angesichts von Dual-use-Gütern und Verflechtungen im Bereich der Wirtschaft (z. B. Produktions- und Fertigungsketten), besteht hier im Einzelfall Abgrenzungsbedarf. Die in den Haager Abkommen von 1907 noch gestattete Durchfuhr von Waffen wird heute selbst dann für unzulässig gehalten, wenn sie allen Konfliktparteien offen steht. Unzulässig ist ferner die Lieferung von Rüstungsmaterial, auch durch Private. Ob und inwieweit der neutrale Staat die Aktivitäten privater Rüstungsunternehmen einer Ausfuhrkontrolle unterwerfen muss, ist umstritten.

Vertiefende Literaturangaben zu § 14 siehe: www.cfmueller.de/voelkerrecht
www.wsi.uni-kiel.de

Ausbildungsfälle zu § 14: *B. Baade*, Amtshaftung im bewaffneten Konflikt und Widerruf ehrenrühriger falscher Tatsachenbehauptungen, Jura 2019, 201; *H. Fischer/P. Weitz*, Flutwelle als Mittel der Kriegsführung? – Zur drohenden Sprengung eines Staudamms in Berg-Karabach, HuV-I 1992 (5), 137; *D.-E. Khan/O. Landwehr*, Der Diktator in der Todeszelle, Jura 2004, 485; *S. Martini/S. Neumann/M. Spörer*, Konflikt in Abistan, Jura 2012, 404; *R. Marxen/H.-J. Prieß/P. Rawert/N. Scharbach/J. Schüßlburner*, Der Zypern-Konflikt, Jura 1983, 374; *K. Piazolo*, Die Ausweisung von zwölf Palästinensern aus den besetzten Gebieten durch Israel, HuV-I 1992 (5), 36; *H. Raddatz*, Die Unruhen am Newroz-Tag: Anwendungsfall des humanitären Völkerrechts?, HuV-I 1992 (5), 72; *H. Raddatz*, Das serbische Internierungslager Manjaca, HuV-I 1992 (5), 182.

Kontrollfragen:

- Welches Hauptziel verfolgt das HVR? **Rn. 1161**
- Inwieweit besitzt das HVR eine „Doppelnatur“? **Rn. 1164**
- Was besagt die sog. Martenssche Klausel und welche Funktion hat sie im HVR? **Rn. 1165, 1234–1235**
- Kann Selbstverteidigung nach Art. 51 UNCh Verstöße gegen das HVR rechtfertigen? **Rn. 1171**
- In welchem Verhältnis stehen in einem bewaffneten Konflikt HVR und Menschenrechte? **Rn. 1172–1174**
- Welche Bedeutung hat die Unterscheidung von internationalem und nicht-internationalem bewaffneten Konflikt heute? **Rn. 1195–1196, 1203, 1214, 1254, 1278, 1287–1288, 1293**
- Ab wann findet das HVR in einem internationalen bewaffneten Konflikt Anwendung, ab wann in einem nicht-internationalen? **Rn. 1197–1200, 1208–1209**
- Liegt ein internationaler und nicht-internationaler bewaffneter Konflikt vor, wenn sich ein ausländischer Staat an einem Bürgerkrieg beteiligt? **Rn. 1205–1206**
- Findet bei einem bewaffneten Konflikt das HVR auf dem gesamten Staatsgebiet Anwendung? **Rn. 1202, 1210**
- Was ist der primäre, was der sekundäre Rechtsstatus des Kombattanten? **Rn. 1211–1213**
- Unter welchen Voraussetzungen sind Milizen und Freiwilligenverbände Kombattanten? **Rn. 1220**
- Ist eine Guerillataktik mit dem Status als Kombattant vereinbar? **Rn. 1221**
- Wann beteiligt sich ein Zivilist unmittelbar an den Feindseligkeiten? **Rn. 1224–1225**
- Ist die gezielte Tötung von Mitgliedern organisierter bewaffneter Gruppen ohne weiteres zulässig? **Rn. 1226**
- Was ist der Status von Mitarbeitern privater Sicherheits- und Militärunternehmen nach HVR? **Rn. 1229–1231**
- Grenzen Sie das Verbot der Perfidie von den erlaubten Kriegslisten ab! Welche Besonderheit kennt hier der Seekrieg? **Rn. 1236–1238, 1272**
- Was besagt das sog. Unterscheidungsprinzip im HVR? **Rn. 1246**
- Wie bewirkt das ZP I einen mehrfach gestuften Schutz von Zivilpersonen und zivilen Objekten bei militärischen Angriffen? **Rn. 1248–1251**
- Dürfen Baudenkmäler nach dem ZP I zulässige Ziele von Schädigungshandlungen sein? **Rn. 1256–1257**
- Welche Rechte verleiht das sog. Prisenrecht? **Rn. 1263–1265**
- Was sind die rechtlichen Voraussetzungen und Grenzen einer Seeblockade? **Rn. 1269–1270**

- Welchen Status hat das Sanitätspersonal nach HVR? **Rn. 1274**
- Welche grundlegenden Rechte genießt ein Kriegsgefangener? Warum kann er auf diese nicht verzichten? **Rn. 1283–1285, 1281**
- Wann ist ein Gebiet „besetzt" i. S. d. HVR? **Rn. 1294**
- Welche Rechtsfragen wirft eine über Jahrzehnte andauernde Besetzung auf? **Rn. 1294–1297**
- Muss die Besatzungsmacht menschenrechtswidrige Gesetze des besetzten Staates in Kraft lassen? Darf sie im besetzten Staat einen Staatsumbau betreiben? **Rn. 1301–1302**
- Welche grundlegenden Pflichten hat ein neutraler Staat, um seinen Status zu wahren? **Rn. 1305**

§ 15 Völkerstrafrecht und internationale Strafgerichtsbarkeit

Einführende Literatur: *P. Dreist*, Internationaler Strafgerichtshof (IStGH), in: Schöbener (Hrsg.), Völkerrecht, 2014, 223; *L. Hombrecher*, Grundzüge und praktische Fragen des internationalen Strafrechts – Teil 2: Europäisches Strafrecht und Völkerstrafrecht, JA 2010, 731; *C. Kreß*, International Criminal Law, MPEPIL (3/2009); *C. Safferling/S. Kirsch*, Zehn Jahre Völkerstrafgesetzbuch, JA 2012, 481; *C. Stahn/G. Seidel*, Das Statut des Weltstrafgerichtshofs, Jura 1999, 14; *T. Walter*, Einführung in das internationale Strafrecht, JuS 2006, 870, 967.

Lehr- und Handbücher: *K. Ambos*, Internationales Strafrecht, 5. Aufl. 2018; *ders.*, Treatise on International Criminal Law, Vol. I, 2013, Vol. II, 2014, Vol. III, 2016; *ders.*, Fälle zum internationalen Strafrecht, 2. Aufl. 2019; *B. Brown* (Hg.), Research Handbook On International Criminal Law, 2011; *R. Cryer* u. a., An Introduction to International Criminal Law and Procedure, 4. Aufl. 2019; *A. Cassese* (Hg.), The Oxford Companion to International Criminal Justice, 2009; *ders./P. Gaeta*, Cassese's International Criminal Law, 3. Aufl. 2013; *D. Guilfoyle*, International Criminal Law, 2016; *R. O'Keefe*, International Criminal Law, 2015; *G.-J. Knoops*, An Introduction to the Law of International Criminal Tribunals, 2. Aufl. 2014; *F. Malekian*, Jurisprudence of International Criminal Justice, 2014; *A. Novak*, The International Criminal Court: An Introduction, 2015; *C. Safferling*, Internationales Strafrecht, 2011; *H. Satzger*, Internationales und Europäisches Strafrecht, 8. Aufl. 2018; *W. Schabas*, An Introduction to the International Criminal Court, 5. Aufl. 2017; *ders.* (Hg.), Routledge Handbook of International Criminal Law, 2011; *ders.* u. a. (Hg.), The Ashgate Research Companion to International Criminal Law, 2013; *ders.* (Hg.), The Cambridge Companion to International Criminal Law, 2016; *G. Sluiter* u. a. (Hg.), International Criminal Procedure, 2013; *C. Stahn*, A Critical Introduction to International Criminal Law, 2019; *D. Stewart*, International Criminal Law in a Nutshell, 2014; *V. Tochilovsky*, The Law and Jurisprudence of International Criminal Tribunals and Courts, 2. Aufl. 2014; *G. Werle/F. Jeßberger*, Völkerstrafrecht, 4. Aufl. 2016; *dies.*, Principles of International Criminal Law, 3. Aufl. 2014.

Kommentare: *A. Cassese/P. Gaeta/J. Jones* (Hrsg.), The Rome Statute of the International Criminal Court, 2 Bde., 2002; *C. Kreß/S. Barriga* (Hg.), The Crime of Aggression, 2 Bde., 2016; *W. Schabas* (Hg.), Commentary on the Rome Statute of the International Criminal Court, 2. Aufl. 2016; *C. Tams/L. Berster/B. Schiffbauer* (Hg.), Convention on the Prevention and Punishment of the Crime of Genocide, 2014; *O. Triffterer* (Hrsg.), Commentary on the Rome Statute of the International Criminal Court, 3. Aufl. 2016.

A. Begriff und Idee des Völkerstrafrechts

I. Internationales Strafrecht

Die Begründung nationaler Strafgewalt muss sich im Rahmen des völkerrechtlich Zulässigen halten, um nicht in die inneren Angelegenheiten anderer Staaten einzugreifen. Das Völkerrecht übernimmt hier die Funktion eines **übergeordneten Kollisions- oder Koordinationsrechts** (Rn. 348–349), indem es der souveränen Strafgewalt (Strafgesetzgebung und Strafverfolgung) des Staates rechtliche Grenzen setzt. Völkerrechtlich sind verschiedene Anknüpfungspunkte anerkannt, welche die Ausübung der Strafgewalt gegenüber anderen Staaten legitimieren können. **1309**

Staaten besitzen in erster Linie die Strafgewalt über solche Taten, die auf ihrem Staatsgebiet begangen wurden (vgl. § 3 StGB). Diesem **Territorialitätsprinzip** steht für Schiffe das **Flaggenprinzip** zur Seite: Auch wenn diese nicht Teil seines Staatsgebiets sind, hat der Flaggenstaat die Strafgewalt über alle Taten, die an Bord eines Schiffes (oder eines Luftfahrzeuges) begangen werden, das seine Flagge führt (vgl. § 4 StGB). Ein Unterfall des Territorialitätsprinzips ist das **Wirkungsprinzip**. Hier geht es um Auslandstaten, die sich auf das Territorium eines Staates auswirken. Für sog. Distanzdelikte (z. B. Schuss über die Grenze) ist die Geltung des Wirkungsprinzips allgemein anerkannt; je mittelbarer und weniger greifbar die Auswirkungen jedoch werden, desto zweifelhafter wird das Recht des Staates, solche Taten seiner Strafgewalt zu unterwerfen.[1] **1310**

Unumstrittener Ausfluss der Personalhoheit ist, dass Staaten die Strafgewalt über Taten besitzen, die von ihren Staatsangehörigen im Ausland begangen werden (**aktives Personalitätsprinzip**). Dabei wird z. T. vertreten, dass aus Gründen der Nichteinmischung nur solche Taten bestraft werden dürften, die auch im Tatortstaat strafbar sind (vgl. § 7 Abs. 2 Nr. 1 StGB, anders z. B. § 5 Nr. 8, 9 StGB). Die Staatenpraxis sieht jedoch anders aus. Hier wird dem Heimatstaat zumindest ein Recht zugesprochen werden können, die Umgehung seiner Strafgesetze durch Ausdehnung seiner Strafhoheit zu verhindern. **1311**

Viele Staaten nehmen für sich auch in Anspruch, Straftaten zu verfolgen, die an ihren Staatsangehörigen im Ausland verübt werden (**passives Personalitätsprinzip**). Bisweilen ermächtigen völkerrechtliche Abkommen sogar ausdrücklich hierzu (z. B. Art. 5 Abs. 1 lit. c UN-Anti-Folterübereinkommen). Angesichts des nicht unerheblichen Übergriffs in fremde Territorial- und Personalhoheit wird man eine gewohnheitsrechtliche Befugnis zur Erstreckung der Strafhoheit wohl nur für schwere Delikte annehmen können und zudem eine echte Verbindung des Tatopfers zum Heimatstaat fordern müssen (so stellen z. B. § 5 Nr. 6 lit. a, lit. c StGB zusätzlich auf einen Wohnsitz oder gewöhnlichen Aufenthalt im Inland ab). Eine Entschärfung des Problems lässt sich erreichen, wenn für die Ausübung der Strafgewalt zusätzlich ge- **1312**

1 Konzeptionelle Weiterung zum „transnationalen Strafrecht" bei *N. Boister*, An Introduction to Transnational Criminal Law, 2. Aufl. 2018. Zum Problem der Cyberkriminalität Rn. 870.

fordert ist, dass die Tat im Tatortstaat einer identischen Strafnorm unterfallen muss (so allgemein § 7 Abs. 1 StGB).

1313 Während es beim passiven Personalitätsprinzip um den Schutz eigener Staatsangehöriger geht, stellt das **Schutzprinzip** auf den Schutz (sonstiger) wichtiger staatlicher Interessen ab.[2] Weitgehend unbestritten ist das Recht des Staates, Verletzungen oder Gefährdungen seiner Sicherheit oder seines Bestandes strafrechtlich zu sanktionieren (vgl. z. B. § 5 Nr. 1–5 StGB), problematisch hingegen die Erstreckung auf weitere Interessen (z. B. ökonomische oder sonstige politische Interessen): Hier droht eine Anmaßung von Hoheitsgewalt auf Kosten des Territorialstaates.[3]

1314 Nach dem Grundsatz der **stellvertretenden Strafrechtspflege** kann ein Staat anbieten, eine Auslandstat auch ohne Anknüpfungspunkt stellvertretend für einen anderen Staat gerichtlich zu ahnden. Dies kommt in Betracht, wenn ein Staat an der Auslieferung eines Straftäters gehindert ist, vgl. z. B. § 7 Abs. 2 Nr. 2 StGB. Dieser Grundsatz sichert das im Auslieferungsrecht gebräuchliche Prinzip *aut dedere aut iudicare* („entweder ausliefern oder richten").[4] Da die Einwilligung des anderen Staates notwendig ist, ist dieser Fall völkerrechtlich unproblematisch zulässig.

1315 Von zunehmender Bedeutung ist das **Weltrechtsprinzip**. Danach darf bei Verbrechen, die gegen Grundwerte der Völkerrechtsgemeinschaft gerichtet sind, jeder Staat der Erde die Strafverfolgung übernehmen – unabhängig vom Tatort, der Staatsangehörigkeit von Täter oder Opfer sowie von eigener unmittelbarer Betroffenheit. Immer mehr Staaten nehmen eine solche Strafkompetenz für sich in Anspruch (für Deutschland: Völkerstrafgesetzbuch – VStGB – vom 26. Juni 2002, siehe daneben auch § 6 StGB).[5] In diesem Prinzip offenbart sich der Trend einer Abkehr vom „Westfälischen" System des Völkerrechts. Bei den vom Weltrechtsprinzip erfassten Straftaten handelt es sich in erster Linie um die völkerrechtlichen Kernverbrechen (Rn. 1342–1352); hinzu kommt die Piraterie (Art. 105 SRÜ: Rn. 829–830)[6]. Diskutiert wird die Erstreckung des Prinzips auf weitere Verbrechen, namentlich auf Akte des internationalen Terrorismus.[7]

---

2 Näher *I. Cameron*, International Criminal Jurisdiction, Protective Principle, MPEPIL (7/2007).

3 Zum Erfordernis einer zurückhaltenden Anwendung des § 89a StGB auf Auslandssachverhalte BGHSt 61, 36, Rn. 14 („Allgäuer Islamistenprozess").

4 Dazu *M. Scharf*, Aut dedere aut iudicare, MPEPIL (6/2008), sowie ILC, Working Group on the Obligation to extradite or prosecute *(aut dedere aut judicare)*, Abschlussbericht v. 5.6.2014, A/CN.4/L.844.

5 Zur Praxis Bericht des UN-Generalsekretärs, The scope and application of the principle of universal jurisdiction, A/73/123, v. 3.7.2018. Außerdem ECCHR, FIBGAR, FIDH und TRIAL, Make Way for Justice: Universal Jurisdiction Annual Review 2018 (3/2018), Download bei https://trialinternational.org.

6 Zum Vorschlag eines internationalen Piraterie-Tribunals *J. Fry*, Towards an International Piracy Tribunal, AfricanJICL 22 (2014), 341.

7 In einer kontrovers diskutierten Entscheidung vom Februar 2011 hat das Sondertribunal für den Libanon Terrorismus erstmals als internationales Verbrechen anerkannt. Dazu *K. Ambos*, Judicial Creativity at the Special Tribunal for Lebanon: Is There a Crime of Terrorism under International Law?, LJIL 24 (2011), 655; *S. Kirsch/A. Oehmichen*, Die Erfindung von „Terrorismus" als Völkerrechtsverbrechen durch den Sondergerichtshof für den Libanon, ZIS 2011, 800; *B. Saul*, Legislating from a Radical Hague: The United Nations Special Tribunal for Lebanon Invents an International Crime of Transnational Terrorism, LJIL 24 (2011), 677.

II. Völkerstrafrecht

Im Unterschied zu den soeben genannten Grundsätzen des sog. Internationalen Strafrechts ist das Völkerstrafrecht kein Koordinationsrecht zur Regelung von Jurisdiktionsansprüchen, sondern **materielles Strafrecht**. Die Strafbarkeit der Verbrechen ergibt sich hier unmittelbar aus dem Völkerrecht, ohne dass es der Vermittlung staatlicher Gesetzgebung bedürfte. Indem es dem Einzelnen Strafe für den Fall des Rechtsbruchs androht, **durchbricht** das Völkerstrafrecht die **Mediatisierung des Individuums** im klassischen Völkerrecht.[8] 1316

Nicht zum Völkerstrafrecht rechnen daher Verträge, mit denen sich die Vertragsparteien bloß verpflichten, bestimmte Handlungen in ihrem nationalen Strafrecht zu verbieten (z. B. Art. 4 UN-Anti-Folterübereinkommen, Art. 4 lit. a und b Übereinkommen zur Beseitigung jeder Form von Rassendiskriminierung). Hier legt das Völkerrecht nur die Strafwürdigkeit und die Pflicht zur Gesetzgebung fest, nicht aber die Strafandrohung selbst. Hierzu bedarf es erst der Einführung des Straftatbestandes im innerstaatlichen Recht.[9]

Trotz dieses unmittelbaren Zugriffs auf die Rechtssphäre des Individuums erwächst die praktische Bedeutung des Völkerstrafrechts aus einem **Zusammenwirken der internationalen und der nationalen Ebene**. Staatliche Strafverfolgung spielt eine wichtige Rolle dabei, das Völkerstrafrecht effektiver zu machen. Hinzu tritt, dass die Straftatbestände des Völkerstrafrechts weniger bestimmt sind als in vielen staatlichen Rechtsordnungen; auch fehlt es – zumal im Gewohnheitsrecht – an einer Bestimmung des Strafrahmens. Hier kann die Übernahme der völkerstrafrechtlichen Verbrechen in das nationale Strafrecht zu einem höheren Maß an Rechtssicherheit beitragen. Aus verfassungsrechtlichen (nicht völkerrechtlichen) Gründen kann ein Staat zu einer solchen gesetzgeberischen Umsetzung verpflichtet sein.[10] 1317

Träger des Strafanspruchs im Völkerstrafrecht ist die **„internationale Gemeinschaft"**. Hinter diesem Begriff verbirgt sich in einem Völkerrecht, das, dem „Westfälischen" Modell folgend, in erster Linie Zwischenstaatenrecht ist, die Staatengemeinschaft (erweitert namentlich um Internationale Organisationen). Seine **Legitimation** bezieht das Völkerstrafrecht heute wie damals vor allem aus dem Konsens der Staaten, die verbotenen Handlungen zu internationalen Verbrechen zu stempeln. Damit bringt es zum Ausdruck, dass bestimmte Rechtsgüter (Rn. 1342) der Völkerrechtsgemeinschaft so bedeutsam sind, dass ihre Verletzung schon von Völkerrechts wegen Bestrafung gebietet. Das Völkerstrafrecht kann deshalb als Erscheinungsform einer **materiellen Konstitutionalisierung** in den internationalen Beziehungen betrachtet werden (Rn. 29–34, 52). 1318

8 Zur Abgrenzung dieser Individual- von der Staatenverantwortlichkeit Rn. 378.

9 Vgl. dazu näher *R. Frau*, Völkerrechtlich determiniertes deutsches Strafrecht, Staat 53 (2014), 533.

10 Vgl. den Vorbehalt der Bundesrepublik Deutschland zu Art. 7 Abs. 2 EMRK, BGBl. 1954 II 14: „Gemäß Artikel 64 der Konvention macht die Bundesrepublik Deutschland den Vorbehalt, dass sie die Bestimmung des Artikels 7 Abs. 2 der Konvention nur in den Grenzen des Artikels 103 Abs. 2 des Grundgesetzes der Bundesrepublik Deutschland anwenden wird." Zur Frage der Vereinbarkeit des gewohnheitsrechtlichen Völkerstrafrechts mit Art. 7 EMRK *T. Kleinlein*, Der EGMR und das Völkerstrafrecht im Rahmen von Art. 7 EMRK, EuGRZ 2010, 544.

1319 Neben die Bestimmung, was von Völkerrechts wegen strafbares Unrecht ist *(jurisdiction to prescribe)*, tritt die Frage nach der **Durchsetzung des Strafanspruchs** (Verfolgungshoheit, *jurisdiction to enforce*).[11] Auch wenn sich die Strafbarkeit unmittelbar aus dem Völkerrecht selbst ergibt, erfolgt die Durchsetzung nach wie vor ganz überwiegend **indirekt**, d. h. über staatliche Gerichte *(indirect enforcement)*. Daneben ist im modernen Völkerrecht die **direkte Durchsetzung** *(direct enforcement)* über **internationale Strafgerichtsbarkeit** getreten. Die Wiederherstellung der gestörten internationalen Ordnung erfolgt hier nicht „treuhänderisch" durch staatliche Organe, sondern auf internationaler Ebene. Auch können auf diese Weise Defizite bei der staatlichen Strafverfolgung ausgeglichen werden.[12] Zwischen diese beiden Modelle der Rechtsdurchsetzung tritt die Ahndung internationaler Verbrechen durch **gemischte national-internationale Tribunale** *(hybrid enforcement)*.

B. Historischer Abriss

1320 Überlegungen zu einem universell geltenden Strafrecht sind in verschiedenen Epochen und historischen Kontexten angestellt worden. Eine **naturrechtliche Grundlegung** findet sich in der spanischen Völkerrechtsschule des 16./17. Jahrhunderts. Anknüpfend an die *communitas orbis* („Weltgemeinschaft") des *Francisco de Vitoria* schreibt *Francisco Suárez* (1548–1617), die Menschheit kennzeichne *„aliquam unitatem, non solum specificam, sed etiam quasi politicam et moralem"* („irgendeine Einheit, nicht allein der Gattung nach, sondern auch gewissermaßen politisch und moralisch").[13] Verstöße gegen die Ordnung dieser politischen und moralischen Gemeinschaft sind nach Suarez völkerrechtliche Verbrechen *(delicta iuris gentium)*.

1321 Die **„Westfälische" Völkerrechtsordnung** hob sich von der naturrechtlichen Konzeption einer solchen „Weltgemeinschaft" ab: Ihr zentrales Moment war die Sicherung der Koexistenz durch ein System souveräner und gleicher Staaten, die einander nicht verpflichtet sind, es sei denn, sie hätten sich selbst durch Vertrag oder Gewohnheit gebunden. Eng mit dieser Dominanz souveräner Staatlichkeit verbunden war die Mediatisierung des Einzelmenschen, der seine Rechte und Pflichten aus dem staatlichen Recht empfängt, nicht aber aus dem Völkerrecht unmittelbar (Rn. 49–51). Dass auch das „Westfälische" Völkerrecht ein Verbrechen kannte, dessen Täter als *hostis humanis generis*, als „Feind des Menschengeschlechts", der Strafgewalt jedes Staates überantwortet war, hatte pragmatische Gründe, die in der Natur dieses Verbrechens lagen: der **Piraterie auf Hoher See**. Da die Hohe See einerseits von jeder staatlichen Herrschaft frei war, andererseits aber ein gemeinsames Bedürfnis der seefahrenden Nationen bestand, sich vor Seeräubern zu schützen, wurden zwar keine Hoheitsrechte *über* die Hohe See eingeräumt, wohl aber solche *auf* Hoher See (Rn. 824–830). Eine erste **rechtsethisch begründete Erweiterung** fand dieses Prinzip universeller Juris-

11 Zur Praxis vgl. http://www.internationalcrimesdatabase.org/.
12 Vgl. *C. Burchard*, Völkerstrafrecht als *global governance*, FW 83/4 (2008), 73.
13 *F. Suárez*, Tractatus de legibus ac deo legislatore (1612), Buch II, Kapitel XIX, § 5.

diktion, als im Laufe des 19. Jahrhunderts der Piraterie der **Sklavenhandel** zur Seite trat,[14] auch hier zunächst beschränkt auf den Bereich der Hohen See.

Nachdem der Vorschlag des damaligen IKRK-Präsidenten *Gustave Moynier*, zur **1322**
Ahndung von Verstößen gegen die Genfer Konvention im deutsch-französischen Krieg 1870/71 einen internationalen Strafgerichtshof zu errichten, auf keine Resonanz gestoßen war, findet sich der erste Versuch, ein Individuum auf Grundlage des Völkerrechts strafrechtlich zur Verantwortung zu ziehen, in Art. 227 des **Versailler Vertrags** v. 28. Juni 1919:[15]

Die alliierten und assoziierten Mächte stellen Wilhelm II. von Hohenzollern, vormaligen Kaiser von Deutschland, wegen schwerster Verletzung des internationalen Sittengesetzes und der Heiligkeit der Verträge unter öffentliche Anklage.

Zu einer Anklage vor dem vorgesehenen internationalen Gerichtshof kam es nicht, da *Wilhelm II.* im niederländischen Doorn Asyl erhielt. Ebenso wenig praktisch wurde der **Friedensvertrag von Sèvres** (1920), der in Art. 226-230 vorsah, die Verantwortlichen für den Völkermord an den Armeniern vor ein internationales Tribunal zu stellen. Das Osmanische Reich hatte den Vertrag zwar unterzeichnet, die Regierung der neu gegründeten Türkischen Republik unter *Mustafa Kemal (Atatürk)* verweigerte jedoch die Ratifikation.

Erst angesichts der Grausamkeiten des Zweiten Weltkriegs und der Barbarei des nationalsozialistischen Deutschland gelang 1945-1947 mit den **Nürnberger Prozessen** eine Ahndung völkerrechtlicher Verbrechen vor einem internationalen Tribunal. Dass dieses seine Grundlage in einem Vertrag zwischen den Siegermächten fand (Londoner Abkommen, 1945) und auch nur von diesen besetzt wurde, hat seinerzeit zu Kritik an der Legalität des Internationalen Militärtribunals und seiner Urteile Anlass gegeben. Der zweite Haupteinwand knüpfte an das strafrechtliche Rückwirkungsverbot an, weil die in Nürnberg angeklagten Taten niemals zuvor unmittelbar kraft Völkerrechts geahndet worden waren.[16] Ihre Legitimation erhielten die Verfahren letztlich durch Rückgriff auf überpositive (naturrechtliche) Werte, auf allgemeine Rechtsgrundsätze (Strafbarkeit nach dem Recht aller zivilisierten Staaten) und auf im Entstehen begriffene Rechtsnormen (im Falle der Verbrechens gegen den Frieden). Im Rückblick präsentieren sich die Nürnberger Prozesse und die ihnen nachfolgenden **Prozesse von Tokio** als die eigentliche „Geburtsstunde" des Völkerstrafrechts.[17]

Die wichtigsten weiteren Schritte gelangen erst im letzten Jahrzehnt des 20. Jahrhun- **1323**
derts: die Einsetzung der **Internationalen Tribunale für Jugoslawien und Ruanda** durch den UN-Sicherheitsrat (Rn. 1070) und die Errichtung des **Internationalen Strafgerichtshofs** (IStGH) in Den Haag. Das Statut des IStGH ist das Ergebnis der

14 Am Anfang stand der sog. Quintupelvertrag (Fünf-Mächte-Vertrag) v. 20.12.1841, in dem die Vertragsparteien (Großbritannien, Österreich, Preußen und Russland; Frankreich unterzeichnete, ratifizierte aber nicht) sich wechselseitige Anhalte- und Durchsuchungsrechte für Schiffe unter ihrer Flagge einräumten, die unter dem Verdacht standen, Sklavenhandel zu betreiben. Zur schrittweisen Ächtung der Sklaverei im Völkerrecht *D. Weissbrodt*, Slavery, MPEPIL (3/2014).

15 Eingehend dazu *W. Schabas*, The Trial of the Kaiser, 2018.

16 Vgl. zu dem Dilemma bereits Rn. 261.

17 *B. Griech-Polelle* (Hg.), The Nuremberg War Crimes Trial and its Policy Consequences Today, 2. Aufl. 2019 (i.V.).

Staatenkonferenz in Rom 1997, die auf Grundlage eines Vertragsentwurfs der ILC verhandelte und an der 159 Regierungsdelegationen und, in beratender Funktion, 250 Vertreter von NGO beteiligt waren. Die Schlussabstimmung über den Vertragstext ergab 120 Ja-Stimmen bei 21 Enthaltungen und 7 Gegenstimmen (darunter die USA). Das Statut ist am 1. Juli 2002 in Kraft getreten (derzeit 122 Mitgliedstaaten, Stand: Juni 2019). Das erste Urteil, die Rekrutierung von Kindersoldaten im Kongo betreffend, wurde am 14. März 2012 verkündet.[18]

1324 Die Euphorie, mit der die Errichtung des IStGH begrüßt wurde, ist einer gewissen Ernüchterung gewichen.[19] Kritik am Gerichtshof wird vor allem aus zwei Richtungen geübt. Erstens geht es um den Vorwurf **mangelnder Effizienz**: Die Zahl der Urteile ist gering, die Verfahren sind aufwendig und langwierig, die Erfolgsquote niedrig.[20] Freisprüche aus Mangel an Beweisen sind bei staatlichen Gerichten als Folge der Unschuldsvermutung kaum Ausdruck eines strukturellen Problems; bei einem internationalen Gerichtshof, der seine Fälle auswählt (und auswählen muss), sieht das etwas anders aus.[21] 2017 hat eine unabhängige Kontrollstelle *(Independent Oversight Mechanism)* ihre Arbeit aufgenommen. Sie soll die Effizienz und Wirtschaftlichkeit des Gerichtshofs überwachen und kann auch interne Ermittlungen durchführen. Zweitens wächst die **Opposition afrikanischer Staaten**, die anfangs zu den besonders aktiven Unterstützern des IStGH zählten. Zwei Staaten haben das Statut bereits gekündigt (Stand: Juni 2019);[22] die AU hat wiederholt mit einem koordinierten Austritt aller ihrer Mitglieder gedroht und strebt die Errichtung einer strafrechtlichen Abteilung im geplanten Afrikanischen Gerichtshof (dazu Rn. 183, 770) an.[23] Wesentlicher Stein des Anstoßes sind die **Haftbefehle**, die der IStGH **gegen amtierende Staats- und Regierungschefs** einiger afrikanischer Staaten verhängt hat (Rn. 1370).[24] Mit einem über die UN-Generalversammlung anzufordernden Gutachten des IGH planen die AU-Mitglieder der Auffassung des IStGH entgegenzutreten, dass sie zu

---

18 IStGH, Prosecutor v. Thomas Lubanga Dyilo, Urteil v. 14.3.2012. Dazu *K. Ambos*, Das erste Urteil des Internationalen Strafgerichtshofs (Prosecutor v. Lubanga): Eine kritische Analyse der Rechtsfragen, ZIS 2012, 313; *R. Graf*, The International Criminal Court and Child Soldiers: An Appraisal of the Lubanga Judgment, JICJ 10 (2012), 945.

19 Vertiefend *C. De Vos/S. Kendall/C. Stahn* (Hg.), Contested Justice: the Politics and Practice of International Criminal Court Interventions, 2015; *F. Mégret*, The Anxieties of International Criminal Justice, LJIL 29 (2016), 197; *G. Werle/A. Zimmermann* (Hg.), The International Criminal Court in Turbulent Times, 2019.

20 Instruktiv *D. Guilfoyle*, This is not fine: The International Criminal Court in Trouble, 3 Teile, EJIL Talk! (21./22. und 25.3.2019).

21 Zum umstrittenen Freispruch für *Jean-Pierre Bemba* im Berufungsurteil v. 8.6.2018 *L. Sadat*, Fiddling While Rome Burns? The Appeals Chamber's Curious Decision in Prosecutor v. Jean-Pierre Bemba Gombo, EJIL Talk! (12.6.2018). Differenziert *R. Goldstone*, Acquittals by the International Criminal Court, EJIL Talk! (18.1.2019).

22 Burundi und, jenseits von Afrika, die Philippinen. Die südafrikanische Regierung hat ihre Kündigung nach einem Urteil vom 22.2.2017 zurückgenommen. Zum Konflikt allgemein *K. Clarke/A. Knottnerus/E. de Volder* (Hg.), Africa and the ICC. Perceptions of Justice, 2017; *C. C. Jalloh/I. Bantekas* (Hg.), The International Criminal Court and Africa, 2017; *G. Werle/M. Vormbaum*, African States, the African Union, and the International Criminal Court: A Continuing Story, GYIL 60 (2017), 17; *D. Tladi*, Of Heroes and Villains, Angels and Demons: The ICC-AU Tension Revisited, ebd., 43.

23 Malabo-Protokoll v. 27.6.2014, noch nicht in Kraft. Dazu *G. Werle/M. Vormbaum* (Hg.), The African Criminal Court. A Commentary on the Malabo Protocol, 2019.

24 Dazu kritisch *M. Hiéramente*, Wahlen in Zeiten der Strafverfolgung: Die Situation in Kenia und der Internationale Strafgerichtshof, FW 88/1-2 (2013), 187; *ders.*, Internationale Haftbefehle in noch andauernden Konflikten, 2013; *M. Swart*, In the Eye of the Storm: The Kenyatta Case and the Dispute between the African Union and the International Criminal Court, AYIHL 2014, 133; *J. Van der Vyver*, The Al Bashir Debacle, AfricanHRLJ 15 (2015), 559.

deren Vollstreckung verpflichtet seien.[25] Ein tiefer sitzender Grund für die Entfremdung liegt in der verbreiteten Wahrnehmung des IStGH als einer **Institution des Neokolonialismus**. Die weitaus größte Zahl der Untersuchungen betrifft Situationen aus Afrika,[26] was vor allem an der Überweisung durch die betroffenen Staaten selbst bzw. durch den UN-Sicherheitsrat (Darfur, Libyen) liegt.[27] Gerade das Einschreiten des Sicherheitsrats ist problematisch, weil von seinen fünf ständigen Mitgliedern nur Frankreich und das Vereinigte Königreich das IStGH-Statut ratifiziert haben.[28] Vor diesem Hintergrund hat die Entscheidung der Vorverfahrenskammer II im April 2019, die Ermittlungen in Afghanistan (die auch die USA betroffen hätten: Rn. 1363) „im Interesse der Gerechtigkeit" einzustellen, ein möglicherweise verheerendes Signal gesetzt.[29]

C. Grundzüge des materiellen Völkerstrafrechts

I. Rechtsgrundlagen

Das Völkerstrafrecht speist sich aus allen drei (Haupt-)Quellen des Völkerrechts:[30] **1325**
Vertragliche Grundlagen finden sich namentlich im **Römischen Statut des Internationalen Strafgerichtshofs** (IStGH). Dieses beinhaltet sowohl das materielle als auch das formelle Strafrecht, also allgemeine Regeln der Strafbarkeit und die einzelnen Straftatbestände einerseits sowie das Gerichtsverfassungs- und Prozessrecht andererseits. Das Statut wird ergänzt durch zwei zusätzliche konkretisierende Vereinbarungen der Vertragsstaatenversammlung: in materieller Hinsicht durch die sog. **Verbrechenselemente** (*Elements of Crime*, vgl. § 9 IStGH-Statut), in formeller Hinsicht durch die **Verfahrens- und Beweisregeln** des Gerichtshofs (*Rules of Procedure and Evidence*, vgl. Art. 51 IStGH-Statut). Das materielle Völkerstrafrecht wird ergänzt durch Regelungen in anderen Verträgen (z. B. Art. 105 SRÜ).

Erhebliche Bedeutung gerade für den Allgemeinen Teil des Völkerstrafrechts kam in **1326**
der Anfangsphase **allgemeinen Rechtsgrundsätzen** zu. Mit zunehmender Ahndung völkerrechtlicher Verbrechen durch internationale Gerichte wuchs das Bedürfnis nach internationalen Standards für Fragen von Täterschaft und Teilnahme, Vorsatz und Fahrlässigkeit, von Rechtfertigungsgründen usw. Diese waren in den einschlägigen Verträgen nur zum Teil geregelt und mussten unter Heranziehung der Methode wertender Rechtsvergleichung von den Gerichten fortentwickelt und konkretisiert

25 Vgl. Entschließung der AU-Versammlung vom 10./11.2.2019, Assembly/AU/Dec.738(XXXII), Doc. EX.CL/1138(XXXIV).

26 Untersuchungen finden außerhalb Afrikas derzeit nur in Bezug auf Georgien statt, Voruntersuchungen in Bezug auf Kolumbien, Irak/UK, Palästina, Philippinen, Ukraine, Venezuela und Myanmar/Bangladesch (Stand: Juni 2019).

27 Auf eigene Veranlassung der Anklagebehörde wurden die – ebenfalls kontroversen – Ermittlungen in Kenia, Côte d'Ivoire und Burundi eingeleitet.

28 *F. Cowell*, Inherent Imperialism: Understanding the Legal Roots of Anti-Imperialist Criticism of the International Criminal Court, JICJ 15 (2017), 667.

29 *D. Akande/T. de Souza Dias*, The ICC Pre-Trial Chamber Decision on the Situation in Afghanistan: A Few Thoughts on the Interests of Justice, und *S. Vasiliev*, Not just another 'crisis': Could the blocking of the Afghanistan investigation spell the end of the ICC?, 2 Teile, EJIL Talk! (18.-20.4.2019).

30 Näher *Werle/Jeßberger*, Völkerstrafrecht, 4. Aufl. 2016, 80 ff; *D. Akande*, Sources of International Criminal Law, in: Cassese (Hrsg.), Oxford Companion to International Criminal Justice, 2009, 41; *K. Ambos*, Internationales Strafrecht, 5. Aufl. 2018, § 5 Rn. 5 ff.

werden. Die Übertragung innerstaatlicher Regeln auf die internationale Ebene gelang mühelos, weil es sich hier auch auf völkerrechtlicher Ebene ausnahmsweise um Regeln handelt, die den Umgang mit natürlichen Personen betreffen. Der Allgemeine Teil des Völkerstrafrechts präsentiert sich in Folge dieser Rezeptionsvorgänge heute vor allem als eine Fusion aus angloamerikanischen und kontinentaleuropäischen Traditionen.[31]

1327 Auch das **Gewohnheitsrecht** ist im Bereich des Völkerstrafrechts in Bewegung: Durch die zunehmende Vertragspraxis, aber auch die Bezugnahme nationaler und internationaler Gerichte auf fremde Judikate ist zunehmend eine völkerstrafrechtliche Praxis entstanden, die von gemeinsamen Rechtsüberzeugungen getragen ist.[32] Selbst wenn nicht jede dogmatische Feinheit als Bestandteil des Gewohnheitsrechts betrachtet werden kann, dürfte das gewohnheitsrechtliche Völkerstrafrecht in den letzten Jahren eine bemerkenswerte Verfeinerung erlangt haben. Der nachfolgende Überblick orientiert sich primär am IStGH-Statut und den anderen vertraglichen Grundlagen; auf die gewohnheitsrechtliche Dimension wird im Anschluss kurz eingegangen werden.

II. Materielles Völkerstrafrecht

1. Allgemeine Grundsätze der Strafbarkeit

a) Drei Prüfungsstufen

1328 Die Prüfung eines Völkerrechtsverbrechens erfolgt **in drei Stufen**:[33] Zuerst ist anhand der einschlägigen Strafnorm der **objektive Tatbestand (actus reus)** zu prüfen, d. h. es ist festzustellen, ob der Täter durch ein eigenes Handeln oder Unterlassen den tatbestandlichen Erfolg (Verletzung oder Gefährdung eines geschützten Rechtsguts) herbeigeführt hat bzw. an der Tat in anderer Weise beteiligt war. Nach Art. 25 Abs. 3 lit. f IStGH-Statut ist bereits der Versuch der aufgeführten Verbrechen strafbar. In einem zweiten Schritt ist zu prüfen, ob der Täter (oder Teilnehmer) die erforderliche **innere Haltung zur Tat** hatte (**mens rea**, subjektiver Tatbestand, regelmäßig Vorsatz bezüglich der Tatbegehung bzw. des Tatbeitrags). Schließlich ist zu prüfen, ob die **Verantwortlichkeit ausnahmsweise entfällt (defences)**. Die im deutschen Strafrecht anzutreffende Unterscheidung zwischen Rechtfertigungsgründen (Tat ist als rechtmäßig einzustufen) und Entschuldigungsgründen (Tat ist rechtswidrig, der Täter handelte ohne individuell vorwerfbare Schuld) findet sich im Völkerstrafrecht nicht.

---

31 *G. P. Fletcher*, The Influence of the Common Law and Civil Law Traditions on International Criminal Law, in: Cassese (Hrsg.), The Oxford Companion to International Criminal Justice, 2009, 104. Eingehend *K. Ambos*, Der Allgemeine Teil des Völkerstrafrechts, 2. Aufl. 2004. Vgl. allerdings Rn. 1331 zu einer teilweisen Emanzipation des IStGH-Statuts von Common-law-Einflüssen.

32 Vgl. *N. Arajärvi*, The Changing Nature of Customary International Law: Methods of Interpreting the Concept of Custom in International Criminal Tribunals, 2014.

33 Näher *Werle/Jeßberger*, Völkerstrafrecht, 4. Aufl. 2016, 217 ff; *K. Ambos*, Internationales Strafrecht, 5. Aufl. 2018, § 7 Rn. 2 ff.

b) Täterschaft und Teilnahme

Jede Straftat kann zunächst in **unmittelbarer Täterschaft**, d. h. eigenhändig begangen werden (Art. 25 Abs. 3 lit. a, 1. Fall).[34] Ebenfalls erfasst ist die **Mittäterschaft**, d. h. die arbeitsteilige Begehung einer Straftat auf der Grundlage eines gemeinsamen Tatentschlusses (lit. a, 2. Fall); die Abgrenzung zur Beihilfe erfolgt nach der objektiven Tatherrschaft (str.; a. A.: nach der inneren Haltung zur Tat). Auch **mittelbare Täterschaft** ist möglich (lit. a, 3. Fall: „durch einen anderen“), wenn der mittelbare Täter den Vordermann „in der Hand“ hat. Dies kann durch Irrtum (im Völkerstrafrecht eher theoretisch) oder Nötigung erfolgen (z. B. Drohung, Familienangehörige des unmittelbaren Täters zu töten) oder auch durch Ausnutzen eines Machtapparats (Organisationsherrschaft). Der letztgenannte Fall ist z. T. schwer von einer Mittäterschaft im Vorbereitungsstadium (z. B. Planung eines Kriegsverbrechens) und Fällen der Beteiligung durch Anordnung von Verbrechen abzugrenzen; er dürfte sich auf die Spitzen des Machtapparats beschränken.[35] Mittelbare Täterschaft ist auch möglich, wenn der unmittelbare Täter selbst strafrechtlich verantwortlich ist (**„Täter hinter dem Täter“**). **1329**

Die Beteiligung an einem fremden Verbrechen ist insbesondere durch physische oder auch psychische **Beihilfe** möglich (Art. 25 Abs. 3 lit. c); die Unterstützung muss die Haupttat wesentlich beeinflussen. Auch die **Anstiftung**, d. h. das Wecken eines Tatentschlusses beim Täter, ist strafbar. Neben dem Anstiften („induce“) nennt Art. 25 Abs. 3 lit. b auch das Auffordern („solicit“) und die Anordnung („order“, v. a. Befehl eines Vorgesetzten). Die **Aufstachelung** (zum Genozid), Art. 25 Abs. 3 lit. e, ist an eine unbestimmte Zahl potentieller Täter gerichtet und kann nach der Rechtsprechung des ICTR auch durch Rassenhetze über Massenmedien erfolgen.[36] Dass es tatsächlich zu Völkermordtaten kommt oder solche auch nur versucht werden, ist nicht erforderlich; es handelt sich also eigentlich nicht um eine Form der Teilnahme, sondern um ein eigenständiges Delikt. Eine weitere Besonderheit schließlich ist die Teilnahme durch **„sonstigen Beitrag“**, Art. 25 Abs. 3 lit. d. Dieser Fall ist auf die Begehung kollektiver Verbrechen durch eine Gruppe bezogen und unterscheidet sich von der Beihilfe dadurch, dass sich der Fördervorsatz nicht auf die einzelnen Verbrechen, sondern auf die Unterstützung der kriminellen Tätigkeit der Gruppe insgesamt beziehen muss. **1330**

Schwierigkeiten bei der Einordnung bereitet die Täterschafts-Figur des **joint criminal enterprise** (JCE), die von ICTY und ICTR entwickelt wurde, um die Strafbarkeit an kollektiv be- **1331**

34 Guter Überblick bei *K. Ambos*, Criminal responsibility, Modes of, MPEPIL (7/2013). Zu Täterschaft und Teilnahme vertiefend *Werle/Jeßberger*, Völkerstrafrecht, 4. Aufl. 2016, 244 ff; *B. Swart*, Modes of International Criminal Liability, in: Cassese (Hrsg.), The Oxford Companion to International Criminal Justice, 2009, 82; *K. Ambos*, Internationales Strafrecht, 5. Aufl. 2018, § 7 Rn. 14 ff.

35 Vgl. BGHSt 40, 218 zur mittelbaren Täterschaft von Mitgliedern des Nationalen Verteidigungsrates der DDR bezüglich der vorsätzlichen Tötung von Flüchtlingen durch DDR-Grenzsoldaten.

36 ICTR, Urteil v. 8.12.2003, ICTR-99-52-T, Nahimana u. a. (Radio-Télévision Libre des Mille Collines). Dazu *K. F. Gärditz*, in: Menzel/Pierlings/Hoffmann (Hrsg.), Völkerrechtsprechung, 2005, Nr. 149. Kritisch *A. Agbor*, Instigation to Crimes against Humanity, 2013, 119 ff. Zu den an der Universität Connecticut initiierten Hartford Guidelines *R. A. Wilson*, The Hartford Guidelines on Speech Crimes in International Criminal Law, EJIL Talk! (31.8.2018).

gangenen Verbrechen zu begründen.[37] Unterschieden werden drei Typen: JCE I (*co-perpetration*, entspricht ungefähr der Mittäterschaft i. e. S.); JCE II (Lager-Fälle; hier wird auf Mitwirkung an einem kriminellen System abgestellt, das man kennt und insgesamt fördert); JCE III (erfordert die Absicht, sich an der Kollektivtat zu beteiligen und den kriminellen Zweck zu fördern; Exzesstaten eines Mittäters werden zugerechnet, wenn sie vorhersehbar waren). Diese Rechtsfigur knüpft an ein kollektivistisches Zurechnungsmodell an, nicht an das Modell der Individualzurechnung, dem Art. 25 Abs. 3 IStGH-Statut folgt, und lässt sich daher schlecht in das Römische Statut integrieren.[38]

1332 Das Völkerstrafrecht kennt schließlich auch eine **Vorgesetztenverantwortlichkeit**.[39] Danach kann ein Vorgesetzter auch für Verbrechen seiner Untergebenen verantwortlich gemacht werden, die er hätte verhindern können oder zu deren Ahndung er verpflichtet gewesen wäre (Unterlassungsdelikt), vgl. Art. 28 IStGH-Statut. Voraussetzungen sind (1) die Stellung als Vorgesetzter, (2) tatsächliche Befehls- bzw. Führungsgewalt und Kontrolle, (3) Unterlassen der Verhinderung oder der Ahndung. Jedenfalls dort, wo der Vorgesetzte eine Straftat nicht verhindert hat, muss diese „Folge“ seines Unterlassens sein. Der Vorgesetzte ist nicht erst verantwortlich, wenn er von der Straftat Kenntnis hatte; es genügt, dass er von ihr hätte wissen müssen.

Fall: Weggeschaut? Im Rahmen eines Bürgerkriegs nehmen die Rebellen ein Dorf ein. Sie treiben die männlichen Dorfbewohner im wehrfähigen Alter zusammen, schließen sie im Gemeindehaus ein und setzten dieses in Brand. Alle Eingeschlossenen kommen ums Leben. Oberst O ist örtlicher Befehlshaber der Rebellentruppen. Eine Beteiligung an der Tat kann ihm nicht nachgewiesen werden. Allerdings wusste er von der Gefangennahme und der Festsetzung der Männer. Auch hatten am Vorabend einige der Hauptverantwortlichen in seinem Beisein lautstark gefordert, den Dorfbewohnern eine Lektion zu erteilen. O unternahm jedoch nichts. Kann O nach dem IStGH-Statut strafrechtlich zur Verantwortung gezogen werden?

Lösungshinweise: Eine unmittelbare Beteiligung an der Straftat nach Art. 8 Abs. 2 lit. a (i) bzw. lit. c (i) IStGH-Statut kann O nicht nachgewiesen werden. Als Vorgesetzter der Täter könnte er jedoch nach Art. 28 verantwortlich sein. Laut Sachverhalt war O örtlicher Kom-

---

37 Aus deutscher Sicht *V. Haan*, Joint Criminal Enterprise, 2008; *C. Barthe*, Joint Criminal Enterprise (JCE), 2009; *T. Weigend*, Problems of Attribution in International Criminal Law, JICJ 12 (2014), 253. Siehe auch *H. Olásolo*, Joint Criminal Enterprise and Its Extended Form, CLF 20 (2009), 263; *S. Manacorda/C. Meloni*, Indirect Perpetration versus Joint Criminal Enterprise, JICJ 9 (2011), 159. Kritisch *W. Jordash*, Joint Criminal Enterprise Liability: Result Orientated Justice, in: Schabas/McDermott/Hayes (Hg.), The Ashgate Research Companion to International Criminal Law, 2013, 133.

38 *P. Stephens*, Collective Criminality and Individual Responsibility, FordhamILJ 37 (2014), 501; *D. Gassenbauer*, Die Zurechnungsfigur der (erweiterten) Criminal Joint Enterprise und ihre Vereinbarkeit mit dem Schuldgrundsatz, GreifRecht 2015, 111; *P. Caeiro/J. Costa*, Joint Criminal Enterprise on the Decline, ICLR 19 (2019), 214 (die hierin eine Emanzipation vom Common Law sehen). Für eine Integration hingegen *A. Höhener*, Collective Crimes – Individual Responsibility: Joint Criminal Enterprise Revisited, 2015. Tendenziell auch *S. Ranieri*, Extended Joint Criminal Enterprise in International Criminal Law, JCL 80 (2016), 436.

39 *Y. Dinstein*, Command Responsibility, MPEPIL (9/2015). Näher *Werle/Jeßberger*, Völkerstrafrecht, 4. Aufl. 2016, 279 ff. Abgrenzung zu anderen Formen von Täterschaft und Teilnahme bei *C. Safferling/A. Hartwig-Asteroth/M. Scheffler*, § 4 VStGB und das Verhältnis zu Beteiligungsformen des allgemeinen Strafrechts, ZIS 2013, 447; *T. Weigend*, Problems of Attribution in International Criminal Law: A German Perspective, JICL 12 (2014), 253. Für Irritationen hat der Umgang mit Art. 28 IStGH-Statut im Berufungsurteil v. 8.6.2018, The Prosecutor v. Jean-Paul Bemba Gombo, ICC-01/05-01/08A, gesorgt. Dazu *D. M. Amann*, In Bemba and Beyond, Crimes Adjudged to Commit Themselves, EJIL Talk! (13.6.2018).

mandeur und verfügte somit über die tatsächliche Befehlsgewalt. Zwar hatte O von der Brandstiftung keine Kenntnis; es genügt jedoch, wenn er von dieser (oder einer ähnlichen) Aktion hätte Kenntnis haben müssen, Art. 28 lit. a (i). O wusste, dass die Männer des Dorfes zusammengetrieben und im Gemeindehaus eingesperrt worden waren. Angesichts der lautstarken Forderungen vom Vorabend hätte er wissen müssen, dass Ausschreitungen drohen könnten. O hat nichts unternommen, sondern die Dinge laufen lassen. Hätte er zum Schutz der Gefangenen eingegriffen, wäre es nicht zu dem Verbrechen gekommen. Die Straftat ist also auch Folge seiner Versäumnisse als Vorgesetzter. O ist somit nach Art. 28 IStGH-Statut für die Tat verantwortlich.

c) Subjektiver Tatbestand (mens rea)

Art. 30 Abs. 2 IStGH-Statut verlangt für die Strafbarkeit als subjektive Voraussetzun- **1333**
gen **Wissen und Wollen (knowledge and intent)** seitens des Täters.[40] Hinsichtlich seines Verhaltens *(conduct)* muss der Täter willentlich handeln (Ausschluss von Reflexhandlungen usw.), hinsichtlich der Folgen seines Verhaltens *(consequences)* willentlich und wissentlich; die wesentlichen Tatumstände *(circumstances)* muss er kennen.[41] Für das Wissen genügt tatsächliche Kenntnis; rechtliche Kenntnis ist nicht erforderlich. Der Eventualvorsatz (d. h. die billigende Inkaufnahme für möglich gehaltener Folgen) genügt in der Regel nicht, ebenso wenig die dem angloamerikanischen Rechtskreis entstammende **recklessness** (als gesteigerte Form der Fahrlässigkeit). Ausnahmsweise sieht das IStGH-Statut einen reduzierten (z. B. Art. 28 lit. a (i): Fahrlässigkeit) oder einen gesteigerten (z. B. Art. 8 Abs. 2 lit. a (i): „wilfully") Maßstab vor. Einige Straftatbestände setzen zusätzlich eine **besondere Absicht** voraus (z. B. Art. 6: Zerstörungsabsicht).

d) Gründe für den Ausschluss der Verantwortlichkeit[42]

aa) Schuldunfähigkeit, Art. 31 Abs. 1 lit. a und b IStGH-Statut. Schuldunfähigkeit **1334**
kann aus seelischen Störungen oder aus einem Rauschzustand resultieren. Bringt sich allerdings der Täter bewusst in einen Rausch, um innere Hemmungen auszuschalten (bzw. nimmt er dieses Risiko leichtfertig in Kauf), findet kein Ausschluss der Verantwortlichkeit statt (ähnlich der *actio libera in causa* im deutschen Strafrecht; im islamischen Kulturkreis ist diese Regelung umstritten).

bb) Notwehr, Art. 31 Abs. 1 lit. c IStGH-Statut. Gegen einen gegenwärtigen bzw. **1335**
unmittelbar bevorstehenden *(imminent)* rechtswidrigen Angriff auf sein Leben, seine körperliche Unversehrtheit, seine persönliche Fortbewegungsfreiheit und auf „lebensnotwendiges oder für die Ausführung eines militärischen Einsatzes unverzichtbares Eigentum" steht dem Angegriffenen das Recht zur Notwehr zu; auch **Nothilfe** zu Gunsten eines anderen ist möglich. Bei Völkermord und Verbrechen gegen die Menschlichkeit lässt sich eine **Notwehrlage** allerdings kaum denken; für die Vertei-

40 *Werle/Jeßberger*, Völkerstrafrecht, 4. Aufl. 2016, 223 ff; *K. Ambos*, Internationales Strafrecht, 5. Aufl. 2018, § 7 Rn. 63 ff.

41 Zu Irrtumsfragen Rn. 1337–1338.

42 Hier nur die praktisch relevantesten. Vertiefend *Werle/Jeßberger*, Völkerstrafrecht, 4. Aufl. 2016, 298 ff; *K. Ambos*, Internationales Strafrecht, 5. Aufl. 2018, § 7 Rn. 77 ff.

digung von Eigentum ist das Notwehrrecht von vornherein auf Kriegsverbrechen beschränkt (und auch hier nur in Ausnahmefällen denkbar). Die **Notwehrhandlung** unterliegt zudem dem Verhältnismäßigkeitsgebot *(reasonableness, proportionality)*. Dass ein Straftäter seine Verbrechen als Kombattant in einem Einsatz verübt hat, der nach dem *ius contra bellum* als Akt kollektiver Selbstverteidigung gerechtfertigt ist (**Art. 51 UNCh**), hat keine Auswirkung auf die Frage, ob die individuelle Tat eine Notwehrhandlung darstellt.[43]

1336 **cc) Notstand, Art. 31 Abs. 1 lit. d IStGH-Statut.** Der Ausschluss der Verantwortlichkeit wegen Notstands setzt zuerst eine **Notstandslage** voraus: Dem Täter oder einer anderen Person muss – durch eine dritte Person (sog. Nötigungsnotstand) oder durch andere äußere Umstände – unmittelbare Lebensgefahr oder aber die dauernde oder unmittelbare Gefahr eines schweren körperlichen Schadens drohen. Die **Notstandshandlung** muss darauf gerichtet sein, diese Gefahr abzuwehren. Sie muss verhältnismäßig sein (objektive Verhältnismäßigkeit); auch muss gewährleistet sein, dass der Täter „nicht größeren Schaden zuzufügen beabsichtigt als den, den er abzuwenden trachtet" (subjektive Abwägung aus Tätersicht). Der Täter darf die Notstandslage schließlich auch nicht durch eigenes Verhalten herbeigeführt haben (vgl. Art. 31 Abs. 1 lit. d (ii): „von ihm nicht zu vertreten"). Anders als das deutsche Strafrecht differenziert das IStGH-Statut nicht zwischen rechtswidrigem und entschuldigendem Notstand.

Fall: Unter Druck In einem Bürgerkrieg nimmt A den Sohn des B als Geisel und droht ihn zu töten, wenn B sich nicht an Vergewaltigungen beteiligt, an denen A selbst jedoch nicht teilnimmt. Um das Leben seines Sohnes zu retten, tut B, was A von ihm verlangt. Haben sich A und B nach dem IStGH-Statut strafbar gemacht?

Lösungshinweise: A hat das Verbrechen nach Art. 8 lit. e (vi) IStGH-Statut zwar nicht eigenhändig begangen, hatte aber B in der Hand und ist somit als mittelbarer Täter gemäß Art. 25 Abs. 3 lit. a IStGH-Statut strafbar („durch einen anderen"). B ist unmittelbarer Täter, könnte aber wegen Notstandes gemäß Art. 31 Abs. 1 lit. d IStGH-Statut in nicht vorwerfbarer Weise gehandelt haben. Eine Notstandslage war wegen der unmittelbaren Lebensgefahr für seinen Sohn gegeben. Seine Handlung verfolgte auch das Ziel, das Leben seines Sohnes zu retten. Es fällt nicht leicht die Vergewaltigung mehrerer Personen gegen das Leben eines Kindes objektiv ins Verhältnis zu setzen; ein deutliches Missverhältnis ist jedoch nicht zu konstatieren. Weil jedenfalls B nur tat, was er zur Rettung seines Sohnes für notwendig hielt, hat er im Ergebnis straffrei zu bleiben.

1337 **dd) Irrtum, Art. 32 IStGH-Statut.** Art. 32 IStGH-Statut differenziert in Anlehnung an das angloamerikanische Strafrecht zwischen Tat(sachen)- und Rechtsirrtümern. Nach Abs. 1 ist ein **Tatsachenirrtum** *(mistake of fact)* dann beachtlich, wenn er den subjektiven Tatbestand entfallen lässt (letztlich eine Frage des fehlenden Vorsatzes):

43 Höchst problematisch EuGH, Urteil v. 26.3.2015, C-472/13, Sheperd v. Germany, Rn. 41: Vermutung, „dass eine bewaffnete Intervention, die auf der Grundlage einer Resolution des Sicherheitsrats durchgeführt wird, grundsätzlich alle Garantien dafür bietet, dass bei ihrer Durchführung keine Kriegsverbrechen begangen werden; das Gleiche gilt grundsätzlich für eine Operation, über die ein internationaler Konsens besteht."

Der Täter hätte die Tat nicht begangen, wäre er nicht über einen entscheidenden tatsächlichen Umstand im Irrtum gewesen. Nicht erfasst dagegen soll nach verbreiteter Auffassung der Irrtum über Tatsachen sein, die den Ausschluss der Verantwortlichkeit begründen würden, also z. B. die irrtümliche Annahme, dass jemand, der sich in seinem Auto mit hoher Geschwindigkeit einem Kontrollposten nähert, einen Angriff durchführen will (sog. Putativnotwehr). Hier kann über eine Korrektur unter Rückgriff auf allgemeine Strafrechtsgrundsätze oder über eine analoge Anwendung von Art. 32 Abs. 1 IStGH-Statut nachgedacht werden.[44]

Anders als der Tatsachenirrtum befreit ein **Rechtsirrtum** *(mistake of law)* regelmäßig **1338**
nicht von der Verantwortlichkeit (Abs. 2): *ignorantia legis non excusat*, die fehlende Kenntnis des Rechts entschuldigt nicht. Eine Rechtsirrtum kann ausnahmsweise beachtlich sein bei Irrtum über ein normatives Tatbestandsmerkmal (z. B. darüber, was ein „ordentliches" Gerichtsverfahren im Sinne von Art. 8 Abs. 2 lit. a (vi) IStGH-Statut ausmacht) oder bei Handeln auf Befehl (dazu sogleich). Dabei ist entscheidend, ob der Irrtum vermeidbar war (strittig).

Fall: Das bombardierte Flüchtlingslager In einem internationalen bewaffneten Konflikt bombardiert Pilot P ein Flüchtlingslager, weil er annimmt, dass solche Lager nicht zu den geschützten Einrichtungen gehören. Ist sein Irrtum rechtlich beachtlich? Wie wäre es, wenn er wegen schlechter Sichtverhältnisse das Lager versehentlich mit einem Militärcamp verwechselt hätte?

Lösungshinweise: Im Ausgangsfall irrt P über den Umfang des Schutzes durch das Humanitäre Völkerrecht. Es liegt also ein Rechtsirrtum vor, der regelmäßig unbeachtlich ist, Art. 32 Abs. 2 IStGH-Statut. Dass Angriffe nur gegen militärische Ziele zulässig sind und Flüchtlingslager keinem militärischen Zweck dienen, ist leicht zu erfassen; der Irrtum war vermeidbar. P ist somit strafbar. In der *Abwandlung* weiß P um den Schutz von Flüchtlingslagern; er irrt jedoch in tatsächlicher Hinsicht. Wären die Sichtverhältnisse so gewesen, dass er die Einrichtung als Flüchtlingslager erkannt hätte, hätte er die Bomben (vermutlich) nicht abgeworfen. Sein Irrtum ist somit beachtlich gemäß Art. 32 Abs. 1 IStGH-Statut.

ee) Handeln auf Befehl, Art. 33 IStGH-Statut. Dass der Täter auf Befehl handelt, **1339**
befreit ihn nicht von strafrechtlicher Verantwortlichkeit. Die **Ausnahme**, die Art. 33 IStGH-Statut von diesem Grundsatz macht, ist ein Spezialfall des beachtlichen Rechtsirrtums. Die – kumulativen – Voraussetzungen sind: (1) Der Täter unterlag einer gesetzlichen Gehorsamspflicht,[45] (2) er erkannte die Rechtswidrigkeit nicht (subjektive Perspektive), (3) die Anordnung war nicht offensichtlich rechtswidrig (objektive Perspektive). Da die Rechtswidrigkeit von Völkermord und Verbrechen gegen die Menschlichkeit offensichtlich ist (unwiderlegliche Vermutung in Abs. 2), kommt eine solche Strafausschließung nur bei Kriegsverbrechen in Betracht (auch hier freilich mit Ausnahmen).

44 Überzeugend und m. w. N. *K. Ambos*, Treatise on International Criminal Law, Vol. I, 2013, 374 f. Erforderlich ist auf Seiten des Täters ein „reasonable belief".

45 Weiter als die Zwangslage beim Nötigungsnotstand, vgl. Rn. 1336.

e) Sonstige allgemeine Grundsätze der Strafbarkeit

1340 Art. 22 und 23 IStGH-Statut kodifizieren die allgemeinen Grundsätze **nullum crimen/nulla poena sine lege**. Das fragliche Verhalten muss danach zur Tatzeit strafbar gewesen sein, das Verbot hinreichend bestimmt und nicht durch Analogie zu Lasten des Täters begründet worden sein. Auch die Strafe selbst bedarf der gesetzlichen Grundlage, im Falle des IStGH einer Grundlage im Statut. Allerdings kennt das IStGH-Statut keine genaueren Strafrahmen. Art. 77 Abs. 1 bestimmt lediglich Obergrenzen des Strafmaßes: Freiheitsstrafe bis zu 30 Jahren oder lebenslange Freiheitsstrafe; allgemeine Grundsätze der Strafzumessung enthalten die Verfahrens- und Beweisregeln in Art. 145 ff.[46] Dass die Strafbarkeit von Völkerstraftaten nicht ausdrücklich vorgesehen sein muss, sondern sich aus der klaren völkerrechtlichen Ächtung bestimmter Formen menschlichen Verhaltens und dem erkennbaren Willen der Staaten, diese zu unterbinden, ergeben kann, hat die Berufungskammer des ICTY im Tadić-Fall im Anschluss an die Urteile von Nürnberg festgestellt.[47]

1341 Art. 24 Abs. 1 IStGH-Statut stellt darüber hinaus klar, dass der IStGH niemanden für ein Verhalten verfolgen kann, das vor dem Inkrafttreten des Statuts stattgefunden hat; das Statut hat also selbst **keine Rückwirkung**. Eine Verfolgung durch andere Gerichte wird hierdurch nicht ausgeschlossen. Nach Art. 24 Abs. 2 IStGH-Statut ist bei Rechtsänderungen im laufenden Verfahren stets das mildere Recht anzuwenden (**Lex-mitior-Regel**).

2. Die völkerrechtlichen Kernverbrechen

a) Überblick

1342 Die **völkerrechtlichen Kernverbrechen** decken sich weitgehend mit den Straftaten, die in die Zuständigkeit des IStGH fallen. Dies sind gemäß Art. 5 Abs. 1 des Römischen Statuts: Völkermord, Verbrechen gegen die Menschlichkeit, Kriegsverbrechen sowie das Verbrechen der Aggression. Diese vier Verbrechenstatbestände lassen sich auf die Grundsätze von Nürnberg zurückführen: Die Verbrechen gegen den Frieden sind im Römischen Statut des IStGH zum „Verbrechen der Aggression“ geworden, und aus den Verbrechen gegen die Menschlichkeit ist als Sonderstraftatbestand zusätzlich das Verbrechen des Völkermordes hervorgegangen. Von den vier Kernverbrechen lässt sich nur das Verbrechen der Aggression dem **zwischenstaatlichen Paradigma** zurechnen (Sicherung des Friedens zwischen den Staaten als Gemeinschaftsgut). Den anderen drei Verbrechen liegen **schwerste Verletzungen menschlicher Rechtspositionen** zu Grunde. Die völkerstrafrechtlichen Kernverbrechen spiegeln damit eine Völkerrechtsordnung, in der nicht mehr nur die staatliche Souveränität, sondern der Mensch mit seiner Würde und seiner Verletzlichkeit (als Kernidee des Humanitären Völkerrechts) einen zentralen Platz einnimmt.

---

46 *E. Hoven*, Elf Stunden für ein Menschenleben – Zur Strafzumessung im Völkerstrafrecht, ZStW 125 (2013), 137. Vertieft *M. Zeccola*, Die Strafzumessung im Völkerstrafrecht unter besonderer Berücksichtigung der Rechtssprechung der Ad-hoc-Tribunale der Vereinten Nationen, 2018.

47 ICTY, Prosecutor v. Dusko Tadić, Entscheidung v. 2.10.1995 (Appeals Chamber), § 128; siehe Anhang, Nr. 33.

b) Völkermord (Genozid)

Der Völkermord (dazu Völkermord-Konvention von 1948, Art. 6 IStGH-Statut, Art. 4 Abs. 2 ICTY-Statut, Art. 2 Abs. 2 ICTR-Statut) zielt auf die **vollständige oder teilweise Zerstörung** einer nationalen (Staatsangehörigkeit), ethnischen (Kultur, Sprache), „rassischen" (vererbliche äußere Merkmale, geographische Herkunft) oder religiösen **Gruppe**. Der Angriff muss sich gegen einzelne Personen in ihrer Eigenschaft als Mitglieder dieser Gruppe richten. 1343

Ethnische Säuberungen, d. h. planmäßige „Säuberungen" bestimmter Gebiete von Angehörigen einer der o. g. Gruppen, gehören zutreffender Ansicht nach nicht zu den Tathandlungen des Genozids, da es um Vertreibung, nicht um Vernichtung geht. Wohl aber stellen sie Verbrechen gegen die Menschlichkeit (vgl. Art. 7 Abs. 2 lit. d IStGH-Statut) bzw. Kriegsverbrechen (vgl. Art. 8 Abs. 2 lit. b (viii) IStGH-Statut) dar. Hiervon zu unterscheiden ist der Fall, dass Vertreibungen als Mittel eines Genozids eingesetzt werden. 1344

Die Einbettung der Handlungen in einen Gesamtplan ist nicht erforderlich (strittig). Im subjektiven Tatbestand *(mens rea)* muss neben dem Vorsatz die **besondere Absicht** vorliegen, die betreffende Gruppe ganz oder teilweise zu zerstören. Umstritten ist, ob sich diese auf die Vernichtung der biologisch-physischen Existenz oder auf die Auslöschung der Gruppe als soziales Gebilde beziehen muss.[48] In der Praxis ist der Nachweis einer solchen Absicht schwierig; hier können ein planmäßiges Vorgehen, das Ausmaß der Aktionen, die Kriterien der Opferauswahl sowie Verhalten und Äußerungen des Täters als Indiz dienen.[49] 1345

c) Verbrechen gegen die Menschlichkeit

Verbrechen gegen die Menschlichkeit (Art. 7 IStGH-Statut, Art. 5 ICTY-Statut, Art. 3 ICTR-Statut) sind im Unterschied zum Genozid **gegen eine beliebige Zivilbevölkerung** gerichtet; die Geschlossenheit einer sozialen Gruppe ist nicht nötig. Die Tathandlungen überschneiden sich z. T. mit denen des Völkermordes, unterscheiden sich aber durch das Tatobjekt (Zivilbevölkerung, nicht bestimmte Gruppe) und die abweichende subjektive Zielrichtung. Als **Tathandlungen** kommen in Betracht: vorsätzliche Tötung, Ausrottung, Versklavung, Vertreibung und Deportation, Freiheitsentziehung, Folter, sexuelle Gewalt, Verfolgung (im Sinne eines völkerrechtswidrigen schwerwiegenden Entzugs von Grundrechten), Verschwindenlassen *(forced disappearances)*, Apartheid, Zufügung (sonstiger) schwerer physischer oder psychischer Leiden. Vom Tatbestand erfasst sind nur solche Taten, die in einen **ausgedehnten oder systematischen Begehungszusammenhang** eingebettet sind. Erforderlich ist 1346

48 Für die (zwischenstaatlich geltende) UN-Völkermordkonvention lehnt der IGH die Einbeziehung des sog. kulturellen Genozids ab: Application of the Convention on the Prevention and Punishment of the Crime of Genocide (Croatia v. Serbia), Urteil v. 3.2.2015, § 136. Kritisch *L. C. Berster*, The Alleged Non-Existence of Cultural Genocide, JICJ 13 (2015), 677. Eingehend *E. Novic*, The Concept of Cultural Genocide: An International Law Perspective, 2016.

49 Zur indiziengestützten Ermittlung der Völkermordabsicht im Karadzić-Urteil des ICTY (Urteil v. 24.3.2016, IT-95-5/18-T) *M. Milanović*, ICTY convicts Radovan Karadzić, EJIL: Talk! (25.3.2016); *K. Ambos*, Karadzić's Genocidal Intent as the "Only Reasonable Inference"?, EJIL: Talk! (1.4.2016).

also eine Verklammerung („umbrella crime") einzelner Taten durch eine hinter ihnen liegende *policy* (z. T. umstritten).[50]

1347 Die Tat erfordert Vorsatz, bei einzelnen Tathandlungsvarianten zusätzlich eine spezifische Absicht (z. B. bei der Ausrottung). Diskriminierende Absicht ist, anders als beim Genozid, nicht erforderlich (Ausnahme: Abs. 1 lit. h). Hinsichtlich der Frage der Kenntnis des Täters von der verklammernden Gesamtstrategie legt die Rechtsprechung niedrige Maßstäbe an.

d) Kriegsverbrechen

1348 Über die Strafbarkeit von Kriegsverbrechen stellt sich das Völkerstrafrecht in den Dienst der **Durchsetzung des Humanitären Völkerrechts**. Die Strafvorschriften sind daher im Licht der primären Verbote des Rechts des bewaffneten Konflikts auszulegen. Freilich sind nicht alle Verstöße gegen das Humanitäre Völkerrecht Kriegsverbrechen im technischen Sinne. Hierunter fallen nur diejenigen **schweren Verstöße**, die eine unmittelbare völkerrechtliche Strafbarkeit nach sich ziehen.

1349 Während die Statuten von ICTY und ICTR sich für die Normierung der Kriegsverbrechen einer Regelbeispieltechnik bedienten (Art. 2 f bzw. Art. 4), enthält **Art. 8 IStGH-Statut** einen abschließenden Katalog von über 500 Einzelstraftatbeständen. Dem Vorzug größerer Bestimmtheit der Regelung[51] steht als Nachteil gegenüber, dass Anpassungen an die Fortentwicklung des Humanitären Völkerrechts durch die Rechtsprechung nur *intra legem*, d. h. durch Auslegung der einzelnen Tatbestände erfolgen kann; ansonsten ist eine Vertragsänderung vonnöten.[52]

1350 Art. 8 IStGH-Statut unterscheidet formal zwischen Straftaten im internationalen (Abs. 2 lit. a und b) und im nicht-internationalen (Abs. 2 lit. c und e) bewaffneten Konflikt (sog. **two box approach**); die meisten Taten sind jedoch in beiden Konflikttypen strafbar und daher im Katalog doppelt aufgeführt.[53] Dieser Annäherung zwischen internationalem und nicht-internationalem bewaffneten Konflikt tragen die §§ 8-12 des deutschen VStGB z. B. dadurch Rechnung, dass der *two box approach* durch eine Regelungsstruktur ersetzt wird, die sich am Schutzobjekt des jeweiligen Verbots orientiert.

Missverständlich ist Art. 8 Abs. 1 IStGH-Statut: „Der Gerichtshof hat die Gerichtsbarkeit in Bezug auf Kriegsverbrechen, insbesondere wenn diese als Teil eines Planes oder einer Politik

---

50 Seit 2014 befasst sich die ILC mit der Konkretisierung in einem gesonderten Übereinkommen. Vgl. zuletzt den 4. Bericht des Berichterstatters *(S. Murphy)* v. 18.2.2019, A/CN.4/725 sowie den Entwurf des Drafting Committee v. 15.5.2019, A/CN.4/L.935. Dazu *L. Sadat*, A Contextual and Historical Analysis of the International Law Commission's 2017 Draft Articles for a New Global Treaty on Crimes Against Humanity, JICJ 16 (2018), 683; *M. du Plessis*, The Crimes Against Humanity Convention, (Overlooked) African Lessons, and the Delicate Dance of Immunity, JICJ 17 (2019) (i.E.).

51 Zu der auch insoweit noch bestehenden Kritik allerdings *K. Ambos*, Internationales Strafrecht, 5. Aufl. 2018, § 7 Rn. 232 ff.

52 Vgl. zuletzt (Beschluss v. 14.12.2017) die Ergänzung um Art. 8 Abs. 2 lit. b (xxvii), (xxviii), (xxix) und lit. e (xvi), (xvii), (xviii) zum Einsatz bestimmter verbotener Waffen. Näher *D. Akande*, Customary International Law and the Addition of New War Crimes to the Statute of the ICC, EJIL Talk! (2.1.2018).

53 Nur im internationalen bewaffneten Konflikt strafbare Handlungen finden sich in Art. 8 Abs. 2 lit. b (iv), (v), (vii), (viii), (xiv), (xv), (xx), (xxi), (xxiii), (xxv).

oder als Teil einer Begehung solcher Verbrechen in großem Umfang verübt werden." Diese an die *umbrella clause* der Verbrechen gegen die Menschlichkeit angelehnte Formulierung ist allerdings nicht als tatbestandliche Einschränkung zu lesen: auch Einzeltaten bleiben strafbar. Der zweite Halbsatz steht vielmehr im Zusammenhang mit dem ersten und damit mit der Jurisdiktion des IStGH, der – im Verhältnis zu anderen, v. a. nationalen Strafgerichten – insbesondere die Verfolgung systematischer oder ausgedehnter Kriegsverbrechen zur Aufgabe hat.

e) Aggression

Ein zentraler Anklagepunkt in den Kriegsverbrechertribunalen von **Nürnberg und Tokio** waren Verbrechen gegen den Frieden – und damit die Bestrafung derjenigen, die einen Angriffskrieg geführt hatten. In den Statuten von ICTY und ICTR, die sich mit Sezessions- und Bürgerkriegen befassten, spielte dieses Verbrechen begreiflicherweise keine Rolle; in das **IStGH-Statut** wurde es hingegen aufgenommen. Art. 5 Abs. 2 bestimmt jedoch, dass der IStGH die Gerichtsbarkeit hierüber erst ausüben darf, nachdem eine Definition im Konsens der Vertragsstaaten gefunden worden ist. Angesichts der **politischen Brisanz dieses Straftatbestandes** war vielfach bezweifelt worden, ob eine Einigung überhaupt möglich sein würde. **1351**

Am 11. Juni 2010 wurde jedoch in Kampala ein **neuer Art. 8bis** beschlossen (ergänzt durch spezielle „Verbrechenselemente" und eine Interpretationsübereinkunft).[54] Danach ist strafbar, wer eine der in der Aggressions-Definition der UN-Generalversammlung (Rn. 1085) genannten Angriffshandlungen gegen einen anderen Staat, plant, vorbereitet, einleitet oder ausführt. Art. 8*bis* macht zwei wichtige Einschränkungen: Zum einen muss die Angriffshandlung nach Schwere und Umfang eine „offenkundige Verletzung" der UNCh darstellen, zum anderen unterliegen der Strafbarkeit nur Personen, die tatsächlich in der Lage sind, „das politische oder militärische Handeln eines Staates zu kontrollieren oder zu lenken". Es handelt sich also um Sonderstrafrecht für die politische und militärische Führung. Die **Gerichtsbarkeit des IStGH** ist durch gesonderten Beschluss der Versammlung der Vertragsstaaten mit Wirkung vom 17. Juli 2018 aktiviert worden.[55] Mit Rücksicht auf die souveränen Rechte der Staaten ist sie allerdings **mehrfach beschränkt** (vgl. die neuen Art. 15*bis* und Art. 15*ter*): **1352**

- Der Gerichtsbarkeit des IStGH unterliegen nur Verbrechen, die ein Jahr nach Hinterlegung der 30. Ratifikationsurkunde begangen wurden (**Ausschluss von Rückwirkung**), Art. 15*bis* Abs. 2, Art. 15*ter* Abs. 2.[56]

---

54 Guter Überblick bei *D. Akande*, What Exactly was Agreed in Kampala on the Crime of Aggression?, EJIL: Talk! (21.6.2010). Vertiefend Symposium: The Crime of Aggression before the International Criminal Court, EJIL 29 (2018), H. 3 (mit Beiträgen von *D. Akande/A. Tzanakopoulos*, *F. Mégret*, *T. Dannenbaum*, *T. Ruys*, *M. de Hoon*).

55 Beschluss v. 14./15.12.2017, ICC-ASP/16/Res. 5 (im Folgenden: Res. 16/5), § 1. Dazu *G. Hildner*, The Activation of the International Criminal Court's Jurisdiction over the Crime of Aggression: The Edifice is Completed, GYIL 61 (2018), 439; *C. Kreß*, On the Activation of ICC Jurisdiction over the Crime of Aggression, JICJ 16 (2018), 1; *J. Trahan*, From Kampala to New York – The Final Negotiations to Activate the Jurisdiction of the International Criminal Court over the Crime of Aggression, ICLR 18 (2018), 197; *A. Zimmermann*, A Victory for International Rule of Law? Or: All's Well that Ends Well? The 2017 ASP Decision to Amend the Kampala Amendment on the Crime of Aggression, JICJ 16 (2018), 19.

56 Die 30. Ratifikationsurkunde wurde am 26.6.2016 durch Palästina hinterlegt, dessen Staatlichkeit allerdings umstritten ist. Dazu *A. Zimmermann*, 29 + 1 = 30 – The Kampala Amendment on the Crime of Aggression and the Recent Accession by Palestine, EJIL: Talk! (29.6.2016).

- Nach Art. 15*bis* Abs. 4 kann jeder **Vertragsstaat** eine Erklärung abgeben, wonach er der Ausübung der Gerichtsbarkeit über solche Akte der Aggression **widerspricht**, die von seinem Staatsangehörigen oder auf seinem Hoheitsgebiet begangen wurden. Nachdem strittig war, ob dieses **Opt-out-Verfahren** auch Vertragsstaaten erfasst, die das sog. Kampala Amendment selbst nicht ratifiziert haben, „bestätigt" Res. 16/5, dass der Gerichtshof seine Gerichtsbarkeit in Bezug auf jene Staaten nicht ausüben soll. Eine Opt-out-Erklärung ist danach nur **für die Staaten** erforderlich, **die das Kampala Amendment ratifiziert haben**. Indem sich die Res. 16/5 einer Aussage über eine Verankerung dieser Regelung im (u. U. vorrangigen) Statut enthält und gleich im Anschluss die richterliche Unabhängigkeit des IStGH bekräftigt, bleibt eine Lesart möglich, die alle Vertragsstaaten in die Opting-out-Pflicht nimmt.[57] **Unstrittig ohne besondere Erklärung** unzuständig ist der IStGH für Straftaten, die von Angehörigen eines **Nichtvertragsstaats** oder auf dessen Hoheitsgebiet begangen wurden (Art. 15*bis* Abs. 5). Diese Einschränkungen gelten nicht, wenn der UN-Sicherheitsrat einen Fall an den IStGH überweist.

3. Gewohnheitsrechtliche Geltung der Kernverbrechen

1353 Nicht zuletzt wegen der umfangreichen Spruchpraxis von ICTY und ICTR zu Völkermord, Verbrechen gegen die Menschlichkeit und Kriegsverbrechen kann an deren gewohnheitsrechtlicher Geltung heute kein vernünftiger Zweifel mehr bestehen. Die UN-Tribunale haben mit ihren Urteilen zudem einen wichtigen Beitrag zur Konkretisierung dieser Straftatbestände geleistet. Stellvertretend seien genannt:

- *Tadić* (v. a. Urt. v. 7.5.1997, IT-94-1-T, u. 15.7.1999, IT-94-1-A): allgemeine Fragen der Strafbarkeit, Präzisierung des Völkermord-Tatbestandes
- *Blaškić* (v. a. Urt. v. 3.3.2000, IT-95-14-T): Einsatz menschlicher Schutzschilde als Geiselnahme und unmenschliche und grausame Behandlung
- *Furundzija* (Urt. v. 10.12.1998, IT-95-7/1-T, u. 21.7.2000, IT-95-17/1-A): sexuelle Gewalt als Kriegsverbrechen
- *Akayesu* (v. a. Urt. v. 2.9.1998, ICTR-96-4-T, u. 1.6.2001, ICTR-96-4-A): Vergewaltigung als Teil einer Völkermord-Strategie
- *Nahimana, Ngeze und Barayagwiza* (Urt. v. 8.12.2003, ICTR-99-52-T): Aufstachelung zum Völkermord („Hetzmedien")

1354 Während die Strafbarkeit von Völkermord, Verbrechen gegen die Menschlichkeit und Kriegsverbrechen unmittelbar kraft Völkerrechts gewohnheitsrechtlich anerkannt sind und es heute nur um die Verfeinerung der Straftatbestände geht, ist die Zugehörigkeit des **Verbrechens der Aggression** zum gewohnheitsrechtlich geltenden Völkerstrafrecht problematischer. Da den Konflikten in Ruanda und Jugoslawien Bürgerkriege zu Grunde lagen, kann insoweit nicht auf die beiden UN-Tribunale verwiesen werden. Die Staatenpraxis ist hinsichtlich dieses Verbrechens spärlicher: Zu den Kriegsverbrecher-Tribunalen von Nürnberg und Tokio tritt der sog. Wilhelmstraßen-Prozess 1949[58] hinzu; 2005/2006 stand auch der frühere irakische Diktator *Saddam Hussein* wegen des Überfalls auf Kuwait im Jahre 1990 vor Gericht, wurde aber wegen anderer Verbrechen verurteilt und hingerichtet, bevor über diesen Anklagepunkt

57 Dazu instruktiv und m. w. N. *N. Stürchler*, The Activation of the Crime of Aggression in Perspective, EJIL Talk! (26.1.2018).

58 Dabei handelt es sich um einen der sog. Nürnberger Nachfolgeprozesse, der sich mit der Strafbarkeit von Ministerialbeamten befasste (viele der Dienststellen lagen in der Wilhelmstraße in Berlin).

entschieden wurde.[59] Zurückhaltender präsentiert sich auch die dokumentierte Rechtsüberzeugung: Zu erwähnen ist hier insbesondere die Bestätigung der Nürnberger Urteile und Prinzipien durch die UN-Generalversammlung mit Resolution 95 vom 11. Dezember 1946. Mit Blick auf die Praxis zwischen 1945 und 1949 und das klare Bekenntnis zur Strafbarkeit des Angriffskrieges in Resolution 95 wie auch in Art. 5 Abs. 1 IStGH-Statut sprechen gute Gründe dafür, einen Kernbereich des Angriffskrieges, wie er in Nürnberg und Tokio verhandelt wurde, gewohnheitsrechtlich für strafbar zu erklären. Darüber hinaus gehende Akte des Friedensbruchs sind nicht Bestandteil des gewohnheitsrechtlichen Völkerstrafrechts.[60]

D. Gerichtliche Durchsetzung des Völkerstrafrechts

I. Internationale Strafgerichtsbarkeit

In institutioneller Hinsicht hat die Idee einer internationalen Strafgerichtsbarkeit zur **1355**
Verfolgung der völkerrechtlichen Kernverbrechen seit Mitte der 1990er Jahre ebenfalls an Konturen gewonnen. Nach **Nürnberg und Tokio** fehlte es wegen des Kalten Krieges jahrzehntelang an praktischen Beispielen einer internationalen gerichtlichen Durchsetzung des Völkerstrafrechts. Hier haben die **UN-Tribunale für Jugoslawien und Ruanda** eine Neubelebung gebracht,[61] die in der **Errichtung des IStGH** kulminierte. Eine jüngere Entwicklung sind sog. **hybride Strafgerichtshöfe**, die sich teils aus lokalen, teils aus internationalen Richtern zusammensetzen.[62] Teilweise wurden solche Gerichtshöfe im Rahmen einer internationalen Übergangsverwaltung errichtet (Ost-Timor[63], Kosovo[64]), teilweise liegen bzw. lagen ihnen Abkommen mit den Vereinten Nationen zu Grunde. Zu nennen sind hier Sierra Leone (Sondergerichtshof in

59 Zu diesem Verfahren *S. Mikolajczyk/A. Makee Mosa*, Der Prozess gegen Saddam Hussein vor dem Irakischen Hohen Strafgerichtshof (IHStGH), ZIS 2007, 1.

60 Näher *A. v. Arnauld*, Das Verbrechen gegen den Frieden in Nürnberg und seine Folgen in der Gegenwart, in: Kunig/Nagata (Hrsg.), Japan und Deutschland im rechtswissenschaftlichen Dialog, 2006, 153. Vgl. auch *B.-B. Jia*, The Crime of Aggression as Custom and the Mechanisms for Determining Acts of Aggression, AJIL 109 (2015), 569.

61 Die Mandate beider Gerichtshöfe sind ausgelaufen (ICTR am 14.12.2015, ICTY am 31.12.2017). An ihre Stelle ist der U.N. International Residual Mechanism for International Criminal Tribunals (MICT) getreten, der v. a. für die Weiterführung der laufenden Verfahren, Berufungsverfahren, Haftsachen sowie das umfangreiche Gerichtsarchiv zuständig ist. Zuletzt hat der ICTY mit den Urteilen gegen *Radovan Karadžić* (24.3.2016: 40 Jahre Haft, am 20.3.2019 in lebenslange Haft umgewandelt) und *Ratko Mladić* (22.11.2017: lebenslange Haft, Berufung ist anhängig) Verfahren gegen zwei Hauptkriegsverbrecher im bosnischen Bürgerkrieg abschließen können. Zum Vermächtnis der beiden Tribunale *M. Sterio/M. Scharf*, The Legacy of Ad Hoc Tribunals in International Criminal Law, 2019.

62 Überblick bei *C. Romano*, Mixed Criminal Tribunals, MPEPIL (8/2006). Vertiefend *A. Fichtelberg*, Hybrid Tribunals, 2015.

63 Errichtet durch S/RES/1272 v. 25.10.1999.

64 Unter der UN-Übergangsverwaltung wurde ein nationaler Instanzenzug zur Verfolgung von Bürgerkriegsverbrechen errichtet; die Berufungsinstanz war international besetzt. Seit 2017 ist ein in das kosovarische Justizsystem integriertes hybrides Sondertribunal (die Kosovo Specialist Chambers) mit (Haupt-)Sitz in Den Haag für die Verfolgung dieser Verbrechen zuständig. Dazu *S. Steininger*, The Kosovo Specialist Chambers, voelkerrechtsblog.org (14.3.2018).

Freetown, 2002-2013[65]), Kambodscha (Rote-Khmer-Tribunal in Phnom Penh, seit 2003[66]) und die Zentralafrikanische Republik (Sondergerichtshof in Bangui, seit 2018[67]). Solche Gerichte sind in der Regel zentrale Elemente von **Transitional Justice**, dem schwierigen Prozess der Vergangenheitsbewältigung in Postkonfliktgesellschaften (vgl. Rn. 1070).[68] Ein besonderer Fall ist das Sondertribunal für den Libanon,[69] das der strafrechtlichen Aufarbeitung lediglich einer einzigen Straftat und deren Hintergründe dient: des Attentats auf den früheren libanesischen Ministerpräsidenten *Rafiq al-Hariri*, dem 2005 insgesamt 23 Menschen zum Opfer fielen. In ähnlicher Weise aus dem Rahmen fallen die „Extraordinary African Chambers" im Senegal, die 2013 auf Grundlage eines Abkommens mit der AU allein zur strafrechtlichen Verfolgung des früheren Präsidenten des Tschad, *Hissène Habré*, errichtet wurden.[70]

1356 Internationale wie hybride Gerichte leiten ihre **Strafhoheit** entweder von den Staaten (aus Vertrag oder Unterwerfung) ab oder von einem Mandat des UN-Sicherheitsrats nach Kapitel VII UNCh. Eine „automatische" Zuständigkeit internationaler Gerichte für die völkerrechtlichen Kernverbrechen existiert nicht; sie folgt auch nicht aus dem Weltrechtsprinzip, das lediglich die Erstreckung staatlicher Strafgewalt zum Gegenstand hat.

II. Der Internationale Strafgerichtshof (IStGH)

1. Rechtsstellung und Organisation

1357 Der IStGH mit Sitz in Den Haag (Art. 3 Abs. 1) ist kein UN-Organ, aber mit den Vereinten Nationen über ein *relationship agreement* verbunden (Art. 2). Er besitzt **Völkerrechtspersönlichkeit** (Art. 4). Organe sind gemäß Art. 34 Präsidium, drei richterliche Abteilungen (für Berufungen, Hauptverhandlungen und Vorverfahren), Anklagebehörde und Kanzlei.

1358 Das **Präsidium** besteht aus dem Präsidenten und den beiden Vizepräsidenten; ihm obliegt insbesondere die Aufsicht über die Gerichtsverwaltung (Art. 38). Unterstützt wird es durch die **Kanzlei** (Art. 43). Diese erfüllt die nicht mit der Rechtsprechung zusammenhängenden Verwaltungsaufgaben und übernimmt weitere Dienstleistungen für das Gericht.

1359 Die **18 Richter** sollen die großen Rechtssysteme der Welt repräsentieren; außerdem ist bei der Zusammensetzung des Gerichts auf eine gerechte geographische Vertei-

65 Nach Erfüllung des Mandats wurde der Sondergerichtshof zur Verfolgung der noch ausstehenden Fälle in einen kleiner besetzten „Residual Mechanism" (RSCSL) mit Sitz in Den Haag überführt.

66 Zum aktuellen Stand und zur Beendigungsstrategie *H. Ryan*, Extraordinary Chambers in the Courts of Cambodia: Developments and Completion Timeline, International Justice Monitor (1.5.2019).

67 *P. Labuda*, 'Open for Business': The Special Criminal Court Launches Investigations in the Central African Republic, EJILTalk! (8.2.2019).

68 Dazu statt vieler *G. Werle/M. Vormbaum*, Transitional Justice, 2018; *M. Salehi/T. Williams*, Frieden und Transitional Justice, in: Gießmann/Rinke (Hg.), Handbuch Frieden, 2019, 731.

69 Errichtet durch den UN-Sicherheitsrat mit Resolution 1757 v. 30.5.2007 auf Grundlage eines Abkommens zwischen den Vereinten Nationen und dem Libanon.

70 Näher *S. Williams*, The Extraordinary African Chambers in the Senegalese Courts: An African Solution to an African Problem?, JICJ 11 (2013), 1139. Zu den Hintergründen des Verfahrens Rn. 331.

lung und auf ein ausgewogenes Geschlechterverhältnis zu achten (Art. 36 Abs. 8). Die Richter werden durch die Vertragsstaatenversammlung (Art. 112) auf neun Jahre gewählt (Sonderregelungen für die ersten Wahlen), und zwar aus **zwei Listen**: Liste A enthält Kandidaten mit fachlicher Expertise im Strafrecht und Strafprozessrecht sowie entsprechender praktischer Berufserfahrung, Liste B Experten in einschlägigen Bereichen des Völkerrechts (v. a. HVR, Menschenrechte) mit relevanter beruflicher Erfahrung (Näheres in Art. 35-37, 40, 41). Nach Art. 39 Abs. 2 werden die richterlichen Aufgaben des Gerichtshofs in jeder der drei Abteilungen von **Kammern** wahrgenommen (Berufungs-, Hauptverfahrens- und Vorverfahrenskammern). Die Aufteilung der Richter auf die Kammern beschließen die Richter im Plenum.

Die **Anklagebehörde** (Art. 42) wird vom Ankläger *(Prosecutor)* geleitet. Sie handelt 1360
unabhängig als selbstständiges Organ des Gerichtshofs und ermittelt, wie die Staatsanwaltschaft in Deutschland (und im Unterschied z. B. zu den USA), auch entlastende Umstände. Intern ist die Anklagebehörde in drei Abteilungen gegliedert: die Abteilung für Fragen von Jurisdiktion, Komplementarität und Kooperation *(jurisdiction, complementarity and cooperation division)*, die Untersuchungsabteilung *(investigation division)* sowie die Anklageabteilung *(prosecution division)*. In allen Verfahrensstadien arbeiten Vertreter jeder dieser Abteilungen in Arbeitsgruppen zusammen.

2. Voraussetzungen der Strafverfolgung durch den IStGH

a) Zuständigkeit des IStGH

Sachlich *(ratione materiae)* ist der IStGH für die Verfolgung der in Art. 5 genannten 1361
Kernverbrechen zuständig. In zeitlicher Hinsicht *(ratione temporis)* ist er auf die Verfolgung von Verbrechen beschränkt, die **nach Inkrafttreten des Statuts** im Allgemeinen bzw. für den betreffenden Staat begangen wurden (Art. 11, beachte auch Art. 124). In persönlicher Hinsicht *(ratione personae)* unterliegen der Gerichtsbarkeit des IStGH **natürliche Personen** (Art. 25 Abs. 1)[71], die bei Tatbegehung **das 18. Lebensjahr vollendet** hatten (Art. 26).

b) Begründung der Strafhoheit

Universelle Jurisdiktion besitzt der IStGH, der als ständige Institution der Durchset- 1362
zung des Völkerstrafrechts auf internationaler Ebene konzipiert ist, nicht. Der u. a. von Deutschland unterbreitete Vorschlag, die Rechtsprechungsgewalt des Gerichtshofs auf das **Weltrechtsprinzip** zu gründen, hat sich **nicht durchgesetzt**. Ansonsten hätte der IStGH die völkerrechtlichen Kernverbrechen verfolgen können, gleich wo, von wem und an wem diese begangen wurden. Derzeit leitet er seine Jurisdiktion aus traditionellen Prinzipien des Internationalen Strafrechts von den Staaten ab – nämlich aus dem **Territorialitätsprinzip** und dem **aktiven Personalitätsprinzip**: Tatortstaat oder Heimatstaat des Tatverdächtigen müssen Vertragspartei des Statuts sein (Art. 12 Abs. 2) oder dem Verfahren *ad hoc* zugestimmt haben (Art. 12 Abs. 3).

71 Zur (fehlenden) Strafbarkeit juristischer Personen *J. Adam*, Die Strafbarkeit juristischer Personen im Völkerstrafrecht, 2015; vgl. ferner *F. Jeßberger/W. Kaleck/T. Singelnstein* (Hg.), Wirtschaftsvölkerstrafrecht, 2015; *K. Ambos*, Wirtschaftsvölkerstrafrecht, 2018.

1363 Dennoch ist es möglich, dass Staatsangehörige eines Staates, der nicht Vertragspartei ist und dem Verfahren nicht zugestimmt hat, sich vor dem Gerichtshof verantworten müssen, wenn nämlich der Tatortstaat Vertragspartei ist. An einer solchen **third party jurisdiction** wird kritisiert, sie verletze den Grundsatz, dass Verträge für Dritte keine Rechtspflichten begründen dürfen (vgl. Art. 34, 35 WVK).[72] Der Heimatstaat des Tatverdächtigen werde in seiner Personalhoheit verletzt; außerdem liefen gegenüber einem Gerichtshof, der allein nach Maßstäben des Rechts arbeite, diplomatische Mittel ins Leere, die im Konfliktfall eine politische Lösung ermöglichen würden. Bei näherer Betrachtung liegt jedoch kein Verstoß gegen den Pacta-tertiis-Grundsatz vor. Dem Heimatstaat des Verdächtigen werden keine Rechtspflichten auferlegt. Dass ein völkerrechtlicher Vertrag faktische Auswirkungen auf andere Staaten hat, ist oft der Fall und kein Verstoß gegen Art. 34, 35 WVK bzw. die dort kodifizierten Regeln des Gewohnheitsrechts. Zwar liegt ein Eingriff in die Personalhoheit vor, dieser aber wird – wie sonst auch – durch das Territorialitätsprinzip legitimiert. Aus Sicht des Drittstaates muss die Ausübung der Gerichtsbarkeit durch den IStGH für den Tatortstaat als Akt der souveränen Entscheidung dieses Staates erscheinen, auf welche Weise er seine Jurisdiktion ausüben will. Dass diplomatische Mittel gegenüber dem IStGH wirkungslos sind, trifft zu; der Komplementaritätsgrundsatz (Art. 17 IStGH-Statut, dazu sogleich) gibt aber die weitergehende Möglichkeit, durch eigene Ermittlungen die Jurisdiktion des IStGH zu blockieren. Die USA haben zu ihrer Absicherung bilaterale Abkommen geschlossen, in denen sich die Vertragspartner verpflichten, US-Bürger nicht an den IStGH zu überstellen.[73]

Bei der Überweisung der Situationen in Darfur und in Libyen an den IStGH hat der UN-Sicherheitsrat „derzeitiges oder ehemaliges Personal" ausländischer Staaten, die nicht Vertragspartei des Römischen Statuts sind, explizit von der Gerichtsbarkeit des IStGH ausgenommen.[74] Im Zuge der Vorermittlungen zur Situation in Afghanistan hatte die Anklagebehörde auch wegen möglicher Verbrechen von Mitgliedern der internationalen Streitkräfte sowie in CIA-Gefängnissen ermittelt und Kritik an der unzureichenden Aufarbeitung durch die USA geübt. Nach der Ankündigung förmlicher Ermittlungen drohte die US-Regierung im September 2018 Sanktionen (Einreiseverbote, Kontensperrungen) sowie Haftbefehle gegen führendes IStGH-Personal

---

72 Dazu auch Rn. 213, sowie *A. v. Arnauld*, Klausurenkurs im Völkerrecht, 3. Aufl. 2018, Fall 16. Zu diesem Streit *D. Scheffer*, The United States and the International Criminal Court, AJIL 93 (1999), 12; *R. Wedgwood*, The International Criminal Court: An American View, EJIL 10 (1999), 93, mit Erwiderung von *G. Hafner* u. a., ebd., 108; *H.-P. Kaul*, Preconditions to the Exercise of Jurisdiction, in: Cassese/Gaeta/Jones (Hg.), The Rome Statute of the International Criminal Court, Vol. I, 2002, 583 (607 ff); *B. B. Jia*, The International Criminal Court and Third States, in: Cassese (Hrsg.), The Oxford Companion to International Criminal Justice, 2009, 160; *R. Cryer*, The ICC and its Relationship to Non-States Parties, in: Stahn (Hg.), The Law and Practice of the International Criminal Court, 2015, 260. Zu den Hintergründen *W. Schabas*, United States Hostility to the International Criminal Court: It's All About the Security Council, EJIL 15 (2004), 701.

73 Zur Frage der Vereinbarkeit solcher Abkommen mit den Pflichten von Vertragsparteien des IStGH-Statuts *K. Ambos*, Internationales Strafrecht, 4. Aufl. 2018, § 8 Rn. 77 ff, insbes. Rn. 80; *B. Sendel*, Bilaterale Nichtüberstellungsabkommen der Vereinigten Staaten und Art. 98 Abs. 2 des Römischen Statuts zur Errichtung eines ständigen Internationalen Strafgerichtshofs, ZIS 2007, 118; *S. Meding*, Bilaterale Nichtüberstellungsabkommen der USA mit Signatarstaaten und Vertragsstaaten des IStGH und deren völkerrechtliche Vereinbarkeit mit dem Römischen Statut, HuV-I 2008, 99. Siehe auch *A. v. Arnauld*, Klausurenkurs im Völkerrecht, 3. Aufl. 2018, Fall 16. Kritisch aus US-Sicht *J. Paust*, The U.S. and the ICC: No more excuses, WashUGLSR 12 (2013), 563.

74 S/RES/1593 v. 31.3.2005, § 6 und S/RES/1970 v. 26.2.2011, § 6. Dazu *G. Lentner*, The Role of the UN Security Council vis-à-vis the International Criminal Court, ICompLR 14 (2014), 5.

an und begann im März 2019 mit deren Umsetzung.[75] Die kontroverse Entscheidung der Vorverfahrenskammer II vom 12. April 2019, die Aufnahme von Ermittlungen „im Interesse der Gerechtigkeit" zu untersagen (Rn. 1324), hat den Anlass des Konflikts beseitigt.[76]

c) Komplementarität

Gemäß Art. 17 übt der IStGH seine Gerichtsbarkeit **komplementär zu den staatlichen Gerichten** aus. Der Gerichtshof wäre mit der Verfolgung aller Straftaten, die in seine Zuständigkeit fallen, schon rein faktisch überfordert; der Grundsatz der Komplementarität geht aber noch weiter. Danach darf der Gerichtshof von vornherein nur tätig werden, wenn der zur Strafverfolgung **zuständige Staat nicht willens oder nicht in der Lage** ist, seinerseits die Strafverfolgung zu übernehmen. Findet ein nationales Strafverfahren statt oder hat es bereits stattgefunden oder ist die fragliche Tat nicht schwer genug, so ist ein Verfahren vor dem IStGH unzulässig. Bereits (ernsthafte) **Ermittlungen** genügen nach Art. 17 Abs. 1, um den IStGH von der Strafverfolgung auszuschließen.[77] 1364

Der **mangelnde Wille** zur Strafverfolgung kann sich in Scheinverfahren zeigen, die lediglich dem Schutz des Tatverdächtigen vor anderweitiger Strafverfolgung dienen, in Verfahrensverschleppung oder wenn das Verfahren nicht unabhängig oder unparteiisch durchgeführt wird (Art. 17 Abs. 2 lit. a-c). Die **mangelnde Fähigkeit** eines Staates zur Strafverfolgung ist nach Art. 17 Abs. 3 bei einem „völligen oder weitgehenden Zusammenbruch oder der mangelnden Verfügbarkeit seines Justizsystems" gegeben. Über das Vorliegen der Voraussetzungen nach Art. 17 Abs. 2 und 3 entscheidet der IStGH, der hierdurch eine gewisse Aufsichtsfunktion über staatliche Strafverfolgungsmaßnahmen erhält. 1365

3. Das Verfahren vor dem IStGH

a) Verfahrensinitiative (trigger mechanisms)

Die Verfahrensinitiative kann nach Art. 13 von drei Seiten ausgehen. Zunächst kann ein **Vertragsstaat** dem Ankläger eine Situation unterbreiten (Art. 13 lit. a, 14). In diesem Fall ist zu prüfen, ob die Strafhoheit des Gerichts nach Art. 12 begründet ist; ist der unterbreitende Staat selbst zur Strafverfolgung berechtigt, so kann ihm gegenüber auf die Prüfung der Komplementarität (Art. 17) verzichtet werden. 1366

Das Verfahren kann zweitens mit einer Überweisung durch den **UN-Sicherheitsrat** angestoßen werden (Art. 13 lit. b). Von dieser Möglichkeit ist erstmals durch Überweisung der Situation in Darfur (Sudan) Gebrauch gemacht worden.[78] Da die hierfür 1367

75 *D. Akande*, The Bolton Speech: The Legality of US Retaliatory Action Against Judges and Officials of the International Criminal Court?, EJIL Talk! (14.9.2018); *B. Walton/A. A. Farhadi*, The ICC and US Retaliatory Visa Measures: Can the UN Do More to Support the Privileges & Immunities of the Prosecutor?, EJIL Talk! (23.4.2019).

76 Zur Kritik am „Einknicken" des IStGH *P. Labuda*, A Neo-Colonial Court for Weak States? Not Quite. Making Sense of the International Criminal Court's Afghanistan Decision, EJIL Talk! (13.4.2019).

77 Zum Umgang mit Wahrheits- und Versöhnungskommissionen und Amnestien Rn. 1374–1376.

78 S/RES/1593 v. 31.3.2005 (angenommen bei vier Enthaltungen: Algerien, Brasilien, China, USA). Siehe danach auch S/RES/1970 v. 26.2.2011, §§ 4 ff zum Bürgerkrieg in Libyen. Zur Überweisungspraxis *R. Frau*, Die Überweisung der Lage in Libyen an den Internationalen Strafgerichtshof durch den

notwendige Resolution nach Kapitel VII UNCh sich über souveräne Rechte betroffener Staaten hinwegsetzen kann, ist eine Prüfung der Strafhoheit des Gerichts nicht erforderlich. Jedenfalls solange der Sicherheitsrat dem IStGH nicht ausdrücklich die „primäre Gerichtsbarkeit“ *(primary jurisdiction)* zuweist, wendet der Gerichtshof in der Praxis aber auch in diesen Fällen den Komplementaritätsgrundsatz (Art. 17) an.

1368 Drittens kann der **Ankläger von Amts wegen** *(proprio motu)* das Verfahren einleiten (Art. 13 lit. c).[79] Hier sind selbstverständlich die Voraussetzungen von Art. 12 und 17 zu prüfen. Zudem ist vor Eröffnung des Verfahrens in diesem Fall vom Ankläger ein Antrag auf Genehmigung der Ermittlungen an die Vorverfahrenskammer zu richten (Art. 15 Abs. 3).

Übersicht: Einleitung des Verfahrens vor dem IStGH

Initiator	Vertragsstaat, Art. 13 lit. a	UN-Sicherheitsrat, Art. 13 lit. b	Ankläger, Art. 13 lit. c
Zuständigkeit des IStGH gemäß Art. 12	*zu prüfen*	*nicht zu prüfen*	*zu prüfen*
Komplementarität gemäß Art. 17	*zu prüfen, außer in Bezug auf den Staat, der unterbreitet*	*zu prüfen, falls nicht „primäre Gerichtsbarkeit“ übertragen*	*zu prüfen*
Genehmigung gemäß Art. 15	*nicht erforderlich*	*nicht erforderlich*	*erforderlich*

b) Der Verfahrensgang: Überblick

1369 Nach Art. 53 Abs. 1 prüft der Ankläger zunächst, ob eine vernünftige Grundlage für die **Einleitung von Ermittlungen** besteht, d. h. ob die Informationen die Annahme begründen, dass ein Verbrechen nach dem Statut vorliegt (lit. a), ob der Komplementaritätsgrundsatz sperrt (lit. b) oder ob sonstige Erwägungen der Eröffnung des Verfahrens entgegenstehen (lit. c). Die Komplementarität wird gesichert, indem alle Vertragsstaaten sowie solche Nichtvertragsstaaten, die zur Strafverfolgung berechtigt wären, über die Verfahrenseinleitung informiert werden. Meldet binnen eines Monats ein Staat seine Absicht zur Strafverfolgung, stellt die Anklagebehörde die eigenen Ermittlungen zurück (Einzelheiten in Art. 18).

Bei seinen **Ermittlungen** kann der Ankläger Maßnahmen ohne Eingriffscharakter (z. B. Zeugenbefragungen) selbst anordnen (Art. 54 Abs. 3); **Maßnahmen mit Eingriffscharakter** (z. B. vorläufige Festnahme) müssen auf Grundlage von Teil 9 des Statuts (Zusammenarbeit mit Staaten) ergehen oder bedürfen der Genehmigung durch die Vorverfahrenskammer (Art. 54 Abs. 2, Art. 57 Abs. 3). Den Erlass von Haftbefehlen (erfordern einen durch Tatsachen

---

Sicherheitsrat der Vereinten Nationen – zugleich ein Beitrag zur Völkerstrafrechtspraxis des Sicherheitsrates, AVR 49 (2011), 276; *A. Kramer*, Security Council Referrals to the ICC: A Politicised System, IrishYIL 7 (2012), 117.

79 Zum Ermessensspielraum *H. Olásolo*, The Prosecutor of the ICC Before the Initiation of Investigations: A Quasi-Judical or a Political Body?, ICLR 3 (2003), 87; *W. Schabas*, „Schöne Neue Welt“: Zur Rolle des Anklägers des Internationalen Strafgerichtshofs, FW 83/4 (2008), 11; *L. Bådagård/ M. Klamberg*, The Gatekeeper of the ICC: Prosecutorial Strategies for Selecting Situations and Cases at the International Criminal Court, GeorgeJIL 48 (2017), 639. Eingehend *F. Foka Taffo*, Le pouvoir discrétionnaire du Procureur de la Cour pénale internationale, 2018.

begründeten Tatverdacht und einen Haftgrund) und deren Vollstreckung im Gewahrsamsstaat regeln die Art. 58 f. Die Verfahrensrechte des Beschuldigten regelt Art. 55.

In einem **Vorverfahren** wird sodann über die Eröffnung des Hauptverfahrens entschieden, und zwar nach mündlicher Verhandlung, die nach Möglichkeit im Beisein des Beschuldigten und seines Verteidigers geführt werden soll (*confirmation hearing*, Art. 61). Findet die Vorverfahrenskammer die Tatvorwürfe bestätigt, überweist sie den Fall an eine der Hauptverfahrenskammern. Andernfalls weist sie entweder die Tatvorwürfe aus Mangel an Beweisen ganz oder teilweise zurück oder vertagt die Verhandlung, um der Anklagebehörde Gelegenheit zu geben, neue Beweise vorzulegen bzw. den Tatvorwurf zu ändern.

Das **Hauptverfahren** findet vor der Hauptverfahrenskammer statt, die von der Vorverfahrenskammer organisatorisch wie personell getrennt ist (anders als § 199 Abs. 1 StPO!). Die mündliche Verhandlung steht unter Leitung des Kammervorsitzenden (Art. 64 Abs. 1, 2), folgt also dem auf Amtsermittlung fußenden inquisitorischen, nicht dem adversatorischen, d. h. als Parteienprozess ausgestalteten angloamerikanischen Modell; daher findet auch kein Kreuzverhör statt. Die Anwesenheit des Angeklagten ist grundsätzlich erforderlich (Art. 62, 63 Abs. 1); seine Rechte sind in den Art. 66 f niedergelegt. Die Beweisaufnahme folgt den Grundsätzen der Mündlichkeit und der Unmittelbarkeit, allerdings sind Ausnahmen namentlich zum Zeugenschutz möglich (Art. 69). Die Parteien haben das Recht, Beweisanträge zu stellen. Einzelheiten regelt die Verfahrens- und Beweisordnung. Eine differenzierte Regelung zum Schutz von Informationen, die die nationale Sicherheit eines Staates betreffen, findet sich in Art. 72; hier wird insbesondere auf die Kooperation des betreffenden Staates mit dem Gericht gesetzt.

Das **Urteil** ergeht mündlich und öffentlich (Art. 74) und enthält in aller Regel bereits die Verkündung des Strafmaßes (Art. 76). Zudem sollen Grundsätze zur Opferentschädigung enthalten sein (Art. 75).[80] **Rechtsmittel** gegen Urteile oder sonstige Verfahrensentscheidungen der ersten Instanz sind an die Berufungskammer zu richten (Art. 81 f). Diese kann die angefochtene Entscheidung abändern oder aufheben und an eine andere Kammer verweisen (Art. 83 Abs. 2). Eine **Wiederaufnahme** des Verfahrens ist insbesondere bei neuen Beweisen oder erheblicher Pflichtverletzung eines Richters möglich (Art. 84).

Das IStGH-Verfahren räumt den **Verbrechensopfern** Rechte auf Verfahrensbeteiligung und Entschädigung ein. Die Beteiligung am Verfahren ist nicht allein auf die Übersendung von Informationen an die Anklagebehörde und die Beteiligung als Zeuge beschränkt; vielmehr können Opfer in jedem Stadium ihre Positionen und Sichtweisen in das Verfahren einbringen. Unterstützt werden die Opfer in der Wahrnehmung dieser Rechte durch die Kanzlei des Gerichtshofs (z. B. Vermittlung von Rechtsbeistand, Zeugenschutz). Zudem haben sie Anspruch auf eine Entschädigung, die das Gericht im Urteil festlegt (Art. 75).[81]

80 Zur 10-Millionen-Dollar-Entschädigung im *Lubanga*-Fall *M. Brodney/M. Regué*, Formal, Functional, and Intermediate Approaches to Reparations Liability: Situating the ICC's 15 December 2017 Lubanga Reparations Decision, EJIL Talk! (4.1.2018).

81 Dazu aus jüngerer Zeit *H. Hobbs*, Victim Participation in International Criminal Proceedings, TexasILJ 49 (2014), 1; *E. Hoven*, Die Bedeutung des Opfers im Völkerstrafverfahren, in: Kreß (Hg.), 10 Jahre Arbeitskreis Völkerstrafrecht, 2015, 458; *C. McCarthy*, The Rome Statute's Regime of Victim Redress: Challenges and Prospects, in: Stahn (Hg.), The Law and Practice of the International Criminal Court, 2015, 1203. Kritisch zur Praxis *M. J. Machado Forero/S. Karlsson/L.-M. Rudi*, The Victims Who Are Not Quite Victim Enough: How the ICC Creates Divides Within Victim Communities, FW 88/3-4 (2013), 207. Eingehend *L. Moffett*, Justice for Victims before the International Criminal Court, 2014.

4. Die strafrechtliche Zusammenarbeit

1370 Der IStGH ist auf Zusammenarbeit mit Staaten angewiesen (dazu Teil 9: Art. 86-102); dazu verpflichtet sind nur Vertragsstaaten (Art. 86); Nichtvertragsstaaten müssen lediglich bei besonderer Übereinkunft kooperieren (Art. 87 Abs. 5 lit. a). Eine Ausnahme besteht, wenn der IStGH auf Grundlage einer Überweisung durch den UN-Sicherheitsrat tätig wird (vgl. Art. 25, 48 UNCh). In diesem Fall wird der Sicherheitsrat unterrichtet, falls nicht oder mangelhaft kopperiert wird, in allen anderen Fällen die Versammlung der Vertragsstaaten (Art. 87 Abs. 7 bzw. Abs. 5 lit. b). Die wichtigste Form der Zusammenarbeit betrifft die **Überstellung von Personen** (Art. 89 ff). Hier bestimmt Art. 90 einen grundsätzlichen Vorrang von Überstellungsersuchen des Gerichtshofs vor konkurrierenden Auslieferungsersuchen.[82] Andere Formen der Zusammenarbeit umfassen **Rechtshilfehandlungen** wie z. B. Zeugenvernehmungen, Zustellungen usw. (Art. 93 ff) sowie die Unterstützung von Mitarbeitern der Anklagebehörde bei ihren Untersuchungen vor Ort. Rechtshilfehindernisse errichtet Art. 98 bei Verpflichtungen des ersuchten Staates gegenüber Drittstaaten. Danach stehen einer Überstellung an den IStGH **Immunitäten und vertragliche Verpflichtungen zur Nichtüberstellung** entgegen. Die Vorschrift ist allerdings teleologisch auf das Verhältnis zu Nichtvertragsstaaten zu reduzieren, da Vertragsstaaten ihrerseits zur Kooperation mit dem IStGH verpflichtet sind (Art. 86, 89 Abs. 1 S. 2). Die Vollstreckung der Rechtshilfehandlungen erfolgt nach Maßgabe nationalen Rechts (Art. 99).

Ungeachtet des seit 2009 gegen ihn bestehenden Haftbefehls nahm der im April 2019 abgesetzte Präsident des Sudan, *Omar Al-Bashir*, an internationalen Konferenzen im afrikanischen und arabischen Raum teil, weil sich die Mehrzahl der Staaten in der Region weigerte, den Haftbefehl zu vollstrecken.[83] Hierin lag ein Verstoß gegen die Kooperationspflichten aus dem Römischen Statut (Art. 86, 89 Abs. 1 S. 2). Art. 98 Abs. 1 befreite insoweit nicht von den Pflichten gegenüber dem IStGH. Zwar ist der Sudan nicht Vertragspartei, allerdings beruhen die Ermittlungen im Darfur-Fall auf einer Kapitel-VII-Resolution des UN-Sicherheitsrates, in der der Sudan zu voller Kooperation mit dem IStGH aufgefordert wurde. Hierdurch wurde auch *Al-Bashirs* Immunität aufgehoben.[84] Noch weitergehend hat der IStGH im Mai 2019 auf die Berufung Jordaniens hin dem Ausschluss der Immunität amtierender Regierungsmitglieder vor internationalen Strafgerichten gewohnheitsrechtliche Geltung attestiert.[85]

1371 Auf Kooperation ist der IStGH auch bei der **Strafvollstreckung** angewiesen. Staaten können sich durch Aufnahme in eine Liste generell zur Strafvollstreckung bereit erklären; im Einzelfall kann die Übernahme abgelehnt werden (Art. 103). Die Vollstre-

82 Dazu auch *A. v. Arnauld*, Klausurenkurs im Völkerrecht, 3. Aufl. 2018, Fall 16.

83 Zum Streit um seine Teilnahme am AU-Gipfel in Johannesburg *D. Tladi*, The Duty on South Africa to Arrest and Surrender President Al-Bashir under South African and International Law, JICJ 13 (2015), 1027; *E. de Wet*, The Implications of President Al-Bashir's Visit to South Africa for International Law and Domestic Law, JICJ 13 (2015), 1049.

84 Vgl. IStGH, Beschluss v. 13.6.2015, *The Prosecutor v. Omar Hassan Ahmad Al Bashir*, ICC-02/05-01/09-242.

85 IStGH, Urteil v. 6.5.2019, The Prosecutor v. Omar Hassan Ahmad Al Bashir, ICC-02/05-01/09OA2. Kritische Analyse der Schwächen des Urteils bei *B. Batros*, A Confusing ICC Appeals Judgment on Head-of-State Immunity, justsecurity.org (7.5.2019); *A. Skander Galand*, A Hidden Reading of the ICC Appeals Chamber's Judgment in the Jordan Referral Re Al-Bashir, EJIL Talk! (6.6.2019). Zu Plänen der AU-Mitglieder, ein IGH-Gutachten zu dieser Frage einzuholen, oben Rn. 1324.

ckung erfolgt im Rahmen internationaler Standards nach nationalem Recht unter Aufsicht des IStGH (Art. 106).

III. Die Rolle staatlicher Gerichte

Auch wenn durch die Errichtung des IStGH das Projekt einer internationalen Strafge- **1372**
richtsbarkeit einen wichtigen Schritt vorangekommen ist, liegt die Aufgabe zur Durchsetzung des Völkerstrafrechts noch immer hauptsächlich bei staatlichen Gerichten. Dies liegt nicht nur an der fehlenden universellen Jurisdiktion des IStGH, sondern auch daran, dass er gemäß Art. 17 IStGH-Statut nur tätig wird, wenn kein zur Strafverfolgung berechtigter Staat die Strafverfolgung übernimmt. Die dezentrale Durchsetzung über staatliche Gerichte ist keineswegs ineffizient, auch wenn in heikleren Fällen bisweilen Zögerlichkeit zu bestehen scheint.[86] Vor allem Verstöße gegen das Humanitäre Völkerrecht, aber auch Völkermordtaten sind wiederholt Gegenstand von Verfahren vor staatlichen Gerichten, so etwa Straftaten im früheren Jugoslawien-Konflikt vor deutschen Gerichten.[87] Es bleibt freilich die Gefahr, dass die Ahndung ungleichmäßig erfolgt, sei es, dass mit den Angeklagten „abgerechnet" werden soll, sei es, dass der Heimatstaat des Täters seinen Staatsangehörigen durch milde Ahndung gegen Forderungen anderweitiger Strafverfolgung immunisieren will. Hier steht zu hoffen, dass die Aufsicht, die der IStGH nach Art. 17 bis zu einem gewissen Grade über staatliche Strafverfolgungsmaßnehmen ausüben kann, langfristig eine disziplinierende Wirkung entfalten wird.

IV. Strafverfolgungshindernisse

1. Ne bis in idem

a) Transnationales Verbot der Doppelbestrafung

Zwar gehört der Grundsatz, dass niemand zweimal wegen derselben Tat bestraft wer- **1373**
den darf *(ne bis in idem)*, zum gewohnheitsrechtlichen Bestand der Menschenrechte und ist in allen einschlägigen Menschenrechtsabkommen niedergelegt; verboten ist aber nur die doppelte Bestrafung durch Gerichte desselben Staates (vgl. z. B. Art. 4 ZP 7 zur EMRK, Art. 14 IPBPR). Ein transnational wirksames *ne bis in idem* existiert bislang nur innerhalb der Europäischen Union (Art. 50 EU-GRCh). Art. 20 IStGH-

86 Vgl. z. B. die Kritik an der Entscheidung von Generalbundesanwalt und OLG Stuttgart, kein Ermittlungsverfahren gegen den damaligen US-Verteidigungsminister *Rumsfeld* zu eröffnen: *A. Fischer-Lescano*, Weltrecht als Prinzip, KJ 2005, 72; *K. Ambos*, Völkerrechtliche Kernverbrechen, Weltrechtsprinzip und § 153f StPO, NStZ 2006, 434; *R. Hannich*, Justice in the Name of All: Die praktische Anwendung des Völkerstrafgesetzbuchs aus der Sicht des Generalbundesanwalts beim Bundesgerichtshof, ZIS 2006, 507; *D. Basak*, Der Fall Rumsfeld – ein Begräbnis Dritter Klasse für das Völkerstrafgesetzbuch?, KritV 2007, 333.

87 Sie z. B. aus der höchstrichterlichen Rechtsprechung BGHSt 45, 65; BGHSt 46, 292. Ferner (zum Bürgerkrieg in Ruanda) BGH, Urteil v. 20.12.2018, 3 StR 236/17, NJW 2019, 1818. Zur Verhaftung zweier ehemaliger Mitglieder des syrischen Geheimdienstes wegen des Verdachts von Verbrechen gegen die Menschlichkeit Generalbundesanwalt, Pressemitteilung 8/2019 v. 13.2.2019.

Statut geht hierüber hinaus. Danach darf niemand zweimal vom IStGH wegen derselben Sache verurteilt werden (Art. 20 Abs. 1: **horizontales ne bis in idem**); das Verbot gilt aber auch für Gerichte von Vertragsstaaten, wenn ein Urteil des IStGH in derselben Sache vorliegt, soweit es um die Bestrafung wegen eines der in Art. 5 genannten Kernverbrechen geht (Art. 20 Abs. 2: **downward ne bis in idem**). Das Urteil eines staatlichen Gerichts verbietet eine Befassung des IStGH (folgt schon aus der Komplementarität nach Art. 17), allerdings nur, wenn das Verfahren ernsthaft betrieben wurde und nicht als Scheinverfahren allein dem Schutz des Angeklagten gedient hat (Art. 20 Abs. 3: **upward ne bis in idem**).

Fall: Zwei für einen? X aus A hat sich in einem Krieg mit Staat B durch Bestechung verleiten lassen, den Plünderungsbefehl für eine eroberte Stadt zu erteilen. In seiner Heimat wird er wegen eines Kriegsverbrechens in Tateinheit mit Bestechlichkeit verurteilt. Kann er wegen derselben Taten zusätzlich durch B oder durch den IStGH verurteilt werden? Wie wäre es, wenn das erste Urteil vom IStGH gesprochen worden wäre?

Lösungshinweise: Grundsätzlich besteht ein Verbot der Doppelbestrafung nur vor Gerichten desselben Staates. Wegen des Kriegsverbrechens – vgl. Art. 8 lit. b (xvi) IStGH-Statut – könnte X also auch ein zweites Mal in B bestraft werden (Ausnahmen innerhalb der EU). Für die Bestechung allerdings scheitert die erneute Bestrafung nicht am Grundsatz *ne bis in idem*, sondern an der fehlenden Strafhoheit. Die Strafhoheit von B ließe sich nur in einer unvertretbar weiten Interpretation des Wirkungs- oder Schutzprinzips begründen. Gegenüber dem IStGH wiederum gelten andere Regeln. Hier unterliegt von vornherein nur der Plünderungsbefehl der Jurisdiktion des Gerichtshofs, nicht die Bestechlichkeit (vgl. Art. 5 IStGH-Statut). Eine erneute Bestrafung nach Verurteilung durch ein Gericht in A scheitert an Art. 20 Abs. 3 (i. V. m. Art. 17) IStGH-Statut. Wäre das erste Urteil vom IStGH gesprochen, dürfte X in A nicht mehr wegen des Plünderungsbefehls bestraft werden (vgl. Art. 20 Abs. 2 IStGH-Statut), wohl aber wegen der Bestechlichkeit. Insofern sperrt die auf den Rahmen des Art. 5 IStGH-Statut festgelegte Strafhoheit des IStGH nicht.

b) Strafverbrauch durch Amnestien oder außergerichtliche Konfliktlösung

1374 Fraglich ist, ob der Strafanspruch auch wirksam durch Amnestien oder außergerichtliche Formen der Konfliktbereinigung erledigt werden kann. Pauschale **Amnestien** widersprechen der Pflicht zur Verfolgung und Bestrafung schwerer Menschenrechtsverletzungen, insbesondere der völkerrechtlichen Kernverbrechen. Insoweit deutet sich ein internationaler Konsens an.[88] Etwas anderes mag für begrenzte Amnestien gelten, deren Zweck nicht in einer Unterbindung der Strafverfolgung als solcher liegt. Die in Art. 6 Abs. 5 ZP II angesprochenen Amnestien nach einem nicht-internationalen bewaffneten Konflikt bezwecken nur die Straflosigkeit der Kampfhandlungen als solcher und erstrecken sich nicht auf Bürgerkriegsverbrechen und andere schwere Menschenrechtsverletzungen (Rn. 1288).

---

88 Vgl. Human Rights Committee, General Comment No. 20 (1994), § 15 (zu Art. 7 IPBPR); Art. 10 Statut des Sondergerichtshofs für Sierra Leone; ICTY, Prosecutor v. Furundzija, Urteil v. 10.12.1998, IT-95-17/1-T, § 155; IAGMR, Urteil v. 14.3.2001, Barrios Altos, ILR 136 (2009), 1, §§ 41 ff; EGMR, Urteil v. 27.5.2014, Marguš/Koratien, 4455/10, §§ 131 ff. Siehe m. w. N. *A. Seibert-Fohr*, Amnesties, MPEPIL (11/2010).

Die Verfolgungs- und Bestrafungspflicht trägt den **Besonderheiten des Konflikts** Rechnung, um dessen Aufarbeitung es geht. Das IStGH-Statut schafft die nötige Flexibilität, indem nach Art. 17 Abs. 1 lit. b auch die staatliche Entscheidung, eine Person nicht zu verfolgen, vom IStGH zu respektieren ist, solange dies nicht Ausdruck eines fehlenden Verfolgungswillens ist. Auch kann der Ankläger gemäß Art. 53 Abs. 1 S. 2 lit. c und Abs. 2 lit. c von der Einleitung bzw. Fortsetzung der Ermittlungen absehen, wenn die Strafverfolgung „nicht im Interesse der Gerechtigkeit" liegt. Schließlich kann der UN-Sicherheitsrat nach Art. 16 auf Grundlage von Kapitel VII UNCh Ermittlungen sowie Strafverfolgung durch den IStGH suspendieren.[89] 1375

Damit bleibt Raum für alternative Verfahren der Aufarbeitung von Völkerrechtsverstößen in Postkonfliktgesellschaften, z. B. durch **Wahrheits- und Versöhnungskommissionen**.[90] Auch hier freilich dürfte ein differenzierter Einsatz eher mit der prinzipiellen Pflicht zur Verfolgung und Bestrafung vereinbar sein. So beschränkte sich die Zuständigkeit der Wahrheitskommissionen für Osttimor z. B. auf weniger schwere Straftaten, während in Sierra Leone die Zuständigkeiten zwischen Sondergerichtshof und Wahrheitskommissionen danach aufgeteilt wurden, ob es sich um Haupttäter handelte oder um andere Täter sowie Minderjährige. 1376

2. Immunitäten

Strafverfolgungshürden errichten auch internationale Immunitätenregelungen. Im Yerodia-Fall[91] hatte Belgien einen internationalen Haftbefehl wegen Völkermordes gegen den damaligen kongolesischen Außenminister ausgestellt. Belgien stützte erfolgreich seine Strafgewalt auf das in der Völkermord-Konvention verankerte Weltrechtsprinzip. Erfolglos blieb aber die Argumentation, die Immunität Yerodias sei irrelevant, weil das Verbot des Völkermordes dem *ius cogens* zuzurechnen sei, das auch der Staatenimmunität vorgehe. Der IGH hat hier eine Trennlinie zwischen dem an Staaten adressierten Verbot des Völkermordes (dieses gilt zwingend) und der an das Individuum adressierten strafrechtlichen Erweiterung dieses Verbots gezogen. Eine Strafverfolgung fremder Funktionsträger kommt somit nach den Grundsätzen der Urteile Pinochet *(House of Lords)* und *Habré* (IGH) erst nach dem Ausscheiden aus dem Amt in Betracht (Rn. 331). Noch amtierende Funktionsträger können strafrechtlich dem Yerodia-Urteil des IGH folgend nur vor einem internationalen Strafgericht angeklagt werden.[92] Die Statuten von ICTY (Art. 7 Abs. 2), ICTR (Art. 6 Abs. 2) und IStGH (Art. 27) regeln bzw. regelten dies explizit. 1377

---

89 Vertiefend *R. Hamilton*, The ICC's Exit Problem, NYUJILP 47 (2014), 1.

90 Dazu *E. Hahn-Godeffroy*, Die südafrikanische Truth and Reconciliation Commission, 1998; *C. Stahn*, Accomodating Individual Criminal Responsibility and National Reconciliation, AJIL 95 (2001), 952; *F. Orrego Vicuña*, Dialogue for Reconciliation, FS Cassese, 2003, 641; *M. Pinto*, Truth and Consequences or Truth and Reconciliation?, ebd., 693; *P. Flory*, International Criminal Justice and Truth Commissions, JICJ 13 (2015), 19. Zur Vereinbarkeit mit der völkerstrafrechtlichen Verfolgungspflicht *S. Bartelt*, Die Zulässigkeit von Wahrheitskommissionen im Lichte des neuen Internationalen Strafgerichtshofs, AVR 43 (2005), 187; *A. Bisset*, Truth Commissions and Criminal Courts, 2012.

91 IGH, Urteil v. 14.2.2002 (Arrest Warrant of 11 April 2000, D.R. Congo v. Belgium), ICJ Rep. 2002, 3, §§ 51 ff; siehe Anhang, Nr. 25.

92 Zur Einstufung des Immunitätsausschlusses als Gewohnheitsrecht durch den IStGH Rn. 331, 1370.

Beispiele sind die 1999 gegen den damals amtierenden Präsidenten der Bundesrepublik Jugoslawiens, *Slobodan Milošević*, erhobene Anklage vor dem ICTY;[93] das Verfahren gegen den ehemaligen Regierungschef von Liberia, *Charles Taylor*, vor dem Sondergerichtshof für Sierra Leone;[94] die 2009 bzw. 2011 vom IStGH erlassenen Haftbefehle gegen den bis 2019 amtierenden Präsidenten des Sudan, *Omar el Bashir*, sowie den damaligen libyschen Staatschef *Muammar Gaddafi*; die Anklage gegen den früheren Präsidenten der Elfenbeinküste, *Laurent Gbagbo*, sowie die Anklagen gegen den amtierenden Präsidenten *(Uhuro Kenyatta)* und Vizepräsidenten *(William Ruto)* Kenias vor dem IStGH. Im Juli 2015 wurde vor den „Extraordinary African Chambers“ im Senegal das Verfahren gegen den ehemaligen Präsidenten des Tschad, *Hissène Habré*, eröffnet (Rn. 1355). In Reaktion auf die vermeintlich neokoloniale Haltung des IStGH (Rn. 1324) hat die AU das Protokoll zum geplanten AU-Gerichtshof um einen neuen Art. 46*bis* ergänzt, der Strafverfahren gegen amtierende Staatsoberhäupter oder andere hochrangige Staatenvertreter untersagt.[95]

1378 Eine Quasi-Immunität hat der UN-Sicherheitsrat auf Drängen der USA den **Mitgliedern von UN-Friedenstruppen** eingeräumt. Mit der Resolution 1422 (2002) wurden diese erstmals von der Gerichtsbarkeit des IStGH ausgenommen.[96] Der Sicherheitsrat stützte seinen Beschluss auf Kapitel VII UNCh i. V. m. Art. 16 IStGH-Statut, der die Suspendierung der Strafverfolgung durch den IStGH für jeweils ein Jahr gestattet, und hat diesen regelmäßig erneuert bzw. verlängert. Obgleich diese Maßnahme der Autorität des IStGH nicht gerade zuträglich ist, vermeidet die Berufung auf Verfahrensregeln des IStGH-Statuts immerhin einen offenen Konflikt mit den Kapitel-VII-Befugnissen des Sicherheitsrats.[97] Angesichts der Schwierigkeiten, die UNO oder die truppenstellenden Staaten verantwortlich zu machen (Rn. 405), wird so allerdings eine weitere Möglichkeit verbaut, rechtliche Verantwortlichkeit zu etablieren,[98]

E. Völkerstrafrecht, Spezialisierung und Konstitutionalisierung

1379 Lange Zeit war das Völkerstrafrecht ein Annex des Völkerrechts und konnte im Rahmen der Völkerrechtswissenschaft und ihrer Lehre mitbehandelt werden. Seit den 1990er Jahren ist, angestoßen namentlich durch die Spruchpraxis von ICTY und ICTR, der Rechtsstoff in diesem Feld des internationalen Rechts so angewachsen und inhaltlich differenziert worden, dass das Völkerstrafrecht inzwischen eine Domäne

93 Eingehend *G. Boas*, The Milošević Trial, 2007; *T. Waters*, The Milošević Trial: An Autopsy, 2014.

94 *Taylor* wurde im Mai 2012 zu 50 Jahren Haft verurteilt. Das Urteil wurde am 26.9.2013 von der Berufungskammer bestätigt. Dazu *K. J. Heller*, The Taylor Sentencing Judgment, JICJ 11 (2013), 835; *C. Jalloh*, The Law and Politics of the Charles Taylor Case, in: ders. (Hg.), Promoting Accountability under International Law for Gross Human Rights Violations in Africa, 2015, 270; *ders./S. Meisenberg* (Hg.), Prosecutor v. Charles Ghankay Taylor (The Taylor Case), 2015.

95 Dazu *D. Tladi*, The Immunity Provision in the AU Amendment Protocol, JICJ 13 (2015), 3.

96 Resolution 1422 v. 12.7.2002.

97 Näher *N. Jain*, A Separate Law for Peacekeepers: The Clash between the Security Council and the International Criminal Court, EJIL 16 (2005), 239.

98 *Z. Deen-Racsmány*, “Exclusive” Criminal Jurisdiction Over UN Peacekeepers and the UN Project(s) on Criminal Accountability, RDMDG 53 (2014), 247; *S. Wills*, Continuing Impunity of Peacekeepers: The Need for a Convention, JIHLS 4 (2013), 47.

der international orientierten Strafrechtswissenschaft geworden ist. Solche Prozesse von **Spezialisierung** und **Differenzierung** haben Anlass für die in diesem Buch eingangs erwähnte **Fragmentierungsdebatte** gegeben: der von manchen wahrgenommene Verlust der Einheit eines Völkerrechts, in dem sich Teilrechtsordnungen ausbilden, die weitgehend beziehungslos und teilweise widersprüchlich nebeneinander stehen (Rn. 33–34).

Die dogmatische Verfeinerung des Völkerstrafrechts, die dieses *peu à peu* dem Zugriff des Völkerrechtlers entwindet, steht nicht im Widerspruch zur **Bekräftigung der gemeinsamen Grundlagen und Grundanliegen**. Das Völkerstrafrecht beruht in seiner Legitimation und Geltung, in seinen Rechtsgrundlagen und Verfahren nach wie vor auf den Regeln des allgemeinen Völkerrechts. Auch im Teilgebiet des Völkerstrafrechts präsentiert sich dieses Völkerrecht als eine transnationale Rechtsordnung, die, ungeachtet mancher Rückschläge, die Beschränkungen bloßer zwischenstaatlicher Koordination überwindet und immer weniger duldet, dass staatliche Souveränität als Schirm für schwere Verstöße gegen die Humanität dient. Der Verteidigung dieses *gemeinsamen* humanitären Anliegens dient das Völkerstrafrecht in *spezifischer* Weise. Am Ende bekräftigt das Völkerstrafrecht, womit diese Reise durch das Völkerrecht begonnen hat: die Erkenntnis von **Einheit und Vielfalt des Völkerrechts**. 1380

Vertiefende Literaturangaben zu § 15 siehe: www.cfmueller.de/voelkerrecht
www.wsi.uni-kiel.de

Ausbildungsfälle zu § 15: *K. Ambos*, 14 examensrelevante Fragen zum neuen Internationalen Strafgerichtshof, JA 1998, 988; *H. P. Aust/C. Nägele*, Festnahme in Südafrika?, JuS 2016, 1007; *C. Hollweg*, Auslieferung eines bosnischen Serbenführers an das UN-Tribunal, JuS 1994, 409; *B. Rudolf/E. Hoven*, Die Strafbarkeit eines Diktators, JuS 2009, 630; *C. Safferling/S. Kirsch*, Recht und Unrecht im Angriffskrieg, ZJS 2012, 672; *G. Werle/F. Jeßberger*, Grundfälle zum Strafanwendungsrecht, JuS 2001, 35, 141.

Kontrollfragen:

- Welche Anknüpfungspunkte für die Ausübung staatlicher Strafgewalt sind anerkannt? **Rn. 1310–1315**
- Worin unterscheidet sich das Völkerstrafrecht vom Internationalen Strafrecht? **Rn. 1316–1319**
- Welche drei Stufen kennt die Prüfung eines völkerrechtlichen Verbrechens? **Rn. 1328**
- Unter welchen Voraussetzungen ist ein Vorgesetzter für das Handeln seiner Untergebenen strafrechtlich verantwortlich? **Rn. 1332**
- Wann lässt ein Irrtum die Strafbarkeit des Handelnden entfallen? **Rn. 1337–1338**
- In welchem Verhältnis stehen strafrechtliches Notwehrrecht und staatliches Selbstverteidigungsrecht? **Rn. 1335**
- Wann liegt ein rechtfertigender Notstand i. S. v. Art. 31 Abs. 1 lit. d IStGH-Statut vor? **Rn. 1336**
- Befreit Handeln auf Befehl von strafrechtlicher Verantwortlichkeit? **Rn. 1339**
- Fallen sog. ethnische Säuberungen tatbestandlich unter das Verbot des Völkermordes oder unter das Verbot von Verbrechen gegen die Menschlichkeit? **Rn. 1344**

- Wie ist das Verbrechen der Aggression im Römischen Statut verankert? Steht es auch gewohnheitsrechtlich unter Strafe? **Rn. 1352, 1354**
- Worauf stützt der IStGH seine Strafgewalt? Besitzt er die Strafgewalt auch über Staatsangehörige von Staaten, die nicht Partei des IStGH-Statuts sind? **Rn. 1362–1363**
- Was besagt der sog. Komplementaritätsgrundsatz (Art. 17 IStGH-Statut)? **Rn. 1364–1365**
- Wie kann ein Verfahren vor dem IStGH initiiert werden? **Rn. 1366–1368**
- Sind Amnestien mit der Pflicht zur Verfolgung von Völkerrechtsverbrechen vereinbar? **Rn. 1374–1376**
- Ist die Doppelbestrafung wegen derselben Tat durch Gerichte verschiedener Staaten verboten? Welche Regelung trifft das IStGH-Statut zum Grundsatz *ne bis in idem*? **Rn. 1373**

Anhang

Auswahl gerichtlicher und schiedsgerichtlicher Entscheidungen

Nachfolgend finden sich „klassische" und andere wichtige Entscheidungen internationaler wie nationaler Gerichte und Schiedsgerichte zusammengestellt. Die Informationen beschränken sich auf die wichtigsten rechtlichen Kernaussagen. Für eine weitergehende Würdigung siehe *E. Bjorge/C. Miles*, Landmark Cases in Public International Law, 2017 (zitiert BM), *O. Dörr*, Kompendium völkerrechtlicher Rechtsprechung, 2. Aufl. 2014 (zitiert *Dörr*), *J. Menzel/T. Pierlings/J. Hoffmann* (Hg.), Völkerrechtsprechung, 2005 (zitiert MPH) sowie die jeweils angegebene weiterführende Literatur.

I. Ständiger Internationaler Gerichtshof (StIGH)

▸ Nr. 1: Mavrommatis

StIGH, Urteil v. 30.8.1924, Series A02.

Parteien: Griechenland v. Vereinigtes Königreich

Stichworte: diplomatischer Schutz; Mediatisierung des Individuums

Sachverhalt: Der griechische Staatsbürger *Mavrommatis* hatte vor dem Ersten Weltkrieg im damals osmanischen Palästina Konzessionen für den Bau und Betrieb von Straßenbahn, Strom- und Wasserversorgung in Jerusalem erhalten. Nach dem Krieg vergab die britische Mandatsmacht die Konzessionen an einen Wettbewerber (sog. Rutenberg-Konzessionen), obgleich das Protokoll zum Friedensvertrag dazu verpflichtete, bis 1914 vom Osmanischen Reich erteilte Konzessionen zu beachten. Nachdem *Mavrommatis* vor den britischen Behörden keinen Erfolg hatte und auch diplomatische Mittel erfolglos geblieben waren, klagte Griechenland gegen das Vereinigte Königreich vor dem StIGH.

Rechtliche Kernaussagen: Im (ersten) Urteil setzte sich der Gerichtshof intensiv mit Fragen der Zulässigkeit der Klage auseinander. Wichtig sind insbesondere die Ausführungen zum diplomatischen Schutz. Dieser schließt neben dem Ergreifen diplomatischer Schritte auch eine gerichtliche Streitbeilegung ein, sofern sich der beklagte Staat dem Gericht unterworfen hat. Deutlich formuliert der StIGH dabei die klassische Sichtweise einer Mediatisierung des Individuums auch im Rahmen des diplomatischen Schutzes (S. 12):

„By taking up the case of one of its subjects and by resorting to diplomatic action or international judicial proceedings on his behalf, a State is in reality asserting its own rights – its right to ensure, in the person of its subjects, respect for the rules of international law."

Literatur: *Waibel*, BM, Nr. 2; *Dörr*, Nr. 3; *Borchard*, AJIL 19 (1925), 728; *Burgis*, LJIL 24 (2011), 873; *Guggenheim*, FW 25 (1925), 195; *Uerpmann-Wittzack*, Mavrommatis Concessions Cases, MPEPIL (3/2013).

▸ Nr. 2: Factory at Chorzów

(Aussprache: ˈxɔʒuf). Urteil v. 26.7.1927, PCIJ Series A No. 9 (Chorzów I – Jurisdiction) und Urteil v. 13.9.1928, PCIJ Series A No. 17 (Chorzów III – Merits).

Parteien: Deutschland v. Polen

Stichworte: Grundsatz „kein Vorteil aus eigenem Unrecht“; Rechtsfolgen einer Völkerrechtsverletzung; Wiedergutmachung als völkerrechtliche Sekundärpflicht.

Sachverhalt: Polen enteignete die deutschen Eigentümer eines Stickstoffwerks in Chorzów (einer Stadt im östlichen Teil Oberschlesiens, der nach dem Ersten Weltkrieg Polen angegliedert wurde). Streitig war neben der Zuständigkeit des StIGH das Vorliegen eines Verstoßes gegen das zwischen den Parteien geschlossene sog. Oberschlesien-Abkommen. In mehreren Urteilen (daher ist auch die Bezeichnung *German Interests in Polish Upper Silesia Cases* geläufig) setzte sich der Gerichtshof mit dem Fall auseinander.

Rechtliche Kernaussagen:

1. Der Verstoß gegen eine völkerrechtliche Pflicht zieht als Rechtsfolge die Pflicht zur angemessenen Wiedergutmachung *(restitutio ad integrum)* nach sich (Chorzów I, S. 21; Chorzów III, S. 29: *„it is a principle of international law, and even a general conception of law, that any breach of an engagement involves an obligation to make reparation“*). Ist dies nicht möglich, ist Schadensersatz zu leisten.
2. Eine Partei kann keinen Vorteil aus eigenem Unrecht ziehen (Chorzów I, S. 31) (Polen hatte die Enteignungsgesetze verabschiedet, ohne den Betroffenen vorher die im Oberschlesien-Abkommen vorgesehene Gelegenheit zu geben, entsprechende Schiedsgerichte anzurufen. Dies könne nicht zu Lasten der deutschen Seite gehen).

Literatur: *Brown*, BM, Nr. 3; *Dörr*, Nr. 4a-b; *Faßbender*, MPH, Nr. 137. *Hartwig/Seidl-Hohenveldern*, German Interests in Polish Upper Silesia Cases, MPEPIL (5/2011).

▸ Nr. 3: Lotus

Urteil v. 7.9.1927, PCIJ Series A No. 10.

Parteien: Frankreich v. Türkei

Stichworte: Souveränität; Begründung völkerrechtlicher Pflichten („Lotus-Regel“).

Sachverhalt: Nachdem bei einem Zusammenstoß eines französischen (Lotus) und eines türkischen (Boz-Kourt) Schiffes auf hoher See acht türkische Staatsangehörige ums Leben kamen, wurde der französische wachhabende Offizier vor einem türkischen Gericht wegen fahrlässiger Tötung angeklagt. Darin sah Frankreich, das für seinen Staatsangehörigen diplomatischen Schutz ausübte, einen Verstoß gegen eine zwischen den Parteien abgeschlossene Konvention. Diese verwies im Hinblick auf die türkische Jurisdiktion allgemein auf „die Grundsätze des Völkerrechts“. Somit stellte sich die Frage, ob das türkische Gerichtsverfahren mit diesen vereinbar war.

Rechtliche Kernaussagen: Berühmt ist der Fall für die sog. Lotus-Regel: Das Verhalten eines Staates ist völkerrechtsgemäß, solange es nicht gegen eine völkerrechtliche Verbotsnorm verstößt. Diese muss also nachgewiesen werden, nicht dagegen ein Völkerrechtssatz, der das Verhalten erlaubt (i. S. e. „Ermächtigungsgrundlage“). Dieser Grundsatz verdeutlicht das klassische Verständnis des Völkerrechts als zwischenstaatliches Koordinationsrecht, dessen verbindliche Regeln Ausdruck der freiwilligen Unterwerfung souveräner Staaten sind (S. 18):

„International law governs relations between independent States. The rules of law binding upon States therefore emanate from their own free will as expressed in conventions or by usages generally accepted as expressing principles of law and established in order to regulate the relations between these co-existing independent communities or with a view to the achievement of common aims. Restrictions upon the independence of States cannot therefore be presumed.“

Literatur: *Guilfoyle*, BM, Nr. 4; *Dörr*, Nr. 5; *Becker*, MPH, Nr. 42. *v. Bogdandy/Rau*, Lotus, The, MPEPIL (6/2006); *Handeyside*, MichJIL 29 (2007), 71; *Kunig/Uerpmann*, Jura 1994, 186.

▸ Nr. 4: Ostgrönland

Urteil v. 5.4.1933, PCIJ Series A/B 53.

Parteien: Dänemark v. Norwegen

Stichworte: Gebietserwerb; Okkupation; *terra nullius*; Verbindlichkeit einseitiger Erklärungen

Sachverhalt: Vom Ende des 14. Jahrhunderts bis zur Abtretung an Schweden 1814 waren die Königreiche Dänemark und Norwegen unter einer Krone vereint. Grönland wurde von diesem gemeinsamen Königreich über die Jahrhunderte beansprucht und – so weit möglich und mit Unterbrechungen – besiedelt und beherrscht. Von der Abtretung Norwegens an Schweden 1814 wurde Grönland explizit ausgenommen. 1931 erklärte Norwegen (das sich 1905 von Schweden gelöst hatte), es habe einen bestimmten Teil Ostgrönlands okkupiert und beanspruchte diesen als Teil seines Hoheitsgebiets. Dabei argumentierte es, dass jenes Gebiet zum Zeitpunkt der norwegischen Okkupation *terra nullius* gewesen sei. Vereinzelte dänische Siedlungen an anderen Stellen Grönlands erstreckten die dänische Souveränität nicht auf außerhalb davon gelegene Gebiete, insbesondere im Osten der Insel. Schon 1919 hatte der norwegische Außenminister *Ihlen* jedoch auf Aufforderung Dänemarks hin erklärt, Norwegen werde Dänemark, welches Souveränität über ganz Grönland beanspruchte, in der Grönlandfrage „keine Schwierigkeiten“ machen (sog. Ihlen-Erklärung).

Rechtliche Kernaussagen:

1. Ein originärer Gebietserwerb im Wege der Okkupation setzt voraus, dass es sich bei dem betroffenen Gebiet um *terra nullius* handelt, also um herren- bzw. staatenloses Gebiet. Ist diese Voraussetzung nicht erfüllt, ist die Okkupation rechtswidrig und damit nichtig (S. 64).
2. Eine Okkupation erfordert Herrschaftswillen und Herrschaftsausübung (S. 46). Bei den hieran im Einzelfall zu stellenden Anforderungen ist auch zu berücksichtigen, ob auch andere Staaten Ansprüche auf das Gebiet erheben. Ebenso spielt die Zugänglichkeit eines Gebiets dafür eine Rolle, welche Intensität die Herrschaftsausübung haben muss, um als ausreichend für eine Okkupation angesehen zu werden (S. 50-51; der StIGH bejahte die dänische Souveränität über ganz Grönland zum Zeitpunkt der norwegischen Besiedlung, so dass Norwegen den Osten Grönlands nicht seinerseits okkupieren konnte, S. 64).
3. Durch die Erklärung eines Regierungsmitglieds kann sich ein Staat unter bestimmten Voraussetzungen einseitig völkerrechtlich binden (S. 71):
   „The Court considers it beyond all dispute that a reply of this nature given by the Minister for Foreign Affairs on behalf of his Government in response to a request by the diplomatic representative of a foreign Power, in regard to a question falling within his province, is binding upon the country to which the Minister belongs.“

Literatur: *Fife*, BM, Nr. 7; *Dörr*, Nr. 8. *Alfredsson*, Eastern Greenland Case, MPEPIL (10/2007); *Hambro*, FS Spiropoulos, 1957, 227.

II. Internationaler Gerichtshof (IGH)

▶ Nr. 5: Korfu Kanal

Urteil v. 9.4.1949 (Merits), ICJ Rep. 1949, 4 (erstes streitiges Verfahren vor dem IGH).

Parteien: Vereinigtes Königreich v. Albanien

Stichworte: Staatenverantwortlichkeit; Gebietshoheit; Informationspflicht; Menschlichkeit

Sachverhalt: Britische Marineschiffe liefen im zum albanischen Küstengewässer gehörenden Teil des Korfu-Kanals auf Seeminen auf; dabei kam es zu erheblichen Personen- und Sachschäden. Die Minen konnten jedenfalls nicht ohne das Wissen der albanischen Behörden gelegt worden sein.

Rechtliche Kernaussagen: Einen Meeresanrainer trifft die völkerrechtliche Pflicht, andere Staaten im allgemeinen Interesse der Schifffahrt über ihm bekannte Gefahren in seinem Küstenmeer zu informieren. Allein aus dem Umstand, dass sich die Gefahr auf dem Staatsgebiet realisiert, kann jedoch noch nicht auf die entsprechende Kenntnis davon geschlossen werden (S. 18); vielmehr bedarf es zusätzlicher Umstände. Abgeleitet hat der IGH diese Pflicht aus allgemeinen Prinzipien (S. 22), namentlich aus elementaren Erwägungen der Menschlichkeit („elementary considerations of humanity, even more exacting in peace than in war") und aus der Pflicht eines jeden Staates, „not to allow knowingly its territory to be used for acts contrary to the rights of other States" (damit wurde der im Trail-Smelter-Fall [siehe Nr. 37] aufgestellte Grundsatz verallgemeinert).

Literatur: *Dörr*, Nr. 9; *Rau*, MPH, Nr. 138. *Bannelier/Christakis/Heathcote*, The ICJ and the Development of International Law: The Lasting Impact of the Corfu Channel Case, 2011; *Waibel*, Corfu Channel Case, MPEPIL (3/2013).

▶ Nr. 6: Reparations for Injuries (auch Bernadotte-Fall)

Gutachten v. 11.4.1949, ICJ Rep. 1949, 174.

Parteien: (Gutachten auf Antrag der UN-Generalversammlung)

Stichworte: Völkerrechtssubjekte; Internationale Organisationen; objektive Völkerrechtspersönlichkeit der Vereinten Nationen; *implied powers*

Sachverhalt: Der Schwede *Folke Graf Bernadotte* wurde am 17. September 1948 in seiner Funktion als Vermittler der Vereinten Nationen im Palästina-Konflikt in Jerusalem von Extremisten erschossen. Daraufhin bat die Generalversammlung den IGH nach Art. 96 UNCh um ein Gutachten zur Frage, ob die UNO selbst Wiedergutmachungsansprüche für Schäden geltend machen könne, die ihre Bediensteten bei Erfüllung ihrer Pflichten erlittenen hätten.

Rechtliche Kernaussagen:

1. Die Völkerrechtspersönlichkeit einer Internationalen Organisation kann sich nicht nur aus einer expliziten Zuschreibung in der Gründungssatzung ergeben, sondern auch implizit aus ihren Aufgaben und Pflichten (S. 179 und S. 182). Dies entspricht der Lehre von den sog. *implied powers*, wonach eine (Internationale) Organisation die zur Erfüllung ihrer Aufgaben notwendigen Rechte und Befugnisse haben muss.
2. Der UNO steht es (neben dem Heimatstaat) zu, auf völkerrechtlicher Ebene Ansprüche für Schäden geltend zu machen, die ihre Mitarbeiter erlitten haben. Dieser Grundsatz der *functional protection* ergibt sich implizit aus den umfassenden Aufgaben der Organisation (S. 184).
3. Weil die Mehrheit der Staaten der Erde Mitglieder der UNO sind (1949 etwas mehr als die Hälfte, heute fast alle), besitzt die Organisation als Repräsentantin der internationalen Ge-

meinschaft objektive Völkerrechtspersönlichkeit, d. h. sie kann auch gegenüber Nichtmitgliedern – und unabhängig von einer Anerkennung durch diese – völkerrechtliche Ansprüche stellen.

Literatur: *Dörr*, Nr. 10; *Last*, MPH, Nr. 55. *d'Argent*, Reparation for Injuries Suffered in the Service of the United Nations (Advisory Opinion), MPEPIL (12/2006).

▸ Nr. 7: Haya de la Torre (Asyl-Fälle)

Insbes. Urteil v. 20.11.1950, ICJ Rep. 1950, 266.

Parteien: Peru v. Kolumbien

Stichworte: diplomatisches Asyl; regionales Völkergewohnheitsrecht; *persistent objector*

Sachverhalt: Nach einem erfolglosen Putschversuch gegen die peruanische Regierung im Oktober 1948 flüchtete sich der Anführer der linkspopulistischen *American People's Revolutionary Alliance*, *Victor Raúl Haya de la Torre*, in die kolumbianische Botschaft in Lima. Vor dem IGH stritten sich Peru und Kolumbien über das Recht Kolumbiens, diplomatisches Asyl in den Räumlichkeiten der Mission zu gewähren. Kolumbien betrachtete die Asylgewährung als im Einklang mit zwischen den lateinamerikanischen Staaten bestehendem Völkergewohnheitsrecht.

Rechtliche Kernaussagen:

1. Die Gewährung sog. diplomatischen Asyls ist ein Eingriff in die Gebietshoheit des Territorialstaates (auch das Botschaftsgelände ist nicht „extraterritorial") und folglich rechtfertigungsbedürftig (S. 274 f).
2. Völkergewohnheitsrecht kann regional beschränkt sein. Die Existenz einer Regel des regionalen Völkergewohnheitsrechts ist vor Gericht von der Partei nachzuweisen, die sich darauf beruft (S. 276).
3. Auch regionales Völkergewohnheitsrecht ist für einen *persistent objector* nicht bindend (S. 277 f).

Hinweis: Der IGH sah eine solche gewohnheitsrechtliche Regel für Südamerika nicht als erwiesen an (anders der chilenische Richter *Alvárez* in seinem Sondervotum). Der Fall befasste den IGH noch zweimal wegen der sich anschließenden Frage, ob Kolumbien zur Überstellung *Haya de la Torres* verpflichtet sei.

Literatur: *Dörr*, Nr. 12; *Maierhöfer*, MPH, Nr. 9. *Hailbronner/Pohlmann*, Haya de la Torre Cases, MPEPIL (5/2007).

▸ Nr. 8: Vorbehalte zur Völkermordkonvention

Gutachten v. 28.5.1951, ICJ Rep. 1951, 15.

Parteien: (Gutachten auf Antrag der UN-Generalversammlung)

Stichworte: Vorbehalte zu internationalen Verträgen; Status von Menschenrechtsabkommen

Sachverhalt: Mehrere Staaten hatten ihre Beitrittserklärung zur UN-(Anti-)Völkermordkonvention mit Vorbehalten versehen. Hiergegen erhoben andere Staaten Einspruch. Zur Klärung der Frage, in welchem Umfang solche Vorbehalte zulässig bzw. wirksam sind, erbat die Generalversammlung ein Gutachten des IGH.

Rechtliche Kernaussagen:

1. Vorbehalte zu multilateralen Verträgen sind grundsätzlich zulässig; es gibt kein Gebot absoluter Vertragsintegrität in dem Sinne, dass alle Vertragsparteien allen Vorbehalten zu-

ktimmen müssten. Ob ein Vorbehalt unzulässig ist, kann sich aus dem Vertrag explizit ergeben oder implizit aus seinem Sinn und Zweck.

2. Menschenrechtsabkommen folgen nicht dem Muster typischer Austauschverträge (S. 23: „In such a convention the contracting States do not have any interests of their own"). Ihres wertsetzenden Charakters wegen sind sie auf größtmögliche Beteiligung angelegt, weswegen Vorbehalte zu untergeordneten Fragen zulässig sind. Wann ein Vorbehalt gegen das eigentliche Vertragsziel verstößt (und damit unzulässig ist), lässt sich nicht abstrakt, sondern nur im Einzelfall feststellen.
3. Es steht jeder anderen Vertragspartei zu, einem Vorbehalt zu widersprechen und selbst darüber zu befinden, ob sie den Staat, der den Vorbehalt eingelegt hat, als Vertragspartei betrachtet oder nicht.

Hinweis: Der differenzierte Ansatz des IGH hat in den Art. 19-21 der WVK seinen Niederschlag gefunden.

Literatur: *Dörr*, Nr. 13. *Schabas*, Genocide Convention, Reservations (Advisory Opinion), MPEPIL (4/2009).

▸ Nr. 9: Nottebohm

Urteil v. 6.4.1955, ICJ Rep 1955, 4.

Parteien: Liechtenstein v. Guatemala

Stichworte: diplomatischer Schutz; Staatsangehörigkeit im Völkerrecht; *genuine connection*

Sachverhalt: *Friedrich Nottebohm* war als deutscher Staatsangehöriger 1905 nach Guatemala ausgewandert und dort als Geschäftsmann tätig. Bei einem Besuch bei seinem in Vaduz lebenden Bruder erwarb er im Oktober 1939 gegen Zahlung einer Geldsumme (und gestützt auf eine Ausnahmeregelung im Staatsangehörigkeitsgesetz) die liechtensteinische Staatsangehörigkeit. Andere Beziehungen zu Liechtenstein hatte er nicht. 1943 wurde er in Guatemala, das sich inzwischen mit dem Deutschen Reich im Krieg befand, als feindlicher Ausländer verhaftet und enteignet. Liechtenstein machte u. a. wegen dieser Enteignung Entschädigungsansprüche im Wege des diplomatischen Schutzes geltend.

Rechtliche Kernaussagen: Im Kern ging es um die Berechtigung Liechtensteins zur Schutzgewährung und damit um die Frage der Staatsangehörigkeit *Nottebohms*. Grundsätzlich kann ein souveräner Staat sein Staatsangehörigkeitsrecht frei gestalten; bei der Ausübung diplomatischen Schutzes aber kommt es darauf an, ob der andere Staat die Staatsangehörigkeit anerkennen muss. Hierfür sind völkerrechtliche Regeln maßgeblich (S. 21). Danach bedarf es einer *genuine connection*, d. h. eines besonderen Anknüpfungsmoments, durch das eine Verbundenheit zwischen der Person und dem Staat juristisch zum Ausdruck kommt, die enger ist als zu jedem anderen Staat (S. 23). Im Falle Nottebohms sah der IGH dieses Näheverhältnis nicht als gegeben, so dass Liechtenstein nicht zur Ausübung diplomatischen Schutzes berechtigt war.

Literatur: *Dörr*, Nr. 15; *Becker*, MPH, Nr. 17. *Dörr*, Nottebohm Case, MPEPIL (3/2007); *Kunz*, AJIL 54 (1960), 536; *Loewenfeld*, AVR 5 (1955/56), 387; *Makarov*, ZaöRV 16 (1955/56), 407.

▸ Nr. 10: Temple of Preah Vihear

Urteil v. 15.6.1962 (Merits), ICJ Rep. 1962, 6.

Parteien: Kambodscha v. Thailand

Stichworte: Grenzziehung; Landkarten; stillschweigende Zustimmung *(acquiescence)*

Sachverhalt: Kambodscha und Thailand stritten sich über das Gebiet des Tempels von Preah Vihear im Grenzgebiet zwischen beiden Staaten. Thailand stützte sich auf einen Vertrag des Königreichs Siam (heute Thailand) mit Frankreich (der damaligen Protektoratsmacht für Kambodscha) aus dem Jahre 1904, das dieses Gebiet Thailand zuordnete. Kambodscha dagegen berief sich auf eine Karte, die von französischen Experten im Auftrag einer von dem Vertrag eingesetzten Grenzkommission 1907 erstellt wurde. Dieser Karte zufolge, die an Thailand (Siam) übergeben und auch veröffentlich wurde, gehörte das Gebiet zu Kambodscha. Ab 1949 postierte Thailand Wachposten und später Truppen in der Tempelanlage, wogegen Frankreich und später das unabhängige Kambodscha protestierten. Der von Kambodscha angerufene IGH stellte fest, dass sich die Tempel auf kambodschanischem Territorium befinden.

Rechtliche Kernaussagen:

1. Bei der Festlegung des Grenzverlaufs ist der Staatenwille entscheidend (und nicht, ob eine Kommission verfahrensmäßig korrekt gearbeitet hat), S. 22.
2. Die Zustimmung zu einer Grenzlinie kann auch konkludent erfolgen, z. B. durch Schweigen, wenn nach den Umständen eine Reaktion zu erwarten gewesen wäre *(acquiescence)*, S. 23 und S. 31.
3. Selbst für den Fall, dass keine konkludente Zustimmung anzunehmen ist, kann sich aus passivem Verhalten ein Ausschlussgrund für spätere Gebietsansprüche ergeben (Gedanke der Präklusion), S. 32. Hierbei ist auch zu berücksichtigen, dass Thailand über fünfzig Jahre die Vorteile einer stabilen Grenze zugute kamen.

Hinweis: Das Urteil hatte keine befriedende Wirkung, nicht zuletzt, weil nur der engere Tempelbezirk Gegenstand des Verfahrens war. Seit Ende der 1990er Jahre kam es erneut zu Spannungen, die Anfang 2011 in bewaffnete Auseinandersetzungen zwischen beiden Staaten mündeten. In einer einstweiligen Anordnung vom 18.7.2011 legte der IGH um den Tempel herum eine demilitarisierte Zone fest und forderte beide Parteien zum sofortigen Rückzug ihrer Truppen aus dieser Zone auf. In seinem Urteil vom 11.11.2013 zur Auslegung des Urteils von 1962 (Verfahren nach Art. 60 IGH-Statut) erklärte der IGH, dass sich der Tenor auf den gesamten Tempelberg bezogen habe und dieser somit zu Kambodscha gehöre.

Literatur: *Dörr*, Nr. 18; *Menzel*, MPH, Nr. 14. *Johnson*, ICLQ 11 (1962), 1183; *Kulick*, AVR 51 (2013), 453; *Wagner*, Temple of Preah Vihear Case, MPEPIL (1/2013).

▸ Nr. 11: Certain Expenses of the United Nations

Gutachten v. 20.7.1962, ICJ Rep. 1962, 151.

Parteien: (Gutachten auf Antrag der UN-Generalversammlung)

Stichworte: Art. 17 Abs. 2 UNCh (Haushaltsrecht); *implied powers.*

Sachverhalt: Gemäß Art. 17 Abs. 2 UNCh werden die „Ausgaben der Organisation“ (also der UNO) von den Mitgliedstaaten getragen. Über die genaue Bedeutung dieser Vorschrift entstand Streit, als es darum ging, zwei Peacekeeping-Einsätze zu finanzieren, die von der UN-Generalversammlung auf Grundlage der Resolution „Uniting for Peace“ legitimiert worden waren (UNEF, ONUC). Einige Mitgliedsstaaten vertraten die Ansicht, bei den Kosten hierfür handele es sich um außerordentliche Ausgaben, wohingegen Art. 17 Abs. 2 UNCh nur die gewöhnlichen oder ordentlichen Kosten betreffe.

Rechtliche Kernaussagen:

1. Art. 17 Abs. 2 UNCh ist nicht auf „gewöhnliche Ausgaben“ beschränkt, da der Wortlaut – anders als Art. 17 Abs. 3 UNCh, der von einem „Verwaltungshaushalt“ spricht – gerade keine Einschränkung enthält (S. 159).

2. Auch die Finanzierung von Friedensoperationen fällt unter Art. 17 Abs. 2 UNCh; Art. 43 UNCh stellt insoweit keine *lex specialis* dar. Eine andere Auslegung würde die Handlungsfähigkeit des Sicherheitsrates in unzulässiger Weise einschränken (S. 167).
3. Die „Ausgaben der Organisation“ legte der IGH unter Rückgriff auf die Lehre von den *implied powers* sehr weit aus (S. 168): „But when the Organization takes action which warrants the assertion that it was appropriate for the fulfilment of one of the stated purposes of the United Nations, the presumption is that such action is not *ultra vires* the Organization“. Sofern ein Beschluss im Rahmen der Zuständigkeiten der Organisation liegt, kommt es auf einen Verstoß gegen die interne Kompetenzverteilung nicht an.
4. Die UN-Generalversammlung besitzt eigene Kompetenzen im Bereich der Friedenssicherung, darf aber im Unterschied zum Sicherheitsrat keine Zwangsmaßnahmen beschließen. Von der Generalversammlung errichtete Friedensmissionen dürfen nur mit Zustimmung der betroffenen Staaten eingesetzt werden (S. 164 f).

Literatur: *Dörr*, Nr. 19. *Dörr*, Certain Expenses of the United Nations (Advisory Opinion), MPEPIL (3/2013). *Hogg*, ColumLR 61 (1962), 1230; *Simmonds*, ICLQ 13 (1964), 854; *Verzijl*, NILR 10 (1963), 1.

▸ Nr. 12: Nordsee-Festlandsockel

Urteil v. 20.2.1969, ICJ Rep. 1969, 3.

Parteien: Deutschland v. Dänemark; Deutschland v. Niederlande

Stichworte: Entstehung von Gewohnheitsrecht; Verhältnis von Vertragsrecht und Gewohnheitsrecht

Sachverhalt: Streitgegenstand war die Abgrenzung der aneinandergrenzenden Festlandsockel der beteiligten Staaten in der Nordsee. Art. 6 der Genfer Konvention über den Festlandsockel von 1958 sah hierfür die Anwendung des Äquidistanzprinzips vor. Die Bundesrepublik war nicht Partei der Konvention und somit nicht an sie gebunden, Dänemark und die Niederlande behaupteten jedoch, die Regel in Art. 6 habe sich seit 1958 zu universell geltendem Völkergewohnheitsrecht entwickelt.

Rechtliche Kernaussagen:

1. Eine völkervertragliche Regelung kann zu Völkergewohnheitsrecht werden, wenn ihr ein grundlegender normbildender Charakter zukommt.
2. Eine solche Vertragsnorm kann auch nach kurzer Zeit zu Gewohnheitsrecht erstarken, wenn der Vertrag eine umfassende und repräsentative Beteiligung erfährt (§ 74): „[T]he passage of only a short period of time is not necessarily, or of itself, a bar to the formation of a new rule of customary international law“.
3. Die Staatenpraxis muss in der kurzen Zeit weit verbreitet und nahezu einheitlich sein. Zudem müssen die Staaten dabei die notwendige *opinio iuris* haben, d. h. die Ansicht, dass sie in Übereinstimmung mit einer völkerrechtlichen Verpflichtung handeln und nicht nur aus Courtoisie, Bequemlichkeit oder Tradition (im konkreten Fall stellte der IGH fest, dass die Staatenpraxis nicht ausreichend war, damit Art. 6 zu Völkergewohnheitsrecht erstarken konnte).

Literatur: *Panagis/Tzanakopoulos*, BM, Nr. 12; *Dörr*, Nr. 20; *Pierlings*, MPH, Nr. 10. *Friedmann*, AJIL 64 (1970), 229; *Münch*, ZaöRV 29 (1969), 455; *Oude Elferink*, North Sea Continental Shelf Cases, MPEPIL (6/2006).

▶ Nr. 13: Barcelona Traction

Urteil v. 5.2.1970, ICJ Rep. 1970, 3 (auch „Barcelona-Traction II", da 1964 ein erstes Urteil zu spanischen Zulässigkeitseinwänden erging).

Parteien: Belgien v. Spanien

Stichworte: Fremdenrechtlicher Eigentumsschutz; diplomatischer Schutz für juristische Personen; Pflichten *erga omnes*.

Sachverhalt: 1948 wurde eine in Kanada inkorporierte Gesellschaft, die Barcelona Traction, Light and Power Company Ltd. von spanischen Behörden für insolvent erklärt und im Laufe des Insolvenzverfahren in das Vermögen eines spanischen Unternehmens überführt. Die Mehrheit der Anteilseigner der Barcelona Traction waren Aktionäre aus Belgien. Belgien wollte diplomatischen Schutz für seine Aktionäre ausüben und erhob daher Klage vor dem IGH mit der Behauptung, der fremdenrechtliche Mindeststandard sei zu Lasten der Barcelona Traction bzw. der belgischen Aktionäre verletzt worden.

Rechtliche Kernaussagen:
1. Das völkerrechtliche Fremdenrecht schützt auch juristische Personen.
2. Fallen bei einer juristischen Person Sitzstaat, Gründungsstaat und Heimatstaat der Anteilseigner auseinander, so kommt es für die Berechtigung eines Staates zur Ausübung diplomatischen Schutzes darauf an, ob zwischen ihm und dem Unternehmen ein echte Verbindung besteht.
3. Eine solche Verbindung besteht nicht schon dann, wenn Anteilseigner über die Staatsbürgerschaft dieses Staates verfügen. Vielmehr muss die Gesellschaft regelmäßig in diesem Staat ihren Verwaltungssitz haben oder nach dem Recht dieses Staates gegründet sein. Nur unter besonderen kann ein Staat auch ihm zugehörige Anteilseigner schützen, etwa wenn eine Gesellschaft rechtlich vollständig erloschen ist oder wenn die Maßnahme sich nicht gegen die Gesellschaft, sondern unmittelbar gegen die Rechte der Anteilseigner richtet. Eine bloße Entwertung der Anteile oder eine Enteignung der Gesellschaft als solcher rechtfertige dies nicht (daher war in dem Fall allein Kanada und nicht Belgien berechtigt, diplomatischen Schutz vor dem IGH auszuüben; die belgische Klage war im Ergebnis also unzulässig).
4. Berühmt wurde das Urteil durch ein *obiter dictum* (d. h. eine für die Entscheidung des Falls irrelevante, beiläufige Bemerkung) des IGH, in der er die Existenz von Pflichten *erga omnes* anerkannte (§ 33):
   „In particular, an essential distinction should be drawn between the obligations of a State towards the international community as a whole, and those arising vis-à-vis another State in the field of diplomatic protection. By their very nature the former are the concern of all States. In view of the importance of the rights involved, all States can be held to have a legal interest in their protection; they are obligations erga omnes."

Literatur: *Gaja*, BM, Nr. 13; *Dörr*, Nr. 21; *Becker*, MPH, Nr. 76. *Lillich*, AJIL 65 (1971), 522; *Mann*, AJIL 67 (1973), 259; *Tams/Tzanakopulos*, LJIL 23 (2010), 781; *Wittich*, Barcelona Traction Case, MPEPIL (5/2007).

▶ Nr. 14: Namibia

Gutachten v. 21.6.1971, ICJ Rep. 1971, 16.

Parteien: (Gutachten auf Antrag der UN-Generalversammlung)

Stichworte: Überleitung der Völkerbundsmandate in das UN-Treuhandsystem; Folgen völkerrechtswidriger Besetzung; Pflichten *erga omnes*; Apartheid.

Sachverhalt: Die ehemalige deutsche Kolonie Süd-West-Afrika, heute Namibia, hatte seit 1920 aufgrund eines Mandates des Völkerbundes unter der Verwaltung von Südafrika gestanden. 1946 hatte die UN-Generalversammlung das Mandat für beendet erklärt. Südafrika weigerte sich dennoch, seine Herrschaft über Süd-West-Afrika aufzugeben und erklärte Teile des Staatsgebiets für annektiert. Daraufhin bat die Generalversammlung den IGH nach Art. 96 UNCh um ein Gutachten zur Beantwortung der Frage, welche rechtlichen Konsequenzen sich aus der andauernden Besatzung Süd-West-Afrikas ergeben.

Rechtliche Kernaussagen:

1. Das Mandatssystem des Völkerbundes ist mit der Auflösung desselben nicht untergegangen, sondern in die Zuständigkeit der UNO übergegangen (§ 78).
2. Durch diesen Übergang entstand ein Rechtsverhältnis zwischen den Mandats- bzw. Treuhandstaaten (hier Südafrika) und allen anderen UN-Mitgliedern (§ 90).
3. Auch Resolutionen des UN-Sicherheitsrates, die nicht unter Kapitel VII beschlossen werden, können gemäß Art. 25 UNCh verbindlich sein. Ob eine Bindungswirkung besteht, ist durch Auslegung zu ermitteln (§§ 113 f).
4. Die Annexion und fortdauernde Präsenz Südafrikas in Namibia verstießen gegen das Völkerrecht und alle Staaten waren verpflichtet, die Herrschaft Südafrikas in Bezug auf Namibia nicht anzuerkennen, d. h. keine Vertretungen dort zu errichten oder sonstige politischen oder wirtschaftlichen Beziehungen mit Südafrika in Bezug auf die annektierten und die besetzten Gebiete zu unterhalten (§§ 117–127).
5. Das auch in Namibia eingeführte Apartheid-System verstieß gegen die Menschenrechte und Grundprinzipien der UN-Charta (§ 131).

Literatur: *Dörr*, Nr. 22; *Rau*, MPH, Nr. 19. *Heyns/Killander*, South West Africa/Namibia (Advisory Opinion and Judgments), MPEPIL (3/2007); *Wengler*, NJW 1971, 1493.

▸ Nr. 15: Nukleartests

Urteil v. 20.12.1974, ICJ Rep. 1974, 457.

Parteien: Australien v. Frankreich; Neuseeland v. Frankreich

Stichworte: Völkerrechtliche Verbindlichkeit einseitiger Erklärungen.

Sachverhalt: Frankreich führte in seinem Hoheitsgebiet im Südpazifik atmosphärische Atomtests durch, wogegen sich Australien und Neuseeland in separaten Klagen wandten. Nach der mündlichen Verhandlung, an der sich Frankreich nicht beteiligte, erklärten der französische Staatspräsident sowie der Außen- und der Verteidigungsminister Frankreichs öffentlich den Verzicht auf weitere atmosphärische Tests.

Rechtliche Kernaussagen:

1. Auch Vorgänge nach der Klageerhebung und nach der mündlichen Verhandlung können für die Frage relevant sein, ob (noch) ein Streit vorliegt (§ 33). Hierzu zählen auch einseitige Erklärungen.
2. Einseitige Erklärungen, die öffentlich und mit Rechtsbindungswillen abgegeben wurden, können grundsätzlich verbindlich sein. Nicht erheblich ist, ob die Erklärung mündlich oder schriftlich abgegeben wurde.
3. Zentrale Bedeutung für die Beurteilung der Verbindlichkeit von Rechtsakten hat der Grundsatz von Treu und Glauben. Offizielle Verlautbarungen des Staatschefs oder von Ministern kommt eher Verbindlichkeit zu als Erklärungen von anderen Staatsorganen. Auch die Umstände der Bekanntgabe, die generelle Natur, der Charakter und der politische Kontext der Erklärung sind relevant für die Beurteilung der Verbindlichkeit (im konkreten

Fall hatten Australien und Neuseeland nach Ansicht des IGH mit der verbindlichen Erklärung Frankreichs ihr eigentliches Ziel erreicht, so dass es keine Entscheidung in der Sache gab).

Literatur: *Dörr*, Nr. 23. *Franck*, AJIL 69 (1975), 612; *Juste Ruiz*, GYIL 20 (1977), 358; *Watts*, Nuclear Tests Cases, MPEPIL (1/2007); *Wengler*, NJW 1975, 1063.

▸ Nr. 16: Westsahara

Gutachten v. 16.10.1975; ICJ Rep. 1975, 12.

Parteien: (Gutachten auf Antrag der UN-Generalversammlung)

Stichworte: Statthaftigkeit von IGH-Gutachten; Selbstbestimmungsrecht der Völker; Okkupation

Sachverhalt: Marokko, Mauretanien und Spanien stritten über den Status der ehemaligen spanischen Kolonie Westsahara. Während Spanien das Gebiet durch eine Volksabstimmung in die Unabhängigkeit entlassen wollte, beanspruchte Marokko das Gebiet für sich. Die Generalversammlung beantragte beim IGH nach Art. 96 UNCh ein Gutachten über den Rechtsstatus der Westsahara vor der Kolonialisierung. Gefragt wurde, ob die Westsahara zuvor völkerrechtliches Niemandsland gewesen sei und, falls nicht, welche Verbindungen zum damaligen Zeitpunkt zwischen dem Volksstamm der Sahraoui in der Westsahara sowie Marokko und Mauretanien bestanden hätten.

Rechtliche Kernaussagen:

1. Auch wenn die Fragen in einem Gutachtenantrag die Klärung von Tatsachen voraussetzen, können sie „Rechtsfragen" i. S. v. Art. 96 UNCh und Art. 65 IGH-Statut sein. Eine Rechtsfrage wird nicht dadurch zur Tatsachenfrage, dass ihre Beantwortung die Entscheidung über Tatsachen voraussetzt. Auch abstrakte Rechtsfragen können Gegenstand eines IGH-Gutachtens sein, auf die Bestimmung konkreter Rechte und Pflichten bzw. Rechtsfolgen kommt es nicht an (§§ 18, 19).
2. Die Nichtzustimmung einer interessierten Partei steht der Kompetenz des IGH zur Erstellung eines Gutachtens grundsätzlich nicht entgegen. Mit seinem Beitritt zur UNCh und zum IGH-Statut erteilt jeder Staat diese gleichsam generell. Die fehlende Zustimmung ist aber vom IGH bei der Ausübung seines Ermessens zu berücksichtigen, ob er ein beantragtes Gutachten erstellt oder nicht (vgl. Art. 65 IGH-Statut). Der IGH kann ein beantragtes Gutachten nur aus zwingenden Gründen verweigern, etwa wenn die Rechtsfrage mit einer bestehenden Rechtsstreitigkeit identisch ist und durch das Gutachtenverfahren das ansonsten für eine gerichtliche Klärung durch den IGH zu beachtende Konsenserfordernis umgangen würde (§ 33; im konkreten Fall verneint, § 38).
3. Das Selbstbestimmungsrecht der Völker ist gewohnheitsrechtlich verankert (§§ 55, 59). Den UN-Organen steht ein Ermessensspielraum dabei zu, in welchen Formen und Verfahren ein fremdbestimmtes Volk in die Selbstbestimmung geführt werden soll (§ 72).
4. Nur *terra nullius* kann okkupiert werden. War ein Gebiet von sozial und politisch organisierten Völkern oder Stämmen bewohnt, galt es schon Ende des 19. Jahrhunderts nicht als *terra nullius*, so dass Hoheitsrechte nur durch Vereinbarung erworben werden konnten (§§ 79-80).

Hinweise: Ihr vom IGH bestätigtes Selbstbestimmungsrecht konnten die Sahraoui bis heute nicht ausüben: Am 4.11.1975 marschierten auf Veranlassung ihres Königs 350.000 Marokkaner unbewaffnet in die Westsahara ein („Grüner Marsch"). In einem Vertrag zwischen den drei Staaten wurde am 14.11.1975 die Aufteilung der Westsahara zwischen Marokko und Mauretanien beschlossen; Spanien gab seinen Kolonialstatus im Februar 1976 formell auf. Im Zuge eines Bürgerkrieges besetzte Marokko das gesamte Gebiet und hat es trotz Bemühungen von UN und OAU (AU) bis heute unter Kontrolle. Zum Streit über das Fischereiabkommen zwischen der EU und Marokko siehe Rn. 815. – Für die Aussagen zur Zulässigkeit von Gutachten knüpfte der IGH an das Ostkarelien-Gutachten des StIGH an (PCIJ Ser. B, No. 5 [1923], 27 ff).

Literatur: *Dörr*, Nr. 24; *Pierlings*, MPH, Nr. 16. *Feinäugle*, Western Sahara (Advisory Opinion), MPEPIL (3/2007); *McWhinney*, ZaöRV 37 (1977), 1; *Riedel*, GYIL 19 (1976), 405; *Shaw*, BYIL 49 (1978), 119.

▸ Nr. 17: Teheraner Geiselfall

Urteil v. 24.5.1980, ICJ Rep. 1980, 3.

Parteien: USA v. Iran

Stichworte: Staatenverantwortlichkeit im Zusammenhang mit Handlungen Privater; Diplomatenrecht; *self-contained regime*

Sachverhalt: Im Zuge der islamischen Revolution im Iran besetzten angebliche Studenten am 4.11.1979 die US-Botschaft in Teheran und nahmen Mitglieder des diplomatischen Personals als Geiseln. Die iranische Revolutionsregierung schritt nicht ein, sondern solidarisierte sich sogar mit den Geiselnehmern. Zur Rechtfertigung führte sie an, sie habe auf anhaltende Rechtsverstöße durch Mitglieder der US-Botschaft reagieren müssen, die sich in die inneren Angelegenheiten des Iran eingemischt hätten. Zudem verlangte sie u. a. die Freigabe von Geldern des Schahs, der sich nach seiner Flucht vorübergehend in den USA aufgehalten hatte. Am 29.11.1979 reichten die USA Klage beim IGH ein und beantragten den Erlass einer einstweiligen Anordnung.

Rechtliche Kernaussagen:

1. In ungewöhnlich scharfen Worten verurteilte der IGH Verstöße des Iran gegen seine Verpflichtungen nach dem Diplomatenrecht, insbesondere gegen die Pflicht zum Schutz der Räumlichkeiten der Mission aus Art. 22 Abs. 2 WÜD und die Pflicht zur Beachtung der Unverletzlichkeit der Diplomaten aus Art. 29 WÜD.
2. Hinsichtlich der Zurechenbarkeit der (zunächst) privaten Handlungen differenzierte der IGH zwischen zwei Phasen: Die Besetzung als solche war eine Handlung Privater, die dem Iran nicht zugerechnet werden konnte; wohl aber hatte der Iran in dieser Phase gegen seine Schutzpflichten aus dem WÜD verstoßen. In der darauf folgenden Phase (fortgesetzte Besetzung und Geiselnahme) machte die staatliche Billigung der Gewaltakte die Geiselnehmer zu De-facto-Organen (§ 74); die Besetzung und Geiselnahme war in dieser zweiten Phase somit dem Iran als eigener Rechtsverstoß zuzurechnen.
3. Das Diplomatenrecht stellt ein *self-contained régime* dar, bei dem auf Rechtsverstöße nur mit den diplomatenrechtlich vorgesehenen Gegenmaßnahmen (Erklärung zur unerwünschten Person, Abbruch diplomatischer Beziehungen) reagiert werden darf (§§ 85-86). In einem *obiter dictum* machte der IGH eine Ausnahme für den Fall, dass ein Diplomat, der auf frischer Tat angetroffen wird, kurzzeitig festgehalten wird, um ihn an der (weiteren) Tatausführung zu hindern (§ 86).

Hinweis: Für Art. 11 ASR hat die ILC sich v. a. auf das Urteil des IGH im Teheraner Geiselfall gestützt. Art. 11 ASR erfasst aber nicht nur den Fall, dass eine Regierung eine *noch andauernde* Rechtsverletzung Privater billigt, die sie eigentlich zu beenden hätte (Schutzpflicht), sondern auch die nachträgliche Billigung privater Rechtsverstöße. Eine solche Zurechnungsregel hatte der IGH gerade verneint (§ 59).

Literatur: *Dörr*, Nr. 26; *Müller-Terpitz*, MPH, Nr. 64. *Buffard/Wittich*, United States Diplomatic and Consular Staff in Tehran Case, MPEPIL (4/2007); *Green*, AVR 16 (1980), 1; *Wolf*, ZaöRV 43 (1983), 481.

▸ Nr. 18: Nicaragua

Urteil v. 26.11.1984, ICJ Rep. 1984, 392 (Nicaragua I – Jurisdiction) und Urteil v. 27.6.1986, ICJ Rep. 1986, 14 (Nicaragua II – Merits).

Parteien: Nicaragua v. USA

Stichworte: Zuständigkeit des IGH; Unterwerfungserklärung gem. Art. 36 Abs. 2 IGH-Statut; Gewohnheitsrecht; Gewaltverbot; indirekte Gewalt

Sachverhalt: Im Bürgerkrieg in Nicaragua unterstützten die USA die „Contra"-Rebellen, die von Honduras aus die gewählte sozialistische Regierung Nicaraguas bekämpften. Die Rebellen erhielten von den USA v. a. Geld, Waffen und Ausbildung. Die USA wollten ein Verfahren vor dem IGH vermeiden. Drei Tage vor der (zu erwartenden) Einreichung der Klage durch Nicaragua modifizierten die USA ihre Unterwerfungserklärung und schlossen Klagen zentralamerikanischer Staaten aus. Zudem beriefen sie sich auf den sog. Vandenberg-Vorbehalt, wonach multilaterale Abkommen nur dann herangezogen werden durften, wenn alle betroffenen Vertragsparteien an dem Rechtsstreit vor dem IGH beteiligt waren (im Fall fehlte Honduras).[1] Nachdem der IGH in einem ersten Urteil 1984 seine Gerichtsbarkeit über den Fall bejaht hatte, beteiligten sich die USA nicht mehr am weiteren Verfahren und zogen am 8.10.1985 ihre Unterwerfungserklärung zurück.

Rechtliche Kernaussagen:

1. Der Grundsatz von Treu und Glauben ist auch auf Unterwerfungserklärungen anzuwenden. Sind diese nur unter Einhaltung einer sechsmonatigen Frist widerrufbar, so ist auch für inhaltliche Einschränkungen der Erklärung zumindest eine angemessene Fristsetzung erforderlich (Nicaragua I, §§ 61-63).
2. Ein Staat kann mittels eines Vorbehalts seine Unterwerfung unter den IGH einschränken, insbesondere ist es zulässig, multilaterale Abkommen als Maßstab auszuschließen, sofern nicht alle betroffenen Vertragsparteien am gerichtlichen Verfahren beteiligt sind (Nicaragua I, §§ 72-76, Nicaragua II, § 44). Dies hindert den IGH jedoch nicht daran, inhaltlich übereinstimmendes Völkergewohnheitsrecht als Maßstab heranzuziehen (Nicaragua II, §§ 56, 175).
3. Vertrags- und Gewohnheitsrecht stehen gleichberechtigt nebeneinander; zwischen beiden gibt es keine Hierarchie (Nicaragua II, §§ 177-179).
4. Zur Feststellung von Gewohnheitsrecht ist zu prüfen, ob die Rechtsüberzeugung der Staaten durch eine entsprechende Übung bestätigt wird (Nicaragua II, § 184). Die Staatenpraxis muss nicht einheitlich sein, sondern nur generell der fraglichen Rechtsüberzeugung entsprechen; als Bestätigung der Regel gilt auch die Berufung auf einen anerkannten Ausnahmetatbestand; abweichendes Verhalten begründet als solches keine neue Regel (Nicaragua II, § 186), sondern nur wenn es auf ein neues Recht oder einen neuen Ausnahmetatbestand gestützt wird und die Staatengemeinschaft dies akzeptiert (Nicaragua II, § 207).
5. Das völkerrechtliche Gewaltverbot gilt gewohnheitsrechtlich (Nicaragua II, §§ 187 ff). Das gemäß Art. 51 UNCh „naturgegebene Recht" („inherent right") auf Selbstverteidigung besteht auch gewohnheitsrechtlich nur gegen einen bewaffneten Angriff („armed attack") (Nicaragua II, §§ 193 ff).

1 Zu weiteren Zulässigkeitseinreden der USA in diesem Fall siehe Rn. 482.

6. Für die Frage, was ein „bewaffneter Angriff" ist, kann auf die Aggressionsdefintion der UN-Generalversammlung als Ausdruck von Gewohnheitsrecht zurückgegriffen werden; umfasst ist daher auch das Entsenden bewaffneter Gruppen („sending of armed bands") oder die substanzielle Verwicklung in deren Aktivitäten (für die USA im Ergebnis verneint), sofern jene von Ausmaß und Wirkungen („scale and effects") her die Schwelle zum bewaffneten Angriff überschreiten (Nicaragua II, § 195).
7. Die Unterstützung Privater bei der Anwendung von Gewaltakten in einem anderen Staat kann als eigene – indirekte – Androhung oder Anwendung von Gewalt des unterstützenden Staates anzusehen sein. Dies ist der Fall bei Bewaffnung, Ausbildung und logistischer Hilfestellung, wobei eine wertende Gesamtbetrachtung aller Umstände maßgeblich bleibt (für die USA im Ergebnis bejaht). Unterhalb dieser Schwelle liegende Unterstützungshandlungen wie eine Finanzierung stellen keine indirekte Gewalt dar, in Betracht kommt aber einen Verstoß gegen das Interventionsverbot (Nicaragua II, § 228):
   „In the view of the Court, while the arming and training of the contras can certainly be said to involve the threat or use of force against Nicaragua, this is not necessarily so in respect of all the assistance given by the United States Government. In particular, the Court considers that the mere supply of funds to the contras, while undoubtedly an act of intervention in the internal affairs of Nicaragua […] does not in itself amount to a use of force."
8. Der gemeinsame Art. 3 GK I-IV bildet den Minimalstandard von Humanität in jeder Art von bewaffnetem Konflikt (§ 218).

Literatur: *Kolb*, BM, Nr. 15; *Dörr*, Nr. 27a-b; *Dederer*, MPH, Nr. 153. *Chayes*, ColumLR 85 (1985), 1445; *Crawford*, Military and Paramilitary Activities in and against Nicaragua Case, MPEPIL (8/2006); *Knof/Kreß*, ÖZöRV 41 (1990), 9; *Kwiecień*, PolYIL 36 (2016), 21; *Wengler*, NJW 1986, 2994.

► Nr. 19: ELSI

Urteil v. 20.7.1989, ICJ Rep. 1989, 15.

Parteien: USA v. Italien

Stichworte: Diplomatischer Schutz für juristische Personen; *local remedies rule.*

Sachverhalt: Das nach italienischem Recht gegründete und in Italien ansässige Unternehmen ELSI S. p.A. (ELSI) gehörte zu 100% Aktionären aus den USA. Als die Eigentümer 1968 angesichts wirtschaftlicher Schwierigkeiten die Schließung und Liquidation beschlossen, kam es zu Protesten und Werksbesetzungen. Der Bürgermeister von Palermo verfügte die sofortige Beschlagnahme des Betriebsgeländes (die Entscheidung wurde ein gutes Jahr später vom Präfekten für rechtswidrig erklärt). Kurz danach meldete die ELSI Konkurs an. Der Insolvenzverwalter versuchte vergeblich, das Unternehmen zu versteigern. Es wurde schließlich an ein italienisches Staatsunternehmen unter Buchwert verkauft. Die USA sahen im Verhalten der italienischen Behörden einen Verstoß gegen den bilateralen Freundschaftsvertrag von 1948. Nach dem Scheitern diplomatischer Verhandlungen erhoben die USA 1987 Klage vor dem IGH.

Rechtliche Kernaussagen:

1. Das gewohnheitsrechtliche Erfordernis der Erschöpfung des innerstaatlichen Rechtswegs vor einer Ausübung von diplomatischem Schutz *(local remedies rule)* gilt auch für Ansprüche aus völkerrechtlichen Verträgen, wenn nicht explizit etwas anderes vereinbart worden ist (§ 50).
2. Auch innerstaatlich rechtmäßige Maßnahmen können einen Völkerrechtsverstoß darstellen, wenn ein völkerrechtlicher Vertrag die unternehmerische Betätigung im Gaststaat garantiert; verstoßen die Maßnahmen gegen innerstaatliches Recht, spricht dies *prima facie* zugleich für einen Vertragsverstoß (§§ 71-75).

3. Darüber hinaus traf der IGH einige Aussagen zum fremdenrechtlichen Mindeststandard sowie zu den im Vertrag garantierten Standards (Diskriminierungsverbot, Willkürverbot usw.).

Hinweis: Das Urteil wurde in der Literatur teilweise als Bestätigung der Kontrolltheorie unter Abweichung vom Barcelona-Traction-Urteil (siehe Nr. 13) interpretiert. Der IGH konnte hier jedoch das Recht der USA, sich schützend für die Aktionäre einzusetzen, auf den Freundschaftsvertrag stützen, der ausdrücklich auch US-Bürgern und US-Unternehmen das Recht garantierte, italienische Unternehmen zu erwerben, zu kontrollieren und zu leiten. Dieses Recht war unzweifelhaft betroffen, so dass auf die Kontrolltheorie nicht zurückgegriffen werden musste (ausdrücklich bestätigt im Diallo-Urteil: Nr. 31, §§ 87 ff). Handels- und Freundschaftsverträge wie der hier streitgegenständliche sind Vorläufer der heutigen bilateralen Investitionsabkommen (BIT).

Literatur: *Dörr*, Nr. 29. *Dolzer*, IPrax 1992, 137; *Mann*, AJIL 86 (1992), 92; *Tomka*, Elettronica Sicula Case, MPEPIL (2/2007); *Wengler*, NJW 1990, 619.

▸ Nr. 20: Osttimor

Urteil v. 30.6.1995, ICJ Rep. 1995, 90.

Parteien: Portugal v. Australien

Stichworte: „Streitigkeit" i. S. v. Art. 38 I IGH-Statut; *necessary third party rule*; Selbstbestimmungsrecht der Völker.

Sachverhalt: Die ehemalige portugiesische Kolonie Osttimor wurde 1975/1976 nach dem Abzug der Portugiesen von Indonesien besetzt und anschließend annektiert. 1989 schloss Australien mit Indonesien einen Vertrag über die Abgrenzung des zwischen Indonesien und der Insel Timor gelegenen Festlandssockels. Dabei wurde Osttimor von Australien *de facto* als indonesisches Staatsgebiet anerkannt. Daraufhin erhob Portugal gegen Australien Klage vor dem IGH – Indonesien konnte mangels Unterwerfung nicht verklagt werden – mit dem Vorwurf, Australien verletzte mit der Anerkennung von Osttimor als indonesisches Staatsgebiet das völkerrechtliche Selbstbestimmungsrecht des Volkes von Osttimor.

Rechtliche Kernaussagen:

1. Eine Streitigkeit i. S. v. Art. 38 I IGH-Statut liegt vor, wenn Uneinigkeit bezüglich Rechts- oder Tatsachenfragen oder ein Konflikt über Rechtsansichten oder Interessen besteht. Es muss (nur) aufgezeigt werden, dass die Auffassung der einen Seite derjenigen der anderen Seite widerspricht (§ 22; maßgeblich ist die objektive Nichtübereinstimmung; es genügte, dass Portugal eine rechtliche Behauptung aufgestellt hat, der Australien widersprochen hat).
2. Geht es im Kern um die rechtliche Beurteilung des Verhaltens eines nicht am Verfahren beteiligten Staates, so ist der IGH hierfür auf Grund des Konsensprinzips unzuständig (§§ 26, 28; im Hinblick auf Indonesien bejaht, da dieses notwendige dritte Partei im Sinne des Monetary Gold-Urteils sei). Werden rechtliche Interessen eines Drittstaats lediglich berührt, so steht dies der Zuständigkeit eines Verfahrens allerdings nicht entgegen (§ 34).
3. Dem Selbstbestimmungsrecht der Völker kommt Erga-omnes-Charakter zu. Dies führt allerdings nicht zu einer Ausnahme von der *necessary third party rule* (§ 29). (Der IGH trennt materielles Recht – Pflicht *erga omnes* – und prozessuale Durchsetzbarkeit voneinander).

Literatur: *Dörr*, Nr. 31; *Rau*, MPH, Nr. 18. *Chinkin*, ICLQ 45 (1996), 712; *Hilpold*, ZÖR 53 (1998), 263; *Scobbie/Drew*, LJIL 9 (1996), 185; *Zimmermann*, ZaöRV 55 (1995), 1051.

▸ Nr. 21: Nuklearwaffen

Gutachten v. 8.7.1996, ICJ Rep. 1996, 226.

Parteien: (Gutachten auf Antrag der UN-Generalversammlung)

Stichworte: Androhung und Anwendung von Gewalt; Humanitäres Völkerrecht.

Sachverhalt: Die UN-Generalversammlung richtete gem. Art. 96 I UNCh an den IGH die Frage, ob die Drohung mit oder der Einsatz von Nuklearwaffen mit dem Völkerrecht vereinbar sein kann.

Rechtliche Kernaussagen:

1. Die Alternativbegriffe „Androhung" und „Anwendung" von Gewalt in Art. 2 Nr. 4 UNCh sind in Parallelität zueinander zu verstehen: Wenn die angestrebte Gewaltanwendung illegal wäre, dann ist auch die entsprechende Androhung rechtswidrig. Umgekehrt ist die Ankündigung eines Gewalteinsatzes legal, wenn die Gewaltanwendung im Einklang mit der UNCh stünde (§ 47).
2. Selbstverteidigungshandlungen unterliegen dem Gebot der Verhältnismäßigkeit der Mittel (§ 41). Der Einsatz von Kernwaffen ist zwar generell unverhältnismäßig; es kann aber nicht gänzlich ausgeschlossen werden, dass der Einsatz von Kernwaffen in einer extremen Situation, in der es um die Existenz des angegriffenen Staates geht, als Selbstverteidigung gerechtfertigt sein kann (§§ 96-97).
3. Die Regeln der HLKO wie auch die „große Mehrheit" der Regeln der GK I-IV sind Bestandteil des Völkergewohnheitsrechts (§§ 80 ff).
4. Der Einsatz von Atomwaffen ist grundsätzlich mit Grundregeln des Humanitären Völkerrechts unvereinbar (v. a. Verbot unterschiedsloser Angriffe, Verbot unnötiger Leiden) (§§ 85 f). Auch insoweit kann jedoch nicht festgestellt werden, ob in extremen Fällen ihr Einsatz stets und notwendigerweise gegen das Humanitäre Völkerrecht verstößt (§ 95).

Hinweise: Das Gutachten erging hinsichtlich der Rechtslage in Extremsituationen mit 7:7 Stimmen, den Ausschlag gab die Stimme des Präsidenten. Die unterlegenen sieben Richter hielten den Einsatz von Kernwaffen ausnahmslos für völkerrechtswidrig. Weil der IGH hier weder die Rechtmäßigkeit noch die Rechtswidrigkeit des Einsatzes von Kernwaffen in solchen Situationen feststellen wollte, gilt das Gutachten in diesem Punkt als Beispiel für ein völkerrechtliches *non liquet*. – Neben der UN-Generalversammlung hatte auch die WHO einen vergleichbaren Gutachtenantrag gestellt, der vom IGH als unzulässig zurückgewiesen wurde, weil er sich nicht im „Tätigkeitsbereich" (vgl. Art. 96 Abs. 2 UNCh) der WHO bewegte (ICJ Rep. 1996, 66),

Literatur: *Ranganathan*, BM, Nr. 17; *Dörr*, Nr. 32; *Becker*, MPH, Nr. 154. *Akande*, BYIL 68 (1997), 165; *Amerasinghe*, FYIL 10 (1999), 5; *Bothe*, Nuclear Weapons Advisory Opinions, MPEPIL (4/2011); *Falk*, AJIL 91 (1997), 64; *Marauhn/Oellers-Frahm*, EuGRZ 1997, 221. Diskussion in FW 71 (1996), 235 ff.

▸ Nr. 22: Gabčíkovo-Nagymaros

[sprich: 'nɒʃ'mɒroʃ]. Urteil v. 25.9.1997, ICJ Rep. 1997, 7.

Parteien: Ungarn/Slowakei (die Parteien legten den Streit gemeinsam dem IGH vor)

Stichworte: Ökologischer Notstand; Repressalie; Kündigung von Verträgen; Umweltrecht.

Sachverhalt: Ungarn und die Slowakei stritten über ein gemeinsames Staudammprojekt, das 1977 in einem Rahmenvertrag zwischen Ungarn und der Tschechoslowakei beschlossen wurde. Während Ungarn die Arbeiten an dem Projekt 1989 einstellte, setzte die Tschechoslowakei, später die Slowakei, die Arbeiten fort und leitete dafür die Donau einseitig um. 1992 erklärte Ungarn den Rücktritt vom Vertrag und begründete dies mit geänderten wirtschaftlichen Rahmenbedingungen sowie Umweltrisiken des Projekts.

Rechtliche Kernaussagen:

1. Der Schutz der Umwelt kann ein „wesentliches Interesse" i. S. v. Art. 25 ASR sein und Notstandsmaßnahmen rechtfertigen („ökologischer Notstand"). Die hierfür erforderliche unmittelbare Gefahr setzt jedoch voraus, dass zum Zeitpunkt der Maßnahme mit hoher Wahrscheinlichkeit der Eintritt konkretisierbarer schwerer Schäden zu erwarten ist (§§ 53-54).
2. Anrainer eines grenzüberschreitenden Wasserlaufs haben gewohnheitsrechtlich Anspruch auf angemessenen Anteil an der Nutzung der gemeinsamen Wasserressourcen (§§ 78, 85).
3. Gegenmaßnahmen (siehe Art. 49 ff ASR) müssen sich gegen den Urheber des Rechtsverstoßes richten, auf den sie reagieren; der Erstverletzer muss vorher aufgefordert worden sein, den Rechtsverstoß abzustellen; die Gegenmaßnahme muss verhältnismäßig sein (§§ 83-85) (Letzteres wurde in Bezug auf das Umleiten der Donau durch die Slowakei verneint).
4. Vertragsrechtliche Kündigungs- bzw. Suspendierungsrechte und deliktsrechtliche Rechtfertigungsgründe sind voneinander zu trennen (§ 101).
5. Die Kündigungs- bzw. Suspendierungsrechte in den Art. 60-62 WVK reflektieren weitgehend Gewohnheitsrecht (§§ 46, 99).
6. Die Berufung auf die *clausula rebus sic stantibus* (vgl. Art. 62 WVK) ist an strenge Voraussetzungen geknüpft; sieht ein Vertrag Anpassungsklauseln vor, hat eine Lösung innerhalb des Vertrags Vorrang (§ 104).
7. Das Recht auf Lösung vom Vertrag wegen eines Vertragsverstoßes durch die andere Seite (vgl. Art. 60 WVK) wird verwirkt, wenn der Vertragsverstoß durch eigenes rechtswidriges Verhalten mit herbeigeführt worden ist (§ 110); die beiderseitige Verletzung eines Vertrages bewirkt mangels Vertragsbeendigungswillens keine konkludente Aufhebung eines Vertrages (§ 114).
8. Bei einem Projekt, das langfristige und erhebliche Auswirkungen auf die natürliche Umwelt hat, sind die Parteien verpflichtet, miteinander über eine Anpassung an verbesserte Umwelttechnologien und Umweltstandards zu verhandeln (§§ 140-142).

Literatur: *Boisson de Chazournes/Mbengue*, BM, Nr. 18; *Dörr*, Nr. 33; *Faßbender*, MPH, Nr. 8. *Okowa*, ICLQ 47 (1998), 688; *Reichert-Facilides*, ICLQ 47 (1998), 837; *Schrijver/Prislan*, Gabčíkovo-Nagymaros Case, MPEPIL (4/2008); *Wellens*, FS Suy, 1998, 765. Diskussion in LJIL 11 (1998), 287 ff.

▸ Nr. 23: Lockerbie

Einstweilige Anordnung v. 14.4.1992, ICJ Rep. 1992, 114.

Parteien: Libyen v. USA; Libyen v. Vereinigtes Königreich

Stichworte: Rechtliche Kontrolle von Maßnahmen des UN-Sicherheitsrats.

Sachverhalt: Am 21.12.1988 explodierte über der schottischen Ortschaft Lockerbie ein Flugzeug der US-amerikanischen Fluggesellschaft Pan Am infolge eines Bombenattentats. Die USA und Großbritannien ermittelten als Attentäter zwei mutmaßliche Angehörige des libyschen Geheimdienstes und verlangten von Libyen deren Auslieferung auf Grundlage des Montrealer Übereinkommens zur Bekämpfung widerrechtlicher Handlungen gegen die Sicherheit der Zivilluftfahrt von 1971. Libyen lehnte die Auslieferung ab und berief sich darauf, dass es nach dem Übereinkommen berechtigt sei, gegen die beiden Tatverdächtigen auch selbst zu ermitteln. Mit der Resolution 731 (1992) forderte der UN-Sicherheitsrat Libyen dennoch zur Auslieferung aus (die Rechtsgrundlage blieb unklar). Als Libyen im März 1992 Klage beim IGH gegen das Auslieferungsverlangen erhob und den Erlass einstweiliger Maßnahmen beantragte, beschloss der Sicherheitsrat erneut – diesmal gestützt auf Kapitel VII UNCh – die Auslieferung der mutmaßlichen Attentäter (Resolution 748 [1992]).

Rechtliche Kernaussagen: Der IGH lehnte den Erlass einer einstweiligen Anordnung ab und begründete dies mit dem Vorrang von Resolutionen nach Kapitel VII [Resolution 748] vor dem Montrealer Übereinkommen, vgl. Art. 102 UNCh. Indem er in einer Sache entschied, in die sich der Sicherheitsrat bereits eingeschaltet hatte, machte er aber implizit deutlich, dass er zu einer Kontrolle des Sicherheitsrates berechtigt ist (Sondervoten einzelner Richter unterstrichen diesen Anspruch).

Hinweis: Das Verfahren wurde in der Hauptsache nicht mehr entschieden. Auf Grundlage eines Kompromisses fand der Prozess schließlich vor einem schottischen Gericht auf dem Staatsgebiet der Niederlande statt und endete mit einer Verurteilung und einem Freispruch. Libyen zahlte eine Entschädigung an die Hinterbliebenen.

Literatur: *Rau*, MPH, Nr. 140. *Martenczuk*, EJIL 10 (1999), 517; *Paulus/Dienelt*, Lockerbie Cases, MPEPIL (3/2010).

▸ Nr. 24: LaGrand

Urteil v. 27.6.2001, ICJ Rep. 2001, 466.

Parteien: Deutschland v. USA

Stichworte: Konsularischer Schutz; einstweilige Anordnung; Verantwortlichkeit von Bundesstaaten.

Sachverhalt: Die Brüder LaGrand, die neben der US-amerikanischen auch die deutsche Staatsbürgerschaft besaßen, wurden nach einem Raubmord festgenommen und in Arizona zum Tode verurteilt. Entgegen Art. 36 Abs. 1 lit. b WÜK war das deutsche Konsulat von der Festnahme und vom Verfahren nicht in Kenntnis gesetzt worden. Nach der Hinrichtung von Karl LaGrand am 24.2.1999 erhob die Bundesrepublik Deutschland am 2.3.1999 Klage beim IGH und erwirkte den Erlass einer einstweiligen Anordnung (ICJ Rep. 1999, 9), in der die Aussetzung der Hinrichtung von Walter LaGrand bis zur Entscheidung der Hauptsache angeordnet wurde. Gleichwohl wurde Walter LaGrand am 3.3.1999 hingerichtet.

Rechtliche Kernaussagen:

1. Die Pflicht des Empfangsstaates zur Unterrichtung der Konsularbehörden des Entsendestaates nach Art. 36 Abs. 1 lit. b WÜK ist absolut und unabhängig von den Wirkungen konsularischen Beistands im konkreten Strafverfahren (§ 74).
2. Art. 36 Abs. 1 lit. b WÜK gibt dem Inhaftierten ein eigenes subjektives Recht auf konsularischen Beistand, dessen Verletzung der Heimatstaat im Wege des diplomatischen Schutzes auf internationaler Ebene rügen kann (§ 77).
3. Einstweilige Anordnungen des IGH sind rechtsverbindlich und von den Streitparteien zu befolgen. Auch die bundesstaatliche Kompetenzverteilung entbindet einen Staat nicht von der völkerrechtlichen Verantwortlichkeit (§§ 102, 110 ff).

Hinweise: Auch im Fall Avena und andere mexikanisches Staatsangehörige, Urteil vom 31.3.2004, ICJ Rep. 2004, 12 (Mexiko v. USA) stellte der IGH Verstöße der USA gegen Art. 36 WÜK fest, weil eine Vielzahl mexikanischer Staatsangehöriger in den USA vor Gericht gestellt, verurteilt und hingerichtet wurden, ohne dass sie oder die zuständige mexikanische Vertretung entsprechend des WÜK informiert worden waren.

Literatur: *Miles*, BM, Nr. 21; *Dörr*, Nr. 36; *Kunczik*, MPH, Nr. 77. *Aceves*, AJIL 96 (2002), 210; *Deen-Racsmány*, LJIL 15 (2002), 87; *Dupuy/Hoss*, LaGrand Case, MPEPIL (12/2009); *Frowein*, ZaöRV 62 (2002), 55; *Nagel/Norba*, JA 2000, 132; *Oellers-Frahm*, EuGRZ 2001, 265; *Tams*, JuS 2002, 324; *ders.*, EJIL 13 (2002), 1257.

▸ Nr. 25: Arrest-Warrant- bzw. Yerodia-Fall

Urteil v. 14.2.2002, ICJ Rep. 2002, 3.

Parteien: D.R. Kongo v. Belgien

Stichworte: Völkerstrafrecht; Immunität; Weltrechtsprinzip; *ius cogens*

Sachverhalt: Die belgische Justiz hatte gegen den amtierenden Außenminister der Demokratischen Republik Kongo (während des Prozesses wechselte er in das Amt des Bildungsministers) einen Haftbefehl wegen Völkermordes erlassen. Gestützt wurde die Jurisdiktion Belgiens auf das Weltrechtsprinzip für schwerste Völkerrechtsverbrechen. Die belgische Regierung trug außerdem vor, dass das Verbot des Völkermordes zum zwingenden Völkerrecht *(ius cogens)* gehöre und daher der Immunität vorgehe.

Rechtliche Kernaussagen:

1. Amtierende Staatsoberhäupter und andere „hochrangige Regierungsvertreter" (der Kreis wird im Urteil nicht genau definiert) genießen kraft Gewohnheitsrechts umfassende Immunität gegenüber fremder Gerichtsbarkeit. Diese erstreckt sich auf alle Handlungen, amtliche und private, da sie nicht dem persönlichen Vorteil der privilegierten Person diene, sondern die Funktionsfähigkeit des zwischenstaatlichen Verkehres schütze (§§ 51, 53 des Urteils).
2. Zwischen dem Verbot des Völkermordes (als *ius cogens*) und der hieraus fließenden individuellen strafrechtlichen Verantwortlichkeit einerseits und dem Recht eines Staates, solche Taten gerichtlich zu ahnden, ist zu unterscheiden (§§ 59-60).
3. Eine gewohnheitsrechtliche Durchbrechung der Immunität bei völkerrechtlichen Verbrechen ist für amtierende Regierungsvertreter gegenüber den Gerichten eines anderen Staates nicht feststellbar (§ 58). Eine strafrechtliche Verfolgung kommt nur in Betracht (§ 61): (1) bei Strafverfolgung durch den Heimatstaat, (2) bei Verzicht des Heimatstaates auf die Immunität seines Organs, (3) bei privaten Handlungen während der Amtszeit nach Ausscheiden aus dem Amt, (4) bei Verfolgung durch internationale Gerichte.

Literatur: *Dörr*, Nr. 37; *Hoffmann*, MPH, Nr. 71. *Aragão*, HuV-I 2002, 77; *Dörr*, AVR 41 (2003), 201; *Goldmann*, Arrest Warrant Case, MPEPIL (1/2009); *Gray*, EJIL 13 (2002), 723; *Maierhöfer*, EuGRZ 2003, 545; *Schultz*, ZaöRV 62 (2002), 703; *Weiß*, JZ 2002, 696; *Wirth*, EJIL 13 (2002), 877; *Wouters*, LJIL 16 (2003), 253; *Zeichen/Hebenstreit*, AVR 41 (2003), 182.

▸ Nr. 26: Mauer in Palästina

Gutachten v. 9.7.2004, ICJ Rep. 2004, 136.

Parteien: (Gutachten auf Antrag der UN-Generalversammlung)

Stichworte: Besatzungsrecht; Verhältnis von Menschenrechten und Humanitärem Völkerrecht (HVR); Konsequenzen aus Verstößen gegen Pflichten *erga omnes*.

Sachverhalt: Israel hat 2003 den Bau einer Mauer bzw. eines befestigten Sperrzauns im Westjordanland und in Jerusalem begonnen, der die überwiegend palästinensisch von den überwiegend jüdisch besiedelten Gebieten trennen soll. Die UN-Generalversammlung beantragte daraufhin beim IGH ein Rechtsgutachten über die völkerrechtliche Zulässigkeit des Mauerbaus und dessen Rechtsfolgen.

Rechtliche Kernaussagen:

1. Menschenrechte sind grundsätzlich auch im bewaffneten Konflikt zu beachten (§§ 102 ff): Es gibt Fragen, die ausschließlich dem HVR oder ausschließlich den Menschenrechtspakten unterfallen; ebenso aber gibt es Fälle, die von beiden Rechtsregimen geregelt werden. Dabei ist das HVR grundsätzlich *lex specialis*, die genaue Verhältnisbestimmung ist aber von Fall zu Fall zu klären (§ 106).
2. Israel hat im Westjordanland und in Ostjerusalem den Status einer Besatzungsmacht. Dabei sind sowohl das Besatzungsrecht als auch die Menschenrechte anwendbar (§§ 78, 101).
3. Die Siedlungspolitik Israels verstößt gegen Art. 49 Abs. 6 GK IV; außerdem kommt der Mauerbau *de facto* einer völkerrechtswidrigen Annexion der Siedlungen gleich (§§ 120 f). Der Bau der Mauer verstößt zudem gegen Art. 46 und 52 HLKO und Art. 53 GK IV, indem Palästinenser für die Baumaßnahmen enteignet wurden, ohne dass hierfür eine zwingende militärische Notwendigkeit gegeben war (§§ 132, 135). Außerdem sind die Eingriffe in das Recht auf Freizügigkeit der Person (Art. 12 IPBPR) und in weitere Menschenrechtsgarantien nicht notwendig zur Gewährleistung der Sicherheit in den besetzten Gebieten (§§ 133 f, 136).
4. Israel hat den Bau der Mauer einzustellen und die bereits errichteten Mauerstücke abzutragen. Außerdem hat Israel die Betroffenen zu entschädigen.
5. Wegen des Erga-omnes-Charakters vieler der verletzten Regeln darf kein Staat die Errichtung der Mauer als völkerrechtskonform anerkennen (§§ 149-159) (zu beachten ist allerdings, dass Gutachten des IGH – auch wenn ihnen eine beachtliche *persuasive authority* zukommt – nicht rechtsverbindlich sind).

Hinweis: Israel hat ungeachtet des (nicht rechtsverbindlichen) Gutachtens den Bau der Sperranlage fortgesetzt. In mehreren Entscheidungen (u. a. 2004, 2005, 2011) hat der Oberste Gerichtshof Israels den Bau der Mauer zu Sicherungszwecken (nicht aber zur Annektion) auf besetztem Territorium für vereinbar mit den Regeln der GK IV erklärt. Allerdings hat er mit Rücksicht auf die Rechte betroffener Palästinenser in einigen Abschnitten eine veränderte Streckenführung gefordert.

Literatur: *Dugard*, BM, Nr. 22; *Dörr*, Nr. 39; *Hoffmann/Pierlings*, MPH, Nr. 154. *Becker*, AVR 43 (2005), 218; *Bianchi*, GYIL 48 (2005), 343; *Gareau*, LJIL 18 (2005), 489; *Khan*, FW 79 (2004), 3/4, 345; *Orakhelashvili*, AVR 43 (2005), 240; *de Waart*, LJIL 18 (2005), 467; *Watts*, Israeli Wall Advisory Opinion, MPEPIL (2/2007). Diskussion in AJIL 99 (2005), 6 ff.

▸ Nr. 27: D.R. Kongo/Uganda

Urteil v. 19.12.2005, ICJ Rep. 2005, 168.

Parteien: Demokratische Republik Kongo v. Uganda

Stichworte: Selbstverteidigung; Besatzungsrecht.

Sachverhalt: Nachdem die ugandische Armee zunächst mit Einwilligung der kongolesischen Regierung im Nordosten des Kongos gegen anti-ugandische Rebellen operierte, ging sie auch nach Rücknahme der Erlaubnis 1998 weiter gegen diese vor. Begründet wurde dies mit dem Schutz legitimier Sicherheitsinteressen, da von den Rebellen Angriffe ausgingen und der Kongo nicht in der Lage war, diese zu unterbinden.

Rechtliche Kernaussagen:

1. Art. 51 UNCh setzt das Vorliegen eines bewaffneten Angriffs voraus. Liegt ein solcher – auch bei einer kumulativen Betrachtung einzelner Gewalttaten – nicht vor bzw. ist er keinem Staat zurechenbar (beides wurde vom IGH bejaht), so greift der Rechtfertigungsgrund

der Selbstverteidigung nicht. Insbesondere genügt der „Schutz legitimer Sicherheitsinteressen" nicht, um den Einsatz von Gewalt zu rechtfertigen (siehe §§ 141-147; dementsprechend wurde ein Verstoß Ugandas gegen das Gewaltverbot festgestellt).

2. Ein Gebiet ist gem. Art. 42 Abs. 1 HLKO besetzt, wenn es sich tatsächlich in der Gewalt einer feindlichen Macht befindet. Hierzu ist erforderlich, dass die Besatzungsmacht mit ihrer eigenen Hoheitsgewalt die Hoheitsgewalt des besetzten Staates substituiert. Nach Art. 43 HLKO ist die Besatzungsmacht im Rahmen des Möglichen zur Aufrechterhaltung der öffentlichen Ordnung und Sicherheit im besetzten Gebiet verpflichtet unter weitestgehender Beachtung der Landesgesetze. Diese Pflicht schließt die Achtung und den Schutz von Menschenrechten und der anwendbaren Regeln des Humanitären Völkerrechts ein (§§ 172-178).

Literatur: *Dörr*, Nr. 40; *Oellers-Frahm*, ZEuS 10 (2007), 71; *R. Uerpmann-Wittzack*, Armed Activities on the Territory of the Congo Cases, MPEPIL (2/2007).

▸ Nr. 28: Genozid-Fall

Urteil v. 26.2.2007, ICJ Rep. 2007, 43.

Parteien: Bosnien und Herzegowina v. Serbien und Montenegro

Stichworte: Staatenverantwortlichkeit und Völkerstrafrecht; Verhältnis IGH/ICTY; „Beihilfe" und Mitverantwortlichkeit; Pflicht zur Zusammenarbeit bei der Bestrafung von Bürgerkriegsverbrechen.

Sachverhalt: Bosnien und Herzegowina verklagte Serbien und Montenegro als Rechtsnachfolger der Bundesrepublik Jugoslawien wegen Verstößen gegen die Völkermordkonvention. Dabei ging es um Massaker an der bosnisch-muslimischen Bevölkerung, die von der Armee der bosnisch-serbischen „Republika Srpska" (VRS) verübt wurden (u. a. Srebrenica 1995).

Rechtliche Kernaussagen:

1. Die Feststellung eines Verstoßes gegen die Völkermordkonvention durch einen Staat ist unabhängig davon, ob die handelnden Personen zuvor bereits von einem Strafgericht verurteilt worden sind (§§ 180-182).
2. In seiner rechtlichen Beurteilung der fraglichen Taten ist der IGH nicht an die Bewertung des ICTY gebunden; die tatsächlichen Feststellungen sind aber das Ergebnis einer sorgfältigen und fairen Beweiserhebung, so dass auch hierauf gestützte rechtliche Beurteilungen durch das ICTY einiges Gewicht haben (§§ 223-224).
3. Zwar wurde nicht hinreichend belegt, dass die Bundesrepublik Jugoslawien selbst an den Massakern beteiligt war oder die Einheiten der VRS unter Leitung und Kontrolle Belgrads handelten. Wohl aber hätte die FRY ihren Einfluss auf die Republika Srpska nutzen müssen, um so weit als möglich die Begehung von Völkermordtaten zu verhindern. Auch in der über lange Zeit mangelhaften Zusammenarbeit Jugoslawiens mit dem ICTY liegt ein Verstoß gegen die Verpflichtung aus der Völkermord-Konvention, Völkermordtaten zu verhindern und zu bestrafen (§§ 377-450).

Literatur: *Dörr*, Nr. 41; *Amerasinghe*, LJIL 21 (2008), 411; *Schabas*, Application of the Convention on the Prevention and Punishment of the Crime of Genocide Case, MPEPIL (12/2008). Diskussion in EJIL 18 (2007), 591 ff.

▸ Nr. 29: Kosovo-Gutachten

Gutachten v. 22.7.2010, ICJ Rep. 2010, 403.

Parteien: (Gutachten auf Antrag der UN-Generalversammlung)

Stichworte: Selbstbestimmungsrecht der Völker und Sezessionsrecht; Unabhängigkeitserklärungen.

Sachverhalt: Die UN-Generalversammlung unterbreitete dem IGH die Frage, ob die Unabhängigkeitserklärung der provisorischen Selbstverwaltungsinstitutionen des Kosovo völkerrechtskonform sei.

Rechtliche Kernaussagen:

1. Die Unabhängigkeitserklärung als solche verstieß nicht gegen Völkerrecht, weil keine Regel des Völkerrechts nachweisbar ist (vgl. das Regel-Ausnahme-Prinzip hinter der Lotus-Regel, siehe: Nr. 3), die bereits eine bloße Erklärung verbietet, unabhängig von einem Konfliktverhalten.
2. Die Erklärung verstieß auch nicht gegen die Kosovo-Resolution 1244 (1999) des UN-Sicherheitsrates, weil diese lediglich den vorübergehenden Status des Kosovo zum Gegenstand hatte, nicht aber den finalen Status, um den es in der Erklärung ging.
3. Die Erklärung verletzt auch nicht die von den Vereinten Nationen etablierte Interimsverfassungsordnung, weil die erklärenden Personen nicht als von der Interimsverfassung konstituierte Organe, sondern als Vertreter der Kosovaren außerhalb dieser Ordnung standen.

Hinweis: Der IGH nahm die Gutachtenfrage übertrieben wörtlich und antwortete nicht auf die in dem Antrag angelegten grundsätzlichen Fragen nach einem Recht auf Sezession (vgl. Kritik im Sondervotum von Richter *Simma*).

Literatur: *Dietz/Stark*, Jura 2012, 282; *Peters,* JZ 2010, 1168; *Ryngaert*, NILR 57 (2010), 481; *Wilde,* Kosovo (Advisory Opinion), MPEPIL (5/2011). Diskussion in AJIL 105 (2011), 50 ff und LJIL 24 (2011), 73 ff.

▸ Nr. 30: Jurisdictional Immunities

Urteil v. 3.2.2012, ICJ Rep. 2012, 99.

Parteien: Deutschland v. Italien (Griechenland als Nebenintervenient)

Stichworte: Staatenimmunität; Humanitäres Völkerrecht; *ius cogens*; intertemporales Recht.

Sachverhalt: Die Bundesrepublik Deutschland war von italienischen Staatsbürgern, die während des Zweiten Weltkriegs unter Bruch des Völkerrechts zur Zwangsarbeit nach Deutschland gebracht worden waren, vor italienischen Gerichten auf Entschädigung verklagt und verurteilt worden. Zugleich erkannten die italienischen Richter griechische Urteile an, die Deutschland ebenfalls wegen Weltkriegsverbrechen zu Schadenersatz verpflichtet hatten, und verfügten wegen beider Forderungen die Zwangsvollstreckung in die Villa Vigoni am Comer See, die ein von Deutschland betriebenes Kulturzentrum beherbergt. Deutschland hatte sich im Verfahren auf die Staatenimmunität berufen und im Anschluss an die Entscheidungen im Dezember 2008 den IGH angerufen. Im Juli 2011 wurde Griechenland auf Antrag als Nebenintervenient (Art. 62 IGH-Statut) zugelassen.

Rechtliche Kernaussagen:

1. Eine Ausnahme von der Staatenimmunität für deliktisches Verhalten eines fremden Staates im Forumsstaat *(tort exception)* erstreckt sich jedenfalls nicht auf das Verhalten von Streitkräften (§§ 62-79).
2. Eine Durchbrechung der Staatenimmunität bei schweren Menschenrechtsverletzungen oder schweren Verstößen gegen das Humanitäre Völkerrecht ist nach wie vor nicht gewohnheitsrechtlich etabliert (§§ 81-91). Selbst Verstöße gegen zwingendes Völkerrecht begründen keine Durchbrechung der Immunität: Die verfahrensrechtliche Regelung muss von der

materiell-rechtlichen Frage eines Verstoßes gegen *ius cogens* unterschieden werden (§§ 92-97).

3. Die Staatenimmunität gilt auch in Gerichtsverfahren, die die Anerkennung ausländischer Urteile zum Gegenstand haben (§§ 121-133).
4. Die Zwangsvollstreckung in Vermögen, das Regierungszwecken nicht-kommerziellen Charakters dient (hier: Kulturzentrum), verstößt ebenfalls gegen den Grundsatz der Staatenimmunität (§§ 109-120).

Hinweis: Der italienische Gesetzgeber hat am 14.1.2013 die Umsetzung des IGH-Urteils angeordnet. Die *Corte Costituzionale* hat dieses Gesetz am 22.10.2014 für verfassungswidrig erklärt und sich gegen den IGH gestellt.

Literatur: *Sender/Wood*, BM, Nr. 23; *Dörr*, Nr. 45; *Kloth/Brunner*, AVR 50 (2012), 218; *Krajewski/Singer*, MPYUNL 16 (2012), 1; *Oellers-Frahm*, FS Riedel, 2013, 389; *Payandeh*, JZ 2012, 949.

▶ Nr. 31: Diallo

Urteil v. 24.5.2007, ICJ Rep. 2007, 582 (Diallo I – Preliminary Objections), Urteil v. 30.11.2010, ICJ Rep. 2010, 639 (Diallo II – Merits) und Urteil v. 19.6.2012, ICJ Rep. 2012, 324 (Diallo III – Compensation).

Parteien: Guinea v. Demokratische Republik (DR) Kongo

Stichworte: Diplomatischer Schutz für Gesellschafter juristischer Personen; Ausweisung von Ausländern; Abschiebehaft; Beweislast; Wiedergutmachung.

Sachverhalt: Der guineische Geschäftsmann Ahmadou Sadio Diallo lebte seit 1964 im Kongo (der Staat hieß von 1971 bis 1997 Zaire, seitdem DR Kongo). Ab 1974 leitete er als Inhaber eine Import/Export-GmbH nach dem Recht von Zaire, Africom-Zaire. Diese war mit 60% an einer anderen GmbH, Africontainer-Zaire, beteiligt; die übrigen 40% der Anteile hielt Diallo persönlich. Beide Unternehmen gerieten gegen Ende der 1980er Jahre in finanzielle Schwierigkeiten, in deren Folge über Jahre hinweg zahlreiche Gerichtsverfahren geführt wurden – u. a. gegen den Staat Zaire und Unternehmen, an denen dieser beteiligt war. Am 31.10.1995 verfügte der Premierminister die Ausweisung Diallos wegen dauernden Verstoßes gegen die „öffentliche Ordnung“. Diallo wurde festgenommen, insgesamt 72 Tage inhaftiert (dieser Punkt war umstritten) und am 31.1.1996 nach Guinea abgeschoben. 1998 erhob Guinea wegen Verletzung der Rechte seines Staatsbürgers Klage und verlangte von der DR Kongo Wiedergutmachung. Der IGH stellte eine Verletzung der Art. 13 und 9 IPBPR sowie Art. 12 Abs. 4 und 6 Banjul-Charta fest und verurteilte die DR Kongo, insgesamt 95.000 US-$ an Guinea zu zahlen.

Rechtliche Kernaussagen:

1. Der Heimatstaat des Gesellschafters einer juristischen Person kann diplomatischen Schutz ausüben, wenn direkte Rechte des Gesellschafters betroffen sind (Diallo I, §§ 64-66; Diallo II, §§ 155-157; vgl. Urteil Barcelona Traction: Nr. 13).
2. Ob der Heimatstaat des Gesellschafters einer in einem anderen Staat inkorporierten Gesellschaft ausnahmsweise subsidiären *(by substitution)* diplomatischen Schutz gegen den anderen Staat ausüben darf, wenn die Inkorporation nach dem Recht jenes Staates Bedingung für die Aufnahme der Geschäftstätigkeit dort war, kann offen bleiben (Diallo I, §§ 89-93).
3. Ein Vorbringen ist nicht verspätet, wenn es implizit in der Klageschrift enthalten ist oder sich unmittelbar aus dem Gegenstand der Klage ergibt (Diallo II, § 41).
4. Rügt der Kläger, dass öffentliche Stellen einer Person verfahrensmäßige Rechte vorenthalten haben, liegt die Beweislast grundsätzlich beim beklagten Staat, der über entsprechende Akten und Protokolle verfügt (Diallo II, § 55).

5. Bei der Auslegung von Menschenrechtsverträgen ist der IGH nicht an die Interpretation durch die Vertragsorgane gebunden, misst dieser aber großes Gewicht bei (Diallo II, § 66).
6. Ob eine Einschränkung von Menschenrechten „gesetzmäßig" erfolgt ist, beurteilt sich nach nationalem Recht, soweit dieses seinerseits im Einklang mit den Menschenrechten steht. Dessen Auslegung obliegt den Organen des jeweiligen Staates. Der IGH korrigiert lediglich offensichtlich falsche Interpretationen, insbesondere wenn diese dazu dienen, einen Vorteil im Verfahren vor dem IGH zu erlangen (Diallo II, §§ 65, 70).
7. Ein Staat muss zwingende Gründe nicht nur behaupten, sondern darlegen, wenn er eine wichtige Verfahrensgarantie (hier: rechtliches Gehör) aussetzt (Diallo II, § 74).
8. Es ist Willkür im Sinne von Art. 9 Abs. 1 IPBPR und Art. 6 Banjul-Charta, wenn einer Person ohne Angabe konkreter Gründe ihre Freiheit entzogen wird, ohne dass gesetzlich vorgeschriebene Verfahren und Fristen eingehalten werden (Diallo II, §§ 80-82).
9. Die Wiedergutmachung richtet sich in Fällen diplomatischen Schutzes nach dem Unrecht, das dem Staatsangehörigen widerfahren ist (Diallo III, § 13). Die Festsetzung der Entschädigung durch den IGH beruht nicht auf strengen Beweisregeln: Entschädigung für immaterielle Schäden bemisst sich nach den Umständen des Falles nach Billigkeit (Diallo III, §§ 21-24). Für materielle Schäden ist der Kläger grundsätzlich beweispflichtig; allerdings kann der IGH nach allgemeiner Lebenserfahrung einen wahrscheinlichen Schaden beziffern (Diallo III, § 33).

Hinweis: Was zunächst als ein „altmodischer" Fall diplomatischen Schutzes begann, führte zu drei Urteilen des IGH, in denen eine Reihe wichtiger Rechts- und Verfahrensfragen geklärt werden mussten. So hatte sich der IGH erstmals mit zwei Menschenrechtsverträgen und der Spruchpraxis der jeweiligen Vertragsorgane auseinanderzusetzen. Das Urteil Diallo III war nach dem Korfu-Kanal-Urteil (Nr. 5) erst das zweite Urteil, in dem der IGH eine Entschädigungssumme festgesetzt hat.

Literatur: *Dörr*, Nr. 42 (Diallo I); *Adenas*, AJIL 107 (2013), 164; *Schmalenbach*, Ahmadou Sadio Diallo Case, MPEPIL (8/2010); *Ulfstein*, JIDS 4 (2013), 477; *Vermeer-Künzli*, JIDS 4 (2013), 487

III. Weitere internationale Gerichte

▸ Nr. 32: Nürnberg und Tokio

Urteile der Militärtribunale von Nürnberg (1945-46/49) und Tokio (1946-48).

Stichworte: Völkerstrafrecht; internationale Strafgerichtsbarkeit

Sachverhalt: Nach dem Ende des Zweiten Weltkriegs errichteten die vier Siegermächte zwei Ad-hoc-Strafgerichtshöfe zur Aburteilung der Kriegsverbrecher in Deutschland und Japan: den Internationalen Militärgerichtshof in Nürnberg (durch das Londoner Vier-Mächte-Abkommen vom 8.8.1945, dem weitere 19 Staaten beitraten) und den Internationalen Militärgerichtshof für den Fernen Osten in Tokio (durch Verfügung des Oberkommandierenden der Alliierten Streitkräfte). In Nürnberg wurden 24 mutmaßliche Hauptkriegsverbrecher und 7 Nazi-Organisationen angeklagt, in Tokio 28 politische und militärische Funktionäre.

Rechtliche Kernaussagen: Die beiden Tribunale verurteilten auf Grundlage ihrer (ähnlichen) Statute den Großteil der Angeklagten wegen Verbrechen gegen den Frieden, Kriegsverbrechen und Verbrechen gegen die Menschlichkeit. Der Rüge der Verteidigung, die Verfahren verstießen gegen den Grundsatz *nullum crimen, nulla poena sine lege*, hielten beide Tribunale entgegen, dass die Statute nur Ausdruck bereits existierenden Völkerrechts seien. Im Hinblick auf den Tatbestand des Aggressionskrieges führten sie den Kellogg-Briand-Pakt von 1928 an, der den Angriffskrieg ächtet.

Hinweis: Durch die beiden Tribunale wurden erstmals internationale Verbrechen von einem internationalen Gericht abgeurteilt und (wie bereits im Versailler Vertrag von 1919) der Grundsatz individueller strafrechtlicher Verantwortlichkeit im Völkerrecht anerkannt. – Die in den Statuten der Tribunale aufgeführten Straftatbestände dienten als Vorbild für das heutige materielle Strafrecht und finden sich abgewandelt in Art. 5 Abs. 1 des Römischen Status.

Literatur: *O'Byrne/Sands*, BM, Nr. 9; *Hoffmann*, MPH, Nr. 142-143. *Brackman*, The Other Nuremberg, 1989; *Finch*, AJIL 41 (1947), 20; *Fuchs/Lattanzi*, International Military Tribunals, MPEPIL (4/2011); Mettraux (Hrsg.), Perspectives on the Nuremberg Trial, 2008, 454; *Röling/ Cassese*, The Tokyo Trial and Beyond, 1995; *Schick*, AJIL 41 (1947), 770; *Taylor*, Die Nürnberger Prozesse, 2. Aufl. 1994; *Werle/Jeßberger*, Völkerstrafrecht, 4. Aufl. 2016, 7 ff; *Wright*, AJIL 41 (1947), 30.

► Nr. 33: Tadić

(Prosecutor v. Dusko Tadić), ICTY, Berufungskammer, Entscheidung v. 2.10.1995.

Stichworte: Errichtung von Strafgerichten durch den UN-Sicherheitsrat; internationaler und nicht-internationaler bewaffneter Konflikt; Bürgerkriegsverbrechen und Völkerstrafrecht

Sachverhalt: *Dusko Tadić* hatte 1992 als Mitglied einer paramilitärischen Einheit der bosnischen Serben beim Angriff auf die überwiegend von Bosniaken bewohnte Stadt Kozarac Kriegsverbrechen und Verbrechen gegen die Menschlichkeit (im Sinne von Art. 3 und 5 ICTY-Statut) begangen. Er wurde 1994 in Deutschland verhaftet und Anfang 1995 an das ICTY überstellt. 1997 verurteilte ihn das Tribunal zu 20 Jahren Haft, die er in Deutschland verbüßte (vorzeitige Entlassung im Juli 2008). Die von *Tadić* im Laufe des Verfahrens erhobenen grundsätzlichen Rügen gaben der Beschwerdekammer des ICTY am 2.10.1995 erstmals Gelegenheit, sich eingehend mit der völkerrechtlichen Legitimation des Tribunals auseinanderzusetzen.

Rechtliche Kernaussagen:

1. Bei der Frage, ob eine Bedrohung des Friedens im Sinne von Art. 39 UNCh vorliegt, besitzt der UN-Sicherheitsrat weites, aber kein unbegrenztes Ermessen (§ 28). Dass auch ein nicht-internationaler bewaffneter Konflikt eine Friedensbedrohung darstellen kann, entspricht der gefestigten und von den UN-Mitgliedern akzeptierten Praxis des Sicherheitsrates (§ 30).
2. Auch hinsichtlich der Frage, welche Mittel er zur Sicherung bzw. Wiederherstellung des Friedens und der internationalen Sicherheit einsetzen will, besitzt der Sicherheitsrat weites Ermessen, muss sich jedoch in dem von Art. 41 und 42 UNCh abgesteckten Rahmen bewegen (§ 32). Art. 41 UNCh enthält nur eine beispielhafte Aufzählung möglicher nichtmilitärischer Maßnahmen und gestattet auch die Errichtung internationaler Strafgerichte, falls der Sicherheitsrat dies für erforderlich hält (§§ 35 f).
3. Zum bewaffneten Konflikt und zur Anwendbarkeit des HVR (§ 70):
„[A]n armed conflict exists whenever there is a resort to armed force between States or protracted armed violence between governmental authorities and organized armed groups or between such groups within a State. International humanitarian law applies from the initiation of such armed conflicts and extends beyond the cessation of hostilities until a general conclusion of peace is reached; or, in the case of internal conflicts, a peaceful settlement is achieved. Until that moment, international humanitarian law continues to apply in the whole territory of the warring States or, in the case of internal conflicts, the whole territory under the control of a party, whether or not actual combat takes place there."
4. Die früher aus dem Souveränitätsgedanken abgeleitete klare Trennung zwischen Kriegführenden *(belligerents)* und Aufständischen *(insurgents)* und damit die Unterscheidung zwischen internationalem und nicht-internationalem bewaffneten Konflikt befindet sich seit den 1930er Jahren in einem Prozess der Auflösung; der nicht-internationale bewaffnete

Konflikt wird immer mehr verrechtlicht. Dies liegt nicht nur an der Zahl, Schwere und Dauer von internen Konflikten, die zunehmend die gesamte Zivilbevölkerung in Mitleidenschaft ziehen und auch ausländische Staaten betreffen bzw. zur Intervention verleiten; die traditionelle Unterscheidung wird in einem Völkerrecht, das mit den Menschenrechten den Menschen in den Mittelpunkt rückt, zunehmend fragwürdig (§ 97).

5. Das Recht des nicht-internationalen bewaffneten Konflikts hat sich in vielen Bereichen v. a. gewohnheitsrechtlich dem Recht des internationalen bewaffneten Konflikts angenähert, v. a. was den Schutz unbeteiligter Zivilpersonen und ziviler Objekte, von Verwundeten und Gefangenen sowie das Verbot von bestimmten Mitteln und Methoden der Kampfführung betrifft (§ 127). Die Annäherung erfasst jedoch nicht alle Regeln und führt auch nicht zu einer mechanischen Übertragung, sondern betrifft eher die Übernahme der generellen Gehalte („general essence") der Regeln (§ 126).
6. Die Strafbarkeit von Völkerstraftaten muss nicht ausdrücklich vorgesehen sein, sondern kann sich aus der klaren völkerrechtlichen Ächtung bestimmter Formen menschlichen Verhaltens und dem erkennbaren Willen der Staaten, diese zu unterbinden ergeben (§ 128, unter Hinweis auf die Urteile von Nürnberg, siehe Nr. 32). Die Strafbarkeit von Verstößen gegen das Humanitäre Völkerrecht in nicht-internationalen bewaffneten Konflikten ergibt sich eindeutig v. a. aus dem gemeinsamen Art. 3 GK I-IV und der klaren Haltung der internationalen Gemeinschaft zu solchen Verstößen und ist Teil des Völkergewohnheitsrechts (§ 134).
7. Verbrechen gegen die Menschlichkeit können auch außerhalb bewaffneter Konflikte jeder Art begangen werden (§ 141).

Literatur: *Nouwen/Becker*, BM, Nr. 16; *Hoffmann*, MPH, Nr. 145. *Alvarez*, EJIL 7 (1996), 245; *Greenwood*, EJIL 7 (1996), 265; *Kreß*, EuGRZ 1996, 638; *Lamb*, Tadić Case, MPEPIL (4/2009); *Politakis*, ZÖR 52 (1997), 283; *Buchwald*, Der Fall Tadić vor dem Internationalen Jugoslawientribunal im Lichte der Entscheidung der Berufungskammer vom 2. Oktober 1995, 2005.

► Nr. 34: M/V Saiga I & II

ISGH, Urteil v. 1.7.1999.

Parteien: St. Vincent und die Grenadinen v. Guinea

Stichworte: Ausschließliche Wirtschaftszone; Art. 111 SRÜ (Nacheile).

Sachverhalt: Die *M/V Saiga* war ein in St. Vincent und den Grenadinen registrierter Öltanker, der im Eigentum einer zypriotischen Gesellschaft stand und von einer schottischen Gesellschaft betrieben wurde. Er versorgte in der Ausschließlichen Wirtschaftszone (AWZ) von Guinea Fischkutter mit Treibstoff (sog. *offshore-bunkering*). Das schwer beladene Schiff wurde am 28.10.1997 südlich der AWZ von Guinea von einem guineischen Patrouillenboot verfolgt und dann auf Hoher See ohne Warnung beschossen. Anschließend wurde die *Saiga* festgesetzt, ihre Besatzung verhaftet und nach Guinea gebracht. Dort wurde der Kapitän der *Saiga* wegen Zollhinterziehung vor Gericht gestellt und zu einer Geldstrafe verurteilt.

Rechtliche Kernaussagen:

1. Für Maßnahmen, die gegen ein Schiff ergriffen werden, ist der Flaggenstaat zuständig. Das Flaggenprinzip dient in der zunehmend „multinationalisierten" Schifffahrt (Flaggenstaat, Reeder, Mannschaft, Verfrachter usw.) der Rechtssicherheit. Zwar verlangt Art. 91 Abs. 1 S. 3 SRÜ zwischen Schiff und Flaggenstaat eine „echte Verbindung" *(genuine link)*; die Regelung soll aber nur sicherstellen, dass die Verbindung zwischen Schiff und Staat nach Verleihung eng genug ist, die wirksame Wahrnehmung der Aufsichtsrechte durch den Flaggenstaat zu garantieren, und stellt die formale Anknüpfung an die Flagge nicht in Frage.

2. Sofern es um Eingriffe in die sog. Meeresfreiheiten geht, macht der Flaggenstaat nicht allein Rechte des Schiffes unter seiner Flagge geltend, sondern zugleich auch eigene Rechte. Insoweit ist die vorherige Erschöpfung der innerstaatlichen Rechtsbehelfe *(local remedies rule)* nicht erforderlich.
3. Die Zollgesetzgebung des Küstenstaates ist allein im Küstenmeer anwendbar; gewisse Sicherungsrechte „im Vorfeld" gewährt Art. 33 SRÜ für die Anschlusszone. Für die AWZ fehlt es jedoch an einer Rechtsgrundlage für die Anwendung oder den Schutz küstenstaatlicher Zollvorschriften. Daher dürfen diese nicht in der AWZ durchgesetzt werden.
4. Die Nacheile verstieß gegen die Regeln aus Art. 111 SRÜ. Zum einen war kein guter Grund nach Art. 111 Abs. 1 SRÜ für die Annahme vorhanden gewesen, die *Saiga* habe guineische Gesetze verletzt (s. o. zur Unanwendbarkeit der Zollgesetze in der AWZ). Ebenso war nicht erwiesen, dass zuvor ein Sicht- oder Schallsignal nach Art. 111 Abs. 4 SRÜ zum Stoppen abgegeben worden war. Schließlich war der Einsatz von Waffengewalt unverhältnismäßig. Der Schuss wurde ohne vorherigen Warnschuss direkt gegen die *Saiga* gerichtet und war unnötig riskant, da es sich um einen voll beladenen Öltanker handelte.

Literatur: *Pierlings*, MPH, Nr. 122. *DeLaFayette*, ICLQ 49 (2000), 467; *dies.*, Saiga Cases, MPEPIL (4/2009); *Lagoni/v. Bevern*, Folgen des Saiga-Urteils des Internationalen Seegerichtshofs für die Seeschiffahrt, 2000; *Oxman*, AJIL 94 (2000), 140; *Wolfrum*, ZEuS 3 (2000), 1.

IV. Internationale Schiedsgerichte und Schiedskommissionen

▸ Nr. 35: Island of Palmas

Schiedsspruch v. 4.4.1928, RIAA II, 829.

Parteien: USA v. Niederlande

Schiedsrichter: *M. Huber*

Stichworte: Intertemporales Völkerrecht; Gebietserwerb

Sachverhalt: *Max Huber* wurde als alleiniger Schiedsrichter mit einem Streit über die Frage befasst, ob die Insel Palmas (Miangas) der territorialen Souveränität der USA (als Kolonialmacht der Philippinen) oder der Niederlande (als Kolonialmacht des heutigen Indonesiens) unterstand. Als Erwerbstitel wurde von den USA die Abtretung der Philippinen durch Spanien 1898 angeführt, die Niederlande beriefen sich auf Okkupation durch die jahrhundertelange Ausübung souveräner Rechte (spätestens ab 1677 durch die Niederländische Ostindien-Kompanie).

Rechtliche Kernaussagen

1. Ändern sich völkerrechtliche Normen mit der Zeit, so sind die Grundsätze des intertemporalen Völkerrechts heranzuziehen. Demnach findet derjenige Völkerrechtssatz Anwendung, der zum Zeitpunkt des zu beurteilenden Sachverhalts gültig war (hier: Zeitpunkt des Gebietserwerbs). Zwischen dem Rechtserwerb und der späteren Fortexistenz des Rechts ist zu differenzieren (845).
2. Die Entdeckung gab nach dem seinerzeit geltenden Völkerrecht keinen Gebietsanspruch, sondern lediglich eine Anwartschaft *(inchoate title, ius ad rem),* die nur zum Vollrecht erstarkte, wenn innerhalb eines angemessenen Zeitraums eine effektive Inbesitznahme erfolgte (845 f).
3. Kontiguität (i. S. der Nachbarschaft einer Insel zu einem Staatsgebiet) stellt für sich genommen ebenfalls keinen Gebietserwerbstitel dar (854 f).
4. Unterlässt ein Staat, der eine Anwartschaft auf ein Gebiet geltend macht, die effektive Inbesitznahme, so ist der Gebietsanspruch eines Staates stärker, der über längere Zeit und unun-

terbrochen, offen und von anderen unangefochten souveräne Hoheitsrechte über das Gebiet ausübt, stärker (867 ff).

Literatur: *Bjorge*, BM, Nr. 6; *Häusler/Hofbauer*, Palmas Island Arbitration, MPEPIL (3/2011); *Jessup*, AJIL 22 (1928), 735; *Khan*, EJIL 18 (2007), 145.

▸ Nr. 36: Caire

Schiedsspruch v. 7.7.1929, RIAA V, 516, 528 ff.

Parteien: Frankreich v. Mexiko

Schiedsrichter: *J. H. W. Verzijl* (Vorsitzender), *V. Ayguesparsse*, *F. Gonzalez Roa*

Stichworte: Zurechnung von Akten *ultra vires.*

Sachverhalt: Der Franzose *Jean-Baptiste Caire* wurde am 11.12.1914 in Mexiko von mexikanischen Soldaten erschossen, nachdem einige Offiziere erfolglos versucht hatten, ihm Geld abzupressen. *Caires* Witwe machte in Mexiko Schadensersatz geltend, welcher jedoch mangels Zurechenbarkeit der Taten vom Staat zurückgewiesen wurde. Schließlich kam der Fall zur Entscheidung vor einer französisch-mexikanischen Schiedskommission.

Rechtliche Kernaussagen: Im Völkerrecht können einem Staat grundsätzlich auch kompetenzwidrige Akte seiner Organe und Agenten zugerechnet werden (siehe heute: Art. 7 ASR). Voraussetzung ist, dass die handelnden Organe oder Agenten sich dabei den Anschein der Staatlichkeit zunutze gemacht oder staatliche Macht bzw. Mittel zur Ausführung ihrer Tat verwandt haben (in Anwendung dieser Grundsätze bejahte die Kommission die völkerrechtlichen Verantwortlichkeit Mexikos für das Handeln seiner Soldaten).

▸ Nr. 37: Trail Smelter

Schiedssprüche vom 16.4.1938 und 11.3.1941, RIAA III, 1905.

Parteien: USA v. Canada

Schiedsrichter: *J. F. Hostie* (Vorsitzender), *C. Warren*, *R. A. E. Greenshields*

Stichworte: Grenzen der territorialen Souveränität; Staatenverantwortlichkeit; Umweltvölkerrecht

Sachverhalt: Die von einer privat betriebenen Blei- und Zinnschmelze im kanadischen Ort Trail ausgehenden schadstoffhaltigen Abgase führten zu Umweltschäden in dem unweit gelegenen US-Bundesstaat Washington.

Rechtliche Kernaussagen: Kein Staat hat das Recht, sein Territorium in einer Art und Weise zu nutzen oder nutzen zu lassen, welche durch den Ausstoß von Abgasen ernsthafte Schäden auf dem Territorium eines anderen Staates verursacht („to use or permit the use of its territory in such a manner as to cause injury […] in or to the territory of another […], when the case is of serious consequences […]", 1965 f).

Literatur: *French*, BM, Nr. 8; *Becker*, MPH, Nr. 131. *Miller*, Trail Smelter Arbitration, MPEPIL (5/2007).

▸ Nr. 38: Lac Lanoux

Schiedsspruch v. 16.11.1957, RIAA XII, 281.

Parteien: Spanien v. Frankreich

Schiedsrichter: *S. Petrén* (President), *P. Bolla, A. de Luna, P. Reuter, F. de Visscher*

Stichworte: Geteilte Wasserressourcen; völkerrechtliches Nachbarrecht

Sachverhalt: Frankreich beabsichtigte, zur Elektrizitätsgewinnung das Wasser des Flusses Font-Vive umzuleiten. Dieser verbindet den französischen See Lac Lanoux in den Pyrenäen mit dem französisch-spanischen Grenzfluss Carol. Die Pläne führten zu einem Streit mit Spanien, der 1957 (anhand des französisch-spanischen Nachbarschaftsvertrags von 1866) von einem Schiedsgericht entschieden wurde.

Rechtliche Kernaussagen: Das Schiedsgericht erklärte die französischen Pläne für vereinbar mit dem Nachbarschaftsvertrag und machte dabei einige allgemeine Ausführungen zum „Geist der Nachbarschaft“. Da Frankreich das Wasser des Font-Vive wieder in den Carol zurückleiten wolle und auch keine erhebliche Veränderung der Wassereigenschaften drohe, sei das Gebot einer billigen Mitnutzung nicht verletzt; unerhebliche Einwirkungen seien dagegen hinzunehmen. Zudem habe Frankreich die Pflicht zur Kooperation mit Spanien beachtet, indem es Spanien informiert und konsultiert habe.

Literatur: *Filser*, MPH, Nr. 132. *Epiney*, Lac Lanoux Arbitration, MPEPIL (11/2006).

V. Regionale Gerichtshöfe

▸ Nr. 39: Soering

EGMR, Urteil v. 7.7.1989, Nr. 14038/88.

Parteien: Bf. Soering v. Vereinigtes Königreich

Stichworte: Art. 3 EMRK und Auslieferung.

Sachverhalt: Der deutsche Staatsbürger *Jens Soering* sollte von Großbritannien an die USA ausgeliefert werden. In Virginia war gegen ihn Anklage wegen Mordes erhoben worden; die Staatsanwaltschaft hatte erklärt, die Todesstrafe beantragen zu wollen. Gegen seine Auslieferung erhob *Soering* Beschwerde beim EGMR.

Rechtliche Kernaussagen: Der EGMR stellte fest, dass die EMRK zwar kein generelles Recht auf Nichtauslieferung garantiere, dass die Mitgliedstaaten aber gleichwohl für die vorhersehbaren Folgen einer Auslieferung Verantwortung trügen, wenn im Zielstaat eine Behandlung drohe, die mit Art. 3 EMRK unvereinbar sei. Der Konventionsstaat sei nicht für die Behandlung im Zielstaat als solche verantwortlich, wohl aber dafür, den Betroffenen einer solchen Behandlung auszusetzen. Für die Vorhersehbarkeit sei ausreichend, dass die menschenunwürdige Behandlung mit hinreichender Wahrscheinlichkeit drohe. Da die Todesstrafe zu diesem Zeitpunkt auch im EMRK-System noch nicht vollständig abgeschafft war (dazu das 13. ZP von 2002), sah der EGMR nicht in der drohenden Todesstrafe einen Verstoß gegen Art. 3 EMRK, wohl aber im sog. Todeszellensyndrom, dem voraussichtlichen jahrelangen Warten auf die eigene Hinrichtung.

Literatur: *Gärditz*, MPH, Nr. 84. *Deutsch*, Soering Case, MPEPIL (5/2007); *Doehring*, FS Rauschning, 2001, 419; *Gerlach*, JuS 1993, 813; *Lillich*, AJIL 85 (1991), 128; *Zuehlke/Pastille*, ZaöRV 59 (1999), 749.

▸ Nr. 40: Banković

EGMR, Entscheidung v. 12.12.2001, Nr. 52207/99.

Parteien: Bf. Banković u. a. v. Belgien und weitere NATO-Staaten

Stichworte: Hoheitsgewalt i. S. v. Art. 1 EMRK; extraterritoriale Anwendbarkeit der EMRK

Sachverhalt: Mehrere Bürger der Bundesrepublik Jugoslawien, die bei dem Angriff von NATO-Verbänden auf die Belgrader TV-Station am 23.4.1999 verletzt worden waren oder Angehörige verloren hatten, wandten sich mit einer Beschwerde an den EGMR gegen die beteiligten NATO-Staaten. Sie rügten eine Verletzung der Art. 2, 10 und 13 EMRK.

Rechtliche Kernaussagen: Der EGMR erklärte sich für unzuständig, da die EMRK örtlich keine Anwendung finde: Die Bundesrepublik Jugoslawien war zum Zeitpunkt der Angriffe selbst nicht Konventionspartei, und die an den Angriffen beteiligten Konventionsstaaten seien außerhalb ihres Territoriums tätig geworden. Grundsätzlich gelte die EMRK nur auf dem Staatsgebiet der Vertragsparteien (Gedanke des „espace juridique“ der Konventionsparteien, § 80). Die Bombardierung aus der Luft sei nicht geeignet, Hoheitsgewalt im Sinne des Art. 1 EMRK über die am Boden befindlichen Menschen zu begründen.

Hinweis: Die recht apodiktischen Aussagen in der Banković-Entscheidung wurden im Urteil *Al Skeini* relativiert (siehe Nr. 42).

Literatur: *Richter*, MPH, Nr. 79. *Gondek*, NILR 52 (2005), 349; *Lawson*, in: Coomans/ Kamminga (Hrsg.), Extraterritorial Application of Human Rights Treaties, 2004, 83; *Ress*, ZEuS 6 (2003), 73; *Schäfer*, MRM 2002, 149; *Steinorth*, Banković Case, MPEPIL (12/2012).

▸ Nr. 41: Bosphorus Airways

EGMR, Urteil v. 30.6.2005, Nr. 45036/98.

Parteien: Bf. Bosphorus Hava Yollari Turizm ve Ticaret Anonim Sirketi v. Irland

Stichworte: Bindung an die EMRK bei Übertragung von Hoheitsrechten auf Internationale bzw. Supranationale Organisationen; Verhältnis von EMRK und Gemeinschaftsrecht.

Sachverhalt: Irland hatte in Umsetzung einer EG-Verordnung (die wiederum auf eine Resolution des UN-Sicherheitsrats zurückging) auf seinem Territorium Flugzeuge aus dem Verkehr gezogen, welche von einer türkischen Fluggesellschaft (Bosphorus) geleast worden waren.

Rechtliche Kernaussagen:

1. Die Bindung staatlicher Organe an die EMRK besteht grundsätzlich auch dort, wo sie Gemeinschaftsrecht (jetzt: Unionsrecht) vollziehen (keine „Flucht in Internationale Organisationen“).
2. Eingriffe in EMRK-Rechte (hier: Art. 1 des 1. ZP) sind durch das Ziel, Pflichten als Mitglied einer internationalen oder supranationalen Organisation zu erfüllen, gerechtfertigt, solange der Grundrechtsschutz auf Ebene der Organisation dem der EMRK generell gleichzuachten ist und der Grundrechtsträger die Möglichkeit hat nachzuweisen, dass in seinem Einzelfall das Grundrechtsschutzsystem der Gemeinschaft offensichtlich defizitär *(manifestly deficient)* war (für die EU bejaht).

Literatur: *Berka*, ÖJZ 61 (2006), 876; *Bröhmer*, EuZW 2006, 71; *Costello*, HRLJ 6 (2006), 87; *Haratsch*, ZaöRV 66 (2006), 927; *Wenzel*, Bosphorus Case, MPEPIL (3/2008); *Winkler*, EuGRZ 2007, 641.

▸ Nr. 42: Al-Skeini

EGMR, Urteil v. 7.7.2011, Nr. 55721/07.

Parteien: Bf. Al-Skeini u. a. v. Vereinigtes Königreich

Stichworte: Art. 1 EMRK; extraterritoriale Anwendbarkeit der EMRK.

Sachverhalt: Das Verfahren betraf die Tötung von sechs Irakern durch britische Besatzungstruppen im Irak im Jahr 2003. *Al-Skeini* und drei weitere Personen waren von britischen Soldaten auf Streife und bei Hausdurchsuchungen bzw. Fahrzeugkontrollen erschossen worden; der 15-jährige *Ahmed Jabbar Kareem Ali* war wegen Plünderungsverdachts verhaftet und (um ihm „eine Lektion zu verpassen") in den Schatt al-Arab geworfen worden, wo er als Nichtschwimmer ertrank; das letzte Opfer, *Baha Mousa*, war ohne Angabe von Gründen verhaftet und in britischer Haft gefoltert worden, wo er nach drei Tagen mit 93 Wundmalen am Körper erstickt aufgefunden wurde. Außer im Fall *Mousa* weigerten sich die britischen Behörden, die Vorfälle näher zu untersuchen. Es wurden keine nennenswerten Entschädigungen gezahlt. Mit ihren Beschwerden rügten die Hinterbliebenen der Opfer eine Verletzung von Untersuchungs- und Entschädigungspflichten aus Art. 2 EMRK. Die britische Regierung hielt die EMRK nur im Fall von *Baha Mousa* für anwendbar (physischer Gewahrsam) und bestritt i. Ü. die Anwendbarkeit der EMRK außerhalb des „Rechtsraums der Mitgliedstaaten" *(espace juridique).*

Rechtliche Kernaussagen: Die EMRK gilt primär auf dem Staatsgebiet der Konventionsstaaten; jede exterritoriale Geltung hat Ausnahmecharakter. Als Ausnahmen anerkannt sind folgende Fälle: (1) tatsächliche Gesamtkontrolle über ausländisches Territorium, (2) diplomatische und konsularische Tätigkeiten im Ausland, (3) tatsächliche physische Kontrolle über eine Person, (4) Ausübung hoheitlicher Funktionen mit Zustimmung des Territorialstaates. (Im vorliegenden Fall bejahte der IGH die tatsächliche physische Kontrolle über die getöteten Personen, was bei den ohne vorherige Verhaftung Erschossenen nicht im Einklang mit den zuvor entwickelten Grundsätzen steht.)

Literatur: *Bettendorf*, NZWehrR 2013, 104; *Jankowska-Gilberg*, AVR 50 (2012), 61; *Milanović*, EJIL 23 (2012), 121; *Miltner*, MichJIL 33 (2012), 627; *Schaefer*, EHRLR 16 (2011), 566.

▸ Nr. 43: Al-Jedda

EGMR, Urteil v. 7.7.2011, Nr. 27021/08.

Parteien: Bf. Al-Jedda v. Vereinigtes Königreich

Stichworte: Zurechnung bei UN-mandatierten Militäreinsätzen; Verhältnis von Resolutionen des UN-Sicherheitsrats und EMRK.

Sachverhalt: Im Fall eines Irakers, der drei Jahre lang ohne Anklage in einem britischen Militärgefängnis in Basra (Irak) inhaftiert war, bestritt die britische Regierung unter Berufung auf das EGMR-Urteil *Behrami und Saramati* die Jurisdiktion des EGMR: Zum einen seien die Maßnahmen britischer Soldaten im Irak den Vereinten Nationen zuzurechnen, zum anderen seien die Soldaten durch den Sicherheitsrat zu präventiven Internierungen ermächtigt worden. Diese Resolutionen hätten Vorrang vor Art. 5 EMRK.

Rechtliche Kernaussagen: Nachdem der EGMR festgestellt hatte, dass Großbritannien, nicht die Vereinten Nationen, für die Inhaftierung verantwortlich war, untersuchte er, ob und inwieweit die Resolutionen einen Dispens von Art. 5 EMRK erteilt hätten. Den grundsätzlichen Vorrang der Charta-Pflichten stellte der Gerichtshof nicht in Frage. Allerdings gehörten die Menschenrechte zu den Zielen der Vereinten Nationen; daher gebe es eine Vermutung, „dass der Sicherheitsrat nicht beabsichtige, die Mitgliedstaaten in irgendeiner Weise zu einem Bruch grundlegender Menschenrechte zu verpflichten". Wo eine Resolution Auslegungsspielräume eröffne, sei diejenige Auslegung zu wählen, die den EMRK-Verpflichtungen am besten entspreche. Wo eine Resolution den Mitgliedstaaten Spielräume bei der Wahl der Mittel lasse, müsse diese Wahl ebenfalls im Einklang mit den Verpflichtungen aus der EMRK erfolgen. Da der Sicherheitsrat die präventive Internierung nur als eines unter mehreren Mitteln und auch nur indirekt erwähnt hatte, sah der EGMR Spielräume eröffnet, in denen Art. 5 EMRK voll zur Anwendung gelangen musste. Eine Verletzung wurde im Ergebnis bejaht.

Literatur: *Bettendorf*, NZWehrR 2013, 104; *Kashgar*, HuV-I 2011, 229; *Milanović*, EJIL 23 (2012), 121; *Pejic*, YIHL 14 (2011), 237.

▸ Nr. 44: Kadi

EuGH, Urteil v. 3.9.2008, verb. Rs. C-402/05 P und C-415/05 P, Slg. 2008, I-6351.

Parteien: Bf. Kadi u. a. v. Rat und Kommission

Stichworte: Uniongrundrechte und Umsetzung von Maßnahmen nach Kapitel VII UNCh; Recht auf rechtliches Gehör.

Sachverhalt: Im Zuge der Bekämpfung des internationalen Terrorismus hat der UN-Sicherheitsrat unter Kapitel VII UNCh handelnd sog. gezielte Sanktionen *(targeted sanctions)* gegen Privatpersonen verhängt. Hierzu zählt insbesondere die Sperrung der Konten von Personen, die der Unterstützung des Terrornetzwerks *Al Qaida* verdächtig sind. Der Sanktionsausschuss des Sicherheitsrates führt hierzu eine Liste mit Namen, die laufend aktualisiert wird. Für den Betroffenen war es nach dem ursprünglichen De-listing-Verfahren kaum möglich, von der Liste gestrichen zu werden: Hierzu musste er sich um diplomatischen Schutz durch seinen Heimatstaat bemühen, der sich wiederum an den Sanktionsausschuss wenden konnte, um die Streichung im Einvernehmen mit dem Staat zu erreichen, der die Person auf die Liste setzen ließ. Dies sind in den allermeisten Fällen die USA, denen bei streitiger Abstimmung ein Vetorecht zusteht. Hinzu kam, dass unter Berufung auf die „Sicherheit der Völkergemeinschaft" die Auskunft über die belastenden Beweismittel kategorisch verweigert werden durfte. 2006 wurde ein sog. *focal point* eingerichtet, der die Beschwerde des Betroffenen direkt an den Ausschuss weiterleitet; die Verfahrensrechte des Betroffenen blieben weitgehend unverändert. Die EU hatte die Resolution mit einer Verordnung umgesetzt und die Kommission ermächtigt, die Namensliste im Anhang laufend an die Liste des UN-Sanktionsausschusses anzupassen. Gegen diese Verordnung erhoben mehrere Betroffene Nichtigkeitsklage (heute: Art. 263 AEUV) vor dem EuG (EuG, Urteile v. 21.9.2005, Rs. T-306/01, Slg. 2005, II-3533, sowie T 315/01, Slg. 2005, II-3649), in zweiter Instanz vor dem EuGH.

Rechtliche Kernaussagen:

1. Die Unionsrechtsordnung fußt auf dem Rechtsstaatlichkeitsprinzip *(rule of law)*. Weder die Unionsorgane noch die Mitgliedstaaten können die Überprüfung ihres Verhaltens am Maßstab der europäischen Verträge umgehen, welche ein insoweit umfassendes Rechtsschutzsystem gewährleisten.
2. Ein internationaler Vertrag kann die Kompetenzverteilung der europäischen Verträge und die Autonomie der Unionsrechtsordnung nicht aufheben – dies gilt auch für die UN-Charta.
3. Es ist nicht die Aufgabe der EU-Rechtsprechungsorgane, die Rechtmäßigkeit einer Resolution des UN-Sicherheitsrates zu überprüfen. Die Rechtmäßigkeit eines darauf zurückgehenden bzw. diese umsetzenden Unionsrechtsakts ist demgegenüber überprüfbar; eine Verwerfung dieses umsetzenden Rechtsakts trifft keine Aussage über die völkerrechtliche Verbindlichkeit der Resolution.
4. Grundvoraussetzung der Rechtmäßigkeit von Unionsrechtsakten ist ihre Vereinbarkeit mit den Unionsgrundrechten. Diese Voraussetzung kann nicht durch einen internationalen Vertrag gleichsam außer Kraft gesetzt werden.
5. Die EU-Rechtsprechungsorgane müssen in Übereinstimmung mit den ihnen primärrechtlich übertragenen Kompetenzen, die Überprüfbarkeit von Unionsrechtsakten am Maßstab der Grundrechte sicherstellen, und zwar grundsätzlich auch dann, wenn der Akt auf eine Resolution des UN-Sicherheitsrats zurückgeht.

6. Ein Verfahren zum Einfrieren von Konten vermeintlicher Unterstützer des Terrorismus verletzt deren Recht auf rechtliches Gehör ebenso wie deren Eigentumsrecht, wenn es dem Betroffenen keine wirksame Möglichkeit gibt, die Maßnahme gerichtlich überprüfen zu lassen.

Hinweis: Auf weitere Klage hin entschied das EuG (Urteil v. 30.9.2010, Rs. T-85/09) v. a. wegen unzureichender Unterrichtung und Verteidigungsmittel die Verordnung in Bezug auf den Kläger erneut für nichtig. Trotz zwischenzeitlich erfolgter Verbesserungen im Rechtsschutz auf UN-Ebene hält der EuGH an seiner Position fest (Urteil v. 18.7.2013, verb. Rs. C-584/10 P u. a.).

Literatur: *v. Arnauld*, AVR 44 (2006), 201; *De Búrca*, HarvILJ 51 (2010), 1; *Fassbender*, DÖV 63 (2010), 333; *Feinäugle*, Kadi Case, MPEPIL (3/2011); *Hilpold*, MPUNYB 13 (2009), 141; *Hörmann*, AVR 44 (2006), 267; *Kotzur*, EuGRZ 2008, 673; *Möllers*, EuR 2006, 426; *Ziegler*, HRLJ 9 (2009), 288; *Zürndorf*, Jura 2014, 616.

VI. Nationale Gerichte

▸ Nr. 45: Philippinische Botschaftskonten

BVerfG, Beschluss v. 13.12.1977, BVerfGE 46, 342.

Stichworte: Staatenimmunität; Zwangsvollstreckung.

Sachverhalt: Wegen ausstehender Mietzahlungen für ein von der philippinischen Botschaft genutztes Gebäude hatte die Vermieterin vor dem LG Bonn ein Urteil gegen die Philippinen in Höhe von rund 100.000 DM erwirkt (Klagen aus Mietverhältnissen fallen unter die Immunitätsausnahme für privatwirtschaftliches Handeln). Im Rahmen eines Rechtsbehelfsverfahrens in der anschließenden Zwangsvollstreckung legte das AG Bonn dem BVerfG nach Art. 100 Abs. 2 GG die Frage vor, ob eine allgemeine Regel des Völkerrechts (Art. 25 GG) der Pfändung von Konten der Botschaft bei der Deutschen Bank entgegenstehe.

Rechtliche Kernaussagen: Das BVerfG stellte fest, dass Forderungen aus einem laufenden, allgemeinen Bankkonto der Botschaft eines fremden Staates, das zur Deckung der Ausgaben und Kosten der Botschaft bestimmt ist, nicht der Zwangsvollstreckung durch den Gerichtsstaat unterliege (Leitsatz 11). Zur Begründung führte es u. a. die Unterscheidung zwischen hoheitlicher und privatwirtschaftlicher Betätigung an, die sich auch auf Gegenstände in der Zwangsvollstreckung beziehe.

Literatur: *Geiger*, AöR 103 (1978), 382 (390 ff); *Hailbronner*, ZaöRV 38 (1978), 242.

▸ Nr. 46: Görgülü

BVerfG, Beschluss v. 14.10.2004, BVerfGE 111, 307.

Stichworte: Verhältnis von Völkerrecht (namentlich EMRK) zum deutschen Recht.

Sachverhalt: Herr *Görgülü* (G) war Vater eines 1999 unehelich geborenen Kindes. Die Mutter hatte das Kind nach der Geburt zur Adoption freigegeben. Erst Monate später erfuhr G von der Geburt seines Kindes und der Adoption. Er beantragte das Sorgerecht für sein Kind, welches mittlerweile in einer Pflegefamilie lebte. Die Pflegeeltern verweigerten die Herausgabe des Kindes. Auch vor den Gerichten hatte G keinen Erfolg. Darauf erhob er eine Individualbeschwerde zum EGMR, weil er sich in seinem Recht auf Achtung des Privat- und Familienlebens aus Art. 8 EMRK verletzt fühlte. Der EGMR gab seiner Beschwerde statt und verurteilte die Bundesrepublik. Das zuständige OLG Naumburg lehnte jedoch eine Änderung seiner Entscheidung ab, schließlich habe die EMRK in Deutschland nur den Status einfachen Gesetzesrechts; auch sei der EGMR kein funktionell höheres Gericht. Gegen diesen Beschluss des OLG Naumburg legte G Verfassungsbeschwerde gemäß Art. 93 Abs. 1 Nr. 4a GG ein.

Rechtliche Kernaussagen:

1. Die Beachtung der EMRK bei staatlichen Entscheidungen gehört zur von Art. 20 Abs. 3 GG geforderten Bindung an Gesetz und Recht. Alle Gerichte sind daher verpflichtet, bei ihren Entscheidungen die EMRK und die Urteile des EGMR zu beachten und nationales Recht nach Möglichkeit konventionskonform zu interpretieren.
2. Eine solche Pflicht besteht allerdings nur im Rahmen methodisch vertretbarer Auslegungsspielräume. Auch endet die Pflicht, wo „tragende Grundsätze der Verfassung" berührt sind.
3. Bei ihren Entscheidungen haben die staatlichen Organe auch die Auswirkungen auf die nationale Rechtsordnung zu berücksichtigen, insbesondere „wenn es sich bei dem einschlägigen nationalen Recht um ein ausbalanciertes Teilsystem des innerstaatlichen Rechts handelt, das verschiedene Grundrechtspositionen miteinander zum Ausgleich bringen will" (damit reagierte das BVerfG v. a. auf die Aufhebung seiner ständigen Rechtsprechung zum Verhältnis von Pressefreiheit und Persönlichkeitsrechten im Urteil des EGMR im Fall Caroline von Hannover).

Hinweis: Siehe auch das Urteil des BVerfG zur Sicherungsverwahrung vom 4.5.2011, EuGRZ 2011, 297, welches diese Grundsätze mit einem EGMR-freundlicheren Grundton aufgreift.

Literatur: *Breuer*, NVwZ 2005, 412; *Cremer*, EuGRZ 2004, 683; *Grupp/Stelkens*, DVBl. 2005, 133; *Hoffmann/Mellech/Rudolphi*, Jura 2009, 256; *Klein*, JZ 2004, 1176; *Meyer-Ladewig/Petzold*, NJW 2005, 15; *Viellechner*, EuGRZ 2011, 203.

▸ Nr. 47: Afghanische Gesandtschaft

RG, Urteil v. 8.11.1934, RGSt 69, 54.

Stichworte: „Extraterritorialität" diplomatischer Missionen.

Sachverhalt: Am 6.6.1933 wurde der afghanische Gesandte im Gebäude der afghanischen Gesandtschaft in Berlin von einem Landsmann erschossen. Im gerichtlichen Verfahren rügte die Verteidigung, die deutsche Strafjustiz sei unzuständig, weil sich die Tat aus deutscher Sicht im Ausland ereignet habe.

Rechtliche Kernaussagen: Das Reichsgericht stellte in Übereinstimmung mit der Völkerrechtspraxis klar, dass die (irreführenderweise so genannte) „Exterritorialität" der Räumlichkeiten diplomatischer Missionen nicht bedeute, dass diese als eine Art Exklave zum Staatsgebiet des Entsendestaates gehörten. Sie gehörten weiterhin zum Territorium des Empfangsstaates. „Das Recht der Exterritorialität geht nur so weit, als es erforderlich ist, die Unverletzlichkeit des Gesandten und seiner Begleitung zu gewährleisten. [...] Daß gewisse Amtshandlungen nicht in den Räumlichkeiten der Gesandtschaft vorgenommen werden dürfen, ist nur die Folge der anerkannten Unverletzlichkeit des Gesandten und der ihm Gleichgestellten und beschränkt sich auf diesen Zweck."

▸ Nr. 48: Fürstentum Sealand

VG Köln, Urteil v. 3.5.1978, DVBl. 1978, 510.

Stichworte: Völkerrechtlicher Staatsbegriff.

Sachverhalt: Der Deutsche *Alexander Achenbach* (A) war zum Minister auf Lebenszeit des „Fürstentums Sealand" ernannt worden. Hierbei handelt es sich um eine 1300 qm große künstliche Plattform in internationalen Gewässern vor der britischen Küste, die vom Vereinigten Königreich als Flakstellung errichtet, aber nach dem 2. Weltkrieg aufgegeben wurde. 1967 wurde die Plattform durch die Betreiber eines Piratensenders besetzt und das „Souveräne Fürstentum Sealand" ausgerufen. Der Anführer der Besetzer erklärte sich selbst zum regierenden Fürsten und seine Mitstreiter zu Mitgliedern der Regierung. Nach einem erfolglosen Versuch gab die britische Regierung das Ziel auf, die Besetzer zu vertreiben. Nach Aussagen der „sealandischen Regierung" stand die Anerkennung des Fürstentums als Staat durch einige Länder kurz bevor. Sealand bot seine Staatsangehörigkeit gegen Geld für Steuerflüchtlinge an; die eingebürgerten Sealander müssen lediglich vier Wochen im Jahr auf der Plattform verbringen; als Minister auf Lebenszeit verbrachte A in der Regel zwei Monate im Jahr dort. Um von Steuern und Sozialabgaben in Deutschland befreit zu werden, wollte er gerichtlich feststellen lassen, dass mit Annahme der sealandischen Staatsangehörigkeit seine deutsche Staatsangehörigkeit gemäß § 25 Abs. 1 StAG (damals: RuStAG) erloschen war.

Rechtliche Kernaussagen:

1. Ein Staat muss über ein definiertes Staatsgebiet, ein Staatsvolk und eine effektive Staatsgewalt verfügen.
2. Als Staatsgebiet sind nur Teile der Erdoberfläche anerkannt, die ihren natürlichen Ursprung in der Erdkugel haben und somit ein Kegelausschnitt der Erde sind (für Sealand verneint). Zwar akzeptiert das Völkerrecht auch künstliche Landgewinnung; diese muss aber an ein definiertes Territorium (von *terra*, d. h. Erde) anschließen.
3. Ein Staatsvolk ist „nicht nur ein loser Zusammenschluß zwecks Förderung gemeinsamer Hobbys und Interessen", sondern durch „eine im wesentlichen ständige Form des Zusammenlebens i. S. einer Schicksalsgemeinschaft" gekennzeichnet (für Sealand verneint).
4. Auf die Anerkennung Sealands durch andere Staaten kommt es nicht an, weil die Anerkennung eines Staates keine konstitutive Bedeutung hat: Ein Nicht-Staat kann nicht durch Anerkennung zum Staat werden.

Literatur: *Pierlings*, MPH, Nr. 22. *Cogliati-Bantz*, JIML 18 (2012), 227; *Dennis*, Tulsa Journal of Comparative and International Law 10 (2002), 261; *Lyon*, EmoryILR 29 (2015), 637.

▸ Nr. 49: Pinochet

House of Lords, Urteil v. 24.3.1999, [1999] UKHL 17.

Stichworte: Völkerstrafrecht; Immunität

Sachverhalt: Der ehemalige chilenische Militärdiktator *Augusto Pinochet* reiste 1998 nach London, um sich ärztlich behandeln zu lassen. Dort wurde er auf Grund eines spanischen Haftbefehls festgenommen. Ihm wurde u. a. die Folterung und Ermordung von spanischen Staatsbürgern während seiner Diktatur (1973-1990) vorgeworfen. Zentral ging es um die Frage, ob die Immunität eines ehemaligen Staatsoberhauptes der Auslieferung an einen dritten Staat entgegenstehe. In einem ersten Urteil vom 25.11.1998 hatten die Lordrichter mehrheitlich noch relativ weitgehende Ausnahmen von der Immunität bei Völkerrechtsverbrechen bejaht; das Urteil wurde aber wegen möglicher Befangenheit eines Richters aufgehoben.

Rechtliche Kernaussagen: Im zweiten Urteil vom 24.3.1999 bejahte die Mehrheit der Richter die Möglichkeit der Auslieferung nur wegen Verstößen gegen die Anti-Folterkonvention der Vereinten Nationen von 1984. Eine absolute Immunität würde Sinn und Zweck der Konvention entgegenstehen, die Folter als Verbrechen definiert, das von Staatsorganen in amtlicher Eigenschaft verübt wird. Eine Auslieferung käme aber erst für Folterungen nach 1988 in Betracht, weil das Übereinkommen erst in diesem Jahr in Großbritannien wirksam umgesetzt worden sei. Andere Lords gingen weiter und nahmen eine umfassende Verwirkung der Immunität bei völkerrechtlichen Verbrechen an oder sahen in der Folter eine dritte, nicht der Immunität unterfallende Kategorie hoheitlichen Handelns neben privaten und amtlichen Handlungen.

Hinweis: Im Jahr 2000 entschied der britische Innenminister, Pinochet nicht an Spanien auszuliefern, sondern gestattete ihm die Ausreise nach Chile. Zu einem Verfahren gegen Pinochet in Chile kam es nicht, weil er 2001 durch ein Gericht für verhandlungsunfähig erklärt wurde. Pinochet starb 2006 in Santiago de Chile.

Literatur: *Schneider*, MPH, Nr. 68. *Ahlbrecht* (Hrsg.), Der Fall Pinochet(s): Auslieferung wegen staatsverstärkter Kriminalität?, 1999; *Ambos*, JZ 1999, 16; *Bank*, ZaöRV 59 (1999), 677; *Bianchi*, EJIL 10 (1999), 237; *Brinkmeier*, Menschenrechtsverletzer vor nationalen Strafgerichten? – der Fall Pinochet im Lichte aktueller Entwicklungen des Völkerstrafrechts, 2003; *Gattini*, Pinochet Cases, MPEPIL (6/2007); *Rodley*, NordJIL 69 (2000), 11; *Wirth*, Jura 2000, 70; *Woodhouse* (Hrsg.), The Pinochet Case: A Legal and Constitutional Analysis, 2000.

▸ Nr. 50: Guantánamo

U.S. Supreme Court Rasul v. Bush, Supreme Court, Urteil v. 28.6.2004, 542 U.S. 466; Hamdi v. Rumsfeld, Supreme Court, Urteil v. 28.6.2004, 542 U.S. 507; Hamdan v. Rumsfeld, Supreme Court, Urteil v. 29.6.2006, 548 U.S. 557 U.S. Supreme Court.

Stichworte: Behandlung von Inhaftierten im bewaffneten Konflikt; Verhältnis nationales Recht und HVR.

Sachverhalt: *Rasul*, *Hamdi* und *Hamdan* wurden jeweils in Afghanistan im Zuge der Operation „Enduring Freedom" nach dem 11. September 2001 von den US-Streitkräften festgenommen und auf der Militärbasis Guantánamo Bay in Kuba (*Rasul* und *Hamdam*) bzw. in einem Militärgefängnis in den USA *(Hamdi)* inhaftiert. Alle drei begehrten eine richterliche Haftprüfung (sog. Habeas-Corpus-Antrag), die ihnen mit Verweis auf ihren Status als „feindliche Kombattanten" verwehrt wurde. *Hamdan* begehrte zudem die Feststellung, dass die für seinen Prozess und seine Verurteilung eingesetzte Militärkommission rechtswidrig sei und er nicht von seinem Prozess teilweise hätte ausgeschlossen werden dürfen.

Rechtliche Kernaussagen:

1. *Rasul:* US-Bundesgerichte sind auch für Habeas-Corpus-Anträge von solchen Ausländern zuständig, die im Ausland von amerikanischen Hoheitsträgern festgehalten werden. Guantánamo Bay liegt innerhalb der örtlichen Zuständigkeit *(territorial jurisdiction)* US-amerikanischer Gerichte, weshalb auch ein entsprechender Habeas-Corpus-Antrag zulässig sei. Amerikanische Hoheitsträger können sich somit nicht einer Überprüfung von Inhaftierungen und Anklagen durch Zivilgerichte entziehen, indem sie die jeweilige Person im Ausland festnehmen bzw. anklagen.
2. *Hamdi:* Dem US-Staatsbürger *Hamdi* wurde auch als „feindlicher Kombattant" grundsätzlich das Recht auf ein rechtstaatliches Verfahren zugesprochen. Dennoch wurde angesichts nationaler Sicherheitsinteressen ein Verfahren mit geringeren Garantien als ausreichend angesehen. Die Rechtsstellung als feindlicher Kombattant aufgrund einer Feststellung des Präsidenten und deren Folgen für den Maßstab des Rechtsschutzes wurden nicht als rechtswidrig und auch nicht als Verstoß gegen Art. 5 Abs. 2 GK III qualifiziert.
3. *Hamdan:* Die Mehrheit der Richter nahm einen Verstoß der Verfahrensordnungen der Militärkommissionen gegen geltendes nationales und Völkerrecht an. Eine Entscheidung, ob der Afghanistan-Konflikt unter die Genfer Konventionen fällt, wurde nicht getroffen, da jedenfalls der gemeinsame Art. 3 der Genfer Konventionen anwendbar war. Die Inhaftierung in Guantánamo Bay und damit außerhalb der USA entbindet nicht von der Bindung an den Mindeststandard des Art. 3 GK I-IV. Weiterhin wurde festgestellt, dass die Militärkommis-

sionen keine „ordentlich bestellten Gerichte“ iSd Art. 3 GK I-IV seien, da sie sich nicht auf bereits zuvor geltendes nationales Recht stützten. Vier der neun Richter waren zudem der Auffassung, die Anklage der Militärkommission, die sich auf den Vorwurf der Verschwörung *(conspiracy)* stützt, sei unzulässig, da diese weder im nationalen noch im internationalen Recht als Kriegsverbrechen anerkannt sei. Der Vorwurf eines Kriegsverbrechens sei aber Voraussetzung für eine Anklage durch eine Militärkommission. Dieselbe Minderheit vertrat schließlich auch, dass das in Art. 75 Abs. 4 lit. e ZP I statuierte Anwesenheitsrecht die USA gewohnheitsrechtlich binde und durch den Ausschluss Hamdans von seinem Prozess verletzt worden sei.

Hinweis: Der US-Kongress verabschiedete nach dem Hamdan-Urteil am 28./29.9.2006 mit großer Mehrheit ein Gesetz zur Einführung von Militärkommissionen *(Military Commissions Act of 2006)*, um die verfassungsrechtlichen Bedenken auszuräumen; die völkerrechtlichen Einwände wurden nicht berücksichtigt. Die Anfang 2009 von US-Präsident Obama angeordnete Schließung des Lagers Guantánamo ist bis heute nicht umgesetzt (Stand: Juli 2019).

Literatur: *Happold*, HRLJ 7 (2007), 418; *Maierhöfer*, EuGRZ 2008, 449; *Meyer*, ZaöRV 69 (2009), 1; *Miller*, Hamdan Case, MPEPIL (8/2008); *Stuckenberg*, JZ 2006, 1142. Diskussion in AJIL 101 (2007), 322 ff.

Stichwortverzeichnis

Die Zahlen verweisen auf Randnummern; Hauptfundstellen sind fett gedruckt. Zahlen in eckigen Klammern beziehen sich auf die Nummerierung gerichtlicher bzw. schiedsgerichtlicher Entscheidungen im Anhang.

Aarhus-Konvention (1998) 898, 910
Abrüstung 456, **1151 ff**
Abschiebung 509
Abschiebungen 645, 675, 679, 733, 791
acquiescence 273
Act-of-State-Doktrin 346
acta iure gestionis 326 f
acta iure imperii 326
Adjudikation 80
Afghanischer Gesandtschafts-Fall (1934) 76, [47]
Afghanistan-Krieg (2001) 1098, 1121, 1126, 1129
Afrikanische Charta der Rechte der Menschen und Völker (1981) **768 ff**, 915
Afrikanische Union 101, **181 ff**, 768, 770 f, 1075, 1077, 1324, 1370, 1377
Aggression
s. Friedenssicherungsrecht; *Völkerstrafrecht*
Aggressionsdefinition
s. Generalversammlung; *Vereinte Nationen*
Agrément 563
Air Defence Identification Zone 812
AKP-Staaten 920 f
Al-Jedda (2011) 405, 630, 648, 1292, [43]
Al-Skeini (2011) 643, [42]
Allgemeine Erklärung der Menschenrechte 31, 278, 308, 311, 611, 618, 751
Alma Ata-Konferenz (1991) 110
Amerikanische Menschenrechtskonvention (1969) 763 ff
Amnestien 1288, 1374
Analogie 295, 1122
Anerkennung 270, 274 ff
– fremder Hoheitsakte 276, 345 f
– rechtswidriger Akte 417
– von Aufständischen 275
– von Internationalen Organisationen 118, 274
– von Oppositionellen 100
– von Regierungen 100 ff, 275, 365, 1128
– von Staaten 97 ff, 274, 365
– vorzeitige 99
Annexion 80, 1296
Anschlusszone *s. Seevölkerrecht*
Anschwemmung 79
Antarktis **854 ff**, 1155
Apartheid 257, 289
Äquidistanzlinie 809, 820
Arabische Charta der Menschenrechte (2004) 772 ff
Arctic Sunrise (2013/2015) 841
Arktis 79, 857
Arktischer Rat 857
Artenvielfalt 457, 903
Asyl 347, 791
– diplomatisches 254, 586 f
– humanitäres 586 f
asymmetrische Konflikte 1103, 1124, 1190 ff
s. auch Terrorismus
Aufständische
– Unterstützung 363
– Zurechnungsfragen 416
Ausländer *s. Fremdenrecht*
Auslieferungen 392, 645, 665, 679, 791, 1314
Ausschließliche Wirtschaftszone
s. Seevölkerrecht
Außenwirtschaftsrecht 932
Ausweisungen 699 f, 733, 754
aut dedere aut iudicare 195, 1314
autonome Waffensysteme 1244
Avulsion 79

Banjul-Charta
s. Afrikanische Charta der Rechte der Menschen und Völker (1981)
Bank für Internationalen Zahlungsausgleich 1025 ff
Banković (2001) 643 f, [40]
Barcelona Traction (1970) 292, 601, [13]
Basler Ausschuss für Bankenaufsicht 1028 f

Behinderungen, Menschen mit 769, 773, 779
Behrami und Saramati (2007) 405, 648, 744
Belilos-Urteil (1988) 226
bellum iustum 1030 ff, 1037, 1045, 1110, 1139, 1148 ff, 1170, 1184
Bernadotte-Fall
s. Reparations for Injuries (1949)
Besatzungsrecht
s. Humanitäres Völkerrecht
Beutekunst 927
bewaffneter Konflikt 794, **1194 ff**
s. auch Humanitäres Völkerrecht
- internationaler 1195, **1197 ff**
- internationalisierter 1204 ff
- nicht-internationaler 1047, 1103, 1135, 1174, 1195 f, **1203 ff**, 1214, 1254, 1278, 1287 f, 1293 f
Bildung, Recht auf 509, 664, 711, 761, 769, 773
Billigkeit 296, 468
Binnenflüchtlinge 795 f
Binnengewässer 807, 840, 903
Binnenstaaten 805, 816, 821
Bosphorus Airways (2005) 629, [41]
Botschaften
- Abhören 589 f
- Status 76, 582, 803
- Unverletzlichkeit 583 ff
- Verkehrsfreiheiten 589 ff
Bretton-Woods-Abkommen (1944) 1014
Briand-Kellogg-Pakt (1928) 261, 1035
Buchten 807
Budapester Memorandum 193
Bundesstaat 92
Bundesverfassungsgericht
- Identitätskontrolle 543, 546 ff
- Ultra-vires-Kontrolle 543 ff
Bürgerkrieg
s. bewaffneter Konflikt, nicht-internationaler; Humanitäres Völkerrecht; bewaffneter Konflikt, nicht-internationaler
Bush-Doktrin (2002) 1094

Caire-Fall (1929) 408, [36]
Calvo-Doktrin 594, 597, 942
Calvo-Klausel 597
Caroline-Fall (1837) 329, 1093
Caroline-Urteil (2004) 528, 697
Cartagena-Protokoll (2000) 457, 903
Certain Expenses (1962) 149, [11]
Chagos-Gutachten (2019) 72
Charta der Vereinten Nationen (1945)
s. Vereinte Nationen
Charta der wirtschaftlichen Rechte und Pflichten der Staaten (1974)
s. Vereinte Nationen, Generalversammlung
Chemiewaffen 1048, 1052, 1103, 1241
China
- Inselstreit 79, 81, 814, 842
- Völkerrechtsverständnis 53
Chorzów, Fabrik von (1927/28) 376, 432, [2]
clausula rebus sic stantibus 109, 112, **247**, 425
comity 256
common but different responsibilities 872, 911, 918, 922
common heritage of mankind 802, 805, 848, 863
Compliance-Mechanismen 457, 881
Compuserve-Fall (1998/99) 864
Connally-Vorbehalt 475
consuetudo
s. Gewohnheitsrecht, internationales
Costa/ENEL (1964) 95, 536 ff
Cotonou-Abkommen 921
Courtoisie 256
Cyberkriminalität 870
Cyberoperationen 362, 366, 409, 870, 1041, 1086, 1089, 1108, 1191 f, 1197, 1202, 1246
Cyberspace *s. Internet*

Datenschutz 653, 667, 869
De-facto-Organe 402
De-facto-Regime 69, 98, 385, 1046, 1127 f, 1130
Dekolonisierung
s. Kolonialismus; Kolonien
Delikt
s. Verantwortlichkeit, völkerrechtliche
Demokratie 89, 102, 122, 171, 179, 268, 713, 715, 718, 724, 726, 921, 1069
desuetudo 285
Devisenbeschränkungen 1023
digital divide 869, 922
Diplomaten 554, 560 f
- Befreiungen 578
- Gepäck 591

– Immunitäten 575 ff
– Transitrechte 579
– Vorrechte 571 ff
Diplomatenrecht 549 ff
s. auch Botschaften; Diplomaten
– Abbruch diplomatischer Beziehungen 559, 566
– als self-contained regime 566, 572 f
– Kuriergepäck 591 f
– Missionspersonal 560 ff
– persona non grata 565 f, 568
– regionales 580
– Sondermissionen 581
diplomatischer Schutz 50, 66, 344, 479, **596 ff**, 839, 990, 992
Diskriminierung 738, 759, 781 ff
s. auch Wirtschaftsvölkerrecht
– positive 738, 782, 784
Dismembration 104
Distomo-Fall (1944/2000 ff) 333 ff
Doha-Runde 922, 949 ff
domaine réservé 355 ff, 374, 475, 607, 1136
Donauversinkungs-Fall (1927) 92
Drago-Porter-Konvention (1907) 1034
Drogenhandel 832
Drohnen 392, 521, 1119, 1191, 1226, 1243 f
Dualismus
s. Völkerrecht und staatliches Recht
due diligence
s. Gewährleistungspflichten

E-Commerce 868
Effektivitätsprinzip 73
effet utile 231
Ehre, persönliche 698, 764, 1283, 1286, 1290
Eichmann-Fall (1960/61) 368
Eigentum 727 ff
– geistiges 986 f
Einwilligung 419, 1127 f, 1134
ELSI (1989) 605, [19]
Energiecharta-Vertrag (1994) 206, 994
Engel-Kriterien (1976) 682
ENMOD-Konvention (1976) 853, 1260
Entdeckung 79
Entebbe (1976) 1134
Enteignungen 519, **728 ff**, 918, 991 f, **1002 ff**
– De-facto-Enteignung 729, 1003 f
– indirekte 991
– schleichende 996, 1002
Entführungen 368
Entwicklung, nachhaltige 872
Entwicklungsvölkerrecht 911 ff
– Entwicklung, Recht auf 913 ff
– Entwicklungshilfe 374, 914, 917
– Institutionen 923
s. auch Internationaler Währungsfonds (IWF); Konditionalität; Weltbank
– Sustainable Development Goals 871
– und Menschenrechte 914 ff, 919, 921
– und Weltwirtschaftsrecht 922, 939, 941, 962, 965, 977, 987
Erga-omnes-Pflichten **292 ff**, 311, 390, 479, 553, 1145, 1179
Ersitzung 80, 267
estoppel 267
Europäische Menschenrechtskonvention (EMRK) (1950) 171, **634 ff**
– Abweichungen im Notstandsfall 651, 1172
– Berechtigte 649
– Beurteilungsspielraum 662
– chilling effects 715
– dynamische Auslegung 653, 667
– Gesetzesvorbehalt 656
– Grundrechtsdogmatik 652 ff
– materielle Garantien 667 ff
– örtlicher Geltungsbereich 641 ff
– positive Verpflichtungen 664 f, 670, 708, 732
– prozeduraler Grundrechtsschutz 663
– Schutzpflichten
s. positive Verpflichtungen
– Teilhaberechte 664
– Verhältnismäßigkeit 659 ff
– Verpflichtete 646 ff
– Wirkungen in Deutschland 525 ff
– zeitlicher Geltungsbereich 650
Europäische Sozialcharta (1961) 173, 612, 664
Europäische Union (EU), EU-Recht 95, **536 ff**, 898, 941, 994, 997, 1006 f, 1029, 1075
– Austritt 95, 244
– Austritt, völkerrechtliche
– – Wirkung 211
– Gerichtshof der EU (EuGH) 455, 545
– Integrationsverantwortung 548

– Supranationalität 538 ff
Europäischer Gerichtshof für Menschenrechte (EGMR) 174, 455, **635 ff**
– Individualbeschwerde 691, **740 ff**
– Subsidiarität 637, 640
– und deutsche Gerichtsbarkeit 526 ff
– Urteile, Wirkungen 638 ff
Europäisches Komitee zur Verhütung von Folter und unmenschlicher oder erniedrigender Behandlung oder Strafe (CPT) 676
Europäisches Übereinkommen über Staatsangehörigkeit (1997) 85
Europarat **171 ff**, 634
Evakuierungsoperationen 1051, 1132 f, 1135
Exequatur 563
Exilregierung 100
Exterritorialität 567, 803

failed state *s. Staaten, gescheiterte*
faires Verfahren, Recht auf ein **681 ff**, 830
Falkland-Inseln 81
Familienleben 699 f, 710, 754, 769
Festlandsockel 74, **817 ff**, 857
Finanzrecht *s. Währungs- und Finanzrecht, internationales*
Fischerei 815, 823
Flächenbombardement 1249
Flüchtlingsrecht 523, 598, 733, **785 ff**
Fluglärm 694
foedus pacificum 132, 1033, 1037
Folterverbot 227, 331, 612, **671 ff**, 745, 754, 1346
forum prorogatum 472
Freihandelsabkommen 951, 997, 1003, 1007, 1012 f
Freiheitsentziehungen 556, 630, **678 ff**, 1228, 1287 f, 1292, 1304
s. auch Kriegsgefangenschaft
Freizügigkeit 733, 754, 1304
Fremdenrecht 66, 343 f, 519, **593 ff**, 666, 991
Friedensbewegung 1034
Friedenssicherungsrecht 405, **1030 ff**, 1305
s. auch asymmetrische Konflikte; Gewaltverbot; Selbstverteidigung, Selbsverteidigungsrecht; Vereinte Nationen; Verwaltung, internationale
– Aggression 1056, 1085, 1351 f, 1354
– Beobachtermissionen 1065
– Blauhelme (peacekeeping forces) 1059, 1066 ff, 1378
– Bündnisse kollektiver Sicherheit 1053, 1075
– Frieden, Begriff 31, 310, 357, 1055, 1069
– Interventionsbrigaden 1067
– material breach doctrine 1061
– peacebuilding 1064 ff, 1356
– Regionalorganisationen 179, 182, **1075 ff**, 1102, 1149 f
– Rolle der Generalversammlung 148 f, 1062 f
– Rolle des Sicherheitsrates 155 ff, 1054 ff, 1100 ff, 1150
– Sanktionen, gezielte (targeted sanctions) 629, 1058, 1113
– Sanktionen, militärische 1059 ff, 1077 f, 1081, 1143
– Sanktionen, nichtmilitärische 974, 982, 1057 ff, 1072 f, 1077
– Verteidigungsbündnisse 1053, 1075, 1079
Friendly Relations Declaration
s. Vereinte Nationen, Generalversammlung
Fusion 104

G8, G20 57, 114, 1014
Gabčíkovo-Nagymaros (1997) 429, 872, 887, 895, [22]
Gambia-Intervention (2017) 102, 1078
Gaza-Streifen 1294
Gebiete, internationalisierte
s. Verwaltung, internationale
Gebietshoheit 303, **337 ff**, 367 ff, 593, 798, 875, 882, 1045, 1125
– Verbot 370
Gegenmaßnahmen 245, 294, 311, **421 ff**, 460, 960, 974, 1127, 1134, 1179
Geiselbefreiungen 1132 ff
gemeinsames Erbe der Menschheit
s. common heritage of mankind
Gemeinschaft Unabhängiger Staaten (GUS) 110, 167
General Agreement on Tariffs and Trade (GATT) (1947/1994) 948 f, **961 ff**
– allgemeine Ausnahmen 927, 969 ff, 978 ff

- gleichartige Waren 962 f
- Grundprinzipien 961 ff
- handelspolitische Schutzmaßnahmen 975
- waiver 977, 987

Genfer Flüchtlingskonvention (1951) 523, **786 ff**

Genfer Giftgasprotokoll (1925) 1241

Genfer Rotkreuz-Konventionen (1949) **1165 ff**, 1187
- Zusatzprotokolle I & II (1977) 1166 f, 1189, 1195, 1209, 1233

gentlemen's agreement 193, 199

Genugtuung 435 f

Gerichtsbarkeit
s. auch bei den einzelnen Gerichten; *Völkerrechtsquellen*
- internationale 263, 281, 444 f, **451 ff**, 1180, 1319, 1355 f
- internationalisierte (hybride) 830, 1355 f
- obligatorische 439
- staatliche 252, 281, 461, 1180, 1372
- Unterwerfung 276, 444, 453, 472 ff

Geschäftsführung ohne Auftrag 88, 415

Geschlechtsidentität 696

Gewährleistungspflichten
- als Folge der Gebietshoheit 341, 409, 798, 826, 880, 882 ff, 1111, 1179
- menschenrechtliche 613, 664 f, 670, 708, 732

Gewaltverbot 290, 294, 303, 358, 372 f, 519, **1030 ff**, 1085 ff, 1103 ff, 1133, 1139, 1142
s. auch Cyberangriffe; *Evakuierungsoperationen*; *Friedenssicherungsrecht*; *Geiselbefreiungen*; *Intervention*; *Selbstverteidigung*, *Selbstverteidigungsrecht*; *Terrorismus*
- als ius cogens 1038, 1052, 1106
- Androhung von Gewalt 1048
- Ausnahmen (Überblick) 1049 ff
- Gewalt, Begriff 1039 ff
- gewohnheitsrechtliche Geltung 1038
- indirekte Gewalt 413 f, 1042 f, 1121 f
- Verpflichtete 1038

Gewerkschaften 528, 725, 742, 761

Gewissensfreiheit 703, 754

Gewohnheitsrecht, internationales 46, 107, **250 ff**, 288 ff, 301, 874, 889, 1052, 1327
- derogierendes 237, 284 f
- Elemente 251 ff, 255 f
- Feststellung 259 f, 280
- im deutschen Recht 516 ff, 533 ff
- instant custom 262, 851
- Kodifikation 259
- Rechtsüberzeugung (opinio iuris) 251, 255 f, 259, 262
- regionales 254, 516
- Übung (consuetudo) 251 ff, 259, 262

Gipfeltreffen 550

Gleichberechtigung der Geschlechter 227, 625, 737 ff, 754, 769, 773, 775, 790

Gleichheit 734 ff, 754, 781 ff
s. auch Diskriminierung; *souveräne Gleichheit der Staaten*

Global Commons 801 f, **846 ff**, 876

Global Compact 632, 998

Globalisierung 54, 101

Globalisierungt 315

Good Governance 919, 921

Görgülü (2004) 527, [46]

Grenzen *s. Staatsgrenzen*

Gründungstheorie 600

Guantánamo 1203, 1228, [50]

Guerilla 1221

Gute Dienste 442

Haager Konferenzen (1899/1907) 1034, 1188

Haager Konvention zum Schutz von Kulturgut in bewaffneten Konflikten (1954) 926, 1257 f

Haager Landkriegsordnung (1907) 1165 ff, 1188

Haager Luftkriegsregeln (1923) 1233

Habré-Fall (2012) 331 f, 1355, 1377

Haiti 102

Hamdan, Hamdi v. Rumsfeld (2004/2006) *s. Guantánamo*

Handelsschiffe, Handelsflotte 808, 826, 838, 840, 1046, 1263 ff, 1267 ff

Handyside-Formel (1976) 714

Harbouring-Doktrin 1122, 1125

Harmon-Doktrin (1898) 882

Hassan (2014) 643, 651, 679, 1292

Haya de la Torre (1950/51) 254, 586, [7]

Heiliger Stuhl 61

Helms Burton Act (1996) 348

Hohe See *s. Seevölkerrecht*

Höhere Gewalt 425, 427

Homosexualität 619, 696, 700, 710, 735, 737, 779, 790
Hong Kong 342
hot pursuit *s. Nacheile*
Hull-Formel (1938) 991, 996
human security 313
Humanitäres Völkerrecht 519, 1124, **1160 ff**
s. auch asymmetrische Konflikte; bewaffneter Konflikt; Internationales Komitee vom Roten Kreuz (IKRK); Kriegsgefangenschaft; Private Militär- und Sicherheitsunternehmen
- Besatzung 93, 1201, **1294 ff**
- Doppelnatur 1164
- Durchsetzung 1176 ff, 1348
- Faktenermittlung 1181
- Guerrillataktik 1190, 1221
- Kampfhandlungen, Beschränkungen 1174, **1233 ff**
- Kollateralschäden 1249 ff
- Kombattanten 1067, **1211 ff**, 1232, 1277
- Kombattanten, illegale 1224 ff
- Konterbande 1263
- Kriegslisten 1238, 1272
- Kulturgüter 926, 1256 ff
- levée en masse 415, 1187, 1222, 1247, 1290
- Luftkrieg 1233, 1249, 1263 ff
- militärische Notwendigkeit 1161, 1163, 1171, 1248, 1250, 1256 f
- Missbrauch von Kennzeichen 1237
- Perfidieverbot 1236
- Prisenrecht 1263 ff
- Repressalienverbote 1168, 1253
- Sanitätspersonal 1218, 1255, 1274, 1276, 1280
- Seekrieg 1233, 1262 ff, 1307
- Umweltschutz 909, 1259 ff
- und Friedenssicherungsrecht 1169 ff
- und Menschenrechte 644, 1172 ff, 1210, 1226 f, 1294, 1297, 1302
- Unterscheidungsgebot 1190, 1219, 1246
- Verhältnismäßigkeit 1161, 1249 f
- Verwundete und Schiffbrüchige 1174, 1274 ff
- Waffenverbote 1166, 1189, 1240 ff
- zivile Objekte 1248 ff
- Zivilpersonen, Schutz 1224 ff, 1246 f, 1249 ff, 1253, 1270, 1289 ff

Humanität 289, 1161, 1182
hybride Kriegführung 1192

I'm Alone (1935) 835
ICANN 861
Ihlen-Erklärung (1919) 270
Ilacu-Fall (2004) 642
Immunität
s. auch Internationaler Strafgerichtshof (IStGH)
- Diplomaten 575 ff
- Staaten 323 ff, 333 ff, 346
- Staatsorgane 328 ff, 408
implied powers 124, 231, 382, 1060, 1064
Incommunicado-Haft 1304
indigene Völker 624, 777, 783, 930
Individualbeschwerde 67, 309, 455, 621 f, 625, 691, 740 ff, 757 f, 765 f, 770
Individuum *s. Mediatisierung des Individuums; Menschenrechte*
Informationsfreiheit 716, 862
Inkorporation 104
Inseln 841 f
Institut de Droit International (IDI) 282, 1034
Interamerikanische Demokratiecharta (2001) 179
Interamerikanische Kommission für Menschenrechte (IAKMR) 765 ff
Interamerikanischer Gerichtshof für Menschenrechte (IAGMR) 766 f
International Center for the Settlement of Investment Disputes (ICSID) 449, 994, 1011 f, 1024
International Labour Organisation (ILO) 127, 143, 677
International Law Association (ILA) 282
International Law Commission (ILC) 147, 259, 282
- Artikel zu den Wirkungen bewaffneter Konflikte auf Verträge (2011) 247
- Artikel zum diplomatischen Schutz (2006) 596, 598, 600, 602 f
- Artikel zum Statut unbegleiteten diplomatischen Kuriergepäcks und Diplomatengepäcks (1989) 592
- Artikel zur Ausweisung von Ausländern (2014) 733
- Artikel zur Staatenverantwortlichkeit (ASR) (2001) 147, 294, 378, 380, 410

- Artikel zur Verantwortlichkeit Internationaler Organisationen (ARIO) (2011) 381, 405
- Artikel zur Verhütung grenzüberschreitender Schädigungen durch gefährliche Aktivitäten (2001) 893
- Fragmentierungs-Studie (2006) 34, 230, 421
- Immunität von Staatsbediensteten (2007 ff) 329
- Leitfaden zur Praxis bei Vorbehalten zu Verträgen (2011) 217, 223, 226
- Leitlinien zum Schutz der Atmosphäre (2016) 892
- Leitprinzipien zu einseitigen Erklärungen (2006) 270
- Prinzipien zum Umweltschutz in bewaffneten Konflikten 1259
- Prinzipien zur Schadensverteilung bei grenzüberschreitenden Schädigungen durch gefährliche Aktivitäten (2001) 897, 902
- Schlussfolgerungen zum Gewohnheitsrecht (2018) 251 ff, 255
- Schlussfolgerungen zur Vertragspraxis (2018) 230

Internationale Atomenergie-Behörde (IAEA) 1157, 1159

Internationale Militärtribunale
s. Nürnberger Prozesse (1945 ff); Tokioter Prozesse (1946/48)

Internationale Organisation für Migration 785, 797

Internationale Organisationen 27, 44 f, 64 f, **114 ff**, 252
s. auch Einträge zu den einzelnen IO
- Austritt 95
- Befugnisse 124 ff
- Gründung 119
- Haftung 131
- Menschenrechtsbindung 631
- Organisationsstrukturen 122 f
- Rechtsbindungen 130
- Sanktionen 374, 424, 458, 982
- Sekundärrecht 45, 128, 187, 263, 277, 514 f
- Sitzabkommen 129
- Staatennachfolge 110
- Übertragung von Hoheitsrechten 94 f, 514 f, 548, 647 f
- Verantwortlichkeit *s. Verantwortlichkeit, völkerrechtliche*
- Völkerrechtspersönlichkeit 116 ff, 213, 382

Internationale Strafgerichte für das ehemalige Jugoslawien (ICTY) und für Ruanda (ICTR) 68, 330, 1070, 1180, 1189, 1196, 1323, 1325, 1353, 1355

Internationaler Gerichtshof (IGH) 455, **463 ff**
- Entscheidung ex aequo et bono 296, 468
- Gutachtenverfahren (advisory opinions) 487 ff
- streitige Verfahren (contentious cases) 469 ff
- Unterwerfungserklärung 472 ff, 1156
- vorsorgliche Maßnahmen 484
- Zusammensetzung 266, 464
- Zuständigkeit 472 ff

Internationaler Pakt über bürgerliche und politische Rechte (IPBPR) (1966) 625, **751 ff**
s. auch Vereinte Nationen, Menschenrechtsausschuss

Internationaler Pakt über wirtschaftliche, soziale und kulturelle Rechte (IPWSKR) (1966) 625, **758 ff**

Internationaler Seegerichtshof (ISGH) 455, **843 ff**

Internationaler Strafgerichtshof (IStGH) 213, 455, 1180, 1323 ff, 1351 f, 1354 f, **1357 ff**
- Haftbefehl 1370
- Immunitäten 1324, 1370, 1377 f
- Jurisdiktion 1362 f
- Komplementarität 1363 ff, 1372
- Kritik 1324
- Organisation 1358 ff
- Verfahren 1366 ff
- Zusammenarbeit 1370 f
- Zuständigkeit 1361

Internationaler Währungsfonds (IWF) 912, 923, **1014 ff**
s. auch Konditionalität
- Kreditvergabe 1019 f
- letter of intent 1020
- Organe 1016 ff
- Politiküberwachung 1021

Internationales Komitee vom Roten Kreuz (IKRK) 63, 1187, 1193, 1279, 1284, 1291, 1304
- Gewohnheitsrechtsstudie (2005) 252, 1167, 1196

- Interpretationsrichtlinie zur unmittelbaren Beteiligung an Feindseligkeiten (2009) 1224 ff

Internet 803, **859 ff**
Internierung 1292, 1304
Intervention
- auf Einladung 1047, 1077, 1206
- humanitäre 1051, 1132, **1136 ff**
- Verbot 84, 99 f, 303, 309, **351 ff**, 919, 1020 f, 1039 ff, 1089, 1136 ff

Investitionsschutz 983, **988 ff**
s. auch Enteignungen; *International Center for the Settlement of Investment Disputes (ICSID)*; *Schiedsgerichte*
- bilaterale Abkommen (BIT) 430, 597, 605, 990, 995 ff, 1011 ff
- Direktinvestitionen 605, 983, 988, 996, 999 ff
- fair and equitable treatment 1008
- indirekte Investitionen 1000
- Investor-Staat-Schiedsverfahren 996, 1011 ff
- Investor-Staat-Verträge 430, 990, 993
- right to regulate 1003
- Schirmklauseln 1010
- Stabilisierungsklauseln 993

Irak 462, 630, 643, 772, 1051, 1059, 1093 f, 1098, 1126 ff, 1292
Iran 327, 350, 417, 450, 552 f, 564, 566, 1094, 1156 f
- Joint Comprehensive Plan of Action (JCPOA) 350, 1157

Iran-US Claims Tribunal 450
Islam 223, 227, 705, 773, 775
Islamischer Staat (IS) 80, 87, 1047, 1059, 1108, 1119, 1126 ff, 1190, 1205, 1257 f, 1367
Island of Palmas (1928) 78 f, 448, [35]
Israel 80, 368, 1065, 1093, 1108 f, 1117, 1127, 1134, 1156, 1166, 1171, 1173, 1204, 1221, 1294, 1304
ius ad bellum 1030, 1160, 1184
ius cogens 42, 223, 239 f, 248, 257, 286, **288 ff**, 302, 311, 333, 397, 419, 431, 553, 569, 629, 1038, 1052, 1106, 1377
ius contra bellum 1037, 1160
ius gentium 22, 1183
ius in bello 1034, 1160, 1184
ius post bellum 1064
ius sanguinis 84
ius soli 84

Jay-Vertrag (1794) 446
Jemen, Bürgerkrieg (seit 2015) 392, 519, 1047, 1181
joint criminal enterprise 1331
Jugoslawien 99, 105, 330, 643, 1067, 1070, 1073, 1100, 1164, 1353 f, 1372, 1377
s. auch Internationale Strafgerichte für das ehemalige Jugoslawien (ICTY) und für Ruanda (ICTR)
jurisdiction to enforce 347, 867, 1319
jurisdiction to prescribe 347, 864, 979 f, 1319
Jurisdictional Immunities (2012) 335 f, [30]
Justizgrundrechte 663 f, **678 ff**, 754

Kadi-Urteile (2005/2008) 629, 1058, [44]
Kairoer Erklärung der Menschenrechte im Islam (1990) 775
Kampfretter 1277
Katalonien 71
Kernenergie 899 ff, 1157, 1253
s. auch Nuklearwaffen
Kinderrechte 173, 509, 612, 625, 773, 930
Kiobel-Fall (2013) 348, 632
Klimaflüchtlinge 795
Klimaschutz *s. Umweltvölkerrecht*
Klimawandel 73, 795, 904 ff
Koimperium 96
Kollateralschäden 1249 ff, 1257
Kollisionsrecht 348 ff, 860, 864 ff, 1309
- internationales Gesellschaftsrecht 599 ff
- Internationales Privatrecht 932
- Internationales Steuerrecht 934
- Internationales Strafrecht 1309 ff

Kolonialismus, Kolonien 26, 54, 72, 91, 107 f, 113, 432, 801, 913, 1324
Kolumbien 254, 1126, 1130
Kombattanten
s. Humanitäres Völkerrecht
Kompetenz-Kompetenz 544
Konditionalität 919, 921, 1020
Kondominium 73, 96
Kongo, D.R./Uganda (2005) 1120, 1302, [27]
Konsens 9, 188, 263
Konsularrecht
- konsularischer Schutz 400, 556, 597
- Konsulate, Konsuln 555 ff, 559, 574, 580

Kontiguität 79
Kontrolltheorie 601 ff
Korfu-Kanal-Fall (1949) 289, [5]
Kosovo 71, 96, 99, 105, 135, 294, 342, 365, 405, 643, 648, 1140, 1147
Kosovo-Gutachten (2010) 71, [29]
Krieg, gerechter
s. bellum iustum
Kriegsdienstverweigerung 703
Kriegsgefangenschaft 1174, 1201, 1213, 1218, 1228, **1279 ff**
Kriegsrecht *s. Humanitäres Völkerrecht*
Kroatien 99, 105, 365
KSZE
s. Organisation für Sicherheit und Zusammenarbeit in Europa (OSZE)
Kudła v. Polen (2000) 685, 689
Kulturgüter **924 ff**, 1256 ff
Kurdistan 71
Küstenmeer *s. Seevölkerrecht*
Kuwait 80, 1059, 1354
Kyoto-Protokoll (1997) 877, 879, 906 f

Lac Lanoux (1957) 886, [38]
LaGrand (2001) 400, 436, 556, 597, [24]
Landgewinnung *s. Staatsgebiet*
Lawfare 350
Leben, Recht auf 614, 668 ff, 743, 752, 754, 1139, 1226 f
lex mercatoria 933
Libyen-Konflikt (2011) 89, 102, 294, 1059, 1098, 1135, 1150, 1377
Lissabon-Urteil (2009) 95, 543
local remedies rule
s. Rechtswegerschöpfung
Lockerbie (1988/1992) 158, [23]
Lockspitzel 684
Loizidou-Fall (1996) 643
Lotus-Urteil (1927), Lotus-Regel 40, 295, 297, 300, [3]
Luftraum 75
lump sum agreement 434

male captus bene detentus 368
Malteserorden 62
Mandatsgebiete 91
s. auch Treuhandsystem; Vereinte Nationen
mare liberum 805
MARPOL-Konvention (1973) 903
Martenssche Klausel (1899/1907) 1165, 1234

Massenvernichtungswaffen 833, 1051, 1094, 1103, 1159
s. auch Nuklearwaffen
Mauer-Gutachten (2004) 1120, 1172 f, 1304, [26]
Mavrommatis (1924) 597, [1]
McCann-Fall (1995) 670
Mediatisierung des Individuums **49 ff**, 66, 593, 597, 958, 1120, 1144, 1316, 1321
Meeresschutzzonen 823
Meeresspiegelanstieg 73, 809
Mehrstaatigkeit 85
Meinungsfreiheit 614, **712 ff**, 754, 863, 869
Menschenrechte 518, **607 ff**, 930
- als ius cogens 289, 311
- Bedeutung für das Völkerrechtssystem 31, 42, 52, 67, 303, 308 ff, 321, 387, 1137 ff, 1142
- Bindung des UN-Sicherheitsrates 157
- Dimensionen (Generationen) 613 ff, 769
- Drittwirkung 632, 646
- Human Rights Litigation 348, 462
- in Mehrebenensystemen 628 ff
- institutioneller Schutz 620 ff
- soziale M. 615, 758 ff, 922
- Standards 279, 522
- und Entwicklung 914 ff, 919, 921
- und Humanitäres Völkerrecht 644, 1172 ff
- Universalität 19, 617 ff, 775
- Verpflichtete 631 ff
- Verpflichtungstypen 613 ff
Menschenrechtsabkommen 111, 611 f
s. auch i.Ü. jeweiliges Abkommen
- als normsetzende Verträge 111, 195, 649
- Vorbehalte 223
Menschenrechtskonferenz, Wiener (1993) 70, 308, 611, 617 f, 915
Menschenrechtsrat *s. Vereinte Nationen*
Migration 85, 392, 598, 733, 780, 797, 813, 914, 1103 f
Migrationspakt 797
Minderheitenschutz 696, **776 ff**, 930
Minen 1189, 1241, 1269, 1307
Mogadischu (1977) 1134
Monismus
s. Völkerrecht und staatliches Recht
Montevideo-Konvention (1933) 73

Montrealer Protokoll (1987)
s. Ozonschicht
Montrealer Übereinkommens zur Bekämpfung widerrechtlicher Handlungen gegen die Sicherheit der Zivilluftfahrt (1971) 158
Montreux Document (2008) 402, 1232

Nachbarrecht 875 f, **882 ff**, 893, 900 f
Nacheile 338, 824, 834 f, 841
Nachhaltigkeit 873, 878, 888, 890
Namibia-Gutachten (1971) 80, 155, [14]
Nationalismus 3, 53 f, 95, 937, 951
Naturrecht 6, 302, 1320, 1322
ne bis in idem 516, 692, 1373 ff
Nemo-tenetur-Grundsatz 684
Neutralität 1072, 1202, 1262 ff, 1268, **1305 ff**
New Haven School 14
New International Economic Order (NIEO) 915, 918
Nicaragua 233, 289, 363, 413, 482, 1038, 1042, 1088 f
Nicaragua-Urteile (1984/1986) 289, 363, 413, 482, 1038, 1042, 1083, 1088 f, 1121 f, [18]
Nicht-Regierungsorganisationen (NGO) 56, 65, **120**, 462, 649, 881, 923
nichtstaatliche Akteure **65**, 1179, 1190
non liquet 297
Nord-Ostsee-Kanal 342, 807
Nordkorea 1048, 1073, 1156, 1158
Nordsee-Festlandsockel (1969) 260, 262, 820, [12]
Normenhierarchien **283 ff**, 981
North Atlantic Treaty Organization (NATO) 125, 1075, 1079 ff, 1152
Notifikation 269, 564, 651, 1135, 1153, 1217, 1269
Notlage 426 f
Notstand **428 ff**, 887, 1125, 1133
– und Menschenrechte 651
Nottebohm (1955) 84, [9]
Nuklearenergie *s. Kernenergie*
Nukleartest-Fälle (1974) 271, [15]
Nuklearwaffen 1154 ff
– Gutachten (1996) 297, 1048, 1099, 1242, [21]
– Nichtverbreitungsvertrag (1968) 1156 ff
– und HVR 1242
– und Selbstverteidigungsrecht 1099
nullum crimen/nulla poena sine lege 692, 1340
Nuntius 61, 561
Nürnberger Prozesse (1945 ff) 261, 1167, 1322, 1351, 1354 f

Okkupation 79, 801, 805, 821
opinio iuris
s. Gewohnheitsrecht, internationales
ordre public 346, 1011 ff
– internationaler 54, 111, 195, 240, 311
Organisation Afrikanischer Einheit (OAU)
s. Afrikanische Union
Organisation Amerikanischer Staaten (OAS) 101, **178 ff**, 763, 1075
Organisation für Sicherheit und Zusammenarbeit in Europa (OSZE) **175 ff**, 193, 309, 1075
Organleihe 404 ff
OSPAR-Übereinkommen (1992) 903
Ostgrönland-Fall (1933) 270, [4]
Osttimor-Fall (1995) 480, [20]
Ozonschicht 876, 903

pacta sunt servanda 8, 208, 215, 322
pacta tertiis nec nocent nec prosunt 212 f, 1073 f, 1363
pactum de negotiando 1156
Palästina, Palästinenser 80, 98, 124, 140, 833, 1109, 1173, 1204, 1304
par in parem non habet imperium 316, 323
Paraphierung 201
Pariser Klima-Abkommen (2015) 907
Parteiverbote 724, 743
Partisanen 1190, 1220, 1286
Passportisation 84
Perfidieverbot 1236
persistent objector 253, **257 f**, 263, 516
persona non grata *s. Diplomatenrecht*
Personalhoheit 303, 343 f, 593
Personalitätsprinzip 348, 864, 1311 f, 1362
Persönlichkeitsrechte 528, 695 ff, 869
Philippinische Botschaftskonten (1977) 327, 519, [45]
Pinheiro-Prinzipien 732, 793
Pinochet (1999) 331 f, 1377, [49]
Piratensender 832

Piraterie 406, 826 ff, 1315, 1321
Positivismus 7 f, 302
Präemption
s. Selbstverteidigung, antizipatorische
Preah Vihear, Tempel (1962) 273, [10]
Pressefreiheit 528, 715
Prinzipienerklärung
s. Vereinte Nationen, Generalversammlung
Private Militär- und Sicherheitsunternehmen 65, 402, 1068, **1229 ff**
Privatleben 653, 667, **693 ff**, 754
Propaganda 366, 1192
Protektorat 96
Protest 257, **272 f**, 1052
Prozessstandschaft 294, 479, 743
Pulp Mills (2010) 898

Qatar v. Bahrain (1994) 193

Rainbow Warrior 370
Rassismus, Rassendiskriminierung 612, 625, 666, 737, 754, 775, 789, 1204, 1316, 1343
Rasul v. Bush *s. Guantánamo*
Ratifikation 202 f, 205, 207, 215, 510, 520, 531
Rechtswegerschöpfung 344, 479, 596, 606, 746 ff
Red Crusader (1962) 835
Refoulement-Verbot 791
regime change 321, 362, 1098, 1302
Regionale Fischereiorganisationen 815, 823, 845
Regionalisierung 3, 32, 54
Regionalorganisationen 54, **166 ff**
s. auch Friedenssicherungsrecht
Religionsfreiheit 614, **704 ff**, 717, 754, 773, 775, 1284, 1290, 1303
Reparations for Injuries (1949) 116, 124, 137, [6]
Repressalie *s. Gegenmaßnahmen*
res communis omnium 802, 805, 821, 848
res nullius 802
responsibility to protect
s. Schutzverantwortung (responsibility to protect)
responsibility while protecting 1150
Ressourcen, natürliche
– angemessene und vernünftige Nutzung 885 ff
– permanente Souveränität 918
Restatement of the Law (1987) 349
Restatement of the Law (2018) 350
Restitution 433
Retorsion 423, 460
Reziprozität 16, 219, 552, 946 f, 984, 1168, 1182, 1243
Rio-Erklärung (1992) 278, 871, 878, 880, 891 ff, 895, 897
Ruanda 135, 1100, 1135, 1139, 1184, 1353 f
s. auch Internationale Strafgerichte für das ehemalige Jugoslawien (ICTY) und für Ruanda (ICTR)
Ruggie Framework 633
Rüstungskontrolle 1151 ff

Sabotage 338, 362, 370
safe haven (harbour) 341, 414, 798, 1122
Saiga (1999) 816, 835, [34]
Schadenersatz 434
Schelf *s. Festlandsockel*
Schiedsgerichte **446 ff**, 843, 994 ff, **1010 ff**
Schiffe 76, 803, 822, 836 ff, 1046, 1263 ff
Schutzprinzip 348, 865, 1313
Schutzverantwortung (responsibility to protect) 55, 89, 262, 314 f, 1055, 1077, **1148 ff**
Schwangerschaftsabbruch 696
Sealand (1978) 103, [48]
Sechs-Tage-Krieg (1967) 1093
Seeblockade 1085, 1253, **1269 ff**
Seekabel 816 f, 821, 832
Seenotrettung 813
Seevölkerrecht **804 ff**, 928
s. auch Internationaler Seegerichtshof (ISGH); Piraterie; Schiffe
– Anschlusszone 812 f
– Archipelstaaten 809
– Ausschließliche Wirtschaftszone 261, **814 ff**, 826
– Billigflaggen 838
– boarding 827, 832
– Buchten 807
– Festlandsockel 74, **817 ff**, 857
– Flaggenprinzip, Flaggenstaat 810, 822, 824, 832, 836 ff, 1310
– friedliche Durchfahrt 811, 826
– Genfer Konventionen (1958) 806, 820
– Häfen 807

– Hohe See 805, 816, **821 ff**, 1321
– Interdiktionsrecht 828
– Internationale Meeresbodenbehörde 849
– Küstenmeer 74, 805, **809 ff**, 813, 840, 1306
– Meeresfreiheiten 519, 821
– militärische Nutzungen 811, 821, 840
– Nacheile 824, 834 f
– Streitbeilegung 843 ff
– SUA-Konvention (1988) 833
– Tiefseeboden 806, **848 ff**, 922, 1155
– Umweltschutz 823, 832, 903
– UN-Seerechtsübereinkommen (1982) 806
Sekundärsanktionen 350
Selbstbestimmungsrecht der Völker **70 ff**, 88, 91, 784
Selbsthilfe 459 f
Selbstverteidigung, Selbstverteidigungsrecht 460, 1049 ff, **1082 ff**, 1101, 1171, 1335
s. auch Cyberangriffe; präventive S.; S., antizipatorische; Terrorismus
– antizipatorische S. 1093 f, 1118
– bewaffneter Angriff 840, 1056, 1085 ff, 1117, 1133, 1144 f
– indirekte Aggression 1088 f
– kollektive S. 1053, 1075, 1079, 1095
– Nadelstichtaktik 1092, 1117, 1119
– Subsidiarität 1082
– Verhältnismäßigkeit 1096 ff, 1129, 1171
– zeitliche Grenzen 1091 ff, 1118 f
self-contained regime 421, 566, 572 f, 592, 1168
self-judging clause 974, 1153
Serbien 99, 105, 1164
Servituten 342
Sezession 70 f, 104
Shrimp/Turtle (1998) 980
sic utere tuo ut alienum non laedas 883
Sitztheorie 600
Sklaverei, Sklavenhandel 289, 432, 569 f, 677, 754, 827, 832, 1321
Slowenien 99, 105, 365
Soering-Fall (1989) 645, [39]
soft law 46, 57, 187, 193, 278 f, 880 f, 889, 912
Solange-Urteile (1974/1986) 547, 629 f
Söldner 1055, 1085, 1186, 1229, 1231
Solidarität 303, 914
Somalia 88, 814, 826, 1067, 1134
souveräne Gleichheit der Staaten 25, 37, 39 f, 303, **316 ff**, 352, 911
Souveränität 52, 55, **90 ff**, 128, 309, **313 ff**, 361, 798, 858, 890, 1032, 1098, 1136 ff
Spionage 329, 371, 556, 575, 1304
Srebrenica (1995) 406, 1067, 1164
Staaten 59, **73 ff**
– Anerkennung 97 ff
– Elemente 73
– gescheiterte (failed states) 52, 88, 104, 337, 386, 831, 1046, 1127, 1208
– Kontinuitätsgrundsatz 73, 88
– Schulden, Insolvenz 326, 430
– Untergang 73
Staatenbund 92, 115
Staatenehre 320, 435 f
Staatengemeinschaftsräume
s. Global Commons
Staatenlosigkeit 86, 598
Staatennachfolge 104 ff
– Schulden und Staatsvermögen 113
– und Gewohnheitsrecht 107, 263
– und Verträge 108 ff, 247, 311
Staatenverantwortlichkeit
s. Verantwortlichkeit, völkerrechtliche
Staatenverbund 115
Staatsangehörigkeit, Staatszugehörigkeit **83 ff**, **598 ff**, 733, 764, 992
Staatsbesuche 581
Staatsfonds 1001
Staatsgebiet **74 ff**, 798 ff
s. auch Seevölkerrecht
– Erwerb 78 ff
– Landgewinnung, künstliche 79, 841
Staatsgewalt 88 ff
– äußere Dimension 90 ff
– Effektivität 88, 100
– innere Dimension 88 f
– Legitimität 89, 100 ff
– Staatsorgane 399 ff
Staatsgrenzen 74 f, 799, 862
Staatsvolk 83 ff
Ständiger Internationaler Gerichtshof (StIGH) 463, 472
Ständiger Schiedshof 448
Stimson-Doktrin (1932) 80, 431
Streitbeilegung, friedliche 305, **441 ff**, 1034, 1076

– im Seerecht 843 ff
– im Wirtschaftsvölkerrecht 957 ff, 990, 992 f, 996, 1010 ff
Streubomben 1189, 1241
Supranationalität 95, 538 ff
Syrien, Bürgerkrieg (seit 2011) 102, 392, 1047 f, 1052, 1126, 1181, 1205

Tabatabai-Fall (1984) 564
Tadić (1995) 295, 411, 1196, 1340, 1353, [33]
Tate Letter (1952) 326
Teheraner Geiselnahme (1979/80) 417, 552 f, [17]
terra nullius 78, 88
territoriale Integrität 875, 882 ff, 1045, 1125
Territorialitätsprinzip 348, 864, 1310, 1362 f
Terrorismus 51, 65, 80, 86 f, 327, 387, 414, **1108 ff**, 1315
– Abkommen gegen T. 1111
– Begriff und Erscheinungsformen 1108 ff
– extraordinary renditions 392, 679
– Krieg gegen den T. 1110, 1131, 1203
– Krieg gegen denT. 1108
– maritimer 826, 833
– Massenvernichtungswaffen 1159
– Selbstverteidigungsrecht 1114, 1117 ff
– UN-Sicherheitsrat und internationaler T. 1112 ff
– Unterstützerstaaten 1043, 1120 ff
Third World Approaches to International Law (TWAIL) 26, 915
Tibet 80
Tiefseeboden *s. Seevölkerrecht*
Tobar-Doktrin (1907) 101
Todesstrafe 254, 669, 754, 773
Todeszellensyndrom 673
Tokioter Prozesse (1946/48) 1322, 1351, 1354 f, [32]
Tötung, gezielte 367, 1119, 1191, 1226 f
Trail Smelter (1938/1941) 883, 900, [37]
Transatlantic Trade and Investment Partnership (TTIP) 997, 1003, 1007, 1012 f
Transnationale Unternehmen (TNC) 65, 348, 632 f, 993, 998
transnationales Recht 924, 931
travaux préparatoires 232
treaty override 524 f
Treu und Glauben 267, 270, 285, 947
Treuhandsystem *s. Vereinte Nationen*

U-Boote 840
Überflugrechte 75, 811
Ukraine-Krise (2014 ff) 71, 99, 101, 193, 642, 974, 1047, 1133, 1192
Umweltvölkerrecht 871 ff
s. auch Nachhaltigkeit; Rio-Erklärung (1992)
– als Querschnittsaufgabe 909 f, 938 f, 978 ff
– Artenschutz 903, 979 f
– BAT-Standard 896
– Grundprinzipien 889 ff
– hochgefährliche Aktivitäten 393, 893, 899 ff
– Informationspflichten 886, 891 ff, 901
– Klimaschutz 876 f, **904 ff**
– Konsultationspflichten 886, 891 ff, 901
– Luftverschmutzung 903
– Ozonschicht 903
– Pakt für die Umwelt 903
– Stockholm Declaration (1972) 878, 880, 884
– Transparenzprinzip 898
– Umweltverträglichkeitsprüfung 892, 901
– und Menschenrechte 694, 878, 910
– und Seerecht 823, 832, 903
– Verursacherprinzip 897
– Vorbeugungsgrundsatz 883
– Vorsorgeprinzip 894 ff, 901, 905
UNCITRAL 1011 f
UNESCO 126, 143, 513, 924, 926 ff
– Welterbe 126, 513, 928 f
UNIDROIT 927
Uniting for Peace *s. Vereinte Nationen, Generalversammlung*
UNO *s. Vereinte Nationen*
Unschuldsvermutung 687
unwilling or unable 414, 1122, 1125, 1134, 1364
uti possidetis 108, 798

Vandenberg-Vorbehalt 475
Venedig-Kommission 173
venire contra factum proprium 267
Verantwortlichkeit, völkerrechtliche 51, **376 ff**, 908
s. auch Gewährleistungspflichten

- Ausschluss der Rechtswidrigkeit 394, **418 ff**
- Beteiligung an Völkerrechtsverstößen 392
- Deliktsfähigkeit 385 ff
- für Handlungen Privater 410 ff
- Gefährdungshaftung 393, 902
- ILC-Artikel *s. International Law Commission (ILC)*
- Internationale Organisationen 381 ff, 406
- Schaden 396
- Ultra-vires-Handeln 408
- Verschulden 395, 427
- Wiedergutmachung 397, **432 ff**
- Zurechnung 389, **398 ff**, 1042 f, 1088 f

Vereinigungsfreiheit 614, 718, **722 ff**, 754

Vereinte Nationen 132 ff, 1036 f *s. auch Friedenssicherungsrecht; Internationaler Gerichtshof (IGH)*
- Charta, Änderungen 165
- Feindstaatenklausel 1049, 1077
- Generalsekretär 162
- Generalversammlung 1112, 1116 *s. auch eigenen Eintrag*
- Konsensusverfahren 144
- Menschenrechtsausschuss 279, 456, 625, 705, 752 f, 755 ff
- Menschenrechtsrat 146, 624
- Mitgliedschaft 140 ff, 1071 f
- Peacebuilding Commission 155
- Reform 163 ff, 1075, 1078
- Sekretariat 161
- Sicherheitsrat *s. eigenen Eintrag*
- Sonderberichterstatter 162
- Sonderorganisationen 143
- Treuhandsystem 91, 160
- UN-Hochkommissar für Flüchtlinge (UNHCR) 785, 792
- UN-Hochkommissar für Menschenrechte (UNHCHR) 624
- Verantwortlichkeit 405
- Völkerrechtskommission *s. International Law Commission (ILC)*
- Völkerrechtspersönlichkeit 137, 1074
- Wirtschafts- und Sozialrat 159, 624
- Ziele und Grundsätze 138 f

Vereinte Nationen, Generalversammlung **144 ff**, 489, 624
- Aggressionsdefinition (1974) 279, 1044, 1046, 1056, 1085, 1122
- Charta der wirtschaftlichen Rechte und Pflichten der Staaten (1974) 359, 918, 991
- Prinzipienerklärung (Friendly Relations Declaration) (1970) 139, 279, **304 ff**, 316 ff, 412, 1044
- Uniting for Peace (1950) 149, 1062 f, 1150

Vereinte Nationen, Sicherheitsrat 151 ff *s. auch Friedenssicherungsrecht*
- Befugnisgrenzen 157 f, 631
- Gutachtenanträge 489
- Resolution 1373 (2001) 156, 1043, 1114 f, 1122, 1128
- Resolution 1540 (2004) 156, 833, 1159
- Resolution 1973 (2011) 89, 102, 310, 1059, 1098, 1138
- Resolution 2178 (2014) 156, 1115
- Resolution 2249 (2015) 1059, 1119
- Resolutionen 155 f
- Überprüfung von Beschlüssen 158, 629 f, 1058, 1069
- Verhältnis zum IStGH 1352, 1363, 1367, 1370, 1378
- Vetorecht 152 ff, 1100, 1150
- Zusammensetzung 151, 164

Verfassungsbeschwerde 531 f, 535, 690, 747

Verpachtung 342

Versailler Vertrag (1919) 1322

Versammlungsfreiheit 585, 614, **718 ff**, 754

Verschwindenlassen 392, 625, 665, 679, 765, 1346

Verstaatlichung 1002

Vertrag von Sèvres (1920) 1322

Verträge, völkerrechtliche **189 ff**, 301
- Abschluss 200 ff
- Änderung 234 ff
- Auslegung 228 ff
- Beendigung **242 ff**, 311, 921, 1153
- Begriff 189 ff
- Fortbildung 125, 230, 237, 284, 511
- Frustrationsverbot 207
- im deutschen Recht 510 ff, 529 ff
- internationalisierte 191, 430, 993
- Interpretationserklärungen 214
- Konflikte zwischen V. 286 f
- Modifikation 234
- Nichtigkeit 240

– normsetzende 111, 195, 260, 311, 649, 872
– Ordnungsverträge 213, 823, 1158
– politische 109
– radizierte 108
– Rahmenabkommen 235, 879
– Ratifikation 203, 520
– Staatennachfolge 108 ff
– Suspendierung 238, **242 ff**
– Ungültigkeit 239 ff
– Vorbehalte **214 ff**, 311, 499, 511
– vorläufige Anwendung 206
– Wirksamwerden 205 ff
– Wirkung 208 ff
Verwaltung, internationale 96, 342, 1069
– Freie Stadt Danzig 96
– Kosovo (UNMIK) 96, 405, 648, 1069
– Osttimor (UNTAET, UNMISET) 96, 1069
Verwaltungsabkommen 513
Verwaltungszession 342
Verwirkung 285, 569, 588
Völkerbund 28, 132, 1035
Völkermord 289, **1343 ff**
Völkermordkonvention
– Genozid-Fall (2007) 403, 1164, [28]
– Gutachten zu Vorbehalten (1951) 223, [8]
Völkerrecht
– als Kooperationsordnung 3, 27, 29 ff, 873, 911
– als Koordinationsordnung 3, 29, 41, 1321
– als Werteordnung 30 ff, 42 f, 295, 1342, 1380
– Durchsetzung 439 ff
– fragmentarischer Charakter 41, 299
– Fragmentierung 33 f, 230, 454, 982, 1379 f
– Funktionen 2 ff
– Geltungsgrund 5 ff
– genossenschaftlicher Charakter 39 ff, 267
– indirekter Charakter 49 ff
– Informalisierung 57, 1014
– intertemporales V. 78, 197, 335
– Konstitutionalisierung **30 ff**, 42, 44, 299, 938, 1074, 1318, 1380
– Krise 53 ff, 315, 951
– Lücken im V. 295 ff
– politischer Charakter 46 ff
– Rechtsfindung im V. 298 ff
– Rechtsquellen *s. Völkerrechtsquellen*
– und staatliches Recht *s. eigenen Eintrag*
– Vervölkerrechtlichung 29, 356, 1379
– Westfälisches System 25, 38 ff, 302, 316, 1136, 1318, 1321
– zwingendes V. *s. ius cogens*
Völkerrecht und staatliches Recht 336, **498 ff**, 1317
– Dualismus 504 ff, 520 ff, 543
– Monismus 502 f, 506 ff, 539, 543
– Rechtslage in Deutschland 510 ff
– self-executing norms 507 ff, 540 f
– Transformationstheorie 505
– Völkerrechtsfreundlichkeit 513, 521 ff
– Vollzugstheorie 505
Völkerrechtspersönlichkeit
– objektive 137
Völkerrechtsquellen 17, **184 ff**
s. auch Gewohnheitsrecht, internationales; Verträge, völkerrechtliche
– allgemeine Rechtsgrundsätze **264 ff**, 516, 1322, 1326
– einseitige Akte 187, **269 ff**, 511
– Gerichtsentscheidungen 252, 461
– Rechtserkenntnisquellen 186, 263, **280 ff**, 1107
– Sekundärrecht *s. Internationale Organisationen*
Völkerrechtssubjekte 56, **58 ff**, 120 ff, 130 ff
s. auch De-facto-Regime; Internationale Organisationen; Nicht-Regierungsorganisationen (NGO); Staaten
– Handlungsfähigkeit 58, 90, 93 ff, 386
– Menschen 66 ff, 1144
– objektive 118
– partielle 118
– relative 118
– terroristische Organisationen 1123 f
– Völker 70 ff
Völkerrechtsunmittelbarkeit 90
Völkerstrafrecht 52, 68, 330 ff, 378, 518, **1316 ff**
s. auch Völkermord
– Aggression 1056, **1351 f**, 1354
– Ausschluss der Verantwortlichkeit (defences) 1328, **1334 ff**
– Entwicklung 1320 ff

– ethnische Säuberungen 1344
– Handeln auf Befehl 1339
– Irrtum 1337 f
– Kriegs- und Bürgerkriegsverbrechen 333 f, 1164, 1175, 1180, 1196, **1348 ff**
– mens rea 1328, 1333
– Notstand 1336
– Notwehr 1335
– Rechtsgrundlagen 1325 ff
– Strafpflichten 1318 f, 1372, 1374 ff
– Täterschaft und Teilnahme 1329 ff
– Verbrechen gegen die Menschlichkeit 1346 f
– Verbrechenselemente 1325
– Vorgesetztenverantwortlichkeit 1332
Vorsorgegrundsatz **894 ff**, 901, 905

Wahlen, Recht auf 726, 754
s. auch Demokratie
Wahrheits- und Versöhnungskommissionen 1376
Währungs- und Finanzrecht, Internationales 1014 ff
waiver 977, 987
Waldschlösschenbrücke 513
Wasserrecht 885 ff
– internationale Wasserläufe 887, 903
– internationalisierte Gewässer 342
Webster-Formel (1841) 1093
Weltbank 912, 919, 923, 1014, 1024
Welthandelsrecht 948 ff
s. auch General Agreement on Tariffs and Trade (GATT) (1947/1994); *Zölle*
– General Agreement on Trade in Services (GATS) (1994) 983 ff, 994
– TRIPS-Abkommen (on Trade Related Aspects of Intellectual Property Rights) (1994) 986 f
– Umweltschutz 909, 938 f, 962, 978 ff
– und Menschenrechte 981 f
– Welthandelsorganisation
s. World Trade Organisation (WTO)
Weltraum 75, **851 ff**, 1155
Weltrechtsprinzip 348, 830, 1180, 1315, 1356, 1362
Wesentlichkeitstheorie 510
Westfälisches System *s. Völkerrecht*
Westsahara 181, 815
Westsahara-Gutachten (1975) 494, 497, [16]
Wiener Konvention zur Staatennachfolge in Staatsvermögen, Staatsarchive und Staatsschulden (1983) 113
Wiener Konvention zur Staatennachfolge in Verträge (1978) 108, 112
Wiener Übereinkommen (Konvention) über das Recht der Verträge (WVK) (1969) 196 ff
Wiener Übereinkommen über diplomatische Beziehungen (1961)
s. Diplomatenrecht
Wiener Übereinkommen über konsularische Beziehungen (1963)
s. Konsularrecht
Wirkungsprinzip 348, 865, 1310
Wirtschaftsvölkerrecht 931 ff
– Begriff 934
– Beschränkungsverbote 944 f, 964 ff, 985
– Entwicklungsländer 922, 939, 950, 962, 965, 977, 987
– Inländerbehandlung 942, 963, 985 f
– Inländerdiskriminierung 945
– Meistbegünstigung 941, 962, 985 f, 1006
– Nichtdiskriminierung 941 ff, 961 ff, 1005 f
– Reziprozität 946 f, 984
Wohnung, Schutz der 701
World Trade Organisation (WTO) 936 f, **949 ff**
s. auch General Agreement on Tariffs and Trade (GATT), Welthandelsrecht
– Organe 955 f
– Streitbeilegung 456, 957 ff, 976
– WTO-Übereinkommen (1994) 949, 952 f

Yahoo-Fall (2000) 862, 866
Yerodia-Fall (2002) 301, 331 f, 1377, [25]

Zession 73, 80
Zivilgesellschaft 56, 462, 619, 1034
Zölle 932, 944, 962, 965 f
Zwangsarbeit 334, 677, 1303
Zwangstheorie 11 f, 440